시간이 흐를수록 가치가 돋보이는 책이 있다. 오래전 출판되었지만 정확한 번역과 현대적 언어로 탈바꿈하여 나오기를 바라는 양서도 있다. 『두 지평』이 바로 그런 책이다. 텍스트와 독자 사이에는 분명 거리가 있지만 해석을 통해 이 둘이 창조적으로 관계한다는 점에서 해석학은 결코 사변적 이론에 머무르거나 철학자의 전유물이 될 수 없다. 해석학과 역사, 신학, 언어의 관계를 탁월하게 풀어내는 티슬턴의 솜씨 덕분에 독자는 큰 수고 없이도 해석학의 의미와 중요성, 과업에 대해 폭넓고도 탄탄한 이해를 얻을 수 있다. 특별히 불트만, 하이데거, 가다머, 비트겐슈타인에 대한 밀도 있는 분석에서는 티슬턴 특유의 비판적 시각과 번뜩이는 종합 능력이 돋보인다. 현대 철학, 신약학, 언어학, 근대 신학사의 복잡하고 다층적인 지적 세계를 종횡무진 누비는 작업은 이 박학다식하면서도 독창적 시각을 갖춘 학자를 통해서만 이루어질 수 있을지도 모른다.

김진혁 횃불트리니티신학대학원대학교 조직신학 교수

고대문헌인 신약성경, 신약성경의 언어와 역사, 현대의 해석자는 서로 밀접하게 연결되어 있다. 과거와 현대라는 두 개의 역사적·문화적 지평을 융합하는 작업은 철학적 해석학을 전제로 한다. 티슬턴은 이 책에서 철학적 해석학 이론들이 신약학 연구에 끼친 영향과 공헌을 자세하게 추적한다. 특별히 그는 역사와 언어에 대한 하이데거, 불트만, 가다머, 비트겐슈타인의 철학과 해석학 이론을 중점적으로 살피고, 이를 통해 해석자가 본문 해석과 이해에 어떤 역할을 하게 되는지 인식하라고 권면한다. 복잡한 철학적 해석학을 분명하고 명쾌하게 설명하는 저자의 치밀함, 방대한 관련 문헌들을 두루 섭렵하고 행하는 날카로운 분석과 비평은 독자의 입을 다물게 한다. 이 책이 탁월한 번역을 통해 한국의 지성적 신학도들에게 새로이 다가옴을 축하한다.

류호준 백석대학교 신학대학원 구약학 교수

신학은 본질상 해석학이다. 오늘의 상황을 위해 성경을 해석하는 것이 신학의 본질이기 때문이다. 『두 지평』은 성경의 지평과 해석자(상황)의 지평이 어떻게 만나야 하는가에 대한 소중한 해석학적 통찰을 제공해 주는 책이다. 두 지평의 만남에 관한 신학적 해석학을 위해 철학적 해석학과의 대화는 필수다. 현대의 철학적 해석학자들과 나누는 대화를 통해 신학적 해석학의 길을 제시하는 이 책은 아직 해석학에 관한 이해가 부족한 한국 교회와 신학계에 큰 도움이 될 것이다. 이 책을 새롭게 번역하고 출판한 IVP에 심심한 감사를 드린다.

윤철호 장로회신학대학교 조직신학 교수

독자들은 이 책을 찬찬히 읽으며 지난 세기 해석학의 흐름을 철저히 검토할 수 있고 매우 자연스럽게 신약성경 해석의 길로 인도받게 된다. '두 지평'이라는 가다머의 용어를 성경 해석에 적용한 이 책으로 말미암아 이제는 거의 모든 사람이 해석 작업이 두 지평의 융합이라는 것을 익히 알게 되었다. 세계적 복음주의 성서학자 티슬턴이 노년에 이른 이 시점에 그의 학문적 업적 가운데 매우 중요한 이 저작을 다시 한국 독자들이 읽는 것은 매우 의미 있는 일이다. 이 책을 읽고 또한 그의 다른 귀한 책들과 진지하게, 때로는 비판적으로 대화하면서 우리가 참된 성경 해석자로 나타날 수 있기를 바란다.

이승구 합동신학대학원대학교 조직신학 교수

해석학은 복잡한 학문이 아니라 따뜻한 학문이다. 열린 마음으로 상대를 '이해'하려는 것이 해석학의 목적이기 때문이다. 이 책에서 주로 다루고 있는 불트만, 가다머, 비트겐슈타인은 모두 이해의 대가들이다. 이들이 추구했던 이해의 바탕 없이는 다른 어떤 해석의 시도들도 사상누각이 되기 쉽다. 티슬턴은 이들의 강점과 약점을 누구보다 탁월하게 간파하면서 균형 잡힌 평가를 제시한다. 이해를 넘어 '설명'의 필요에 대한 해석학 이론의 보다 폭넓은 논의에 대해서는 『두 지평』 이후에 나온 『해석의 새로운 지평』을 함께 읽어야 하겠지만, 인용된 글들의 원문까지 꼼꼼히 살핀 정교한 번역과 가독성까지 탁월하게 높인 이 책으로 독자들은 성경 해석학의 진수를 더 수월하게 누릴 수 있게 되었다.

최승락 고려신학대학원 신약학 교수

성경 이해는 독자와 본문의 쌍방향 소통과 관련되어 있다. 많은 현대 사상가가 이런 관계가 실제로 가지는 의미와 중요성을 연구해 왔는데, 티슬턴은 이 사상가들이 제시한 통찰을 집약하여 제시함으로써 오늘날 하나님이 성경을 통해 하시는 말씀을 듣는다는 것과 관련된 의미를 바르게 잘 파악할 수 있도록 한다. 나 스스로가 이 책에서 많이 배웠듯이 다른 이들도 큰 도움을 받으리라 확신한다.

F. F. 브루스 전 맨체스터 대학교 명예 교수

『두 지평』은 내가 여태껏 읽은 저작 중 해석학 문제를 가장 폭넓게 다룬 작품이다. 티슬턴은 방대한 내용을 다루면서도 예리한 분별력으로 그 나름의 판단을 제시함으로써, 매우 복잡한 이 학문 세계를 헤치고 나아가게 하는 지혜로운 인도자가 되었다. 나아가 그는 특히 비트겐슈타인을 활용함으로써 해석학 문제의 새 차원을 열어 주었다.

존 맥쿼리 전 옥스퍼드 대학교 교수

철학적 해석학과 관련한 주제는 복잡하기로 악명이 높으며 논하기도 어렵다. 그런데 티슬턴은 놀라울 정도로 명료한 표현으로 그 작업을 쉽게 만들었다. 또한 티슬턴은 신약성경 연구에서 사례를 들어 해석학 원리를 설명하는데, 이는 성경 해석자와 목회자들이 철학적 해석학의 진정한 타당성을 깨닫게 하는 데 크게 유용하다.
베른 포이트레스 웨스트민스터 신학교 교수

이 책은 탁월하고 훌륭한 연구를 담은 해석학 이론 입문서로서 본디 신약성경을 해석하는 데 도움을 주기 위해 집필되었다. 물론 이 책은 신약학에 몸담고 있는 이들뿐 아니라 현대 철학에 관심을 가진 모든 이에게 분명 매우 큰 유익을 준다.
「미국 종교 아카데미 저널」

그야말로 눈부신 업적인 이 책은 그 풍성한 학식으로 읽는 이에게 어마어마한 도전을 준다. 저자는 하이데거, 불트만, 가다머, 비트겐슈타인을 다룰 뿐 아니라 저자 자신의 심오한 통찰도 제시하며, 이러한 점이 이 책을 반드시 읽어야 할 책으로 만든다. 해석학을 연구하려는 이들은 티슬턴의 이 작품으로 시작해야 한다.
「크리스채너티 투데이」

이 책은 해석학이 신약성경 이해에서 하는 역할을 아주 철저하게 요약하고 평가했다. 티슬턴이 보여 주는 면밀함, 공정함, 명쾌함은 이 책이 표준 교과서가 될 것임을 보장한다.
「초이스」

간단한 서평으로 이렇게 탁월하고 꼼꼼하며 완벽한 작품을 제대로 평가하기란 불가능하다. 티슬턴의 하이데거 분석과 가다머 분석은 감히 누구도 따라오지 못할 정도로 명쾌하다.
「씨올로지 투데이」

이 책은 상당히 새로운 학문 분야에 속하는 현대 신약 해석론에 엄청난 기여를 한 작품이다. 이 책은 세월이 가도 틀림없이 두고두고 표준 자료가 될 것이다.
「종교 저널」

두 지평

IVP(InterVarsity Press)는
캠퍼스와 세상 속의 하나님 나라 운동을 지향하는
IVF(InterVarsity Christian Fellowship)의 출판부로
생각하는 그리스도인을 위한 문서 운동을 실천합니다.

Copyright © 1980 by Anthony C. Thiselton
Originally published in English under the title
The Two Horizons by Paternoster Press,
a division of Authentic Media Limited
Bletchley, Milton Keynes, UK.
All rights reserved.

Used and translated by the permission of Authentic Media Limited
through rMaeng2, Seoul, Republic of Korea.

This Korean edition copyright © 2017 by Korea InterVarsity Press
156-10 Donggyo-Ro, Mapo-Gu, Seoul 04031, Republic of Korea

이 한국어판의 저작권은 알맹2 에이전시를 통하여
Authentic Media Limited와 독점 계약한 IVP에 있습니다.
신 저작권법에 의하여 한국 내에서 보호받는 저작물이므로
무단 전재와 무단 복제를 금합니다.

두 지평

성경 해석과 철학적 해석학

THE
TWO
HORIZONS

앤터니 티슬턴 | 박규태 옮김

Ivp

옮긴이 일러두기

1. 이 책에서 인용한 글은 할 수만 있으면 원문을 확인했다. 저자는 영어권 밖 학자의 글을 인용하면서 대개 원서가 아니라 영역본을 제시했다. 그중에는 잘못 옮기거나 번역이 부실하거나 저자의 인용이 불충분하여 원문의 의미를 잘못 전달할 우려가 있는 곳도 있었다. 그런 경우에는 해당 원문과 옮긴이의 번역문을 각 장 끝 옮긴이 주에 실었다. 책에서 저자 주는 '1, 2, 3,…'으로, 옮긴이 주는 '[1], [2], [3],…'으로 표기했다.
2. 옮기는 도중 발견한 원서의 오류 몇 군데도 고쳐 번역했다.
3. 뒷부분에 저자가 인용한 주요 인물을 간단히 소개했다.
4. 번역할 때, 낱말의 의미를 모호하게 만든다는 비판을 듣는 '적'(的)이라는 표현은 할 수만 있으면 쓰지 않으려고 애썼다. 예를 들면, 보통 '역사적 예수'로 번역하는 historischer Jesus나 historical Jesus는 예수라는 인물이 역사 안에 들어와 실제로 존재했다면 과연 어떤 인간이었는지 탐구하여 재구성한 형체를 가리킨다. 따라서 historisch나 historical을 '역사적'으로 번역하면 그 의미가 모호해진다. '역사적'이라는 말은 대개 '역사에서 중요한 의미를 가지는'(geschichtlich)이라는 뜻이 강하기 때문이다. 일본에서 사적(史的) 예수(시데키 예스)라 번역한 말을 그대로 가져다 쓴 결과로 보인다. 이 책에서는 historischer Jesus나 historical Jesus를 '역사적 예수' 대신에 '역사 속 예수'로 번역했다. historical method도 '역사적 방법'이라 번역하지 않고, 문맥에 따라 '역사 중심 연구 방법', '역사 중심 접근법', '역사비평 방법'으로 명확하게 번역했다. 또한 본디 우리 어법에 맞게 일본어식 표현을 줄이고자 되도록 '로서의'나 '에서의', '에 있어서' 같은 이중 조사를 쓰지 않았다.

차례

서문: 제임스 브루스 토렌스　15
감사의 글　17
약어　19
서론　23

1부 도입 질문

1장 주제의 본질과 범위　29
　1. 왜 철학적 서술인가?　29
　　　철학과 해석 과업 | 철학과 신약성경
　2. 해석학의 기본 문제: 두 지평　39
　　　문제의 양면성 | 신약성경의 사례
　3. 해석학 문제에서 발생하는 몇 가지 쟁점　48
　　　신약성경과 전이해

2장 추가 도입 질문: 하이데거, 불트만, 가다머, 비트겐슈타인　59
　4. 하이데거, 불트만, 가다머, 비트겐슈타인: 세 가지 요점　59
　　　그들의 중요성 | 서술과 해석 | 전통
　5. 비트겐슈타인과 하이데거, 가다머, 불트만의 관계　72
　　　2차 문헌 | 언어 게임, 지평, 세계
　6. 하이데거, 불트만, 가다머, 비트겐슈타인, 그리고 신약성경　82
　　　초기 하이데거와 후기 하이데거, 가다머, 요한복음

2부 신약성경 해석학의 더 광범위한 쟁점

3장 해석학과 역사: 역사의 거리라는 쟁점　95
　7. 과거의 과거성　97
　　　나인햄의 역사 상대주의 | 이 입장을 비판하는 견해들

8. 역사의식의 등장   112
       레싱, 헤르더, 헤겔, 랑케
   9. 에른스트 트뢸취의 역사 연구 방법   121
       역사 대 신학 | 트뢸취의 실증주의
   10. 볼프하르트 판넨베르크가 말하는 역사와 해석학   129
       그의 트뢸취 비판과 이원론 거부

4장 해석학과 신학: 해석학의 정당성과 필요성   145
   11. 하나님 말씀과 성령   145
       인간의 이해와 무관하지 않은 성령의 역사
   12. 믿음, "시간을 초월한 진리", 시간, 말씀   155
       해석학을 반대하는 또 다른 세 견해에 대한 답변
   13. 이해와 전이해: 슐라이어마허   170
       해석의 순환; 슐라이어마허의 초기 사상과 후기 사상
   14. 전이해와 신학   177
       불트만, 라틴 아메리카의 해석학, 리쾨르, 프로이트

5장 해석학과 언어   189
   15. 언어학과 의미 탐구가 해석에서 행하는 제한된 역할:
       거리, 융합, 지시   192
       리쾨르의 언어학과 해석학 | 프라이와 페테르센
   16. 본문의 특이성을 존중함; 단어와 문맥; 번역인 해석학   202
       소쉬르; 밭 의미론; 켈시와 나이다의 번역론
   17. 사유와 언어의 관계 그리고 그 관계와 해석학에서 말하는
       전이해의 관계   214
       워프, 소쉬르, 비트겐슈타인

3부 하이데거, 불트만, 가다머, 비트겐슈타인

6장 하이데거의 "존재와 시간": 현존재, 세계성, 이해   227
   18. 현존재의 관점에서 제기하는 존재 물음   227
       존재 물음이 의미가 있는가? 전문 용어인 현존재

19. 현존재, 해석학, 실존 236
   해석학과 지평; 눈앞에 있음
20. 세계와 세계성 244
   손 가까이 있음과 도구 | 과학에 대한 관계
21. 마음상태, 이해, 담화 253
   Befindlichkeit의 이중 의미 | 선(先)개념 파악과 언어

7장 하이데거 초기 사상에서 다루는 또 다른 주제들 269
22. 현존재의 몰락: 염려로 존재하는 현존재, 실재와 진리 269
   비본래적 실존 | 현존하는 것을 "있게 함"인 진리
23. 죽음을 지향하는 존재 그리고 본래의 실존 280
   실존 현상 | 불트만과 비교
24. 시간, 시간성, 역사 287
   시간과 역사의 기초인 현존재의 시간성과 역사성
25. 『존재와 시간』 그리고 『존재와 시간』과 해석학의 연관성에 관한
   두 가지 총평 295
   "세계"와 주체-객체 관계 | 인식 사유의 역할
26. 하이데거 사상에 관한 추가 설명 306
   해석의 순환; 감정상태; "나는 존재한다"의 해석학

8장 하이데거의 철학 이전에 불트만이 가졌던 해석학적 관심사 323
27. 불트만과 자유주의 신학 및 신칸트 철학의 관계:
   근대인 그리고 객관화하는 사유 323
   헤르만, 코헨, 그리고 나토르프 | 과학과 객관화(대상화)
28. 신칸트학파의 인식론과 19세기 루터파 사상을 융합한 불트만:
   법칙에 따른 객관화 334
   객관적 근거가 없는 도그마 신봉 | 이원론을 암시하는 첫 번째 단서들
29. 불트만이 종교사학파와 현대 성서학에서 받은 영향:
   케리그마와 신화 342
   신약성경의 특이함: 바이스, 브레데, 슈바이처, 슈미트
30. 불트만이 변증법 신학에서 받은 영향:
   해석학 문제라는 말이 나온 마지막 배경 350
   바르트와 고가르텐 | 하나님**에 관한** 이야기가 아니라 하나님**에게서 나온** 이야기

9장 불트만의 해석학 속에 들어 있는 또 다른 철학 요소들   357

  31. 불트만의 해석학과 관련하여 하이데거 철학이 한 몇 가지 역할   357

     하이데거 사상의 역할을 해석하는 세 가지 방식

  32. 불트만의 해석학과 빌헬름 딜타이의 철학   368

     딜타이가 말하는 "삶"과 전이해 | 요르크의 유산

  33. 콜링우드의 역사철학을 원용하는 불트만   376

     과장해서는 안 될 불트만과 콜링우드의 유사점들

  34. 불트만의 역사관 속에 이원론 경향이 등장함   383

     역사 대 자연 | 오트, 영, 판넨베르크

10장 불트만의 해석학과 신약성경   393

  35. 불트만의 신화관   393

     이 문제에 대한 서로 다른 세 가지 정의와 반응

  36. 불트만의 신화 해석 제안   402

     불트만의 목표에 관한 여러 오해 | 신약성경 자체의 문제

  37. 신약성경을 재해석한 특정 사례:
     종말론과 기독론에 관한 불트만의 주장 비판   409

     세 가지 원리 | 객관화와 모순 | 난점

  38. 또 다른 사례들: 십자가와 부활에 관한 불트만의 주장 비판   417

     세 가지 원리 적용과 그 난점

  39. 하이데거가 말하는 개념을 신약성서학에 사용함   425

     실존의 관점에서 해석한 sarx와 sōma | 건드리의 비판

  40. 몇 가지 결론   437

     불트만의 주장이 지닌 복잡성 | 다른 비판과 대비되는 진짜 비판

11장 가다머의 철학적 해석학과 그 해석학이 신약성경 해석에 시사하는 의미   453

  41. 진리와 예술에 관한 질문과 해석학의 연관성   454

     "방법"의 한계 | 철학사; 예술과 게임

  42. 슐라이어마허에서 하이데거에 이르는 해석학에 대한
     가다머의 비판   463

     랑케, 드로이젠, 딜타이의 비판 | 후설, 요르크, 하이데거의 전진

  43. 전통과 인간의 역사 속 유한성에 비춰 본 해석학의 과업   469

     단지 나쁘지만은 않은 예단 | 거리 그리고 지평 융합

44. 가다머가 말하는 해석학과 언어   476
　　　언어와 사유 | 질문과 대답 | 주장
45. 가다머의 작업이 시사하는 몇 가지 의미:
　　　융합과 거리의 문제인 주해와 신학의 관계   482
　　　전통과 조직신학 | 종교개혁과 스텐달의 비판
46. 쟁점에 관한 추가 고찰:
　　　특히 딤, 오트, 슈툴마허와 관련하여 살펴본 주해와 신학   489
　　　브레데, 슐라터, 라너, 슐리어, 바르트, 딤, 오트, 슈툴마허

12장 후기 하이데거, 가다머, 새 해석학   503

47. 서구 언어 전통에서 언어와 사고의 침체   507
　　　플라톤의 유산 | 실재와 개념, 언어의 위기
48. 언어사건 그리고 새롭게 말에 다가가기   515
　　　존재와 사유; "모음"과 예술; 존재의 집인 언어
49. 푹스와 에벨링의 해석학에 관한 추가 고찰   525
　　　공감 그리고 예수의 비유
50. 비유 해석학에 다가가는 관련 접근법들: 펑크, 바이어, 크로산   533
　　　푹스와 펑크의 유사점들, 바이어와 실존 범주
51. 새 해석학에 관한 추가 평가   540
　　　유익한 기여를 했지만 동시에 심각한 편향성을 지녔음

13장 루트비히 비트겐슈타인이 생각하는 철학과 언어   549

52. 비트겐슈타인의 초기 저작과 후기 저작의 차이,
　　　그 차이가 해석학에 시사하는 의미   549
　　　아펠, 야니크, 툴민 | 추상논리 대 언어 게임
53. 초기 저작: 명제, 그림 이론, 언어의 한계   556
　　　명제의 본질 | 논리의 확정성 | 말하기와 보여 주기
54. 해석학과 후기 저작: 언어 게임과 삶   568
　　　특별한 사례 | 환경, 훈련, 적용
55. 사적 언어와 공적 의미 기준에 관한 논의가 해석학에
　　　시사하는 의미   581
　　　공적 전통 대 "나 자신의 사례" | 비트겐슈타인과 불트만

14장 비트겐슈타인, "문법", 신약성경   593

    56. 문법, 통찰, 이해: 문법 발화의 첫 번째 부류에 속하는 사례들   593
        신약성경에 있는 여덟 가지 사례

    57. 문법 발화의 두 번째 부류 그리고 두 부류가 각기 처한 삶의 자리   602
        비트겐슈타인의 『확실성에 관하여』 | 신약성경과 고전 문헌

    58. 문법 발화의 세 번째 부류: 언어적 권면, 그림, 패러다임   616
        신약성경의 쟁점 사례들

    59. 언어 게임, "특별한 사례", 다형 개념   625
        비트겐슈타인의 사례들 | 신약성경에 나온 "믿음", "육"(살), "진리"

    60. 언어 게임과 "…을…으로 봄": 바울이 말하는 이신칭의와 관련하여
       계속 논의되는 몇몇 문제에 새롭게 다가가는 신선한 접근법   637
        계속 논의되는 다섯 문제 | 서로 다른 여러 체계 안에서 내린 판단들

    61. 문법 관계와 성향: 바울이 말하는 믿음과 야고보가 말하는 믿음   648
        논리 문법의 차이 | 성향에 따른 믿음 설명

덧붙인 글 A. 비트겐슈타인과 구조주의   657
덧붙인 글 B. 비트겐슈타인 그리고 성경의 권위에 관한 논쟁   663

15장 결론   673

참고문헌   683
주제 찾아보기   707
인명 찾아보기   717
성구 찾아보기   727
성경 외 고대 문헌 찾아보기   731
주요 인물 소개   733
옮긴이의 말   753

서문

현대 신학과 성경 연구의 중심 관심사 중 하나는 언어학과 해석학에 대한 관심이었다. 오늘날은 해석학—해석을 다루는 학문—에 관한 질문을 제기하지 않으면 진정 학문다운 성경 연구가 불가능하다. 아울러 우리는 지식의 본질, 언어 사용, 주해자의 마음속에서 작용하는 학문적, 존재론적 전제에 관한 질문을 제기하지 않고서는 해석에 관한 질문을 제기할 수 없다. 이 책은 해석학 분야를 훌륭하게 개관할 뿐 아니라, 철학이 그 논쟁에 끼친 기여를 아주 속속들이 살펴봄으로써, 철학이 (1) 해석학이 해야 할 과업을 밝혀 주고 (2) 신약성경의 여러 부분이 지닌 의미를 펼쳐 보이며 (3) 해석자의 선이해와 개념 파악 능력을 확대하여 의미론과 전통적 언어학 너머로 이끌어 줄 도구를 얼마나 많이 제공할 수 있는지 묻는다.

슐라이어마허(Schleiermacher)가 그의 문학 텍스트 연구를 바탕 삼아 해석학에서 선구적 연구를 펼쳐 보이고, 뒤이어 딜타이(Dilthey)가 슐라이어마허의 연구를 인문학 전반(역사학, 사회학, 예술, 종교)에 적용하고, 그 후 루돌프 불트만(Rudolf Bultmann)이 신약성경에 적용한 것은 해석학 문제가 텍스트뿐 아니라 해석자와도 연관이 있는 이중성을 지녔다는 사실을 부각시켰다. 이는 세 가지 커다란 쟁점, 즉 우리 자신과 성경 저자들 사이에 존재하는 역사의 거리라는 문제, 해석에서 신학이 하는 역할에 관한 질문, 해석학과 언어의 관계라는 쟁점을 불러일으킨다. 티슬턴 박사는 이런 관심사를 염두에 두고 불트만, 가다머(Gadamer), 하이데거(Heidegger), 비트겐슈타인(Wittgenstein)의 작업을 훌륭하게 검토한다. 그리고 하이데거와 비트겐슈타인의 경우에는 그들의 초기 작업과 후기 작업에 비추어 비교하고 대조한다.

이 책은 저자가 이 책에서 살펴본 많은 저자를 완전히 꿰뚫고 있음을 보여 줄 뿐 아니라, 1차 문헌으로 언어학, 신약 언어와 문헌, 현대 철학 분야의 저술가들(유럽 대륙과 영국, 미국의)이 쓴 작업을 독파했음을 보여 준다. 티슬턴 박사는 명쾌한 설명을 제시하는 남다른 은사와 변증 능력이 있다. 이는 그의 비판적 통찰력과 결합하여 대단히 중요한 이 저작에 탁월한 통일성을 제공해 준다.

티슬턴 박사가 이러한 주제를 다룬 그의 연구를 철학박사 학위 논문으로 제출했을 때, 나는 외부 심사위원 중 한 사람으로 활동할 특권을 누렸으며, 그가 제출한 학위 논문은 내가 여태껏 읽은 가장 탁월한 학위 논문 가운데 하나였다. 나는 이 책이 여러 학문 분과의 학생과 학자들에게 현대 신학의 몇몇 주요 분야를 가장 빼어나게 설명해 주는 책으로서 무한한 가치를 증명해 보일 것이라고 확신한다. 이 책은 현대 신학의 중요 주제들을 훌륭하고 깊이 있게 개관한다. 영어권에는 바로 이런 연구서가 절실하다.

제임스 브루스 토렌스
애버딘 대학교 조직신학 교수

감사의 글

이 책의 주요 내용은, 그동안 죽 개정해 오긴 했지만, 원래 셰필드 대학교에 철학박사 학위 논문으로 제출했던 것이다. 먼저 외부 심사위원으로서 논문을 심사해 준 옥스퍼드 대학교 존 맥쿼리(John Macquarrie) 교수와 애버딘 대학교 제임스 토렌스(James Torrance) 교수에게 감사하고 싶다. 두 분은 이 연구를 책으로 출간할 준비를 하는 동안 용기를 북돋아 주었다. 특히 이 책에 이토록 후한 서문을 써 준 토렌스 교수와 아주 자상하면서도 건설적인 평을 해 준 두 분에게 감사한다. 아울러 친구요 같은 학교 동료였던 풀러 신학교 콜린 브라운(Colin Brown) 교수에게 따뜻한 감사를 전한다. 그는 원고 전체를 꼼꼼히 읽었으며 내가 받아들인 값진 제안을 많이 해 주었다.

또 이 노작을 집필하는 내내 늘 아낌없는 도움과 격려를 베풀어 준 아내 로즈메리에게 깊이 감사한다. 아내는 상당한 시간과 노력을 들여 원고의 여러 부분을 타자하고 내용을 검토했으며, 찾아보기 정리를 도와주었다. 아내와 우리 세 아이는 내가 마땅히 그들과 함께 보냈어야 할 긴 시간을 책상에서 보낼 때에도 이를 참아 줄 수밖에 없었다. 아울러 아주 쾌적하고 행복한 셰필드 대학교 신학부의 분위기에도 감사하고 싶다. 거기서 동료들의 연구 결과는 물론 오랜 시간 그들과 나눈 유익한 신학 토론에서도 많은 자극을 받았다. 또 후의를 베풀어 준 신학부 학장 제임스 앳킨슨(James Atkinson) 교수에게도 심심한 사의를 표한다.

아울러 이 정도 분량의 학술적인 책을 출간해 준 영국 엑서터 시 파터노스터(Paternoster) 출판사와 미국 미시건 주 그랜드래피즈 시 어드만스(Wm. B. Eerdmans) 출판사의 여러 책임자에게도 마음에서 우러나는 감사를 전하고 싶다. 특히 파터노스터의 경영 책임자인 제레미 머디트와 편집 책임자인 피터 커즌스는 이 원고를 출간할 준비를 하는 모든 단계에서 도움과 권고와 격려를 끊임없이 베풀며 내게 온갖 후의를 베풀었다.

이 책의 여러 장에서 주장하는 논지는 이미 다른 곳에서 출간한 저작들과 서너 군데 겹친다. 그런 몇몇 논지는 물론 심지어 I. 하워드 마셜(Howard Marshall)이 편집한 『신약 해석』에 실린 내 두 논문[*New Testament Interpretation* (Paternoster Press, Exeter, and Eerdmans, Grand Rapids, Mich., 1977, pp. 75-104 and 308-333)]의 몇몇 문장까지 여기저기서 활용할 수 있게 허락해 준 것에도 감사드린다. 아울러 한 곳에서는 내 논지가 내가 이전에 쓴 논문인 "해석학의 한 측면인 성경 언어의 의미론"("The Semantics of Biblical Language as an Aspect of Hermeneutics", published in *Faith and Thought* CIII, 1976, pp. 108-120)의 일부와 겹친다. 원래 바울이 말하는 이신칭의를 다룬 내용은, 5차 국제 성서학 총회(1973)에서 "바울이 말하는 이신칭의의 논리적 문법"(On the Logical Grammar of Justification in Paul)이라는 제목으로 발표했고 베를린 아카데미(Berlin Academy)에서 펴내는 「스투디아 에반겔리카」(*Studia Evangelica*)에 곧 실릴 논문과 상당히 겹쳤다. 하지만 그 내용을 지금 이 연구서에 나타난 형태로 완전히 고쳐 증보하고 다시 서술했다.

앤터니 티슬턴

셰필드 대학교 신학부

약어

An.	Analysis
A.T.R.	Anglican Theological Review
B.B.	L. Wittgenstein, *The Blue and Brown Books: Preliminary Studies for the Philosophical Investigations*. Blackwell, Oxford, ²1969. 『청색 책, 갈색 책』(책세상).
B.J.R.L.	Bulletin of the Journal of the John Rylands Library
B.Q.T.	W. Pannenberg, *Basic Questions in Theology*. 3 vols. Eng. S.C.M., London, 1970, 1971, and 1973
B.T.	M. Heidegger, *Being and Time*. Eng. Blackwell, Oxford, 1962. 『존재와 시간』(까치).
B.T.B.	Biblical Theology Bulletin
C.B.Q.	Catholic Biblical Quarterly
Cert.	L. Wittgenstein, *On Certainty*. Germ. and Eng. Blackwell, Oxford, 1969. 『확실성에 관하여』(책세상).
C.J.T.	Canadian Journal of Theology
E.B.	M. Heidegger, *Existence and Being*. Eng. Vision Press, London, ³1968
E.F.	R. Bultmann, *Existence and Faith*. Fontana edn., Collins, London, 1964
E.P.T.	R. Bultmann, *Essays Philosophical and Theological*. S.C.M., London, 1955
Exp.T.	Expositiry Times

F.U.	R. Bultmann, *Faith and Understanding* I. Eng. S.C.M., London, 1969
G.u.V.	R. Bultmann, *Glauben und Verstehen: Gesammelte Aufsätze*. 4 vols. Mohr, Tübingen, 1964-1965
Holz.	M. Heidegger, *Holzwege*. Klostermann, Frankfurt, 1950. 『숲길』(나남).
Herm.	E. Fuchs, *Hermeneutik*. Mohr, Tübingen, ⁴1970
H.T.R.	*Harvard Theological Review*
I.M.	M. Heidegger, *An Introduction to Metaphysics*. Eng. Yale University Press, New Haven, 1959. 『형이상학 입문』(문예출판사).
Int.	*Interpretation*
I.P.Q.	*International Philosophical Quarterly*
I.T.T.L.	G. Ebeling, *Introduction to a Theological Theory of Language*. Eng. Collins, London, 1973. 『언어신학서설』(중앙신학교출판부).
J.B.L.	*Journal of Biblical Literature*
J.B.S.P.	*Journal of the British Society for Phenomenology*
J.H.I.	*Journal of the History of Ideas*
J.H.P.	*Journal of the History of Philosophy*
J.Ph.	*Journal of Philosophy*
J.R.	*Journal of Religion*
J.T.C.	*Journal for Theology and the Church*
J.T.S.	*Journal of Theological Studies*
K.M.	H.-W. Bartsch (ed.), *Kerygma and Myth*. 2 vols. S.P.C.K., London, ²1964 and 1962
K.u.M.	H.-W. Bartsch (ed.), *Kerygma und Mythos, Ein theologisches Gespräch*. 6 vols. Reich & Heidrich, Evangelischer Verlag, Hamburg, 1948 onwards
L.C.A.P.R.	L. Wittgenstein, *Lectures and Conversations on Aesthetics, Psychology and Religious Belief*. Blackwell, Oxford, 1966
M.W.	*Man and World*
N.H.	James M. Robinson and J. B. Cobb, Jr. (eds.), *New Frontiers in Theology: II, The New Hermeneutic*. Harper & Row, New York, 1964

N.	L. Wittgenstein, *Notebooks 1914-1916*. Eng. Blackwell, Oxford, 1961. 『비트겐슈타인 철학일기』(책세상).
N.T.S.	*New Testament Studies*
O.W.L.	M. Heidegger, *On the Way to Language*. Eng. Harper & Row, New York, 1971. 『언어로의 도상에서』(나남).
P.A.S.S.	*Proceedings of the Aristotelian Society Supplement*
P.B.	L. Wittgenstein, *Philosophische Bemerkungen*. Blackwell, Oxford, 1964
P.G.	L. Wittgenstein, *Philosophical Grammar*. Blackwell, Oxford, 1974
P.H.	H.-G. Gadamer, *Philosophical Hermeneutics*. Eng. University of California Press, Berkeley, 1976
P.I.	L. Wittgenstein, *Philosophical Investigations*. Germ. and Eng. Blackwell, Oxford, ^{3}1967. 『철학적 탐구』(아카넷).
P.L.T.	M. Heidegger, *Poetry, Language, and Thought*. Harper & Row, New York, 1971
Ph.R.	*Philosophical Review*
Ph.T.	*Philosophy Today*
R.E.	*Review and Expositor*
R.F.M.	L. Wittgenstein, *Remarks on the Foundations of Mathematics*. Germ. and Eng. Blackwell, Oxford, 1956
R.M.	*Review of Metaphysics*
R.St.	*Religious Studies*
S.H.J.	E. Fuchs, *Studies of the Historical Jesus*. Eng. S. C. M., London, 1964
S.J.T.	*Scottish Journal of Theology*
T.	L. Wittgenstein, *Tractatus Logico-Philosophicus*. Germ. and Eng. Routledge & Kegan Paul, London, 1961. 『논리-철학 논고』(책세상).
Th.T.	*Theology Today*
T.B.	*Tyndale Bulletin*
T.M.	H.-G. Gadamer, *Truth and Method*. Eng. Sheed & Ward, London,

	1975 (Eng. trans. of W.M.). 『진리와 방법』(문학동네).
T.N.T.	R. Bultmann, *Theology of the New Testament*. 2 vols. Eng. S.C.M., London, 1952 and 1955. 『신약성서신학』(한국성서연구소).
T.R.B.	C. W. Kegley (ed.), *The Theology of Rudolf Bultmann*. S.C.M., London, 1966
U.A.B.	D. E. Nineham, *The Use and Abuse of the Bible: A Study of the Bible in an Age of Rapid Cultural Change*. Macmillan, London, 1976
U.S.	M. Heidegger, *Unterwegs zur Sprache*. Neske, Pfullingen, ²1960. 『언어로의 도상에서』(나남).
U.S.Q.R.	*Union Seminary Quarterly Review*
V.u.A.	M. Heidegger, *Vorträge und Aufsätze*. Neske, Pfullingen, 1954. 『강연과 논문』(이학사).
W.F.	G. Ebeling, *Word and Faith*. Eng. S.C.M., London, 1963
W.M.	H.-G. Gadamer, *Wahrheit und Methode: Grundzüge einer philosophischen Hermeneutik*. Mohr, Tübingen, ²1965. 『진리와 방법』(문학동네).
W.W.	M. Heidegger, *Vom Wesen der Wahrheit*. Klostermann, Frankfurt, 1954. 『진리의 본질에 관하여』(까치).
Z.	L. Wittgenstein, *Zettel*. Germ. and Eng. Blackwell, Oxford, 1967. 『쪽지』(책세상).
Z.N.W.	*Zeitschrift für die neutestamentliche Wissenschaft*
Z.Th.K.	*Zeitschrift für Theologie und Kirche*

서론

이 연구서의 본질과 목적은 토렌스 교수가 써 준 아주 후한 서문에 이미 서술되어 있다. 여기에서는 더 설명이 필요한 세 가지 구체적 요점만 이야기해 보겠다.

우선, 『두 지평』(The Two Horizons)이라는 제목과 관련하여 한마디 짚고 넘어가야겠다. 이런 제목을 고른 이유는 1장 2항에서 제시할 것이며, 가다머를 다룬 장에서 훨씬 더 분명하게 밝혀 보겠다. '지평'(horizon)은 이제 해석학 이론에서 전문 용어가 되었지만, 심지어 보통 사람들이 나누는 이야기에서도 주어진 관점이나 시각이 지배하는 사고의 한계를 가리키는 은유로 사용되고 있다. 성경 해석학의 목표는 해석자 자신의 지평을 재형성하고 확장시켜, 해석자와 본문 사이에 서로 적극적이고 의미 있는 소통이 일어나게 하는 것이다. 어떤 의미에서는, 가다머의 말마따나 지평 '융합'(fusion)이 해석학의 목표라고 말할 수 있다. 사실 해석자는 그가 속한 역사 전통 밖으로 뛰쳐나가지 못하기 때문에, 두 지평이 완전히 일치하기는 불가능하다. 아무리 애써도 두 지평은 가까워질 뿐이지, 여전히 별개로 존재한다. 그럴지라도 역사의 거리와 전통이라는 문제가 꼭 지나친 비관론을 초래하지는 않는다. 해석학의 여러 문제가 작지 않다 하더라도 풀 수 없는 문제는 아니며, 지평 융합을 **향한** 발전은 늘 존재한다. 성경은 오늘도 성경 해석자 자신의 지평을 바로잡고 재형성하고 확장시키는 방식으로 말할 수 있으며 또한 말하고 있다.

둘째, 이 책의 범위, 그리고 이 책의 여러 부분이 갖췄어야 할 독창성(또는 독창성 결핍) 정도와 관련하여 설명이 필요하다. 토렌스 교수가 서문에서 강조하듯이, 해석학과 역사, 해석학과 신학, 해석학과 언어를 다룬 세 장은 우리의 주된 과업에서 벗어난 여담이 아니다. 이 근본 쟁점들을 살펴보지 않고 진지한 해석학 논의를 완수하기는 불가능하기 때문이다. 아울러 이 책이 가장 두드러지게 기여한 부분은 하이데거, 불트만, 가다머, 특히 비트겐슈타인의 작업과 관련이 있다. 나는 하이데거, 불트만, 가다머의 작업과 관련하여 내 나름대로 독창적 논평을 몇 가지 제시하려고 노력했다. 그러나 비트겐슈타인을 다룬 장에서 나의 가장 두드러진 작업을 발견할 수 있다고 확신한다. 이는 비트겐슈타인이 해석학 이론에서 가지는 의미에 관한 논평에서도 일부 발견할 수 있으며, 그의 저작을 활용하여 신약성경이 안고 있는 개념 문제를 설명한 곳에서도 일부 발견할 수 있다.

셋째, 어떤 철학 범주를 성경 본문에 강요하는 것은 분명 우리의 목표가 아니다. 사실 우리의 주안점은 그와 정반대다. 해석학의 여러 문제를 충실히 인식하는 것은, 해석자가 단지 자신의 입장이나 선입견의 메아리를 다시 듣는 식으로 성경 본문을 읽는 방식에 **맞설 방어 수단**이 된다. 에벨링(Ebeling)이 우리에게 되새겨 주듯이, "루터에 따르면, 하나님 말씀은 늘 **우리의 적으로** 다가온다. 하나님 말씀은 단순히 우리가 생각하는 우리 모습과 남에게 인정받고픈 우리 모습이 옳다고 인정하고 지지해 주지 않는다"(*I.T.T.L.*, p. 17).

약 15년 전, 데니스 나인햄(Dennis Nineham)은 이렇게 썼다. "나는 이런 성서학자 몇몇이 나오기를 간절히 바란다.…이를테면, 그 문제에 대한 최신 쟁점을 다룰 만한 전문 지식이 있으며…진지한 성서학도 모두에게 헤아릴 수 없는 가치를 제공할 수 있는 학자 말이다"(*The Church's Use of the Bible*, S.P.C.K., London, 1963, p. 168). 그러나 이런 요청에 부응하려는 저술가가 성경이 오늘날에도 사람들에게 말할 수 있다는 데 깊은 회의를 느낀 이들뿐이라면 불행한 일일 것이다. 하나님이 오늘날에도 성경을 통해 말씀하신다는 믿음은, 해석학 과업을 하찮아 보이게 하기는커녕 오히려 해석학을 더욱더 긴급한 연구 대상으로 만든다. 이런 신학적 관점에서 보면, 성경을 단순히 고대 세계 사람들의 종교적 믿음과 열망이 담긴 과거 기록쯤으로 보는 일도, 인간 자신이 고안한 것을 어설프게 '적용'하기를 유발하는 촉매제로 보는 일도 없기 때문이다. 성경이 말하는 바를 있는 그대로, 또한 합당한 권위가 있는 말로 들으려면, 해석자는 성경 본문의 독특한 지평을 존중하되 무엇보다 먼저 자신의 지평으로부터 본문의 지평을 떼어 놓아야 한다. 이것은 비단 신학만의 강조점이 아니다. 앞으로 가다머의 저작에서 보겠지만, 일반 해석학 이론에서도 같은 말을 한다.

그렇다면 우리 연구서에서는 왜 철학에 관심을 가지는가? 이 물음에는 이미 토렌스 교수가 서문 첫 단락에서 간결하게 대답했다. 그러나 이제 연구서의 첫 두 장에서 그 문제를 더욱 충분히 살펴보겠다.

1부
도입 질문

1장
주제의 본질과 범위

1. 왜 철학적 서술인가?

신약성경 해석자가 굳이 철학과 관계를 맺어야 할 이유가 있을까? 두 가지 반론이 즉시 떠오른다. 우선, 학제간 연구가 유행이 되었다. 성서학에서도 학제간 연구의 중요성이 커지고 있음을 볼 수 있는데, 1974년에 학술지 「세메이아」(Semeia)를 창간한 것이 그 예다. 그렇다면 이 연구서는 인위적으로 짜낸 방법을 통해 이 시대에 유행하는 흐름을 쫓아가려는 또 하나의 시도일 뿐인가?

둘째, 기독교 신학에서는 테르툴리아누스(Tertullian) 때부터 줄곧, 철학 개념과 범주를 사용하는 것이 성경 기록을 '순수하게' 이해하지 못하게끔 변질시킨다는 의심의 목소리가 이어졌다. 테르툴리아누스는 기독교 진리를 철학의 관점으로 해석하면 이단으로 이어지게 마련이라고 믿었다. 우리 시대에는 헬무트 틸리케(Helmut Thielicke)가 루돌프 불트만이 이런 잘못을 저질렀다고 비판했다. 틸리케는 이렇게 썼다. "이 시대 세속 사상에서 유래한 비성경적 원리를 성경 해석에 적용할 때마다, 스스로 자신을 해석할 수 있는 성경의 능력은 치명적 결과들로 인해 손상을 입는다. 이는 칸트 철학에서 일어났고, 신학 관념론에서 재발된 일이다. 이제는 또 불트만에게서도 벌어지고 있다."[1]

이 두 반론은 얼마나 강력한가? 먼저, 사실 첫 번째 반론에 대해서는 두 번째 반론에서 거의 답을 제공한다. 틸리케가 불트만을 비판할 수 있다는 사실 자체가 이 주제가 살아 있는 쟁점임을 보여 준다. 불트만 이전의 사상가들이 한 작업이야 어찌되었든, 루돌프 불트만과 새 해석학 주창자들이 자신들의 신약성경 연구에 철학의 범주를 끌어다 쓴 것은 엄연한 사실이다. 우리가 제아무리 그러고 싶어도, 그런 작업을 무시함으로써 시곗바늘을 되돌릴 수는 없다. 불트만도 자신의 신약 연구가 철학에 대한 관심과 아주 긴밀히 결합해 있음을 순순히 인정한다. 그의 반대자들만이 이 사실을 강조하는 게 아니다. 그는 이렇게 썼다. "나는 하이데거의 실존 분석이 해석학에, 곧 신약성경 해석에 풍성한 열매를 안겨 주었다고 본다."[2] 더불어 그는 이렇게 말한다. "나는 그 [하이데거]에게서 신학이 **무엇을** 말해야 하는가가 아니라 **어떻게** 말해야 하는가를 배웠다."[3]

두 번째 반론 같은 경우, 성경 해석자가 문제가 된 철학 범주를 자유로이 검토할 수 없다면 실제로 그 타당성을 평가할 수 있는지 알아내기 힘들다. 실제로 불트만이 하이데거에게 진 빚의 본질과 그 정도를 우리 스스로 검토해 보지 않는 이상, 불트만을 바라보는 틸리케의 견해가 옳은지 그른지 어떻게 평가할 수 있겠는가? 틸리케의 불트만 비판이 옳은지 그른지는 불트만이 하이데거에게 빌려 온 것이 무엇인가를 먼저 탐구해야 밝혀낼 수 있다. 그 탐구가 끝나야 비로소 불트만의 철학 활용이 그의 신약성경 해석에 얼마나 영향을 미쳤는지 평가할 수 있다. 순수하게 주해만을 활용한 연구에서는 불트만이 옳은 지점과 그른 지점을 구체적 사례로 제시할 수 있겠지만, 그가 자신의 결론을 내릴 때 밑바탕이 되었던 생각들을 평가하지는 못할 것이다. 어쨌든

---

[1] H. Thielicke, "The Restatement of New Testament Mythology", in *K.M.* I, p. 149. 참고. pp. 150-157. 아울러 더 근래에 이루어진 논의를 살펴보려면 *The Evangelical Faith* (Eng. Eerdmans, Grand Rapids, Michigan, 1974) I, pp. 38-114를 보라.

[2] R. Bultmann, "Reply to John Macquarrie, 'Philosophy and Theology in Bultmann's Thought'" in *T.R.B.*, p. 275.

[3] R. Bultmann, "Reply to Götz Harbsmeier, 'The Theology of Rudolf Bultmann and its Relation to Philosophy'" in *ibid.*, p. 276.

불트만이 하이데거에게 빚진 것과 마르부르크의 신칸트학파 철학에 빚진 것을 구분해야 할 필요성을 간과하면, 철학 색채가 두드러진 그의 배경을 검토해야 할 필요성이 훨씬 분명해진다. 마르부르크의 신칸트학파 철학이라는 요인은 객관화를 지향하는 불트만의 태도와 신약성경을 비신화화해야 한다는 그의 제안에 영향을 미쳤다.

둘째, 철학에서 끌어낸 개념들은 해석학의 과업을 서술하고 비판적 시선으로 평가하는 일도 수월하게 해 준다. 이는 신약학자인 에른스트 푹스(Ernst Fuchs), 조직신학자인 게르하르트 에벨링(Gerhard Ebeling), 특히 철학자 한스게오르크 가다머(Hans-Georg Gadamer)의 저작에서 볼 수 있다. 이를테면 푹스는 Einverständnis라는 개념을 많이 활용하는데, 이 말은 번역하는 이에 따라 '공통 이해', '상호 이해', '공감'이라고 다양하게 번역된다.[4] 나아가 에벨링은 이렇게까지 말한다. "이제는 해석학이 고전 인식론을 대신한다.…따라서 오늘날 신학에서는 해석학 문제가 철학과 만나는 자리가 되고 있다."[5]

근래 한스게오르크 가다머의 걸작 『진리와 방법』(*Wahrheit und Methode*, 문학동네)이 영어로 번역되었으나, 영역본에는 독일어판의 부제가 빠져 있다. 독일어판에는 이 책의 내용을 설명해 주는 "철학적 해석학의 기본 원리"(Grundzüge einer philosophischen Hermeneutik)라는 부제가 있다. 가다머는 우리가 역사의식의 등장과 함께 나타난 철학 문제들을 책임 있는 자세로 깊이 살펴보지 않으면 이젠 더 이상 고대 텍스트 혹은 과거의 전통을 이해한다고 순진하게 말하기가 불가능함을 강조하기 때문이다. 신약 연구에서 불트만이 해석학에서 이룬 성과를 무시하지 못하는 것처럼, 해석학에서는 빌헬름 딜타이(Wilhelm Dilthey)와 그의 철학을 이어받은 이들이 역사적 이해의 본질에 관하여 이룬 성과를

---

4 E. Fuchs, *Herm.*, p. 136; 그리고 "The Hermeneutical Problem" in J. M. Robinson (ed.), *The Future of Our Religious Past: Essays in Honour of Rudolf Bultmann* (S.C.M., London, 1971), p. 270 (Germ. E. Dinkler, ed., *Zeit und Geschichte Dankesgabe an Rudolf Bultmann zum 80 Geburtstag*, Mohr, Tübingen, 1964, p. 360).

5 G. Ebeling, *W.F.*, p. 317.

무시할 수 없다. 가다머는 철학과 해석학의 전문 개념인 이해(Verstehen)라는 개념을 다시 검토하면서, 해석자와 텍스트가 주어진 역사 전통 속에 어떤 식으로 서 있는가를 묻는다.

딜타이는 이해라는 문제가 지닌 역사적 측면을 강조함으로써 해석학 역사에서 핵심 요점을 대변하는 이가 되었지만, 그보다 앞서 해석학 역사는 프리드리히 슐라이어마허의 작업에서 전환점에 이르렀다. 슐라이어마허가 해석학에서 차지하는 남다른 중요성을 그 누구보다 잘 증명한 이가 가다머의 제자였던 하인츠 키멀레(Heinz Kimmerle)다. 키멀레는 출간되지 않은 슐라이어마허의 논문들에 관한 중요한 독창적 연구를 수행하여 이 논문들을 상세히 해설했으며, 이는 슐라이어마허의 작업을 재평가하게 만드는 결과로 이어졌다. 키멀레는 이렇게 썼다. "슐라이어마허의 작업은 해석학 역사의 전환점을 이룬다. 그때까지만 해도, 사람들은 해석학을 사람들이 이미 받아들인 이해를 밑받침하고 보증하며 분명히 설명해 주는 것이라고 생각했다.…슐라이어마허의 사상에 이르러 해석학은 이전과 질이 다른 기능, 곧 우선은 이해를 가능하게 하고 이어 각각의 개별 사례에서도 신중히 이해를 일으키는 기능을 얻는다."[6]

슐라이어마허 이전 시대 사람들은 해석학이 본문에 관한 특정한 이해가 정확한 이해임을 확실히 보증하는 '규칙들'을 형성하는 것과 관련이 있다고 보았다. 그러나 슐라이어마허는 이런 견해가 사전(preliminary) 이해를 포함하여 이해가 어떻게 가능한가라는 더 넓은 질문에 대해 특정한 대답을 전제하고 있었다는 것을 보여 주었다. 텍스트를 해석하는 데 필요한 언어 지식과 역사 지식을 모두 가진 사람이라도 문제가 된 텍스트를 이해하지 못할 수 있다. 따라서 사전 이해를 포함하여 이해가 어떻게 가능한가라는 질문에는 언어 자료와 역사 자료를 단순히 축적하고 과학적 해석 규칙을 적용하는 차원을 넘어서는 더 폭넓고 철학적인 차원이 존재한다.

---

6 H. Kimmerle, "Hermeneutical Theory or Ontological Hermeneutics" in *J.T.C.* IV (ed. by R. Funk), p. 107; 참고. pp. 108-121.

따라서 신약 전문가인 에른스트 푹스가 현대 해석학의 주요 문헌을 저술하면서 불트만과 에벨링, 푹스 자신의 작업뿐 아니라 하이데거와 가다머의 철학 저작까지 인용하는 것은 놀라운 일이 아니다.[7] 이와 똑같은 점이 리처드 파머(Richard Palmer)가 쓴 책의 제목인 『해석학: 슐라이어마허, 딜타이, 하이데거, 가다머의 해석 이론』(*Hermeneutics: Interpretation Theory in Schleiermacher, Dilthey, Heidegger and Gadamer*)[8]에도 나타난다. 신약 해석학의 과업과 문제를 명확히 밝히려 할 때 철학 개념을 제쳐 놓고 설명할 수는 없다.

셋째, 아울러 철학적 서술이 등장하는 또 다른 이유가 있다. 철학의 범주는 해석학의 과업을 쉽게 서술하도록 도와줄 뿐 아니라, 실제 신약성경 본문 해석에도 도움을 줄 수 있다. 이를 증명하는 아주 유명한 사례 중 하나가 불트만이 실존철학의 여러 범주를 활용하여 바울의 인간관을 해석한 것이다. 예를 들어 바울이 σῶμα(소마, 몸)를 분명 **인간** 실존을 특징짓는 말로 사용할 때, 불트만은 하이데거가 실존 범주(existentialia)와 '범주'(categories)를 대조한 것을 일부 원용하여 σῶμα를 실체라는 관점으로 해석하길 거부한다. 그리하여 불트만은 바울이 말하는 σῶμα가 실체나 사물이라기보다 오히려 존재 방식을 나타낸다고 결론짓는다. "사람은 *sōma*를 갖고 있지 않다. 오히려 사람이 곧 *sōma*다."[9]

하지만 신약성경의 특정 본문을 해석할 때 실존주의의 범주를 사용하는 이는 불트만뿐이 아니다. 그런 예로 예수의 비유를 다룬 두 특별한 저자의 작품을 인용할 수 있다. 게라인트 본 존스(Geraint Vaughan Jones)는 탕자 비유(눅 15:11-32)를 이런 식으로 해석한다.[10] 존스는 비유 속 등장인물들이 "우리

---

7 E. Fuchs, "The Hermeneutical Problem", *The Future of Our Religious Past*, pp. 269-270.
8 R. E. Palmer, *Hermeneutics: Interpretation Theory in Schleiermacher, Dilthey, Heidegger and Gadamer* (Northwestern University Press, Evanston, 1969) (Studies in Phenomenology and Existential Philosophy). 『해석학이란 무엇인가』(문예출판사).
9 R. Bultmann, *T.N.T.* I, p. 194; 참고. pp. 192-203.
10 G. V. Jones, *The Art and Truth of the Parables* (S.P.C.K., London, 1964), pp. 167-205.

자신의 경험과 같은 실존 범주"에서 등장한다고 주장한다.[11] 실존철학의 몇 가지 핵심 테마가 이 비유에 나온다. 작은 아들은 소외와 갈망, 어디에도 속하지 못한 외로움을 체험한다. 결단이 인물을 영원히 규정한다. "곤궁하고 자포자기한 가운데 살아가는 새 자아는 어떤 의미에서 보면 자신만만하게 아버지를 거역하고 집을 떠나던 순간의 자아와 다르다."[12] 인간관계가 없으면 삶은 무의미하고 공허하다. 형은 탕자를 이미 세워진 기준에 따라 다루어야 할 '전형'으로 대한다. 존스는 실존주의의 테마를 많이 인용하여 신약성경 본문을 설명한다.

이와 관련하여 주목해야 할 또 다른 저자는 댄 오토 바이어(Dan Otto Via)다. 바이어는 실존주의의 테마를 끌어와 달란트 비유(마 25:14-30)를 비롯한 여러 비유를 자세히 설명한다.[13] 그는 한 달란트 받은 사람이 자신의 안전을 지키려는 행동을 했다고 지적한다. 한 달란트 받은 사람은 불안으로 마비되어 버렸고, 이 바람에 알지 못하는 일에 뛰어들어 자신의 가능성을 실현해 보는 모험을 하지 않았다. 그는 자신의 죄책감을 억누르고, 이 죄책감을 자기를 고용한 이에게 뒤집어씌운다. 온 세상이 인간이 펼치려는 사업에 어깃장을 놓는다고 보면서, 자신을 세상살이의 희생자 중 한 사람으로 이해하려 한다. 그는 책임을 받아들이길 거부한다. 따라서 그에게는 책임이 주어지지 않고, 그는 갖고 있던 한 달란트조차 빼앗긴다. "우리는 다음과 같이 연결된 움직임을 본다. 이 움직임은 모험을 거부하는 **데서 시작하여**, 죄책감을 다른 이에게 뒤집어씌우며 억누르는 단계를 지나, 의미 있는 실존을 만들어 낼 호기를 잃어버리는 결과로 **이어진다.**"[14] 바이어는 이렇게 결론짓는다. "모험을 무릅쓰길 거부하고 그에 따르는 책임을 지지 못하겠다는 것은 불신앙과 같다. 자기 삶을 걸

---

[11] *Ibid.*, p. 167.
[12] *Ibid.*, p. 175.
[13] D. O. Via, Jr., *The Parables: Their Literary and Existential Dimension* (Fortress Press, Philadelphia, 1967), pp. 113-122.
[14] *Ibid.*, p. 119.

어야 할 때 물러나는 사람은 자신의 안전만 도모하려 한다."[15]

지금 바이어가 실존주의의 범주를 인용하지 않았다면 비유를 이런 식으로 설명하지 못했을 것이라는 말을 하려는 게 아니다. 사실, 이런 식의 설명이 맞다 할지라도, 그런 범주는 현대성이 두드러진 해석을 비유에 강요함으로써 비유가 본디 가진 의미를 왜곡해 버릴 것이다. 그렇지만 철학은 비트겐슈타인이 표현하듯 "우리가 사물을 바라보는 방식"에 영향을 미칠 때가 잦다.[16] 철학은 "늘 우리 눈앞에 있기 때문에 아무도 의심하지 않았고 언급하지도 않은 채 그냥 지나쳤던 사실들"을 분명히 밝혀 준다.[17] 이런 일이 바이어의 설명에서도 일어난 것 같다. 불트만, 존스, 바이어와 같은 저자들이 쓴 작품 덕분에, 늘 거기에 존재했으나 그런 작품이 없었으면 주목받지 못하여 완전히 이해하지 못한 채 넘어갔을 성경 본문의 특징을 간파하게 된 것은 의심할 여지가 없다. 이 연구서 뒷부분에서는 비트겐슈타인의 철학에서 사용하는 어떤 개념들이 같은 내용을 신선한 각도에서 바라볼 수 있음을 보여 줌으로써 은혜로 말미암아 믿음을 통해 의롭다 하심을 얻는다는 바울의 교리를 얼마나 신선하게 설명하는지 제시해 보겠다.

넷째, 히브리어와 헬라어 같은 특정 언어에 관한 연구뿐 아니라 언어 자체의 본질에 관한 탐구도 성경 본문을 밝히 설명해 준다. 분명 철학 못지않게 언어학에서도 언어의 본질에 관한 질문을 던진다. 그러나 이런 질문들이 철학자들이 던지는 질문과 정확히 같지는 않다. 나는 다른 연구서에서 그런 질문 중 몇 가지를 다루었다.[18] 반면, 철학자들은 언어의 본질을 놓고 예리한 질문을 던진다. 하이데거가 쓴 논문 중 하나는 분명 "언어의 본질"(The Nature of

---

15 Ibid., p. 120.
16 L. Wittgenstein, P.I., sect. 122. 『철학적 탐구』(아카넷).
17 L. Wittgenstein, R.F.M. I, sect. 141.
18 A. C. Thiselton, "The Supposed Power of Words in the Biblical Writings" in J.T.S. N.S. XXV (1974), pp. 283-299; 그리고 "Semantics and the New Testament" in I. H. Marshall (ed.), New Testament Interpretation (Paternoster Press, Exeter, and Eerdmans, Grand Rapids, Mich., 1977). 『신약해석학』(크리스천다이제스트).

Language)이라는 제목을 달고 있다.[19] 또 비트겐슈타인은 후기 저작에서 언어와 삶의 특별한 관계에 큰 관심을 가진다. 비트겐슈타인은 삶의 형식이 이런 삶의 형식을 만들어 내는 무대에서 언어가 기능하는 방식을 좌우한다고 말한다.

성서학과 철학의 언어 탐구가 서로 연관이 있음은 신약학 쪽과 철학 쪽 모두 언급한다. 에이모스 와일더(Amos Wilder)는 「세메이아」를 소개하는 창간호에서 성서학자가 구조주의, 사회인류학, 민속학, 언어학과 같은 다양한 분야에 관심을 가져야 하는 이유를 힘써 설명하면서, 이 모든 다양한 분야에는 "언어의 모든 측면을 더 잘 이해하려는…새로운 관심"이라는 한 가지 공통분모가 있다고 역설한다.[20] 이 모든 분야가 성경 전문가와 관련이 있는 것은 바로 그런 이유 때문이다. 아울러 그는 헤르더(Herder), 궁켈(Gunkel), 노르덴(Norden)을 포함하여 일찍이 성서학을 개척했던 많은 선구자가 오히려 그들 뒤를 이은 많은 이보다 "언어가 어떻게 작용하는가"에 더 많은 관심을 갖고 있었다고 말한다.[21] 이 때문에 와일더는 더 넓고도 기본이 되는 이런 관심사들을 다시 다루었던 선례가 많이 있으므로 오늘날의 신약학자 역시 오직 자신만이 새로운 것을 추구한다고 느낄 필요가 없다고 결론짓는다. 로마 가톨릭 성서학자인 로제 라푸앙트(Roger Lapointe)도 마찬가지로 이렇게 주장한다. "해석학에서 제기하는 질문은 여러 학문 분과에 걸쳐 있다. 그 질문은 철학, 신학, 주해, 문학 비평, 인문학 전반과 관련이 있다."[22]

철학 쪽에서는 폴 리쾨르(Paul Ricoeur)가 해석학, 철학, 언어의 본질 연구 사이에 연관이 있을 수밖에 없음을 강조한다. 그는 이렇게 썼다. "이런 주해 담론은 철학과 어떤 식으로 관련을 맺고 있는가? 이런 식, 곧 주해는 기호와 의미

---

[19] M. Heidegger, "The Nature of Language" in *O.W.L.*, pp. 57-108. 『언어로의 도상에서』(나남).
[20] A. N. Wilder, "An Experimental Journal for Biblical Criticism: An Introduction" in *Semeia* I (1974), p. 3.
[21] *Ibid.*, p. 4.
[22] R. Lapointe, "Hermeneutics Today" in *B.T.B.* II (1972), p. 107.

에 관한 이론 전체를 암시하는 방식으로 관련을 맺고 있다." 덧붙여 그는 이렇게 말한다. "해석학은…텍스트 주해에 얽힌 전문적 문제를 더 일반적 문제인 의미와 언어에 관한 문제와 연결한다."²³

다섯째, 이제 처음에 간단히 살펴봤던 문제, 곧 철학의 범주를 성경 밖에서 성경 본문에 강요하다 보면 본문의 의미를 왜곡할 위험이 있지 않느냐는 의심으로 돌아가 보겠다. 제임스 바(James Barr)는 그의 책『구약 해석과 신약 해석』(*Old and New in Interpretation*)에서 이 문제를 논한다.²⁴ 그는 "순수주의" 접근법 또는 "내재적" 접근법을 "외재적" 접근법과 비교하면서, 후자보다 전자가 더 위험하다고 주장한다. 그는 이렇게 평한다. "순수주의 사고의 근본 오류는 '내재적' 입장을 취하면 어쨌든 오류는 막을 수 있다고 가정한다는 것이다."²⁵ 바는 순수주의 접근법 혹은 내재적 접근법이 저지르는 그런 오류 사례 중 하나가, 히브리 사상의 독특함을 과장하면서 누구도 지지할 수 없는 방법으로 히브리 사상의 독특함과 그리스의 시각을 대조하는 경우라고 판단한다. 그는 "히브리 사상을 이상으로 떠받드는 것은 순수주의 의식에 안주하는 자기 투사다"라고 주장한다.²⁶ 반면 반대쪽에서는 "성경 '밖에서' 가져온 개념과 범주를 활용하는 것은 자연스럽고 또한 필요하다"라는 주장을 펼칠 수 있다.²⁷

바 자신도 주저 없이 단언하듯이, 이 점을 위험하고 부정확한 구호 곧 텍스트를 다룰 때 행하는 모든 일의 핵심은 바로 전제라는 구호쯤으로 축소해서는 안 된다. 단순히 모든 이가 그 나름의 전제를 갖고 있기 때문에 이런 전제는 당연히 철학적 전제일 수 있다는 주장을 하는 게 아니다. 우리는 성경 밖에서 온 범주가 꼭 그르거나 부정확하지만은 않다고 주장하는 바의 의견을

---

23 P. Ricoeur, *The Conflict of Interpretations: Essays in Hermeneutics*, ed. by D. Ihde (Northwestern University Press, Evanston, 1974), p. 4. 『해석의 갈등』(한길사).
24 J. Barr, *Old and New in Interpretation: A Study of the Two Testaments* (S.C.M., London, 1966), pp. 171-192.
25 *Ibid.*, p. 173.
26 *Ibid.*
27 *Ibid.*, p. 172.

따른다. 비평가라면 당연히, 몰리에르(Molière)의 작품[1670년에 발표한 『서민귀족』(Le Bourgeois gentilhomme)—옮긴이] 속 주르댕 씨는 자신이 하는 말이 '산문'이라는 것을 들은 적도 없는데 그 말을 산문이라고 묘사한 게 적절치 않으리라는 주장을 할 만하다. '부정과거 중간태' 같은 문법 범주나 '열린 개념' 같은 철학 범주는 화자나 저자가 자신이 그 범주를 사용하고 있음을 아느냐와 상관없이 활용될 수 있다. 그런 범주가 텍스트에는 여전히 '외재적'일 수 있지만, 그래도 이런 범주 활용은 텍스트의 의미를 왜곡하기보다 분명히 밝혀 준다.

특별한 신학 학파, 곧 미국의 보수 학자 코넬리어스 반틸(Cornelius Van Til)이 이끄는 학파가 있는데, 이런 학파라면 당연히 기독교의 독특함을 갖지 않은 철학으로부터 온 통찰을 활용하려는 어떤 시도도 마뜩치 않게 여길 것이다.[28] 반틸의 입장에 상세히 답변하려면 이 책의 범위를 한참 벗어나야 할 것이다. 우리도 기독교 계시가 삶과 사상의 모든 측면에서 가장 중요하다고 강조하는 반틸에 동의한다. 그렇지만 우리는 먼저 우리가 앞서 강조한 점, 곧 신약성경을 해석할 때 철학을 활용하는 것을 문제 삼는 여러 비판을 적절히 평가하려면 우선 문제가 된 철학 범주를 깊이 고찰해야 한다는 점을 다시금 이야기할 수밖에 없다. 예를 들어, 불트만을 상대로 한 여러 표준적 비평을 살펴보면, 대부분 불트만이 철학을 사용한 것을 문제 삼는 논박이라기보다 하이데거 철학이나 신칸트주의 철학처럼 특정한 철학을 사용한 것을 문제 삼는 논박이라는 게 드러난다. 둘째, 우리는 철학 범주를 더 긍정적이고 건설적인 방향으로 인용하려 했다. 특히 비트겐슈타인의 철학 범주를 사용한 경우가 그러한데, 이때는 해석학 이론을 정립하고 신약성경 본문을 자세히 설명할 때 감당해야 할 여러 과업에 필요한 **개념 도구**를 이 사상가에게서 빌려 오는 데에만 관심을 기울였다. 특정 철학자가 쓴 개념 도구를 건설적 방향으로 사용한다 하여 그것이 꼭 그 철학자의 세계관에 동의한다는 말은 아니다. 심지어 신약성경

---

28 참고. C. Van Til, *The Defense of the Faith* (Presbyterian and Reformed Publishing Company, Philadelphia, 1955). 『변증학』(개혁주의신학사).

저자들조차 그들을 에워싼 그리스-로마 세계의 개념을 빌려 그들 나름대로 독특하게 기독교 메시지를 설명하려 했다.

2. 해석학의 기본 문제: 두 지평

몇몇 진영에서는 '해석학'(hermeneutics)이라는 말을 마뜩치 않게 여기는데, 이 말이 '해석'(interpretation)을 가리키는 신학계의 특수 용어일 뿐이라는 것도 아마 한 이유일 것이다. 분명 이 두 말은 종종 서로 바꿔 쓸 수 있다. 예를 들어, 에벨링은 "'해석'과 '해석학'이라는 말은 본디 같은 뜻이다"라고 역설하고, C. F. 에번스(Evans)는 "'해석학'이란…주해(exegesis) 혹은 해석의 다른 말일 뿐이다"라고 단언한다.[29] P. J. 악트마이어(Achtemeier)는 주해와 해석, 해석학을 구분하려 한다. 그는 주해란 본문이 저자와 첫 독자들에게 속했던 의미를 탐구하는 것을 가리키지만, 해석은 본문이 오늘을 상대로 말하려는 현재 의미와 관련이 있으며, 해석학은 "주해에서 해석을 끌어내는 규칙과 방법"을 정립하는 것이라고 주장한다.[30] 하지만 많은 저술가는 '해석'과 '해석학'을 악트마이어가 제시하는 방법과 다르게 사용한다. '해석'이 그저 성경을 연구할 때 채용하는 모든 역사적-본문비평적, 문학적 연구 방법을 가리키는 경우가 있다. 스티븐 닐(Stephen Neill)이 쓴 책 제목 『신약성경 해석』(*The Interpretation of the New Testament*)이 그 예다. 이 말은 종종 현대 독자나 해석자의 상황을 특별히 염두에 두지 않고 역사라는 관점에서 본문을 연구하는 것을 가리킨다. 이런 경우가 E. C. 블랙맨(Blackman)의 『성경 해석』(*Biblical Interpretation*)과 J. D. 우드(Wood)의 『성경 해석』(*The Interpretation of the Bible*)에서 나타난다.

---

[29] G. Ebeling, *W.F.*, p. 321; 그리고 C. F. Evans, *Is 'Holy Scripture' Christian?* (S.C.M., London, 1971), p. 33.
[30] P. J. Achtemeier, *An Introduction to the New Hermeneutic* (Westminster, Philadelphia, 1969), pp. 13-14.

반면 제임스 스마트(James Smart)가 현대에 내놓은 연구서『성경 해석』(*The Interpretation of Scripture*)에서는 해석이라는 말이 최근에 갖게 된 의미라 할 해석학을 다루지 않는다.

이와 달리, 근래에는 예로부터 내려왔던 '해석학'이라는 말의 의미가 확실히 넓어지고 바뀌었다. 불트만, 푹스, 에벨링이 쓴 책과 논문의 제목도 그렇지만, 우리가 이 책에서 가장 큰 관심을 기울이는 쟁점들을 르네 말레(René Marlé)는 『해석학 입문』(*Introduction to Hermeneutics*), 로버트 펑크(Robert Funk)는 『언어, 해석학, 하나님 말씀』(*Language, Hermeneutic and Word of God*), 리처드 파머는 『해석학』(*Hermeneutics*)이라는 제목 아래 다루고 있다.

이처럼 '해석학'이라는 말의 의미 수정과 확장이 일어났다는 것이 무슨 말일까? 전통적으로 해석학은 고대 텍스트를 이해하는 데, 특히 언어와 역사라는 관점에서 이해하는 데 필요한 규칙을 정립하는 일을 동반했다. 해석자는 문법과 단어, 문체를 포함한 텍스트의 언어에서 해석을 시작해야 했다. 해석자는 텍스트의 언어 맥락, 문학 맥락, 역사 맥락을 검토했다. 다시 말해 전통적 해석학은 텍스트가 주어진 역사 맥락에 의해 규정됨을 인식하는 데서 시작했다. 하지만 이전과 다른 의미를 갖게 된 최근 해석학은 역사가 텍스트를 규정한다는 말이 양면성을 지녔음을, 곧 **현대에는 해석자도 텍스트 못지않게 주어진 역사 맥락과 전통 속에 서 있다**는 것을 인식하는 데서 시작한다.

특정 텍스트와 관련된 쟁점을 설명하기에 앞서, 또 다른 대조점이 첫 번째 것과 결합해 있다는 것에도 주목해야 한다. 예전에는 해석학 규칙을 지키면 고대 텍스트를 이해할 수 있다는 가정 내지 암시가 종종 있었다. 하지만 우리는 앞서 현대 독자가 필요한 모든 언어 정보와 역사 정보에 접근하고 심지어 이런 정보를 텍스트에 과학적으로 적용하면서도 정작 그 텍스트를 이해하는 데 필요한 창조적 통찰은 갖지 못할 수 있다는 키멀레의 새로운 슐라이어마허 해석을 언급했다. 게르하르트 에벨링은 이 점이 대단히 중요함을 나쁜 쪽과 좋은 쪽 양면에서 강조하면서, 오늘날에는 해석학이 "규칙 모음으로 축소되지"

말고 그 반대로 "이해에 기여해야" 한다고 역설한다.³¹ 그는 "과연 과학적 방법이 하나님 말씀이라는 사건을 이해하는 데 기여할 수 있는가?"라고 묻는다.³² 에벨링은 역사비평 방법의 역할 자체에 의문을 제기하지는 않으면서도, 성서비평은 우리를 고대 텍스트를 이해할 길의 일부로만 인도할 뿐임을 강조함으로써 자신이 던진 물음에 대답한다.³³

제임스 로빈슨(James Robinson)과 존 콥(John Cobb)은 해석학의 범위를 바라보는 옛 이해와 새 이해 사이에 존재하는 이런 이중의 대조점을 콕 집어 강조하고자, 전통 접근법을 가리키는 '해석학'(hermeneutics, 복수)과 최근 시각을 가리키는 '해석학'(hermeneutic, 단수)을 구분하여 대조한다. 그들은 단수 형태 해석학이 단수 형태인 Hermeneutik과 유사하므로 언어 면에서 정당하다고 주장하며, 몇몇 다른 저술가도 이런 제안을 새 관례로 받아들였다.³⁴ 하지만 칼 브라텐(Carl Braaten)은 자신의 논문 "새 해석학은 얼마나 새로운가?"(How New is the New Hermeneutic?)에서 그런 제안을 예리하게 비판한다. 그는 해석학이라는 말의 의미 확장을 공격하면서, 그런 단수 명사 사용은 "너무 억지스러워 진지하게 고려할 수 없다"고 주장한다.³⁵ 우리는 복수가 아닌 단수 형태를 사용하여 이런 중요한 차이점을 나타내는 것은 억지스러워 보인다는 브라텐의 주장에 동의한다[그러나 사람들이 실제 쓰고 있는 말인 "새 해석학"(new hermeneutic)은 이미 사실상 전문 용어가 되었기 때문에 억지스럽다고 보지 않는다]. 그렇지만 이런 의미 변화가 근본적이라고 생각하는 로빈슨의 견해에도 동의한다. 오늘날에는 방금 서술한 두 차이점을 고려하지 않고서 해석학 문제의 본질을 논할 수 없다.

---

31 G. Ebeling, *W.F.*, p. 313.
32 *Ibid.*, p. 314.
33 아울러 *W.F.* pp. 17-61에 있는 에벨링의 논문 "The Significance of the Critical Historical Method for Church and Theology in Protestantism"을 참고하라.
34 J. M. Robinson and J. B. Cobb, Jr. (eds.), *N.H.*, pp. ix-x.
35 C. E. Braaten, "How New is the New Hermeneutic?" in *Th.T.* XXII (1965), p. 220 (참고. pp. 218ff.).

로빈슨도 그의 논문 "바르트 이후 해석학"(Hermeneutic Since Barth)에서 이런 시각 변화를 인상적인 말로 논평하는데, 심지어 전통 해석학을 "껍데기나 얕은"(superficial)이라는 말로 묘사하기까지 한다. 그는 이렇게 강조한다. "새 해석학은 해석학의 피상성을 인식하면서 나타나기 시작했다고 말할 수 있다."[36]

독일 철학의 전통 속에서 훈련받은 신학자들은 고대 텍스트와 현대 해석자가 모두 갖는 역사성의 양면성, 다시 말해 역사의 제약이 갖는 양면성을 진지하게 받아들이는 데 거의 어려움을 겪지 않는다. 하지만 영국과 미국의 많은 학자들은 이를 신약성경 해석자의 변두리 관심사에 불과한 이론 문제 정도로 치부하는 것 같다. 그렇기 때문에 이 문제가 가지는 중요성을 상식 차원에서 잘 설명해 줄 구체적 사례를 제시해야 할지도 모른다. 그래야 우리 앞에 놓인 이 문제가 단순히 딜타이와 하이데거의 도움이 없었으면 결코 형성되지 않았을, 간교한 독일 지성의 산물이 아닌가 하는 의심을 벗어 버릴 수 있을 것이다.

예수는 누가복음 18:9-14에서 바리새인과 세리 비유를 말씀하신다. 이 본문의 독특한 역사적 특징은 이미 윌리허(Jülicher), 도드(Dodd), 예레미아스(Jeremias), 린네만(Linnemann) 같은 저술가들이 풍성히 논의하고 설명했다. 다음과 같은 점은 이 비유의 역사 맥락과 언어상 특징을 밝히 알려 준다.

(1) 클로스터만(Klostermann)과 예레미아스는 σταθεὶς πρὸς ἑαυτὸν ταῦτα προσηύχετο(11절)를 "눈에 확 띄는 위치에 자리를 잡고 이 기도를 외쳤다"라는 뜻으로 해석한다. πρὸς ἑαυτόν은 "행위를 분명히 강조하는 아람어 재귀형(leb)을 나타낸다."[37] 하지만 윌리허는 ταῦτα πρὸς ἑαυτὸν προσηύχετο라 적힌 사본을 따르면서, 이 본문을 "자신과 더불어 기도했다"라는 뜻으로 해석한다. 이것은 "남이 들을 수 없게 마음속으로 하는 기도"라는 뜻일 수도 있고, 혹은 "유대교 규칙처럼(참고. Berakoth V. 1.31a) 옆에 서 있는 사람이 알아들을

---

[36] J. M. Robinson, "Hermeneutic Since Barth" in *N.H.*, p. 21.
[37] J. Jeremias, *The Parables of Jesus* (Eng. S.C.M., London, rev. edn. 1963), p. 140. 『예수의 비유』(요나).

수 없게 작은 소리로 말하는" 기도를 뜻할 수도 있다.³⁸

(2) 본문에서 바리새인의 경건을 일부 표현해 주는 말은 νηστεύω δὶς τοῦ σαββάτου, ἀποδεκατῶ πάντα ὅσα κτῶμαι(12절)다. 이것들은 자원하여 하는 행위이며, 개인의 희생을 포함한다. 율법은 모든 유대인에게 1년에 한 번 속죄일에 금식할 것을 명했으나, 바리새인은 대속죄일뿐 아니라 월요일과 목요일에도 금식했다. 린네만이 말하듯이, "이런 일을 하려는 사람은 해가 뜰 때부터 질 때까지 음식뿐 아니라 음료까지 완전히 포기해야 한다. 뜨거운 동방에서 이는 대단한 자기부인 행위다."³⁹ 금식은 단순히 공로를 쌓는 자기중심 행위가 아니라 그가 속한 백성의 죄를 위해 중재하는 행위나 심지어 대속 행위로 간주되었다. 쉬트락(Strack)과 빌러벡(Billerbeck)은 이런 배경을 설명한다.⁴⁰ 십일조 문제에서, 바리새인은 십일조를 하지 않은 것을 결코 사용하지 않았는데, 이미 생산자가 십일조를 바쳐야 했던 옥수수와 새 포도주, 기름조차도 십일조를 해야 했다. 이렇게 자원하여 더 드리는 십일조에는 상당한 경제적 희생이 따랐을 것이다.⁴¹

(3) 예수의 청중은 이 비유 속 바리새인의 기도를 오만이나 위선에서 나온 기도가 아니라 도리어 하나님이 그에게 이런 경건을 실천할 기회와 마음을 주신 것에 감사하는 순전한 기도로 해석했을 것이다. 이런 기도가 아주 특별한 건 아니었다. 탈무드에서도 이와 아주 비슷한 기도를 전해 주며, 쿰란 시대에도 다른 비슷한 사례가 있다.⁴²

(4) 인두세와 토지세 같은 세금은 국가 관리가 거뒀지만, 어느 한 구역의

---

38 E. Linnemann, *The Parables of Jesus: Introduction and Exposition* (Eng. S.P.C.K., London, 1966), p. 143 n. 2.
39 *Ibid.*, p. 59; 참고. J. Jeremias, *The Parables of Jesus*, p. 140.
40 H. L. Strack and P. Billerback, *Kommentar zum Neuen Testament aus Talmud und Midrasch* (6 vols.; Beck, Munich, 1922 onward) II, pp. 243-244.
41 J. Jeremias, *The Parables of Jesus*, pp. 140-141; 그리고 E. Linnemann, *The Parables of Jesus*, p. 59.
42 예를 들어 b. Ber. 28b; 참고. J. Jeremias, *ibid.*, E. Linnemann, *ibid.*, and J. D. Crossan, *In Parables: The Challenge of the Historical Jesus* (Harper and Row, New York, 1973), p. 69.

관세를 거둘 권리는 이 권리를 얻으려고 애쓰곤 했던 τελώνης(세리)가 하도급 형태로 넘겨받을 수 있었다. 관세율은 십중팔구 국가에서 정했을 것이다. 그러나 세리에겐 사람들을 속여 먹을 방책이 있었다. "일반 대중은 세리를 강도와 같은 이들로 보았다. 그들에게는 민권이 없었으며, 사람들이 존경하는 이들은 하나같이 이들을 피했다."[43] 혹은 또 다른 저자가 표현하듯이, 세리는 "하나님의 백성을 억압하고 그들이 종교상 의무를 다하지 못하게 계속 방해했던 로마의 지배 권력과 한통속이었으며, 하나같이 사기꾼과 매일반이라 취급받던 직업에 속해 있었다."[44]

(5) ἔτυπτεν τὸ στῆθος αὐτοῦ(13절)라는 말은, 당시 관습에 따르면 분명 깊은 회개를 표현한 것이다. 그렇지만 예수의 청중은 세리가 '멀리 떨어져' 서 있는 것을 그가 마땅히 있어야 할 곳에 있는 것으로 본다.

(6) 예레미아스는 세리가 δεδικαιωμένος παρ' ἐκεῖνον(의롭다 하심을 받고) 집으로 돌아갔다는 예수의 평결(14절)을, 누구와 비교하여 의롭다는 의미가 아니라 다른 이를 배제하는 절대 의미로 해석한다. 그는 비교를 나타내는 히브리어 전치사 min이 '다른 이보다 더한 한 사람'이 아니라 '다른 이가 아닌 그 한 사람'이라는 개념을 전달하는 몇 가지 사례를 인용한다(예컨대 삼하 19:44과 시 45:8).[45] 의롭다는 선언을 받은 이는 바리새인이 아니라 세리다.

이 여섯 가지 점은 비유의 무대인 1세기 팔레스타인과 직접 연관된 다양한 역사적·사회학적·언어적 요인이 이 비유의 의미를 어떻게 규정하는지 설명하는 데 도움을 준다. 이것이 바로 예레미아스와 같은 신약학자들이 관심을 가진 문제다.

하지만 존 D. 크로산(John D. Crossan)과 월터 윙크(Walter Wink)는 '이해'라는 의미를 지닌 해석학에 관한 논의를 시작하면서, 이 비유 해석 문제가 지닌

---

[43] J. Jeremias, *The Parables of Jesus*, p. 41.
[44] E. Linnemann, *The Parables of Jesus*, p. 60.
[45] J. Jeremias, *The Parables of Jesus*, pp. 141-142.

더 심오한 차원에 주목했다. 윙크가 이 점을 아주 강하게 표현하기 때문에 그가 하는 말은 통째로 인용할 가치가 있다. 그는 이렇게 말문을 연다. "학자는 작업을 끝내고 펜을 내려놓지만, 자신도 의식하지 못하는 성향을 따라 **본문을 왜곡했다**는 것을 알아차리지 못한다. 그는 본문의 원래 의도가 정말로 정반대가 될 때까지 손상시킨다."[46]

윙크는 이렇게 설명한다. "그 본문에 익숙한 **현대** 독자는 누구나 (1) '바리새인'이 위선자이며 (2) 예수가 세리를 칭찬하신다는 것을 안다. 모든 독자가 지닌 몰지각한 경향은 이야기에서 더 좋게 말하는 인물을 자신과 동일시하는 것이다. 결국 현대 독자들은 거의 늘 자신과 **세리**를 동일시한다. 이런 동일시의 반전(inversion of identification) 때문에 **경건하지 않은 자**가 의롭다 하심을 받는다는 역설이 사라져 버렸다.…그래서 이 이야기는 탐욕스러운 세리에게 값싼 은혜가 베풀어졌다는 가르침으로 뒤틀어지고 말았다."[47] 윙크는 이렇게 결론짓는다. "이 모든 일이 벌어진 이유는 주해가가 그의 서술 과업 뒤에 숨은 채 비유가 이 시대의 자기 이해에 미치는 반동을 살펴보지 않았기 때문이다. 나는 **주해가의** 현상 속으로 파고들지 못하는 단순한 서술식 접근 내지 현상학적 접근법의 부적절함을 이보다 더 강하게 부각하는 방법을 알지 못한다."[48]

우리는 월터 윙크가 한두 가지 측면에서는 사안을 과장하고 있음을 인정할 수도 있다. 성경 본문을 '왜곡하는' 이는 성서학자가 아니다. 확실히 고대 팔레스타인 유대교에서 바리새인과 세리를 어떻게 보았는지 꼼꼼히 검토해 보면 이 비유가 현대인에게 가지는 의미를 해석하는 과업이 상당한 진전을 이룬다. 윙크도 인정하듯이, 이 비유의 역사 맥락을 파고든 학자의 연구 하나만 읽어 봐도 원래 청중이 "처음에는 바리새인을 경건하고 사회적 지위를 가진 사람으로 여겼다가 완전히 엉뚱하게도 세리가 의롭다 하심을 받음에 충격을

---

[46] W. Wink, *The Bible in Human Transformation: Toward a New Paradigm for Biblical Study* (Fortress Press, Philadelphia, 1973), p. 42. 윙크 강조.
[47] *Ibid.*, pp. 42-43. 윙크 강조.
[48] *Ibid.*, p. 43. 윙크 강조.

받고 경악했으리라는 것을 알 수 있다."⁴⁹ 하지만 이미 오랜 기독교 전통의 끝자락에 서 있는 청중의 지평에서 바라보면 이 비유가 주는 충격이 첫 청중이 받은 충격과 완전히 다르다는 윙크의 지적은 옳다. 오늘날 바리새주의는 자기의(自己義) 및 위선과 거의 같은 말로, 현대 청중은 예수의 평결에 충격을 받지 않고 도리어 그런 평결을 예상한다.

존 D. 크로산은 이 점이 중요함을 월터 윙크만큼이나 힘주어 강조한다. 어쩌면 이번에도 크로산이 쓴 글 몇 줄을 통째로 인용하는 것이 가치가 있을 것 같다. 그는 이렇게 썼다. "당장 해결해야 할 문제가 있다. 사람들은 비유를 어떤 이가 기대하는 구조를 뒤엎어 그 사람이 이미 만들어 놓은 세계의 안전을 위협하는 것이라 여긴다. '바리새인'과 '세리'(혹은 세금 징수원) 같은 말은 현대 독자에게 즉각 눈에 띄는 반응이나 기대를 불러일으키지 않는다. 사실…'바리새인'이라는 말만 해도 예수 시대에는 존경받는 도덕 지도자였지만 이제는 거의 악당의 전형이 되었다. 이처럼 우리가 기대하는 구조는 애초에 이 비유를 들었던 이들이 기대했던 구조와는 다르다."⁵⁰ 크로산은 이것이 해석학에서 심각한 어려움을 일으킨다고 결론짓는다. 어떤 의미에서 보면 비유는 "설명할" 수 있다. 그러나 "비유를 설명해야 한다면, 그 비유는 마치 비슷한 상황에서 하는 농담처럼 이미 **비유로서** 가치를 잃어버렸다."⁵¹

크로산과 윙크의 논평은 해석학 문제의 양면성을 정확히 설명한다. 본문의 독특한 역사 특징과 본문을 규정하는 역사의 제약은 여전히 가장 중요하며, 예레미아스가 남긴 것과 같은 작업을 활용하는 것 역시 고대 텍스트를 해석하는 일에 필수불가결하다. 하지만 현대 독자 자신이 역사와 전통 속에서 가지는 자리 역시 독자를 규정한다. 이 때문에 해석학 문제는 새로운 차원을 갖는다. 오늘날에는 아무도 바리새인 역할을 맡고 싶어 하지 않는다. 그래서 예로

---

49 *Ibid.*, p. 42.
50 J. D. Crossan, *The Dark Interval: Towards a Theology of Story* (Argus Communications, Niles, Illinois, 1975), pp. 101-102. 『어두운 간격』(한국기독교연구소).
51 *Ibid.*, p. 102. 크로산 강조; 참고. *In Parables*, pp. 68-69.

든 누가복음 18장의 비유도 보통 모든 사람이 이미 피하고 싶어 하는 바리새주의를 비판하는 확실한 도덕 이야기로 '이해한다.' 본디 듣는 이를 흔들어 놓고 그의 가치관을 뒤엎는 기능을 갖던 비유가 이제는 듣는 이가 이미 갖고 있는 가치관을 확인해 주는 데 기여한다. 이런 상황은 해석학 문제의 주요 측면 중 하나를 잘 보여 준다.

당분간 현대 독자를 규정하는 **역사**의 제약을 무시한다 할지라도, 우리는 여전히 어떤 텍스트를 **이해**하려면 (가다머의 표현을 사용하면) 두 지평의 상호 교통, 곧 고대 텍스트의 지평과 현대 독자 혹은 청자의 지평 사이에 교통이 일어나야 한다는 엄연한 사실을 마주한다. 청자는 자신의 지평과 텍스트의 지평을 연계할 수 있어야 한다. 가다머는 대화 때 생기는 '이해'와 비교하여 설명한다. "…대화에서는 다른 사람의 관점과 지평을 발견했을 때 그의 생각을 알 수 있게 되지만, 그때도 꼭 그의 생각에 동의해야 하는 것은 아니다."[52] 그럼에도 가다머는 해석학에서는 현대 해석자가 텍스트의 지평 반대편에 자리한 자신의 고유한 지평의 독특함을 알려고 노력해야 한다는 것을 계속 주장한다. 우선, "역사의식 속에서 일어나는 전통과의 모든 만남에는 텍스트와 현재 사이의 긴장을 경험하는 일이 따른다. 해석학의 과업은 순진하게 동화를 시도하여 이 긴장을 감추는 것이 아니라, 일부러 이 긴장을 드러내는 것이다."[53] 반면, 가다머는 이해가 생기려면 그가 "지평 융합"(Horizontverschmelzung)이라 부르는 일도 일어나야 한다는 말을 덧붙인다.[54] 가다머의 철학을 논할 때 외관상 모순처럼 보이는 이 두 원리가 어떻게 결합될 수 있는지 밝혀 보겠다. 더불어 몰트만(Moltmann)과 판넨베르크(Pannenberg)를 비롯한 몇몇 저술가도 가다머가 쓴 이 비유를 받아들여 사용했음을 언급할 수 있겠다.[55]

리처드 파머도 지평 융합이라는 개념을 중요하게 여긴다. 그는 의미가 "듣

---

[52] H.-G. Gadamer, *T.M.*, p. 270. 『진리와 방법』(문학동네).
[53] *Ibid.*, p. 273.
[54] *Ibid.* 이 독일어 용어를 살펴보려면, *W.M.*, pp. 286-290를 참고하라.
[55] 예를 들어 W. Pannenberg, *B.Q.T.* I, pp. 117-128.

는 이의 상상 및 의도와 맺는 관계에 의존하며…객체는 사람과 맺는 관계를 벗어나면 의미를 가지지 못한다"고 주장한다.[56] 파머는 이어 이렇게 말한다. "인식 주체와 따로 떼어 객체만 이야기하는 것은 인식과 세계에 관한 부적절한 실재 개념이 만들어 낸 개념의 오류다."[57] 따라서 이렇게 말할 수 있다. "우리는 설명 해석 덕분에 설명이 맥락과 연관이 있음을, '지평과 연관이 있음을' 알게 된다. 이런 앎은 이미 주어진 의미와 의도의 지평 안에서 일어날 수밖에 없다. 해석학에서는 이렇게 가정하는 이해 영역을 전(前)이해라 부른다."[58] 이해는 해석자의 지평이 텍스트의 지평과 맞물려 서로 교통할 때 일어난다. "두 지평의 융합을 모든 설명 해석의 기본 요소로 봐야 한다."[59]

결국 가다머와 파머는 윙크와 크로산이 특정 본문을 참고하여 예시한 문제를 더 일반적인 용어를 사용하여 정립한 셈이다. 해석학 문제의 본질을 형성하는 것은 텍스트와 해석자가 역사 속에서 부여받은 자리가 그 둘을 규정하는 조건이라는 사실이다. 이해가 생기려면 두 변수가 서로 관련을 맺어야 한다. 가다머가 쓴 지평 융합이라는 이미지는 해석학의 주요 문제와 과업을 서술할 수 있는 한 가지 방법을 제공한다. 가다머가 정립한 공식 뒤에 자리한 쟁점은 해석학에서 아주 중요하다. 그래서 **두 지평**이라는 말을 이 책의 주 제목으로 사용했다. 이 제목에 관한 사전 설명은 서론에서 제시했다.

3. 해석학 문제에서 발생하는 몇 가지 쟁점

해석학 문제를 양면성을 지닌 문제로 정립하는 것은 해석 과업의 무게 중심을 과거에서 현재로 완전히 옮기는 일이라는 주장이 때때로 있었다. 해석자의

---

[56] R. E. Palmer, *Hermeneutics*, p. 24.
[57] *Ibid.*
[58] *Ibid.*
[59] *Ibid.*, p. 25.

전이해가 모든 것을 지배하여 고대 텍스트는 단순히 해석자 자신의 생각이나 선입관을 투영한 결과가 되고 만다는 주장도 있다.

이 쟁점은 파머와 스마트가 제시한 두 제안과 관련지어 설명할 수 있다. 앞서 파머가 가다머를 따라 이해를 두 지평의 관계라는 관점에서 바라본다는 것을 보았다. 그는 이런 해석학 견해를 뒷받침할 선례를 누가복음 24:25-37에서 발견할 수 있다고 주장한다. 이 본문에서 그리스도는 구약성경을 자신의 메시아직과 관련지어 해석하신다. 누가는 이렇게 썼다. "그가 모세와 모든 선지자로부터 시작하여 온 성경이 자신에 관하여 써 놓은 것들을 그들에게 해석해 주셨다(διερμήνευσεν)." 파머는 이 '해석'이 단순히 옛 본문을 반복하는 게 아니며, 옛 본문이 이미 속해 있는 맥락에 비추어 본문을 검토하는 것도 아니라고 주장한다. 도리어 이 해석은 구약 본문을 예수의 메시아직과 관련된 **현재**의 사건이라는 맥락 속에 **놓아두는** 것이자, 예수 자신의 고난을 구약 본문이라는 맥락 속에서 설명하는 것이다. 의미는 맥락이 좌우한다. 더 자세히 말하면, 의미는 두 지평 사이의 관계를 형성하는 일과 관련이 있다. 제자들은 자신들의 준거틀 안에서 이 주제를 바라볼 수 있을 때 비로소 이 본문들을 '이해했다.'

하지만 이런 시각은 곧장 앞서 언급했던 쟁점, 곧 과거를 이해할 때 현재만이 이해를 지배하는 요인인가라는 쟁점을 불러일으킨다. 과거를 과거 고유의 관점에서 이해할 수는 없을까? 파머의 접근법은 그리스도의 제자들이 문제가 된 구약 본문들을 처음으로 '이해한' 이들이라고 암시하는 것 같은데, 이는 그의 해석학 문제 정립이 안고 있는 중대한 결함이 아닐까?

제임스 D. 스마트도 이사야서의 어떤 부분들을 해석하는 문제를 논할 때 그런 입장에 가까운 것 같다. 그가 주장하길, 제2이사야가 "기독교 복음의 문을 상당히 두드리는 것 같지만, 이사야가 말하는 내용이 백성의 삶을 형성하는 방식으로 들리기까지는 500년도 넘는 세월이 걸렸다.…사람들이 그의 말을 이해하는 데 수 세기가 걸렸다."[60] 스마트는, '이해'라는 말의 의미를 최대로 고려하면 구약 본문을 포함한 성경의 어떤 본문들은 오로지 기독교의 준거틀 속에서만 이해할 수 있다고 믿는다. 그는 이렇게 역설한다. "진지한 신앙 및 윤리와 결합한 철학, 역사, 문학의 전문지식 이상의 무언가가 필요했다. 그 의미를 여는 열쇠가 사라져 버렸다."[61]

불트만, 푹스, 에벨링은 적절한 전이해가 없으면 한 텍스트를 이해할 수 없다는 데 동의하겠지만, 셋 다 전이해가 뚜렷하게 기독교다워야 한다는 데에는 동의하지 않을 것이다. 불트만은 "성경을 해석할 때 따라야 할 조건은 다른 모든 종류의 문헌을 해석할 때 적용하는 조건과 다르지 않다"고 단언한다.[62] 푹스는 신학 색깔이 더 두드러지도록 이 문제를 설명한다. 성경을 이해하기 위한 **전제로서** 믿음이 있어야 한다고 고집한다면 성경이 그리스도인의 믿음을 **만들어 낼** 수 있다는 주장이 과연 가능하겠느냐고 푹스는 주장한다.[63]

이 토론을 더 깊이 살펴보기 전에, 파머 및 스마트의 접근법과 프로스퍼 그렉(Prosper Grech)이 1973년에 "'증언'과 현대 해석학"(The 'Testimonia' and Modern Hermeneutics)이라는 제목으로 펴낸 논문에서 제시한 주장들을[64] 비교해 볼 수도 있겠다. 그렉은 신약성경 저자들이 구약 본문을 "전통이라는 틀, 그리고 당시 사건들이라는 틀 속에서" 해석했다고 주장한다. 성경이라는 책의 맥락은 "애초 그것이 기록될 때의 맥락이 아니라 근래에 나사렛 예수가 십자가에 달려 죽은 것과 그의 부활에 근거한 **그들 자신의 케리그마라는 맥락**"이었다.[65] 그렉은 이렇게 단언한다. "그들의 관심사는 객관적, 과학적 성경 해석이 아니었다. 예를 들어, 시편 2편과 110편을 궁정 시인이 왕을 상대로 낭독한 대관식 시로 해석하는 것은 꿈도 꾸지 못했다. 이제 성경은 교회에 말한다."[66]

---

60 J. D. Smart, *The Interpretation of Scripture* (S.C.M., London, 1961), p. 14.
61 *Ibid.*, p. 16.
62 R. Bultmann, "The Problem of Hermeneutics" in *E.P.T.*, p. 256.
63 E. Fuchs, *Zum hermeneutischen Problem in der Theologie* (Mohr, Tübingen, 1959; Gesammelte Aufsätze I), pp. 9-10; 그리고 *S.H.J.*, p. 30.
64 P. Grech, "The 'Testimonia' and Modern Hermeneutics" in *N.T.S.* XIX (1973), pp. 318-324.
65 *Ibid.*, p. 319. 티슬턴 강조.

하지만 그렉은 "이것이 곧 주해가 제멋대로이거나 맥락을 벗어났다는 뜻은 아니라"고 생각한다. 그것은 단지 "어떤 전이해(Vorverständnis)를 갖고 성경을 읽었다"는 뜻일 뿐이다.[67] "사람들은 성경 말씀을 이중 맥락, 곧 하나님이 과거에 행하신 구원 행위라는 맥락 및 동시대에 일어난 일이라는 맥락 속에서 해석했다."[68] 그렉은 이런 결론을 내린다. "신약성경 저자들은 문제가 된 본문들을 객관적이고 공평하게 설명하려고 하지 않는다. 그들의 시각은 주관적 시각이지만, 자의적이지 않고 해석학적이다.…그들은 전이해를 갖고 시작한다."[69]

아울러 그렉은 성령이 영감을 불어넣어 구약성경을 기록하게 하신 일과 사도 시대의 여러 구원 사건을 일으키신 일 사이에 연속성이 있다고 믿은 신약성경 저자들의 믿음에 주목한다. 그러면서도 그는, 두 맥락을 관련짓는다는 관점에서 보면 신약성경 저자들이 전제하는 해석학도 하이데거와 특히 가다머가 설명하는 해석학과 비슷하다고 믿는다.[70] 그렉은 신약성경 저자들이 구약성경 저자들과 자신들의 시대 사이에 존재했던 해석의 간극을 인정하고 받아들였다고 단언한다.

원시 기독교의 구약성경 해석 및 이해에 관한 질문들은 이 쟁점을 아주 뚜렷이 드러낸다. 하지만 그 문제를 오로지 원시 기독교만의 문제라고 생각하거나 전이해에 관해 가다머나 불트만을 따르는 견해를 가진 사람들만의 문제라고 생각해서는 안 된다. 대니얼 패트(Daniel Patte)는 분명 덜 철저한 형태이긴 하지만 유대교 해석학 안에서도 똑같은 쟁점이 발생한다는 것을 보여 주었다.[71] 패트는 근래 내놓은 저작 『팔레스타인의 초기 유대교 해석학』(*Early Jewish Hermeneutic in Palestine*)에서 분파적인 고전 유대교가 성경을 어떻게

---

66 *Ibid.*
67 *Ibid.*, p. 320.
68 *Ibid.*
69 *Ibid.*, p. 321.
70 *Ibid.*, pp. 321-324.
71 D. Patte, *Early Jewish Hermeneutic in Palestine* (S.B.L. Dissertation Series 22, Scholars Press, University of Montana, 1975).

사용하는지 꼼꼼히 논한 다음, 어떤 때는 과거를 강조하고 어떤 때는 현재를 강조하는 변증법이 유대교 모든 분파에 존재한다는 결론을 내린다. 한쪽 끝에서는 토라를 강조하면서, 유대교가 과거의 "두드러진 역사" 속에 닻을 내리고 있음을 강조한다. 여기에서는 과거와 연속성을 유지함으로써 유대교의 자기 정체성을 보존하기 위해 성경을 사용한다. 다른 쪽 끝에서는 새로운 경험과 상황에 비추어 고대 텍스트를 다시 해석하라고 권유하는 "문화 변화의 역사"를 강조한다.[72] 여기에서는 성경을 현재를 지향하는 쪽으로 사용한다. 이를테면 어느 쪽을 더 강조하고 덜 강조하는지는 사두개파나 바리새파나 쿰란 공동체 사이에 차이가 있을 수 있다. 그러나 어느 경우든 양쪽 사이에서 나타나는 긴장이 결코 완전히 없어지지는 않았다. 미드라쉬, 곧 "하나님 탐구"는 "성경을 새로운 문화 상황에 비추어 꼼꼼히 살펴보는 방법, 혹은 전통을 성경에 비추어 꼼꼼히 살펴보는 방법을 통해" 이루어졌다.[73] 둘 중 어느 경우든, 해석 과정에서 두 지평이 결합한다.

그렉과 패트의 결론은 해석학의 기본 문제가 지닌 양면성이 불트만과 가다머, 새 해석학 옹호자들의 새로운 창조물보다 더 크다는 것을 실증한다. 이런 의미에서 보면, 그들은 우리가 개관한 문제가 진짜 문제임을 확인하는 데 기여한 셈이다. 하지만 그들은 무게 중심이 과거에 있느냐 혹은 현재에 있느냐라는 문제를 해결하기보다, 오히려 어떤 측면에서는 문제를 더 악화시킨다. 원시 기독교 해석학은 물론 유대교 해석학에서도 역사비평을 통한 탐구를 활용하지 않았기 때문이다. 역사비평 활용은 우리가 지금 하는 질문에 어떤 영향을 미치는가?

어떤 현대 학자도 고대 텍스트를 해석할 때 역사비평을 통한 탐구가 여전히 필수 불가결함을 부인하지 않는다. 때로는 바르트와 여러 유사점을 보이는 신학 입장을 취하는 제임스 스마트조차도 역사비평이 필요함을 완전히 인정

---

72 *Ibid.*, pp. 120-127 *et passim.*
73 *Ibid.*, p. 124.

한다. 물론 스마트가 실제로 정립하여 제시한 원리는 몇 가지 점에서 해석학의 핵심 문제를 회피한다(이는 나중에 밝히겠다). 그러나 스마트가 "모든 해석에서는 첫 단계에 본문에서 하는 말에 귀를 기울이면서 동시에 처음에 본문을 말하거나 기록했을 때 본문이 가졌던 의미에 숨어 있는 뉘앙스에도 귀를 기울여야 한다"[74]고 말한다는 점에서, 일단 그가 정립한 원리를 받아들일 수도 있겠다. 스마트 자신이 제시한 제2이사야의 사례로 돌아가 보면, 우리는 종이라는 인물을 아무런 비평도 없이 곧장 기독론과 연계하여 해석함으로써 C. R. 노스(North) 같은 학자들의 성실한 탐구를 헛되게 할 수는 없다. 요컨대, 기독교의 준거틀을 가졌느냐가 이사야서 '이해'를 철저히 좌지우지한다면, 분명 이사야 본인조차 자신이 써 놓은 말을 이해하지 못했을 것이다. 이사야는 기독교 시대 이전에 살았기 때문이다.

몇몇 신학자는 더 풍성한 의미(sensus plenior)라는 신학 교리를 근거 삼아 본문이 저자가 의식하는 지평을 충분히 넘어설 수 있다고 대답할 것이다. 이 문제는 당분간 다루지 않고 남겨 놓겠지만, 순전히 철학의 관점에서 바라보는 가다머가 어떤 역사 텍스트를 보더라도 우리가 그 텍스트의 의미를 원저자의 마음속에 있었던 의미로 국한할 수는 없다고 주장한 점만은 한 번 더 짚고 넘어갈 수 있겠다. 가다머는 **철학** 및 **해석학**의 원리를 이렇게 단언한다. "어떤 시대에서든 전해 내려온 텍스트를 자기 시대의 방법으로 이해해야 한다.… 텍스트가 해석자에게 말하는 텍스트의 진정한 의미는 저자와 저자가 본디 염두에 둔 이들이라는 우연한 요소에 의존하지 않는다."[75] 가다머는 이어 이렇게 말한다. "저자는 자신이 쓴 글의 진짜 의미를 알 필요가 없으며, 따라서 해석자가 저자보다 더 많이 이해할 수 있고 또 이해해야 할 때가 종종 있다. 그러나 이것은 대단히 중요하다. **텍스트의 의미가 저자를 넘어서는 일은 비단 가끔씩 일어나는 게 아니라 늘 일어난다.** 이해가 단지 재생에 그치지 않고 늘

---

[74] J. D. Smart, *The Interpretation of Scripture*, p. 33.
[75] H.-G. Gadamer, *T.M.*, p. 263.

생산적 태도인 이유다."[76] 가다머의 이런 주장이 너무 지나친지 그렇지 않은지는 적절한 때에 평가해 보겠다. 하지만 지금 우리 목적은 스마트와 같은 신학적 해석학과 가다머와 같은 철학적 해석학 모두 현재 및 발전하는 전통을 강조하면서도 출발점인 역사비평의 자리를 배제하지 않음을 증명하는 것이다. 문제는 역사비평이 필요한 자리가 있느냐가 아니라 역사비평의 자리는 어디여야 하느냐다. 역사비평을 배제하려고 더 풍성한 의미라는 교리를 들먹이는 것은 분명 그렉이 하는 말처럼, 어이없게도 기계 장치를 타고 나타난 하나님(deus ex machina)이라는 신학을 근거로 삼아 해석학을 세우려는 일이 될 것이다.[77]

게르하르트 에벨링은 역사비평이 해석학에서 하는 역할을 아주 길게 고찰한다. 그는 역사비평의 필요성과 한계를 모두 강조한다. 그는 "문자와 역사에 중점을 둔 주해야말로 교회가 하는 성경 강해의 기초다"라고 단언한다.[78] 에벨링은 이 원리를 든든히 세운 뒤에야 비로소 다음과 같이 인정한다. "그럼에도 문자적 의미와 그 의미를 현재에 적용하면서 생겨나는 요구 사이에 충돌이 일어날 가능성을 완전히 배제하진 못한다."[79] 불트만조차도 비슷한 출발점을 받아들인다. 불트만 역시 (에벨링처럼) 전이해의 중요성을 강조한다. 그러나 사실 에벨링(및 다른 저술가들)은 불트만이 역사비평을 통한 탐구와 기독교 신앙을 너무 멀찌감치 떼어 놓았다는 이유로 불트만을 비판한다.[80] 불트만은 이렇게 썼다. "문법 해석, 형식 분석, 그리고 역사 시대의 조건을 규정하는 기초를 설명하는 것과 같은 옛 해석학 규칙들은 확실히 유효하다."[81]

---

76 *Ibid.*, p. 264. 티슬턴 강조.
77 P. Grech, *N.T.S.* XIX, p. 324.
78 G. Ebeling, "The Significance of the Critical Historical Method for Church and Theology in Protestantism" in *W.F.*, p. 32.
79 *Ibid.*
80 G. Ebeling, *Theology and Proclamation: A Discussion with Rudolf Bultmann* (Eng. Collins, London, 1966), pp. 32-81 *et passim*.
81 R. Bultmann, "The Problem of Hermeneutics" in *E.P.T.*, p. 256.

에른스트 푹스와 월터 윙크도 역사비평이 필요함을 인정하지만, 역사비평의 한계도 똑같이 강조한다. 푹스는 "역사 연구라는 방법에는 아무런 이의가 없다"라고 하면서, 그 이유를 "역사 연구라는 방법이 이전에 일어났을 일들을 증명해 줄 수 있기 때문"이라고 썼다.[82] 그렇긴 하지만, "요점"으로서 "텍스트를 **분석할 때는 언제나 맨 먼저 '텍스트를 죽여야'** 한다"는 것도 말해야 한다.[83] 이 단계가 해석 과정 전체를 통틀어 창조성이 가장 두드러진 순간이라고 말할 수는 없으나, 그래도 해석 과정에는 이 단계가 꼭 있어야 한다. 다시 말하지만, 푹스가 사안을 과장한 게 아닌가 하는 문제는 나중에 다루겠다.

푹스의 비유가 충격이라면, 윙크의 논평은 훨씬 더 강하다. 그는 이렇게 단언한다. "역사비평 방법은 성경을 죽은 문자로 끌어내렸다. 우리가 기술에 복종하면서, 성경은 건조해지고 우리 자신도 공허해졌다."[84] 그는 성경 저자들이 삶의 구체적 상황을 놓고 이야기했다고 주장한다. 그런데 역사비평을 받아들인 성서학자는 그 본문을 이해하려면 꼭 물어야 할 가장 풍성한 질문들을 억누른다. 윙크는 이렇게 말한다. "학계의 성경 연구가 만들어 낸 결과는 훈련된 무능력으로, 이는 일상의 삶 속에서 실제로 살아가는 사람들이 부닥치는 진짜 문제들을 다룰 수 없다."[85] 그는 비평 방법을 통한 탐구가 본문에서 요구하는 질문을 하기보다 "성서학자 집단"만이 알아들을 수 있는 질문을 할 때가 비일비재하다고 결론짓는다.[86]

윙크의 접근 방식에도 불구하고 그가 역사비평을 통한 탐구를 펼칠 여지를 남겨 놓지 않았다고 생각한다면 잘못일 것이다. 그는 이런 탐구가 해석학이 가져야 할 만큼의 객관성을 확보해 주는 중요한 기능을 수행한다고 판단

---

82 E. Fuchs, "The Reflection which is Imposed in Theology by the Historical-Critical Method" in *S.H.J.*, pp. 42-43; 참고. pp. 32-47.
83 E. Fuchs, *S.H.J.*, p. 194. 푹스 강조. 아울러 "Die historisch-kritische Methode" in *Herm.*, pp. 159-166 및 *Marburger Hermeneutik* (Mohr, Tübingen, 1968), pp. 95-134를 참고하라.
84 W. Wink, *The Bible in Human Transformation*, p. 4.
85 *Ibid.*, p. 6.
86 *Ibid.*, pp. 2-15.

한다. 이것은 그가 "거리 두기"라고 묘사하는 과정과 관련이 있는데, 이는 십중팔구 가다머가 말하는 아주 유사한 개념에서 영감을 얻었을 것이다. 윙크는 이렇게 말한다. "객관주의는 잘못된 의식임이 드러났지만, 객관성이라는 목표를 포기할 수는 없다.…그러므로 학자는 교회에서, 신학사에서, 신경과 교리에서 성경을 떼어 놓으면서, 성경 자체의 관점에 비추어 성경에서 하는 말을 들으려고 노력한다."[87] 실제로 윙크는 자신이 해석을 진행하며 예로 드는 신약성경의 특정 본문을 다룰 때, 언제나 성서학자들이 취하는 역사비평의 연구 방법을 참조할 때 비로소 대답할 수 있는 질문에서 시작한다.[88] 그는 원리상 "비평 절차"가 꼭 있어야 한다고 주장한다.[89]

그렇다면 왜 윙크는 성서학의 표준 방법과 방법론을 사용하는 것을 공격할까? 그가 비평 방법에 유보 입장을 보이는 이유는 두 가지다. 첫째, 비평 방법이 해석의 전 과정을 다 채워 주지 못하기 때문이다. 비평 방법으로 해석을 시작해도, 이 방법으로 해석을 끝내지는 못한다. 따라서 우리는 일부를 전부로 오해해서는 안 된다. 둘째, 역사비평을 통한 연구가 제기하는 질문들은 분명 필요하지만, 본문이 오늘을 사는 사람들에게 언제나 가장 잘 '이야기하게' 해 주지는 않는다. 윙크는 성경 본문에서는 삶에 관해, 특히 공동체 내의 삶에 관해 더 실제에 부합하는 쟁점들을 이야기한다고 주장한다. 이런 쟁점들이 학자 집단에게서 들을 수 있는 질문들과 늘 같지는 않다.

이제는 이 항목에서 다룬 몇 가닥 실을 함께 엮는 시도를 해야 한다. 먼저 역사라는 조건이 고대 텍스트와 현대 해석자 모두 규정한다는 점을 포함해, 해석학의 기본 문제에는 양면성이 있음을 밝혔다. 이제 우리는 이 점에서 적어도 네 가지 특수한 쟁점이 생겨난다는 것을 보았다. (1) 현대 해석자든 고대 텍스트에 뒤따르는 전통 속에 서 있는 해석자든, 해석자의 지평이 그가 가

---

[87] *Ibid.*, p. 24
[88] *Ibid.*, pp. 52-55, 마태복음 9:1-8과 평행 본문을 다룬 내용이다.
[89] *Ibid.*, p. 53.

진 전이해의 영역을 나타낸다. 이 전이해라는 범주를 어떻게 묘사할 수 있는가? 또 전이해가 해석학의 과업에 시사하는 바는 무엇인가? (2) 일단 전이해 및 해석자 자신의 지평과 관련된 질문이 중요함을 인정한다면, 이제 해석의 무게 중심을 과거에서 현재로 완전히 옮겨야 하는가? 이 문제를 과장해서도 안 되지만 그렇다고 해석학에서 과거의 과거성이 만들어 내는 어려움을 슬쩍 피할 수도 없음은 3장에서 논할 것이다. 나아가 불트만과 비트겐슈타인을 다룰 때 불트만이 구약성경을 사람들이 공적으로 접근할 수 있는 전통을 담은 역사로 적절히 인정하지 않음으로써 해석학 문제를 더 어렵게 만들어 버렸음을 논할 것이다. 해석학 문제를 오로지 현재의 문제로 보아 '내게' 무슨 의미가 있는가를 묻는 말로 축소해 버린다면, 비트겐슈타인이 사적 언어(private language)에 관하여 제시한 경고에 귀를 기울이기가 거의 불가능해지기 때문이다. (3) 신약성경 저자들이 이미 들어 알고 있는 신학 정보(이를테면 기독론)에 따른 전이해에 비추어 구약성경에 접근했다면, 이는 곧 신약성경의 전통에 충실하려는 해석자도 일부러 특정한 신학의 시각에서 신약성경 본문에 접근해야 한다는 뜻이 아닐까? 이것은 주해와 조직신학의 관계, 역사의 객관성과 신학의 객관성의 관계와 관련하여 아주 광범위한 질문을 낳는다. 이 쟁점들은 3장과 4장에서도 다루겠으나, 가다머의 철학이 해석학에 시사하는 의미를 고찰하는 11장에서 중점을 두어 다룰 것이다. (4) 결코 멀지 않은 질문이 있다. 이런 질문들 및 다른 비슷한 질문들의 답을 찾는 데 철학적 서술이 과연 도움을 줄 수 있는가? 줄 수 있다면 얼마나 줄 수 있는가? 다음 장에서는 철학적 혹은 해석학적 사고 및 탐구의 주요 대표자로서 특별히 하이데거, 불트만, 가다머, 비트겐슈타인 네 사람을 고른 이유를 제시하겠다. 그런 다음, 세 가지 큰 쟁점인 해석학과 역사, 해석학과 신학, 해석학과 언어를 살펴보고, 다시 하이데거, 불트만, 가다머, 비트겐슈타인을 살펴보겠다.

2장

추가 도입 질문:
하이데거, 불트만, 가다머, 비트겐슈타인

4. 하이데거, 불트만, 가다머, 비트겐슈타인: 세 가지 요점

왜 이 연구서의 주요 부분으로 이 특별한 사상가 넷을 골랐는가? 이 물음에 대한 적절한 대답은 네 인물에 관하여 자세한 주장과 결론을 제시한 연구서 끝에 가서야 내놓을 수 있겠다. 하지만 그들의 사상도 소개할 겸, 그들이 이 연구에서 차지하는 중요성을 어느 정도 미리 보여 주는 데 도움이 될 법한 다섯 가지 사항을 제시해 보겠다.

(1) 우선, 가다머는 예외일 수도 있겠지만, 이 사상가들은 각기 그 나름대로 우뚝 솟아 있는 인물로서 20세기 사상에 엄청난 영향을 미쳤다. 이 때문에 J. 맥쿼리(Macquarrie)는 하이데거를 다룬 그의 책을 이런 말로 시작한다. "어떤 기준을 따르더라도 마르틴 하이데거는 20세기의 가장 위대하고 독창적인 철학자 가운데 꼭 넣어야 한다."[1] 마찬가지로, 하이데거에 대한 무비판적 태도와는 거리가 먼 마조리 그린(Marjorie Grene) 역시 "하이데거는 우리 시대 지성사에서 유일무이한 자리를 차지하고 있다"고 강조한다.[2] 실제로 하이데거가 유럽에서 가졌던 영향력이 어찌나 컸던지, 볼프하르트 판넨베르크는 1969년

---

[1] J. Macquarrie, *Martin Heidegger* (Lutterworth Press, London, 1968), p. 1.
[2] M. Grene, *Martin Heidegger* (Bowes & Bowes, London, 1957), p. 12.

에 내게 들려준 한 논평에서 철학에서는 훨씬 더 다양한 접근법이 있는 게 더 바람직한데도 한 사상가가 이렇게 다른 이들을 압도하는 영향력을 가진다는 것이 유감스럽다고 말할 정도였다.

루돌프 불트만 역시 그 나름대로 20세기에 가장 중요하고 영향력 있는 신약학자로 널리 인정받고 있다. 불트만이 그의 저서 『공관복음서 전승사』 (*History of the Synoptic Tradition, Die Geschichte der synoptischen Tradition*, 대한기독교서회)에서 역사와 관련하여 내린 결론에는 부정적 내용이 많다. 그러나 불트만은 신약성경의 메시지를 하나님 말씀으로 들어야 한다는 점에서는 칼 바르트와 견해를 같이하며 공통 관심사를 피력했다.[3] 데니스 나인햄이 "불트만도 결국은 성경주의자"[4]라며 불트만을 깔보는 비평을 내놓았던 이유도 불트만이 이 '하나님 말씀의 신학'이라는 시각을 포기하길 거부했기 때문이다. 불트만은 무엇보다도 해석학 문제에 관심을 기울인다. 불트만은 『신약신학』 (*Theology of the New Testament, Theologie des Neuen Testaments*, 한국성서연구소) 끝에 있는 그의 유명한 논평에서, 역사 연구 및 재구성은 단지 그 자체가 목적이 아니라 도리어 "신약성경 기록이 현재에 무언가 말할 것을 갖고 있다는 전제 아래 이 기록을 해석하는 데 도움을 준다"고 단언한다.[5] 우리는 불트만의 비신화화 프로그램에 아주 심각한 문제가 있다고 보기 때문에, 적절한 때에 이 문제를 상세히 살펴보겠다. 하지만 그의 해석학 전체는 더 큰 쟁점들과 관련이 있다. 결국에는 그의 해석학을 평가하겠지만, 그 경우에도 그가 해석학 논쟁에 공헌한 바를 무시할 수는 없다. 특히 우리는 이렇게 물어야 한다. 철학적 서술을 활용하여 신약 해석학을 전개하려는 불트만의 시도는 얼마나 성공을 거두었는가, 아니면 실패했는가?

가다머가 20세기 지성인들의 사상에 끼친 영향은 하이데거나 불트만, 비트

---

[3] 참고. W. G. Kümmel, *The New Testament: The History of the Investigation of its Problems* (Eng. S.C.M., London, 1973), pp. 369 and 372.
[4] D. Nineham, *U.A.B.*, p. 221.
[5] R. Bultmann, *T.N.T.* II, p. 251.

겐슈타인이 끼친 영향보다 작을지도 모른다. 그렇지만 그는 해석학 분야에서 핵심 인물이다. 학자들이 그의 중요성을 평가한 여러 사례 중 우선 그에게 공감하는 논평자의 평결을 인용할 수 있으며, 뒤이어 그를 가장 혹독하게 비판한 비평가 중 한 사람의 반응을 인용할 수도 있다. 로제 라푸앙트는 이렇게 썼다. "가다머는 분명 현재 철학적 해석학에서 가장 중요한 이론가다."[6] 심지어 가다머를 비판하는 E. D. 히르쉬(Hirsch)조차도 "한스게오르크 가다머는 20세기에 독일이 내놓은 해석학 이론 논문 중 가장 알찬 논문을 내놓았다"고 단언한다.[7] 가다머는 하이데거와 몇 가지 근본 가정을 공유하지만, 그 가정을 설명할 때 더 체계 있고 이해하기 쉽게 서술한다. 이 때문에 시어도어 키질(Theodore Kisiel)은 이 두 사상가를 명쾌하게 비교하여 제시한다. 키질은 하이데거가 심오하긴 하지만 동시에 좌절감을 느낄 정도로 이해하기가 어렵다고 주장한다. 키질은 계속하여 이렇게 말한다. "사람을 좌절시키는 이런 모호함을 풀어 줄 해독제는 한스게오르크 가다머의 작업에서 찾을 수 있다. 이 작업은 광범위하고 급진적인 하이데거의 해석학과 종전 관례에 더 부합하는 텍스트 해석 문제 사이에 자리해 있어서, 뜨거운 용광로 안을 들여다보는 데 사용하는 필터 보안경처럼 해석에 관련된 심오하고 이해하기 어려운 쟁점들에 자세한 맥락과 구체성을 부여한다."[8]

내가 아는 한, 신약학자 가운데 루트비히 비트겐슈타인의 통찰을 받아들여 이 통찰을 신약 해석학 문제에 적용하려는 이는 하나도 없었다. 그래서 얼핏 보면 이 특별한 사상가를 골라 하이데거, 불트만, 가다머와 같이 이 연구서 안에 나란히 세워놓는 것이 제멋대로 한 일처럼 보일지도 모른다. 다시 말하지만, 이런 과정이 정당한지는 이 연구서가 내놓을 결과에 달려 있다. 우리는 비트겐슈타인의 사상과 해석학 이론 전반 및 신약성경 해석의 연관성에 가장

---

6 R. Lapointe, "Hermeneutics Today", *B.T.B.* II (1972), p. 111.
7 E. D. Hirsch, Jr., *Validity in Interpretation* (Yale University Press, New Haven, 1967), p. 245.
8 T. Kisiel, "The Happening of Tradition: The Hermeneutics of Gadamer and Heidegger" in *M.W.* II, no. 3 (1969), p. 359; 참고. pp. 358-385.

중점을 두고 논증할 것이다. 이 단계에서 목표는 우선 20세기 사상가 중 가장 독창적이고 영향력 있는 한 사람인 비트겐슈타인의 거대한 입지를 부각하여 소개하는 것이다. 오늘날 아주 존경받는 철학자 중 한 사람인 P. F. 스트로슨(Strawson)은 비트겐슈타인을 비판하면서도 "천재 철학자"요 심지어 "이 시대의 으뜸가는 철학자"로 묘사했다.[9] 비트겐슈타인이 20세기 철학에 끼친 강력한 영향과 사상가로서 갖는 입지는 너무나 많은 저술가가 너무나 많이 언급하는 주제가 되었기 때문에 새삼 같은 이야기를 더 할 필요는 없겠다. 비트겐슈타인은 무엇보다도 창조하는 **사상가**였다. 그래서 그의 많은 저작을 붙들고 씨름했던 이들은 마치 이전에는 그의 사상을 한 번도 접한 적이 없던 것처럼 어떤 문제도 이전과 똑같은 방식으로 보지 않았다.

(2) 두 번째 요점은 네 저술가 모두 철학적 **서술**로서 철학에 관심을 가진다는 것이다. 하지만 네 저술가가 철학이 서술성을 갖는다는 말을 모두 똑같은 의미로 받아들이지는 않는다. 하이데거의 경우, 철학의 서술성을 그가 현상학의 방법을 사용하는 것과 연계한다. 하이데거가 『존재와 시간』(*Being and Time, Sein und Zeit*)을 현대 현상학의 창시자인 후설(Husserl)에게 "우정과 존경을 담아" 헌정한 일은 주목할 만하다.[10] 하이데거 자신이 되새기듯, 현상학의 구호는 사태 자체로(Zu den Sachen selbst)였다.[11] 탐구자는 이론상, 자신이 사전에 갖고 있는 이해를 사실들에 투사하지 않고, '사태들이 있는 그대로 나타나게 한다.' 하이데거의 더 복잡한 언어로 표현하자면, 현상학의 목표는 "나타나는 것이 그 자체에서 나타나는 그대로 그 자체에서 나타나게 하는 것"이다.[12]

---

9 P. F. Strawson, "Critical Notice of Wittgenstein's Philosophical Investigations" in H. Morick (ed.), *Wittgenstein and the Problem of Other Minds* (McGraw-Hill, New York, 1967), pp. 3 and 14 (참고. pp. 3-42).
10 M. Heidegger, *B.T.*, p. 5. 『존재와 시간』(까치).
11 *Ibid*., p. 50; German, p. 28.
12 *Ibid*., p. 58; German, p. 34.

얼핏 보면 이것은 순진한 객관주의를 거의 패러디한 것처럼 보일지도 모른다. 칸트 이후 철학의 문제를 익히 아는 이는 틀림없이 이렇게 물을 것이다. 우리가 사물을 어떻게 '있는 그대로' 나타낼 수 있는가? 사실 하이데거가 실제로 한 말을 인용하긴 했지만, 이 접근법 자체는 역사성이라는 문제 혹은 역사의 제약이라는 문제를 아주 잘 아는 사람에게 마땅히 기대할 만한 것과 정반대인 것처럼 보인다. 이것이 바로 하이데거가 해석학에서 아주 중요한 한 가지 이유다. 한편으로 그는 자신의 목표가 철학적 서술이라고 단언한다. 그러면서도 그는 사람이 세계를 자신에게 주어진 삶의 정황 속에서 바라보는 대로 해석할 수밖에 없음을 인정한다. 하이데거의 사상은 이 양면을 다 갖고 있다.

이것은 신약 해석학에서 아주 오랫동안 지속되어 온 문제 가운데 하나를 정확히 지적한다. 한편으로 주해가는 '신약성경이 실제로 말하는 바'에 이르길 원한다. 여기서 다시 제임스 스마트의 말을 인용해 본다. "모든 해석은 첫 단계에서 본문이 하는 말과 더불어 처음에 본문을 말하거나 기록했을 때 본문이 가졌을 의미에 숨어 있는 뉘앙스에도 귀를 기울여야 한다."[13] 그렇지만 스마트 자신도 성서학자로서 분명한 서술과 관련된 문제, 곧 '순수한' 서술이 이상임을 인정한다. 그는 또 이렇게 썼다. "성경을 해석할 때 철저한 과학적 객관성을 요구하면 해석자는 자기 자신이 객관성 안에 있다는 착각에 빠지게 된다."[14] 따라서 성서학자는, 이런 상황이 지닌 이 두 가지 측면 가운데 어느 것 하나 놓치지 않고 함께 결합시킬 수 있는 방법이 무엇이냐는 문제를 붙들고 씨름하는 일을 필생의 과업으로 삼은 사람의 도움을 받아야 한다.

하이데거는 이 문제가 지닌 양면성을 아마 다른 어떤 사상가보다 더 깊이 파고든 사람일 것이다. 그는 키르케고르(Kierkegaard)를 거쳐 우리가 우리의 유한성 혹은 '역사의' 실존이 지닌 한계 밖으로 도약할 수 없다고 인식했던 칸트로 거슬러 올라가는 철학 전통에 서 있다. 키르케고르는 자신의 독특한 문제

---

[13] J. D. Smart, *The Interpretation of Scripture*, p. 33.
[14] *Ibid.*, p. 29.

로 이렇게 선언했다. "나는 영원한 것을 영원히 혹은 하나님 중심으로 사유하지 못하고, 실존하는 데 만족할 수밖에 없는, 그저 불쌍하게 실존하는 인간일 뿐이다."[15] 하이데거는 이런 시각을 가져다가 단지 '인간'이 아니라 '현존재'(Dasein)를 분석한다. 그는 구체적 인간인 '나'를 가리키는 현존재에서 시작함으로써 비로소 존재(Sein)를 분석할 수 있었다. 현존재는 역사 바깥의 관점을 갖지 않는다. 따라서 하이데거는 "현존재의 현상학이 **해석학이다**"[1]라고 강조한다.[16] 나의 존재 이해는 나 자신의 구체적 실존에 관한 나의 이해와 밀접한 관련이 있으며, 후자가 전자를 규정한다. 하이데거는 이렇게 강조한다. "해석(Auslegung)은 우리에게 주어진 것(eines Vorgegebenen)을 어떤 전제도 없이 이해하는 것이 결코 아니다."[17]

하이데거가 해석학 문제의 두 측면을 공정히 다루려 했음을 아주 잘 표현한 이가 마이클 젤번(Michael Gelven)이다. 젤번은 이렇게 썼다. "하이데거 및 다른 해석학 사상가들은 그들의 서술 방법론이 가진 두 측면에 충실하고 싶어 한다. 바로 사실들이 스스로 말하게 하는 것, 그리고 동시에—적어도 해석학 방법이 적용되는 사례의 경우에는—해석되지 않은 사실과 같은 것은 존재하지 않는다는 것이다."[18] 우리는 종국에 A. 더 발렌(de Waelhens)과 데이비드 케언스(David Cairns)와 마찬가지로 하이데거 철학이 결국 순수한 서술이 아니라는 결론을 내리게 되지만, 그럼에도 해석학 문제의 두 측면을 모두 붙들고 씨름하려는 그의 시도만큼은 해석학 문제의 본질을 밝혀 정립하려는 다른 모든 시도에 여전히 유익하고 적절하다.

루돌프 불트만도 철학이 자신의 해석학 프로그램에서 하는 역할은 순전

---

15 S. Kierkegaard, *Concluding Unscientific Postscript to the Philosophical Fragments* (Eng. Princeton University Press, 1941), p. 190.
16 M. Heidegger, *B.T.*, p. 62 (German, p. 37; 하이데거 강조).
17 *Ibid.*, pp. 191-192 (German, p. 150).
18 M. Gelven, *A Commentary on Heidegger's 'Being and Time'* (Harper and Row, New York, 1970), pp. 34-35. 『존재와 시간 입문서』(시간과공간사).

히 서술이라고 주장한다. 불트만은 생애 후반에 과거를 돌아보면서, 자신이 하이데거 철학을 사용한 것을 놓고 이렇게 말한다. "나는 그에게서 신학이 **무엇을** 말해야 하는가가 아니라 **어떻게** 말해야 하는가를 배웠다."[19] 불트만은 다른 책에서 고가르텐(Gogarten)이 쓴 『비신화화와 역사』(Demythologizing and History, Entmythologisierung und Kirche)가 "하이데거의 실존주의 분석에서 무언가를 배울 때 꼭 그의 철학 이론을 따라야 하는 것은 아님을 분명하게 일러 준다"는 이유로 그 책에 동의한다.[20] 불트만을 다루는 세 장 중 둘째 장에서는 불트만이 이 주제와 관련하여 쿨만(Kuhlmann)에게 한 대답을 특별히 다뤄 보겠다. 그는 이 대답에서 철학이 신학적 해석학에 제공하는 것은 실재에 관한 이론이 아니라 개념 체계라고 주장한다. 더 전문성 있는 용어로 말하면, 신학은 존재적이고 실존적이지만 철학은 존재론적이고 실존론적이다.

자신의 철학이 순전히 서술이라는 가다머의 주장은 우리가 앞서 하이데거와 관련지어 했던 언급과 같은 논의의 맥락에서 등장한다. 이런 취지를 내세우는 가다머의 주장은 그의 작업 전반은 물론, 그를 비판한 에밀리오 베티(Emilio Betti)와 주고받은 서신에 담긴 그의 강조에도 나타난다. 그는 이 서신을 『진리와 방법』(Truth and Method, Wahrheit und Methode)의 첫 부록 중 일부로 출간했다. 가다머는 이렇게 썼다. "본디 나는 어떤 방법을 제안하지 않고, **있는 것을 서술한다**(ich beschreibe, was ist). 나는 어떤 것이 내가 서술한 그대로 있다는 데에 진지한 의문을 제기할 수 있는 이는 없다고 생각한다.…나는 있어야 할 것이나 있을 수 있는 것에서 출발하는 대신, 있는 것을 **그대로 인정하는 것**(anzuerkennen, was ist)만을 과학적인 것으로 여긴다."[21]

가다머의 주장이 옳다면, 그의 작업에서 유래한 철학 범주를 사용하는 것이 신약성경 해석을 왜곡시켰다고 말하기는 분명 불가능하다. 하지만 베티는

---

19 R. Bultmann, "Reply", in *T.R.B.*, p. 276; 참고. pp. 273-278.
20 *K.M.* II, p. 182.
21 H.-G. Gadamer, *T.M.*, pp. 465-466; German pp. 483-484. 가다머 강조.

가다머의 답변에 만족하지 않는다. 파머는 가다머와 베티의 논쟁을 이런 말로 요약한다. "베티는 가다머가 기준도 없는 실존의 주관성에 빠져 길을 잃어버렸다고 본다."[22] 그러나 이것은 가다머가 신약 해석학에 적절하지 않음을 논증하기는커녕, 오히려 가다머가 말하려는 것을 캐내는 일을 더 절박하게 만들었다. 바꿔 말하면, 가다머와 베티 사이의 쟁점은 바로 무엇을 '서술'이라 할 수 있느냐다. '텍스트의 의미'와 '역사 전통 속에 있는 내 자리에서 이해한 텍스트의 의미'를 구분할 수 있을까? 가다머는 이런 질문이 만들어 내는 진짜 쟁점을 피하려 하지 않지만, 질문의 답을 주어진 전통 밖에서 그리고 역사의 제약이라는 현상에 기대지 않고 찾아낼 수 있다는 것을 부인한다. 이것이 바로 그가 해석학적 상황과 관련하여 제시하는 '서술'의 일부다. 그래서 키질은 이렇게 말한다. "가다머는, 인간의 이해가 발생하는 실제 상황은 늘 전통 안에서 **언어**를 통해 생긴 이해이며, 전통과 언어 모두 늘 해석학적 사유에서 명백히 고려할 사항이었다는 '사실'에 초점을 맞춘다."[23]

비트겐슈타인의 작업을 보면, 그의 철학이 서술이라는 입장을 취하고 있음이 훨씬 더 분명하고 뚜렷하게 드러난다. 이 책의 부제로 '철학적 서술'(원서 부제에는 'philosophical description'이라는 표현이 있다—편집자)이라는 말을 쓴 이유는 바로 이 원리가 네 사상가의 주장에 모두 적용되기 때문이다. 비트겐슈타인은 이 점을 많은 곳에서 분명히 밝히지만, 철학의 본질을 다룬 『쪽지』(Zettel)의 한 부분에서 특히 더욱 분명하게 밝힌다. 비트겐슈타인은 이렇게 썼다. "철학에서 불안은, 철학을 잘못 바라보는 데서 생긴다고 말할 수 있다.…우리는 엉뚱한 추측과 설명 대신 언어 사실(sprachlicher Tatsachen)을 차분히 고찰하길 원한다.…철학은 우리 생각 속의 매듭들을 풀어 준다.…철학자는 어떤 사상 공동체의 시민도 아니다. 바로 그것이 철학자를 철학자로 만들어 준다."[24]

---

22 R. E. Palmer, *Hermeneutics*, p. 59.
23 T. Kisiel, "The Happening of Tradition: The Hermeneutics of Gadamer and Heidegger" in *M.W.* II, p. 359. 키질 강조.
24 L. Wittgenstein, *Z.*, sects. 447, 452, and 455; 참고. sects. 448–467.

철학 탐구는 "개념 탐구"다.²⁵

이런 판단은 『쪽지』에만 국한되지 않는다. 비트겐슈타인은 『논리-철학 논고』(*Tractatus Logico-Philosophicus*)에서도 이렇게 말했다. "철학은 교리 덩어리가 아니라 활동이다.…철학은 '철학 명제'로 귀결되지 않고, 도리어 명료한 명제 설명으로 귀결된다."²⁶ 비트겐슈타인은 일찍이 1913년에 "논리 노트"(Notes on Logic)에서 "철학은 순전히 서술"이라고 썼다.²⁷ 그는 또 『철학적 탐구』(*Philosophical Investigations, Die Philosophischen Untersuchungen*)에서 이렇게 말한다. "모든 **설명**을 없애고 서술만이(nur Beschreibung) 그 자리를 차지하게 해야 한다."²⁸ 그는 또 이렇게 덧붙인다. "철학은 그저 모든 것을 우리 앞에 제시한다.…철학자가 하는 일은 특별한 목적이 생각나게 하는 것들을 결합하는 것이다."²⁹

하지만 비트겐슈타인의 철학이 서술적이라고 해서 어쨌든 그의 작품도 깊이가 없다거나 시시하다고 추측한다면 큰 실수일 것이다. 비트겐슈타인은 일찍이 노먼 맬컴(Norman Malcolm)에게 보낸 한 서신에서 독특하게도 이런 말을 했다. "자네 자신이 다치려 하지 않으면 고상한 생각을 할 수가 없다네."³⁰ 맬컴은 비트겐슈타인의 "극도의 진지함, 열중, 지력,…진리를 향한 뜨거운 사랑;…자신은 물론 다른 어느 누구에게도 예외를 두지 않았던 지독한 성실함"을 회고한다.³¹ 비트겐슈타인은 『쪽지』에서 철학자들이 "더 이상 심오한 문제가 존재하지 않는 것으로 보기에, 세계는 넓고 평평해져 모든 깊이를 잃어버렸으며, 그들이 쓴 것은 끝없이 천박하고 시시하다"며 철학자들에게 경고한다.³² 물론 비트겐슈타인 자신도 서술하고 되새겨 주는 것으로 만족하긴 하지만,

---

25 *Ibid.*, sect. 458.
26 L. Wittgenstein, *T.*, 4.112; 참고. 4.111-4.115, 6.53, and 6.54.
27 L. Wittgenstein, "Notes on Logic" in *N.*, p. 93.
28 L. Wittgenstein, *P.I.*, sect. 109. 비트겐슈타인 강조.
29 *Ibid.*, sects. 126-127.
30 N. Malcolm and G. H. von Wright, *Ludwig Wittgenstein: A Memoir* (Oxford University Press, London, 1958), p. 40. 『비트겐슈타인의 추억』(필로소픽).
31 *Ibid.*, pp. 26-27.
32 L. Wittgenstein, *Z.*, sect. 456.

그는 이를 통해 그의 말대로, "나는 당신이 보는 방식(Anschauungsweise)을 바꿔 놓았다."[33] 그는 『쪽지』에서 쓴 바로 이 말을 『철학적 탐구』에서도 똑같이 사용한다.[34]

(3) 세 번째 요점은 두 번째 요점에서 자연스럽게 등장한다. 앞서 하이데거와 가다머가 철학적 서술이라는 문제를 어떻게 바라보는지 살펴보았다. 그들이 보기에 이 문제는 내가 이미 속한 '세계'(하이데거)나 전통(가다머)에서 주어진 것(the givenness, 소여)이라는 사안에 뿌리박고 있었다.

다음 장에서는 하이데거가 말한 세계성(worldhood, Weltheit) 개념을 자세히 살펴보겠다. 하지만 우선 세계성 개념이 세 가지 고려 사항과 떼어 놓을 수 없음을 지적할 수 있다. 첫째, 현존재의 '세계'는 실제적 관심과 과업이라는 지평이 에워싸고 있다. 그것은 하이데거가 손 가까이 있음(ready-to-hand, zuhanden)과 눈앞에 있음(present-at-hand, vorhanden)을 구분하는 것과 관련이 있으며, 이 구분은 이 주제를 다룬 장에서 논하고 있다. 예를 들어, 목수의 세계에서는 '나무'나 '목재'가 중립성을 지닌 검사 대상으로서 '단순한' 나무나 목재가 아니라, 주어진 세계에서 주어진 의미를 획득한다. 둘째, 이것은 곧 '세계'가 주어진 의미 지평을 제공하고 보존하는 해석학적 의미를 갖고 있음을 뜻한다. '산'을 예로 들면, '산'은 단순히 어떤 대상(눈앞에 있는 것)이 아니라 현존재의 관심사라는 맥락 안에 있는 것이므로, 등산가의 세계에서 가지는 의미와 지도 제작자의 세계에서 가지는 의미가 다르다. 따라서 마그다 킹(Magda King)은 이렇게 말한다. "우리가 실존하는 세계는 매일매일 우리의 이해가 움직이는 지평이다. 이 때문에 우리는 이 세계에서 유래하여 매일 만나는 사물들을 이 세계에 비추어…어떤 목적에 유익한 도움을 줄 수 있는 사물로 이해할 수 있다. 우리 세계의 지평은 무엇보다 '의미를 부여한다.'"[35] 셋째, 하이데거

---

33 *Ibid.*, sect. 461.
34 L. Wittgenstein, *P.I.*, sect. 144.
35 M. King, *Heidegger's Philosophy: A Guide to his Basic Thought* (Blackwell, Oxford, 1964), p. 7. 킹 강조.

는 우리가 의미에 관한 질문을 하기 전에 이미 세계성이 우리 실존의 일부로 '주어진다'고 본다. 6장에서 보겠지만, 하이데거는 이 '소여'를 사실성(facticity, Faktizität)이라는 개념을 써서 자세히 서술한다. 그리하여 그는 이렇게 썼다. "**세계**'는…'**그 안에**' 사실인 현존재 자체가 '산다'고 말할 수 있는 곳으로 이해할 수 있다. 여기서 '세계'는 존재론 이전의 실존적 의미를 가진다."[36] 리처드 파머가 말하듯이, 그리고 우리가 뒤에서 더 상세히 제시하듯이, 그것은 개념화보다, 심지어 주관성과 객관성 사이의 대조보다도 앞선다.[37]

세계성이 가진 이 세 특징은 해석학에 세 가지 결과를 가져다준다. 첫째, 이 세 특징은 이해와 의미가 단지 이론적 관찰뿐 아니라 실제적 관심이라는 차원에서 작용함을 일러 준다. 이것이 사실이라면, 이런 고찰 내용은 해석학적 '객관주의'는 사실 진정한 '객관성'이 아니며 여러 한계를 갖고 있다고 말하는 월터 윙크 및 (앞에서 언급한) 다른 이들의 주장에 힘을 실어 준다. 일부 사람들은 이를 근거로 학자적 주해가, 조직신학자 같은 이들이 속한 세계의 관점에서 보면 신약성경 본문의 의미가 달리 보일 수 있다고 주장할지도 모른다. 이런 주장이 일으키는 몇 가지 질문은 해석학과 신학을 다루는 장에서 논해 보겠다. 둘째, 에른스트 푹스는 세계성이라는 개념이 예수의 비유를 다룬 해석학에 적합하다는 것을 훨씬 더 깊은 차원에서 보여 주었다. 예수는 청중의 세계 속으로 들어감으로써 그들과 '공통 이해'(Einverständnis)를 확립했다. 그러나 예수는 뒤이어 실재를 달리 파악하는 방법을 통해 세계의 지평을 확장하고 바꿔 놓는다. 실재를 달리 이해하게 된 것은 새로운 세계가 되었기 때문이다.[38] 셋째, 푹스와 그 뒤를 이은 펑크, 크로산 및 다른 이들은 이 세계성이 개념 이전의 차원, 인식 이전의 차원에서 작용한다고 생각한다. 이는 '세계'와 '이해'가 선험적 실존 범주로서, 인식 및 주체-객체 인식 모델보다 앞서기 때문이다.

---

36 M. Heidegger, *B.T.*, p. 93 (German, p. 65; 하이데거 강조).
37 R. E. Palmer, *Hermeneutics*, p. 132.
38 E. Fuchs, *Herm.*, pp. 62-72 and 211-230; *Marburger Hermeneutik*, pp. 171-181 and 208-213; 그리고 *S.H.J.*, pp. 84-103.

루돌프 불트만도 해석자의 사전 판단 혹은 전이해에 깊은 관심을 보인다. 불트만이 이해하는 전이해는 "선입견이 아니라 질문을 제기하는 방식"이다.[39] 해석자는 자신의 질문을 억누를 필요도 없고 억눌러서도 안 된다. 더구나 초기 바르트처럼 불트만도 자신이 해석학과 신학 속에 있는 순진한 객관주의라 여기는 것을 공격한다. 불트만이 이 방향으로 아주 멀리 나아가려 한다는 것은, 불트만이 생각한 "진짜 '객관적' 그리스도는 그리스도 자신(Christ in se)이 아니라, 은총의 그리스도(the Christ of the beneficia)다"라고[40] 논평한 앙드레 말레(André Malet)의 말을 되새겨 보면 알 수 있다. 불트만이 이 이슈들을 어떻게 다루었는지는 적절한 때에 더 자세히 살펴보겠다.

가다머는 이해 형성에서 역사 전통과 언어가 행하는 역할을 아주 강하게 인식하는 모습을 보여 준다. 이 점을 앞서 예로 든 바리새인과 세리 비유에서 언급했다. 이 비유를 1세기 팔레스타인 청중과 같은 방식으로 이해해야 한다면, 20세기 서구인이 이 비유 속의 '바리새인'에 관하여 이미 갖고 있는 이해를 바로잡아야 한다. 그러나 이 문제를 이런 식으로 정립하는 것도 여전히 의문이다. 다른 해석에서 반드시 따라야 하는 어떤 '올바른' 해석이 존재하는가? '올바른' 의미 자체는 문화의 상대성이나 역사의 상대성에 매이지 않고 자유로운가? 이와 관련하여 존 딜렌버거(John Dillenberger)의 언급을 되새겨 볼 수 있겠다. 그는 이렇게 썼다. "해석 문제는, 비유하자면 이런 담론이나 구성을 담은 우주에서 다른 담론이나 구성을 담은 우주로 옮겨 가는 것이다. 그러나 '중간' 단계는 결코 존재하지 않으며, 본질이 드러날 때까지 껍질을 벗겨 내는 일도 불가능하다.…신약성경 해석 문제는 알맹이와 껍질의 문제가 아니다."[41]

딜렌버거가 불트만과 새 해석학 옹호자들이 이런 문제를 간과하지 못한다며 비판하는 것은 어쩌면 놀라운 일일지도 모른다. 하지만 가다머 자신도

---

[39] R. Bultmann, *E.F.*, p. 346.
[40] A. Malet, *The Thought of Rudolf Bultmann* (Eng. Doubleday, New York, 1971), p. 20.
[41] J. Dillenberger, "On Broadening the New Hermeneutic" in *N.H.*, p. 154.

이 문제에 아주 민감한 것 같다. 그는 이렇게 썼다. "이해는 사람의 주관성이 하는 행위가 아니라, 사람이 자신을 전통(ein Überlieferungsgeschehen)의 과정 (엄밀히 말하면 사건 혹은 일어난 일) 속에 놓아두는 것이라고 생각해야 하며, 이 과정 속에서 과거와 현재가 끊임없이 융합한다(거의 '들어맞는다', vermitteln). 해석학 이론은 이것을 표현해야 한다."[42] 가다머를 비판하는 많은 이들은 그가 이 문제를 '객관적' 방법으로 풀어내지 못한다고 본다. 하지만 가다머는 이런 비판들이 삶에 주어진 사실인 매듭 자체를 잘라 버리려는 시도에 불과하다고 여긴다. 실제로 이런 문제와 더불어 살아가는 길은 언어와 전통이 행하는 역할을 받아들이면서도 해석학적 상황의 여러 긍정적 가능성을 탐구하는 것이다. 가다머는 '시간 거리'(Zeitabstand), '사전 판단' 혹은 '선입견'(Vorurteil), '세계'(Welt)와 같은 현상들이 지닌 긍정적 잠재력을 보여 줌으로써 이런 일을 시도한다.[43] 그는 얼핏 보면 해석학 문제를 악화시키는 것처럼 보일 뿐인 이 모든 범주를 받아들여, 이 범주가 이해를 수월하게 할 수 있음을, 특히 해석자가 과거에 기록된 텍스트를 쉬이 이해하도록 도와주는 유익한 역할을 할 수 있음을 보여 준다.

비트겐슈타인이 인간의 자리가 세계와 자신이 물려받은 전통 안에서 주어진다는 사실을 적절하게 설명한다고 할 수 있는지는 여전히 논쟁 가운데 있다. 나는 비트겐슈타인이 『확실성에 관하여』(On Certainty, Über Gewißheit)에서 '훈련', '삶의 형식' 및 '우리 사고의 발판'에 관한 여러 고찰을 제시하며 강조한 것이야말로 그가 이 문제를 완전히 알고 있었음을 확실히 증명해 준다고 믿어 의심치 않는다. 하지만 이 점은 비트겐슈타인의 저작들을 상세히 검토하고 그의 사상에서 언어 게임이 결코 축소할 수 없는 본질을 가졌음을 파악한 뒤에야 비로소 증명할 수 있다. 그렇지만 우리는 이 질문을 네 사상가에

---

42 H.-G. Gadamer, *T.M.*, p. 258; German, pp. 274-275.
43 *Ibid.*, pp. 235-274; German, pp. 250-290; 그리고 pp. 397-414 (참고. pp. 91-99); German, pp. 415-432 (참고. pp. 97-105).

관한 다섯 가지 고찰 중 다음 고찰의 한 부분으로서 미리 더 깊이 살펴보겠다.

5. 비트겐슈타인과 하이데거, 가다머, 불트만의 관계

이 책의 주요 결론 중 하나는, 해석학 문제의 맥락에서 볼 때 비트겐슈타인의 '언어 게임' 개념은 하이데거의 '세계' 이해는 물론 심지어 가다머가 말하는 해석자의 지평 개념과 놀라울 만큼 비슷하다는 것이다. 이 점에서 우리가 하이데거, 불트만, 가다머, 비트겐슈타인과 관련하여 제시하는 네 번째 요점이 나온다.

비트겐슈타인의 사상과 실존주의 혹은 해석학적 철학 전통에 서 있는 이들 사이에 어떤 관계가 있다면, 그것은 무엇인가? 나는 영국의 많은 철학자들이 비트겐슈타인과 하이데거를 도저히 서로 양립할 수 없는 철학적 사유와 방법을 내세운 두 전통을 대표하는 사람으로 여기곤 한다는 것, 그리고 일부 사람들은 분명 이런 관점에서 그 둘이 던지는 질문과 사유 맥락이 완전히 달라 둘을 의미 있게 비교한다는 것 자체가 불가능하다고 주장하려 한다는 것을 안다. 그러나 이 두 접근법을 충실히 비교하는 일을 오랫동안 지체했다는 주장도 강하게 제기되어 왔다. 예를 들어, 비트겐슈타인의 전통을 따른 영미 언어철학에 동조한 신학자로서 집필 활동을 했던 폴 반 뷰렌(Paul van Buren)은 언어철학자들이 하이데거의 접근법을 무턱대고 무시했다며 유감을 표한다. 그는 이렇게 강조한다. "나는 정말 훌륭한 언어 분석가들이 하이데거와 대화를 시작해 보려는 진지한 노력을 전혀 하지 않는 것 같아 답답하다."[44] 칼 브라텐은 특별히 새 해석학 옹호자들을 상대로 똑같은 비판을 제기한다. 그는 이렇게 썼다. "이 대륙의 언어 해석학이 언어에 관한 하이데거의 신비한 사

---

[44] P. M. van Buren, *Theological Explorations* (S.C.M., London, 1968), p. 82.

색 속에 갇힌 채 울타리를 벗어나려는 시도를 전혀 하지 않는 것은 불행이다."⁴⁵ 브라텐은 "후기 비트겐슈타인과 후기 하이데거의 혼인이 만들어 낸 것이 거의 없다"는 것을 의아하게 여기면서 이런 결론을 내린다. "구경꾼 입장에서는 이 두 학파가 서로 무시하는 모습, 특히 각 학파가 다른 학파의 것을 필요로 하는데도 서로 무시하는 모습을 보기가 괴롭다."⁴⁶

사실을 따져 보면, 1965년 브라텐의 호소 이후 비트겐슈타인과 하이데거, 혹은 적어도 이 두 사람이 각기 속한 철학 전통의 접근법을 비교해 보려는 연구서가 많이 나왔다. 이런 비교는 칼 오토 아펠(Karl-Otto Apel)의 특별한 관심사 중 하나였다. 그는 "비트겐슈타인과 하이데거"(Wittgenstein und Heidegger), "비트겐슈타인과 해석학적 이해 문제"(Wittgenstein und das Problem des hermeneutischen Verstehens)라는 제목을 붙인 논문과 『언어 분석철학과 인문학』(Analytic Philosophy of Language and the Geisteswissenschaften) 같은 저서를 포함하여 이 주제를 다룬 다양한 저술을 출간했다.⁴⁷ 블랑쉬 I. 프레모(Blanche I. Premo)는 아펠의 작업을 그의 출발점으로 삼으면서, 하이데거와 비트겐슈타인의 유사성을 비단 비트겐슈타인의 후기 저작에 국한해서는 안 된다고 주장했다.⁴⁸ 프레모는 이런 결론을 내린다. "비트겐슈타인의 후기 작업이 해석학적이라면, 비트겐슈타인이 진정 언어가 세계를 열어 보인다는 시각을 공유했다면, 그의 초기 작업도 이 범주에 포함시켜야 한다."⁴⁹ 이 주제와 직접 관련이 있는 또 다른 주요 저작이 안톤 그랍너하이더(Anton Grabner-Haider)가 쓴

---

45 C. E. Braaten, "How New is the New Hermeneutic?" in *Th.T* XXII (1965), pp. 229-230 (참고. pp. 218-235).

46 *Ibid.*, p. 230.

47 K.-O. Apel, *Analytic Philosophy of Language and the Geisteswissenschften* (Foundations of Language Supplement Series Vol. IV; Reidel, Dordrecht, 1967); "Wittgenstein und das Problem des hermeneutischen Verstehens" in *Z.Th.K.* LXIII (1966), pp. 49-88; "Wittgenstein und Heidegger" in *Philosophisches Jahrbuch* LXXV (1967), pp. 56-94; 그리고 "Heideggers philosophische Radikalisierung der Hermeneutik und die Frage nach dem Sinnkriterium der Sprache" in O. Loretz and W. Strolze (eds.), *Die hermeneutische Frage in der Theologie* (Herder, Freiburg, 1968), pp. 86-152.

48 B. I. Premo, "The Early Wittgenstein and Hermeneutics" in *Ph.T.* XVI (1972), pp. 42-65.

연구서 『기호학과 신학』(*Semiotik und Theologie*)이다. 그는 이 연구서에 책 내용을 설명해 주는 "분석철학과 해석학적 철학 사이의 종교적 대화"(Religiöse Rede zwischen analytischer und hermeneutischer Philosophie)라는 말을 부제로 붙였다.[50]

P. 맥코믹(McCormick), E. 셰퍼(Schaper), J. 히튼(Heaton)은 아주 다른 시각에서 쓴 세 논문을 "하이데거와 비트겐슈타인이 말하는 말과 보여 줌에 관한 심포지움"(Symposium on Saying and Showing in Heidegger and Wittgenstein)이라는 전체 제목을 붙여 출간했다.[51] G. 에벨링은 『신학 언어 이론 입문』(*Introduction to a Theological Theory of Language, Einführung in theologische Sprachlehre*)에서 이 주제에 관심을 표한다.[52] 프란츠 마이어(Franz Mayr)는 하이데거와 비트겐슈타인이 언어에 다가가는 방식이 유사하다고, 특별히 언어 사용이 사전 '이해'를 반영한다는 믿음을 공유한다는 점에서 그렇다고 말하는 또 다른 저술가다.[53] 브라텐이 1965년에 논평을 내놓기 이전에도, 잉바르 호비(Ingvar Horby)가 "하이데거와 비트겐슈타인의 이중 인식"(The Double Awareness in Heidegger and Wittgenstein)이라 이름 붙인 한 논문에서 비트겐슈타인과 하이데거가 각각 말하는 언어와 '세계'의 관계를 비교했다.[54] 비트겐슈타인과 하이데거의 차이점과 유사점을 가장 분명하게 설명한 글 가운데 하나가 1965년에 F. 커(Kerr)가 "후기 비트겐슈타인의 해석학인 언어"(Language as Hermeneutic in the Later Wittgenstein)라는 제목으로 발표한 논문이다.[55] 논문의 한 항목

---

49 *Ibid.*, p. 59.
50 A. Grabner-Haider, *Semiotik und Theologie. Religiöse Rede zwischen analytischer und hermeneutischer Philosophie* (Kosel-Verlag, Munich, 1973).
51 P. McCormick, E. Schaper, and J. Heaton, "Symposium on Saying and Showing in Heidegger and Wittgenstein" in *J.B.S.P.* III (1972), pp. 27-35, 36-41, and 42-45.
52 G. Ebeling, *I.T.T.L.*, pp. 153-158, "Hermeneutics and Linguistic Analysis"라는 제목을 가진 항목으로 시작한다.
53 F. Mayr, "Language" in K. Rahner (ed.), *Sacramentum Mundi: An Encyclopedia of Theology* III (Burns and Oates, New York and London, 1969), p. 272; 참고. pp. 268-274.
54 I. Horby, "The Double Awareness in Heidegger and Wittgenstein" in *Inquiry* II (1959), pp. 235-264.

은 분명하게 "비트겐슈타인과 하이데거: 같은 프로그램"(Wittgenstein and Heidegger: The Same Programme)이라는 제목을 달고 있다.[56] 카스텐 해리스(Karsten Harries)도 비트겐슈타인과 하이데거의 출발점은 같으며 언어를 다룬 그들의 작업도 같은 방향으로 나아간다고 주장한다.[57] 심지어 J. D. 카푸토(Caputo)는 이렇게 주장한다. "하이데거와 비트겐슈타인 사이에 유사성이 있다는 의식이 커지고 있으며, 유럽 대륙 사상과 영미 사상을 더 긴밀히 연계하려는 노력이 늘고 있다."[58]

이런 연구서뿐 아니라, 이 책의 접근법에 더 깊은 자극을 준 것은 비트겐슈타인의 저술(혹은 적어도 비트겐슈타인의 저술이 다루는 특정 테마들)을 영국 철학 맥락보다는 대륙 사상의 맥락에서 살펴보려는 접근법이다. 예를 들어, 앨런 야니크(Allan Janik)와 스티븐 툴민(Stephen Toulmin)은 비트겐슈타인을 러셀(Russell)과 무어(Moore)의 전통을 따른 영국 철학자가 아니라 "신칸트주의 환경이 지성의 문제와 개인의 태도를 만들어 낸 빈의 사상가"로서 다룬다.[59] 파울 엥겔만(Paul Engelmann)의 『루트비히 비트겐슈타인에게서 온 편지』(Letters from Ludwig Wittgenstein)에서는 분명 이런 접근법으로 『논리-철학 논고』에 다가가기를 제안한다.[60] 이뿐 아니라, 스탠리 카벨(Stanley Cavell)의 두 논문에서는 비트겐슈타인을 거의 키르케고르의 시각으로 바라본다.[61]

---

55 F. Kerr, "Language as Hermeneutic in the Later Wittgenstein" in *Tijdskrift voor Filosophie* XXVIII (1965), pp. 491-520.
56 *Ibid.*, pp. 500-504.
57 K. Harries, "Wittgenstein and Heidegger: The Relationship of the Philosopher to Language" in *The Journal of Value Inquiry* II (1968), pp. 281-291.
58 J. D. Caputo, "Review of M. Heidegger, *On the Way to Language*" in R.M. XXV (1971), p. 353.
59 A. Janik and S. Toulmin, *Wittgenstein's Vienna* (Wiedenfeld & Nicholson, London, 1973), p. 22. 『비트겐슈타인과 세기말 빈』(필로소픽).
60 P. Engelmann, *Letters from Ludwig Wittgenstein: With a Memoir* (Blackwell, Oxford, 1967).
61 S. Cavell, "Existentialism and Analytical Philosophy" in *Daedalus* XCIII (1964), pp. 946-974; 그리고 "The Avaliability of Wittgenstein's Later Philosophy" in G. Pitcher (ed.), *Wittgenstein: The Philosophical Investigations* (Macmillan, London, 1968), pp. 151-185. 후자는 S. Cavell, *Must We Mean What We Say?* (Cambridge University Press, Cambridge, 1976), pp. 44-72로 재출간되었다.

이것은 비트겐슈타인의 사상 전체를 이런 시각으로 바라보는 것이 적절한지 여부를 지레 판단하는 것이 아니다. 피터 윈치(Peter Winch)와 폴 반 뷰렌이 암시하는 것처럼 '언어 게임'을 철저히 다원주의와 상대주의의 시각에서 해석하는 입장을 받아들여야 한다는 말도 아니다.[62] 하지만 비트겐슈타인의 철학을 '해석학의' 시각이 아니라 영미의 일부 비트겐슈타인 해석이 시사하는 것처럼 더 급진적 시각에서 바라봐야 한다는 제안이 있다. 이를테면 이런 접근법을 대표하는 이가 조지 피처(George Pitcher)인데, 그의 많은 작업은 귀중한 가치가 있지만 러쉬 리즈(Rush Rhees)에게 예리한 비판을 받기도 했다.[63]

이 논쟁에 기여한 문헌으로 함께 살펴봐야 할 것이 두 가지 더 있다. 나는 이 연구서 집필을 마치고 나서야 조지 F. 세플러(George F. Sefler)가 쓴 책 『언어와 세계』(*Language and the World*)를 만났다. 세플러는 이 책에 "마르틴 하이데거와 루트비히 비트겐슈타인의 저술 속에 있는 방법론 종합"(A Methodological Synthesis Within the Writings of Martin Heidegger and Ludwig Wittgenstein)이라는 부제를 붙였다.[64] 세플러는 이런 결론을 내린다. "두 사람은 서로 다른 철학 전통에 속하는데도, 구조적으로 보면 언어, 언어가 가지는 인식의 한계, 언어와 세계의 관계, 심지어 철학 일반을 바라보는 둘의 시각에는 몇 가지 분명한 공통점이 있다. 실제로 두 사람의 저술은 방법론상 많은 점이 일치한다. 이들은 많은 주제에 걸쳐 구조상 서로 모순되기보다는 보완하는 생각을 제시한다."[65] 세플러가 우리에게 되새겨 주듯이, 분명 비트겐슈

---

[62] W. D. Hudson이 "Some Remarks on Wittgenstein's Account of Religious Belief" in *Royal Institute of Philosophy Lectures, Vol. 2: Talk of God* (Macmillan, London, 1969), pp. 45-49에서 제시하는 비판을 참고하라; 참고. pp. 36-51. 아울러 P. van Buren, *Theological Explorations*, pp. 18-19도 참고하라.
[63] G. Pitcher, *The Philosophy of Wittgenstein* (Prentice Hall, Englewood, Cliffs, N.J., 1964). 『비트겐슈타인의 철학』(서광사); 그리고 R. Rhees, *Discussions of Wittgenstein* (Routledge and Kegan Paul, London, 1970), pp. 37-54.
[64] G. F. Sefler, *Language and the World: A Methodological Synthesis Within the Writings of Martin Heidegger and Ludwig Wittgenstein* (Humanities Press, Atlantic Highlands, N.J., 1974).
[65] *Ibid.*, p. 195.

타인은 1929년 12월에 "G. E. 무어의 도덕 철학을 과도한 지성주의라며 무시했다.…그리고 하이데거에 대해서는 진심으로 존경을 담아 이야기했다."[66] 셰플러는 계속하여, 두 사상가는 철학 방법을 순수한 서술로 보며 맥락이 의미를 결정한다고 본다. 또한 둘 다 예부터 내려온 의미의 '속성' 이론에 불만을 가지고 있으며, 철학의 언어는 표현이 아니라고 본다. 마지막으로 세플러에 따르면, 둘 다 "형이상학 또는 존재론 언어의 논리 구조는 시의 논리 구조와 비슷하다"고 본다.[67] 세플러는 이렇게 썼다. "하이데거와 비트겐슈타인 모두 언어가 사람이 사는 세계의 사물들을 설명하고 그 구조를 세운다고 본다.…'언어가 있는 곳에만 세계가 있다.'…사물들은 서로 구별된 실재로서 존재하지 않으며, 언어가 사물들에 이름을 달아 준다."[68] 세플러는 비트겐슈타인이 시를 중시했다고 보지만, 사실 비트겐슈타인은 세플러의 생각만큼 시를 중시하지 않았을 수도 있다. 그럴지라도 하이데거가 언어의 창조력에 보인 깊은 관심과 비트겐슈타인이 개념 문법(conceptual grammar) 및 묘사나 은유의 힘에 보인 관심 사이에 유사성이 있다는 세플러의 견해만큼은 근본적으로 옳다.

비트겐슈타인을 두고 또 다른 논평을 제시한 이는 바로 가다머다. 가다머는 이렇게 단언한다. "비트겐슈타인이 영국의 의미론에 가한 비판과, 역사를 배제하는 현상학적 서술을 향한 해석학적 의식의 비판 사이에는 어느 정도 상통하는 지점이 나타난다."[69] 데이비드 E. 린지(David E. Linge)는 자신이 편역한 가다머의 『철학적 해석학』(Philosophical Hermeneutics) 서론에 이렇게 썼다. "따라서 비트겐슈타인의 언어 게임 사상은 어떤 점에서는 가다머 자신의 선입견 구조 개념과 비슷하다.…가다머와 비트겐슈타인이 공유하는 것은…언어성(linguisticality)과 제도로서 자리 잡고 있으며 상호주관성 면에서도 유효한 보기 방식(ways of seeing)의 통일성을 긍정하며 강조한다는 점이다.…두 사람

---

66 *Ibid.*, p. 198.
67 *Ibid.*, p. 200.
68 *Ibid.*, p. 188.
69 H.-G. Gadamer, *P.H.*, p. 127.

모두 사람 사이의 의사소통에서 언어 게임이 구체적으로 사용되는 모습을 관찰해 봐야 언어 게임 규칙을 발견할 수 있음을 강조한다."[70] 린지는 비트겐슈타인이 말하는 언어 게임이 사실상 자족적이며 자율적임을 암시한다는 듯 비트겐슈타인의 접근법에 나타나는 상대성과 다원성을 지나치게 강조하려 하지만, 린지가 그런 태도를 견지하는 한 우리는 그의 비트겐슈타인 해석에 동의하지 않는다. 앞으로 보겠지만, 이 문제는 린지가 말하는 것보다 더 복잡하고 미묘하다.

비트겐슈타인은 그의 후기 저작에서 개념 형성은 판단에 의존하고, 판단 자체는 언어 게임과 관련이 있으며 따라서 '삶의 형식'과 관련이 있다는 것을 강조했다.[71] 정의(definitions)와 전제의 기능은 **이들보다 앞선 삶의 맥락에** 의존한다. P. M. S. 해커(Hacker)와, 더 최근에 특히 존 T. E. 리처드슨(John T. E. Richardson)은 비트겐슈타인이 이 점에서 L. E. J. 브라우어(Brouwer)가 1928년 3월에 발표한 한 논문에서 큰 영향을 받았다고 주장했다.[72] 브라우어는 수학, 과학, 언어 모두 사회와 역사의 맥락에 속한 인간 활동으로 봐야 한다고 주장했다. 비트겐슈타인의 후기 사상에서는 분명 그런 것들이 역사의 제약이라는 문제와 관련이 있다고 줄기차게 강조한다. 하지만 이 점이 아주 유사하다 보니, F. 커의 놀라운 말에서 진리인 요소를 발견할 수 있을지도 모른다. 커는 이렇게 말한다. "『존재와 시간』에서 줄곧 실행한 계획은, 한 차원에서 보면 『철학적 탐구』에서 실행한 것과 정확히 같다. 즉 둘 다 **모든 객관화와 주관주의에** 앞서 인간 주체가 늘 공동체에 참여하는 자가 되는 철학을 철저히 회복함으로써 고립되고 세계가 없는 '나'를 주창한 데카르트 이후 철학을 극복하려 한다."[73]

---

[70] *Ibid.*, p. XXXV.
[71] L. Wittgenstein, *P.I.*, sects. 19, 23, and 241-242; 참고. *Z.*, sect. 173 with *Z.* sects. 227-228.
[72] J. T. E. Richardson, *The Grammar of Justification: An Interpretation of Wittgenstein's Philosophy of Language* (Sussex University Press, London, 1976), pp. 11-44; 그리고 P. M. S. Hacker, *Insight and Illusion: Wittgenstein on Philosophy and the Metaphysics of Experience* (Oxford University Press, London, 1972), esp. pp. 100-102.

따라서 비트겐슈타인은 모든 언어 사용, 모든 의미가 구체적 상황에 뿌리를 두고 있다고 본다. 그러나 언어는 판단 및 삶의 형식과 관련이 있기 때문에 비트겐슈타인은 [데이비드 페어스(David Pears)의 말을 빌리면] "우리 언어가 실재를 바라보는 우리 시각을 결정한다"고 믿었다.[74] 이 문제에 대한 비트겐슈타인 자신의 견해는 여기서 요약하기에 너무 복잡하기 때문에 뒤에서 다루어야 한다. 하지만 그의 주요한 언급 하나는 강조해도 되겠다. "말은 오직 사고와 삶의 흐름 속에서 의미를 갖는다."[75]

이 특별한 고찰을 마무리 짓기 전에 마지막으로 신약 해석학에서 아주 중요한 내용을 하나 언급해야겠다. 언어에 다가가는 비트겐슈타인의 접근법이 실제로 하이데거의 접근법과 여러 모로 유사하다면, 비트겐슈타인과 이 연구서 주제의 연관성을 규명하기 위해 너무 많이 증명한 것은 아닐까? 비트겐슈타인이 신약 해석학에서 차지하는 의미가 하이데거가 차지하는 의미와 비슷하다면, 비트겐슈타인의 철학을 검토하는 것이 여전히 가치가 있는 일일까? 두 가지 점을 살펴보면 분명한 답이 나온다. 첫째, 언어를 바라보는 이 두 접근법이 **비슷하다**고 주장한다면 이는 사안을 과장하는 말일 것이다. 우리는 다만 언어와 이해의 관계를 바라보는 시각에 특별히 **겹치는 부분**이 있다고 주장할 뿐이다. 다른 영역에서 이 접근법은 분명 다르다. 둘째, 불트만과 새 해석학을 비판하는 영미 비평가들은 종종 하이데거 철학이 해석학 이론에 너무 좁은 기초를 제공한다는 주장을 펼친다. 비트겐슈타인을 연구해 보면, 불트만과 유럽 대륙의 다른 신학자들이 중요한 고려 사항들을 고찰하지 않고 방치해 버렸다는 사실이 확인되든지, 아니면 하이데거와 완전히 다른 경로를 따르더라도 언어 및 이해와 관련하여 같은 결론에 이를 수 있다는 것이 드러날 것이다. 사실 이 대안들은 한쪽이 다른 한쪽을 완전히 배제하지 않는다.

---

[73] F. Kerr, "Language as Hermeneutic in the Later Wittgenstein" in *Tijdskrift voor Filosofie* XXVII, p. 502. 티슬턴 강조.
[74] D. Pears, *Wittgenstein* (Fontana/Collins, London, 1971), p. 13.
[75] L. Wittgenstein, Z., sect. 173.

비트겐슈타인의 철학을 검토해 보면, 언어에 다가가는 하이데거의 접근법이 지닌 어떤 요소들을 확인하는 데 도움이 될 것이다. 그러나 또 다른 측면에서 보면, 비트겐슈타인의 철학을 살펴보는 것은 언어에 관한 어떤 가정들, 곧 새 해석학과 특히 불트만의 특징을 이루는 가정들에 의문을 제기하게 하는 계기가 될 것이다.

이 시점에서 비트겐슈타인과 불트만의 관계를 확실히 살펴보겠다. 놀라운 일인지도 모르지만, 비트겐슈타인의 철학은 두 가지 기본 방향에서 불트만이 제시하는 주장과 연관이 있다. 첫째는 불트만의 이원론이며, 둘째는 신학 진술은 인간론의 관점 곧 신약성경이 인간에 대해 하는 말을 통해 읽어 낼 때 가장 잘 이해할 수 있다는 불트만의 주장이다.

앞으로 논증하겠지만, 불트만은 마르부르크의 신칸트주의 철학에서 나온 철학적 이원론을 받아들였으며, 이 이원론을 자신의 언어관에 적용한다. 그의 신학 전반에는 이런 이원론이 분명하게 나타난다. 마르부르크 학파가 전해 주었던 신칸트주의의 사실과 피안을 구별하는 이원론을 루터의 은혜와 율법을 구분하는 이원론과 결합하기 때문이다. 불트만은 사실과 가치, 신화와 케리그마, 사실인 역사(Historie)와 해석인 역사(Geschichte), 역사와 종말론, 직설법과 명령법, 율법과 복음을 예리하게 구분한다. 이 이원론은 9장, 특히 34항에서 다뤄 보겠다. 불트만은 각 쌍의 두 번째 단어를 열심히 강조하는데, 그러다 보니 첫 번째 단어는 시야에서 벗어나는 경향이 있다.

비트겐슈타인도 사실과 가치를 예리하게 구분하는 이원론에서 시작했으며, 『논리-철학 논고』의 관점에도 그런 입장이 나타나 있다. '사실'은 명제 계산(propositional calculus)이라는 관점에서 말할 수 있다. 그러나 '가치'는 '보이거나' '나타날'(dies zeigt sich) 수는 있지만 '말할 수 없는'(es gibt allerdings Unaussprechliches) 영역에 속해 있다.[76] 하지만 비트겐슈타인은 후기 작품에서

---

[76] L. Wittgenstein, *T.* 1-2.063 (6.522와 반대); 참고. 6.41-47.

이런 이원론을 포기했다. 예를 들어, 그는 직설법과 명령법 또는 서술과 명령을 예리하게 구분하는 이원론이 인간의 삶 자체가 갖는 복잡성을 전혀 제대로 다루지 못한다고 보았다. '소여'는 더 이상 칸트나 신칸트주의가 말하는 선험적 이원론이 아니다. 그것은 온갖 다양성과 복잡성을 지닌 인간의 삶이다.[77] 이 점에서, 비트겐슈타인의 후기 저작은 불트만의 몇몇 철학적 가정을 바로잡는 데 필요한 것을 제공한다는 주장이 가능할 것이다.

하지만 불트만 역시 이원론을 주장하면서도 "신학이 하나님에 관하여 말할 때는 **그와 동시에 인간에 관하여 말해야 한다**"라고 강조한다.[78] 마찬가지로 "하나님에 관한 모든 주장은 **동시에 인간에 관한 주장**이며, 그 반대 역시 동일하다."[79] 이 때문에 우리는 두 번째 점을 살펴보게 된다. 적절한 때에 비트겐슈타인이 공적 의미 기준에 관하여 한 말에 비추어 불트만의 주장이 갖는 의의와 타당성을 평가해 보겠다. 불트만이 어떤 의미에서는 옳지만 어떤 의미에서는 그르다는 것을 비트겐슈타인의 작업이 보여 주리라 생각한다.

비트겐슈타인이 공적 의미 기준에 관하여 한 말이 옳다면(나는 그가 옳다고 생각한다), 이는 하나님에 관한 말이 적절한 의미 흐름을 획득하고 유지하려면 인간에 관한 말을 동반해야 한다는 불트만의 가정이 옳다고 확인해 주는 것 같다. 예를 들어, "그리스도는 주시다"라는 고백의 가치는 그 고백을 한 제자가 공중 앞에서 그리스도를 주로 섬기며 순종하는 모습으로 나타난다. 비트겐슈타인과 불트만은 그리스도의 주되심이라는 언어가 자기를 포함하는 말이라는 데 사실상 의견을 같이할 것이다. 그렇지만 하나님에 관한 언어를 **완벽하고도 남김없이** 인간에 관한 언어로 축소할 수 있을까? "하나님이 너를 심판하시리라"라는 말이 단지 "너는 책임 있게 살아야 한다"는 의미일 뿐일까? 때로 불트만은 거의 그렇게 말하는 것 같다. 비트겐슈타인은 이 문제를 밝히 설명

---

77 참고. L. Wittgenstein, *P.I.*, sects. 108, 217, and 325.
78 R. Bultmann, *F.U.* I, p. 148. 티슬턴 강조.
79 R. Bultmann, *T.N.T.* I, p. 191 (German, p. 188; 티슬턴 강조).

할 수 있는데, 그는 늘 개념 탐구를 존재론과 관련 있는 탐구와 구분하려고 애쓰기 때문이다. 아픔 언어(pain-language)와 아픔 행위(pain-behavior)를 다룬 유명한 논의에서 그는 "우리는 다만 여기서 자신을 우리에게 강요하려는 문법을 거부했을 뿐이다"라고 외친다.[80] 이것이 그가 자신을 "위장한 행동주의자"가 아니라고 주장할 수 있는 이유다.[81] 그렇다면 불트만도 비트겐슈타인처럼 **이해 가능성**이라는 차원에서 작동하는 조건과 **실재**와 관련된 조건을 구분하는 데 성공했는가? 개념과 언어를 탐구하는 데 필요한 도구를 놓고 볼 때, 비트겐슈타인이 우리에게 제공하는 도구가 불트만이 임의로 활용한 도구보다 더 정교하다. 우리는 비트겐슈타인이 이해가 가능하려면 반드시 충족되어야 할 기준을 제시하지만 불트만은 그런 기준을 충족시키는 데 실패했다고 주장할 것이다. 이는 불트만이 구약성경의 가치를 무시한 것과 무관하지 않다. 구약성경은 어떤 종교 개념이 가치를 끌어내는 틀에서 유래한 공적 전통과 언어 훈련을 제공하기 때문이다.

6. 하이데거, 불트만, 가다머, 비트겐슈타인, 그리고 신약성경

이미 앞 장에서 철학에서 가져온 시각과 개념 도식이 어떤 상황에서는 신약성경의 본문을 설명하는 데 도움을 줄 수 있음을 논증했다. 특히 σῶμα를 다룬 불트만의 작업, 탕자 비유를 다룬 G. V. 존스의 작업, 달란트 비유를 바라보는 D. O. 바이어의 접근법을 언급했다. 하이데거의 사상과 신약성경 본문의 관계도 다양한 각도에서 살펴보았다. 적절한 때가 되면, 불트만이 신약성경을 해석할 때 하이데거가 제시한 범주를 어떻게 활용하는지 자세히 살펴보겠다. 그런가 하면, 불트만 외에 다른 많은 저술가도 인간 실존을 바라보는 하이

---

80 L. Wittgenstein, *P.I.*, sect. 304.
81 *Ibid.*, sect. 307; 참고. sects. 293-309.

데거의 시각과 신약성경의 인간 묘사 사이에 여러 긴밀한 유사점이 있다고 주장한다는 데 주목할 수도 있다. 신약학자 에리히 딩클러(Erich Dinkler)는 이렇게 썼다. "하이데거는 인간이 구체적 사물이 제공하는 사이비 안전의 노예가 되어 버렸다고 비판한다.…그는 쓸데없는 이야기와 수다를 죽음을 향한 궁극의 불안에서 달아나려는 시도라고 분석한다. 그렇다면 그의 말은 바울이 육신을 따라 인간을 규정했던 것과 전혀 다르지 않다. 사실 하이데거가 던져지고 넘어진 인간을 묘사한 내용은 바울이 καυχᾶσθαι(빼기다, 으스대다)라는 헬라어를 사용하여 인간이 자신을 높이고 자랑함을 이야기한 것과 아주 비슷하다."[82] 딩클러는 특히 운명과 자유 사이에 자리한 인간의 긴장을 바라보는 하이데거의 시각이 신약성경의 인간 묘사와 흡사하다고 여긴다. 그는 이어 이렇게 말한다. "나는 신약학도로서 바울이 설명하는 바로 이 자유와 예정의 상호 관계 및 상관관계를…여기서 철학의 눈으로 다시 발견한다고 말할 수밖에 없다."[83]

다른 신학자들도 같은 점을 강조한다. 물론 그에 반대하는 이들도 있는데, 그들의 비판은 적절한 때에 다뤄 보겠다. G. 미에제(Miegge)는 이렇게 말한다. "현재 실존철학이 문제 삼는 것들과 신약성경에서 발견할 수 있는 문제 사이에 존재하는 유사성을 증명하려고 굳이 많은 잉크를 쏟을 필요는 없다."[84] 이런 유사성은 바울에게만 국한되지 않는다. J. 맥쿼리는 이렇게 썼다. "실존주의와 예수의 가르침 사이에 어떤 유사성이 있다는 주장이 옳을지도 모른다."[85] 그러면서 맥쿼리는 신약성경과 하이데거의 사상 모두가 가진 구체성과 특수성을 더 추상적인 그리스 철학의 범주와 대조한다.

---

[82] E. Dinkler, "Martin Heidegger" in Carl Michaelson (ed.), *Christianity and the Existentialists* (Scribner, New York, 1956), p. 117; 참고. pp. 97-127.
[83] *Ibid.*, pp. 118-119.
[84] G. Miegge, *Gospel and Myth in the Thought of Rudolf Bultmann* (Eng. Lutterworth Press, London, 1960), p. 62.
[85] J. Macquarrie, *An Existentialist Theology*, p. 21.

하지만 하이데거와 신약성경 해석의 연관성을 이른바 『존재와 시간』의 '실존주의'에만 국한하는 것은 잘못일 것이다. 신약성경 본문을 상세히 다룬 에른스트 푹스의 작업도 하이데거의 후기 사상에서 많은 자극을 받았다. 따라서 12장에서는 1935년 무렵에 일어난 '전향'(Kehre, 때로는 '반전'으로 번역하기도 한다) 뒤의 하이데거 사상을 살펴보겠다.

분명 푹스 자신은 하이데거의 확연한 후기 사상에서 영향을 받았음을 인정하길 주저하는 것 같다. 하지만 푹스와 에벨링이 주창하는 새 해석학의 주요 기록자일 수도 있는 제임스 로빈슨은 이렇게 썼다. "『존재와 시간』에서 말하는 거짓 실존과 참된 실존이라는 개념으로부터 나온 해석학 논의를 그와 비슷한 후기 하이데거의 구분, 곧 주체-객체 딜레마를 지닌 일상 언어와 타락하지 않은 존재의 언어라는 구분으로 가장 먼저 바꿔 놓은 이가 바로 에른스트 푹스였다."[86] 마찬가지로, 폴 악트마이어 역시 하이데거 후기 사상의 요지를 서술한 뒤 이렇게 말한다. "이런 사상이 바로 새 해석학이 닻을 내린 사상이며, 새 해석학은 이 사상에 비추어 신학 작업을 펼치는 것 같다."[87] 실제로 이런 주장이 아주 설득력 있다 보니, 이에 어떤 반론을 제기한다면 이상할 것이다.

푹스는 이 문제를 놓고 독특한 논평을 했는데, 어쩌면 그의 독특한 논평이 이 문제를 둘러싼 논쟁의 원인이었을지도 모른다. 푹스는 그의 책 『해석학』 2판과 3판의 증보 부분에서 자신의 언어관이 하이데거의 후기 사상과 결합해 있다는 생각을 분명히 거부한다.[88] 하지만 푹스가 부인하고 싶어 하는 것은 하이데거의 후기 사상과 자신의 사상 사이에 긴밀한 유사성이 존재한다는 사실이 아니라, 오직 하이데거만이 독창성을 인정받아야 한다는 주장이다. 푹스는 『존재와 시간』이 가리킨다고 생각할 수 있는 방향을 자신도 알아차렸으며, 하이

---

[86] J. M. Robinson and J. B. Cobb, *N.H.*, p. 49.
[87] P. J. Achtemeier, *An Introduction to the New Hermeneutic* (Westminster Press, Philadelphia, 1969), p. 54.
[88] E. Fuchs, "Ergänzungsheft" to *Hermeneutik* (Müllerchön, Bad Canstatt, ³1963), p. 5 [보통 인용되는 판인 *Hermeneutik* (Mohr, Tübingen, ⁴1970)가 아니다].

데거의 후기 사상과 상관없이 하이데거와 비슷한 관점에 이르렀다고 주장한다. 하지만 그는 분명 하이데거의 초기 사상에서 영향을 받았다. 사실 푹스의 해석학이 다루는 몇몇 주제와 하이데거의 후기 저작만 비교해 봐도 푹스와 하이데거의 두드러진 유사점을 알 수 있다. 그래서 이전 판과 다른 출판사에서 나온 푹스의 『해석학』 4판(1970)에서 2판과 3판에 들어 있던 네 쪽짜리 서문과 더불어 자칫하면 오해를 불러올 수 있는 언급이 빠진 것은 어쩌면 아주 무의미한 일이 아닐지도 모른다.

1935년에서 1960년 사이에 나온 하이데거의 20여 개 저작은 서구의 언어 전통에 속한 언어가 일상생활 속의 기술과 쓸데없는 이야기밖에 전달하지 못한다는 비판적 평가를 반영한다. 하이데거는 인간이 존재에서 떨어져 나오는 바람에 인간의 언어도 시시해지고 원자처럼 잘게 변해 버렸다고 본다. 하이데거는 『형이상학 입문』(*An Introduction to Metaphysics, Einführung in die Metaphysik*)에서 이렇게 썼다. "인간은…늘 자신이 설계한 길로 다시 던져진다. 인간은 길을 가다 진창에 빠지고, 세상의 관습에 사로잡히고 만다.…그는 스스로 존재에서 떨어져 나온다. 그는 자신의 원을 돌고 또 돈다."[89] 언어가 원자처럼 변하고 쇠락했다는 하이데거의 견해를 게르하르트 에벨링의 견해와 비교하면 문제가 명확해진다. 에벨링은 이렇게 썼다. "말의 원자들, 언어 안에 남아 있는 모든 것, 빈말은 이제 이해를 만들어 내지 않고…도리어 소용돌이처럼 당신을 사로잡아 허공 속으로 채 간다."[90] 이런 일이 벌어지는 곳에서는 "언어의 완전한 붕괴"가 일어난다.[91] 에벨링은 오늘 "우리는 언어 중독으로 죽을 위험에 처해 있다"는 결론을 내린다.[92]

이와 달리 하이데거와 새 해석학 옹호자들은 새롭게 '말에 다가가기'(coming-to-speech)를 적극 추구한다. 하이데거는 진정한 언어사건 속에서 존재가 드러

---

[89] Martin Heidegger, *I.M.*, pp. 157-158 (Anchor edn. p. 132).
[90] G. Ebeling, *I.T.T.L.*, p. 71.
[91] *Ibid.*, p. 76.
[92] G. Ebeling, *God and Word* (Eng. Fortress Press, Philadelphia, 1967), p. 2; 참고. p. 17.

나길 기다린다. 푹스의 저작을 보면, 예수의 메시지는 언어사건(Sprachereignis)에서 "분명하게 드러난다"(treffen).[93] 로버트 펑크와 J. D. 크로산은 예수의 비유에 다가가는 데 밀접한 관련이 있는 접근법을 택한다. 그들은 예수의 비유 속에서 사람을 일상의 가치에 묶어 두는 관습의 '세계'는 산산이 부서지고 실재를 새롭게 바라보는 길이 열린다고 주장한다. 펑크는 은유가 비유 속에서 이런 과정을 시작한다고 본다. 그는 이렇게 썼다. "은유는 기존의 서술 관습을 부수어 새로운 시각을 갖게 한다.···실재를 새로이 경험하게 한다."[94] 하이데거가 시인의 창조력을 불러낼 때, 펑크는 예수의 언어에 담긴 은유의 창조력에 주목한다.[95]

불트만이 자신의 모든 작업에서 신약성경 본문을 해석하는 일에 가장 큰 관심을 기울인다는 것은 이미 강조했다. 이 점은 누가 봐도 분명하기 때문에 새삼 더 부연할 필요가 없다. 그러나 한스게오르크 가다머의 작업은 다르다. 이미 우리는 해석학 이론을 정립하려 할 때 가다머의 저작이 가장 중요하다고 주장했다. 그렇다면 가다머의 작업이 신약성경 본문을 해석하는 일과 더 밀접한 연관성이 있을까?

가다머의 작업과 신약성경 해석을 직접 관련짓는 데 적어도 세 가지 방법이 있다. 첫째, 10장에서는 가다머의 해석학이 다루는 융합과 거리의 문제를 조직신학과 성경 주해의 관계와 관련지어 설명해 보겠다. 이 문제를 특히 딤(Diem)과 오트(Ott)의 주장에 비추어 다룰 것이므로(45항과 46항), 여기서 이 논의를 미리 예상할 필요는 없다. 둘째, 가다머는 언어와 이해가 경험과 맺는 관계에 관한 질문을 제기한다. 그는 "진리를 전달하는 경험 방식(Erfahrungsweisen)으로

---

[93] E. Fuchs, *S.H.J.*, pp. 196-198 and 202 (German, pp. 411-414 and 418).
[94] R. W. Funk, *Language, Hermeneutic and Word of God: The Problem of Language in the New Testament and Contemporary Theology* (Harper and Row, New York, 1966), p. 139.
[95] *Ibid.*, pp. 133-222; 아울러 *Jesus as Precursor* (S.B.L. *Semeia* Supplement No. 2, Scholars Press, Missoula, 1975)와 Martin Heidegger, "Hölderlin and the Essence of Poetry" in *E.B.*, pp. 291-316를 참고하라.

서 과학 특유의 방법론적 수단(methodological means)으로는 확인할 수 없는 방식"에 관심을 기울인다.⁹⁶ 이런 경험에는 예술 작품이 만들어 내는 경험도 들어간다. 분명 이것은 성경 본문을 그저 막연한 명제가 아니라 상상을 자극하는 내러티브나 예술 양식 등으로 보고 이에 접근하는 내용 전달 문제와 관련이 있다. 가다머는 서양 철학사 내에 있는 경험과 진리의 연관 관계를 추적한다. 이 모든 것 역시 앞서 푹스, 펑크, 크로산 같은 여러 저술가와 관련지어 간단히 언급했던 신약 해석학의 여러 접근법과 밀접한 관련이 있다. 이 저술가들도 하이데거 및 가다머와 같은 시각을 갖고 있어서, 언어와 '세계는 결합해 있으며 정보와 서술 개념 전달이 꼭 언어의 가장 중요한 기능은 아니라고 본다. 여기서 크로산이 말한 이런 경구를 언급할 수 있는데, 이는 나중에 다시 다루겠다. "신화는 세계를 세운다. 우화는 세계를 변호한다. 행동은 세계를 탐구한다. 풍자는 세계를 공격한다. 비유는 세계를 뒤엎는다."⁹⁷

셋째, 프란츠 무스너(Franz Mussner)라는 저술가가 신약성경의 특정 본문을 해석할 때 이미 가다머를 자신의 출발점으로 삼았음을 주목할 수 있다. 무스너는 역사 속 예수와 케리그마 속 예수를 요한복음의 언어 및 신학과 관련지어 살펴보는 문제에 관심을 기울인다. 그는 이렇게 썼다. "'요한복음의 문제' (Johannine problem)는 주로 해석학 문제다. 현대 해석학의 논의와 결과물에서 상당한 설명과 도움을 얻을 수 있는데, 이것들은 특히 마르틴 하이데거가 W. 딜타이의 발자취를 따라가며 탐구하고 얻어 냈으며, 한스게오르크 가다머는 그의 중요한 저작 『진리와 방법』에서 이 두 사람의 뒤를 따랐다."⁹⁸ 무스너는 "자신이 가다머의 작품을 만난 덕분에 비로소" 요한의 기록에 얽힌 이런 핵심 문제를 "살펴볼 용기를 얻었다"는 말을 덧붙인다.⁹⁹

---

96 *Ibid.*, p. xii; German, p. xxvi.
97 J. D. Crossan, *The Dark Interval: Towards a Theology of Story*, p. 59.
98 F. Mussner, *The Historical Jesus in the Gospel of St. John* (Eng. Herder, Freiburg, and Burns and Oates, London, 1967), p. 8.
99 *Ibid.* 티슬턴 강조.

무스너는 가다머가 말하는 역사 전통, 시간 거리, 지평 융합이라는 개념을 받아들여 요한의 사상을 두 극 사이에서 움직이는 것이라고 설명한다. 한편에는 역사 속 예수와 역사적 증언이라는 '과거'의 극이 있다. 다른 한편에는 요한 시대의 교회와 '요한복음의' 언어 사용이라는 '현재'의 극이 있다. 요한은 사도들의 역사 증언에 충실하면서도 그 증언을 자신의 시대에 비추어 새롭게 해석한다. 무스너는 (가다머를 따라) "이해는 과거 사건의 재생을 넘어서는 일"로 보기 때문에, 요한이 양쪽을 동시에 공정히 다룰 수 있다고 본다.[100]

요한의 언어는 반드시 요한의 이해와 관련이 있다. 그러나 요한의 언어는 물론 요한의 이해도 그저 제멋대로 이루어지지는 않는다. "요한에게 예수 '이해'는 무엇보다 **역사** 지식이었다."[101] 동시에 "회고는 예수의 역사를 기계처럼 재생하는 것이 아니며, 보는 행위가 이루어질 때 성령의 영향을 받은 설명이 일어난다. 그 결과 역사 속 예수는 케리그마의 그리스도가 된다."[102] 가다머의 말을 빌리면, "역사"는 "영향사인 역사"(history as operative influence)가 되기 때문이다.[103] 무스너는 가다머가 쓴 시간 거리라는 개념에 의지하면서, "시간 간격… 만이 무언가가 담고 있는 참된 의미를 충실히 드러내 준다"는 가다머의 말에 동의하고 이를 인용한다.[104]

이것이 요한 문헌 연구서보다 가다머를 참조해야 요한과 역사 전통의 관계에 관한 여러 판단에 이를 수 있음을 시사하는 것은 아니다. 가다머가 요한 해석에서 차지하는 중요성을 과장해서는 안 된다. 사실 사람들이 보통 이해하는 증인의 의미를 기준으로 보자면, 무스너 자신은 요한을 예수의 지상 생애를 목격한 역사 속 증인으로 보느냐는 문제에서 철저히 일관된 입장을 취하지는 않는 것 같다. 하지만 무스너는 신약을 공부하는 사람이, 적어도 무스너 자신

---

100 *Ibid.*, p. 13.
101 *Ibid.*, p. 17. 무스너 강조.
102 *Ibid.*, p. 47.
103 *Ibid.*
104 *Ibid.*, p. 78.

이 보기에, 신약성경 자체를 더 잘 이해하게 도와주는 범주와 시각을 철학자의 작업에서 어떻게 끌어오는지 보여 주는 하나의 사례를 우리에게 제공한다.

우리는 이미 신약성경을 더 풍성히 이해하거나 깊이 이해할 목적으로 비트겐슈타인의 통찰을 끌어다 쓰려 한 신약학자는 아직 없음을 지적했다. 원용할 수 있는 선례가 없다. 그럼에도 13장에서는 비트겐슈타인과 해석학 이론 전반의 연관성을 제시해 볼 것이며, 14장에서는 비트겐슈타인이 쓴 몇몇 범주와 방법을 인용하여 신약성경 본문을 더 깊이 설명하려고 노력해 보겠다. 우선, 비트겐슈타인이 사용하는 분석 발화 혹은 '문법' 발화(analytical or 'grammatical' utterances)라는 개념을 탐구하면서, 이런 유형의 언어가 바울 서신에서 어떤 기능을 수행하는 데 어떻게 기여하는지 제시해 보겠다. 여기엔 이런 발화가 나온 배경을 양식비평의 관점에서 탐구한 결과가 수반될 것이다. 하지만 더 특별히, 비트겐슈타인이 말하는 언어 게임 개념과 함께 "…으로 봄"(seeing as)을 다룬 작업도 인용해 보겠다. 나는 이 세 개념을 가지고 바울의 이신칭의 개념을 완전히 새로운 각도에서 탐구할 것이다. 바울의 해석에서 세 가지 기본 문제를 다룰 것이다. 첫째, 어떻게 사람이 의인이면서 동시에 죄인일 수 있는가? 둘째, 어떻게 칭의가 현재 일이면서 동시에 미래에야 이루어질 일일 수 있는가? 셋째, 어떻게 믿음이 특별한 종류의 '행위'가 되지 않고도 칭의의 '수단'이 될 수 있는가? 나는 상반된 것으로 이루어진 이 쌍들이 모순이나 '역설'이 아닐뿐더러 문제가 된 쌍의 어느 한쪽이 다른 한쪽의 희생으로 누그러지지도 않음을 논증할 것이다. 적절한 시각으로 바라보면, 바울이 제시하는 그림은 일관성 있고 그 논리도 만족스럽다. 아울러 우리는 야고보서에 나오는 믿음 개념도 비트겐슈타인이 믿음에 관하여 말한 내용에 비추어 살펴볼 것이다.

말이 나온 김에 비트겐슈타인을 이런 식으로 '사용하는' 것이 비트겐슈타인의 저작이 의도하는 바를 왜곡하는 일이 아님을 지적해 두고 싶다. 비트겐슈타인은 자신의 작업을 철학의 '결과'를 천명한 선언으로 보지 않고, 도리어 하나의 사유방식(혹은 많은 사유방식)으로 보았다. 그는 『철학적 탐구』에 쓴 서문에서 분명 이렇게 단언한다. "내 저작이 다른 사람들이 생각하는 수고를 덜어 주길 바라지 않는다. 도리어 가능하다면, **누군가가 자신의 생각을 갖게끔 자극하길 바란다.**"[105] 댈러스 M. 하이(Dallas M. High)는 비트겐슈타인의 저작이 지닌 이런 측면을 논평하면서 이런 결론을 내린다. "그의 저작들을 논평하는 것보다 '활용하는 것'이, 그가 제시하는 생각과 수수께끼들을 요약하는 것보다 파고들어 연구하는 것이, 그의 통찰을 그룹으로 묶거나 범주별로 묶거나 분류하는 것보다 적용하는 것이 분명 더 타당하다."[106]

우리는 하이데거, 불트만, 가다머, 비트겐슈타인의 저작을 인용하여 신약 해석학의 쟁점을 탐구하는 것이 결코 독단이 아님을 보여 주는 이유를 제시하려고 했다. 우리가 철학에 쏟는 관심은 비단 이 사상가들의 작업에만 국한되지 않는다. 예를 들어, 우리는 마르부르크 학파의 신칸트주의뿐 아니라 때로는 폴 리쾨르의 작업도 언급할 것이다. 아울러 라틴 아메리카의 일부 신학자들이 해석학의 전이해 문제에 접근할 때 마르크스주의 철학을 어떻게 사용했는가도 간략히 살펴볼 것이다. 또 역사 이해와 관련하여 더 폭넓은 질문을 던진다면 W. 딜타이 같은 사상가들의 철학을 살펴보는 일을 피할 수 없다. 하지만 어딘가에는 선을 그어야 한다. 따라서 역사, 신학, 언어와 관련한 해석학의 여러 쟁점을 비평하고 살펴본 뒤에는 다시 하이데거, 불트만, 가다머, 비트겐슈타인의 저작을 더 깊이 살펴보겠다.

이제는 신약 해석학을 설명할 목적으로만 철학적 서술을 인용한다는 것이 분명해졌을 것이다. 따라서 이 주제를 다루는 접근법은 넬스 F. S. 페레(Nels F. S. Ferré)가 그의 논문 "성경적 믿음과 철학의 진리"(Biblical Faith and Philosophic Truth)에서 사용한 접근법이나 조르쥬 반 리트(Georges Van Riet)가 그의 논문 "주해와 철학적 성찰"(Exégèse et Réflexion Philosophique)에서 사용하는 접근

---

105 L. Wittgenstein, *P.I.*, p. x. 티슬턴 강조.
106 D. M. High, *Language, Persons and Belief: Studies in Wittgenstein's 'Philosophical Investigations' and Religious Uses of Language* (Oxford University Press, New York, 1967), p. 20.

법과 다르다.[107] 페레는 성경의 진리는 역사적·사회적·개인적·구체적이지만 철학의 진리는 일반적·보편적·객관적·합리적이라고 본다. 하지만 그는 이런 결론을 내린다. "두 종류 진리의 핵심은 하나다.…성경적 믿음과 철학의 진리는 실재에 이르는 다른 두 길이지만, 같은 중심으로 모인다."[108] 그는 신학자도 철학자처럼 방법론의 객관성을 확보할 능력이 필요하다고 주장한다. 또한 철학자는 "사회적 진리만이 관심을 끄는 진리가 될 수 있으며…삶에 봉사하는 진리가 진정 값어치 있는 진리"임을 인식해야 한다고 주장한다.[109] 반 리트도 주해와 철학이 각기 진리 탐구의 한 측면을 대변한다는 점에서 "적어도 일부분 일치한다"고 주장한다.[110]

우리 연구에서는 특정 철학에 **진리**의 이론이라는 지위를 부여하는 어떤 웅대한 형이상학적 주장도 하지 않으려고 일관되게 노력했다. 하이데거나 가다머나 비트겐슈타인이 신약성경의 **진리**를 실증한다거나 훼손한다는 주장을 어디에서도 하지 않았다. 다만 이런 철학적 서술이 신약성경 해석자가 마주한 **해석학** 과업의 본질을 밝히 설명하고 신약성경의 어떤 부분이 가진 **의미**를 펼쳐 보이는 데 도움을 줄 수 있는 도구를 우리에게 제공해 준다고 주장할 뿐이다. 분명 철학적 신학을 내건 몇몇 전통이 있다. 보수 성향 저술가인 코넬리어스 반틸의 신학이 그 예다. 그런 신학에서는 당연히 우리가 제시하는 주장에 어느 정도 회의를 품을 수 있다.[111] 다만 그런 전통에 서 있는 이들에게 요청하

---

107 N. F. S. Ferré, "Biblical Faith and Philosophic Truth" in L. S. Rouner (ed.), *Philosophy, Religion and the Coming World Civilization: Essays in Honour of William Ernest Hocking* (Nijhoff, The Hague, 1966), pp. 198-212; 그리고 G. Van Riet, "Exégèse et Réflexion Philosophique" in G. Thils and R. E. Brown (eds.), *Donum Naticalicum Iosepho Coppens, Vol. III: Exégèse et Theologie. Les saintes Ecritures et leur interpretation theologique* (Bibliotheca Ephemeridum Theologicarum Lovaniensum xxvi; Duculot Gembloux, 1968), pp. 1-16.
108 N. F. S. Ferré, in *Philosophy, Religion and the Coming World Civilization*, p. 199.
109 *Ibid.*, p. 21.
110 G. van Riet, in *Donum Naticalicum Iosepho Coppens*, Vol. III, p. 16.
111 참고. C. Van Til, *The Defense of the Faith*, 그리고 "Introduction" to B. B. Warfield, *Inspiration and Authority of the Bible* (Presbyterian and Reformed Publishing Company, Philadelphia, 1948), pp. 3-68.

는 바는, 이 연구서에서 제시하는 주장을 상세히 살펴보기도 전에 마뜩지 않다며 무턱대고 판단 내리는 일을 참을성 있게 유보해 달라는 것이다. 예를 들어, 독자는 연구서 끝에 이르러서야 비로소 우리의 비트겐슈타인 활용이 여기서 논의하는 몇몇 쟁점을 흐려 놓았는지 아니면 밝히 설명했는지 최종 판단을 내릴 수 있을 것이다.

옮긴이 주

[1] 티슬턴은 각주에서 하이데거가 Dasein을 강조했다고 말하는데, 하이데거가 강조한 말은 Dasein이 아니라 Hermeneutik다. 하이데거는 *Sein und Zeit* (Tübingen: Max Niemeyer, 1972), p. 37에서 이렇게 말한다. "Phänomenologie des Daseins ist *Hermeneutik* in der ursprünglichen Bedeutung des Wortes, wonach es das Geschäft der Auslegung bezeichnet"(현존재의 현상학이 본디 **해석학**이라는 말이 의미하는 해석학이며, 그것이 해석이라는 일을 나타낸다).

2부

신약성경 해석학의
더 광범위한 쟁점

3장

해석학과 역사:
역사의 거리라는 쟁점

한스게오르크 가다머는 그의 논문 "해석학적 성찰의 범위와 기능에 관하여"(On the Scope and Function of Hermeneutical Reflection)에서 해석학이 역사의 거리 문제와 역사의식의 발흥을 전제한다고 강조한다. 가다머는 이렇게 주장한다. "'해석학' 문제가 등장하면서 나타난 특징은, 멀리 있던 것을 가까이 가져오고, 낯선 것을 극복하며, 과거와 현재 사이에는 다리를 놓아야 한다는 것이다.…이런 작업이 이루어져야 한다는 인식은 종교개혁의 성경 주해에서 내건 신학적 주장에도 어느 정도 들어 있었지만…계몽주의 시대에 '역사의식'이 등장하면서 비로소 그런 작업이 펼쳐졌으며…낭만주의 시대에는 그런 작업이 무르익었다."[1]

하지만 우리가 해석학과 역사라는 문제를 피할 수 없음을 강조하는 이는 가다머만이 아니다. 요 근래 잉글랜드 성공회 교리위원회에서 준비해 『그리스도인이 믿는 것』(Christian Believing)이라는 제목으로 발행한 보고서에서는 바로 이 점을 기독교 신학이 다루는 실제 문제의 관점에 비추어 꽤 강하게 천명했다.[2] 두세 문장을 통째로 인용할 가치가 있다. 위원회 위원들은 이렇게 묻

---

[1] H.-G. Gadamer, "On the Scope and Function of Hermeneutical Reflection" in *P.H.*, pp. 22-23, 그리고 in *Continuum* VIII (1970), p. 81; 참고. pp. 77-95와 Gadamer의 *Kleine Schriften* I (Mohr, Tübingen, 1967), pp. 113-130.

는다. "바울 서신의 첫 독자들이 그들의 삶을 완전히 좌지우지하는 별이나 행성의 힘에서 벗어나 복음 사건에서 자유를 보라는 권고를 들었다면, 오늘 우리도 그들이 가졌을 생각과 느낌을 똑같이 가질 수 있을까? 과연 기존 피조 세계에 종말이 임박했음을 시사하는 세세한 환상들이 일으킨 상상에 사로잡혀 있던 1세기 유대인의 영적 체험 속으로 들어갈 수 있을까? 그럴 수 없다면, 우리가 과연 복음서에 있는 예수의 말씀을 본디 그 말씀이 의도했던 정신 그대로 이해하고 있다고 확신할 수 있을까?"³ 보고서 저자들은 이런 결론을 내린다. "과거 사람들과 나란히 서서, 적어도 상상을 통해 그 사람들이 말할 때 가졌던 생각과 느낌의 세계 속으로 완전히 들어가 그들이 말하는 것을 이해하기는 정말 어렵다. 과거와 이어지는 생생한 관계를 만들어 낼 때 이 어려움은 진짜 근본 문제로 나타난다. 이것은 사람들이 보통 근본 문제라 인식하는 문제, 곧 우리가 이제는 잘못임을 알고 있는 과거의 여러 사상을 어찌해야 하느냐는 문제보다 훨씬 더 근본이 되는 문제다."⁴

이 문제가 절박함을 아주 분명히 인식한 사람들은, 해석학과 역사라는 문제를 놓고 이미 씨름했던 사상가들과 대화에 뛰어든 성서학자들이 상당히 적어 보이는 것에 아마 놀랄 것이다. 교리 보고서 저자들은 "상상을 통해" "들어간다"고 말하는데, 이 문구는 프리드리히 슐라이어마허의 해석학 저작을 즉시 떠올리게 한다.⁵ 아울러 이 보고서 저자들은 "실재 이해에서 일어난 강렬한 변화가 현대 세계의 특징이었다"고 말하면서, 고대 세계의 우주론을 그와는 다른 오늘날의 우주관과 대조한다.⁶ 하지만 사람들은 종종 이 문제를 붙들고 씨름하려는 불트만의 시도를 신학과 실존주의를 연계하려는 '불트만식' 시도

---

2 M. Wiles et al., *Christian Believing: A Report by the Doctrine Commission of the Church of England* (S.P.C.K., London, 1976), pp. 6-13.
3 *Ibid.*, p. 9.
4 *Ibid.* 티슬턴 강조.
5 F. D. E. Schleiermacher, *Hermeneutik* (Winter, Heidelberg, 1959, ed. by H. Kimmerle). 『Schleiermacher 해석학』(양서원).
6 M. Wiles et al., *Christian Believing*, p. 10.

쯤으로 여겼고, 비신화화와 관련된 불트만의 자세한 제안도 그 제안이 나오게 된 고유한 맥락인 더 넓은 해석학 문제를 고려하지 않고 바라볼 때가 많았다. 스티븐 사익스(Stephen Sykes)는 해석학이 "어처구니없게도 영어권 신학에서는 완전히 무시당한 연구 분야"로 남아 있다는 평결을 우리에게 남겨 주었다.[7]

사실 성서학자들은 (『그리스도인이 믿는 것』에서 사용한 말인) "과거의 과거성"이 실제로 얼마나 중대한 문제인가를 놓고 의견 일치를 이루지 못하고 있다. 일부 저술가들은 그것을 무시하는 것으로 만족한다. 또 다른 저술가들은, 비록 소수이긴 해도, 이 문제의 몇몇 측면을 과장하려 하는 것 같다. 예를 들어, 우리는 D. E. 나인햄이 신약성경에서 제기하는 역사의 거리 문제에 비관적 태도를 취하는 것이 부당하지는 않은지 물어볼 것이다. 특히 역사나 문화의 차이와 신학적 시각의 차이를 계속해서 효과적으로 구분하려고 애쓰는 것이 아주 중요하기 때문이다. 따라서 우리는 해석학과 역사의 관계를 체계 있게 재검토하면서, 역사의식의 등장을 관찰하고 역사 이해의 본질을 탐구해야 한다. 해석학과 역사라는 주제는 한스게오르크 가다머의 작업을 다룰 때 다시 살펴보겠다. 가다머가 『진리와 방법』에서 이 주제에 3분의 1이 넘는 분량을 할애하기 때문이다.

7. 과거의 과거성

더 엄밀히 말하면 다음 장이 해석학 및 신학과 관련이 있지만, 해석학 및 역사와 관련된 질문들을 모든 신학적 고찰에서 떼 내어 다루기는 불가능하다. D. E. 나인햄이 적어도 그의 최근 저작에서 보여 주는 폭넓은 시각은 에른

---

[7] S. W. Sykes, Review of W. Schmithals, *An Introduction to the Theology of Rudolf Bultmann* in *Theology* LXXII (1969), pp. 119-120.

스트 트뢸취(Ernst Troeltsch)가 지향하는 방향과 면밀히 비교해 봐야 한다. 트뢸취는 종교나 신학 도그마에 매이지 않은 엄격한 역사의 객관성을 목표로 삼았지만, 볼프하르트 판넨베르크가 옹호하는 시각에서 보면 트뢸취가 말하는 역사 판단 기준들은 단지 '인간 중심적'임이 분명하게 드러날 것이다.[8] 나인햄은 과거의 연관성에 관한 질문을 단순히 신학을 근거로 **지레 판단하지** 말아야 한다고 경고하는데, 옳은 경고다. 하지만 신학의 연관성에 관한 질문을 단순히 현재를 지배하는 문화 가설을 근거로 **지레 판단하는** 일도 하지 말아야 한다. 이번 장을 트뢸취와 판넨베르크의 주장을 비교하면서 끝맺는 목적은 이 후자의 유혹을 경계하는 것이다.

나인햄이 이런 주제로 1963년에 내놓은 첫 논문은 그가 이후에 발표한 저작보다 논쟁을 추구하는 성향이 덜하다. 나인햄은 분명 그가 근래 하는 모든 생각을 지배하게 된 주제를 표명하면서, "그것의 맥락(곧 고대 텍스트의 맥락)과 우리 상황 사이에 존재하는 깊은 간극"에 관하여 이야기한다.[9] 그럼에도 그는 여전히 딜타이와 불트만처럼 해석학 문제를 풀 좋은 해결책이 있다고 강조한다. "결국 우리는 성경 속 인간의 근본 인성을 공유하고 있기" 때문이라는 것이 그 이유다.[10] 따라서 우리는 "성경의 메시지를 거의 왜곡하지 않고도 성경이 우리 시대에 주는 메시지를 발견할 수 있는 성경 접근법을 발견하려고 노력할 수 있다."[11] 나인햄은 불트만이 표방하는 해석학의 목표를 대체로 인정하지만, 불트만이 그런 목표에 이르는 방법으로 특정 철학을 '절대시'하는 것은 거부한다. 나인햄은 이렇게 썼다. "나는 이런 성서학자 몇몇이 나오기를 간절히 바란다. 철학과 다른 '현대' 학문에 정통한 전문 지식을 배경으로 갖추고, 이를테면 그 문제에 대한 현대의 최신 쟁점을 다룰 만한 전문 지식이 있는 학자들

---

8 W. Pannenberg, *B.Q.T.* I, pp. 39-50. 이 장 10항을 보라.
9 D. E. Nineham, "The Lessons of the Past for the Present" in *The Church's Use of the Bible Past and Present* (S.P.C.K., London, 1963), p. 166; 참고. pp. 145-169.
10 *Ibid.*, p. 166.
11 *Ibid.*, p. 167.

말이다. 그들은 불트만이 하려 했던 일을 우리를 위해 하면서도, 자신들이 연구하는 분야에 비추어 더 체계 있게, 그러면서도 더 시험적이고 경험적으로 이룰지도 모른다."[12]

데니스 나인햄은 1969년에 이 주제를 다룬 두 번째 논문을 "현대 신학의 성경 사용"(The Use of the Bible in Modern Theology)라는 제목으로 펴냈다. 그는 이 논문에서 우리가 "신약성경이 **의미했던** 바"에 관한 질문에서 "신약성경이 지금 **의미하는** 바"에 관한 질문으로 옮겨 갈 수밖에 없다는 가정을 공격한다.[13] 그는 이렇게 주장한다. "'의미'라는 말이 보통 가진 의미를 고려할 때, 고대 텍스트에 나오는 많은 말이 오늘날에는 의미가 없다."[14] 그는 특히 현대 이슈가 분명한 교회 일치 운동이나 여성 안수 같은 쟁점을 다룰 때 성경의 특정 본문을 아무런 비평도 하지 않고 무조건 가져와 강요하는 식으로 활용하는 것을 비판하는데, 옳은 비판이다.[15]

나인햄의 세 번째, 네 번째 논문은 1976년에 나왔다. 하나는 성공회 교리 보고서 『그리스도인이 믿는 것』에 제목 없이 기고한 논문이고, 다른 하나는 "역사 시대의 신약 해석"(New Testament Interpretation in an Historical Age)이라는 제목을 달고 있다. 나인햄은 이 두 논문 중 첫 논문에서, 동일한 현상을 신약성경에서는 귀신들림으로 묘사하고 오늘날에는 정신 장애로 묘사하는 시각 차이에 주목한다. 그는 이 시각 차이에서 이런 결론을 끌어낸다. "우리는 예수를 그 시대 사람들과 똑같은 식으로 해석하지 못한다.…진실성이 우리더러 공유하기를 요구하는 폭넓은 지식과 절대 전제들은 초기 그리스도인들이 가진 지식이나 전제와 사뭇 다르기 때문에, 우리는 당연히 이런 질문을 떠올린다. 그 시대의 문화 배경과 전제에 속했던 사람들은 그 사실들을 그렇게 해석했겠지만, 완전히 다른 문화 배경을 가진 우리도 그렇게 해석해야 하는가?"[16]

---

[12] Ibid., p. 168.
[13] D. E. Nineham, "The Use of the Bible in Modern Theology" in B.J.R.L. LII (1969).
[14] Ibid., p. 181. 나인햄 강조.
[15] Ibid., pp. 191-192.

나인햄은 네 번째 논문 "역사 시대의 신약 해석"을 시작하며, 자신이 1969년에 발표한 논문에서 신약성경이 "현재 의미하는 바"와 관련한 여러 가설을 상대로 한 경고를 되풀이한다.[17] 하지만 그 역시 역사의식의 등장을 훨씬 더 높이 평가한다. 그는 이렇게 말한다. "현대인은 이전 시대 사람들과 달리 인간의 모든 경험, 말, 제도가 역사라는 조건의 제약을 받는 특성이 있음을 알고 있다."[18] 어느 한 문화나 역사 시대가 공리로 받아들이는 것을 다른 문화나 시대도 반드시 공리로 공유하지는 않는다. 나인햄은 신약성경을 포함하여 모든 종교 현상을 해석할 때 이 원리를 고려해야 한다고 주장한다. 나사렛 예수의 '삶'을 제시해 보려던 19세기 자유주의 개신교 저술가들의 시도가 손상된 것은 이 원리를 따르지 않았기 때문이다. 나인햄은 슈바이처(Schweitzer)의 말에 동의한다. "나사렛 예수는 자신이 현대인으로 바뀌는 고통을 감내하지 않을 것이다. 그는 역사 속 인물로서 자신이 속한 시대와 단절당하길 거부한다.…역사 속 예수와 (현대의) 게르만 정신은 결국 종교와 역사 모두를 손상시키는 역사의 폭력을 통해서야 비로소 화합할 수 있다."[19] "예수는 '당신 이름을 우리가 쓰는 말로 우리 시대에 맞추어 들려 달라'는 요구에 들려줄 대답을 갖고 있지 않다."[20] 나인햄은 C. H. 도드가 말하는 실현된 종말론과 불트만이 말하는 이른바 실존주의를, "끔찍하게 뒤섞인 형상"을 만들어 내는 것이요 "현대의 안경을 통해 고대 텍스트를 읽어 낸 산물일 뿐"이라고 비판한다.[21]

마지막으로 나인햄이 이 주제에 관하여 최근에 내놓은 저작인 『성경 사용과 남용』(*The Use and Abuse of the Bible*)이라는 제목을 가진 책을 살펴보겠다.[22]

---

16 D. E. Nineham, untitled essay in *Christian Believing*, p. 81; 참고. pp. 75-88.
17 D. E. Nineham, *New Testament Interpretation in an Historical Age* (Athlone Press, London, 1976), pp. 3-4.
18 *Ibid.*, p. 5.
19 *Ibid.*, p. 14; 참고. A. Schweitzer, *The Quest of the Historical Jesus* (Eng. Black, London, 1910), pp. 310-311.
20 *Ibid.*
21 *Ibid.*
22 D. E. Nineham, *U.A.B.*

어떤 면에서 보면, 이 책은 성경 해석과 관련하여 그가 앞서 발표한 네 논문보다 훨씬 더 강한 비관론을 피력한다. 하지만 다른 면에서 보면(예를 들어 그가 트뢸취를 칭찬하는 대목을 보면), 그는 자신의 주된 논지가 지닌 힘을 거의 없애 버리는 단서들을 덧붙인다.[23] 나인햄은 줄곧 성경은 분명 우리 시대와는 다른 시대에 기록되었음을 강조한다. 그러면서도 라이오넬 트릴링(Lionel Trilling)을 인용하여 이렇게 썼다. "우리가 다른 시대에 살았던 사람들처럼 사고할 수 있다는 생각은 우리가 완전히 다른 식으로 사고할 수 있다는 생각만큼이나 착각이다.…우리가 진짜 물어야 할 질문은 인간 본성이 언제나 동일한지, 동일하다면 어떻게 그럴 수 있는지 묻는 것이다."[24] 나인햄은 자신이 1963년에 피력했던 믿음, 곧 "결국 우리는 성경 속 인간의 근본 인성을 공유하고 있다"[25]는 믿음을 포기한 것 같다. 그는 적어도 이 원리를 "진리, 반(半)진리, 비(非)진리의 혼합물"로 묘사한다.[26] 성경 저자들은 트뢸취가 전체성(Totalität)이라 묘사한 맥락 속에서 살았는데, 이 전체성은 현대인이 결국 그 속으로 들어가지 못할 의미 체계를 이룬다. 만일 이 의미 체계가 하나님은 보통 기적 같은 방법으로 인간사에 개입하셨다는 믿음을 담고 있다면, 이때 기적을 믿는 것은 오늘날 기적을 믿는다 할 때의 믿음과 다르다. 결국 "지금 시대에 태양이 멈춘 일이나 나사로가 살아난 일을 믿는 것은 성경 저자들이 믿는 것과는 완전히 다르다."[27] 나인햄은 이를테면 귀신이 질병을 일으킨다는 믿음이 지배하는 맥락에서 질병과 치유를 **경험하는 것**은 그야말로 오늘날 그와 같은 사건을 **경험하는 것**과 달랐을 것이라고 주장한다. 이것은 분명 과거와 현재 사이에 해석학적 연속성이 없음을 의미할 수밖에 없으며, 이런 불연속성은 인간 본성의 연속성을 내세우거나 공감적 상상력을 활용한다고 극복할 수 있는 게 아니다.

---

23 *Ibid.*, 예를 들어 p. 34와 pp. 35-36, 그리고 p. 265와 더불어 이 책의 전체 논지를 참고하라.
24 *Ibid.*, p. 39.
25 D. E. Nineham, *The Church's Use of the Bible*, p. 166.
26 D. E. Nineham, *U.A.B.*, p. 2.
27 *Ibid.*, p. 33.

나인햄은 전통적 성경관을 단호히 거부한다. 나인햄의 주장에 따르면, 전통적 성경관에는 자연과 초자연을 구분하는 이원론이 깔려 있으며 각 성경 본문에는 틀림없이 현재를 상대로 할 말이 들어 있다. 그는 특히 세 접근법에서 부적절하다 여기는 것들을 비판한다. 첫째, 나인햄은 비평 이전 정통의 견해를 거부한다. 이런 정통은 역사 상대주의(historical relativism) 문제를 인식하지 못했을 뿐 아니라, 충분한 비평도 하지 않고 "권위"를 인정해 버렸기 때문이다. 둘째, 나인햄은 자신이 19세기 자유주의의 지극히 단순한 흐름으로 여기는 것이 무엇인지 밝혀낸다. 이 흐름에서는 성경 저자들을 단지 "생각이 단순하고 배우지 못한 미개인이요, 최악의 경우에는…진리를 왜곡한 자들"로 보았다.[28] 셋째, 나인햄은 바르트와 리처드슨(Richardson)의 '성서학' 접근법을 공격한다. 나인햄은 바르트가 오로지 '성경의' 범주만으로 작업했음을 내세운다는 점에서 잘못을 저질렀고, 리처드슨과 쿨만(Cullmann)을 비롯한 구원사학파는 세계사라는 배경에 비춰 보면 미미한 조각에 불과한 사건들에 특권을 부여한 책임을 져야 한다고 주장한다. 이와 달리, "신약성경 저자들은 하나님을 창조의 날부터 종말의 날까지 세계사 가운데 시종일관 활동해 오신 분으로 보았다."[29]

나인햄은 『성경 사용과 남용』의 나머지 부분을 네 번째 접근법을 변호하는 데 할애한다. 무엇보다 이 접근법은 18세기와 19세기를 지배했던 역사의식의 혁명을 충실히 고려한다. 나인햄이 논증 과정에서 신약성경의 신학적 다원성을 중시하면서 역사와 이야기에 관한 모리스 와일스(Maurice Wiles)의 유명한 견해에 의지하긴 하지만, 이 접근법을 변호하는 장에서는 우리가 이미 나인햄의 저작을 다룰 때 언급했던 주제를 발전시킨다.[30] 그는 성경 해석학의 문제 전체를 놓고 이렇게 외친다. "그렇다면 그것의[성경의] 과거성을 솔직히 인정할

---

28 *Ibid.*, p. 71.
29 *Ibid.*, p. 92.
30 *Ibid.*, pp. 174-197.

수 있다는 것이 얼마나 다행인가!"³¹ 심지어 불트만도 여기서 충분히 멀리 나가지 못한다. "결국 불트만도 성경주의자이기" 때문이다.³² 신약성경은 본디 고대의 경험이 고대 사람들에게 의미했던 바를 다룬 **이야기**다. 똑같은 이야기가 오늘 우리에게 의미하는 바는 당연히 아주 다르다. 이런 의미에서 성경은 더 이상 "신성한 책"이 아니다.³³

이제 다시 나인햄이 쓴 다섯 저작을 통틀어 살펴보자. 우선, 순수한 **역사적** 고찰을 근거해 보자면 나인햄이 역사의 특수성과 거리에 관하여 제시하는 몇 가지 주장도 당장 지지할 수 있다고 볼 수 있다. 제임스 스마트는 해석학에 관한 나인햄의 최종 결론을 결코 공유하려 하지 않으면서도 이렇게 썼다. "**역사적** 해석이 성경과 현대 세계의 거리를 넓히는 것은 **역사적** 해석의 어쩔 수 없는 본질에 속한다. 역사적 해석이 그 과업을 철저히 이룰수록, 해석은 성경의 기록을 그야말로 우리 세계가 아닌 다른 인간들이 실존하던 세계 속으로 더욱 완벽하게 옮겨 놓는다."³⁴ 종교사학파 학자들의 접근법에 여러 난점과 문제가 있긴 했어도, 그들은 역사를 재구성하는 작업을 수행하여 당시 기독교 교회와 달리 성경 속의 많은 인물을 학자 자신의 시대에서 **멀리 떨어뜨림으로써** 성경의 실제 내용에 충실하려 했다는 점에서 훌륭하게 기여했다. 하지만 나인햄이 일찍이 1963년에 발표한 논문에서는 그의 최근 저작에 비해, 이런 역사의 거리를 부인하거나 무시하지 않으면서도 이 거리 사이에 다리를 놓을 수 있다는 데 덜 비관적인 것 같다. 그는 이렇게 썼다. "만일 하나님이 독특하고 특수한 역사적·문화적 상황 속에 있는 사람들에게로 내려오셔서 말씀하셨다면, 우리는 그들의 상황과 우리에겐 낯선 그들의 관습, 가치, 사고방식, 이미지 유형에 공감하면서 그 속에 우리 자신을 푹 담가야 비로소 하나님의 요구나 그들이 보인 반응을 이해할 수 있다."³⁵

---

31 *Ibid.*, p. 192.
32 *Ibid.*, p. 221.
33 *Ibid.*, p. 229.
34 J. D. Smart, *The Interpretation of Scripture*, p. 37. 스마트 강조.

나인햄은 네 번째 논문에서 예수가 자신의 이름을 우리에게 '우리가 쓰는 말로' 일러 주시기는 불가능하다고 주장하는데, 이는 분명 역사의 거리를 무시하지 말라는 의미를 담고 있다는 점에서 옳은 말이다. 가다머의 언어로 표현하면, 우리는 우선 각 지평의 특수성을 존중해야 비로소 지평 융합을 도모할 수 있다. 우리는 단지 우리의 관점과 가정을 우리에게 다시 비추는 예수 초상을 구성하지 말아야 한다. 하지만 분명 역사의 거리와 더불어 융합을 이룰 여지 역시 존재하기 때문에, 나인햄의 결론에 여섯 가지 비판거리가 있음을 감히 주장해 본다.

첫째, 신학적 내용에 관한 질문을 함께 다루면 역사의 거리 문제를 과장할 수 있다. 예를 들어, 기적에 관한 주장은 실재의 본질에 관한 신학적 이견보다 **역사가 바뀌면서** 달라진 세계관의 차이를 반영할 뿐이라는 말이 있지만, 이것이 결코 명백하지는 않다는 것은 굳이 언급할 필요가 없을 정도로 잘 알려져 있다. 역사의 거리 문제에 관한 주장을 점검할 때 여전히 활용 가능한 몇 가지 방법 중 하나는 신학 없이 신학적 주제를 고찰하는 방법이 **아니라 신학적 주제가 아닌** 주제를 고찰하는 방법이다. 다시 말해 우리는 이렇게 물어야 한다. 고전학자, 철학자, 고대사 연구자는 역사의 거리 문제를 어떻게 생각하는가? 고대 그리스의 시나 심지어 셰익스피어의 작품을 다루는 문학 세미나도 텍스트의 지평과 현대 독자의 지평이 서로 맞물리며 교통하는 일이 일어나리라는 가정하에 이루어진다. 이런 세미나의 구성원이라면, 나인햄이 "텍스트가 **의미하는 바**" 혹은 텍스트가 우연히 야기할 수도 있는 "어떤 흥미로운 성찰"에 관심사를 한정해 제안한 두 대안 중 꼭 어느 한쪽만을 받아들이지는 않을 것이다.[36] 제임스 바는 다음과 같이 말하며, 올바르게도 이 문제를 균형 있게 바라본다. "어떤 기록이 오래되었다고 해서 이해하는 데 큰 어려움이 있는

---

35 D. E. Nineham, *The Church's Use of the Bible*, p. 161.
36 D. E. Nineham, "The Use of the Bible in Modern Theology" in *The Church's Use of the Bible*, p. 181.

것은 아니다. 세상의 위대한 문학 작품은 대부분 '오래된' 작품이다."[37]

나인햄의 접근법이 지닌 두 번째 문제는 그가 '의미'라는 말을 어떤 뜻으로 사용하는가가 늘 명확하지만은 않다는 점이다.[38] 그는 때로 '현재의 의미'라는 개념을 '이해 가능성'이라는 말과 얼추 비슷한 의미로 사용하는 것 같다. 그러나 이것이 쟁점이라면, 앞에서 인용한 제임스 바의 말은 이에 대한 적절한 대답에 얼추 가깝다. 하지만 어떤 때 그는 '현재의 의미'를 '적용'이라는 의미로 사용하거나, 적어도 현재 어떤 이의 신학이나 인생관을 형성하는 데 영향을 미치는 의미를 암시하는 방식으로 사용하는 것 같다. 따라서 나인햄은 신약성경에서 교회 일치 운동이나 여성 안수와 관련된 '의미'를 찾는 사람들을 비판한다. 그러나 이런 점에서 논쟁 마당 전체는 신학적 해석학만을 논하는 자리로 완전히 바뀌어 버렸다. 오로지 근본주의자에 준하는 집단에 속한 독자 혹은 '독실한' 지향점을 제공했던 다른 전통에 속한 독자만이 역사적 정황의 차이를 비평을 통해 검토하지도 않고 곧이곧대로 '적용'하려고 시도할 것이다. 나인햄이 고작 이미 모든 성서학자가 받아들이는 점을 강조하려고 그 많은 노력을 쏟아붓는다는 것은 상상도 할 수 없다. 기독교 신학이 현재를 강조한다 할 때, 대다수 책임 있는 그리스도인 해석가는 신약성경이 **독자의 생각**을 형성하여 독자가 **성경을 읽고서** 책임 있는 기독교 사상을 토대로 교회 일치 운동과 같은 쟁점들을 합당하게 판단하도록 해 준다고 주장할 것이다.

셋째, 나인햄이 서술한 몇몇 내용은 역사비평 방법(historical methods)에 관한 질문들을 다루는 자신의 접근법이 트뢸취의 접근법을 생각나게 한다는 점을 암시한다. 이는 종종 현상학의 접근법에 불과한 것처럼 보인다. 그 때문인지 나인햄은 "신약 기독교의 본질을 탐구할 때는 말리노프스키(Malinowski)가

---

[37] J. Barr, *The Bible in the Modern World* (S.C.M., London, 1973), p. 140.
[38] 이것은 '의미'가 **일일이 밝힐 수 있는** 다양한 방식으로 사용될 수 있음을 인정한다는 것과 같은 말이 아니다. 텍스트의 '유일한' 의미에 관한 여러 관념과 관련된 문제는 소여(Sawyer)의 『성경 연구와 의미론』(*Semantics in Biblical Research*)에 실린 논평을 참조하여 5장 15항에서 다루었다. 나인햄의 말이 모호함을 지적한 글을 보려면 J. Barr, *The Bible in the Modern World*, pp. 69-73도 함께 보라.

트로브리안드 제도 사람들의 종교를 조사했을 때나 에번스프리처드(Evans-Pritchard)가 아잔데족의 종교를 조사했을 때처럼 어느 쪽으로도 치우치지 않은 정신으로 탐구해야 한다"고 주장한다.[39] 하지만 나인햄은 이보다 더 자세한 입장을 피력한다. 그는 이렇게 썼다. "학자들은…과거의 모든 사건은 우연히 서로 연결되어 망을 형성하며 어떤 사건도 이런 세계 차원의 인과 관계 없이 일어나지 않는다는 가설을 포함하여 그 *시대의*[티슬턴 강조] 전제들이 말하는 진리를 작업가설로 상정하면서, 그야말로 역사 속 한 시대의 특징을 대변하는 사람처럼 행동하려 한다."[40] 역사가 자신이 겪은 삶의 경험은 그에게 역사의 개연성을 판단할 기준을 제공한다는 트뢸취의 말이 바로 여기에 있다. 그래서 나인햄은 "하나님의 특별한 간섭을 보여 주는 사건"이나 "유일무이한 성육신을 믿는 믿음에 의존하지 않으면" 신약성경에서 그리스도에 관하여 제시하는 자료를 재해석할 수 없느냐는 질문을 십중팔구 던질 수밖에 없다.[41] 이런 역사관에 따르면, '하나님의 간섭'은 사건일 수 없고 다만 또 다른 평범한 사건을 **바라보는 방법**일 뿐이다.

이 접근법 자체가 해석학의 어떤 쟁점들을 지레 판단하는 것은 아닌가? 만약 이 단계에서 논쟁을 마무리하는 최종 평결을 제시한다면, 스스로 이 쟁점들을 배제하는 꼴이 될 것이다. 하지만 이런 접근법을 채택했다는 것은 근대 역사의식의 등장을 추적하면서 트뢸취의 입장이 가지는 타당성과 그 입장에 맞선 비판들을 살펴보는 긴 과정을 피할 수는 없음을 뜻한다.

이는 우리를 나인햄의 입장에 맞선 네 번째 비판으로 향하게 한다. 역사의 거리와 더불어 융합도 존재할 수 있는지에 관한 모든 질문은 해석학 전통의 여러 관심사 가운데 중심에 있다. 해석학 전통은 종교개혁과 더불어 예비적 방식으로 시작되었고, 슐라이어마허와 딜타이에 의해 더 확고하게 세워졌다.

---

39 D. E. Nineham, *New Testament Interpretation in an Historical Age*, p. 18.
40 Ibid.
41 Ibid., pp. 17-18.

우리 시대에는 불트만은 물론 푹스, 에벨링, 하이데거, 가다머가 이 전통을 새롭게 일으켰다. 나인햄은 자신의 최근 저작에서 이 저술가들이 논하는 문제에 대한 비판적 답변을 미리 상정해 놓고, 이들이 제시한 주장과 이룬 업적은 아예 살펴보지도 않는다. 우리의 목표는 트뢸취의 작업과 역사의식의 등장을 살펴보고, 다른 장에서 철학과 신학 분야의 해석학 전통에 서 있는 저술가들의 작업을 살피는 일이 될 것이다.

다섯 번째 비판은, 나인햄이 신학적 전이해에 관한 질문이 야기하는 쟁점들을 무시했다는 것이다. 이 쟁점의 한 측면은 판넨베르크를 논할 때, 다른 한 측면은 헤르만 딤과 하인리히 오트의 접근법을 논할 때 소개하겠다. 이 점 역시 우리가 트뢸취를 관찰한 내용, 그리고 역사 텍스트에 서술적, 비평적, 비신학적 방법으로 다가가려 했던 그의 관심사와 긴밀하게 연결되어 있다. 나인햄의 접근법이 가진 여러 한계는 그가 한 말, 예를 들어 구약성경에 나타난 바빌론 유수 신학을 놓고 한 말에 분명하게 드러난다. "구약성경에서는 유대인이 바빌론에 포로로 끌려간 일을 여러 세기 동안 우상을 숭배하고 혼합주의 예배를 드린 데 따른 하나님의 처벌로 해석한다.…성경에서 제시하는 이런 인과 관계 설명이 우리와 상관이—진실로 우리와 그 설명을 연계할 수—있는가? 어떤 학자가 신판 『케임브리지 고대사』(*Cambridge Ancient History*) 속에서 바빌론 유수의 원인은 정치적이고 경제적인 데 있음을 분명히 판별할 수 있으며, 그런 원인들이 어쨌든 이스라엘이 가졌던 야훼 신앙의 순수성을 해치는 결과를 만들어 냈을 것이라고 선언한다면 과연 무슨 일이 벌어질까?"[42] 당연히 같은 맥락에서 이런 질문도 던질 수 있다. 어떤 학자가 예수 그리스도의 죽음은 당시의 사회적, 정치적 이유 때문에 불가피했음을 증명한다면 과연 무슨 일이 벌어질까? 그러면 예수 그리스도의 죽음이 하나님의 행위일 가능성이 낮아지는가? 그러면 신약성경 저자들이 제시하는 **신학적** 설명의 중요도나

---

[42] D. E. Nineham, *U.A.B.*, p. 109.

신뢰도가 줄어드는가? 이 문제는 분명 새롭지는 않다. 판넨베르크가 트뢸취와 실증주의를 비판할 때 바로 이 문제가 핵심 이슈로 등장한다. 판넨베르크는 트뢸취와 실증주의를 비판하면서, 신학의 차원을 배제한다면 그야말로 우리의 실재 인식이 **편협해져** 결국 우리가 거의 저열한 그리스도인이 되어 버리는 위험한 결과가 나타난다고 주장하는데, 옳은 주장이다.

여섯 번째이자 마지막 비판점으로 이런 질문을 던질 수 있다. 인간 본성을 철저히 상대주의 관점으로 본다면 기독교 윤리는 어떻게 될까? 고대 세계에서 있었던 질병과 치유 경험이 오늘날 같은 이름으로 이루어지는 일과 연속성을 갖지 않는다면 사랑, 자기희생, 거룩함, 믿음과 같은 행위나 죄, 반역, 불신과 같은 행위를 두고 우리가 무슨 말을 할 수 있을까? 결국 우리는 한 바퀴 돌아 처음 위치로 돌아왔다. 대학의 고전어, 문학, 철학 학부에 속한 사람 치고 이렇게 과격한 상대주의가 암시하는 의미를 받아들이려는 이는 아무도 없을 것이기 때문이다. 우리는 고대 문화에 속한 저자들로부터 삶이나 사상, 윤리에 관해 아무것도 배울 수 없다. 물론 압박을 받으면 이 정도의 상대주의도 변호하려 하는 저술가가 조금은 있을 것이다. 이 때문에 나인햄은 인간 본성의 연속성에 호소하는 것을 진리와 비진리의 혼합이라 묘사한다. 그러나 이제 애초에 내세웠던 주장은 천 가지 제약으로 인해 사라지기 시작한다. 애초에 내세웠던 주장을 이렇게 많은 제약으로 에워싸야 한다면, 그 주장에는 대체 무엇이 남겠는가?

나인햄의 주장은 트뢸취를 다루는 항목에서 다시 다뤄 보겠다. 그렇지만 여기서 잠시 멈춰 역사 속 예수를 다룬 두 책을 참고하여 나인햄의 주장 중 가치 있는 부분과 과장된 부분을 설명해 보는 것도 의미 있는 일이다. 헨리 J. 캐드베리(Henry J. Cadbury)의 책 『예수 현대인 만들기의 위험성』(*The Peril of Modernizing Jesus*)은 역사의 거리에 관한 나인햄의 타당한 경고를 강조하는 데 이바지한다.[43] 존 A. T. 로빈슨(John A. T. Robinson)의 책 『인간의 얼굴로 나타난 하나님』(*The Human Face of God*)은 순진한 역사 인식과 터무니없는 해석학적 비관주의를 모두 피하면서도 나사렛 예수를 다룬 작품을 여전히 내놓을 수 있음을 우리에게 되새겨 준다.⁴⁴ 이 두 사례를 짧게나마 다룸으로써 지금 하는 논의가 단순한 이론 놀음이 아니라 신약 해석학에서 실제로 문제가 되는 쟁점들과 여전히 연관이 있음을 확실히 밝혀 보겠다.

캐드베리는 먼저 해석자가 예수에 관하여 생각하면서 더 뚜렷하게 시대착오를 일으키는 잘못을 저지를 수 있는 방식 몇 가지를 일깨워 준다. 예를 들어, 사람들은 '하나님 나라' 같은 말을 더 나은 세상을 만들려는 현대 인도주의의 이상을 묘사하는 데 사용해 왔다. 그러고는 예수의 입에서 나온 말을 이런 식으로 이해했다. 실제로 캐드베리가 인용하여 사례로 든 현대의 몇몇 예수 전기는 믿음을 거의 무시해 버린다. 예를 들어, 『아무도 모르는 사람』(*The Man Nobody Knows*)이라는 책에서 브루스 바튼(Bruce Barton)은 예수를 '광고 전문가의 관점'으로 해석했다. "예수는 현대 세일즈맨이 따라야 할 모든 원리의 본보기다. 그는 물론 사람을 잘 사귀는 사람이었다. 사람들과 쉬이 사귐을 텄고, 그의 '유망한 장래'를 앞세워 금세 친밀한 관계를 맺었다. 그는 뉴스의 가치를 간파하고 자기가 전하는 메시지를 '좋은 소식'이라 불렀다. 일찍 일어나는 그의 습관은 '수완 좋은 인물'이 성공하는 데 필요한 고도의 긴장감을 나타내는 것이었다."⁴⁵ 그의 삶은 온통 사업이었다. "여러분은 내가 우리 아버지 **사업**을 해야 함을 몰랐습니까?"⁴⁶ 캐드베리는 여러 저자로부터 이런 예를 많이 뽑아 제시한다. 한 저자는 달란트 비유가 우리에게 "여느 경제학 교과서에 들어 있는 내용과 같이 이윤의 정당성을 분명하고 명확하게" 제시하며, "열매를 맺지 못한 무화과나무 에피소드는 땅을 잘 보존해야 함을 분명하게 가르친다"고 주장한다.⁴⁷

---

43 H. J. Cadbury, *The Peril of Modernizing Jesus* (Macmillan, 1937; rpt. S.P.C.K., London, 1962).
44 J. A. T. Robinson, *The Human Face of God* (S.C.M., London, 1973).
45 H. J. Cadbury, *The Peril of Modernizing Jesus*, p. 11.
46 *Ibid.*
47 *Ibid.*, p. 13.

이와 달리, 캐드베리는 자신이 예수의 유대인다운 특질이라 부르는 것, 예수가 고대 세계에서 차지하는 위치, 사회와 관련된 예수의 가르침이 지닌 여러 제약, 예수의 목적과 목표를 논한다. 그는 이렇게 썼다. "우리는 과거 세대가 자신들이 생각하는 이미지대로 예수를 만들어 냈다고 너무 비판만 하려고 한다. 그런 경향은 우리 자신도 피하지 못한다. 6세기 사람들이 예수를 금욕주의자나 수도사로 묘사한 것이나, 20세기 사람들이 예수를 사회 문제 전문가로 표현한 것이나 정당성이 없기는 매한가지다. 우리는 적어도 역사적 시각으로 정직한 노력을 했다는 점에서 우리 자신을 대견하게 생각한다."[48] 나인햄은 알베르트 슈바이처의 『역사 속 예수 탐구』(The Quest of the Historical Jesus, Geschichte der Leben-Jesu-Forschung)가 남긴 실제 가르침 중 하나는 라이마루스(Reimarus)에서 브레데(Wrede)에 이르는 예수 전기 집필자들이 그들의 철학과 신학 신념에 맞춰 예수라는 인물을 읽어 내는 데 아주 열심이었다는 것이라고 주장하는데, 이 주장에는 동의할 만하다.

제임스 스마트도 다시금 이 문제를 분명하게 진단한다. 그는 이렇게 썼다. "우리는 성경을 읽으면서 우리도 모르는 사이에 족장과 선지자들, 예수와 바울을 현대인으로 만들어 버린다. 그들 시대에만 해당하고 우리에겐 낯선 요소들은 배제해 버리고, 고대 이야기의 의미를 쉽게 전달하는 것 같은 더 보편적인 인간의 특징에만 우리 시선을 집중한다."[49] 이 때문에 예수가 "1세기 유대교라는 정황 속에서 살아간 유대인이 되지 못하고 고상한 지성을 갖고 현대 문화 속에서 살아가는 시민으로 둔갑하는" 일이 아주 많다.[50]

그렇다면 우리는 내키지 않아도 "우리 시대에" 예수는 그저 "이방인이요 수수께끼"일 뿐이라는 슈바이처의 판단을 받아들여야 하는가? 다른 면에서 보면 장점도 있고 난점도 있지만, 어쨌든 존 로빈슨의 연구서 『인간의 얼굴로 나

---

[48] Ibid., p. 90.
[49] J. D. Smart, The Interpretation of Scripture, p. 37.
[50] Ibid.

타난 하나님』은 고대 텍스트가 전달하는 예수의 초상에 충실하려 하면서도 **동시에** 이 초상이 현대인에게 말하는 바도 들려주려 한다. 그는 우리가 **적어도 출발점에서는** 자신의 지평이라는 한계 밖으로 뛰쳐나가지 못한다고 주장한다. 따라서 우리는 "진정…**우리의** 질문을 던져야 한다."[51] 그러나 동시에 우리는 신약성경에 비추어 우리가 가진 전제에도 의문을 제기해야 한다. "만일 우리가 지난 수 세기 동안 신약성경을 읽을 때 품어 왔던 전제들을 뒤엎으려 한다면, 신약성경의 증언 속으로 늘 새롭게, 또한 깊게 파고들 각오를 해야" 한다.[52] 로빈슨 주교의 관심사는 "**어떻게 오늘날** 사람들이 '예수는 주'라는 말을 진실하고도 의미 있게 할 수 있겠는가?"이다.[53] 우리는 "그리스도에 관하여 말하는 습관, 또는 예수를 그리스도라 말하는 습관"을 넘어서야 한다. 오늘날에는 그런 말이 현실성 없거나 머나먼 말, 또는 그야말로 우리의 말이 아니다."[54] 그렇지만 로빈슨은 신약학자이기에 과거의 과거성이라는 문제를 잘 안다. 그는 이렇게 썼다. "물론 각 세대가 단지 자기 세대만의 그리스도를 볼 위험이 있다.…이를 막을 안전장치는 역사비평을 엄정히 실행하여, 예수에게서 그의 시대를 빼앗는 희생을 치르면서까지 '예수를 현대인으로 만드는' 일을 하지 않는 것이다.…그리스도를 우리가 상상하는 이미지대로 만드는 것과 절도 있는 비평 및 학문 연구를 거쳐 나온 가장 훌륭한 예수의 초상이 우리 세기를 상대로 말하게 하는 것은 엄연히 다르다."[55]

여기서 우리 관심사는 로빈슨의 상세한 계획이 성공했는지 여부를 논하는 게 아니다. 그는 자연과 초자연을 구분하는 기독론적 이원론을 뭔가 다른 것으로 바꾸려 하지만, 그런 시도는 완전한 성공을 거두지 못했을 수도 있다. 하지만 그가 엄격한 역사비평을 견지하면서도 신약성경이 우리 시대를 상대로

---

[51] J. A. T. Robinson, *The Human Face of God*, p. x.
[52] *Ibid.*
[53] *Ibid.*, p. xi.
[54] *Ibid.*, p. 12.
[55] *Ibid.*, p. 15.

말하게 하려 한다는 점은 돋보인다. 구체적으로 예를 들면, 그는 예수를 "르네상스 인문주의가 묘사하는 완전한 인간"이나 "딸을 가진 부모라면 사위로 맞아들일 만한 차분하고 합리적인 인간"으로 묘사했던 역사 전통과 문화 전통에서 신약성경이 묘사하는 인간 예수의 초상을 구해 내려고 시도한다.[56] 신약성경에서 제시하는 "완전함"은 "흠 없는 도자기의 정적 완전함"이 아니다.[57] 로빈슨은 "정적이고 중성인 예수"를 거부하는데, 이런 예수는 "마분지로 만든 강력한 현대판 그리스도"이기 때문이다.[58] 로빈슨은 과거의 예수가 현재를 상대로 말하게 함으로써 과거의 예수를 되찾으려 한다. 그는 캐드베리의 경고는 받아들이지만 슈바이처의 제안은 거부한다.

결국 신약성경의 과거성 문제는 무시해서도, 과장해서도 안 된다. 이제 역사가와 역사철학자들의 작업을 살펴봄으로써 이 문제가 야기하는 쟁점을 체계 있게 파악해 보겠다.

8. 역사의식의 등장

중세부터 18세기까지 사람들은 대다수 현대 역사가가 견지하는 역사 개념과 아주 다른 시각으로 역사를 바라보았다. 앨런 리처드슨은 역사를 "신성한 역사와 세속 역사"라는 두 가지 기준으로 바라보았을 때 생기는 의미심장한 결과들을 강조한다.[59] 사람들은 신성한 역사를 하나님의 계시에 근거한 지식의 근원으로 높이 평가했으며 그 역사의 전통도 아무 비판 없이 받아들였다. 오직 소수만이 세속 역사가 지식의 근원으로서 가치가 있음을 인정했다. 계몽

---

[56] *Ibid.*, p. 70.
[57] *Ibid.*, p. 77.
[58] *Ibid.*, p. 80.
[59] A. Richardson, *History Sacred and Profane* (Bampton Lectures for 1962) (S.C.M., London, 1964), pp. 23-29.

주의 시대에는 자신들이 속한 전통을 충분히 비판하며 검토하지 않은 채 쉬이 믿어 버리는 역사가들의 우매함이 역사를 망쳐 놓는다는 것을 사람들이 널리 인식하게 되었다. 실제로 트뢸취는 후대의 유리한 관점에서 바라보면서, 이 시기 이전에는 "진짜 지식을 얻으려는 욕구나 비판 정신을 발휘한 흔적이 조금도 없다"고 주장했다.[60]

데카르트(Descartes)와 홉스(Hobbes)는 역사를 지식의 근원으로 인정하지 않았다는 점에서 자신들의 시대를 대표하는 인물이었다. 하지만 이런 태도를 취한 이유가 과거의 과거성 문제를 인식하게 된 것과는 거의 상관이 없다는 점을 주목해야 한다. 과거의 과거성은 19세기와 20세기 사상에 이르러 비로소 진짜 난제로 등장했기 때문이다. 난제는 과거를 **이해하는** 것이 아니었다. 역사가 무시당했다면, 이는 주로 두 가지 이유 때문이었다. 첫째, 특히 순수한 논리적 탐구나 합리적 탐구와 대비할 때, 과거에서 주어진 전통들이 말하는 **진리**는 불확실하다고 느껴졌다. 둘째, 과거에서 온 도덕 교훈이나 신앙 교훈에 관한 한, 이는 이미 성경의 '신성한 역사'라는 매개체로 인해 적절히 제공되었다. 사람들은 '신성한 역사'가 하나님의 권위를 갖고 현재 말했기 때문에, 그 역사가 진리와 관련된 첫 번째 난점을 피했다고 느꼈다.

자신을 철학자라기보다 역사가라고 생각했던 사람들조차도 역사를 대할 때 이런 부정적 태도를 공유했다. 리처드슨의 판단을 다시 인용해 본다. "그 시대 골동품 수집가들조차도…과거를 과거 그 자체로 사랑했지 현재를 위한 과거로 사랑하지는 않았다. 이렇게 보면…그들은 그 시대의 의식에 비춰 봐도 역사가보다 떨어지는 이들이었다."[61] 그 시대 지성인들은 더 이상 비평 없는 중세의 시각으로 성경을 보지 않고, 역사보다 자연에서 끌어낸 논증에 의

---

60 E. Troeltsch, "Historiography", reprinted from J. Hastings (ed.), *Encyclopedia of Religion and Ethics* VI (1913), pp. 716-723 in J. Macquarrie (ed.), *Contemporary Religious Thinkers* (S.C.M., London, 1968), pp. 77-78; 참고. pp. 76-97.
61 A. Richardson, *History Sacred and Profane*, p. 26; 아울러 그의 책 *The Bible in the Age of Science* (S.C.M., London, 1961), pp. 32-51를 참고하라.

지하여 하나님과 종교에 관해 추론했다. 그 시대의 외톨이였던 인물들은 현재를 알려 주는 지식을 역사에서 찾았지만 현재와 역사를 이어 주는 연관성의 근거를 오로지 과거의 과거성을 가로지르는 인간 본성의 보편 원리에서 찾았다. 그리하여 데이비드 흄(David Hume)은 『인간 오성에 관한 탐구』(*Enquiry Concerning Human Understanding*)에서 이렇게 썼다. "사람은 언제 어디서나 똑같기 때문에, 역사가 이처럼 특별하게 뭔가 새롭고 기이한 것을 우리에게 알려 주는 법은 없다. 역사의 주된 용도는 다만 변함없고 보편성을 띤 인간 본성의 원리를 발견하는 것뿐이다."[62]

오늘날에는 어쩌면 G. E. 레싱(Lessing, 1729-1781)의 유명한 말이 18세기의 이런 모습을 가장 잘 알려 줄 것이다. 레싱은 이렇게 썼다. "역사의 진리를 증명할 수 없다면, 역사의 진리를 통해 증명할 수 있는 것은 아무것도 없다. 즉 우연성을 지닌 역사의 진리는 필연성을 지닌 이성의 진리를 증명하는 증거가 되지 못한다."[63] 근래 데이비드 페일린(David Pailin)은 레싱의 말이 과거는 물론 지금도 여전히 타당함을 강력히 주장했다. 그는 이렇게 평한다. "그가 언급하는 논리형 도약은 과거 실상에 관한 주장과…지금 실재를 어떻게 '이해'하고 삶을 어떻게 살아야 하는가에 관한 주장 사이에서 이루어진다."[64]

이 내용을 페일린이 한 말로 표현해 보면, 레싱의 이원론은 분명 불트만 사상의 뒤편에 자리한 마르부르크 학파의 신칸트주의까지 아우르는 칸트 철학 전통의 시각은 물론 심지어 비트겐슈타인의 『논리-철학 논고』에 나타난 윤리적 이원론과도 밀접한 연관이 있다. 이 때문에 비트겐슈타인은 이렇게 썼다.

---

[62] D. Hume, *An Enquiry Concerning Human Understanding* (Oxford University Press, 1961), sect. VIII, part 1. 『인간의 이해력에 관한 탐구』(지식을 만드는 지식); 아울러 C. E. Braaten, *History and Hermeneutics* (New Directions in Theology Today, Vol. II) (Lutterworth Press, London, 1968), pp. 34-36를 참고하라.

[63] G. E. Lessing, "On the Proof of the Spirit and of Power" in H. Chadwick (ed.), *Lessing's Theological Writings* (Black, London, 1956), p. 53; 참고. pp. 51-56.

[64] D. Pailin, "Lessing's Ditch Revisited: The Problem of Faith and History" in R. H. Preston (ed.), *Theology and Change: Essays in memory of Alan Richardson* (S.C.M., London, 1975), p. 86; 참고. pp. 78-103.

"정녕 가치 있는 가치가 있다면, 그것은 지금 일어나는 일과 존재하는 것이 속하는 영역 바깥에 있는 게 틀림없다. 일어나는 일과 존재하는 것 모두 우연이기 때문이다."[65] 칸트 전통에 서 있는 신학자와 철학자 모두, 특히 루돌프 불트만은 이런 시각의 영향을 받았으며, 칸트 전통이 해석학 및 역사와 관련하여 그들이 표명한 견해에 준 영향은 깊었다.

하지만 레싱이 한 말을 다른 측면에서 접근할 수도 있다. 레싱의 견해가 단순히 '사실'을 가치와 대비하여 낮게 평가하는 결과를 초래하는 건 아니다. 다른 측면에서 보면, 레싱이 어떤 신학적 목적을 갖고 인간 이성을 강조한다는 것을 알 수 있다. 이런 면을 간파한 이가 헬무트 틸리케였다.[66] 틸리케가 주장하기를, 레싱은 탐구자의 합리성이 가진 자율성, 곧 수용된 전통을 받아들인다는 관념 속에 담긴 권위주의와 대립하는 자율성에 관심을 기울였다. 레싱의 관점에서 보면, 사람이 기독교 신앙의 진리를 믿을 수 있는 것은 사도들이나 교회가 어떤 사건이 일어났다고 주장하기 때문이 아니라, 그가 직접 이 진리의 합리성을 지지할 수 있기 때문이다. 틸리케의 말로 표현하면 이렇다. "나는 합리적 존재이기 때문에…내게 도달한 진리 주장이 합리적 진리를 담고 있는 한 그 진리 주장을 받아들여 내 것으로 삼을 수 있다.…이처럼 나는 내 자율성을 발휘하여 진리에 접근한다."[67] 틸리케는 이렇게 결론짓는다. "레싱은 의식이 절대 확신하는 조건들의 체계를 검토한다는 점에서 데카르트식 접근법을 채택한다."[68] 결국 레싱은, 자신에겐 그런 의도가 없었어도 우리를 **역사 탐구와 해석자의 현재 지평이 맺는 관계**에 비추어 역사 탐구의 본질과 가치를 판단하는 자리로 데려간 셈이다. 레싱이 역사 탐구가 지닌 여러 한계를 강조

---

65 L. Wittgenstein, *T.* 6-41; 참고. 6-42 to 6-54.
66 틸리케가 레싱을 다룬 내용을 전부 보려면, H. Thielicke, *Offenbarung, Vernunft, und Existenz, Studien zur Religions-Philosophie Lessings* (Gütersloher Verlagshaus, ⁴1957)를 참고하라.
67 H. Thielicke, *The Evangelical Faith: Vol. I, The Relation of Theology to Modern Thought-Forms* (Eerdmans, Grand Rapids, 1974), p. 42.
68 *Ibid.*, pp. 42-43.

하는 것은 역사가 이런 지평을 향해 말할 수 없기 때문이 아니라 역사가 이성적으로 동의할 수밖에 없는 진리를 제공하지 못하기 때문이다.

틸리케의 해석이 옳다면, 역사라는 문제는 이미 해석학적 의미를 갖기 시작한다. 비록 이 단계에서는 부정적 의미였을지라도 그렇다. 레싱이 생각하기에, 해석자의 지평은 역사 사실을 알려 주는 '보고'보다 이성이 밑받침하는 진리를 더 쉽게 받아들인다. 우리는 틸리케의 말만큼이나 유명한 R. G. 콜링우드(Collingwood)의 경구, 곧 "과거는…죽은 과거가 아니다. 우리는 과거를 역사의 관점으로 이해함으로써 현재 우리의 생각 속에 통합시키고…우리 자신을 발전시키는 데 과거의 유산을 활용할 수 있다"⁶⁹는 말을 여전히 멀리한다.

사람들은 종종 요한 G. 헤르더(Johann G. Herder)에 이르러 현대 역사의식의 첫 움직임이 일어나기 시작했다고 주장한다. 예를 들어 이는 앨런 리처드슨이 그의 상세한 연구서 『신성한 역사와 세속 역사』(History Sacred and Profane) 및 이보다 작은 저서 『과학 시대의 성경』(The Bible in the Age of Science)에서 피력하는 견해다.⁷⁰ 문제가 복잡하게 꼬이는 이유는 '역사의식'이라는 말을 각기 달리 이해하기 때문이다. 이 말이 단지 사건의 실상은 사람들이 보통 믿어 왔던 것과 달랐다고 의심하면서 이 의심이 옳음을 증명하려고 시도하는 것을 뜻한다면, 역사의식의 등장은 영국의 이신론자들과 스피노자까지 거슬러 올라갈 수 있다. 하지만 '역사의식'이라는 말을 이미 사람들이 받아들인 견해의 영향을 받지 않고 역사의 의미와 방향에 관한 이론을 정립하는 활동을 묘사하는 말로 사용한다면, 이 활동은 (레싱을 포함하여) 18세기의 수많은 사상가가 펼친 것으로 봐야 하며, 그 사상가 가운데 가장 돋보이는 이가 헤르더였다. 어쨌든 앨런 리처드슨은 이렇게 썼다. "17세기에 자연과학 영역에서 일어난 혁명과 비교할 때, 역사 영역의 혁명은 19세기까지도 일어나지 않았다.…사람이

---

69 R. G. Collingwood, *The Idea of History* (Clarendon Press, Oxford, ²1946), p. 230. 『서양사학사』 (탐구당).
70 A. Richardson, *History Sacred and Profane*, p. 289.

자연을 보는 방식을 바꿔 놓았던 17세기의 혁명처럼, 사람이 역사를 보는 방식을 바꿔 놓은 19세기의 혁명도 전통과 완전히 단절했다.…19세기는 역사에서 진정한 변화라는 개념을 획득했다."⁷¹ 사람들은 헤르더, 헤겔(Hegel), 랑케(Ranke)의 작품이 나온 뒤, "어쨌든 인간 실존과 운명의 비밀은 움직이는 원자의 불변하는 리듬이 아니라 인간이 자신의 역사 속에서 가지는 자기이해 속에 갇혀 있다"고 느끼게 되었다.⁷²

칼 바르트도 헤르더가 역사 이해 또는 역사철학에 이바지했음을 분명히 인정한다. 바르트는 이렇게 썼다. "헤르더가 사랑과 관심을 품고 강조했던 것이…계몽주의에겐 특별히 의심거리요 심지어 증오하는 대상이 되어 버린 이유는 바로 역사가 가진 그런 측면 때문이었다.…헤르더는 역사를 바로 살아 있는 경험으로 본다."⁷³ 헤르더는 역사를 "살아 있는 경험"이자, 사건이 일어난 시대의 관점에서 연구해야 할 과거 사건들로 보았다. 콜링우드의 말에 따르면, 헤르더가 역사를 그렇게 본 데에는 적어도 이런 이유도 한몫 했다. "내가 아는 한, 헤르더는 인간의 본성이 다 똑같지 않고 다양하다는 것을 체계 있게 인식한 최초의 사상가였다. 인간의 본성은 자료가 아니라 문제다."⁷⁴

역사 이해의 본질을 더 깊이 탐구한 이는 G. W. F. 헤겔(1770-1831)이다. 콜링우드의 말을 다시 인용하면, "1784년에 헤르더가 시작했던 역사 운동은 헤겔에서 정점에 이르렀다."⁷⁵ 헤겔은 1822-1823년에 처음으로 역사철학을 강의했다. 그는 이 강의에서 "역사는 단순히 **확인된** 사실이 아니라, 그 사실이 일어난 이유를 있는 그대로 파악하여 **이해하게 된** 것이다"라고 주장했다.⁷⁶ 헤겔의 역사관은 분명 보편사, 혹은 전체 역사라는 개념과 관련이 있다. 이것

---

71 A. Richardson, *The Bible in the Age of Science*, pp. 41 and 46.
72 A. Richardson, *History Sacred and Profane*, p. 290.
73 K. Barth, *From Rousseau to Ritschl* (Eng. S.C.M., London, 1959), pp. 209 and 211; 참고. pp. 209-213.
74 R. G. Collingwood, *The Idea of History*, pp. 90-91.
75 *Ibid.*, p. 113.
76 *Ibid.*, pp. 113-114. 콜링우드 강조.

은 의식의 발전에 관한 이야기이며, 이 과정은 자의식이나 정신이 우주 차원에서 펼쳐지는 형태를 띤다. 키르케고르는 헤겔 철학의 이런 보편적, 체계적, 사변적 차원을 격렬히 공격했다. 그렇지만 헤겔도 자연과 달리 역사는 되풀이되지 않는다고 강조했다.

헤겔은 절대적인 것에 대한 여러 사변을 펼쳤지만, 그럼에도 특정한 역사 사건의 상대성과 유한성을 인정했다. 이 특정한 사건은 역사 속에서 혁신을 불러일으킨다. 역사적 과정 속의 개개 국면들이 서로 모순처럼 보일지라도, 이렇게 대립(antithesis)처럼 보이는 이런 것이 새로운 창조를 낳는 종합(synthesis)으로 이어진다. 이처럼 역사의 개개 측면들은 이런 맥락에서만 이해할 수 있으며, 반대로 이런 맥락은 전체에 비춰 볼 때에야 이해할 수 있다. 헤겔이 하는 말을 헤겔에 아주 가까우면서도 어쩌면 더 명확하게 바꾸어 말하면 이렇다. 변증법적 과정에서 새로운 것을 의식하게 될 때에 "경험"이 발생한다. 이 경험은 다시 "그야말로 의식의 전 체계를 경험 자체에 담는다."[77] 헤겔의 이런 이중 강조가 기독교 신학에 암시하는 의미를 논한 이가 W. 판넨베르크다.[78]

헤겔의 역사 개념에는 해석학과 연관된 점이 적어도 둘 나타나기 시작하는데, 이 두 연관점을 강조한 이가 가다머다. 첫째, 가다머의 말을 빌리면, 헤겔은 "역사적 정신의 필수 본질은 과거 복원이 아니라 과거와 현 시대의 삶을 신중하게 매개하는 것"이라고 믿는다.[79] 역사가나 철학자의 현재 지평이 문제가 된다. 둘째, 헤겔의 보편사 강조는 랑케와 딜타이를 거쳐 가다머 자신에게 내려갈 수 있는 시각으로 이어지며, 슐라이어마허의 해석학적 순환 이해와도 유사점이 있다. 슐라이어마허의 이해에 따르면, 부분은 전체에 비추어 봐야 한다. 판넨베르크는 이렇게 말한다. "사실 지평 융합이라는 이해 이론은 헤겔

---

[77] G. W. F. Hegel, *The Phenomenology of Mind* (Eng. Allen & Unwin, London, ²1964), "Introduction," sects. 14 and 16. 『정신현상학』(한길사).

[78] W. Pannenberg, "The Significance of Christianity in the Philosophy of Hegel" in *B.Q.T.* III, pp. 144-177; 참고. I, p. 121 n. 55.

[79] H.-G. Gadamer, *T.M.*, p. 150.

의 변증법이라는 터 위에 세운 집이다."⁸⁰

우리 목적을 위해 키르케고르가 역사 이해에 다가가는 방법을 살펴볼 필요는 없다. 그가 말하는 역설 개념은 해석학 문제와는 거의 무관하다. 그렇지만 사람들은 진리와 주관성의 관계에 관한 그의 언급과 간접 소통을 다룬 그의 작업만큼은, 해석학과 역사의 관계와 상관없이 여전히 해석학과 깊은 연관이 있다고 여긴다. 하지만 말이 나온 김에 한마디 해 둔다면, 키르케고르는 『반복』(Repetition, Gjentagelsen, 치우)에서 이 반복이라는 말을 사용하여 더 전통 개념인 회상을 대체하자고 제안한다. 그러나 '반복'은 단순히 경험을 되풀이한다는 뜻이 아니라 경험을 재창조하여 그 경험에 생명을 불어넣는다는 뜻이다. 키르케고르는 이 과정을 "보라, 내가 만물을 새롭게 하노라"라는 약속의 성취와 비교한다. 이것은 역사 이해를 다룬 공식 이론은 아니지만 해석학적 경험과 과거 사이에 관계가 있음을 시사한다.

사람들은 종종 위대한 역사가 레오폴트 폰 랑케(Leopold von Ranke, 1795-1886)에 이르러 비로소 그 자체로 고유한 의미를 지닌 과거 사실에 순수한 과학적 관심을 보이기 시작했다고 말한다. 랑케가 역사 연구 방법을 두고 한 유명한 말은 1824년에 처음 출간된 그의 저서 『1494년부터 1514년까지 라틴 민족과 게르만 민족의 역사』(History of Latin and Teutonic Nations 1494-1514, Geschichte der romanischen und germanischen Völker von 1494 bis 1514) 서문에 나온다. 여기서 랑케는 이렇게 썼다. "역사에는 과거를 판단하고 현재 세대에 가르침을 주어 미래 세대를 이롭게 할 임무가 주어져 왔다. 이 책이 그런 고귀한 임무까지 감당하길 바라진 않는다. 다만 실제 있었던 일을 그대로(Wie es eigentlich gewesen) 보여 주기를 바랄 뿐이다."⁸¹ 일부 역사가는 어쩌면 랑케가 역사가에게 자신의 주관을 억제하기를 요구했던 정도를 과장했을지도 모

---

80 W. Pannenberg, B.Q.T. I, p. 121 n. 55.
81 L. von Ranke, "Preface to the History of the Latin and Teutonic Nations", translated in F. Stern (ed.), *The Varieties of History* (Macmillan, London, ²1970), p. 57; 참고. pp. 55-62.

른다. 그래서 반 하비(Van Harvey)는 우리에게 이렇게 경고한다. "랑케가 역사가에게 엄격한 객관성을 요구했을 때, 그것은 역사가가 무언가에 관심이나 열린 태도를 가져서는 안 된다는 말이 아니었다. 도리어 랑케가 말하려 한 것은, 역사가는 과거를 실제 있었던 그대로 존중해야지 과거가 어떠했길 바라는 역사가 자신의 바람을 따라 존중해서는 안 되며, 칭송과 비판의 수사를 삼가야 한다는 것이다."[82] 실제로 랑케 자신도 이렇게 썼다. "역사가는 사물의 보편적 측면에 자신의 눈을 고정해야 한다. 역사가는 철학자와 달리 선입견을 가지지 않는 법이다. 도리어 그는 개별 사안을 숙고하면서도 세계 전반의 발전을 분명히 파악한다."[83] 이것은 과거의 특수성을 인식하기 시작한 한 역사가의 언어이지만, 과거의 과거성이 역사가 현재를 상대로 말하지 못하게 막는다고 믿었던 사람이 구사하는 언어는 아니다. 학자들은 랑케의 작업에는 분명히 구분할 수 있는 두 측면이 존재한다는 데 확실히 동의하는 것 같다. 한편을 보면, "초연함이 역사가의 기본 미덕이다. 의견 충돌로부터 사실들을 구해 내야 했다."[84] 그러나 랑케에겐 또 다른 측면이 있다. 앨런 리처드슨이 썼듯이, "근대의 과학적 역사학의 뉴턴이었던 랑케가 이제는 비스마르크식 민족 국가의 신화 창조자 중에서도 선봉장이었음이 드러난 것은 명백한 역설이다." 랑케는 인류의 진보가 주권을 지닌 민족 국가의 발전과 서로 연결되어 있다고 본 독특한 역사 신학을 그의 역사 탐구에 도입했다. 랑케는 비스마르크가 조국 프로이센을 대표하여 거둔 성공[1] 속에서 "꾸준하면서도 계속 이어지는 세계사의 발전"을 보게 되었다. 만일 비스마르크가 졌다면, "객관적 의미의 세계사는 불가능했을 것이다."[85]

어쩌면 랑케의 역사 서술에서 두 가지 교훈을 끌어낼 수 있을 것 같다.

---

[82] Van A. Harvey, *The Historian and the Believer: The Morality of Historical Knowledge and Christian Belief* (S.C.M., London, 1967), p. 183.
[83] L. von Ranke in *The Varieties of History*, p. 59.
[84] A. Richardson, *History Sacred and Profane*, p. 173.
[85] *Ibid.*, p. 176.

첫째, 그는 과거의 특수성과 함께 역사가가 객관성을 지녀야 함을 인정한 덕분에 다른 어떤 사상가 못지않게 과거사가 현재를 상대로 이야기한다는 것을 기꺼이 이해하게 되었다. 둘째, 그는 이론상으로 역사가가 과거를 어느 정도 초연하게 대해야 한다는 입장을 지지한다. 그러면서도 정작 그의 작업은 지난 역사가, 해석학에서는 전이해라 불러야 할 것에 근거하여 자신의 상황에 '말했음'을 여실히 보여 준다. 그는 자신이 궁금해하는 질문을 가지고 역사에 다가갔으며, 과거는 그 질문에 응답해 주었다.

9. 에른스트 트뢸취의 역사 연구 방법

해석학과 역사를 폭넓게 다루는 논의라면, 연대상 트뢸취보다 앞서 등장한 딜타이를 당연히 살펴볼 것이다. 사실 이 연구서에는 빌헬름 딜타이에 관한 후대의 논의가 들어 있다. 그러나 딜타이의 작업과 불트만이 역사와 해석학을 바라보는 시각은 아주 긴밀히 연관되어 있기 때문에, 불트만을 살펴볼 때까지 딜타이(와 콜링우드)를 남겨 두었다가 한 항목을 할애하여 이 두 사상가를 직접 비교하는 것이 더 편할 것이다. 딜타이와 불트만의 연관성은 '삶'에 관한 그들의 공통 관심사에서도 나타나지만, 그들과 칸트의 관계에서도, 역사가 현재 갖는 의미에 그들이 보이는 관심에서도, 역사를 통틀어 살피고 그들이 내린 가정 곧 H. N. 터틀(Tuttle)이 표현한 "누구든 우리와 비슷한 상황에선 우리처럼 생각하고 느끼며 행동한다"[86]라는 가정에서도 나타난다. 앞으로 보겠지만, 방금 본 마지막 판단은 트뢸취가 표명할 법한 판단과는 매우 다르다. 트뢸취는 역사의 거리 문제를 그렇게 쉽게 해결할 수는 없다고 주장했기 때문이다.

에른스트 트뢸취(1865-1923)는 19세기에 비평을 앞세운 역사의식과 엄격

---

[86] H. N. Tuttle, *Wilhelm Dilthey's Philosophy of Historical Understanding: A Critical Analysis* (Brill, Leiden, 1969), p. 11.

한 역사 연구 방법이 등장해 기독교 전통 신앙에 깊고도 광대한 영향을 미쳤다고 생각했다. 그는 기독교의 기원을 더 이상 하나님이 역사 속에서 행하신 유일무이한 초자연적 행위라는 관점에서 보지 말고 시대의 맥락에서 나타난 하나의 역사 현상으로 봐야 한다고 주장했다. 트뢸취가 신약성경을 바라보는 태도를 보면, 그는 알브레히트 리츨(Albrecht Ritschl)과 마르틴 켈러(Martin Kähler)의 정반대편에 서 있었다. 리츨은 일찍이 사실 판단은 과학자와 관련이 있고 가치 판단은 신학자와 관련이 있다고 주장했다. 신약성경, 특히 예수의 메시지는 가치 범주에 속한다고 보았다. 그와 비슷하게 마르틴 켈러도 그리스도인의 신앙이 역사학자들의 결론에 의존하고 있다고 말할 수는 없다고 주장했다.[87] 하지만 에른스트 트뢸취는 "어떤 이가 순전한 믿음은 학자와 교수에 의존해서 만들어질 수는 없다고 말한다면, 이는 수사에 불과하다"[88]라고 단언했다. 예수가 역사 사실이라면 다른 모든 역사 사실처럼 예수 역시 여러 가지 역사 연구 방법으로 연구할 수밖에 없으며 신앙도 역사학의 연구 결과를 존중해야 한다는 것이다. 브라텐은 이런 주장은 분명 켈러의 주장에 반대하는 것으로 이해할 수 있다고 말한다.[89] 판넨베르크의 언어를 빌려 표현한다면, 트뢸취는 예수를 구원사라는 게토 안에 가두길 거부하고 보편적 신앙 의식과 역사의식이라는 무대 위에 세워 두었다고 말할 수 있다. 이 점에서 트뢸취는 세기가 바뀌는 시기에 종교사학파의 견해를 그대로 표현한 셈이다.

이번 장의 첫 항목에서는 '과거의 과거성'을 다루면서, 역사의 관점에서 신약성경을 해석하는 D. E. 나인햄의 접근법이 트뢸취의 시각을 아주 정확히 반영한다고 주장했다. 이런 유사성이 서로 다른 세 가지 점에서 분명히 드러남을 제시하면 이렇다.

---

[87] 참고. M. Kähler, *The So-Called Historical Jesus and the Historic Biblical Christ* (Eng. ed. by C. E. Braaten, Fortress Press, Philadelphia, 1964).
[88] E. Troeltsch, *Die Bedeutung der Geschichtlichkeit Jesus für den Glauben* (Mohr, Tübingen, 1929), p. 34.
[89] C. E. Braaten, "Introduction" in M. Kähler, *The So-Called Historical Jesus*, p. 27.

첫째, 트뢸취는 역사비평 방법의 등장이 인간 사상이 이룩한 위대한 진전 중 하나이며 서구인의 의식 속에서 일어난 혁명에 따른 것이었다고 생각했다. 역사가가 맥락과 역사의 상대성이라는 문제를 인식하면서 '사실'에 주목한다는 것은 인간의 지적 삶이 똑같은 모습으로 다시 나타날 수는 없다는 것을 의미했다. 트뢸취는 역사 서술을 다룬 그의 논문에서 원시인은 가족과 부족을 회상하는 데 만족했다고 하면서, "역사의 시작은 회상이 거대한 낭만주의 속에 뿌리내리고 있는 종교 전통, 전설, 신화, 이야기 속에서 발견할 수 있다"라고 말한다.[90] "이 단계에는 진정한 지식이나 비판 정신을 향한 욕구의 흔적이 조금도 없다."[91] 트뢸취가 보기에 그리스인들은 이 단계를 넘어 더 나아가려고 했지만 기독교에서는 모든 역사를 초자연주의 신학이라는 틀 속에서 보려고 함으로써 시곗바늘이 1,500년이나 돌아가지 못하게 붙잡아 두었다. 새로운 정신은 르네상스와 더불어 그 기미가 보였고, 이후 계몽주의와 더불어 더 풍성히 나타났으며, 마침내 19세기에 이르러 "현대의 역사 성찰"이 나타났다.[92]

역사를 바라보는 트뢸취의 이러한 태도 자체도 그 시대의 산물임을 지적함으로써 트뢸취 역시 역사의 상대성을 피하지 못했음을 증명한다 하여, 그것이 곧 트뢸취의 접근법을 비판하거나 평가 절하하는 것은 아니다. 허버트 버터필드(Herbert Butterfield)가 지적하듯이, 19세기가 끝나고 20세기가 시작한 시점은 "역사 중심 사고라는 거대한 물결이라 부를 만한 것이 정점에" 이른 때였기 때문이다. 그는 이런 말을 덧붙인다. "어쩌면 그 이후로 물결이 계속 빠져나갔다고 말해도 그리 지나치진 않을 것이다."[93] 그리하여 세기가 바뀌는 이 특별한 시점에 액튼 경(Lord Acton)은 "19세기에 일어난 역사 연구 혁명은, 인간 사유의 성격이라는 점에서 보면 우리가 르네상스와 연결 짓는 '지식의

---

90 E. Troeltsch, "Historiography" in *Contemporary Religious Thinkers*, p. 77 (참고. pp. 76-97).
91 *Ibid.*, pp. 77-78.
92 *Ibid.*, pp. 80-81.
93 H. Butterfield, *Man on his Past: The Story of the History of Historical Scholarship* (Cambridge University Press, 1955), p. 97.

부활'보다 더 큰 사건이자 변화였다"는 것을 여러 다양한 방식으로 주장했다.[94] 데니스 나인햄의 주장은 트뢸취나 액튼 경의 주장보다 파급력이 덜할지 모르나, 그래도 그는 "오늘날 신약 해석자의 과업에는 중요하고 새로운 요소가 있는데, 이는 '해석자가 역사 속 어느 한 시대에 자신의 작업을 행하기 때문이다'"라고 강조한다.[95] "그것은 내가 생각하는 니체(Nietzsche)의 말뜻, 곧 인류는 19세기 들어 여섯 번째 감각인 역사 감각을 발전시켰다 혹은 인지했다는 말뜻과 비슷하다."[96] 여섯 번째 감각인 역사의식에 관하여 이야기하는 것은 방대한 주장을 펼치는 일이다.

둘째, 트뢸취는 엄격한 역사 연구 방법을 기독교 신앙과 기독교의 기원에 적용하면 초자연주의 입장을 가진 기독교 신학과 기본 원리부터 충돌한다고 생각했다. 반 A. 하비는 이 점을 분명히 강조한다. 그는 이렇게 썼다. "당시 아주 많은 신학자가 믿었던 것과 달리, 문제는 성서비평가들이 신자들을 어지럽히는 결과물을 들고 서재에서 나오는 것이 아니라 그 비평가들이 사용하는 방법이…기독교 전통 신앙과 도저히 조화를 이룰 수 없는 가설들을 근거로 삼았다는 점이었다. 신학자는 성경을 초자연적으로 영감된 책으로 여길지라도, 역사가는 성경을 역사 맥락에 비춰 봐야 비로소 이해할 수 있는 책이자 다른 저술과 똑같은 해석 원리 및 비평 원리를 적용해야 할 책으로 여겨야 한다. 신학자는 성경 속 사건들을 하나님이 초자연적으로 간섭하셔서 나타난 결과로 여길지라도, 역사가는 그런 설명을 참된 역사 이해를 가로막는 방해물로 여긴다."[97]

어떤 의미에서는 이것이 모든 성서비평이 따르는 공리다. 신약성경의 언어와 문학적 성격에 관한 질문에는 트뢸취가 제시하는 원리, 곧 역사가의 과업은 "일어난 일들의 모든 움직임, 과정, 상태, 연계를 이것들이 얽혀 있는 인과

---

[94] Ibid.
[95] D. E. Nineham, *New Testament Interpretation in an Historical Age*, p. 5.
[96] Ibid.
[97] V. A. Harvey, *The Historian and the Believer*, p. 5.

관계의 그물망을 통해 설명하는 것이다"라는 원리를 참조해야 비로소 대답할 수 있다.[98] 하지만 트뢸취는 사람들이 유일무이하다거나 하나님의 간섭을 보여 주는 것이라고 주장하는 신약성경 속의 신학적 주제까지도 오로지 "이것들이 얽혀 있는 인과 관계의 그물망"을 기준 삼아 해석해야 한다고 주장한다. 트뢸취에게 이는 "일단 역사 중심 연구 방법을 성서학에 적용하면…그 방법은 모든 것을 바꿔 놓는 누룩이 된다.…그 방법에 손가락 하나라도 댄 자는 결국 손 전체를 담글 수밖에 없다"라는 원리 문제이기 때문이다.[99] 이 방법의 적용 대상은 전부 아니면 전무이기 때문에, 일단 이 방법을 적용하면 자료, 발전 이론, 기록 연대뿐 아니라 기적, 기독론, 계시에 관한 질문에도 적용해야 한다.

실제로 트뢸취의 역사철학에서는 종교사가가 하나님의 간섭이나 유일무이한 사건이라는 말로 설명할 수 있는 가능성을 배제한다는 점이 중요하다. 트뢸취는 한 사건을 둘러싸고 있는 인과 관계의 결합을 그보다 더 넓고 보편적인 인과 관계 네트워크의 일부분으로 본다. 기독교와 기독교의 기원은 고대 세계의 종교라는 더 넓은 문화 맥락에 비춰 바라봐야 한다. 이 점과 관련하여 앞서 트뢸취가 종교사학파의 선구자들과 입장을 같이한다는 점을 지적했다. 트뢸취는 우리가 기독교를 대변하여 절대적이고 최종적인 주장을 내놓을 수는 없다고 주장하는데, 이는 우리는 물론 기독교 신앙도 문화와 역사 속의 특별한 맥락에서 떼어 놓을 수는 없기 때문이다.

다시 말하지만, D. E. 나인햄도 자신의 네 번째 논문에서 이와 같은 시각을 채택한다. 그는 돈 커피트(Don Cupitt), 모리스 F. 와일스, 해리 윌리엄스(Harry Williams) 같은 학자들이 유일무이한 성육신을 믿는 믿음에 던진 질문을 언급하면서 이렇게 평한다. "나는 신약학자들이 자신들의 영역에서 같은 질문을 던지는 모습을 보고 싶다.…설령 그런 접근법을 택한 이들이 예수가 활동할 때 일어난 사건들을 1세기 유대 문화 속의 어떤 집단이 가졌던 전제

---

[98] E. Troeltsch, "Historiography" in *Contemporary Religious Thinkers*, p. 83.
[99] E. Troeltsch, *Gesammelte Schriften* (Mohr, Tübingen, 1913), II, pp. 730 and 734.

에 근거하여 하나님의 유일무이한—정말 말 그대로 최종적—간섭으로 해석해야 한다고 보면서도, 문화가 달라지면 가정하는 전제도 달라지기 때문에 다른 문화에서는 그 사건들을 꼭 그렇게 해석하지 않을 수 있다는 결론을 내릴지라도, 나는 전혀 놀라지 않을 것이다."[100] 이 접근법을 여는 열쇠는 "과거의 모든 사건은 서로 연결된 단일 망을 형성하며 어떤 사건도 이런 세계 차원의 인과 관계 없이 일어나지 않는다"는[101] 가정 위에 해당 주제에 접근하는 역사학 방법론이다. 트뢸취도 당연히 이런 문장을 썼을 법하다.

셋째, 트뢸취는 역사가의 현재 경험에서 유추한 원리를 근거로 역사의 개연성 이론을 정립한다. 트뢸취는 이렇게 썼다. "우리는 우리가 아는 사건에서 유추한 내용을 토대로 추측과 공감 섞인 이해를 통해 과거를 설명하고 재구성하려 한다. 우리는 다시 이 지점에서 현존하는 전통을 비판하고 사람들이 널리 받아들인 역사 설명을 바로잡는 방향으로 나아간다."[102] 트뢸취는 이런 점에서 역사 탐구자 자신의 경험 범위가 그의 역사 탐구를 제약하는 조건임을 인정하면서도, "그 때문에 순수한 과학성 추구라는 역사 성찰의 목표를 저버려서는 안 된다"고 강조한다.[103] 어떤 역사 판단도 최종적이거나 절대적일 수 없다는 실제 결과는 첫째로 역사의 상대성이, 둘째로 어떤 역사 연구도 훗날의 발견이나 판단으로 늘 수정될 수 있다는 사실이 이미 암시하고 있었다. 따라서 "역사 기록은 완전할 수도 없고 완성될 수도 없다."[104]

트뢸취가 생각했던 유추의 역할에는 광범위한 영향력이 있다. 예를 들면, 역사가가 신약성경의 여러 전통에서 발견되는 기적 기사를 비평을 통해 거부할지 그렇지 않을지는 자신이 기적을 일상의 삶 속에서 일어나는 사건으로 경험하는지에 달려 있을 것이다. 반 하비는 이것이 역사가의 견해와 기독교 신학

---

100 D. E. Nineham, *New Testament Interpretation*, pp. 18 and 20.
101 *Ibid.*, p. 18.
102 E. Troeltsch, "Historiography" in *Contemporary Religious Thinkers*, p. 81.
103 *Ibid.*, p. 84.
104 *Ibid.*, p. 91.

자의 견해 사이에 존재하는 예리한 차이점을 암시한다고 보고, 그 차이점을 이렇게 밝힌다. "신학자가 기독교 세계의 기초가 된 사건들이 유일무이하다고 믿는다면, 역사가는(예를 들어 트뢸취의 견해를 보면) 다른 모든 사건처럼 그런 사건들도 현재 일어나는 사건들과 유사하다고 가정하며, 기독교 세계의 기초가 된 사건들에 관한 말도 오로지 그런 가정에 근거하여 평가해야 한다." 이러한 이유로, 역사 판단에 신앙을 갖다 붙이는 것은 단지 "역사 판단의 타락"에 불과할 수 있다.[105]

이 세 번째 점에서 D. E. 나인햄은 트뢸취보다 더 신중한 태도를 보인다. 나인햄은 현재의 경험과 유사하다는 것이 역사의 개연성을 판가름하는 시금석이라는 견해에 명백히 동조하지는 않는다. 하지만 그는 "우리가 사물을 어떻게 보는가"는 우리 문화가 속한 시대와 사회의 공리나 전제에 달려 있다고 강조한다. 또 우리는 우리의 새로운 문화에 속한 공리나 전제만을 온전한 지식을 담은 것으로 받아들일 수 있다고 생각한다.[106] 예를 들어, 가다머는 텍스트의 지평과 해석자의 지평 사이에 쌍방향 운동이 있으며, 이 운동을 통해 해석자는 듣고 판단할 뿐 아니라 판단을 받는다고 생각하지만, 나인햄이 보기에 현대인은 분명 텍스트를 텍스트가 나온 시대 맥락에 비춰 바라보려고 하더라도 그가 지금 있는 곳에 머물 수 있을 뿐이라고 생각한다. 푹스는 "텍스트가 우리를 번역해야 비로소 우리가 텍스트를 번역할 수 있다"거나 "진리는 우리 자신을 객체로 삼는다"고 주장하지만,[107] 나인햄의 글은 푹스의 이런 주장을 전혀 암시하지 않는다.

나인햄은 T. E. 흄(Hulme)의 말을 몇 마디 원용하여 문화의 상대성을 보여

---

[105] V. A. Harvey, *The Historian and the Believer*, p. 5.
[106] D. E. Nineham, *New Testament Interpretation* 그리고 *Christian Believing*에 수록된 무제 논문, pp. 81 and 82.
[107] E. Fuchs, "The Hermeneutical Problem" in *The Future of Our Religious Past*, p. 277 (Germ. E. Dinkler, ed., *Zeit und Geschichte*, p. 365); 그리고 "The New Testament and the Hermeneutical Problem" in *N.H.*, p. 143.

주는 현상을 설명한다. 흄은 문화의 전제들이 어떤 문화에 속한 사람들의 생각에서 아주 큰 부분을 차지하지만 "그 전제들이 사람들과 멀리 떨어져 있다 보니, 실제로 사람들은 그 전제들을 의식하지 못한다. 사람들은 그 전제들을 보지 않고, 그 전제들을 **통해** 다른 것들을 본다"고 말한다. 그런 전제들은 "사람들이 사실로 여기는 **교리**"를 만들어 낸다."[108] 문화의 전제들에 관한 이런 생각, 그리고 비트겐슈타인이 자신의 마지막 저서 『확실성에 관하여』에서 조지 무어가 '상식'에 비추었을 때 확실하다 여겼던 것들을 놓고 한 몇 가지 진술은 적절한 때에 비교해 보겠다. 비트겐슈타인은 그 전제들이 우리의 모든 일상 전제를 좌지우지하는 경첩과 같다는 점에서 확실한 것들이라고 주장한다. 그 전제들은 신학적 주장인 '기록되었으되'처럼 논리적 역할을 수행한다."[109] 비트겐슈타인은 이런 명제는 "우리에게 사물과 사물의 형태를 바라보는 방식을 제공한다.…어쩌면 이런 명제는 생각조차 할 수 없는 오랜 세월 동안 우리의 사유를 떠받치는 발판에 속해 있었을지도 모른다. (모든 인간에겐 부모가 있다.)"라고 설명한다.[110]

나인햄은 신약성경에서 이런 "우리 사유의 발판"은 **문화의** 상대성 문제라고 강조한다. 바로 이것이 일찍이 트뢸취가 표명했던 시각, 곧 역사가는 고대 사건들을 그 사건이 일어난 고대 문화 맥락에서 바라봐야 하지만 역사가가 채용하는 역사 판단 기준은 단지 역사가 자신이 속한 시대의 기준일 수 있다는 시각에 나인햄이 동조하는 이유다. 그러나 신약성경 저자들의 사상을 떠받치는 '발판'이 **그저 문화** 상대적인가? 다시 말해 그 발판 역시 독특한 히브리-기독교 사유 전통의 일부를 이루는 신학적 확신에서 나온 것인가? 예를 들어 성육신을 유일무이한 사건으로 인식한 것은 문화 유형이나 신학 유형 때문인가? 이 연구서 끝부분에서는 비트겐슈타인이 『확실성에 관하여』와 다른 저작

---

108 D. E. Nineham, *New Testament Interpretation*, p. 6. 나인햄 강조; 참고. T. E. Hulme, *Speculations* (Routledge and Kegan Paul, London, 1949), pp. 50-51.
109 L. Wittgenstein, *Cert.*, sects. 69, 128, 136, 144, 152, 210, 216, 343, and 655.
110 *Ibid.*, sect. 211.

에서 한 말을 참조하여, 신약성경의 사상을 떠받치는 이런 '발판'을 표현한 진술들을 양식비평의 관점에서 고찰해 보겠다. 고찰한 내용이 이 복잡한 문제를 어느 정도 설명해 줄 수 있길 조금이나마 바랄 뿐이다. 하지만 더 시급히 해야 할 일은 볼프하르트 판넨베르크가 이 문제에 관하여 제시한 탁월한 설명을 참고하는 것이다.

10. 볼프하르트 판넨베르크가 말하는 역사와 해석학

볼프하르트 판넨베르크는 역사의 거리 문제를 충분히 인식하고 있다. 그는 이렇게 썼다. "해석학의 중심 문제를 다룰 때는 원시 기독교와 우리 시대 사이의 거리를 다루어야 한다."[111] 아울러 그는 "원시 기독교와 현 시대 사이에 존재하는 역사의 거리를 메워 줄 이해를 획득하는 과업"이 현대의 특별한 문제라는 트뢸취와 나인햄의 견해에 동의할 것이다.[112] 이뿐 아니라, 판넨베르크는 신앙이 역사 연구로부터 독립되어 있지 않음을 단호히 주장한다는 점에서 켈러와 불트만보다 트뢸취에 더 가까운 입장을 취한다. 그는 켈러와 불트만의 시각이 사실과 가치, 또는 사건과 해석을 구별하는 부당한 이원론에 의존한다고 본다. 판넨베르크는 이렇게 논평한다. "학자들은 실증주의와 신칸트주의의 영향을 받아, 한쪽에 자리한 사실을 다른 한쪽에 자리한 사실 평가나 사실의 의미와 더 예리하게 구분하게 되었다. 루돌프 불트만은 초기 기독교의 부활 메시지를 철저히 의미 쪽으로 몰아붙인 뒤 이 메시지를 예수의 십자가에 관한 해석이라 묘사함으로써 이 구분을 누구보다도 과격하게 실행에 옮긴다."[113]

---

[111] W. Pannenberg, "Hermeneutic and Universal History" in *B.Q.T.*, I, p. 96.
[112] *Ibid.*, p. 97.
[113] W. Pannenberg, "The Revelation of God in Jesus of Nazareth" in J. M. Robinson and J. B. Cobb, Jr. (eds.), *New Frontiers in Theology: 3, Theology as History* (Harper and Row, New York, 1967), p. 126; 참고. pp. 101-133.

판넨베르크는 덧붙여 이렇게 말한다. "오늘 우리는 이런 입장에 맞서 사실과 그 의미의 통일체라는 원상을 복원해야 한다."[114]

판넨베르크의 신학에서는 신앙과 역사의 연관성을 보여 주는 핵심 사례로 예수 그리스도의 부활 사건에 관심을 기울인다. 판넨베르크는 『예수: 하나님이자 사람』(*Jesus—God and Man, Grundzüge der Christologie*)에서 왜 역사 서술은 원칙상 제자들이 부활 뒤에 나타나신 그리스도를 체험한 사건과 심지어 빈 무덤을 발견한 일을 다룬 기사가 부활 사건을 "가장 잘 증명해 주는 설명"이라고 말하지 말아야 하는지 그 이유를 아무도 제시하지 않았다고 주장한다.[115] 판넨베르크는 이렇게 결론짓는다. "하지만 역사 연구가 스스로 부활절에 '정말로' 무슨 일이 일어났는지 규명하지 못한다고 선언한다면, 믿음은 더더욱 그 일을 해내지 못한다. 어쩌면 역사가도 접근하지 못할 과거 사건들에 관하여 믿음이 뭔가 확실한 것을 밝혀 주기는 불가능하기 때문이다."[116]

판넨베르크는 앞서 언급한 점에 관하여 트뢸취와 견해를 같이하는 것 같다. 그런데 이 둘의 신학 접근법이 실제로 아주 다른 이유는 무엇이며, 트뢸취가 가장 소중히 여기는 가정 몇 가지를 판넨베르크가 공격하는 이유는 무엇인가? 방금 인용한 글 앞에 있는 문장을 살펴보면 둘의 차이점이 분명하게 드러난다. 판넨베르크는 이렇게 썼다. "**역사 서술이 원리상 '죽은 사람은 부활하지 않는다'는 편협한 실재 개념에서 시작하지 않는 한**…왜 역사 서술이 원칙상 제자들이 부활 뒤에 나타나신 그리스도를 체험한 일과 빈 무덤 발견 같은 사건이 부활 사건을…설명해 준다고 말하지 말아야 하는지 그 이유는 분명하지 않다"(티슬턴 강조). 트뢸취는 어떤 것이 확실히 증명되었다고 볼 수 있는 근거로 그것이 역사가 자신이 겪은 삶의 경험과 유사하다는 점을 내세운다. 그러나 판넨베르크는 그 근거를 "편협한 실재 개념"이라고 본다. 그런 개념은

---

114 *Ibid.*, p. 127.
115 W. Pannenberg, *Jesus—God and Man* (Eng. S.C.M., London, 1968), p. 109.
116 *Ibid.*

사람들이 신약성경이 묘사하는 사건들을 밝혀 줄 설명으로 이미 요구하는 것보다 못한 내용을 제시하기 때문이다. 판넨베르크는 트뢸취가 현대 문화에서 나올 수밖에 없는 견해라 여기는 것을 역사 실증주의이자 철학 실증주의라 규정한다. 논리실증주의가 언어라는 가면을 쓰고 나타난 경험론이듯이, 이 역시 역사 서술이라는 가면을 쓰고 나타난 경험론일 뿐이다.[117] 이런 실증주의를 역사 이론이나 언어 이론으로 위장해도 그 이론 밑에는 여전히 실증주의의 한 유형이 자리해 있다는 기본 사실을 바꾸진 못한다.

판넨베르크는 "구속 사건과 역사"(Redemptive Event and History)라는 제목의 논문을 비롯하여 『신학의 기본 문제』(*Basic Questions in Theology*) 속에 들어 있는 몇몇 논문에서 이런 접근법에 대한 비판을 전개한다.[118] 실제로 그는 실증주의자들이 역사를 탐구할 때 내거는 전제들을 아주 날카롭게 비판하기 때문에, E. F. 터퍼(Tupper)도 지적하듯이, 만일 이것이 어느 한쪽을 고르는 문제라면 그는 결국 트뢸취와 실증주의 학파보다는 마르틴 켈러는 물론 심지어 불트만 편에 섰을 것이다. 터퍼는 이렇게 논평한다. 트뢸취 및 다른 이들이 정의하는 "주류 역사 서술은 하나님이 하신 행위를 증언하려는 성경 본문의 의도를 무시했다.…그 때문에 켈러는 물론 결국 케리그마 신학도 이에 항의했다. 판넨베르크는 이런 항의가 옳다고 이야기한다."[119] 이를 판넨베르크의 말로 표현하면 이렇다. "그것들(즉 성경 기록)을 **단순히 세속 사건과 인간의 신앙심을 표현한 문서로** 읽는다면, 기록의 진정한 내용 곧 기록이 하나님이 하신 행위를 증언하는 내용은 미개봉인 채로 남는다. 케리그마 신학이 이를 발견하고 그 시대의 역사 연구 관행과 방법론에 맞선 것은 완전히 옳았다."[120] 판넨

---

117 참고. H. J. Paton, *The Modern Predicament* (Allen and Unwin, London, 1955), pp. 32-46. 페이튼은 이렇게 썼다. "순수한 언어 중심 접근법은 우리가 행하는 일을 우리가 보지 못하게 만들 위험이 있다.…우리가 우리 믿음을 상식이라는 한계 속에 가둬 버린다면, 그것이 단지 언어라는 옷을 입고 나타난다는 이유만으로 더 진지한 논증이 되어 버리는 이유를 알기가 쉽지 않다"(*ibid*., p. 42).
118 W. Pannenberg, *B.Q.T*. I, pp. 15-80; 참고. pp. 81-181 and 13-15 and 45-79.
119 E. F. Tupper, *The Theology of Wolfhart Pannenberg* (S.C.M., London, 1974), p. 38.
120 W. Pannenberg, *B.Q.T*. I, p. 85. 티슬턴 강조.

베르크는 케리그마 신학자들이 자신이 비판한 이런 접근법을 받아들인 것을 보고, 우선 이 신학자들이 그릇된 대안을 받아들였다고 비판한다. 이 신학자들은 자신들이 "존재와 가치를 구분하는 신칸트주의식 구분을 그야말로 아무 비판 없이" 받아들여야 한다고 생각했다.[121] 그러나 이런 이원론은 실증주의가 말하는 '사실' 개념 때문에 이미 손상되어 있었다. "신칸트주의와 생(生)의 철학에서는 역사 실증주의를 그들의 전제 중 하나로 받아들였으며, 자신들이 표명한 가치를 따라 사유를 '평가하거나' 사실을 해석하여 역사 실증주의를 보완하는 데 그쳤다."[122]

우리는 판넨베르크가 이런 접근법을 설명한 내용이 아주 설득력이 있다고 본다. 하지만 그는 트뢸취의 입장을 더 자세히 반박하는 비판을 많이 제시한다. 첫째, 판넨베르크는 트뢸취의 역사 연구 방법이 **인간 중심**이라고 주장한다.[123] 그는 이렇게 말한다. "역사 중심 연구 방법의 세계관과 성경에서 말하는 하나님의 역사 사이의 가장 중요한 대립은 역사비평 과정의 인간 중심성에서 찾을 수 있다. 이런 역사비평 과정은 모든 초월적 실재를 당연히 배제하려고 하는 것 같다."[124] 판넨베르크는 비코(Vico)가 이런 역사 접근법에 철학적 근거를 제공했다고 말하면서도 이렇게 질문한다. "이런 방법론의 인간 중심주의가 암시하는 반기독교 성향은 늦어도 볼테르 시대에 이르러 분명하게 드러나지 않았는가?"[125] 이어 그는 "우리 눈앞에서 일어나는 일과 유사하다는 것이…비평에 이르는 열쇠다"라는 트뢸취의 가정에 분명히 의문을 제기한다.[126]

하지만 트뢸취의 접근법에도 판넨베르크가 비판하지 않는 측면들이 있음을 간과하는 것이 중요하다. 우리가 이미 보았듯이, 판넨베르크는 그리스도인

---

[121] *Ibid.*, p. 86.
[122] W. Pannenberg, "The Revelation of God in Jesus of Nazareth" in *New Frontiers in Theology: 3*, p. 127.
[123] W. Pannenberg, *B.Q.T.* I, pp. 39-50.
[124] *Ibid.*, p. 39.
[125] *Ibid.*, pp. 39-40.
[126] *Ibid.*, pp. 43-44.

이 하나님의 행위로 보는 역사를 "구속사라는 게토가 아니라 서로 얽혀 있는 인간 역사의 보편적 연관 관계 안에서" 바라봐야 한다는 트뢸취의 견해에 동의한다.[127] 그보다 훨씬 더 중요한 점은 판넨베르크가 "보편적 관점에서 보면 모든 역사 현상이 일치한다는 기본 명제는 원래 인간 중심의 구조를 갖고 있지 않다"는 점에 동의한다는 것이다.[128] 사실 유추라는 원리는 역사를 이해하는 데 필요하다. 예를 들면, 신앙에서 나온 이스라엘의 증언은 역사 문서로 이해되긴 하지만 고대 근동 세계라는 배경에 비춰 바라봐야 하며, 마찬가지로 신약성경의 기록도 유대교와 헬레니즘 속의 현상들과 관련지어 이해해야 한다. 판넨베르크는 이 점을 마지못해 인정하는 데 그치지 않고, 도리어 이를 자기 신학의 주요 테마로 강조한다. 이 원리를 강하게 인정해야 비로소 성경의 역사는 물론 성경적 신앙의 역사조차도—세계사와 종류가 다른—구원사(Heilsgeschichte)에 속하지 않고 보편적 역사의 일부분인 이유를 알 수 있다.

하지만 트뢸취가 유추를 이야기할 때는 방금 말한 것보다 더 많은 것을 이야기하려는 것이다. 판넨베르크는 방금 정의한 의미의 유추를 활용하는 것과 관련이 있는 "역사의 상관관계"를 더 좁은 의미의 유추 곧 "탐구자는 이해하기 어려운 것을 자기에게 더 가까이 있는 것에 비춰 인식하고 이해해야 한다"는 말이 가리키는 유추와 구분한다.[129] 판넨베르크는 역사의 개연성이라는 판단 기준은 "우리가 알기에 보통 일상 속에서 되풀이하여 일어나는 방식 및 조건과 일치"한다는 트뢸취의 말을 받아들여 이렇게 말한다. "탐구자의 현재 지식 상태에 가장 가까이 자리한 것을 유추하여 고찰하는 방식에는 분명 인간 중심의 구조가 존재한다."[130] 그는 역사 유추를 활용한 모든 **경우**가 부적절하다고 주장하지는 않는다. 역사 사건 중에는 다른 사건에 비춰 설명할 수 있는 것도 일부 있다. 그러나 해석자 자신의 삶의 경험이 모든 역사 진리를 검증하

---

127 *Ibid.*, p. 41.
128 *Ibid.*, p. 40.
129 *Ibid.*, p. 43. 티슬턴 강조.
130 *Ibid.*, p. 44.

는 기준이 되면 역사를 연구하는 방법은 인간 중심적이 되어 버린다.

둘째, 판넨베르크는 이런 비판을 한 단계 더 진전시킨다. 우리가 트뢸취를 다룰 때 묘사했던 모든 접근법은 "치우친 세계관"을 동반한다.[131] 트뢸취는 해석자의 경험을 포함하여 모든 실재가 본디 동종(Gleichartigkeit)이라고 가정하면서, 역사 이론을 명백한 형이상학으로, 이 경우에는 실증주의 이론으로 바꿔 놓는다. 트뢸취는 "유추에서 끌어낸 역사 연구 결론이 보여 주는 방법론의 순수한 인간 중심주의를 넘어 이 조치를" 취함으로써 "역사에 관한 질문 자체를 억눌러 버린다."[132] 다시 말해 트뢸취는 판넨베르크가 다른 곳에서 편협한 실재 개념이라 부르는 것으로 시작하며, 이를 통해 어떤 가능성은 선험적 근거를 내세워 배제한다. 이 개념은 결코 가치중립적이지 않다. 이 개념은, 사실상 근거를 제공해 주는 역사가 자신의 삶의 경험과 마찬가지로 "이미 주어져 있고 역사가에게 익숙한 표상의 세계"에서 생겨나지 "가치에 매이지 않는 감각 경험에서 생겨나지 않는다."[133] 판넨베르크는 이 점에서 트뢸취의 철학이 딜타이 이전으로 퇴보했다고 결론짓는다. 그래도 딜타이는 역사가가 유추나 삶의 경험을 그저 가치중립적으로 활용할 수는 없음을 알았기 때문이다.

아마도 이 지점에서 이 사안을 루트비히 비트겐슈타인이 제임스 프레이저(James Frazer)의 『황금 가지』(The Golden Bough, 을유문화사)에서 취하는 접근법에 가한 비판과 비교해 보면 논점이 분명해질 것이다.[134] 비트겐슈타인은 다른 문화와 종교의 믿음과 관습에 관한 프레이저의 "설명"이 오직 "자신과 비슷한 방식으로 생각하는 사람들"과 연관이 있을 뿐이라고 비판한다.[135] 즉, 사람들은 **선험적** 실증주의나 자신의 삶의 경험을 근거로 삼아, 제사장이면서 왕

---

[131] *Ibid.*, p. 45.
[132] *Ibid.*, p. 46.
[133] *Ibid.*, pp. 44-45.
[134] L. Wittgenstein, "Bemerkungen über Frazers *The Golden Bough*" in *Synthese* XVII (1967), pp. 233-253.
[135] *Ibid.*, p. 235.

인 사람을 죽이는 것과 같은 관습을 "결국 **어리석은 행위**라고 표현한다. 하지만 사람이 그 모든 일을 행하는 이유가 순전히 어리석기 때문이라는 주장은 결코 타당하지 않을 것이다.…여기서 다만 서술하고(nur beschreiben) 말할 수 있는 것은 '사람의 삶이 그렇다'(so ist das menschliche Leben)는 것뿐이다."[136] 비트겐슈타인은 이렇게 결론짓는다. "우리는 프레이저의 글에서 그야말로 아주 편협한 정신을 드러내는 삶을 발견할 뿐이다! 결국 이런 결론을 내릴 수 있다. 그가 그의 시대 영국인과는 다른 삶의 방식을 생각하는 것은 언감생심 꿈도 꾸지 못할 일이다. 프레이저는 아주 어리석고 나약한 우리 시대 영국 성직자와 다른 사제를 본디 상상도 하지 못한다."[137] 결국 원시 관습에 관한 프레이저의 설명은 '역사다운' 것과는 동떨어져 있으며, "이런 관습 자체가 일러주는 의미보다 훨씬 더 미숙하다."[138] 비트겐슈타인은 세계를 바라보는 어떤 방식들을 미리 배제하는 세계관은 사실 결코 중립적 서술이 아님을 안다. 이런 점에서 그는 프레이저와, 어쩌면 트뢸취와도 다르다.

판넨베르크가 분명하게 제시하는 세 번째 비판은 두 번째 비판을 더 확장한 것이다. 트뢸취의 세계관에서 시작하면, 분명 새롭거나 유일무이한 사건들이 존재할 가능성을 미리 배제해 버리고 만다. 확실히 트뢸취는 딜타이를 따라 자연과 대비되는 인간 삶의 특수성에 어느 정도 주의를 기울인다. 그러나 이 특수성은 틀림없이 현대 역사가가 매일 부닥치는 특수성이다. 이와 달리, 판넨베르크는 이렇게 주장한다. "역사가가 사건이 가진 대체 불가능한 개성과 우연성에 시선을 집중하면, 그는 자신이 균일하지 않은 것을 다루고 있으며 그것과 유사한 무언가가 남아 있지 않은 이상 자신의 일은 계속 이어질 수 없음을 알게 될 것이다."[139] 우리는 A. 보이스 깁슨(Boyce Gibson)이 그의 책 『유신론과 경험론』(*Theism and Empiricism*)에서 한 놀라운 논평, 곧 흄의 인식론

---

[136] *Ibid.*, pp. 235-236.
[137] *Ibid.*, pp. 237 and 238.
[138] *Ibid.*, p. 241.
[139] W. Pannenberg, *B.Q.T.* I, p. 46.

이나 철저히 경험론에 입각한 세계관에 비춰 보면 "처음 일어난 어떤 일도 믿을 수 없다"[140]라는 말을 떠올리게 된다.

판넨베르크는 그런 구속복이 기독교 신학에 불가능한 결과들만 남긴다고 본다. "신학은 역사 연구 작업이 가진 이런 측면에 뜨거운 관심을 가져야 한다. 현실 속에서 뭔가 새로운 것, 이전에는 결코 존재하지 않았던 것을 끊임없이 일으키는 것이…초월자인 하나님의 행위가 가진 특징이다. 이런 이유 때문에 신학은 무엇보다 독특하고 우연하고 개별적인 사건에 관심을 기울인다. 계시의 역사를 살펴보면 신학은 특히 새로운 것, 역사의 맥락과 이 역사가 속하는 약속 안에서 벌어진 특정 사건이 지닌 독특한 것을 적잖이 강조한다."[141] 판넨베르크 신학에서 불쑥 나타난 사건으로 제시하는 새로움의 사례는 물론 예수 그리스도의 부활이다. 반면에, 판넨베르크는 19세기에서 20세기로 넘어갈 무렵에 종교사학파에서 나타난 분위기를 넌지시 비판한다. 당시 종교사학파의 경향은 히브리-기독교 전통이 헬레니즘이나 불가지론, 근동의 다른 종교와 공유하는 요소를 강조하는 것이었으며, 이 바람에 히브리-기독교 전통만이 갖고 있는 특별하거나 독특한 것, 더 나아가 유일무이한 것을 간파하지 못하는 대가를 치러야 했다. 하지만 이는 **원칙상** 종교사학파의 접근법을 비판하는 말은 아니다. 역사가는 히브리-기독교 전통에서 독특한 요소들을 발견하더라도 "이런 독특한 요소를…종교적 체험에서 보통 나타나는 현상에 비춰, 그리고 종교사 특히 고대 근동의 종교사와 관련지어 이해해야 한다."[142]

우리가 네 번째로 주목해야 할 판넨베르크와 트뢸취의 차이점은 판넨베르크의 사상이 전통 전달에 부여하는 역할이다. 트뢸취는 전통이라는 말을 사실상 나쁜 말로 여기면서 전통은 늘 의심을 품고 바라봐야 한다고 생각했는데, 이는 그가 살던 시대의 맥락을 살펴보면 이해할 수 있는 일이다. 트뢸취

---

140 A. B. gibson, *Theism and Empiricism* (S.C.M., London, 1970), p. 268.
141 W. Pannenberg, *B.Q.T.* I, p. 48.
142 W. Pannenberg, "The Revelation of God in Jesus of Nazareth" in *New Frontiers Theology: 3*, p. 105.

가 이렇게 생각한 이유는 그가 19세기 역사 서술에서 표방한 비판 정신을 역사 중심 사고의 커다란 약진으로 보았기 때문이다. 19세기 역사 서술에서는 전통을 액면 가치 그대로 받아들일 수 없는 것으로 보았다. 판넨베르크는 물론 이 점을 인정하지만, 그래도 그는 전통이라는 관념을 아주 좋은 의미로 받아들인다. 판넨베르크가 『역사인 계시』(Revelation as History, Offenbarung als Geschichte)에서 쓴 내용을 보면, 사람들의 역사에 포함된 사건들은 "사람들이 살아가는 전통 및 기대와 연관 짓지 않으면 아무런 의미도 갖지 못한다. 역사 사건들은 그 나름의 언어, 사실들을 전하는 언어를 이야기한다. 하지만 이 언어는 발생한 사건들이 자리한 전통과 기대라는 맥락에서 비로소 이해할 수 있다."[143]

다시 말하지만, 판넨베르크는 바로 여기서 실증주의가 해석과 분리하여 제시하는 '엄연한 사실'(brute facts)이라는 관념뿐 아니라 불트만이 전해 받아 결국 사실과 해석을 예리하게 구분하고 해석이라는 측면에만 신학적 가치를 부여하게 만들었던 신칸트주의의 이원론을 공격한다. 있는 그대로의 사실이 발생하고 이스라엘이나 원시 교회에서 이 사실에 '신앙적' 해석을 덧붙였다는 주장은 옳지 않다. 사람들은 늘 사실을 그 사실이 의미를 가지는 맥락 속에서 경험한다.[144] 이 '맥락'은 이스라엘이나 신약 교회의 **사상** 또는 **신학**, 심지어 (나인햄이 쓸 법한 말인) **문화관**에 의해 형성되며, **이스라엘이나 신약 교회를 에워싸고 있는 역사 사건들**에 의해 형성되기도 한다. 전통은 단순히 사상과 문화의 한 부분에 그치지 않고, 판넨베르크의 말대로 "말씀과 사건을…서로 엮어 준다."[145] 예를 들어, 선지자들의 약속이라는 맥락을 살펴보면 "**사건이 말씀보다 앞서 일어나고 말씀은 사건에 새로운 의미와 새로운 기준을 부여하는**

---

[143] W. Pannenberg (ed.), *Revelation as History* (Eng. Sheed and Ward, London, 1969), pp. 152-153. 『역사로서의 계시』(대한기독교서회).
[144] 참고. A. D. Galloway, *Wolfhart Pannenberg* (Allen and Unwin, London, 1973), pp. 35-59.
[145] W. Pannenberg, "The Revelation of God in Jesus of Nazareth" in *New Frontiers Theology: 3*, p. 120.

일이 되풀이되었다."¹⁴⁶

이것은 역사 이해에 급격한 변화가 일어날 것을 암시한다. 예를 들면, 이것은 예수 그리스도의 부활을 단순히 현대의 해석자나 역사가의 일상 경험을 유추하여 바라보고 이해할 게 아니라, 부활 사건의 역사 맥락을 구성하는 묵시 전통이라는 배경에 비춰 바라보고 이해해야 한다는 뜻이다. A. D. 갤러웨이(Galloway)는 이 원리가 앞서 우리가 역사의 새로움과 관련하여 살펴본 점과 어떻게 연결되어 있는지 보여 준다. 판넨베르크는 흘러가는 인간사 속에서 새로운 것을 만들어 내시는 하나님의 능력 속에 하나님의 초월성이 존재한다고 본다. 하지만 갤러웨이가 말하듯이, "**의미 있는 새로움**은 단순히 푸른 하늘에서 갑자기 떨어지는 벼락이 아니라 이전에 있었던 것 및 이후에 오는 것과 적극 관련을 맺고 있는 것이다. 그 새로움은 과거를 새로운 각도에서 조명해 주며 미래를 향한 새로운 질문을 남겨 놓는다."¹⁴⁷ "따라서 역사 자체가 전통을 형성하며, 이 전통은 사람들이 새로운 사건을 하나하나 경험하는 맥락을 제공한다."¹⁴⁸

결국 이런 의미에서 보면, 과거사의 전통과 관련하여 문화의 상대성 문제에만 몰두했던 트뢸취 같은 저술가가 내놓은 것보다 더 객관성을 지닌 무언가가 나온 셈이다. 전통은 단지 역사 사실을 '바르게' 바라보는 방법을 감추는 데 사용했다가 버릴 수 있는 일회용 문화 포장지가 아니다. 전통을 그런 포장지라고 주장하는 것은 의미가 사건과 별개일 수 있음을, 또는 있는 그대로의 사건이나 엄연한 사실을 전통과 분리하여 재해석할 수 있음을 암시하는 것이다. 사상뿐 아니라 사건도 전통을 형성한다. 비트겐슈타인의 언어 게임처럼, 전통은 "언어 및 이 언어와 결합한 행위로 이루어진 하나의 총체"¹⁴⁹를 이룬다. 판넨베르크는 (트뢸취처럼) 역사가를 위한 사실만 따로 분리해 내고 의미는 그

---

146 *Ibid*. 티슬턴 강조.
147 A. D. Galloway, *Wolfhart Pannenberg*, p. 55. 갤러웨이 강조.
148 *Ibid*., p. 57.
149 L. Wittgenstein, *P.I.*, sect 7.

저 상대성을 지닌 것으로 여기는 이원론, 혹은 (켈러와 불트만처럼) 신학자를 위한 의미만 따로 분리해 내고 사실은 말 그대로 상대성을 지닌 것으로 여기는 이원론을 받아들이길 거부한다. 판넨베르크는 전통의 전체성이 갈기갈기 찢기고 사실이나 해석이 증발하여 사라져 버리는 것을 용납하지 않는다.

다섯째, 판넨베르크는 하나님이 세상에 개입하심을 받아들이는 것과 같은 믿음을 종교와 신학의 문제로 여기기보다 단지 문화에 따른 상대적 문제일 뿐이라고 보는 가설을 거부한다. 판넨베르크는 성경 전통과 기독교 전통 속에 존재하는 신화를 다룬 그의 긴 논문에서 하나님이 이 세상 사건에 개입하심을 믿는 믿음이 "비교종교학에서 말하는 의미의 신화가 아닌 것을 포함하여 세계를 신앙의 관점으로 파악하는 모든 이해의 근본"이라고 강조한다.[150] 그는 덧붙여 이런 믿음이 물리적 우주 속의 자연법칙에 대한 현대의 태도 및 관심과 결코 충돌하지 않는다고 말한다. 트뢸취는 문화와 역사의 상대성이라는 관점에서 시작하여 상대주의 시각으로 그리스도이신 예수를 바라보는 견해로 나아갔지만, 판넨베르크의 접근법은 완전히 다르다. "역사에서 유일무이한 것은 어쩌면 신화에서 나왔을 수도 있는 것만큼 멀리 있다.…성육신이라는 테마는 기독교 신학이 완전히 신화와 같은 것이 되지 않게 막아 주었다."[151] 지금은 이 점을 더 깊이 살펴보는 일을 유보하겠다. 불트만의 비신화화 프로그램을 다룰 때 다시 살펴봐야 하기 때문이다.

마지막으로 여섯째, 어떤 의미에서 보면 판넨베르크는 역사와 역사가의 상대성을 딜타이와 트뢸취가 강조하는 식으로 받아들인다. 그러면서도 그는 전체 역사라는 개념과 기독교의 종말론을 연계함으로써 그 쟁점에 특별한 변화를 준다. 판넨베르크는 "사람을 해방시키는 마지막 단계는 모든 역사 현상과 인간 조건 혹은 사회 조건이 유한하다는, 그리고 모든 종류의 신앙이 상대적이라는 역사의식이다"라는 딜타이의 말을 인용한다.[152] 그러나 의미를 어떤 식

---

150 W. Pannenberg, *B.Q.T.* III, p. 14.
151 *Ibid.*, pp. 71 and 73.

으로든 전체와 연계할 수 없다면 해석학과 역사 이해는 불가능할 것이다. 판넨베르크는 그 이유를 이렇게 썼다. "개개 인간이 자신의 전체를 구성하는 의미를 오로지 모든 것을 아우르는 총체와 관련지어 받아들이기 때문이다."[153] 그는 묵시 전통이 하나님의 신성을 아는 지식이 "더 이상…단일 사건에서" 나오지 않고 "이전의 모든 단일 사건을 하나의 단일 역사로 통합할 수 있는 한 최종 사건에서" 나오리라는 기대를 세워 주었다고 생각한다. 이 최종 사건은 "역사를 전체로 묶어 주는 마지막 사건이자 종말의 사건"일 것이다.[154] 신약성경 저자들은, 하나님이 예수 그리스도 안에서 계시하시는 것이 비록 예표이자 잠정적 사건이라 하더라도 마지막 때의 사건으로 본다. 이 계시는 오직 잠정적 의미만을 가진 마지막 때의 사건이기 때문에 역사의 상대성이라는 문제를 막지는 못한다. 그러나 이 계시는 해석학의 기초를 제공한다. 따라서, 한편으로 "역사가 흘러가는 도중에 장차 임하리라 예상되는 역사의 종말은 역사를 제거하지 않으며, 사실은 역사 전체를 이해할 수 있게 해 주는 기초를 형성한다."[155] 그 반면에, "하지만 이것은 세계사라는 드라마를 특등 관람석에서 내려다보는 것처럼 보게 해 주지는 못한다. 여기에는 고린도후서 5:7이 적용된다. '이는 우리가 믿음으로 행하고 보는 것으로 행하지 아니함이로라.'"[156]

판넨베르크는 헤겔을 존경하면서도, 헤겔이 세계를 이를테면 종말의 관점에서 바라보려 했던 자신의 시도에 담긴 잠정적 성질을 간과했다는 견해를 받아들인다. 이런 점에서, 헤겔 철학은 미래를 배제하려는 시도와 관련이 있다. 트뢸취는 신선한 발견이 있으면 모든 역사 지식에 의문을 제기할 수 있음을 인정했는데, 이 점에서는 트뢸취가 헤겔보다 더 적절했다. 이 때문에 판넨

---

[152] W. Pannenberg, *B.Q.T.* I, p. 34.
[153] *Ibid.*, p. 164.
[154] W. Pannenberg, "The Revelation of God in Jesus of Nazareth" in *New Frontiers Theology: 3*, p. 122.
[155] W. Pannenberg, *B.Q.T.* I, pp. 36-37.
[156] *Ibid.*, p. 37.

베르크는 "진리란 무엇인가?"(What is Truth?)라는 제목을 붙인 그의 논문에서 이렇게 주장한다. "사실 예수는 이스라엘의 하나님이 모든 사람의 하나님으로 나타나신 궁극의 계시이지만, 예수의 행위가 지닌 예표성은 우리가 미래의 개방성을 인정하는 근거가 된다.…미래의 개방성은—헤겔을 반대하면서—우리 현실을 구성하며 현실에 속해 있다."[157] 하지만 판넨베르크는 이렇게 말하면서도 해석학의 본질에 관한 자신의 이해를 헤겔에게서 가져온다. 그렇게 보는 이유는 그가 같은 논문에 쓴 이러한 내용이다. "전체를 알려 주는 진리는 역사의 끝에 가서야 비로소 알 수 있다는 헤겔의 논지는 두 가지 점에서 성경의 진리 이해와 비슷하다. 첫째, 진리 자체가 언제나 불변하지는 않다고 이해한다는 점에서…둘째, 모순이 가득한 상태로 계속 진행해 가는 역사 과정의 통일성은 **역사 과정 속에 있는 모든 개별 순간의 참된 의미와** 더불어 밝히 드러날 것이며, 이는 **역사의 끝에서 바라볼 때 비로소** 가능하다고 주장한다는 점에서 그러하다."[158] 판넨베르크는 헤겔의 역사철학이 그 기본은 옳지만, 실제로 역사의 끝에 서려는 헤겔의 시도는 "헤겔을 상대로 누군가가 들어야 할 반기를 헤겔 자신이 든 일로서 온 세상이 놀랄 일"[159]이라고 생각한다.

결국 판넨베르크는 이 모든 내용을 살펴본 뒤, 슐라이어마허와 딜타이의 해석학도 트뢸취의 역사 실증주의 못지않게 보편사, 곧 하나님이 예수 그리스도 안에서 하신 행위와 어떻게든 연계할 필요가 있는 역사를 제대로 인식하지 못하고 상대주의로 빠진다는 결론을 내린다. 부분 이해는 전체 이해를 전제로 하는데, 이는 "전체를 아는 지식만이 부분이 실제로 가질 만한 의미를 설명해 줄 수 있기" 때문이다. "그 때문에 역사 전체에 다가가지 못한다는 이해는 상대주의라는 막다른 골목으로 이어진다."[160] 그래서 판넨베르크는 이 점에서 "철학적 성찰은 늘 신앙적 기초를 전제한다"는 결론에 이른다.[161] 하지만

---

[157] W. Pannenberg, *B.Q.T.* II, p. 25.
[158] *Ibid.*, p. 22. 티슬턴 강조.
[159] *Ibid.*
[160] W. Pannenberg, *B.Q.T.* I, p. 164.

이 말을 기독교 신앙 행위를 통해 역사 연구를 중단시켜야 한다는 뜻으로 받아들여서는 안 된다. 역사 연구의 본질을 바로 이해한다고 보면, 이미 언급했다시피 이 점에서 판넨베르크는 켈러보다 트뢸취에 더 가깝다. A. D. 갤러웨이는 판넨베르크의 견해를 짧은 네 문장으로 명쾌하게 제시한다. 갤러웨이는 이렇게 말한다. "단지 개연성 있는 지식도 심리학의 관점에서는 신뢰할 만한 신앙의 확실성과 양립할 수 있다.…이런 신뢰를 단지 개연성 있는 지식과 조화시킨다 하여 그것을 비논리적이거나 비합리적이라고 할 수 없다.…이것은 신앙을 지식과 무관한 것으로 만드는 일이 아니다. 믿음을 위한 합리적 근거가 없는 신뢰는 그야말로 무책임에 불과할 것이다."[162]

결국 판넨베르크는 어떤 **선험적** 신앙을 엄격한 역사 연구를 회피하는 방편으로 여기지 않는다. 오히려 그 반대다. 하나님은 온 세계의 하나님이지 이스라엘과 교회만의 하나님이 아니기 때문에, 신앙은 구원사만이 아니라 세계사와 관련이 있다. 하지만 결국 그는 신학과 관계없이 해석학과 역사라는 문제에 대답하려고 시도하지 않는다. 그는 이렇게 결론짓는다. "모든 사상이 가진 잠정성과 역사의 상대성을 손상하지 않은 채, 또한 자신을 단지 종착점을 향해 나아가는 존재요 아직 종착점에 이르지 못한 이로 아는 사상가가 미래를 향해 보이는 개방성을 손상하지 않은 채 실재 '전체'와 그 전체의 의미를 인식할 수 있는 방법은 무엇이냐는 질문에 제시할 대답을 예수의 역사 속에서 찾을 수 있다."[163]

트뢸취나 나인햄이 과거의 과거성과 관련하여 자신들이 제기한 문제에 판넨베르크가 정말 대답을 제시한다고 느낄지는 의문이다. 하지만 판넨베르크가 결국 해석학과 역사에 관한 질문은 신학을 참고해야 제대로 대답할 수 있다고 믿는다 할지라도, 이는 그가 기독교 신앙에서만 나올 수 있는 선험적 내용

---

161 *Ibid.*, p. 174.
162 A. D. Galloway, *Wolfhart Pannenberg*, p. 48.
163 W. Pannenberg, *B.Q.T.* I, p. 181.

을 가지고 논의를 시작하기 때문이 아니다. 판넨베르크는 딜타이와 트뢸취의 작업을 그들의 주장을 따라 철학 체계 혹은 역사 이해로서 검토한 뒤, 그들이 제기하는 질문에는 사실 철학과 역사학 차원의 대답뿐 아니라 신학의 대답도 **필요하다**고 확신한다. 이런 점을 보면, 여기엔 그가 "아래로부터의" 기독론을 충실히 표명한 『예수: 하나님이자 사람』에서 사용한 방법의 방향과 유사한 점이 있는 것 같다.[164]

판넨베르크의 작업은 이 연구에서 세 가지 중요한 의미가 있다. 첫째, 판넨베르크는 트뢸취의 접근법이 결국 신학적으로 중립이 아님을 보여 준다. 트뢸취의 접근법은 '현대의' 역사 이해라는 가면을 쓰고 몰래 침투한 실증주의 형이상학을 에둘러 암시하기 때문이다. 둘째, 판넨베르크는 또한 루돌프 불트만의 해석학과 많은 케리그마 신학 뒤편에 자리한 것으로서 사실과 가치를 구분하는 신칸트주의의 이원론을 거부한다. 이 점은 불트만의 접근법을 살펴볼 때 다시 다뤄 보겠다. 셋째, 판넨베르크는 신학의 여러 고찰을 충실히 참고하지 않고도 역사와 해석학에 관한 쟁점을 논할 수 있다는 가설에 의문을 제기했다. 이 주제는 이어지는 장에서 다뤄 보겠다.

옮긴이 주

[1] 철혈 재상이라는 별명을 가졌던 오토 폰 비스마르크(1815-1898)는 프로이센 재상이 되어 강력한 부국강병 정책으로 국력을 기른 뒤, 1866년에 독일 연방 안에서 라이벌로 대립하던 오스트리아를 격파하고 1870년 보불 전쟁에서 프랑스마저 격파하여 독일 통일을 가로막는 세력을 제거했다. 그 결과 1871년에 통일 독일 제국이 세워졌고, 비스마르크는 이 통일 제국의 재상이 되어 독일을 영국, 프랑스, 러시아와 자웅을 겨루는 유럽의 강대국으로 발전시켰다.

---

164 W. Pannenberg, *Jesus—God and Man*, pp. 33-37.

4장

해석학과 신학:
해석학의 정당성과 필요성

11. 하나님 말씀과 성령

독일과 미국은 영국보다 더 빈번히 신약 해석학에 관한 질문을 분명 신학적 성격을 띤 하나님 말씀에 관한 교리와 연계하는 것 같다. 이는 해석학의 절박함과 가치, 정당성에 관한 결론에 상반된 두 가지 영향을 주었다. 대다수 경우에 이 경향은 해석학과 사상, 해석학과 삶의 관련성을 긍정하는 평가로 이어진다. 루돌프 불트만, 에른스트 푹스, 로버트 펑크, 월터 윙크의 저작은 이 긍정적 접근법을 보여 준다. 하지만 소수 저술가는 신학적 고찰을 해석학의 적실성과 정당성을 비판하는 출발점으로 활용한다. 이런 저술가들은 때로 성령 교리를 원용하여 해석학이 불필요할뿐더러 심지어 잘못된 것이라고 주장한다. 해석학은 하나님이 하실 일을 사람이 행하려는 시도라는 게 그 이유다. 같은 쪽에서 나온 다른 주장들은 하나님 말씀을 받아들여 내 것으로 삼을 때 신앙이 행하는 독특한 역할, 하나님의 진리는 '시간을 초월한다'는 관념, 메시지를 끝까지 관철할 수 있는 하나님 말씀의 고유한 능력, 전이해라는 문제를 받아들이면 인간 중심의 시각을 갖게 될 수밖에 없다는 생각을 내세운다. 해석학을 좋지 않게 보는 이 주장들을 간단히 살펴보겠다.

하지만 우선 대다수 저술가들은 신학 요소들이 해석학 과업의 적실성과 긴급성만을 알려 주는 데 기여한다고만 여긴다는 점을 지적할 필요가 있다. 에른스트 푹스는 자신의 신약 연구 작업과 기독교 선포의 필요성을 분명히 연계한다. 그는 이렇게 묻는다. "나중에 우리가 강단에서 우리 앞에 있는 본문을 제시하길 원한다면 책상에서 무엇을 해야 하는가?"[1] 푹스는 다른 곳에서 이렇게 단언한다. "본문은 하나님을 선포할 때 해석된다."[2] 푹스는 『해석학』(Hermeneutik) 마지막 쪽에서 불트만의 작업을 다룬 논의를 이런 말로 끝맺는다. "이제 이 모든 것 속에 들어 있는 이론을 끝장내야 한다.…우리 모두 이론을 버리자."[3] 사람들이 종종 푹스와 긴밀하게 관련짓는 신학자 게르하르트 에벨링이 이 점과 관련하여 비슷한 관점을 표명한 것은 놀랄 일이 아니다. 에벨링은 "선포를 생각하지 않고" 만들어 낸 모든 해석학 이론을 비판한다.[4]

미국의 신약학자 월터 윙크는 근래 펴낸 작은 책 『인간을 바꿔 놓는 성경』(Bible in Human Transformation)에서 많은 신약학자가 전문가주의에 빠져 있다며 이를 날카롭게 비판한다. 그는 전문가주의 때문에 많은 신약학자가 가장 중요한 해석학 쟁점들을 피하게 되었다고 생각한다. 그는 살아 있는 교회의 사람들이 아니라 전문 학자 집단이 신약성경 해석의 준거 공동체가 되었다고 불만을 토로한다.[5] 윙크는 일상에서 실제 문제에 부닥치며 살아가는 보통 사람들을 위해 보통 사람들이 쓴 것이 성경이라고 주장한다. 그러나 학자는 '성경의 관심사와…동떨어져 있는' 경우가 아주 많다. 윙크는 키르케고르를 떠올려 주는 문체로 이렇게 단언한다. "그는 성경을 검증하지만 자신은 누구에게도 검증받지 않는다. 오직 그와 같은 학자 집단의 동료에게만 검증을 받는다."[6] 일부 논평자는 윙크가 특히 자신의 주장을 자주 과장한다며 그를 적

---

1 E. Fuchs, *S.H.J.*, p. 8.
2 E. Fuchs, "The New Testament and the Hermeneutical Problem" in J. M. Robinson and J. B. Cobb, Jr. (eds.), *N.H.*, p. 141.
3 E. Fuchs, *Herm.*, p. 281.
4 G. Ebeling, *W.F.*, p. 312.
5 W. Wink, *The Bible in Human Translation*, pp. 8-11; 참고. pp. 1-15.
6 *Ibid.*, p. 4.

대시했다. 예를 들어, 윙크는 이렇게 썼다. "대학의 성서학이 내놓은 연구 결과는 훈련된 무능력으로, 실제로 일상을 살아가는 사람들이 부닥치는 진짜 문제는 다루지 못한다."[7] 하지만 윙크가 편협한 신학이나 근본주의 신학을 근거 삼아 이런 책을 쓴 것은 아님을 강조할 필요가 있다. 실제로 그는 성서비평이 자기 위치에서 훌륭한 역할을 한다는 주장을 조심스럽게 제시한다. 윙크는 어떤 특별한 점을 강조하는 데 관심을 기울이며, 모을 수 있는 힘을 다 모아 그 일을 수행한다. 전체를 놓고 보면, 윙크의 책은 신약 해석학에 귀중한 기여를 한다.

로버트 펑크는 세계적 명성을 얻은 신약학자로서 저술 활동을 펼치면서, 기독교 신학은 물론 언어 및 이해에 관하여 사람들이 제시하는 더 폭넓은 질문을 신약 해석학과 연계하여 다룬다. 그는 해석학 문제가 언어의 위기와 어느 정도 관련이 있다고 주장한다. 그는 이 점에서 에벨링과 관심사를 공유하나, 하이데거가 제시하는 관점에서 보면 그 관심도는 덜하다. 펑크는 또한 반 뷰렌과 옥든(Ogden)의 접근법을 논한다. 펑크가 똑같이 중요시하는 또 다른 문제는 신약성경을 연구할 때 사용하는 역사비평 방법이 "해석자의 한계와 편향성을 고려하지 않았다"는 점이다.[8] 그러나 그가 이 문제를 두고 내린 진단 중 가장 심각한 부분은 신학과 관련된 내용이다. 어이없게도, 하나님 말씀을 "주해자가 정밀 조사 대상으로 삼을 수 있는 것"쯤으로 여기는 그릇된 가정이 신약 해석학을 빈번히 망쳐 놓는다.[9] 이것은 "현대의 고질병, 곧 인간이야말로 하나님 말씀을 포함한 만물이 복종해야 할 주체라는 가정"의 일부분이다. "하나님 말씀은…심판 대상이 아니다."[10]

이는 곧 인식론에 관한 철학적 질문과 관련이 있다. 그 질문은 신약성경 본문을 이해하는 해석 과정이 데카르트가 제안한 인식론 모델, 곧 능동적 주체

---

7 *Ibid.*, p. 6.
8 R. W. Funk, *Language, Hermeneutic and Word of God*, p. 10.
9 *Ibid.*, p. 11.
10 *Ibid.*

인 내가 수동적 객체인 세계를 살펴보면서 만물을 주체-객체 도식에 비추어 면밀히 조사한다고 보는 모델과 조화를 이룰 수 있는지 묻는다.[11] 신학 관점에서 보면, 성경 본문의 주제는 단순히 수동적 객체가 아니며, 오히려 주체로서 객체인 해석자에게 거꾸로 말을 건넨다고 말할 수 있다. 이것은 가다머, 그리고 특히 푹스와 에벨링의 연구 작업과 관련지어 논의할 주제 가운데 하나이며, 칼 바르트가 주창하는 하나님 말씀의 신학과도 관련이 있다. 하지만 여기서는, 기존 신약학자가 이런 질문을 제기하는 것은 성경 기록에 다가가는 그의 접근법이 하나님 말씀에 관한 교리를 둘러싼 더 방대한 신학 질문과 분리되어 있지 않기 때문임을 강조하고자 한다.

세 장에 걸쳐 불트만의 해석학을 다룬 내용을 살펴보면 계시와 신앙의 본질, 하나님에 관한 이야기를 다루는 불트만 자신의 신학적 확신이 이 주제에 다가가는 그의 접근법을 형성한 가장 중요한 요인임이 분명히 드러날 것이다. 저술가 데이비드 케언스는 불트만이 비신화화를 주창하며 내놓은 제안들을 하이데거 철학과 관련지어 살펴볼 뿐 아니라, 비신화화가 기독교 설교자에게 던지는 도전이라는 관점에서도 살펴본다. 케언스의 책에는 "설교, 신학, 철학", "신화적 사고와 설교자", "이것이 설교하는가?"라는 제목이 붙은 장이 있다.[12] 그는 특히 불트만의 설교에 주목하면서, 급진성을 띤 불트만의 비신화화 프로그램이 과연 "그가 사용하는 언어에서 뿜어 나오는 복음 전도의 열의에 정당성을 부여하는지" 질문을 던진다.[13] 그는 불트만이 하이데거 사상을 사용하는 것을 신랄하게 비판하면서도, 불트만이 해석학을 수행하는 기본 동인은 바로 불트만이 기독교의 선포에 기울이는 관심이라는 점은 의심하지 않는다.

---

11 *Ibid.* 펑크는 이렇게 평한다. "이 놀라운 통찰 덕분에 현대 성서비평이 처음 나왔을 때부터 이 비평을 지배해 왔던 해석자와 본문 사이의 흐름의 방향이 뒤집어졌으며, 이제 사람들은 전통적 의미의 해석학을 하나님이 본문이라는 매개체를 통해 사람에게 말씀하시게 하려는 노력을 뜻하는 해석학으로 달리 이해하게 되었다." 참고. J. M. Robinson, "Hermeneutic Since Barth" in *N.H.*, pp. 23-24 and 55-58.
12 D. Cairns, *A Gospel Without Myth?*, pp. 15-33, 81-93, and 164-195.
13 *Ibid.*, p. 180.

기독교 신학의 관점에서, 사실은 하나님 말씀에 관한 교리의 관점에서 성경을 해석하는 접근법을 취한 덕분에 해석학의 정당성을 긍정적으로 평가하게 된 학자들을 더 언급할 수 있을 것이다. 그런 학자가 쓴 책으로, 예컨대 제임스 스마트가 쓴 『교회 안에서 벌어지는 성경의 이상한 침묵』(Strange Silence of the Bible in the Church)과 그가 그 전에 성경 해석을 다룬 책을 들 수 있을 것이다. 스마트는 그의 두 번째 책에서 해석학과 설교의 관계에 관심을 보인다.[14] 하지만 이제는 사람들이 때로 신학적 고찰을 근거로 해석학의 정당성을 문제 삼고자 제기하는 부정적 주장들을 살펴봐야 한다.

우선, 사람과 하나님 말씀 사이에는 이미 자연스러운 접촉점이 존재하지 않기 때문에, 이런 불연속성은 해석학이 아니라 성령의 역사만이 해결할 수 있으며 또 그래야 한다는 주장이 가끔씩 있다. 이런 불연속성 원리를 다룬 고전적 설명 가운데 하나가 『하나님 말씀과 사람의 말』(The Word of God and the Word of Man, Das Wort Gottes und die Theologie)이라는 제목으로 번역된 칼 바르트의 초기 저작 속에 나온다. 바르트는 "성경 속의 이상한 신세계"(The Strange New World within the Bible, Die neue Welt in der Bibel)라는 제목을 붙인 논문에서 이 세계를 새 삶으로 묘사하면서 이렇게 설명한다. "누구도 이 삶을 배우거나 모방하지 못한다.···다만 자신 속에서 이 삶이 살게, 자라게, 무르익게 할 수 있을 뿐이다. 사람은 다만 믿거나···믿지 않을 수 있을 뿐이다. 세 번째 길은 없다."[15] 성경과 인간의 이해 사이에 존재하는 간극은 인간의 이해와 하나님 사이에 존재하는 간극 못지않다. "성경의 내용을 형성한 것은 하나님에 관한 인간의 올바른 생각이 아니라 인간에 관한 하나님의 올바른 생각이기" 때문이다.[16]

---

[14] J. D. Smart, *The Strange Silence of the Bible in the Church: A Study in Hermeneutics* (S.C.M., London, 1970), pp. 28-38. 『왜 성서가 교회 안에서 침묵을 지키는가』(컨콜디아사).

[15] K. Barth, *The Word of God and the Word of Man* (Eng. Hodder and Stoughton, London, 1928), p. 41.

[16] Ibid., p. 43.

바르트는 이런 불연속성 원리를 그가 쓴 『교회교의학』(Church Dogmatics, Die Kirchliche Dogmatik), 그중에서도 특히 하나님 말씀에 관한 교리를 다룬 부분에서 강조한다. 바르트는 고린도후서 3:14-18과 고린도전서 2:6-16 같은 본문을 근거로 삼아 그의 주장을 제시한 다음, 성경의 주제는 "오직 영으로, 곧 성령의 역사에 근거하여" 알 수 있다는 결론을 내린다.[17] 아울러 바르트는 루터와 종교개혁자들에 호소하며 "성령이 주신 성경 말씀을 하나님 말씀으로 인식할 수 있는 것은 오로지 성령의 역사가…그 말씀을 읽는 자나 듣는 자에게 사건이 되기 때문이다. 하나님 자신으로 말미암지 않으면 달리 어떤 방법으로 하나님을 인식할 수 있겠는가?"[1]라는 교리를 제시한다.[18] 따라서 "하나님 말씀이라는 사건이 연속된 일이 아니라 우리가 아는 다른 모든 사건의 종착점"이라 할지라도, "하나님의 행위가 없다면…우리는 아마 하나님 말씀을 이해하지 못할 것이다."[19][2] 하나님 말씀이라는 사건은 인간의 모든 생각 및 경험과 연속성이 없을뿐더러 이와 철저히 별개로 존재한다. 결국 "하나님 말씀의 임재가 경험이 아닌 이유는 바로 그 말씀의 임재가 우리에 대한 하나님의 결단이기 때문이다."[20]

바르트의 출발점은 바울 신학 및 요한 신학의 견해와 일치한다. 성령은 하나님 말씀을 사람들에게 해석하면서 적극 활동하신다. 하지만 바르트는 슐라이어마허와 리츨이 신앙 경험을 강조한 것을 비판하며 주권자이신 하나님의 초월성을 강조한다. 이 바람에 그는 자신의 출발점을 넘어 밖으로 나가고 말았으며, 그래서 성령이 하나님 말씀을 전해 주시는 일은 종종 인간이 보통 겪는 모든 이해 과정과 어쨌든 별개임을 암시하는 것처럼 보이는 결과를 낳았다. 따라서 바르트와 불트만이 바르트의 유명한 논문 "루돌프 불트만: 그를 이

---

17 K. Barth, *Church Dogmatics* I/2 (Eng. Clark, Edinburgh, 1956), p. 516. 『교회교의학』(대한기독교서회).
18 *Ibid.*, p. 521.
19 *Ibid.*, pp. 527 and 528.
20 *Ibid.*, p. 532.

해하려는 시도"(Rudolf Bultmann—An Attempt to Understand Him)에서 정면충돌하는 모습을 보인 것은 놀랍지 않다.[21] 바르트는 이렇게 말한다. "이 하나님 말씀이 **인간의 모든 본성적 이해력을 거스른다**고 볼 때 비로소 이 말씀이 진리와 실재로서 인간을 만나 깨우칠 수 있다."[22] 바르트는 자신이 성경을 "이런저런 철학"에 묶어 놓은 이집트의 사슬에서 해방시키려 했다고 주장한다. 이 철학들은 "성령이 우리에게 하나님 말씀이라며 말해 줄 수 있는 것이 무엇인지 가르치려" 했다. 그러나 "불트만은 우리 길을 버리고 다시 이 옛길로 돌아갔다."[23]

하지만 비록 '정면충돌'이라는 말을 쓰긴 했어도, 사실은 바르트와 불트만이 같은 쟁점을 말하고 있지 않나 하는 의문이 든다. H.-W. 바르취(Bartsch)는 G. 글뢰게(Gloege)가 내린 판단을 정확히 일러 줌으로써 도움을 준다. 글뢰게는 바르트의 불트만 비판의 핵심에 자리한 오해가 "존재 중심(ontic) 접근법과 인식 중심(noetic) 접근법, 그리고 두 접근법이 각각 암시하는 관점을 혼동하여 생겼다고" 판단한다.[24] 글뢰게가 강조하는 점은 아주 중요하므로, 그의 말을 통째로 인용해도 되겠다. 그는 이렇게 썼다. "이해 문제(곧 해석학), 지식에 관한 질문은 알려진 대상에 관한 질문보다 앞선다는 불트만의 말은 확실히 옳다. 하지만 그 말이 알려진 대상에 관한 질문이 지식에 관한 질문의 기초와 구조를 제공한다는 것을 부인한다는 뜻은 아니다. 사실 불트만이 한 말도 대상에 관한 질문이 지식에 관한 질문의 기초와 구조를 제공한다고 가정한다."[25] 바르트가 보존하기 원하는 신학적 가치에는 공감한다. 그러나 바르트는 이 일을 하는 데 불필요한 대가를 치렀다. 성령은 인간이 보통 겪는 이해 과정을 **통해** 일하시지 그런 과정과 상관없이 혹은 반대로 일하시지는 않는다

---

21 K. Barth, "Rudolf Bultmann—An Attempt to Understand Him" in *K.M.* II, pp. 83-132.
22 *Ibid.*, p. 123. 티슬턴 강조.
23 *Ibid.*, p. 127.
24 H. W. Bartsch, *K.M.* II, p. 31.
25 *Ibid.*, G. Gloege, *Mythologie und Luthertum*, p. 89에서 인용.

고 말한다 하여 성령이 하시는 역할의 확고한 중요성이 줄어드는 건 아니라고 보는 것이 많은 학자의 견해이며, 다른 부분에서는 바르트의 입장을 두루 지지하는 일부 학자도 이러한 견해를 가지고 있다.

존 맥쿼리는 신학의 관점에서 제기하는 이 특별한 해석학 비판을 바르트뿐 아니라 헬무트 틸리케와도 관련지어 꼼꼼히 살펴본다.[26] 맥쿼리는 성령의 역할에 관한 이런 식의 생각은 성령을 하나님과 인간 맞은편에 서 있는 신비한 제3의 존재로 만드는 경향이 있다고 말한다. 하지만 "성령은 우리에게 말씀하시는 하나님이시지, 우리 사이를 이어 주는 중개자가 아니다."[27] 성경 저자들이나 기독교 신학자들이 성령의 증언을 이야기할 때, 이는 하나님 말씀을 전달하는 어떤 **추가** 수단을 일러 주려는 게 아니라, 인간의 언어로 인간이 이해할 수 있게 전달된 메시지가 하나님 말씀으로서 인간에게 말한다는 것을 일러 주려는 것이다.[28] 바울 신학에서는, 예컨대 성령이 그리스도인에게서 "아빠 아버지"(롬 8:15, 16)라는 반응을 불러내는 경우처럼 성령을 하나님 맞은편에 서 계신 분으로 가끔 묘사하는데, 이런 지적이 맥쿼리의 논증을 무효로 만들지는 않을 것이다. 프로스퍼 그렉이 표현하는 것처럼 이러한 성령 묘사는, 해석학 맥락에서 성령은 기계 장치를 타고 나타난 하나님이라는 원리에 근거하여 활동한다고 말하는 어떤 주장과도 무관하기 때문이다.[29]

하인리히 오트와 볼프하르트 판넨베르크도 성령의 역사를 이렇게 기계 장치를 타고 나타난 하나님의 활동으로 보는 견해를 거부한다. 오트는 "우리는 이해라는 문제에 그리 큰 관심을 갖지 말아야 한다. 성령이 메시지를 확실히 이해시켜 주시기 때문이다"라는 반론을 검토한다. "이 '경건한' 반론은 해석학 문제를 중요하지 않은 문제로 만들려고 고안한 것인데도 아주 인기가 있다."[30] 오트는 이런 반론이 쟁점을 제대로 파악하지 못한 "수준 낮은 정통"에 근거한

---

26 J. Macquarrie, *The Scope of Demythologizing*, pp. 48-53.
27 *Ibid.*, p. 50.
28 *Ibid.*
29 P. Grech, "The 'Testimonia' and Modern Hermeneutics" in *N.T.S.* XIX, p. 324.

것이라며 이렇게 대답한다. "우리는 하나님을 기계 장치를 타고 나타난 하나님으로 떨어뜨리지 말아야 한다. 사실…이해 개념 자체를 올바로 이해하면, 이 개념을 다룰 때 성령의 증언을 충실히 고려한다."[31]

볼프하르트 판넨베르크는 진리와 논증의 역할에 관하여 더 폭넓은 질문을 던지는 맥락에서 성령론을 다루면서 비슷한 점을 강조한다. 그는 이렇게 썼다. "다른 방법으로 사람들을 설득하지 못하는 메시지가 단순히 성령에 호소한다고 설득력을 얻지는 못한다."[32] "논증과 성령의 활동은 서로 경쟁하지 않는다. 바울은 성령을 신뢰하면서도 사유와 논증을 전혀 아끼지 않았다."[33] 다시 말해, 성령은 이런 수단을 통해 역사하신다고 생각해야지 이것들과 무관하다고 여길 수는 없다.

성령론의 역할과 관련하여 이런 주장과 더불어, 사실 해석학 문제를 진지하게 받아들이는 많은 저술가 역시 성령론을 갖고 있음을 주목할 수 있다. 예를 들어, 게르하르트 에벨링은 우리더러 지레 성령에 호소함으로써 해석학을 배제하는 일을 하지 말라고 경고하면서도 이렇게 말한다. "말씀의 영이신 성령은 말씀 사건과 관련된 모든 일과 관련이 있다."[34] 이와 반대로, 헬무트 틸리케는 『개신교 신앙』(*The Evangelical Faith, Der Evangelische Glaube: Grundzüge der Dogmatik*)에서 "불트만 신학의 마지막 비밀 혹은 난관은 그에게 성령론이 없다는 것이다"라는 이전의 비판을 되풀이하면서도, 같은 책에서 이해를 논하는 문제인 해석학에 상당한 관심을 기울인다.[35]

---

30 H. Ott, "What is Systematic Theology?" in J. M. Robinson and J. B. Cobb, Jr. (eds.), *New Frontiers in Theology: I, The Later Heidegger and Theology*, p. 81.
31 *Ibid.*
32 W. Pannenberg, *B.Q.T.* II, p. 34.
33 *Ibid.*, p. 35; 참고. p. 43.
34 G. Ebeling, *Theology and Proclamation: A Discussion with Rudolf Bultmann* (Eng. Collins, London, 1966), p. 102; 참고. p. 42.
35 H. Thielicke, *The Evangelical Faith: Vol. I, The Relation of Theology to Modern Thought-Forms* (Eng. Eerdmans, Grand Rapids, Mich., 1974), p. 60; 아울러 "Reflections on Bultmann's Hermeneutic" in *Exp.T.* LXVIII (1956), p. 157 (참고. pp. 154-157)를 참고하라. 여기서 그는 "마지막으로 당황스러운 것"(final embarrassment)이라는 말을 쓴다.

성령은 인간의 이해를 **통해** 일하시므로 해석학 문제를 배제하시지 않는다는 논지는 T. F. 토렌스(Torrance)가 쓴 책 『하나님과 합리성』(*God and Rationality*)의 두 장을 참고하면 훨씬 더 분명하게 확인할 수 있다. 그 두 장에는 "하나님 말씀과 인간의 반응"과 "성령이 인식론에서 가지는 적실성"이라는 제목이 붙어 있으며, 두 장 모두 "말씀과 성령"이라는 큰 제목에 속해 있다.[36] 토렌스는 성령이 인식론에서 적실성을 가진다고 말할지라도 이것이 곧 성령이 더 분명하고 현저하게 지식 문제의 중심이 된다는 뜻은 아니라고 지적한다. "성령은 영이라는 독특한 존재 양식을 통해 자신을 우리에게서 숨기시기 때문에 우리는 그분의 고유한 실체를 직접 알지 못한다. 또한 그분은 투명한 빛과 같은 그분의 행동 양식으로 자신을 숨기셔서 한 분이신 삼위 하나님이 그분을 통해 우리에게 밝히 나타나게 하신다."[37] 이는 성령을 제3의 존재로 만드는 신학을 주의하라는 존 맥쿼리의 경고를 떠올리게 한다. 아울러 이것은 성령이 인간의 합리성을 무시하지 않으신다는 뜻이요, 인간 언어의 본질에 관한 질문들을 쓸모없는 것으로 만드시지 않는다는 뜻이기도 하다.[38] 토렌스는 예수의 비유가 하나님 말씀과 인간의 구체적 언어를 통한 소통 방법 사이에 존재하는 상호 작용을 잘 보여 주는 예라고 지적한다.[39] 인간은 여전히 평범한 인성을 지닌 인간이므로, "하나님이 지정하셨고 사용하시는 이 기호-세계(sign-world)"를 고려하는 것이 여전히 타당하다.[40] 성령이 인식론에서 적실성을 가지는 이유는 영지주의에서 말하는 것처럼 지식에 이르는 어떤 비밀스런 길이 있기 때문이 아니라, "이 지식에 역동적이고 변화를 일으키는 측면이 있기" 때문이다.[41]

---

[36] T. F. Torrance, *God and Rationality* (Oxford University Press, London, 1971), pp. 137-192.
[37] *Ibid.*, p. 167.
[38] *Ibid.*, pp. 146-151 and 183-192.
[39] *Ibid.*, p. 150.
[40] *Ibid.*, p. 184.
[41] *Ibid.*, p. 166.

따라서 성령은 인간의 이해를 **통해** 일하시며, 해석학이라는 제목 아래 고찰한 내용을 무시하는 과정을 통해 일하시는 경우가 있을지라도 늘 그렇지는 않다고 결론지을 수 있을 것이다. 사실 기독교 신학의 관점에서 볼 때, 신약성경 해석자는 하나님 말씀과 성령의 역사에 관한 교리에 관심을 가지면 가질수록, 생각을 요구하긴 하지만 해결 가능한 문제인 해석학 쟁점에 진지하고 책임 있게 다가가는 데 더욱더 관심을 기울여야 한다. 더구나 성령을 강조하는 것이 이해를 기계학이라기보다 예술이라고 본 슐라이어마허의 통찰과 양립하지 못하는 것은 아니다. 기독교 신학에서는 성령을 사람 안에서 그리고 사람을 통해 창조적 활동을 행하시는 분으로 생각하기 때문이다. 이러한 강조는, 해석자는 말씀을 판단할 뿐 아니라 스스로 말씀의 판단을 받는다는 푹스와 펑크의 해석학 결론과도 조화를 잘 이룬다. 인간을 판단하는 일은 성령의 활동이다. 그렇다면 결국, 성령에 관한 고찰은 해석학 문제를 무시해도 좋다고 제안하기보다, 오히려 이 주제의 정당성과 중요성을 강조하는 데 기여한다.

12. 믿음, "시간을 초월한 진리", 시간, 말씀

해석학의 정당성을 부인하는 두 번째 신학 논증은 믿음의 역할과 관련이 있다. 사람들은 때로 신약성경은 언제나 닫힌 책일 수밖에 없기 때문에 믿음이 없으면 해석학을 고찰한다 하더라도 이해 문제를 해결하지 못할 것이라고 주장한다. 이와 반대로, 해석자가 이미 믿음을 가졌다면 **이미** 신약성경을 이해할 수 있기에 해석학은 여전히 불필요하다는 주장도 있다.

이런 견해를 지지한다는 이유로 신약성경에서 일반적으로 인용되는 본문들은 앞 항목에서 성령을 다룰 때 대략 살펴봤던 것과 똑같은 쟁점을 어느 정도 제기한다. 예를 들어 성령이 인간의 수단을 통해 일하심을 인정하면, 고린도전서 2:6-16 같은 본문을 원용하는 바르트의 접근법은 해석학의 적실성을 문제 삼는 데 실패한다는 것을 앞에서 살펴보았다. 믿음을 두고도 같은 말을 할 수 있을 것이다. 판넨베르크와 에벨링이 강조하듯이, 믿음은 인간이 보통 이해하는 과정과 별개로 존재하면서 이와 나란히 작동하여 지식이나 이해에 이르는 어떤 대안이나 추가 통로가 아니다.[42] 에벨링뿐 아니라 푹스도 이런 비판을 반박하는 정말 긴요한 논증을 내놓았다. 그는 믿음을 전제해야 신약성경을 이해할 수 있다고 한다면 **신약성경의 메시지가 믿음을 만들어 내는 데 기여한다는 말을 어떻게 할 수 있겠느냐**고 반박한다.

에른스트 푹스는 이 원리를 근거로 삼아, 믿음을 전제한다고 하면 신약성경의 메시지는 "그 독특한 성격을 잃어버린다"고 주장한다.[43] 푹스는 우리가 나중에 다룰 그의 예수의 비유 연구에서, 언어를 통해 불신자와 "만나는 자리"를 만들고 세우는 것이 바로 예수 안에서 나타난 은혜와 사랑의 방식이라고 주장한다. 그는 이렇게 썼다. "예수는 듣는 이를 자신의 옆으로 데려와⋯ 듣는 이가 예수와 더불어 생각할 수 있게 하신다. 이것이 참되게 사랑하는 방식 아닌가? 사랑은⋯만남이 이루어지는 영역을 미리 제공한다."[44] 게르하르트 에벨링도 이와 똑같이 이렇게 강조한다. "선포된 말씀은 믿음을 불러일으키려 하지, 믿음을 사전에 꼭 필요한 조건으로 전제하지 않는다."[45] 이것은 에벨링이 "성경 개념의 비종교적 해석"에 관한 본회퍼의 설명을 다룬 내용뿐 아니라 에벨링의 모든 해석학 연구에도 핵심을 제공한다.[46]

어쩌면 이런 시각이 우리가 살펴보는 반론을 지지한다며 사람들이 인용

---

42 게르하르트 에벨링이 "신앙이 의미하는 것에 관한 오해"를 두고 한 논평을 참고하라. 그는 이렇게 말한다. "혹자는 신앙을 이성과 싸우거나 이성을 보완하는 기관으로, 이성을 초월하는 것 속에 투사된 이성으로 본다"(W.F., p. 116).
43 E. Fuchs, *S.H.J.*, p. 30; 참고. *Zum hermeneutischen Problem in der Theologie*, pp. 9-10.
44 E. Fuchs, *S.H.J.*, p. 129.
45 G. Ebeling, *W.F.*, p. 125.
46 참고. G. Ebeling, "The Non-Religious Interpretation of Biblical Concepts" in *W.F.*, pp. 98-161; 그리고 "Dietrich Bonhoeffer" in *W.F.*, pp. 282-287.

하는 한두 본문을 설명해 줄지도 모른다. 제임스 스마트는 바울이 고린도후서 3:14-16에서 하는 말을 중요하게 여긴다. "오늘까지도 구약을 읽을 때에 그 수건이 벗겨지지 아니하고 있으니 그 수건은 그리스도 안에서 없어질 것이라. 오늘까지 모세의 글을 읽을 때에 수건이 그 마음을 덮었도다. 그러나 언제든지 주께로 돌아가면 그 수건이 벗겨지리라." 스마트는 "한때 자신도 랍비였던 바울의 증언은 랍비들이 늘 부지런히 성경을 살폈어도 그들을 위한 내용을 보지 못했다는 것"이라고 지적한다.[47] 우리가 구약과 신약의 신학적 위치를 쓸데없이 갈라놓는 일을 벌이고 싶지 않다 하더라도, 푹스와 에벨링의 주장은 이런 내용을 상기시킨다. 즉, 바울이 지금 이야기하는 문제는 성경 자체를 '이해할' 수 있느냐는 것이 아니라, 해석자의 전이해가 그리스도에 관한 질문 및 관심과 무관하다면 과연 구약만으로 기독교 신앙을 만들 수 있느냐는 것이다.

기독교 신앙을 만들어 내는 능력을 놓고 볼 때, 구약성경이 비록 바울과 유대교의 성경이라 하더라도 신약성경의 케리그마와 결코 동등하다고는 할 수 없다. 이 말이 불트만이 했던 악명 높은 말, 곧 "구약성경은 어디까지나 율법이므로 하나님이 우리에게 직접 하시는 말씀으로서 말을 건넬 필요가 없으며, 실제로 그렇게 하지도 않는다"[48]라는 말에 굴복하는 것은 분명 **아니다**. 그러나 이 말은 불트만이 같은 논문에서 한 "구약성경과 달리 신약성경만이 가진 독특한 특징은 인간과 하나님의 관계가 예수의 인격과 결합해 있다는 생각이다"[49]라는 말은 받아들이는 것이다. 결국 바울이 구약성경을 그리스도 중심으로 바라보았다고 보면, 바울은 사람들이 그리스도 및 그리스도의 복음에 쏟는 관심으로 물들인 전이해를 품고 구약성경에 다가가지 않는다면 구약성경이 사람들의 마음속에서 그 고유한 목적을 이룰 수는 없다고 말할 수밖에 없다. 그러므로 다시금 말하자면, 이런 본문은 전혀 해석학의 적실성에

---

47 J. D. Smart, *The Interpretation of Scripture*, p. 13.
48 R. Bultmann, "The Significance of the Old Testament for the Christian Faith" in B. W. Anderson (ed.), *The Old Testament and Christian Faith* (S.C.M., London, 1964), p. 17; 참고. pp. 8-35.
49 *Ibid.*, p. 11.

의문을 제기하는 본문이 아니다. 실제로 이 본문을 원용하여 신학에 의해 형성된 전이해를 주장하는 제임스 스마트조차도 해석학의 중요성을 지지하는 저술가 가운데 하나다. 그는 이렇게 말한다. "해석학은 우리 시대에 성경의 메시지를 들려주는 데 관심을 가진 우리 모두의 기본 관심사다."[50] 해석학은 해석자와 본문이라는 "두 세계"를 결합하여, 마치 매직글라스처럼 해석자가 본문을 통해 자신도 보고 세계도 볼 수 있게 한다.[51] 따라서 신약성경의 특정 본문을 원용하더라도 푹스와 에벨링이 강조하는 논지, 곧 신약성경 메시지는 믿음을 만들어 내는 데 기여하며 이때도 보통 이루어지는 이해 과정을 무시하지 않는다는 논지가 결코 약해지지 않는다.

성경 해석에 믿음이 필요하다는 주장 이면에 있는 강점은 신학적 전이해 문제와 관련이 있다. 성경 본문은 여러 차원에서 해석자의 지평과 맞물리며, 분명 한 차원에서는 말씀이 믿음을 전제한다기보다 믿음을 만들어 낸다. 하지만 또 다른 차원을 보면, 이레나이우스(Irenaeus) 이후로 교부들은 계속하여 불신자와 이단이 성경 전체의 증언에 명백히 어긋나는 그들의 견해를 변호할 목적으로 성경을 사용하려 하는 문제를 붙들고 씨름해야 했다. 예를 들면, 이레나이우스는 영지주의자들이 정통에서 벗어난 자신들의 견해를 변호하고자 성경을 제멋대로 뜯어고치고 왜곡한다며 그들을 끊임없이 비판한다. 이레나이우스와 많은 교부들은 이런 맥락에서 두 가지 원리를 강조했다. 첫째, 성경은 성경 전체의 증언에 비춰 해석해야 한다. 둘째, 올바른 해석은 기독교 신앙에 의지하며, 이는 곧 신앙 공동체가 받아들인 전통을 받아들인다는 뜻이다. 하지만 이런 특별한 강조점이 결코 해석학의 과업을 쓸모없게 만들지는 않는다. 오히려 그 반대다. 이 강조점이 바로 주해와 조직신학의 관계에 관한 질문을 불러일으키기 때문이다. 그 질문은 11장에서 길게 다룰 것이다.

이 강점을 더 폭넓고 일반적인 말로 표현할 수 있을 것이다. R. P. C. 핸슨

---

50 J. D. Smart, *The Strange Silence of the Bible in the Church*, pp. 37-38.
51 *Ibid.*, p. 163.

(Hanson)은 이렇게 올바로 주장한다. "성경은…처음부터 끝까지 믿음으로 기록되었다. 성경은 예배 공동체에서 사용하는 데 그 목적이 있기 때문에, 예배 공동체라는 맥락을 벗어나면…잘못 적용될 수밖에 없다. 성경은 살아 있는 교회에서 사용하는 데 그 목적이 있다."[52] 이런 주장이 앞서 성경에는 믿음을 **만들어 내는 능력이 있다**고 말한 것과 모순이라고 말할 수는 없다. 오랜 세월에 걸쳐 그리스도인 공동체가 겪어 온 경험에서 보면 두 원리 모두 참이기 때문이다. 여기서 논의하는 점은 앞서 D. E. 나인햄의 저작에서 보았던 주장, 곧 '믿음 중심' 해석(예를 들어 바빌론 유수의 원인에 관한 해석)에 맞서 순수한 '역사 중심' 접근법을 내세우는 일부 주장에는 당연히 의문을 제기할지 몰라도, 해석학의 정당성이나 필요성에는 결코 이의를 제기하지 않는다.

이제 사람들이 종종 이른바 신학적 근거를 내세워 해석학의 적실성을 문제 삼는 세 번째 반론을 살펴보겠다. 우리는 이 반론이 제기하는 쟁점이 결국 해석학 논의의 정당성과 적실성을 가리킨다는 것을 알게 될 것이다. 하지만 사람들은 때로 신약성경이 전달해 주는 하나님의 진리는 변함없기에 '시간을 초월한다'고 주장한다. 그렇다면 성경 이해와 관련된 질문은 세대가 지나면서 달라진다고 말할 수 없다. 어쩌면 신약성경의 진리는 하나님의 진리이기에 역사와 문화의 변화와 상관없이 늘 그대로 존재한다고 암시하는 것 같다. 이런 건 수학의 진리를 놓고서나 주장할 수 있을 만한 말이다. 수학자가 실제로 어떤 삼각형을 그리건, 삼각형의 세 각을 합치면 180도다. 철학 논리 언어는 그런 진리를 우연인 진리라기보다 필연인 진리라고 말한다.

이것이 성경은 '시간을 초월한' 진리를 전해 준다는 주장의 의미라면, 분명 이것은 성경 저자들의 견해는 아닐 것이다. 그런 진리관은 기독교가 플라톤의 형이상학 위에 세워졌을 경우에만 신학적 진리관이라고 말할 수 있다. 실제로 이 점 때문에 우리가 머뭇거릴 필요는 없다. 오늘날에는 사람들이 이런 진리

---

[52] R. P. C. Hanson, *The Bible as a Norm of Faith* (Durham University Press, 1963), p. 11.

관은 성경이 아니라 그리스 철학에서 나왔으며, 어쨌든 '필연인' 진리의 하나님은 인간의 삶 및 경험과 무관하리라는 것을 널리 받아들이기 때문이다. 볼프하르트 판넨베르크는 이 점을 그의 논문 "진리란 무엇인가?"에서 훌륭하게 표현한다. "그리스 사상에서는…진리가 모든 변화를 배제했다.…변할 수 없고 따라서 언제나 동일하며 시작이나 끝이 없다는 것은 진리의 본질에 속한다."[53] **필연**인 진리는 특정 사건이 실제로 발생하느냐에 따라 결정되는 게 아니라 어떤 명제가 정의상 참인가에 따라, 예를 들어 삼각형 세 각의 합이 180도여야 한다는 것이 삼각형 개념의 일부인가에 따라 결정된다. 이와 달리 우연인 진리는 '비 온다'라는 진술을 하는 경우에서 볼 수 있듯이, 때에 따라 변할 수 있는 상황에 따라 결정된다. 판넨베르크는 성경의 진리가 역사 속 사건들과 관련이 있기 때문에 필연인 진리라기보다 우연인 진리라고 주장한다. 그것은 "논리적 필연성의 결과물이 아니다.…하나님의 진리는 새롭게 증명되어야 한다."[54] "성경의 진리 이해에서는 참된 존재와 변하는 감각-현상을 구분하는 그리스의 이원론을 폐지한다. 여기에서는 참된 존재가 시간을 초월하지 않으며 역사 속에 존재한다고, 또한 자신의 안정성을 미래가 늘 열려 있는 역사를 통해 증명한다고 생각한다."[55]

"하나님께서 그리스도 안에 계시사 세상을 자기와 화목하게 하시며"(고후 5:19)나 "성경대로 그리스도께서 우리 죄를 위하여 죽으시고"(고전 15:3)와 같은 말도, 역사 속의 특정한 날이 이르기 전에 말했다면 누가 봐도 분명한 거짓말이었을 것이다. 이런 의미에서 이 구절들은 시간을 초월한 말이 아니다. 그러나 신약성경에 등장하는 말 중에는 그렇게 말할 수 없는 유형의 말이 있지 않은가?

프리드리히 바이스만(Friedrich Waismann), 그리고 요 근래 폴 헬름(Paul

---

53 W. Pannenberg, *B.Q.T.* II, p. 19; 참고. pp. 1-27.
54 *Ibid.*, p. 8.
55 *Ibid.*, p. 9.

Helm)은 '시간을 초월한 진리'라는 말로 전달할 수 있을 법한 수많은 의미를 철학의 관점에서 다루었다.[56] 예를 들어, 바이스만은 "미래에 관한 말이 지금 참인가?", 실제로 "미래에 관한 말이 지금 참이라는 말은 무슨 뜻인가?"와 같은 질문을 고찰한다. 그는 'p는 참이다'라는 말은 '**p를 묘사한 말이 아니며**, 시간을 특정하는 말을 덧붙인다고 완성될 수 있는 말이 아니라고 주장한다. 진리는 시간을 초월한다고 말하는 것은 단지 '…은 참이다'라는 말에 시간을 특정하는 말을 덧붙이는 것이 논리적으로 혼란스럽고 부적절하다고 말하는 것일 뿐이다. 예를 들어, '하나님은 선하시다는 말은 화요일 4시에 참이다'라고 말하면 논리에 혼란만 일으킬 것이다. 바이스만이 한 말을 인용해 본다. "사람은 표현의 외형에 미혹당한다. 그건 마치 '참되다'라는 형용사가 'p는 언제 이 특질을 가지는가?'라는 질문을 던질 수 있는 명제들이 지닌 특질을 나타내는 것처럼 보인다. '진리는 시간을 초월한다'라는 말이 단지 '…은 참이다'라는 말에 시간을 특정하는 말을 덧붙이기를 금지하는 규칙이 있다는 의미라면, '진리는 시간을 초월한다'는 말은 아주 옳은 말이다."[57]

그렇다면 바이스만은 '시간을 초월한 진리'라는 말을 단지 논리상 약점을 변호하는 데 사용하는 것만 허용하는 셈이다. '시간을 초월한 진리'라는 말을 이렇게 '약한' 의미로 사용한다면 신약성경의 **몇몇** 말은 시간을 초월한 것이라고 설명할 수 있겠지만, 이는 어떻게 보면 해석학에 관한 논의와 아무 연관이 없다. 폴 헬름의 논문은 제임스 바에게도 인용되는데, 논문에서 폴 헬름은 '시간을 초월한 진리'라는 말을 성경 기록에 적용하는 방식에 혼란이 있음을 제시한다.[58] 예를 들어, 일부 사람들은 신약성경에 "계시된 명제"가 들어 있다고

---

56 F. Waismann, *The Principles of Linguistic Philosophy* (Macmillan, London, 1965), pp. 27-34; 그리고 P. Helm, "Revealed Propositions and Timeless Truths" in *R.St.* VIII (1972), pp. 127-136.
57 F. Waismann, *The Principles of Linguistic Philosophy*, p. 29 (바이스만 강조) and p. 32 (티슬턴 강조).
58 P. Helm, "Revealed Propositions and Timeless Truths" in R.St. VIII, pp. 132-135; 참고. J. Barr, *The Bible in the Modern World*, pp. 123-124.

말할 수 없다고 주장하면서, 그런 명제는 시간을 초월한 명제라는 점을 그 근거로 든다. 또 다른 사람들은 불트만이 신약성경을 '시간을 초월한 진리'로 축소해 버렸다고 주장하면서, 불트만의 신약 해석에서는 종말론이 역사를 삼켜 버렸다는 점을 그 근거로 든다. 그러나 불트만 자신은 "케리그마는 보편 진리나 시간을 초월한 사상이 아니라…역사 사실을 선포한다"고 주장한다.[59] 이들이 각기 하는 주장에서 '시간을 초월한'이라는 말이 똑같은 의미로 사용되는지는 의문이다. 하지만 신약성경 진리의 시간 초월성을 내세우며 해석학은 필요 없다고 주장하는 사람들은 자신들이 '시간을 초월한'이라는 말을 어떤 뜻으로 사용하는지, 또 그 뜻이 그들의 주장을 어떻게 뒷받침하는지 증명할 책임이 있다. 나는 이 증명에 성공한 사례는커녕 꼼꼼한 논거를 제시하며 이런 증명을 하려고 시도한 사례조차 알지 못한다.

그래도 신약성경에서 한 특정 유형의 본문은 특별한 사례를 이루며, '시간을 초월한' 경우에 아주 가깝다는 주장을 할 수도 있을 것이다. 이런 특별한 경우가 원형을 끌어오는 상징 표현과 이미지인데, 오스틴 패러(Austin Farrer)와 L. S. 손튼(Thornton) 같은 저술가들은 상징 표현과 이미지에 자주 주목했다. 어떤 의미에서, "생명수의 강"(계 22:1)과 생명나무, "만국을 치료하는" 잎사귀(계 22:2) 같은 상징 표현보다 시간을 초월한 것이 있을 수 있을까? 모든 세대를 통틀어 잔치라는 말의 의미를 아는 자녀는 모두 "혼인 잔치에 청함을 받은 자들은 복이 있도다"(계 19:9)라는 말의 의미를 공유할 수 있다. 그건 마치 그 앞에서 문이 닫히고 잠기는 것을 본 사람은 누구나 "[그리고] 문은 닫힌지라"(마 25:10)라는 말의 의미를 얼추 아는 것과 같다. 토머스 포세트(Thomas Fawcett)는 신화에 등장하는 상징에서 일러 줄 법한 인간의 원시적·원초적 실존으로 거슬러 올라가는 상징 표현 사례를 성경에서 많이 수집했다.[60] 어둠 속에서 빛나는 빛이라는 상징 표현(마 24:27; 요 1:4-9; 9:5)이나 뱀 또는 용이라

---

59 R. Bultmann, *F.U.* I, p. 241.
60 T. Fawcett, *Hebrew Myth and Christian Gospel* (S.C.M., London, 1973).

는 상징(창 3:1-15; 계 12:3; 20:2), 사람이 접근할 수 없는 에덴이라는 이미지(창 3:23, 24; 에녹1서 32:1, 3; 61:1)를 예로 들 수 있을 것이다.

그렇더라도 폴 틸리히(Paul Tillich)가 상징을 놓고 한 경고는, 비록 이런 상징이 그 원형을 따져 보면 "무의식에서 나오긴 하지만", "이런 상징은 생물처럼 자라고 죽는다"는 것을 우리에게 되새겨 준다.[61] 예를 들면, 물은 영원히 갱신과 순결을 상징하는 것 같다. 그러나 물이 상징하는 가장 중요한 의미가 홍수의 파괴력인 문화나 시대에는 그런 차원의 상징이 묻힐 수 있다. 고대 이스라엘에서는 포도나무가 번영을 상징했을지 모르나, 포도나무를 모르는 문화도 많다. 왕권도 군주를 프롤레타리아나 민주주의의 적으로 여기는 문화에서는 이 말이 가질 법한 의미를 더 이상 전달해 주지 않는다. 즉, 상징 표현도 세월이 흐름에 따라 의미가 손상되는 일을 피할 수 없다. 물론 성경 속 상징 대다수는 원형 혹은 근본으로서 상징이 가지는 성격 때문에 여전히 공감을 불러일으키지만, 그 상징들이 '시간을 초월하여' 기능한다 하여 이를 해석학적 설명이나 번역이 필요하지 않다는 의미로 생각할 수는 없다.

사실, 우리가 '시간을 초월한 진리'를 거론하는 주장들을 자세히 살펴볼수록, 성경 내용 자체는 그와 다른 방향을 가리킨다는 것이 더욱더 분명해진다. 헬무트 틸리케는 이 점을 꼼꼼한 말로 잘 표현했다. 그가 단언하길, 기독교 진리는 "어떤 것이든 시간을 초월한 진리와 무관하다.…하나님 말씀을 비롯한 모든 말은 당대 사람들, 동시대인을 수신자로 포함한다. 그런 점에서 이 말씀은 역사에 근거할 뿐 아니라, 역사 속 상황에서 선포된다. 말씀 메시지의 저자와 수신자 모두 역사 과정에 복종한다."[3] 틸리케는 경고 삼아 이런 말을 덧붙인다. "그렇다면 메시지는 두 점 중 어느 점에서도 떼어 놓지 못한다. 만일 이런 방향으로 나아가려 한다면, 추상적 개념 체계라는 특징을 지닌 영원한 신학이라는 그릇된 관념이 등장한다. 스콜라 철학과 17세기 정통이 그 고전적

---

61 P. Tillich, *Dynamics of Faith*, p.43. 『믿음의 역동성』(그루터기하우스).

사례다."⁶² 틸리케는 신약성경과 기독교 신학의 진리도 해석학적 성찰을 **거친다면** 모든 세대 사람에게 적용할 수 있다는 의미에서는 이 진리들이 영원함을 인정하며, 그런 점에서는 그 역시 '약한' 의미의 영원한 진리 개념을 부정하지 않는다. 틸리케도 어떤 의미에서는 시편 73편에서 표현하는 시련과 유혹 경험이 태고 이래 모든 사람이 겪는 유혹을 말한 것이라고 인정한다. 그러나 또 다른 의미에서는 루터나 히에로니무스(Jerome)가 겪은 시련이 현대의 야콥센(Jacobsen)이나 카뮈(Camus), 다른 사람들이 겪은 시련과 같다고는 말할 수 없다고 첨언한다. 그 시련들은 "역사에 따라 달라질 수 있으며…새로운 현재마다 바뀐다."⁶³ 따라서 "신학의 역사도 본디 무언가 이야기하려는 다양한 시도의 역사일 뿐이다."⁶⁴ ⁽⁴⁾ 틸리케는 세대 흐름에 따라 신학의 진리를 다시 천명하고 해석하여 "현실화하는"(actualize) 시도가 꼭 신학의 진리를 "현실에 순응시키는"(accomodate) 것은 아니라고 결론짓는다.⁶⁵

지금까지 거의 이천 년 동안 이어진 전통과 역사가 행한 역할도 이 논의의 본질에 영향을 준다. 판넨베르크, 푹스, 특히 게르하르트 에벨링은 이 점을 힘써 강조한다. 이 세 저술가는, 이런 역사 상황에 근거하여 단지 신약성경에서 어떤 말씀을 끄집어낸 뒤 그것을 기계처럼 되풀이하는 것은 신약성경 저자들의 의도에 충실하지 **않은** 일이 될 것이라고 주장한다. 판넨베르크는 이렇게 강조한다. "상황이 바뀌면 전통으로 내려온 말은, 심지어 글자 그대로 되풀이할 때조차도 그 말이 처음 형성될 때 가졌던 의미를 갖지 않는다."⁶⁶ 그는 덧붙여 이렇게 말한다. "그리스도인의 언어가 성경 기록이 말하는 사상 및 방식과 겉만 똑같다는 것은, 신학이 현재 풀어야 할 문제들을 회피함으로써 바울이나 요한, 혹은 루터조차도 각기 그들 나름대로 그들이 살던 시대를 위하여 이

---

62 H. Thielicke, *The Evangelical Faith* I, p. 23.
63 *Ibid.*, p. 25.
64 *Ibid.*
65 *Ibid.*, pp. 27-29.
66 W. Pannenberg, *B.Q.T.* I, p. 9.

루었던 일을 그 신학은 이루지 못했음을 언제나 확실하게 보여 주는 표지다."⁶⁷ 판넨베르크는 신학이 그 시대의 문제 및 사상 양식과 진지하게 소통할 때 성경의 증언과 가장 가까워진다고 결론짓는다. 판넨베르크는 그의 논증을 전개하다 이 지점에서 현대 해석학의 공헌을 분명하게 지적하면서, 특별히 가다머가 말한 지평 융합 개념을 언급한다.

게르하르트 에벨링도 그가 쓴 논문 "시간과 말씀"(Time and Word)에서 "시간이 달라지면 같은 말도 달리 말해야 뜻이 통할 수 있다"고 강조한다.⁶⁸ 이 쟁점은 우리가 이미 언급한 『말씀과 신앙』에서 다룬 논의 외에도, 어쩌면 제목이 이 쟁점을 시사한다 할 수 있는 에벨링의 책 『하나님 말씀과 전통』(The Word of God, Wort Gottes und Tradition: Studien zu einer Hermeneutik der Konfessionen) 및 『역사성 문제』(The Problem of Historicity in the Church and Its Proclamation, Geschichtlichkeit der Kirche und ihrer Verkündigung als theologisches Problem)에서도 등장한다. 에벨링은 『역사성 문제』에서 성경 본문이 이미 말 그대로 시간을 초월한 말을 하는 것 같아 기독교 설교자가 아무런 주해 해석도 하지 않은 구체적 사례를 살펴본다. 예를 들어 에벨링은 제2차 세계대전이 끝날 무렵, 히틀러가 죽었다는 말을 듣고 전우에게 바빌론 왕의 파멸을 노래한 이사야 14장, 승리의 노래를 읽어 준 일을 회고한다. 오랜 세월이 흐르며 역사가 바뀌었어도 이 본문은 그 나름대로 영향력을 발휘했다. 하지만 에벨링은 이렇게 주장한다. "이런 사례를 증거로 내세워 어떤 경우에는 해석 구조를 가질 필요 없이 그냥 성경에 있는 말을 되풀이하는 것도 선포일 수 있다는 견해나 이것이 오히려 성경을 검증하는 바람직한 방법일지 모른다는 견해를 제시하려는 것은 옳지 않을 것이다."⁶⁹ 에벨링은 이것이 해석 같은 일이 실제로 이루어지기 때문이라고 주장한다. 결국 모든 것은 본문을 듣

---

67 Ibid.
68 G. Ebeling, "Time and Word" in J. M. Robinson (ed.), *The Future of Our Religious Past*, p. 265.
69 G. Ebeling, *The Problem of Historicity in the Church and its Proclamation* (Fortress Press, Philadelphia, 1967), p. 11.

는 이가 본문 뒤편의 역사 상황과 듣는 이 자신의 역사 상황 사이에 유사성이 있다고 생각하느냐에 달려 있었다. 에벨링은 이런 말을 덧붙인다. "하지만 다른 상황과 똑같은 상황은 없다. 따라서 과거 상황과 현재 상황의 유사성에 의존하는 모든 성경 말씀 해석은 이미 어떤 번역(Übertragung)을 근거로, 결국 곱씹어 보면 어려운 해석학 문제들과 잇닿아 있는 것으로 보이는 완전한 무의식적 주해 활동을 근거로 삼는다."[70] 그는 의식적 해석학 과정을 통해 이해에 이르는 일이 분명하게 드러나지 않더라도, 모든 이해는 늘 암암리에 해석을 포함한다고 결론짓는다.

에벨링은 이 지점에서 화제를 바꿔 루터와 종교개혁자들이 실제로 사람의 변하는 말인 '해석'과 하나님 말씀인 '성경'을 날카롭게 대비하지 않았느냐는 신학 문제를 고찰한다. 그는 이런 결론을 내린다. "루터는 이전에 확립되었고 이제는 성경보다 위에 자리한 규범적 해석을 고수하는 것에 반대하면서, 성경 말씀을 다시 들을 때마다 늘 새롭게 이루어지는 해석의 필요성을 제시하고 강조하는 데 관심을 기울였다."[71] 에벨링은 해석이 필요한 곳이 있음을 인정하는 것이야말로, 성경을 단순히 글로 기록된 말로서 과거에 속한 것으로 보지 않고 복음을 전하는 산 목소리(viva vox evangeli), 지금 여기서 우리와 만나는 하나님 말씀으로 보았던 루터의 확신과 일치한다고 주장한다. 에벨링은 루터의 사상이 표명하는 이런 이해에 발맞춰 "해석은 성경이 하나님 말씀이라는 주장을 위험에 빠뜨리기는커녕 사실은 그 주장을 확증한다"고 단언한다.[72]

결국 에벨링은 우리를 이 연구서 첫 장에서 대략 고찰했던 내용으로 다시 데려간다. 그는 해석의 역사가 성경 자체에서 시작한다고 주장하면서, 구약성경을 70인역이라는 매개체를 통해 표현했을 때를 그 예로 든다. 에벨링은 사

---

[70] Ibid.
[71] Ibid., p. 14.
[72] Ibid., p. 15.

람들이 수월한 문제라 생각할지도 모르는 성경 번역조차도 해석과 관련이 있으며, 이 역시 시대와 문화가 달라짐에 따라 다른 방식으로 이루어져야지 '시간을 초월하여' 할 수 있는 일이 아니라고 지적한다.[73] 실제로 에벨링과 푹스가 해석의 필요성과 관련하여 제시하는 많은 논증을 보면, 어떤 점에서는 성경 번역과 기독교 설교라는 두 행위를 다루며 이야기하는 경우가 대부분이다. 신약성경을 늘 새롭게 말할 필요가 없다면, 주어진 언어, 문화, 공동체'에 말하는' 번역이 왜 필요하겠는가? 신약성경이 이미 '시간을 초월하여' 말하고 있다면, 성경이 오늘날 말하는 의미를 설명할 수단으로서 설교가 여전히 필요하다고 믿을 이유가 무엇이겠는가? 푹스는 이렇게 단언한다. "설령 설교에서 본문과 똑같은 내용을 말할지라도, 결코 같은 말을 하는 게 아니다."[74] 그는 설교자의 과업이 본문을 '번역하여' 본문이 자신의 시대를 상대로 새롭게 말하게 하는 것이라고 역설한다.[75] 푹스는 그가 즐겨 쓰는 경구 표현 중 하나를 사용하여 이렇게 썼다. "하나님의 계시는 분명 하나님이 사람들을 시켜 **하나님 자신의 문제를 사람들의 언어로 말하게 하는 것이었다**."[76]

'시간을 초월한 진리'에 관한 언어를 근거 삼아 해석학에 반대하는 신학적 반론을 살펴보는 것으로 시작했던 일이 이제는 도리어 시간과 시간에 따른 변화에 관한 고찰을 근거 삼아 해석학의 절박한 필요성을 논증하는 설명으로 바뀌었다. 적절한 때가 되면 푹스와 에벨링이 시간과 존재의 관계를 다룬 하이데거의 사상에서 분명 영향을 받았다는 사실을 살필 것이다. 하지만 우리가 방금 살펴본 해석학 관련 논평들의 타당성은 시간을 다룬 어떤 특정 철학 이론이 결정할 문제는 아니다.

해석학적 탐구의 적실성에 반대하는 네 번째 신학적 반론은, 성경의 많은 저자가 하나님 말씀이 어마어마한 강제력을 갖고 사람과 만난다고 보았다는

---

[73] Ibid., p. 16.
[74] E. Fuchs, *Zum Hermeneutischen Problem in der Theologie*, p. 95.
[75] E. Fuchs, *Herm.*, pp. 249-256; 그리고 *Marburger Hermeneutik*, pp. 2-4.
[76] E. Fuchs, "The New Testament and the Hermeneutical Problem" in *N.H.*, pp. 135-136.

이론을 그 근거로 삼는다. 이런 반론을 펴는 이들은 히브리서 4:12-13 같은 본문을 그 근거로 제시한다. "하나님의 말씀은 살아 있고 활력이 있어 좌우에 날선 어떤 검보다도 예리하여 혼과 영과 및 관절과 골수를 찔러 쪼개기까지 하며 또 마음의 생각과 뜻을 판단하나니." 성경에서는 하나님 말씀이 신자들에게 "하나님의 능력"이자(고전 1:18) 성령의 검(엡 6:17)이라고 말한다. 이와 관련해서는 구약 본문이 훨씬 더 빈번히 인용된다. 하나님 말씀은 땅을 기름지게 하는 눈과 비만큼 효험이 있다. "[그것은] 내게 헛되이 돌아오지 않으리라"(사 55:10, 11). 하나님 말씀은 뿌리째 뽑고 다 부숴 버릴 힘을 가졌으며, 산산조각 내버리는 망치와 같거나, 불과 같다(렘 1:9, 10; 5:14; 23:29). 하나님 말씀이 이와 같다고 말한다면, (분명 **신학**의 관점에서 볼 때) 해석학이 들어설 여지나 해석학이 존재할 필요성이 있을까?

다음 장에서 이 견해를 **언어** 이론(theory of language)으로 제시하며 다시 살펴보려 하니, 여기서 이 질문을 오래 붙들고 있을 필요는 없다. "성경 속 말들이 가졌다 하는 힘"(The Supposed Power of Words in the Biblical Writings)이라는 내 논문에서는 이 이슈를 상세히 고찰했으며, 구약성경과 신약성경에서 하나님 말씀에 능력이 있다고 말하는 것은 고대나 '히브리인'의 특별한 언어관 때문이 아니라 문제가 된 말씀이 **하나님**의 권위를 갖고 한 말이기 때문이라고 결론지었다.[77] 하지만 일단 이 점을 받아들이고 나면, 말씀을 전달할 때 작용한다는 하나님의 권위나 능력이 어떤 **종류**인지 묻는 문제만이 남는다. 이런 능력을 물리학에 준한 혹은 기계와 관련된 개념 정도로 이해한다면, 해석학과 관련된 논의는 분명 더 이어지지 않을 것이다. 하지만 기독교 신학의 대다수 전통에서는 이 '능력'을 도덕 차원에서, 무엇보다도 인격 차원에서 작용하는 힘으로 이해한다. 이런 이해가 옳다면, 우리가 성령이 하시는 일을 논할 때 강조한 점들이 지금 살펴보는 문제에 이미 적절한 답을 제공한다.

---

[77] A. C. Thiselton, "The Supposed Power of Words in the Biblical Writings" in *J.T.S.* N.S. XXV (1974), pp. 283-299.

헬무트 틸리케가, 한편으로는 사람 안에서 새 능력과 지향점을 만들어 내시는 하나님 말씀과 성령의 창조 능력을 강조하면서 다른 한편으로는 하나님이 말씀을 받는 사람의 인격성을 존중하셔서 그 사람 밖에서 강제로 그를 규율하시지 않는다는 점을 강조할지라도 이 두 강조점이 서로 모순되지 않는다고 본 것은 주목할 만하다. 한편에서 그는 이렇게 썼다. "창조하는 하나님의 영은…'옛' 실존의 구조 속에 통합될 수 없다.…하나님은 누구시며 그분은 내게 무엇을 행하시는가가 그분에 관한 내 이론을 곧장 관통한다."[78] 틸리케는 하나님 말씀을 전달할 때 성령이 행하시는 새 창조가 따른다고 역설한다.[79] 그렇지만 다른 한편에서 그는 이렇게 썼다. "칸트도 지적했듯이, 하나님의 엄위도 위태롭다. 하나님은 우리의 자율성을 인정하지 않는 폭군으로서 우리를 억누르려 하시지 않기 때문이다. 그분은 노예 같은 복종을 원하시지 않는다. 자녀의 순종을 원하신다. 그분은 우리가 스스로 당신에게 돌아오길 원하신다. 하지만 우리는 메시지의 주장이 우리를 정복하거나 우리 내면을 설복시켜야 비로소 스스로 그분께 돌아갈 수 있다.…그렇다면 자아(autos)는 신학의 중요한 주제가 될 수밖에 없고, 인간론과 관련된 질문은 새롭게 강조될 수밖에 없다. 이제는, 메시지가 우리의 사전 이해 속에서 발견하는 접촉점은 무엇인가…예를 들어 현대 철학 개념 중 우리가 메시지를 다른 도식으로 바꿀 때 활용할 수 있는 개념은 무엇인가 같은 질문이 관련성을 갖게 된다."[80][5] 틸리케는 이런 시각이 많은 위험을 안고 있다고 보면서도 "신학 전통의 적으로 삼을 필요는 없다.…이리하여 이해 문제가 점점 더 중요해지다가 결국에는 해석학이 신학의 한 고유 분과가 된다"라고 인정한다.[81]

그렇다면 하나님 말씀의 창조 능력에 관한 신학적 고찰 역시 이와 비슷한 고찰인 성령이 하시는 일에 관한 고찰이나 믿음의 필요성에 관한 고찰, 이른

---

[78] H. Thielicke, *The Evangelical Faith* I, p. 145.
[79] *Ibid.*, pp. 138-211.
[80] *Ibid.*, pp. 38-39; 아울러 p. 51를 참고하라.
[81] *Ibid.*, p. 39.

바 시간을 초월한 진리에 관한 고찰과 마찬가지로 더 이상 해석학을 문제 삼지 않는다. 도리어 반대로, 이 네 가지 고찰은 결국 해석학 과업의 중요성을 강조하는 데 각각 이바지할 뿐이다. 하지만 우리는 이제 더 폭넓은 쟁점, 곧 전이해 문제가 일으키는 질문들을 다뤄야 한다.

13. 이해와 전이해: 슐라이어마허

전이해 개념을 반박하는 신학적 비판의 논지를 평가할 수 있으려면, 먼저 자주 공격받는 것이 무엇인가부터 대략 살펴봐야 한다. 앞에서는 신학적 고찰이 인간의 이해 문제를 다루는 해석학의 적실성을 부인하지 못한다고 주장했다. 더 앞서 1장에서는 두 지평, 곧 텍스트의 지평과 해석자의 지평이 서로 관련을 맺을 때 이해가 일어난다고 주장했다. 이해는 이에 근거하여 공통 시각이나 공통 개념, 심지어 공통 판단이라는 공유 영역을 전제한다. 푹스는 이것을 "공통 이해"(Einverständnis) 현상이라 묘사한다. 그러나 이런 이해가 말 그대로 이해를 전제한다면, 이해는 어떻게 시작될 수 있는가?

프리드리히 슐라이어마허는 이 문제를 처음으로 붙들고 씨름한 주요 사상가 중 한 사람이었다. 그가 해석학에 관하여 1805년과 1806년에 남긴 초기 경구들은 그가 프리드리히 아스트(Friedrich Ast, 1778-1841) 및 프리드리히 아우구스트 볼프(Friedrich August Wolf, 1759-1824)와 나눈 비판적 대화가 그 발단이 되었다. 슐라이어마허는 특히 1829년 8월에 그들의 접근법을 논평하며 쓴 글에서 이 두 저술가를 자주 언급한다.[82] 슐라이어마허는 우리가 이해해야 할 것이 어떤 의미에서는 틀림없이 이미 알려져 있다고 보았다. 이것이 순환 논리 혹은 심지어 모순을 담고 있는 것처럼 보일지라도, 이해라는 것을 바

---

82 F. D. E. Schleiermacher, *Hermeneutik*, pp. 123, 125-126, 128-129, 133 and 152-155.

로 이렇게 설명하는 것만이 우리가 매일 경험하는 사실과 일치한다고 말할 수 있다. 슐라이어마허는 바로 그런 점에 주목하면서 이런 말을 썼다. "모든 어린이는 오직 해석학을 통해 말의 의미에 이른다"(Jedes Kind kommt nur durch Hermeneutik zur Wortbedeutung).[83] 한편에서 보면, 어린이는 새로운 말과 자신이 이미 아는 것을 연결하려고 한다. 어린이가 둘을 서로 연결하지 못하면, 새로운 말은 여전히 무의미한 말로 남아 있다. 다른 한편에서 보면(가다머가 슐라이어마허의 경구를 논평한 글에서 말하듯이), 그 어린이는 "뭔가 낯설고 보편성을 띤 것"을 받아들여야 하는데, "이런 일은 늘 최초의 생명력을 위한 저항을 상징한다. 그 점에서는 그것이 해석의 완성이다."[84] 덧붙여 슐라이어마허는 해석자가 새 주제를 이해하는지는 여전히 그가 자신의 지평과 좋은 관계에 있느냐에 달려 있으므로, "이해 결핍은 결코 완전히 제거되지 않는다"고 말한다.[85] 이해는 단순히 딱 부러지게 완결할 수 있는 행위가 아니라, 점진적 경험 혹은 점진적 과정이다.

리처드 파머는 슐라이어마허의 접근법을 옹호한다. 그는 이렇게 썼다. "사랑을 모르는 사람이 사랑을 이야기한다고, 혹은 배우는 기쁨을 거부하는 사람이 그 기쁨을 이야기한다고 그 이야기가 쓸데없을까? 사람은 논의하고 있는 문제를 이미 어느 정도 알기 마련이다. 이런 지식을 이해에 필요한 최소한의 선지식(pre-knowledge)이라 부를 수 있겠다. 이런 지식이 없으면 해석학적 순환으로 뛰어들 수 없다."[86]

'해석학적 순환'이라는 말은 이제 해석학에서 확고부동한 전문 용어가 되었다. 하지만 어떤 측면에서 보면 이 말은 유감스럽다. 무게 중심이 해석자와 텍스트라는 두 극 사이를 왔다 갔다 하면서도 계속 움직이면서 앞으로 나아가

---

[83] *Ibid.*, p. 40.
[84] H.-G. Gadamer, "The Problem of Language in Schleiermacher's Hermeneutic" in *J.T.C.* VIII (1970), p. 72; 참고. pp. 68-95.
[85] F. D. E. Schleiermacher, *Hermeneutik*, p. 141.
[86] R. E. Palmer, *Hermeneutics*, pp. 87-88.

는 이해도 있기 때문이다. 나선 같은 이미지가 이런 이해를 더 잘 전달해 줄 것이다. 그뿐만 아니라, 사람들이 '해석학적 순환'이라는 말을 서로 다른 두 가지 방식으로 사용한다는 문제도 있다. 이 연구서의 다른 부분에서 이야기하겠지만, 사람들은 종종 '해석학적 순환'이라는 말을, 텍스트를 상대로 질문을 제기하면 텍스트가 다시 그 질문을 형성하는 과정과 관련지어 사용하곤 한다. 하지만 우리가 여기서 관심을 갖는 것은, 언어나 문헌의 구성 부분을 이해해야 그 언어나 문헌 전체를 이해할 수 있지만 거꾸로 전체보다 더 작은 부분인 그런 구성 부분을 이해하려면 전체 내용을 모두 이해해야 한다는 원리다. 예를 들면, 우리가 하이데거의 『존재와 시간』 같은 어려운 철학 텍스트가 말하려는 의미를 파악하고자 할 때, 문단과 문장 속에 들어 있는 단어 하나하나를 이해해야 비로소 문단과 문장도 이해한다. 그러나 그런 단어들은 사전에서 의미를 하나하나 찾아본다고 이해할 수 있는 게 아니다. 이 단어들의 의미는 이 단어들이 문장이나 문단, 장 속에서 하는 역할에 따라 달라진다. 개개 용어를 설명하는 전문 사전을 활용하는 경우조차도 사전 편찬자가 우리 대신 작품 전체를 이해한 내용에 의존하게 된다. 원리상 해석학적 순환은 타당한 진리다. 바로 이런 이유 때문에 새롭거나 낯설어 보이는 주제를 다룬 정말 어려운 텍스트를 만족스럽게 이해하려면 그 텍스트를 두 번, 심지어 세 번도 읽어야 한다. 물론 이 쟁점을 이런 식으로 서술하는 것은 슐라이어마허의 해석학을 겉만 핥고 지나치는 정도에 불과하기 때문에, 그의 접근법을 다시 살펴보겠다.

그동안 사실 우리는 **전이해**(Vorverständnis)라는 개념을 탐구해 왔다. 존 맥쿼리는 우리가 슐라이어마허의 저작에서 살펴본 접근법을 가져다가 이 개념을 유익하게 설명한다. 그는 이렇게 평한다. "우리 자신과 텍스트 사이에 적어도 어떤 최소한의 공통점이 존재하지 않으면, 텍스트 이해는 결코 불가능할 것이다."[87] "만일 텍스트가…어떤 지점에서도 우리 경험과 연결되지 않으면, 우리는 그것을 전혀 이해하지 못할 것이다."[88] 이 연결점이 해석자의 전이해라는 문제다. "그는 이미 텍스트의 의미를 파악할 수 있게 해 주는 어떤 이해 범주를 갖고 있으며, 이 이해 범주가 해석자가 텍스트에 가져가는 전이해를 형성한다."[89]

적절한 때가 되면 불트만과 하이데거가 이 원리를 어떻게 다루는지 살펴보겠다. 하이데거는 이렇게 썼다. "이 해석은 언제나 **우리가 이미 가진 것─앞서 가진 것**(Vorhabe)─에 근거한다." 이해는 늘 특정한 '관점'에 의존한다. 이해는 '앞서 본 것'(Vorsicht)에 근거한다. 이렇게 앞서 보려면 그 전에 무언가를 이해할 수 있게 해 주는 어떤 방법이 있어야 한다. 따라서 "앞서 본 것은 앞선 **이해**(Vorgriff)에 근거한다."[90] 하이데거는 이어 이렇게 말한다. "해석은 우리에게 주어진 무언가를 전제 없이 파악하는 것이 아니다."[91] 인간은 모든 것을 주어진 맥락 속에서, 주어진 관점을 따라 이해한다. 인간의 '세계'와 인간 실존은 함께 결합해 있다. 따라서 "세계를 이해하면 언제나 그와 더불어 실존도 이해하며, 반대로 실존을 이해하면 언제나 그와 더불어 세계도 이해한다.…이해에 이바지할 해석은, 그것이 어떤 해석이든, 해석해야 할 것을 틀림없이 이미 이해하고 있다."[92] 분명 그 과정은 순환하는 것처럼 보인다. "**그러나 우리가 이 순환을 악순환으로 보아 이를 피할 길을 찾는다면…이해 행위를 근본부터 오해한 것이다.**"[93] [6]

슐라이어마허는 해석학의 언어 혹은 '문법' 측면과 해석 주체의 '심리' 측면을 구분했다. 하인츠 키멀레는 슐라이어마허의 『해석학』에 쓴 서론에서 슐라이어마허의 초기 저작과 후기 저작에서 일어난 강조점 변동을 추적한 뒤, 슐라이어마허의 사상이 연대별로 어떻게 발전해 갔는지 쉬이 알아볼 수 있게

---

87 J. Macquarrie, *The Scope of Demythologizing: Bultmann and his Critics*, p. 45.
88 *Ibid.*
89 *Ibid.*, pp. 45-46.
90 M. Heidegger, *B.T.*, p. 191 (German, p. 150; 하이데거 강조).
91 *Ibid.*, pp. 191-192.
92 *Ibid.*, p. 194 (German, p. 152).
93 *Ibid.* (German, p. 153; 하이데거 강조).

책 내용을 정리하여 배열한다.⁹⁴ 이 작업에서는 우선 20쪽에 걸쳐 슐라이어마허가 1805년부터 1809년까지 지은 경구들을 소개한 뒤, 다섯 부분으로 더 나누어 1810-1819년에 이르는 기간과 1820-1829년에 이르는 기간은 물론 실제로 1819년과 1829년에 쓴 내용까지 다 담아 놓았다.⁹⁵ 슐라이어마허는 문법적 해석학에는 객관적 언어 자료를 사용해야 한다고 썼다. 심리적 해석학은 저자 자신의 의식을 특징짓는 사상의 **내부** 연관 관계 속으로 파고드는 것과 관련이 있다. 따라서 슐라이어마허가 보았던 대로 언어 측면과 심리 측면은 외부 실재와 '내부' 실재라는 두 극에 해당한다. 해석자는 상상과 공감이 담긴 이해 행위를 통해 자신이 이해할 텍스트의 저자가 가진 생각 속으로 들어가려고 노력해야 한다. 문법 차원에서는, 단어 하나하나를 이해하려면 전체를 이해해야 하며 전체를 이해하려면 개개 단어를 이해해야 한다. 마찬가지로 심리 차원에서도, 한 언어 표현 뒤편에 자리한 각 개인의 '사상'은 저자의 삶이라는 전체 맥락 속에서 이해해야 한다. 그러나 해석학적 순환은 여기에서도 끝나지 않는다. 저자의 삶과 의식을 이해하려면 인간의 삶과 실존 전체를 이해해야 하기 때문이다.

토머스 토랜스는 슐라이어마허의 해석학을 다룬 그의 논문에서 해석학의 이런 심리 측면이 해석자 자신의 전이해와 어떻게 연결되어 있는지 훌륭하게 표현한다.⁹⁶ 해석자의 이해에 대해 그는 이렇게 썼다. "[이해는] 해석자가 저자 속에서 발견하는 의식의 기본 결단을 해석자 자신 안에서 재창조할 수 있는 능력이나 기술에 달려 있다. 이것이 딜타이가 받아들여 발전시킨 슐라이어마허 해석학의 주요 요소다. 딜타이는 해석자가 자신의 자아를 타자 안으로 옮

---

94 그가 쓴 서론 외에 H. Kimmerle, "Hermeneutical Theory or Ontological Hermeneutics" in *J.T.C.* IV, p. 107도 참고하라.
95 F. D. E. Schleiermacher, *Hermeneutik*, pp. 31-50 (1805-1809); 55-76 (1810-1819); 79-109 (1819); 113-120 (1820-1829); 123-156 (1929), and 159-166 (1832-1833).
96 T. F. Torrance, "Hermeneutics according to F. D. E. Schleiermacher" in *S.J.T.* XXI (1968), pp. 257-267.

긴 뒤 타자의 경험을 해석자 자신 안에서 재생함으로써 나를 너 안에서 재발견하는 것이 해석학이라고 생각했다. 슐라이어마허와 딜타이가 피력한 이런 견해에 비춰 볼 때, 플라톤이 쓴 텍스트건 바울이 쓴 텍스트건, **텍스트를 해석하는 열쇠는 자기 이해라는 이론은 확장할 필요가 없다.**"⁹⁷

이 지점에서 세 가지 논평을 제시할 수 있을 것이다. 첫째, 해석학을 전이해 및 자기 이해와 연계하려는 슐라이어마허의 시도는 신앙생활은 물론 세속의 삶에서 매일 경험하는 사실과 일치하는 것처럼 들린다. 우리 자신이 어린이 시절과 청소년 시절과 갓 성년이 되었을 때와 노년에 이르렀을 때 시편이나 셰익스피어 작품 같은 문학을 어떻게 '이해했는지' 비교해 봐야 자신의 경험이 이런 이해를 깊이 제약하는 조건이 된다는 것을 비로소 알 수 있다. 하나님 앞에서 죄책감이 안겨 주는 심한 고통을 겪어 보지 않은 사람이 "그는 넘어지나 아주 엎드러지지 [않으리라]"(시 37:24)라는 시편 시인의 기쁜 확신을 자신의 기쁨으로 삼는다는 것이 무슨 말인지 알 수 있을까? 인생의 오르막과 내리막을 겪어 보지 않은 사람이 셰익스피어가 묘사한 몇몇 심오한 인물이 경험한 소망과 공포 속으로 들어갈 수 있을까?

둘째, 하지만 슐라이어마허의 자기 이해 강조는 심각한 문제도 일으킨다. 제임스 B. 토렌스는 그가 쓴 논문 "슐라이어마허 신학에서 말하는 해석과 이해: 몇 가지 중요한 질문"(Interpretation and Understanding in Schleiermacher's Theology: Some Critical Questions)에서 이 문제에 주목한다.⁹⁸ 슐라이어마허는 낭만주의와 마찬가지로 감정과 주관적 경험을 강조한다. 그러나 그가 기독교 신앙과 관련된 질문을 다룰 때는 기독교 교리를 인간 상태 묘사로 바꾸는 쪽으로 너무 치우치지 않는가? J. B. 토렌스는 슐라이어마허가 신학의 모든 내용을 무턱대고 인간의 의식으로 축소하지 않았음은 인정하면서도, 그가 과연

---

97 *Ibid.*, p. 261. 티슬턴 강조.
98 J. B. Torrance, "Interpretation and Understanding in Schleiermacher's Theology: Some Critical Questions" in *S.J.T.* XXI, pp. 268-282.

"신학 진술이 제시하는 '객관적' '실제적' 기준"에 올바로 주목하는지 의문을 제기한다.⁹⁹ 기독교 신학의 관점에서 보기에 이런 유형의 접근법이 가지는 약점은 "인간 주체의 자기 이해에 너무 집착한 나머지, 본디 스스로 계시는 하나님의 존재를 적극 긍정하는 어떤 진술도 내놓지 못한다"는 것이다.¹⁰⁰ 이것이 해석학을 신학 텍스트에 적용할 때마다 되풀이되는 어려움이다. 불트만이 전이해 문제를 해석학의 출발점으로 삼은 것은 타당했지만, 많은 저술가는 그가 결국 신학을 인간론으로 축소해 버렸다고 주장했다. 불트만에게 이런 비판을 하는 것이 정당한지 판단하는 일은 다음 장까지 미뤄야 한다. 하지만 전이해 문제를 예리하게 간파하면, 곧바로 이를 판단하는 문제가 이미 슐라이어마허에서 등장하기 시작했다는 것을 언급할 수도 있다.

셋째, 또 하나 언급할 수 있는 것은 슐라이어마허가 공감이 담긴 상상의 역할을 강조하면서 부분 이해와 전체 이해가 모두 중요함을 인식했다는 것, 그리고 그의 그런 인식을 '예감'(divination)이라는 관념으로 더 깊게 표현했다는 것이다. 예감에는 신선한 이해로 '뛰어오르는 일'이 따른다. 슐라이어마허는 이렇게 썼다. "예감은 사람이 다른 사람의 개성을 직접 파악하고자 자신을 다른 사람으로 바꾸는 것이다."¹⁰¹ 이것 역시 해석학적 순환과 관련이 있다. 슐라이어마허는 어떤 사람이 하는 말을 이해하려면 그 사람을 이해해야 하지만 그 사람이 하는 말을 들어 보면 그가 어떤 사람인지 알게 된다고 말하기 때문이다.¹⁰² 결국 또 하는 말이지만, 이해는 단순히 어떤 과학 '규칙'의 문제가 아니라 창조 행위다.

---

99 *Ibid.*, p. 272; 참고. p. 274.
100 *Ibid.*, p. 278.
101 F. D. E. Schleiermacher, *Hermeneutik*, p. 109.
102 *Ibid.*, p. 44.

14. 전이해와 신학

불트만이 전이해라는 범주를 어떻게 사용하는지 더 충실하게 논의하는 일은 불트만의 해석학을 다룬 세 장의 한가운데로 들어갈 때까지 미루도록 하겠다. 하지만 한두 가지 논평은 미리 해 둘 수 있을 것이다. 전이해라는 개념이 불트만 사상의 맥락 속에서 가장 빈번한 공격을 받기 때문이다. 우리는 텍스트를 이해하려면 그 전에 '삶'과 관련을 맺어야 한다는 불트만의 생각이 딜타이에게 크게 빚지고 있다는 것을 보게 된다. 그래서 불트만은 이렇게 썼다. "경제와 사회가 대개 무슨 의미인지 그 개념도 모르는 이가 경제사를 이해할 수 있을까? 종교와 철학이 무엇인지도 모르는 이가 종교사와 철학사를 이해할 수 있을까?…자본주의 원리와 사회주의 원리도 이해하지 못한 사람은 1848년의 공산당 선언을 이해하지 못한다."[103] 불트만은 이렇게 결론짓는다. "텍스트의 주제에 관한 구체적 이해는 텍스트에 대한 '삶-관계'에 근거하며, 주해는 늘 이런 이해를 전제한다."[104]

사람들은 불트만의 해석학 속의 두 요소가 전이해를 바라보는 그의 견해에 의존한다는 점을 근거로 두 요소를 비판한다. 첫째, 불트만은 자신이 "성경을 해석할 때 따라야 할 조건은 다른 모든 종류의 문헌을 해석할 때 적용하는 조건과 다르지 않다"[105]라고 표현한 원리를 정립했다는 이유로 비판을 받는다. 둘째, 아울러 불트만은 해석자가 자신의 **실존**(Existenz)에 관한 질문에서 시작함으로써 결국 하나님에 관한 질문을 던진다고 주장한다. 예를 들어, 그는 『예수 그리스도와 신화』(*Jesus Christ and Mythology, Jesus Christus und die Mythologie*)에서 이렇게 질문한다. 해석자가 신약성경의 신학적 주제를 상대로 이미 갖고 있는 "삶-관계"는 무엇인가? 불트만은 "해석자 자신의 실존에 관

---

[103] R. Bultmann, "Is Exegesis Without Presuppositions Possible?" in *E.F.*, p. 347; 참고. pp. 342-351.
[104] *Ibid.*
[105] R. Bultmann, *E.P.T.*, p. 256.

한 질문"이 해석자를 움직인다고 대답한다. 이어 불트만은 이런 말을 덧붙인다. "하나님에 관한 질문과 나 자신에 관한 질문은 동일하다."[106] 마찬가지로 불트만은 해석학을 다룬 그의 논문에서 이렇게 썼다. "인간 실존 속에서 하나님을 아는 **실존** 지식은 '행복', '구원', 세계의 의미, 그리고…각 사람의 특별한 '존재'가 가진 진짜 본질을 캐묻는 탐구라는 형태로 살아 있다."[107]

나중에 불트만의 해석학을 논할 때, 이 두 원리가 그의 더 넓은 사상과 어떻게 연결되어 있는지 제시해 보겠다. 예를 들어, 우선 불트만이 변증법 신학에서, 그리고 자유주의 신학의 한계를 인식하는 데서 얼마나 강한 영향을 받았는지 주목하지도 않은 채 무턱대고 둘째 원리가 암시하는 어떤 국가주의나 내재주의와 관련된 결론으로 비약한다면 이는 어리석은 일이 될 것이다. 그가 이 주제를 놓고 전개하는 사상은 복잡하다. 무엇보다도 그가 서로 명료하게 조화를 이루지 못하는 시각들을 포함한 신학적 시각의 다양성을 정당하게 평가하려고 시도하기 때문이다. 하지만 우리가 당면한 목적은, 다른 저술가들도 있겠지만 그중에서도 칼 바르트, 제임스 스마트, 칼 브라텐을 포함한 여러 저술가가 불트만이 생각하는 전이해 개념을 근거로 방금 말한 원리들을 설명한다는 점에 주목하는 것이다.[108] 칼 브라텐은 이렇게 썼다. "불트만이 제시하는 해석학 견해의 아킬레스건은 그가 성경 해석에 적합한 전이해 개념을 좁게 인식한다는 것이다."[109]

하지만 사실 다른 신학자들은 불트만의 해석학에서 자주 공격당하는 두 원리를 받아들이지 않을뿐더러 인간 실존에 관한 실존주의의 분석도 분명 받아들이지 않으면서 정작 전이해라는 범주는 활용한다. 이 점을 아주 다른

---

106 R. Bultmann, *Jesus Christ and Mythology* (S.C.M., London, 1960), p. 53; 참고. pp. 52-56. 『예수 그리스도와 신화』(한국로고스연구원).
107 R. Bultmann, *E.P.T.*, p. 257.
108 K. Barth, "R. Bultmann—An Attempt to Understand Him" in *K.M.* II, pp. 83-132; J. D. Smart, *The Interpretation of Scripture*, p. 48.; 그리고 C. E. Braaten, *New Directions in Theology Today: 2, History and Hermeneutics*, p. 135.
109 C. E. Braaten, *ibid*.

신학 전통의 관점에서 집필하는 일부 신학자의 해석학을 골라 살펴보며 증명해 보겠다. 우선 가톨릭 신학자 에트바르트 스킬러벡스(Edward Schillebeeckx)와 버나드 로너건(Bernard Lonergan)의 몇 가지 진술을 간략히 언급하겠다. 이어 이를 구스타보 구티에레스(Gustavo Gutiérrez)와 호세 포르피리오 미란다(José Porfirio Miranda) 같은 라틴 아메리카 신학자들이 제시하는 신약 해석학 접근법과 비교해 보겠다. 그런 다음, 마지막으로, 철학자 폴 리쾨르의 저작을 살펴봄으로써 어떤 특별한 신학을 도모한다는 비판을 받아서는 안 될 한 사상가가 전이해라는 범주를 유익하게 활용한다는 것을 증명해 보겠다.

먼저 에트바르트 스킬러벡스와 버나드 로너건의 해석부터 간략히 언급하며 시작해 보자. 두 사람 모두 신약성경의 진리가 인간의 평범한 언어를 통해 전달되며 사람은 그 진리를 인간이 보통 겪는 이해 과정을 통해 자기 것으로 삼는다고 강조한다. 스킬러벡스는 폭넓은 내용을 다룬 그의 저서 『믿음 이해』(The Understanding of Faith)에서 믿음을 주제로 신학적 성격이 두드러진 고찰을 제시하면서, 이 고찰에 과도한 비중을 부여한다.[110] 하지만 그는 "산 경험"과 맺는 관계가 신학적 해석의 의미를 판단하는 데 꼭 있어야 할 기준이라고 힘주어 강조한다.[111] 그는 이렇게 썼다. "언어는 사람들이 공유하는 경험을 표현할 때 비로소 의미를 전달한다."[112] 즉, 그는 그가 "경험 해석학"(hermeneutics of experience)이라 부르는 것을 옹호한다.[113] 스킬러벡스는 자기가 인간의 평범한 경험에서 예수 그리스도의 부활 같은 사건의 의미를 끌어낼 수 있다고 주장하는 게 아니라고 지적한다. 이어 그는 이렇게 말한다. "하지만 내가 말하는 것은, 부활 개념이 누구나 이해할 수 있는 내용이라 해도 이 내용이 인간의 경험을 담고 있지 않다면…부활이 기독교에서 가지는 의미를 우리가 이해하

---

110 E. Schillebeeckx, *The Understanding of Faith: Interpretation and Criticism* (Eng. Sheed and Ward, London, 1974), 예를 들어 pp. 5-19 and 135-155.
111 *Ibid*., pp. 14-17.
112 *Ibid*., p. 15.
113 *Ibid*., p. 16.

기란 **애당초** 불가능하리라는 점이다."[114] 이해 가능성을 판단하는 기준은 "인간의 산 경험과 연결된 관계"다.[115] 이것은 사실상 전이해라는 범주를 해석학에 필요한 도구이자 인간의 삶에 근거한 개념으로서 옹호하는 것이다.

버나드 로너건도 전이해가 언어와 이해의 본질로 말미암아 이미 삶에 주어진 사실로서 중요하다고 주장한다. 그는 우리가 "텅 빈 머리 원리"(the principle of the empty head)를 바탕으로 성경 본문에 다가가면 그 본문에서 의미를 발견한다는 주장은 말이 안 된다고 주장한다.[116] 이 접근법은 그야말로 '순진하다.' 그는 실제로 우리가 '텅 빈 머리'로 알 수 있는 것이 무엇인지 잠시라도 생각해 보면 이런 주장이 순진하다는 것은 금세 알 수 있다고 주장한다. "다만 일련의 기호가 있다. 같은 기호를 같은 순서로 다시 내놓는 차원을 넘어서는 것이라면, 그것이 어떤 것이든 해석자의 경험과 지성과 판단을 통해 전달될 것이다. 해석자의 경험이 적을수록, 지성이 무딜수록, 판단이 엉성할수록, 해석자는 저자가 전혀 생각지도 않았던 견해를 저자에게 뒤집어씌울 가능성이 커질 것이다."[117]

이 결론은 로너건이 그의 책 『신학 방법』(*Method in Theology*)에서 말하는 것인데, 전작 『통찰: 인간 이해 연구』(*Insight: A Study of Human Understanding*)에서 더 폭넓게 제시한 논평을 되울리는 것이기도 하다. 이 전작에서 그는 이렇게 썼다. "바른 해석이 가능하다면, 해석자가 자신의 경험과 이해와 판단에서 문서가 가질 수 있는 폭넓은 의미로 나아가는 것도 가능해야 한다."[118] 그렇다고 로너건이 신학을 다룬 나중 작품에서, 이해해야 할 주제가 신학적이라면 더 일반성을 지닌 이해 이론들은 이 주제에 적절치 않다고 주장하는 것

---

114 *Ibid.*, p. 17.
115 *Ibid.*
116 B. J. F. Lonergan, *Method in Theology* (Darton, Longman and Todd, London, 1972), p. 157.
117 *Ibid.* 참고. pp. 153-266.
118 B. J. F. Lonergan, *Insight: A Study of Human Understanding* (Longmans, Green and Co., London, ²1958), p. 578.

같지는 않다.

지난 몇 년 사이에 라틴 아메리카에서 해방신학이 등장하면서 해석학 그리고 특히 전이해의 의미를 묻는 신학 질문들도 새로운 전환점을 맞았다. 부에노스아이레스 출신인 호세 미게스 보니노(José Míguez Bonino)는 1976년에 해방신학 운동을 개관한 논문을 출간했다. 그는 이 논문에서 특별히 "우리가 우선 해석학과 관련하여 '성경 해석을 이 시대의 역사 해석에서 시작하는 것이 정당한가?…본문의 자유는 어떻게 유지할 수 있는가?'와 같은 질문을 갖고 있기" 때문에 성서학이 해방신학에 도전을 던진다고 말한다.[119] 보니노는 그가 쓴 책 『무르익은 혁명신학』(Revolutionary Theology Comes of Age)에서 해방신학 운동의 해석학을 더 충실히 서술하며, 이런 해석학은 호세 포르피리오 미란다가 쓴 『마르크스와 성경』(Marx and the Bible, Marx y la Biblia) 같은 작품에서도 작동하고 있음을 볼 수 있다.[120] 근래 J. 앤드루 커크(Andrew Kirk)도 그의 박사 학위 논문에서 해방신학의 해석학을 비판하며 고찰했다.[121]

이 저술가들은 구스타보 구티에레스, 후안 루이스 세군도(Juan Luis Segundo), 우구 아스만(Hugo Assmann) 같은 다른 저술가들과 더불어 전이해가 성경 해석학의 중심 주제이며 이 전이해는 결국 실천(praxis)이 만들어 낸다고 강조한다. 이들은 이론 지식, 그중에서도 특히 서구 부르주아 계급과 결합해 있는 철학 가치들이 성경의 메시지를 왜곡하여 본문의 올바른 의미를 모호하게 만들

---

[119] J. Míguez Bonino, "Theology and Theologians of the New World: II. Latin America" in *Exp.T.* LXXXVIII (1976), p. 199; 참고. pp. 196-200.

[120] J. P. Miranda, *Marx and the Bible: A Critique of the Philosophy of Oppression* (Eng. Orbis Books, Maryknoll, New York, 1974). 『마르크스와 성서』(일월서각); G. Gutiérrez, *A Theology of Liberation* (Eng. Orbis Books, Maryknoll, New York, 1973). 『해방신학』(분도출판사); 그리고 J. Míguez Bonino, *Revolutionary Theology Comes of Age* (Eng. S.P.C.K., London, 1975), 특히 "Hermeneutics, Truth, and Praxis", pp. 86-105에서 논하는 다른 저자들.

[121] J. A. Kirk, *The Theology of Liberation in the Latin American Roman Catholic Church Since 1965: An Examination of its Biblical Basis* (미출간 Ph.D. 논문, University of London, 1975). 2부에서는 특히 전이해와 해석학을 다룬다. 아울러 J. A. Kirk, *Liberation Theology: An Evangelical View from the Third World* (Marshall, Morgan and Scott, London, 1979)도 참고하라. 『복음주의 입장에서 본 해방신학』(엠마오).

어 버렸다고 주장한다. 순수한 중립적 지식 같은 것은 없다. 보니노는 이렇게 강조한다. "지식 사회학은 우리가 명확한 맥락에 근거하여,…**주어진 실천에 근거하여** 생각한다는 것을 아주 분명하게 밝혀 준다. 우리는 모든 이가 본문을 해석할 때 가져다 쓰는 **전이해**에 관하여 불트만이 아주 자신 있게 주장한 내용을 깊이 있게, 더 자세하게 만들어야 한다."[122] 이어 보니노는 전이해가 사람의 사회 계급과 소속 국가 같은 자세한 고찰 사항과 관련이 있다고 말한다. 보니노는 프로이트(Freud)와 마르크스(Marx)가 삶과 문학에 관한 인간의 의식적 설명을 통제하는 숨은 요인에 의심을 표명한 것은 옳았다고 주장한다. 라틴 아메리카 신학자들은 부르주아나 비(非)마르크스주의의 시각으로 성경을 연구하는 접근법에 특히 의문을 제기한다. "예를 들어, 진보적(liberal) 해석자들이 최근까지도 예수의 삶 속에서 분명하게 드러나는 정치적 동기와 기조를 발견하지 못했던 이유는 대체 무엇인가?"[123] 후안 루이스 세군도는 신학자들이 하나님을 '내면의' 영역이나 '사적' 영역으로 내쫓아 버린 이전의 인생관을 바탕으로 성경을 해석하다 보니, 그들이 성경과 기독교 전통에서 끌어낸 것은 시간과 무관하게 존재하고 인격체도 아닌 하나님이라는 이미지뿐이었다고 주장한다. "이런 새로운 맥락에서는 해석학이 주어진 신앙 관습 속에 숨어 있는 해석의 이데올로기적 틀을 명확히 밝혀내는 일을 뜻하기도 한다."[124]

라틴 아메리카의 많은 신학자는 신약성경을 아주 분명하게 또한 일부러 마르크스주의 시각을 지향하는 전이해에 근거하여 해석한다. 따라서 보니노는 이렇게 묻는다. "오늘날 부활을 독점의 죽음이나 굶주림에서 벗어남, 공동 소유 형태로 다시 읽어 내는 것이 전혀 터무니없는 일인가?"[125] 호세 포르피리오 미란다가 쓴 『마르크스와 성경』에서는 더 상세한 사례를 제시한다. 그는 성경 해석자가 사람을 어떤 추상적 존재로, "살과 피를 가진 진짜 사람이 아니라,

---

[122] J. Míguez Bonino, *Revolutionary Theology Comes of Age*, p. 90.
[123] *Ibid.*, p. 91.
[124] *Ibid.*, p. 94.
[125] *Ibid.*, p. 101.

피와 눈물과 노예살이와 치욕과 옥살이와 굶주림과 말로 다 못할 고통을 겪는 인간이 아니라, 언제나 영원히 타당한 플라톤식 본질"로 보는 전이해를 갖고 본문에 다가가는 경우가 허다하다고 불평한다.[126] 아울러 미란다는 전이해가 실천을 지향해야 한다고 강조한다. 그렇지 않으면 해석자는 곁길로 빠져 하나님에 **관한** '개념'만 다루고 만다. 미란다는 "명령 관계를 부숴 버릴 자를 대상화하는" 이가 성경의 하나님이라고 단언한다.[127]

그러나 미란다와 보니노는 (주관성과 대립하는) 주관주의로 들어가는 문을 열고 싶어 하지 않는다. 미란다는 이렇게 강조한다. "나는 성경을 마르크스로 축소하지 않는다.…다만 난 성경이 말하는 것을 이해하고 싶을 뿐이다.…우리는 성경을 진지하게 받아들이고 싶다."[128] 사실 그는 자신의 접근법이 성경을 성경이 말하는 그대로 읽으려는 시도에서 나왔다고 주장한다. 그것은 단순히 '해석자 마음의 문제'가 **아니다**. (미란다가 보기에) 서구의 보수 신학자들이 "성경에서 현실을 뒤집어엎는 **성경 자체의** 메시지를 드러내지 못하는 이유는 성경에 다양한 '의미'가 있다"는 믿음 때문이지만, 이는 단지 패배주의요 냉소하는 믿음일 뿐이다. "이런 믿음에 의지하지 않으면, 불의한 문명인 서구가 어떻게 성경이 자신의 신성한 책이라는 말을 계속할 수 있겠는가? 일단 우리가 다른 어떤 것처럼 받아들일 수 있는 또 다른 '의미들'이 있을 수 있음을 확립해 버리면, 성경은 서구에 도전을 던지지 못한다."[129] 아울러 보니노는 신약성경을 "읽는 일"이 "그저 제멋대로 행하는 창작"이 되지 않으려면 비판을 동반한 평가가 있어야 한다고 강조한다.[130] 앤드루 커크는 이런 시각을 이렇게 요약한다. "마르크스주의의 해석은, 보수적 철학 체계와 결합한 전이해를 활용하여 성경 본문을 혁명 이전이라는 현재 상태를 지키는 데 사용하고자 하는 모든

---
126 J. P. Miranda, *Marx and the Bible*, p. 31.
127 *Ibid.*, p. 41.
128 *Ibid.*, pp. 35 and 36.
129 *Ibid.*, p. 36.
130 J. Míguez Bonino, *Revolutionary Theology Comes of Age*, p. 100.

주해의 의도를 폭로할 수 있는 이데올로기 체계를 제공한다."[131]

이 접근법의 결과는 첫째로 전이해에 관한 질문이 중요함을 강조한 것이고, 둘째로 신약 해석학에서 이 전이해라는 범주 사용이 하이데거와 실존철학의 관점이나 슐라이어마허와 딜타이의 철학 전통에서 출발한 이들의 전유물이 아니라는 것이다. 그러나 이 두 결과는 불트만의 사상을 더 자세히 살펴볼 때 귀 기울여 들어야 할 두 가지 경고를 제공한다. 첫째, 마르크스주의를 따르는 해석자들은 사실 그들 자신의 전이해를 알고 있을 때조차도 마르크스주의 성경 해석에 이르려는 경향이 있으며, 이 사실은 성경 해석학에서 객관성이라는 문제를 더 예리하게 부각시킨다. 단순히 전이해 문제를 알고 있다는 것만으로는 이런 현상이 일으키는 문제를 충분히 해결하지 못한다. 우리는 이제 '과거의 과거성'보다는 과거의 의미가 현재의 지평 속에서 사라지는 것이 문제가 되는 지점에 이르렀다. 둘째, 이렇게 서로 다른 전이해가 서로 다른 신약 해석 방법으로 이어지는 것처럼 보인다면, '바른' 전이해에서 출발했다고 주장하는 어떤 신약 해석자의 주장도 조심해야 한다. 가끔 불트만을 비판하고자 이 말을 사용할 때가 있는데, 적절한 때가 되면 이것이 아예 그른 말은 아님을 살펴보겠다. 한편에서 불트만은 초기 하이데거의 실존 개념이라는 **한 출발점을 지나치게 중시한다. 그러나 다른 한편에서는 어떤 전이해도 잠정적이며 나중에 얼마든지 바로잡을 수 있음을 강조하기도 한다.

이제는 전이해라는 주제 전반에 관한 마지막 논평으로 이 전이해 논쟁이 사실 우리가 이제까지 본 것보다 훨씬 더 광범위하다는 점을 언급할 수 있을 것이다. 철학자 폴 리쾨르[와 예컨대 피터 호먼스(Peter Homans)를 포함한 다른 이들]는 마르크스뿐 아니라 지크문트 프로이트에게서 나타나는 고찰이 해석학에 어떻게 영향을 미쳤는지 보여 준다.[132] 이 책의 관점에서 볼 때 리쾨르의 논의

---

[131] J. A. Kirk, *The Theology of Liberation*, Part II, sect. 2-1.
[132] P. Ricoeur, *The Conflict of Interpretations*, pp. 99-208, 특히 "The Place of Freudian Hermeneutics", pp. 142-150. 아울러 P. Homans, "Psychology and Hermeneutics" in *J.R.* LV (1975), pp. 327-347도 참고하라.

에서 가장 놀라운 특징 중 하나는, 서로 정반대인 두 철학 전통에서 출발해도 둘 다 전이해가 중요하다는 결론에 이를 수 있음을 증명하는 데 그의 논의가 기여한다는 것이다. 앞서 슐라이어마허의 전통에서는 인간의 의식을 강조하는 관점이 해석학 원리를 형성함을 보았다. (니체, 마르크스와 더불어) 프로이트는 인간의 의식을 핵심 출발점으로 받아들이길 거부하며, 이런 입장을 바탕 삼아 의미 문제에 접근한다. 프로이트는 인간의 마음(mind)이 복잡하기 때문에 의미가 의미 의식(consciousness of meaning)과 늘 같지는 않다고 주장한다. 리쾨르는 이렇게 평한다. "현대인을 분석한 이 세 주해가(프로이트, 니체, 마르크스)는…모두 같은 환상, 곧 자의식이라는 신성한 이름을 가진 환상을 비판한다.…하지만 이 의심의 세 거장이 회의주의의 세 거장은 아니다.…마르크스, 니체, 프로이트는 의미 주해를 통해 의식을 향한 그들의 의심을 이겨 낸다. 이리하여 처음으로 이해가 해석학이 된다."[133]

하지만 각 경우를 보면, 이 사상가들은 의미에 관한 질문에 그들 각자가 의미를 풀어 드러내 준다고 보는 전이해를 품고 다가간다. 프로이트는 의미를 푸는 열쇠가 무의식인 영혼(psyche)에서 나온다고 본다. 따라서 그는 이런 전이해의 관점에서 의식을 해석한다. 니체는 힘을 향한 인간의 의지라는 관점에서 이 문제에 다가간다. 마르크스는 인간이 사회적 존재라는 전제 아래 삶과 역사를 해석한다. '의미'에 관한 그들의 견해는 그들 자신의 전이해와 분리할 수 없다. 자신의 전이해를 무시하거나 억압하고도 목표를 이룬 이는 이 세 사상가 가운데 아무도 없었다. '이해'는 전이해와 의미 사이의 상호 작용 속에서 움튼다.[134]

그렇다면 전이해가 신약 해석학에서 가지는 중요성이 특별히 신학에 호소하거나 아주 편협한 철학적 근거에 기초한 것이라고 주장할 수는 없다. 이 현상이 제기하는 문제들은 피할 수 없다. 성공회 교리위원회 보고서인 『그리스

---

[133] *Ibid.*, pp. 148-149.
[134] *Ibid.*, p. 150.

도인이 믿는 것』에서도 이렇게 말한다. "자신이 기존에 갖고 있는 준거틀, 성경 밖의 근원에서 유래하여 자신만이 가정하는 유형을 따르지 않고서도 자신에게 혹은 누군가에게 성경을 설명하는 사람은 없다."[135]

옮긴이 주

[1] 이 말은 바르트가 쓴 *Die Kirchliche Dogmatik*, I/2. 8. Aufl. (Zürich: Theologischer Verlag, 1990), p. 579에 나오는 말이다. 바르트는 루터를 원용하며 이렇게 말한다. "...das durch den Geist eingegebene Schriftwort nur dadurch als Wort Gottes erkannt werden, daß das in ihm geschehene Werk des Geistes wieder gescieht und weitergeht, d.h. auch an seinen Hören oder Lesern Ereignis wird. Wie wollte Gott anders denn als durch Gott selbst erkannt werden?"(성령을 통해 주어진 성경 말씀을 하나님 말씀으로 인식할 수 있는 것은 오로지 하나님 말씀 안에서 일어난 성령의 역사가 거듭 일어나고 또 계속하여 일어나기 때문, 다시 말해 그 말씀을 듣는 이나 읽는 이에게도 사건이 되기 때문이다. 하나님 자신이 알려 주시지 않으면 달리 어떻게 하나님을 알 수 있겠는가?)

[2] 티슬턴은 여기서 바르트가 한 말을 충실히 인용하지 않았다. 이 말은 본디 *Die Kirchliche Dogmatik*, I/2. 8. Aufl. p. 586에 나오는 말이며, 앞 문장과 뒤 문장이 각각 다른 항목에 들어 있는 상당히 긴 문장이다. 티슬턴이 인용한 부분을 제대로 쓰면 이렇다. "Geht uns diese Erinnerung an, ist die Bibel also wirklich da für uns, dann können wir das Wort Gottes, das sie uns sagt, unmöglich anders als die nunmehr auch von uns zu erwartende Tat Gottes verstehen....3....Er rechnet damit, daß das Ereignis des Wortes Gottes nicht eine Fortsetzung, sondern das Ende alles dessen sein wird, was er sonst als Ereignis kennt"(우리에게 이런 기억이 떠오른다면, 그리하여 성경이 실제로 우리를 위해 존재한다면, 우리는 성경 안에서 우리에게 말씀하시는 하나님의 말씀을, 이제 우리가 기대하는 하나님의 행위가 아닌 다른 방법으로는 이해할 수 없는 하나님의 말씀을 이해할 수 있다.…3.…그는 하나님 말씀이라는 사건이 연속된 일이 아니라 그가 평상시에 사건으로 알고 있는 모든 것의 종착점이 되리라는 것을 고려한다).

[3] 티슬턴이 인용한 틸리케의 글은 H. Thielicke, *Der Evangelische Glaube* I (Tübingen: J. C. B. Mohr, 1968), pp. 3-4에 있는 말로, 티슬턴이 인용하는 맥락과는 조금 다른 맥락 속에 있다. 생략 없이 독일어 원서 원문과 번역문을 제시하면 이렇다. "Indem diese Fragen aufgegriffen und ihre bisherigen Lösungen kritisch gemustert werden, ergibt

---

135 "The Christian and the Bible" in *Christian Believing*, p. 30.

sich die Nötigung, die christliche Wahrheit mit dem heutigen Bewußtsein, mit dem herrschenden Denkstrukturen sowohl mit dem selbst—und Weltverständnis unserer Zeitgenossen, zu konfrontieren. Denn jedes Wort, auch das Wort Gottes, impliziert einen Adressaten: eben den Menschen der jeweiligen Zeit und damit den „Zeitgenossen." Dieses Wort ist nicht nur geschichtlich insofern als es selber in der Geschichte gründet und aus ihr kommt, sondern auch insofern als es in geschichtliche Situationen ergeht. Nicht nur die Verfasser, sondern auch die Empfänger jener Wort-Botschaften sind dem Prozeß der Geschichte zugeordnet" (이런 문제들을 다루면서 지금까지 나온 문제들의 해답을 꼼꼼히 살펴보며 비판해 보면, 기독교 진리를 오늘날의 의식과 대면하게 하고 기독교 진리를 우리 시대 사람들의 자기이해와 세계 이해처럼 이 시대를 지배하는 사고 구조와 대면하게 해야 할 필요성이 분명하게 드러난다. 왜냐하면 하나님 말씀을 비롯한 모든 말은 각 시대 사람들을 수신자로 암시하며, 이를 통해 결국은 '같은 시대 사람들'을 수신자로 암시하기 때문이다. 그런 점에서하나님 말씀은 그 자체가 역사에 근거하고 역사에서 나올 뿐 아니라, 또 그런 점에서 역사 속 상황에서 선포된다. 선포된 그 말씀의 저자뿐 아니라 수신자도 역사 과정에 속해 있다).

[4] 틸리케의 말을 조금 더 인용하면 이해하기 쉽다. 그는 *Der Evangelische Glaube* I, p. 6에서 이렇게 말한다. "Darum ist die Geschichte der Theologie im Grunde nichts anderes als die Geschichte ihrer Addressierungen. Und die Geschichte ihrer Addressierungen ist die Geschichte ihrer Relevanz für den Zeitgenossen"(그러므로 신학의 역사는 본디 신학이 사람들에게 무언가를 말해 온 역사다. 아울러 신학이 사람들에게 무언가를 말해 온 역사는 신학이 그 시대 사람들과 맺어 온 관계의 역사이기도 하다).

[5] 티슬턴이 제시한 영역본 본문은 H. Thielicke, *Der Evangelische Glaube* I, p. 24에 있는 말을 번역한 것인데, 영역본 본문이 불충실하여 인용문 뒷부분의 독일어 원문과 번역문을 제시한다. "Dann aber ist es unvermeidlich, daß jener Autós nun ein Thema von theologischen Gewicht wird, d.h. daß die anthropologische Frage einen ganz neuen Akzent erhält. Jetzt wird die Frage interessant, welche Anknüpfungspunkte die Botschaft in unserem Vorverständnis finde: in unseren Nöten, Hoffnungen und existentiellen Fragen, welches Begriffsinventar-etwa in der zeitgenössischen Philosophie-uns zur Verfügung stehe, um die in einem anderen Begriffsschema auf uns zukommende Botschaft zu fassen,..."(그렇다면 이제는 자아가 신학에서 중요한 테마가 될 수밖에, 즉 인간론과 관련된 질문을 완전히 새롭게 강조할 수밖에 없다. 이제는 그 선포된 말씀이 우리의 전이해에서, 곧 우리의 곤궁한 처지와 소망과 실존의 질문 속에서 어떤 연결점을 발견하는지, 우리가 또 다른 개념 도식을 통해 우리에게 다가오는 말씀을 이해하고자 할 때—예를 들어 이 시대 철학 개념에서—마음대로 활용할 수 있는 개념이 무엇인지가 흥미로운 문제가 된다).

[6] M. Heidegger, *Sein und Zeit*, p. 153에서 하이데거가 한 말을 생략 없이 옮겨 보는 게 좋으리라 생각한다. "Aber in diesem Zirkel ein vitiosum sehen und nach Wegen Ausschau halten, ihn zu vermeiden, ja ihn auch nur als unvermeidliche Unvollkommenheit »empfinden«, heißt das Verstehen von Grund aus mißverstehen"(그러나 이 순환에서 어떤 악한 것을 보고 그것을 피할 길을 찾는다면, 아울러 그것을 단지 피할 수 없는 불완전함으로 '여긴다면', 그 이해는 철저한 오해다).

5장

해석학과 언어

이번 장에서 다루는 해석학과 언어에 관한 질문은 지금도 해석학에서 다루는 더 큰 쟁점 속에 들어 있다. 그중에서도 특히 언어와 관련한 전문 쟁점은 하이데거와 가다머, 특히 비트겐슈타인의 저작을 살펴보면 드러날 것이다. 하지만 해석학의 쟁점을 체계 있게 고찰해 보면, 이 세 철학자의 저작에서는 대놓고 제기하지 않은 언어 관련 질문들이 등장한다.

신약성경 해석사를 초창기부터 살펴보면, 언어 탐구가 해석학에서 가지는 중요성을 강조한 세 시기가 있었다. 첫째, 특히 몹수에스티아의 테오도로스(Theodore of Mopsuestia)와 요하네스 크리소스토무스(John Chrysostom)를 포함한 안디옥 학파는 알렉산드리아 학파의 알레고리 해석에 반대하면서, 언어 연구가 본문의 '문자적' 의미에 도달하는 수단으로서 가진 가치에 주목했다. 하지만 '문자적'이라는 말은 오해를 낳을 수 있다. '문자적'이라는 말이 은유적 혹은 상징적 의미가 저자의 의도와 명백히 일치했을 때 그 의미를 배제하지는 않지만, 이 말은 어떤 말의 의미를 이해할 때 그 말이 고유한 언어 맥락 속에서 보통 가진다고 흔히 인정하는 의미대로 이해하기를 요구한다. 다시 말해, 신약성경에 다가갈 때는, 신약성경을 언어와 언어의 맥락이 보통 때는 전달해 주지 않는 또 다른 의미들을 간직한 신탁의 저수지로 여기기보다, 보통의 언어 과정이 적용되어 인간 언어를 펼친 것으로 여기며 다가가야 한다. 몹수에

스티아의 테오도로스는 언어의 맥락이 지닌 여러 특수성에 주목하려는 모습을 아주 분명하게 보여 주면서, 파러(Farrar)의 표현을 빌려 말하면, "가장 먼저 나온 말들을 가장 나중에 주어진 계시들로 읽어 내길" 거부한다.[1]

두 번째 시기는 종교개혁 시대다. 이 시기는 마르틴 루터에게 많은 신세를 지고 있다. 루터는 **언어 자체**에 관한 연구가 성경 해석학에 좋은 기여를 했음을 유달리 강조한다. 그 점을 확실하게 보여 주는 한 예가 루터가 에오바누스 헤수스(Eobanus Hessus)에게 보낸 서신에 나온다. 이 서신은 헤수스가 쓴 시와 관련하여 헤수스를 칭송하려고 쓴 것이었다. 루터는 여기서 하나님의 사람은 언어나 글쓰기 솜씨를 갈고 닦는 일을 소홀히 하지 않는다고 주장한다. "저 자신은 (인문학) 학문(*literae*) 지식이 없으면 순수한 신학도 결코 존재할 수 없다고 확신합니다.…하나님이 먼저 언어와 학문을 일으키시고 융성케 하셔서 길을 닦아 놓지 않으셨다면 하나님 말씀의 위대한 혁명도 결코 일어나지 않았습니다.…저는 사람들이 이런 학문을 통해 신성한 진리를 파악할 뿐 아니라 그 진리를 능숙하고 훌륭하게 다룰 수 있는 준비를 기막히게 한다는 것을 인정합니다."[2]

에벨링과 베른트 묄러(Bernd Moeller)를 비롯한 여러 저술가는 루터가 "성경에는 진짜 의미가 오로지 하나만 있으며, 이 진짜 의미는 문자적 의미이자 그 자체가 영적 의미"라 생각했다고 강조한다.[3] 그러나 루터가 언어 연구에 관심을 갖게 된 계기가 비단 알레고리에 대한 적대감 때문만은 아니었다. 루터가

---

[1] F. W. Farrar, *History of Interpretation*, p. 217.
[2] M. Luther, "Letter to Eobanus Hessus"(1523년 3월 29일) in *Luther's Works, Vol. 49: Letters, II*, ed. by Gottfried G. Krodel (general editor, Helmut T. Lehmann, Fortress Press, Philadelphia, 1972), p. 34. 편집자는 (주12에서) 라틴어 *Literae*가 *bonae literae*(좋은 학문)의 공인 약어이기 때문에 인문학을 뜻한다고 주장한다. '문학'이라고 번역해도 되겠지만, 문맥상 십중팔구는 더 넓게 르네상스 학문을 가리키는 말로 보는 것이 좋을 것이다. 루터는 헤수스에게 독일인이 시의 진가를 알지 못하는 야만인이 아니며 자신은 이런 학문이 신학에 귀중한 가치가 있음을 안다고 확언한다.
[3] G. Ebeling, *Luther: An Introduction to his Thought* (Eng. Collins, London, 1972), p. 107; 참고. B. Moeller, "Scripture, Tradition and Sacrament in the Middle Ages and in Luther" in F. F. Bruce and E. G. Rupp (eds.), *Holy Book and Holy Tradition* (Manchester University Press, 1968), p. 130.

텍스트의 언어와 자신이 사는 세계의 관계에 관심을 기울인 이유는 무엇보다도 그의 성경 번역 작업 때문이었다. 그는 한 단어나 한 문구를 붙잡고 오랜 시간을 씨름했으며, 적어도 어떤 때에는 욥기의 세 줄을 붙들고 나흘을 보낸 적도 있었다. 또한 그는 삶의 경험이 언어를 이해하는 데 도움이 된다는 것을 알고 있었다. 이 때문에 그는 예컨대 제물을 죽이는 일을 묘사한 언어를 더 잘 이해하려고 도축장에 가서 동물을 어떻게 죽이는지 살펴보기도 했다.

언어 연구를 해석학에 필요한 도구로 여긴 세 번째 시기는 (더 앞선 시기인 스피노자 때를 생각하지 않는다면) 18세기에 시작되었다. 이 시기에는 성서비평이 등장하면서 언어 연구가 계속 이어지고 발전했다. 로버트 라우드(Robert Lowth)가 1753년에 내놓은 히브리 시 연구는 언어를 **언어로서** 연구하는 일이 성경 해석에 대단히 중요함을 보여 주는 한 예다.[4] 이때부터 불트만과 새 해석학이 등장할 때까지, 신약 해석학 이야기는 신약 비평의 발전과 사실상 같은 말이 된다. 하지만 이때도 노르덴 같은 학자들은 **언어라는 이유만으로** 언어에 관심을 기울인 것으로 특히 유명하며, 어쩌면 다이스만(Deissmann)도 그랬던 것 같다. 이런 언어 연구의 발전은 삼척동자도 아는 일이므로 더 언급할 필요가 없으며, W. G. 큄멜(Kümmel)의 저작과 같은 표준 저작에서 소개한다.[5] 근래에는 1966년에 루이스 알론소 쇠켈(Luis Alonso Schökel)이 "언어와 문학에 비춰 본 성경"(Scripture in the Light of Language and Literature)이라는 제목으로 글을 썼는데, 글 자체는 가치가 있지만 신기원을 이루지는 못했다.[6] 근래 가장 중요한 발전 성과는 일반 언어학의 관점에서 나온 것과 일반 언어학을 언어학 및 의미론에 관한 성경적 연구와 연관 지은 결과물이었다. 여기에서는 그런 성과

---

[4] 라우드는 히브리 시의 평행법에서는 2연의 언어가 1연의 언어와 같은 의미를 표현한다는 것을 보여 주었다.
[5] W. G. Kümmel, *The New Testament: The History of the Interpretation of its Problems*, pp. 108-119 *et passim*.
[6] L. Alonso Schökel, *The Inspired Word: Scripture in the Light of Language and Literature* (Eng. Burns and Oates, London, 1967).

로 영국의 제임스 바와 존 소여(John Sawyer), 유럽 대륙의 R. 키퍼(Kieffer)와 특히 E. 귀트게만스(Güttemanns), 미국의 「세메이아」에 실린 기고문들을 들 수 있겠다.[7]

15. 언어학과 의미 탐구가 해석에서 행하는 제한된 역할: 거리, 융합, 지시

해석학의 관점에서 볼 때, 전통적 언어 연구 접근법은 대개 애초부터 어떤 한계를 갖고 있다. 즉 이런 접근법은 고대 텍스트의 언어에 주목하면서도, 텍스트의 세계와 해석자의 세계 사이에서 지평 융합을 이루려 하지 않는다. 실제로 이런 접근법은 전이해 문제를 무시하곤 한다(그럼에도 우리는 사실 이번 장 뒷부분에서 다룰 D. O. 바이어의 주장, 곧 제임스 바의 저작에 이 문제는 진짜 문제가 아니라는 주장이 들어 있다는 주장을 거부한다).[8] 이 말은 이런 접근법을 비판하는 것이 아니며, 이런 접근법이 해석학에서 좋은 역할을 하지 않는다는 주장도 물론 아니다. 의미 탐구가 해석자와 텍스트를 떼어 놓는 훌륭한 역할을 한다는 점은 뒤에서 살펴보겠다. 그렇지만 이런 탐구는 오로지 텍스트의 세계와 관련이 있기 때문에, 이런 탐구가 해석학에서 하는 역할은 늘 제한되어 있다. 에벨링이 강조하듯이, 한 텍스트 안에 들어 있는 모든 낱말을 하나하나 이해했어도 정작 그 텍스트의 메시지는 이해하지 못하는 일이 일어날 수 있다.[9]

존 소여의 작업은 여기서 문제 삼는 원리를 잘 설명한다. 그는 의미론 분야

---

[7] J. Barr, *The Semantics of Biblical Language* (Oxford University Press, 1961); J. F. A. Sawyer, *Semantics in Biblical Research: New Methods of Defining Hebrew Words for Salvation* (S.C.M., London, 1972); R. Kieffer, *Essais de méthodologie néotestamentaire* (Gleerup, Lund, 1972); 그리고 E. Güttgemanns, *Studia Linguistica Neotestamentica: Gesammelte Aufsätze zur linguistischen Grundlage einer Neutestamentlichen Theologie* (Beiträge zur evangelischen Theologie Bd. 60; Kaiser, Munich, 1971). 아울러 귀트게만스가 *Linguistica Biblica: Interdisziplinäre Zeitschrift für Theologie und Linguistik*라는 제목으로 엮은 잡지도 참고하라.

[8] 참고. D. O. Via, *The Parables*, pp. 48-49.

[9] G. Ebeling, *The Nature of Faith* (Eng. Collins, London, 1961), p. 16. 『신앙의 본질』(대한기독교서회).

와 관련된 그의 방법론을 소개하기 전에도, "'그것은 무슨 뜻인가?'라는 질문을 '원래 맥락에서 그것은 무슨 의미였을까?'나 '기원전 6세기 바빌론에서 그것은 무슨 뜻이었을까?', '기원전 3세기 알렉산드리아에서 그것은 무슨 뜻이었을까?' 따위의 질문으로 바꿈으로써" 의미의 모호함을 피할 수 있다고 주장한다.[10] 여기서 우리는 다만 "최대의 객관성이⋯목표"인 텍스트 세계 속에 있다.[11] 텍스트의 원저자가 생각했을 텍스트의 의미와 초기 편집자가 생각했을 텍스트의 의미, 훗날 맛소라 학파가 생각했을 텍스트의 의미는 올바로 구분된다. 소여는 이런 문제를 보여 주는 예로 아모스 8:3에 나오는 $w^eh\hat{e}l\hat{\imath}l\hat{u}\ \check{s}\hat{\imath}r\hat{o}t\ h\hat{e}\underline{k}\bar{a}l$ 이라는 말의 의미 문제를 인용한다. $h\hat{e}\underline{k}\bar{a}l$은 '왕궁'(palace, NEB)을 뜻하는가 아니면 '성전'(temple, RSV)을 뜻하는가? 아모스는 '노래하는 여자들'(NEB, $\check{s}\bar{a}r\hat{o}t$를 전제함)을 이야기했는가 아니면 '노래'(RSV, $\check{s}\hat{\imath}r\hat{o}t$를 전제함)를 이야기했는가? 소여는 아모스 자신이 사마리아에서 호화 생활을 즐기는 왕가에 임할 심판을 예언하고 있다고 지적한다. 따라서 그는 이 말이 "왕궁에서 노래하는 여자들이 울부짖으리라"라는 뜻이라고 말한다. 그러나 맛소라 전통에서는 $h\hat{e}\underline{k}\bar{a}l$이 예루살렘 성전이 된다. 또한 성전에는 '노래'가 있고 '노래하는 여자들'은 없기 때문에, $\check{s}\bar{a}r\hat{o}t$는 $\check{s}\hat{\imath}r\hat{o}t$가 된다. "AV와 RSV에서 따르는 맛소라 전통에서는 이 말의 **원래 의미**가 기원전 8세기 사마리아 사람들이 이해했던 것처럼 순전히 학자들이나 관심을 가질 만한 의미였겠지만, 기원전 587년에 예루살렘을 향해 선포하고 예루살렘 성전이 파괴될 것을 예언하는 말로서 이 예언을 예루살렘에 적용한 뒤에는, 사마리아에 있는 '왕궁'을 가리키던 Hekal이 '성전'을 가리키게 되었다고 본다."[12] 소여는 **오늘날** $h\hat{e}\underline{k}\bar{a}l$의 의미는 순전히 우리가 아모스 시대의 사마리아에 관심을 두는지 본문 편집자 시대의 예루살렘에 관심을 두는지에 따라 좌지우지된다고 결론짓는다.

---

10 J. F. A. Sawyer, *Semantics in Biblical Research*, p. 10. 티슬턴 강조.
11 *Ibid.*, p. 2.
12 *Ibid.*, p. 5. 소여 강조.

소여는 이 원리가 시편의 많은 경우에서도 작동한다고 지적한다. 소여는 궁켈의 작업이 원래의 삶의 정황(Sitz im Leben)을 지적한 점에서는 대단한 가치가 있었지만, 이 원래의 정황만이 "유일한 상황 맥락(situational context)은 아니다.…시편처럼 시간을 초월하는 작품은 많은 상황에서 맥락에 맞게 적용되었다"라고 주장한다.[13] 학자들은 공관복음 본문의 의미를 두고도 비슷한 말을 했다. 예를 들면, 도드와 예레미아스는 문제가 된 비유들이 예수가 자신의 유대인 청중에게 비유를 말씀하셨던 상황에서 가졌을 의미와 복음서 기자나 초기 교회가 생각했을 의미가 꼭 일치하지는 않는다고 주장했다.[14]

어떤 의미에서 보면, 소여의 말은 해석학의 관점을 대변한다. 성경 저자들 자신의 관심사가 그들 이전의 본문이 그들의 세계를 상대로 하는 말을 듣는 것이었음을 강조하기 때문이다. 아울러 소여는 해석자가 본문이 지닌 여러 차원의 의미에 관한 해석자의 선입견을 본문에 강요하기보다, 본문에서 멀찌감치 떨어져 각 상황의 맥락이 가진 특수성에 주목할 수 있게 도와준다. 하지만 소여는 대부분 고대 본문 자체의 지평에만 관심을 기울이고 현대 해석자의 관점이나 세계에는 관심을 기울이지 않는다.

이 점은 우리가 상황의 맥락을 고찰하다가 소여의 기여가 더 두드러지게 나타나는 밭 의미론(field semantics)이라는 분야로 옮겨 가면 특히 분명하게 드러난다. 밭 의미론을 개척하는 데 큰 기여를 한 인물이 1931년에 밭 이론(field theory, Wortfeld Theorie, 낱말밭 이론)을 처음으로 분명하게 정립한 J. 트리어(Trier)다. 트리어는 한 낱말이 그 낱말의 언어 맥락에 의존하지 않고서는 의미를 갖지 않으며, "다만 전체의 일부로서"(nur als Teil des Ganzen), "오로지 밭 안에서"(im Feld) 의미를 갖는다고 주장했다.[15] 하지만 이 원리를 배아 형태로 처음 제시한 것은 사람들이 대개 현대 언어학의 창시자라 여기는 페르

---

[13] Ibid., p. 7.
[14] C. H. Dodd, *The Parables of the Kingdom* (Nisbet, London, 1936), pp. 111-174; 그리고 J. Jeremias, *The Parables of Jesus*, pp. 33-114.
[15] J. Trier, *Der Deutsche Wortschatz im Sinnbezirk des Verstandes* (Winter, Heidelberg, 1931), p. 6.

디낭 드 소쉬르(Ferdinand de Saussure, 1857-1913)의 작업이었다. 소쉬르의 작업은 주로 세 원리를 기초로 삼았다. 첫째는 언어가 인간의 관습에 근거하여 작동한다는 원리다. 둘째는 공시 언어학과 통시 언어학이 구분된다는 원리다. 셋째는 언어가 구조 체계라는 본질을 갖고 있다는 원리다. 처음 두 원리는 이번 장 다른 부분에서 더 자세히 살펴보겠지만, 특별히 이 지점에서는 세 번째 원리에 관심을 기울일 것이다. 나도 이미 다른 논문에서 소쉬르와 그가 신약학 연구에서 차지하는 의미를 더 상세히 다루었다.[16]

소쉬르는 이렇게 썼다. "언어는 서로 의존하는 말들의 체계(les termes sont solidaires)이며, 이 체계 속에서 각 말이 가지는 가치(la valeur)는 오로지 다른 말들이 동시에(함께) 존재하는 데서 나온다.…관련 개념을 표현하는 데 사용한 모든 낱말은 서로 다른 낱말을 제한한다."[17] 일반 언어학에서 이 원리를 보여 주는 표준 사례는 색깔을 나타내는 낱말이다. '빨강'과 '노랑'을 가르는 지점은 어디인가? 그 답은 '오렌지색'이 색깔을 나타내는 낱말밭의 일부인가에 달려 있다. 만일 일부라면, '빨강'은 다른 경우보다 더 좁게 정의될 것이다. 결국 '빨강'의 뜻은 같은 밭 안에 존재하는 다른 말이 무엇이며 그 말들이 밭에 어떻게 기여하느냐에 달려 있다. 소쉬르 자신은 이 원리를 두려움을 나타내는 낱말밭과 관련지어 설명했다. 프랑스어에서 '두려워하다'를 뜻하는 craindre, '무서워하다'를 뜻하는 avoir peur의 의밋값은 '아주 두려워하며 걱정하다'를 뜻하는 redouter도 이 밭에 기여하는지에 따라 좌우된다.[18]

존 소여는 구약성경에서 구원과 관련이 있는 낱말들의 의미 밭을 살펴본다.

---

[16] A. C. Thiselton, "Semantics and New Testament Interpretation" in I. H. Marshall (ed.), *New Testament Interpretation* (Paternoster Press, Exeter, and Eerdmans, Grand Rapids, 1977), pp. 75-104.
[17] F. de Saussure, *Cours de linguistique générale* (édition critique par R. Englar, Harrasowitz, Wiesbaden, 1967, 3 fascicles), fasc. 2, pp. 259 and 261-262; 그리고 *Course in General Linguistics* (Eng. Owen, London, 1960, ed. by C. Bally et al.), pp. 114 and 166 (배스킨의 영역본을 향한 비판이 없지는 않았다). 『일반언어학 강의』(민음사).
[18] F. de Saussure, *Cours de linguistique générale* (édition critique), p. 261; *Course in General Linguistics*, p. 116.

이를 통해 그는 다양한 히브리어 낱말이 이 밭에서 하는 독특한 역할을 비교한다. 때로는 이 히브리어 낱말들이 각각 행하는 독특한 역할이 영어 사전이 제시하는 의미 구분과 아주 비슷하여, 이 히브리어 낱말들이 표현하는 개념과 이에 상응하는 영어 단어들이 각각 표현하는 의미가 서로 얼추 연관이 있다. 예를 들어, 우리는 '보호하다 혹은 돕다'라는 뜻을 가진 'āzar와 '구출하다'라는 뜻을 가진 pāraq를 얼추 구분할 수 있다. 그러나 이런 구분을 하는 목적은 대부분 이런 구분이 히브리어 안에서 어떤 작용을 하는지 알아보려는 것이다. 그래서 소여는 지금 펴는 논지에 대단히 중요한 의미가 있는 한 말에서 이렇게 강조한다. "L이라는 낱말을 다른 언어를 기준으로 정의하기보다, (같은 언어의) A, B, C와 연관이 있고, D의 반대말이며, 관용어 I 속에서 G와 함께 자주 등장하는 것으로 보아 의미상 G의 영향을 받은 말이라고 정의할 수 있다. 이것이 의미를 묘사하는 가장 미더운 방법이므로, **이 방법이 번역보다 앞서야지 번역을 뒤따라서는 안 된다.**"[19]

소여의 결론은 의미 탐구가 본질상 해석학 과업의 절반만, 곧 텍스트가 고대 세계의 지평에서 가지는 의미를 설명하는 것만 도와줄 수 있을 뿐이라는 점을 확실하게 강조한다. 이것은 텍스트와 해석자를 **떼어 놓는 데** 아주 귀중한 도움을 준다. 예를 들어, 소여의 저작은 해석자가 히브리어 낱말의 의미를 그 낱말과 가장 가까운 영어 낱말의 의미와 그냥 일치시킬 수는 없다는 것을 해석자에게 일깨워 준다. 하지만 적어도 해석학의 관점에서 보면, 더 일반적 이유 때문에 제한된 범위에서 의미 탐구에 주목하는 것이 중요하다. 이른바 '상식'의 관점에서 보면, (1) 해석학은 한 텍스트의 의미를 설명하고, (2) 의미론은 낱말과 문장의 의미와 관련이 있으며, 따라서 (3) 해석학의 범위와 의미 탐구의 범위는 동일하다고 말할 수 있을지도 모른다. 하지만 이런 결론에 이른다면 이는 재앙에 가까운 잘못이 될 것이다.

---

[19] J. F. A. Sawyer, *Semantics in Biblical Research*, p. 32. 티슬턴 강조.

어쩌면 누가 봐도 명백한 점을 구태여 이야기하는 것처럼 보일지 모르겠으나, 철학자 폴 리쾨르가 17쪽 정도 되는 논문을 이 주제에 할애한다는 점은 주목할 만한 가치가 있다.[20] 그러나 그의 강조점은 조금 다르다. 우리는 앞서 언어학(혹은 의미론)은 오로지 텍스트의 지평과 관련이 있지만 해석학은 텍스트의 지평 및 해석자의 지평과 관련이 있음을 힘써 지적했다. 리쾨르도 이와 비슷하게 언어학은 닫힌 언어 체계나 말 체계, 글 체계와 관련이 있지만 해석학은 미래에 펼쳐질 새로운 차원의 의미를 향해 늘 열려 있다는 데 주목한다. 그는 이렇게 썼다. "해석학에는 닫힌 기호 우주 체계가 없다. 언어학은 자족하는 우주의 울타리 안으로 들어가 오로지 그 내부에서만 의미를 가지는 관계—[찰스 샌더스 퍼스(Charles Sanders Peirce)의 단어를 사용하자면] 기호끼리 서로 해석해 주는 관계—를 만나지만, 해석학은 열린 상태에 있는 기호의 우주가 다스린다."[21] 리쾨르는 해석학과 의미론의 관점에서 출애굽을 고찰한 결과를 토대로 자신의 논지를 설명한다. 오직 해석학만이 그가 "이중 의미"라 부르는 것을 펼쳐 보일 수 있다. 이 이중 의미를 통해 우리 자신을 이스라엘 노예를 묘사한 내용과 연계할 수 있을 뿐 아니라, "속박된 상태에서 구원으로 나아가는 움직임으로서 실존의 삶으로 나타나는 어떤 방랑 상태"와도 연계할 수 있다. "여기서 이 이중 의미는 실존의 움직임, 인간의 어떤 존재론적 상태를 해독하는 것을 목표로 삼는다."[22]

리쾨르는 해석학의 개방성이 약점이자 강점임을 올바로 간파한다. 우리는 앞서 적절한 거리 두기와 비판적 객관성이 없으면 출애굽 이야기를 라틴 아메리카 해방신학의 근거로 억지 동원하거나 거의 추측에서 나온 개념인 종교의 '진보'나 변화의 근거로 억지 활용하는 일이 벌어질 수 있다고 말했다. 하지만 리쾨르는 해석학이 이런 방법을 통해 우리를 "언어가 자신에게 이르는 곳, 언어

---

20 P. Ricoeur, "The Problem of Double Meaning as Hermeneutic Problem and as Semantic Problem" in *The Conflict of Interpretations: Essays in Hermeneutics*, pp. 62-78.
21 *Ibid.*, p. 65.
22 *Ibid.*, p. 66.

가 말하는 곳"으로 데려가기 때문에 "이런 약점 역시 해석학의 강점"이라고 주장한다.[23] 그는 의미론이 언어학의 통제를 받으면 더 엄격한 '과학적' 객관성을 얻는다는 점을 인정한다. 하지만 그렇게 과학적 객관성을 얻을 경우에는 "늘 언어학이라는 우주의 울타리에서 분석해야 하는 대가를 치른다.…상징이 **말하려는 것**에 관한 한, 구조 언어학은 이를 가르쳐 주지 못한다."[24]

언어학과 의미론에 따른 탐구가 (해석학의 관점에서 보면) 제한된 역할밖에 하지 못한다는 주제를 마무리하기에 앞서, 의미론이 특정한 의미 이론과 종종 어떤 식으로 결합되었는지 간략하게 살펴봐야 한다. 이것이 지시 의미 이론(referential theory of meaning), 곧 한 낱말의 의미는 그 낱말이 지시하는 대상이라는 이론이다. 이 이론을 비판하기 전에, 우선 이 이론을 **특별한 의미를 묻는 어떤 구체적 질문에 대답하는 방법**으로서 거부하려는 것은 아님을 분명히 해 두어야겠다. 그렇지만 비트겐슈타인은 결국 이 이론이 **모든 것을 망라하는 의미 이론**으로 받아들일 수 없는 이론임을 보여 준다.

예를 들어, 근래 안톤 그랍너하이더를 포함해 많은 저술가는 찰스 W. 모리스(Charles W. Morris)의 습관을 따라 의미론을 더 넓은 주제를 다루는 영역인 '기호학'의 하위 분과로 본다. 그렇다면 기호학은 구문론, 의미론, 화용론으로 나뉘는 셈이다.[25] 이에 근거하면, 구문론은 언어 기호 사이의 상호 관계와 관련이 있고, 의미론(이 말을 더 좁은 의미로 받아들일 경우)은 낱말과 이 낱말이 가리키는 대상 사이의 관계와 관련이 있으며, 화용론은 언어가 인간의 삶에서 가지는 쓰임새와 관련이 있다. 모리스뿐 아니라 A. 타르스키(Tarski)와 루돌프 카르나프(Rudolf Carnap)도 의미론을 이 두 번째 영역과 동일시하며, 이 두 번째 영역에는 지시 의미 이론이 포함된다.[26] 이 때문에 W. v. O. 콰인(Quine)은 이렇게 썼다. "특히 타르스키의 작업을 비롯하여, 이른바 의미론에서 가장

---

23 *Ibid.*, p. 67. 리쾨르 강조.
24 *Ibid.*, pp. 72 and 77.
25 A. Grabner-Haider, *Semiotik und Theologie*, pp. 13-49.

탁월한 작업 몇 가지가 지시 이론에 속하지 않았다면, '의미론'도 의미 이론을 가리키는 좋은 이름이 되었을 것이다."[27]

지시 의미 이론의 심각한 한계를 보여 줄 수 있는 방법은 많다. 이 주제는 복잡하기 때문에, 고트로프 프레게(Gottlob Frege)가 의미와 지시를 다룬 그의 작업에서 제기하는 특별한 질문들은 긴 각주에서 다루겠다.[28] 아울러 나는 지시 의미 이론의 몇 가지 측면을 내 작은 연구서인 『언어, 예전, 의미』(Language, Liturgy, and Meaning)에서 이미 다루었다.[29] 그런가 하면, 이번 장의 목적을 고려할 때 어쩌면 비트겐슈타인이 지시 이론(theory of reference)과 관련하여 골격을 제시한 두 문제를 간단히 언급하는 것이 필요할지도 모른다.

---

[26] R. Carnap, *Introduction to Semantics* (Harvard University Press, Cambridge, Mass., 1946), pp. vi-viii, 9-15, and 22-29; 그리고 C. W. Morris, *Writings on the General Theory of Signs* (Mouton, The Hague, 1971), pp. 35-42.

[27] W. v. O. Quine, *From a Logical Point of View: Logico-Philosophical Essays* (Harper, New York, ²1963), p. 130. 『논리적 관점에서』(서광사).

[28] 프레게의 논문 "의미와 지시에 관하여"(On Sense and Reference)는 P. Geach and M. Black (eds.), *Translations from the Philosophical Writings of Gottlob Frege* (Blackwell, Oxford, 1952), pp. 56-78에서 볼 수 있다. 프레게는 우선 우리가 의미를 오로지 지시라는 관점에서 보면, 동일함을 나타내는 진술은 우리가 풀 수 없는 문제들을 낳는다고 말한다. 'a=a' 형태의 진술은 예부터 선험적이고 분석적이지만, 'a=b' 형태의 진술은 "우리 지식을 넓혀 주는 아주 귀중한 내용을 자주 담고 있어서 증명 없이 선험적으로 인정하기가 늘 불가능하다"(*ibid.*, p. 56). 그러나 프레게는 'a'를 가리키는 말이 사실은 'b'를 가리키는 몇 가지 경우를 살펴보라고 요구한다. 예를 들어, 우리가 '샛별은 금성이다', 혹은 '샛별은 개밥바라기(와 같은 별)다'라고 말한다 치자. 이 경우, 우리는 지시에 근거하여 그저 'a=a'임을 주장한 셈이다. 그러나 어떤 역사 상황에서는 이런 진술이 천문학상 중요한 발견을 이루었으며 인간의 지식을 확장해 주는 말이 되었다. 이것이 옳다면, 그 진술의 의미는 'a=a' 형태로 축소할 수 없다.

프레게는 이 딜레마를 해결할 길로 '의미'(Sinn, 본디 독일어에서 이 말은 무언가가 가진 참되고 심오한 의미를 뜻하지만, 프레게는 이 말을 낱말이 어떤 대상을 가리키는 방식으로 보면서 그것을 '의미'라 부른다. 영어로 sense라 번역한다—옮긴이)와 '지시 대상'(Bedeutung, 본디 독일어에서 이 말은 무언가가 누군가에게 가지는 뜻이나 중요성을 말이나 기호나 행동으로 표현한 것을 뜻하지만, 프레게는 이 말을 어떤 낱말이 가리키는 대상을 나타내는 말로 사용한다. 영어로 reference라 번역한다—옮긴이)을 구분하여 제시한다. 명제 전체의 맥락에서 보면, 의미는 '금성은 금성이다'라는 진술로 환원할 수 없었다. 그러나 각 구성 요소의 **지시하는** 가치는 여전히 동일했다. 실제로 문장 전체의 관점에서 보면, "결국 한 문장의 **진릿값**을 그 문장이 지시하는 대상을 이루는 것으로 받아들일 수밖에 없다"(*ibid.*, p. 63). 프레게는 이런 식으로 결론을 맺는다. "'a=b'의 **진릿값**은 'a=a'의 진릿값과 같다. 이럴지라도, 'b'의 의미는 'a'의 의미와 다를 수 있으며, 따라서 'a=b'로 표현한 **사상**도 'a=a'로 표현한 사상과 다르다. 그 경우에 두 문장은 인식상 같은 값을 갖지 않는다. '판단'을 사상에서 그 사상의 진릿값으로 나아가는 것으로 이해한다면…판단들도 다르다고 말할 수 있다"(*ibid.*, p. 78).

[29] A. C. Thiselton, *Language, Liturgy and Meaning* (Grove Liturgical Studies 2; Grove Books, Nottingham, 1975), pp. 10-16.

첫째, 비트겐슈타인은 **의사소통**이나 **이해 가능성**이라는 문제를 지시 이론으로 해결할 수 없다고 지적한다. 사람들은 종종 어린이들이 사실은 실물 지시 정의(ostensive definition, 실물을 가리키며 그 사물의 뜻을 알려 주는 방법—옮긴이)라는 방법을 통해 낱말의 의미를 배운다고 생각한다. 엄마가 어떤 금속 물체를 가리키며 '숟가락'이라고 말하면, 사람들은 이를 보면서 아이가 문제가 된 낱말의 의미를 이런 식으로 배운다고 생각한다. 이것이 옳다면, 이는 해석학에 중요할 것이다. 우리는 이미 슐라이어마허가 해석학과 어린이가 언어의 의미를 터득하는 방법 사이에 유사성이 있다고 강조한 것을 보았기 때문이다. 그러나 비트겐슈타인은 이런 설명에 문제가 있음을 보여 준다. 내가 연필을 들고 '이것은 토브다'라고 말할 때, 이 말의 실물 지시 정의는 다양하게 이해할 수 있다. 그것은 '이것은 연필이다'라는 의미일 수도 있지만, 당연히 '이것은 나무다'나 '이것은 딱딱하다', '이것은 둥글다', 심지어 '이것은 하나다'를 의미할 수도 있다.³⁰ 비트겐슈타인은 이렇게 썼다. "종이 한 장을 가리켜 보라. 그리고 이제 그 모양을 가리켜 보라. 그다음에는 그 색깔을 가리켜 보라. 그다음에는 그 숫자를 가리켜 보라.…당신은 그 일을 어떻게 했는가?"³¹

지시 이론과 실물 지시 정의와 관련한 두 번째 문제는 이것들이 우리가 어떤 유형의 낱말을 생각할 때만 작동한다는 것이다. 비트겐슈타인은 이렇게 썼다. "만일 당신이 언어 배우기를 이런 식으로 묘사한다면, 나는 당신이 '탁자', '의자', '빵'과 같은 명사와 사람 이름을 1순위로 생각하고, 어떤 행위나 속성을 나타내는 이름은 단지 그다음 순위로 생각하며, 나머지 종류의 낱말은 알아서 스스로를 챙겨야 할 말쯤으로 여긴다고 생각한다."³² 불신자는 '하나님'이나 '사랑', '구원' 같은 낱말의 의미를 이 낱말이 가리키는 관찰 가능한 대상을 보면서 배우지 않는다. 불신자는 **먼저** 이 낱말이 기독교 신자들의 삶 속에

---

30 L. Wittgenstein, *B.B.*, pp. 2-4; 참고. *P.I.*, sects. 26-37.
31 L. Wittgenstein, *P.I.*, sect. 33.
32 *Ibid.*, sect. 1.

서 하는 역할에서 그 의미를 끌어낸다. 물론 신자 자신도 이런 방법으로 그 낱말의 의미를 완전히 밝혀내지는 못한다. 폴 반 뷰렌이 말하듯이, "('하나님' 같은) 낱말을 그 낱말이 신앙인의 삶 속에서 가지는 맥락과 분리하여 살펴보는 것은 추상을 추구하는 것이다."[33]

다시 말하지만, 이렇게 말한다고 언어가 **진리**인지 검증할 때 지시 이론도 가끔은 제구실을 할 수 있다는 것까지 부인하는 것은 아니다. 우리는 이미 어떻게 프레게가 의미와 지시를 다룬 그의 논문에서 의미와 진리를 구분할 필요가 있다고 보았는지 살펴봤다. 바로 이런 이유 때문에, 주로 기능이라는 관점에서 의미를 설명하는 비트겐슈타인의 견해는 비판 없이 통과시키면서도, 기능이라는 관점에서 의미를 설명하는 견해를 자신의 신약 언어 해석의 근거로 삼은 루돌프 불트만을 비판하는 것이 모순되지 않는다. 비트겐슈타인은 실재에 관한 이론을 구성하려 하지 않지만, 신약성경 저자들은 단순히 기능 고찰의 차원을 넘어 자신들이 진리를 주장한다고 말하기 때문이다. 신학의 주제 전체를 이미 확립해 놓은 **의미 판단 기준**(criteria of meaning)이라는 더 좁은 영역으로 축소하지 않는다면, 우리는 기능 중심 접근법(functional approach)이 해석학에 가장 유익한 접근법이라고 본다. 이를 실제적, 구체적 차원에서 말하면 이렇다. 인간의 공적 행위는 많은 신학적 주장이 전달하려는 의미를 제공한다. 그러나 이것은 이런 신학 진술을 모조리 인간에 관한 진술로 바꿀 수 있다는 말이 아니다. 우리는 지시 의미 이론을 **해석학의 기초로** 활용할 수 없다. 그러나 우리에겐 신약성경의 언어가 지닌 의미에 지시의 차원도 들어 있지 않은지 물어볼 권리가 있다. 사실 근래 나온 두 연구서에서는 특히 이 점을 긴급 이슈로 제시한다.[34] 한스 프라이(Hans Frei)는 세계 속에서 일어난 사건들을 실제로 **지시**하는 역사 자체와, 내러티브가 말하는 '세계'를 특징짓긴 하지만 세계 속에서 일어난 사건들을 실제로 지시하지는 않는 역사 **모형**(history-

---

[33] P. M. van Buren, *The Edges of Language* (S.C.M., London, 1972), p. 71.
[34] 위의 주28.

likeness)의 구분을 중요하게 여겼다. 최근 노먼 R. 피터슨(Norman R. Petersen)은 프라이의 구분을 받아들여, 누가복음-사도행전이 한 내러티브 세계를 이루지만 진짜 역사를 지시하는 차원은 갖고 있지 않다고 결론짓는다. 여기서는 그의 주장을 검토할 수 없다(다만 그런 결론을 유지하기에는 그의 주장이 너무 간결하다는 점만 말해 둔다). 그래도 그것은 지시에 관한 질문이 해석학 탐구의 주된(major) 부분은 아니어도 여전히 중요한(important) 부분이라는 점을 강조하는 데 도움을 준다.

16. 본문의 특이성을 존중함; 단어와 문맥; 번역인 해석학

페르디낭 드 소쉬르에 관한 논의를 아직 끝맺지 않았다. 앞에서는 그가 언어에서 인간의 관습이 하는 역할을 강조했을 뿐 아니라, 언어를 하나의 구조 체계로 보고 공시 언어학과 통시 언어학을 분명하게 구분했다고 말했다. 제임스 바와 유진 나이다(Eugene Nida)는, 이 원리 중 두 번째 원리와 세 번째 원리가, 특히 이 둘을 하나로 묶어 보면, 성경 해석에서 맥락이 아주 중요함을 강조한다는 것을 보여 주었다. 이때 그들은 우리가 언어학상 특이성을 지닌 존재로서 본문의 권리에 마땅히 주목해야 한다는 점을 확실히 밝혔다. 앞 장에서는 **신학적** 근거를 바탕 삼아 한 본문의 의미를 조직신학에서 제시하는 명령에 비판 없이 흡수시킬 수는 없음을 논증했다. 하지만 이제 우리 목적은 **언어학적** 근거를 바탕 삼아 특정 본문의 권리를 옹호하는 것이다.

먼저 통시 언어학과 공시 언어학의 차이를 살펴보겠다. 통시 언어학은 언어 발전의 역사, 시대가 흐름에 따라 의미가 어떻게 바뀌고 왜 바뀌느냐는 문제와 관련이 있다. 공시 언어학은 어느 주어진 시점에서 언어를 탐구하는 것과 관련이 있다. 소쉬르가 살던 시대의 언어학자들은 지나치게 통시 언어학에만 몰두했다. 그러다 보니, 어원학과 언어의 발전 법칙을 다룬 그들의 이론이 의미에 관한 질문을 다루는 그들의 접근법을 지배했다. 소쉬르는 이처럼 한쪽만 강조하는 편향성을 바로잡고자 이렇게 주장했다. "언어의 상태(état de langue)를 이해하길 원하는 언어학자는 그 상태를 만들어 낸 모든 것과 관련된 모든 지식을 내버리고 통시성을 무시해야 한다. 언어학자는 과거를 완전히 눌러 버려야 비로소 화자의 마음속으로 들어갈 수 있다."[35] 소쉬르는 체스를 사용하여 이 원리를 설명한다. 체스를 두는 이가 어떻게 그 상태에 어떻게 이르렀는지 아는 일은 게임의 상태를 이해하는 데 필요하지도 않고 이해와 관련되지도 않는다. 체스 문제는 단지 체스판의 상태만 묘사해도 드러난다.

그렇다고 통시 언어학이 아무 가치가 없다는 말은 아니다. 시대가 흘러감에 따라 어떤 말이 역사 속에서 어떻게 발전했고 의미론상 그 가치가 어떻게 변했는지 추적하려는 목적에는 당연히 통시 언어학이 유용할 것이다. 소쉬르의 논지는 데이비드 크리스탈(David Crystal)이 잘 표현한다. 그는 이렇게 썼다. 공시 언어학과 통시 언어학은 둘 다 "그 자체가 주제이지만, 서로 연구 절차가 다르며 대개 연구 목표도 다르다. 둘은 서로 배척하지 않는다.…그러나…공시적 서술은 적절한 통시적 연구에 필요한 전제조건이다."[36] 통시적 서술은 공시적 서술에 의존하지만, 공시성은 통시성에 의존하지 않는다. 이것은 이제 일반 언어학에서 널리 받아들이는 공리가 되었으며, 라이온스(Lyons), 울먼(Ullmann), 마르티네(Martinet)도 이를 분명히 인정한다.[37]

이 원리와 성경 해석의 관련성은 제임스 바가 증명했다. 그는 성서학의 많은 표준 참고서가 어원학을 바탕 삼아 의미에 관한 결론에 이르는 방법을 장려하는 경향이 있다고 지적한다. BDB(Brown-Driver-Briggs) 히브리어 사전

---

35 F. de Saussure, *Cours de linguistique générale*, pp. 181-182; *Course in General Linguistics*, p. 81.

36 D. Crystal, *Linguistics, Language and Religion* (Burns and Oates, London, 1965), p. 58.

37 J. Lyons, *Introduction to Theoretical Linguistics* (Cambridge University Press, 1968), pp. 45-50; S. Ullmann, *The Principles of Semantics* (Blackwell, Oxford, ²1957), pp. 144-152. 『의미론의 원리』 (탑출판사); 그리고 A. Martinet, *Elements of General Linguistics* (Faber and Faber, London, 1964), pp. 37-38.

의 배열순서 자체가 그런 연구 방법을 부채질하며, 키텔(Kittel)이 편집한 『신약 신학 사전』(*Theological Dictionary of the New Testament*)에 들어 있는 몇몇 논문도 이런 이유로 비판을 받는다. 바는 이렇게 주장한다. "한 낱말의 어원은 그 의미를 일러 주는 진술이 아니라 그 역사를 일러 주는 진술이다."[38] 이 원리는 영어와 관련된 사례에서 아주 분명하게 나타난다. 'nice'라는 낱말은 그 어원이 '아는 게 없는'이라는 뜻을 가진 *nescius*다. 그러나 영국 사람이 'nice doctor'라 말할 때 이 말을 '문자 그대로' 혹은 '본디 의미대로' '아는 게 없는 의사'라는 뜻으로 사용했다고 주장하는 이는 아무도 없을 것이다. 바는 성경에 있는 낱말과 관련하여 그 낱말의 '문자적' 혹은 '기본' 의미를 규정하는 근거로 어원을 내세워 주장하는 사례를 많이 인용한다. 예를 들어, 히브리어와 관련이 있을 리 없는 **영어** 어원을 근거로 'holy'가 'healthy'를 뜻한다고 주장하는 경우가 가끔 있었다. qāhāl이라는 히브리어는 의미상 목소리를 뜻하는 qôl과 관련이 있다. 또 사람들은 λειτουργία(봉사, 도움)라는 헬라어가 사람들(λαός)이 하는 일(ἔργον)을 가리킨다고 말해 왔다. 이런 것들은 본문이 기록된 때부터 상당한 시간이 흐른 뒤에 이런 낱말이 본문에서 의미하는 바를 **의미론의 관점**에서 설명한 것이다. 바는 이 점에서 이런 설명이 공시적 탐구가 일러 주는 의미의 특이성을 간과했음을 설득력 있게 제시한다.[39] 실제로 조직 신학자가 다른 근거를 바탕으로 참이라 여길 법한 것이, 막상 주해를 하면 통시 언어학의 근거 때문에 지지할 수 없을 수도 있다.

하지만 말이 나온 김에 언급할 것은 바의 비판이—좀 더 특별히 성경 본문을 해석할 때 어원의 도움을 받는 경우보다—조직신학과 철학이 어원의 도움을 받는 것을 모두 배척하지는 않는다는 것이다. 하이데거는 어원을 중요하게 여긴다. 그러나 이를테면 하이데거가 '진리'는 베일을 벗겨 감춰진 것을 드러낸다는 개념[ἀλήθεια, λανθάνω(감춰져 있다)에서 ἀληθής(참된 것)를 드러냄]

---

[38] J. Barr, *The Semantics of Biblical Language*, p. 109.
[39] *Ibid.*, pp. 107-160.

과 관련이 있다고 주장하긴 해도, 이것이 곧 오늘날 세계의 사람들이 진리 하면 떠올리는 혹은 떠올려야 하는 의미에 관한 의미론 차원의 판단은 아니다. 맥쿼리 및 다른 이들이 지적했듯이(그리고 뒤에서 하이데거를 다루는 내용이 확인해 주듯이), 하이데거는 플라톤주의 및 데카르트주의와 관련이 있는 추상화 과정 이전에 존재했던 원래 의미로 돌아가고 싶어 한다.[40] 따라서 하이데거의 어원 연구는 단순히 오늘날의 의미들을 의미론의 관점에서 설명하는 데 그치지 않고, 더 나아가 서구 언어 전통의 시야에서 사라져 버린 의미들을 역사의 관점에서 설명한다. 문제가 된 의미가 사라져 버렸음을 깨닫지 못했다면, 하이데거는 굳이 어원학의 도움을 받을 필요가 없었을 것이다. 결국 공시 언어학과 통시 언어학의 구분은 주어진 텍스트가 전달하는 의미의 **특이성**을 확인해 주긴 하지만, 이 구분이 어원과 관련된 고찰은 그 종류를 불문하고 **모두** 거부해야 한다는 말은 아니다.

이제 다시 페르디낭 드 소쉬르의 두 번째 원리를 살펴보자. 앞서 언어는 서로 의존하는 말들로 이루어진 구조 체계라는 그의 결론을 언급했으며, J. 트리어가 이 원리를 밭 이론으로 어떻게 발전시켰고 소여가 이 원리를 성서학에 어떻게 응용했는지 살펴보았다. 소쉬르는 언어가 가지는 이런 구조성 때문에 언어의 맥락도 두 가지 관점, 곧 결합 관계(syntagmatic relation)와 연상 관계(associative relation)라는 관점에서 설명할 수 있다고 주장했다. 한 낱말은 그 낱말이 등장하는 연쇄 속에서 다른 낱말들과 결합 관계에 있다. 예를 들어 에르하르트 귀트게만스(Erhardt Güttgemanns)가 논하는 사례를 사용하면, 로마서 1:17에서는 δικαιοσύνη(의)라는 낱말이 θεοῦ(하나님의)와 결합 관계에 있고 ἐκ πίστεως(믿음으로)와는 직접성이 덜한 결합 관계에 있다는 사실이 δικαιοσύνη의 의미를 확실하게 결정하는 조건이 된다. δικαιοσύνη라는 낱말이 다른 말과 가진 결합 관계는 **이 본문에서** 이 말의 의미가 갖는 특이성

---

[40] J. Macquarrie, *The Scope of Demythologizing*, pp. 193-195.

을 뒷받침한다. 이 본문에서 '의'가 가지는 의미는 물론 조직신학에서 찾아서도 안 되고, 단순히 사전을 뒤지거나 구약성경에서 이 말의 배경을 캐는 식으로 찾아서도 안 된다.[41]

소쉬르의 용어를 사용하면, 오늘날 일반 언어학에서는 연상 관계를 보통 계열 관계(paradigmatic relation)로 묘사한다. 이 두 관계가 아주 중요하다 보니, 존 라이온스는 이렇게 쓰며 일종의 언어학 공리를 천명한다. "언어 단위는 다른 단위와 맺는 계열 관계 및 통합 관계가 없다면 아무런 정당성도 갖지 못한다."[42] 이 두 관계에 비춰 맥락을 살펴보는 것이 현대 언어학을 "규정하는" 두 가지 "특징" 가운데 하나다.[43] 한 낱말은 그 낱말을 대신할 낱말로 선택받을 수 있었던 다른 낱말들과 계열 관계에 있다. 귀트게만스가 예로 든 로마서 1:17로 돌아가 보면, "하나님의 의가 나타난다"(17절) 속에 있는 δικαιοσύνη θεοῦ는 "하나님의 진노가 나타난다"(18절) 속에 있는 ὀργὴ θεοῦ(하나님의 진노)와 계열 관계에 있다. 또는 K. L. 버러스(Burres)가 같은 본문을 두고 내린 결론을 인용하면, 고린도전서 14:6에서 "계시"가 γνῶσις(지식)와 προφητεία(예언)와 계열 관계에 있는 것처럼 로마서 1:17, 18의 ἀποκαλύπτεται(나타난다)도 φανερόω (사람들이 볼 수 있게 드러내다, 보여 주다)와 계열 관계에 있다.[44] 이를 J. L. 오스틴(Austin)이 그의 논문 "용서 구하기"(A Plea for Excuses)에서 'unintentionally', 'accidentally', 'thoughtfully', 'unwittingly', 'involuntarily', 'mistakenly' 같은 말을 검토하여 이 낱말밭에 속한 낱말들의 의미에 도달하려고 사용했던 방법과 비교할 수 있을 것이다.[45]

---

41 E. Güttgemanns, *Studia Linguistica Neotestamentica*, pp. 75-93.
42 J. Lyons, *Introduction to Theoretical Lingusitics*, p. 75; 참고. R. H. Robins, *General Linguistics: An Introductory Survey* (Longmans, London, 1964), pp. 47-50; 그리고 H. E. Brekle, *Semantik: Eine Einführung in die sprachwissenschaftliche Bedeutungslehre* (Fink, Munich, 1972), pp. 81-88.
43 J. Lyons, *Introduction to Theoretical Linguistics*, p. 75.
44 K. L. Burres, *Structural Semantics in the Study of the Pauline Understanding of Revelation* (미출간 Ph.D. 논문, Northwestern University, Evanston, Illinois, 1970, University Microfilms Xerox, Ann Arbor, Michigan, 71-1810), pp. 59-123.

이 모든 내용이 주어진 텍스트가 전달하는 의미의 특이성과 관련이 있음은 유진 A. 나이다와 제임스 바가 제시하는 사례를 비교해 보면 분명하게 드러난다. 나이다는 이를테면 '집'이라는 낱말이 '녹색'과 통합 관계에 있을 때 발생하는 의미의 특이성을 증명한다.[46] 의미론상, '집'이 맥락의 제약을 받지 않으면, 이 '집'이라는 말은 거처, 혈통, 업무 시설 따위를 뜻할 수 있다. 마찬가지로 '녹색' 역시 미숙함이나 경험 부족을 의미할 수도 있고, 혹은 어떤 색깔을 나타낼 수도 있다. 그러나 두 낱말이 함께 결합하여 나타나면, 각 낱말은 다른 낱말이 가지는 의미의 범위를 즉각 **제약한다**. '녹색 집'은 다만 색깔이 녹색인 거처를 의미할 뿐이다. 마틴 주스(Martin Joos)는 심지어 한 낱말의 의미는 그 낱말이 등장하는 본문에서 끌어낼 수 있는 전체 메시지에 가장 적게 기여하는 것이라는 말을 "의미론의 첫째 공리"라 부르기까지 한다.[47] 나이다는 이렇게 결론짓는다. "낱말이 그 말이 함께 등장하는 다른 경우에 가질 수 있는 모든 의미를 그 안에 담고 있지는 않다."[48]

바는 이 원리를 신약성경에서 가져온 사례에 적용한다. 그는 마태복음 16:18에 있는 '교회'의 의미는 '교회'라는 말이 다른 본문에서 끌어내는 의미를 다 더한다 하여 얻을 수 있는 것이 아니라고 지적한다. **다른** 맥락에서 교회는 분명 그리스도의 몸을 의미할 수 있다. 그러나 우리는 이 말이 나온 여러 맥락을 하나로 합칠 수도 없고, 이 '전체' 의미를 마태복음 16:18에 있는 교회의 의미로 읽어 낼 수도 없다. 바는 이런 잘못을 "부당한 전체성 이전"(illegitimate totality transfer)이라 부르면서 이렇게 주장한다. "개개 낱말과 신학 사상을 직접 연계하려는 시도는 낱말이 맥락에서 만들어 내는 의미론 차원의 기여를

---

45 J. L. Austin, *Philosophical Papers* (Clarendon Press, Oxford, 1961), pp. 123-152.
46 E. A. Nida, "The Implication of Contemporary Linguistics for Biblical Scholarship" in *J.B.L.* XCI (1972), pp. 73-89, 특히 p. 86.
47 M. Joos, "Semantic Axiom Number One" in *Language* XLVIII(1972), p. 257; 참고. pp. 258-265. 여기서 그는 자신이 스테른에게 신세를 졌다고 인정한다.
48 E. A. Nida, in *J.B.L.* XCI, p. 86.

왜곡하는 결과로 이어진다."⁴⁹ 결국 우리는 여기서 우리가 다른 곳에서 **신학**의 맥락에 비춰 논했던 것과 유사한 결론을 **언어학적** 근거를 바탕으로 다시금 이끌어 낸다. 신약성경 해석자는 개개 본문이 전달하는 의미의 두드러진 특이성을 존중해야 하며, 각 본문을 오로지 이미 다른 본문 해석을 통해 확립된 전이해에 비춰 해석하려는 유혹에 맞서야 한다. 이 문제를 그 정도로 마무리하지는 못한다는 딤과 오트의 주장은 나중에 언급할 것이다. 제임스 바나 현대 일반 언어학의 말에는 주해와 관련된 질문과 조직신학의 관계에 관한 비판적 논의를 배제하는 내용이 없으며, 이 둘의 관계는 늘 바뀌어 간다. 나중에 논의할 의미에 비춰 보면, 주해는 물론 신학도 '최종성'을 갖지 않는다.

바가 지적하듯이, 일반 언어학에서 맥락과 낱말밭, 구조를 강조하면서, 낱말을 특정 맥락에서 등장하는 대로 살펴보지 않고 오로지 **낱말** 연구만을 기초로 성경 본문을 신학적으로 해석하는 일에는 의문이 제기된다. 바는 이렇게 강조한다. "신약성경에서 볼 수 있는 유형의 신학 사상은 개개 낱말이 아니라 낱말의 조합이나 문장으로 그 독특한 언어를 표현한다."⁵⁰ 그렇다고 이 말이 낱말 연구의 가능성을 배제한다는 뜻은 아니다. 낱말만 연구할 경우에는 맥락 속에 들어 있는 각 낱말이 만들어 내는 의미를 따로 고찰하면서 각각의 의미에 합당한 비중을 부여해야 하지만, 이 각각의 의미를 같은 낱말이 다른 맥락에서 전달하는 의미에 무조건 흡수시키려고 해서는 안 된다. 사실 낱말의 자율성을 부인하는 현대의 반동을 지나치게 강조할 수도 있다. 스티븐 울먼은 이렇게 말한다. "각 낱말 속에는 늘 단단한 핵심 의미가 있다. 이 핵심 의미는 상당히 안정되어 있기에 맥락만이 그 의미를 바꿀 수 있으며, 이때에도 몇 가지 제약이 따른다."⁵¹ G. 스테른(Stern)은 더 나아가 이렇게 주장한다. "개개 낱말은 영원한 의미를 얼마간 갖고 있다.⋯이 낱말은 사실 어떤 지시 대상

---

49 J. Barr, *The Semantics of Biblical Language*, pp. 218 and 233.
50 *Ibid*., p. 233.
51 S. Ullmann, *Semantics: An Introduction to the Science of Meaning* (Blackwell, Oxford, 1962), p. 49.

을 가리키지 다른 것들을 가리키지 않는다."⁵² 하지만 사전의 정의는 기껏해야 낱말이 표준 맥락에서 가지는 의미를 임시로 일반화해 놓은 것에 불과하다. 해석학적 순환처럼, 사전의 정의도 낱말이 맥락 속에서 가지는 의미에 도달하는 출발점이 된다. 사전의 정의는 자율성을 가지는 의미, 곧 맥락과 상관없이 의미를 명확하게 서술해 놓은 것이 아니다.

따라서 우리는 낱말이 맥락과 상관없이 홀로 의미를 전달하는 의미의 1차 담지자가 아니라, 많은 언어학자와 철학자가 화행(speech-act)이라 부르는 언어의 펼침이라는 결론에 이른다. 막스 블랙(Max Black)은 언어를 연구하는 전통적 접근법의 여러 한계를 논평하면서, 전통적 접근법에서는 사상의 소통만 강조하다가 감정과 태도를 무시하고 "맥락 속의 화행보다 낱말을 강조할" 때가 아주 잦았다고 말한다.⁵³ 이런 시각이 해석학에 초래한 특별한 결과를 살펴보기에 앞서, 비단 바쁨 아니라 유형이 아주 다른 연구를 수행한 자무엘 로이힐리(Samuel Laeuchli)가 이 이슈와 신약성경 연구의 관련성을 어떻게 제시했는지 살펴볼 필요가 있다. 로이힐리는 그의 책 『믿음의 언어』(*The Language of Faith*)에서 같거나 비슷한 용어를 신약성경에 나오는 그리스도인들은 어떻게 사용하는지, 그리고 영지주의자와 교부들은 어떻게 사용하는지 비교한다. 그는 이렇게 썼다. "영지주의 용어인 '지식'(gnosis), '세상'(cosmos), '세대'(aeon), '참'(충만, pleroma) 같은 말은 신약성경의 여러 책에서도 발견할 수 있다. 도마복음의 용어는 공관복음의 용어와 완전히 다르지 않다. 오직 용어만을 영지주의 자료와 성경의 내용을 구분하는 판단 기준으로 삼아야 한다면, 우리는 엄청나게 혼란스런 상황에 부닥칠 것이다. 답을 제공하는 것은 개념 자체가 아니라, 그 개념과 다른 개념 사이에 존재하는 관계뿐이다."⁵⁴ 예를 들면,

---

[52] G. Stern, *Meaning and Change of Meaning* (Göteborgs Högskolas Arsskrift 38; Gothenburg, 1931), p. 35.
[53] M. Black, *The Labyrinth of Language* (Pall Mall Press, London, 1968), p. 9.
[54] S. Laeuchli, *The Language of Faith: An Introduction to the Semantic Dilemma of the Early Church* (Epworth Press, London, 1965), pp. 15-16.

히폴리투스가 인용하는 「나아세니 단편」(Naassene fragment, 영지주의 문서. naassene는 '뱀'을 뜻하는 히브리어 '나아쉬'에서 나왔으리라는 것이 정설이다—옮긴이)에서는 바울이 고린도전서 2:13-14과 고린도후서 12:24에서 쓴 문구를 되풀이하지만, 이 문구를 영지주의 우주론의 틀 안에 두어 그 의미를 바꿔 버린다.[55]

우리는 최근 데이비드 H. 켈시(David H. Kelsey)가 그의 책 『근래 신학의 성경 사용』(The Uses of Scripture in Recent Theology)에서 해석학의 본질을 놓고 제시했던 특별한 논지들을 낱말과 화행, 또는 언어와 언어 사용에 관한 고찰을 배경 삼아 살펴봐야 한다.[56] 켈시는 신학에서 오랫동안 인정해 온 가설, 곧 신약성경의 메시지를 후대의 언어로 설명하려는 목적을 가진 신학 공식들은 이 메시지의 '번역'이라는 가설에 이의를 제기한다.

켈시는 이런 식으로 해석학을 바라보는 견해가 널리 퍼져 있기에 이를 '표준 그림'이라 부를 만하다고 인정한다. 그는 이렇게 말한다. "그런 견해는 '번역'을 은유로 활용한다. 말하자면, 히브리어 원문과 헬라어 원문을 New English Bible(NEB)과 연계하듯이, 성경도 흔히 신학적 제안과 연계하여 제시하곤 한다. 신학 견해를 나타내는 스펙트럼의 모든 지점에서 '번역'이라는 은유를 받아들이는 것 같다."[57] 이처럼 켈시는 바르트, 불트만, 케네스 해밀턴(Kenneth Hamilton), 제임스 로빈슨, 칼 브라텐 같은 여러 저술가가 '번역'이라는 말을 이런 식으로 사용한다고 인정한다. 하지만 켈시는 "이 표준 그림이 신학 면에서는 인상 깊은 정당성을 갖고 있으나, 철저히 오해를 일으키기 때문에 치워 버려야 한다"라고 결론짓는다.[58]

켈시는 이 견해를 거부하는 근거로 신약성경에서 하는 말과 이 말을 '번역'하려는 신학적 제안에서 하는 말 사이에 '개념의 연속성'이 있을 수 없다는 점을 든다. 켈시가 이런 결론을 제시하는 것은 이와 관련한 모든 주장이 "'번역'

---

55 Ibid., p. 20; Hippolytus, *Refutatio omnium haeresium* vii. 25-26.
56 D. H. Kelsey, *The Uses of Scripture in Recent Theology* (S.C.M., London, 1975), pp. 185-192.
57 Ibid., p. 185.
58 Ibid., p. 186.

을 은유로 너무 넓게 사용함"에서 비롯되었기 때문이다.[59] '진짜' 번역을 예로 들면, "어떤 시를 번역하면서 독일어 낱말을 영어 낱말로 옮기는 이는 원래 개념을 그대로 보존하길 소망한다."[60]

켈시가 옳다면, 그의 주장은 해석학에 널리 퍼져 있는 견해에 날리는 엄청난 한 방(a serious blow)이 될 것이다. 우리는 해석학에서 '번역'을 넓게 사용하며 어쩌면 정말 은유로 사용하고 있을지도 모른다고 인정한다. 그러나 엄밀한 언어적 번역과 해석학적 번역 사이에 **정도**의 차이가 있다고 인정하더라도, 그 둘이 아예 다른 **종류**라는 주장은 인정할 수 없다. 둘을 아예 다른 종류로 보는 속내를 드러내는 것이 켈시가 **낱말** 및 **개념**과 관련하여 구사하는 언어다. 켈시는 언어적 번역이란 주로 한 낱말 묶음을 다른 **낱말** 묶음으로 바꾸는 일이라고 전제하고, 이렇게 바꾸는 과정에서 개념의 연속성이 그대로 보존된다고 본다. 하지만 켈시는 우리가 언어의 구조나 내용을 바꾸면 개념의 연속성이 곧장 사라져 버린다고 생각하는 것 같다. 그러나 켈시 자신이 언급한 NEB를 예로 들면, NEB에서는 요한일서 2:26의 ταῦτα ἔγραψα ὑμῖν(내가 이것을 너희에게 썼노라)을 "*So much for* those who would mislead you"(너희를 미혹하려는 자들에 **대해서는 이쯤 해 둔다**)로 번역하는데, 우리는 이런 NEB의 '번역'을 어떤 범주에 포함시켜야 하는가? 엄밀히 말하면, 이것은 언어적 번역이 전혀 아니다. 하지만 실은 이것이 "내가 너희에게 썼다"라는 말이 주제의 변화를 가리켰던 언어 관습에 근거한 '번역'이므로 칭송할 만하다.

우리가 번역과 해석을 예리하게 구분할 수 없다는 것이 현대 번역 이론의 공리다. 이 때문에 나이다와 테이버(Taber)는 그들이 쓴 『번역 이론과 실제』(*The Theory and Practice of Translation*)에서 이렇게 주장한다. "의미를 그대로 보존하기 위해서는 어느 정도 형태를 바꾸어야 하는가는 언어 사이의 언어상 거리와 **문화적** 거리에 달려 있다."[61] 실제로 Authrized Version(AV, KJV),

---

[59] *Ibid.*, p. 188.
[60] *Ibid.*

Revised Version(RV), Revised Standard Version(RSV)에서는 헬라어 신약성경의 실제 구조를 가능한 한 보존하려고 하지만, NEB와 Today's English Version(TEV)에서는 "원문의 의미를 보존하고자" 본문 구조를 일부러 다시 짠다.[62]

나이다와 테이버는 언어적 번역과 문화적 번역을 구분하지만 두 번역 사이의 경계가 유동성이 있음을 인정하며, 분명 문화적 **번역**도 주저 없이 이야기한다. 누가복음 13:11("귀신들린 여자")을 "어떤 정신병을 앓는"으로 옮긴 J. B. 필립스(Phillips)의 '번역'은 어떻다고 말해야 할까? 그는 누가복음 22:3("유다에게 사탄이 들어[갔다]")을 "마귀의 계획이 유다의 마음속으로 들어갔다"라고 '번역'한다. 어떤 이는 필립스가 순수한 언어적 번역의 범위를 넘어갔다고 느낄지도 모른다. 실제로 나이다와 테이버는 이런 사례가 "그 본문의 문화에는 낯설지 않지만 적어도 지금은 존재하지 않는" 문화 개념을 도입한 경우를 보여 준다고 생각한다.[63] 그렇지만 우리는 두 번역 사이에 개념의 연속성이 존재하지 않는다는 주장을 하지 못한다. 데니스 나인햄이 주장하듯이, 번역이란 어떤 문구를 곧이곧대로 되풀이하는 게 아니라 맥락 속에 들어 있는 낱말들을 연계하여 결합하는 것이기 때문이다. 이렇게 결합한 낱말들의 전체 맥락이 언어상 그것과 바로 잇닿아있는 말의 집합체(syntagm)에서 나와 그 언어가 뿌리를 내리고 있는 역사 상황과 문화 상황이라는 더 넓은 마당으로 뻗어 나간다. 나이다와 테이버가 우리에게 되새겨 주듯이, "번역은 동일성보다 등가성을 추구해야 한다."[64]

번역에서 생기는 수많은 구체적 문제는 번역이 해석과 융합할 수밖에 없음을 확인해 준다. "너희 마음의 허리를 동이[라]"(벧전 1:13, gird up the loins

---

[61] E. A. Nida and C. R. Tabor, *The Theory and Practice of Translation* (Brill, Leiden, 1969), p. 5. 티슬턴 강조.
[62] *Ibid.*, p. 9.
[63] *Ibid.*, p. 134.
[64] *Ibid.*, p. 12.

of your mind)가 "행동하기 위해 옷을 벗다"(stripped for action, NEB)가 되어야 하는가? 은유의 기능을 책임 있게 숙고하는 사람이라면 누구나 은유의 생명을 그대로 유지하면서 유효한 은유로 '번역'할 수 있는 길은 문화의 전이(cultural transference)뿐이라고 주장할 것이다. 그러나 어떻게 이것을 가장 잘 이룰 수 있는가는 해석 판단과 관련된 문제이지, 단순히 아주 좁은 기계적 의미의 번역과 관련된 문제가 아니다. 번역자는 때로 자신이 어떤 은유를 번역할 때 힘을 선호할지 명료함을 선호할지 결정해야 한다. 예를 들어, 에스파냐어 역본인 Version Popular(VP)에서는 παρένεγκε τοῦτο τὸ ποτήριον ἀπ' ἐμοῦ(이 잔을 내게서 옮기시옵소서, 눅 22:42)를 "내가 이 시험을 겪지 않게 놓아주소서"로 번역함으로써 힘을 포기하는 대신 명료함을 확보했다. 그렇다면 이것은 번역인가 해석인가, 아니면 둘의 혼합인가? 번역과 해석 사이를 분명하게 구분할 수는 없다. 이 점은 대중에게 인기 있는 많은 역본이 헬라어의 표층 구조를 심층 구조로 바꿔 놓는 기술에 의지하고, 그다음에 역변형(back-transformation)을 통해 핵심 문장에서 수용 언어가 가장 널리 사용하는 말로 나아갈 때 가장 분명히 드러난다. 예를 들면, "세상의 빛"(마 5:14)이라는 말은 "그가 세상을 밝게 비춘다"로 환원되는데, TEV에서는 이를 다시 "세상을 **위한 빛**"(light *for* the world)으로 번역했다. 그러나 같은 원리를 근거로 변형을 화자의 의도를 끌어내는 것이라고 말하기도 하는데, 실제로 같은 역본인 TEV에서는 이 원리에 근거하여 καὶ ἰδὼν ὁ Ἰησοῦς τὴν πίστιν αὐτῶν(막 2:5)을 "Jesus saw *how much* faith they had"(예수는 그들이 믿음을 **아주 많이** 가졌다고 보셨다)로 번역했다. 이것이 번역인지 해석인지는 자명하지 않지만, 결국 판단 문제다. 하나가 다른 하나와 융합하기 때문이다.

사실 N. 촘스키(Chomsky)와 다른 이들이 전개한 변형생성문법 기술을 성경 번역에 얼마만큼 활용해야 하는지 말하기가 조심스럽다. 나는 이미 다른 연구서에서 이런 유보 입장을 표명했다.[65] 하지만 이런 기술은 켈시가 해석학을 번역으로 보는 개념을 상대로 제시한 비판과 관련하여 두 가지 장점을 갖고 있다. 첫째, 이런 기술은 두 언어 사이의 표층 구조 일치가 얼마나 부질없는지 보여 준다. 켈시가 말하는 '개념' 사이의 일치가 바로 이 두 언어 사이의 표층 구조 일치를 의미하는 것 같다. 둘째, 나이다와 테이버 및 다른 언어학자들은 '올바른' 번역을 판단할 기준은 그 번역이 염두에 둔 독자가 그 번역을 이해할 수 있느냐는 것임을 우리에게 되새겨 준다. 그러나 어떤 경우에는 해석이라 할 것이 없으면 이해가 불가능할 수도 있다. 따라서 해석학에서 '번역'이라는 말을 쓰는 것을 두고 켈시가 제기하는 불만은, 특히 근래 언어학이 이룩한 발전에 비춰 볼 때, 번역이 실제로 가지는 의미를 아주 좁게 보는 견해에서 나온 것이다. 언어학의 관점에서 보든 비트겐슈타인의 언어관에 비춰 보든, 주어진 '개념' 사이의 등가성을 고려하기보다 화행이나 실제 사용하는 언어의 관점에서 생각하는 것이 더 유익하다.

17. 사유와 언어의 관계 그리고 그 관계와 해석학에서 말하는 전이해의 관계

언어와 사유의 관계에 관한 논쟁보다 더 큰 오해를 일으킨 쟁점은 거의 없었다. 우선, 우리는 빌헬름 폰 훔볼트(Wilhelm von Humboldt)에서 시작하여, 리히텐베르크(Lichtenberg), 카시러(Cassirer), 하이데거, 가다머, 심지어 (앞으로 논할) 비트겐슈타인도 관련이 있는 언어 연구 전통을 만난다. 이 전통을 가장 철저히 따르면서도 비판성은 가장 약한 모습을 보여 준 형태는 언어가 사유와 세계관에 결정적 영향을 미친다는 벤저민 리 워프(Benjamin Lee Whorf)의 가설이다. 그런가 하면, 우리는 페르디낭 드 소쉬르와 현대 일반 언어학을 전공하는 대다수 저술가가 대변하는 전통도 만난다. 이 전통에서는 관습과 우연에서 생기는 문제인 어형 및 문법의 차이와 관련 언어를 사용하는 사람들

---

65 A. C. Thiselton, "Semantics and New Testament Interpretation" in *New Testament Interpretation*, pp. 75-104.

의 사유 사이에 일대일 의존 관계가 있음을 증명할 수 없다고 본다. 성서학에서는 제임스 바가 이 두 번째 전통을 인용하여 히브리적 사유와 언어, 논리-문법의 평행법 사이에 존재하는 관계를 다룬 T. 보만(Boman)과 다른 이들의 작업을 신랄하게 비판한 일이 유명하다.

이런 입장들이 해석학에서 전이해를 바라보는 특정 견해와 관련을 맺으면 문제가 더 복잡해진다. 앞에서는 전이해에 관한 질문이 신학과 어떤 관계인지 살펴보았지만, 이제는 그런 질문이 언어와 어떤 관계에 있는지 살펴봐야 한다. 예를 들어, D. O. 바이어의 말에 따르면, "우리가 물려받은 언어는 우리가 물을 수 있는 질문, 우리가 인식할 수 있는 그런 실재를 가능하게 하기도 하고 제한하기도 한다."[66] 그러나 바이어는 바가 옹호하는 견해는 이런 주장을 배척할 것이라고 본다. 바이어는 이렇게 썼다. "제임스 바는 이런 관점을 강하게 반대한다." 이렇게 말하는 이유는 "한편에 있는 언어의 단어 체계 및 어형 및 구문 구조와 다른 한편에 있는 언어 사용자의 사유 구조 및 실재 이해 사이에는 밀접한 관계가 없기 때문이다."[67] 이론가들이 뭐라 말하든, 바이어는 실재를 바라보는 사람의 시각은 실상 그 사람의 문화 및 언어와 결합해 있다는 것을 근거로 자신이 바의 견해라 묘사한 것을 거부한다.[68]

나는 이 쟁점을 바이어가 제안하는 식으로 볼 필요가 없다고 주장한다. 우선, 페르디낭 드 소쉬르와 제임스 바는 언어의 많은 특징도 언어학의 관점에서 보면 단지 우연이며 전이해나 사유, 세계관에 관한 질문과 거의 상관없다고 주장하는데, 옳은 주장이다. 적어도 넓은 관점에서 보면, 단어 덩어리와 문법도 이 우연이라는 제목 아래 들어간다. 여기에서는 관습주의 관점으로 언어를 연구하는 이들의 접근법에서 말하는 진리가 중요하다. 물론 워프조차도

---

66 D. O. Via, *The Parables*, p. 48.
67 *Ibid.*
68 아울러 바이어는 P. Wheelwright, *The Burning Fountain* (Indiana University Press, Bloomington, 1954), p. 6; 그리고 *Metaphor and Reality* (Indiana University Press, Bloomington, 1962), pp. 24-31의 논지를 끌어다 쓴다. 『은유와 실재』(한국문화사).

그 원리를 받아들이기 때문에 원리 자체가 결정적이지는 않다. 더군다나 모든 언어는 원리상 서로 번역이 가능하다. 일반 언어학에서는 분명 어떤 언어 전통에서는 특정 개념을 표현하지 **못한다**는 말을 할 수 없다. 하지만 빌헬름 폰 훔볼트에게서 유래한 전통은 주어진 언어 전통이 그 언어 공동체에 속한 이가 어떤 질문을 형성하거나 사물을 어떤 식으로 바라보는 일을 더 **쉽거나 더 어렵게 만들 수도, 더 가능하거나 더 불가능하게 만들 수도** 있다고 보는데, 이 역시 옳다. 그러나 이런 견해는 보만과 다른 이들이 근거로 활용했지만 아무 도움도 얻지 못했던 문법의 특징 같은 것을 근거로 삼지 않는다. 비트겐슈타인이 보여 주듯이, 이런 견해는 주어진 언어 사용 전통, 또는 비트겐슈타인의 용어를 사용하면 "언어 게임"과 관련이 있다.

페르디낭 드 소쉬르가 "기호의 자의성"(the arbitrary nature of the sign)이라 불렀던 것에 처음으로 주목한 이는 소쉬르 자신이 아니었다.[69] 사람들은 적어도 플라톤이 『크라튈로스』(*Cratylus*, Κρατύλος, 이제이북스)를 썼을 때부터 자연주의 언어관이나 관습주의 언어관이 제시하는 주장을 놓고 논쟁을 벌였다. 하지만 소쉬르는 언어의 관습성이 모든 언어 연구의 첫째 원리라고 서술하면서, "그것이 낳은 결과는 셀 수 없이 많다"고 주장했다.[70] 동음이의어(두 단어가 형태는 같으나 뜻이 다른 경우. 예컨대 he left me와 turn left의 'left'), 다의어(한 단어가 여러 뜻을 가진 경우. 예컨대 board of directors와 floor board의 'board'), 단어의 모호성, 통시적 변화, 외국어에 있는 다른 단어 덩어리는 다른 어떤 근거로도 설명하지 못한다. 'sister'라는 낱말과 그 의미가 '본디' 연관이 있다면, 'sister'와 형태가 아주 다른 [프랑스어] 'sœur' 역시 그렇다고 주장할 수 있을까? 소쉬르는 개개 낱말을 구분하고 그 경계를 설정하는 일은 '언어학적 실재'라기보다 관습 문제라고 주장했다. 예를 들어 불어에서 'bon marché'('싼 값', 직역하면 '좋은 시장'—옮긴이)라는 두 낱말로 표현하는 의미를 영어에서는 'cheap'라

---

69 F. de Saussure, *Cours de linguistique générale*, pp. 152-153 (English. p. 68).
70 *Ibid*.

는 한 낱말로 표현한다.

나는 "성경 속 말들이 가졌다 하는 힘"이라는 제목을 붙인 논문에서 관습주의 언어관과 성서학자들이 종종 구약성경과 신약성경에서 발견할 수 있다고 말하는 '역동적' 언어관이 양립할 수 없다는 결론을 내릴 필요는 없다고 주장했다.[71] 나는 우선 많은 학자가 O. 그레터(Grether)와 L. 뒤어(Dürr)가 쓴 기본서, 그리고 성경의 표준 본문에 관한 특정 해석에 얼마나 의존하고 있는지 지적하고, 뒤이어 다음 네 가지 점을 강조했다. 첫째, 나는 $dābār$라는 히브리어 낱말을 다루면서 의미의 우연성을 근거로 내세우는 주장을 거부한다. 둘째, 나는 신이나 권위자가 말한 언어에서 골라 뽑은 몇몇 사례만을 근거 삼아 언어 일반의 본질을 지레 규정해 버린 결론에 의문을 제기한다. 셋째, 나는 축복과 저주, 예언을 선포하는 말은 준-물질의 힘(quasi-material power)을 보여 주는 사례라기보다 수행 발화(performative utterances)로 생각하는 것이 더 좋다고 주장했으며, 이런 언어가 관습에 근거하면서도 '유효하게 작동할' 수 있음을 J. L. 오스틴을 참고하여 보여 주었다. 마지막으로, 나는 이 논쟁을 종종 '역동적' 언어관과 '추론적'(dianoetic) 언어관이라 불리는 두 언어관 사이의 양극 대립으로 몰고 감으로써 정작 논점은 교묘히 피해 가려는 경향을 비판했다. 이 둘은 언어 작용을 묘사하는 여러 방법 가운데 두 방법일 뿐이며, 둘 다 아주 심각한 한계를 갖고 있다.

E. A. 나이다는 바와 보만이 대립하는 쟁점과 언어의 관습성이 어떤 연관이 있는지 보여 준다. 나이다는 이렇게 단언한다. "히브리인이 다른 동사 체계를 갖고 있었기 때문에 완전히 다른 시간관을 가졌다는 생각에는 허점이 있다. 영어권 사람들이 성에 관심을 잃어버린 것은 명사와 형용사에서 성 구분이 대부분 사라져 버렸기 때문이라는 주장이나, 인도-유럽어권 사람들이 시간에 아주 예민한 것은 인도-유럽어의 많은 언어에는 동사에 시간 구분이 있

---

[71] A. C. Thiselton, "The Supposed Power of Words in the Biblical Writings" in *J.T.S.* N.S. XXV (1974), pp. 283-299.

기 때문이라는 주장에는 아무 근거가 없다고 보는 게 옳을 것이다. 일본인만큼 시간에 민감한 사람들도 없는 것 같은데, 일본어 동사 체계는 히브리어의 시상(時相) 구조와 그다지 다르지 않다. 더군다나 아프리카의 몇몇 부족만큼 시간에 관심이 없는 사람들도 거의 없는데, 정작 이들의 언어 중에는 인도-유럽어권 언어보다 시간 구분이 훨씬 더 많은 언어가 많다."[72]

제임스 바는 이런 점을 들어 T. 보만의 작업을 혹독하게 비판한다. 바는 "프랑스 사람들이 억지로 모든 명사를 남성과 여성으로 구분하여 성에 쏟는 그들의 소문난 관심을 언어 세계까지 확장했다고 진지하게 주장하는" 이는 아무도 없으리라고 주장한다.[73] 하지만 보만은 오로지 어휘와 문법에서 발견한 몇몇 비슷한 우연을 근거 삼아 이스라엘 사람의 사유는 "역동적이고 활발하며 열정이 넘치나" 그리스 사람의 사유는 "정적이고 평화로우며 온건하고 조화롭다"는 결론을 내린다.[74] 예를 들면, 보만은 히브리 숫자 2가 '반복하다'를 뜻하는 동사 šānâ와 관련이 있기 때문에, 히브리인의 숫자 2 개념도 그리스인이 사유하는 2와 달리 눈앞에 보이는 것을 보고 얻은 것이 아니라 더 역동성을 지닌 '반복' 개념에 근거하여 얻은 것이라고 주장한다.[75]

보만의 주장이 옳다면, 그 주장은 언어와 전이해가 긴밀한 관계에 있다는 바이어와 다른 이들의 논지를 분명 뒷받침해 줄 것이다. 한 사람이 속한 언어 전통은 그 사람이 던질 질문과 실재를 바라보는 방식을 미리 결정하여 그가 그대로 질문하고 실재를 보게 한다. 하지만 일반 언어학을 다루는 대다수 저술가의 판단은 적어도 한 가지 중요한 측면에서는 바를 지지할 것이다. 데이비드 크리스탈은 "X 언어에는 무언가를 가리키는 낱말이 있으나 Y 언어에는 없다. 따라서 X는 무언가를 말할 수 있으나 Y는 말하지 못한다"라는 주장은 잘

---

[72] E. A. Nida, "The Implications of Contemporary Linguistics for Biblical Scholarship" in *J.B.L.* XCI, p. 83.
[73] J. Barr, *The Semantics of Biblical Language*, p. 39.
[74] T. Boman, *Hebrew Thought Compared with Greek* (Eng. S.C.M., London, 1960), p. 27.
[75] *Ibid.*, p. 165.

못되었다고 지적한다. 그는 이렇게 말한다. "이런 잘못은…언어와 언어 사이의 번역 등가성을 결정하는 단위가 낱말이라는…오해에서 나온다.…Y 언어에 어떤 대상을 가리키는 낱말이 없다는 사실이 이 언어가 그 대상을 이야기하지 못한다는 뜻은 아니다. 그 언어에서 똑같은 체계를 가진 수단을 써서 그 대상을 이야기하지는 못해도, 그 언어 구조에 들어 있는 대안 표현 형태를 활용하여 같은 목적을 이룰 수 있다."[76]

언어학 교과서에서는 그 표준 사례로 두 가지를 제시한다. 그중 한 예를 L. 옐름슬레브(Hjelmslev)가 만든 친족 용어표에서 제시한다. 헝가리어에서는 '형'과 '아우'를 서로 별개인 두 낱말 bátya와 öcs로 구분한다. 말레이어에는 saudara라는 한 낱말만 있으며, 이 말로 '형제'와 '자매'를 모두 나타낸다. 그러나 이를 근거로 헝가리인은 형과 아우 **개념**을 구분할 수 있지만 영어나 말레이어로 말하는 사람은 그 개념을 구분하지 못한다고 주장하거나, 말레이어로 말하는 사람은 형제와 자매를 구분하지 못한다고 주장하는 이는 아무도 없을 것이다. 또 다른 표준 사례는 색깔을 나타내는 낱말이다. 러시아어에는 '어두운 파란색'과 '밝은 파란색'을 나타내는 낱말이 따로 있다. 그러나 언어 전통이 달라지면 색깔 스펙트럼을 구분하는 방식도 달라진다는 사실 때문에 보트 경주가 열리는 날 영국인의 색깔 **개념**에 어려움이 생기지는 않는다.

그뿐만 아니라, 색깔 스펙트럼 사례는 워프의 가설에도 진리를 담은 요소가 적어도 조금은 있다는 것을 우리가 알 수 있게 도와준다. B. L. 워프는 빌헬름 폰 훔볼트의 언어관(가다머도 이 언어관을 중요시한다)을 발전시켜, 한 언어의 구조가 그 언어 사용자의 사상과 문화에 결정적 영향을 미친다고 주장했다. 워프는 이렇게 썼다. "각 언어의 배경을 이루는 언어 체계(곧 문법)는 말로 표현하는 개념을 다시 만들어 내는 도구일 뿐 아니라 그 자체가 개념을 담은 형태이기도 하다.…개념 형성은…특정 문법의 일부분이다.…우리는 모국어

---

[76] D. Crystal, *Language, Linguistics, and Religion*, p. 144.

가 그려 놓은 선을 따라 자연을 나눈다." 워프의 강점은 그가 언어의 관습성도 함께 인정한다는 것이다. 그는 계속하여 이렇게 말한다. "우리는 자연을 잘라, 그것을 결합하여 개념을 만들고, 그 개념에 의미를 부여한다. 이렇게 하는 것은 무엇보다 우리가 그것을 이런 식으로 결합하는 데 동의한 협약 당사자이기 때문이다.…우리는 그 협약에서 정해 놓은 데이터 결합과 분류에 동의할 때 비로소 말할 수 있다."[77] 색깔을 나타내는 낱말도 이 접근법을 뒷받침할 만한 사례로 인용한다. 에스키모인은 흰색의 다양한 명암을 구분하여 표현하는 여러 낱말을 갖고 있으며, 이 낱말을 눈과 관련지어 자주 사용한다고 한다. 이 때문에 에스키모인은 눈을 다른 사람들과 다르게 '본다'는 주장이 종종 나온다.

워프의 연구는 호피족 안에서 아메리카 인디언의 언어를 대상으로 한 것이었다. 그러나 사유와 언어에 관한 질문에 깊이 주목했던 막스 블랙은 물론 다른 저술가들도 이른바 호피족의 세계관과 언어의 관계에 관한 워프의 결론을 받아들이는 일은 신중히 해야 한다고 주장한다.[78] 언어는 문화를 **형성하는가**? 아니면 이미 공동체의 활동을 통해 나타난 문화관을 **섬기는가**? 존 라이온스는 이렇게 말한다. "각 [언어는] 사용자의 독특한 추구 사항에 적응한다."[79]

그렇다면 그 점을 반대로 말할 수도 있을까? 일단 한 언어가 '사용자의 독특한 추구 사항에 적응'하면, 그 언어는 물려받은 전통을 전해 준다. 그러면 이 전통은 다시 다음 세대가 어떤 질문을 제기하거나 삶의 어떤 측면에 주목하는 것을 더 쉽게 혹은 어렵게 한다. 이것도 언어가 낳는 문제의 일부이며, 하이데거와 비트겐슈타인 모두 그들의 후기 사상에서 이 문제에 주목했다.

---

[77] B. L. Whorf, in J. B. Carroll (ed.), *Language, Thought and Reality: Selected Writings of Benjamin Lee Whorf* (M.I.T. Press, Cambridge, Mass., 1956), pp. 212-214. 『언어, 사고, 그리고 실재』(나남출판).

[78] M. Black, *The Labyrinth of Language*, pp. 63-90, 특히 pp. 71-75; 그리고 그의 논문인 "Linguistic Relativity: The Views of Benjamin Lee Whorf" in *Ph.R.* LXVIII (1959), pp. 228-238. 아울러 S. Ullmann, *Language and Style* (Blackwell, Oxford, 1964), pp. 212-228를 참고하라.

[79] J. Lyons, *Introduction to Theoretical Linguistics*, p. 45.

이 두 사상가는 각기 그들 나름의 독특한 방식으로 언어와 인생 사이의 긴밀한 관계, 언어의 기존 용례가 예시하며 전해 주는 **습관**의 위력을 강조한다. 게오르크 크리스토프 리히텐베르크(Georg Christoph Lichtenberg)는 우리의 거짓 철학이 언어 전체에 녹아들어 결합한다고 말했는데, 하이데거와 비트겐슈타인은 여기서 진리를 담은 요소를 본다. 바로 이런 이유 때문에 비트겐슈타인도 그의 저서 『철학적 탐구』와 『확실성에 관하여』에서 '훈련'이 언어학에서 가지는 의미를 강조한다. 그는 이렇게 말한다. "사람은 자신이 사물의 본질을 얼추 쫓아간다고 생각하지만…그는 단지 우리가 그 사물을 바라보는 틀 주위를 돌고 있을 뿐이다. 어떤 그림이 우리를 사로잡았다. 그러면 우리는 그 그림 밖으로 나가지 못할 것이다. 그 그림이 우리 언어 속에 자리하면 언어는 우리에게 숨 쉴 틈도 주지 않고 그 그림을 끊임없이 되풀이하여 이야기하는 것처럼 보이기 때문이다."[80] 우리가 언어를 사용하는 방식이 존속시키는 사유 습관을 뒤집을 수 있어야 비로소 신선한 시각이 우리에게 다가온다. 후기 하이데거는 기다림만이 이 신선한 시각을 얻는 길이라고 본다. 비트겐슈타인은 끈질긴 사유만이 이 시각을 얻는 길이라고 본다.

하지만 비트겐슈타인이 만든 분류는 언어가 사유에 미치는 영향이 비단 단어 덩어리와 표층 문법의 문제일 뿐 아니라 언어를 어떻게 **사용하는가**의 문제이기도 하다는 것을 보여 준다. 보만과 워프 및 다른 이들은 어휘와 표층 문법에 존재하는 여러 우연이 사유를 제약한다고 주장하는데, 이런 주장은 지금도 철저히 의문과 의심의 대상이다. 우리는 이제, 단어가 사유 형성에서 하는 역할을 놓고 바가 제시한 논지는 옳지만 보만이 제시한 논지는 그르다고 주장할 수 있는 이유가 뭔지, 그리고 바 역시 사유와 언어의 관계에 관하여 딱 부러진 결론을 제시하지 않았다고 주장할 수 있는 이유가 뭔지 알 수 있다. 이 항목 서두에서 언급했던 바이어의 말을 다시 살펴보면, 바의 접근법은

---

[80] L. Wittgenstein, *P.I.*, sects. 114-115.

사실 언어와 전이해의 관계에 관한 이론에는 '반대'하지 않으면서, 이런 이론이 단어 덩어리와 문법에 관한 주장을 근거 삼는 것에는 반대한다. 이 쟁점을 더 파고들려면, 표층 문법의 어형론에서 말하는 '문법'이 아니라, 비트겐슈타인이 채용한 개념이나 논리에서 말하는 '문법'을 파고들어야 한다. 이것이 비트겐슈타인을 다루는 장에서 할 일 가운데 하나다. 비트겐슈타인은 이렇게 말한다. "언어 게임이 바뀌면 개념(die Begriffe)도 바뀌고, 개념이 바뀌면 낱말의 의미도 바뀐다."[81]

해석학과 언어의 관계와 관련하여 말할 수 있을 만한 것을 다 이야기하지는 않았지만, 하이데거와 가다머, 비트겐슈타인을 다룰 장에서 말할 것은 이야기했다. 특별히 의미론에 근거한 탐구가 성서학이 여태껏 충분히 활용하지 못했던 시각에서 언어에 관한 질문을 살펴보는 데 도움이 된다는 점을 실증한 것은 유익했으리라고 본다. 이런 탐구는 낱말 사이의 대립 유형, 동의어와 대용어(代用語), 낱말 사이의 상하 관계, 애매함의 유형 및 정도를 묻는다. 하지만 나는 이런 범주가 신약성경 해석에서 가지는 중요성을 "의미론과 신약성경 해석"(Semantics and New Testament Interpretation)이라는 논문에서 어느 정도 자세히 다루었으며, "해석학의 한 측면인 성경 언어 의미론"(The Semantics of Biblical Language as an Aspect of Hermeneutics)이라는 논문에서 훨씬 더 간결하게 다루었다.[82] 아울러 "고린도전서 5:5에서 Σάρξ의 의미: 논리학 요인과 의미론 요인에 비춰 본 신선한 접근법"(The Meaning of Σάρξ in 1 Corinthians 5.5: A Fresh Approach in the Light of Logical and Semantic Factors)에서는 반대와 특이성에 관한 질문을 다루었다.[83] 하지만 우리가 논의한 더 넓은 의미에 비춰

---

81 L. Wittgenstein, *Cert.*, sect. 65.
82 A. C. Thiselton, "Semantic and New Testament Interpretation" in *New Testament Interpretation*, pp. 75-104와 "The Semantics of Biblical Language as an Aspect of Hermeneutics" in *Faith and Thought* CIII (1976), pp. 108-120.
83 A. C. Thiselton, "The Meaning of Σάρξ in 1 Corinthians 5.5: A Fresh Approach in the Light of Logical and Semantic Factors" in *S.J.T.* XXVI (1973), pp. 204-228.

보면, 이 쟁점들은 엄밀히 말해 해석학보다 주해와 더 관련이 있는 것 같다. 이 쟁점들이 해석학에서 가지는 가치는, 첫째, 이 쟁점들은 우리 앞에 있는 텍스트의 언어적, 의미론적 특수성을 보존함으로써 해석자가 본문과 거리를 두고 객관적 시선으로 본문을 들여다볼 수 있게 도와준다. 둘째, 이 쟁점들은 해석자가 오래된 문제를 신선한 시각으로 바라보게 도와줌으로써, 비트겐슈타인의 말대로, 늘 해석자의 눈앞에 있었던 것을 **알아차리게** 도와준다. 하지만 이번 장에서는 언어 및 언어 연구와 관련하여 해석학에서 쟁점이 되는 특별한 질문에만 우리 관심을 한정했다.

3부

하이데거, 불트만, 가다머, 비트겐슈타인

6장
하이데거의 "존재와 시간":
현존재, 세계성, 이해

18. 현존재의 관점에서 제기하는 존재 물음

하이데거의 사상은 서로 다른 네 방향 중 어느 방향에서나 접근할 수 있다. 알퐁스 더 발렌은 하이데거를 니체에게 큰 빚을 진 사상가로 보면서, 하이데거가 키르케고르 및 야스퍼스(Jaspers)와 밀접한 연관이 있다고 강조한다.[1] 이와 비슷하게 윌리엄 배러트(William Barrett)도 하이데거와 야스퍼스를 함께 묶어 독일 실존주의의 공동 창시자로 보며, 대부분 독자들은 H. J. 블랙햄(Blackham)이 쓴 『실존주의를 대표하는 여섯 사상가』(Six Existentialist Thinkers) 같은 책에는 하이데거를 다룬 장이 하나쯤 들어 있으리라고 예상한다.[2]

하이데거 자신이 '실존주의자'라는 이름표를 거부한다는 사실이 시사해 주듯, 이런 접근법에는 난점이 없지 않다. 야스퍼스와 마르셀(Marcel)도 분명

---

[1] A. de Waelhens, *La Philosophie de Martin Heidegger* (Université Catholique de Louvain; Éditions de l'institut superieur de philosophie, Louvain, 1942), p. 365: "결국…하이데거는 우리에게 니체의 영감에서 나온 철학을 제공한다"(Enfin…Hediegger nous donne une philosophie d'inspiration nietzschéenne…). 참고. pp. 295-306 (야스퍼스); 330-352 (키르케고르); and 352-356 (니체).

[2] W. Barrett, *What is Existentialism?* (Grove Press, New York, 1964), p. 20; 그리고 H. J. Blackham, *Six Existentialist Thinkers* (Routledge and Kegan Paul, London, ²1961), pp. 86-109. 참고. W. Kaufmann (ed.), *Existentialism from Dostoevsky to Sartre* (sic; Meridian Books, Cleveland and New York, 1956), pp. 206-221.

이런 묘사를 거부한다. 그 이유는 무엇보다도, J. 맥쿼리가 우리에게 되새겨 주듯이, 진정한 실존주의 사상가는 자신의 사상을 다른 철학자들의 사상과 하나로 묶어 분류하려는 모든 시도를 거부하려 하기 때문이다.[3] 예를 들면, 키르케고르는 "단독자"(that individual, 덴마크어로 den Enkelte)로 알려지길 원했으며, 언젠가는 그가 사상가들로 이루어진 어떤 학파의 창시자로 여겨질지 모른다고 예상하는 것도 싫어했다. 그렇지만 하이데거를 다른 실존주의자들과 확실하게 구분해 주는 점은 하이데거가 존재 물음에 관심을 보인다는 것이다. 하이데거는 『존재와 시간』이 출간되고 약 32년이 흐른 뒤인 1959년에 쓴 글에서 이렇게 강조한다. "그때도 중요했고 지금도 여전히 중요한 것은 존재자들(Seienden)의 존재(Sein)를 분명히 밝히는 것이다."[4] 이 때문에 마조리 그린은 이렇게 단언한다. "하이데거 자신의 설명에 따르면, 하이데거는 처음부터 끝까지 줄곧 실존주의자가 아니라 존재론자, 곧 존재가 우리 사유 속에서 마땅히 가져야 할 자리를 되찾아 주려는 사람이다."[5] 이는 하이데거도 부차적 의미에서는 다른 실존주의자들이 가졌던 시각과 비슷한 시각을 채택하고 있음을 부인하는 것이 아니다. 그러나 그의 탐구가 분명 존재론 중심이라는 사실은 우리가 키르케고르나 니체, 야스퍼스의 사상을 하이데거의 사상에 다가가는 가장 좋은 통로라고 섣불리 생각하지 말아야 한다는 것을 시사한다.

존재 물음이 하이데거의 사상에서 중심을 이루다 보니, 다른 이들은 그리스 철학의 관점, 특히 소크라테스 이전 사상가들의 관점에서 하이데거에 접근하게 되었다. 조지 J. 사이들(George J. Seidel)은 하이데거가 소크라테스 이전 철학자, 특히 파르메니데스(Parmenides)와 헤라클레이토스(Heraclitus)를 다룬 주석을 통해 접근하는 방법이 "하이데거 자신의 사상을 손상시키지 않고 제대로 이해할 수 있는 최상의" 접근법이라고 생각한다.[6] 그러나 이런 접근법조

---

[3] J. Macquarrie, *Existentialism*, p. 6.
[4] M. Heidegger, *O.W.L.*, p. 30.
[5] M. Grene, *Martin Heidegger*, p. 12.

차도 여러 가지 어려움에 빠진다. 하이데거는 역사 속 어떤 철학자가 실제로 무엇을 믿거나 말했는가보다 오히려 그 철학자의 사상이 "존재론의 역사를 파괴하려는" 자신의 계획과 어떤 연관이 있는가에 더 관심이 있기 때문이다.[7] 하이데거 자신이 표명하듯이, 여기서 그의 목표는 소극적이지 않고 적극적이다. "그 비판은 '오늘'을 겨냥한다."[8][1] 그럼에도 사이들 및 다른 이들이 제안하는 절차에서는, 중기와 후기 하이데거의 저작에서 나타나듯이 먼저 하이데거 자신의 접근법을 설명하고 뒤이어(하이데거의 초기 논문은 예외) 그리스 철학과 특정 철학자들을 다루는 하이데거 자신의 방법을 따르기보다, 도리어 한 변수에 비추어 다른 변수를 설명하려고 한다. 토머스 랭건(Thomas Langan)은 하이데거의 "실존 분석"을 그의 책 『하이데거의 의미』(The Meaning of Heidegger) 1부로 다루고 뒤이어 "서구 전통의 역사 운명을 회상함"을 2부로 다룸으로써 올바른 절차를 밟는다. 이 2부에는 그가 그리스 철학 전통을 다룬 항목도 들어 있다.[9]

하이데거 사상에 다가가는 세 번째 통로는 에드문트 후설의 현상학이다. 하이데거도 후설과 마찬가지로 과거에서 물려받은 과학적 세계관이 내건 여러 가설의 뒤편으로 다가가 철학의 새로운 출발점을 찾아내는 데 관심을 보인다. 이런 세계관은 모든 현상을 인과 관계, 진화 과정 같은 것들을 통해 설명하려고 한다. 후설은 매일 하는 세계 경험(experience of the world) 및 그 경험에 관한 평가를 만들어 낸 모든 사전 판단과 선입견을 괄호로 함께 묶든지, 아니면 유보 상태로 두어야 한다고 주장했다. 이런 판단은 부인되지도 긍정되지도 않으며, 다만 괄호로 함께 묶일 뿐이다. 실제로 의식을 가진 주체는 물려

---

6 G. J. Seidel, *Martin Heidegger and the Pre-Socratics: An Introduction to his Thought* (University of Nebraska Press, Lincoln, Neb., 1964), p. 2.
7 M. Heidegger, *B.T.* sect. 6, pp. 41-49.
8 *Ibid.*, p. 44.
9 T. Langan, *The Meaning of Heidegger: A Critical Study of an Existentialist Phenomenology* (Routledge and Kegan Paul, London, 1959), pp. 152-161.

받은 환경을 떠나 괄호 안에 묶인다. 후설은 이 지점에서 자신의 스승 프란츠 브렌타노(Franz Brentano)가 지향성(intentionality, Intentionalität)의 본질을 다룬 작품을 인용한다. 의식은 늘 어떤 것을 의식할 수밖에 없다. 따라서 현상학은 순수 의식을 다루는 철학적 탐구로서 철저히 서술성을 띠게 되지만, 진리와 관련하여 물려받은 판단은 유보 대상이 된다.

이 책 2장에서는 하이데거가 현상학의 방법을 어떻게 사용했는지 간략하게 다루었다. 아울러 그가 『존재와 시간』을 후설에게 헌정했으며, 후설의 구호인 "사태 자체로"(zu den Sache selbst)를 받아들여 사용했다는 것도 언급했다.[10] 마그다 킹은 이렇게 단언한다. "현상학 방법이 『존재와 시간』에서 가지는 중요성은 모든 페이지에서 분명하게 드러난다."[11] 하지만 우리는 하이데거가 후설의 현상학 방법을 사용한 것을 후설이 거부했다는 것도 언급했다. 존 맥긴리(John McGinley)는 하이데거의 현존재 개념을 다룬 가치 있는 논문에서 하이데거와 후설 사이에 결정적이고도 중대한 세 가지 차이점이 있음을 예리하게 지적했다.[12] 첫째, "후설은 지식과 지식의 확실성을 근본 문제로 삼지만, 하이데거는 존재 물음을 근본 문제로 여긴다."[13] 둘째, 후설은 사실 의식과 "실재"를 철저히 분리하는 반면, 하이데거는 바로 이런 이원론을 거부한다. 셋째, 후설은 "순수 의식"을 세계와 분리된 추상 개념으로 고찰하지만, 하이데거는 "환경(주위 세계, Umwelt)과 관계를 맺는 것은 인간 주체성에 꼭 있어야 할 특징"이라고 본다. "하이데거는 현존재가 자신이 이미 실제로 자신을 에워싼 환경과 관련을 맺고 있음을 발견하기(그런 자신을 의식하게 되기) 때문에 비로소 '의식'의 지향성이 가능해진다고 본다."[14] 다시 말해 현존재와 그 '세계'의 관계는 주체

---

10 M. Heidegger, *B.T.* p. 50 (German, p. 28).
11 M. King, *Heidegger's Philosophy*, p. 149.
12 J. McGinley, "Heidegger's Concern for the Lived-World in his Dasein-Analysis" in *Ph.T.* XVI (1972), pp. 92-116.
13 *Ibid.*, pp. 102-103.
14 *Ibid.*, p. 105.

와 객체의 분리보다 앞선다.

이런 차이들이 아주 중대하다 보니, 후설의 관점으로 하이데거에 접근하려는 시도는 문제를 해결하기보다 오히려 더 많은 문제를 일으킨다는 인상을 준다. 맥긴리와 더 발렌은 하이데거 사상의 어떤 측면을 빌헬름 딜타이나 막스 셸러(Max Scheler)의 사상과 비교하면 유익한 성과를 거둘 수 있을지도 모르나 이것이 곧 이 저술가들이 하이데거 사상을 밝히는 열쇠를 쥐고 있다는 주장은 아님을 보여 주었다.[15] 그러므로 우리는 주요 연구 방법 중 네 번째 대안을 채택하여 하이데거 사상을 오로지 하이데거 자신의 저작을 통해 살펴보되, 이번 두 장에서는 『존재와 시간』을 살펴보고 12장에서는 그의 후기 저작을 살펴볼 것이다. 마그다 킹과 다른 많은 저술가도 이 접근법을 택한다. 하지만 서두에서 논의한 내용이 그저 부질없지만은 않았다. 여러 단계에서 하이데거 사상의 구체적 측면들을 이해하는 데 도움이 되는 철학적 맥락을 그 논의에서 간략하게 일러 주었기 때문이다. 이는 E. L. 앨런(Allen)의 두렵고 음울한 경고, 즉 『존재와 시간』은 "분명 이제까지 나온 가장 모호한 책 가운데 하나다.…하이데거 사상은 아주 복잡하고 또한 아주 예리하여 그를 이해했다고 주장하는 것은 너무 무모해 보인다"[16]라는 경고를 고려한다면 중요한 의미가 있다.

하이데거는 『존재와 시간』을 두 서론으로 시작하는데, 이 두 서론은 모두 합하여 약 50쪽에 이른다. 그는 첫 서론에서 존재 물음(Seinsfrage) 혹은 존재한다(Sein)는 것이 무엇인지 묻는 문제를 제기할 필요성을 제시하고 변호한다. 더 자세히 말하면, 그것은 존재의 의미(Sinn von Sein)를 파고드는 탐구다. 하이데거는 많은 철학자가 이런 질문 자체가 의미 있는지 물으리라는 것을 잘 안다. 그러나 그는 그런 의문이 이 질문을 잘못된 시각으로 바라보는

---

15 A. de Waelhens, *La Philosophie de Martin Heidegger*, pp. 322-330; 그리고 J. McGinley, in *Ph.T.* XVI, pp. 92-99 and 106-115.
16 E. L. Allen, *Existentialism from Within* (Routledge and Kegan Paul, London, 1953), pp. 2 and 40.

바람에, 특히 플라톤 이후 그리스 철학의 유산에서 나온 접근법 때문에 생겼다고 주장한다. 이런 바탕에서 "존재의 의미에 관한 질문은 불필요하다고 단언할 뿐 아니라 그런 질문은 완전히 무시해도 된다고 인정하는 도그마가 발전해 왔다."[17] 하이데거는 존재의 의미에 관한 고찰을 세 묶음으로 제시함으로써 이 질문에 대답한다.

첫째, 하이데거는 존재라는 것이 보편적이거나 정의할 수 없거나 자명하기 때문에 존재에 관한 질문은 의미가 없다는 주장을 거부한다. 그는 존재가 가장 보편성을 가진 개념이라는 데 동의하면서도, 이런 이유 때문에 존재 물음을 고찰하지 못한다고 결론짓는 데에는 반대한다. 이어 하이데거는 늘 종류(genus)를 기초로 정의해야 할 경우에만 존재를 정의할 수 없는 것으로 여길 수 있으리라고 주장한다. 이 주장이 옳다면, 존재를 더 넓은 개념군의 한 구성원으로 여기기는 불가능할 것이다. 그러나 하이데거는 우리가 어떤 평범한 실체를 정의할 때처럼 존재도 정의할 수 있다고 기대해서는 안 된다고 역설한다. 존재는 어떤 **실체**(entity, 원래 하이데거가 쓴 말은 Seiendes, 즉 존재자다―옮긴이)가 아니기 때문이다. 하이데거의 이런 반론은 문제의 본질에 부합하는 특별한 방식으로 존재 물음에 접근해야 함을 시사한다. 바로 그것이 하이데거가 현존재 탐구를 통해 행하려 하는 일이다.

이 첫 번째 묶음의 문제들이 가진 세 번째 측면, 곧 존재는 자명한가라는 물음은 또 다른 큰 문제를 일으킨다. 하이데거는 "모든 탐구(Suchen)는 그 탐구가 찾아낸 것에 의해 미리 이끌린다"는 원리를 받아들인다.[18] 하지만 이것은 우리가 존재를 탐구한다면, "어쨌든 존재의 의미를 이미 활용할 수 있어야 한다"는 것을 의미한다.[19] 우리는 딜레마에 빠진 것 같다. 존재가 무엇인지 모른다면, 지금 묻는 것이 무엇인지 어떻게 알까? 존재가 무엇인지 안다면, 왜 굳

---

[17] M. Heidegger, *B.T.*, p. 21 (German, p. 2).
[18] *Ibid.*, p. 24 (German, p. 5).
[19] *Ibid.*, p. 25.

이 존재가 무슨 의미인지 물어야 할까? 마이클 젤번은 이 문제와 하이데거가 이 문제에 제시하는 답이 플라톤이 『메논』(*Meno*, 이제이북스)에서 제시하는 공식과 다르지 않음을 우리에게 되새겨 준다.[20] 소크라테스는 우리가 탐구해야 할 것이 무엇인지 안다면 굳이 탐구해야 할 필요가 없는데 어떻게 탐구하는 것이 가능한가라는 질문을 받는다. 반면 우리가 무엇을 탐구해야 할지 모른다면, 우리가 무엇을 찾고 있는지도 모르기 때문에 탐구 자체가 불가능해진다. 하이데거도 플라톤처럼 존재에 관한 우리의 첫 이해가 예비적이고 잠정적이어서 "여전히 어둠에 가려 있다"고 대답한다. 우리는 "모호하고 평균적인 존재 이해"에서 시작한다.[21] 하지만 이 첫 이해는 분명하게 밝혀지고 깊어져야 한다. "비록 우리가 우선(zunächst, in the first instance?) 당장은 그것을 완전히 파악하지 못한다 해도, 우리가 존재를 탐구할 때 찾는 것이 완전히 낯설지는 않다."[22][2]

이미 하이데거에게서 해석학적 순환 공식 같은 것을 발견하되, 해석학 이론과 관련지어 발견하지 않고 그의 근본적 탐구가 어떻게 진행되어 가는지 묘사하는 데 필요한 방법으로서 발견한다는 것은 주목할 만하다. 그는 분명 이렇게 썼다. "하지만 이런 이해에는 어떤 명백한 순환이 없는가?…우리는 이런 질문을 만들 때 그 질문의 답만이 가져다줄 수 있는 무언가를 '전제하지' 않았는가?"[23][3] 하이데거가 순환 논증에 관한 비판을 "부질없다"는 이유를 내세워 무시해 버리는 점은 중요한 의미가 있다. 중요한 것은 우리가 '연구하는 분야로 뚫고 들어갈 수 있게' 해 주는 것이다.

하이데거는 이제 존재 탐구와 관련된 세 번째 쟁점을 붙든다. 여기서 모든 이야기의 주제로 등장하는 것은 존재론적(ontological) 탐구와 존재적(ontic)

---

20 M. Gelven, *A Commentary on Heidegger's 'Being and Time'*, p. 22.
21 M. Heidegger, *B.T.*, pp. 23 and 25.
22 *Ibid.*, p. 25 (German, p. 6). J. 맥쿼리와 E. 로빈슨은 zunächst를 더 전문 용어인 '가장 가깝게'(proximally)로 번역하기보다 '우선'(in the first instance)으로 번역할 수 있을지 여부를 논한다(p. 25 n. 1).
23 *Ibid.*, p. 27.

탐구의 근본적 차이다. 존재론적 탐구는 존재(Sein)와 관련이 있으나, 존재적 탐구는 '실체' 혹은 '존재자'(das Seiende)와 관련이 있다. 마그다 킹은 이 차이를 이런 경구로 표현한다. "'존재적'은 존재들의 존재가 아니라 존재들의 특징을 규정한다."[24] 알베르 샤펠르(Albert Chapelle)도 이와 같은 차이를 강조하여, "존재론적"(ontologique)과 "존재하다"(Être)나 "존재"(l'Être) 사이의 연관성을 "존재적"(ontique)과 "존재하는"(étant)이나 "존재하는 것"(l'étant) 사이의 연관성과 구분한다.[25] 이 중요한 구분은 하이데거가 첫 서론을 마무리하며 현존재(Dasein)라는 용어를 소개하는 대목에서도 이어진다. 현존재는 "인간 자신이 소유하는…존재 방식"이다.[26][4] "현존재 자체는 다른 실체와 비교하여 특별한 독특성을 갖고 있다.…존재 면에서 볼 때, 현존재는 바로 그렇게 현존재로 존재하면서, 그 존재를 현존재 자신의 문제로 삼는다는 사실이 다른 것과 다르다."[27] 첫 서론의 결론은 이렇다. "다른 모든 존재론이 생겨날 수 있는 근원인 **근본 존재론은 현존재를 실존의 관점에서 분석하여 찾아야 한다**."[28]

하이데거가 말하는 현존재가 무슨 의미인지 설명하려다 보면, 저절로 그의 두 번째 서론으로 나아가게 된다. 첫 서론에서는 존재 물음을 다루었다. 두 번째 서론에서는 존재를 탐구하는 절차를 개관한다. 이 두 번째 서론에서는 우선 현존재를 분석하여 제시하는데, 이 분석은 적절한 때에 더 상세한 고찰로 이어진다.

일부 저술가는 현존재를 '거기 있음'(being-there)이나 '여기 있음'(being-here)으로 번역하려 한다. J. 맥쿼리와 E. 로빈슨은 이를 번역하지 않고 그대로 두었다. 전문 용어인 이 말의 의미는 어떤 단일 번역어로 번역할 때보다 오히

---

24 M. King, *Heidegger's Philosophy*, p. 64.
25 A. Chapelle, *L'ontologie phénoménologique de Heidegger: Un commentaire de "Sein und Zeit"* (Editions universitaires, Paris, 1962), p. 12.
26 M. Heidegger, *B.T.*, p. 32.
27 *Ibid.* 하이데거 강조.
28 *Ibid.*, p. 34. 하이데거 강조.

려 이 말의 용례 자체를 관찰할 때 가장 잘 전달된다는 것이 그 이유였다. 한 관점에서 보면, 현존재는 거의 '인간'을 뜻한다. 현존재라는 말은 탁자나 의자, 돌이나 산 같은 세계 속 대상과 대비하여 **인간** 실존이 가지는 특징을 밝혀 주기 때문이다. 하이데거는 현존재의 관점에서 존재 물음에 답하려 할 때, 존재 혹은 인간의 존재를 **사물**의 존재에서 해석하려는 서구 철학의 경향을 단호히 거부한다. 그는 이 절차를 뒤집는다. 그러나 현존재는 철학자가 **인간**을 단순한 '대상'이나 사물로 보기를 허락하지 않는다. 인간은 현존재이기에 분명 심리학자의 '탐구 대상'이 아니다. 하이데거는 칸트나 키르케고르라면 주체성을 가진 인간을 뭐라 불렀을지에 관심을 가진다. 그러나 하이데거에게 현존재는 이보다 훨씬 더 큰 의미가 있다. 현존재는 주체와 객체의 분리보다 앞서 있기 때문이다. 그는 존재의 관점에서 이렇게 주장한다. "현존재는 우리와 그저 가까운 데 그치지 않는다.…우리가 현존재**이며**, 우리 각자가 현존재다."[29] 우리는 이보다 더 나아가, 현존재를 현실성보다 가능성의 관점에서, '내' 실존이 늘 각자의 것(Jemeinigkeit)이 되게 해 주는 개별성의 관점에서 이해해야 한다고 말할 수 있다. 하지만 이는 하이데거의 서론에서 다루는 범위를 넘어서는 일일 것이다.

하이데거가 우선 강조하고 싶어 하는 점은 이렇다. 첫째, 현존재는 존재하는 자신에 관하여 의문을 품을 수 있다. 둘째, 현존재의 관점에서 존재를 탐구하기 시작한다는 것은 이런 질문을 신선한 시각에서 바라보겠다는 뜻이기도 하다. 전통적 접근법은 하나의 실체인 존재하는 것(das Seiende, 존재자)에 관한 질문을 존재의 시각에서 제기하고, '범주', 곧 '대상'을 묘사하는 데 적합한 특질이라는 관점에서 관찰한다. 하이데거는 현존재의 관점에서 다가가는 자신의 접근법은 존재론의 시각에서 존재(Sein)에 관한 질문을 던지고 이런 탐구 방식에 적합한 '실존 범주'의 관점에서 관찰한다고 믿는다.

---

[29] *Ibid.*, p. 36.

19. 현존재, 해석학, 실존

아울러 하이데거는 두 번째 서론에서 다른 문제를 더 다루기 전에 현존재와 관련이 있는 세 가지 다른 주제를 아주 간략히 소개한다. 그는 각 주제를 간략히 언급한 뒤, 서곡과 같은 방식으로 전개해 간다. 첫째, 우리는 현존재를 그 '세계'라는 관점에서 이해한다. 이 점은 다음 항목에서 더 자세히 논해 보겠다. 둘째, 현존재는 "우선 그리고 대개, 그의 보통 **일상성** 속에서(in seiner durchschnittlichen Alltäglichkeit)" 나타난다.[30][5] 하이데거는 『존재와 시간』에서 이 용어 설명을 다음 항목으로 미루지만, 여기에서는 현존재 분석이 서술이라는 지위를 가진다는 데 강조점을 두는 것 같다. 하이데거는 그가 곧이어 논하는 현상학 방법을 따라, 현존재의 본질과 관련하여 특정한 세계관이나 철학 전통에 속하는 어떤 사전 판단도 피하려 한다.[31] 셋째, 하이데거는 이제 현존재의 관점에서 제기했던 존재 물음을 시간의 지평 속에서 물어야 한다는 그의 근본 확신을 소개한다. 시간은 우리가 존재의 의미를 이해할 수 있게 해 주는 지평이다. 하이데거는 이렇게 강조한다. "**시간은 우선 존재를 이해하기 위한 지평으로서, 시간성이라는 관점에서 존재를 이해하는 현존재의 존재로서 설명해야 한다.**"[32][6] "존재는 시간을 고려하지 않으면 파악할 수 없다."[33]

하이데거가 "이해를 위한 지평"이라는 말을 쓴 것은 해석학과 관련한 또 다른 고찰 대상을 제기한다. 하이데거가 보기에 모든 것은 특정 지평 속에서 보이고 이해된다. 의미는 무언가를 지금 있는 그대로 이해할 수 있게 해 주는 것이다. 마그다 킹이 든 예를 사용하면, 극장은 연극을 쓰고 제작하고 감상한다는 관점에서 이해할 수 있다. 우리가 극장 같은 것을 가지는 이유는 바로 이런 일을 "하려 하기 때문"이다.[34] 우리 자신의 실존 세계는 우리가 매일 행하는

---

30 *Ibid.*, p. 38.
31 우리는 이미 이런 절차가 후설이 말하는 "현상학의" 절차는 아닐 것이라고 말했다.
32 M. Heidegger, *B.T.*, p. 39. 하이데거 강조.
33 *Ibid.*, p. 40.

이해가 움직이는 지평이며, "이 때문에 우리는 우리가 만나는 것들을 그 지평에 비추어 그리고 그 지평을 참고하여 극장으로, 버스로, 칼과 포크로, 한마디로 어떤 목적에 유익할 수 있는 사물로 이해할 수 있다."[35] 예를 들어, 우리가 같은 범주의 대상을 별안간 이론 물리학의 관점에서 바라본다면, 그것들의 용도와 의미가 단번에 완전히 달라진다. 이런 의미에서, 존재를 이해하는 데 적합하고 유용한 지평이 시간이다. 우리는 이 지평 안에서 존재, 현존재, 실존 범주, 그리고 존재론적 구조나 가능성을 의미 있게 이야기할 수 있다. 이 세계가 산산이 부서진다면, 우리에게는 다만 존재하는 것, 사물, 범주, 존재적 구조나 단순한 실체만이 남을 뿐이다. 하이데거는 나중에 이해와 해석을 다룬 항목에서 지평들에 관한 이런 고찰을 전이해에 관한 진술과 연계한다. 그는 이렇게 썼다. "**의미는 어떤 투사(projection)의 '지향점'이며, 이 '지향점'에 근거하여 무언가를 무언가로 이해할 수 있게 된다. 그 지향점의 구조는 앞서 가진 것과 앞서 본 것, 앞서 파악한 것을 통해 형성된다.**"[36] 그렇다면 해석학은 하이데거 사상에서 이미 두 번째로, 그의 논지 전개에서 아주 중요한 지점에서 다시 한 번 등장하는 셈이다.

하이데거는 방법과 절차를 다룬 그의 두 번째 서론에서 세 항목을 더 이야기한다. 첫째 항목에서는 철학 전통을 대하는 그의 태도를 천명한다. 하이데거는 이렇게 썼다. "존재 물음이 자신의 역사를 투명하게 드러내려면, 이 굳어 버린 전통이 부드러워져야 하고, 그 전통이 감춰 버린 것들이 풀려나야 한다.… 우리는 존재 물음을 실마리로 삼아, 존재의 본질을 결정하는 첫 번째 방법을 획득했던 최초의 경험에 이를 때까지 고대 존재론의 전통적 내용을 파괴해야 한다."[37] 다시 말하면, 전통은 우리가 더 진정으로 존재를 일러 주는 최초 자료, 특히 소크라테스 이전 사상에 "접근하지 못하게 막는다." 하이데거는 플라톤

---

34 M. King, *Heidegger's Philosophy*, pp. 6 and 7.
35 *Ibid.*, p. 7.
36 M. Heidegger, *B.T.*, p. 193. 하이데거 강조.
37 *Ibid.*, p. 44.

주의와 기독교 시대 이전으로 되돌아가자고 재촉하면서, 우리에게 니체를 되새겨 준다. 알퐁스 더 발렌이 시사하듯이, 이에는 영겁 회귀 신화를 암시하는 차원을 넘어 더 많은 것이 들어 있다.[38] 그러나 하이데거는 여기에서도 그의 목표가 소극적이기보다 적극적이라고 강조한다. 그의 목표는 과거의 철학자들과 대화를 시작하는 것이다. 이렇게 하려는 것은 그 철학자들이 자신의 시대를 상대로 말하는 것을 설명하려는 게 아니라, 그들이 했던 말이 하이데거 자신이 존재에 관하여 던지는 질문을 상대로 말하게 하려 하기 때문이다. 예를 들면, 하이데거는 칸트가 아무 비판도 없이 데카르트의 영향에 그냥 굴복하는 바람에 주체의 주관성에 쏟았던 칸트의 관심이 옆길로 빠져 버렸음을 보여 주는 것이 존재 물음을 밝히 설명하는 길이라고 본다.

따라서 우리는 여기서 하이데거와 해석학의 세 번째 연관점을 발견한다. 그의 관심사는 겹겹이 쌓여 있는 전통을 '풀어 버리는' 것이다. 지성이 떨어지는 자들은 그들의 반복과 해석을 통해 창조성이 넘치고 장래가 유망한 사상가들을 바로 그 전통 아래 묻어 버렸다. 진정 창조성을 지닌 이런 지성들이 하이데거 자신이 품은 질문을 상대로 새로이 말하게 하려면 시간 거리는 극복되어야 한다. 앞으로 보겠지만, 하이데거는 이런 작업을 그가 본디 계획했던 방식으로 행하진 않았다. 그러나 그는 플라톤, 칸트, 헤겔, 니체를 비롯한 역사 속의 여러 철학자를 다룬 저작을 많이 남겼으며, 이런 저작들은 서구 철학의 위대한 텍스트에 다가가는 그의 접근법을 생생히 실증해 준다.[39] 하이데거는 특히 그의 후기 저작에서 소크라테스 이전 철학자들을 논하며 바르톡(Bartók)이 일찍이 음악에 관하여 표명했던 관점에 가까이 다가간다. 바르톡은 이렇게 말했다. "나는 완전히 옛것에서만 완전히 새것이 나올 수 있다고 믿

---

[38] A. de Waehlens, *La Philosophie de Martin Heidegger*, pp. 354-355.
[39] M. Heidegger, *Kant and the Problem of Metaphysics* (Eng. Indiana University Press, Bloomington and London, 1962).『칸트와 형이상학의 문제』(한길사); *Hegel's Concept of Experience* [Eng. Harper and Row, New York, 1970, originally in *Holz*.『숲길』(나남)]; 그리고 *Nietzsche* (2 vols.; Neske, Pfullingen, 1961).『니체』(길).

게 되었다"(바르톡은 자신이 리하르트 슈트라우스의 "차라투스트라는 이렇게 말했다"와 같은 현대 교향시에서도 영향을 받았지만, 현대 음악이 아니라 먼 과거부터 내려온 헝가리 민속 음악을 자기 음악의 뿌리로 택했던 이유를 이렇게 설명했다—옮긴이).

우리는 이미 하이데거와 후설의 유사점과 차이점을 논했으므로, 하이데거가 현상학을 놓고 한 말 때문에 지체할 필요가 없다. 하지만 이런 말이 하이데거 자신의 독특한 진리관과 어떤 관련이 있는지는 짚고 넘어가도 되겠다. 하이데거는 우리가 진리 상응 이론(correspondence theory of truth)을 시사하는 어떤 것도 피해야 한다고 반복하여 주장한다. 허위는 무언가를 덮어 가린다는 점에서 속이는 것이지만, 진리는 "무언가를 드러내 보게 하는" 것이다.[40] 이런 의미에서 "현상학"은 진리를 전달한다. 현상학은 "나타나는 것이 그 자체에서 나타나는 그대로 그 자체에서 나타나게 하는 것"을 뜻하기 때문이다.[41] 하지만 여기에서도 우리는, 2장에서 보았던 것처럼 다시 해석학으로 돌아간다. "현존재의 현상학이 본디 해석학이라는 말이 의미하는 **해석학**(hermeneutic)이며, 이때 해석학은 이 해석 작업을 가리킨다."[42]

서론의 마지막 항목에서는 하이데거가 펼치는 연구 작업의 전략과 계획의 골격을 제시한다. 그가 계획한 저작의 1부에서는 현존재를 시간성이라는 관점에서 해석하고, 시간을 존재에 관한 질문을 하기 위한 지평으로 설명하려 했다. 현재 나와 있는 『존재와 시간』은 원래 1부를 구성할 예정이었던 세 편 중 첫 두 편만을 내용으로 담고 있다. 『존재와 시간』의 1편에서는 하이데거의 현존재 분석을 제시하며, 2편에서는 하이데거가 현존재와 시간성을 다룬 내용을 제시한다. 하이데거는 『존재와 시간』을 출간하고 약 35년이 흐른 뒤인 1962년 1월에 프라이부르크에서 "시간과 존재"라는 제목으로 강연했는데, 이 강연에서 3편에 속하는 과업 부분이라 서술했던 내용을 제시하려 한다. 그러

---

40 M. Heidegger, *B.T.*, p. 56.
41 *Ibid.*, p. 58.
42 *Ibid.*, p. 62. 하이데거 강조.

나 이 강연 원고는 고작 25쪽 정도이며, 하이데거는 사람들이 이를 『존재와 시간』 3편으로 이해하길 바라지 않았다. 하이데거는 1953년에 펴낸 『존재와 시간』 7판 서문에서 그의 연구 작업 후반부, 곧 존재론의 역사를 파괴하는 일은 이제 시도할 수 없다고 분명하게 선언했다. 하이데거가 이런 작업을 어떻게 진행했을지는 그가 쓴 『칸트와 형이상학의 문제』(Kant and the Problem of Metaphysics, Kant und das Problem der Metaphysik) 같은 저작들에서 힌트만 얻을 뿐이다.

J. G. 그레이(Gray)가 주장하듯이, 후기 저작으로 가면서 하이데거의 관심사는 "인간 실존에서 자연으로" 옮겨 가지만, 그럼에도 『존재와 시간』에서 시작하여 추진해 온 연구 계획은 하이데거가 늘 존재 물음에 관심을 갖고 있음을 확인해 준다.[43] 하지만 우리는 『존재와 시간』의 두 서론을 검토하며 그가 이 존재 물음에 독특한 방식으로, 곧 현존재의 관점에서 접근한다는 것을 보았다. 더군다나 우리는 그가 무려 네 지점에서 해석학과 관련된 이슈를 제기한다는 것도 언급했다. 존재를 캐는 탐구는 해석학적 순환을 드러낸다. 모든 것은 주어진 지평이나 의미의 관점에서 이해해야 하며, 우리는 이 지평이나 의미에 비춰 무언가를 무언가로 본다. 전통은 현재를 상대로 새롭게 말하게 된다. '무언가를 드러내는' 현상학 방법조차도 해석이나 해석학과 관련이 있다.

하이데거는 세계성이라는 핵심 주제로 돌아가기 전에, '실존'(Existenz)인 현존재를 고찰하며 그의 저작 주요 부분을 시작한다. 그러나 그는 우리더러 자신이 이 말을 전통적 실재(existentia) 이해와 일치하는 방식으로 사용하지 않겠다고 경고한다. '실존'의 전통적 의미에는 '우주 속에 등장함'이라는 개념이 들어 있다. (예를 들어, 바로 이런 점이 폴 틸리히가 하나님은 '실존하신다'라고 말하지 않으려 한 이유 가운데 하나다.) 하지만 하이데거의 사상에서 실존은 오직 현존재에게만 적용한다. 오직 현존재만이 '탈-존'(Ek-sistenz)을 가질 수 있다.

---

[43] J. G. Gary, "Heidegger's Course: From Human Existence to Nature" in *J.Ph.* LIV (1957), pp. 197-207.

이는 곧 오직 현존재만이 자신 '밖에 서서'(ἔχ-στασις) 자신의 존재를 탐구하고 관찰할 수 있다는 뜻이다.⁴⁴ 산이나 돌이나 나무 같은 '사물'은 오로지 실재, 혹은 '눈앞에'(present-at-hand, vorhanden) 있음이라는 특성만 가진다. 그것들은 단지 '거기' 있으며, 그들 자신의 존재를 묻지 못한다. 하이데거는 여기서 아주 중요한 대조를 제시한다. "'실재'를 나타내는 말로 늘 '눈앞에 있음'(Vorhandenheit)이라는 표현을 사용하고, 존재(Sein)를 가리키는 말인 '실존'(Existenz)은 오직 현존재에게만 사용하겠다."⁴⁵ 결국 샤펠르가 언급하듯이, 현존재는 '정의상'(by definition) 실존과 같은 말이다.⁴⁶

이런 배경은 하이데거 사상 전체에도 중요하지만, "**현존재의 본질은 그 실존에 있다**"⁴⁷는 그의 말을 이해하는 데에도 중요하다. 마그다 킹 및 다른 이들은 사람들이 이 말을 오로지 '실존주의'를 가리키는 의미로 잘못 해석하는 경우가 종종 있음을 올바로 비판했다. 킹은 이렇게 썼다. "그 유명한 문장은…몇몇 해석에서 생각하는 의미와 달리, 사람이 먼저 '실제로 존재하고'(실제로 나타나고) 이어서 자신을 만들어 낸다는, 곧 그가 가진 선택의 자유를 행사함으로써 자신을 지금의 그로 만들어 낸다는 의미가 아니다. 도리어 그 문장은 이런 의미다. 사람이 자신을 자신의 고유한 존재능력(his own ability-to-be)이라는 측면에서 이해하면, 가장 본질적 측면에서, 곧 그의 자아라는 측면에서 한 인간으로 존재할 수 있다."⁴⁸ 하이데거 자신도 계속하여 이렇게 설명한다. 즉 현존재는 실존이기 때문에, 그 특성은 "눈앞에 있는 '속성'이 아니다.…그 특성은 각 경우에 현존재가 존재할 수 있는 방식이다.…우리가 이 실체를 '현존재'라는 말로 규정할 때, 우리는 그것의 '무엇'을(마치 그것이 탁자나 집이나 나무인 것

---

44 하이데거는 특히 그의 후기 저작에서 하이픈을 친 형태인 'Ex-sistenz'를 사용하여, 어원의 우연성을 활용한다. 그는 자주 이렇게 한다.
45 M. Heidegger, *B.T.*, p. 67 (German, p. 42).
46 A. Chapelle, *L'ontologie phénoménologique de Heidegger*, p. 14.
47 M. Heidegger, *B.T.*, p. 67. 하이데거 강조.
48 M. King, *Heidegger's Philosophy*, p. 46.

처럼) 표현하는 게 아니라 그 존재를 표현한다."⁴⁹ 하이데거는 "각 경우에 현존재는 각자의 것(Jemeinigkeit)을 갖고 있다"⁵⁰는 점을 반복함으로써 현존재의 독특성을 재차 강조한다. 이런 점 때문에 현존재는 '나'나 '너' 같은 인칭 대명사를 사용하게 되며, '속성들을 가짐'이 아니라 **가능성**이 그것을 규정하는 특징이 된다.

J. 맥쿼리는 다음 세 측면이 신약성경, 특히 바울이 말하는 인간에 관한 불트만의 해석에서 차지하는 중요성을 강조한다.⁵¹ 첫째, "바울도 그렇게 사용하지만, 몸은 존재 방식이지 어떤 질료나 사물이 아니다."⁵² 둘째, 인간은 존재 속에서 자신과 관련을 맺고 있다. 이를 불트만의 말로 옮기면 이렇다. "**인간은 자신을 자신이 하는 행위의 대상으로 삼을 수 있다는 점에서 소마(sōma)라 불린다.**…인간은 소마, 곧 **자신과 관계를 가진 이**—어떤 의미에서는 자신을 자신과 구분할 수도 있는 이—라 부를 수 있다."⁵³ 셋째, 인간의 존재는 그의 가능성이라는 관점에서 볼 수 있다. "인간에겐 두 가지 근본 가능성이 있다. 인간은 자신과 하나가 될 수도 있고 남이 될 수도 있다."⁵⁴ 바울의 인간관은 존재적일 뿐 아니라 존재론적이다.⁵⁵

하이데거는 '범주'(categories)와 '실존 범주'(existentialia)를 대조함으로써 현존재의 독특성을 역설하는 그의 주장을 더 강조한다. 단지 눈앞에 있는 대상은 범주를 활용하여 묘사할 수 있다. 그러나 현존재는 실존 범주를 활용하여 규정해야 한다. 하이데거는 그의 작품 뒷부분에서 이런 실존 범주에 '마음상태'(state-of-mind, Befindlichkeit),[7] 이해, 말하기가 들어 있다고 썼다. 아울러 하이데거는 그의 현존재 분석이 인류학, 심리학, 생물학이 암시하는 인간관을

---

49 M. Heidegger, *B.T.*, p. 67.
50 *Ibid.*, p. 68 (German, p. 42).
51 J. Macquarrie, *An Existentialist Theology*, pp. 30-34를 pp. 40-45와 관련지어 살펴보라.
52 *Ibid.*, p. 40.
53 R. Bultmann, *T.N.T.* I, pp. 195-196. 불트만 강조.
54 J. Macquarrie, *An Existentialist Theology*, p. 41.
55 *Ibid.*, p. 30.

넘어선다고 강조한다. 이 모든 접근법에서는 키르케고르가 인간의 주관성이라 부르곤 했던 인간의 진정한 인간다움이 시야에서 사라져 버릴 수 있다. "인간은 사물도, 질료도, 대상(Gegenstand)도 아니다." 여기서 하이데거는 막스 셸러의 작품을 인용한다. 셸러가 보기에 인간은 "우리의 체험(Erlebnis) 속에서, 그 체험과 함께 직접 경험하며 살아 낸 삶(Er-lebens)의 통일체이지, 이렇게 직접 경험한 것의 뒤쪽과 바깥쪽에 있다고 생각하는 어떤 사물이 아니다."[56][8] 하이데거는 이런 말을 덧붙인다. "행위를 정신의 대상으로 만드는 것은…인간을 비인간화하는 것과 같다."[57][9]

불트만의 해석학을 살펴보면, 객관화(대상화, objectification) 문제가 그의 사상이 타당한지 평가할 때 핵심 이슈 중 하나를 이룬다는 것을 알게 될 것이다. 이와 관련하여, 하이데거가 『존재와 시간』의 이 항목에서 "기독교와 고대 세계의 인간론으로 완전히 채색된 지향점"이 현존재의 존재라는 기본 문제를 제 궤도에서 벗어나게 만들었다고 분명하게 비판한다는 점을 언급할 수 있겠다.[58] 기독교에서는 인간이 자신 너머에 이를 수 있다고 인식했지만, 고대 기독교의 존재론에서는 인간 그리고 심지어 하나님까지도 지성을 갖춘 '어떤 것'으로 보라고 부추기는 경향이 있었다. 우리는 인간을 이성을 가진 동물로 보는 아리스토텔레스의 인간관, 혹은 인간을 생각하는 '어떤 것'으로 보는 데카르트의 인간관을 아주 쉽게 받아들인다. 불트만은 하이데거가 기독교 신학에 퍼붓는 혹평에 확실히 민감했다. 하지만 우리도 하이데거가 현존재에 관하여 주장하는 모든 것을 비판 없이 받아들일 필요는 없다. 이 현존재라는 용어 때문에 시선을 집중하게 된 시각의 가치를 인정한다 하더라도, 그 시각에 지식 이론이나 실재 이론에서 특권을 독자치하며 누리는 지위를 부여할 필요가 없다. 하지만 비판은 다음 장 후반부로 미뤄 두겠다.

---

56 M. Heidegger, *B.T.*, p. 73.
57 *Ibid.*
58 *Ibid.*, p. 74.

20. 세계와 세계성

하이데거는 이제 '세계'와 '세계성'을 고찰하는 쪽으로 옮겨 간다. 하이데거가 말하는 세계는 자연 속의 사물이나 사건들의 총체도 아니고, 객관적 시각 혹은 단순히 존재적 시각에서 살펴본 인간이나 현존재의 환경도 아니다. 그것은 인간 자신이 이미 그 안에 푹 잠겨 있는 전체다. 하이데거는 데카르트처럼 고립된 자아에서 시작하지도 않고, 후설처럼 순수 의식의 관점을 발견하려 하지도 않는다. 따라서 '세계'는 **존재적**이지 않다. 존재적이라는 말은 우리가 우선 개인에서 출발한 뒤, '세계'를 개인의 경험에서 등장하거나 개인의 지성으로 해석하는 곳으로 보는 개념으로 나아간다는 의미다. 하이데거는 세계가 **존재론적** 또는 **선험적이라고** 주장한다. 우리는 현존재를 '세계'와 따로 떼어 인식할 수 없다. 세계는 객관적 혹은 인식적 의미에서 자아와 세계를 분리하기 이전에 이미 존재하기 때문이다. 세계는 인식을 통해 개념을 정립하는 행위를 하기 전에 이미 현존재와 더불어 '주어져' 있다. 분명 개념을 정립하는 모든 일은 그보다 앞서는 '세계'라는 면에서 일어난다. 현존재의 세계 속에 있는 모든 실체는 보이는 것으로 파악되며, 그 세계 자체의 지평에 비춰 파악된다. 이 때문에 하이데거는 이렇게 썼다. 현존재의 존재 양식은 "우리가 '세계-내-존재'(Being-in-the-world)라 부른 존재 상태에 근거하여 선험적으로 바라보고 이해해야 한다.…'세계-내-존재'라는 복합 표현은…**단일** 현상을 나타낸다."[59]

하이데거는 '세계-내-존재'라는 말 속에서 '내'(in)를 공간을 나타내는 말로 쓰지 않는다는 점을 분명히 한다. 하이데거 자신이 든 예를 인용하면, '내'(안)라는 말을 "잔 안에 든 물"이나 "벽장 안의 옷" 같은 말과 같은 식으로 사용하지 않는다. 오히려 그 말은 "안에 살다", "거주하다", "무엇에 익숙하다"라는 개념과 관련이 있다. 심지어 그것은 "세계에 흡수당했다"는 의미에서 "무엇과 나

---

[59] *Ibid.*, p. 78. 하이데거 강조.

란히 있다"는 의미일 수도 있다.⁶⁰ 하이데거는 '내-존재'가 실존 범주임을 기억한다면, 방금 말한 것과 같이 이해할 수밖에 없다고 설명한다. 현존재와 그 세계는 서로 눈앞에 있는 대상으로서 나란히 존재하는 두 '실체'가 아니다. "내-존재는 현존재가 가질 때도 있고 갖지 않을 때도 있는 어떤 '속성'이 아니다.… 현존재가 세계를 향하여 관계를 시작할 수 있는 이유는 오로지 현존재가 늘 그렇듯이 세계-내-존재로 있기 때문이다."⁶¹

하이데거는 인간이 실제 배려하는(concern) 관계를 맺고 있는 환경(Umwelt)이 곧 세계라고 본다. 세계 안에 있는 대상들을 단지 '눈앞에 있는'(vorhanden) 것으로 인식하는 것은 개념화의 이차 양식 혹은 파생 양식이다. 나는 다만 이차적 차원의 성찰을 통해 내 책상 위에 있는 연필을 긴, 둥근, 나무로 만든 등의 성질을 가진 '대상'으로 인식하는 것일지도 모른다. 내가 내 세계 안에서 연필과 맺는 '첫' 관계는 그 연필을 글을 쓸 때 사용하는 무언가로 봄일 것이다. 이런 이해 양식에 비춰 보면, 연필은 단지 눈앞에 있을(vorhanden) 뿐 아니라 '손 가까이 있는'(ready-to-hand, zuhanden) 것이기도 하다. 이 때문에 하이데거는 이렇게 썼다. "사물을 대할 때 그것을 가장 가까이 사용하려 한다는 것은…단지 개념 인식이 아니라, 배려를 갖고 그 사물을 다루고 사용하는 것이다."⁶²

다시 말하지만, 그리스 철학에는 사상가들이 올바른 시각에서 벗어나게 만드는 경향이 있었다. "특히 사물(*pragmata*)이 가지는 '실용'성이 바로 그리스인들이 분명히 밝히지 않은 채 내버려 둔 것이다. 그들은 이 사물을 '우선' '단순한 사물'이라고 생각했다. 우리는 우리가 배려하며 만나는 이 실체들을 '도구'(das Zeug)라 부르겠다. 우리는 사귐을 통해 필기도구, 재봉 도구, 일하는 도구, 운송 도구, 측정 도구를 만난다. 도구가 소유하는 존재 종류는 드러나야

---

60 *Ibid.*, p. 80.
61 *Ibid.*, p. 84. 하이데거 강조.
62 *Ibid.*, p. 95.

한다."⁶³ [10] 이 '손 가까이 있음'이라는 특성은 이론으로 파악하지 못한다. 이를 파악하려면 하이데거가 도구의 "쓰임새"(das Wozu)라 부르는 것을 살펴봐야 한다. 사람이 만들려는 신발은 **신으려고** 만드는 것, 시계는 시간을 **알려고** 만드는 것 등이 그런 예다. 심지어 자연도 단지 눈앞에 있는 것으로 이해해서는 안 된다. "숲은 재목을 공급하는 삼림이고, 산은 돌을 공급하는 채석장이며, 강은 수력이고, 바람은 '돛에 부는' 바람이다."⁶⁴

하이데거는 우리가 실제로 사물과 아주 친숙하거나 사물이 일상성을 갖게 되면 어떤 사물을 배려하며 그 사물과 맺는 관계를 깨닫지 못하거나 알아차리지 못할 수도 있음을 인정하는데, 이는 비트겐슈타인이 제시하는 비슷한 관찰 결과를 떠올려 주는 것 같다. 예를 들면, 우리는 망치를 '손 가까이 있는' 실용 도구라 여겨 그 의미를 아주 당연시하기 때문에, 일부러 의식하고 망치를 살펴볼 때 그것을 더 '객관성 있게' 볼 수도 있다. 그러나 망치가 부서지면, 우리는 곧바로 '망치'가 실제로 손 가까이 있는 것으로서 우리에게 중요한 의미가 있음을 아주 분명하게 깨닫는다. 더 자세히 이야기하면, "손 가까이 있는 무언가가 사라졌음이 밝혀지면, 그것이 늘 있음(Zugegensein)이 너무나도 명백하여 우리가 그것에 눈길 한 번 주지 않았을지라도, 주위를 두루 살펴보았을 때 발견하는 지시 맥락에 **균열**이 생긴다. 주위를 두루 살펴보면 비었음을 발견하며, 이때 비로소 사라진 것이 **무언가를 위한** 손 가까이 있는 **무엇**이었음을 깨닫는다."⁶⁵

이번에도 역시, 실제로 손 가까이 있는 것을 향한 배려라는 시각을 전제하면, 하이데거가 서로 밀접한 관련이 있는 세 가지 점에 관하여 내린 결론을 쉽게 따라갈 수 있다. 첫째, 인간과 가장 가깝고 가장 잇닿아 있는 환경(Umwelt)과 그의 직접적 배려가 미치는 더 큰 '세계' 사이에는 시각의 연속성

---

63 *Ibid.*, p. 97.
64 *Ibid.*, p. 100.
65 *Ibid.*, p. 105 (German, p. 75).

이 존재한다. Umwelt라는 말은 엄밀히 말해 '환경'(environment)을 뜻하며, J. 맥쿼리와 E. 로빈슨도 environment로 번역했다. 그렇지만 마그다 킹은 이 말이 생물학과 사회학에서 으레 가지는 뉘앙스 때문에 하이데거 사상에는 낯설다고 주장한다. 킹은 Umwelt의 Um이 우선 '…을 위하여'를 의미하고 그다음에는 '…의 둘레'를 의미함을 고려하여 이 말을 "가장 가까이 있는 첫 세계"(the first and nearest world)라는 온전한 문구로 번역하길 더 좋아한다.[66] 실제로 Umwelt를 어떻게 번역하든, 사유 순서는 분명하다. 여기서 하이데거가 장인의 '작업 세계'(Werkwelt)를 묘사한 말을 예로 들 수 있겠다. 장인과 가장 가까운 것은 그와 직접 잇닿은 세계인 그의 도구와 그가 작업하는 재료다. '자연'도 그가 실제로 배려하는 이 세계와 관계를 맺는데, 나무나 동물 가죽이 장인이 손 가까이 있는 재료가 되기 때문이다. 이 재료를 배달하는 상인과 최종 완성품을 사는 손님도 '…을 위하여'나 '…을 생각하여'라는 포괄적 지평 속에 들어온다. 결국 "사람이 관계를 맺는 일은 그것이 어떤 일이든 일터라는 내부 세계뿐 아니라 공적 세계에서도 손 가까이 있다. 공적 세계와 더불어 주위 자연(die Umweltnatur)도…드러난다."[67] 아니면, 현존재의 세계가 더 넓은 지평을 향하여 어떻게 뻗어 나가는지 보여 주는 또 다른 예를 들면 이렇다. "망치질에는 어떤 적소성(involvement, 하이데거가 쓴 말은 Bewandtnis다—옮긴이)이 있다. 망치질은 무언가를 단단히 박는 것에 적소성이 있다. 무언가를 단단히 고정시킴은 나쁜 날씨에 대비하여 무언가를 지키는 데 적소성이 있다. 이 보호는 현존재에게 피할 곳을 제공하기 위함(um-willen)'이다.'"[68]

둘째, 이것은 언어 기호를 포함한 기호들이 도구나 용역 세계 안에 자리해 있음을 뜻한다. 기호들은 '우리의 일상 관계'에서 '손 가까이 있다.' 이런 기호들은 인간의 관심사와 관련이 있는 '다양한 목적을 위하여' 만들어진다.

---

[66] M. King, *Heidegger's Philosophy*, pp. 95-96.
[67] M. Heidegger, *B.T.*, p. 100.
[68] *Ibid.*, p. 116 (German, p. 84).

어떤 기호가 '지시하는 것'은 어떤 '실체'의 '속성'이 아니다. 도리어 그 기호가 지시하는 것은 "쓰임새"(das Wozu), 곧 '무엇에 쓸모가 있는가'와 '사용 목적' (das Wofür), 곧 '무엇을 위하여 사용하는가'로서 나타난다."[69][11] 『존재와 시간』 에서 이 두 항목(17, 18항-옮긴이)은 수수께끼 같은 부분이다. 이는 하이데거 가 의미(meaning)를 거의 사용(use)으로 보는 관념에 다가간 것처럼 보이다가 도, 이해(31항, 32항)와 언어(34항)를 논하는 주요 부분에 가서 자신이 이제 '처 음으로' 언어라는 주제를 소개한다고 말하기 때문이다. 『존재와 시간』을 다 룬 표준 주석과 해설서에서 지금 논의하는 두 특별한 항목은 거의 상세히 언 급하지 않으며, 한스 예거(Hans Jaeger)가 쓴 『하이데거와 언어』(Heidegger und die Sprache)처럼 하이데거의 언어관을 다룬 저작들 역시 『존재와 시간』을 논 할 경우에만 뒤 항목들(31, 32, 34항-옮긴이)을 언급할 뿐이다.[70] 우리는 하이 데거가 여기서 언급한 것들이 언어 자체보다 현존재가 세계 속에서 자신의 관점으로 바라본 관계 및 의미와 관련이 있음을 인정하지만, 하이데거가 언 어, 사상, 세계 사이의 연관성을 아주 힘써 강조하다 보니, 이 두 항목을 그의 언어관과 중요한 관련이 있는 부분으로 해석하지 말아야 할 이유를 알기가 힘들다. 만일 그렇다면, 이 주제를 바라보는 하이데거의 초기 견해와 후기 견 해에 극명한 차이가 있음을 강조하는 셈이다.

셋째, 하이데거는 자신의 '세계'관을 데카르트의 세계관 혹은 더 과학적이 거나 객관주의 성향을 띠는 세계관과 확고하게 구분하며 대조한다. 그가 양 자를 대조하는 한 가지 방법은 공간 혹은 공간성을 바라보는 견해의 차이를 대조하는 것인데, 이는 수학에 더 가까운 관념으로서 **범주**에 해당하는 '거 리' 또는 '떪'에 중점을 두는 견해와 **실존 범주**에 해당하는 관념인 '멀리 떼어 놓음'에 중점을 두는 견해를 대조한다. J. 맥쿼리와 E. 로빈슨은 그들이 'de-severance'로 번역한 독일어 Ent-fernung의 어려움을 논한다. 이들은 ent-

---

69 Ibid., p. 114; 참고. pp. 107-122.
70 H. Jaeger, *Heidegger und die Sprache* (Francke Verlag, Berne and Munich, 1971), pp. 5-21.

라는 접두어가 보통은 거리가 멀다는 느낌을 더 강하게 만들어 주는데, 하이데거는 엄밀히 이 말을, 거리를 없애 버리는 경우처럼 어떤 성질이 없음을 나타내는 부정의 의미로 사용한다.[71] 어쩌면 하이데거는 이 지점에서 우리를 살짝 자극하여 이런 질문을 하게 하려는 것인지도 모른다. 멂 또는 가까움이란 무엇인가? 먼 것은 결국 가까울 수 없는가? 우리는 물리 공간 안에서 우리가 자리한 위치를 꼭 바꾸지 않아도 멀리 있는 이에게 '더 가까이' 다가갈 수 있다. 따라서 하이데거는 이렇게 단언한다. "'객관적 관점에서' 더 짧지만 어쩌면 '가기가 힘들어' 끝없이 먼 길로 우리 앞에 다가왔을지도 모르는 길보다, '객관적 관점에서' 먼 길이 훨씬 더 짧을 수도 있다. 그러나 그때그때의 세계는 오로지 '우리 앞에 다가올' 때 비로소 진정으로 손 가까이 있게 된다. 눈앞에 있는 사물들의 객관적 거리는 세계 안에서 손 가까이 있는 것의 멀고 가까움과 일치하지 않는다."[72] 하이데거는 공간상 거리의 진짜 의미도 "산책할 만한 거리", "돌 던지면 닿을 거리"[12]나 "파이프 담배 한 대 피울 만한 거리"라는 말이 가장 잘 표현할 때가 자주 있다고 주장한다. 이렇게 말하는 방식은 주관성과 관련이 있지만, 꼭 주관주의와 관련이 있지는 않다.

H. J. 블랙햄은 이렇게 세계를 바라보는 견해가 과학의 세계관을 대신할 유일한 대안은 아니지만, 그래도 과학의 세계관을 **유일하게** 정당한 세계관으로 만들려는 모든 시도에 도전을 던지는 것이라고 지적한다. 누군가가 보통 때처럼 망치를 손 가까이 있는 도구로 보는 맥락에서 그 망치가 무겁다고 말한다면, 이는 그 망치가 다루기 힘들다는 의미일 것이다. 그러나 하이데거는 인간의 배려가 작용할 수 있는 영역에서 '과학적 객관성'이라는 관념을 배제하지 않는다. '망치가 무겁다'는 '망치 무게를 잴 수 있다'는 의미일 수도 있다. 블랙햄은 이렇게 썼다. "과학은 미리 결정한 제한된 관점에서 대상들을 다루고, 그

---

71 M. Heidegger, *B.T.*, p. 138 n. 2: "그것은 마치 무언가가 '멀리 떨어져 있음'을 인식하는 바로 그 행위로 말미암아, 어떤 의미에서는 그것을 우리에게 더 가까이 가져와 덜 '멀리 떨어져 있게' 만드는 것과 같다."

72 *Ibid.*, pp. 140-141.

관심사를 어떤 현상에 한정하며, 그것을 기초로 방법과 판단 기준을 정한다. 망치를 무게를 지닌 물체로 여기는 것은 특별한 목적을 염두에 둔 제한된 견해다. 과학은 **특권을 누리는 영역이** 아니라 전문 영역이며, **유일한** 세계 해석이 아니라 선택받은 한 측면이다. 과학은 인간의 계획이라는 시각으로 조종하는 구체적 대상을 활용할 때 얻는 경험이 아니라 추상 개념으로 쪼개는 것이며, 이런 추상 개념들은 구체적 관계로 이루어진 체계에서 끄집어낸 뒤 자연의 계획을 통찰하는 데서 생겨난 특별한 질문들이 결정한 또 다른 의미 체계와 결합시킨 것이다."⁷³

하이데거는 세계를 바라보는 또 다른 다양한 방식이 있다는 것, 그리고 우리가 종종 '과학적 객관성'을 지닌 견해라 생각하는 견해는 2차적 차원의 추상 개념에서만 생겨난다는 것을 강조한다. 하이데거는 데카르트가 세계 속에서 존재들에 접근하는 **유일한** 길은 "지식, *intellectio*이며, 이 지식은 우리가 수학과 물리학에서 얻는 인식(Erkenntnis)을 뜻한다"고 보았다고 주장하며 이어 이렇게 말한다. "데카르트는 실체들의 존재를 확실히 파악했음을 늘 보장해 줄 수 있는 실체 이해 방식 중 하나가 수학 지식이라고 본다."⁷⁴ 하이데거도 후기 비트겐슈타인처럼 '확실성'을 과학 지식보다 더 근본인 것으로 보았으며, 인간의 삶 속 태도와 실제에 더 굳건히 닻을 내리고 있는 것이라 보았다. 하이데거가 세계를 '볼' 수 있는 방법이 다양함을 강조할 때 쓴 한 가지 방법은 현존재가 세계를 환경으로 바라보는 Umsicht 즉 "두루 둘러봄"과 다른 현존재의 세계를 살펴보는 Rücksicht 즉 "돌아봄" 또는 "배려"와 현존재가 자신을 "꿰뚫어" 보는 Durchsichtigkeit 즉 "통찰"을 구분한 것이었다. 하이데거는 데카르트의 지식 모델을 **유일한** 모델로 삼는 것은 편협할 뿐 아니라 자의적이라고 본다.

오늘날 많은 과학자가 데카르트의 접근법 및 뉴턴(Newton) 물리학의 시대

---

73 H. J. Blackham, *Six Existentialist Thinkers* (Routledge and Kegan Paul, London, 1961), p. 90.
74 M. Heidegger, *B.T.*, p. 128.

가 암시하는 접근법과는 아주 다른 접근법을 취한다는 점은 주목할 만하다. 생물학자인 제이콥 브로노프스키(Jacob Bronowski)는 대중에게 인기 있었던 그의 대담 시리즈 『인간 등정의 발자취』(The Ascent of Man)에서 이 점을 강조한다. 그는 이렇게 썼다. "과학은 그야말로 인간의 지식 형태다.…과학에서 모든 판단은 금세 오류로 떨어질 수 있는 가장자리에 서 있으며, 개인의 판단일 뿐이다."[75] 20세기 물리학이 거둔 한 가지 성과는 "물질세계의 정확한 모습을 그려 보이는 것이…불가능하다.…절대 지식은 없다"는 것을 보여 준 것이었다.[76] 브로노프스키는 양자 물리학이 발견한 것들, W. 하이젠베르크(Heisenberg)가 주창한 불확정성 원리, 심지어 빛과 전자기파를 연구한 J. C. 맥스웰(Maxwell)과 하인리히 헤르츠(Heinrich Hertz)의 초기 업적까지 원용한다. 그는 이렇게 썼다. "막스 보른(Max Born)은 물리학에서 새로운 개념은 **이전과 다른 실재관으로 이어진다**고 말했다. 세계는 저기 있는 대상들의 견고하고 고정된 배열이 아니다. 세계는 우리의 세계 인식과 완전히 분리될 수 없기 때문이다.…세계는 **우리와 상호 작용하며**, 세계가 산출하는 지식은 **우리가 해석해야 한다**. 판단 행위가 필요 없는 정보 교환 방법은 존재하지 않는다."[77] 이어 브로노프스키는 전자(electron)가 입자'인가' 아니면 파동'인가'라는 고전적 사례를 인용한다. 보어(Bohr)가 제시한 원자에서는 전자가 입자처럼 '행동한다.' 그러나 1924년에 드 브로이(de Brogile)는 파동 모델을 만들어 내는 데 성공했다. 보른은 일련의 전자들이 함께 모여 확률을 지닌 파동을 이룬다고 생각했다. 전자가 무엇인가는 전통적 의미의 '객관성' 문제가 아니다. 전자를 '객관적 관점에서' 본다는 것은 다만 그것을 어떤 시간에 진행 중인 특정한 탐구의 본질을 바로 파악할 수 있는 방식으로 본다는 것을 의미할 수 있을 뿐이다. 이런 시각을 가지려고 브로노프스키에게 의지할 필요는 없다. 참고할 수 있는 저술가들은

---

[75] J. Bronowski, *The Ascent of Man* (Book Club Associates and B.B.C., London, 1976), p. 374.
[76] *Ibid.*, p. 353.
[77] *Ibid.*, p. 364. 티슬턴 강조; 참고. pp. 353-374, "Knowledge and Certainty"라는 제목이 붙어 있다.

많은데, 그중 특히 칼 하임(Karl Heim)과 토머스 토렌스를 나중에(30항에서) 언급하겠다.

하이데거가 말하는 세계성 관념은 근래 과학이 보여 주는 이런 시각을 생각할 여지를 많이 남겨 준다. 실제로 브로노프스키가 지식과 확실성을 다루는 긴 장에서 열렬히 내세우는 주장의 전체 취지는 결국 주체의 관점에 의존하지 않는 확실한 지식이 있다고 가정하는 순진한 객관주의와 현대 물리학은 양립할 수 없다는 것이다. 우리가 관찰하는 **방법**(how)이 우리가 관찰하는 **대상**(what)에 영향을 미친다. 그러나 이 원리는 비단 물리학뿐 아니라 인간의 삶과도 관련이 있다. 키르케고르가 제시하는 주관성 관념에서는 '어떻게'와 '무엇'의 대조가 중요한 역할을 한다. 그는 이렇게 썼다. "진리는 이런저런 사람의 입을 거치며 진리 아닌 것이 된다.…객관성은 **무엇을** 말하는가에 강조점을 두지만, 주관성은 그 무엇을 **어떻게** 말하는가에 강조점을 둔다.…주관성이 진리가 된다."[78] 세계성을 바라보는 하이데거의 시각은 키르케고르나 현대 물리학자의 견해와 다르다. 그러나 이 셋은 순진한 '상식' 유형의 객관주의가 암시하는 것들을 거부한다는 점에서는 의견을 같이한다. 제임스 브라운(James Brown)이 말하듯이, 이들은 무턱대고 진리를 객관성과 동일시하고 오류를 주관성과 동일시하려는 대중의 견해를 거부한다.[79] 하이데거가 볼 때, 바로 **이런** 의미의 '객관성' 관념은 칸트처럼 세계를 보는 방식이 명확한 최종성을 갖고 있다고 전제한다. 하이데거는 바로 그렇게 세계를 바라보는 방식을 뛰어넘어 그 뒤쪽으로 나아가려고 한다. 그는 그것이 "상식의" 시각이 아니라 사실은 "근대성"이 두드러진 세계 관찰 방식이라는 제임스 브라운의 판단에 동의할 것이다. 그러한 방식은 칸트의 지식 문제 정립 방법에 기생하고 있기 때문이다.[80]

---

[78] S. Kierkegaard, *Concluding Unscientific Postscript to the Philosophical Fragments* (Eng. Princeton University Press, 1941), p. 181. 키르케고르 강조.
[79] J. Brown, *Subject and Object in Modern Theology* (S.C.M., London, 1955), p. 13.
[80] *Ibid.*, p. 19. 브라운은 그의 책 첫 장에서 철학사가 '주체'와 '객체'라는 말을 이해해 온 여러 방식을 추적한다.

하이데거의 시각과 그가 '세계'를 생각하는 관념이 예수의 비유를 다루는 펑크, 바이어, 크로산, 푹스의 연구 작업과 긴밀한 관계를 갖고 있음은 적절한 때에 살펴보겠다. 이 저술가들은 우리가 예수의 비유를 다루는 해석학을 이해하고자 한다면 데카르트식 인식론 모델을 뛰어넘어야 한다고 주장한다. 비유는 '세계'를 세우거나 파괴하며, 인식 이전 혹은 개념 이전의 차원에서 작동한다. 펑크는 이렇게 썼다. 비유는 "단조롭거나 산만한 연설이 전달하지 못하는 시각을 열어 줄 수도 있다.…은유는 서술 관습을 파괴하여 새로운 시각을 열어 주는데, 이 새로운 시각은 '사물'을 새로운 '마당'과 관련지어, 결국 신선한 실재 경험과 관련지어 파악한다."[81]

21. 마음상태, 이해, 담화

몇몇 측면을 생각하면, 하이데거가 이해, 해석, 언어, 담화(discourse)를 논한 내용은 언어학 및 해석학과 관련된 이 주제들을 각각 따로 다룬 항목에서 살펴보는 게 편리할 것이다. 그러나 하이데거가 생각하는 이해 개념 및 언어 개념이 현존재와 현존재의 세계에 다가가는 그의 접근에 어떻게 뿌리내리고 있는가를 살펴보는 일은 지극히 중요하다. 엄밀히 말해 그것은 하이데거 사상에서 따로 떨어져 있는 '주제'가 아니다. 이 점을 확실히 해야 하이데거의 철학을 정확히 서술할 수 있고, 불트만 신학에서 이해와 자기 이해가 행하는 역할을 제대로 파악할 수 있다. 이를 이루려면, '이해'가 현존재의 **실존 가능성**이라는 관념과 얼마나 긴밀히 결합해 있는지 관찰해야 한다.

우리는 이 점을 강조하고자 하이데거가 '거기'의 존재라는 근본 실존 범주를 함께 구성한다고 서술하는 세 용어를 이번 항목의 제목으로 골랐다. 하이

---

[81] R. W. Funk, *Language, Hermeneutic and Word of God*, pp. 136 and 139.

데거는 이렇게 썼다. "'거기'의 존재, 곧 세계-내-존재의 드러남을 구성하는 근본 실존 범주는 마음상태와 이해다.…**담화는 실존상 마음상태 및 이해와 똑같이 근원적이다.**"[82]

(1) 우선 하이데거가 말하는 "마음상태"(state-of-mind, Befindlichkeit)라는 관념부터 살펴보겠다. 맥쿼리와 로빈슨이 지적하듯이, 이 말을 글자 그대로 해석하면 "어떤 사람이 발견될 법한 상태"를 뜻한다.[83] 베르너 브록(Werner Brock)을 비롯한 일부 하이데거 해석자들은 삶과 세계 속에서 "발견됨", 혹은 브록의 표현처럼 삶과 세계 속에 "처해 있음"이라는 측면을 강조한다.[84] 우리는 곧이어 Befindlichkeit와 세계 속에 '처해 있음' 사이에 실제로 중요한 연관이 있음을 보게 될 것이다. 그러나 맥쿼리와 로빈슨은 이 말이 하이데거의 글에서는 '기분'이라는 관념과 연관이 있고 어느 정도는 "어떻게 지내?" 혹은 "기분이 어때?"를 뜻하는 독일어 "Wie befinden Sie sich?"와 연관이 있다는 이유로 "마음상태"(state-of-mind)라는 영어를 그 의미에 추가한다. 하이데거는 이렇게 썼다. "우리가 **존재론상** '마음상태'라는 말로 가리키는 것은 **존재** 면에서 가장 친숙하고 가장 평범한 것, 즉 우리의 기분(die Stimmung)과 우리 존재를 분위기에 맞춘 상태(das Gestimmtsein)다. 이런 기분이 가진 모든 심리를 살펴보려면 그에 앞서…우선 이 현상을 근본인 실존 범주로 봐야 한다."[85]

하이데거는 실제로 우리 기분이 우리 실존을 특징짓는 것을 드러낸다고(Erschlossenheit) 주장했다. 그렇지만 그는 우리 기분이 실존의 완전한 의미를 드러낸다고는 말하지 않는다. 기분은 "존재론상 아무것도 아닌 것이 아니다.…기분은 '사람이 어떤 상태이며 어떻게 살아가고 있는가'를 분명하게 보여준다."[86] 하이데거가 "우울한" 기분이라 부르는 것은 존재가 짐이 되었음을 나

---

[82] M. Heidegger, *B.T.*, p. 203. 하이데거 강조.
[83] *Ibid.*, p. 172 n. 2.
[84] W. Brock, "An Account of 'Being and Time'" in M. Heidegger, *E.B.*, p. 47.
[85] M. Heidegger, *B.T.*, pp. 172-173 (German, p. 134).
[86] *Ibid.*, p. 173.

타내는 말일 수 있다. 마치 의기양양한 기분이 이렇게 존재를 짐으로 느끼는 기분을 덜어 주는 것과 마찬가지다. 아주 독특하게도 하이데거는 이렇게 강조한다. 이는 "이 실체(존재자)가 그의 '거기' 속으로 '던져졌음'(Geworfenheit)을 드러낸다. 실제로 이 실체는 그렇게 던져져, 세계-내-존재로서 '거기에' 있다. 이 '던져짐'이라는 표현은 그 **실체가 넘겨졌음**이 지닌 사실성을 암시하려고 쓴 말이다."[87] 마조리 그린은 이렇게 설명한다. "사실성은 인간 존재가 늘 다른 이들 가운데 있는 존재임을 의미한다. 이는 인간 존재가 바닷가의 조약돌이나 바닷속 물고기와 같다는 의미가 아니다. 자신이 다룰 수 있는 사물을 마음대로 할 수 있음을 발견한다는 의미이자 자신이 겪어야 할 사물이 자신을 규정함을 발견한다는 의미다. 인간 존재는 늘 이미 세계 안에 자리해 있다. 인간 존재는 자신의 의지와 상관없이 세계 속에 던져졌다(geworfen)."[88] 사실성(Facticity, Faktizität)은 실제성(factuality)보다 더 많은 것을 담고 있다. 하이데거는 그것을 이렇게 말한다. "사실성은 눈앞에 있는 것이라는 날것 사실의 실제성이 아니라, …**현존재의 존재성이다**."[89] [13]

그렇다면 기분은 우리가 삶에서 불가피한 것에 주목하도록 인도한다. 기분이 이런 일을 할 수 있는 이유는 특히 그 기분이란 것이 **가능한** 것에서 우리 주의를 돌려 실제로 존재하거나 주어진 것을 강조하게 해 줄 수 있기 때문이다. 기분은 순전히 심리학으로 설명해야 할 **단순한** 감정, 무언가의 감정이 아니다. 존 맥쿼리는 이 점을 『기독교 실존주의 연구』(*Studies in Christian Existentialism*)에 실은 그의 논문 "감정과 이해"(Feeling and Understanding)에서 강조했다. 맥쿼리는 우리에게 실증주의의 비판이 내거는 전제, 곧 감정은 "그저 감정"이며 인식 기능과는 아무 상관없는 주관적 정서라는 전제를 받아들이지 말라고 경고한다.[90] "올바른 절차는 감정에서 벗어나려는 시도로 뒷걸음질 치는 게 아

---

87 *Ibid.*, p. 174. 하이데거 강조.
88 M. Grene, *Martin Heidegger*, p. 20.
89 M. Heidegger, *B.T.*, p. 174. 하이데거 강조.
90 J. Macquarrie, *Studies in Christian Existentialism* (S.C.M., London, 1966), pp. 30-42.

니라, 정서 이론(emotive theory)에서 신앙적 진술에 의미를 부여하길 거부하는 근거로 내세우는 감정과 이해의 차이가 잘못이며 그릇되었음을 보여 주는 것이다. 우리는 종교 속의 감정 및 그 감정과 이해의 관계를 새롭게 살펴봐야 한다."[91] 맥쿼리는 이런 원리를 슐라이어마허가 말하는 종교 속의 감정이라는 관념, 루돌프 오토(Rudolf Otto)가 말하는 피조물의 감정과 신비한 것(the numinous, 누미노제)이라는 개념, 폴 틸리히가 말하는 궁극의 관심이라는 관념, 그리고 감정상태가 무언가를 우리에게 "드러내 준다"는 하이데거의 믿음과 관련지어 논한다. 아울러 이 원리는 로버트 펑크의 주장, 곧 신약 해석학에서는 이해가 오로지 인식 혹은 추론과 개념을 담은 언어와 결합해 있는 것만은 아니라는 주장과 긴밀한 관련이 있다. 예를 들면, 어떤 내러티브나 비유가 전달하는 '기분'은 아주 정교한 추상 언어를 사용하여 어떤 개념들로 표현할 때보다, 오히려 독자 자신의 실존이 갖는 사실성, 혹은 독자 자신의 유한성이나 '던져졌음', 피조물성(creatureliness)을 활용하면 독자에게 더 효과 있게 전달할 수 있다.

하이데거는 이어 현존재가 그에게 주어진 세계와 관계를 맺는 여러 방식 중 하나를 설명하고자 두려움을 간략히 논한다. 두려움은 현존재의 마음상태가 보여 주는 특별한 유형이다. 그는 먼저 두려워하는 **대상**(das Wovor der Furcht)을 살핀다. 이 대상은 어떤 이의 세계 안에 있는 것이며, 그것이 눈앞에 있는 것인지 손 가까이 있는 것인지, 혹은 다른 이들의 현존재인지는 상관없다. 그것은 위협이며 해로운 것이다. 이어 하이데거는 두려움 자체(das Furchten)를 고찰한다. 이는 배려를 드러내며, 어쩌면 두려워하는 대상을 분명하게 표현해 줄 수도 있다. 셋째, 하이데거는 '무엇 때문에' 두려움이 두려워하는지(das Worum der Furcht) 고찰한다. 이는 위험에 빠진 현존재의 상태와 현존재가 자신에게 의존하고 있음을 드러낸다. 결국 하이데거는 어떤 특수한

---

[91] *Ibid.*, p. 33.

유형의 마음상태가, 자신의 정체를 통해 그리고 현존재 및 자신의 세계와 자신이 맺은 관계를 통해 무언가를 '드러낼' 수밖에 없다는 것을 보여 준다. (뒤에 가면 하이데거가 두려움을 불안이나 공포와 동일시하지 않음을 알게 될 것이다.)

(2) 이어 하이데거가 이해(Verstehen)를 논한 내용을 살펴보겠다. 이번 항목이 비단 해석학에만 중요한 것은 아니다. 마이클 젤번은 이 항목이 『존재와 시간』을 통틀어 가장 중요한 항목 중 하나라고 주장한다.[92] 첫째, 이해는 실존에 관한 것이기 때문에, 하이데거는 이를 선험적이며 인식보다 앞선다고 본다. 이는 이해가 가능성에, 현존재의 존재능력 혹은 "존재가능"(Seinkönnen)에 그 뿌리를 두고 있기 때문이기도 하다. 현존재는 가능성을 **알기** 전에 이미 가능성을 **가진다**. 하이데거는 "현존재에 필수불가결한" 실존 범주인 "가능존재"(Being-possible)를 논리적 가능성 및 "눈앞에 있는 것이 가진 우연성과" 구분한다.[14] "실존 범주인 가능성은 존재론상 현존재를 규정하는 가장 근원적이고 지극히 적극적인 방식이다."[93]

둘째, 이해와 실존의 가능성 사이의 관계를 푸는 열쇠는 하이데거가 말하는 기투(projection, Entwurf, 투사)라는 관념이다. 하이데거의 언어는 이 지점에서 보통 때보다 더 복잡해지는데, 아마도 그가 자신이 앞서 세계성과 "…을 위하여"에 관하여 말한 것을 전제하는 것이 주된 이유인 것 같다. "이해는 현존재가 '위하는 것'과 현존재가 존재하는 그때그때의 세계가 지닌 세계성이라는 의미에 현존재의 존재를 투사한다."[94] 하이데거의 말은 그가 관여, 의미, 배려에 관하여 이미 한 말을 참조하여 설명할 수도 있다. 첫째, '의미'는 무언가가 누군가 배려하는 우주와 가지는 관계에 의존한다. 토머스 랭건은 배고픈 사람에겐 바위나 잡초가 그리 의미가 없다는 점과 먹을 수 있는 열매가 달린 나무가 가진 의미를 비교한다.[95] 나무는 열매를 '위한' 것이고 열매는 먹기 '위한'

---

92 M. Gelven, *A Commentary on Heidegger's 'Being and Time'*, p. 83; 참고. pp. 84-91.
93 M. Heidegger, *B.T.*, p. 183.
94 *Ibid.*, p. 185.
95 T. Langan, *The Meaning of Heidegger*, p. 22.

것이다. 블랙베리는 누군가에게 **투사된** 먹음이라는 관점에서 보면 의미가 있다. 문빗장은 누군가에게 **투사된** 문 얾이라는 관점에서 보면 의미가 있다. 둘째, 이해는 현존재가 '무엇을 위하여'(Worumwillen) 존재하는가를 가장 깊은 차원에서 현존재에게 드러낸다. 베르너 브록은 이렇게 설명한다. "사물과 인간 그리고 인간의 '세계-내-존재' 전체는 인간이 스스로 그것을 위하여 '존재한다'고 이해하는 주된 목적 내지 목표에서 그들의 '의미'(Bedeutsamkeit)를 얻는다."[96] 따라서 '이해'는 실제 대상이나 상황을 찾으려는 것과 관련 있지 않고 이런 대상이나 상황이 **가질 수 있는** 용도, **가질 수 있는** 맥락, **가질 수 있는** 기여 방식을 아는 것과 관련 있다. 다시 '존재가능'(Seinkönnen)이라는 관념을 살펴보겠다.

마이클 젤번은 하이데거 사상의 이런 측면을 놀라운 방식으로 설명한다. 그의 설명 방식은 비트겐슈타인이 논리, 언어, 삶 사이의 관계를 살펴볼 때 쓰는 접근법을 우리에게 떠올려 준다. 젤번은 여러 가능성에 관한 실존의 지각이 순수하게 인식적 성격을 지닌 이해의 여러 기능을 만들어 낸다는 것, 이런 지각은 다양한 방식으로 존재할 수 있음에 근거한다는 것이 하이데거의 주장이라고 말한다. '논리'가 이해보다 앞서며 이해의 한계를 결정하는 게 아니라, 삶이 이해와 논리를 결정한다. 우리는 '벽이 파란색이다'가 우연한 진술임을 안다. 그 벽을 다른 색을 가진 존재라고 생각할 수도 있기 때문이다. "나는 **현재 상태에 의해 결정되지 않은** 방식으로 생각할 수 있다. 반면, 원에는 아주 많은 각도가 있다고 생각**할 수밖에 없기** 때문에 원은 360도일 수밖에 없다고 말할 수도 있다. 내가 **할 수 있는 것의 한계가 논리 법칙을 결정한다**."[97] 젤번은 이런 의미에서 현존재의 선험적 실존 범주인 이해 혹은 **인간의 삶**이 인식보다 앞선다고 결론짓는다. 비트겐슈타인이라면 이 점을 이런 식으로 표현하진 않았을 것이다. 앞으로 보겠지만, 비트겐슈타인은 필연인 명제들을 문법적 발화

---

96 W. Brock, in *E.B.*, p. 49. 티슬턴 강조.
97 M. Gelven, *A Commentary on Heidegger's 'Being and Time'*, pp. 87-88. 티슬턴 강조.

라 말하길 더 좋아했다. 하지만 비트겐슈타인의 후기 사상에서는 어떤 것도 '삶'과 '삶의 형식'보다 깊이 자리하지 못한다. 삶이 논리 문법을 결정하지, 그 반대로 논리 문법이 삶을 결정하지는 않는다. 우리는 비트겐슈타인이 말하는 "이해"라는 관념을 "즐거운 출발"이라는 말과 마찬가지인 "이제 나는 어떻게 나아가야 할지 안다"라는 말로 다시 떠올린다.[98] "나는 변명거리가 다 떨어지면…'이게 바로 내가 하는 일이다'라고 말하는 경향이 있다."[99]

(3) 이해를 바라보는 하이데거의 견해는 아직 결론이 나지 않았다. 그가 다음 항목에서 **이해와 해석**(Auslegung)의 관계를 논하기 때문이다. 하이데거는 이 항목에서 적어도 다섯 가지 독특한 점을 강조한다.

첫째, 하이데거는 해석이 "이해된 것을 아는 것이 아니라, 도리어 이해 속에 투사된 여러 가능성을 완성하는 것"이라고 말한다.[100] 이해가 행하는 해석 기능은 이해 자체와는 다른 어떤 '부가물'이 아니라, 이해를 **설명**하거나 해설하는 것이다. 이해는 여러 가능성을 투사함으로써 작동한다. 해석은 이 투사를 **완성**하는 것인데, 이는 인간의 지각을 통해 이미 주어진 것을 분명하게 드러내는 것을 말한다.

둘째, 우리가 분명하게 이해한 것은 "**무언가로서 무언가**의 구조를 가진다." 우리는 무언가를 "탁자나 문, 마차, 다리로 본다."[101] 이는 앞서 "…하기 위하여"(Um-zu)나 "무엇을 위하여"(Worumwillen)에 관하여 말한 것과 밀접한 관련이 있다. 우리는 나무를 먹기 위한 열매를 맺는 나무로 보거나, 문빗장을 문을-열기-위한-것이라는 관점에서 본다. 반대로, "우리가 단지 무언가를 바라볼 때에는 우리가 단지-그것을-우리-앞에-가지고 있음이 **그것을 더 이상 이해하지 못함**으로 우리 앞에 자리해 있다."[102] 이는 의미가 아무 의미 없이 그냥

---

[98] L. Wittgenstein, *P.I.*, sects. 151 and 323.
[99] *Ibid.*, sect. 217.
[100] M. Heidegger, *B.T.*, pp. 188-189.
[101] *Ibid.*, p. 189. 하이데거 강조.
[102] *Ibid.*, p. 190. 하이데거 강조.

눈앞에 있는 어떤 대상에 우리가 '붙이는' 것이 아니라는 사실과 관련이 있다. 그것은 대상에 붙어 있는 어떤 속성이 아니라, 인간의 삶과 태도에 근거를 두고 있는 것이다. 우리는 여기서 "말은 오직 사고와 삶의 흐름 속에서 의미를 가진다"[103]라는 비트겐슈타인의 말을 떠올리게 된다. "모든 기호는 그 **자체만** 있으면 죽은 것으로 보인다.…그것은 사용할 때에 살아 있다."[104]

셋째, 하이데거는 이렇게 썼다. "해석은 우리가 **이미 가진 것—앞서 가진 것** (Vorhabe)—에 근거한다.…모든 경우에 해석은 **우리가 이미 본 것—앞서 본 것**(Vorsicht)—에 근거한다.…해석은 **우리가 이미 파악한 것—앞서 파악한 것**(Vorgriff)—에 근거한다."[105] "해석은 우리에게 제시된 것을 전제 없이 파악하는 일이 아니다."[106] 이것은 우리가 앞서 논한 신학적 해석학 이론에서 전이해가 하는 역할과 일치한다. 우리는 어떤 대상에 다가갈 때 사전 태도와 사전 질문을 갖고 다가가며, 이것들을 통해 그 대상을 무언가로 해석할 수 있고, 그렇게 함으로써 그 무언가를 이해할 수 있다.

넷째, 이 '로서-구조'(as-structure)가 분명히 드러나면, 문제가 된 대상은 우리에게 유의미해질 것이다. 따라서 하이데거는 이렇게 단언한다. "**의미는 투사의 '지향점'이며, 이 '지향점'에 근거하여 무언가를 무언가로 이해할 수 있게 된다.**…의미는 현존재의 실존 범주이지, 실체(존재자)에 붙어 있는 속성이 아니다.…따라서 오직 현존재만이 의미가 있거나 의미가 없을 수 있다."[107] 다시 말해, 무언가가 의미를 가지려면 그것과 현존재의 **배려** 사이의 관계에 비춰 그 의미가 분명하게 밝혀져야 한다. 바로 이런 이유 때문에, 예를 들어 불트만은 비유가 그것을 듣는 이를 **붙잡아야** 그 비유가 듣는 이에게 무언가 **의미 있는** 것이 될 수 있다는 입장을 어느 정도 견지했고, 에른스트 푹스는 그런 입장을

---

[103] L. Wittgenstein, *Z.*, sect. 173.
[104] L. Wittgenstein, *P.I.*, sect. 432.
[105] M. Heidegger, *B.T.*, p. 191 (German, p. 150).
[106] *Ibid.*, pp. 191-192.
[107] *Ibid.*, p. 193.

철저히 관철했다. 이것은 비유를 듣는 이가 말 그대로 그 비유의 의미를 먼 곳에서 바라보고 이를 통해 결국 비유가 자신과 어떤 관계가 있는지 결정한다는 말이 아니다. 이것은 문제가 된 원리가 푹스에게는 **신학** 문제가 아니었던 이유를 설명해 주지는 않지만, 그래도 분명 그 원리에는 신학적 의미가 숨어 있다. 비유에 붙잡히는 것과 비유를 이해하는 것은 동일한 언어사건이며, 이 사건은 이전의 인식에 의존하지 않는다.[108]

다섯째, 이는 우리를 해석학적 순환으로 데려간다. 하이데거의 말로 하자면, "이해에 이바지할 어떤 해석도, 해석해야 할 것을 틀림없이 이미 이해했을 것이다." 그는 이것이 순환을 일으킨다는 점을 인정한다. 그러나 그는 이렇게 덧붙인다. "**우리가 이 순환을 악순환으로 보아 이를 피할 길을 찾는다면,…이해 행위를 근본부터 오해한 것이다.**…이해에서 '순환'은 의미 구조에 속한다."[109] 우리는 이미 해석학적 순환이 함축한 원리를 슐라이어마허, 딜타이, 그리고 다른 이들을 참조하여 다루었다. 아울러 이 원리가 해석은 **과정**이며 일회성 사건이 아니라는 사실을 강조한다는 것도 살펴봤다. 이 점은 특별히 하이데거 사상을 원용한 하인리히 오트와 관련지어 다루었다. 아울러 우리가 사전에 갖고 있는 물음들이 어떤 텍스트에 다가가는 첫 접근법을 형성한다는 점도 보았다. 우리는 그 텍스트를 이해하는 데 적절하다고 믿는 자세를 취하지만, 우리가 이후에 그 텍스트 전체에 관하여 갖게 된 이해가 처음에 가졌던 자세와 질문, 처음에 그 텍스트의 '여러 부분'을 이해했던 내용을 바로잡는 데 기여하기도 한다. 더 나아가 하이데거의 저작은, 리처드 파머도 말하듯이, 이해가 "시공간 밖의 어떤 맥락 속에 있지 않고…도리어 특정한 시간과 장소 속에 있다"는 요지를 강조한다.[110] 하이데거는 우리가 해석학에서 해석자의 지평을 무시할 수 없다는 점을 강조한다.

---

108 E. Fuchs, *S.H.J.*, pp. 32-38, 84-103; *Herm.*, pp. 126-134; 그리고 아래에서 논의한 내용을 참고하라.
109 M. Heidegger, *B.T.*, pp. 194-195. 하이데거 강조.
110 R. E. Palmer, *Hermeneutics*, p. 136.

(4) 하이데거는 다음 항목에서 명제나 진술(die Aussage)이 해석학에서 가지는 의미를 분명히 논한다. 그는 사람들이 예부터 진술을 진리가 있는 자리로 여겨 왔다고 인정한다. 논리는 대개 명제의 논리다. 하이데거는 진술이 세 가지 기능을 한다고 생각한다. 진술은 단순한 '표상'(Vorstellung)에 그치지 않고, '제시'(지적, Aufzeigen)를 이뤄 낸다. 내가 망치에 관하여 무언가를 말할 때 그것은 망치에 관한 개념을 진술하는 것이 아니라, 내가 그것을 사용하는 그대로 실체(존재자) 자체(das Seiende selbst)를 진술하는 것이다. 하이데거가 후설을 통해 전해 받은 브렌타노의 '표상'(Vorstellungen) 이론이 의미에 관한 하이데거의 설명을 좌우한다고 지적한 길버트 라일(Gilbert Ryle)의 비판을 고려할 때, 이 점은 특히 고려할 만한 가치가 있을지도 모른다. 라일은 의미가 "'표상을 지닌' 행위가 지향하는 '목적격'일 뿐이다"라고 주장하면서, "의미는 의식 행위의 기여가 틀림없다"고 말한다.[111] 하이데거는 진술의 두 번째 기능이 서술이라고 말한다. 진술은 술어를 사용하여 주어를 명확하게 규정(bestimmt)한다. 이렇게 '한정성'을 강조하면 사실 심각한 문제가 생긴다. 나는 비유의 해석학이라는 주제를 다룬 한 논문에서 진술은 미완결일(open-ended) 수 있다는 비트겐슈타인의 견해를 원용했다.[112] 진술의 세 번째 기능은 의사소통(Mitteilung)이다. 이 측면은 진술이 작동하는 실존의 맥락을 주목하게 한다. 진술 역시 추상적이지 않고 인간의 삶이라는 정황 속에서 그 목적을 성취한다.

하이데거는 이 마지막 강조점을 가장 중요하게 여긴다. "망치가 아주 무겁다" 같은 말은 단순히 이론을 말한 게 아니다. 그것은 "내게 다른 망치를 다오"라는 말일 수도 있다. 하이데거는 이런 말을 덧붙인다. "해석은 원래 이론 진술 속에서 이루어지지 않고, 주위를 두루 살펴보며 배려하는 행위—적절치 않은 도구를 치우거나, '쓸데없는 말을 하지 않고' 그것을 다른 것으로 바꾸는

---

111 G. Ryle, "Heidegger's 'Sein und Zeit'" in *Collected Writings* (Hutchinson, London, 1971) I, p. 213; 참고. pp. 197-214.
112 A. C. Thiselton, "The Parables as Language-Event: Some Comments on Fuchs's Hermeneutics in the Light of Linguistic Philosophy" in *S.J.T.* XXIII (1970), pp. 437-468.

행위―속에서 이루어진다. 말이 없다는 사실에서 해석이 없다는 결론을 내려서는 안 된다."[113]

이런 의미에서, 하이데거는 진술을 해석에서 **파생한** 양식이라고 본다. "망치가 무겁다"라는 말은 이 도구가 손으로 하는 일에는 적합하지 않다는 사전 이해에서 나온 말이다. 따라서 하이데거는 **해석학적** 경험의 "근원성을 띤 '로서'"와 "진술의 **무언가를 주장하는 성격을 지닌** '로서'"를 대조한다.[114][115] 겔븐은 이렇게 설명한다. "예를 들면, 내가 망치를 나무에 못을 박는 것으로 '보거나' '해석할' 때 해석학적 '로서'가 나타난다. 주장하는 '로서'는 망치를 단지 세계 속의 거기에 있고 그것에 부여할 수 있는 어떤 '특성들'을 가진 대상으로 '보거나' '해석하려는' 것이다. 이에 따르는 위험은 판단이나 명제를 분석할 때, 이런 판단이나 명제를 오로지 주장하는 '로서'의 관점에서만 다루는 경우가 종종 있다는 사실이다."[115] 하이데거가 제시하는 이 주장은 적절한 때에 비판해 보겠다. 그가 든 사례가 비트겐슈타인이 거듭 강조했던 점, 곧 진술이 언제나 서술 기능만 하지는 않는다는 것을 실증하기 때문이다. 내가 만일 "이것은 독이다"라고 말한다면, 이는 "조심해! 이거 마시지 마" 같은 경고나 "내 대신 복수해 줘!" 같은 간청이나 "서둘러! 의사를 데려와" 같은 명령이나 "네가 내 차에 설탕을 넣었군" 같은 비난 기능을 할 수 있다.[116]

(5) 하이데거는 이런 고찰이 우리를 언어와 '담화'(Rede)에 관한 논의로 직접 이끈다고 믿는다. "**담화**(Rede)는 실존상 마음상태 및 이해와 똑같이 원초적이다."[117] 여기서 중요한 점은 하이데거가 모든 언어의 기초를 말 자체나 명제 논리에 관한 추상적 고찰에서 찾지 않고 **사람들 사이의 의사소통**에서 찾

---

[113] M. Heidegger, *B.T.*, p. 200.
[114] *Ibid.*, p. 201.
[115] M. Gelven, *A Commentary on Heidegger's 'Being and Time'*, p. 101.
[116] 나는 A. C. Thiselton, *Language, Liturgy and Meaning* (Grove Liturgical Studies, Nottingham, 1975), pp. 10-16에서 이 사례를 사용하여 이 점을 더 깊이 논했다.
[117] M. Heidegger, *B.T.*, p. 203 (German, p. 161).

는다는 것이다. '담화'(Rede)는 하이데거가 인간이 서로 어떻게 관계를 맺는지 표현할 때 쓰는 말이다. 언어를 '낱말-사물들로 쪼개지는' 것으로 본다는 것은 말을 그야말로 '눈앞에 있는' 것으로 보는 관점을 받아들이는 것이다. 하이데거는 진정한 듣기란 하나로 묶여 있는 개개 낱말들을 면밀히 검사하는 일이 아니라고 주장한다. 예를 들면, 어린이들은 각 문장이 어떻게 쪼개지는지 모르는데도 말을 '들을' 수 있다(조그만 어린이가 자신의 대답으로 "Goodnessnose"라 써서 어떤 질문에 대답하는 경우가 그런 예다). 하이데거는 이렇게 단언한다. "의사소통은 의견이나 소원처럼 한 주체의 내면에서 다른 주체의 내면으로 경험을 전달하는 것과 같은 일이 아니다. 공동-현존재는 이미 본질상 공동-마음상태와 공동-이해에서 분명하게 드러난다. 담화를 나눌 때 공동-존재를 '분명히' **공유한다**. 즉 공동-존재는 이미 **있으나**, 다만 그것을 붙잡아 내 것으로 삼지 못하였기에 공유하지 못했을 뿐이다."[118]

다시 말하지만, 이는 신약 해석학에 지극히 중요하다. 이해는 단순히 문법책이나 사전에서 낱말 하나하나를 찾는 일이 아니라 두 지평 사이의 소통이다. 이 점을 아주 빈번히 강조하길 거듭하는 저술가 가운데 한 사람이 게르하르트 에벨링이다. 그는 이렇게 썼다. "이 문제가 아주 깊다 보니, 잠깐 있다 사라질 현대의 설교자용 전문 용어들을 값싸게 빌려다가 이 문제를 다룰 수 없다는 것은 강조할 필요도 없다. 이 문제는 개개 낱말들을 이해하는 일이 아니라 **낱말 자체를 이해하는 일이며**, 새로운 말하기 수단에 관한 일이 아니라 새롭게 말하기에 이르는 일이다."[119]

---

[118] *Ibid.*, p. 205.
[119] G. Ebeling, *The Nature of Faith*, p. 16.

옮긴이 주

[1] 하이데거가 *Sein und Zeit*, p. 22에서 한 말을 그대로 옮기면 이렇다. "Negierend verhält sich die Destruktion nicht zur Vergangenheit, ihre Kritik trifft das »Heute«…"(파괴는 과거를 상대로 부인하는 태도를 취하지 않는다. 과거 비판은 '오늘'을 겨냥하며…).

[2] 하이데거가 *Sein und Zeit*, p. 6에서 한 말을 그대로 옮기면 이렇다. "Das Gesuchte im Fragen nach dem Sein ist kein völlig Unbekanntes, wenngleich zunächst ganz und gar Unfaßliches"(존재에 관한 질문을 통해 찾는 것은, 우선 당장은 완전히 파악할 수 없는 것일지라도, 완전히 모르는 것이 아니다).

[3] 하이데거가 *Sein und Zeit*, p. 7에서 한 말은 영역본과 조금 다르다. "Fällt aber solches Unterfangen nicht in einen offenbaren Zirkel?…Ist für die Ausarbeitung der Frage nicht schon »vorausgesetzt«, was die Antwort auf diese Frage allererst bringen soll?"(하지만 그런 대담한 시도는 어떤 명백한 순환에 빠지지 않을까?…그 질문을 만들어 낼 때는 그 질문에 대한 대답이 가장 먼저 만들어 낼 무언가가 이미 '전제되어' 있지 않을까?).

[4] 하이데거는 *Sein und Zeit*, p. 11에서 현존재를 이렇게 정의한다. "Wissenschften haben als Verhaltungen des Menschen die Seinsart dieses Seienden(Mensch). Dieses Seiende fassen wir terminologisch als *Dasein*"[학문은 이 존재자(인간)의 존재 양식을 인간의 태도로서 소유한다. 이 존재자를 **현존재**라는 용어로 표현한다].

[5] 하이데거가 *Sein und Zeit*, p. 16에서 한 말은 이렇다. "Und zwar soll sie das Seiende in dem zeigen, wie es zunächst und zumeist ist, in seiner durchschnittlichen Alltäglichkeit"(게다가 현존재에 접근하는 방법과 현존재를 해석하는 방법은, 우선 그리고 대부분 그러하듯이, 존재자가 그 안에서, 그의 보통 일상 속에서 제시해야 한다). 티슬턴이 인용한 부분은 현존재가 어떻게 나타나는가가 아니라 현존재에 접근하는 방법, 현존재를 해석하는 방법을 이야기하는 내용이다.

[6] 하이데거가 *Sein und Zeit*, p. 17에서 한 말은 이렇다. "Diese(die Zeit) muß als der Horizont alles Seinsverständnisses und jeder Seinsauslegung ans Licht gebracht und genuin begriffen werden. Um das einsichtig werden zu lassen, bedarf es einer *ursprünglichen Explikation der Zeit als Horizont des Seinsverständnisses aus der Zeitlichkeit als Sein des seinverstehenden Daseins*"[이것(시간)을 모든 존재 이해와 모든 존재 해석의 지평으로 드러내야 하고 정녕 그렇게 이해해야 한다. 이를 통찰하려면, **애초부터 시간을 존재를 이해하는 현존재의 존재인 시간성에서 유래한 존재 이해의 지평으로 설명해야 한다**].

[7] 티슬턴은 맥쿼리와 로빈슨의 영역본을 따라 Befindlichkeit를 옮긴 state-of-mind라는 표현을 쓴다. 이를 한글로 옮기면 '마음상태'라고 할 수 있는데, 이 표현은 자칫하면 하이데거가 쓴 표현이 담고 있는 '처해 있다'라는 의미가 배제된 개인의 내면 상태를 가리키는 말로 이해되기 쉽다. 그래서 하이데거 연구자 가운데서는 Befindlichkeit의 번역어로 처해

있음, 정황성(情況性), 심정성(心情性), 정상성(情狀性), 유정성(有情性) 등의 표현을 쓰면서 '기분'과 '처해 있다'라는 의미를 함께 포괄하는 용어를 찾으려는 시도가 있었다. 이 책에서는 티슬턴이 사용한 영역본을 그대로 따라 '마음상태'라는 표현을 썼다. 티슬턴이 21항에서 맥쿼리와 로빈슨이 사용한 state-of-mind라는 용어를 해설하고 있기에 그 의중을 따랐으며, 해설을 읽는다면 '마음상태'라는 용어를 단순히 개인의 내면 상태를 가리키는 표현으로 이해하지는 않으리라 보았다. 티슬턴이 하이데거를 다루는 부분 이외에, 가다머와 비트겐슈타인을 다루는 부분에서 쓴 state of mind라는 표현은 '마음 상태'라고 옮겼다 — 편집자.

[8] 하이데거가 *Sein und Zeit*, p. 47에서 한 말을 더 넓게 살펴볼 필요가 있다. "Person darf nach Scheler niemals als ein Ding oder eine Substanz gedacht werden, sie »ist vielmehr die unmittelbar miterlebte *Einheit* des Er-lebens -, nicht ein nur gedachtes Ding hinter und außer dem unmittelbar Erlebten.«"(셸러에 따르면 인간을 결코 어떤 사물이나 질료로 생각해서는 안 된다. 인간은 '도리어 그가 직접 더불어 삶으로 살아 낸 그 체험의 **통일체**이지, 그가 직접 살아 낸 것의 뒤쪽과 바깥쪽에 있다 생각되는 사물이 아니다').

[9] 티슬턴이 인용한 『존재와 시간』 영역본에서는 독일어 원문을 잘못 번역했다. 하이데거는 *Sein und Zeit*, p. 48에서 이렇게 말한다. "Jede psychische Objektivierung, also jede Fassung der Akte als etwas Psychisches, ist mit Entpersonalisierung identisch"(행위를 정신적 대상으로 만드는 모든 경우, 그리하여 행위를 뭔가 정신적인 것으로 파악하는 모든 경우는 인간을 비인간화하는 것과 같다). 그런데 존 맥쿼리와 에드워드 로빈슨이 번역한 영역본에서는 이를 "Any physical Objectification of acts...is tantamount to depersonalization"으로 오역했다. 독일어 psychisch(정신의, 혼의)는 영어로 physical(몸의, 물리의)이 아니다.

[10] 티슬턴이 제시한 영역본은 번역이 부실하다. 하이데거가 *Sein und Zeit*, p. 68에서 한 말은 이렇다. "Die Griechen hatten einen angemessenen Terminus für die »Dinge«: πράγματα, d. I. das, womit man es im besorgenden Umgang (πρᾶξις) zu tun hat. Sie ließen aber ontologisch gerade den spezifisch »pragmatischen« Charakter der πράγματα im Dunkeln und bestimmten sie »zunächst« als »bloße Dinge«. Wir nennen das im Besorgen begegnende Seiende das *Zeug*. Im Umgang sind vorfindlich Schreibzeug, Nähzeug, Werk-, Fahr-, Meßzeug. Die Seinsart von Zeug ist herauszustellen. Das geschieht am Leitfaden der vorherigen Umgrenzung dessen, was ein Zeug zu Zeug macht, der Zeughaftigkeit"[그리스인은 '사물'을 표현하기 적합한 용어를 갖고 있었다. 프라그마타(πράγματα)가 그것인데, 인간은 배려를 담은 사귐(πρᾶξις)을 통해 그것과 관계를 맺는다. 그러나 그리스인은 존재론상 그 πράγματα가 특히 가진 '실용'성을 분명히 밝히지 않은 채, 그것을 '우선' '단순한 사물'이라 규정했다. 우리는 배려 가운데 만나는 존재자들을 도구라 부른다. 사귐 가운데 필기도구, 재봉 도구, 작업 도구, 운송 도구, 측정 도구를 만난다. 도구의 존재 종류(양식)는 밝혀져야 한다.

이 일은 어떤 도구를 도구로 만들어 주는 것, 곧 그 도구성의 한계를 미리 설정해 주는 것을 실마리 삼아 이루어진다].

[11] 하이데거는 *Sein und Zeit*, p. 83에서 이를 이렇게 표현한다. "Das Wozu einer Dienlichkeit und das Wofür einer Verwendbarkeit zeichnen je die mögliche Konkretion der Verweisung vor"[어디에 쓸모가 있고 무슨 목적에 활용할 수 있는가가 (기호가) 지시하는 것이 가리킬 법한 것을 자세하게 묘사하여 제시한다].

[12] 영역본에서 "돌 던지면 닿을 거리"(a stone's throw)로 옮긴 이 표현은 원래 *Sein und Zeit*, p. 105에서는 "고양이가 뛰어올라 착지할 거리"(ein Katzensprung)로, 둘 다 '짧은 거리'를 비유적으로 표현하는 말이다.

[13] 하이데거가 *Sein und Zeit*, p. 135에서 한 말은 이렇다. "Faktizität ist nicht die Tatsächlichkeit des factum brutum eines Vorhanden, sondern ein in die Existenz aufgenommener, wenngleich zunächst abgedrängter Seinscharakter des Daseins" (사실성은 눈앞에 있는 것이라는 날것 사실의 실제성이 아니라, 우선 당장은 밀쳐냄을 당하더라도 결국 실존 속에 받아들여지는 현존재의 존재성이다).

[14] 하이데거는 *Sein und Zeit*, p. 143에서 이렇게 말한다. "Das Möglichsein, das je das Dasein existenzial ist, unterscheidet sich ebensosehr von der leeren, logischen Möglichkeit wie von der Kontingenz eines Vorhanden, sofern mit diesem das und jenes »passieren« kann"(각 현존재는 실존상 가능존재다. 이 가능존재는 공허한 논리적 가능성과 구분되며, 마찬가지로 이런저런 일이 일어나게 할 수도 있다는 점에서 눈앞에 있는 것이 가지는 우연성과 구분된다).

[15] 하이데거가 *Sein und Zeit*, p. 158에서 한 말을 그대로 옮기면 이렇다. "So kann die Aussage ihre ontologische Herkunft aus der verstehenden Auslegung nicht verleugnen. Das ursprüngliche »Als« der umsichtig verstehenden Auslegung (ἑρμηνεία) nennen wir das existenzial-hermeneutische »Als« im Unterschied von apophantischen »Als« der Aussage"(따라서 진술은 자신이 존재론상 이해하는 해석에서 유래했음을 부인하지 못한다. 우리는 주위를 두루 살피며 이해하는 해석에서 근원적 '로서'를 주장하는 성격을 지닌 진술의 '로서'와 구분하여 실존적-해석학적 '로서'라 부른다).

7장
하이데거 초기 사상에서 다루는 또 다른 주제들

22. 현존재의 몰락: 염려로 존재하는 현존재, 실재와 진리

하이데거는 『존재와 시간』의 앞 항목에서 "일상성"(Alltäglichkeit)이라는 관념과 그 관념을 현존재의 존재에 관한 서술로 활용하는 것을 간략히 소개했다. 그는 이렇게 썼다. "거리 두기, 평균성, 균등화는 '세인'을 위한 존재 양식으로서 [독일어 원문은 '세인의 존재 방식으로서(als Seinsweisen des Man)'다―옮긴이] 우리가 '공공성'(die Öffentlichkeit)이라 알고 있는 것을 이룬다.…공공성은 모든 것을 모호하게 만들고, 그렇게 가려진 것을 친숙한 것이자 모든 이가 다가갈 수 있는 것으로 나누어 준다."[1] 그는 이렇게 덧붙인다. "'세인'(they)은 실존 범주이며, 근원 현상으로서 현존재의 적극적 구성에 속한다."[2] 하이데거는 이 "균등화" 개념과 "세인"이라는 비인칭어와 함께 다른 이들과 함께하는 "공동현존재"(Mitdasein) 현상을 소개한다. 하지만 하이데거는 이런 개념들을 감정상태, 이해, 담화를 논의하고 나서 현존재의 "몰락"과 염려라는 현존재의 존재를 다룰 때에 더 충실하고 분명하게 탐구한다.

"몰락"은 잡담(Gerede), 호기심(Neugier), 모호함(Zweideutigkeit)이라는 특

---

[1] M. Heidegger, B.T., p. 165.
[2] Ibid., p. 167.

수한 용어에서 나타나는 일반 특성이다. 하이데거는 이 세 가지 "명확한 실존의 특성 속에서 일상성에 속하는 기본 유형의 존재가 드러난다"고 말하면서, "우리는 이를 현존재의 '몰락'(Verfallen)이라 부른다"고 말한다.³ 하이데거는 이어 이 "몰락" 개념에는 어떤 윤리적 혹은 신학적 판단도 들어 있지 않다는 말을 얼른 덧붙인다. "이 말은 어떤 부정 평가도 표현하지 않으며, 현존재가 대체로 그리고 무엇보다도 자신이 배려하는 '세계' **옆에 나란히** 존재함을 나타내는 데 사용된다. 이렇게 '…으로 사라짐'(Aufgehen bei…)은 대체로 '세인'의 공공성 속으로 사라지는 존재의 특성을 가진다."⁴ 현존재의 몰락은 "더 순수하고 높은 '원초 상태'에서 '떨어짐'이 아니다."⁵ 그렇지만 바로 이 존재 양식 속에서 '사라지다'나 '모호해지다'라는 말이 무슨 의미인지 알게 된다. 하이데거는 그것을 "비(非)본래적"(uneigentlich)이라고 규정하는데, 이는 어떤 윤리적 흠이 있기 때문이 아니라, 그것이 "'세계'에 매혹당하고 다른 이들과 함께 있는 '세인' 안의 공동 현존재에게 매혹당하기" 때문이다.⁶ 영문 번역에서는 하이데거가 말하려는 뜻이 일부 사라져 버렸는데, 영문 번역에서는 독일어 'eigentlich'와 'eigen'(그것만이 가진, 고유한)이 가지는 연관성을 유지하기가 불가능하다. 우리는 이미 하이데거가 "각 경우에 내 것"(die Jemeinigkeit)을 현존재의 중요한 특징으로 본다는 것을 살펴보았다. 이와 반대로, 현존재는 말 그대로 본래적이지 않고 인격성이 없는, "세인"의 일상 세계 속에서 자신을 잃어버릴 수 있다. 이런 존재 양식은 우선 잡담과 호기심, 모호함이라는 더 자세한 용어 속에서 발견할 수 있다.

하이데거는 우리더러 심지어 잡담(Gerede)도 "여기서 '깔보는' 의미로 사용하지 말아야 한다"고 경고한다.⁷ "잡담은 사물을 미리 자기 것으로 만들지 않

---

3 *Ibid.*, p. 219.
4 *Ibid.*, p. 220.
5 *Ibid.*
6 *Ibid.*
7 *Ibid.*, p. 211.

고도 모든 것을 이해할 수 있는 가능성이다."⁸ 잡담은 "진정한 이해라는 과업에서 놓여나게 해 준다."⁹ 잡담은 어떤 새로운 탐구도 하지 못하게 저지하고 어떤 신선한 시각도 갖지 못하게 방해하는데, 이는 "'세인'이 마음상태를 규정하고, 무엇을 어떻게 '봐야' 하는지 결정하기" 때문이다.¹⁰ 이 짧은 항은 불트만의 해석학은 물론 예수의 비유를 다룬 푹스, 펑크, 크로산의 작업과 관련이 있기 때문에 아주 중요하다. 관습에 매이고 사람들이 널리 받아들이는 시각을 영속시키기만 하는 언어는 창조적 이해와 반응을 만들어 내지 못한다. 하이데거는 호기심과 모호함을 다루는 다른 두 항목에서 이 점을 거듭 강조한다. 호기심은 이른바 새로움이라는, 군중의 상상을 사로잡는 것을 쫓는데, 이런 것은 유행을 따르거나 하이데거의 말처럼 "사람들이 '틀림없이' 읽거나 봤을" 것을 따른다.¹¹ 이런 태도는 모호함을 경험하게 한다. 이런 모호함에 빠지면 모든 것을 이해한 것 같아도 실상은 아무 이해도 일어나지 않는다. 하이데거는 이 주제를 그가 "몰락과 피투성"(Falling and Thrownness)을 다룬 항목에서 펼쳐 보인다. 그는 이렇게 썼다. "이렇게 바닥도 없는 비본래적 존재인 '세인' 속으로 그리고 안으로 떨어짐은…이해를 본래적 가능성들이 투사하는 것에서 계속 떨어뜨려 놓는다."¹²

하이데거는 이제 그의 주장에서 중대한 단계에 이르렀다. 그는 『존재와 시간』에서 이 지점에 이르기까지 세계-내-존재라는 현상을 다양한 구조 측면에 초점을 맞춰 살펴보았다. 그는 이제 세계-내-존재를 단일 구조를 가진 통일체로 보려 한다. 현존재의 존재 전체는 이제 전체를 통틀어 염려(care, Sorge)로 보인다. 염려는 현존재의 모든 실존 범주를 단일 구조로 통합한다. 하이데거는 이렇게 통합하는 염려의 의미를 밝히는 것이 불안(Angst)이라는 현상이

---

8 *Ibid.*, p. 213.
9 *Ibid.*
10 *Ibid.*
11 *Ibid.*, p. 217.
12 *Ibid.*, p. 223.

라고 생각한다. 그는 우선 "현존재의 구조 전체의 근원적 전체성 문제"라는 제목을 붙인 항목에서 이런 방법론 절차를 설명한 뒤, 불안을 "현존재가 드러나는 독특한 방식으로서" 검토한다.[13]

키르케고르처럼 하이데거도 불안(Angst)과 두려움(Furcht)을 구분한다. 두려움은 특정할 수 있고 명확한 무언가를 항상 무서워하는 것이다. 우리는 마음상태를 다루는 항목에서 하이데거가 두려움을 분석한 내용을 이미 다루었다. 앞서 보았듯, 하이데거가 보기에 두려움은 두려워하는 대상, 두려움 자체, 위험에 빠진 현존재의 상태 사이의 구분을 내포한다.[14] 이와 달리, 불안은 세계 안에 있는 어떤 실체가 일으키지 않고 현존재 자신의 실존이 일으킨다. 그것은 실존 자체의 책임과 관련된 모든 것에게 외면당하는 경험이다. 따라서 "**몰락이라는 돌아섬이 도리어 불안에 근거를 두고 있으며, 이 불안이 다시 두려움을 가능케 한다.…불안의 대상**(das Wovor der Angst)**은 세계-내-존재 자체다.**"[15] 하이데거는 계속하여 이렇게 말한다. "불안은 위협이 나온 어떤 명확한 '여기' 혹은 '저기'를 '알지' 못한다. 불안의 대상을 규정하는 특징은 위협이 **어디에도 존재하지 않는다**는 것이다."[16]

하이데거는 이제 불안을 본래의 실존이라는 현상과 연계한다. 마조리 그린은 그 점을 이렇게 요약한다. "독특한 기분이 하나 있는데, 이 기분은 인간에게 자기 현시(self-betrayal)에서 자기 인식(self-knowledge)까지 되새겨 준다. 그 기분은 불안이다.…그것은 대상들을 잃어버렸다는 느낌이자 아무것도 없다는 느낌—이런저런 사물이나 사람이 아니라 세계-내-존재의 전체 구조 자체를 만날 때 나를 사로잡는 공허한 느낌—이다."[17] 하이데거 자신은 이를 이렇게 말한다. "불안은 현존재를 존재가 가능성으로서 본디 갖고 있고 늘 존재

---

[13] *Ibid.*, sect. 39-40, pp. 225-235.
[14] 앞 21항, (1)의 끝부분.
[15] M. Heidegger, *B.T.*, p. 230. 하이데거 강조.
[16] *Ibid.*, p. 231. 하이데거 강조.
[17] M. Grene, *Martin Heidegger*, pp. 29-30.

하는 성질인 '…을 향한 그의 자유로운 존재'[Freisein für...(propensio in...)] 앞으로 데려온다."¹⁸ ⁽²⁾ 하이데거는 곧바로 자신이 강조하고자 하는 점을 더 깊이 설명하는 말을 덧붙인다. "사람은 불안할 때 '으스스함'(uncanny)을 느낀다"(In der angst ist einem 'unheimlich').¹⁹ 이런 '으스스함'은 '편안하지 않음'(das Nicht-zuhause-sein)을 뜻한다.²⁰ 이 때문에 하이데거는 불안이 일상 세계 속에 흡수당했던 현존재를 거기서 끄집어내 다시 데려온다고 결론짓는다. "일상 속의 익숙함이 무너진다. 현존재는 개별화되지만, 세계-내-존재로서 개별화된다."²¹ 그는 거듭하여 이렇게 말한다. "불안은 개개 현존재의 것이 된다. 이런 개별화는 현존재를 몰락에서 다시 데려온다."²²

하이데거는 『존재와 시간』의 이 지점에서 키르케고르 그리고 야스퍼스와 사르트르(Sartre) 같은 다른 실존주의 사상가들에게 가까이 다가간다. 이름 없는 '세인'이 검토하지도 않은 채 편안히 여겼던 관습의 여러 한계를, 실존주의 사상가가 고찰 주제로 삼는 믿음이나 결단, 한계상황, 불안 같은 경험이 각각 따로 가지는 의미에 비춰 제시한다. 하이데거 사상 전체에 관하여 몇 가지 평가를 제시할 때, 하이데거와 키르케고르, 야스퍼스, 사르트르의 관계를 간략히 언급하겠다. 하지만 하이데거는 현존재가 인격성과 이름을 갖지 않은 '세인'의 지배를 받아, 불안과 결단에서 뒷걸음치는 조용한 길을 받아들임으로써 자신의 책임과 자유에서 떨어져 나갈 수 있다고 생각하는데, 이 점에서는 이 사상가들과 생각을 같이한다.

하이데거는 이제까지 『존재와 시간』에서 제시한 모든 내용을 모든 것을 통합시키는 단일 용어인 '염려'(Sorge)를 중심으로 한 현존재 묘사로 집약한다. 그는 이렇게 되풀이한다. "존재론상 이런 실체(존재자)가 갖는 근본 특성은 실

---

18 M. Heidegger, *B.T.*, p. 232.
19 *Ibid.*, p. 233 (German, p. 188).
20 *Ibid.*
21 *Ibid.*
22 *Ibid.*, p. 235.

존성, 사실성, 그리고 몰락했음이다.…이 특성들은 구조 전체가 가지는 전체성을 만들어 내는 근원 맥락 속에서 함께 엮여 하나가 된다."²³⁽³⁾ 하이데거는 현존재 전체를 염려로 규정하려고 시도하면서, 어색하게 들리는 문장을 쓸 수밖에 없는 처지가 되고 만다. "현존재의 존재는 (세계 안에서 만나는 실체들과) 나란히 있는 존재로서 자신보다 앞서 이미 (세계) 속에 있는 존재를 뜻한다."²⁴ 우리는 앞서 실존성, 사실성, 몰락했음이 이런 관념을 암시함을 보았다. 실존성, 혹은 내게 적용하여 '내 것으로 만듦'은 자신이 가진 여러 가능성에 관한 기대인, '자신보다 앞선' 실존인 현존재의 존재 양식에 주목하게 한다. 사실성은 '이미 세계 속에 있는 존재'로서 현존재가 가진 피투성에 주목하게 한다. 몰락은 현존재가 일상의 염려에 마음을 뺏길 수 있음을 주목하게 한다. 그런 일은 세계 안에서 만나는 실체들과 '나란히 있는 존재'에서 생겨난다. 그것은 다른 이들과 함께하는 삶(Mitsein, Mitdasein)과 관련이 있다.

하이데거는 존재를 염려라 논하는 맥락에서, 손 가까이 있는 대상들과 나란히 있는 존재인 "배려"(concern, Besorgen)와 현존재와 나란히 있는 존재인 "심려"(solicitude, Fürsorge)를 구분한다. 젤번은 배려를 "caring *about*"으로 번역하고 심려를 "caring *for*"로 번역하여 영문 번역에서도 이 두 용어와 염려(Sorge)의 연관성을 유지하기를 제안한다.²⁵ 우리는 맥쿼리와 로빈슨의 번역을 따르겠지만, 젤번의 제안은 하이데거가 '나란히 있는 존재로서 자신보다 앞서 이미 (세계) 속에 있는 존재'를 포괄하는 용어로 쓴 말이 염려라는 것을 우리에게 되새겨 준다.

J. 맥쿼리는 하이데거가 이 지점에서, 인간이 존재한다는 것은 곧 염려를 의미한다는 그의 주장을 뒷받침하거나 어쩌면 설명할 목적으로 신화의 언어

---

23 *Ibid.*, pp. 235-236.
24 *Ibid.*, p. 237.
25 M. Gelven, *A Commentary on Heidegger's 'Being and Time'*, p. 122; 참고. M. Heidegger, *B.T.*, p. 237.

를 원용한 것이 완전히 우연은 아니라고 주장한다.[26] 어쨌든 하이데거는 이 견해가 새로운 것이 아님을 보여 준다. 로마 신화에서는 여신 쿠라(Care, *cura*)가 진흙 한 덩이를 사람 모양으로 빚은 다음 유피테르(Jupiter)더러 그 안에 영혼을 넣어 달라고 요청한 일을 이야기한다. 유피테르는 요청받은 대로 한다. 그러나 뒤이어 유피테르와 흙, 쿠라는 그 사람에게 이름을 붙일 권리를 놓고 논쟁을 벌인다. 사투르누스(Saturn)는 각자가 사람 속에 한 부분씩 갖고 있으며, 사람이 흙(*humus*)으로 만들어졌기에, 사람은 *homo*(호모)라 불릴 것이라고 선언한다. 아울러 그가 살아 있는 동안 그의 삶을 규정하는 특징은 염려가 되며 그가 죽으면 그의 영혼은 유피테르에게 돌아가리라고 선언한다. 하이데거는 이 신화가 한편으로는 사람이 영혼으로서 자신의 과거와 현재를 가능성 안에서 초월할 수 있으나, 다른 한편으로는 이 땅에 속한 사람의 사실성이 그를 제한한다는 의미라고 해석한다. 인간의 존재는 잠시뿐이며, 그를 규정하는 특징은 염려다. 하지만 염려가 가지는 이런 "이중 의미"는 인간의 두 "부분"이 아니라, 도리어 "던져진 것이 본질상 가진 이중 구조 안에 있는 하나의 기본 상태"를 의미한다.[27] 당연히 예상하듯, 불트만 사상에서 이런 견해는 신약성경에서 바울이 몸과 영혼을 인간의 두 '부분'이 아니라 인간이라는 한 존재의 양식으로 인식한다는 주장과 긴밀한 연관을 맺고 있다.

하이데거는 그의 분석이 실재와 진리를 바라보는 견해에 시사하는 의미를 제시하고 그의 분석과 다른 철학자 및 서구의 전통 사상이 내놓은 분석을 비교함으로써 『존재와 시간』의 이 부분을 마무리한다. 그는 특히 칸트와 유사한 점 및 다른 점에 주목하면서, 동시에 데카르트의 접근법을 언급한다. 하이데거는 자신이 우리에게 현상학이라 할 것을, 그리고 인식론보다는 존재론에 관한 질문을 제시한다고 주장하지만, 하이데거와 칸트 둘 다 우리가 사유하는 세계를 고찰하기 전에 인간 이성(칸트) 또는 현존재(하이데거)의 본질과 능력을

---

[26] J. Macquarrie, *An Existentialist Theology*, p. 107.
[27] M. Heidegger, *B.T.*, p. 243; 참고. sect. 42, pp. 241-244.

검토해야 한다고 생각한다. 그렇지만 하이데거는 자신이 보기에 칸트가 데카르트에게서 넘겨받아 끊임없이 범하는 잘못, 곧 '실재'를 여전히 눈앞에 있는 것(vorhanden)으로 여기는 잘못을 공격한다. "칸트는 '내 현존재를 의식함'이 데카르트가 말하는 의미의 내 눈앞에 있는 존재를 의식함을 뜻한다고 본다."[28][4]

하이데거는 외부 세계가 실재임을 확신시키는 증거가 없다는 것이 "철학의 스캔들"이라는 칸트의 판단을 인용한다. 그러나 하이데거는 이것이 다만 칸트 자신이 데카르트가 제기한 문제의 관점에서 완전히 벗어나지 못했음을 보여줄 뿐이라고 주장한다. 그는 이렇게 말한다. "현존재를 올바로 이해한다면, 현존재는 그런 증거들을 거스르는데, 이는 뒤따르는 증거들을 설명하는 데 필요하다고 여기는 것이 이미 그 현존재의 존재 안에 있기 때문이다."[29][5] 하이데거가 이 문제에 보이는 반응은 비트겐슈타인이 그의 기록 『확실성에 관하여』에서 G. E. 무어의 "외부 세계를 증명하는 증거"(Proof of an External World)에 보이는 반응과 비교할 수 있다. 비트겐슈타인은 무어의 주장이 "나는…을 안다"(I know...)라는 표현을 잘못 사용한 것이라고 생각한다. "외부 세계는 존재한다" 같은 명제는 그 근거나 증거를 찾아야 하는 가설이 아니다. 그런 명제는 "우리의 준거틀에 속한다."[30] "의심은 믿음 뒤에 온다."[31] 이런 명제는 "우리 사유의 **발판**에 속한다."[32] 아니면 우리는 이 문제에 정반대 방향에서 똑같이 접근하여 피터 기취(Peter Geach)처럼, 데카르트가 말하는 '나'는 "다른 사람들에게 말할 때 그 말을 사용하는 데서 파생하며 그 사용에 의존한다. 다른 사람들이 없다면 '나'는 불필요하며 특별히 지칭하는 대상도 없어진다"[33]라고 말할

---

28 *Ibid.*, p. 247.
29 *Ibid.*, p. 249.
30 L. Wittgenstein, *Cert.*, sect. 83.
31 *Ibid.*, sect. 160. 비트겐슈타인 강조.
32 *Ibid.*, sect. 211. 비트겐슈타인 강조.
33 P. Geach, "The Fallacy of 'Cogito Ergo Sum'", reprinted from *Mental Acts* (Routledge and Kegan Paul, London, 1957) in H. Morick (ed.), *Wittgenstein and the Problem of Other Minds* (McGraw-Hill, New York, 1967), p. 213; 참고. pp. 211-214.

수도 있겠다. 하이데거의 관점에서 보면, 현존재는 인식론에서 말하는 주체와 객체의 분리 이전에 이미 '세계' 안에 있다. 이런 점에서, 하이데거는 자신이 칸트의 계획을 칸트 자신보다 더 일관되고 효과 있게 수행했다고 주장한다. 하이데거는 그의 책 『칸트와 형이상학의 문제』에서 자신과 칸트의 관계를 다른 철학 문제들과 관련지어 더 폭넓게 설명한다.[34]

'실재' 문제에 이런 식으로 접근하다 보니, 하이데거는 자연스럽게 진리 상응 이론을 거부하기에 이른다. 그는 이렇게 썼다. "표상들(Vorstellungen)은 그들끼리 비교되지도 않지만, 실재하는 사물과 관련지어 비교당하지도 않는다. 증명해야 할 것은 지식과 그 대상의 일치가 아니지만…그렇다고 그들 사이의 '의식의 내용'끼리 일치함을 증명해야 하는 것도 아니다. 증명해야 할 것은 오로지 존재자 자체의 드러나 있음(Entdeckt-sein)이다.…'확증'은 존재자가 **동일성 안에서 자신을 보여 줌**을 의미한다.…그 진술이 **참이라는 것**(Being-true, 진리임)은 **존재를 드러냄**(Being-uncover)으로 이해해야 한다."[35]

하이데거는 이런 접근법을 그의 조그만 저작 『진리의 본질에 관하여』(*Vom Wesen der Wahrheit*)에서 더 깊게 발전시킨다. 이 책은 1943년에 처음 출간되었지만, 그 기본 구상은 1930년에 이루어졌다. 하이데거가 『존재와 시간』의 진리를 다룬 항목에서 내세운 주장을 확증하기라도 하듯이, 토머스 랭건은 이 짧은 저작을 "실존주의의 현존재 분석의 정점이자 결론"으로 묘사하기까지 한다.[36] 첫 두 항목에서는 관습 혹은 전통이 말하는 진리 개념에 관심을 보이며, 특히 일치 혹은 대응이라는 개념에 뒤따르는 것에 관심을 보인다.[37] 만일 우리가 하이

---

[34] M. Grene, *Martin Heidegger*, pp. 62-74와 T. Langan, *The Meaning of Heidegger: A Critical Study of an Existentialist Phenomenology* (Routledge and Kegan Paul, London, 1959), pp. 69-85에서는 하이데거가 이 책에서 칸트에 보이는 태도를 놓고 두 가지 간단한 비판적 설명을 제시한다.

[35] M. Heidegger, *B.T.*, p. 261 (하이데거 강조; German, p. 218).

[36] T. Langan, *The Meaning of Heidegger*, p. 130.

[37] M. Heidegger, *W.W.*, pp. 5-12. 『진리의 본질에 관하여』(까치). 아울러 M. Heidegger, *Wegmarken* (Klostermann, Farnkfurt am Main, 1967), pp. 73-97에서도 그러하다. 『이정표』(한길사).

데거도 이 '형이상학적' 진리 개념이라 부르는 것을 지식과 사물의 대응으로 받아들인다면, 이는 진리가 인간의 판단에 속하게 만드는 것이다. 이것은 명제 진리(die Satzwahrheit)의 문제다. 하지만 "진리는 명제 속에 그 본래의 자리를 갖고 있지 않다."[38] 진리의 '본래' 혹은 '궁극의' 근거는 인간의 판단이 아니라, 그런 판단이 발생할 수 있게 해 주는 것이다. 하이데거는 이것을 현존재의 태도나 처신의 "열려 있음"(Offenständigkeit des Verhaltens)이라고 묘사한다.[39]

하이데거는 『진리의 본질에 관하여』의 다음 두 항목에서, 그런 이유 때문에 진리의 본질은 자유라고 주장한다. 자유는 존재하는 것들이 "있게 함"("letting-be" of things-that-are, das Seinlassen von Seiendem)을 가능하게 한다.[40] 진리를 있게 함 혹은 심지어 계시(Unverborgenheit, 비은폐성)로 보는 관념은 존재자(Seiendes)에 관하여 물을 수 있는 바로 그 가능성과 손을 맞잡고 나아간다. 하이데거는 그 개념과 물음의 등장을 서구 역사 운명(Geschichte)에서 아주 중대한 순간으로 본다.[41] 진리는 두 가지 면에서 역사성을 가진다. 첫째, 진리는 계속하여 창조되며, 명제나 논리에 붙어 있는 어떤 '시간을 초월한' 속성이 아니다. 둘째, 현존재의 자유는 유한하기 때문에, 베일을 걷어 내거나 존재자들이 있게 하는 어떤 것도 여전히 베일 속에 가려져 있는 측면들을 남긴다. 비진리는 단순히 인간의 오산이나 실수의 결과가 아니라, 현존재의 유한성 및 현존재와 역사의 관계와 결합해 있다. 동시에 이것은 하이데거가 자신의 책 일곱 번째 항목에서 강조하는 점, 곧 인간의 "과오"(das Irren)는 그가 늘 한 현실성(Gangbaren)에서 다음 현실성으로 움직이는 바람에 신비(Geheimnis)를 놓칠 때 일어난다.[42] 도리어 중요한 것은 역사 속에 자리한 인간의 상황이, 이렇게 드러냄에서 현실성으로 왔다 갔다 하는 것 자체를 제약하는 조건이 된

---

38 M. Heidegger, *W.W.*, p. 12 (*Wegmarken*, p. 81).
39 *Ibid.* (*Wegmarken*, p. 80).
40 M. Heidegger, *W.W.*, p. 14 (*Wegmarken*, p. 83).
41 M. Heidegger, *W.W.*, p. 16 (*Wegmarken*, p. 85).
42 M. Heidegger, *W.W.*, p. 22 (*Wegmarken*, p. 92).

다는 것이다.

이는 우리를 『존재와 시간』의 영역에서 하이데거의 후기 사상이라는 영역 속으로 데려간다. 그가 『존재와 시간』 마지막 항목에서 인간에게 필요한 것은 실제 일들에 매달리는 절박한 배려라기보다 오히려 온후함에서 나온 의젓한 태도(Gelassenheit der Milde), 곧 사유자가 존재의 조용한 음성에 귀를 기울일 수 있는 고요하고 침착한 태도 혹은 너그러운 태도라고 주장하기 때문이다.[43] 다음 장에서는 하이데거 사상의 이런 측면을 다시 살펴볼 것이다. 그런가 하면, 하이데거가 『존재와 시간』에서 주로 진리 상응 이론의 한계를 드러내고 명제가 담고 있는 진리는 다만 드러냄 혹은 있게 함인 이전의 진리 현상에서 파생할 뿐이라고 주장하는 데 관심을 기울인다는 점을 강조할 수도 있다. 하이데거는 진리가 대상이 아니라 현존재를 가리킨다고 주장한다. 현존재가 자신의 가능성과 한계에 비추어 자신을 알게 될 때 진리가 등장한다.

이 점은 신약 연구에서 불트만과 푹스가 인간과 인간의 자기 이해를 아주 강조하는 것과 무관하지 않다. 하이데거는 진리 자체가 늘 자기 이해 혹은 적용 문제라고 주장했다. 현존재의 자기표현에서 나오지 않은 실체나 실재에 **관한** 명제들은 오직 파생적 의미에서 참일 뿐이다. 따라서 불트만과 푹스가 다른 경로를 통해 인간과 인간의 결정, 자기 이해를 그토록 강조한다는 점을 발견했다면 놀랐겠지만, 그들이 하이데거의 진리관을 받아들인다면 그렇게 강조하는 것이 그리 놀랍지는 않다. 그런 시각은 하이데거가 거부하는 진리관에 근거할 때 비로소 적절치 않게 된다. 이 문제는 적절한 때에 더 자세히 살펴보겠다. 아직은 하이데거의 후기 사상뿐 아니라 그가 『존재와 시간』에서 특히 언어와 관련하여 더 다루는 주제들을 마저 살펴봐야 한다. 하이데거 사상 전체를 평가하는 일은 뒤로 미뤄 놓겠다.

---

43 M. Heidegger, *W.W.*, p. 24 (*Wegmarken*, p. 94). 아울러 M. Heidegger, *Gelassenheit* (Neske, Pfullingen, 1959)도 참고하라. 『방념』(서광사). 이 책을 영어로 번역한 것이 *Discourse on Thinking* (Harper and Row, New York, 1966)이다. Gelassenheit라는 용어에 관한 설명은 *Discourse on Thinking*, p. 54 n. 4를 보라.

23. 죽음을 지향하는 존재 그리고 본래의 실존

죽음은 두 가지 이유로 하이데거가 『존재와 시간』에서 제시하는 주장에서 중요한 의미가 있다. 첫째, 현존재가 장차 있을 죽음을 인식함은 그가 자신의 존재를 전체로서 마주하게 하는 데 도움을 줄 수 있다. "현존재는 죽을 때 전일성에 이른다.…현존재 안에는 확실히 '전체성의 결핍'이 늘 존재하며, 이 결핍은 죽음으로 끝난다."[44] "죽음이라는 '끝'은 현존재의 전체성을 구성한다."[45] 둘째, 죽음은 인간을 군중에게서, 이름 없는 '세인'에게서 떼어 놓는다. 죽음은 인간이 스스로 해야 할 유일한 일이다. "누구도 다른 사람의 죽음을 그에게서 빼앗아올 수 없다.…모든 현존재는 때가 되면 스스로 죽음을 감수해야 한다. 죽음은 본질상 언제나 내 것이다."[46] "죽음은 오로지 현존재만이 가질 수 있는 (eigenste) 가능성이다."[47]

하지만 하이데거는 현재의 죽음을 실제로 삶에서 경험하는 사건이라고 말하지 않는데, 비트겐슈타인의 말을 빌리면 "죽음은 삶의 사건이 아니기" 때문, 즉 "우리는 살아서 죽음을 경험하지 않기"[48] 때문이다. 또한 그는 다른 이들이 죽음이 미치는 영향에 관하여 이야기하지도 않는다. 하이데거는 누군가가 죽으면 그는 "고인"으로 눈앞에 있는 이가 된다고 주장하기 때문이다. "실체(존재자)가 현존재로서 맞이하는 끝은 이 실체가 눈앞에 있는 이로서 맞이하는 시작이다."[49] 하이데거가 관심을 갖는 것은 우리 자신의 죽음이 지닌 임박성 혹은 미래성이라는 실존 현상이다. 하지만 그렇다 할지라도, 이것이 꼭 혹은 심지어 다른 무엇보다도 도스토옙스키(Dostoevsky)나 사르트르가 묘사하는 의미

---

44 M. Heidegger, *B.T.*, pp. 281 and 286.
45 *Ibid.*, p. 284.
46 *Ibid.*
47 M. Heidegger, *B.T.*, p. 307. 하이데거 강조.
48 L. Wittgenstein, *T.*, 6.4311.
49 M. Heidegger, *B.T.*, p. 281. 하이데거 강조.

의 임박한 죽음 또는 야스퍼스의 한계상황 개념에서 말하는 임박한 죽음은 아니다. 그것은 '끝에-있는-존재'(Zu-Ende-Sein)의 문제가 아니라, '끝을 향한 존재'(Sein zum Ende) 또는 "죽음을 향한 존재"(Sein zum Tode)의 문제다. 다시 말하지만, 이것이 꼭 죽음이 일어날 수 있다는 것 때문에 겪는 우울한 번민을 암시하지는 않는다. 여기서 강조하는 것이 이 현상의 심리 측면은 아니기 때문이다. "죽음에 관한 실존적 분석은 이 현상에 관하여 할 수 있는 다른 해석들과 구분된다."[50] 이 실존적 시각에 따르면, 피할 수 없는 일인 죽음은 "**우리 앞에 서 있는 것—임박한(Bevorstand) 것—이다.**"[51]

아울러 하이데거는 죽음이 '내 것'임을 강조하고자 죽음을 "관계성이 없는"(unbezügliche) 것으로 묘사한다. 마찬가지로 그는 죽음은 피할 수 없음을 강조하고자 죽음을 "추월할 수 없는"(unüberholbare) 것으로 묘사한다.[52] 하지만 현존재는 비본래적으로 존재할 때 죽음의 이 두 측면을 모호하게 만들려 한다. 하이데거는 이렇게 말한다. "'사람은 죽는다'는 표현은 죽음이 '세인'에게 똑같이 찾아온다는 생각을 널리 퍼뜨린다.…죽음은 현존재에게 찾아오지만 특별히 아무에게도 속하지 않는 사건으로 평준화된다."[53] 결국 "**'세인'은 우리에게 죽음 앞에서 불안(Angst)해할 용기를 허락하지 않는다.**"[54] 사람들은 하나같이 '죽음에 관하여 생각함'을 소심하거나, 우울하거나, 적절치 않은 일로 여긴다. 하이데거는 이렇게 결론 내린다. "우리가 매일 죽음 앞에서 무너지며 회피함은 **비본래적** 죽음을 **향한** 존재(Being-towards-death)다."[55] 이 말은 현존재가 비본래적 모습으로 있을 때 실제로 죽음을 피할 수 있다고 믿는다는 말이 아니라, 현존재가 죽음에 접근하는 방법이 죽음에게서 죽음의 완전한 실존

---

50 *Ibid.*, p. 290 (49항 제목의 일부).
51 *Ibid.*, p. 294 (German, p. 250). Bevorstand에 관한 설명은 Macquarrie and Robinson, *ibid.*, n. 1에 있는 설명을 참고하라.
52 *Ibid.*
53 *Ibid.*, p. 297.
54 *Ibid.*, p. 298. 하이데거 강조.
55 *Ibid.*, p. 303. 하이데거 강조.

적-존재론적 의미를 앗아 간다는 말이다.

하이데거는 앞서 두려움과 불안을 구분했는데, 마찬가지로 이번에는 죽음을 "기다림"(expecting, erwarten)과 죽음을 "앞지름"(anticipating, vorlaufen)을 대조한다. 이 두 용어가 하이데거의 용례에서 보여 주는 차이는 죽음을 현실로 봄과 죽음을 가능성으로 봄을 대조함과 관련이 있다. 하지만 우리는 '앞지름'이 의미하지 **않는** 것에 주목해야 한다. 맥쿼리와 로빈슨은 자신들이 이 용어 번역에 붙인 설명에서 이렇게 말한다. "죽음을 향한 존재에 담긴 '앞지름'의 종류는 죽음을 '기다리거나', 그것을 '깊이 생각하거나', 죽음이 보통의 경우처럼 다가오기 전에 죽음을 '현실로 만드는' 데 있지 않다. 또 이런 의미의 '앞서서 죽음으로 달려감'은 우리가 '물불 안 가리고 죽음으로 뛰어든다'는 의미도 아니다."[56] 본래의 실존에서는 가능성을 강조한다. 그리하여 하이데거는 이렇게 강조한다. "**가능성인 죽음을 향한 존재의 가장 가까운 가까움은 가능한 한 현실에서 멀리 떨어져 있다.**" 그는 덧붙여 이렇게 말한다. "이런 가능성이 더 분명하게 이해될수록, 이해는 더 순수하게 **실존 전반의 불가능성의 가능성으로서 가능성** 속으로 뚫고 들어간다."[57] 결국 "앞지름을 통해 이해한 죽음의 비관계성은 현존재를 현존재 자체로 개별화한다. 이 개별화는 실존에게 '거기'를 드러내는 방법이다. 우리 자신의 가장 고유한 존재가능이 문제가 되면, 이 개별화는 염려하는 것들과 함께 나란히 있는 모든 존재가, 그리고 다른 이들과 함께 있는 모든 존재가 우리를 거부한다는 것을 분명하게 나타낸다. 현존재 자신이 그것을 가능하게 할 때라야 비로소 현존재는 본래의 현존재 자신일 수 있다."[58]

우리는 이제 이런 시각이 루돌프 불트만의 신약 해석학에서 두드러진 자리를 차지하게 되는 이유를 알 수 있는 위치에 이르렀다. 불트만은 하이데거의

---

56 *Ibid.*, p. 306 n. 3.
57 *Ibid.*, pp. 306-307. 하이데거 강조.
58 *Ibid.*, p. 308.

분석과, 심지어 '종교적' 안전 보장책을 포함한 이 땅의 모든 안전 보장책을 제쳐 놓을 것을 강조하는 바울-루터의 견해 사이에 아주 깊은 유사성이 있다고 본다. 하이데거의 글을 둘만 더 인용해 보면 이 점이 분명하게 드러날 것이다. 그는 이렇게 썼다. "앞지름은 실존에게 그 최후의 가능성이 자기 포기에 있음을 밝혀 주며, 이를 통해 사람이 어떤 실존에 이르렀든지 그 실존에 집착하는 모든 고집을 부숴 버린다."[59][6] "현존재는 이런 마음상태에서 그 실존이 가질 수 있는 불가능성이 '아무것도 아님'을 마주하게 된다.…앞지름은 현존재가 세인 자신에 묻혀 현존재 자신을 잃어버림을 알려 주며, 현존재를…'세인'의 미망에서 벗어나 죽음을 향하는 자유 안에서 자신으로서 존재할 수 있는 가능성과 마주하게 한다."[60][7]

하이데거는 이 지점에서 그가 생각하는 양심의 소리라는 관념을 소개하는데, 이 관념은 본래의 실존을 규정하는 특징인 죄책과 '결의성'을 깊이 생각함으로 이어진다. 이것이 자신의 신학에서 '결단'을 크게 강조하는 불트만의 작업에서 다루는 주제들과 긴밀한 연관이 있음은 적절한 때에 살펴보겠다. 본래의 자아는 양심의 소리에 귀를 기울이려 한다. 현존재 본래의 "존재가능은…현존재가 매일 행하는 자기 해석에서 우리에게 '**양심의 소리**'(Stimme des Gewissens)로 익히 알려져 있는 것이 증명한다."[61] 하지만 하이데거가 양심에 주목할 것을 요구할 때 중심 목표로 삼은 것은 "결의성"(Entschlossenheit)이라는 기본 현상을 소개하는 것이다. 양심의 소리에 귀를 열고 그 소리에 귀를 기울이는 전체 현상 안에 "우리가 '**결의성**'이라 부르는…실존의 선택이 자리해 있다."[62]

하이데거는 양심을 '소리쳐 부름'(하이데거는 양심의 '소리'를 말할 때는 Stimme를 쓰고, 양심이 소리쳐 부름을 표현할 때는 Ruf를 사용한다—옮긴이)으로 보는 개념

---

59 *Ibid.* 티슬턴 강조.
60 *Ibid.*, pp. 310 and 311. 하이데거 강조.
61 *Ibid.*, p. 313.
62 *Ibid.*, p. 314.

이, 양심을 법정으로 보는 칸트식 표현과 달리 단순한 묘사나 은유가 아니라고 강조한다. 그 부름으로 그리고 그 부름을 통해, "양심은 '세인' 속에 파묻혀 자신을 잃어버림에서 현존재를 부른다."[63] 하지만 하이데거는 양심을 어떤 형체를 가진 추상물로 만들지 않는다. 양심은 자아의 한 측면이다. 그러나 이 양심은 군중 혹은 '세인'의 일부로서 보호받고 있다는 편안한 느낌을 잃어버린 자아의 한 측면이다. 이런 의미에서 현존재는 부르기도 하고, 부름에 귀를 기울이기도 한다. 이처럼 양심이라는 현상은 현존재에게 부르는 자아, 부름을 받는 자아, 그리고 자아를 부르는 것을 구분하여 인식시킨다.

하이데거는 이를 통해 몇 가지 점을 함께 제시한다. 첫째, **"현존재는 양심 안에서 자신을 부른다."**[64] 둘째, 하지만 "그 부름은 정확히 말해 **우리 자신이** 계획하거나 준비한 것도, 원하여 행하는 것도 아니다.…'그것'은 우리의 기대는 물론 심지어 우리의 의지를 거슬러 부른다('es' ruft).…그 부름은 내게서 오지만 나 **너머 저편**에서 온다.…부르는 자는 매일 세인 자신에게 익숙하지 않다. 그것은 마치 **낯선** 소리와 같다.…양심은 염려의 부름으로 나타난다.…[부르는 자는] 자신의 존재가능을 놓고 불안해한다."[65] [8] 셋째, 양심의 부름은 "사건들과 관련하여 아무런 정보도 주지 않지만", 그래도 그 부름은 "으스스함에서" (*aus der Unheimlichkeit*, '편하지' 않음에서) 나오는 부름으로서 "현존재의 존재가능을 지시한다."[66] 이것은 우리에게 죄책과 책임이라는 현상을 소개한다. 따라서 양심과 죄책은 책임과 자유를 바탕 삼아 현존재의 자아를 이름 없는 '세인'에게서 구해 내어 개별화함으로써 현존재 본래의 자아를 현존재에게 드러낸다.

여기서 사람들이 할 수도 있는 오해를 막고자 세 가지 경고를 덧붙여야 한다. 이 경고는 모두 하이데거 자신이 강조하는 것이다. 첫째, 양심의 부름이 만들어 내는 현존재의 고립이나 개별화는 현존재를 다른 이들과 함께 사는

---

63 *Ibid.*, p. 319.
64 *Ibid.*, p. 320. 하이데거 강조.
65 *Ibid.*, pp. 320, 321, and 322. 하이데거 강조.
66 *Ibid.*, p. 325.

세계에서 떼어 내지 않는다. 하이데거는 이렇게 말한다. "본래의 자기존재인 결의성은 현존재를 그 세계에서 떼어 내지도, 현존재를 고립시켜 제멋대로 떠다니는 '나'로 만들지도 않는다."[67] 실제로 불트만이 하이데거에게서 일부 가져온 것으로 보이는 개인주의를 살펴볼 때, 하이데거가 더 나아간 점은 주목할 만하다. 그는 이렇게 외친다. "결의성은 자아를 손 가까이 있고 그때그때 배려하는 존재로 데려가며, 현존재를 다른 이들을 심려하는 공동 존재 속으로 밀어 넣는다."[68] 결의성은 "자아를 '세인' 속에 묻혀 사라짐에서 부름"을 의미하지만, 그럼에도 "결의성 역시 여전히 '세인'과 그 세계에 의존한다."[69] 하이데거는 '상황'이라는 용어를 소개하며 이 점을 설명한다.[70] 이는 현존재가 결의성을 통해 염려와 배려를 드러내는 상황이 가진 '연관성'에 주목하게 한다.

둘째, 하이데거는 이보다 앞서 제시한 주장에서 그가 양심과 양심의 부름을 분석한 것이 윤리 이론 자체와는 무관함을 힘주어 말한다. 여기서 우리는 칸트, 쇼펜하우어(Schopenhauer), 키르케고르, 불트만, 그리고 비트겐슈타인 초기 사상 곧 윤리는 지식 기초를, 혹은 세계에 관한 정보를 제공하는 명제를 그 근거로 삼을 수 없다는 주장과 관련이 있는 광범위한 주제와 만나게 된다.[71] 하이데거는 양심의 부름에 귀를 열어 놓고 있는 현존재는 담화, 마음상태, 이해가 구성하는 드러냄을 받아들인다고 주장한다. 그러나 양심의 '담화'는 말이 없으며, 마음상태와 이해도 진리를 이해하는 지적 양식(mode)이 아니다. 하이데거는 비트겐슈타인의 『논리-철학 논고』 끝 항목을 떠올려 주는 말로 이렇게 강조한다. "따라서 이 부름은 침묵을 지킴이다. 양심의 담화는 결코 말로 나오지 않는다. 양심은 오직 침묵을 지킴으로 부른다. 즉 그 부름은 으스스함의 소리 없음에서 나온다. 양심이 부르는 현존재는 부름을 받아 고요

---

67 *Ibid.*, p. 344. 하이데거 강조.
68 *Ibid.*
69 *Ibid.*, pp. 345-346.
70 *Ibid.*, pp. 346-348.
71 A. Janik and S. Toulmin, *Wittgenstein's Vienna*, pp. 194 *et passim*에 있는 설명을 참고하라.

한 자신 속으로 되돌아가며, 침묵을 지키게 될 무언가로 되돌아간다."[72] 이를 일찍이 비트겐슈타인이 했던 말인 "윤리는 분명 말로 옮길 수 없다"와 비교할 수도 있겠다.[73] 야니크와 툴민이 아주 설득력 있게 보여 주었듯이, 이것은 19세기에서 20세기로 넘어갈 때 유럽인의 생각 속에 깊이 스며들었던 시각을 표현한 것이다.[74] 그렇다면 하이데거의 후기 사상뿐 아니라 이미 『존재와 시간』에서도 비본래적 실존의 '잡담'과 본래의 실존을 규정하는 특징인 침묵 혹은 '묵언'(Verschwiegenheit)을 대조하는 셈이다. 하이데거는 "세인은 그저 시끄러운 잡담만 듣고 이해하기" 때문에 양심의 부름을 들을 수 없다고 단언한다.[75] 이와 달리, 본래의 실존은 결의성이, 또는 불트만의 용어로 표현하면, 결단이 규정한다.

셋째, 하이데거는 자신이 말하는 죄책(Schuld) 개념을 신학에서 말하는 죄 개념과 혼동하지 말라고 우리에게 경고한다. 그럼에도 양심이라는 현상은 하이데거가 현존재의 특성을 사실성과 가능성으로 규정할 때 이미 우리가 주목했던 긴장을 다시금 떠올려 준다. 마조리 그린은 이 긴장의 본질을 이렇게 강조한다. "그것은 인간에게 노예의 처지에서 벗어나 자유로 도망하고, 바로 그 행위를 통해 역사의 필연을 결의로 바꿔 놓기를 촉구한다." 그러나 "나는 결코 상실을 피하지 않는다. 사실성은 내 실존에겐 낯선 기초일 수밖에 없다.…자아는 갚을 수 없는 빚을 자신에게 지운다."[76] 루돌프 불트만의 신학에서는 이런 긴장을 받아들인다. 불트만은 결단의 역할과 함께 본래의 실존과 단순한 '정보'의 차이를 강조할 뿐 아니라, 자유와 인간의 사실성 사이의 긴장도 강조한다. 하지만 하이데거와 불트만 모두 이런 긴장을 오로지 시간의 관점에서만 완전히 묘사할 수 있다고 본다. 자유는 미래를 향해 열려 있음의 문제다.

---

72 M. Heidegger, *B.T.*, pp. 342-343.
73 L. Wittgenstein, *T.*, 6.421.
74 주28을 보라.
75 M. Heidegger, *B.T.*, p. 343.
76 M. Grene, *Martin Heidegger*, p. 33.

24. 시간, 시간성, 역사

하이데거는 시간과 시간성이라는 주제에 두 갈래 길로 다가간다. 『존재와 시간』 2편 3장을 보면, 시간성(Zeitlichkeit)은 하이데거가 앞지름과 결의성을 결합하려 할 때 처음 등장하고, 뒤이어 그가 염려를 논할 때 등장한다. 2편 4장(67-71항)에서는, 하이데거가 현존재를 사전 분석할 때 발견했던 모든 긴요한 것을 시간성에 비춰 재차 분석하고 해석한다. 하지만 하이데거는 시간성을 시간과 같은 말로 보지 않는다. 시간성은 현존재를 가리킨다. 그러나 시간은 세계 내 대상들과 관련이 있다. 더군다나 시간성은 현존재의 실존, 사실성, 몰락이 시간 속의 현상으로 드러나게 해 줄 수 있는 **기초의 기반**이다. 이를 실존-존재론의 용어로 표현하면, 겔번이 말하듯이, "**현존재의 시간성은 시간의 기초다.**"[77] 시간성은 현존재가 시간 속에서 하는 경험의 기초이지, 단지 시간 속에 있는 대상들의 실존의 기초가 아니다.

하이데거는 우선 이 점을 강조한다. "시간성은 현존재 본래의 전체존재를 통해, 그리고 앞질러 가는 결의성의 현상을 통해 현상이자 근원으로 경험하게 된다."[78] 이는 이 현상을 "실존의 방식을 통해" 경험하거나 증명하기 때문이다.[79] 이 62항이 아마도 다른 대다수 항목보다 더 모호할지 모른다. 그러나 맥쿼리와 로빈슨은 각주에서 이렇게 설명한다. "여기서 말하고자 하는 바는, 본래의 결의성을 언제라도 취소하거나 철회할 수 있음을 늘 인식하고 있더라도 이런 결의성은 계속 되풀이된다는 것인 듯 보인다."[80] 따라서 하이데거는 "**결의성 자체를 계속 되풀이하겠다는 본래의 결의성**"에 관하여 이야기한다.[81] 이것 역시 불트만이 믿음과 관련지어 말하는 결단이라는 개념과 밀접한 관련이 있다.

---

77 M. Gelven, *A Commentary on Heidegger's 'Being and Time'*, p. 221. 하이데거 강조.
78 M. Heidegger, *B.T.*, p. 351.
79 *Ibid.*, p. 357.
80 *Ibid.*, p. 355 n. 3.
81 *Ibid.*, p. 355.

하이데거는 물론 불트만도 이런 결단을 결코 일회성으로 보지 않는다. 현존재는 살아 있는 한 자유롭고 책임을 지니며, 이런 상황에 담긴 긴장을 결코 잊어버리지 못한다. 이런 의미에서, 현존재는 자신이 과거, 현재, 특히 미래와 갖고 있는 실존 관계를 피하지 못한다.

이 때문에 하이데거는 시간성과 염려를 연계한다. 그러나 그는 우선 자신이 앞서 해석학의 순환성을 두고 언급한 말을 잠시 되풀이한다. 비록 비본래적 일상의 실존의 관점에서 행한 분석이지만, 사전 작업으로서 행한 실존적 현존재 분석은 실존을 이해하는 데 필요한 출발점이다. 그러나 이런 해석이 완전하거나 최종인 해석일 수는 없다. 바로 그런 해석을 할 수 있는가는, 아무리 그 해석이 잠정적 해석일지라도, 전체를 바라보는 시각을 '앞서 가짐'에 달려 있으며, 이는 다시 본래의 실존 및 시간성과 관련이 있다. 따라서 우리는 일상의 실존에서 시작하지만, 이렇게 일상의 실존에서 출발하는 방법 외에 다른 어떤 출발점이 불가능한데도, 더 본래의 이해는 우리가 앞서 한 해석을 "무너뜨리는" 성격을 가진다.[82] 결국 해석학을 바라보는 하이데거의 시각(앞 장에서 논했다)과 그가 『존재와 시간』에서 행한 작업은 서로를 더 깊이 설명한다. 이 역시 전이해를 바라보는 불트만의 시각과 관련이 있다.

하이데거는 현존재를 염려로 보는 자신의 시각과 자아를 바라보는 칸트의 시각을 대조한다. 합리론의 자아는 단지 '주체'일 뿐이다. 경험론의 자아는 단지 '객체'일 뿐이다. 칸트는 데카르트가 자아를 실사(實辭, substantive terms)로 해석하는 잘못을 저질렀다고 보았지만, 결국 칸트 자신도 자아를 오로지 주체로 보는 데서 벗어나지 못했다. 더군다나 칸트는 시간이 오로지 현상에 속하며, 본체 세계(noumenal world)의 특성은 아니라고 강조했다. 이와 달리, 하이데거는 현존재와 미래의 관계, 또는 "뭔가를 향해 다가오는 미래라는 근원적 현상"(das ursprüngliche Phänomen der Zu-kunft)이 자아라는 것의 의미

---

[82] *Ibid.*, p. 359.

를 드러낸다고 주장한다.[83] 현존재라는 것의 의미는 본디 죽음을 향한 존재 안에서 드러난다. 그러나 "죽음을 향한 존재는 오로지 다가오는 것으로서(als zukünftiges) 가능할 뿐이다."[84]

우리는 이제 앞 장에서 인간 실존을 가능성이라는 관점에서 바라봄과 관련하여 이야기했던 것을 되새겨야 한다. 여러 가지 가능한 존재 방식을 가질 수 있는 현존재의 능력은 미래성이 최대치의 의미를 얻음을 뜻한다. 그리하여 하이데거는 이렇게 썼다. "근원적이고 본래적인 시간성의 1차 현상은 미래다."[85] 하지만 이와 관련하여 말하는 미래성은 아직 오지 않은 시간 속의 지점들을 이어 놓은 어떤 추상적 혹은 형이상학적 연쇄를 뜻하지 않는다. 현존재의 사실성이 과거에 그 기반을 두고 있고 현존재의 몰락은 현재와 관련이 있듯이, 미래는 현존재가 가진 가능성이나 실존성의 기반이다.

하이데거를 비판하는 이들은 종종 하이데거가 추상물, 특히 예를 들어 무(無)와 시간을 구체화하는 잘못을 저지른다고 종종 비판한다. 비트겐슈타인은 『청색 책』(Blue Book, Das Blaue Buch)과 『철학적 탐구』에서 우리에게 "시간은 무엇인가?" 같은 질문의 미혹에 넘어가, 뒤이어 그 개념을 움직이는 끈이나 흐르는 강물 같은 것으로 묘사하여 구체화하는 유혹에 말려들지 말라고 경고한다.[86] 하지만 하이데거는 "시간은 무엇인가?"라고 묻지 않고 "시간 속에 있다는 것은 무슨 뜻인가?"라고 묻는다. 젤번은 이렇게 주장한다. "하이데거가 주도면밀하게 피한 것은 바로 시간을 어떤 실체나 실질로 다루려는 '형이상학적 시간'을 만드는 것이다.…인간이 **있어야** 시간과 시간성도 **있다**. 그러나 이것은 주관주의를 주장하려는 게 아니다. 이는 지식 문제와 무관하기 때문이다.… 시간성은 우리가 존재하는 방식에 필요한 존재론적 조건으로 나타난다."[87]

---

83 *Ibid.*, p. 372.
84 *Ibid.*, p. 373.
85 *Ibid.*, p. 378.
86 L. Wittgenstein, *B.B.*, pp. 26-27 (『청색 책, 갈색 책』, 책세상), 그리고 *P.I.*, sects. 89, 90, and 607-608.

불트만과 푹스가 인간 실존의 시간성과 관련하여 하이데거와 생각을 같이하는데도, 그들이 신약성경의 케리그마를 '시간을 초월한 진리'로 만들어 버렸다는 비판을 듣는 것은 아이러니다. 하지만 이런 혼란이 일어난 데에는 그들이 (예컨대 쿨만과 달리) 현재와 미래를 직선으로 이어지는 시간상 '지점들'이라는 관점에서 해석하지 않고 하이데거를 따라서 실존의 관점에서 해석하기로 한 결정에도 일부 원인이 있다.

하이데거는 이제 염려인 현존재가 지닌 자세한 특성들 곧 이해, 마음상태, 몰락, 담화가 어떻게 시간성을 그 기반으로 삼고 있는지 제시한다. 우리가 이미 보았듯이, 이해는 '투사'와 관련이 있다. 하이데거는 이렇게 단언한다. "투사는 본디 미래성을 지닌다(futural)."[9]…이해는 존재가능 속에 실존하는 것으로서…**무엇보다 우선** 미래성을 지닌다."⁸⁸ 하지만 이해, 특히 비본래적 양식의 이해는 "애초부터 기재성(having been, 있어 왔음)과 현재가 똑같이 결정한다."⁸⁹ [10] 이는 비본래적 이해가 일상의 관심사에 사로잡혀 버리기 때문이다. 이와 달리, "사람의 마음상태는…우선 **기재성**(Gewesenheit) 안에서 시간을 따라 무르익는다."⁹⁰ 몰락은 현재와 관련이 있다. 현재가 몰두와 심려의 중심이 되기 때문이다. 이것이 불트만이 하이데거 사상에서 받아들인 또 다른 특징이다. 마지막으로 담화는 시간성을 지닌 이 세 '탈자상태'(esctases, 자기를 벗어남)와 특별히 관련을 맺고 있지 않다. 하지만 대체로 "담화 자체는 시간성을 지닌다."⁹¹

하이데거는 책 끝부분에서 시간을 두고 몇 가지를 더 언급한다. 하지만 그는 이 지점에서 그가 마지막으로 다루는 주요 주제, 곧 역사, 역사성, 운명이라는 주제를 소개한다. 역사가 역사인 이유는 현존재의 역사성(Geschichtlichkeit) 때문이지, 역사 사건들과 역사 속 대상들이 단지 과거성을 갖기 때문이 아니라

---

87 참고. M. Gelven, *A Commentary on Heidegger's 'Being and Time'*, pp. 188-189.
88 M. Heidegger, *B.T.*, pp. 385 and 387.
89 *Ibid.*, p. 387.
90 *Ibid.*, p. 390.
91 *Ibid.*, p. 400.

는 것이 그가 말하려는 요지다. 따라서 역사의 초점은 과거가 아니라 **현재**에 있다. 이것 역시 하이데거의 사상에서 루돌프 불트만의 신약 해석과 밀접한 관련이 있는 측면이다.

하이데거는 현존재의 역사성을 현존재가 자신에게 주어진 시간, 곧 자신이 태어난 순간과 죽는 순간 '사이의' 시간을 '채움'에 있다고 본다면 아주 그럴싸할 것이라고 주장한다. 그것은 곧 태어남이 단순히 과거 속의 한 순간이 아니라는 말이다. "사실인 현존재는 **태어난 것으로** 존재하고, 태어났으나 죽음을 향한 존재라는 의미에서 **이미 죽는다**."[92] 태어남과 죽음의 역사 속 위치는 **현재**다. "**현존재가 사실로 존재하는 한, 두 '끝'과 두 '끝'의 '사이'는 존재한다.**"[93][11] 하이데거는 이렇게 주장한다. "**현존재의 역사성 분석에서 보여 주려는 것은 이 존재자가 '역사 속에 있기' 때문에 '시간성을 갖는' 게 아니라, 거꾸로 그 존재 근거가 시간성을 갖기 때문에 존재자도 비로소 역사 속에서 존재하고 존재할 수 있다는 것이다.**"[94][12] 이 분석의 주된 목적은 눈앞에 있는 대상의 역사성, 곧 부차적 의미에서만 '역사성'을 가지는 것의 역사성과 현존재의 역사성 사이에 존재하는 차이다. T. 랭건은 양자의 차이를 대비하여 제시한다. 그는 이렇게 썼다. "현존재는 자신이 취하는 과정을 알며 그 과정을 굳건히 원한다. 그렇기 때문에 역사 속에서 행하는 움직임은 생명체가 경험하는 물질과 같은 수동적 체험이 아니라, '그 자신이 일어나게 하는' 능동적 움직임이며 자유로이 운명을 짊어지는 것이다. 이런 이유로 하이데거는 현존재의 자기-펼침 운동을 Geschehen, 즉 '사건'이라 부른다. 물론 그는 이 말에서 *Geschichte* (역사의 운명)라는 말을 끄집어내곤 한다."[95]

하이데거는 이어 '역사'라는 말을 사용할 수 있는 네 가지 다른 방식을 구분한다. 예를 들면, 박물관에서 보관하는 고대 유물은 '역사' 유물이라 말한다.

---

92 M. Heidegger, *B.T.*, p. 426. 하이데거 강조.
93 *Ibid*. 하이데거 강조.
94 *Ibid.*, p. 428. 하이데거 강조.
95 T. Langan, *The Meaning of Heidegger*, p. 57.

하지만 무슨 근거로 그 유물을 이렇게 묘사하는가? 이 대상들은 여전히 현재 속에 존재한다. 따라서 그것들을 '역사' 유물로 만드는 것은 유물 자체의 과거성이 아니라 그 유물이 과거의 현존재가 속한 세계와 맺는 관계다. "지금도 보존 중인 고대 유물의 역사성은 그 유물을 속에 담고 있었던 현존재의 '과거'에 근거한다."[96] 하지만 하이데거는 이 지점에서 제시하는 자신의 주장에서 현존재 자체를 단순히 눈앞에 있는 대상으로 볼 수는 없음을 되새겨 준다. 그러므로 그는 이렇게 결론짓는다. "현존재는 본질상 결코 눈앞에 있을 수 없기 때문에…결코 과거일 수 없다."[97] 말이 나온 김에, 하이데거의 결론은 논리상 '인간'보다 '현존재'가 고대 유물의 역사성에 관한 그의 진술에 꼭 필요한가에 달려 있다는 것을 말해 둘 수 있겠다. 우리는 이 지점에서 '현존재'라는 말이 교묘한 속임수를 숨기고 있다고 보며, 적절한 때에 이 비판을 전개해 보겠다. 하이데거의 이런 견해가 불트만과 푹스가 주장하는 역사관에서도 되울려 퍼진다는 것은 말할 필요도 없다.

하이데거는 이어 현존재의 '세계'를 살펴봄으로써 역사의 현재 위치를 강조했다. 그의 다음 과업은 역사 유산이라는 현상과 그가 '운명'이라 부르는 것을 살펴봄으로써 똑같은 점을 강조하는 것이다. 역사 유산은 현존재의 사실성과 관련이 있다. 그것은 그 속으로 인간이 '던져져 있는' 삶이라는 소여의 일부이며, 인간이 역사라는 조건에 매여 있음을 강조한다. 하지만 하이데거가 이미 주장했듯이, 본래의 실존은 미래와 관련하여 의미를 갖는 '결의성'을 담고 있다. 역사의 맥락에서 보면, 이것은 하이데거가 '운명'이라는 말을 독특하게 사용한다는 것을 우리에게 일러 준다. 운명은 역사 유산의 제약을 받는 현존재 자신의 가능성이 제한되어 있음을 알고, 자신이 현재와 미래를 염두에 두고 내린 결단에 중요한 의미가 있음을 아는 현존재의 인식을 동반한다. 결의성은 역사 유산을 운명이라 할 방법, 곧 현재와 미래에 중요한 의미를 갖는 방법을

---

[96] M. Heidegger, *B.T.*, p. 432.
[97] *Ibid*. 하이데거 강조.

통해 자기 것으로 삼음을 동반한다.

하이데거가 실제로 이런 생각을 표현하는 문장은 복잡하고 때로는 모호하다. 그는 이렇게 썼다. "현존재가 자신으로 되돌아가는 결의성은 본래의 실존이 그때그때 사실로서 가지는 가능성들을 드러내며, 결의성이 던져진 것으로서 **넘겨받은 유산에 비춰** 그것들을 드러낸다."[98] [13] 현존재가 그 유산을 완전히 알고 본래대로 그 결단을 통해 미래를 향하여 열린 자세를 가질 때, 현존재는 "자신의 고유한 던져짐을 넘겨받고 바로 그 순간에 '그의 시간'을 위하여 존재할 수 있다. 유한하기도 한 본래의 시간성만이 운명과 같은 것, 곧 본래의 역사성이라 할 수 있는 것을 만들어 낸다."[99]

하이데거는 "현존재의 역사성과 세계-역사"라는 제목을 붙인 항목에서 비본래적 역사성으로 보이는 역사와 본래의 역사성으로 보이는 역사를 대조한다. 비본래적 실존 속에 자리한 '세인'은 오로지 과거 '사실'이나 '사건'의 발생을 토대로 역사를 구성하려 한다. 역사는 과거에 일어난 일에 **관한** 것이다. 하이데거는 건물, 싸움터, 자연에서 일어난 사건 따위에 관한 사실들을 "세계-역사"로 묘사한다. 이와 달리, 본래의 역사성은 현존재가 실존 차원에서 **자신**을 인식함과 관련이 있다. 현존재는 이런 인식을 통해 자신을 역사 속 존재로, 결의성과 운명을 통해 자신이 소유한 역사 유산과 관련이 있는 존재로 이해한다. 따라서 우리는 '비본래적' 역사관은 역사를 과거 사실의 관점에서 보는 것인 반면 '본래의' 역사관은 현존재 및 현존재의 세계와 관련이 있다는 결론에 이르게 되며, 이 결론 역시 불트만의 사상과 밀접한 관련이 있다. 하이데거는 세인-자신을 바라보는 비본래적 시각을 두고 이렇게 썼다. "'세인'은 선택을 피한다. 세인은 가능성들을 보지 못하여 과거부터 있어 온 것들을 되풀이하지 못하고, 다만 과거의 세계-역사가 남겨 놓은 '사실인' 것, 나머지 것, **그것과 관련한 정보로서 눈앞에 있는 것**만을 받아들여 보존할 뿐이다."[100] [14] 반면, "본래

---

98 *Ibid.*, p. 435.
99 *Ibid.*, p. 437. 하이데거 강조.

의 역사성은 역사를 가능한 것들의 '되돌아옴'으로 이해하며, 실존이 그를 위한 운명의 순간에 결의에 따른 반복을 통해 열려 있을 때만 가능성이 되돌아온다는 것을 안다."[101]

하이데거는 역사학 또는 역사 연구를 다룬 항목에서 실제인 것보다 가능한 것이 중요함을 강조한다. 그는 **사실인**(as facts) 어떤 역사 사실들이 되풀이될 수 있는가 '일회성'인가와 관련된 사실과 질문에서 출발하는 것은 잘못된 지점에서 출발하는 것이라고 생각한다. 본래의 역사학은 "'현재'를 비판하는 것일 수밖에 없다."[102] 젤번이 하이데거의 요지를 자기 말로 바꿔 표현한 내용은 불트만과 푹스가 신약성경을 해석하여 피력한 견해와 하이데거의 견해가 가진 연관성을 보여 준다. 젤번은 이렇게 말한다. "거듭 말하지만, 실제로 일어난 어떤 일이라는 단순한 사실이 아니라 그 사실이 인간 실존의 일부로서 가지는 **의미**가 그 사실을 역사로 만들어 준다."[103]

하이데거는 역사와 역사성에 다가가는 자신의 접근법이 그보다 앞서 빌헬름 딜타이와 요르크 백작(Count Yorck, 한스 루트비히 폰 바르텐부르크, Hans Ludwig David Paul Graf Yorck von Wartenburg)이 한 연구에 어느 정도 빚졌음을 인정한다. 딜타이의 접근법은 불트만을 다룰 세 장 중 두 번째 장에서 논해 보겠다. 하이데거의 마지막 과업은, 본래의 역사성을 본래의 시간성과 연계하듯이, '세계-역사'의 관점에서 본 비본래적 역사관을 그가 '보통의' 시간 개념이라 부르는 것과 연계하는 것이다. 본래의 시간성은 늘 현존재와 관련이 있기 때문에 본래의 시간은 유한하다. 이와 달리, 비본래적 관점에서는 시간을 지금이라는 시점의 무한한 연쇄로 인식한다. 마그다 킹은 하이데거의 수많은 사상을 명쾌하게 두 문장으로 압축한다. 킹은 이렇게 썼다. "공적 시간, 더 정확히 말하면 세인-자신이 공표한 시간은…누구에게나 속하면서 동시에 아무

---

100 *Ibid.*, p. 443. 티슬턴 강조.
101 *Ibid.*, p. 444.
102 *Ibid.*, p. 449.
103 M. Gelven, *A Commentary on Heidegger's 'Being and Time'*, p. 217. 젤번 강조.

에게도 속하지 않는다. 그 시간이 무한한 것은 이 때문이다. 시간을 지금-시점의 무한한 연쇄로 보는 전통적 시간 개념은 버림받은 실존의 버림받은 시간에서 유래하며, 원래 현상을 거의 알아볼 수 없을 때까지 평평하게 낮아져 그 몰아성(황홀한 특성)을 잃어버린다."[104]

하이데거는 이제 "사실성을 지닌 현존재라는 근원적 전체를 그 본래의 실존과 비본래적 실존이 가진 가능성들과 관련지어…그 자체의 근거에 비춰 실존-존재론의 방식으로"[15] 해석하려는 그의 시도를 마무리했다. 그는 이렇게 덧붙인다. "시간성은 이 근거이자 염려하는 존재의 의미로서 드러났다."[105] 『존재와 시간』의 사유는 이 지점에서 멈추지만, 이 사유가 여기서 멈추지 않고 하이데거의 후기 사상으로 옮겨 간다고 강력히 주장하는 견해들이 있다. 이 주제를 다룬 장에 가서 "전향"(Kehre)이라 묘사하는 그의 사상의 중단 범위를 각각 달리 보는 주장들을 살펴보겠지만, 우리의 결론은 불연속성을 지닌 요소를 과장해서는 안 된다는 것이다. 하지만 이 지점에서 잠시 멈추고 다음 장에서 살펴볼 불트만의 사상을 고찰할 길을 준비하는 것이 더 좋으며, 그리하는 것이 실제로 여러 면에서 편하다. 이 지점에서 하이데거의 후기 연구로 나아간다면, 이는 결국 푹스와 에벨링 및 다른 저술가들의 해석학을 고찰해야 하는 결과로 이어질 것이며, 그에 따라 서로 밀접한 관련이 있는 『존재와 시간』의 두 장과 불트만 사상은 서로 분리될 것이다.

25. 『존재와 시간』 그리고 『존재와 시간』과 해석학의 연관성에 관한 두 가지 총평

(1) 먼저 하이데거가 말하는 세계성 개념과 그가 주체-객체(대상) 관계에 보이는 태도의 관계를 다뤄 보겠다. 그는 데카르트 시대 이후 인식론을 지배해 온

---

104 M. King, *Heidegger's Philosophy*, p. 172.
105 M. Heidegger, *B.T.*, p. 486. 하이데거 강조.

전통적 주체-객체 도식에서 벗어나려고 시도한다. 하이데거는 그릇된 종류의 객관성을 찾는 것이 데카르트 철학 전통의 오류 중 하나라고 본다. 이런 종류의 시각은 자연과학의 방법에 남다른 특권을 누리는 지위를 부여한다. 이러면 결국 눈앞에 있는 것이 현존재의 세계보다 우위를 차지하게 되는데, 하이데거는 현존재의 세계가 주체-객체의 구별보다 **앞선다**고 생각한다. 이 책 6장에서는 뉴턴 이후 물리학에서 막스 보른과 W. 하이젠베르크의 연구로 말미암아 일어난 실재 개념의 변화를 언급했다. T. F. 토렌스는 이런 변화가 예부터 내려온 객관성 개념과 진리 개념에 미친 영향을 논했다. 그는 특히 R. 오펜하이머(Oppenheimer)의 연구 작업과 A. 아인슈타인(Einstein)의 상대성 이론을 언급한다. 예를 들면, 오펜하이머는 "물리적 경험에 관하여 이야기하는 다양한 방식들은 하나하나가 타당성을 가질 수 있으면서도…서로 배척하는 관계에 있을 수 있다"고 인정한다.[106] 하이데거의 시각은 오펜하이머나 토렌스의 시각과 같지 않지만, 그들이 공유하는 한 가지 중요한 점이 있다. 참된 '객관성'은, 이 말이 정말 옳은 말이라면, 탐구 **대상**을 탐구하는 **방법**의 적절함에 달려 있다.[107] 우리는 한 특정한 지식 행위 모델만이 유일한 '객관적' 모델이라는 가정에 근거하여 모든 탐구에 똑같은 방법을 미리 처방하지는 않는다. 이 때문에 하이데거는 『존재와 시간』에서 현존재 및 현존재의 자기 이해와 관련이 있는 탐구 방법은 오로지 눈앞에 있는 대상들과 관련 있는 것들과는 다르다고 주장한다.

이 점은 우선 하이데거가 대상들 혹은 눈앞에 있는(vorhanden) 것으로 규정한 '것들'과 실존(Existenz) 혹은 탈-존(Ex-sistenz)을 가진 현존재를 대비한 내용에서 등장한다. 현존재는 이런 점 때문에 '속성'이 아니라 가능성을 가진다. 그러나 그것은 보다 특히 하이데거가 현존재의 '세계'를 분석한 맥락 속에서 나타난다. 우리가 앞 장에서 보았듯이, 세계성은 어떤 개념정립 행위

---

[106] T. F. Torrance, *Theological Science*, p. 111.
[107] 참고. *ibid.*, p. 139.

보다도 먼저 현존재와 함께 주어져 있으며, 이런 점 때문에 "손 가까이 있는" (zuhanden) 것의 존재 양식이 단지 눈앞에 있는(vorhanden) 것보다 현존재에 '더 가깝다.' 이것은 다시 막연한 관찰보다 '적소성'(involvement)이 우선하며, 실존의 관점에서 공간을 현존재와 실제 관련이 있는 것으로 이해해야 한다는 것을 암시한다. 우리가 보았듯이, H. J. 블랙햄은 이런 분석에서 과학에 특권을 부여하지 않는 도덕을 끌어냈다. 과학은 세계에 관한 **유일한** '객관적' 해석을 제공하지 않는다. 그 방법은 과학자의 '세계' 안에서 생기는 특별한 관심사 안에서만 타당하다. 하이데거는 데카르트가 "수학 지식은…실체들의 존재가 확실히 파악되었음을 늘 보장해 줄 수 있는 유일한 실체 이해 방법이다"[108]라고 주장했다는 이유로 그를 비판한다.

우리가 칼 하임의 저작들이 하이데거의 접근법이 타당함을 증명하는 데까지 이르렀다고 주장하지는 않더라도, 그의 저작들은 먼 여정을 걸어가면서 객관성이라는 더 오래된 전통적 관념을 특권을 누리며 거의 절대자로 군림했던 지위에서 몰아내는 쪽으로 나아간다. 하임은 그 논의의 배경을 추적한다. 오래전 17세기에 존 로크(John Locke)는 그가 2차 성질이라 이름 붙인 색깔, 맛, 냄새가 인식 주체에 따라 변할 수 있다고 주장했다. 그러나 조지 버클리(George Berkeley)가 이 원리를 더 발전시켰는데도, 이 원리는 크기, 무게, 모양, 위치와 같은 성질이 관찰 주체와 상관없이 이미 주어진 '객관적' 실재라는 또 다른 통념을 약하게 만들진 못했다. 뉴턴의 세계가 아인슈타인의 세계에 길을 내주고 물러난 뒤에야 비로소 사람들이 객관주의 색채가 덜한 시각을 요구하는 것처럼 보였다. 하임은 과거 역사 속에서 물리학자가 자신을 끊임없이 교묘히 피하는 고정된 준거점을 어떻게 찾으려 했는지 서술한다. 예를 들면, 한때 물리학자는 수학적 공간 구조가 절대성을 지닌다고 단언했다. "그러나 그는 곧 자신이 빈 공간에 닻을 내리려는 이런 시도로 말미암아 바닥이

---

[108] M. Heidegger, *B.T.*, p. 128; 참고. H. J. Blackham, *Six Existentialist Thinkers*, p. 90, and chapter six, sect. 20.

없는 구덩이 속으로 떨어지고 있음을 발견했다. 라이프니츠(Leibniz)도 이미 알았듯이, 공간은 사물이 전혀 없을 때를 가리키는 순수한 추상 개념, 그야말로 어떤 주체도 없는 추상 개념이기 때문이다."[109] 하임은 분명 물리학에서 말하는 '새로운 객관성'을 이야기하지만, 이것은 옛날의 객관주의와는 거리가 먼 **새로운** 객관성이다. 그것은 "인식가능성과 표상을 완전히 초월하며", 현재 진행 중인 탐구의 본질에 적합한 **유효한 판단 기준** 안에서 기능한다."[110]

클라우스 로젠탈(Klaus Rosenthal)은 그의 책『철학 문제이자 신학 문제인 주체-객체 사상의 극복』(Die Überwindung des Subjekt-Objekt-Denkens als philosophisches und theologisches Problem)에서 주체-객체 관계를 바라보는 하이데거의 견해를 논한다. 그는 이 문제가 하이데거가 말하는 현존재의 세계성 개념에서 나타난다는 데 동의한다. 그러나 그는 하이데거가 이 **맥락 속에서는** 주체-객체 도식이 제법 타당성을 가짐을 부인하지 않는다는 점을 강조한다.[111] 로젠탈은 하이데거가 "'주체'가 '객체'와, 반대로 '객체'가 '주체'와 관련이 있다는 것보다 더 자명한 것이 무엇인가?"라고 썼음을 우리에게 되새겨 준다. 하지만 하이데거는 이런 말도 덧붙인다. "이런 전제는 그 사실성만 놓고 보면 흠 잡을 데가 없지만, 존재론상 그것이 가지는 필연성과 무엇보다 존재론상 그것이 가지는 의미를 밝히지 않고 어둠 속에 내버려 둔다면, 바로 그런 이유 때문에 그 전제는 해가 되는 것으로 남게 된다."[112] 우리는 인식론의 주체-객체 구분에서 시작하지 않고, 그 존재론적 근거부터 다룬다. "무엇보다 인식이 주체와 세계의 '사귐'(commercium)을 **만들어 내지 않는다.**…인식은 세계-내-존재에 **기초한** 현존재의 양식이다. 따라서 근본 구조인 세계-내-존재를 **먼저** 해

---

[109] K. Heim, *The Transformation of the Scientific World View* (Eng. S.C.M., London 1953), p. 74.
[110] Ibid., p. 110.
[111] K. Rosenthal, *Die Überwindung des Subjekt-Objekt-Denkens als philosophisches und theologisches Problem* (Forschungen zur systematischen und ökumenischen Theologie, Bd. 24; Vandenhoeck und Ruprecht, Göttingen, 1970), pp. 13-14.
[112] M. Heidegger, *B.T.*, p. 86.

석해야 한다."[113][16] 하지만 로젠탈은 하이데거가 주체와 객체를 상대성을 지닌 것으로 만든 것은 현존재의 세계성 때문이기도 하지만 현존재의 **시간성** 때문이기도 하다는 것 역시 강조한다. 그는 시간성이 "주체-객체 도식을 극복할 때 가장 깊은 근거"가 되었다는 G. 놀러(Noller)의 판단을 인용한다.[114]

K. 로젠탈, P. H. 야른센(Jørgensen), 한스게오르크 가다머는 모두 하이데거 사상의 이런 측면이 하이데거가 니체의 플라톤 및 플라톤 전통 비판을 거론할 때 훨씬 더 확실히 나타난다는 점을 강조한다.[115] 이 점은 하이데거의 후기 사상을 논할 때 다시 다뤄 보겠다. 그런가 하면, 로젠탈과 야른센은 『존재와 시간』보다 하이데거의 후기 저작들이 주체-객체 관계에 관한 신학 논의와 더 관련이 있다고 주장한다. 로젠탈은 하나님을 존재자(Seiendes)라기보다 '존재'(Sein)로 인식할 때 이 문제가 특별히 관련성을 갖게 된다는 것, 그리고 하이데거의 후기 저작에서는 존재와 존재자성(Seiendheit)의 구분이 더욱더 중요해진다는 것을 지적한다. 야른센은 주체-객체 관계가 주체의 '능동성'이라는 개념과 밀접한 관련이 있지만, 하이데거가 그의 후기 저작에서는 조용히 들음이나 수동성, 내맡김(Gelassenheit)이 확실히 중요함을 더욱더 강조한다고 주장한다.[116] 결국 이런 의미에서 보면, 하이데거는 특히 그의 후기 저작에서 주체-객체 구분을 극복하는 데 관심을 기울이는 셈이다.

하지만 이런 점들에도 불구하고, 우리는 이미 『존재와 시간』에서는 현존재의 세계성이 주체-객체 구분보다 우선함을 중심 주제로 삼고 있음을 보았다. 그 점이 신학에서 가지는 의미는 불트만과 푹스의 해석학에서 분명하게 나타

---

113 *Ibid.*, p. 90. "기초한"을 제외하고는 모두 하이데거 강조.
114 K. Rosenthal, *Die Überwindung des Subjekt-Objekt-Denkens*, p. 15.
115 K. Rosenthal, *Die Überwindung des Subjekt-Objekt-Denkens*, pp. 13-23; H.-G. Gadamer, *T.M.*, p. 228; 그리고 P. H. Jørgensen, *Die Bedeutung des Subjekt-Objektverhältnisses für die Theologie: Der Theo-Onto-logische Konflikt mit der Existenz-philosophie* (Theologische Forschung 46; H. Reich, Evangelischer Verlag, Hamburg, 1967), pp. 189-208.
116 P. H. Jørgensen, *Die Bedeutung des Subjekt-Objektverhältnisses für die Theologie*, pp. 22-45; 참고. pp. 195-208.

난다. 불트만은 그의 논문 "해석학의 문제"(The Problem of Hermeneutics, Das Problem der Hermeneutik)에 이렇게 썼다. "객관적 지식이라는 개념이 자연과학에서 가져온 것이라면(더구나 오늘날에는 자연과학 안에서도 전통적 의미의 객관적 지식이 골칫거리가 될 수 있음을 생각할 때), 역사 현상을 이해할 때 그런 객관적 지식 개념은 타당하지 않다. 역사 현상은 자연 현상과 종류가 다르기 때문이다.…그 자체로 역사 속에 존재하고 역사와 관련이 있는 어떤 주제에 의미가 있는 것이 되어야 과거 사실들은 비로소 역사 현상이 된다.…따라서 어떤 객관적 지식을 얻으려면 해석자가 자신의 주관성을 잠재우고 개성을 꺼버려야 한다는 요구는 사람이 상상할 수 있는 요구 가운데 가장 터무니없는 요구다."[117] 불트만은 객관성이 다만 "주체에게 적합한 지식"을 의미할 수 있을 뿐이라고 단언한다.[118] 따라서 어떤 텍스트를 진정 '객관성 있게' 해석한 것은 데카르트의 관점에서 말하는 객관주의와 무관하다. "텍스트를 탐구할 때는 탐구자 자신이 텍스트의 점검을 받게 하고 텍스트가 제시하는 요구에 귀를 기울이게 하는 것이 타당하다."[119]

에른스트 푹스의 해석학은 물론 로버트 펑크의 해석학에서도 세상을 바라보는 방식에 유일한 '표준'은 없음을 중요하게 여긴다. 해석자가 실재를 바라보는 시각은 자신이 늘 서 있는 '세계'와 밀접한 관련이 있다. 푹스는 예수의 비유에서 예수가 그 비유를 듣는 이들과 더불어 듣는 **이들의 세계** 속에 서 계신다는 점을 아주 중요하게 여긴다. 따라서 예수는 '개념'이나 '정보'에서 시작하시지 않고 먼저 청중의 **일상 태도** 속으로 들어가신다. 새로운 해석학을 다루는 장에서 이 점을 포도원 일꾼 비유(마 20:1-16) 사례와 관련지어 설명하겠다.[120] 예수는 우선 청중이 고용과 품삯 문제에 보이는 태도를 받아들이고 그 태도를 분명히 공유함으로써 청중의 세계 속으로 들어가신다. 이어 그는 오로지 이

---

[117] R. Bultmann, *E.P.T.*, pp. 254-255.
[118] *Ibid.*, p. 255.
[119] *Ibid.*, p. 254; 참고. pp. 252-256.
[120] 참고. E. Fuchs, *S.H.J.*, pp. 32-38와 154-156.

세계 속에서 이 세계를 바꾸고 심지어 뒤집어엎는 쪽으로 나아가신다. 푹스는 이에 근거하여 예수의 말씀이 청중의 '속마음까지'(deep down) 사로잡는다고, 다시 말해 단순한 '개념' 차원과 주체-객체 차원보다 앞선 차원에서 청중을 사로잡는다고 주장한다.

(2) 주체와 객체 구분을 극복하려는 하이데거의 시도는 세계성을 바라보는 그의 시각뿐 아니라 마음상태가 그의 사상에서 하는 역할과 관련이 있다. 그는 마음상태가 진리를 드러낸다고 말하면서, 이를 단순히 심리학으로 설명해야 할 감정으로 해석해서는 안 된다고 본다. 기이한 것은 사람들이 이와 관련하여 하이데거를 키르케고르나 니체, 사르트르와 비교하며 **이들과 다르게 부정적으로** 이야기한다는 점이다. 사람들은 말하길, 그들은 실제로 불안(Angst)을 경험했지만 하이데거는 팔을 뻗으면 닿을 거리에 있는 그런 경험에 **관하여** 오직 철학을 할 뿐이라고 한다. 불안이 진리를 드러낸다면, 일부 하이데거 비판자들이 주장하는 것처럼 하이데거는 우리가 키르케고르가 겪은 믿음과 의심의 싸움이나 사르트르가 레지스탕스 시절에 겪은 일들과 연계하는 극도의 심리적 체험을 겪을 필요가 없어야 할까? 하지만 하이데거가 말하는 "마음상태"(Befindlichkeit)라는 개념, 또는 그보다 훨씬 더 자세한 개념인 "불안"(Angst)이나 "죽음을 향한 존재"(Sein zum Tode)라는 개념이 정말 야스퍼스가 말하는 한계상황(Grenzsituationen)이라는 개념과 같은 종류의 개념일까?

하이데거가 관심을 갖는 것은 이런 마음상태 자체의 심리적 의미나 **실존적** 의미가 아니라, 마음상태가 존재론 차원 또는 실존-존재론 차원에서 가지는 의미다. 다시 말해 그가 묻는 것은 이런 마음상태가 어떻게 **가능한가**다. 이해는 현존재의 존재가능(Seinkönnen)에 뿌리를 두고 있다. 가능성은 경험되지 않는다. 경험되는 것은 존재와 관련이 있거나(ontic), 실제이거나, 실존과 관련이 있기(existentiell) 때문이다. 예를 들어, 우리는 현존재의 유한성을 드러내는 것은 죽음이나 끝에 있음(Zu-Ende-sein)을 '경험함'이 아니라 죽음을 **향한**

존재 또는 끝을 **향한** 존재(Sein zum Ende)임을 보았다.¹²¹ 이것은 존재적인 것 혹은 **실존적인** 것이 하이데거 사상에서 중요한 자리를 차지하고 있음을 부인한다는 말이 아니라, 그것이 가능성에 관한 실존적 질문으로 그리고 그것을 통해 존재론으로 인도한다는 말이다. 존 맥긴리는 그의 논문 "하이데거가 그의 현존재 분석에서 사는 세계에 보이는 관심"(Heidegger's Concern for the Lived-World in his Dasein-Analysis)에서 이렇게 말한다. "딜타이가 생(life)이라 하는 것이…하이데거가 현존재라 하는 것이다.…그것은 인간의 주관성이 가진 특질인 '삶으로 살아 내는 경험'으로, 하이데거의 현존재 개념에 아주 중요한 것이었다."¹²² 이렇게 딜타이의 '생' 관념을 언급한 것 역시 하이데거와 불트만 해석학의 또 다른 연관점을 강조하는 데 도움을 준다.

따라서 마음상태는 순수한 감정이 아니다. 폴 틸리히는 이 점을 그가 슐라이어마허를 변호한 내용과 관련지어 강조할 뿐 아니라, 우리가 앞서 살펴본 점과 분명하게 연계하는 식으로 강조한다. 그는 이렇게 썼다. "이 실존주의 사상가의 생각은…실재와 '객관적 존재'를 동일시하지 **않는** 존재 해석 혹은 실재 해석에 뿌리를 두고 있다. 그러나 그 해석이 실재를 '주관적 존재'와, '의식'이나 감정과 동일시한다고 말하는 것 역시 오해를 불러일으킬 것이다. 이런 견해를 따르면 '주관적'의 의미를 여전히 '객관적'의 의미와 대조하여 결정하게 될 것이다.…그것은 '주관적'과 '객관적'을 대조하는 일이 나타나지 않은 차원을 찾으려고 노력하는 것이다."¹²³

틸리히는 이에 근거하여 두 가지 점을 강조한다. 첫째, 그는 하이데거 및 다른 이들이 마음상태와 관련하여 사용하는 언어가 심리학의 언어이자 존재론의 언어라고 주장한다. 둘째, 하지만 하이데거를 제외한 다른 이들은 그들이 마음상태를 표현한 언어의 심리학적 의미와 존재론적 의미의 차이를 제대로

---

121 위 23항을 보라.
122 J. McGinley, in *Ph.T.* XVI, pp. 98-99.
123 P. Tillich, "Existential Philosophy" in *J.H.I.* V (1944), pp. 55-56; 참고. pp. 44-68.

설명하는 데 완전히 성공하진 못했다는 것이 틸리히와 하이데거 비판자들의 공통된 견해다.[124] 하이데거와 불트만은 '의지'라는 개념도 중요시한다. 이 때문에 틸리히가 방금 말한 것과 같은 모호함이 심리학 개념인 '의지'를 존재론 차원에서 활용하는 것에도 적용된다고 주장한 것은 중요한 의미가 있다. 틸리히는 의지를 '원-존재'(Ur-Sein)로 보았던 셸링(Schelling)의 초기 견해와 주체-객체 구분의 뒤편에 자리한 '창조 근원'에 이르려 하는 니체, 베르크손(Bergson), 쇼펜하우어의 시도를 비교한다. 틸리히도 둔스 스코투스(Duns Scotus)와 루터가 의지를 중요시했음을 강조한다. 하이데거가 1916년에 쓴 교수 자격 논문에서 둔스 스코투스를 다루었다는 것, 그리고 불트만이 루터에게 빚졌다는 것이 과언이 아님은 되새길 필요도 없다.

어쩌면 틸리히가 그의 『조직신학』(*Systematic Theology*)에서 이런 접근법에 아주 많이 의존하면서도 마음상태의 심리학 측면과 존재론 측면 사이에 어떤 모호성이 존재함을 인정하는 것이야말로 특히 의미심장한 일일지도 모른다. 틸리히 자신의 신학에서는 그가 "믿음의 행위의 궁극성과 믿음의 행위에 존재하는 궁극성이 동일하다"[125]라고 주장할 수 있다는 것이 대단히 중요하다. 다시 말해, 틸리히가 "궁극의 관심"이라는 말을 인간의 태도 및 이 태도가 인식하게 해 주는 실재를 모두 가리키는 말로 사용할 수 있는 것도 마음상태의 존재론적 의미를 그만큼 확신하기 때문이다. 틸리히는 하나님이 인간의 '신' 개념을 넘어선다고 본다. 하나님은 "무조건 개념 영역을 넘어서 있는 이"이기에, "주관성과 객관성으로 나뉘는" 인식 영역을 초월하는 이다.[126] 따라서 틸리히 자신의 접근법은 하이데거의 주장이 지닌 강점과 약점에 모두 주목하게 한다. 한편으로 보면, 두 사상가 모두 진리 인식이 단순한 인식의 문제 혹은 지식의 문제를 넘어서는 것이라고 주장한다. '마음상태'는 단순히 순전한 주관

---

124 *Ibid.*, p. 58.
125 P. Tillich, *Dynamics of Faith*, p. 11.
126 P. Tillich, "The Religious Symbol" in S. Hooke (ed.), *Religious Experience and Truth* (Oliver and Boyd, Edinburgh, 1962), p. 303.

적 감정이 아니다. 다른 한편으로 보면, 심리학적인 것과 존재론적인 것 사이의 관계를 설명하려는 시도에는 여전히 모호함이 있으며, 틸리히 자신조차 그것이 자신의 신학에서 중심을 이루는데도 그런 모호함을 인정한다.[127] [이런 비판은 하이데거가 "근원적"(primordial, ursprünglich)이라는 말을 사용함과 관련하여 우리가 곧 언급할 유사한 난점과 관련이 있다.]

하지만 이런 시각이 신약 해석학에 미치는 일반 효과는 다양한 각도에서 볼 수 있다. 우리는 이미 이런 시각과 철학에서 하이데거가 "결의성"이라 표현하는 '의지'를 강조하는 것 사이에 연관성이 있음을 언급했다. 불트만의 경우에는 이런 입장이 '결단'을 강조하는 모습으로 나타나는데, 이런 모습은 키르케고르 및 신약성경과 여러 유사점을 갖고 있다. 푹스 역시 여전히 개념, 인식, 명제의 차원에만 머문 채 진리에 다가가는 접근법이 부적절함을 강조한다. 하지만 더 넓게 보면, 이것 역시 로버트 펑크와 댄 오토 바이어가 예수의 비유

---

[127] 틸리히는 자신이 일찍이 체험했던 장엄한 신비를 "내 모든 종교 작업 및 신학 작업의 초석"이라고 묘사한다. 그 경험은 그의 아버지가 목사로 있었던 고딕식 교회 건물과 관련이 있었다. 그는 덧붙여 이렇게 말한다. "나는 루돌프 오토가 쓴 『성스러움의 의미』[*Idea of Holy*, 원서는 *Das Heilige*(신성함), 분도출판사]를 읽자마자 이런 어린 시절 체험에 비춰 바로 이해했다"("Autobiographical Reflections" in C. W. Kegley and R. W. Bretall, eds., *The Theology of Paul Tillich*, p. 6). 이 모든 것이 적극 지향하는 방향은 신학을 단순히 이론 차원에서 설명하기를 거부하는 것이다. 그리하여 틸리히는 이렇게 썼다. "**이 주제가 우리에게 존재 혹은 비존재를 다루는 문제가 될 수 있어야 비로소 이 주제를 다루는 저 말들은 신학적이다**"(*Systematic Theology* I, p. 17; 틸리히 강조). "**신학의 목적은 결국 우리와 관련된 것이다**"(ibid., p. 15; 틸리히 강조). 틸리히는 하나님과 인간의 삶이 인식 명제로 표현할 수 있는 것을 초월한다고 본다. 그는 이 원리를 설명하고자 루벤스의 풍경화를 예로 들면서 이렇게 설명한다. "이것이 여러분에게 전달해 주는 것은 그 그림 자체 외에 다른 어떤 방법으로도 표현할 수 없다"(*Theology of Culture*, Galaxy Books, New York, 1964, p. 57). 그렇지만 동시에 틸리히의 접근법에서는 몇 가지 심각한 난점도 나타난다. 우리가 앞으로 주장하겠지만, 이 난점들은 하이데거에게도 적용된다. 틸리히가 **진리를 판단할 기준**을 놓고 언급한 말에는 모호성을 띤 요소는 물론 심지어 순환성을 지닌 요소도 있다. 예를 들면, 틸리히는 "궁극의 관심"을 두고 이렇게 썼다. "이것은 우선 하나님이라 불리는 어떤 존재가 있고 이어 사람들이 궁극에는 그에게 관심을 가져야 한다는 요구를 의미하지 않는다. 그것은 곧 인간의 관심사가 **무엇이든** 결국에는 인간이 그에게 신이 된다는 말이다"(*Systematic Theology* I, p. 234; 티슬턴 강조). 대중성이 더 강한 작품을 포함하여 틸리히가 쓴 작품을 보면, 가끔은 궁극의 관심이란 것이, **그것이 어떤 것이든** 인간을 사로잡아 결국 인간의 모든 에너지와 열망을 모든 것을 포괄하는 하나의 진지한 목표로 결합해 주는 관심사를 표현하는 것처럼 보일 때가 있다. 그러나 그런 목표가 늘 진리 및 존재론과 좋은 관계를 가질 **필요가** 있을까? 나는 이 주장이 지닌 좋은 가치와 난점들을 A. C. Thiselton, "The Theology of Paul Tillich", in *The Churchman* LXXXVIII (1974), pp. 86-107에서 펼치려 했다.

를 탐구하는 접근법과 연관이 있다. 이 두 저술가는 예수의 언어를 이해할 때 인식 이전의 마음 상태가 행하는 역할을 강조한다. 바이어는 예수의 비유를 정보를 전달하는 개념들을 전해 주는 수단이 아니라 예술 작품으로 봐야 한다고 역설한다. 그는 이 비유가 하는 기능을 소설의 기능에 비유한다. 그는 이렇게 썼다. "소설이란 지평 속에서 어떤 경험을 철학 이전에 삶으로 살아 내는 것이거나, 개념으로 표현하기 전에 이미 실존하는 힘에 새로운 형태를 부여하는 것이다. 말로 표현하기 전에 이미 존재하는 이런 요소는 프라이(Frye)가 해석이나 비평을 요구하는 문학의 '묵언'을 이야기할 때 마음에 둔 어떤 것임이 틀림없다."[128] 바이어는 심미 체험에서는 삶 자체 또는 "발생하는 실존"에 강조점을 둔다고 주장한다. 해석에서는 초점이 이차적 차원인 개념으로 옮겨 가며, 이로 말미암아 "엄밀한 심미적 자세를 버리게 된다." 하지만 예수의 비유를 이런 식으로 이해하면 안 된다. 바이어와 펑크는, 신약학자들이 여러 통찰을 제시하긴 했으나, 윌리허부터 예레미아스까지 '한 점'에서 예수의 비유에 다가가는 접근법을 사용하면서 결국 그 비유가 가지는 의미를 좁게 관념 차원에서 이해하는 결과를 낳고 말았다고 주장한다.[129] 따라서 바이어와 펑크가 사용하는 접근법은 데카르트식 객관주의보다 '세계'와 '마음 상태'를 강조하는 하이데거의 입장에 훨씬 더 가깝다. 이 접근법의 강점과 약점을 다음 장에서 탐구해 보겠다.

---

[128] D. O. Via, *The Parables: Their Literary and Existential Dimension* (Fortress Press, Philadelphia, 1967), p. 83. 참고. N. Frye, *Anatomy of Criticism* (Princeton University Press, 1957), pp. 45-46, 27-28 and 86.

[129] D. O. Via, *The Parables*, pp. 21-24 and 94; 그리고 R. W. Funk, *Language, Hermeneutic and Word of God*, p. 149.

26. 하이데거 사상에 관한 추가 설명

(3) 우리의 세 번째 설명은 언어와 해석학을 바라보는 하이데거의 시각과 관련이 있다. 우리는 하이데거가 해석학적 순환에 관한 이론을 제시하는 데 그치지 않고, 그 원리를 자신의 작업에 실제로 활용한 것을 보았다. 더군다나 그의 세계와 세계성 논의에서는 해석자의 지평에 관한 고찰을 피할 수 없다는 사실을 강조하지만, 다른 한편으로 그가 사실성을 강조한 것은 이런 지평들이 무엇보다 우리가 선택한 게 아니라 우리에게 주어진 것이라는 점을 되새겨 준다. 이런 의미의 지평들을 참조하지 않으면 언어를 이해하지 못한다. 하이데거와 비트겐슈타인 사이에는 여러 차이점이 있지만, 하이데거도 후기 비트겐슈타인처럼 언어가 **인간의 삶**에, 진정 인간의 삶 속에 자리한 특별한 맥락에 **바탕을 두고 있음**을 강조한다. 우리가 이런 맥락을 삶의 형식에 근거한 언어 게임이라 부르든 현존재의 세계성에 근거한 '세계'라 부르든 그것은 문제되지 않는다. 언어는 의사소통 혹은 '담화'로 이해해야 한다. J. 맥쿼리는 이렇게 말한다. "후기 비트겐슈타인은 언어를 살아 있는 맥락 속에 놓아야 한다고 주장하고 실제로 언어를 '삶의 형식'이라 부르기까지 했다는 점에서 하이데거가 보여 준 구체성 쪽으로 옮겨 간 것으로 보인다."[130] 언어와 세계의 긴밀한 관계(이는 비트겐슈타인이 말하는 언어 게임과 삶의 형식의 관계와 비슷하다)는 잡담을 비본래적 실존을 특징짓는 것으로 보는 하이데거의 견해와 관련하여 나타난다. '세인-자신'의 세계에서는 언어가 시시한 일이나 훨씬 더 중대한 '정보'를 전달하는 기능을 갖는데, 하이데거가 "호기심"이라 부르는 것이 이런 기능을 불러일으킨다. 하이데거의 후기 사상을 다루는 장에서 이런 언어관의 모든 발전 궤적을 추적해 보겠다.

그런가 하면, 언어 및 해석학과 관련된 사항으로서 이 책의 연구와 특별한

---

[130] J. Macquarrie, *Martin Heidegger*, p. 54.

연관성을 지닌 것이 두 가지 더 있다. 첫째, 하이데거는 유효한 언어는 단순히 서술만 하지 않는다는 점을 올바로 인식한다. 하이데거는 후기 비트겐슈타인처럼 언어를 삶에 바탕을 둔 인간 행위로 바르게 보면 곧바로 이를 인식하게 된다고 본다. 그렇지만 하이데거는 반대 오류를 막는 일에서는 비트겐슈타인만큼 성공을 거두지 못했다. 그는 서술이나 진술이 다른 언어 행위에 비해 특권을 누리는 지위에 있지 않음을 올바로 간파한다. 하지만 그는 실제로 진술의 역할을 낮춰 평가한다는 점에서 너무 멀리 나아가려 했는지도 모른다. 이는 그가 진술은 늘 파생 발화 양식이라고 주장하기 때문인데, 그가 이렇게 주장한 이유는 진술이 인식 행위 및 주체-객체 구분에 의존하는 개념 활용을 전제하기 때문이다. 판넨베르크는 이런 모습에 아주 강하게 반대했는데, 이처럼 진술을 낮게 평가하는 모습은 불트만, 푹스, 에벨링, 가다머에게서도 나타난다. 불트만에 이르면 이런 모습이 더 심해지는데, 이는 그가 명령문에 특권을 누리는 지위를 부여하는 칸트 전통에서 영향을 받았기 때문이다. 다시 말하지만, 하이데거가 '근원적'이라는 말을 어떻게 활용하는지 살펴볼 때 그와 관련된 말인 '파생적'(deravative)도 살펴보겠다.

하이데거는 헤르더에서 빌헬름 폰 훔볼트를 거쳐 에른스트 카시러에 이르는 언어철학 전통에 속해 있다. 이 전통은 로크에게서 발견할 수 있는 것과 같은 관점, 곧 언어를 언어 자체와 상관없이 이미 형성된 개념들을 자세히 설명하는 데 기여하는 것으로 보는 견해에 반대한다. 이와 반대로, 에른스트 카시러는 "모든 이론 인식은 언어가 이미 사전에 형성해 놓은 세계에서 출발한다"고 주장한다.[131] 헤르더는 먼저 언어를 개념의 공식화가 아니라 인식 이전의 감정 및 충동 표현과 연계했으며, R. L. 브라운(Brown)은 헤르더에서 시작하여 빌헬름 폰 훔볼트, 헤르만 슈타인탈(Hermann Steinthal), 프란츠 보아스(Franz Boas), E. 사피어(Sapir)를 거쳐 벤저민 리 워프에 이르는 언어철학 전통의 발

---

[131] E. Cassirer, *Language and Myth* (Eng. Harper, New York, 1946), p. 28; 참고. pp. 23-43, "language and conception"을 다룬 부분. 『언어와 신화』(지만지).

전 과정을 추적하며, 이들의 언어관은 이미 이 책 5장(17항)에서 논했다.[132] 하지만 헤르더 그리고 헤르더와 아주 다른 전통을 대변하는 카르납, 옥든과 리처즈(Richards)가 공유하는 한 가지 중요한 문제는, W. M. 어번(Urban)의 말처럼, 그들이 "언어의 어떤 용도는 오로지 지시하는 것이며 어떤 용도는 오로지 감정을 나타내고 무언가를 불러일으키는 것"[133]이라는 가설에 아주 지나치게 의존한다는 것이다. 루이스 알론소 쇠켈도 언어를 다룬 칼 뷜러(Karl Bühler)의 작업을 비판하면서 똑같은 어려움을 표명한다. 뷜러는 진술(Darstellung)인 언어, 표현(Kundgabe 또는 Ausdruck)인 언어, 환기하는 말(Auslösung 또는 Appell)인 언어를 예리하게 구분한다. 그러나 알론소 쇠켈은 이렇게 올바로 평한다. "실제로 존재하는 언어에서 우리가 이 세 기능 가운데 어느 것을 순수한 상태로 발견하는 경우는 거의 없다. 언어는 객관적 진술, 순수한 감탄, 단순한 명령을 나란히 늘어놓은 것이 아니다. 사실 이 기능들은 함께 작동하며, 서로 영향을 주고받는다."[134]

나는 이미 이 점을 에른스트 푹스의 해석학을 다룬 한 논문에서 특별히 예수의 비유 끝부분에 나오는 진술의 기능과 관련지어 주장했다.[135] 진술은 특별히 두 가지 이유 때문에, 곧 열려 있을 수 있으며, 자기 관련성을 갖고 있을 수 있다는 이유 때문에 다른 두 언어 형태와 겹칠 수 있다. 우리는 하이데거가 진술을 낮춰 평가하고 '정보'는 반드시 비본래적 실존의 '호기심'과 관련되어 있다고 암시한다는 점에서 너무 멀리 나아갔다고 생각한다. 신약 해석학에서 불트만이 하이데거의 이런 태도보다 훨씬 더 나아간 입장을 취하고 그의 입장이 푹스, 에벨링, 가다머의 작업에 좋지 않은 영향을 남기면서, 하이데거

---

[132] R. L. Brown, *Wilhelm von Humboldt's Conception of Linguistic Relativity* (Mouton, The Hague, 1967), pp. 13-17.
[133] W. M. Urban, *Language and Reality: The Philosophy of Language and the Principles of Symbolism* (Allen and Unwin, London, 1939), pp. 68-69. 티슬턴 강조.
[134] L. Alonso Schökel, *The Inspired Word*, pp. 134-135.
[135] A. C. Thiselton, "The Parables as Language-Event" in *S.J.T.* XXIII, pp. 437-468.

의 그런 태도는 심각한 결과를 낳았다.

둘째, 우리는 다시 해석학을 바라보는 하이데거의 시각, 특히 해석학적 순환을 바라보는 그의 견해로 돌아온다. 우리는 하이데거가 『존재와 시간』에서 해석학을 다룬 항목뿐 아니라 전략상 중요한 몇몇 지점에서도 이 원리에 호소하는 모습을 보았다. 보수 신학자들은 종종 해석학적 순환은 인간의 경험을 진리의 척도로 삼기 때문에 인간 중심 시각을 모든 해석에 강요한다고 주장한다.[136] 하지만 하이데거의 경우에는 그 반대가 참일 수 있다. 분명 그는 현존재에서 시작하며, 진리의 드러남은 자기 이해를 통해, 바로 자신의 결의성을 통해 이루어진다고 주장한다. 진리는 현존재가 자신을 인식하는 문제다. 하이데거는 철학에서 칸트가 일으키고 어쩌면 니체가 더 깊이 진행시켰을 수도 있는 코페르니쿠스 혁명을 아주 잘 알고 있었기 때문에 이런 관점을 포기하지 못한다. 현존재, 혹은 틸리히가 "자기-연관성"(self-relatedness)이라 바꿔 표현하는 것은 "존재 자체로 들어가는 유일한 문"이다.[137] 그러나 과거를 잠시 풍미했던 각 견해도 전체를 통틀어 더 완전한 견해에 비춰 고치게 되며, 현존재가 자신을 바라보는 시각도 결국 고치게 된다. 따라서 현존재에 관한 예비 분석도 시간 및 시간성과 관련하여 발생하는 고려 사항에 비춰 다시 고치게 된다. 하이데거의 견해가 인간 중심이라면(신학의 관점에서 보면 어느 정도는 그렇게 볼 수밖에 없다), 해석학적 순환 **때문이** 아니라, 해석학적 순환이 작동**한다 하더라도** 그리 보이는 것이다. 오로지 이에 근거할 때만 존재 이해에 다가가는 무언가를 얻을 수 있기 때문이다.

해석학적 순환 덕분에 하이데거 철학이 현존재**에 관한** 진리뿐 아니라 현존재의 자기 인식과 결단**을 통해** 드러난 진리도 체현할 수 있게 되었다고 말할 수 있다. 분명 이런 구분은 아주 섬세하다. 하이데거가 불트만, 푹스, 에벨링에

---

[136] J. W. Montgomery, "An Exhortation to Exhorters" in *Christianity Today* XVII (1973), P. 606에서 이런 취지를 가장 힘주어 말한다.
[137] P. Tillich, "Existential Philosophy" in *J.H.I.* V, p. 57.

게 미친 영향을 더 꼼꼼히 들여다보면, 우리는 이런 질문을 할 수밖에 없다. 이 저술가들은 신학을 단순히 인간에 **관한** 진리로 축소해 버렸는가? 이 진리가 자기 이해와 결단에 관한 개념 이전의 경험에서 드러난 것이라 하더라도 그런 것인가? 아니면 그들은 다만 진리는 오로지 인간과 **관련지어** 이해할 수 있을 뿐이라는 **해석학의** 통찰을 중시했을 뿐인가? 해석학적 순환이 잠시만 효력을 가졌던 출발점을 적절히 고치도록 요구할 수 있게 된다면, 원리상 그 순환은 오로지 현존재에 **관한** 진리에서 시작해야 한다. 물론 그 경우에도 그 순환은 늘 오직 현존재와 **관련지어** 볼 수 있는 진리와 관련을 가질 뿐이다. 이런 의미에서 에벨링은 이렇게 단언한다. "이해의 영역에서 가장 주요한 현상은 언어 이해가 아니라 언어를 **통한** 이해다."[138]

이런 의미에서 하이데거의 철학은 진정한 서술이 아니라고 주장하는 A. 더 발렌과 데이비드 케언스의 비판을 받아들이거나 거부하기가 어렵다고 말할 수 있다. 어쩌면 하이데거는, 해석학적 순환의 관점에서 볼 때, 이른바 전체를 객관성 있게 살펴볼 수 있는 시야를 얻을 수 있는 독립된 유리한 지점이 있는 것처럼 서술하는 일은 결코 확실하거나 '최종적'일 수 없다는 단서가 있는데도 어떤 논문이 서술일 수 있다면 하이데거 자신의 철학도 서술이라고 말할지 모른다.

(4) 이제 하이데거가 "근원적"이라는 말을 쓰는 것과 이 말에 따르는 것으로 보이는 난점을 살펴봐도 되겠다. 하이데거가 이차적 혹은 '파생적'이라는 말과 대비하여 이야기하는 "근원적"은 정확히 어떤 의미인가? 하이데거는 자신의 관심사가 인식론이 아니라 존재론이라고 분명하게 단언한다. 따라서 이 '근원적'이라는 말은 아마도 지식에서 우선성을 갖는 것을 가리키는 말이 아닐 것이다. 하이데거가 말하는 바는 '더 이상 단순화할 수 없는'이라는 의미를 가진 '논리상 근원인'이라는 뜻일 가능성이 높다. 그러나 우리는 이 지점에서

---

[138] G. Ebeling, *W.F.*, p. 318.

길버트 라일이 『존재와 시간』을 비판하며 제시한 주요 강조점 중 하나에 어느 정도 공감한다. 그는 이렇게 썼다. "하이데거는 인류학에서 말하는 근원과 논리학에서 말하는 근원을 혼동하는 것 같다."[139] 라일은 이렇게 설명한다. "내가 먼저 그것들로 무언가를 할 수 있거나 할 수 없다는 이유로 그것들에 관심을 갖고, 그 뒤에야 비로소 학자로서 그것들이 무엇인지 알고 싶어 하는 것은 어쩌면 인간 본성에서 유래한 사실일지도 모른다. 그러나 전자의 태도에도 후자와 똑같이 속성과 관계를 가진 사물을 아는 지식이 들어 있다. 물론 나도 어릴 적에는 그런 속성과 관계 중 몇 가지에만, 다시 말해 내 일과 관련이 있는 것들에만 관심을 가졌다."[140]

어쩌면 이에 대한 답변으로 다른 철학자들 역시 논리상 근원인 것에 호소했으며, 그들의 호소가 타당하다고 인정받았음을 주장할 수도 있을 것이다. 예를 들면, 피터 스트로슨은 그의 책 『개인들』(*Individuals*)에서 "인격이라는 개념이 논리상 근원성"을 갖고 있다고 주장한다.[141] 그러나 스트로슨은 하이데거와 똑같은 점을 강조하지 않는다. 스트로슨이 분석하는 것은 오로지 개념이다. 물체에 관한 어떤 개념을 활용한다 할 때, 인간 의지에 따른 작용(personal agency)을 나타내는 어떤 개념이 있다 할 때, 그는 이렇게 묻는다. 이 개념들은 함께 어떤 관련을 맺고 있는가? 우리가 스스로를 인격체로 묘사하거나 규정할 때 주로 어떤 개념이 작용하는가? 스트로슨은 우리가 '마음'에 관한 의심스러운 관념이나 마음과 몸에 관한 의심스러운 관념에서 출발하여 인격 개념에 도달하는 게 아니라, 논리상 선행 개념인 전인(whole person)에서 시작한다고 주장한다.[142] 하이데거의 탐구는 이와 다른 차원에서 이루어

---

[139] G. Ryle, in *Collected Writings* I, p. 208.
[140] *Ibid.*
[141] P. F. Strawson, *Individuals: An Essay in Descriptive Metaphysics* (Methuen, London, 1959), pp. 103-104.
[142] *Ibid.*, pp. 90-116. 스트로슨은 물체에 적용할 수 있는 술어(M-술어)가 인격체에 적용할 수 있는 술어(P-술어)를 대신하지 못한다고 주장한다. 그러나 인격체를 묘사할 때는 한편으로는 마음과 관련이 있고 다른 한편으로는 몸과 관련된, 서로 무관한 두 개념 도식으로 묘사하지 않는다. 논리상 겹치는

진다. 틸리히도 인정한 점이지만, 우리는 이미 존재론적인 것과 단순히 심리적인 것의 구분이 늘 분명하지만은 않다는 점을 언급했다. 여기서 우리는 일반적으로 똑같이 강조하는 점을 더 깊이 적용하는 모습을 만나는 것 같다. 그러나 이번에는 가치 판단을 연상시키는 것들이 있다. 인식과 개념화에 앞서 마음상태를 경험하기 때문에, 가끔씩 사람들은 어쨌든 마음상태가 더 미덥거나 포괄성을 지닌다고 추측한다. 하지만 한 측면을 단순히 '파생적'이라거나 '이차적'이라고 평가 절하해 버리면, 또 다른 측면은 '포괄적'일 수 없다.

이 비판이 하도 범위가 넓어 이 비판을 받아들이다간 하이데거의 시각 전체를 거부할 수밖에 없는 것처럼 보일지도 모른다. 하지만 이런 생각은 옳지 않다. 우리는 **인간의 경험이라는** 차원에서는 현존재와 세계의 관계가 실제로 주체-객체 구분보다 앞선다는 사실을 거부하지 않는다. 우리는 진리를 드러냄에서 마음상태가 행하는 역할을 신학과 철학에서 간과해 버린 경우가 잦았다는 점을 인정한다. 또 우리는 로버트 펑크가 자신의 해석학에 이런 시각을 가져다 쓰면서, 시나 내러티브, 또는 이야기나 비유가 만들어 낸 감정상태가 "산문체나 만연체 말로는 전달하지 못하는 것을 볼 수 있는 시각"을 전달할 수 있다고 한 주장도 받아들인다.[143] 제임스 브라운이 표현하듯이, "자연과학에서는 주관을 제거하는 것이 미덕일지 모르지만, 시에서도 그럴까?"[144] 하이데거 철학에서 풍성한 열매를 낳았고 건설적이라고 여기는 많은 점을 하나하나 열거할 필요는 없다. 하지만 이렇다 해도 하이데거가 '근원적'이라는 말을 실존을 묘사하는 말로 사용하면서 이 말이 본디 가져야 할 엄밀한 의미보다 더 많은 의미를 존재론에 암시하는 가치 판단으로 사용하게 된 것이 아닌가 하는 의심이 사라지진 않는다. 마음상태나 심지어 결의성이 문제가 될 때는 분명 '개념' 혹은 서술을 담은 진술이 늘 진리를 드러내는 데 이르지는 않

영역으로서 인격체만이 독특하게 갖고 있는 영역이 있다.
143 R. W. Funk, *Language, Hermeneutic and Word of God*, p. 136.
144 J. Brown, *Subject and Object in Modern Theology*, p. 13.

는다. 그러나 이것이 곧 개념은 '그저' 개념일 뿐이라거나, 개념과 진술은 특히 진리를 검증할 때 아무런 역할도 하지 못한다는 뜻은 아니다. 그것들이 단순히 자연과학의 영역에만 국한되지도 않는다.

(5) 우리는 상당한 시간을 할애하여 하이데거가 『존재와 시간』과 『진리의 본질에 관하여』에서 진리를 어떻게 바라보는지 살펴보았다. 진리에 관한 하이데거의 설명이야말로 그가 칸트와 니체가 제기하는 철학 문제들을 아주 예리하게 꿰뚫고 있음을 그의 사상에 들어 있는 다른 어떤 측면보다 더 분명하게 보여 주는 것일지도 모른다. 하이데거는 시계를 칸트 이전으로 되돌릴 수는 없음을 안다. 따라서 그는 진리를 '마음속의' 개념과 '마음 밖의 실재'의 관계에 비춰 이야기하는 진리 상응 이론에 결코 만족하지 못한다. 칸트는 이런 판단 기준이 진리를 검증하기는커녕 알고 싶은 것을 정확히 묻지 않은 채 그저 대답만 들으려 하는 질문을 제기하는 것에 불과함을 확실히 보여 주었다. 비트겐슈타인이 다른 맥락에서 사용한 비유를 빌리면, 그것을 진리 판단 기준으로 활용하는 것은 똑같은 신문을 몇 부 사서 그 신문이 말하는 것이 참인지 알아보려 하는 것과 마찬가지다.

하지만 그렇다고 "존재하는 것들을 존재하게 함"(letting be of things-that-are, das Seinlassen von Seiendem)을 진리라고 보는 하이데거 자신의 진리 개념이 이 문제에 더 적절한 답을 제공한다는 결론이 나올까? 더군다나, 진리를 이렇게 보는 견해에 명제 진리(die Satzwahrheit)는 그저 파생적 가치나 이차적 가치밖에 갖지 못한다며 좋지 않게 보는 의미가 **반드시** 담겨 있을까? 하이데거는 우리를 깊은 물속으로 데려갔으며, 그 답은 깊이를 재기가 쉽지 않다. 하지만 다음 두 가지 고려 사항은 우리가 하이데거의 초기 사상이 도달한 입장에 만족한 채로 있을 수는 없음을 일러 주는 것 같다.

첫째, 하이데거는 칸트가 밝혀낸 문제들을 인식했으며, 이 때문에 젤번의 말대로 진리는 "대상이 아니라 현존재를 가리킨다"고 보는 견해를 갖게 되었다.[145] 그러나 이것은 우리를 이미 대략 살펴봤던 난점으로 되돌아가게 한다.

진리는 오로지 현존재와 관련이 있다고 봐야 하는가 혹은 모든 진리는 오로지 현존재에 관한 진리인가? 앞서 주장했듯이, 이 문제는 불트만의 신학에서 다시 등장한다. 하지만 하이데거 자신은 후기 저작에서 오로지 현존재를 중심으로 삼아 그것만을 지향했던 철학을 벗어나 존재를 우선시하는 철학으로 옮겨 간다. 그렇다면 하이데거는 그 지점이 부적절함을 알고 거기를 떠났는데도 정작 불트만 자신은 거기에 머물러야 한다는 확신을 가졌던 걸까?

둘째, 인식 판단은 **상대성을 가진다**는 하이데거의 인식이 옳다 해도, 그 인식이 그런 판단은 무가치하다거나 비본래적 실존의 일상 관심사와 관련이 있을 뿐이라는 뜻은 아니다. 하이데거 자신이 정립한 해석학적 순환 공식에 따르면, 진리를 드러내는 각각의 경우가 반복될 경우 현존재는 새로운 시각을 얻는 지점에 이르게 되고, 더욱더 완전한 자기 이해로 나아가게 된다. 그러나 각각의 진보는 진리에도, 비판적 검증에도 열려 있어야 한다. 설령 그 검증이 상대성을 지녔을지라도 마찬가지다. 신문에 비유해 보면, 그런 검증은 같은 날 나온 같은 신문을 한 부 더 읽어 보고 보도 내용을 확인하는 것이라기보다, 설령 같은 기자와 편집자에게서 나왔을지라도, 다음 날 나온 신문을 읽어 보고 보도 내용을 확인하는 것과 같다. 진리 상응 이론의 상대성과 순환성을 인식했다 할지라도, 명제 진리와 비판적 인식 판단에 철저히 이차적 지위를 부여해야 한다는 결론이 함께 따라오지는 않는다. 이 역시 진리를 드러냄으로 보는 하이데거의 진리 개념과 더불어 그 나름의 자리를 가져야 한다. 진리는 전달되어야 할 뿐 아니라 검증받아야 하기 때문이다. 하이데거는 자신이 인식론보다 존재론에 관심이 있다고 주장하지만, 이런 주장이 방금 말한 두 비판의 위력을 약하게 만들지는 않는 것 같다.

(6) 아울러 우리는 하이데거의 철학이 지나치게 개인주의에 치우치지 않았는지 물어봐야 한다. 얼핏 보면, 이런 비판은 분명 엇나간 것처럼 보인다.

---

145 M. Gelven, *A Commentary on Heidegger's 'Being and Time'*, p. 132.

하이데거는 '다른 이들과 함께 하는 현존재'(공동현존재, Mitdasein)가 세계-내-존재의 일부분이라고 힘주어 말하기 때문이다. 그는 '주위를 둘러봄'(Umsicht)과 다른 현존재들의 세계를 '돌아봄'(Rücksicht) 혹은 살펴봄을 대조하며 탐구한다. 그는 다른 이들과 함께 하는 삶(Mitdasein)은 대상에 관한 단순한 '배려'(Besorgen)와는 다른 '심려'(Fürsorge)를 요구한다. '나'라는 이를 구성하는 현존재를 단순한 대상으로 만들지 말아야 한다는 그의 타당한 통찰을 비판하는 게 아니다. 현존재를 단순히 '인간'으로 이해하면, (키르케고르가 말하는) 현존재의 독특한 주관성이 시야에서 사라져 버린다. 하이데거가 표현하듯이, 현존재는 "각 경우에 내 것"(Jemeinigkeit)을 가진다.

그렇지만 하이데거의 철학은 특별히 두 가지 점에서 개인주의 성향을 띤다. 첫째, 하이데거는 데카르트의 '나는 생각한다'(cogito)라는 출발점을 거부하지만, 그가 거부하는 것은 개인 자체에서 출발함이 아니라, 인식 행위를 할 때 인식론상 주체이지만 자신이 속한 세계와는 단절되어 있는 자아에서 출발함이다. 현존재는 생각하는 주체보다 더 크지만, 그래도 여전히 '나는 존재한다'인 것(an 'I am')이다. 이것이 폴 리쾨르가 "하이데거와 주체 문제"(Heidegger and the Question of the Subject)라는 제목으로 쓴 논문의 주제다.[146] 리쾨르는 이렇게 썼다. "하이데거가 전개한 것과 같은 존재론은 내가 '**나는 존재한다 해석학**'이라고 부를 것에 토대를 제공하는데, 이 해석학은 사람들이 단순한 인식론 원리라 여기는 '나는 생각한다'를 되풀이한 것이다."[147] 하이데거가 데카르트의 출발점에 맞서 제시한 반대 의견은 데카르트가 '나는 존재한다'에서 시작한다는 것이 아니라 '사전에 존재하는 확실성 모델'에서 시작한다는 것이다. 실제로 "'나는 생각한다'를 회복함은 오직 '세계-내-존재'의 전체 현상에서 시작하여 그 '세계-내-존재'가 누구인지에 관한 질문으로 방향을 트는 회귀 운동으로서 가능할 뿐이다."[148] 리쾨르는 존재와 언어가 하이데거 후기 저작의

---

[146] P. Ricoeur, *The Conflict of Interpretations*, pp. 223-235.
[147] *Ibid.*, p. 223. 리쾨르 강조.

중심임을 인정하면서도, 『존재와 시간』에서 '결의'와 자유가 죽음 앞에서 행한 역할을 '근원적 시짓기'(primordial poetizing, Urdichtung)가 "누구를 묻는 문제와 그 누구의 본래성을 묻는 문제에 제시하는 답으로서" 넘겨받았기 때문에, 하이데거가 후기에 와서도 '나는 존재한다' 해석학을 완전히 버리지 않았다고 결론짓는다.[149]

어떤 측면에서 보면 이런 시각은 이 시각이 철학에서 필요한가 그렇지 않은가를 떠나 큰 가치가 있다. 하이데거의 개념 도식은 우리가 '나'를 해석학의 단순한 대상으로 축소하지 않게 도와주며, 자기 이해의 중요성을 못 보고 지나치지 않도록 막아 준다. 불트만이 이런 시각을 어떻게 건설적 방향으로 발전시키려 했는지는 살펴볼 것이다. 그렇지만 언어에 관한 질문에 이르면, 개개 현존재가 제시하는 시각은 삶과 전통 속에 자리한 가다머의 출발점, 또는 더 나아가 비트겐슈타인이 공동체에 강조점을 둔 것과 서로 어긋나는 대조를 이룬다. 언어는 관습과 인간 사회의 삶에 뿌리를 두고 있으며, 본래성에 관한 어떤 철학 작업도 이 사실을 바꾸지 못한다. 따라서 언어에 관한 설명이 공동체와 전통을 온전히 고려하지 않는다면 어떤 설명도 적절할 수가 없다. 마찬가지로 역사라는 주제에 이르면, 개인주의 성향을 띠는 하이데거의 시각은 적절하지 않다. 마조리 그린이 이 문제에 주목하길 요구한 것은 올바르다. 그린은 이렇게 썼다. "하이데거는 개인의 운명인 Schicksal과 집단의 운명이라 할 Geschick를 구분한다.···그러나 내가 알 수 있는 범위를 놓고 보면, 그는 후자의 개념으로 아무것도 하지 않는다. 한 사람이 그와 같은 시대 사람들과 더불어 그들 가운데 뿌리를 내리고 있다는 어떤 실체 개념도 없다."[150] 이 때문에 우리는 한때 하이데거의 제자였던 가다머를 다시 한 번 살펴봐야 한다.

하이데거의 개인주의 성격을 띤 시각이 드러나는 두 번째 장소는 그가 본

---

[148] *Ibid.*, p. 231.
[149] *Ibid.*, p. 234.
[150] M. Grene, *Martin Heidegger*, pp. 39-40.

래의 실존, 결의성, 죽음을 향한 존재와 관련하여 쓰는 언어다. 이번에도 다시금, 이 분석은 훌륭한 통찰과 여러 난점을 함께 제공한다. 이 두 측면은 키르케고르, 니체, 야스퍼스, 사르트르의 저작에서도 볼 수 있다. 키르케고르는 자신이 관습과 사회가 제시하는 역할을 그저 받아들이기보다 자신으로서 살아가고 자신의 미래에 책임을 지겠다고 결심할 때 진리를 만났다고 믿는다. 그러나 그는 세속 실존주의자들과 달리, 이런 결정을 하나님 앞에서 진리를 만나는 순간으로 여겼다. 키르케고르는 자아 발견과 본래성이 죄를 드러냄과 회개하고 믿으라는 부르심을 뜻한다고 보았다. 그의 개인주의는 기독교 신앙의 내용 속으로 들어온다. 그래서 그는 이렇게 썼다. "모든 것 중 가장 피폐한 도피는 군중 속에 숨어 하나님의 감독을 피하려는 것,…단독자로서 하나님의 음성을 들으려 하지 않는 것이다.…각 사람은 한 단독자로서 하나님께 보고해야 한다."[151] 키르케고르의 관심사는 존재 물음이 아니라, 그리스도의 진정한 제자가 되는 데 따라오는 것이었다. 하지만 키르케고르의 접근법조차도 내가 다른 곳에서 제시하려 했던 난점들을 초래한다.[152]

하이데거가 말하는 개인의 결의성이란 개념이 결국 기독교 실존철학과 같다고 보는 주장이 종종 나오는 것은 아마도 키르케고르의 접근법이 일부 원인이지 않을까 싶다. 무신론 역시 하이데거가 말하는 개인주의와 조화를 이룬다는 것을 알려면, 장폴 사르트르(Jean-Paul Sartre)가 그의 저서 『존재와 무』(*Being and Nothingness, L'Être et le Néant*)에서 밝힌 생각과 비교해 보면 된다. 사르트르는 하이데거의 기본 대조 내용인 눈앞에 있음(Vorhandenheit)과 실존(Existenz)을 가져다가, 이를 즉자존재(être-en-soi, 자기 안에 있음)와 대자존재(être-pour-soi, 자기를 향하여 있음)라는 말을 써서 발전시킨다. 아울러 그는 개별성, 자기 인식, 죽음의 관계를 논한다. 무엇보다 개인이 '세인'이라는 군중

---

[151] S. Kierkegaard, *Purity of Heart is to Will One Thing* (Eng. Fontana, Collins, London, 1961), p. 163.
[152] A. C. Thiselton, "Kierkegaard and the Nature of Truth" in *The Churchman* LXXXIX (1975), pp. 85-107.

속에 묻혀 자신을 잃어버리는 것은 "잉크가 압지에 빨려 들듯이…장수말벌이 잼에 빠져 죽는 것과 같은" 운명을 겪는 것이다.¹⁵³ 그러나 마조리 그린이 표현하듯이, "비극 같지만, 사르트르의 영웅은 자신의 행동을 추구하다가…자신의 행동을 이루지 못한 채 결국 그저 허무하게 죽을 수 있다."¹⁵⁴

키르케고르와 사르트르 비교는 이 문제의 양면성을 강조한다. 마조리 그린은 그 양면을 똑같이 분명하게 표현한다. 우선, "우리가 하이데거의 분석에서 개인을 떼어 내면…개인의 본래 모습 내지 본래성이라는 개념이 윤리 면에서 중요함을 알 수 있게 된다.…본래성은 일종의 정직함 혹은 일종의 용기다."¹⁵⁵ 그러나 여기에도 한 가지 문제가 있다. 하이데거는 본래의 실존과 비본래적 실존을 대조할 때 자신의 관심사는 신학이나 윤리가 아니라고 말했다. A. 더 발렌은 이 점을 양심에 관한 자신의 견해와 관련지어 강조한다.¹⁵⁶ 그는 이 양심이 보통 기독교나 윤리에서 말하는 '양심'은 아니라고 주장한다. 그렇다면 '본래의'(eigentlich)는 **다른 뜻이 아니라** '바로 자신의'라는 뜻인가? 마조리 그린은 이 말에 확실한 내용이 거의 없음을 암시한다. 하이데거가 말하는 책임이라는 개념에 대한 그녀의 주장은 이렇다. "[그 개념은] 결국, 어떤 것에 지는 책임이나 개인 자신에게 주어진 상황을 넘어선 어떤 환경에서 지는 책임이 아니다. 홀로 불안 속에서 자신의 비존재를 마주한 인간은 실체가 빈 인간이다.…하이데거가 말하는 결의하는 인간은 자기와 같은 인간들과 함께 있는 공동체에 관한 의식이 전혀 없다. **공동현존재**(Mitdasein)는 다만 상실(곧 몰락)의 차원에서 나타난다. 본래의 개인은 친구나 동료를 전혀 모른다.…다른 이들의 실존을 그저 내 자유를 얻을 수단으로 여기는 것은 좋지 않음을 넘어 나쁜 것이다. 그것은 확실히 악이다.…그것은 이중으로 자기중심의 철학이다. 자

---

153 J. P. Sartre, *Being and Nothingness* (Eng. Methuen, London, 1957), pp. 609-610. 『존재와 무』 (동서문화사).
154 M. Grene, *Martin Heidegger*, p. 54.
155 *Ibid.*, p. 45 and 47.
156 A. de Waehlens, *La Philosophie de Martin Heidegger*, pp. 152-168.

신이 되어야 할 자신의 책임만을 중심으로 삼는 개인의 철학이기 때문이다."[157]

이런 비판들은 어쩌면 너무 지나친 것인지도 모른다. 이런 비판들은, 하이데거가 우리에게 자기 의도는 그게 아니라고 분명히 경고했는데도, 본래의 실존이라는 개념에는 윤리적 색채가 들어 있다고 전제하는 것처럼 보이기 때문이다. 하지만 이런 비판들은 하이데거의 개인주의에는 좋은 측면과 나쁜 측면이 있으며 이런 양면 때문에 다른 분야보다도 특히 신약 해석학에 도움을 줄 목적으로 하이데거의 철학을 탐구할 때는 조심해야 한다는 것을 우리에게 되새겨 준다. 불트만이 지나친 개인주의를 피하는 데 성공했는가는 적절한 때에 논하겠다. 하지만 하이데거의 개인주의가 그의 철학 전체를 망가뜨린다고 생각하지는 않는다. 그의 사상 중 다른 측면들을 논한 내용에서 이를 보여 줄 것이다.

(7) 마지막으로, 우리는 하이데거와 관련하여 2장에서 제기했던 나머지 한 문제로 돌아온다. 하이데거가 말하는 개념들은 실제로 신약성경의 내용을 설명해야 하는 해석학의 과업과 얼마나 관련이 있는가? 이미 보았듯, 하이데거는 인간 실존을 대상이나 물리적 실체의 맹목적 실존과 구분한다. 그는 인간을 실체나 '부분'이라는 말로 묘사하지 않고, 인간의 가능성이라는 말로 묘사한다. 인간이 세계 속에서 만나는 상황은 그에게 '주어져' 있다. 인간의 이해는 자신의 사유는 물론 자신의 태도와 관련이 있으며, 이런 태도에는 자신을 향한 태도도 들어 있다. 그는 두려움뿐 아니라 불안도 경험한다. 이런 경험은 그가 이 세계 속에서 전혀 '편하지' 않음을 그에게 드러낸다. 그는 매여 있으나, 자유로 부름을 받았다. 그는 자신의 유한함을 회피하거나 왕관 속에 숨음으로써 얻게 되는 모든 거짓 안전감을 버리라는 요구를 받는다. 그는 결단을 내릴 때 책임을 받아들이라는 요구를 받는다. 죽음은 삶에서 실존적 역할을 지니며, 단순히 생물학 현상에 그치지 않고 그보다 더 큰 의미를 지닌다. 마지막

---

[157] M. Grene, *Martin Heidegger*, pp. 53 and 55.

으로, 역사는 무엇보다 과거 사실과 관련이 있지 않고, 인간 실존이 현재 지닌 가능성과 관련이 있다.

얼핏 보면 인간을 이렇게 보는 방식들은 대부분, 아니 어쩌면 전부가 신약성경의 기록, 특히 바울이 표현하는 견해와 긴밀한 연관이 있다. 하지만 그렇기 때문에, 이런 연관의 본질과 의미를 탐구하려면 루돌프 불트만의 해석학과 신학을 살펴봐야 한다. 따라서 방금 일곱 번째 요점과 마지막 요점을 논한 내용은 이제 불트만의 사상을 살펴보는 과업으로 귀결된다. 더욱이, 12장에서 하이데거 후기 사상의 본질과 그 사상이 새로운 해석학에 미친 영향을 살펴보면, 하이데거의 저작이 신약성경과 더 깊은 관련성이 있다는 게 드러날 것이다.

옮긴이 주

[1] 하이데거가 *Sein und Zeit*, p. 129에서 한 말은 이렇다. "Das Man ist ein Existenzial und gehört als ursprüngliches Phänomen zur positiven Verfassung des Daseins"(세인은 실존 범주이며, 근원 현상으로서 현존재의 적극적 상태에 속한다). 여기서 '세인'으로 번역한 das Man(they)은 일상적 현존재를 일컫는 표현이다.

[2] 티슬턴이 참고한 영역본은 하이데거의 원문과 달라 원문대로 번역했다. 하이데거가 *Sein und Zeit*, p. 188에서 한 말은 이렇다. "Die Angst brint das Dasein vor sein *Freisein für*...(propensio in...) die Eigentlichkeit seines Seins als Möglichkeit, die es immer schon ist."

[3] 티슬턴이 인용한 영역본은 하이데거의 원문과 다르다. 하이데거가 *Sein und Zeit*, p. 191에서 한 말은 이렇다. "...sondern in ihnen webt die ursprünglicher Zusammenhang, der die gesuchte Ganzheit des Strukturganzen ausmacht"[도리어 그것들—실존성, 사실성, 몰락한 존재—안에서 어떤 근원적 연관성이 움직이고 있으며, 이 연관성이 (현존재가) 추구하는 구조 전체의 전체성을 만들어 낸다].

[4] 하이데거는 *Sein und Zeit*, p. 203에서 이렇게 말한다. "Zunächst ist ausdrücklich zu bemerken, das Kant den Terminus »Dasein« zur Bezeichnung der Seinsart gebraucht, die in der vorliegenden Untersuchung »Vorhandenheit« genannt wird. »Bewußtsein meines Daseins« besagt für Kant: Bewußtsein meines Vorhandenseins im Sinne von Descartes. Der Terminus »Dasein« meint sowohl das Vorhandensein

des Bewußtseins wie das Vorhandensein der Dinge"(우선 분명히 새겨 두어야 할 것은 칸트가 '현존재'라는 말을 우리가 앞 연구에서 '눈앞에 있음'이라 불렀던 존재 양식을 나타내는 데 사용한다는 것이다. 칸트는 '내 현존재를 의식함'이 데카르트가 말하는 의미의 '내 눈앞에 있는 존재를 의식함'을 뜻한다고 본다. '현존재'라는 말은 의식의 눈앞에 있음은 물론이요 사물의 눈앞에 있음도 의미한다).

[5] 하이데거가 *Sein und Zeit*, p. 205에서 한 말은 이렇다. "Das recht verstandene Dasein widersetzt sich solchen Beweisen, weil es in seinem Sein je schon *ist*, was nachkommende Beweise ihm erst anzudemonstrieren für notwendig halten"(바로 이해된 현존재는 그런 증거들을 거스르는데, 이는 뒤따르는 증거들을 설명하는 데 필요하다고 여기는 것이 이미 그 현존재의 존재 안에 있기 때문이다).

[6] 원문은 영역본과 조금 다르다. 하이데거가 *Sein und Zeit*, p. 264에서 한 말은 이렇다. "Das Vorlaufen erschließt der Existenz als äußerste Möglichkeit die Selbstaufgabe und zerbricht so jede Versteifung auf die je erreichte Existenz"(앞지름은 실존에게 그 마지막 가능성으로서 자기 포기를 밝히 나타내며, 이를 통해 그때그때 다다른 실존에 집착하는 모든 고집을 부숴 버린다).

[7] 하이데거가 *Sein und Zeit*, p. 266에서 한 말을 생략 없이 제시하면 이렇다. "Das Vorlaufen enthüllt dem Dasein die Verlorenheit in das Man-selbst und bringt es vor die Möglichkeit, auf die besorgende Fürsorge primär ungestützt, es selbst zu sein, selbst aber in der leidenschaftlichen, von den Illusionen des Man gelösten, faktischen, ihrer selbst gewissen und sich ängstenden Freiheit zum Tode"(앞지름은 현존재에게 사람들 자신 속에 묻혀 현존재 자신을 잃어버림을 드러낸다. 그리고 이 앞지름은 이 현존재가 무엇보다 배려 섞인 심려에 기대지 않으면서도, 정열이 넘치는, 사람들의 미망에서 벗어난, 사실인, 자신을 깨닫고 불안해 하는 '죽음을 향한 자유' 안에서 스스로 존재할 수 있는 가능성과 대면하게 한다).

[8] 티슬턴이 『존재와 시간』에서 해당 내용을 생략해서 인용했기 때문에 '존재가능'을 두고 불안해하는 주체가 양심으로 읽힐 수 있다. 하지만 생략한 내용을 보면 불안해하는 주체는 부르는 자, 곧 현존재다.

[9] 『존재와 시간』 영역본에서 쓴 futural은, 하이데거가 쓴 Zukunft를 옮긴 말이다. Zukunft는 아직 오지 않은 채 현재의 건너편에서 우리를 기다리는 미래가 아니라 우리에게 다가오는 미래를 뜻한다.

[10] 하이데거가 *Sein und Zeit*, p. 337에서 본디 한 말은 이렇다. "Aber es(=das Verstehen) zeitigte sich nicht, wäre es nicht zeitlich, das heißt, gleichursprünglich durch Gewesenheit und Gegenwart bestimmt"(그러나 이해가 시간성을 갖지 않는다면, 곧 애초부터 기재성과 현재가 똑같이 이해를 규정하지 않는다면, 이해는 시간이 흘러가도 무르익지 않는다).

[11] 티슬턴이 인용한 영역본에서는 "both the 'ends' *of* their 'between' *are*"로 썼는데, 이는 잘못된 문장이다. 원문은 "Beide »Enden« *und* ihr »Zwischen« *sind*"다.

[12] 티슬턴이 영역본을 부실하게 인용했기에, 하이데거가 *Sein und Zeit*, p. 376에서 말한 내용을 원문 그대로 번역했다.

[13] 하이데거가 *Sein und Zeit*, p. 383에서 한 말은 이렇다. "Die Entschlossenheit, in der das Dasein auf sich selbst zurückkommt, erschließt die jeweiligen faktischen Möglichkeiten eigentlichen Existierens aus dem *Erbe*, das sie als geworfene *übernimmt*"(현존재가 자신으로 되돌아가는 결의성은 본래의 실존이 그때그때 사실로서 가지는 가능성들을 결의성이 던져진 것으로서 **넘겨받은 유산**에 비춰 드러낸다).

[14] 티슬턴이 하이데거를 인용한 "과거의 세계-역사가…눈앞에 있는 것"(das übrig gebliebene »Wirkliche« des gewesenen Welt-Geschichtlichen, die Überbleibsel *und die vorhandene Kunde darüber*) 부분의 영역본 번역이 잘못되어 있어서 원문에 비추어 번역했다.

[15] 하이데거가 *Sein und Zeit*, p. 436에서 한 말을 생략 없이 제시하면 이렇다. "Die Aufgabe der bisherigen Betrachtungen war, das *ursprüngliche Ganze* des faktischen Daseins hinsichtlich der Möglichkeiten des eigentlichen und uneigentlichen Existierens existenzial-ontologisch *aus seinem Grunde* zu interprieren"(지금까지 탐구해 온 것들이 이루려 한 과제는 사실성을 지닌 현존재라는 **근원적 전체**를 그 본래의 실존과 비본래적 실존이 가진 가능성들과 관련지어 그 **근거**에 **비춰** 실존의-존재론의 방식으로 해석하는 것이었다).

[16] 독자의 이해를 돕기 위해 생략 없이 *Sein und Zein*, p. 62 내용을 옮기면 이렇다. "무엇보다 인식이 주체와 세계의 '사귐'(commercium)을 **만들어 내지** 않으며, 이런 사귐이 세계가 주체에게 미치는 영향에서 **생겨나지도** 않는다. 인식은 세계-내-존재에 **기초한** 현존재의 양식이다. 따라서 근본 구조인 세계-내-존재를 **먼저** 해석해야 한다."

8장
하이데거의 철학 이전에
불트만이 가졌던 해석학적 관심사

27. 불트만과 자유주의 신학 및 신칸트 철학의 관계: 근대인 그리고 객관화하는 사유

우리의 목적은 불트만의 사상을 모두 망라하여 설명하려는 게 아니다. 하지만 불트만의 작업, 특히 그가 비신화화와 관련하여 내놓은 제안들의 몇몇 측면을 다룬 논의들은 문제가 된 쟁점들을 불트만의 사상 전체라는 더 넓은 맥락에 비춰 바라보지 못하는 바람에 정작 중요한 점을 놓치거나 왜곡하고 말았다는 비판을 불러일으켰다. 그리하여 예컨대 발터 슈미탈스(Walter Schmithals)는 신화를 다룬 불트만의 1941년 논문에 사람들이 보인 날카로운 반응에 놀라움을 표하면서, 불트만의 비신화화 프로그램은 "불트만이 그때까지 20년 동안 가르치고 출간했던 것을 체계 있게 집약해 놓은 것에 불과하다. 그의 모든 작업은, 심지어 '비신화화'라는 용어가 등장하지 않을 때조차도 '비신화화'였다"고 말한다.[1] 슈버트 옥든도 똑같은 점을 강조하면서, "1926년에 처음 나온 불트만의 저서 『예수』(*Jesus*, 이화서림)와 1958년에 나온 『예수 그리스도와 신화』(*Jesus Christ and Mythology, Jesus Christus und die Mythologie*)는 완전히 일치한다"고 말한다.[2]

---

[1] W. Schmithals, *An Introduction to the Theology of Rudolf Bultmann* (Eng. S.C.M., London, 1968), p. 250. 『불트만의 실재론적 신학』(대한기독교출판사).

우리는 이런 판단을 받아들이면서도, 훨씬 더 깊이 들어가야 한다. 불트만의 주된 관심사는 실제로 그 관심사의 근원이 된 것들에 비춰 보면 더 쉽게 이해하고 인식할 수 있다. 이것은 불트만의 사상이 다른 이들의 사상을 온통 혼합해 놓은 것이라는 말은 아니다. 하지만 불트만 자신이 주로 다른 이들이 제기했던 질문과 문제를 다루었으며 다른 이들이 정립해 놓은 개념 도식들을 받아들이고 활용한다는 주장이다. 불트만의 사상은 신학과 철학에서 두드러지게 나타난 일고여덟 가지 운동과 밀접한 관련을 갖고 있으며, 사람들이 보통 인식하는 것보다 더욱 그러하다.

불트만 사상에서는 많은 독특한 영향이 느껴진다. 이런 주장을 뒷받침하려고 사변에 의지한 어떤 이론에 기댈 필요는 없다. 다른 고려 사항들은 관두고라도, 불트만은 "자전적 성찰"(Autobiographical Reflections, Autobiographische Bemerkungen Rudolf Bultmanns)에서 자신이 세 가지 주된 사상 흐름에 빚을 졌다고 분명하게 밝히는데, 이 세 흐름에는 우리가 이미 언급했던 훨씬 더 자세한 요소들이 들어 있다.[3] 불트만은 우선 자신의 신학 스승들에게 빚을 졌음을 표하는데, 스승 중에는 헤르만 궁켈, 아돌프 하르낙(Adolf Harnack), 아돌프 윌리허, 요하네스 바이스(Johannes Weiss), 빌헬름 헤르만(Wilhelm Herrmann)이 있다. 불트만은 1903년부터 1912년까지 학생 시절을 보냈다(이 시기에 튀빙겐, 베를린, 마르부르크 대학교에서 공부했다. 박사 학위는 1910년에 마르부르크 대학교에서 받았으며, 2년 뒤에 역시 같은 학교에 교수 자격 논문을 제출하여 교수 자격을 얻었다-옮긴이). 둘째, 그는 철학자들, 그중에서도 특히 마르틴 하이데거와 나눈 대화를 이야기한다. 이 두 사람은 1923년부터 1928년까지 마르부르크 대학교에서 동료로 함께 있었다. 셋째, 그는 변증법 신학, 특히 1920년경부터 1927년에 이르는 기간에 바르트, 고가르텐, 투르나이젠(Thurneysen)을 통해 변증법

---

2 S. M. Ogden, "Introduction" to R. Bultmann, *E.F.*, p. 11.
3 R. Bultmann, "Autobiographical Reflections" in *E.F.*, pp. 335-341 (C. W. Kegley, ed., *T.R.B.*, pp. xix-xxv로 재출간되었으며, 한 문단이 추가되었다).

신학에서 영향을 받았다고 서술한다.[4]

불트만의 사상에 큰 영향을 준 것 중 하나가 신학적 자유주의였다. 불트만이 학생이었던 20세기 첫 10년 동안에 가장 큰 영향을 준 신학 스승은 아돌프 폰 하르낙(1851-1930)이었다. 하르낙은 1900년에 어느 정도 대중 강연의 성격을 지닌 강연을 했으며, 이 강연은 나중에 책으로 나와 엄청난 수의 독자를 모았다. 그 책이 바로 독일어 제목으로 『기독교의 본질』(The Essence of Christianity, Das Wesen des Christentums)이었으며, 나중에 『기독교란 무엇인가?』(What is Christianity?)라는 제목을 달고 영어로 번역, 출간되었다. 불트만은 세 가지 점에서 하르낙과 자유주의 운동으로부터 영향을 받았다. 첫째, 하르낙은 예수가 하르낙 자신의 시대 사람들에게 관련이 있는 인물임을 보여 주는 데 관심을 보이면서도, 그 사람들이 현대 세계의 사람들로서 갖고 있는 독특한 견해를 설명하는 데도 관심을 보였다. 둘째, 하르낙은 예수의 메시지와 교의학의 등장을 예리하게 구분했다. 그는 교의학이 주로 그리스 사상의 영향을 받아 발전했다고 생각했다. 이처럼 교의를 좋지 않게 보는 태도는 알브레히트 리츨로 거슬러 올라가며, 이후 불트만에게서도 나타난다. 셋째, 하르낙은 그의 제자들에게 학자의 성실함을 보여 준 본보기였다.

불트만은 이 세 특징 중 마지막 두 가지를 1924년에 쓴 논문 "자유주의 신학과 최근의 신학 동향"(Liberal Theology and the Latest Theological Movement, Liberale Theologie und die jüngste theologische Bewegung)에서 거론한다. 그는, 자유주의를 상대로 어떤 비판이라도 퍼부을 수 있지만, 자유주의가 "자유와 정직…진지한 기본 진리 탐구"에 보인 관심에는 어떤 것도 의문을 제기하지 못한다고 주장한다.[5] 불트만은 이 점과 관련하여 이렇게 말한다. "우리는 '교회에 매이지 않은 신학'(unchurchly theology)을 다룬 논문을 써서 우리

---

[4] Ibid., pp. 336, 339, and 340.
[5] R. Bultmann, F.U. I (Eng. S.C.M., London, 1969), pp. 29-30; 참고. pp. 28-52; 그리고 G.u.V. I, pp. 1-25.

가 종종 인용하게 해 준 G. 크뤼거(Krüger)에게 진 빚을 결코 잊지 못한다. 이는 그가 신학의 과업을 영혼들을 위태롭게 하고 사람들을 의심으로 인도하며 순진하고 가벼운 모든 믿음을 산산이 부숴버리는 것으로 보았기 때문이다. 우리는 여기야말로 우리가 진리의 대기를 호흡할 수 있는 곳이라고 느꼈다."[6] 분명 이런 태도는, 그 족쇄가 실물이든 상상이든 교회 교리라는 족쇄에서 벗어나려는 욕구와 관련이 있다. 당시 사람들은 비평을 통한 연구가 사람들을 교의라는 짐에서 자유롭게 해 줄 것이라고 주장했다.

불트만은 이런 자유주의 시각을 베를린 시절 그의 스승인 하르낙뿐 아니라, 마르부르크 시절 그의 스승인 빌헬름 헤르만(1846-1922)에게서도 가져왔다. 헤르만은 기독교 신앙이 정통 교리에 그저 동의하는 것일 수 없음을 강조했을 뿐 아니라, 과학과 기술이 현대 세계에서 기독교 신앙을 더 어려운 처지에 빠뜨렸다고 주장했다. 이는 자유주의의 주요 특징이자 불트만 해석학에서 더 깊이 다루는 주제다. 로버트 볼켈(Robert Voelkel)은 헤르만의 저서 『그리스도인과 하나님의 사귐』(*The Communion of the Christian with God, Der Verkehr des Christen mit Gott*)에 쓴 자신의 서론에서 마르크스, 다윈, 니체가 헤르만 시대 지성인들의 세계에 미친 영향과 더불어, 이 지성인들의 세계가 과학의 방법과 견해에 사로잡혀 있었다고 논한다. 그는 이렇게 단언한다. "빌헬름 헤르만의 이력은 철두철미하게 이런 과학 세계를 인정하고 받아들이는 것이었다.…그 세계는 그의 인격과 가르치는 스타일에도 영향을 주었다."[7]

하지만 헤르만과 불트만은 이보다 훨씬 많은 유사점을 갖고 있다. 우리는 단순한 '개념'이 사람을 그리스도인으로 만들지 못한다고 믿었던 헤르만의 신학 신념을 언급했다. 믿음은 단순히 지식 차원의 동의보다 신뢰와 관련이 있다. 아울러 헤르만은 자신이 믿음을 '완성된' 것이 아니라 늘 거듭거듭 새로워

---

[6] *Ibid.*, p. 30.
[7] W. Herrmann, *The Communion of the Christian with God Described on the Basis of Luther's Statements* (Eng. S.C.M., London, 1972), p. xix.

지는 것으로 본다는 것도 강조한다. 불트만처럼 헤르만도 믿음의 자리를 단순히 혹은 심지어 주로 과거의 어떤 객관적 사건으로 보기보다, 오히려 현재 신자 자신의 삶 속에서 일어나는 "사건"(Ereignis)으로 본다. 그는 이렇게 썼다. "따라서 모든 기독교 신앙은 사실 그리스도인 자신의 삶에서 일어난 사건을 확신하는 것이다. 교리의 진리 여부에 관한 보고나 탐구를 믿을 수 있는가에 관한 논의는 믿음에 진짜 믿어야 할 대상을 제공하지 못한다. 적어도 믿음 자체를 단지 사람의 행위가 아니라 하나님의 도우심을 경험하는 것으로 여기는 경우에는 그러하다."[8] 미하엘 바인트커(Michael Beintker)는 근래 내놓은 자신의 헤르만 연구서에서 불트만의 스승인 헤르만이 불트만 자신의 사상 속에 자리한 수많은 주제가 등장할 길, 특히 불트만의 역사 이해가 등장할 길은 물론 심지어 불트만이 하이데거의 현존재 분석을 활용할 수 있는 길마저 앞서 닦아 놓았음을 특히 분명하게 보여 주었다. 바인트커는 불트만이 1964년에 했던 말, 곧 "나는 빌헬름 헤르만 덕분에 역사와 역사성(Geschichtlichkeit)이라는 문제에 중요한 의미를 부여하게 되었다. 이를 통해 나는 미리 준비를 하고 실존철학과 관계를 맺게 되었다."[9] 1958년, 「엑스포지터리 타임스」(Expository Times, 1889년에 스코틀랜드에서 창간된 신학 전문 잡지-옮긴이)에서는 불트만에게 "책 속의 이정표"(Milestones in Books)라는 제목을 붙인 시리즈에 기고해 달라고 요청했다. 불트만은 자신에게 가장 큰 의미가 있는 책 여섯을 들었는데, 그 중에는 바르트의 『로마서』(Romans), 하이데거의 『존재와 시간』, 헤르만의 『윤리학』(Ethik)이 있었다. 그는 헤르만의 책을 두고 이렇게 썼다. "이 책은 이른바 역사주의(Historismus)에 담긴 것보다 더 참된 역사 이해를 내게 열어 주었다."[10]

불트만의 사상과 그의 스승 헤르만의 사상은 다른 많은 점에서도 유사성이 있다. 예를 들면, 두 사람 모두 믿음 체험은 자유, 특히 율법주의와 권위를

---

[8] Ibid., pp. 225-226.
[9] M. Beintker, Die Gottesfrage in der Theologie Wilhelm Herrmanns (Evangelische Verlagsanstalt, Berlin, 1976), p. 182 n. 51, 1964년 3월 11일자 서신에서 인용.
[10] R. Bultmann, "Milestones in Books", Exp.T. LXX (1959), p. 125.

내세우는 어떤 교리 체계에도 매이지 않는 자유를 뜻한다고 강조한다. 내 박사 과정 지도 학생 중 하나인 클라이브 개러트(Clive Garrett)는 현재 이런 유사점과 영향을 더 상세히 밝혀내는 데 열중하고 있다. 아울러 그는 불트만이 특별히 헤르만에게 빚진 것과 신칸트학파 철학자인 코헨과 나토르프에게 신세 진 것을 제대로 구분하지 못했다며 로저 존슨(Roger Johnson)의 저작 중 일부를 비판한다.[11] 존슨은 이 세 인물을 모두 하나로 묶곤 하는 반면, 개러트는 헤르만의 초기 저작과 후기 저작 사이에 이루어진 중요한 사상의 발전을 추적한다. 그렇지만 넓은 관점에서 보면, 존슨도 신칸트학파의 사상이 불트만에게 일정 부분 영향을 미쳤다고 주장한다는 점에서 아주 옳다. 우리는 이제 중대한 영향을 미친 이 두 번째 요인을 살펴봐야 한다.

헤르만 코헨(Hermann Cohen, 1842-1918)과 파울 나토르프(Paul Natorp, 1854-1924)는 칸트의 철학을 그들의 출발점으로 삼았지만, 칸트 자신이 주창한 원리와 기본이 일치하면서도 칸트를 넘어서는 쪽으로 나아가려 했다. 우리는 이미 하이데거가 이런 시도를 했음을 다루었다. 하이데거와 마르부르크의 신칸트학파 사상가들은 칸트가 자신의 철학이 암시하는 점들을 철저히 따라가지 못했다는 데 의견을 같이한다. 칸트는 확실히, 자신 앞에 놓인 현상들의 형태를 묘사하고 이를 개념으로 표현하는 마음의 활동을 강조했다. 코헨과 나토르프는, 우리가 객체(Objekt)를 두고 이야기할 때 객체가 사유보다 앞서거나 객체를 사유와 무관하게 묘사하거나 이해할 수 있는 것처럼 이야기할 수 없다는 점에서 칸트와 의견을 같이했다. 우리는 그것이 이미 사유의 대상일 경우에만 대상(der Gegenstand)을 안다. 하지만 코헨은 감각(Empfindung)이 사유에 미리 '주어졌다'고 가정해야 한다는 칸트의 가설에 이의를 제기했다. "감각은 결국 그저 물음표일 수밖에 없다."[12] 코헨은 칸트의 입장이 심

---

11 R. A. Johnson, *The Origins of Demythologizing: Philosophy and Historiography in the Theology of Rudolf Bultmann* (Brill, Leiden, 1974). 특히 pp. 32 and 39를 참고하라.
12 H. Cohen, *Logik der reinen Erkenntniss* (B. Cassirer, Berlin, 1902), p. 389.

리학에서 말하는 의식(Bewusstheit)과 순수한 논리적 의미에서 지식의 기반을 이루는 의식(Bewusstsein)을 혼동했다고 주장했다. 따라서 코헨은 이렇게 썼다. "누구든 감각을 사유에 필요한 독립 자료로 여긴다면, 이는 심리학에서 말하는 의식(Bewusstheit)과 순수한 논리적 의미에서 지식의 기반인 의식(Bewusstsein)을 혼동하는 것이다."[13]

칸트의 접근법을 이런 식으로 확대하는 코헨의 목적에는 인식론을 현재 과학 및 수학이 이룩한 발전, 특히 수리 물리학이 이룩한 발전과 연계하려는 것도 있었다. 이와 관련하여 아주 중요한 의미를 가지는 세 과학 사상가가 헤르만 폰 헬름홀츠(Hermann von Helmholtz), 하인리히 헤르츠(Heinrich Hertz), 루트비히 볼츠만(Ludwig Boltzmann)이었다. 살아 있는 동안 사람들이 독일에서 가장 위대한 과학자로 여겼을 법한 헬름홀츠는 감각 성질의 주관성을 주장하면서, 이 성질을 알려지지 않은 대상들이 우리 감각 기관과 상호 작용한다는 것을 보여 주는 표지로 여겼다.[14] 실제로 그는 공간 자체도 인간의 신체 구조에 의존하며 따라서 "특별한 종류의 신경 기관에 적합하고 그렇게 구성된 사물에 필요한 또 다른 공간과 기하학이 있을 수 있다"고까지 주장한다.[15] 헬름홀츠는 이 이론이 칸트 철학을 충실히 따르지만, 분명 어떤 면에서는 칸트 철학을 넘어서며 그 시대 물리학과 수학의 연구 결과와 궤를 같이한다고 생각했다. 헤르츠와 볼츠만이 19세기에서 20세기로 넘어갈 즈음에 독일 사상계와 오스트리아 사상계에 미친 영향은 앨런 야니크가 그와 스티븐 툴민이 함께 쓴 『비트겐슈타인의 빈』(Wittgenstein's Vienna)에서 분명하게 제시한다.[16] 헬름홀츠의 제자였던 하인리히 헤르츠는 칸트의 지식 이론과 이론 물리학을

13　*Ibid.*, p. 392. 이 구분에 관한 논의는 R. A. Johnson, *The Origins of Demythologizing*, pp. 44-50를 참고하라.
14　참고. L. W. Beck, "Neo-Kantianism" in P. Edwards (ed.), *The Encyclopedia of Philosophy* (8 vols.; Macmillian and Free Press, New York, 1967) V, pp. 468-473, 특히 p. 469.
15　*Ibid.*, p. 469.
16　A. Janik and S. Toulmin, *Wittgenstein's Vienna* (Wiedenfeld and Nicolson, London, 1973), 특히 pp. 132-148.

연관 지었다. 헤르츠가 취한 접근법의 중심 개념은 '모형'이나 '표상'(Bilder와 Darstellungen)이 하는 역할이다. 하지만 이것들은 경험론이나 물리학에서 말하는 '개념'이 아니다. 그런 개념을 나타내는 말로 Vorstellungen이라는 말을 더 자주 사용했기 때문이다. "Darstellungen은 앎을 목적으로 일부러 **구성한 도식이다.**"[17] 야니크가 주장하길, 루트비히 볼츠만은 더 나아가 통계 방법 연구를 통해 감각과 연결되는 어떤 주관적 관련성도 배제함으로써, 초기 비트겐슈타인이 '논리 공간에서 있을 수 있는 상황'을 나타내는 개념으로 제시한 그림(Bild) 개념과 진리표(truth-tables)가 행하는 역할에 거의 가까이 다가갔다.[18]

코헨과 나토르프의 연구 작업에서는 '대상' 개념이 사유가 가장 먼저 지시하는 것이 아니라 "사유의 목표 혹은 목적이라 일컫는 것"으로 다시 등장한다. "사유의 산물인 대상은 새로운 위치에서 칸트가 말했던 '사물'을 대신한다."[19] 나토르프는 이렇게 썼다. "대상은 '주어진' 것이 아니다. 의식이 대상을 형성한다.…모든 객관화(대상화)는 의식이 하는 창조 행위다."[20] 따라서 사유는 '객관화'(objektivieren)다. 이것은 이런 사유가 단순히 개인주의 차원에서 말하는 것처럼 주관적이라는 말이 아니다. 코헨은 사유가 존재(Sein)를 파악한다고 생각한다. 사유가 대상을 보편 법칙에 근거하여 구성하기 때문이다. 실제로, "어떤 진술이라도 오로지 그것이 보편 법칙들의 조직체 속에서 가지는 체계적 위치를 통해 그 지위가 참되다고 인정받으며, 이 보편 법칙들은 다시 서로를 방법론상 근거로 요구한다."[21] 그 결과, 존슨이 표현하듯이, "감각을 통해 얻은 자료 대신 법칙 원리가 어떤 인식 판단의 객관적 타당성을 증명하는 증거가 되었다.…안다는 것은 법칙 원리를 따라 객관화한다는 것이다."[22]

---

17 Ibid., p. 140.
18 Ibid., p. 144.
19 R. A. Johnson, *The Origins of Demythologizing*, p. 47.
20 P. Natorp, *Religion innerhalb der Grenzen der Humanität* (Mohr, Leipzig, 1894), p. 39에서 인용한 내용을 R. A. Johnson, *ibid*에서 다시 인용함.
21 L. W. Beck, in *The Encyclopedia of Philosophy* V, p. 471.
22 R. A. Johnson, *The Origins of Demythologizing*, pp. 49 and 50. 티슬턴 강조.

우리는 이제 이런 접근법과 불트만 신학이 어떻게 관련을 맺고 있는지 볼 수 있는 위치에 있다. 불트만을 다룬 주석가들은 불트만이 신칸트주의 사상에 빚지고 있음을 이상하리만치 간단히 언급만 하고 넘어가며 거기서 더 나아간 사람은 아주 드문데, 그 드문 이들 가운데 두드러진 이가 로저 존슨임은 인정해야 한다. 불트만이 말하는 객관화 문제에 관한 주요 논의 가운데 이 주제의 이런 측면을 진지하게 언급한 논의가 하나도 없다는 것은 당황스러운 일이며, 실제로 우리 자신이 내린 결론에 비춰 봐도 걱정스러운 일이다. 로젠탈, 야른센, 말레 모두 헤르만과 불트만의 관련성은 지나가는 말로 언급하면서도, 객관성과 객관화 문제에 다가가는 불트만의 접근법을 논할 때 신칸트주의 사상 자체와는 관련지어 논하지 않는다.[23] 모리스 부탱(Maurice Boutin)은 불트만과 철학의 관계를 논하면서, 불트만이 딜타이와 하이데거에 얼마만큼 의존했는가만 고찰한다.[24] 불트만의 이원론을 철저히 비판하는 하인리히 오트조차도, 헤르만이 불트만에게 미친 영향을 언급하면서도 신칸트주의가 미친 영향을 고려하지 못한다.[25] 하지만 우리는 존슨이 제시한 주장대로 불트만이 신칸트주의의 영향을 받았다고 확신하며, 존슨 자신이 인용하는 본문 외에 불트만의 다른 저작들이 그 사실을 확증함을 발견한다.

존슨이 주장하는 핵심 요지는 신칸트주의 철학이 불트만이 이 철학과 함께 물려받은 루터파 사상과 별개로 불트만의 사상에 영향을 주지는 않았다는 것이다. 존슨은 우리가 불트만의 신학에서 "마르부르크 학파의 신칸트주의와 루터파의 인간론뿐 아니라, 이 둘의 특별한 융합을" 발견한다고 주장한다.

---

23 K. Rosenthal, *Die Überwindung des Subjekt-Objekt-Denkens als philosophisches und theologisches Problem*, pp. 102-112; P. H. Jørgensen, *Die Bedeutung des Subjekt-Objektverhältnisses für die Theologie*, pp. 83-112; 그리고 A. Malet, *The Thought of Rudolf Bultmann*, pp. 5-21 et passim.

24 M. Boutin, *Relationalität als Verstehensprinzip bei Rudolf Bultmann* (Beiträge zur evangelischen Theologie 67; Kaiser, Munich, 1974); 참고. pp. 181-190 and 511-567.

25 H. Ott, *Geschichte und Heilsgeschichte in der Theologie Rudolf Bultmanns* (Beiträge zur historischen Theologie 19; Mohr, Tübingen, 1955), pp. 1-57. 『세계 기독교 대사상 14』(교육출판공사).

"우리는 불트만 신학에서 하나와 다른 하나를 따로따로 만나지 않고, 지금도 그렇듯이 언제나 하나 안에서 그리고 하나를 통해 다른 하나를 만난다.…불트만의 루터파 사상은 그가 따르는 신칸트주의 철학의 전제와 아주 단단히 결합해 있다."[26] 이런 일이 일어난 경위는 불트만이 19세기 루터파 사상에 빚지고 있음을 고찰해 보면 아주 분명하게 드러날 것이다. 하지만 이 단계에서는, 법칙 원리에 따른 객관화는 인식론상의 원리이면서도 이를테면 인간의 지식을 인간의 처분에 맡기는 식으로 인간 지식의 한계를 확장하려는 시도로 본다는 점은 강조할 수 있겠다. 이런 의미의 '지식'은 인간의 영역과 함께 '행위'의 영역과 법칙의 영역을 규정해 준다. 이와 달리, 하나님은 객관적 대상이 된 지식 영역 속이 아닌, 나누는 말과 일어난 사건 속의 '당신'으로 만나게 된다.

불트만은 1925년에 쓴 논문 "하나님에 관하여 이야기한다는 것은 무슨 뜻인가?"(What Does it Mean to Speak of God?, Welchen Sinn hat es, von Gott zu reden?)에서 하나님의 존재를 인정함을 "인식(Erkenntnissen) 체계 안에 자리한 일반 진리, 스스로 자신을 증명하는 체계 안에 있는 보편 진리(allgemeinen Wahrheiten)"로 만들려는 어떤 시도도 거부한다. "…그렇게 보면 하나님이 주어진 분이 되고(Da wäre Gott eine Gegebenheit), **주어진 대상**에 관한 지식은 우리 의지대로 접근할 수 있고 얻을 수 있는 것이 되겠기 때문이다."[27] 한편으로, "하나님이 하는 일은 어떤 보편 과정으로, 우리가 (자연 법칙의 작용을 관찰할 때처럼) 우리 자신의 실존과 분리하여 관찰할 수 있는 행위로 볼 수 없다." 다른 한편으로, "사랑, 감사, 존경을 통해 자신을 다른 이들과 하나로 묶어 주는 삶의 관계를 율법(법칙)의 기능으로 여기는 이는 아무도 없다. 적어도 그가 정말 사랑, 감사, 존경 가운데서 살아가고 있다면 그렇게 여기지 않는다."[28] 불트만이 약 16년 뒤에 신화를 주제로 쓴 유명한 논문에서도 이와 같은 대조

---

26 R. A. Johnson, *The Origins of Demythologizing*, p. 34. 티슬턴 강조.
27 R. Bultmann, *F.U.* I, p. 60 (German, p. 32).
28 *Ibid.*, p. 59.

가 나타난다. 그는 그리스도의 십자가를 믿음이란 "어떤 객관성이 있어 보이는 사건(ein objektiv anschaubares Ereignis)과…관련을 맺는다는 뜻이 아니라… 그리스도의 십자가를 우리 것으로 삼고 그와 함께 십자가에 못 박힘을 겪는다는 뜻이다"라고 썼다.[29]

그렇다면 신칸트주의의 인식론과 루터파 신학이 결합하여 불트만에게 넌지시 전달된 이원론은 어떤 의미에서는 사실과 가치를 구분했던 칸트 자신의 이원론보다 훨씬 더 철저한 셈이다. 칸트는 하나님 앎, 자유, 불멸을 실천 이성의 영역 속에 놓아두었다. 이런 실재들은 순수 이성으로 파악할 수 없지만, 그래도 인간의 도덕 경험과 관련이 있다. 헤르만이 자기 사상 중 많은 부분을 가져온 근원인 신학자 알브레히트 리츨(1822-1889)은 여전히 이런 칸트 전통에 서 있으면서, 기독교의 본질을 가치 영역이 아니라 윤리 영역에 놓아두고, 윤리 영역과 사실 영역을 대립하는 것으로 보았다. 하지만 빌헬름 헤르만은 신칸트주의에서 칸트 철학을 수정한 내용을 바탕 삼아 종교 영역을 순수 이성 혹은 과학 영역으로부터, 또한 도덕 경험의 영역으로부터 구분하여 경계를 그었다.[30] 헤르만은 도덕성이 늘 독립을 의미하지만, 종교에서는 인간이 자신을 그가 복종하는 어떤 존재의 힘 안에 있는 이로 느낀다고 강조했다.[31] 이것은 기독교 신앙 안에 선이 있을 자리가 없다는 말이 아니다. 헤르만은 이렇게 썼다. "그리스도인은 선한 것을 갈구할 때 비로소 하나님과 사귐을 나눌 수 있다.…그러나…단순히 선을 바라는 것 자체를 하나님과 나누는 사귐으로 여길 수는 없다."[32]

헤르만과 불트만의 경우에는 이것이, 율법에 따른 도덕성과 지식은 결국

---

29 R. Bultmann, "New Testament and Mythology" in H.-W. Bartsch (ed.), *K.M.* I, p. 36; German *K.u.M.* I, p. 46.
30 W. Herrmann, *Die Religion im Verhältnis zum Welterkennen und zur Sittlichkeit* (Niemeyer, Halle, 1879).
31 W. Herrmann, *Systematic Theology* (Eng. Allen and Unwin, London, 1927), p. 31.
32 W. Herrmann, *The Communion of the Christian with God*, p. 298.

루터가 말하는 '행위'일 수밖에 없다고 보는 주제의 본질을 이룬다. 실제로 불트만은 이 점과 관련하여 이런 지적을 한다. "바르트와 고가르텐은 사실 자유주의 신학이 담고 있는 결론들을 말할 뿐이다. 이는 기독교 윤리라는 특수한 윤리는 존재하지 않는다는 것을 빌헬름 헤르만만큼 힘주어 강조한 이가 아무도 없기 때문 아닐까?"[33] 불트만은 헤르만이 종종 반복하는 주제, 곧 "자연 법칙은 하나님을 드러내는 만큼 하나님을 감춘다"라는 주제를 "바르트와 고가르텐이 계속하여 반복하는 진술과 같은 말"로 폭넓게 해석해야 한다고 주장한다. "직접 하나님을 아는 지식은 없다(keine direkte Gotteserkenntnis). 하나님은 주어진 실체가 아니다(keine Gegebenheit)."[34]

불트만은 헤르만이 자신의 통찰이 암시하는 모든 의미를 철저히 파고들지 못했다고 생각하는데, 그가 그렇게 생각하는 한 가지 특별한 이유를 잠시 뒤에 살펴보겠다. 헤르만은 순수 이성이나 도덕 경험, 절대 진리를 추구하는 신비주의 신앙의 주장을 거부하면서도, "그(곧 그리스도를 믿는 자)는 절대 진리인 예수 안에서 행하는 예수의 초상"이라고 이야기했다.[35] 불트만은 이것이 역사 속 예수에 관한 사실을 아는 지식에 의지하는 믿음을 만들어 내며 이를 통해 헤르만이 말하려 하는 모든 것을 뒤집어 버린다고 본다. 하지만 우리가 이 쟁점을 더 정확히 파악하려면, 불트만이 19세기 루터파 사상에 어떤 빚을 지고 있는지 살펴봐야 한다.

28. 신칸트학파의 인식론과 19세기 루터파 사상을 융합한 불트만: 법칙에 따른 객관화

우리는 불트만이 비단 루터파 사상뿐 아니라 신칸트학파의 인식론과 아주 단

---

33 R. Bultmann, *F.U.* I, p. 45.
34 *Ibid.*, p. 33 (German, p. 6).
35 W. Herrmann, *The Communion of the Christian with God*, p. 77.

단히 얽혀 있는 특별한 융합에 빚을 지고 있음을 주의하라는 존슨의 당부를 이미 보았다. 아울러 존슨은 불트만이 따른 루터파 사상의 본질에 관하여 또 다른 귀중한 주의를 제공한다. 그는 우리가 19세기 루터파 사상과 루터 자신의 사상을 혼동해서는 안 된다고 주장한다. 그는 이렇게 썼다. "불트만 사상의 구조를 16세기 루터의 신학 개념을 참조하여 규명하려는 것은 해석학적 바보짓이다.…그가 아는 루터는 늘 19세기 루터파 사상이라는 특수한 전통을 통해 그에게 전해진 루터다."[36] 특히 "불트만 판 루터의 인간론에서는 위험한 세상 앞에서 자아가 느끼는 20세기의 불안이 심판하시는 하나님 앞에서 양심이 느끼는 16세기의 불안을 대신했다."[37]

존슨이 신칸트 철학이 불트만에게 미친 영향을 논한 극소수 저술가 중 한 사람인 반면, 불트만의 신학을 다룬 대부분의 주석가는 불트만과 루터파 사상의 상관성을 언급했다. 예를 들어, 발터 슈미탈스는 불트만의 아버지, 독일 개신교-루터교회 목사였던 아르투르 불트만(Arthur Bultmann)의 "온건한 루터파 사상"을 우리에게 되새겨 준다. 하지만 그 아버지도 루돌프 불트만이 학생이었을 무렵 자유주의 신학으로 방향을 틀었다.[38] 불트만은 다음과 같이 분명하게 주장한다. "신약성경을 비신화화하려는 우리의 철저한 시도는 사실 율법의 행위와 상관없이 오직 믿음만으로 의롭다 하심을 얻는다는 바울과 루터의 교리와 완전히 일치한다. 아니 오히려, 신약성경을 비신화화하면 이 교리는 인식론의 영역에서 논리상 그런 결론에 이르게 된다. 칭의 교리처럼 비신화도 모든 거짓 안전을 파괴한다.…모든 안전을 포기할 때에 비로소 안전을 발견할 수 있다."[39]

로버트 펑크는 이 점을 받아들이며 이렇게 단언한다. "불트만이 근본 문제로 삼은 것은 믿음의 올바른 근거, 곧 그것이 없으면 믿음이 더 이상 믿음일

---

[36] R. A. Johnson, *The Origins of Demythologizing*, p. 33.
[37] *Ibid.*, p. 34.
[38] W. Schmithals, *An Introduction to the Theology of Rudolf Bultmann*, p. 3.
[39] R. Bultmann, "Bultmann Replies to his Critics" in *K.M.* I, pp. 210-211.

수 없는 것과 관련이 있다."⁴⁰ 요컨대 불트만이 내린 결론은 이렇다. "믿음은 자신이 믿음으로서 가지는 특성을 잃어버리는 고통을 감내하고라도 교의나 역사에서 객관적 기초가 되려 하는 열망을 품어서는 안 된다."⁴¹ 바꿔 말하면, 이것은 불트만이 자유롭게 "기독교의 기원을 가차 없이 파고들며 연구한다"는 뜻이다. 그가 그리하는 건 "믿음을 근거로 삼는 그릇된 개념들만이 문제가 되기 때문이다."⁴² 앞서 이곳이 바로 불트만이 헤르만과 갈라선 중요한 한 지점이었음을 언급했다. 헤르만은 자신이 믿음의 근거를 신비주의나 이론적 이성, 도덕 경험에서 찾으려 하지 않고 나사렛 예수의 인격에서 찾으려 한다고 생각했다. 헤르만은 이것을 단순히 '역사 사실'의 문제로 여기지 않았다. 오히려 그리스도를 믿는 자는 "인간 예수의 내밀한 생명이 그에게 가지는 의미로 말미암아 자유를 얻은 자다.…실제로 우리는 기록에서 출발하지만, 우리 안에 있는 생명이 풍성해져 이로 말미암아 우리가 살아 계신 그분과 닿아 있음을 알 때에야 비로소 그 기록이 우리에게 일러 주는 사실을 파악한다.…그제야 우리는 한 인격체의 모습을 생생히 보게 된다.…예수의 내밀한 생명은 우리 자신이 실재하는 영역의 일부가 된다."⁴³ 하지만 불트만은 이런 기초 위에 믿음을 세우는 것은 '객관적' 사실을 믿음의 기초로 삼으려 하는 것이요, 실제로는 믿음의 대상인 그리스도가 아니라 "육에 따른 그리스도"를 믿음의 기초로 삼으려는 것이라고 주장한다.

바로 이런 이유 때문에 불트만은 역사비평의 불길이 우리가 생각하는 나사렛 예수의 모습을 많이 파괴하는가라는 문제에 관심이 없다. 그는 이 불길을 보며 이렇게 썼다. "나는 보수 성향의 내 동료 신약학자들이 늘 구조 활동에 열중해 있음을 본 탓에, 그들이 이런 불길을 아주 불편해한다는 인상을 종종 받는다. **나는 잠자코 그 불이 타오르게 놔둔다.** 불타 없어지는 것은 다만 예수

---

40 R. Bultmann, *F.U.* I, p. 14.
41 *Ibid.*, p. 15.
42 *Ibid.*
43 W. Herrmann, *The Communion of the Christian with God*, p. 74.

의 생애 신학을 공상으로 그려낸 초상뿐이요 그것은 바로 '육에 따른 그리스도'를 의미한다는 것을 알기 때문이다.…그러나 '육에 따른 그리스도'는 우리 관심사가 아니다. 예수의 마음이 사물을 어떻게 보았는지 나는 알지 못하며 **알고 싶지도 않다.**"⁴⁴

하지만 이 견해도 불트만이 온전히 원조는 아니다. 역사 중심 방법에 따른 기독교 신앙 탐구의 가치를 부정하는 견해와 루터파 사상의 관계는 마르틴 켈러(1835-1912)의 중요한 저작들에서 처음 등장한다. 켈러가 이신칭의의 중심성에 보이는 관심은 『기독교 교리학』(Die Wissenschaft der Christlichen Lehre)이라는 제목으로 1883년에 처음 출간한 그의 조직신학 책에 나타난다. 이 저작은 세 부분으로 이루어져 있으며, 세 부분은 각각 변증학, 교의학, 윤리학을 다룬다. 그러나 사실 변증학은 이신칭의의 전제로서 제시되며, 교의학은 이신칭의의 내용을 이루고, 윤리학은 칭의와 도덕 책임의 관계를 다룬다. 폴 틸리히는 자신의 스승이 쓴 이 책을 이런 말로 요약한다. "켈러는…종교개혁자들이 주창한 원리—'은혜로 말미암아 믿음으로 의롭다 하심을 얻음'—아래에서 자신의 사상을 발전시켰다."⁴⁵ 브라텐은 칼 바르트가 켈러를 칭의를 중심으로 교의학 체계를 조직하려 한 첫 인물로 보았음을 우리에게 되새겨 준다.⁴⁶ 하지만 켈러가 오늘날 아주 널리 알려진 것은 그가 『이른바 역사 속 예수와 역사의, 성경의 그리스도』(Der sogenannte historische Jesus und der geschichtliche, biblische Christus)의 저자이기 때문일 것이다. 그는 이 저서에서 '진짜' 그리스도는 역사 연구만으로 그 이력을 재구성할 수 있는 나사렛 예수가 아니라는 논지를 제시한다. "**진짜 그리스도는 선포된 그리스도다.**"⁴⁷ [1]

켈러는 종교개혁 신학에 따르면 틀림없이 가장 박식한 신학자라도 가장

---

44 R. Bultmann, *F.U.* I, p. 132 (티슬턴 강조; German, p. 101).
45 P. Tillich, "Foreword" in M. Kähler, *The So-Called Historical Jesus and the Historic, Biblical Christ* (Eng. Fortress Press, Philadelphia, 1964), p. xi.
46 C. E. Braaten, "Revelation, History, and Faith in Martin Kähler" in Kähler, *ibid.*, p. 8.
47 M. Kähler, *ibid.*, p. 66. 켈러 강조.

무지한 그리스도인보다 더 낫지도, 더 못하지도 않다고 주장했다. 그렇지 않으면, 학문 연구라는 '행위'를 근거로 의롭다 하심을 얻을 수 있다는 말이 될 것이다. 그는 종교개혁자들이 사람들을 학자들의 손에 되팔려고 교황에게서 구한 것이 아니라고 주장했다. 그러나 "역사를 연구하려면…정교한 기술에 능숙해야 한다.…이 분야에서는 문외한이 판단을 내릴 수 없다."⁴⁸ 따라서 켈러는 이런 결론을 내린다. "현대 저술가들이 말하는 역사 속 예수는 우리가 살아 있는 그리스도를 보지 못하게 가려 버린다.…나는 예수의 생애를 연구하는 운동 전체를 잘못된 길이라 여긴다."⁴⁹

켈러는 이런 식으로 우리를 이끌어 불트만 자신이 역사 중심의 복음서 연구 방법에 보인 태도를, 특히 이런 연구 방법과 루터파가 이신칭의를 강조한 것의 관계에 초점을 맞춰 아주 자세히 들여다보게 해 준다. 켈러가 이를 통해 객관적 과거사(Historie)와 현재에 중요한 의미가 있는 역사(Geschichte)를 철저히 대조하는 자신의 견해를 불트만에게 제공한다는 것은 주목할 만하다. 하지만 불트만도 켈러처럼 '이른바' 역사 속 나사렛 예수를 정작 믿음에는 아무 의미가 없는 사이비 문제(pseudo-problem) 정도로 치부한다고 결론짓는다면 잘못일 것이다. 에벨링은 이 특별한 문제를 놓고 "그들이 아주 깊은 차이를 보인다"며 우리에게 주의를 준다. 덧붙여 에벨링은 이렇게 말한다. "불트만은 역사 속 예수 문제에 직면하지만, 켈러는 '이른바 역사 속 예수'가 사이비 문제임을 드러내려고 한다."⁵⁰

따라서 믿음의 기초를 외부의 객관적 존재나 '주어진' 것에서 구하려 하지 않는 불트만의 관심사는 정작 헤르만이 취한 태도보다도 더 급진성을 띤다. 하지만 우리는 헤르만이 루터파의 시각에 빚졌음을 과소평가하지 말아야 한다. 불트만 사상을 연구할 때 이 점이 특별히 중요한 것은, 이 점이 불트만이

---

48 *Ibid.*, p. 62.
49 *Ibid.*, pp. 43 and 46.
50 G. Ebeling, *Theology and Proclamation: A Discussion with Rudolf Bultmann* (Collins, London, 1966), p. 149 n. 3.

헤르만에게서 루터파의 시각을 어느 정도 가져왔음을 강조할 뿐 아니라 헤르만이 견지했던 루터파 사상과 자유주의를 연결하는 한 지점에 주목하게 해 주기 때문이다. 헤르만은 이렇게 주장한다. "우리는 우선 인간이 하나님께 다가가려 할 때 사용하는 다른 모든 수단처럼 믿음도 인간의 행위라 말하는 주장부터 제거해야 한다."[51] 그러나 그는 이어 믿음을 교리에 동의하는 것으로 보는 관념도 이런 점에서 믿음을 인간의 행위로 보는 것이라고 주장한다. 그는 이렇게 썼다. "루터는 인간이 스스로 어떤 교리에 동의함으로써 만들어 내는 믿음을 알았다. 루터는 그런 믿음을 가치 없는 것이라고 부른다. 그런 믿음은 우리에게 아무것도 주지 않기 때문이다. 성경의 내러티브를 참이라고 받아들이는 데도 똑같은 이치가 적용된다. 루터는 이것도 '은혜 없는 자연적(거듭나지 않은 인간에게서 나온—옮긴이) 행위'로 본다. 터키인과 이방인도 그런 일을 이룰 수 있다."[52] 이어 헤르만은 루터가 한 말을 인용한다. "우리가 이야기하는 참된 믿음은 우리 사상이 만들어 낼 수 없고, 순전히 하나님이 우리 안에서 행하시는 역사다."[53]

이것은 곧 진정한 믿음은 언제나 우리를 향한 말 건넴인 하나님 말씀을 그대로 믿는 믿음이라는 불트만의 주장뿐 아니라, 불트만이 1946년에 펴낸 논문 "접촉점과 충돌"(Points of Contact and Conflict)에서 주장하는 내용과 긴밀한 연관이 있다.[54] 불트만은 이렇게 단언한다. "하나님이 당신의 말씀으로 인간에게 하시는 행위는 당연히 **인간 속에 접촉점이 없고**(*keinen Anknüpfungspunkt in Menschen*), 인간의 지성 속에도 접촉점이 없다. 하나님이 스스로 인간의 지성에 맞추셔야 한다. 하나님의 행위는 그 행위가 살려 주는 것처럼 보이는 인간을 우선 진멸해 버린다. **하나님의 행위는 인간과 대립하며** (*Gottes Handeln ist Widerspruch gegen den Menschen*), 그의 종교 안에 있는 인

---

51 W. Herrmann, *The Communion of the Christian with God*, pp. 214-215.
52 *Ibid.*, p. 215.
53 *Ibid.*, p. 216.
54 R. Bultmann, *E.P.T.*, pp. 133-150, 그리고 *G.u.V.* II, pp. 117-132.

간과 대립한다. 바울이 유대인의 율법 섬김을 단지 그들 자신의 영광을 얻는 수단으로 보듯이,…인간도 하나님을 믿는 종교 안에서 자신을 억압하는 세상에 맞서 자신을 보호하려 하고 자신을 주장하려 한다. 하나님의 은혜는…오직 자신들의 실존 전체를 내버리고 자신들을 깊이를 헤아릴 수 없는 아찔한 심연 속으로 내던지면서도 붙잡을 어떤 것도 찾지 않는 이들만이 은혜라고 인식할 수 있다."[55]

이런 말들은 분명 불트만이 19세기 루터파 사상은 물론 바르트와 변증법 신학에 진 빚과 연관이 있으며, 이 점은 다음 항에서 간략히 살펴보겠다. 인간이 "자신을 보호하려 한다"는 언급 역시 앞 두 장에서 논하며 검토했던 하이데거의 비본래적 실존이라는 개념을 떠올려 준다. 하지만 이것은 불트만 신학의 다양한 요소가 서로 강하게 하고 북돋음으로써 견고한 사상 체계를 형성한다고 말하는 것일 뿐이다. 불트만 신학에서는 루터파 사상이 늘 눈에 들어온다. 물론 이 루터파 사상은, 존슨이 우리에게 올바로 주의를 주듯 19세기와 20세기의 견해를 따르는 독특한 형태를 갖고 있다. 불트만은 독특하게도 그의 『신약신학』에 이렇게 썼다. "신자는 믿음을 '고백'함으로 자신에게서 돌아서서, 그라는 존재와 그가 가진 것 모두, 하나님이 행하신 일로 말미암아 그가 있고 또한 가짐을 고백한다. 믿음은 그 자체로 행위나 태도일 수 있는 무언가에 호소하는 게 아니라 은혜로 말미암은 하나님의 선행 행위에 호소한다."[56] 불트만은 바울만 이런 견해를 가진 것은 아니라고 본다. 불트만이 이와 관련하여 언급하는 많은 예를 추적하는 것은 이 연구서의 범위를 벗어나는 일이겠으나, 그가 요한복음 15:1-11의 포도원 담화처럼 얼핏 보기에 그런 경우에 해당하지 않을 것 같은 본문을 두고도 비슷한 언급을 한다는 점은 어쩌면 주목할 가치가 있을지도 모른다.[57]

---

55 *Ibid.* (English, pp. 135-136; German, pp. 119-120)
56 R. Bultmann, *T.N.T.* I, p. 319.
57 예를 들어, 그는 요한복음 15:2를 두고 이렇게 썼다. "아무도 열매를 맺었음을 아는 것으로 만족하며 안도하지 못한다. 자신이 이룬 것에 의지할 수 있는 이는 아무도 없다." 그는 또 4절을 이렇게 주석한다.

우리는 앞서 불트만이 따른 루터파 신학이 16세기의 루터파 신학이 아님을 강조했다. 그는 죄와 죄책이라는 문제 자체보다는 인간이 자신의 힘으로 안전을 보장받으려 하느냐는, 더 넓은 차원의 문제에 관심을 보인다. 이제는 이런 견해가 신칸트 철학 및 하이데거의 철학과 어떻게 연결되는지 파악할 수 있다. 한편으로 보면, 인간이 법칙을 좇아 만물을 객관화하는 사고를 통해 하나님께 이르기는 불가능하다. 다른 한편으로 보면, 그렇게 하려는 시도는 비본래적 실존과, 신학에 더 가까운 말로 표현하면 행위로 의롭다 하심을 얻음이라는 말로 규정할 수 있는 태도와 밀접한 연관이 있다. 우선, 존슨이 표현하듯이, "헤르만은 법칙에 따른 객관화 인식론과 행위 개념이 본디 연관이 있음을 확증했다. 아울러 헤르만은 행위 개념을 행위로 의롭다 하심을 얻음이 신학에서 가지는 의미와 결합했으며…(그리고) 사람 사이의 우정과 사랑, 신뢰 관계라는 패러다임을 통해 믿음으로 의롭다 하심을 얻음의 의미를 확증했다."[58] 불트만은 이런 시각을 완전히 자기 것으로 삼는다. 그런가 하면, 불트만은 아마도 1923년 이전에 이미 이런 시각을 받아들인 뒤, 하이데거와 동료로 지냈던 1923년부터 1927년에 이르는 기간 동안에, 본래의 실존과 비본래적 실존을 대조하게 하고 말 건넴과 만남 속에서 이루어지는 인간관계 양식에 적합한 개념을 설명해 주는 한 개념을 하이데거에게서 가져왔다.

따라서 이미 적어도 세 가지 요인이 불트만의 이원론이 등장할 길을 준비한 셈이다. 행위로 의롭다 하심을 얻음과 믿음으로 의롭다 하심을 얻음이 대립한다. 자연과 은혜가 대립한다. 사실 영역인 서술과 의지 영역인 명령이 대립한다. 정보와 말 건넴이 대립한다. 객관화와 만남이 대립한다. 이런 이원론의 또 다른 측면들은 앞으로 더 등장할 것이다. 불트만이 하이데거가 눈앞에 있음(Vorhandenheit)과 실존(Existenz), 비본래적 실존과 본래의 실존을 대

"믿음은 스스로 인정하는…자신의 능력을 포기하는 대가를 치르더라도, 아무 조건 없이 하나님의 행위를 자신의 기초로 삼겠다는 결정이다." 참고. R. Bultmann, *The Gospel of John: A Commentary* (Eng. Blackwell, Oxford, 1971), pp. 533 and 535.
58 R. A. Johnson, *The Origins of Demythologizing*, p. 197.

조한 것을 갖다 쓴 것, 과거 사실인 역사(Historie)와 현재에 의미가 있는 역사(Geschichte)를 대조한 유명한 사례를 갖다 쓴 것이 그런 측면에 해당한다. 하지만 이런 이원론을 더 설명하기 전에, 불트만의 사상에 기여한 다른 요인들을 먼저 살펴봐야 한다.

29. 불트만이 종교사학파와 현대 성서학에서 받은 영향: 케리그마와 신화

불트만은 그의 "자전적 성찰"에서 자신의 신학 스승들을 언급하며 여기에 하르낙과 헤르만을 포함시킨다. 그러나 그는 헤르만 궁켈과 요하네스 바이스도 언급하며, 다른 글에서는 빌헬름 부세트(Wilhelm Bousset)에게 존경을 표현한다.[59] 이 학자들이, 어쩌면 트뢸취도 함께, 불트만의 사상에 영향을 미친 네 번째 주요 요인, 곧 종교사학파를 이루는 이들이다.

종교사학파(religionsgeschichtliche Schule)는 두 가지 점에서 불트만의 사상에 확실히 영향을 미쳤으며, 그 둘은 모두 불트만의 해석학과 깊이 관련되어 있다. 첫 번째 점은 종교사학파의 접근법에서는 신약성경 속 인물들이 현대인에게 낯설다는 것에 주안점을 두면서 그들과 현대인 사이에 역사의 거리가 있음을 강조했다는 것이다. 우리는 신약성경을 현대인과 관련이 있는 것으로 봐야 한다는 하르낙 및 다른 자유주의 신학자들의 관심사를 불트만이 공유했음을 언급했다. 그러나 종교사학파에서는 메워야 할 해석학적 간극이라는 문제를 자유주의 관점에서 제기했다.

노먼 페린(Norman Perrin)은 이 점을 분명히 표현한다. 그는 불트만과 종교사학파의 관계를 설명하면서 이렇게 주장한다. "따라서 그는 신약성경이 현대 세계에 대해 낯설고 생소한 본질을 가졌음을 확증한…운동의 상속인이다. 사람

---

[59] R. Bultmann, "Autobiographical Reflections" in *E.F.*, pp. 335-336; 그리고 *F.U.* I, pp. 270-274.

들은 몇 세대에 걸쳐 신약성경과 현대 세계를 결합한 도덕 원리와 윤리 교훈이라는 관점에서 생각해 오다가, 별안간 예수를 묵시 환상을 보는 사람으로 여겼으며, 신약성경 전반을 신화 같은 생각과 기적을 바라는 기대로 가득한 책으로 보게 되었다. 신약성경과 현대의 인간 사이에는 거대한 간극이 있다. 불트만은 이 간극을 아주 잘 알았으며…그의 해석학은 결국 이런 간극을 메우려는 시도다."[60] 이미 이 책 3장에서는 역사의 거리 문제의 몇몇 측면을 살펴보았다.

종교사학파에서 제기한 두 번째 강조점은 불트만이 신화를 다루면서 자신의 계획을 천명한 논문에서 아주 분명하게 표명한다. 불트만은 종교사학파가 "신약성경 안에 신화가 스며든 정도를 처음으로 발견했다"고 정확하게 지적했다. 하지만 그는 이런 말을 덧붙인다. "그들은 신약성경의 중요성이 신앙과 윤리에 관한 신약성경의 가르침이 아니라 **신약성경에서 보여 주는 실제 신앙과 경건**에 있다고 보았다. 그것과 비교할 때, 신약성경이 담고 있는 모든 교의, **따라서 명백한 객관성을 지닌 모든 신화 같은 표상**(Vorstellungen)은 **그다음으로 중요하거나 완전히 무시할 수 있는 것**이었다. 신약성경의 본질은 그것이 묘사한 신앙의 삶에 있었다."[61] 불트만은 분명 같은 본문에서 종교사학파에서는 초기 그리스도인의 경건이 신비주의보다 종말론 쪽에 더 가까웠음을 보지 못했다고 비판한다. 실제로 그들의 신약성경 해석에서는 "케리그마가 한 번 더 케리그마이길 멈췄다. 자유주의자들처럼 그들도 구속 사건이라 선포되었던, 하나님이 그리스도 안에서 하신 중대한 행위에 침묵을 지킨다."[62] 하지만 그들은 원시 교회를 "오로지 예배하는 공동체로" 바르게 정의하며, "이것은 이전의 자유주의에서 더 나아간 큰 진전을 보여 준다."[63] 불트만은 신약성경에서 중요한

---

60 N. Perrin, *Jesus and the Language of the Kingdom: Symbol and Metaphor in New Testament Interpretation* (S.C.M., London, 1976), p. 10.
61 R. Bultmann, "New Testament and Mythology" in *K.M.*, p. 14 (티슬턴 강조; German, p. 26).
62 *Ibid.*, p. 15.
63 *Ibid.*

것은 '가르침'보다 신앙에서 나온 헌신이라고 주장하는데, 일단 이를 알면 신약성경의 신화에서 중요한 것은 가르침이라는 신화 자체의 형태가 아니라 그 신화가 표현하고 권하는 신앙 태도임을 아는 데 그리 오랜 시간이 걸리지 않는다. 실제로 불트만은 그의 『신약신학』 끝부분에서 브레데와 부세트의 연구를 논하면서, "종교사학파의 의도에 따르면" 종교는 "실존의 태도"임을 강조한다.[64] 따라서 굳이 하이데거와 하이데거 이후의 사상을 참조하지 않아도, 신약성경 자체가 인간의 태도 곧 실존의 태도라는 관점에서 신화를 해석할 것을 권한다고 보는 견해가 들어설 기초가 이미 잘 마련되어 있었다.

이제 『공관복음서 전승사』에서 구체적으로 보여 준 불트만의 양식비평 작업의 모든 요소를 파악하려면, 퍼즐 조각 하나만 더 맞추면 된다. 일부 저술가들은 은연중에 불트만의 양식비평이 실존주의, 그리고 심지어 하이데거에게 무언가 빚을 지고 있다고 말하는 것 같다. 그러나 여기서 하이데거를 거론하는 것은 역사 속의 시간 순서를 착각한 것이다. 불트만의 『공관복음서 전승사』는 1921년에 나왔는데, 그는 자신이 1916년부터 1920년까지 브레슬라우에 머무는 동안 이 책을 집필했다고 우리에게 일러 준다.[65] 그는 기센에 잠시 있다가, 1921년 가을에야 마르부르크로 돌아갔다. 하이데거가 마르부르크에 온 해는 1923년이었다. 하이데거가 그때까지 쓴 작품은 그가 1914년에 쓴 박사 학위 논문 『심리주의에서 말하는 판단에 관한 이론』(*Die Lehre vom Urteil im Psychologismus*)과 둔스 스코투스를 다루어 1916년에 내놓은 작품 [하이데거의 교수 자격 취득 논문으로, 제목은 『둔스 스코투스의 범주와 의미론』(*Die Kategorien und Bedeutungslehre des Duns Scotus*)이고 지도 교수는 철학자 하인리히 리케르트(Heinrich Rickert, 1863-1936)였다―옮긴이]뿐이었다. 하이데거는 마르부르크에 온 뒤에야 『존재와 시간』을 쓰기 시작했으며, 1927년에 이를 출간했다. 그렇다면 『공관복음서 전승사』는 하이데거에게 전혀 빚지지 않은 셈이다.

---

64 R. Bultmann, *T.N.T.* II, p. 247.
65 R. Bultmann, *E.F.*, p. 337.

그리고 1920년부터 불트만에게 중대한 의미를 갖기 시작해 이후로도 그 중요성이 계속되는 변증법 신학도 사실상 아무런 영향을 미치지 않은 것 같다.

불트만 사상을 형성하는 데 이바지한 다섯 번째 퍼즐 조각은 당시 신약성경 연구에서 보여 준 전문성인데, 이런 연구 결과를 담은 작업에는 특히 메시아 은닉을 다룬 빌리암 브레데의 저작과 세상을 뒤집어 놓은 알베르트 슈바이처의 저작 『라이마루스에서 브레데까지』(Von Reimarus zu Wrede)가 들어 있었다. 우리는 앞서 마르틴 켈러의 사상이 역사와 믿음의 관계를 바라보는 불트만의 태도에 미친 영향을 논했다. 양식비평에 관한 불트만의 초기 연구 작업은, 양식비평에 바탕을 둔 궁켈의 구약학 연구가 이 작업에 출발점을 제공했듯이 K. L. 슈미트(Schmidt)의 연구 작업에서도 더 깊은 자극을 받았다.

브레데는 1901년에 저서 『복음서의 메시아 은닉』(Das Messiasgeheimnis in den Evangelien)을 출간했다. 그는 메시아 은닉이라는 개념이 마가복음에서 아주 중요한 의미를 가지며, 원시 교회가 가진 신학의 일부였고, 거슬러 올라가 예수의 삶에서 읽어 낼 수 있는 것이라고 주장했다. 그것은 역사 자체의 문제라기보다 신학 문제였다. 불트만은 『공관복음서 전승사』 첫 쪽에서 브레데의 작업이 그에게 대단히 큰 중요성을 가지고 있음을 주목하라고 요구한다. 그는 이렇게 덧붙인다. "마가복음은 초기 교회의 신학 속에 자리해 있던 저자 가운데 한 사람의 작품이며, 그는 자신이 받은 전승 자료를 초기 교회의 믿음이 가졌던 관점을 따라 질서 있게 정리하고 배열했다."[66]

라이마루스에서 브레데에 이르기까지 학자들이 예수의 삶을 다룬 내용을 개관한 슈바이처의 저서는 1906년에 나왔으며, 이 저서는 나사렛 예수의 삶을 서술하려는 여러 시도가 가치 없다는 믿음을 심어 주는 데 더 기여했다. 슈바이처는 르낭(Renan)과 D. F. 슈트라우스(Strauss) 같은 저술가들이 재구성하여 제시한 역사에 비춰, '역사 중심 연구'는 예수의 삶에서 19세기 자유

---

[66] R. Bultmann, *The History of the Synoptic Tradition* (Eng. Blackwell, Oxford, ²1968), p. 1.

주의의 견해와 일치하지 않는 측면들을 제거하는 데만 기여했다고 결론지었다. 켈러는 역사 속 예수 탐구가 믿음에 그저 아주 조금의 가치만 있을 뿐이라고 주장했지만, 슈바이처는 그 탐구 작업 전체가 극도의 난관으로 가득하다고 주장했다. 불트만이 슈바이처의 결론에 보인 반응은 1926년에 처음 출간된 그의 저서 『예수』에 잘 나타나 있다. 그는 이렇게 썼다. "여기에서는 예수를 심리학으로 설명할 수 있는 역사 현상으로 만들려는 시도를 전혀 하지 않았으며, 실제로 예수의 전기에 해당하는 어떤 것도…담지 않았다.…이 책에는 예수를 위인이나 천재, 영웅이라 이야기하는 표현이 전혀 없으며, 그는 영에 감동을 받은 이나 영감을 주는 이로 나타나지 않는다.…**예수의 인간 됨됨이**(personality)**에는 어떤 관심도 보이지 않는다**.…우리는 예수의 삶과 인간 됨됨이는 거의 알 수 없다. 초기 기독교 자료는 그의 삶이나 됨됨이에 아무런 관심을 보이지 않을 뿐 아니라, 이런 자료 자체가 단편이거나 종종 전설 같은 내용이고 예수를 다룬 다른 자료도 존재하지 않기 때문이다."[67] 이어 불트만은 19세기에 다룬 예수는 가치가 없다고 말하면서 이렇게 결론짓는다. "알베르트 슈바이처의 탁월한 저작 『역사 속 예수 탐구』를 읽은 사람이라면 누구나 이 점을 생생히 깨달을 수밖에 없다."[68]

우리는 앞서 켈러와 불트만의 접근법에는 가까운 연관성이 있긴 하지만 이 두 사람의 접근법을 동일하게 보아서는 안 된다는 에벨링의 경고를 되새겼다. 불트만은 1960년에 역사 속 예수와 기독교 케리그마를 다룬 그의 강연에서 이렇게 단언한다. "기독교 케리그마가 예수에게 신화 색깔을 아주 많이 입혔을 수도 있지만, 그 케리그마가 역사 속 예수를 전제하는 것만은 분명하다. 역사 속 예수가 없으면 케리그마도 없을 것이다."[69] 하지만 불트만은

---

[67] R. Bultmann, *Jesus* (Mohr, Tübingen, ³1951); English, *Jesus and the Word* (Fontana, Collins, London, 1958), pp. 13 and 14. 불트만 강조.
[68] *Ibid.*, p. 14.
[69] R. Bultmann, "The Primitive Christian Kerygma and the Historical Jesus" in C. E. Braaten and R. A. Harrisville (eds.), *The Historical Jesus and the Kerygmatic Christ: Essays on the New Quest of the*

바울이 생각하는 역사 속 예수의 의미를 주제로 1929년에 쓴 그의 논문에서 이렇게 주장한다. "예수의 '인간 됨됨이'에 관한 어떤 '평가'(*Jede 'Würdigung' der "Persönlichkeit" Jesu*)도 잘못이며 잘못일 수밖에 없다. 그런 평가는 그저 '육에 따른 앎'일 것이기 때문이다."[70] "육에 따른 그리스도"의 의미에 관한 그의 설명은 우리가 불트만과 신칸트주의의 관계를 논한 내용을 떠올려 준다. 그것은 첫째, 그리스도를 다만 "현존하는 세계현상으로"(als ein vorfindliches Weltphänomen) 본다는 뜻이기 때문이요, 둘째, "단지 세계 속에 현존하는 것들을 고려하는"(ein bloßes Rechnen mit Weltlich-Vorfindliche wäre) 것이기 때문이다.[71] 따라서 바울이 중요하게 여긴 것은 역사 속 예수라는 그 "무엇"(das Was)이 아니라 다만 그의 지상 생애라는 "사실"(das Dass)뿐이다.[72]

이 모든 내용은 W. 브레데, K. L. 슈미트, 그리고 다른 이들의 연구에 나타난 내용, 곧 복음서 자체는 이 땅에서 살았던 예수의 과거 생애에 관한 전기 정보를 제공하는 데 이바지하지 않고 예수가 현재 교회의 삶에 의미하는 바를 선포하는 데 이바지한다고 본 것과 조화를 이룬다. 예를 들면, K. L. 슈미트는 1919년에 출간한 그의 책 『예수 역사의 범위』(*Der Rahmen der Geschichte Jesu*)에서, 복음서를 구성하는 최초 지층은 서로 분리된 작은 단위들로 이루어져 있었으며 이 단위들을 나중에 함께 엮어 연속하는 내러티브로 만들었다는 결론을 내렸다. 따라서 이 단계에서는 발전한 전기라는 의미에서 예수의 생애를 묘사하는 일은 문제가 될 수 없었고, 오히려 복음서 전승 단위들(pericopae)의 배경을 발견하는 일이 더 시급한 문제가 되었다.[73] 이 때문에 불트만은 『공관복음서 전승사』에서, 양식비평은 단지 "묘사하고 분류하는 과정"

Historical Jesus (Abingdon Press, New York, 1964), p. 18; pp. 15-42.
70 R. Bultmann, *F.U.* I, p. 239 (German, p. 207; 불트만 강조).
71 *Ibid.*
72 *Ibid.* (English, p. 238; German, p. 205).
73 슈미트의 주장을 편리하게 요약해 놓은 글을 보려면, W. G. Kümmel, *The New Testament: The History of the Investigation of its Problems*, pp. 327-330를 참고하라.

에 그치지 않고 (궁켈의 용어를 사용하자면) 전승 단위들의 삶의 정황(Sitz im Leben)을 원시 교회의 설교 및 예배와 관련지어 확증하려는 시도이기도 하다는 마르틴 디벨리우스(Martin Dibelius)의 판단을 지지한다.[74][2]

불트만의 해석학과 무관한 불트만 사상의 한 측면을 서술하느라 엉뚱하게 옆길로 새 버린 것처럼 보일지도 모른다. 하지만 그런 생각은 옳지 않다. 조반니 미에제는 불트만 사상 내부의 일관성을 탁월하게 논한 글에서 그 문제를 분명하게 표명한다. 그는 이렇게 말한다. "우리가 보는 정경 복음서의 기원에 관한 이런 해석은 이미 그 안에 문제의 두 극을 포함하고 있다.…한편에는 **케리그마**가 있다.…양식비평에서는 원시 기독교의 **설교**를 탐구의 중심으로 받아들여, 복음서는 무엇보다 선포이자 메시지라는 생각을 강조했다.…'그리스도-신화'는 **케리그마**에 담겨 있는 전승 요소들을 끌어당겨 유기체로 조직한 중심이다. 그 '신화'가 마가복음의 '틀'을 제공하며, 요한복음에서는 그 점이 훨씬 더 분명하게 드러난다. 요한복음에서는 역사의 예수가 신화의 그리스도 속에 완전히 감춰져 있기 때문이다.…따라서 우리는 불트만의 연구 시초부터… **케리그마와 신화**가 우리 앞에 있는 문제를 규정하는 두 용어였음을 분명하게 발견한다."[75]

이런 접근법은 종교사학파에서 유대교와 헬레니즘, 영지주의 종교의 유사점에 관하여 제시한 결론들을 참조하여 전개된다. 예수 자신은 하나님의 통치라는 케리그마를 선포하지만, 불트만이 나중에 그의 『신약신학』에 썼듯이, "예수의 메시지는 신약성경의 신학 그 자체라기보다 그 신학의 전제다."[76] 유대교와 대비하여 새롭게 나타난 것은 메시지다. "이제 그때가 왔다! 하나님의 통치가 뚫고 들어온다! 마지막이 여기 있다!"(참고. 눅 10:23-24; 막 2:18-19; 눅 10:18)[77] 하지만 불트만은 예수가 곧 메시아라는 선포를 팔레스타인 그리스도

---

[74] R. Bultmann, *The History of the Synoptic Tradition*, pp. 3-4.
[75] G. Miegge, *Gospel and Myth in the Thought of Rudolf Bultmann* (Eng. Lutterworth Press, London, 1960), pp. 19-20.
[76] R. Bultmann, *T.N.T.*, p. 3.

인 공동체의 작품이라고 생각한다. 그 공동체는 예수라는 인물을 주로 유대 묵시 문학에서 끌어낸 신화의 배경 속에 놓아두는 방법으로 자신의 신앙 태도를 표현한다. 헬라파 그리스도인 공동체는 묵시 문학을 끌어오지 않고, 먼저 퀴리오스(kyrios, 주) 숭배와 신비주의 종교의 언어, 두 번째로 영지주의 신화를 끌어왔다.

불트만이 비신화화에 관한 자신의 주장들을 분명히 정립할 즈음, 그는 케리그마를 제거하기는 불가능하며, 신화 자체도 그냥 필요 없다고 치부하기보다 해석 대상으로 삼아야 한다는 믿음을 갖게 되었다. 그가 이런 결론을 내리게 된 아주 중요한 한 요인이 한스 요나스(Hans Jonas)가 영지주의 신화를 다룬 작업이었다. 요나스가 기여한 것은 뒤에서 더 상세히 다루겠다. 하지만 지금 요나스가 영지주의 신화를 단순히 하늘에 속한 실체나 사건을 묘사한 게 아니라 특별한 자기 이해를 표현하는 수단으로 보았음은 주목해 두는 것이 좋겠다. 그런 신화관은 이미 1934년 이전에 불트만의 계획보다 먼저, 신화의 본질 때문에 신화를 실존주의 관점에서 해석해야 함을 제시한 셈이다.

하지만 요나스의 작업에서 제시하는 이런 추가 요인과 상관없이, 하이데거의 철학이 모습을 드러내기 전부터 이미 불트만의 연구 작업은 케리그마와 신화라는 두 극을 암시하고 있었다고 볼 수 있다. 케리그마는 어떤 이유로도 제거하지 못한다. 신화는 그리스도인 공동체가 자신들의 믿음과 예배를 통해 케리그마에 다양한 반응을 표현했던 수단이며, 잇달아 이어지는 해석과 재해석이라는 형태를 가질 수 있다. 불트만은 변증법 신학 및 하이데거의 철학과 관계를 맺으면서 케리그마와 신화를 강조하는 자신의 입장을 특별한 방향으로 **발전시키게** 되지만, 그것이 이 중대한 차이와 시각의 **기원**을 설명해 주지는 않는다.

---

77 *Ibid.*, p. 6.

30. 불트만이 변증법 신학에서 받은 영향: 해석학 문제라는 말이 나온 마지막 배경

불트만이 아주 빈번히 받는 비판은 그가 기독교 신학을 인간을 다룬 신학으로 축소시켜 버렸다는 것이다. 따라서 그의 해석학 프로그램이 낳은 최종 **결과**가 무엇이든, 이것이 불트만의 의도는 아니었다는 사실을 반드시 강조할 필요가 있다. 이 점은 자신이 변증법 신학의 중심을 이루는 통찰을 받아들였음을 표명한 그의 중요한 진술에서 분명하게 볼 수 있다. 그는 이렇게 단언한다. "신학의 주제는 **하나님**이며, 자유주의 신학이 받는 주된 비판은 그 신학이 하나님이 아니라 인간을 다루었다는 것이다. 하나님은 인간을 철저히 부인하고 순화함을 나타낸다. 따라서 하나님을 그 주제로 삼는 신학은 오직 '십자가의 말씀'만을 그 내용으로 가질 수 있다.…그러나 그 말씀은 인간에겐 '걸림돌'이다. 결국 자유주의 신학이 받는 비판은 그것이 이 걸림돌을 제거하거나 아주 작게 만들려 했다는 것이다."[78] 불트만은 이렇게 썼다. "반드시 해야 할 유일한 일은…하나님 말씀이라는 '걸림돌'에 귀를 기울이는 것이다. 이 말씀은 세상이 죄 안에 존재하며 세상 속에 있는 사람은 하나님을 섬기는 특성을 보존할 수 있는 어떤 일도 하지 못한다고 선언한다.…**하나님은 인간을 완전히 없애버림, 인간을 부인함, 인간에게 의문을 품음, 진정 인간을 심판함을 나타낸다.**"[79]

이런 견해가 불트만의 접근법 안에서 루터파 신학 및 신칸트주의와 어떻게 연결되어 있는지 다시 한 번 주목할 필요가 있다. "믿음이 파악하려는(will) 세계는 과학 지식의 도움으로는(mit der Hilfe der wissenschaftlichen Erkenntnis) 절대 도달할 수 없다."[80] "서로 연관을 맺고 있는 거대한 결합체 내부의 덩어리들"(Grössen innerhalb eines grossen Relationszusammenhangs) 안에 존재하는 것은 어떤 것도 "절대 가치"(absolute Geltung)를 주장하지 못한다.[81] 기독교는

---

78 R. Bultmann, F.U. I, p. 29. 불트만 강조.
79 Ibid., pp. 42 and 46. 불트만 강조.
80 Ibid. (English, p. 31; German, p. 4).
81 Ibid.

단순히 "사회 심리학의 법칙에 복종하는 이 세상의 현상이 아니며…**하나님이 신학의 주제라면 그런 현상일 리가 없다.**"[82] "바르트와 고가르텐의 논박은 모든 점에서—자연 범신론과 역사 범신론에 반대한다는 점에서—타당하다.…그것은 하나님을 직접 아는 모든 종류의 지식에 맞서는 저항이다."[83] 리츨의 신학은 "믿음의 기원을…인간에, 인간이 느끼는 가치에 두는 잘못을 저질렀다." 그러나 믿음의 기초는 "여기 이 세상 속에" 있을 수 없다. "하나님은 철저히 '저 너머'에 계신 분이기" 때문이다. "칭의는…오로지 '저 너머'에, 하나님의 심판 속에 있을 뿐이다."[84]

이 지점에 이르면 우리가 불트만과 하이데거의 접촉점에서 아주 멀리 떨어져 버린 것처럼 보일지도 모른다. 만일 하나님이 '인간을 완전히 없애버림을 나타낸다'면, 하이데거의 현존재 분석이 불트만의 신학 및 해석학과 어떻게 연관성을 가질 수 있을까?

불트만이 1925년에 "하나님에 관하여 이야기한다는 것은 무슨 뜻인가?"라는 제목으로 내놓은 논문을 참조하면 아마도 이 질문에 가장 훌륭하게 답할 수 있을 것이다.[85] 불트만은 이 논문에서 얼핏 보면 서로 조화를 이룰 수 없는 것으로 보인다고 본인도 인정하는 두 원리를 결합하려고 노력한다. 한편으로, 그는 신학이 우리에게 하나님에 관하여 이야기할 의무를 지운다고 주장한다. 그러면서도 다른 한편으로는 이렇게 말한다. "하나님에 관하여 이야기하는 것은 죄가 된다. 설령 그런 이야기가 하나님을 진지하게 탐구하는 데서 나온 것이라도, 그 이야기는 언제나 죄다."[86] 그가 이 명백한 역설에 내놓은 해결책은, "일반 진술들, 보편 진리들—화자의 구체적 실존(existentielle)이 자리한 위치와 상관없이 타당성을 가지는 진술, 진리—을 사용하여 하나님에 관하여 이야기

---

82 *Ibid.*, p. 32.
83 *Ibid.*, p. 35.
84 *Ibid.*, pp. 36, 40, 41, and 51.
85 R. Bultmann, *F.U.* I, pp. 53-65 (German, pp. 26-37).
86 *Ibid.*, p. 55 (German, p. 28).

하는 것"은 "정당하지 않다"고 주장하는 것이다.[87] '죄'는 하나님에 **관하여** 말하려는 것이다. 불트만은 루터가 창세기 3:1-2을 주석하면서 아담의 죄는 먹어서는 안 될 열매를 먹은 게 아니라 하나님에 **관하여** 논쟁함으로써(disputare de deo) 하나님이 그에게 요구(Anspruch)하실 수 있는 권리를 "토론할 수 있는 문제"로 만들어 버린 것이라고 말한 내용을 인용한다.[88] 그러나 바로 이 점이 또 다른 명백한 모순을 시사한다. 불트만은, 하나님에 관한 이야기가 "화자의 구체적 실존이 자리한 위치"와 관련이 있을 때만 이루어질 수 있다면, "하나님에 관하여 이야기하려는 사람은 분명 **자신에 관하여 이야기해야**(von sich selbst reden) 한다"고 역설한다. 하지만 불트만 자신도 묻듯이, "내가 나 자신에 관하여 이야기하면 인간에 관하여 말하지 않는 것인가? 하나님을 정의하는 개념에서는 하나님은 '철저히 타자'요 인간을 없애시는 분이라는 것이 본질이 아닌가?"[89]

불트만은 이런 난제에 우선 "인간이 자신에 관하여 이야기한다"가 인간이 자신의 신앙 경험에 관하여 이야기한다는 뜻이 아님을 강조함으로써 대답하려고 한다. 그것은 "경험과 내면의 삶에 관하여 이야기함"(Reden von Erleben und innerem Leben)을 뜻하지 않는다.[90] 하지만 우리는 바로 이 지점에서 불트만이 루터파의 신학 주제와 변증법 신학을 신칸트주의가 제시한 철학 주제와 함께 엮고 있음을 발견한다. 한편으로, 그는 인간이 자신 앞에 "**우리** 내면의 삶과 **우리** 경험을 우리가 하나님을 신뢰하는 **기초로**"(불트만 강조) 내놓기를 거부한다. 다른 한편으로, 그는 "내가 의존하는 자아"를 "객관성을 지닌 것", 즉 "실존하는 실체가 없는 환영"인 것으로 받아들이길 거부한다(das ich als das Gegebene nehme, ist ein Phantom ohne existentielle Wirklichkeit).[91] 그것은 비단

---

87 *Ibid.*, p. 53 (German, p. 26).
88 *Ibid.*, p. 54 (German, p. 27).
89 *Ibid.*, p. 55 (German, p. 28).
90 *Ibid.*, p. 56 (German, p. 29).
91 *Ibid.*

이 '나'가 자아에 의존하는 태도, 곧 신학 근거에 비춰 볼 때 배척할 수밖에 없는 태도를 가졌다는 뜻에 그치지 않고, 이 '나'가 이런 태도를 통해 자아 자체를 객관화했다(objektivieren)는 뜻이기도 하다.

그렇다면 신학이 하나님에 관한 이야기로 존재할 수 있는 유일한 길은 '내'가 자아를 객관화하지 않으면서 나 자신에 관하여 이야기할 수 있는 어떤 방법을 발견하는 것뿐이다. 앞으로 보겠지만, 바로 이 지점에서 하이데거가 쓴 개념이 불트만의 관심사에 가장 적합한 개념이 된다.

이 점을 기초로 삼을 때에 비로소 불트만이 1946년에 내놓은 "접촉점과 충돌" 같은 논문에서 말하는 내용이 그가 비슷한 시기에 내놓은 다른 저작에서 말하는 내용과 어떻게 조화를 이룰 수 있는지 설명할 수 있다. 불트만은 1946년에 내놓은 이 논문에 이렇게 썼다. "하나님이 당신의 말씀으로 인간에게 하시는 행위는 당연히 **인간 속에 접촉점**(keinen Anknüpfungspunkt)이 없다.…하나님이 당신 자신을 인간에 맞추셔야 한다. 하나님의 행위는 그 행위가 살려 주는 것처럼 보이는 인간을 우선 진멸한다. **하나님의 행위는 인간과 대립하며**(Gottes Handeln ist Widerspruch gegen den Menschen), 그의 종교 안에 있는 인간과 대립한다."[92] 우리는 앞서 불트만이 이런 말을 그가 따르는 루터파 신학과 관련지어 사용한다는 것을 언급했다. 하지만 여기서 우리의 강조점은 다르다. 문제는 변증법 신학의 이런 강하고 명백한 표현들이 얼핏 보면 해석학의 배경 속에 자리한, 거의 자연주의에 가까운 '접촉점'을 암시하는 것처럼 보이는 말들과 조화를 이룰 수 있는가다.

불트만은 같은 논문에서 분명 "인간의 언어가 인간 설교자가 말하는 하나님 말씀을 만나게 해 주는 접촉점이다"라고 인정한다.[93] 불트만은 신약성경에서 바울도 실제 개념 전달을 고려하여 로마서 1:18, 19 같은 본문에서 스토아학파의 자연 신학과 접촉한다는 점을 우리에게 되새겨 준다. 그는 이를 두

---

[92] R. Bultmann, *E.P.T.*, p. 135; 참고. pp. 133-150; *G.u.V.* II, p. 119; 참고. pp. 117-132.
[93] *Ibid.*, p. 137.

고 이렇게 썼다. "역설이지만, 바로 그런 충돌 속에서 접촉점이 만들어지거나, 오히려 드러난다."⁹⁴ 충돌은 어떤 관계를 이미 전제하는 곳에서만 일어날 수 있다. 예를 들면, 인간은 돌과 '충돌'할 수 없다. 그가 이미 어떤 관계를 맺고 있는 하나님이나 다른 인간만이 그와 충돌할 수 있다. 바르트 자신은 이 지점까지 멀리 나아가지 않았을지도 모른다. 그러나 에밀 브루너(Emil Brunner)가 이 문제에 다가가는 접근법은 불트만이 이 지점까지 말했던 것과 거의 다르지 않다. 그러나 불트만은 다른 저작에서 이보다 훨씬 더 나아가는 것으로 보인다. 이 책 4장에서 전이해를 논할 때 보았듯이, 불트만은 해석학을 주제로 1950년에 펴낸 그의 논문에 이렇게 썼다. "인간 실존 속에서 하나님을 아는 실존(existentiell) 지식은 '행복',…세계의 의미, 그리고…각 사람의 특별한 '존재'가 가지는 진짜 본질을 캐묻는 탐구라는 형태로 살아 있다."⁹⁵ 그는 『예수 그리스도와 신화』에서 이렇게 단언한다. "하나님에 관한 질문과 나 자신에 관한 질문은 동일하다."⁹⁶

불트만을 비판하는 사람들은 가끔씩 불트만이 이런 견해를 하이데거 철학에서, 아니면 오히려 하이데거 철학을 기독교식으로 바꾼 것에서 빌려 왔다고 주장한다. 그러나 우리는 앞서 하나님에 관하여 말하는 것은 반드시 인간에 관하여 말하는 것이어야 한다는 불트만의 믿음은 완전히 다른 사상 맥락에서 **나왔음**을 보았다. 역설이지만, 불트만이 해석학 문제의 해결책을 찾으면서 인간을 대상으로 삼지 않는 하이데거의 언어 쪽으로 나아가게 된 것은 바로 그가 변증법 신학의 통찰들을 제대로 인정하려는 욕구를 갖고 있었기 때문이다. 하나님의 드러남은 현존재의 **자기 이해를 통해** 보인다. 그러나 불트만이 하이데거 쪽으로 나아간 것은 단지 불트만 자신이 애초에, 법칙에 따라 객관화하는 지식은 **인간**이 형성하고 숙달하는 지식이라는 신칸트주의의 가설

---

94 *Ibid.*, p. 141.
95 *Ibid.*, p. 257.
96 R. Bultmann, *Jesus Christ and Mythology*, p. 53; 참고. pp. 52-55.

을 받아들였기 때문이다. 따라서 불트만이 따른 루터파 신학과 변증법 신학에 비춰 볼 때, 하나님에 관한 이야기는 이런 형태를 가질 수 없다. 하이데거는 그 문제의 조건을 전혀 결정하지 않았다. 다른 고찰이 그 문제의 조건을 규정했다. 이제 불트만은 하이데거에게 가서 그 문제를 해결하는 데 도움을 얻으려 한다.

옮긴이 주

[1] 켈러는 이어 "선포된 그리스도가 바로 우리가 믿는 그리스도"라고 말한다. M. Kähler, *Der sogenannte historische Jesus*, München: Chr. Kaiser, 1956, p. 44.
[2] 불트만은 *Die Geschichte der synoptischen Tradition*, Göttingen: Vandenhoeck & Ruprecht, 1970, p. 4에서 마르틴 디벨리우스의 견해를 따라 양식사 연구의 과제를 "복음서 개개 전승 단위의 기원과 역사를 재구성하여 글로 기록되기 이전의 전승 뒤에 있는 역사를 밝혀내는 것"이라고 말한다.

9장

불트만의 해석학 속에 들어 있는
또 다른 철학 요소들

31. 불트만의 해석학과 관련하여 하이데거 철학이 한 몇 가지 역할

하이데거의 사상이 불트만의 해석학과 관련하여 한 역할을 다룰 때 우선 세 가지 점을 강조해 둘 필요가 있다. 이 중 둘은 불트만의 중요한 논문 "현존재의 역사성과 믿음"(Die Geschichtlichkeit des Daseins und der Glaube)에서 등장한다. 불트만은 이 논문에서 게르하르트 쿨만(Gerhardt Kuhlmann)이 1929년에 쓴 한 논문을 통해 불트만이 하이데거 철학을 사용한 것을 놓고 제기한 비판에 꼼꼼히 답한다.¹ 쿨만은 그의 논문에서 불트만이 하이데거의 세속 철학에 의존하면서 결국 불트만의 신학도 '자연'인(거듭나지 못한 사람—옮긴이)의 상황을 분석하는 데 그칠 수밖에 없다고 주장한다. 불트만은, 존재 혹은 실존의 결단이나 만남, 경험이라는 차원에서 볼 때, 기독교 신학에서는 철학의 범주보다 위에 있는 독특한 무언가를 말한다는 데 동의한다. "신학에서는…구체적 '어떻게'에 관하여 이야기한다. 그러나 이때 철학에서 우리가 알 수 있는 것들의 총체 속에 혹은 과학 체계 속에 열린 채로 남겨 놓은 어떤 구멍 속으로

---

1 G. Kuhlmann, "Zum theologischen Problem der Existenz: Fragen an Rudolf Bultmann" in *Z.Th.K.* N.F. X (1929), pp. 28-57; 그리고 R. Bultmann, "Die Geschichtlichkeit des Daseins und der Glaube: Antwort an Gerhardt Kuhlmann" *Z.Th.K.* N.F. XI (1930), pp. 339-364; Eng. in *E.F.*, pp. 107-129.

뛰어드는 방법을 쓰지 않는다.…철학에서는…특별한 구체적 '어떻게'라는 '것'이 인간에게 필수 불가결하다는 것을 지적하면서도, 구체적 '어떻게'에 관하여 실상 아무 이야기도 하지 않는다. 철학의 진짜 주제는 실존이 아니라 실존성이며, 사실이 아니라 사실성이다."[2] 다시 말해, 비록 철학자와 신학자가 존재 차원에서는 갈라서 있지만, 존재론 차원에서 철학적 분석은 여전히 타당하다.

아울러 불트만은 이를 대중에게 더 가까운 말로 표현한다. 그는 이렇게 썼다. "**믿음의 사람**은 언제나 **사람**이다."[3] 따라서 형식 차원 혹은 존재론 차원에서는 신학자가 **개념상** 인간 실존에 관한 문제를 밝히 설명해 주는 철학의 시각을 끌어다 쓸 수 있다. 불트만은 이렇게 올바로 강조한다. "모든 신학에서는 **개념을 설명하고자 보통 어떤 철학 전통에서 결정해 놓은 신학 이전의 인간 이해에 의존한다.**"[4] 그러나 이것이 신학 자체에 손상을 입히지는 않는다. (사실 한마디 덧붙이면, 신학에서는 이런 상황을 인정할 경우 자신의 문제와 과업을 훨씬 더 냉철하게 자각할 수 있다.) 불트만은 한 가지 유비를 제시한다. 그는 친구가 없는 사람도 우정이 무엇인지는 얼추 안다고 주장한다. 그렇지 않으면 그는 우정을 바랄 수도 없을 것이다. 그러나 우정을 보여 주는 '사건'은 다른 차원에서 작동한다. "우정을 보여 주는 **사건**을 통해 내 친구를 알면, 내 삶의 사건들이 새로워진다. 여기서 '새롭다'는 말은 오직 내게만 타당하다는 뜻이다.…하지만 친구가 무엇인지 내가 미리 그리고 대략 알 수 있더라도, 그리고 그 우정이 틀림없이 내 삶을 새롭게 만들어 주리라는 것을 알 수 있더라도, 내가 미리 그리고 대략이라도 알 수 없는 한 가지는 내 친구가 내게 무엇인지다. 따라서 사실 선포된 '말'은 '이미 세속의 자기 이해를 통해…내가 알고 있는 것만'을 내게 말해 줄 뿐이다.…그렇다면 믿음의 사람이 '더 많이' 아는 것은 무엇인가? 이것, 곧 계시가 실제로 그를 만났다는 것, 그가 정말로 살아 있다는 것, 그가 사실

---

2 R. Bultmann, *E.F.*, p. 109.
3 *Ibid.*, p. 110. 불트만 강조.
4 *Ibid.*, p. 114. 첫 번째는 불트만 강조, 그다음에는 티슬턴 강조.

은 은혜를 입었다는 것이다.…그는 자신의 삶의 사건들이 계시 **사건**을 통해 새로워진다는—'새롭다'는 오직 믿음의 사람에게만 유효하고 타당하다는 뜻이다—것을 안다."⁵

이는 우리를 세 강조점 중 두 번째 강조점으로 이끈다. 불트만이 철학에서 빌려 온 개념들을 끌어다 써도 계시에 담긴 진리가 손상될 가능성이 없다고 확신하는 것은 바로 하나님이 '철저히 타자'(wholly Other)이시며 모든 인간 지식 체계 밖에 계시는 분이기 **때문이다**. 변증법 신학의 견해에 따르면, 계시 자체는 엄밀히 말해 하나의 사건이자 말 건넴이며 만남으로서, '이 세상의' 존재론으로 서술할 수 있는 영역 밖에 존재한다. 믿음 역시 하나님의 선물이지, 인간의 노력도 심지어 인간 의식의 내용도 아니다. 이와 달리, 신학은 서술 행위로서 여전히 사유와 인간이 만든 개념들의 영역 속에 자리해 있다. 이것은 이성이나 사유의 역할을 헐뜯는 말이 아니다. 불트만은 이렇게 썼다. "이성을 아주 충분히 생각하기는 불가능하다. 이성이 제 길을 가서 그 목적지에 이르렀을 바로 그때, 위기의 순간이 도래하고 인간은 자신의 실존에 큰 물음을 던지게 된다."⁶ 불트만은, 그렇다 할지라도 신학 자체와 계시 혹은 믿음을 동일시할 수는 없다고 본다. 신학은 서술과 직설법의 영역에서 움직이지만, 계시나 믿음은 말 건넴과 사건, 명령법의 영역에서 움직이기 때문이다. **이런** 의미에서, 불트만에게 그가 철학 개념을 원용하여 기독교 계시를 손상했다는 비판을 더 혹독하게 퍼부을수록, 불트만은 그런 비판이 비판 대상도 헛짚었을뿐더러 불트만 자신의 입장이 일관성을 갖고 있음을 증명하는 데 기여할 뿐이라고 더욱더 굳건히 주장할 수 있다. "하나님은 철저히 '저 너머'에 계신 분이기"(Gott ist der schlechthin Jenseitige) 때문이다.⁷

---

5 *Ibid.*, pp. 116-117. 불트만 강조.
6 R. Bultmann, *F.U.* I, p. 46.
7 *Ibid.*, p. 41 (German, p. 14). 불트만이 정립한 공식은 루돌프 오토의 "온전히 타자"(Wholly Other)보다 더 철저하다. 불트만은 하나님이 단순히 도덕적이고 합리적인 것들을 초월한다고 강조하는 반면, 오토는 여전히 하나님을 피조물의 느낌이라는 영역 속에 두기 때문이다. 참고. *F.U.* I, pp. 49-50.

셋째, 하이데거의 철학이 실제 다루는 주제와 변증법 신학의 독특한 견해는 어쨌든 한 가지 확실한 접촉점을 갖고 있다. 불트만은 그의 논문 "아담아, 너는 어디 있느냐?"(Adam, Where art Thou?, Adam, wo bist du? Über des Menschenbild der Bibel)에서 개인의 책임과 결단을 힘주어 강조한다. 그는 이렇게 썼다. "그의 본래 존재(seines eigentlichen Seins)를 얻거나 잃음은…어느 순간에 이루어진 그의 결단(Entscheidung) 속에 존재한다. 이는 그가 하나님 앞에 서는 순간이, 그의 깊은 사유가 저 위로 날아가 시간을 초월한 하나님의 세계에 이르렀을 때가 아니라 바로 여기서 결정을 내릴 때이기 때문이다. 요구하시고 심판하시며 용서하시는 분인 하나님은 구체적 역사 사건 속에서 만날 수 있기 때문이다."[8]

불트만이 17년 전인 1928년에 변증법 신학이 신약성경 연구에서 차지하는 의미를 주제로 쓴 논문에서도 똑같은 강조점이 등장한다. 불트만은 하이데거를 떠올려 주는 언어로 "인간이 자신을 위하여 무언가를 고르지 않고 가능성으로서 자신을 고르는(sich als seine Möglichkeit wählt) 결단"의 중요성을 이야기한다.[9] 불트만은 "인간 존재의 역사성"(die Geschichtlichkeit des menschlichen Seins)과 "존재가능"(ein Sein-Können)인 그의 존재를 바로 이렇게 이해한다.[10] 그러나 불트만은 인간 존재의 역사성을 꿰뚫어 보는 통찰이 "'변증법 신학'이라는 표어의 의미"라고 주장한다.[11] 이어 그는 변증법 신학이 '과학적 신약성경 연구'에 제시하는 메시지에 관한 추론을 끌어낸다. 불트만은, 문제가 되는 것이 바로 인간 존재의 역사성이라면, "결국 우리는 인간 실존의 가능성(die Möglichkeiten menschlicher Existenz)을 끝까지 밝혀낸 뒤에야 비로소 본문을 끝까지 이해하는 데 이를 것이다. 이것들은 인간의 가능성으로서 동시에 우리의 가능성이기도 하므로…우리 자신의 실존을 이해할 때라야 비로소 이해할

---

8 R. Bultmann, *E.P.T.*, p. 125; 그리고 *G.u.V.* II, p. 111.
9 R. Bultmann, *F.U.* I, p. 149 (German, p. 118).
10 *Ibid.*
11 *Ibid.*

수 있다"라는 결론을 내린다.¹²

그렇다면 우리는 앞 장 끝부분에서 이르렀던 핵심에 다다른 셈이다. 불트만이 루터파 신학과 신칸트학파의 인식론을 독특하게 융합함으로써, 변증법 신학에서는 이미 "객관화를 피하는, 현존재에 관한 언어를 통하지 않으면 인간이 어떻게 '저 너머'에 계신 하나님에 관하여 이야기할 수 있는가?"라는 해석학 문제의 조건을 결정지어 놓았다. 불트만은 하나님에 관한 이야기를 다룬 논문에서 객관화하는 언어에 적대감을 표현한다.¹³ 그는 주체-객체를 가르는 시각이 그리스 시대부터 계몽주의 시대까지 철학을 지배해 왔다고 주장한다. 이런 전통 속에서는, 그 시대를 지배하는 철학이 관념론이었든 유물론이었든, "두 견해에서 인식하는 세계상은 우리 자신의 실존(unserer eigenen Existenz)과 아무 관련이 없다. 이런 세계상은 우리 자신을 다른 객체들 가운데 있는 한 객체로(als ein Objekt unter anderen Objekten) 본다."¹⁴

불트만은 인간이 늘 이런 시각에 매력을 느낀다고 주장한다. 인간은 "세계관"(Weltanschauung)이라는 전통적 시각을 원한다. 그래야 "자신의 실존(Existenz)이 산산이 부서지고 위태로워질 때, 실존 문제를 마음에서 지워 버릴" 수 있기 때문이다. "그는 위기의 순간을 진지하게 받아들일 필요가 없다. 그 순간을 단지 보통 일어나는 일 가운데 한 경우로(als einen Fall des Allgemeinen) 이해하여, 그것을 관련 맥락에(einen Zusammenhang) 꿰어 맞추고, 객관화함으로써(objivieren), 거기서 벗어날 길을 찾을 수 있기 때문이다."¹⁵ 하지만 사실 "주체와 객체 구분은 우리 자신의 실존 문제와 분리해야 한다."¹⁶ 불트만은 실존이 실존 차원에서는 '당신의 일'(*tua res agitur*)이라고 주장한다. 다른 어떤 근거를 따르더라도 우리는 이중 딜레마에 빠진다. "우리는 하나님에 관하

---

12 *Ibid*., p. 150 (German, p. 119; 티슬턴 강조).
13 R. Bultmann, *F.U.* I, pp. 53-65 (German, pp. 26-37).
14 *Ibid*., p. 58 (German, p. 31).
15 *Ibid*., p. 59 (German, p. 31).
16 *Ibid*. (German, p. 32).

여 이야기할 수 없기 때문에 우리 실존에 관하여 이야기하지 못한다. 우리는 우리 실존에 관하여 이야기할 수 없기 때문에 하나님에 관하여 이야기하지 못한다."[17] 불트만은 우리가 하나님에 **관하여** 이야기하지 않고 하나님에게서 온(aus Gott) 이야기를 하는 것, 우리 자신의 실존에 **관하여** 이야기하지 않고 그 실존 안에서 나온 이야기를 하는 것만이 그 문제를 풀 유일한 해답이라고 말한다.[18] 불트만은 이런 관점 변화가 낳을 결과를 설명한다. 그는 이렇게 썼다. "예를 들면, 우리는 하나님이 실재를 통치하시기 때문에 또한 나의 주라고 말하지 못한다. 인간은 하나님이 소유권을 주장하시는 인간 자신의 실존 속에서 자신을 알 때에야 비로소 실재의 주이신 하나님에 관하여 이야기할 이유를 가진다."[19] 불트만은 우리가 그 안에서만 실재를 가질 수 있는 요소를 무시하는 이야기, 곧 우리 자신의 실존을 무시하는 이야기는 자기기만이라고 주장한다.

이런 점에서 우리는 불트만 사상 속에서 그 근거를 찾지 않으면 쉬이 오해에 빠지게 된다는 결론에 이른다. 발터 슈미탈스는 불트만의 결론을 이런 문장으로 요약한다. "하나님의 계시에 근거하여 하나님을 이야기하는 신학은 하나님을 이야기하더라도 하나님에 **관하여** 이야기하지 않고 인간을 이야기할 때 비로소 가능하다."[20] 불트만의 논문 "하나님에 관하여 이야기한다는 것은 무슨 뜻인가?"를 이 문제에 관한 주된 자료로 인용하긴 했지만, 이 접근법은 당연히 불트만의 신학과 해석학 전체에 스며들어 있다. 그는 『예수 그리스도와 신화』에서 이 원리를 전이해 문제의 맥락에서 제기하면서 이런 결론을 내린다. "하나님에 관한 질문과 나 자신에 관한 질문은 동일하다."[21] 더 중요하고도 특별한 점은 불트만이 『신약신학』에 이렇게 썼다는 것이다. 바울 신학은

---

17 *Ibid.*, p. 60 (German, p. 33).
18 *Ibid.*, pp. 56 and 60 (German, pp. 29 and 33).
19 *Ibid.*, p. 60 (German, p. 33).
20 W. Schmithals, *An Introduction to the Theology of Rudolf Bultmann*, p. 37.
21 R. Bultmann, *Jesus Christ and Mythology* (S.C.M., London, 1958), p. 53

"하나님을 자신 안에 계신 분이 아니라 오로지 인간에게, 인간의 책임과 구원에 의미가 있는 분으로 다룬다. 마찬가지로, 바울 신학에서는 세계와 인간을 그들 자신 안에 있는 존재로 보지 않고 언제나 하나님과 관련지어 본다. **하나님에 관한 모든 주장은 동시에 인간에 관한 주장이며, 그 반대 역시 동일하다.**…따라서 바울 신학은 그의 인간론으로 다루는 것이 가장 좋을 수 있다."[22]

하지만 우리는 인간에 관하여 이야기하는 서로 다른 두 방법이, 하나님에 관하여 이야기하는 서로 다른 두 방법이 있음을 다시 말할 수밖에 없다. 불트만은 그의 논문 "'자연 신학'의 문제"에서 "자연인(거듭나지 않은 사람—옮긴이)도 그의 실존 속에서 하나님에 관하여 알기 때문에 하나님에 관하여 이야기할 수 있다"고 주장하는데, 이 앎은 하나님에 관해 **묻는다**는 의미이므로, 여전히 하나님에 **관한** 지식이다.[23] 앙드레 말레는 이렇게 설명한다. "그가 도달하는 것은 모두 하나님에 관한 **개념**이다. 자연과 역사에서 연구한다면 우리는 하나님을 발견하지 못할 것이다. 하나님은 자연이나 역사 속에 계시지 않기 때문이다."[24] 반면, 불트만은 자연 신학을 다룬 같은 논문에서 다른 이야기 방법이 있다며 이렇게 썼다. "그 방법은 오로지 특정한 순간에만 근거한다. 그것은 어떤 사상 체계 속의 개념에 관한 이론적 사색일 수가 없다. 그것은 오로지 특정한 상황에서 주어진 요구에 순종하여 믿음을 드러내는 구체적 행위일 수밖에 없다."[25]

슈버트 옥든은 불트만이 키르케고르가 하나님과 인간의 "무한한 질의 차이"라 불렀던 것과 관련하여 변증법 신학이 설파한 원리를 받아들인 것이 그의 사상 전체의 중심축을 보여 준다고 주장한다.[26] 이어 그는 이렇게 주장한다. "자아와 자아의 세계 사이에 존재하는 비슷한 관계가…하나님과 세계의 관계

---

22 R. Bultmann, *T.N.T.* I, pp. 190-191. 티슬턴 강조.
23 R. Bultmann, *F.U.* I, p. 324.
24 A. Malet, *The Thought of Rudolf Bultmann*, p. 90. 말레 강조.
25 R. Bultmann, *F.U.* I, p. 331.
26 S. Ogden, "Introduction" in R. Bultmann, *E.F.*, pp. 14-23.

를 상당히 밝혀 준다는 데는 의심의 여지가 전혀 없다."[27] 이어 그는 실존철학이 이 관계를 밝혀 준다고 덧붙인다. 이 말을 널리 일반론을 개괄하여 요약한 말로 받아들인다면, 이 말은 참이다. 그러나 이를 불트만이 하이데거가 현존재를 바라보는 시각을 유추하여 하나님께 적용했다는 의미로 이해해서는 안 된다. 하이데거 철학이 불트만 사상 속에서 한 정확한 **역할**은 그보다 더 복잡하다. 첫째, 불트만과 자유주의 사상의 연속성은 신학이 현대인에게 적실성이 있는가를 묻는 그의 관심을 보증한다. 둘째, 그와 루터파 신학, 그와 신칸트주의의 관계는 하나님을 일반 법칙에 따라 객관화하는 사유의 영역 밖에 놓는다. 다음으로, 불트만은 하나님의 실재하심이, 하나님에 관한 어떤 **개념**을 받아들일 때가 아니라 원시 그리스도인 공동체의 믿음과 예배에서, 케리그마에 보이는 그들의 반응 속에서 현실로 이루어진다는 믿음을 종교사학파에게서 가져온다. 이 모든 다양한 접근법에 비춰 볼 때, 케리그마와 신화의 대조가 신약성경을 이해하는 데 중요했던 것 같다. 이제 변증법 신학은 객관화 문제가 중대함을 하나님에 관한 이야기와 관련지어 강조하고 확증하는 것 같다.

하이데거는 그 문제의 조건은 물론 불트만이 그 문제를 얼마나 해결하고 싶어 하는가도 좌우하지 않았다. 하이데거의 역할은, 거의 불트만이 이미 붙들고 씨름하던 바로 그 과업을 달성하려고 고안된 것처럼 보이는 개념을 제공하는 것이다. 그것은 단순히 하이데거가 신약성경 자체의 단어보다 현대인이 더 잘 이해할 수 있을 법한 어떤 단어를 제공한다는 문제가 아니다. 하이데거는 현존재를 분석함으로써 자아에 관한 이야기를 할 수 있는 길을 제공한다. 이 자아는 그것을 객관화하는 문제를 분명히 피하며, 자기 이해를 **통해** 자아 너머에 있는 진리를 드러내 주겠다고 약속한다. 불트만이 하나님의 드러남이 나 자신의 드러남과 관련이 있다고 본 것처럼, 하이데거도 존재는 오로지 자기 이해를 통해 드러날 수 있다고 생각한다. 더구나, 자기 이해는 단순히

---

[27] *Ibid.*, p. 16.

우리를 다시 자기 이해 문제로 되돌아가게 할 인간 '의식'의 문제가 아니다. 그것은 염려인 현존재 전체와 관련이 있으며, 특히 결의성을 통해 현존재를 개별화한다. 하이데거의 철학은 하나님과 인간, 하나님과 세계의 관계를 서술하는 모델을 제공하는 차원을 넘어 더 많은 일을 행하며, 해석학 단어를 제공하는 차원을 넘어 더 많은 일을 행한다. 그것이 **바로** 불트만의 해석학이며, 이는 단순히 하나님에 관한 이야기를 현대인이 이해할 수 있게 하는 데 그치지 않고 그 이야기를 가능하게 한다는 점에서 그렇다.

이 모든 것을 말한 지금, 그와 동시에 하이데거 사상이 불트만의 해석학과 관련하여 한 역할도 하나가 아니라 여러 가지로 해석할 수 있다는 말을 덧붙여야 한다. 불트만과 루터파 신학, 신칸트주의, 변증법 신학의 관계가 형성한 인식론 전제를 가지고 불트만이 시작한 곳에서 시작하지 않은 사람은 누구나 하이데거가 해석학에서 차지하는 의미를 다른 형태로 이해한다. 예를 들면, 그런 사람은 하이데거 철학을 관념론이나 데카르트 철학의 시각이 지배하는 신약 해석학을 바로잡는 것으로 볼지도 모른다. 이런 관점에서 보면, 하이데거 철학의 주된 역할은 신약성경 속의 인간을 영혼과 실체가 아니라 그가 가진 여러 가능성이라는 관점에서 볼 수 있는 개념을 제공하는 것이다. 하이데거는 그런 해석을 가능케 하고 의미 있게 해 주는 단어를 제공한다.

하이데거가 불트만의 해석학과 관련하여 한 역할에 대한 우리의 평가는 이 두 대안 사이에서 중도를 취한다. 먼저, 우리는 하이데거가 신약 해석학과 관련하여 한 역할의 급진성을 인정하는 불트만의 견해를 받아들이지 않는다. 우리는 불트만의 사상과 루터파 신학, 변증법 신학, 신칸트 철학의 독특한 관계가 제시하는 문제의 조건을 받아들이는 데서 시작하지 않기 때문이다. 이는 믿음으로 의롭다 하심을 받음을 **인식론** 원리로 바꿔 버림으로써, 해석학이 객관화 문제에 의존하게 만든다. 이것은 하나님에 **관한** 이야기와 하나님에**게서 온** 이야기를 구분하는 불트만의 타당한 견해를 부인하는 것도 아니며, 하나님에 관한 지식과 자아에 관한 지식은 서로 밀접한 관계가 있다는 장 칼뱅의 믿음에 의문을 제기하는 것도 아니다. 하지만 H. P. 오웬(Owen)이 말하듯이, "어느 정도 '그것을 믿지'(believing that) 못하면 '그 안으로 들어가는 믿음'(believing in)은 불가능하다."[28] 반면, 주체와 객체의 대조를 넘어 그 뒤편에 도달하려는 하이데거의 시도는 신약성경 해석에 단순히 '개인주의'를 담은 단어를 제공하는 차원에 그치지 않고 더 많은 일을 한다. 이 책 앞 장에서 내린 결론에서는 하이데거가 이 점에서 중요한 기여를 했다고 주장했다. 그의 기여는 성경 해석, 그중에서도 특히 비유 해석에 심대한 영향을 미쳤는데, 특별히 해석자가 신약성경을 바라볼 때 독자로 하여금 단순한 인식과 추론을 초월한 어떤 실재를 대면하게 하는 책으로 봐야 한다고 권한 것이 그런 예다.

그렇다면 하이데거가 불트만의 해석학과 관련하여 한 역할은 적어도 세 가지로 볼 수 있으며, 이 셋이 꼭 서로 모순을 빚지는 않는다. 이 점은 나중에 다시 살펴보겠다. 그런가 하면, 불트만이 해석학의 맥락에서 객관화 문제에 사로잡혀 있다는 사실은 또 다른 관련 문제를 일으킨다. 성경 저자가 실제로 인간을 객관화하지 않는 견해를 전제했다면, 이런 언어를 **이해할 수 있느냐**는 문제가 예민한 사안이 되었을 것이다. 이스라엘과 원시 교회의 삶 속에서 어떤 역사 전승이 등장하여 공적 의미 기준이 확립되며, 하나님의 구원 행위에 관한 말도 이스라엘과 원시 교회의 삶에 비추어 의미를 갖게 된다. 예를 들어, 구속이 무엇인지는 출애굽에서 시작하여 이스라엘 사사들을 거치며 계속된 **세계 속** 사건들에 관한 전승에 비춰 의미를 갖게 된다. 분명 불트만은 하나님의 행위를 인간 '내면의' 삶으로 전락시켰다는 비판을 거부하며, 그의 거부는 타당하다. 여기서 바르트의 비판은 빗나간다.[29] 그렇지만 우리는 이미 불트만이, 말레의 말처럼 "하나님은 자연 속에도 역사 속에도 계시지 않는다"고 본다는 것을 살펴보았다. 이 접근법은 적절한 때에 비트겐슈타인의 이런 유비와 비교해 보겠다. "모든 사람은 **자신의** 딱정벌레를 봄으로 비로소 딱정벌레가

---

[28] H. P. Owen, "Revelation" in *T.R.B.*, p. 47.
[29] R. Bultmann, *E.P.T.*, pp. 259-260. 여기서 그는 바르트가 『교회교의학』 III/2에서 한 말을 비판한다.

무엇인지 안다고 말한다. 여기에서는 모든 사람이 각자의 상자 안에 다른 무언가를 갖고 있을 가능성이 높을 것이다.…사람은 상자 안에 있는 것으로 '완전히 나뉠' 수 있다. 그것이 무엇이든, 그것은 상쇄된다."³⁰

불트만이라면 십중팔구 비트겐슈타인은 오로지 인간의 삶과 언어에만 관심이 있다고 지적하는 반응을 보일 것이다. 그러나 불트만은 해석학에 다가가는 그의 전체 접근법에서 그리스도인도 여전히 **인간**이며 신학 언어도 여전히 **언어**임을 강조한다. 겉보기에 그가 '하나님에 관한 이야기'를 논한 내용은 우리를 객관화하는 사유의 영역에서 끄집어내는 것 같다. 그렇다 하더라도 그는 해석학 문제에 다가갈 때 '삶'에서 시작한다. 이 논의가 우리를 '일상' 언어의 영역으로 얼마만큼 다시 데려갈지는 미지수다. 이는 불트만이 하나님에 관한 이야기를 다룬 그의 논문에서 이런 수수께끼 같은 말을 하기 때문이다. "사랑에 관하여 말하는 것 자체가 사랑하는 행위가 아니라면, 아무도 사랑에 **관하여** (*über* Liebe) 말할 수 없다."³¹ 그러나 불트만은 불과 5년 뒤에 나온 그의 논문 "현존재의 역사성과 믿음"에서 우리가 보았듯이, 친구가 없는 사람도 우정이 무엇인지 아주 잘 알 수 있다는 가설을 근거 삼아 주장을 전개한다. "그런 사람이 친구를 찾는 데 성공한다면, 그는 자신이 이미 친구 없는 자기 이해를 통해 안 것보다 무엇을 '더' 안 것인가?"³² 따라서 우리는 해석학 속의 '삶'과 전이해 문제에 다가가는 불트만의 접근법을 더 꼼꼼히 살펴봐야 한다. 이것은 그와 딜타이의 관계와 관련이 있기 때문에, 역사 문제를 연구하는 그의 접근법과 따로 떼어서 보기가 쉽지 않다.

---

30 L. Wittgenstein, *P.I.*, sect. 293.
31 R. Bultmann, *F.U.* I, p. 53 (German, p. 26).
32 R. Bultmann, *E.F.*, p. 116.

32. 불트만의 해석학과 빌헬름 딜타이의 철학

얼핏 보면 불트만이 빌헬름 딜타이와 R. G. 콜링우드에게서 해석학과 역사에 관한 자신의 견해를 지지할 내용을 찾는다는 것이 놀라워 보일지도 모른다. 불트만은 1950년에 내놓은 그의 논문 "해석학의 문제"에서, 25쪽 남짓한 분량에 딜타이의 작품을 분명 열두 번도 넘게 원용한다.[33] 그는 "역사와 종말론"이라는 제목으로 한 1957년 기포드(Gifford) 강연에서 이렇게 단언한다. "내가 보기에, 역사의 문제에 관한 가장 훌륭한 말은 R. G. 콜링우드의 책 『역사의 개념』(The Idea of History, 1946, 1949)에 들어 있다."[34] 그렇지만 사실 딜타이가 인간 본성은 역사가 흘러가도 변함이 없다는 견해를 바탕 삼아 해석학 문제를 풀려고 시도하는 데 비해, 콜링우드의 중심 개념 중 하나는 '사상'의 재현이라는 개념이다. 윌리엄 드레이(William Dray)는 실제로 딜타이와 콜링우드를 크로체(Croce) 및 헤겔과 함께 묶어 주요 관념론 역사철학자로 분류한다.[35] 말이 나온 김에, 딜타이와 신칸트 철학은 칸트의 유산을 함께 물려받았지만 서로 날카로운 차이를 보인다는 점도 언급할 가치가 있다. 이 차이는 루돌프 A. 마크렐(Rudolf A. Makkreel)이 개관하고 논했다.[36] 하지만 불트만은 딜타이의 사상을 추려서 인용하며, 그의 철학 전체에 동의하지는 않는다. 그는 자신이 콜링우드의 작품을 사용했다 하여 받는 비판에는 더 열린 자세를 보이는데, 그런 비판은 재스퍼 홉킨스(Jasper Hopkins)가 이 주제를 다룬 한 논문에서 아주 강하게 제기했다.[37]

빌헬름 딜타이(1833-1911)는 역사 이해가 과학에 적합한 일반 법칙에 비춰

---

[33] R. Bultmann, *E.P.T.*, pp. 234, 235, 238, 239, 240, 243, 247, 248, 250, 251; 참고. pp. 234-261.
[34] R. Bultmann, *History and Eschatology* (Edinburgh University Press, 1957, rpt. 1975), p. 130. 『역사와 종말론』(대한기독교서회).
[35] H. Dray, *Philosophy and History* (Prentice-Hall, Englewood Cliffs, N. J., 1964), p. 3.
[36] R. A. Makkreel, "Wilhelm Dilthey and the Neo-Kantians" in *J.H.P.* VII (1969), pp. 423-440.
[37] J. Hopkins, "Bultmann on Collingwood's Philosophy of History" in *H.T.R.* LVIII (1965), pp. 227-233.

'설명'하는 문제가 아님을 알았다. 자연과학(Naturwissenschaften)의 방법과 법칙은 인문학(Geisteswissenschaften)의 방법 및 법칙과 구분해야 한다. 후자는 인간의 삶(das Leben)과 이해(Verstehen)의 독특성과 관련이 있다. 딜타이가 "역사 이성 비판"(Critique of Historical Reason, Kritik der historischen Vernunft) 이라 불렀던 것은, H. A. 호지스(Hodges)가 한 말을 사용하면, "사건과 과정을 일반 법칙을 통해 설명하는 것"이라기보다 "독특한(unique) 개인의 의미와 가치를 음미하며 이해하는 것"이었다.[38] 하지만 딜타이는 역사 이해에 쓰는 방법들이 이런 이유 때문에 비과학적이지는 않다는 주장도 함께 펼쳤다. 그는 이런 접근법이 보편타당성(Allgemeingültigkeit)을 가진다고 주장했다.

딜타이는 삶(생, 生)에 인간의 생각과 느낌, 의지가 들어가며, 이 삶이 역사의 주제를 구성한다고 본다. 이 때문에 앨런 리처드슨이 말하듯이, "역사가는 자신이 역사 속 존재이기 때문에, 자신을 다른 사람들의 경험 속에 투사하고 이를 통해 과거를 이해하여 자신의 현재 경험을 확장할 수 있다. 역사 이해는 다른 이들이 과거에 한 경험을 뒤에 다시 경험함으로써(nacherleben) 그 경험을 자기 것으로 만드는 것을 뜻한다."[39] 딜타이 자신이 했던 유명한 말로 보면 이렇다. "이해는 나를 너 안에서 다시 발견하는 것이다…나, 너, 공동체 안에 있는 모든 주체, 모든 문화 체계 안에 있는 마음의 이런 동일성과…세계사의 동일성 때문에 인문학이 펼치는 다양한 활동이 공통된 결과를 만들어 낼 수 있다. 여기서 주체는 그 객체와 하나다."[40]

딜타이는 해석자가 자신을 통해 역사를 이해할 뿐 아니라 역사를 통해 **자신을 이해한다**고 주장한다. 이것이 불트만의 견해와 가장 잘 들어맞는 핵

---

[38] H. A. Hodges, *The Philosophy of Wilhelm Dilthey* (Routledge & Kegan Paul, London, 1952), pp. xiv-xv.
[39] A. Richardson, *History Sacred and Profane*, p. 163.
[40] W. Dilthey, *Gesammelte Schriften* (Teubner, Stuttgart, 1962 edn.) VII, p. 191; H. A. Hodges, *Wilhelm Dilthey: An Introduction* (Kegan Paul, Trench & Trubner, London, 1944), p. 114에 몇몇 본문이 선별, 번역되어 있다.

심 강조점 중 하나다. 그리하여 딜타이는 이렇게 썼다. "우리는 내면을 들여다봄이 아니라 오로지 역사를 통해 우리 자신을 알게 된다."[41] "인간이 무엇인지는 오직 역사만이 그에게 일러 줄 수 있다."[42] 하지만 해석학의 기초는 여전히 인간의 어떤 공통 본성이다. "우리는 각 사람들을 그들이 서로 가진 유사점, 곧 그들이 공유하는 공통 요인을 통해 이해한다."[43] 잘 알려져 있듯이, 딜타이는 슐라이어마허의 해석학, 특히 그의 후기 저작을 인용한다. 이 때문에 H. N. 터틀은 딜타이의 해석학에서 내린 결론을 두고 이렇게 말한다. "다른 이들 '내면의' 삶은—과거든 현재든—우리 자신의 삶과 똑같은 '인간의 요소'이기에, 우리 자신을 아는 지식을 모두 동원하여 이해할 수 있다."[44]

이제 딜타이에서 불트만으로 눈을 돌리면, 딜타이의 견해가 불트만의 사상에서 제시하는 네 가지 강조점으로 이어짐을 볼 수 있다. 이 강조점은 불트만이 1950년에 해석학을 주제로 내놓은 논문뿐 아니라, "전제 없는 주해가 가능한가?"(Is Exegesis without Presuppositions Possible?, Ist Voraussetzunglose Exegese Möglich?), 『역사와 종말론』(History and Eschatology)의 몇몇 장, 여러 논문과 같은 연구 결과물에서도 등장한다.[45]

첫째, 불트만은 딜타이의 이런 질문을 가져다 쓴다. 개인, 특히 과거 역사 속의 어느 개인에 관한 우리 이해가 "보편타당한 객관적 이해"(allgemeingültigem objektiven Verständnis)일 수 있는가?[46] 불트만은, 슐라이어마허도 분명히 알았듯이, 이런 이해가 "단순히 해석학 규칙을 지킨다고 얻을 수 있는 것은 아니라고" 대답한다.[47] 딜타이 자신의 말을 빌려 보자면(불트만이 인용한 말이다),

---

41 W. Dilthey, *Gesammelte Schriften* VII, p. 279.
42 *Ibid.*, VIII, p. 224.
43 *Ibid.* VII, p. 212; H. A. Hodges, *Wilhelm Dilthey: An Introduction*, p. 120에 번역되어 있다.
44 H. N. Tuttle, *Wilhelm Dilthey's Philosophy of Historical Understanding: A Critical Analysis* (Brill, Leiden, 1969), p. 11.
45 R. Bultmann, *E.F.*, pp. 342-351; *G.u.V.* III, pp. 142-150.
46 R. Bultmann, *E.P.T.*, p. 235; *G.u.V.* II, p. 211.
47 *Ibid.* (English, p. 237; German, p. 214).

딜타이가 보기에 "주해는 개인의 솜씨(der persönlichen Kunst)로 만든 작품으로…주해자의 정신 구조라는 조건의 제약을 받는다. 따라서 주해는 저자와 나누는 철저한 사귐에 의해 강해지는 유사성(Verwandtschaft)에 의존한다."[48] 하지만 이것이 해석학의 타당성은 물론 해석학의 '객관성' 주장에 의문을 제기하는 것은 결코 아니다. "'가장 주관성이 강한'(subjektivste) 해석이…'가장 객관성이 강한'(objektivste) 해석이다. 다시 말해, 자신들의 실존(der eigenen Existenz)을 묻는 물음에 자극받은 이들만이 텍스트에서 제시하는 주장을 들을 수 있다."[49]

이는 우리를 불트만의 두 번째 강조점으로 인도한다. 이해는 해석자 자신에게 주어져 있는 어떤 관점을 대변하는 질문들을 내가 던지는 데서 **시작한다.** 불트만은 이렇게 썼다. "이해는…늘 **어떤 특정한 '대상'을 향하여 특정한 질문을 제기하려는**(einer bestimmten Fragestellung, an einem bestimmten Woraufhin) 것이다.…아니, 더 정확히 말하면, 이해는 늘 그 주제에 관한 사전 이해가(von einem Vorverständnis der Sache) 지배하며, 주체는 텍스트를 탐구할 때 사전 이해를 따른다. 질문 제기와 해석은 이런 사전 이해에 기초할 때만 가능하다."[50] 결국 우리는 이 연구서 첫 장에서 제시한 원리, 곧 해석학은 해석자가 서 있는 지평들을 고려하지 않으면 앞으로 나아가지 못한다는 원리에 이른다. 불트만이 말하듯이, 딜타이는 텍스트 저자와 현대 해석자의 관계가 해석학의 쟁점이라고 보았다.

사실 서로 다른 텍스트가 실제 다루는 주제는 경우에 따라 다를 수 있음에도 불트만은 이렇게 주장한다. "모든 텍스트는 사실 딜타이가 정립한 공식을 따라, 곧 '역사 속' 개인의 삶을 담은 기록으로 이해할 수 있다.…이해의 전제는 해석자가 자신의 삶 속에서 텍스트가 직간접으로 표현하는 주제와 가지

---

48 *Ibid.* (English, p. 238; German, p. 215).
49 *Ibid.* (English, p. 256; German, p. 230).
50 *Ibid.* (English, p. 239; German, p. 216; 불트만 강조).

는 관계다."⁵¹ 이미 보았듯이, 불트만은 슐라이어마허를 따라 이 원리를 어린이가 언어를 말하고 이해하길 배우는 것과 관련지어 설명한다. 이런 배움은 "요컨대 그가 자신의 삶의 맥락 속에 자리한…그의 환경에 익숙해짐과 긴밀하게 연계하여" 일어난다.⁵² 불트만은 그의 두 논문에서 다양한 유형의 텍스트 이해와 삶의 여러 다른 측면을 비교한다. "내가 음악과 관련이 있고 또 음악과 관련이 있는 한, 나는 오로지 음악을 다루는 텍스트만 이해한다.…내가 수학과 관련이 있다면, 나는 오로지 수학 텍스트만 이해한다."⁵³ "종교와 철학이 무엇인지도 모르는 이가 종교사와 철학사를 이해할 수 있을까?…자본주의 원리와 사회주의 원리도 이해하지 못한 사람은 1848년의 공산당 선언을 이해하지 못한다."⁵⁴

불트만의 세 번째 강조점은 텍스트 해석이 자기 이해와 관련 있다는 것이다. 역사나 시, 예술을 다루는 텍스트는 "**인간 존재의 가능성들을**(*Möglichkeiten des menschlichen Seins*) 이해시켜 준다."⁵⁵ 그는 딜타이와 슐라이어마허가 이런 점에서 랑케와 역사학파가 무시하거나 심지어 억압했던 통찰을 전해 준다고 주장한다. 불트만의 『역사와 종말론』을 보면, 그는 콜링우드도 이 점을 강조했음을 발견한다. 그는 특히 요르크 백작의 작업을 인용하여 역사가 '비판적 자기 점검'과 관련이 있음을 보여 준다. "역사에 직접 참여하지 않는 구경꾼은 역사를 도통 볼 수 없게 된다."⁵⁶ 그리하여 불트만도 이렇게 주장한다. "텍스트를 탐구할 때는 탐구자 자신이 텍스트의 점검을 받게 하고 텍스트가 제시하는 요구(Anspruch)에 귀를 기울이게 하는 것이 타당하다."⁵⁷ "따라서 어떤 객관적 지식을 얻으려면 해석자가 자신의 주관성을 잠재우고 개성을 꺼 버려야 한다

---

51 *Ibid.* (English, pp. 240 and 241; German, pp. 216 and 217).
52 *Ibid.* (English, p. 242).
53 *Ibid.*, pp. 242-243.
54 R. Bultmann, *E.F.*, p. 347.
55 R. Bultmann, *E.P.T.*, pp. 246 and 249 (German, pp. 222 and 224).
56 *Ibid.*, p. 251.
57 *Ibid.*, p. 254 (German, p. 228).

는 요구는 사람이 상상할 수 있는 요구 가운데 가장 터무니없는 요구다."⁵⁸ 역사는 스스로 역사 속에 서 있으면서 역사에 참여하는 사람에게만 이야기한다. 그는 주해의 전제들을 다룬 논문에서 이렇게 단언한다. "역사의 객관적 내용은 실존으로서(existentiell) 움직이고 살아 있는 주체만이 이해할 수 있다. 역사를 이해할 때 자연과학에서 타당성을 갖는 주체와 객체 도식은 타당하지 않다."⁵⁹

넷째, 불트만은 이 세 강조점이 성경 해석에 초래한 결과들을 탐구한다. 여기서 나타나는 기본 강조점은 성경 본문의 '신성한' 성격이 이해 문제라는 해석학 문제를 축소하지 않는다는 것이다. 이런 의미에서 불트만은 이렇게 썼다. "성경을 해석할 때 따라야 할 조건은 다른 모든 종류의 문헌을 해석할 때 적용하는 조건과 다르지 않다."⁶⁰ 이는 곧 전이해 문제를 피할 수 없음을 뜻한다. 해석은 해석자 자신의 질문, 해석자 자신의 삶의 경험에서만 시작할 수 있다. 이 특별한 의미를 생각할 때, "전제 없는 주해는 있을 수 없다(*voraussetzungslose Exegese kann es nicht geben*).···각자의 개성이 모든 주해자를 결정한다."⁶¹ 동시에 불트만은 이런 말을 덧붙이는데, 옳은 말이다. "전제하는 관점이 어떤 선입견이 아니라 하나의 문제 제기 방식이라면(wenn die vorausgesetzte Fragestellung nicht ein Vorurteil, sondern eben eine Fragestellung ist), 전제를 따른 주해가 곧 역사 모습의 왜곡을 뜻하는 것은 아니다."⁶²

불트만은 이런 생각이 주해가 최종적이라는 의미의 명확성은 가질 수 없다는 결론을 수반함을 인정한다. 불트만은 발터 클라스(Walter Klaas)의 비판에 맞서, 성경 해석과 성경이 '정말로' 말하는 것을 비교하는 방법으로 해석학 문제를 풀 수는 없다고 주장한다. 마찬가지로, 그는 불트만처럼 생각하면 성경의 진리가 '인간 내면의 삶에 관한 명제들'로 전락해 버린다는 바르트의 비판도

---

58 *Ibid.*, p. 255.
59 R. Bultmann, *E.F.*, p. 348.
60 R. Bultmann, *E.P.T.*, p. 256.
61 R. Bultmann, *E.F.*, pp. 344-345; *G.u.V.* III, p. 143. 불트만 강조.
62 *Ibid.* (English, p. 346; German, p. 146).

거부한다.[63] 이 책 앞 장에서는 이미 전이해 문제가 불가피하다고 주장했다. 바르트의 비판이 어떤 타당성을 가진다면, 그것은 전이해를 바라보는 불트만의 견해 때문이 아니라, 불트만이 하나님에 관한 이야기를 객관화하길 거부하는 바람에 인간론 차원이 필요하게 되었기 때문이다. 그렇다 해도 불트만이 인간 **실존**(Existenz)과 **관련된** 언어를 '내면 상태'에 **관한 명제**들로 묘사하는 바르트의 견해를 거부한 것은 올바르다. 자기 이해와 실존은 지식 및 내면 상태보다 더 많은 것과 관련이 있다.

하지만 바로 이 점이 우리를 딜타이와 콜링우드에게로 인도한다. 딜타이와 관련해서는 두 가지 관찰 결과를 살펴봐야 한다. 첫째, 사실 바르트의 불트만 비판은, 이를 딜타이 비판으로 본다면 더할 나위 없이 정당하다. H. A. 호지스는 이렇게 썼다. "딜타이는 초월성을 지녔다고 하는 모든 실재가 사실은 내면 경험의 투사임을 보여 주려고 한다.…하나님과 세계의 관계라는 문제는 우리 안에 있는 더 높은 세계와 더 낮은 세계의 관계, 우리의 바람직한 열망과 동물 같은 본성의 관계라는 문제의 반영이다."[64] 다시 말해, 딜타이 자신에게 하나님은 실상 자기를 아는 지식을 갖게 하는 데 기여하는 암호이자 내면 경험의 투사다. 이처럼 딜타이는 자신의 해석학이 꼭 이런 결론을 요구하지는 않더라도 이런 결론을 **인정한다**는 것을 보여 주며, 따라서 이는 기독교 신학자가 그의 사상을 인용할 때 주의를 기울여야 함을 시사한다.

둘째, 세월이 가도 인간 본성은 변함없이 동일하다고 보는 딜타이의 낙관론은 어떤 실존주의자들의 인간 평가와 긴장을 빚는 것 같다. H. N. 터틀은 딜타이가 "모든 이는 같은 상황에 우리 자신이 했을 법한 그대로 생각하고 느끼며 무언가를 하려 한다"라는 가정을 한다고 해석한다.[65] 그러나 에른스트 푹스와 만프레트 메츠거(Manfred Mezger) 같은 저자는 이런 가정을 거부한다.

---

63 R. Bultmann, *E.P.T.*, pp. 259-260.
64 H. A. Hodges, *The Philosophy of Wilhelm Dilthey*, p. 348.
65 H. N. Tuttle, *Wilhelm Dilthey's Philosophy of Historical Understanding*, p. 11.

메츠거는 이렇게 썼다. "내가 나 자신을 모세나 바울의 모습으로 묘사한 짧은 삽화는 분명 인기가 있지만 만족스럽지는 않다. 나는 모세도 바울도 아니기 때문이다."[66]

불트만이 딜타이의 철학을 사용한 것, 그리고 그 문제에 콜링우드의 철학을 사용한 것이 그가 실존주의의 시각을 사용한 것과 완전히 조화를 이룰 수 있는가? 클로드 제프레(Claude Geffré)를 포함한 일부 저술가들은 딜타이와 콜링우드가 '실존주의 역사 개념'을 갖고 있다고 이야기했다.[67] 이미 언급한 난점이 있긴 하지만, 이 용어의 의미를 더 넓게 보면 이런 서술은 정당하다. 불트만이 아주 확고하게 인정하는 딜타이의 큰 강조점은, 앙드레 말레가 말하듯이, 역사가는 역사를 "인간이 과거에 가졌던 다양한 가능성을 자신의 가능성으로" 드러내는 것으로 본다는 것이다.[68] 역사를 단지 과거 속에 존재한 원인과 결과의 물리적 연쇄가 아니라 현재의 사람들과 관련된 것으로 보는 것이다. 이 점에서 이는 앞 장에서 살펴본 현존재의 역사성에 관한 하이데거의 견해와 유사성이 있다. 실제로 우리는 하이데거가 『존재와 시간』에서 자신이 요르크 백작은 물론 딜타이에게도 빚을 졌다고 아주 분명하게 표명한 것을 보았다. 하이데거는 딜타이가 보여 주는 '심리화' 경향의 중요성을 과장하여 그의 작업에서 보여 주는 다른 측면들을 가리는 일은 하지 말아야 한다고 주장한다.

앞서 4장에서는 전이해와 신학을 논하면서, 불트만이 이 문제를 다루는 접근법을 언급했다. "우리가 가진 질문과 개념의 근원인 성경 주제(Sache)를 상대로 우리가 이미 갖고 있는 관계, 곧 '삶-관계'는 무엇인가?"[69] 우리는 불트만

---

[66] M. Metzger, "Preparation for Preaching: the Route from Exegesis to Proclamation" in *J.T.C.* II (1965), p. 166; 참고. pp. 159-179.
[67] C. Geffré, "Bultmann on Kerygma and History" in F. O'Meara and D. M. Weisser (eds.), *Rudolf Bultmann in Catholic Thought* (Herder & Herder, New York, 1968), p. 175.
[68] A. Malet, *The Thought of Rudolf Bultmann*, p. 77.
[69] R. Bultmann, *Jesus Christ and Mythology*, p. 52.

이 그의 책 『예수 그리스도와 신화』에서 이렇게 답한 것을 보았다. "인간의 삶은 하나님을 찾는 데서 움직인다. 인간의 삶은 늘…자신의 실존에 관한 질문이…움직이기 때문이다. 하나님에 관한 질문과 나 자신에 관한 질문은 동일하다."[70] 하지만 우리는 하나님에 관한 이야기를 인간에 관한 이야기를 통해 오는 것으로 혹은 인간에 관한 이야기로 보는 불트만의 견해가 빌헬름 딜타이의 사상을 원용하지 않으며, 신학과 철학 면에서 빌헬름 딜타이의 사상과 다른 뿌리를 갖고 있음을 논했다. 그렇지만 이 '하나님을 미리 아는 지식'이 '하나님의 계시를 아는 [지식]은 아니다.' 불트만은 다만 인간이 자신의 유한성과 피조성을 통해 하나님에 관한 질문들을 하기 **시작할** 수 있다고 말한다. 이해 가능성이라는 차원에서 이미 어떤 출발점이 존재한다. 불트만은 딜타이에게서 어떤 자연주의적 하나님 교리나 내재적 하나님 교리를 끌어내지 않고, 다만 해석학 과정에는 '삶' 속에 있는 어떤 출발점, 곧 해석자 자신이 이미 경험한 출발점이 있어야 한다는 인식을 끌어낸다.

33. 콜링우드의 역사철학을 원용하는 불트만

우리는 이미 불트만이 콜링우드가 쓴 『역사의 개념』을 역사 문제에 관하여 '가장 훌륭한 것'을 이야기하는 책으로 본다는 것을 이야기했다. 그러나 재스퍼 홉킨스는 불트만이 콜링우드의 역사철학을 원용한 것을 예리하게 다룬 그의 논문에서 이렇게 주장한다. 불트만은 "콜링우드가 한 말을 케리그마 신학의 언어로 바꿔 버림으로써 콜링우드에 관하여 치우친 해석을 제시한다.…그는 콜링우드를 실존주의 범주라는 눈으로 바라본다." 그는 이런 결론을 내린다. "해석학 문제를 다룬 불트만의 기포드 강연에서 콜링우드의 역사철학을 해석

---

[70] *Ibid.*, p. 53.

하면서 그렇게 어처구니없는 잘못을 저질러야 했다는 것은 아이러니다."[71]

홉킨스가 제시한 주장에도 참인 요소가 조금은 있긴 하지만, 그의 주장에는 불트만을 전혀 공정하게 평가하지 않은 주장도 하나 있음을 논증해 보겠다. 홉킨스는 불트만이 콜링우드의 저작을 총망라하여 살피지 못하는 바람에 잘못을 저질렀다고 주장한다.[72] 어느 특정 저작을 살필 때는 분명 저자의 더 넓은 사상이라는 맥락에 비춰 살펴봐야 한다. 그렇지만 불트만은 자신을 지지하는 근거로 원용하는 개념들을 콜링우드의 책 『역사의 개념』 밖에서 찾았다고 주장하지 않는다. 근래 콜링우드 해석자 중 한 사람인 라이오넬 루빈오프(Lionel Rubinoff)는 콜링우드의 사상이 1936년 무렵에 적어도 한 번 중대한 변화를 겪었다고 주장한다.[73] 이 때문에 『역사의 개념』 해석이 특히 어려워졌다. 이 책은 콜링우드가 1936년 전반기에 한 강연을 기초로 삼은 것이며, 나중에 이 책을 개정하면서 1935년 자료도 포함시켰다. 하지만 우리는 단지 현재 상태의 『역사의 개념』 텍스트를 기준 삼아, 불트만이 그야말로 실존주의와 하이데거라는 안경을 통해 콜링우드를 읽었다는 주장을 살펴보겠다.

R. G. 콜링우드(1889-1943)는 『역사의 개념』에서 "고독하고 무시당한 천재 딜타이"가 당대에 역사 이해라는 주제와 관련하여 가장 훌륭한 일을 해냈다고 주장했다.[74] 크로체와 더불어 딜타이, 더 나아가 콜링우드는 앨런 리처드슨이 말한 "현재의 경험이 역사가의 행위 뒤편에 자리한 실재다"[75]라는 진리를 명확하게 밝혔다. 우리가 앞서 보았듯이, 불트만도 이 점을 강조한다. 실제로 이 점은 불트만의 해석학과 전체 신학에서 매우 강조하는 핵심 가운데 하나다.

---

[71] J. Hopkins, "Bultmann on Collingwood's Philosophy of History" in *H.T.R.* VIII (1965), pp. 228, 232, and 233. 홉킨스 강조.
[72] *Ibid.*, p. 233.
[73] L. Rubinoff, "Collingwood's Theory of the Relation between Philosophy and History: A New Interpretation" in *J.H.P.* VI (1968), pp. 363-380. 아울러 편집자의 논평도 참고하라. T. M. Knox, in R. G. Collingwood, *The Idea of History* (Clarendon Press, Oxford, 1946), pp. v-xxiv.
[74] R. G. Collingwood, *The Idea of History*, p. 171.
[75] A. Richardson, *History Sacred and Profane*, p. 164.

이와 동시에 콜링우드는 딜타이의 길을 따라가다가 딜타이와 헤어져 상당한 거리를 둔다. 그는 이렇게 썼다. "한 가지 문제가 여전히 남아 있다. 딜타이가 삶을 성찰이나 지식과 구별되는 직접 경험을 뜻하는 것으로 보기 때문이다."[76] 딜타이가 "삶"을 이야기할 때, 콜링우드 자신은 사상에 관하여 이야기하길 더 좋아한다.

콜링우드는 이것이 딜타이 사상의 모순이라고 분명하게 서술한다. "딜타이는 모든 것을 심리학에 의존하기 때문에, 분명 딜타이의 주장에는 뭔가 잘못이 있었다. 하지만 심리학은 역사가 아니라 과학이며, 자연의 원리 위에 세워진 과학이다." "역사는 심리학에 비춰 봐야 비로소 이해할 수 있다고 말하는 것은 역사 인식이 불가능하다고 말하는 것이다."[77] 콜링우드는 율리우스 카이사르의 삶을 살펴보는 한 역사가의 주장을 고찰함으로써 자신의 강조점에 내용을 부여하려 한다. 그는 카이사르의 삶을 살펴보는 것은 카이사르가 **되려**는 게 아니라, **마음속**에 있는 **사상**의 차원에서 카이사르의 경험을 다시 경험하는 것이라고 주장한다. 콜링우드는 이렇게 썼다. "율리우스 카이사르의 경험을 나 자신의 인격 속에서 실현하는 방법은 나와 그를 뒤섞는 것이 아니라, 나와 그를 구별하면서 동시에 그의 경험을 나 자신의 경험으로 만드는 것이다. 살아 있는 과거 역사는 현재도 살아 있다. 그러나 그것은 현재의 직접 경험이 아니라 오직 현재의 **자기 인식** 속에 살아 있다. 딜타이는 이것을 못 보고 지나쳤다."[78]

콜링우드는 자신의 역사철학 속에 존재하는 여러 흐름에 그 나름의 중요성을 부여하는데, 이런 중요성은 『역사의 개념』뿐 아니라 『자서전』(*An Autobiography*)이라는 제목이 붙은 그의 저작에 비춰 판단할 수 있다. 해석학과 역사에 특히 중요한 의미가 있는 두 장에는 "질문과 대답"(Question and Answer)과 "마음

---

[76] R. G. Collingwood, *The Idea of History*, p. 172.
[77] *Ibid.*, p. 173.
[78] *Ibid.*, p. 174. 티슬턴 강조.

의 자기 인식인 역사"(History as the Self-Knowledge of Mind)라는 제목이 붙어 있다.[79] 여기서 콜링우드는 자신이 내놓은 견해인 "모든 역사는 사상의 역사다"를 논한다.[80] 즉 그가 『역사의 개념』에 썼듯이, 역사 지식의 대상은 "그것을 아는 마음 밖에 있는 어떤 단순한 객체가 아니다. 그 대상은 사상의 활동이며, 이는 그것을 아는 마음이 그것을 재현하고 마음 자체가 그렇게 재현하고 있음을 알 때 비로소 알 수 있다."[81]

이 점을 자세히 설명하는 세 가지 원리가 있다. 첫째, 역사 탐구는 물리적 사건 **자체**와 관련이 있지 않고 그 사건에 관련된 사람들의 사상과 관련이 있다. 물론 역사가는 고고학자가 발견한 것들에서 결론을 끌어낼 수도 있다. 그러나 콜링우드는 자연이 아니라 인간이 역사의 주제라는 딜타이의 견해를 지지한다. 둘째, "역사 인식은 역사가의 마음속에서 사상을 재현하는 것이며, 역사가는 바로 그 사상의 역사를 연구한다."[82] 예를 들어, 어떤 역사가가 넬슨을 연구한다면, "[넬슨의] 말을 이해한다는 것은 넬슨이 무언가를 말했을 때 생각했던 것을 스스로가 생각해 본다는 의미다."[83] 그러나 이것은 세 번째 원리로 이어진다. 사실 넬슨의 생각과 역사가의 생각에는 차이가 있다. 이는 맥락에 따른 차이다. 넬슨의 생각을 만들어 내는 질문과 대답의 맥락은 넬슨에겐 현재의 맥락이지만 역사가에겐 과거의 맥락이다. 역사가 자신이 서 있는 질문과 대답의 맥락은 다르다. **역사가는** "이 훈장을 떼어 버릴까요?"라고 묻지 않고 "이 책을 계속 읽을까요?"라고 묻는다.[84] 따라서 콜링우드의 말을 빌리면, "역사 인식은 현재의 사상이라는 맥락 속에 집약된 과거의 어떤 생각을 재현하는 것이다. 현재의 사상은 과거의 생각을 반박하여 그 생각을 현재의 사상

---

79 R. G. Collingwood, *An Autobiography* (Oxford University Press, 1939), pp. 29-43 and 107-119.
80 *Ibid.*, p. 110.
81 R. G. Collingwood, *The Idea of History*, p. 218.
82 R. G. Collingwood, *An Autobiography*, p. 112.
83 *Ibid.*
84 *Ibid.*, p. 113.

과 다른 차원에 국한시킨다."⁸⁵

따라서 한편으로 보면, 콜링우드는 역사가가 과거 상황과 과거 사상을 아는 것은 "동시에 그 자신을 아는 것"이라고 주장한다는 점에서 딜타이 및 불트만과 의견을 같이한다.⁸⁶ 그러나 다른 한편으로 보면, 그는 적어도 두 가지 점에서 그들과 의견을 달리한다. 첫째, 이런 일은 실존의 자기 이해 차원이 아니라 '사상'과 '인식' 차원에서 일어난다. 둘째, 콜링우드는 과거의 지평이 가지는 독특함을 존중한다는 점에서 불트만보다 가다머에 더 가깝다. 과거보다 현재가 무대의 중심을 차지하더라도, 이 현재는 여전히 무대를 독차지하지 못한다. 이는 콜링우드가 딜타이보다 역사 속의 새로운 것과 특수한 것을 인정할 여지를 더 많이 제공하기 때문이기도 하다. 그는 이와 관련하여 한때 F. H. 브래들리(Bradley)가 제시했던 (그리고 이미 이 연구서에서 트뢸취와 연계하여 다루었던) 견해, 곧 "우리의 세계 경험은 우리에게 어떤 종류의 일은 일어나고 다른 종류의 일은 일어나지 않음을 가르쳐 준다. 이 경험이…역사가가 자신의 권위를 담은 말에 가져다 적용하는 판단 기준이다"라는 견해를 비판한다.⁸⁷ 그의 비판 중에는 이 접근법이 경험론에 물들어 있다는 내용도 있는데, 이 비판은 이 책 3장에서 트뢸취를 상대로 제기했던 것이다. 하지만 콜링우드가 주로 비판하는 것은 불트만이 아주 중요하게 여기는 역사와 자연의 대조다. 자연은 순환하며 그 형태가 동일하다고 주장할 수 있지만 역사는 그렇지 않다. "인간 삶의 역사 조건은 자연 조건과 달리 시대가 달라짐에 따라 아주 많이 달라지기 때문에, 유추에 근거한 주장은 펼칠 수 없다."⁸⁸

이제 불트만을 다시 살펴봐도 되겠다. 첫째, 재스퍼 홉킨스의 비판은 정당한가? 불트만이 콜링우드를 상대로 제시한 하나의 **비판**을 홉킨스가 거부한 것은 어느 정도 타당하다. 불트만은, 삶에는 사상뿐 아니라 행위와 사건도 들

---

85 *Ibid.*, p. 114.
86 *Ibid.* 티슬턴 강조.
87 R. G. Collingwood, *The Idea of History*, p. 239.
88 *Ibid.*

어 있기 때문에, 사상을 강조하는 콜링우드의 견해가 "한쪽에 치우쳤다"고 주장한다.[89] 이 비판에는 아이러니가 하나 있다. 많은 사람이 불트만 자신이야말로 하나님이 역사 속에서 하신 행위를 사건보다 해석의 차원으로 제한하는 것 같다며 불트만을 비판하기 때문이다. 이런 비판은 지나친 단순화이지만, 타당한 구석이 없지는 않다. 하지만 진짜 난점은 콜링우드가 생각하는 사상이라는 개념이 사실은 사건을 아예 언급하지 않는 개념이 아니라는 것이다. 우리는 홉킨스의 판단에 의존하는 데 얽매이면 안 된다. W. H. 월쉬(Walsh)는 이렇게 썼다. 콜링우드가 말하는 사상은 "행위 속에 들어 있는 사상이다.…이 사상은 인간의 힘과 자연의 힘이라는 배경에서, 그리고 그 배경에 대한 반응으로 나타난다."[90] 콜링우드의 자연과 역사 대조는 아마도 불트만의 자연과 역사 대조보다 이원론 색채가 덜할 것이다.

둘째, 불트만이 실존주의라는 안경을 통해 콜링우드를 본다는 홉킨스의 주장은 어느 정도 맞는 말이지만 지나친 비판이다. 불트만은 이렇게 올바로 주장한다. "마음이 이성 없이 존재하지는 않지만, 콜링우드가 생각하는 마음은 단지 이성이 아니다.…마음은 단순한 이성보다 더 많은 것을 의미한다. 콜링우드는 사상을 '성찰 노력'으로 정의하면서 의지와 생각의 통일성을 인정한다."[91] 불트만 자신은 역사가 현재의 자아를 드러내며 "역사와 관련 있는…모든 지금은…자신 안에 완전한 의미를 갖고 있다"[92][1]는 견해를 피력하기 때문에 콜링우드를 자신의 견해를 뒷받침할 근거로 인용할 만하다. 더구나 역사 이해는 계속하여 확장하는 해석자의 지평 및 역사 자체의 지평과 관련이 있기 때문에, 역사 이해 작업은 결코 끝나지 않는다. 하지만 콜링우드가 "주체와 객체의 관계는…역사학에 아무런 가치가 없다"라는 판단이나 "자기 인식 행위는…동

---

89 R. Bultmann, *History and Eschatology*, pp. 136-137.
90 W. H. Walsh, *An Introduction to Philosophy of History* (Hutchinson, London, 1951), p. 53. 『역사 철학』(서광사).
91 R. Bultmann, *History and Eschatology*, pp. 134-135.
92 *Ibid.*, p. 135.

시에 결단 행위다"라는 판단에[93] 완전히 동의했을지는 의문이다.

하지만 불트만은 사실 그의 역사관이 콜링우드의 역사관과 **공통점이 있다**는 주장을 할 뿐이며, 콜링우드가 어떤 요인들은 설명하지 않고 내버려 두었다고 아주 분명하게 말한다.[94] 불트만의 역사관은 콜링우드의 『역사의 개념』이 출간되기는커녕 콜링우드가 1936년에 강연하기 전에 이미 확고히 서 있었다. 앞서 32항에서는, 딜타이와 콜링우드가 대변하는 역사관을 좁은 의미의 '실존주의'로 묘사하기는 불가능하지만, 그래도 실존주의의 개념을 더 넓히면 그렇게 묘사하는 것도 정당하다고 강조했다. 그리고 이와 관련하여 C. 제프레와 A. 말레를 언급했다. J. 맥쿼리는 그의 책 『비신화화의 범위』(*The Scope of Demythologizing*)에서 그 점의 양면성을 분명하게 제시한다. 그는 우선, "실존주의라는 이름표는 그들(즉 불트만이나 딜타이, 콜링우드) 중 누구에게도 **전혀** 적용할 수 없으며, 심지어 하이데거에게도 적용할 수 없다"고 잘라 말한다.[95] 그런가 하면, 그는 이 네 저술가의 역사관이 각기 공유하는 네 가지 넓은 특징을 인용하는데, 이 특징 때문에 더 넓은 의미에서는 그들 넷의 견해를 "실존주의 역사 접근법"이라 서술해도 무방할 것 같다.[96] 첫째, 이 사상가들은 모두 역사를 성찰할 때는 세계 속의 인간 실존을 성찰 주제로 삼는다는 견해를 공유한다. "자연의 사건은 인간 실존과 닿아 있을 때 비로소 역사 사건이다."[97] 둘째, 역사를 성찰할 때, 어떤 의미에서는 성찰하는 주체도 그가 성찰하는 대상에 참여한다. 해석자는 역사 사건을 바라볼 때, 예부터 자연과학의 견해를 특징짓는 말이라 할 수 있는 공평함이나 중립성을 갖고 바라보지 않는다. 셋째, "역사 성찰의 기능은 자기 이해를 제공하는 것이다."[98] 콜링우드의 말을 빌리면,

---

[93] *Ibid.*, pp. 133 and 136.
[94] *Ibid.*, pp. 144-149.
[95] J. Macquarrie, *The Scope of Demythologizing*, p. 81.
[96] *Ibid.* 참고. pp. 81-90.
[97] *Ibid.*, p. 82.
[98] *Ibid.*, p. 86.

역사는 "먼저 인간임이 무엇인지 아는 것"이며 또한 "다른 사람이 아니라 바로 **당신**이 인간임이 무엇인지 아는 것"을 뜻한다.⁹⁹ 넷째, 맥쿼리는 역사 성찰이 주로 하이데거가 말하는 의미에서 가능성과 관련이 있다고 결론짓는다. 하이데거가 말하는 가능성의 의미는 이미 살펴보았다.

이 마지막 요점은 맥쿼리가 또 다른 질문을 하게 한다. 맥쿼리는 실존의 **가능성**이 역사 연구를 통해 다가갈 수 있는 **사실**과 어떻게 관련되어 있는지 묻는다. 그는 우리에게 고가르텐이 "객관적 역사와 실존의 역사의 차이를 너무 강조하다 보니, 이 둘의 접촉점이 사라져 버린 것 같다"며 주의를 준다. 불트만은 종종 자신을 비판하는 이들이 이 둘을 혼동한다고 비판하지만, "그것은 분명 이 둘을 혼동한 경우라기보다 오히려 그 둘이 관련이 있는지, 관련이 있다면 어떻게 관련되어 있는지라는 진짜 문제를 제기하는 것이다."¹⁰⁰ 우리는 앞서, 정말 진지하게 생각한다면 불트만이 콜링우드의 역사철학을 자기 주장의 근거로 원용한다고 그를 흠잡기는 어렵다는 사실을 살펴보았다. 하지만 이제는 J. 맥쿼리 및 다른 저술가들이 주목하게 한 이 다음 문제를 살펴봐야 한다.

34. 불트만의 역사관 속에 이원론 경향이 등장함

불트만의 역사와 자연 대조는 콜링우드의 대조보다 훨씬 더 철저하고 광범위하다. 이 대조는 1926년에 처음 출간된 『예수』 첫머리에 등장한다. 불트만은 이렇게 확언한다. "우리와 역사(Geschichte)의 관계는 우리와 자연(Natur)의 관계와 완전히 다르다. 자신을 올바로 이해하는 사람은 자신과 자연을 구분한다. 그는 자연을 관찰할 때, 거기서 자신이 아니라 실재하는 어떤 것

---

99 R. G. Collingwood, *The Idea of History*, p. 10.
100 J. Macquarrie, *The Scope of Demythologizing*, p. 91.

(Vorhandenes)을 인식한다. 하지만 그가 역사로 주의를 돌리면, 자신이 역사의 일부임을 인정할 수밖에 없다. 그는 자신도 본질상 관련되어 있는 생생한 사건 복합체를 고찰한다. 그는 이 복합체를 자연 현상을 관찰할 수 있는 것처럼 (als ein Vorhandenes betrachten wie die Natur) 객관적으로 관찰하지 못한다. **그가 역사에 관하여 말할 때는 언제나 동시에 자신에 관하여 무언가를 말하고 있기 때문이다.** 따라서 객관적 자연 탐구(objektive Naturbetrachtung)가 가능하다 할 때와 같은 의미의 객관적 역사 탐구(objektive Geschichtsbetrachtung)는 불가능하다."[101]

하인리히 오트는 불트만이 이렇게 자연과 역사를 구분하다가 결국 역사 지식에 관한 그의 사상이 철저한 이원론으로 빠져 버렸음을 올바로 지적한다. 그 표어(Stichwort)는 '객관적'과 '객관화'다. 이는 이원론 중 '자연'의 측면을 묘사한다(Die Natur ist Objekt, Gegenstand, 자연은 객체이며 대상이다).[102] 오트는 이렇게 썼다. "두 가지 역사 인식(Geschichtserkenntnis) 형태가 나란히 존속한다. 그 두 형태는 진짜 역사 사건(wirkliche geschichtliche Geschehen)을 아는 본래의 1차 인식과 비본래적이고 이차성을 지닌 역사 인식, 곧 순전히 객관적 사실일 뿐인 자료(bloß historisches Tatsachenmaterial)에 관한 인식이다."[103] 그는 덧붙여 "『예수』의 서론에서는 불트만의 '이중 역사 개념'(doppelten Geschichtsbegriff)을 다룬다"고 말하면서, 이것이 다시 한쪽의 Geschichte(해석한 역사)와 사건(Ereignis, Geschehen), 그리고 다른 한쪽의 Historie(순전히 사실인 역사)와 사실, 자연, 객체라는 용어를 대조하게 한다고 말한다.[104] 오트는 나아가 불트만의 주장, 곧 그리스도의 부활은 역사 사실로서 관찰할 수 있는 사건이 아니라(als historisches Faktum nicht in Betracht) 도리어 제자들의 부활 신앙에서 비롯된 사건이며 그 근거 중 하나로 **본래의** 역사 인식은 오로지 전자(Geschichte—

---

101 R. Bultmann, *Jesus and the Word*, p. 11; German, *Jesus* (Mohr, Tübingen, 1951), p. 7.
102 H. Ott, *Geschichte und Heilsgeschichte in der Theologie Rudolf Bultmanns*, p. 10.
103 *Ibid.*
104 *Ibid.*, p. 12.

옮긴이)의 차원에서만 일어난다는 주장 속에 자리한 이런 이중성(Zweiheit)이 초래한 결과를 더 깊이 탐구한다.[105] 이어 그는 이것이 불트만의 비신화화 프로그램과 어떻게 연결되는지 보여 준다.

노먼 영(Norman Young) 역시 이런 자연-역사 대조가 중요함을 강조한다.[106] 영이 말하길, 불트만은 자연과 역사를 대조하기 때문에, "불트만이 보기에는, 많은 비평학자가 기독교 신앙의 역사 기초를 확증하는 데 필요하다고 옹호하는 바로 그 절차가 오히려 실제로 역사 영역을 탐구하지 못하게 막는다. 불트만은 과거의 나사렛 예수 사건이 기독교 신앙에 필수 불가결하다는 것을 부인하지 않는다.…또한 그는 객관적 역사에 중점을 두어 예수의 삶과 가르침을 연구하는 일이 유익할 수 있음을 부인하지도 않는다. 그러나 그는 이 어떤 접근법도 예수를 그리스도로 확증해 줄 수 있음을 부정한다.…불트만이 기독교 신앙의 역사 기초를 약화시켰다고 주장하는 비판 중에는 그의 자연-역사 구분을 설명하지 못하는 비판이 많다."[107] 우리는 이미 불트만의 역사관이 가진 이 특수한 측면을 특별히 그가 따르는 루터파 신학과 관련지어 다루었다. 에벨링은 우리더러 불트만의 입장과 켈러의 입장을 동일시하지 말라고 경고하지만, 그래도 우리는 두 사람이 이 주제와 관련하여 긴밀한 관련성을 갖고 있음을 보았다. 아울러 불트만이 역사 속 예수가 믿음에서 가지는 가치를 놓고 빌헬름 헤르만과 견해를 달리한다는 것도 언급했다.

근래 로버트 C. 로버츠(Robert C. Roberts)가 내놓은 불트만 해석은 내가 이 장들을 다 쓴 뒤에 비로소 나왔다. 그러나 우리는 그가 같은 문제에 주목한다고 말해도 될 것이다. 그는 이렇게 썼다. "불트만의 사상을 형성하는 근본 개념은 특수한 종류의 이분법이다. 이 이분법에서는 인간의 자아라는 실재와 '세계'라는 실재가 대립한다.…때로는 이 대립을 '자연'과 '역사'의 구분, 또는

---

[105] Ibid., pp. 12-15.
[106] N. J. Young, *History and Existential Theology: The Role of History in the Thought of Rudolf Bultmann* (Westminster Press, Philadelphia, 1969), pp. 18-38 (특히 pp. 18-22) *et passim*.
[107] Ibid., p. 21.

'상태'와 '행위'의 구분, '소유'와 '사건'의 구분, '사실 인식'과 '역사에 근거한 자기 이해'의 구분,…'객관적 관찰'과 '만남'의 구분으로 표현하기도 한다.…요컨대 불트만은 실재를 서로 배척하는 두 종류로 나눈다."[108]

하인리히 오트는 불트만이 방법론 차원의 이원론을 존재론 차원의 이원론으로 높여 놓았다고 비판한다. 이 비판은 정당하다. 우리는 이미 볼프하르트 판넨베르크가 신칸트학파식의 사실과 가치 대조라 생각되는 것을 비판한 내용을 다루었다.[109] 그는 논의 과정에서 켈러가 한 이 말을 언급한다. "역사 사실에는 그것이 계시로서 가치를 가진다는 증언이 뒤따르는데, 이 증언은 역사 사실을 보완하며 오로지 믿음만을 위하여 존재한다." 이어 그는 소리 높여 이렇게 말한다. "모든 문제는 이미 이 구분 속에 들어 있다. '계시로서 가지는 가치'는 외부에서 더해진 것인 '사실'과 관련이 있지 않은가? 이런 주장은 존재와 가치를 구분하는 신칸트주의식 구분을 그야말로 아무 비판 없이 받아들이지 않는가? 한 사건의 의미를 사건 자체의 역사 맥락(Geschehenszusammenhang) 속에서 이해해야 한다면, 그 사건의 의미는 사건 자체에 속하지 않는가?"[110] 이어 판넨베르크는 이 문제와 관련하여 자신이 하인리히 오트와 견해를 같이 한다고 밝히면서도, 오트가 사실과 의미의 통일성이 사건 자체의 역사 속 연계에 어떻게 근거를 두고 있는가에 충분히 주목하지 않는다고 주장한다.

메롤드 웨스트팔(Merold Westphal)은 헤겔과 판넨베르크의 해석학을 다룬 한 논문에서 아이러니하게도, 이런 종류의 이원론이 사실은 역사를 실증주의에 팔아넘기는 것이라고 보는 판넨베르크의 확신에 주목하기를 요구한다.[111] 불트만이 생각하는 '자연'과 '과학' 개념에 비춰 볼 때 이것은 정말 아이러니다. 웨스트팔은 이렇게 썼다. "판넨베르크에게는 포이어바흐의 유령이 쫓아다닌다.

---

[108] R. C. Roberts, *Rudolf Bultmann's Theology: A Critical Interpretation* (Eerdmans, Grand Rapids, 1977, 그리고 S.P.C.K., London, 1977), pp. 22-23.
[109] 3장 마지막 항에서 다루었다.
[110] W. Pannenberg, *B.Q.T.* I, p. 86.
[111] M. Westphal, "Hegel, Pannenberg, and Hermeneutics" in *M.W.* IV (1971), pp. 276-293.

아울러 그는, 사실과 의미를 구분하는(Historie와 Geschichte, 역사와 케리그마, 역사와 믿음을 구분하는) 실증주의 또는 신칸트 철학의 이분법이 주도권을 쥐고 흔들며 칸트 이후 신학을 아주 많이 결정했다고 본다. 의미는 사건 속에서 발견하는 것이 아니라 믿음이 순전히 사실인 사건(bare events)에 붙인 것이기에, 사건은 다만 믿음에 비춰 이런저런 의미를 가진다고 말할 수 있을 뿐이라면, 결국 사건 내용이라는 문제는 개인의 주관성과 자의에 맡겨진다. 이렇게 되면 정작 하나님이 인간의 형상으로 창조되고 만다."[112] 바로 이런 이유 때문에 판넨베르크는 다른 논문들에서 불트만이 어정쩡한 루터파 신학으로 신칸트 철학의 인식론을 해석한 결과에 반대하며 믿음과 이성의 관계를 재정립하려고 애쓴다. 판넨베르크는 이렇게 단언한다. "결국 이성이 믿음의 근거에 관하여 합리적 확신을 갖지 못하면, 믿음의 본질은 분명 다칠 수밖에 없다. 그렇게 되면, 믿음은 선포된 메시지가 주장하는 권위를 무턱대고 믿어 버리는 눈먼 신앙으로 쉬이 바뀌어 버린다.…바울은 그 반대로 이야기하면서, 믿음이 앎에 기초해야 한다고 말한다(롬 6:8이하; 고후 4:13)."[113] 판넨베르크는 이성에 적합한 위치를 부여하면 믿음도 신뢰를 그치지 않는다고 주장한다.

불트만의 글을 다시 살펴보면, 우리는 부당한 이원론에 느끼는 이런 두려움이 정당함을 발견한다. 불트만이 객관화하는 지식(인식)에 의심을 표하는 맥락에서 제시한 역사와 자연 대조는 불트만의 연구 전체를 관통하며, 이는 비단 『예수』에서만 나타나지는 않는다. 불트만은 1966년에 다시 한 번 '자연과 역사 연구'를 대조하면서, "자연과학은 자연을 객관화하는 방식으로 바라본다"고 단언한다.[114] 그는 계속하여 이렇게 말한다. "마찬가지로 역사는 그와 다른 방식으로 볼 수 있다. 첫째, 역사는 그것이 잇달아 이어지는 사건들을…인과관계 사슬로 이해할 수 있는 것으로 묘사하여 제시하는 한, 객관화하는 방식

---

[112] *Ibid.*, p. 286.
[113] W. Pannenberg, *B.Q.T.* II, pp. 28 and 31-32; 참고. pp. 28-64.
[114] R. Bultmann, "Reply to the Essay of Paul S. Minear" in *T.R.B.*, p. 266.

으로 바라볼 수 있다.…반면, 역사는 인간의 자기 이해가 가지는 여러 가능성의 범위로도 이해할 수 있는데, 이 범위는 바로 인간의 결단에서 드러난다."[115] 사실 이 말은 폴 미니어(Paul Minear)에게 제시하는 '답변'이지만, 그래도 미니어 자신의 평가가 옳다. 미니어는 불트만의 "실재 인식이…이원론 형태를 띤다"고 쓰면서, 이렇게 평한다. "그 공식은 자연 대 역사, 존재 대 실존, 우주론 대 인간론, 우주론으로 표현한 역사 대 역사로 표현한 우주론으로 바뀔 수 있다. 하지만 실재를 이원론으로 인식하는 주된 틀은 바뀌지 않는다."[116]

불트만은 1963년에 쓰고 『믿음과 이해』(Glauben und Verstehen) 4권에 담아 출간한 한 논문에서 분명 이런 이원론을 극복하고 싶어 하는 징후를 보인다.[117] 그는 객관화와 현대인의 상황의 관계를 논하면서, "자연을 객관화하는 자연 관찰(die objektivierende Naturbetrachtung)은 세계의 세속화를 일러 주는 징표"라고 이야기한다.[118] 하지만 그는 이런 결론을 내린다. "현대인에겐 여기서 저 너머에 있는 이를 발견할 수 있는, 현재 속에서(im Gegenwärtigen) 초월자를 발견할 수 있는 하나님 개념만이 만남의 가능성으로서 가능할 뿐이다."[119] 클라우스 로젠탈은 이 논문과 주체-객체 관계의 관련성을 다룬다.[120] 한스 괴벨(Hans Goebel)이 "예수 그리스도 안에서 일어난 종말론 차원의 사건과 역사(historischem) 사건이 동일하다는 역설"[121]이라 묘사한 말도 불트만이 우리가 서술한 것과 같은 이원론을 피하고 **싶어 한다**는 것을 일러 준다. 괴벨은 그 예로 불트만이 그의 논문 "신약성경 속의 계시"(Revelation in the New Testament, Der Begriff der Offenbarung in Neuen Testament)에서 말한 "계시는 바로 예수

---

115 *Ibid.*, pp. 266-267.
116 P. S. Minear, "Bultmann's Interpretation of New Testament Eschatology" *T.R.B.*, p. 77.
117 R. Bultmann, *G.u.V.*, pp. 113-127.
118 *Ibid.*, p. 115.
119 *Ibid.*, p. 126; English "The Idea of God and Modern Man" in *J.T.C.* II (1965), p. 94.
120 K. Rosenthal, *Die Überwindung des Subjekt-Objekt-Denkens als philosophisches und theologisches Problem*, pp. 102-104.
121 H. Goebel, *Wort Gottes als Auftrag: Zur Theologie von Rudolf Bultmann, Gerhard Ebeling, und Wolfhart Pannenberg* (Neukirchener Verlag, Neukirchen-Vluyn, 1972), p. 15.

그리스도라는 사실 속에(nichts anderem als in dem Faktum Jesus Christus) 존재한다"[122]라는 주장을 인용한다. 불트만은 이어 이렇게 말한다. "그가 보내심을 받았기에 생명이 계시되었다(요일 1:2).…그가 '육신으로 나타났다'(딤전 3:16). 그러나 다른 한편으로 보면, 그의 계시는 아직 일어나지 않았다(요일 2:28, 벧전 5:4, 눅 17:30).…결국 그것은 지금 **가려진 계시다**."[123]

노먼 영이 올바로 강조하듯이, 문제는 불트만이 사실 영역을 완전히 무시하는 게 아니다. 오히려 문제는, 영의 말대로 "이 두 영역이 어떻게 관련되어 있느냐는 핵심 문제가 아무런 대답 없이 그대로 남아 있다"는 것이다.[124] 불트만 자신은 이른바 고린도후서 6:8-10의 역설을 비교한다. "…무명한 자 같으나 유명한 자요, 죽은 자 같으나 보라 우리가 살아 있고, 징계를 받는 자 같으나 [아직] 죽임을 당하지 아니하고, 근심하는 자 같으나 항상 기뻐하고, 가난한 자 같으나 많은 사람을 부요하게 하고, 아무것도 없는 자 같으나 모든 것을 가진 자로다." 아울러 그는 바울이 말한 "내가 약할 때, 내가 강하도다"도 비교한다.[125] 하지만 불트만 신학 속의 커다란 모호성을 바울 서신 속의 어려운 본문들을 주해하고 논하여 해석해 내려는 것은 적절치 않은 방법일 것이다. 양자가 생각하는 맥락이 다르기 때문이다.

우리는 불트만의 역사관 중 한 가지 주요 요소를 설명하지 않고 여전히 놔두었다. 우리는 현존재의 역사성에 관한 하이데거의 연구 결과를 언급했다. 우리가 하이데거를 다룬 두 장 중 두 번째 장에서, 오직 현존재만이 그리고 현존재의 세계만이 진정으로 역사성을 갖기 때문에 역사가 있는 자리는 과거가 아니라 현재임을 보았다. 아울러 하이데거가 눈앞에 있는 대상들이 현존재와 똑같은 식으로 '역사성을 갖지는' 않는다고 주장한 것도 보았다. 우리는 랭건의 이런 설명을 인용했다. "현존재는 자신이 취하는 과정을 알며 그 과정

---

[122] R. Bultmann, *G.u.V.* III, p. 18 (English, *E.F.*, p. 87).
[123] *Ibid*. 불트만 강조.
[124] N. J. Young, *History and Existential Theology*, p. 23.
[125] R. Bultmann, *G.u.V.* III, p. 18; *E.F.*, p. 87.

을 굳건히 원한다. 그렇기 때문에 역사 속에서 행하는 움직임은 생명체가 경험하는 물질과 같은 수동적 체험이 아니라, '그 자신이 일어나게 하는' 능동적 움직임이며 자유로이 운명을 짊어지는 것이다. 이런 이유로 하이데거는 현존재의 자기-펼침 운동을 Geschehen(사건)이라 부른다.…물론 그는 이 말에서 Geschichte(역사의 운명)라는 말을 끄집어내곤 한다."[126] 이어 우리는 하이데거가 생각하는 유물의 역사적 본질을 언급하면서, 그의 이런 결론도 언급했다. "현존재는 본질상 결코 눈앞에 있을 수 **없기** 때문에…**결코 과거일 수 없다.**"[127]

하지만 이 지점에서 순환성이란 것이 하이데거가 펼치는 논증 속으로 들어왔다. '역사'는 결코 단순히 눈앞에 있는 것이라는 상태로 축소되지 못한다. 따라서 역사는 현재의 현존재에 관심을 가질 수 있을 뿐이다. 그러나 이것은 현재의 현존재와 관련이 있는 '역사'만이 현재의 현존재에 관심을 가질 수 있다는 말에 불과하다. 그것은 사실 '역사성이 있다'라는 말을 사용하는 여러 방식의 상대적 가치에 관한 가치 판단이다. 사실 불트만과 하이데거가 주장하고 싶어 하는 바에 공감하지만, 그들이 부인하는 것처럼 보이는 것에는 의문을 품고 있다. 딜타이와 콜링우드도 알았듯이, 사실 역사와 관련하여 중요한 것은 역사가 현재의 자아를 드러낸다는 것이다. 하지만 이것 자체가 역사가 무엇인지 다 설명하지는 못한다. 우리는 역사의 어떤 측면들을 **주된** 측면으로 보는 불트만과 하이데거의 견해에 동의할 수도 있다. 그러나 더 탐구해야 할 문제가 있다. 역사의 어떤 측면을 주된 측면으로 뽑아내는 것이 얼마만큼 다른 측면들의 가치를 낮추고 결국 그 측면들을 무시해 버리는 결과를 낳느냐는 것이다. 데이비드 케언스는 심지어 불트만의 주장을 "역사에서 도망치는 것"이라고 묘사한다.[128]

이번 장의 목표는 여러 철학 요인이 불트만의 해석학에 미친 영향을 추적

---

126 앞에서 인용. T. Langan, *The Meaning of Heidegger*, p. 57.
127 앞에서 인용. M. Heidegger, *B.T.*, p. 432. 하이데거 강조.
128 D. Cairns, *A Gospel without Myth?*, pp. 136-163.

하는 것이었다. 우리는 신칸트학파에서 제기한 문제들을 남겨 두지 않았다. 아울러 비록 딜타이와 콜링우드와 관련된 문제들을 탐구하긴 했지만, 이번 장에서는 하이데거에서 시작하여 다시 하이데거의 사상으로 되돌아갔다. 하지만 역사를 다루는 이 문제들을 두고 가지는 않을 것이다. J. 맥쿼리는 우리의 역사 논의를 이 책 다음 장의 주제와 연계하여 분명하게 설명한다. 그는 이렇게 썼다. "비신화화 문제는 신약성경에서 주된 역사와 이차적 역사를 분리하는 문제라고 표현할 수 있을 것이다. 주된 역사는 되풀이될 수 있는 실존의 여러 가능성으로 이루어져 있으며, 과거에 다른 이들 앞에 존재했던 것처럼 오늘 내 앞에 존재한다.…불트만이 하려는 일은 신약성경의 본질을 이루는 이 주된 역사에 초점을 맞추고 그것을 지금은 아무 의미가 없는 이차적 역사와 분리함으로써, 그 주된 역사가 오늘을 사는 인간에게 진정한 결단 가능성이 되게 하는 것이다. 이런 일이 이루어진다면, 그의 작업은 신약성경에 들어 있는 역사 요소를 파괴하지 않고, 도리어 그 반대가 될 것이다."[129]

옮긴이 주

[1] 불트만이 R. Bultmann, *Geschichte und Eschatologie* (Tübingen: J.C.B. Mohr, 1979), p. 161에서 한 말을 생략 없이 옮기면 이렇다. Jedes Jetzt, jeder Augenblick, obwohl er in geschichtlichen Beziehungen steht, hat in sich selbst seinen vollen Sinn(모든 지금은, 모든 순간은, 비록 그것이 역사와 관련을 가지더라도 자기 자신 안에 완전한 의미를 담고 있다). 불트만은 콜링우드가 크로체처럼 인간 존재의 역사성을 인정하면서도 상대주의와 허무주의를 피했던 이유로 이 말을 제시한다.

---

[129] J. Macquarrie, *An Existentialist Theology*, p. 156.

10장
불트만의 해석학과 신약성경

불트만이 주장하는 해석학 원리를 실제 신약성경 본문에 적용하는 일은 서로 다른 두 형태를 띤다. 한 형태는 그가 1941년 논문에서 제시했던, 신화 해석에 관한 제안들과 관련이 있으며, 그의 더 폭넓은 해석학 프로그램 가운데 한 특수한 측면을 이룬다. 또 다른 형태는 그의 『신약신학』에서 더 체계 있게 나타나는데, 아마도 그가 정립하여 제시한 바울의 인간관에서 가장 독특하게 나타나지 않나 싶다. 이런 연구 결과는 1948년부터 1953년에 이르는 기간에 나타났다. 우선 불트만이 신화 해석과 관련하여 내놓은 제안들을 살펴보겠다.

35. 불트만의 신화관

많은 불트만 해석자와 비판자들은, 불트만이 신약성경 속의 신화를 서로 다른 두세 가지 방법으로 정의하며, 이 두세 가지 방법이 서로 꼭 조화를 이루지는 않는다고 지적했다. 첫째, 불트만은 신화를 "이 세상의 말로 다른 세상을, 인간의 삶에서 나온 말로 신들을" 이야기하는 방법으로 여긴다. 그는 이렇게 설명한다. "여기서는 신화를 '종교사'학파에서 대중에게 널리 퍼뜨린 의미로 사용한다. 신화는 이 세상의 말로 다른 세상의 일을(das Unweltliche) 표현하는,

인간의 삶에 속한 말로 신을 표현하는 표상(die Vorstellungsweise)을 사용하는 것이다.…예를 들면, 신의 초월은 공간의 거리로 표현한다. 바로 이런 표현 방식 덕분에 제의를 비물질적 힘을 전달하려고 물질인 수단을 사용하는 행위로 이해하기가 쉬워진다."[1] 이렇게 신화를 정의하면 신화와 유비를 동일시하는 쪽에 아주 가까워지지만, 그래도 불트만은 몇몇 본문에서 계속 양자를 분명히 구분하려고 애쓴다. 어쨌든 그것은 분명 신화를 하나님을 신인동형(神人同形) 방식으로 표현한 언어와 거의 동일시하는 셈이다. 이런 이유 때문에, 헬무트 틸리케가 헤센 고백교회 비망록의 중요 강조점 중 하나인 다음 내용을 인용하여 이렇게 말하는 것은 놀라운 일이 아니다. "신화의 존재 이유는 인간 본성에, 인간이 종교에 다가갈 수밖에 없다는 점에 있다.…신화는 우리가 사물을 바라보는 방식에서 생겨난다.…우리는 시공간을 기준 삼아 생각하길 그만둘 수 없듯이 신화도 포기할 수 없다."[2]

이 점은 일찍이 1942년에 헬무트 틸리케뿐 아니라 J. 쉬니빈트(Schniewind) 및 다른 저술가들도 강조했다. 쉬니빈트는 이에 근거하여 이렇게 묻는다. "인간의 마음은 정말 신화를 배제할 수 있는가?"[3] G. 미에제는 1956년에 똑같은 대답을 그대로 되풀이했다. 그는 이렇게 썼다. "이것이 참이라면, 순수한 부정신학을 제외하고 신에 관하여 말하는 모든 것은 어떤 것이든 신화 언어라는 지위로 떨어질 수밖에 없을 것이다.…이처럼 신화를 광범위하게 정의하면, 그 정의 안에는 유비나 비유, 상징으로 신을 묘사하는 모든 표현 형태가 들어간다."[4]

분명 이런 답변들이 참이긴 하지만, 이 답변들이 여기서 쟁점이 된 문제를 제대로 다루지는 않는다. 불트만은 쉬니빈트에게 직접 대답하면서 두 가지 답변을 제시한다. 첫째, 그는 신을 표현할 목적으로 이 세상에 속한 이미지를 아무 비판 없이 사용하는 것과 현대에 들어와 비판적 인식을 갖고 이런 이미지

---

[1] R. Bultmann, "New Testament and Mythology" in *K.M.*, I, p. 10 n. 2; German, *K.u.M.* I, p. 23 n. 2.
[2] H. Thielicke, "The Restatement of New Testament Mythology" in *K.M.* I, p. 141.
[3] J. Schniewind, "A Reply to Bultmann" in *K.M.* I, p. 48.
[4] G. Miegge, *Gospel and Myth in the Thought of Rudolf Bultmann*, pp. 98-99.

를 은유로 사용하는 것을 구분한다.⁵ 물론 이것은 아주 다른 문제, 곧 신약성경 저자들은 이런 이미지를 실제로 얼마나 아무 비판 없이 사용했느냐는 문제를 일으키며, 이 문제는 나중에 다시 다뤄 보겠다. 하지만 그것은 쉬니빈트와 미에제가 제기하는 문제가 아니다. 둘째, 불트만은 이 세상에서 가져온 이미지를 이렇게 '신화로' 사용하면 우리는 믿음을 세계관(Weltanschauung)으로 대신하려는 유혹에 빠지게 된다고 경고한다.⁶ 이 답변은 훨씬 더 핵심에 가깝다. 우리가 이미 보았듯이, 불트만은 믿음을 '이 세상에 속한' 현상으로서 만물을 객관화하는 지식 영역 속에 하나님을 드러내는 의미를 지닌 것으로 보지 않는다. 불트만이 보기에 문제는 인간이 **이해 가능성**이라는 문제를 풀려고 신약성경 속 계시의 진정한 **인식론적** 근거를 오해하는 위험까지 감수하는 것이다. 변증법 신학의 언어로 표현하면, 그것은 계시와 단순 '종교'를 혼동하는 것이다. 신칸트 철학 인식론의 언어로 표현하면, 그것은 다른 세상에 속한 것을 만물을 객관화하는 이 세상 지식의 영역 속에 놓아두는 것처럼 보인다. 불트만식 루터파 신학의 언어로 표현하면, 이는 하나님을 인간 자신의 노력으로 이해할 수 있는 범위 안에 놓아두는 일이 될 것이다. 구스타프 윙렌(Gustaf Wingren)처럼 "이 논문(곧 유명한 1941년 논문) 속의 모든 내용은 오래되고 이미 잘 아는 것"⁷이라 주장하는 것은 어쩌면 조금 지나치겠지만, 그래도 불트만이 이 논문에서 말하는 바의 의미는 우리가 이미 앞 두 장에서 설명했던 그의 초기 관심사에 비춰 봐야 비로소 완전하게 이해할 수 있다.

이는 자연히 불트만이 정립한 두 번째 신화 개념으로 이어진다. 신화는 특이하거나 놀라운 현상을 초자연성을 지닌 세력들의 내습이라는 관점으로 설명한다. 불트만의 언어로 표현하면, 그것은 사실 특수한 세계상(Weltbild)이나 우주론과 관련이 있다. 이런 세계상은 본디 과학 시대 이전 시대의 세계상이다.

---

5 R. Bultmann, "A Reply to Theses of J. Schniewind" in *K. M.* I, p. 103.
6 *Ibid.*, pp. 103-104.
7 G. Wingren, *Theology in Conflict: Nygren, Barth, Bultmann* (Eng. Oliver & Boyd, Edinburgh, 1958), p. 133.

불트만은 이렇게 썼다. "신약성경의 우주론(세계상)은 본디 신화의 성격을 가졌다. 신약성경에서는 세계를 삼층 구조로 보는데, 땅이 중앙에 있고 하늘이 위에 있으며 땅 아래에 하계가 있다. 하늘은 하나님과 하늘에 속한 존재들의 거소다.…하계는 지옥이다.…땅은…한편으로는 하나님과 그분의 천사들이 초자연적 활동을 펼치는 무대이며, 다른 한편으로는 사탄과 그가 부리는 마귀들이 활동을 펼치는 무대. 초자연성을 지닌 이 세력들은 자연의 과정 그리고 인간이 생각하고 의욕을 보이며 행하는 모든 일에 개입한다. 기적도 결코 드물지 않다. 인간은 자신의 삶을 제어하지 못한다."[8] 이런 세계상과 관련이 있는 믿음이 이 악한 현세가 마귀들에게 묶여 있다는 믿음(고전 2:8; 고후 4:4), 마지막 날에는 "주께서 호령 [소리와] 함께 친히 하늘로부터 강림하시리"라는 믿음(살전 4:16), 사람들이 마귀에 사로잡힐 수 있다는 믿음(눅 4:33-34; 8:27-28; 9:39-40; 11:20), 사람들이 죽은 자들 가운데서 부활하리라는 믿음(고전 15:35-44)이다.

이것은 이보다 앞서 신화와 관련하여 제시한 강조점과 꼭 같지는 않다. 실제로 이언 헨더슨(Ian Henderson)은 불트만이 각 강조점을 상대로 제시한 반대 의견이 서로 다르다고 주장했지만, 로널드 헵번(Ronald Hepburn)은 그 반대 의견이 단순히 서로 다른 정도가 아니라 사실은 서로 모순이라는 엄청난 주장을 한다.[9] 헵번의 주장에 따르면, 둘 중 하나는 원리상 신화의 **형태**가 그 관심사이지만, 다른 하나는 특정 신화의 **내용**에 관한 질문이 그 관심사다. 더욱이, 불트만이 생각하는 신화의 두 번째 정의에 근거하면, 신화는 원시 세계관 또는 과학 시대 이전 시대의 세계관과 관련이 있을 수밖에 없다. 이런 점에서, 신화는 원인론이 요구하는 기능(aetiological function)을 매번 아니더라도 자주 완수하면서, 다른 방법으로는 설명하지 못하는 놀라운 현상들을 '설명'하

---

8 R. Bultmann, "New Testament and Mythology" in *K. M.* I, p. 1 (German, p. 15).
9 I. Henderson, *Myth in the New Testament* (S.C.M., London, 1952), p. 46; R. W. Hepburn, "Demythologizing and the Problem of Validity" in A. Flew and A. MacIntyre (eds.), *New Essays in Philosophical Theology* (S.C.M., London, 1955), pp. 227-242.

려고 한다. 이런 차원에서 볼 때, 신화는 슈버트 옥든이 말하는 "비자연적 혹은 초자연적 사건 발생을 알려 주는 보고나 내러티브"라는 형태를 가질 수도 있다. 그는 이어 이렇게 말한다. "신화를 믿는(mythological) 마음은 평범한 사건으로 이루어진 역사와 더불어 늘 '또 다른' 역사가 있다고 본다.…그 결과로 생겨난 개념 복합체는…이중 역사라는 형태를 띤다."[10] 불트만의 말로 표현하면, "다른 세상의 인과 관계를 이 세상 사건들의 인과 사슬 속으로 들여온다."[11]

이런 특별한 신화관은 계몽주의 시대에서 유래한다. 비록 '신화' 대신 '우화'라는 말을 쓰긴 했지만, 베르나르 드 퐁트넬(Bernard de Fontenelle)이 1724년에 쓴 저작에는 이런 신화관이 나타나 있다. 퐁트넬은 우화가, 이성이 있는 인간이라면 과학 법칙이 설명한다고 볼 현상들이 수행하는 역할을 신이나 마귀, 다른 초자연적 힘에 따른 '인과 관계'가 떠맡은 세계의 시각을 표현한다고 보았다. C. 하르트리히(Hartlich)와 W. 작스(Sachs)는 이런 신화관이 18세기의 R. 라우드의 작업, 19세기의 C. G. 하이네(Heyne), 그리고 J. G. 아이히호른(Eichhorn)의 구약학 연구와 D. F. 슈트라우스의 신약학 연구 작업에 어떻게 색깔을 입혔는지 보여 주었다.[12] 아이히호른은 이런 신화관을 바탕 삼아 히브리 문학 뒤편에 자리한 정서가 인류의 유아기 시대에 속한다고 주장했으며, 구약성경을 이해하는 유일한 길은 그가 이런 신화 중심 견해의 특징이라고 생각하는, 합리성을 알지 못하던 시대의 눈으로 사건들을 바라보려 노력하는 것이라고 주장했다. 이와 비슷하게 신화를 평가하는 견해가 다비트 슈트라우스의 저작 『비평하며 검토한 예수의 생애』(*The Life of Jesus Critically Examined, Das Leben Jesu kritisch bearbeitet*) 뒤편에도 자리해 있다. 다만 슈트라우스의 접근법은 불트만의 접근법과는 다르다.

---

[10] S. Ogden, *Christ Without Myth: A Study Based on the Theology of Rudolf Bultmann* (Collins, London, 1962), p. 30.
[11] R. Bultmann, in *K.u.M.* II, p. 183.
[12] C. Hartlich and W. Sachs, *Der Ursprung des Mythosbegriffes in der modernen Bibelwissenschaft* (Mohr, Tübingen, 1952), pp. 6-19, 87-90, and 148-164.

이런 신화관은 불트만이 활동했던 지식인 집단 속에서도 존속했다. 신칸트학파 철학자로 1920년대에 자신의 주저를 펴낸 에른스트 카시러는 이런 접근법을 옹호한 핵심 대표자다. 신화 중심 견해들은 인간의 지성 발전 초창기의 세 가지 큰 단계를 특징짓는다. 카시러는 이렇게 썼다. "신화 중심 사유는 직접 경험에 의지하게 된다. 감각으로 지각할 수 있는 현재가 아주 크기 때문에 다른 모든 것은 그 앞에서 줄어든다."[13] 다시 말해, 신화 중심 사유는 애초부터 **비판을 모른다**. "주관적 흥분이 객관화하게 되고, 마음을 신이나 마귀로 대한다."[14] 원시 신화 창조 단계가 지나면, 이제 논리는 있지만 과학은 없는 단계가 온다. 아리스토텔레스와 그리스인들이 이 단계를 특징짓는다. 마지막으로 과학 시대가 등장하는데, 이 시대에는 인간의 개념 인식이 완전한 성숙에 이른다. 우리가 앞으로 보겠지만, 불트만은 과학 시대에는 반대에 처할 이런 종류의 접근법을 배경 삼아 고대 신화와 현대인을 구분한다.

이것은 미르체아 엘리아데(Mircea Eliade)나 칼 야스퍼스, C. G. 융(Jung)이 제시하는 것과는 아주 다르게 신화를 평가하는 견해다. 하지만 우리는 이어 불트만이 내린 신화의 세 번째 정의에 주목해야 한다. 불트만은 이렇게 썼다. "신화의 진짜 목적은 세계를 있는 그대로 묘사한 객관적 세계상(ein objektives Weltbild)을 제시하는 게 아니라, 인간이 그가 살아가는 세계 속에서 자신을 이해한 것을 표현하는 데 있다. 신화는 우주론이 아니라 인간론의 관점에서 해석해야 하며, 실존의 관점에서 해석하면 훨씬 더 좋을 것이다."[15] 그는 이렇게 덧붙인다. "신화의 진짜 목적은 세계와 인간을 통제하는 초월적 힘을 이야기하는 것이지만, 그 힘을 경험하는 조건에 따라 그 목적이 방해를 받고 모호해진다."[16] 우리는 이미 객관화 문제가 불트만 해석학 전체의 중심 문제 가운데 하나임을 제법 상세히 살펴보았다. 여기서 이 문제는 그야말로 신화를 논하는

---

13 E. Cassirer, *Language and Myth* (Eng. Harper, New York, 1946), p. 32.
14 *Ibid.*, p. 33.
15 R. Bultmann, in *K.M.*, I, p. 10 (German, p. 23).
16 *Ibid.*, p. 11.

영역으로 옮겨 간다. 이 견해를 따르면, 슈버트 옥든이 말하듯이, 신화는 "그것이 이야기하는 실재를 '객관화한다.'" 이어 옥든은 이렇게 말한다. "이 '객관적'이라는 개념은…불트만 사상에 철학 기초를 제공한다는 점에서…신칸트 전통 전체는 물론 불트만에게도 똑같이 중요하다."[17]

제임스 로빈슨, 더 근래에 로저 존슨은 불트만이 신화의 본질을 이렇게 이해할 때 한스 요나스에게 영향을 받았다는 것이 중요함을 강조했다.[18] 요나스는 1930년에 처음 출간된 그의 책 『아우구스티누스와 바울이 말하는 자유 문제』(Augustin und das paulinische Freiheitsproblem)에서, 어떤 의미에서는, 상징이 그 상징으로 실제 표현하는 것을 어떻게 위장할 수 있는지 서술한다. 그는 이렇게 썼다. "비신화화된(entmytholosierte) 의식은 오로지 왔던 길을 되돌아가는 긴 여정을 거쳐, 가끔은 그 우회로를 완전히 가로질러, 개념상 직접적 방법과 마찬가지로 이 위장 뒤에 감춰진 본래 현상에 접근할 수 있다."[19] 이와 똑같은 신화 이해가 1928년에 요나스가 『그노시스 개념』(Der Begriff der Gnosis)이라는 제목으로 마르부르크 대학교에 제출한 박사 학위 논문에 나타났다. 이 논문은 하이데거가 지도했으며, 분명 그때 불트만도 이 논문을 읽었을 것이다.[20] 하지만 이 논문은 1954년에 가서야 『그노시스와 고대 후기 정신』(Gnosis und spätantiker Geist) II.1로 출간되었다. 여기서 요나스는 '실체가 된'(hypostasized) 신화 언어와 '논리에 맞는'(logicized) 또는 '신화에서 벗어난'(entmythisiert) 언어 형태를 대비한다. 요나스는 이렇게 썼다. "우선 인간론 및 윤리와 관련된 개념 영역을 다룸으로써…우리가 전제한 실존의 기본 원리, 곧 '지식의'(gnostic) 원리를…신화가 겉으로 드러내 객관화한 것(der äusseren

---

17 S. M. Ogden, *Christ Without Myth*, p. 28.
18 J. M. Robinson, "The Pre-history of Demythologization" in *Int.* XX (1966), pp. 65-77. 이것은 로빈슨이 1965년에 출간된 Hans Jonas, *Augustin und das paulinische Freiheitsproblem* 개정판에 쓴 서론을 로빈슨 자신이 직접 번역한 글이기도 하다. 아울러 R. A. Johnson, *The Origins of Demythologizing*, pp. 116-123, 170-176, and 240-254를 참고하라.
19 *Ibid.*, p. 70; 요나스의 책 1판의 p. 68.
20 참고. J. Robinson이 확장한 주, p. 70 n. 17.

mythischen Objektivation)에서 아주 독특한 방식으로 되가져다가 현존재 내면의 개념(in innere Daseinsbegriife) 및 윤리적 실천으로 바꿔 놓는 경위를, 말하자면 그 원리가 '다시 주관화되어' 나타나는 경위를 제시해 보겠다."[21] 요나스는 이어 그의 서론 첫 20쪽을 할애하여 신화와 '객관화'의 관계를 다룬다.

요나스는 나아가 1962년에 출간한 『영지주의 종교』(The Gnostic Religion) 2판 증보판 맺는말에서 자신이 특별히 하이데거에게 빚졌음을 털어놓는다. 그는 이렇게 썼다. "말하자면 나는 하이데거 학파에서 얻은 관점 덕분에 이전에는 보지 못했던 영지주의 사상의 여러 측면을 볼 수 있었다."[22] 예를 들면, "영지주의자들은…내면의 자아를 해방시켜야 비로소 자아를 얻을 수 있기 때문에 인간이 세상을 멀리하는 일이 깊어져 정점에 이르러야 한다고 본다.…영지주의자의 열망은…'본래대로 존재하는' 것이다."[23]

하지만 여기서 요나스가 불트만에게 미친 영향은 물론 하이데거가 요나스에게 미친 영향을 추적하는 것은 우리 관심사가 아니다. 중요한 점은 제임스 로빈슨이 언급하듯이, 신화의 탈객관화를 의미하는 "비신화화"라는 기본 개념이 "1930년 이후로 공식 연구 역사의 한 요인이 되었다"는 것이다. "불트만은 한스 요나스의 작업에서 그가 1941년에 비신화화를 주제로 발표한 논문의 출발점을 발견했다."[24]

그렇다면 우리는 불트만이 함께 묶으려 하는 서로 다른 세 가지 신화관을 구분할 수 있을 것이다. L. 말레베즈(Malevez), D. 케언스, R. W. 헵번 같은 저술가들은 불트만 안에 존재하는 두 가지 신화 개념을 구분한다. 그러나 옥든과 존슨 같은 이들은 서로 다른 세 측면을 대조한다.[25] 불트만 자신의 관점에

---

21 H. Jonas, *Gnosis und spätantiker Geist: II, 1, Von der Mythologie zur mystischen Philosophie* (Vandenhoeck & Ruprecht, Göttingen, 1954, F.R.L.A.N.T. 45 N.F.), pp. 3-4; 참고. J. M. Robinson, in *Int.* XX, pp. 70-71.
22 H. Jonas, "Epilogue: Gnosticism, Existentialism, and Nihilism" in *The Gnostic Religion* (Beacon Press, Boston, ²1963), p. 320; 참고. pp. 320-340.
23 *Ibid.*, pp. 329-330.
24 J. M. Robinson, in *Int.* XX, p. 71.

서 볼 때, 결국 이런 차이는 사실 신약성경에서 신화라 규정할 수 있는 것들 사이에 존재하는 차이를 암시하지 않는다. 신화라는 범주는 거의 모든 것을 포괄하지만 단 하나, 그리스도 사건 자체만은 예외다. 따라서 데이비드 케언스는 이렇게 썼다. "그가 성경에서 발견하는 믿음에서 신화인 요소라 여기는 것들의 목록을 읽어 보면, 우리는 다소 당황한다. 그가 신화의 선반으로 쫓아 버린 신약성경 내용 중에는⋯다음과 같은 것이 있다. 우주를 삼층 구조로 보는 시각,⋯기적, 귀신들림, 하나님이 사람들을 인도하시고 그들에게 영을 부어 주신다는 믿음, 초자연성을 지닌 힘들이 역사 과정에 영향을 준다는 관념, 때가 차서 그 아들이 보냄을 받았다는 믿음, 그리스도의 부활은 제자들 사이에서 나타난 부활 신앙 이상이며 신앙과는 다른 사건이라고 여김, 성령을 '믿음으로 이루어지는 새 삶을 실제로 가능하게 해 주는 이'라는 차원을 넘어 더 큰 의미를 지닌 존재로 여기며 믿는 믿음."[26] J. 맥쿼리와 슈버트 옥든도 비슷한 점을 강조하지만, 불트만이 신화라 여기는 것들을 열거하는 대신 오히려 그가 신화라 여기지 **않는** 한 가지에 주목한다. 맥쿼리는 불트만이 "거의 마지막 순간에" 신화라 할 것들의 범위를 제한했다고 주장하지만, 옥든은 실제로 불트만이 도로 끝까지 가지 않은 채 "하나님이 나사렛 예수의 인격과 운명 속에서 행하신 유일무이한 행위"만은 그대로 남겨 두었다고 비판한다.[27] 불트만은 신화를 서로 다른 세 가지 방법으로 설명하는데, 이는 그가 신약성경에서 신화라 여기는 것들을 각기 다르게 설명하는 데로 이어지지 않고 도리어 비신화

---

[25] L. Malevez, *The Christian Message and Myth: The Theology of Rudolf Bultmann* (Eng. S.C.M., London, 1958), pp. 68-70; D. Cairns, *A Gospel without Myth?*, pp. 85-86; R. W. Hepburn, in *New Essays in Philosophical Theology*, pp. 227-242; S. M. Ogden, *Christ Without Myth*, pp. 28-50 (하지만 결국 옥든은 불트만의 일관성을 변호하며, 신화의 서로 다른 세 '측면'을 이야기하는 것으로 만족한다); 그리고 R. A. Johnson, *The Origins of Demythologizing*, pp. 87-231. 존슨의 주장에서는 그가 종교사학파가 정립한 신화 개념, 계몽주의가 정립한 신화 개념, 실존주의가 정립한 신화 개념이라 부르는 것을 구분하는 데 많은 분량을 할애한다.

[26] D. Cairns, *A Gospel without Myth?*, p. 83.

[27] J. Macquarrie, *The Scope of Demythologizing*, p. 22 (참고. pp. 11-22 and 222-229); 그리고 S. M. Ogden, "Bultmann's Project of Demythologization and the Problems of Theology and Philosophy" in *J.R.* XXXVII (1957), p. 168; 참고. pp. 156-173.

화가 필요한 이유를 그 세 방법에 맞춰 각기 다르게 설명하는 결과로 이어졌다.

36. 불트만의 신화 해석 제안

불트만은 신화를 해석하는 그의 두 번째 접근법, 곧 신화를 본디 과학 시대 이전의 세계관으로 여기는 접근법에 맞춰, 신약성경의 세계관과 현대인의 세계관 사이에 존재한다 하는 부조화에 주목할 것을 요구한다. 그는 이렇게 썼다. "자연의 여러 힘과 법칙을 발견한 이상, 이제 우리는 선한 영이든 악한 영이든 영들을 더 이상 믿을 수 없다.…우리가 전등과 무선 전신을 사용하고 현대의 내과·외과 의학에서 발견한 것들을 활용하면서 동시에 영과 기적을 말하는 신약성경 세계를 믿기는 불가능하다."[28] 불트만은 나중에 쓴 책『예수 그리스도와 신화』에서 이렇게 덧붙인다. "비신화화는 성경을 거부하는 게 아니라…과거 시대의 세계관인 성경의 세계관을 거부하는 것이다." 하지만 이를 통해 "비신화화는 그릇된 걸림돌을 제거하고 진짜 걸림돌, 곧 십자가에 관한 말씀에 날카롭게 집중시켜 줄 것이다."[29]

하지만 사람들은 이런 주장이 불트만의 해석학에서 하는 역할을 두루 오해하거나, 적어도 지나치게 부각시킨다. 얼핏 보면 불트만은 분명 자유주의 신학의 전통 속에 서서 기독교의 메시지와 현대인의 견해를 조화시키려고 애쓰는 것 같다. 심지어 발터 슈미탈스조차도 이것이 불트만이 비신화화에 나선 주요 동기라고 암시하는 것 같다.[30] 불트만은 1세기 인간이라면 완전히 지적으로 흠 없는 상태로도 기적을 믿을 수 있었으나 현대인에게 그런 현상을 믿으

---

[28] R. Bultmann, in *K.M.*, pp. 4-5.
[29] R. Bultmann, *Jesus Christ and Mythology*, pp. 35-36.
[30] W. Schmithals, *An Introduction to the Theology of Rudolf Bultmann*, pp. 255-256.

라고 요구한다면 위선이나 정신분열이 나타날 수도 있다고 지적한다. 분명 불트만은 이에 보이는 **관심**을 헤르만과 자유주의에게서 물려받았다. 하지만 그런 관심은 하나님과 세계의 관계에 관한 불트만의 견해와 관련되어 있다고 볼 때만 불트만의 비신화화 프로그램 뒤편에 자리한 동기의 일부가 된다. 슈미탈스는 불트만이 기적을 믿는 믿음을 독특하게 **기독교적인** 것으로 여기지 않는다는 점을 지적한다는 점에서 더 탄탄한 근거를 갖고 있다.

이와 관련하여 아주 중요한 말이 불트만이 1953년에 "비신화화를 위한 주장: 한 답변"(The Case for Demythologizing: A Reply)이라는 제목으로 내놓은 논문에 등장한다. 그는 여기에 이렇게 썼다. "비신화화의 목적은 성경의 전통 본문들을 다듬어 종교를 현대인이 더 잘 받아들일 수 있게 하는 것이 아니라, 기독교 신앙이 무엇인지 현대인이 더 분명히 알 수 있게 하는 것이다. 현대인은 결단이라는 문제와 맞닥뜨릴 수밖에 없다."[31] 그러나 이것은 자유주의의 방법이 아니다. "이런 시도의 목적은 현대인에게 '당신은 더 이상 이것저것을 믿지 않아도 된다'고 말하며 그를 안심시키려는 게 아니다.…이는 그에게 믿어야 할 내용의 양이 그가 생각한 것보다 적음을 보여 주기 때문이 아니라, 믿는다는 것은 어떤 수많은 명제들을 받아들이는 것과는 그 성질이 전혀 다름을 보여 주기 때문이다."[32] 불트만은 1941년에 발표한 첫 논문에도 이렇게 썼다. "지난 세기 자유주의 신학자들은 잘못된 노선을 따라 연구했다. 그들은 신화뿐 아니라 케리그마 자체도 던져 버렸다.…구 자유주의 신학자들의 특징은, 그들은 신화가 상대성과 일시성을 지녔다고 보았다는 것이다. 따라서 그들은 자신들이 신화를 통째로 안전하게 제거할 수 있다고 생각했다.…하르낙이 케리그마를 종교와 윤리의 몇몇 기본 원리로 어떻게 축소하는지 보게 될 것이다."[33]

---

[31] R. Bultmann, in *K.M.* II, pp. 182-183.
[32] *Ibid.*, p. 183.
[33] R. Bultmann, in *K.M.*, I, pp. 23-33.

이른바 과학적 세계관이 해석학과 신학에서 가지는 의미에 관한 불트만의 평가를 이해하는 실마리는 그가 1933년에 『믿음과 이해』에 담아 처음 출간한 논문 "경이에 관한 질문"(The Question of Wonder, Zur Frage des Wunders)에서 찾을 수 있다. 그는 과학의 인과 법칙 개념에 관해 이렇게 썼다. "[그것은] '세계 해석'도…'세계관'(Weltanschauung)도 아니다.…그것은 세계 속에 있는 우리의 현존재와 함께 주어졌다"(mit unserem Dasein in der Weltgegeben).[34] 불트만은 하나님이 별안간 중력 법칙을 잠시 멈추실 수도 있다고 가정하며 살아가려 한다면 이는 그야말로 무책임한 일일 것이라고 주장한다. "종류가 다른 두 인과 법칙이 동시에 작용한다는 개념(zwei miteinander konkurrierenden Kausalitäten)을 실제로 생각할 수는 없다."[35] 이에 따르면 "기적(Mirakel) 개념은 포기해야 한다."[36] 하지만 우리는 이미 불트만이 이런 결론에 이른 진짜 이유는 무엇보다 자유주의 노선을 따라 인간에게 보이는 관심 때문이 아니라 그가 신칸트 철학의 인식론을 받아들이면서 보인 신학적 반응 때문임을 보았다. 말하자면 하나님은 객관화하는 지식(인식)의 영역 밖에 계시기 때문에, 결국 '법칙'의 영역 밖에 계신다. 따라서 불트만은 같은 논문에서 하나님이 감춰져 있음을 계속 이야기한다. 우리는 기적(Mirakel)은 이야기하지 못하지만, 사실 경이(Wunder)는 이야기할 수 있다. 이것이 계시의 '유일한 경이'다. 이 경이에 따르면, "경이를 이야기함은 곧 나 자신의 실존을 이야기함을 뜻한다."[37] 불트만은 독특하게도, 누구라도 거의 예견할 수 있을 법한 이런 말을 덧붙인다. "따라서 경이 개념은 통제 가능한 일의 세계(Arbeitswelt)라는 세계의 성격을 철저히 폐기한다. 경이 개념은 인간이 자신의 수고로 확보한 자기 이해를 파괴하기 때문이다."[38]

---

34 R. Bultmann, *F.U.* I, p. 248 (German, p. 215).
35 *Ibid.*, p. 248 (German, p. 216).
36 *Ibid.*, p. 249 (German, p. 216).
37 *Ibid.*, p. 254.
38 *Ibid.*, p. 255 (German, p. 222).

우리는 이제 이런 시각에서, 불트만이 과학과 과학의 세계관에 보이는 태도를 놓고 맥쿼리, 케언스, 옥든, 슈미탈스가 제기하는 주장들을 비교하여 그 설득력을 평가할 위치에 와 있다. 맥쿼리는 오늘날 실제로 영의 치유를 추구하는 그리스도인들에 관하여 이야기하면서 이렇게 언급한다. "우리는 불트만의 사상에서 실존주의의 영향이 아니라 다소 케케묵은 자유주의 모더니즘의 찌꺼기를 인식한다. 그는 여전히 반세기 전에 유행했던 닫힌 우주라는 사이비 과학의 우주관에 사로잡혀 있다."³⁹ 케언스도 비슷한 결론을 내리는데, 그는 G. J. 워녹(Warnock) 및 다른 철학자들이, 어떤 현상들을 기계론과 목적론으로 설명하는 것이 인과 법칙을 훼손한다는 생각은 접어 둔 채 그런 식으로 설명할 수 있다고 인정하는 것으로 만족한다고 지적한다.⁴⁰ 케언스의 말을 지지하는 이 시대의 수많은 철학자를 내세울 수 있을 것이다. A. 보이스 깁슨이 말하듯이, 자연 '법칙'은 '반드시' 일어나는 일을 규범으로 정립해 놓은 공식이 아니라, 이제까지 관찰해 온 규칙성 있는 일들을 **일반 명제로 서술해 놓은 것이다**. 그는 이렇게 말한다. "흄이 제시하듯이, 자연 법칙이 경험에 근거한다면 법칙 훼손이라는 문제가 생길 수 없다. 법칙은 다만 경과보고이기 때문이다. 나중에 어떤 일이라도 일어날 수 있다."⁴¹ 오래전에 토마스 아퀴나스(Thomas Aquinas)는 기적이 자연과 대립하지(*contra naturam*) 않고 자연을 넘어선다(*praeter naturam*)고 주장했다.

하지만 슈버트 옥든은 맥쿼리의 말을 분명하게 비판하며, 발터 슈미탈스도 이런 종류의 비판에 맞서 불트만을 변호하려고 한다.⁴² 옥든은, 과학자들이 세계에 관하여 내린 특정한 결론이 무엇이든, 실험이라는 과학의 **방법**이 보이스 깁슨이 강조하고 맥쿼리와 케언스가 논하는 내용에 대답을 주지 않는다 할지

---

39 J. Macquarrie, *An Existentialist Theology*, p. 158 (1판. p. 168).
40 D. Cairns, *A Gospel without Myth?*, pp. 123-124; 참고. pp. 112-135.
41 A. B. Gibson, *Theism and Empiricism*, p. 268.
42 S. M. Ogden, *Christ Without Myth*, pp. 38-39; 그리고 W. Schmithals, *An Introduction to the Theology of Rudolf Bultmann*, pp. 253-254.

라도 이 방법은 영원히 우리와 함께 있다는 불트만 자신의 말을 그냥 원용한다. 슈미탈스도 19세기에 나온 결론들이 어떻게 바뀌었든 "그것이 과학적 사고 방법을 바꾸지는 않는다"고 주장한다. 하지만 맥쿼리가 닫힌 우주와 관련하여 한 말이 중요함을 증명하는 것은 과학의 방법에 관한 토론이 아니라, 불트만이 계시와 믿음의 영역을 바라보는 자기 견해의 출발점으로 신칸트학파의 인식론을 받아들인 점이다. 두 장 앞에서 보았듯이 신칸트학파 인식론의 요지는, 헤르만 코헨의 말을 빌리면, "어떤 진술이라도 오로지 그것이 **보편 법칙들의 조직체 속에서 가지는 체계상 위치**를 통해 그 지위가 참되다고 인정받으며, 이 보편 법칙들은 다시 서로를 방법론상 근거로 요구한다"는 것이다. 우리는 불트만이 1925년에 쓴 논문 "하나님에 관하여 이야기한다는 것은 무슨 뜻인가?"에서 하나님을 "어떤 일반 진리(allgemeinen Wahrheiten) 체계 속에 (in einem System)" 놓아두려는 모든 시도를 거부한다는 것을 보았다.[43] 닫힌 체계인 과학과 관련하여 무엇을 긍정하고 무엇을 부인하든, 불트만이 신칸트학파의 인식론을 따라 **모든** 객관화하는 지식을 어떤 의미에서는 하나의 거대한 계산 체계로 인식하면서 이 체계 **안에서는** 하나님과 계시, 믿음을 발견할 수 없다고 본 것만은 의심할 수가 없다.

그렇다면 불트만이 신화를 바라보는 세 가지 견해가 결국 멀리 떨어져 있는 것은 아니라고 주장하는 옥든이 어쩌면 옳을지도 모른다. 이는 우리가 이제 불트만이 실존주의 입장에서 정립한 신화 개념에 이르렀기 때문이다. 불트만이 비판하는 것은 신화를 세계관을 전달하는 것으로 보는 신화 개념이다. 신약성경의 세계관과 현대 과학은 양립하지 못한다는 것은, 혹은 그렇게 주장하는 것은 분명 불에 기름을 끼얹는 일이다. 그러나 이것 자체가 비신화화 요구가 나오게 된 주된 이유는 아니다. 그 이유는 훨씬 더 깊다. 불트만이 자유주의에 빚졌음은 그가 현대인과 현대 과학에 보이는 여러 관심에서 그 일부

---

[43] R. Bultmann, *F.U.* I, p. 60 (German, p. 32).

가 분명히 드러난다. 그러나 그가 자유주의에서 받은 커다란 영향은 그것보다는 오히려 『공관복음서 전승사』를 특징짓는 역사 회의론(historical scepticism), 그리고 신학은 정통의 도그마(orthodox dogma)가 아닌가 하는 그의 의심에서 발견할 수 있다. 최소한 여기서는 "세계를 닫힌 인과 체계로 보는 과학의 인식"과 조화를 이루지 않는 것들을 거부하는 것이 신약성경을 비신화화해야 할 서너 가지 동등한 이유 가운데 하나라는 이언 헨더슨의 판단을 인정한다고 말할 수 있다.[44]

신약성경 속의 신화와 현대인의 자기 이해의 관계에 관한 불트만의 경고를 떠올리면, 방금 말한 '과학' 관련 문제들이 객관화 문제와 아주 쉽게 어우러짐을 볼 수 있다. 불트만이 주장하길, 인간은 스스로 책임을 지고 있음을 안다. 하지만 신화 속에서 인간은 자신이 자기 밖에 있는 것에 묶여 있음을 투사한다. 신약성경에서 옛 시대의 권세나 이 세상 신에게 묶여 있는 존재를 이야기하는 것은 그 때문이다.[45] 불트만이 '실존주의' 관점에서 정립한 신화 개념을 다시 살펴보자. "신화의 진짜 목적은 세계를 있는 그대로 묘사한 객관적 세계상을 제시하는 게 아니라, 인간이 그가 살아가는 세계 속에서 자신을 이해한 것을 표현하는 데 있다."[46] 노먼 페린이 말하듯이, 불트만은 언어를 "본질상 실존에 관한 이해를 전달하는 도구"로 여기곤 한다.[47]

불트만 비판자 중에는 이 지점에서 불트만이 신약성경의 메시지를 하이데거 철학에 팔아넘겼다고 비난하는 이들이 많다. 하지만 **신약성경이 그 자체의 본질 때문에** 비신화화를 요구한다고 말하는 것은 불트만 자신의 주장에서 아주 긴요하다. 따라서 불트만은 이렇게 썼다. "일부 비판자들은 내가 하이데거의 범주를 빌려 와 그것들을 신약성경에 강요한다고 싫어했다. 나는 이것이 다만 그들이 진짜 문제를 못 보고 있음을 보여 줄 뿐이라는 게 걱정스럽다."[48]

---

44 I. Henderson, *Myth in the New Testament*, p. 46.
45 R. Bultmann, in *K.M.*, I, pp. 5-6.
46 *Ibid.*, p. 10.
47 N. Perrin, *Jesus and the Language of the Kingdom*, p. 110.

"신약성경 자체가 이런 종류의 비평(즉 그것이 구사하는 신화 언어에 관한 비평)을 요구한다."⁴⁹ 근본적으로, 불트만은 신약성경 자료에 관하여 세 가지 주장을 제시한다. 첫째, 신약성경의 언어는 사실 인간 실존을 이야기하고 인간이 자신을 새롭게 이해하게끔 자극할 의도로 쓴 것이다. 신약성경은 다만 객관적 사건들을 서술하는 것으로 **보이며**, 이런 점 때문에 신약성경의 의도가 모호해지고 방해를 받는다. 둘째, 다양한 신화가 서로 모순을 빚는다. 이는 곧 신화는 그야말로 말하는 방식일 뿐임을 증명한다. 셋째, 불트만은 비신화화 과정이 신약성경 자체에서 시작한다고 주장한다.

신약성경의 특정 사례들을 살펴보기 전에 먼저 한 가지 더 짚고 넘어가야 할 것이 있다. 이 세 가지 가운데 첫 번째는 불트만이 신약성경과 루터에게서 끌어냈다고 주장하는 신앙관과 관련이 있다. 따라서 그는 그를 비판하는 이들에게 제시한 답변 속의 한 핵심 주장을 통해 이렇게 말한다. "신화를 고쳐 말하는 것은 믿음 자체의 요구다. 믿음을 객관적 용어로 표현된 모든 세계관과 결합해 있는 데서 해방시켜야 하기 때문이다."⁵⁰ 그는 이어 이렇게 말한다. "신약성경을 비신화화하려는 우리의 철저한 시도는 사실 율법의 행위와 상관없이 오직 믿음만으로 의롭다 하심을 얻는다는 바울과 루터의 교리와 완전히 일치한다. 아니 오히려, **신약성경을 비신화화하면 이 교리는 인식론의 영역에서 논리상 그런 결론에 이르게 된다**. 칭의 교리처럼 비신화화도 모든 거짓 안전을 파괴한다.…하나님을 그의 하나님으로 믿고자 하는 자는 자기 손 안에 자기 믿음의 기초로 삼을 수 있는 것이 전혀 없음을 깨달아야 한다.…모든 안전을 포기할 때에 비로소 안전을 발견할 수 있다."⁵¹ 우리는, 두 장 앞에서 불트만과 켈러의 역사관을 비교하면서 불트만의 역사관과 관련하여 강조했던 지점에 정확히 이르렀으며, 이제 곧 앞 장에서 불트만의 역사관과 관련하여

---

48 R. Bultmann, in *K.M.*, I, p. 25.
49 *Ibid.*, p. 11.
50 *Ibid.*, p. 210.
51 *Ibid.*, pp. 210-211. 티슬턴 강조.

언급했던 바로 그 문제들을 만나게 될 것이다.

이제 우리는 이 원리가 신약성경의 종말론, 기독론, 속죄를 바라보는 견해, 그리스도의 부활, 기적을 이야기하는 언어를 포함하여 신약성경에 있는 특정 유형의 자료를 해석할 때 어떻게 적용되는지 물어봐야 한다.

37. 신약성경을 재해석한 특정 사례: 종말론과 기독론에 관한 불트만의 주장 비판

불트만의 접근법에 근거하면 종말론이 특정 세계관과 뒤엉켜 있는 것처럼 보인다는 것은 쉽게 알 수 있다. 인자가 오시면, 신자들은 "공중에서 그를 만날" 것이다(살전 4:15-17). 그는 "하늘 구름을 타고" 오실 것이다(막 14:62). 이런 말들은 미래 일을 묘사하는 말 같다. 그러나 불트만은 이렇게 주장한다. "우리는 더 이상 인자가 하늘 구름을 타고 다시 오시기를 바랄 수도 없고, 신자가 공중에서 그를 만나리라는 소망도 가질 수 없다."[52] 불트만이 보기에, 이는 분명 우주를 삼층으로 보는 견해와 관련이 있을 뿐 아니라 객관적으로 이 세계에서 일어난다고 하는 일에 믿음을 의존하게 하는 것이다. 그러므로 그는 적어도 이런 본문들을 미래 사건을 예언한 것으로 이해하는 해석을 거부한다. 그는 우리가 미래에 있을 세계 종말에 관하여 깊이 생각하려 할 때 이 종말은 순전히 자연에서 일어날 사건의 형태를 띨 수 있을 뿐이라고 주장한다. 신약성경에서는 인간에게 지금 당장 결단 내리기를 촉구하고자 묵시 신화를 인용하고 있을 뿐이다.

불트만은 일찍이 1926년에 펴낸 『예수』에서 이미 하나님 나라에 관한 묵시 언어의 강조점은 오로지 인간에게 결단 내리기를 강요하는 것이라고 주장했다. "그렇다면 미래의 하나님 나라는 시간이 흘러가면 올 것이 아니다.…그 나

---

52 *Ibid.*, p. 4.

라는 지금 인간에게 결단 내리기를 강요하기에 현재를 결정한다.…예수의 가르침에 담긴 참된 의미를 겉으로 표현한 것이라며 그 시대의 신화에 주목해서는 안 된다. 이 신화는 신화가 낳은 근본 통찰, 곧 인간을 미래에 있을 하나님의 행위 때문에 결정을 내려야 하는 존재로 보는 개념을 포기할 때 끝난다."[53] 불트만은 1936년 6월에 한 설교에서, 사도행전 17:31에서 하는 말인 "천하를…심판할 날을 작정하시고…"를 다루며 비슷한 점을 강조한다. 이것은 인간이 "자기 길을 책임 있게 결단하여 선택해야 한다"는 뜻이다. "인간은 철저히 고독하게…하나님 앞에 홀로 선다."[54]

이런 종말론 언어 역시 불트만이 신화를 판단하는 두 번째 기준, 곧 신화에는 모순이 담겨 있다는 것과 일치하는 것 같다. 그는 『예수 그리스도와 신화』에서 이렇게 말한다. "역사는 계속된다.…역사의 과정은 신화를 반박했다. 종말론 드라마라는 개념처럼, '하나님 나라'라는 개념도 신화적이기 때문이다."[55] 그는 다른 곳에서 이렇게 썼다. "신화적 종말론이 유지되지 못하는 이유는 간단하다. 그리스도의 강림이 신약성경에서 기대한 대로 일어나지 않았기 때문이다."[56] 정말로 모순이 있다면, 종말론 언어가 서술하는 주장으로서 기능한다면, 그 모순은 심각할 것이다. 하지만 그것이 인간의 자기 이해, 또는 현재의 결단과 관련이 있는 언어라면 이야기가 다르다.

불트만 자신의 관점에 따르면, 그가 말하는 세 번째 원리 곧 신약성경 저자들 자신이 실제로 비신화화 과정을 시작한다는 원리를 적용할 때 가장 어려움이 적은 영역이 바로 종말론 영역이다. 불트만은 이렇게 썼다. "비신화화 과정은 아주 일찍부터 시작되었다. 바울에게서 일부 시작되었고, 요한에게서 철저히 시작되었다. 비신화화가 확고한 단계에 들어선 때는, 옛 시대가 새 시

---

53 R. Bultmann, *Jesus and the Word*, pp. 44 and 47.
54 R. Bultmann, *This World and Beyond: Marburg Sermons* (Lutterworth Press, London, 1960), p. 21.
55 R. Bultmann, *Jesus Christ and Mythology*, p. 14.
56 R. Bultmann, *K.M.*, I, p. 5.

대로 넘어가는 전환점은 미래의 일이 아니라 예수 그리스도의 오심으로 일어났다고 바울이 선언한 때였다. '그러나 때가 차매 하나님이 그 아들을 보내셨다'(갈 4:4)."[57] 바울은 사망을 삼키고 이기리라고(고전 15:54), '지금'이 구원의 날이라고(고후 6:2) 말할 수 있다. "바울에 이어 요한이 종말론을 철저히 비신화화했다."[58] "그 정죄[심판]는 이것이니 곧 빛이 세상에 왔으되 사람들이…빛보다 어둠을 더 사랑한 것이니라"(요 3:19). "이제 이 세상에 대한 심판이 이르렀으니, 이제 이 세상의 [통치자가] 쫓겨나리라"(요 12:31). 불트만은 이렇게 주장한다. "요한은 예수의 부활, 오순절, 주의 강림을…동일한 사건으로 본다."[59] 그는 심지어 요한 문헌에서는 적그리스도라는 신화 같은 인물(살후 2:7-12)을 비신화화해 거짓 교사라는 역사 속 인물로 만들었다고 주장한다.[60]

만일 불트만이 이런 책을 쓸 때 신약학자가 아니었다면, 우리는 그가 다른 신약학자들이 보통 신약성경의 종말론이 지닌 양극성이라 불렀던 것, 곧 '지금'(now)과 '아직 아니'(not yet)가 동등한 비중과 중요성을 가지는 종말론을 몰랐으리라는 상상을 했을지도 모른다. C. K. 배러트(Barrett), G. E. 래드(Ladd) 및 다른 많은 저술가가 이 특징을 올바로 강조했으며, G. E. 래드는 그것이 바로 신약성경의 서로 다른 여러 저자가 한목소리를 내는 특별한 지점이라고 주장한다.[61] C. K. 배러트는 요한의 글에서 미래 종말론은 그의 전체 신학 시각의 중요한 일부분이라고 주장한다.[62] 하지만 불트만은 '사이 시간'(time-between)이라는 관념, 부활과 주의 강림의 중간 시기라는 관념이 주의 강림이 늦어지는 데 따른 교회의 당혹감과 관련이 있으며, 심지어 이 관념 때문에 사람들

---

[57] R. Bultmann, *Jesus Christ and Mythology*, p. 32.
[58] *Ibid.*, p. 33.
[59] *Ibid.*
[60] *Ibid.*, p. 34.
[61] C. K. Barrett, *The Gospel according to St. John* (S.P.C.K., London, 1958), pp. 56-58. 『요한복음』(한국신학연구소); 그리고 G. E. Ladd, "Eschatology and the Unity of New Testament Theology" in *Exp.T.* LXVIII (1957), pp. 268-273. 아울러 A. L. Moore, *The Parousia in the New Testament* (Brill, Leiden, 1966; *Supplements to Novum Testamentum* 13)를 참고하라.
[62] C. K. Barrett, *The Gospel according to St. John*, pp. 56-58.

이 기독교를 "세상의 현상, 곧 그리스도인의 종교"로 받아들이게 되었다고 주장한다.[63] 불트만은 누가복음-사도행전 저자가 기독교 신앙을 이런 식으로, 곧 오스카 쿨만의 신약성경 해석과 일치하는 방식으로 인식했을지라도, 바울과 요한은 역사와 종말론을 이런 식으로 인식할 수 없었다고 역설한다. 불트만은 바울의 역사관이 우주론이 아니라 인간론과 관련이 있다고 주장한다. 이는 "바울이 자서전에서 쓸 법한 '나'라는 형태를 사용하여 역사 과정을 아담부터…그리스도까지 제시할 수 있다는 사실(롬 7:7-25상)을 통해 나타난다."[64] 불트만은 이렇게 결론짓는다. "종말론적 실존은 오로지 믿음 안에서 가능하다. 그것은 아직 눈으로 볼 수 있게 실현되지 않았다(고후 5:7). 즉, **그것은 세상의 현상이 아니라** 믿음이 주는 새로운 자기 이해 안에서 실현된다."[65]

그렇다면 불트만이 신칸트 철학의 인식론에 보인 신학적 반응이라는 유령이 또다시 그의 신약성경 해석에 나타난 셈이다. 사람들은 내용비평(Sachkritik)에 근거하여 바울과 요한이 '실제로' 전달하려 했던 종말론 이해는 종말의 실존을 현재 이 세상에 있으면서도 '이 세상에 속하지 않은' 실재로 보는 불트만의 이해와 일치하는 이해였던 게 **틀림없다**고 추측한다. 불트만의 가설에 근거하면, 그의 해석을 지지하지 **않는 증거로 여길 수 있는** 것이 무엇인지 알기가 어렵다. 그의 가설을 따르면, 신약성경이 미래의 종말을 가리키는 이미지를 담고 있다는 것은 신약성경을 비신화화해야 할 신약성경 속 증거가 되고, 실현된 종말론은 비신화화 **과정**이 신약성경 안에서 시작되었음을 보여 주는 증거가 되기 때문이다. 불트만은 어느 쪽이든 모두 자신의 논지를 뒷받침한다고, **무슨 내용**을 주해하여 고찰하든 결과는 마찬가지라고 주장한다. 하지만 나는 다른 세 연구에서 미래의 종말론이라는 시각이 바울과 신약성경의 다른 저자들이 지닌 견해의 핵심임을 논증하려고 했다.[66]

---

63 R. Bultmann, "History and Eschatology in the New Testament" in *N.T.S.* I (1954), p. 15; 참고. pp. 5-16.
64 R. Bultmann, *History and Eschatology*, p. 41.
65 R. Bultmann, in *K.M.*, I, p. 208. 티슬턴 강조.

이어 기독론을 살펴보자. 불트만은 예수 그리스도가 "단지 인간이 아니라 하나님이자 사람"이었다는 주장은 영지주의의 영향일 뿐이라고 주장한다. 그는 이렇게 덧붙인다. "그리스도의 선재(先在) 같은 것도…이성에 맞지 않을뿐더러 완전히 무의미하다."⁶⁷ 그는 이렇게 썼다. "물어보나 마나 신약성경에서는 예수 그리스도 사건을 신화의 언어로 제시한다.…분명 예수 그리스도를 하나님의 아들이자 선재하는 신으로 제시하며, 그런 점에서 그를 신화 같은 인물로 제시한다."⁶⁸ 하지만 그는 확실한 역사 속 인간(ein bestimmter historischer Mensch)이며, 이런 점에서 여기에서는 역사와 신화가 기이하게 얽혀 있다(Historisches und Mystisches sind hier eigentümlich verschlungen).⁶⁹ "초창기 기독교에서는 시초부터" 그리스도라는 인물에게 "신화를 덧씌웠다." 팔레스타인 공동체에서는 메시아와 인자(人子)를 표현하면서 신화를 사용했다. 반면 헬레니즘의 영향을 받은 교회에서는 신화의 언어를 인용하여 하나님의 아들을 표현했다. 불트만은 이렇게 주장한다. "분명 그런 개념들은 신화의 개념이다. 유대인과 이방인의 신화 속에 널리 퍼져 있다가 그 이후에 예수라는 역사 속 인물에게 넘어갔기 때문이다."⁷⁰

불트만은 자신이 신화와 관련하여 제시한 세 원리 중 첫 두 원리를 기독론에 분명히 적용한다. 첫째, 신화는 원시 교회에서 역사 속 예수의 의미(den Sinn…die Bedeutsamkeit der historischen Gestalt Jesu und seiner Geschichte, 예수의 역사 속 모습과 그의 이야기가 지닌 의미와 중요성-옮긴이)를 표현하려 한다는 것을 나타낸다. 따라서 우리에게는 그 언어를 담아낸 객관적 형태(ihr

---

66 A. C. Thiselton, "Realized Eschatology at Corinth" in *N.T.S.* XXIV (1978), pp. 510-526. "The Parousia in Modern Theology: Some Questions and Comments" *T.B.* XXVII (1976), pp. 27-54; 그리고 *Eschatology and the Holy Spirit in Paul with Special Reference to 1 Corinthians* (미출간 M.Th. 논문, University of London, 1964).
67 R. Bultmann, in *K.M.*, I, p. 8.
68 *Ibid.*, p. 34.
69 *Ibid.* (German, p. 44).
70 R. Bultmann, *Jesus Christ and Mythology*, pp. 16-17.

objektivierender Vorstellungsgehalt)가 없어도 된다.⁷¹

이 견해는 불트만이 세계교회협의회에서 내놓은 기독론 신앙고백을 다룬 1951년 강연에서 취한 접근법과 완전히 일치한다.⁷² 불트만은 이렇게 주장한다. "중대한 문제는" 신약성경에 있는 예수의 칭호들이 "예수의 본질에 관하여 우리에게 뭔가를 일러 줄 때…그를 그의 존재 자체로 객관화하려고(in seinem An-sich-Sein objektivierend) 하는가, 아니면 그것들이 그를 이야기할 때 그가 인간에게, 믿음에 의미하는 중요성(in seiner Bedeutsamkeit für den Menschen)과 연계하여 이야기하는가, 그리한다면 얼마나 그렇게 이야기하는가다. 그 칭호들은 그의 육체(*phusis*)를 이야기하는가 아니면 나를 위한 그리스도(*Christus pro me*)를 이야기하는가? 그에 관한 기독론 선언은 또한 얼마나 나에 관한 선언인가? 그가 하나님의 아들이기에 나를 돕는가, 아니면 그가 나를 돕기에 하나님의 아들인가?"⁷³ 한편으로 보면, "당신이 그리스도시요 살아 계신 하나님의 아들이심을 우리는 믿고 확신합니다"(마 16:16; 요 6:69) 같은 고백은 고백(Bekenntnis)일 뿐이지 교의를 천명한 명제(Satz)가 아니다. 다른 한편으로 보면, "귀신들도 믿고 떠느니라"(약 2:19) 같은 말은 교의를 천명한 명제라는 의미를 갖고 있다. 그리스도인의 신앙고백은 그리스도가 **우리를 위한** 하나님의 능력이시라는 것이다(고전 1:30). 이어 불트만은 그의 비신화화 프로그램을 사실상 마무리하면서 이런 말을 덧붙인다. "이런 선언들이 객관화하는 명제(objektivierende Sätze)로 빠져 버릴 때, 그 명제들을 비판하며 해석해야 한다."⁷⁴

불트만은 이를 바탕 삼아 이런 주장을 펼친다. "'그리스도는 하나님이다'라는 신조를 아리우스나 니케아의 정통주의나 자유주의에서 말하는 의미 중 어느 것으로 이해하든, 하나님을 객관화할 수 있는 존재로 이해하는 한 이 신조는 모든 면에서 잘못이다. 여기서 '하나님'을 하나님이 행하는 사건으로 이

---

71 R. Bultmann, in *K.M.*, I, p. 35 (German, p. 44).
72 R. Bultmann, *E.P.T.*, pp. 273-290; German, *G.u.V.* II, pp. 246-261.
73 *Ibid.*, p. 280 (German, p. 252).
74 *Ibid.*, p. 281 (German, p. 253).

해한다면 이 신조는 옳다."⁷⁵ 칼케돈 신조는 "우리 사유로는 불가능"하다. 이 신조는 "객관화하는 본성을 지닌" 그리스 사상에 의존하기 때문이다.⁷⁶ 결국 우리는 앞서 언급했던 A. 말레의 말을 다시 떠올리게 된다. "진짜 '객관적' 그리스도는 그리스도 자신이 아니라 은총의 그리스도다."⁷⁷

불트만은 자신이 주장한 두 번째 원리 역시 분명하게 인용하여, 기독론을 담은 신앙고백을 서술된 말로 해석한다면 명백한 모순이 드러난다고 주장한다. 예를 들면 신약성경에서, 한 무리 본문에서는 그리스도를 심판자로 묘사하지만(살전 2:19; 고전 4:5), 다른 본문에서는 하나님 자신이 심판자다(살전 3:13; 롬 3:5). 사도행전 17:31에서는 두 개념이 함께 나타난다. 그러나 이것은 "우리가 두 법정 앞에서 또는 바로 두 인격 앞에서 책임을 져야 한다"는 의미가 아니다. "오히려 우리가 그리스도에게 지는 책임은 우리가 하나님께 지는 책임과 동일하다"는 뜻이다.⁷⁸ 마찬가지로 불트만은 "그는 자기를 비워…사람들과 같이 되셨다"(빌 2:7)라는 말과 나사렛 예수를 "하나님께서 큰 권능과 기사를 너희 가운데서 베푸사 증언하신 사람"으로 묘사한 말(행 2:22)은 모순이라고 주장한다. 그는 바울과 요한이 말하는 그리스도의 선재와 마태 및 누가가 말하는 동정녀 탄생 이야기는 조화를 이루기 힘들다고 주장한다.⁷⁹

불트만은 세 번째 원리, 곧 신약성경 안에서 비신화화가 이루어졌다는 원리를 들지는 못한다. 다만 많은 기독교 신앙고백이 특히 바울의 글에서 볼 수 있는 것처럼 신자의 그리스도 경험을 표현한 것임이 명백한 경우는 예외다. 어떤 의미에서 보면, 사실 바울이 그리스도에게 붙이길 좋아하는 주라는 칭호는 인간 자신이 그리스도에게 자신을 내어 드리고 그의 주권에 헌신하는 경험을 표현한다. 이 점은 불트만의 『신약신학』에서 훌륭하게 나타난다. 불트만

---

75 *Ibid.*, p. 287.
76 *Ibid.*, p. 286.
77 A. Malet, *The Thought of Rudolf Bultmann*, p. 20.
78 R. Bultmann, *E.P.T.*, p. 238.
79 R. Bultmann, *K.M.*, p. 34.

은 이 책에서 신자가 어떻게 자신의 염려를 버리고 자기 자신을 온전히 하나님의 은혜에 내맡기는지 묘사한다. 불트만은 올바르게도 그리스도인의 내맡김과 자유를 탁월하게 보여 주는 본보기로 바울이 한 말을 인용한다. "우리 중에 누구든지 자기를 위하여 사는 자가 없고 자기를 위하여 죽는 자도 없도다. 우리가 살아도 주를 위하여 살고 죽어도 주를 위하여 죽나니 그러므로 사나 죽으나 우리가 주의 것이로다"(롬 14:7, 8).[80] 하지만 바울이 나중에 쓴 본문을 보면, 기독론에서 우주 전체를 아우르는 시각을 보여 주는 본문이 점점 더 많이 나타난다. 불트만의 관점에서 봐도, 바울이 객관화의 위험을 알지 못한 채 실존 언어의 영역에서 세계를 담은 시각의 언어로 점점 더 옮겨 가는 것 같다고 인정할 수밖에 없을 것이다.

지금 상태에서는, 신약성경의 자료를 불트만의 설명과 달리 언어학의 관점에서 여러 가지로 설명할 수 있다. 불트만이 든 예들이 모순일지라도, 신약학자들은 보통 이 모순을 기독론이 발전해 가는 내용이 차례대로 나타난 것이라고 설명하며, 불트만 자신도 역사의 관점에서 그 예들을 그렇게 본다. 그러나 신화라는 범주가 한결같은 서술이라는 개념의 유일한 대안은 아니다. 신약성경 저자가 활용한 이미지나 은유나 평가 언어(language of evaluation) 하나하나가, 순전히 서술이라는 관점에서 보면 모순처럼 보이는 한 폭의 전체 그림을 만들어 내는 데 이바지한다. '하나님의 아들'이라는 말을 오로지 **은유로** 그리스도에게 적용했다는 사실은 이미 오래전 아리우스 논쟁 때 확증되었다. 아리우스 논쟁 당시, '아들'이라는 말이 암시하는 시간 순서의 의미(아들은 아버지보다 시간상 더 뒤에 있다는 의미-옮긴이)를 그리스도와 하나님의 관계에 적용하기는 불가능하다는 지적이 있었다. 더군다나 기독론 용어들이 사실 한결같이 서술인 것은 아니다. 이 용어들은 **자기 관련 발화**(self-involving utterances)이기 때문이다.[81] 그리스도가 내 주라는 고백은 그 안에 내가 그에

---

80 R. Bultmann, *T.N.T.* I, p. 331.
81 참고. D. D. Evans, *The Logic of Self-Involvement: A Philosophical Study of Everyday Language*

게 헌신하여 그의 종이나 노예가 된다는 결론을 담고 있다. 하지만 앞으로 보듯이 영국 철학자들, 특히 J. L. 오스틴 같은 철학자들은 자기 관련 발화 또는 수행 발화가 유효하려면 **어떤 특정 상태가 진실이어야 함**을 증명했다.[82] 이것이 옳다면, 기독론 언어를 단순히 인간의 태도를 나타내는 언어로 바꾸기는 불가능하다. "그가 하나님의 아들이기에 나를 돕는가, 아니면 그가 나를 돕기에 하나님의 아들인가?"라는 질문은 철저히 그릇된 대안을 제시한다. 분명 어떤 의미에서는 그가 나를 돕기에 그는 하나님의 아들이다. 그러나 그가 하나님의 아들이 아니면 어떻게 나를 도울 수 있겠는가?

38. 또 다른 사례들: 십자가와 부활에 관한 불트만의 주장 비판

우리가 다음으로 살펴볼 사례들은 신약성경에서 말하는 속죄와 관련이 있다. 불트만은 이렇게 외친다. "신이 육신이 되어 자신의 피로 인간들이 지은 죄를 대신 속하였다니, 이야말로 원시 신화다!" 그는 덧붙여 이렇게 말한다. "그렇게 죽은 그리스도가 선재하는 하나님의 아들이라면, 죽음이 그에게 무슨 의미가 있겠는가? 설령 그가 자신이 사흘 만에 다시 일어나리라는 것을 알았다 해도, 그 죽음은 분명 거의 무의미하다!"[83] 어떤 사람이 지은 죄의 책임을 다른 사람이 죽음으로 대신 치를 수 있다는 관념은 오로지 원시 시대의 죄책 관념과 의 관념에 근거한 것이다. 불트만은 이렇게 주장한다. "그리스도의 십자가를 믿는다는 것은, 우리와 우리 세계 밖에서 만들어진 신화 같은 과정과 하나님이 우리에게 이롭게 바꿔 놓은 어떤 객관성 있어 보이는 사건(ein objektiv

---

with Special Reference to the Christian Use of Language about God as Creator (S.C.M., London, 1963).

82 J. L. Austin, *How to Do Things with Words* (Clarendon Press, Oxford, 1962), p. 45 *et passim*. 『말과 행위』(서광사).
83 R. Bultmann, *K.M.*, pp. 7 and 8.

anschaubares Ereignis)과 관련을 맺는다는 뜻이 아니라, 그리스도의 십자가를 우리 것으로 삼고 그와 함께 십자가에 못 박힘을 겪는다는 뜻이다."[84]

불트만은 우리가 이미 서술한 세 원리를 이 신학 영역에 다시 한 번 적용한다. 첫째, 십자가는 "우리 밖에서 만들어진 신화 같은 과정"이 아니며, "늘 존재하는 실재"이지 "그저 깊이 생각해 볼 수 있는 과거의 사건이 아니다."[85] 십자가의 의미는 "그리스도와 함께 십자가에 못 박히는 데" 있으며(롬 6:6; 갈 6:14), 그의 죽음을 본받아 "그의 고난에 동참함"을 아는 데 있다(빌 3:10). 그것은 "늘 예수의 죽음을 우리 몸에 짊어지는 것"이며 "항상 예수를 위하여 죽음으로 넘겨지는 것"(고후 4:10, 11)이다. 그리스도의 십자가는 "의미인 역사에 속하는(geschichtliche, 역사상 중요한 의미가 있는) 사실이며, 이는 사실인 역사에 속하는(historische, 역사 속) 사건인 예수의 십자가 죽음에서 유래한다.…그리스도는 '우리를 위하여' 십자가에 못 박혔지만, 이 '우리를 위하여'에는 희생 이론이나 만족 이론에서 이야기하는 의미가 없다.…신화 언어는 다만 사실인 역사 속에서 일어난 사건의 중요성을 전달하는 수단일 뿐(nichts anderes als eben die Bedeutsamkeit des historischen Ereignisses zum Ausdruck bringen)이다."[86] 그것은 "이런 의미를 자신에게 적용하는" 듣는 이들의 문제다.

둘째, 불트만은 십자가를 말하는 언어와 속죄를 말하는 언어가 서로 모순이라고 재차 주장한다. "신화 같은 해석은 희생 제사와 사법 제도에서 유추한 것들을 뒤섞어 놓은 것이며, 오늘날 우리가 유지할 수 없는 것이 되었다."[87] 불트만은 속량 희생이라는 말이 유대교 제의에서 나왔다고 생각한다. 바울은 이 말을 로마서 5:9과 갈라디아서 3:13 같은 본문에서 받아들이지만 "어떤 전통을 따르고 있다.…앞에서 말한 본문에는 그의 독특한 견해가 들어 있지 않다."[88] 그러나 바울의 글 속에는 아주 다른 접근법도 들어 있다. "그리스도의

---

[84] *Ibid.*, p. 36 (German, p. 46).
[85] *Ibid.*
[86] *Ibid.*, p. 37 (German, p. 47).
[87] *Ibid.*, p. 35.

죽음은 그저 희생에 그치지 않고…이 시대의 세력들인 율법과 죄와 죽음에서 해방시키는 수단이기도 하다."[89] 더 나아가 바울은 그리스도의 죽음을 "신비주의 종교에서 말하는 신의 죽음과 비슷하게" 묘사한다.[90] 그리스도를 믿는 회중 가운데 들어온 자는 신의 죽음과 부활에 참여한다. 바울은 이런 접근법을 확장하여 그리스도의 죽음을 "영지주의 신화의 범주로" 해석하면서, 수치 당함(humiliation)과 높아짐(exaltation)에 강조점을 둔다.[91] 이렇듯, 불트만은 서로 다른 이 접근법들이 "실제로 모순"이라고 주장한다.[92]

셋째, 하지만 불트만은 이 모든 신화가 "신약성경에서 말하려는 것을 똑바로 다루지 못한다"고 주장한다.[93] 방금 보았듯이, 이런 신화들은 "바울의 독특한 견해"를 표현하지 않는다. "바울은 분명 이런 사상 복합체 가운데 어느 것도, 구원 사건을 바라보는 그의 이해를 표현하는 데 적합한 이 용어들 가운데 어느 것도 발견하지 못했다."[94] 그가 신비주의 종교와 영지주의 신화에 의존한 이유는 적어도 이런 언어가 십자가를 "실제로 인간에게, 인간을 위하여, 인간 안에서 일어나는 사건으로" 해석하게 해 주기 때문이다.[95] 이런 언어는 부활 메시지와 결합할 때 비로소 그 참된 의도를 알 수 있다. 그렇다면 속죄-신화 복합체는 "인간이 이전에 가졌던 자기 이해가 철저히 뒤집어짐을, 특히 그의 인간 '자랑'을 철저히 내려놓음을" 의미한다고 볼 수 있다.[96]

그렇다면 신약성경에서 속죄를 이야기하는 모든 언어는 실상 이신칭의 교리에 해당하는 것을 표현하고 인간의 해묵은 자기 이해에 이의를 제기하려고 공들여 만들어 낸 언어 수단에 불과한 셈이다. 속죄 교리는 이런 실존 차원

---

[88] R. Bultmann, *T.N.T.* I, p. 296.
[89] *Ibid.*, pp. 297-298.
[90] *Ibid.*, p. 298.
[91] *Ibid.*
[92] R. Bultmann, *K.M.*, I, p. 11.
[93] *Ibid.*, pp. 35-36.
[94] R. Bultmann, *T.N.T.* I, p. 300.
[95] *Ibid.*
[96] *Ibid.*

을 담을 수밖에 없으며, 어떤 신약학자도 그것을 부인하지 않는다. 하지만 우리가 물어야 할 문제는 이런 실존 측면이 이른바 객관적 이미지라 하는 모든 것을 **하나도 남김없이 다** 해석해 주는가다. 우리가 기독론과 관련하여 서술한 모든 난점이 여기에 해당한다. 예를 들면, 요아힘 예레미아스는 이렇게 말한다. "바울은 비교와 이미지를 점점 더 많이 사용하여 자기 청자와 독자에게 이 '우리를 위하여'의 의미를 이해시키려고 노력한다."[97] 예레미아스는 서로 다른 네 이미지 묶음을 인용하는데, 이 이미지들은 각각 제의를 배경으로 한 희생 제사, 법정을 배경으로 한 형벌, 사회학적 배경을 가진 매입, 인격 및 윤리를 배경으로 한 순종과 관련이 있다. 그러나 그는 '우리를 위하여'라는 측면을 이해하고 나면 바울의 나머지 언어는 없어도 된다고 주장하지 않는다. 이언 헨더슨은 신화 해석을 다루면서 더 일반적인 말로 똑같은 점을 강조한다.[98] 그는 서로 다른 두 종류 해석이 있다고 주장한다. 예를 들어, 암호를 해독한 경우처럼 해석이 다 이루어지면 원문이 없어도 되는 해석이 있다. 암호를 해독하면 원문을 버려도 아무 손실이 없다. 그러나 결코 원문을 대신할 수 없는 해석이 있다. 문학이나 다른 예술 분야의 걸작에 붙인 주석이 그런 예다. 이런 의미에서, 희생과 속전(贖錢)이라는 언어를 순전히 실존의 관점에서 하나도 남김없이 다 해석하기는 불가능하다.

이 원리는 그리스도의 부활에 관한 불트만의 주장에 적용하면 훨씬 더 우리를 죄어치는 원리가 된다. 여기에서도 다시금 불트만이 신화를 고찰할 때 대개 활용하는 세 가지 사항이 작동하고 있음을 볼 수 있다. 첫째, 불트만은 부활 사건을 세계 안에서 경험할 수 있는 것으로 객관화해서는 안 된다고 본다. 그는 이렇게 썼다. "부활을 믿는 믿음은 사실 십자가의 구속 효험을 믿는 믿음과 같다."[99] "분명 그것은 자명한 의미를 가진 과거 역사 속 사건(ein

---

[97] J. Jeremias, *The Central Message of the New Testament* (Eng. S.C.M., London, 1965), p. 36; 참고. pp. 34-39. 『신약성서의 중심 메시지』(은성).
[98] I. Henderson, *Myth in the New Testament*, p. 31.
[99] R. Bultmann, *K.M.*, I, p. 41.

historisches Ereignis)이 아니다.…부활은 증명 가능한 기적적 증거가 될 수 없다."¹⁰⁰ 불트만은 사실, 사도행전 17:31에 나오는 경우처럼 신약성경 저자들이 종종 부활을 기적적 증거로 해석한다는 것을 인정한다. 아울러 그는 그리스도의 부활한 몸이 실제 육신(Leiblichkeit)임을 전제하는 빈 무덤과 그리스도의 현현 전승(눅 24:39-43)이 신약성경 안에 나타난다는 것도 인정한다. 그렇지만 그는 신약성경 저자들이 부활을 믿음 문제로 인식하기 때문에 그런 내용이 신약성경 저자들의 주된 의도 및 논리와 충돌한다고 주장한다. "난점은 단지 죽은 자의 부활처럼 어떤 신화 같은 사건을 믿을 수 없다는 것이 아니다.…부활을 객관적 사실로(als objektives Faktum) 증명할 수 없다는 것도 아니다.…진짜 난점은 부활 자체가 믿음의 대상(Gegenstand der Glaubens)이라는 것이다."¹⁰¹

불트만은 신약성경 안에 있는 모순 및 비신화화와 관련된 두 문제를 결합하지만, 이를 분명한 말로 표현하지는 않는다. 이와 관련하여 불트만의 생각을 가장 뚜렷하게 보여 주는 말이 그가 일찍이 1926년에 칼 바르트의 책 『죽은 자들의 부활』(The Resurrection of the Dead, Die Auferstehung der Toten)을 논한 글에 등장한다.¹⁰² 불트만은 바르트에 반대하면서, 고린도전서 15:1-11이 실은 "그리스도의 부활을 객관적 역사 사실(ein objektives historisches Faktum)로 믿을 수 있게 만들려는 시도"임을 인정한다.¹⁰³ 그러나 그는 이어 이렇게 덧붙인다. "바울은 자신의 변증으로 스스로를 반박하는 자기모순에 빠진다. 바울이 20-22절에서 그리스도의 죽음과 부활을 두고 말하는 내용은 객관적 역사 사실이라고 말할 수 없기 때문이다."¹⁰⁴

하지만 불트만이 근거로 제시하는 구절들은, 그가 이전에 객관화 문제와

---

100 *Ibid.*, pp. 38-39 (German, pp. 47-48).
101 *Ibid.*, pp. 39-40 (German, p. 49).
102 R. Bultmann, *F. U.* I, pp. 66-94 (German, pp. 38-64).
103 *Ibid.*, p. 83 (German, p. 54).
104 *Ibid.*, pp. 83-84.

하나님의 계시 및 구원 행위의 영역과 관련하여 제시한 가설들을 우리가 받아들일 경우에만 그의 주장 요지를 증명해 준다. 불트만이 원용하는 고린도전서 15:20-22에서는 그리스도가 새 인류의 첫 열매로서 죽은 자들 가운데서 부활하셨다는 것과 "그리스도 안에서 모든 사람이 삶을 얻으리라"는 것만을 주장한다. 불트만의 전제는, 그리스도의 부활이 하나님이 하신 행위라면 그것은 '이 세상에 속한' 현상일 수 없다는 것이다. A. 말레는 이 점을 강조한다. "부활하신 그리스도는 이 땅에 속한 현상이 아니다. 그는 객관적 실재가 아니다. 상식의 추측과 달리,…객관성은 타자성(他者性)의 반대다.…예수의 부활은 신을 신화로 만들어 그것을 어떤 '작품'의 지위로 떨어뜨리는 기적일 수 없다.…이 세상에서 부활은 우리가 정상이라 부르는 현상처럼 하나님을 드러내지 않는다."[105] 부활이 객관적 사건이면 인간이 통제하는 영역에 속할 것이다. 그러나 이 문제에 아주 다르게 접근하는 방법이 있다. 불트만은 부활의 의미를 신자가 그리스도와 함께 죽고 부활하는 경험을 공유한다는 관점에서 이해한다. 하지만 J. 맥쿼리는 이렇게 묻는다. "어떤 의미든 그리스도가 실제로 죽었다가 부활하셨음을 확신하지도 않으면서 '그리스도와 함께 죽고 부활함'을 이야기한다는 것이 말이 되는가?…우리가 그것을 이 세상 속에 있는 역사 속 실존의 제약 아래에서 실제로 이루어진 본보기로 보지 않으면서 어떤 가능성을 진짜 가능성이라고 확신할 수 있는가?"[106]

분명 이 문제를 이런 식으로 바라보는 것은 '가능성'을 경험주의와 유사한 관점으로 해석하는 것이며 주체-객체 사유 유형으로 돌아가는 것이라고 대답할 수 있다. 프리드리히 고가르텐(Friedrich Gogarten)은 이렇게 썼다. "우리 생각이 일단 이런 주체-객체 유형에 사로잡히면, 이를 풀고 벗어날 수 있는 유일한 길은 이 유형을 극복할 철학 수단을 찾는 것이다.…우리는 지난 300여 년 동안 이런 유형을 따라 생각해 왔기 때문에, 아주 엄청난 노력을 하지 않고서

---

[105] A. Malet, *The Thought of Rudolf Bultmann*, pp. 155-156.
[106] J. Macquarrie, "Philosophy and Theology in Bultmann's Thought" in *T.R.B.*, p. 141.

는 주체-객체 유형을 극복할 수 없다."[107] 고가르텐은 사람들이 이 점을 오해하고 무시하는 바람에 불트만의 역사관을 많이 비판했다고 생각한다. 그는 오로지 하나님 말씀만이 믿음의 기초일 수 있으며, 어떤 '객관적' 실재나 '사실인' 실재는 결코 믿음의 기초일 수 없다고 주장한다.[108] 그러나 우리가 불트만과 고가르텐의 출발점에서 시작하지 않으면, '사실' 아니면 '하나님의 행위'라는 두 인위적 대안 중에서 어느 하나를 고르는 일을 하지 않아도 된다. 더구나 이 인위적 대안 제시가 불트만과 하이데거의 관계에서 나온 것도 아니다. 오히려 이것은 변증법 신학과 불트만식 루터파 신학이 신칸트주의에서 제시한 인식론 문제에 내놓은 신학적 반응과 훨씬 더 밀접한 관련이 있다.

이 점에서 이 세상과 저 세상을 구분하는 불트만의 이원론이 그가 십자가를 해석할 때보다 훨씬 더 심각한 모습을 띠게 된다. L. 말레베즈가 우리에게 되새겨 주듯이, 속죄 신학을 비신화화해도 우리에겐 여전히 나사렛 예수가 본디오 빌라도 아래에서 십자가형을 받았다는 사실인 사건(factual event)이 남는다. 그러나 부활을 비신화화하면, 아무런 '사건'도 남지 않고 오로지 원시 교회에서 부활 신앙이 생겨났다는 것만 남는다. 말레베즈의 말대로, "신약성경의 배경뿐 아니라 우리가 감지할 수 있는 사실까지 포함하여 모든 것이 신화가 되어 버린다."[109] 물론 한스 콘첼만(Hans Conzelmann) 및 다른 이들이 주장하듯이, 고린도전서 15:3-8 같은 본문들의 부활 증언은 **신앙고백** 형태를 띤다. 그렇지만 결국 버논 H. 뉴펠드(Vernon H. Neufeld)가 확실히 보여 주었듯이, 마치 신앙고백은 믿음의 영역에만 속하고 사실 보고는 오로지 사실 영역에 속하는 것처럼 주장하면서 신앙고백과 사실 보고를 갈라 놓기는 불가능하다. 뉴펠드가 결론짓듯이, 신앙고백은 개인의 태도 표현과 어떤 일이 일어났다는 선언을 결합한다.[110] '신앙고백'이라는 범주에 호소해도 불트만의 이원론

---

107 F. Gogarten, *Demythologizing and History* (Eng. S.C.M., London, 1955), p. 51.
108 *Ibid.*, p. 82.
109 L. Malevez, *The Christian Message and Myth*, p. 83.

을 지지할 수 없다.

우리는 이미 우리 나름대로 해석학과 역사를 다룬 장과 불트만의 해석학을 다룬 앞 장 끝부분에서 판넨베르크가 불트만의 이원론을 비판한 내용들을 살펴보았다. 우리는 판넨베르크가 불트만의 역사 설명에서 나타나는 이런 이원론과 관련하여 하인리히 오트가 내린 결론을 인정할 뿐 아니라 불트만의 논지가 의존하는 신앙관에도 이의를 제기한 것을 보았다. 판넨베르크는 이런 접근법을 바탕 삼아 이렇게 주장한다. 믿음은 "선포된 메시지가 주장하는 권위를 무턱대고 믿는 눈먼 신앙으로 쉬이 바뀌어 버린다.…바울은 그 반대로 이야기하면서, 믿음이 앎에 기초해야 한다고 말한다(롬 6:8이하; 고후 4:13)."[111] 어쩌면 판넨베르크가 『예수: 하나님이자 사람』에서 한 이 말이야말로 그가 생각하는 믿음과 불트만이 생각하는 믿음의 극명한 차이를 가장 예리하게 나타내지 않나 싶다. "하지만 역사 연구가 그 자체로는 부활절에 '정말로' 일어난 일을 증명하지 못한다고 선언한다면, 믿음은 더욱 그 일을 증명하지 못한다. 어쩌면 역사가도 접근하지 못할 과거의 사건들에 관하여 믿음이 뭔가 확실한 것을 밝혀 주기는 불가능하기 때문이다."[112] 이런 비판을 해도 불트만은 걱정하지 않을 것이다. 불트만은 믿음이 '이 세상의' 사건들을 기초로 삼을 수 없다고 보기 때문이다. 그러나 판넨베르크는 이 경우에 믿음이 실제로 무엇인지 알아야 한다고 올바로 요구한다. 이원론의 두 측면은 **어떻게** 관련되어 있는가?

신약성경에서 말하는 그리스도의 부활에 관한 주해 고찰을 상세히 논의해도 별 소득은 없을 것이다. 불트만의 해석학이 안고 있는 가장 큰 난점 중 하나가 바로 그가 내용비평을 사용한다는 점이기 때문이다. 그는 늘 신약성경 속의 어떤 본문이 자신의 바울 해석 및 요한 해석과 충돌할 수 있음을 인정

---

110 V. H. Neufeld, *The Earliest Christian Confessions* (Brill, Leiden, 1963; New Testament Tools and Studies V), *passim*.
111 W. Pannenberg, *B. Q. T.* II, p. 28 and 31-32; 참고. pp. 28-64.
112 W. Pannenberg, *Jesus—God and Man*, p. 109.

하려고 한다. 그러나 그는 늘 이런 본문들이 바울의 사상이나 요한의 사상이 갖고 있는 실제 의도나 내부 논리와 충돌한다고 대답한다. 우리는 앞서 부활 사건을 객관적 역사 사건으로 제시하는 바울 자신의 논증이 부인되지는 않지만 바울은 그가 직면한 변증 목적 때문에 결국 자기모순에 빠지고 말았다는 불트만의 주장을 살펴보았다. 이런 주장을 검증하는 데 원용할 수 있는 유일한 판단 기준은 바울 신학 전체에 관한 믿음과 관련이 있다. 하지만 그런 그림은 결국 구체적 주해 고찰을 거쳐 만들어진다. 불트만을 해석하는 자나 비판하는 자는 다만 불트만의 사상을 구성하는 신학 요소들이 그가 바울 사상이나 요한 사상 '전체'를 해석할 때 과연 바울과 요한을 제대로 평가하는 쪽으로 해석할 수 있게 하는가를 스스로 판단할 수 있을 뿐이다.

39. 하이데거가 말하는 개념을 신약성서학에 사용함

우리는 앞 두 장에서 하이데거뿐 아니라 다른 철학 요소 및 신학 요소도 불트만이 다루는 해석학 문제의 조건 **정립**에 기여했다고 주장했다. 불트만은 그의 논문 "비신화화를 위한 주장"에서 이렇게 주장한다. "비신화화는 구체적 상황에서 발생하는 해석학 문제를 수반하며…이는 어떤 특정한 철학 방법에 의해 정의되지 않는다."[113] 하지만 우리는 불트만이 1966년에 "내가 보기에 하이데거의 실존 분석은 해석학에, 곧 신약성경 해석에 유익한 열매가 되었다"라고 말한 바와 같은 취지를 담은 그의 말을 많이 인용할 수 있다.[114] 불트만은 자신이 형이상학 체계인 하이데거의 철학 이론에 동의하지 않는다고 주장하지만, 그러면서도 "우리는 그의 실존 분석에서 무언가를 배운다"고 주장한다.[115]

---

[113] R. Bultmann, *K. M.*, II, p. 182.
[114] R. Bultmann, "Reply" in *T. R. B.*, p. 275.
[115] R. Bultmann, *K. M.*, II, p. 182.

이와 동시에 이번 장에서는 지금까지 불트만이 하이데거 사상을 인용한 것을 다만 **일반론** 차원에서 살펴보았다. 불트만은 요나스의 작업에서 일부 영향을 받아, 신화를 객관적(객관화하는) 서술 언어와는 다른 인간의 자기 이해 표현으로 본다. 하지만 객관화하는 언어를 거부하는 것은, 프리드리히 고가르텐이 말하듯이, "하이데거에게서 배우지 않아도 된다. 만일 다른 원천에서 더 잘 배울 수 있다고 생각한다면, 그것도 꽤 좋은 생각이다."[116]

비신화화 논쟁의 관점에서 보면, 불트만의 하이데거 원용은 그가 인간 실존과 더 직접 관련된 신약성경의 여러 부분을 해석할 때 보다 덜 구체적이고 덜 명확하다. J. 맥쿼리가 언급하듯이, "비신화화는 실존적 해석보다 더 제한되어 있다. 비신화화는 신약성경에서 많든 적든 신화 형태를 띠고 있는 부분들을 겨냥한다. 그러나 신약성경 전체가 신화는 아니다." 나아가, "비신화화는 그것이 해석하려 하는 이야기들에 관한 어떤 객관적 이해에도 철저한 회의를 표명한다.…이것이 실존주의식 해석에 꼭 따라오는 결과는 아니다."[117] 불트만은 바로 이 영역, 곧 실존주의식 해석을 더 구체성을 띤 비신화화 관련 문제에 국한하지 않고 더 넓은 범위로 확장해 가는 곳에서 하이데거의 개념을 가장 상세하고 명확하게 활용하는 모습을 보여 준다.

이 영역은 특히 신약성경에서 묘사하는 인간상, 그중에서 특별히 바울의 인간론 언어가 표현하는 인간상과 믿음 가운데 있는 인간의 실존, 곧 미래에는 자유를 누리게끔 풀려나 이제는 종말의 실존 영역 안에서 살아가는 인간의 실존과 관련이 있다. 이 때문에, 존슨은 자신의 인식이 J. 맥쿼리 및 하인리히 오트의 논지와 충돌한다고 생각하는 것 같지만, "불트만은 하이데거 사상에서 불트만 자신의 철학적 시각의 범주에 들어맞는 측면들만 사용한다"는 존슨 자신의 올바른 인식과 역시 설득력이 있는 J. 맥쿼리와 하인리히 오트의 논지, 곧 불트만은 실제로 하이데거에게 어느 정도 신세를 지고 있다고 보

---

116 F. Gogarten, *Demythologizing and History*, p. 52 n. 1.
117 J. Macquarrie, *The Scope of Demythologizing*, pp. 15 and 17.

는 논지 사이에는 사실 아무런 모순이 존재하지 않는다.[118] 존슨은 자신이 불트만 사상에서 다루는 영역과 오트 및 맥쿼리가 다루는 영역이 다르다는 점을 간과한 나머지, 자신의 접근법과 오트 및 맥쿼리의 접근법의 차이점을 쓸데없이 과장한다. 맥쿼리는 그의 책 『실존신학』(*An Existentialist Theology*)에서 주로 실존 개념, 세계 속 인간, 사실성과 타락, 본래의 실존에 관심을 보인다. 『존재와 시간』과 불트만의 『신약신학』에서 이런 개념들을 활용하기 때문이다. 바로 이 영역에서 불트만이 하이데거에게 빚지고 있다는 것이 아주 분명하게 드러난다. 이와 달리, 존슨의 책 제목 『비신화화의 기원』(*The Origins of Demythologizing*)은, 한스 요나스의 작업을 거쳐 간접으로 영향 받은 것을 제외하면 거의 불트만이 하이데거의 영향을 가장 적게 받은 영역을 보여 준다.

맥쿼리의 책 『실존신학』이 없었다면, 우리는 부득불 이 연구서에서 이 문제를 상세히 살펴봐야 했을 것이다. 하지만 화제작인 이 책이 출간되고 몇 년이 흐른 1969년에도, 노먼 J. 영은 맥쿼리가 이 문제를 어찌나 샅샅이 훑어 버렸는지 "이 논의에 뭔가 유익하게 덧붙일 만한 것이 거의 없다"고 토로한다.[119] 우리 목표는 이 문제 전체를 다시 자세히 살펴보는 것이 아니라, 그 가운데 일부를 다음 세 가지 점을 충분히 확증할 수 있을 만큼 살펴보는 것이다. 첫째, 하이데거의 철학적 시각이 신약성경 해석자가 관념론 같은 다른 개념 틀에서 물러나게 하며 어느 정도는 (비트겐슈타인의 언어를 사용하면) 그의 눈앞에 늘 있던 것을 알아차리게 함으로써 신약성경의 주제를 밝히 해명할 수 있다고, 정말 그렇다고 강조하고 싶다. 둘째, 더 근래에 나온 주해 논의를 고려해야 한다. 예를 들면, 요 근래 로버트 H. 건드리(Robert H. Gundry)는 바울이 *sōma*라는 말을 실체 내지 몸을 가리키는 말로 일관되게 사용한다고 주장했다.[120] 셋째, 이 연구서의 논지에 대단히 중요한 사실은, 철학적 서술이 신약

---

118 R. A. Johnson, *The Origins of Demythologizing*, p. 28; 참고. pp. 18-29, 특히 p. 19 n. 1.
119 N. J. Young, *History and Existential Theology*, p. 47.
120 R. H. Gundry, *Sōma in Biblical Theology with Emphasis on Pauline Anthropology* (Cambridge University Press, 1976; S.N.T.S. Monograph 29).

성경 해석자가 다른 방법으로는 간파하지 못할 수 있는 신약성경 사상의 어떤 특징들을 알아차리게 하지만 동시에 이 서술은 이를 통해 해석자가 주목하게 된 특징들만 강조하게 부추긴다는 것이다. 철학적 서술은 신약성경을 선별하여 또는 한쪽에 치우쳐 해석하게 만든다.

불트만은 1930년에 나온 『역사와 현재 속의 종교』(*Die Religion in Geschichte und Gegenwart*) 2판에 넣고자 바울을 주제로 쓴 긴 논문에서 그가 이해하는 바울의 인간관을 처음으로 자세히 설명한다.[121] 불트만이 여기서 단언하기를, 바울의 관점에서 인간은 세계 속의 고립된 존재가 아니고, 세계 속에서 자신의 존재를 염려로서(as care) 드러내며, 자기가 이룩한 업적을 신뢰하고 자신을 시간이 지나면 사라질 것에 비추어 이해하므로 "그의 존재는 본래의 존재가 아니다."[122] 불트만은 이렇게 말한다. "몸과 영혼은 인간을 이루는 **부분**을 가리키지 않고…도리어 인간 존재가 가진 어떤 특정한 가능성과 관련하여 늘 **전일체인 인간**을 의미한다.… 바울은 이런 (인간론) 개념을 거의 다 '나'라는 의미로 사용한다고 할 수 있다(참고. 예를 들어 고전 6:15과 12:27, 또는 고전 13:3과 고후 1:23, 12:15).…인간은 시간성과 역사성을 지닌 '몸'이다."[123] 이 언어 역시 하이데거의 언어일 수 있음은 맥쿼리의 논의는 물론 앞서 두 장에 걸쳐 하이데거를 다룬 내용에서도 분명하게 드러난다.

불트만은 이런 그림을 그가 약 20년 뒤에 내놓은 『신약신학』에서 더 자세하게 확장한다. 우리는 그중 특히 그가 바울이 말하는 "육", "육과 죄", "몸"을 다루는 항목만 살펴봐도 될 것이다.[124] 불트만은 육이 때로는 몸 안에 불어넣어진 물리적 실체를 의미할 수 있음을 인정한다(고후 12:7; 롬 2:28). 그러나 그는 이런 용법을 헬레니즘 이원론보다 구약성경의 틀로 봐야 한다고 올바로 지적

---

121 R. Bultmann, "Paulus" in *Die Religion in Geschichte und Gegenwart* IV (Mohr, Tübingen, ²1930), cols. 1019-1045; English in *E. F.*, pp. 130-172.
122 R. Bultmann, *E. F.*, p. 152.
123 *Ibid.*, p. 153. 불트만 강조.
124 R. Bultmann, *T. N. T.* I, pp. 192-203 and 232-246.

한다. "육(살)과 피"는 단지 "사람들"이나 "인간"을 뜻하며(갈 1:16), "내 육"과 같은 문구는 종종 "나"와 같은 뜻이다(고후 7:5). 하지만 "육 안에" 같은 말이 인간 실존의 존재 양식을 묘사할 때는 이 말에서 다른 그림이 나타나기도 한다. "이런 말은 바울이 인간의 본질을 인간이 그렇게 될 수 있는 어떤 실체나…인간이 가질 수 있는 어떤 특질이 결정하지 않고…도리어 인간이 움직이는 영역이 결정한다고 보았음을 나타낸다."[125] 이것을 하이데거가 인간의 가능성은 인간의 '세계'가 결정한다고 말한 것과 비교해 볼 수 있을 것이다. "육신에[육 안에] 있는 자들은 하나님을 기쁘시게 할 수 없다"(롬 8:8)는 이런 의미다.[126] "육 안에 있는" 실존은 비본래적 실존이며, "육의 일을 생각한다"(롬 8:5)는 것은 '그저 인생의 일만 추구한다'는 뜻이다.[127]

불트만은 이런 본문에 하이데거와 일치하고 불트만 자신이 이신칭의에 기울이는 관심과 일치하는 신학 해석을 부여한다. "육의 일을 생각한다"는 것은 "이 땅의 것을 활용하고 자신의 힘을 써서 생명을 얻을 수 있다며 자기 자신을 신뢰하는 것"을 뜻한다.[128] 불트만은 갈라디아서 3:3과 빌립보서 3:3-7에서 사용하는 "육"을 이렇게 설명한다. "'육'을 지향하는 태도는…자기 자신의 힘과 자신이 통제할 수 있는 것을 신뢰하는 인간이 자기에게 의지하는 태도다."[129] 그것은 "자기를 의지하면서 자신의 목적을 추구하는 삶"이다.[130] 이는 인간의 '자랑'으로 이어질 뿐 아니라, 인간이 이런 실존 양식의 힘에 굴복한다는 점에서 육에게 "빚진 자"가 되게 한다(롬 8:12). 그런 인간은 "육에 속하여 죄 아래 팔린" 자가 된다(롬 7:14). "'나'와 '나', 자아와 자아는…그 내면이 분열되어 서로 싸움을 벌이고 있다"(롬 7:14-24).[131] 우리는 다시금 하이데거를 다룬 장에서

---

[125] *Ibid.*, p. 235.
[126] *Ibid.*, p. 236.
[127] *Ibid.*, p. 238.
[128] *Ibid.*, p. 239.
[129] *Ibid.*, p. 240.
[130] *Ibid.*, p. 241.
[131] *Ibid.*, p. 245.

불트만과 하이데거 사상의 유사점을 인식할 수 있다.

이 해석과 다른 신약학자들의 해석이 어떻게 관련되어 있는지 평가하려 하기 전에, 우선 불트만이 바울의 σῶμα 사용을 어떻게 해석하는지 간략하게 훑어봐야 한다. 불트만은 바울이 고린도전서 15:35-44에서만 이 말을 육신의 외형을 뜻하는 말로 사용한다고 주장한다. 그가 그렇게 주장하는 이유는 단 하나, 여기에서는 "바울이 그를 반대하는 자들의 논증 방법을 채택하는 오류에 빠져, sōma 개념을 다른 곳에서 쓰는 것처럼 그만의 독특한 방식으로 사용하지 않는다"는 것뿐이다.[132] 보통 σῶμα는 "죄가 너희 죽을 sōma를 지배하지 못하게 하라"(롬 6:12)나 "너희 sōmata(몸들)를 산 제물로 드리라"(롬 12:1) 같은 본문에서 볼 수 있듯이 전인(全人)을 나타낸다. 불트만은 "인간은 sōma를 갖지 않는다. 인간이 바로 sōma다"라고 단언한다.[133] "인간을 sōma라 부르는 것은 그가 자신을 자기 행위의 대상으로 삼을 수 있거나 자신을 어떤 일이 일어나는 주체로 경험할 수 있다는 점 때문이다. 즉, 자신과 관계를 갖는다는 점에서 인간을 sōma라 부를 수 있다."[134] 맥쿼리의 불트만 해석에 따르면, 크리켓공과 같은 물체는 순전히 어떤 대상이다. 그러나 인간은 "주체이자 자신의 객체다.…그는 주체-객체 관계를 초월한다. 그는 자신을 이해하며, 그의 존재 안에서 자신에게 열려 있다. 그는 자신과 하나가 되거나 자신과 싸울 수도 있다. 그는 자신일 수도 있고 자신을 잃어버릴 수도 있다."[135] 인간 실존은 '속성'이라는 말로 묘사할 수 없고, 도리어 미래를 향한 가능성이라는 관점에서 묘사해야 한다. σῶμα도 현존재처럼, 실체나 자연, 대상과는 다른 존재 양식을 나타낸다.

그렇다면 우리는 바울이 말하는 σάρξ(사륵스, 육)와 σῶμα에 관한 불트만의 해석을 어떻게 평가해야 하는가? 불트만이 이룬 성과는 그 이전의 신약

---

132 *Ibid.*, p. 192.
133 *Ibid.*, p. 194.
134 *Ibid.*, pp. 195-196.
135 J. Macquarrie, *An Existentialist Theology*, p. 32.

학자들이 바울이 말하는 육을 관념론의 관점에서 해석했던 것에 비춰 볼 때에 비로소 온전히 인정할 수 있다. 로버트 쥬이트(Robert Jewett)는 바울의 인간관을 관념론에 근거하여 해석한 견해가 F. C. 바우어(Baur), 칼 홀스텐(Karl Holsten), 헤르만 뤼데만(Hermann Lüdemann), 오토 플라이더러(Otto Pfleiderer), H. J. 홀츠만(Holtzmann)의 작업 속에 얼마나 단단히 뿌리내리고 있는지 보여 주었다.[136] 분명 불트만 이전에도 E. D. 버튼(Burton) 같은 몇몇 저술가들은 바울이 '육'이라는 말을 폭넓고 다양하게 사용한다는 것을 바로 평가하려고 애썼다. 그러나 적어도 알렉산드리아의 키릴로스(Cyril of Alexandria) 시대 이후에는 신약성경에서 말하는 육을 플라톤에 준하는 방식으로 해석하는 견해가 기독교 전통 속에서 어느 정도 위치를 차지해 왔다. 하지만 쥬이트가 말하듯이, 불트만 이후에는 "*sarx*를…이 땅에 속한 영역으로서 인간이 그것을 신뢰할 때만 죄의 근원이 되는 것으로 보는 게 통설이다."[137] 이런 시각은 E. 슈바이처(Schweizer), W. G. 큄멜, E. 케제만(Käsemann)을 포함한 많은 신약학자의 작업에서 발견할 수 있다. 예를 들어, 케제만은 이렇게 썼다. "불트만의 해석에서 제시하는 기본 통찰은 바울 사도가 제시하는 인간론의 범주가 그리스 세계의 경우처럼 인간 유기체의 구성 부분을 규정하지 않는다는 것이었다. 그 범주는 실존 전체에 적용되며, 실존의 다양한 지향점과 능력을 고려한다."[138]

불트만의 연구만이 바울의 인간관을 해석할 때 이원론이나 부분보다 전일성에 초점을 맞춰 해석하게 하는 확실한 요인이라고 주장한다면 이는 분명 지나친 말일 것이다. 성서학 운동 시대와 결합하여 이른바 '히브리적 사유'를 강

---

[136] R. Jewett, *Paul's Anthropological Terms: A Study of Their Use in Conflict Settings* (Brill, Leiden, 1971; Arbeiten zur Geschichte des antiken Judentums und des Urchristentums, BD. X), 특히 pp. 50-57. 참고. Hermann Lüdemann, *Die Anthropologie des Apostels Paulus und ihre Stellung innerhalb seiner Heilslehre* (University Press, Kiel, 1872).
[137] R. Jewett, *Paul's Anthropological Terms*, p. 67.
[138] E. Käsemann, *Perspectives on Paul* (Eng. S.C.M., London, 1971), p. 7; 참고. pp. 1-31. 『바울신학의 주제』(종로서적).

조하게 된 것도 바울이 취하는 접근법의 기초를 마음과 몸을 구분하는 헬레니즘식 이원론에서 찾으려는 시도를 비판하게 만들었다. 하지만 불트만이 '육'이라는 용어와 관련하여 제시한 두드러진 통찰은, 자신에게 만족하며 자신이 가진 자원을 신뢰하는 인간의 실존 양식을 규정하려면 이 육이라는 말의 용법에 주목해야 한다는 것이었다. 불트만은, 예컨대 갈라디아서 3:3에서 볼 수 있듯이, 갈라디아서에서 말하는 "육으로 마침"이 "관능에 취한 열정이 아니라 토라를 준수함으로" 마친다는 뜻임을 올바로 지적했다.¹³⁹ 최근에 바울의 인간론 용어들을 탁월하고 상세하게 연구한 로버트 쥬이트의 저서를 비롯한 몇몇 연구서는 이 접근법이 주해 결과에 비춰 볼 때 타당하다는 것을 실증한다.

쥬이트는 이렇게 썼다. "우리의 논지는 육과 영의 상극 관계가 바울이 십자가를 자랑함과 할례받은 육체를 자랑함을 말하며 묘사하려 한 대조에 그 뿌리를 두고 있다는 것이다."¹⁴⁰ 그리스도의 십자가를 자랑하다가(갈 6:14) 할례받은 육을 자랑하는 데로(갈 6:13) 옮겨 가는 것은 "바울 신학에서 말하는 *sarx* 개념의 근원은 물론 이 개념을 해석할 열쇠를 제공한다.…인간은 자신이 결국 의존하는 것을 자랑한다."¹⁴¹ 자신이 이룬 업적에 의존하는 것은 은혜의 원리, 약속의 원리, 아들됨의 원리, 자유의 원리 전체와 근본부터 정반대다. 바울은 갈라디아서 5:13-26에서 주제를 '종교'에 의지하는 율법주의자들에서 방종한 자들로 바꾼다. 그러나 이렇게 맥락이 달라졌을 때에도 육은 여전히 똑같은 신학적 의미를 갖고 있다. 쥬이트는 이렇게 썼다. "'육' 개념을 이해하는 열쇠는 그것이 선을 행하려는 인간의 의지를 약하게 만든다는 것이 아니라, 그것이 인간을 꼬드겨 하나님의 선을 자신의 선으로 바꾸게 한다는 것이다.…방종한 자들이 욕망을 품은 대상들은…율법과 할례가 인간에게 제공했던 바로 그것—생명—을 제공하는 것처럼 보인다."¹⁴²

---

139 R. Bultmann, *T. N. T.* I, p. 240.
140 R. Jewett, *Paul's Anthropological Terms*, p. 99.
141 *Ibid.*, p. 95.
142 *Ibid.*, pp. 103-104.

쥬이트는 자신이 불트만, 푹스, 슈바이처의 실존주의식 해석이라 부르는 것을 비판하면서, 이 해석에서 말하는 것이 아니라 말하지 못한 것을 비판 근거로 삼는다. 쥬이트는 이 해석에서는 묵시가 바울 사상에 끼친 영향을 고려하지 않으며, 바울이 육이라는 말을 사용하게 된 기원을 설명하지 않는다고 주장한다. 쥬이트의 비판은 이 비판이 다루는 범위에서는 타당성을 갖지만, 넓게 보았을 때 불트만의 접근법이 가지는 가치에는 이의를 달지 않는다. 실제로 상세한 차원까지 논의할 수 있다면, 쥬이트 자신도 바울이 σάρξ를 폭넓고 다양하게 사용한 점을 충분히 인정하지 않았다는 비판을 들을지도 모른다.

내가 σάρξ와 관련한 주해 및 어의(語義) 문제들을 놓고 내린 결론은 이 주제를 다룬 두 논문에서 제시했다.[143] 이 두 논문 중 더 근래에 낸 논문에서 나는 "σάρξ의 의미는 맥락에 따라 급격하게 바뀐다"고 주장했다.[144] '육의'(fleshly)는 그것을 인정하지 않는 가치 판단 형태를 지닐 수 있으며, 그 판단의 상세한 내용은 경우에 따라 달라질 수 있다. 다시 말해, σάρξ는 다형(多形, polymorphous) 개념이다. 하지만 나는 앞서 발표한 논문에서는, 불트만의 육 해석이 가장 중요하지만 그 해석을 불트만 자신이 인용하는 로마서와 갈라디아서 본문뿐 아니라 고린도전후서 본문에도 적용할 수 있다고 주장했다.[145] 나는 주해 논의에서 E. 슈바이처, A. 잔트(Sand) 및 다른 학자들의 작업을 참고했다.[146]

불트만이 바울의 σῶμα 용례를 해석한 것은 불트만이 σάρξ를 연구한 결과보다 훨씬 더 많은 영향을 미쳤다. 많은 학자는 "인간, 곧 전일체인 그의 인격

---

143 A. C. Thiselton, "The Meaning of Σάρξ in 1 Corinthians 5.5: A Fresh Approach in the Light of Logical and Semantic Factors" in *S.J.T.* XXVI (1973), pp. 204-228; 그리고 "Flesh" (Supplement) in C. Brown (ed.), *The New International Dictionary of New Testament Theology* I (Paternoster, Exeter, 1975), pp. 678-682.
144 A. C. Thiselton, "Flesh" in *The New International Dictionary of New Testament Theology* I, p. 678.
145 A. C. Thiselton, "The Meaning of Σάρξ in 1 Corinthians 5.5" in *S.J.T.* XXVI, pp. 212-215.
146 참고. A. Sand, *Der Begriff 'Fleisch' in den paulinischen Hauptbriefen* (Pustet, Regensburg, 1967; Biblische Untersuchungen Bd. 2).

은 *sōma*로 나타낼 수 있다"는 불트만의 견해를 지지했다.[147] 로버트 건드리는 이렇게 평한다. "이 정의의 중요성은 아무리 강조해도 과장이 아니다. 불트만은 바울 신학에 가장 높은 지위를 부여하고, 바울 신학을 인간론이라 해석하며, *sōma*를 그 인간론을 여는 열쇠로 삼기 때문이다."[148] 이어 건드리는 이 주제로 글을 쓴 학자 대다수가 불트만의 결론을 따랐음을 보여 주려고 상세한 전거를 제시하는데, 그 학자 중에는 예컨대 한스 콘첼만, M. E. 달(Dahl), L. 세르포(Cerfaux), A. M. 헌터(Hunter) 같은 이들도 있다.[149] 아울러 건드리는 불트만이 σῶμα를 '자아'나 '사람'으로 보며 인칭 대명사와 비슷하게 이해하는 것은 실존주의식 통찰 때문이 아니라 불트만이 그의 이전 스승인 요하네스 바이스의 작업을 따르기 때문이라고 지적한다.[150] 물론 이것은 불트만의 하이데거 이해가 이 접근법이 불트만에게 갖는 중요성을 부각시켜 줌으로써 그가 이 접근법을 강조하고 발전시키게끔 자극했을 수도 있음을 부인하는 게 아니다.

하지만 건드리는 인간을 전체로 혹은 전일체로 바라보는 해석에 들어 있는 많은 가정에 이의를 제기한다. 그는 먼저 σῶμα와 인칭 대명사를 바꿔 쓸 수 있다는 사실에서는 이 말의 말뜻 범위와 관련한 어떤 추론도 끌어낼 수 없다고 주장한다. 그는 "그 여자가 그의 얼굴을 찰싹 때렸다"와 "그 여자가 그를 찰싹 때렸다"라는 문장을 비교하면서, "얼굴을"과 "그를"을 바꿔 쓸 수는 있겠지만, "그 둘을 서로 바꿔 쓸 수 있다는 사실이 여기에서 '얼굴'이 전인을 가리키는 전문 용어가 되었음을 암시하지는 않는다"고 말한다.[151] 우리는 제유법을 사용하여 인간을 '영혼'이라 말하면서도, '영혼'이라는 말의 범위와 관련하여 어떤 결론도 시사하지 않을 수 있다. 반면, 로마서 6:12-14, 16 같은 본문

---

[147] R. Bultmann, *T. N. T.* I, p. 195.
[148] R. H. Gundry, *Sōma in Biblical Theology*, p. 4.
[149] 참고. H. Conzelmann, *An Outline of the Theology of the New Testament* (Eng. S.C.M., London, 1968), p. 176; 그리고 R. H. Gundry, *Sōma in Biblical Theology*, pp. 5-8.
[150] R. H. Gundry, *Sōma in Biblical Theology*, p. 4.
[151] *Ibid.*, p. 30.

에서는 몸을 물질세계에서 행위를 전달하는 매개체로 언급한다. 둘째, 건드리는 바울이 고린도전서 6:12-20에서 펼친 논증에서 몸을 언급한 내용에 특별히 주목한다. 여기서 건드리의 주해 논의를 세세히 따라가기는 불가능하지만, 그는 이런 결론을 제시한다. "sōma는 혼/영과 결합하여 살아가기 때문에 단순히 전인을 **상징할** 수 있다. 그러나 sōma가 '전인'을 뜻하지는 않는다. sōma는 인간 전체보다 인간의 몸이라는 육체에 주목하게 하려고 쓰이기 때문이다. sōma를 모든 사람과 관련지어 사용하면, 그들 존재의 전체성이 아니라 그들의 몸에 주목하게 한다."[152] 셋째, 건드리는 바울의 글에는 일종의 이원론 냄새를 풍기는 용어가 있다고 주장한다. "겉 사람", "육", "몸" 및 이와 비슷한 말들은 인간의 육체 부분을 대표하는 반면, "속사람", "영", "정신", "마음" 및 "혼"은 모두 육체가 아닌 부분을 대표하기 때문이다.[153] 넷째, 건드리는 σῶμα에 관한 불트만의 주장을 자세히 살펴보면서 이렇게 주장한다. 불트만은 적어도 두 가지 점에서 "모든 주해 데이터를 제대로 설명해 내지 못하는 하이데거의 도식에 σῶμα의 용례를 억지로 꿰어 맞추려 한다.…결국 σῶμα는 일관되게 실체와 관련된 의미를 가지며, 바꿔 말하면 이 의미는 불트만의 신학이기도 한 그의 인간론의 핵심을 강타한다."[154]

건드리는 이런 이유 때문에 불트만이 수고한 결과물의 가치를 통째로 무시하지는 않는다. 그는 이렇게 말한다. 불트만의 노력은 "우리에게 풍성한 보상을 베풀어 주었다. 우리는 바울의 인간론 안에 들어 있는 기능 및 활동의 요소들을 다시는 무시하지 못한다.…우리는 그런 요소들이 인간을 서술하는 것 이상의 의미를 가졌음을 알았다. 그 요소들은 인간을 구성하며, 그렇다고 실체와 관련된 측면을 배제하지도 않는다. 이제는 기능과 실체를 관련지어야 한다."[155] 이어 건드리는 '책임'과 '결단'의 영역을 육체라는 영역과 분리함으로써 일종의

---

152 *Ibid.*, p. 80.
153 *Ibid.*, p. 156.
154 *Ibid.*, p. 188.
155 *Ibid.*, p. 189.

이원론을 만들어 낸 책임은 결국 불트만 자신이 져야 한다고 주장한다. 바로 이것이 이 연구서에서, 특히 바로 앞 장 끝부분에서 주장한 요지다. 건드리는 이렇게 결론짓는다. "아이러니하게도, 미래를 결정해야 할 인간의 책임을 강조하는 실존주의에서 시작한 것이 우리가 그 책임을 실천할 수 있는 유일한 마당—곧 객관적 사건들이 일어나는 물질세계—에서 물러서며 끝나 버린다."[156]

건드리의 주장이 (어쩌면 모든 본문은 아닐지라도) **많은** 본문에서 설득력이 있음을 인정하려고 그가 주해 자료를 제시하며 세세하게 펼친 논지를 모두 따라가며 확인할 필요는 없다. 건드리가 바울의 σῶμα 용법에 관한 불트만의 해석을 비판한 것이 아마도 가장 철저한 비판일 것이다. 그러나 유독 건드리만 불트만이 바울의 언어 범주를 제대로 다루지 못했다고 주장하지는 않는다. 예를 들면, E. 케제만은 불트만의 해석이 지닌 개인주의 성격을 비판하면서 이렇게 주장한다. 몸은 "우리 자신이자 우리가 책임을 지는 세계의 일부분을 가리킨다.…사도에게 몸은 자신의 세계성을 지닌, 그러하기에 결국은 소통할 능력을 가진 인간을 의미한다.…그리스도인이 일상 세계에서 몸으로 순종하기에, 그리스도가 주이시라는 것이 눈으로 볼 수 있게 드러난다."[157]

이 모든 내용을 통해 나온 결론은, 불트만이 철학적 서술을 사용한 덕분에 신약성경의 주제가 가진 중요한 특징들을 간파할 수 있었지만, 그의 통찰이 때로는 임의적이고 한쪽에 치우쳐 있기 때문에 본문을 힘써 주해하는 작업으로 보완할 필요가 있다는 것이다.

---

156 *Ibid.*, p. 190.
157 E. Käsemann, *New Testament Questions of Today* (Eng. S.C.M., London, 1969), p. 135; 참고. E. Käsemann, *Leib und Leib Christi* (Mohr, Tübingen, 1933; Beiträge zur historischen Theologie 9).

40. 몇 가지 결론

N. A. 달(Dahl)이 제시하는 말을 앞에 세워 불트만의 해석학을 마무리하는 우리 결론의 출발점으로 삼아도 되겠다. 달은 "루돌프 불트만의 신약신학"(Rudolf Bultmann's Theology of the New Testament)이라는 제목을 단 그의 논문에 이렇게 썼다. "그(불트만) 이전에는 신약성경의 인간론을 관념론 전통에서 결정한 대로 이해하는 것이 대세였지만, 그는 하이데거와 연관을 맺은 덕분에 이런 이해를 돌파하여 바로잡을 수 있었다. 그러나…불트만이 신약성경에서 실제로 말하거나 말하지 않았을 수 있는 것을 미리 결정해 버릴 만큼 철학에서 말하는 '전이해'를 절대시하는지 여부에 관한 질문이 생긴다."[158] 달은 불트만이 하이데거의 시각을 다른 접근법들을 바로잡는 데 사용한 것을 높이 평가하며, 우리는 달의 이런 판단에 동의한다. 하지만 달이 전이해에 관하여 언급한 내용은 옳으면서도 잘못이 있다. 불트만이 신약성경에 접근할 때 활용한 개념 덕분에, 그가 다른 것들을 간과하는 대가를 치르긴 했어도 몇 가지 것들을 간파할 수 있었다는 뜻이라면, 달의 말은 옳다. 만일 달이 말하려는 바가 불트만이 해석학에서 전이해 개념에 **껍데기뿐인** 역할만을 부여하는 바람에 그가 신약성경을 멋대로 선별하여 다루는 잘못을 저질렀다는 것이라면, 달의 말은 옳지 않다. 불트만이 해석자 자신의 질문이 수행하는 역할을 완전히 타당하게 받아들인 것을 비판하는 게 아니다. 불트만이 제기하는 특별한 질문들로 그를 이끈 그의 신학 방향을 비판하는 것이다. 전이해에 대한 그의 **견해**가 아니라, 그가 **실행** 속에서 자신의 전이해를 형성하는 방법을 비판하는 것이다. 이것이 우리를 첫 번째 강조점으로 이끈다.

(1) 방법론상 불트만은 전이해가 텍스트에 비춰 바로잡아야 할 출발점일 뿐임을 인정한다. 그가 슐라이어마허와 하이데거에게서 발견하는 해석학적

---

[158] N. A. Dahl, *The Crucified Christ and Other Essays* (Augsburg Press, Minneapolis, 1974), p. 97.

순환론은 물론 그가 딜타이에게서 끄집어내는 "삶"(life, 생)을 보는 시각도 우리가 논의하는 난제의 원인이 아니다. 아이러니이지만, '삶'이라는 범주를 단지 '이 세상의' 현상쯤으로 치부하지 않고 그 범주가 계시와 믿음의 차원에서 어떤 역할을 하게 했더라면 불트만 신학에서 제기되는 몇 가지 문제를 피할 수 있었을지도 모른다. 불트만이 해석의 어떤 가능성들을 지레 배제하게 만든 원인은 그의 해석학 이론 자체가 아니라 그가 신칸트 사상이 남긴 유산에 보인 **철학적 반응이다.** 심지어 하이데거 철학에서도 뭔가를 제약하는 특징들은 거의 이차적이고 우연한 방식으로 제약한다. 예를 들면, 현존재의 역사성을 주장한 하이데거의 견해는 불트만을 부추겨 과거 사실과 현재의 의미를 철저히 구분하게 하며, 하이데거의 현존재 분석 역시 불트만이 부적절한 개인주의 중심의 시각을 갖게 부추긴다. 그러나 이보다 훨씬 더 과격한 것은 하나님의 행위와 이 세상의 현상이 각각 다른 영역에 속한다는 불트만의 주장이다. **불트만의 해석학이 지닌 난점을 만든 원인을 따져 보면, 이것이 오히려 불트만이 하이데거의 개념을 사용한 것보다 더 깊고도 오래 영향을 미쳤다.** 따라서 달의 판단은 불트만이 철학적 전이해를 절대시하는 경향이 있다고 말한 점에서만 일부 옳을 뿐이다. 불트만의 사상 속에 절대성을 지닌 것이 있다면, 그것은 철학보다 오히려 신학과 관련이 있다.

(2) 불트만의 해석학은 그가 수많은 '자료'를 활용한다는 점을 고려해야 비로소 제대로 이해할 수 있다. 우리는 그가 적어도 열이나 되는 인물이나 사상 동향과 맺고 있는 관계를 다루었다. 자유주의, 신칸트주의, (켈러 그리고 특히 헤르만이 불트만에게 전해 준) 루터파 신학, 종교사학파, 현대의 성서학, 변증법 신학, 하이데거, 딜타이, 콜링우드, 요나스. 이 목록에 키르케고르 및 다른 사상가들도 추가할 수 있었지만, 이런 종류의 연구 작업에는 사실 여러 한계가 있다. 불트만의 독창성은 이 사상가들이 각각 전개한 운동에서 여러 사상 요소를 추려 뽑아 그것들을 일관된 통일체를 형성하는 어떤 유형으로 만들어 낸 점에 있다. 사실 그의 시도가 늘 일관되게 성공하지는 않았다. 옥든과 맥쿼리

는 이 점을 불트만의 비신화화 프로그램의 '범위' 내지 한계 문제와 관련지어 강조했다. 존슨이 이들의 주장을 비판하긴 했지만, 그래도 이들이 한 말이 옳았음은 헤르베르트 브라운(Herbert Braun), 프리츠 부리(Fritz Buri), 슈버트 오든 본인 같은 '좌파' 쪽 불트만 비판자들과 좌파보다는 정통에 더 가까운 '우파' 쪽 비판자들이 철저히 나뉘었다는 엄연한 역사 사실로 입증되었다. 오든은 이렇게 말한다. "'우파'와 '좌파'의 책임 있는 비판자들은 불트만의 견해가 엄밀히 말해 **한** 견해가 아니라, 결국 양립할 수 없는 두 관점의 불편한 종합일 뿐이라고 거듭 비판했다."[159] 존슨은 이런 비판을 공격하면서, 그 근거를 이렇게 제시한다. "[이런 비판은] 불트만 신학 전체에서 처음부터 제시하고 지금까지 일관되게 유지해 온 설득력 있는 신학 초점을 철저히 모호하게 만들어 버린다.…불트만은 믿음을 언제나 예수 그리스도 안에 있는 하나님의 계시를 믿는 믿음뿐이라고 이해한다는 점에서 일관되고 명확한 태도를 보인다."[160]

하지만 불트만의 사상을 바라보는 이 두 견해는 존슨이 생각하는 것만큼 서로 충돌하지는 않는다. 불트만이 열 가지 다양한 '자료'에서 인용하는 요소들이 **대부분** 서로 확증하고 지지해 주는 역할을 하기 때문이다. 이를 가장 분명하게 보여 주는 예는 믿음과 역사의 관계를 바라보는 불트만의 견해와 관련 있다. 우리가 보았듯, 불트만은 믿음이 도그마나 객관적 역사에 의존하지 말아야 한다고 말한다. 믿음이 그런 것에 의존하면 그릇된 안전 보장이 따를 것이기 때문이다. 불트만 사상의 이런 측면은 켈러와 유사한 점이 있다. 그런가 하면, 불트만은 『공관복음서 전승사』와 『예수』에서 역사 탐구를 아주 비관하는 결론에 이른다. 데이비드 케언스의 표현을 빌리면, 불트만의 "역사 회의론"은 그의 신학이 "역사에서 도피한 것"과 서로 별개이지만, 그래도 이 둘은 쉽게 결합한다.[161] 하지만 이렇게 넓게 그물을 던졌는데도 불트만이 어떤 특정한

---

159 S. M. Ogden, *Christ Without Myth*, p. 115. 아울러 Fritz Buri, "Entmythologisierung oder Entkerygmatisierung der Theologie" in *K.u.M.* II (1952), pp. 85-101도 참고하라.
160 R. A. Johnson, *The Origins of Demythologizing*, pp. 17-18.
161 D. Cairns, *A Gospel without Myth?*, p. 140; 참고. pp. 136-163.

점에서는 일관성을 보여 주지 않는다는 비판을 밑받침할 근거를 제시하지 못한다면 그것이야말로 놀라운 일일 것이다. 우리는 맥쿼리와 옥든이 표명하는 비판 못지않게 불트만이 "삶" 개념이 수행하는 역할과 관련하여 보이는 비일관성 역시 심각하다고 본다. 딜타이처럼 불트만도 해석자는 어떤 텍스트를 오로지 해석자 자신이 겪은 삶의 경험과 관련지어 이해할 수 있을 뿐이라고 본다. 그러나 불트만은 하나님의 행위는 오로지 이 세상 밖 저 너머의 영역으로 보내야 비로소 이해할 수 있다고 본다. 이 문제는 다음 강조점에서 더 살펴보겠다.

(3) 불트만은 마르부르크 학파의 신칸트주의 인식론을 따라가려 했지만, 그러다가 어떤 점에서는 신칸트학파 철학자들의 관심사를 뒤집는 이원론에 이르렀으며 오히려 칸트 자신에게 더 가까워졌다. 칸트는 신칸트학파 철학자들보다 더 이원론 성향이 강하다고 말할 수 있다. 현상의 영역은 실재와 그 경계를 공유하지 않았다. 예를 들면, 윤리와 가치는 현상의 영역 밖에 자리한다. 우리가 보았듯, 헤르만 코헨은 "칸트의 근본 약점"이 사유 바깥에 있는 어떤 '소여'(given)를 사유의 출발점으로 삼은 것이라고 서술했다. 모든 것이 사유의 대상이 된다. 따라서 마음(mind)이 모든 것을 형성하고 제약하며, 모든 것을 객관화하는 법칙이라는 창을 통해 바라본다. 우리가 앞서 헬름홀츠, 헤르츠, 볼츠만과 관련지어 논한 대로, 신칸트학파에서는 과학에 관심을 가졌다. 이처럼 과학에 관심을 갖게 된 연유는 철학이 시대에 발맞춰 가야 한다는 관심 때문이기도 했지만, 실재를 어떤 통일된 시각으로 바라보는 견해에 도달해야 한다는 절박함이 더 큰 요인이었다. 하지만 불트만은, 칸트처럼 도덕성을 두 번째 영역으로 삼지 않고 계시와 믿음이라는 저 너머의 초월 영역을 두 번째 영역으로 삼음으로써 신칸트학파의 관심사를 뒤집어 버린다. 이 때문에 예컨대 판넨베르크가 "존재와 가치를 가르는 신칸트학파의 구분"에 관하여 이야기한 것도 신칸트학파의 주요 사상가들이 가졌던 의도를 서술한 말이라기보다 불트만이 신칸트학파 인식론에 보인 반응을 논평한 말로 다룰 때가 더 많다.[162]

하지만 불트만은 한편에서 하나님을 하나님의 행위와, 다른 한편에서 하나님을 '종교'를 비롯한 이 세상의 현상들과 예리하게 구분한다. 우리는 이미 불트만의 이런 태도가 그의 역사관에 미친 영향과 관련하여 오트, 판넨베르크, 영이 제시한 비판을 다루었다. 하지만 이것도 불트만이 구약을 대하는 태도 뒤편에 자리한 여러 요소 중 하나다. 이는 그의 논문 "구약성경이 기독교 신앙에서 가지는 의미"(The Significance of the Old Testament for Christian Faith, Die Bedeutung des Alten Testaments für den christlichen Glauben)에서 분명하게 드러난다.[163] 논문 전체에서 구약성경을 이스라엘 종교를 재구성하는 데 필요한 자료로 보는 태도와 구약성경이 계시라는 지위를 가질 수 있다고 보는 태도를 대조하는 데 집중한다. 불트만은 신학의 관점에서 보면 "신약 종교와 구약 종교의 관계는…전혀 관련이 없다"고 주장한다.[164] [1] 중요한 것은 "그것이 인간 존재 이해(Daseinsverständnis, 현존재 이해)의 기본 가능성을 제공하는가"이다.[165] 분명 구약은 율법과 은혜에 관한 문제를 일으킨다. 그러나 "예수는 구약에서 증언하는 하나님 은혜의 실증 사례와는 완전히 다른 방식으로 하나님이 당신의 은혜를 실증해 보이신 경우다."[166] 불트만은 구약에서는 은혜 받음을 한 특정 백성에 속하는 문제로 본다고 주장한다. 신약에서는 은혜 받음이 역사 속의 특정한 과거와 아무 관련이 없고, "도리어 이제는 말씀이 각 사람에게 직접 하나님 말씀으로서 말씀하신다."[167] [2]

결국 불트만의 구약 접근법은 두 실재 질서를 엄격하게 구분하는 이원론에 의존한다. 구약성경에서는 이 세상의 역사와 종교를 이야기한다. 반면, 신약성경에서는 개인적 말 건넴을 이야기한다. 그러나 이는 신학의 많은 영역에서, 특히 해석학에서 여러 문제를 일으킨다. 신약성경을 통해 우리에게 말하는 '하나님'

---

[162] W. Pannenberg, *B. Q. T.* I, p. 86.
[163] R. Bultmann, "The Significance of the Old Testament for Christian Faith" in B. W. Anderson (ed.), *The Old Testament and Christian Faith*, pp. 8-35.
[164] *Ibid.*, p. 12.
[165] *Ibid.*, p. 13.
[166] *Ibid.*, p. 29.
[167] *Ibid.*, p. 30.

이 아브라함과 이삭과 야곱의 하나님이 아니면, 이 '하나님'은 대체 누구인가? 우리는 다음 장에서 비트겐슈타인을 다룰 때 이 문제가 사실은 '사적 언어' (private language) 문제임을 알게 될 것이다. 하나님 말씀은 이 세상에서 현금 가치(권위를 있는 그대로 인정받는다는 말—옮긴이)를 가져야 한다. 그렇지 않으면 하나님 말씀은 **말씀**이 아니다. 때로 불트만은 이 문제를 직시하는 것 같으며, 특히 그가 '삶'에 관하여 이야기할 때는 더욱 그러하다. 나는 매일 순종하는 경험을 통해 그리스도가 주이심을 이해한다. 그렇다면 나는 이스라엘이 역사 속에서 구속을 경험한 여러 경우를 통해 '구속받았다'는 것이 무슨 의미인지 일부라도 이해하는가? 그 대답이 "이해하지 못한다"이면, 우리는 해석학의 막다른 골목에 다다른 셈이다. 만일 그 대답이 "이해한다"이면, 이스라엘이 이 세상 사건을 통해 받은 구속(예컨대 출애굽)이 계시가 아닌 이유는 무엇인가? 불트만의 이원론은 모든 면에서 여러 문제를 일으킨다.

(4) 불트만의 이원론 뒤편에 숨어 있는 귀중한 특징으로서 그도 표현하려고 애쓰는 것이 하나님의 초월성을 강조하는 부분이다. 더 자세히 말하면, 말 건넴, 만남, 케리그마, 결단, 적용, 실제 삶으로 나타나는 반응에 불트만이 보이는 관심이 그런 특징에 해당한다. 따라서 해석학은 **단지** 이해 문제에 그치지 않고, **들음**과 **적용**까지 아우르는 문제다. 마르틴 부버(Martin Buber)가 아주 풍성하게 활용하는 해석학의 의미에 따르면, 해석학은 만남과 **대화**를 만들어 낸다. 불트만은 나-너 관계와 나-그것의 관계는 다르다는 타당하고 중요한 인식을 부버와 공유한다. 불트만은 부버가 현실을 인정하며 "모든 너가 **그것**이 될 수밖에 없는 것이 우리 운명이 겪는 고매한 우울함이다.…**그것**이 없으면 인간은 살 수 없다. 그러나 오로지 **그것**으로 사는 자는 인간이 아니다."[168]라고 말한 것을 간과한 것 같다. 하지만 불트만은 나와 너 사이의 경우처럼 개인적 말 건넴과 대화의 역할을 강조한다는 점에서 부버와 의견을 같

---

[168] H. J. Paton, *The Modern Predicament*, p. 166에서 인용하고 논했다. 참고. pp. 162-173.

이한다. 오브리 호즈(Aubrey Hodes)는 개인적 말 건넴이라는 의미를 갖고 있는 선전과 교육의 차이에 관하여 부버가 구술로 언급한 말을 되새겨 준다. 하나는 아무 생각도 하지 말고 무조건 도그마에 동의하라고 강요함으로써 인간의 마음을 닫고 생각이 자라지 못하게 막아 버린다. 다른 하나는 마음과 생각을 열어 주어 인간이 실재를 스스로 이해하고 이를 적용하게 한다.[169] 불트만이 하나님 말씀을 바라보는 견해는 후자와 같다. 그것은 듣는 이와 만나는 개인적 말 건넴의 말이다. 이를 통해 듣는 이는 스스로 결단을 내리고 그 말을 적용함으로써 반응한다. 이것은 사실과 개념을 알리는 선전-정보가 아니다.

우리가 앞서 보았듯이, 불트만은 심지어 역사가가 역사를 연구할 때도 텍스트가 역사가 자신의 문제와 함께 살아 있는 텍스트로 다가오게 해야 한다고 생각한다. 이는 불트만이 딜타이를 따르고 콜링우드를 자신을 지지하는 근거로 삼아, 해석자는 역사를 통해 **해석자 자신**을 이해하게 된다고 주장하기 때문이다. 해석자와 텍스트의 관계는 이론 차원이 아니라 **실존 차원**의 관계다. 그런 관계가 이루어질 때 비로소 텍스트는 '말한다.' 이와 관련하여 불트만이 신약성경 해석을 놓고 했던 아주 유명한 말을 떠올릴 수 있겠다. 불트만은 신약성경 기록을 '역사 속 과거의 한 현상이었던 원시 기독교의 모습'을 재구성하는 데 활용할 '자료'로서 탐구하기보다 이렇게 말하기를 더 좋아한다. "그런 재구성은 신약성경 기록이 현재에 뭔가 말할 것이 있다는 전제 아래에서만 신약성경 기록 해석에 이바지한다."[170] 이런 시각은 변증법 신학과 더불어 앞서 보았듯 하이데거의 철학을 자양분 삼아 자라났다. 우리는 이렇게 해석학의 실존 측면을 강조한 점은 높이 평가한다. 하지만 실존 측면을 강조하다가 주로 인식이나 서술, 이론과 관련된 고려 사항의 가치를 지나치게 깎아내릴 수밖에 없는 결과를 낳는 건 아닌지 의문이 든다.

---

169 A. Hodes, *Encounter with Martin Buber* (Penguin Books, London, 1975), p. 135.
170 R. Bultmann, *T. N. T.* II, p. 251.

(5) 우리는 불트만의 신화관 논의를 완전히 마무리하지 못하고 몇 가지 사항을 남겨 놓았다. 우리는 신화의 본질과 관련하여 틸리케, 쉬니빈트, 미에제가 내놓은 답변이 불트만의 논지와 완전히 일치하지는 않음을 보았다. 하지만 그와 동시에 불트만이 그들의 비판에 내놓은 답변은 신약성경 저자들이 불트만이 신화라 부르는 언어 전달 매체를 얼마나 아무 비판 없이 사용했느냐는 문제를 일으킨다는 것도 보았다. 존 녹스(John Knox)가 올바로 주장하듯이, 바로 그 문제에 신화와 은유가 어떻게 또는 언제 구분되느냐는 문제가 달려 있다. 녹스는 고대인이 실제로 오로라가 바다에서 나온다고 믿었다고 주장한다. "한마디로 우리에게 은유인 이미지가 그들에겐 신화였다.…신화는 사람들이 신화라고 믿지 않으면 진정한 신화가 아니다."[171]

하지만 많은 학자들은 성경 저자들이 신화의 이미지를 아무 비판 없이 사용할 수밖에 없었으리라는 추정을 함부로 해서는 안 된다고 강하게 경고한다. 예를 들면, W. F. 올브라이트(Albright)는 히브리인들의 논리적 사고 능력과 관련하여 계몽주의 시대 이후로 성서학계에 널리 퍼져 있던 가설들에 이의를 제기한다. 올브라이트는 현대인이 태양을 말 그대로 '떠오르는' 것으로 생각하지 않듯이 성경 저자들도 하늘을 말 그대로 '위에 있는' 것으로 생각하지 않았다고 주장한다.[172] 마찬가지로 폴 S. 미니어는 요한계시록의 존재론을 고찰하며 요한계시록 저자가 실제로 순진하게 우주가 3층으로 이루어져 있다고 믿지는 않았다고 결론짓는다.[173] G. R. 비슬리머리(Beasley-Murray)도 요한계시록의 이미지와 관련하여 비슷한 점을 강조하며, G. B. 케어드(Caird)는 요한계시록에서 신화의 이미지를 사용하긴 하지만 요한계시록 저자는 정치 풍자 만화가와 같은 비판 의식을 품고 그런 이미지를 사용한다고 주장한다.[174] 브레버드

---

[171] J. Knox, *Myth and Truth: An Essay on the Language of Faith* (Carey Kingsgate Press, London, 1966), pp. 25 and 27.
[172] W. F. Albright, *New Horizons in Biblical Research* (Oxford University Press, 1966), pp. 17-35.
[173] P. S. Minear, "The Cosmology of the Apocalypse" in W. Klassen and G. Snyder (eds.), *Current Issues in New Testament Interpretation* (S.C.M., London, 1962), p. 34; 참고. pp. 23-37.

S. 차일즈(Brevard S. Childs)는 구약성경에서는 신화의 이미지를 신화가 아니라 "깨어진 신화"로 반복하여 사용한다는 것을 확실히 보여 주었다.[175]

이런 내용과 불트만의 논지는 어떤 관계인가? 첫째, 이런 고찰 내용을 따르면 신화와 은유를 분명하게 구분하기가 어려워진다. 그렇다면 틸리케와 쉬니빈트, 미에제가 제시하는 기준들을 다시금 새롭게 고찰할 문이 열린다. 이런 추가 요인을 살펴볼 때, 결국 그들이 제시한 비판이 완전히 엉뚱한 것은 아니었을 수도 있다. 둘째, 신화를 원시 세계관이 아니라, 자기를 관련시키는 논리와 함께 기능하는 상상 속 이미지로 이해한다면, 이런 이미지가 진부하거나 쓸모없다는 것은 더 이상 자명한 사실이 아니다. 칼 야스퍼스, 칼 융, 미르체아 엘리아데, 그리고 존 녹스, 에이모스 와일더, 게라인트 존스를 비롯한 많은 성서학자는 하나같이 이런 특별한 의미 때문에 현대인에게 신화가 **필요하다**고 주장한다.[176] 예를 들면, 엘리아데는 이렇게 썼다. "우리는 마침내 신화의 가치를 알고 이해하기 시작했다.…신화는 단지 '원시' 인류가 만들어 낸 유치하고 괴상한 창조물이 아니라, 세계 속의 존재 양식을 표현한 것이다.…신화는 꿈과 환상과 현대인의 언어 속에서도 느껴진다.…예를 들면, 융은 현대 세계가 위기를 맞은 데는 기독교의 상징과 '신화'가 인류 전체에게 더 이상 살아 있는 것이 아니라는 사실이 큰 몫을 차지한다고 생각한다."[177] 칼 야스퍼스는 이런 말을 덧붙인다. "신화 같은 생각은 과거지사가 아니라, 어느 시대를 막론하고 인간을 규정하는 특징이다.…신화의 언어가 더 이상 쓸모없다면 우리 삶은 풍부

---

174 G. R. Beasley-Murray, "Demythologized Eschatology" in *Th. T.* XIV (1957), p. 66; 참고. pp. 61-79; 그리고 G. B. Caird, "On Deciphering the Book of Revelation: Myth and Legend" in *Exp. T.* LXXIV (1962-1963), p. 103; 참고. pp. 103-105.
175 B. S. Childs, *Myth and Reality in the Old Testament* (S.C.M. London, ²1962), *passim*.
176 J. Knox, *Myth and Truth*, pp. 34-50; A. N. Wilder, *Early Christian Rhetoric: The Language of the Gospel* (S.C.M., London, 1964), pp. 128-130; 그리고 G. V. Jones, *Christology and Myth* (Allen & Unwin, London, 1956), pp. 274-277.
177 M. Eliade, *Myths, Dreams, and Mysteries: The Encounter between Contemporary Faiths and Archaic Reality* (Eng. Fontana Library, London, 1968), pp. 23, 24, and 27. 『신화·꿈·신비』(도서출판 숲).

한 표현력이 사라져 버린 심히 비참한 삶일 것이다.…신화로 표현한 글의 장엄함과 경이로움은 순화할 수는 있으나 없애 버리지는 못한다."[178]

불트만이라면 이런 말에 자신이 원하는 것은 신화를 제거하는 게 아니라 다만 신화를 해석하는 것이라고 즉각 대답할 것이다. 하지만 이를 보면서 우리는 다시금 이언 헨더슨이 제시하는 유익한 대조, 곧 원작이 보존되어 있을 때 그 걸작을 해석하는 것과 원작이 없을 때 그 기호를 해석하는 것의 차이를 생각하게 된다. 원본인 '신화'가 없어도 상관없는가, 아니면 우리는 거듭거듭 그 원본으로 되돌아가는가? 불트만이 이 물음에 내놓은 대답은 썩 명확하지 않다. 그의 신화 정의가 모호하기 때문이다. 그러나 그는 신화가 그것이 본디 말하려는 의도를 모호하게 만들고 방해한다고 강조하면서, 신화는 어쨌든 원시 세계관과 관련이 있다고 주장한다. 이런 그의 주장은, 자기 이해라는 관점에서 행하는 해석이 존재하는 한, 신화는(설령 그것이 케리그마가 아니어도) 없어도 된다는 것을 암시하는 것 같다. 하지만 바로 이런 주장들이 여전히 의문을 낳는다. 예를 들면, 인간사에 초자연적 개입이 있을 수 있다는 믿음이, 계몽주의의 신화관이 암시했던 것처럼 반드시 원시 신앙이거나 과학과 거리가 먼 신앙은 아니다. 이 점은 볼프하르트 판넨베르크가 탁월하게 표현한다. 판넨베르크는 이렇게 단언한다. "신적 개입을 인정하는 것이, 비교종교학에서 말하는 의미의 신화가 아닌 것을 포함하여 세계를 종교의 관점으로 파악하는 모든 이해의 근본이다."[179] 그는 심지어 마귀의 존재를 믿는 믿음도 자세히 따져 보면 신화 같은 믿음이 아니라고 주장한다.[180] 따라서 신약성경에서는 "종말론이 신화의 특징을 펼쳐 보이지 않는다." 하지만 예수 그리스도가 온 우주에서 가지는 의미를 묘사할 때는 "신화의 원형 요소를 떠올려 주는" 용어를 사용한다.[181]

(6) 신화에 관한 불트만의 주장에서 중심이 되는 것은, 자기 이해를 표현

---

[178] K. Jaspers, "Myth and Religion" in *K.M.* II, p. 144.
[179] W. Pannenberg, "Myth in Biblical and Christian Tradition" in *B.Q.T.* III, p. 14.
[180] *Ibid.*, p. 67.
[181] *Ibid.*, p. 68.

하는 것이 신화 뒤에 숨은 진짜 의도이며 대상을 객관화하여 그 대상에 거짓 실체를 부여하는 신화의 형태 때문에 신화의 진짜 기능이 오해를 받는다는 그의 믿음이다. 이 점을 확증한다고 하는 그의 주장에서는 그가 신약성경 자체에 들어 있는 비신화화의 증거로 추정한 것을 논거로 내세운다. 이 주장은 우리가 이미 비판했기 때문에 그 비판에 많은 것을 덧붙일 필요가 없다. 객관화하는 언어가 남긴 자취를 모두 해석되지 않은 신화로 여기고, 같은 주제를 실존 차원에서 표현한 언어는 모두 비신화화된 신화로 여긴다면, 불트만의 주장을 **반박할** 만한 증거로 제시할 수 있는 것이 뭐가 있을까? 불트만은 여기서 논의하는 용어에 너무 많은 것을 실어 놓았으며, 이 때문에 어떤 주해에 따른 결론도 그의 주장을 지지하는 것처럼 보일 것이다. 미래 종말론은 해석되지 않은 신화로 보고, 실현된 종말론은 비신화화된 신화로 본다. 이는 주해가 가진 구체적 특징이 아니라 그 주장의 **외형**에서 결론을 읽어 내는 셈이다. 고린도전서 15장의 몇 부분처럼 주해에 어려움이 있는 부분들은 내용비평 과정을 통해 신약성경 저자의 참된 의도에 어긋나는 것으로 여기고 무시해 버린다. 불트만이 해석한 신약성경 전체의 취지에 맞지 않는 본문들은 언제나 그 취지에 맞는 다른 본문들에 비춰 해석한다.

하지만 신약학자들이 신약성경에 다양한 양식이 있음을 점점 더 강조하면서, 불트만의 내용비평 방법은 역공(逆攻)을 받았다. 그의 접근법은 정경 안의 정경과 관련된 문제를 일으키는 것으로 보였다. 예를 들면, 누가복음-사도행전은 단지 바울과 요한의 실존적 시각을 드러낼 뿐인가? 로마서 9-11장은 로마서 1-8장의 실존적 시각을 따라 역사로 해석한 일종의 일탈인가? 심지어 공관복음 안에서도 불트만이 공리로 받아들였던 것이 점점 더 많은 비판을 받게 되었다. 예를 들면, 근래 그레이엄 스탠턴(Graham Stanton)은 예수 이야기가 교회가 선포한 메시지의 본질 부분이었음을 인식한 이는 누가만이 아니었다고 주장했다. 그는 "복음서에서 풍부하게 묘사한 예수 모습을…복음서의 의도를 오해한 것이라며 옆으로 치워 놓을 수는 없다"고 말한다.[182] 에벨링, 보른캄

(Bornkamm), 케제만, 푹스의 복음서 연구는, 일부 사람들의 주장처럼 불트만이 발전시킨 것을 후퇴시킨 게 아니라, 도리어 전체라는 관점에서 지나치게 포괄적으로 신약성경의 각 부분에 다가가는 불트만의 접근법이 지닌 여러 한계를 인정한 것이다.

(7) 불트만의 하이데거 개념 활용은 그가 어떤 난점들을 과장할 때뿐 아니라 더 유익한 업적을 이룰 때도 그 바탕을 제공한다. 그의 이원론, 그가 객관화에 보이는 반감, 믿음이 과거 역사에 의존하는 것을 허용하지 않는 그의 태도와 같은 주제들은 모두, 그가 이런 주제들을 설명할 때 하이데거에게 더 많은 도움을 구하는지 여부와 상관없이 그의 신학 속에 존재한다. 하지만 그는 하이데거의 연구 결과를 이해함으로써 바울 신학을 신선하고 분명하게, 또한 힘 있게 설명할 수 있었다. 바울이 말한 "육"과 "몸"을 불트만이 어떻게 해석하는지는 이미 논의했다. 그의 해석을 건드리 및 다른 학자들의 연구 결과에 비춰 제약하고 보완해야 한다고 해서, 그 사실이 그의 해석이 지닌 근본 가치에 의문을 제기하게 하지는 않는다. 신약성경 저술에 관한 어떤 해석도 그 해석이 최종에 다다랐다는 의미로 명확하다고 주장할 수는 없다. 불트만은 또한 인간과 그의 과거 및 미래의 관계를 상당히 밝혀 주었다. 인간은 그의 과거에서 현재의 그가 되었다. 여기에 하이데거의 사실성 분석이 있다. 인간이 자유를 얻으려면 과거의 구속력을 깨야 한다. 노먼 영은 이렇게 말한다. "그러나 이것은 자신을 제거하는 일, '새 사람'이 되는 일일 것이다.…불트만은 이것이 예수 그리스도를 종말론 사건이라 외치는 그리스도인의 주장이 지닌 의미라고 본다. 예수 그리스도는 인간의 과거사, 인간이 과거에 가졌던 자기 이해에 마침표를 찍었다는 의미에서 역사에 마침표를 찍은 이요, 자유로운 결단을 내림으로써 새로운 본래의 실존을 얻을 수 있는 가능성을 인간에게 부여한 이다."[183]

---

[182] G. N. Stanton, *Jesus of Nazareth in New Testament Preaching* (Cambridge University Press, 1974; S.N.T.S. Monograph 27), p. 186.
[183] N. Young, *History and Existential Theology*, p. 30. 『세계 기독교 대사상 7』(교육출판공사).

불트만은 이렇게 썼다. "이는 자유가 바로 진정한 미래를 향해 열려 있는 것, 미래가 자기 자신을 결정하게 하는 것이기 때문이다. 따라서 성령도 미래성을 지닌 능력이라 부를 수 있다."[184]

특정 철학에서 가져온 개념을 활용하여 자세히 설명해 놓은 통찰을 신약학을 모두 아우르는 해석으로 여기면 어려움이 생긴다. 때로는 불트만이 신학을 인간론으로 전락시켰다는 비판을 별 생각 없이 가볍게 제기하는 경우가 있다. 예를 들면, 불트만이 복음을 단순히 나 자신에 관한 좋은 소식으로 여긴다고 말하는 경우가 그렇다. 이것은 불트만의 사상을 완전히 왜곡한 것으로, 불트만이 하나님에 관한 이야기와 은혜 사건에 관하여 말한 것을 무시하는 처사다. 그렇지만 이런 비판을 간단히 거부해 버린다 해도, 불트만 해석학에서 그리스도는 오로지 **나를 위한** 그리스도라는 것은 여전히 사실이다. 이는 우리가 『존재와 시간』을 다룬 두 장의 끝부분에서 하이데거를 두고 언급했던 말로 우리를 곧장 데려간다. 현존재를 **통한** 드러남은 현존재의 드러남으로 바뀌기가 아주 쉽다. 우리는 불트만과 하이데거가 제 위치를 찾아주려 하는 지식과 이해의 본질에 관한 유익한 통찰을 거부하고 싶지 않다. 우리는 칸트 이전 시대로 되돌아갈 수 없다. 아울러 우리는 "불트만 안에서 발생하는 것은 역사가 아니라 의식"[185]이라는 틸리케의 주장과 같은 비판의 목소리에도 주의를 기울여야 한다. 이 비판은 틸리케가 불트만의 사상을 일관되게 "데카르트식 신학"으로 묘사한 것과 일치하지만, 자기 이해가 단순히 자기의식은 아니라는 점을 간과한 비판이다. 우리는, 불트만의 시각에는 본디 개인주의 성향이 있기 때문에 그는 예컨대 그리스도의 우주적 주되심이나 하나님이 이스라엘 역사 속에서 하신 행위에 관한 말을 아무런 손실 없이 실존 차원의 평가로 바꿀 수 있는 단순한 객관화로 여기는 경향이 있다고 비판한다. 하지만 하나님에 관한 언어는 자기를 관련시키는 논리와 더불어 기능한다고 말하는

---

[184] R. Bultmann, *T. N. T.* I, p. 335.
[185] H. Thielicke, *The Evangelical Faith*, I, p. 58.

것이 진실에 더 가까울 것이다. 그러나 불트만은 이에 만족할 수 없었다. 그는 계시의 영역 속에 존재하는 객관화하는 언어를, 하이데거가 인간에 관한 언어의 영역 속에 존재하는 그런 언어를 공격할 때보다 훨씬 더 철저히 공격하고 싶어 하기 때문이다. 하이데거는 객관화하는 언어가 과학 영역처럼 인간과 관련된 영역에서는 제한적이나마 정당한 자리를 가질 수 있게 허용하지만, 불트만은 하나님이나 하나님의 행위에 관한 어떤 객관화하는 언어에도 자리를 내주지 않고 오로지 이런 언어가 신화를 통한 실존의 자기 이해를 표현하려는 서투른 시도를 대변할 경우에만 자리를 내준다.

이 두 고찰 결과에서 끌어낼 수 있는 결론은 이렇다. 우선, 특정 철학의 개념을 인용하는 것은 신약성경 해석자가 본문을 꿰뚫어 보는 자세한 통찰을 갖게 할 수 있으며 실제로 그렇게 되었다. 반면, 그렇게 특정 철학의 개념을 인용하면, 한쪽에 치우치고 부분만을 본 해석이 나오게 되어 결국 보완이 필요해진다. 그 해결책은 철학적 탐구를 포기하는 것이 아니다. 이런 이유 때문에 철학적 탐구를 포기한다면 불트만의 연구 결과가 지닌 유익한 측면마저 잃어버리고 만다. 오히려 해결책은 다른 여러 전통에서 다양한 개념을 가져온 뒤, 각 개념이 이룰 수 있거나 이루지 못하는 것을 비판하는 자세로 비교하는 것이다. 예를 들면, 영국 철학은 언어에 더 정교히 다가갈 수 있는 도구를 제공한다. 신화, 은유, 자기 관련 논리의 관계는 무엇인가? '사실'이라는 기초가 없어도 자기 관련 언어는 작동할 수 있는가? 언어("그리스도는 주이시다" 같은)와 메타언어("초기 교회에서는 '그리스도는 주이시다'라고 고백했다" 같은)는 어떤 관련이 있는가? 언어는 단지 변화 가능한 '전달 매개체'로서 태도나 관념을 자유롭게 표현할 수 있는 수단인가? 무엇보다 가장 예리한 문제는 이것이다. 이 세상의 실재에 닻을 내리지 않은 자기 이해 언어는 어떤 특별한 위치를 갖는가? 이 마지막 문제는 비트겐슈타인을 다룰 때 탐구해 보겠다.

옮긴이 주

[1] 이 논문이 실린 *Glauben und Verstehen* I, Tübingen: J. C. B. Mohr, 1993, p. 317에서 불트만이 한 말은 이렇다. "그러나 이것이 특히 신학 질문이라면, 신약 종교와 구약 종교의 관계를 묻는 그런 탐구 방식은 대개 신학과는 관련이 없다(신학에서는 적절치 않다)."

[2] 불트만은 "Die Bedeutung des Alten Testaments für den christlichen Glauben", in *Glauben und Verstehen* I, Tübingen: J. C. B. Mohr, 1993, p. 332에서 이렇게 말한다. "Die Botschaft von der vergebenden Gnade Gottes in Jesus Christus ist kein geschichtlicher Bericht über ein vergangenes Ereignis, sondern sie ist *das verkündigende Wort der Kirche*, das jetzt jeden unmittelbar als Gottes Wort anredet, und in dem Jesus Christus als das „Wort" gegenwärtig ist"(예수 그리스도 안에서 하나님이 베푸신 용서의 은혜를 선포하는 일은 어떤 과거 사건에 관한 역사 보고가 아니라 **교회가 전하는 말씀**이다. 이 말씀은 이제 모든 사람에게 직접 하나님 말씀으로서 전하며, 이 말씀 안에서 예수 그리스도가 '말씀'으로서 현재가 되신다).

11장

가다머의 철학적 해석학과 그 해석학이 신약성경 해석에 시사하는 의미

2장에서는 한스게오르크 가다머의 작업와 관련하여 다른 무엇보다 세 가지 점을 언급했다. 첫째, 우리는 가다머가 하이데거와 몇몇 시각을 공유하지만, 가다머의 접근법과 하이데거의 접근법이 동일하지는 않으며, 가다머가 하이데거 후기 사상보다 더 체계 있고 이해하기 쉽다는 것을 보았다. 둘째, 비록 에밀리오 베티의 비판이 있긴 하지만, 가다머가 자신의 연구를 사색이라기보다는 서술로 여긴다는 점도 보았다. 가다머는 이렇게 썼다. "나는 어떤 방법을 제안하는 것이 아니라, **있는 것**을 서술하고 있다(Ich beschreibe, *was ist*)."¹ 베티의 비판이 근거 있는 것은 사실 가다머가 "있는 것"을 바라보는 사람의 견해는 전통 속에 자리한 그 사람의 위치가 결정한다고 인정했기 때문이다. 이해는 전통(전승) 사건(ein Überlieferungsgeschehen)으로서 일어난다. 셋째, 우리는 가다머가 이론적 사유의 역할과 대비하여, "진리를 전달하는 경험 방식(Erfahrungsweisen)"²을 탐구하는 데 관심을 가지고 있음을 보았다. 이것이 진리와 예술 경험의 관계를 묻는 모든 질문을 열어 놓는데, 그 질문이 가다머의 대작 『진리와 방법』의 세 주요 부분 중 첫 부분을 이룬다.

---

1 H.-G. Gadamer, *T.M.*, p. 465 (German, p. 483).
2 *Ibid.*, p. xii (German, p. xxvi).

41. 진리와 예술에 관한 질문과 해석학의 연관성

우리는 가다머가 책 제목으로 "방법"이라는 말을 사용한 것이 아이러니임을 보았다. 그는 우리가 예술을 경험할 때 "체계적 지식"의 범주를 넘어가는 진리에 관심을 가진다고 말한다.³ 이해 또는 해석학은 단순히 좁은 의미의 해석학이라는 말이 가리키는 전문 기술 문제가 아니다. 가다머는 여기서 슐라이어마허나 딜타이보다 더 나아가고 싶어 한다. 딜타이는 인문학(Geisteswissenschaften, human sciences 또는 humanities)과 자연과학(Naturwissenschaften, natural sciences)을 분리했으며, 해석학을 오로지 인문학과 연계했다. 그렇지만 인문학은 여전히 그에 맞는 적절한 방법을 사용해야 할 '과학'이었다. 이와 달리, 가다머는 자신의 작업을 평한 글에 이렇게 썼다. "나는 인문학의 방법 절차를 지시하는 일은 말할 것도 없고 그런 절차를 서술하는 규칙 체계를 일부러 만들고 싶지 않았다.…내 관심사는 철학과 관련이 있었다.…그 탐구에서는 이해(Verstehen)가 어떻게 가능한지 묻는다."⁴ 가다머가 이해한 대로, 예술 경험 탐구에서는 '방법'을 초월하는 영역을 열어 놓는다. 게다가, 그것은 이해 문제를 예술 작품의 작가나 작품 해석자의 주관적 의식을 고찰하는 것 정도로 축소하려는 모든 시도에 저항한다.

가다머는 『진리와 방법』 및 그가 근래 내놓은 논문 "이성의 힘"(The Power of Reason, Die Macht der Vernunft)에서, 모든 것을 아우르는 이론 이성(theoretische Vernunft)의 힘을 믿는 믿음은 철학의 영원한 전통이 아니며, 계몽주의 풍조와 같은 특별한 역사 요인들과 관련이 있음을 보여 주려고 애쓴다.⁵ 그는 계몽주의에서는 순수 이성으로 세계를 아는 지식을 얻는 것을 이상으로 삼았다고 주장한다. 그러나 그는 이런 계몽주의의 견해가 먼저는 흄의 회의론에 의

---

3 *Ibid.*, p. xiii.
4 *Ibid.*, pp. xvi-xviii (German, *W.M.*, pp. 19-29).
5 H.-G. Gadamer, "The Power of Reason" in *M.W.* III (1970), pp. 5-15.

해, 뒤이어 칸트의 『순수이성비판』에 의해 쓸모없는 것으로 드러났다고 주장한다. 흄과 칸트 이후, "우리가 생각하는 '과학'은 이성이 아니라 경험 과학이 되었다."[6] 그러나 칸트 이후 전통에 관한 이 주장이 옳다면, 그리스 시대부터 계몽주의 시대에 이르는 사상사는 무엇이라 말할 수 있을까? 가다머는 아리스토텔레스 시대에 이성은 단지 어떤 이론적 능력이 아니었다고 주장한다. "이론적인 것에 온전히 집중할 수 있으려면 '실천적 지식'을 전제해야 한다.…'합리성'은 오히려 인간의 어떤 태도로서…공통 규범 위에 세우려면…굳게 붙들어야 할 무엇이다."[7]

가다머는 『진리와 방법』에서 더 넓고 실제성이 있는 이 접근법이 그리스인의 이상이었던 실천적 지혜뿐 아니라 고대 로마의 "공통감각"(Sensus Communis)이라는 개념에서도 어떻게 나타나는지 보여 준다.[8] 아리스토텔레스는 학자의 σοφία(소피아, 지혜)가 현자의 φρόνησις(프로네시스, 실천적 지혜)에 의존함을 인정했다. 가다머는 로마 후기 법학에서 법을 연구하고 실천할 때 이론적 이상인 σοφία보다 실천적 이상인 φρόνησις에 가까운 견해를 전제했다고 주장한다. 공통감각 개념으로 전통을 설명하는 모습은 이탈리아 철학자 J. B. 비코(Vico)의 작업에서 나타난다. 가다머는 이렇게 썼다. "비코는 공통감각이 모든 사람 안에서 발견할 수 있는 옳음과 공익에 관한 감각, 더 나아가 공동체 안에서 삶을 통해 획득하고 또한 그 삶의 구조와 목표가 결정하는 감각을 가리킨다고 본다."[1] 이어 그는 이렇게 말한다. "사람들은 늘 합리적 증명과 가르침이 지닌 가능성이 지식의 범주를 모두 아우르지 못함을 알았다. 따라서 비코가 공통감각을 원용한 것은…고대까지 곧바로 거슬러 올라가는 더 넓은 맥락에 속하며, 그 맥락이 오늘날까지 계속하여 미치는 영향이 우리 책의 주제다."[9]

비코는 어떤 한 탐구 방법을 모든 연구 분야의 규범으로 여겨야 한다는

---

6 *Ibid.*, p. 6.
7 *Ibid.*, pp. 7-8.
8 H.-G. Gadamer, *T.M.*, pp. 19-29.
9 *Ibid.*, pp. 22 and 23.

관념을 거부했다. 그는 역사, 예술, 법에서 사례를 가져와 자신의 주장을 설명하고, 데카르트가 역사에 전혀 관심이 없었다며 그를 비판한다. 비코는 수학에 적용하는 추상 방법들이 철학에서도 반드시 적절한 도구는 아니라고 주장했다. 가다머는 이와 같은 전통에 서서 비코를 따라 데카르트를 공격 대상으로 골라잡는다. 가다머는 '방법'을 강조하는 견해가 갈릴레오(Galileo)와 하위헌스(Huygen)의 역학에서 처음으로 큰 성공을 거두었으며, 이런 견해가 "데카르트의 방법 개념에서 철학으로 표현되어 나타나면서 이론과 실천의 관계를 완전히 바꿔 놓았다"고 썼다.[10]

가다머는 이 원리를 더 깊이 설명하고자, 섀프츠베리(Shaftesbury), 토머스 리드(Thomas Reid), 앙리 베르크손(Henri Bergson)의 작업을 참조한다.[11] 섀프츠베리는 사회의 사귐에서 재치와 유머가 거짓에서 진실을 가려내는 역할을 함을 강조하면서, 자신의 주장을 밑받침하고자 고대 로마의 실제 시각들을 분명하게 원용했다. 토머스 리드는 진리 판단에 도달할 때 상식이 하는 역할에 주목하기를 요구했다. 앙리 베르크손은 부적절한 추상으로 흘러가는 현대 학문의 흐름을 비판하면서, 인간의 가장 창조적인 통찰과 직관을 결합했다. 하지만 가다머는 19세기 독일 사상의 지성 풍토가 그 반대 방향으로 흘러갔음을 인정한다. 독일에서 두드러지게 나타난 한 예외는 외팅어(Oetinger)가 대표하는 경건주의였다. 외팅어는 공통감각을 상세한 탐구 주제로 삼았고, 그것을 하나님의 선물로 보았다.

한편, 그 이전의 독일 철학 전통을 살펴보면, 영국과 프랑스의 철학 전통에서는 '상식'(common sense)으로 알고 있던 것이 '판단력'(Urteilskraft)이라는 형태로 바뀌어 나타났다. 그러나 칸트는 이 개념의 의미를 바꿔 놓음으로써, 사실상 "이 공통감각이 칸트 안에서는 아무 역할도 하지 못하는" 결과를 낳고 말았다.[12] 칸트는 공동체와 관련이 있는 판단을 '기호'(嗜好, taste) 문제로 바꿔

---

10 H.-G. Gadamer, "The Power of Reason" in *M.W.* III, p. 8.
11 H.-G. Gadamer, *T.M.*, pp. 24-26.

놓았다. 상식은 '기호에 관한 판단'(Geschmacksurteile)을 제공한다. 기호는 공동체 안에서 작동하며, 어떤 특별한 의미에서는 여전히 앎의 방식 혹은 판단 방식을 구성한다. 하지만 칸트 철학에서는 기호가 특별한 영역으로 쫓겨나면서, 결국 미학이 철저히 주관화하고 말았다. 가다머는 이렇게 주장한다. 이런 철저한 주관화는 "완전히 새로운 출발점이었다. 이런 주관화는 자연과학의 이론 지식과는 다른 어떤 이론 지식도 불신함으로써, 인문학이 자기를 성찰할 때도 자연과학 방법론에 의존하게 강요했다."[13] 진리는 '개념'의 속성이다. 가다머는 그럼 우리가 예술을 어떻게 봐야 하는지 묻는다.

가다머는 이제 예술 **의식**과 예술 **경험**을 철저히 대립시킬 무대를 마련했다. "심미 의식"이라는 개념은 상당히 현대에 나온 개념이다. 파머는 이렇게 말한다. "이는 데카르트 이후 널리 퍼진 사유의 주관화, 곧 모든 지식의 근거를 주관적 자기 확신에서 찾으려는 경향이 낳은 결과다."[14] 이와 달리, 가다머는 예술 경험이란 단지 주관적 의식의 문제일 뿐 아니라 존재론에서 말하는 드러남의 문제이기도 하다고 생각한다. 칸트의 미학에서 나타나는 주관화에 관한 그의 상세한 논지를 세세히 살펴볼 필요는 없다.[15] 가다머는 헤겔의 예술 이해가 역사와 실재를 더 바르게 다룬다고 주장한다. 아울러 그는 게오르크 짐멜(Georg Simmel)이 내린 결론에 주목한다. 경험(Erlebnis)에서 "객관성을 지닌 것이, 인식(Erkennen)에서 그런 것처럼 단지 형상과 표상(Bild und Vorstellung)이 되는 데 그치지 않고, 삶의 과정 자체의 요소(Momenten des Lebensprozesses selbst)가 된다."[16][2]

추상 개념이 아니라 경험이 예술로 나아가는 열쇠다. "순수하게 심미적인 것'만 남을 때까지 추상화하는 것은 명백히 모순이다."[17][3] 가다머는 이렇게 결

---

12 *Ibid.*, p. 32.
13 *Ibid.*, p. 39.
14 R. E. Palmer, *Hermeneutics*, p. 167.
15 H.-G. Gadamer, *T.M.*, pp. 39-55.
16 *Ibid.*, p. 62; *W.M.*, p. 65.

론짓는다. "우리 관심사는 예술 경험을 바라볼 때, 그 경험이 경험(Erfahrung) 으로 이해되게 바라보는 것이다. 예술 경험(die Erfahrung der Kunst)을 심미적 교양을 소유하는 것으로 왜곡해서는 안 된다.…이는 광범위한 해석학적 결과를 포함한다."18 [4] 이 결과는 예술 언어와의 만남이, 아직 끝나지 않은 사건과의 만남(Begegnung mit einem unabgeschlossenen Geschehen)이자 동시에 그 사건의 일부임을 인식하는 것이다. 예술 작품은 역사 속에 존재하는 어느 한 개인의 의식 차원으로 축소할 수 없으며, 늘 그런 의식 차원을 초월한다. 이는 예술 작품이 이후 세대에 '더 많은 무언가'를 드러낼 수 있기 때문이다. "예술 경험은 궁극의 지식이라는 관점에서 경험하는 것에 관하여 완전한 진리를 제시하지 못함을 시인한다.…예술 작품 안에 존재하는 것을 끝까지 다 퍼내는 일은 없다."19 이런 경험은 본디 실재를 경험하는 것(Wirklichkeitserfahrung)이다. 심지어 예술가 자신도 작품을 만드는 순간에 그의 의식 속에 들어왔던 것보다 '더 많은 무언가'를 그의 창작품 안에서 보게 될 수 있다. 우리가 설령 오랜 세월에 걸쳐 어떤 예술 작품을 봐 왔던 모든 사람의 의식 상태를 융합한다 할지라도, 이것이 우리가 그 예술 작품의 내용을 완전히 드러냈음을 보장하지는 않을 것이다.

이 모든 내용에는 하이데거가 언어와 예술에 관하여 그의 후기 저작에 쓴 것과 아주 비슷한 점이 있다. 하이데거는 물론 가다머에게도 '말하지 않은 것'은 중요하다. 이 두 사상가 모두 언어와 예술을 개인의 의식 속에 담을 수 있는 것으로 축소하지 못한다는 점을 중요시하기 때문이다. 예술은 미학이 아니다. 예술은 단순히 진리를 전달하지 못하는 '사물'도 아니며 미의 영역에 속하는 단순한 '개념'도 아니다. 하이데거는 그가 트라클(Trakl)이나 횔덜린(Hölderlin)에게서 인용한 글이나 자신이 말한 경구에 비춰 독자들이 스스로

---

17 *T.M.*, p. 80.
18 *Ibid.*, p. 88; *W.M.*, p. 94.
19 *T.M.*, p. 89.

자기 길을 찾아가게 하는 방법을 썼지만, 가다머는 이런 하이데거의 방법에 만족하지 않는다. 하이데거의 방법은 시와 사유에 관한 그의 전제들을 올바로 평가하는 데 더 적합할지 모르나, 그의 접근법 역시 가다머의 접근법보다 더 모호하다. 가다머는 자신의 독자들에게 더 체계 있는 논의를 제시하며, 그가 예술의 존재론과 관련하여 말하고 싶은 바를 예술과 놀이를 탁월하게 비교함으로써 쉽게 설명한다. 이 비교에서 가다머 자신의 견해는 물론 후기 하이데거의 견해 및 새 해석학의 견해에 관하여 많은 것을 배울 수 있다. 나는 다른 연구서에서 에른스트 푹스의 해석학을 설명하고자 이 비교 내용을 다루었다.[20]

가다머의 말을 빌리면, 중요한 것은 "놀이가 놀이 참여자의 의식보다 우위에 있다"는 것이다.[21] 우리는 놀이와 놀이 참여자의 태도를 구분할 수 있다. "놀이는 놀이 참여자가 놀이에 몰두할 때만 그 목적을 이룬다."[22] 놀이는 "놀이 참여자를 놀이 속으로 흡수한다···놀이는 놀이 참여자를 지배하는 경향이 있다."[23] 놀이에서 중요한 것은 그 놀이가 만들어 내는 '세계'다. 어떤 놀이 참여자가 놀이 세계로 들어가면, 그는 자신이 하는 것을 결정하는 전제와 목표의 결합체를 받아들인다. 이렇게 그 놀이의 요구를 받아들이는 것은 "그것을 진지하게 받아들임", "흥을 깨는 이가 되지 않음"을 뜻한다. 단순히 놀이 참여자가 의식하는 사고(思考)의 문제가 아니다. 그 놀이의 실체를 결정하는 것은 놀이 자체이지 놀이자의 사고가 아니다. 가다머는 바로 이 점이 예술과 유사하다고 주장한다. "예술 작품은 그것을 경험하는 사람을 변화시키는 경험(Erfahrung)이 된다는 점에서 그 본래의 존재(sein eigentliches Sein)를 가진다. 예술 경험을 계속하여 지속하는 예술 경험의 '주체'(Subjekt)는 예술을 경험하는 자의

---

20 A. C. Thiselton, "The Parables as Language-Event: Some Comments on Fuchs's Hermeneutics in the Light of Linguistic Philosophy" in *S.J.T.* XXIII (1970), p. 443; 참고. pp. 437-468.
21 H.-G. Gadamer, *T.M.*, p. 94.
22 *Ibid.*, p. 92.
23 *Ibid.*, pp. 94-95.

주관성이 아니라 작품 자체다."²⁴ 가다머의 결론은 예술과 놀이에 똑같이 적용된다. "놀이는 그 존재를 놀이 참여자의 의식이나 태도에 두지 않고, 도리어 놀이 참여자를 놀이의 영역 속으로 끌어가 그 놀이의 정신으로 가득 채운다. 놀이 참여자는 놀이를 자신보다 위에 있는 실체로(als eine ihn übertreffende Wirklichkeit) 경험한다."²⁵

가다머는 음악과 연극을 예로 들어 예술 작품이 연주(연기) 자체로 이루어져 있음을 보여 준다. "연극의 연기"는 그 "표현"(Darstellung)을 통해 관객에게 말한다.²⁶ 연극은 연기할 때 비로소 존재한다. 음악은 비단 작곡가의 악보를 사사로이 읽을 때뿐 아니라, 음악회라는 실제 사건 속에서도 경험할 수 있다. 더구나 각 연주는 그 자체가 하나의 사건이다. 연주는 단순히 작곡가의 의식 속에서 펼쳐졌던 것을 '복제'한 것이 아니다. 실제로 우리는 연주를 '단지' 해석이 아니라 그 자체가 하나의 창조 사건이라고 말할 수 있다. 가다머는 이를 축제를 즐기는 현상과 비교한다. 축제는 원래 사건보다 떨어지는 복제품도 아니요, "그 축제를 즐기는 이들의 주관성 안에서만 그 존재를 갖는" 것도 아니다. "축제는 즐겨야 축제다."²⁷

이 모든 것과 해석학의 관련성을 아는 일은 어렵지 않다. 첫째, 진리는 단순한 개념 문제로 축소할 수 없으며, 더 넓은 관점에서 볼 때 경험과 관련이 있다. 예를 들어, 우리는 섀프츠베리가 유머와 재치를 강조한 것과 에드윈 M. 굿(Edwin M. Good)의 훌륭한 연구서 『구약성경 속의 아이러니』(Irony in the Old Testament) 같은 작업을 비교해 볼 수 있다.²⁸ 굿은 구약성경 저자들이 진리를 설명하고자 종종 아이러니나 유머를 사용하여 "우리가 당연하다 여기는 것 안에 있는…기괴하고 터무니없는 것들"을 일러 준다고 지적한다.²⁹ 그는 사사기

---

24 *Ibid.*, p. 92; *W.M.*, p. 98.
25 *T.M.*, p. 98; *W.M.*, p. 104.
26 *T.M.*, p. 104; *W.M.*, p. 110.
27 *T.M.*, p. 110.
28 E. M. Good, *Irony in the Old Testament* (S.P.C.K., London, 1965).

3장, 아모스 2장, 호세아 6:3, 4, 사무엘하 11장과 12장, 이사야서의 상당 부분과 특히 요나서에서 이런 예술 형태를 사용했음을 논한다. D. O. 바이어도 비유와 관련하여 이와 비슷한 몇 가지 주장을 했는데, 이는 적절한 때에 살펴보겠다. 로버트 펑크와 J. D. 크로산의 연구도 경험과 의식 또는 인식 개념의 예리한 구분을 전제한다. 비유도 놀이나 예술 작품처럼 듣는 이를 지배하는 '세계'를 열어 놓는다.

둘째, 이 접근법은 **해석의 본질**에 관한 질문들을 새로운 관점에서 제기한다. 가다머는, 예술 작품 같은 경우 작품의 실제 존재를 표현(Darstellung)에서 분리할 수 없다고 주장한다. 따라서 과거에 기록하거나 제시한 것의 **실체**는 단순한 주관적 회상으로 되찾지 못한다. 가다머는 실체를 **새로이** 드러내는 사례로 루터파에서 설교를 강조한 것이나 가톨릭 교회에서 미사를 바라보는 견해를 분명하게 인용한다. 해석은 현재에 과거를 기계처럼 재생산하는 일이 아니라, 그 자체가 고유한 창조 사건이다. "설교 속의 말은 바로 이런 총체적 전달(Vermittlung)을 수행한다. 설교 속의 말이 이런 일을 하지 않으면 제의 행위, 예컨대 미사가 그 역할을 떠맡을 것이다.…'동시대성'(Gleichzeitigkeit)은 예술 작품의 존재에 속한다. 그 동시대성이 '현존'(Dabeiseins)의 본질을 이룬다."[30] 오늘날 인간을 압도하고 바꿔 놓는 음악회나 연극 공연은 200년 전과는 같지 않은 형태를 택함으로써 악보나 대본에 더 충실할 수 있다. 연극과 음악은 "존재하고자 기회를 기다리며, 오직 그 기회를 통해 그 형태를 발견한다."[31]

가다머는 이렇게 결론짓는다. "내 주장이 옳다면,…해석학의 진짜 문제는 그것이 널리 받아들이는 것과 아주 다르다. 그것은…해석학의 의식에 심미 의식의 폭조차 능가하는 폭을 제공한다.…해석학은 전일체로 규정해야 예술 경험을 제대로 평가할 수 있다."[32] 이것 역시 "예술은 그저 과거가 아니다"[33]라는

---

29 *Ibid.*, p. 26.
30 H.-G. Gadamer, *T.M.*, p. 112; *W.M.*, p. 121.
31 *T.M.*, p. 130.
32 *Ibid.*, p. 146.

것을 되새겨 준다. 가다머는 이런 원리를 음악, 그림, 건축, 연극, 문학으로 설명한다. 그는 그림이 현재 진리가 드러난다는 점에서 존재론적 사건이라고 주장한다. 문학 작품을 읽을 때도 "그것을 해독하고 해석할 때 기적이, 곧 이상하고 죽은 무언가를 철저한 동시성과 친숙성으로 바꿔 놓는 일이 일어난다. 과거부터 우리에게 내려온 다른 어떤 것도 이것과 같지 않다."[34] 그것은 "과거의 순수한 현존을" 성취한다.[5] 하지만 존재 혹은 진리는 우리가 문학이나 다른 예술 형태가 만들어 낸 세계 안에 서 있어야 비로소 우리에게 드러난다. R. E. 파머는 이렇게 말한다. "우리가 위대한 예술 작품을 보고 그 세계 안으로 들어가면, 우리는 집을 떠나지 않고 도리어 '집으로 간다.' 우리는 곧바로 이렇게 말한다. 바로 이거야! 예술가가 말한 것은 **현재**(what is)다."[35]

우리는 능동적 주체인 인간이 그 주위의 사물을 수동적 객체로서 자세히 관찰한다고 보았던 데카르트의 시각에서 멀리 떠나왔다. 가다머는 데카르트의 시각을 해석학적 이해 모델로 여기지 않는다. 에른스트 푹스가 말하듯이, 텍스트는 단지 묻고 탐구하는 객체에 그치지 않고, 해석자를 텍스트의 세계 안으로 끌어들임으로써 지배하고 형성한다. 가다머는 새 해석학의 관점에서 주관화된 미학의 파산을 증명함으로써, 역시 주관화된 해석학의 천박함도 보여 주었다. 푹스는 해석학을 이처럼 더 넓게 이해할 때만 신약성경 본문의 "핵심을 찌를"(treffen) 수 있고, 그래야 해석자가 '개념'이 아니라 실체를 만날 수 있다고 본다.

---

33 *Ibid.*, p. 147.
34 *Ibid.*, p. 145.
35 R. E. Palmer, *Hermeneutics*, p. 168.

42. 슐라이어마허에서 하이데거에 이르는 해석학에 대한 가다머의 비판

가다머는 그의 연구서 『진리와 방법』의 두 번째 주요 부분에서 두 가지 일을 더 시도한다. 첫째, 그는 슐라이어마허와 딜타이에서 시작한 해석학 전통 전체를 검토하고 이를 꼼꼼히 비판한다. 둘째, 그는 자신의 해석학 접근법을 역사 문제와 역사 속에 자리한 해석자의 유한성이라는 관점에서 재정립한다.

가다머는 우선 그가 낭만주의 해석학 이전의 역사라 부르는 것을 고찰한다. 해석학과 전통의 관계는 종교개혁 때 중대 국면을 맞이했다. 가다머는 종교개혁자들이 완전히 일관된 모습을 보이지는 않았다고 주장한다. 한편으로 보면, 그들은 성경을 바로 이해하는 데 전통이 필요함을 인정하지 않았다. 하지만 다른 한편으로 그들은, 우선, 개개 본문을 이해할 때는 성경 전체의 증언에 의존하며, 둘째, 프로테스탄트 신조들이 성경의 이런 통일성을 이해하는 데 길잡이를 제공한다고 주장했다. 그리하여 그들은 본문을 '본문 자체의 관점에서' 이해하려고 시도하면서도, 실제 그런 해석을 할 때에는 "널리 인정을 받지도 않은 교리 지침에서 늘 도움을 받아야 했다."[36] 가다머의 이런 주장은 그의 작업이 주해와 조직신학의 관계에 시사하는 의미를 탐구할 때 다시 살펴보겠다.

이어 가다머는 스피노자와 슐라이어마허가 각각 대표하는, 서로 다른 두 해석학 접근법을 대조한다. 스피노자는 해석자가 역사 요인들을 잘 알지 못하여 텍스트의 의미가 모호할 때, 그리고 모호한 곳에서만 '역사 중심 해석'(historical interpretation)을 활용했다. 스피노자는 유클리드 기하학을 이해하려고 유클리드(에우클레이데스)의 생애를 알 필요가 없듯이, 성경의 도덕 교훈을 해석하려고 성경 저자의 삶을 알 필요는 없다고 주장했다. 하지만 슐라이어마허는 계몽주의에서 표방하는 이성의 힘에 대한 믿음에 맞서 해석학 문제

---

[36] H.-G. Gadamer, *T.M.*, p. 155.

에 달리 접근한다. 이미 보았듯이, 슐라이어마허는 해석학을 텍스트 안에 감춰진 진리를 밝히 드러내는 창조 행위라고 생각한다. "이해해야 할 것은 정확한 말과 그 말의 객관적 의미뿐 아니라…저자의…개성이다.…그것은 결국 예언 과정으로서, 자신을 저자의 생각 속에 놓아두는 것이요…창조 행위를 재창조하는 것이다."[37]

가다머는 해석학이 틀에 박힌 과정이 아니라 예술임을 인정한 것이 슐라이어마허의 업적이 남긴 유익한 가치라고 본다. 가다머는 아울러 "[해석학의] 목표는 저자가 자신을 이해한 것보다 저자를 더 잘 이해하는 것"이라는 슐라이어마허의 격언을 인정한다. 가다머는 "이 말에 해석학 문제 전체가 들어 있다"고 말한다.[38] 슐라이어마허 자신이 이 격언을 통해 하고 싶었던 말은, 해석자는 저자가 인식하지 못할 수 있는 많은 것을 인식하게 될 수 있다는 것이었다. 예를 들어 당장 언어의 차원에서 봐도, 모국어가 아닌 언어로 기록된 텍스트를 읽는 해석자는 원저자가 적어도 의식 차원에서는 미처 인식하지 못했을 수도 있는 문법 규칙과 문체 규칙을 분명하게 인식할 수도 있다. 앞서 우리는 J. D. 스마트가 '그리스도인의' 이사야서 이해와 관련하여 제시한 주장들을 신학의 차원에서 살펴봤다. 스마트는 이렇게 썼다. "성경에서 하는 말에 그 말을 하거나 쓴 사람이 완전히 알거나 이해하지 못한 의미가 있지는 않을까? 선지자는 자신의 메시지를 하나님께 받았으니 선지자 자신은 본인이 말하는 내용의 의미를 완전히 파악하지 못했을 수도 있지 않을까? 역사학자는 그랬을 가능성을 부인할지도 모른다.…그렇지만 성경 기록은 하나님과 관련이 있으므로…인간의 의식으로 파악할 수 있는 범위를 훨씬 넘어서는 실재들을 끊임없이 지적한다는 것을 인정해야 한다."[39] 하지만 가다머는 이 원리가 꼭 특별한 신학적 고찰 결과를 근거로 삼을 필요는 없다고 주장한다. 그는 H. 슈타인탈

---

[37] Ibid., p. 164.
[38] Ibid., p. 169.
[39] J. D. Smart, *The Interpretation of Scripture*, pp. 34-35.

의 말을 인용하여 이렇게 말한다. "문학 비평가는 화자와 시인이 스스로를 이해한 것보다, 그리고 같은 시대 사람들이 화자와 시인을 이해한 것보다 그를 더 잘 이해한다. 비평가는 실제로 존재하지만 다른 이들에게는 무의식으로 존재했던 것을 비평가 자신의 의식 속으로 분명하게 끌어오기 때문이다." 가다머는 이런 말을 덧붙인다. "창작물을 만든 예술가가 그 창작물에 적합한 해석자는 아니다."[40]

이런 말은 예수의 비유를 그 비유들이 자리한 초창기 삶의 정황에 비춰 보는 것으로 그치지 말고 그 비유 자체를 예술 작품으로 봐야 한다고 했던 D. O. 바이어 및 다른 이들의 주장과 긴밀한 연관이 있다. 바이어는 비유 해석이 비유의 원래 의도와 충돌해서는 안 된다고 말하면서도, "엄격한 역사 중심 접근법은 비유가 지닌 미학적 본질을 무시하고 비유의 미학적 기능을 없애 버린다"고 주장한다.[41] 이 문제 역시 앞장에서 불트만의 내용비평 방법을 논한 내용과 관련이 있다. 하지만 가다머는 다시 슐라이어마허를 다루면서 슐라이어마허의 작업, 특히 가다머 자신이 보기에 역사와 역사의 거리 문제에 관해 슐라이어마허가 부족한 이해를 드러내는 부분과 관련하여 몇 가지 비판을 제시한다. 가다머는 이렇게 말한다. "슐라이어마허의 문제는 역사의 모호함이 아니라 '너'(Thou)의 모호함이다."[42] 해석학은 여전히 '의식'의 문제다.

가다머는 나아가 레오폴트 폰 랑케, J. G. 드로이젠(Droysen), 빌헬름 딜타이가 해석학에 기여한 점들을 살펴본다. 우리는 앞서 3장에서 해석학과 역사를 다룰 때 랑케의 작업을 논했으며, 불트만의 작업과 관련하여 딜타이의 접근법도 살펴봤다. 가다머는 크게 두 가지 이유를 들어 이 세 저술가 모두를 비판한다. 첫째, 이들은 모두 칸트의 영향을 받았으면서도 일종의 객관성을 지향했는데, 이들의 객관주의는 결국 불충분한 비판적 객관주의로 끝나고

---

40 H.-G. Gadamer, *T.M.*, p. 170.
41 D. O. Via, *The Parables*, p. 24.
42 H.-G. Gadamer, *T.M.*, p. 168.

말았다. 딜타이는 **인문학**을 여전히 "과학"이라고 주장하다가, 자신이 비판하고 극복하려 했던 바로 그 객관주의라는 덫에 걸리고 말았다. 가다머는 이렇게 썼다. "그(딜타이)는 역사의 제약을 받는 것들을 아는 지식(인식)을 객관적 학문[과학]이 이룬 업적으로 보아 늘 정당성을 부여하려 했다. 사실은 그 지식을 아는 자 자신이 역사의 제약을 받는데도 말이다. 이런 일은 구조 이론이 해야 했다." 가다머는 이어 이것이 역사를 관찰하는 자는 자신이 특정한 시공간에 매여 있다는 사실을 극복할 수 있음을 전제한다고 말한다. "그러나 모든 이에게 주장할 수 있는 어떤 진정한 역사 관점을 가졌다는 것이 바로 역사의식의 권리 주장이다."[43] 사실 딜타이는 이 문제를 알고 있었다. 그가 특히 헤겔에 맞서 해석자는 자신의 유한함을 잊지 말아야 한다고 주장하기 때문이다. 그러나 결국은 그도 랑케와 드로이젠만큼이나 이 문제를 극복하지 못했다.

둘째, 이 세 사상가는 모두 이 문제의 급진성을 감출 수 있었다. 랑케의 경우는 역사신학이라 할 것을, 딜타이의 경우는 헤겔 관념론의 변형을 원용한 덕분이었다. 가다머는 이렇게 썼다. "우리가 랑케와 드로이젠에서 보았듯이, 이 역사학파의 해석학적 자기 이해는 결국 보편사(Universalgeschichte) 개념에 그 근거를 두고 있다."[44] 그러나 3장에서 본 것처럼, 랑케가 그런 견해를 내세울 때 의존한 근거는 결국 신학적 고찰이었다. 딜타이는 자신이 랑케와 드로이젠이 남긴 문제들을 피했다고 생각하면서, 단순히 추상 개념에 강조점을 두었던 헤겔의 태도에도 반대했다. 하지만 가다머는 딜타이도 결국 자신의 인식론에 필요한 역사의 통일성을 "절대정신"이라는 개념에서 찾았던 헤겔을 따라간다고 주장한다.[45] 결국, 의도는 좋았지만 딜타이 역시 역사학파에서 남겨 놓은 막다른 골목에 빠지고 말았으며, 역사 '위에 있는' 어떤 관점이 있을 수 있음을 주장하려고 하지만, 이는 어쩌면 과학적 방법을 지지하는 주장의 유혹에

---

[43] *Ibid.*, p. 204.
[44] *Ibid.*, p. 185; *W.M.*, p. 197.
[45] *T.M.*, p. 202.

넘어간 결과일지도 모른다. 가다머는 이렇게 결론짓는다. "따라서 에른스트 트뢸취가 딜타이의 평생 작업을 '상대성에서 전체성으로'라고 요약한 것은 딱 맞는 말이다."⁴⁶

가다머는 후설, 요르크 백작, 하이데거가 이 문제의 참된 본질을 제대로 펼쳐 보였다고 생각한다. 가다머는 니체와 베르크손 같은 다른 사상가들의 연구를 인정하면서도 이렇게 단언한다. "실체라는 개념의 부적절함이 역사 속 존재와 역사 인식에 제기하는 철저한 도전을 처음으로 일반에 널리 인식시킨 이는 하이데거였다. 딜타이의 철학 의도는 하이데거를 통해 비로소 알려졌다."⁴⁷ 그러나 하이데거는 후설의 현상학 방법, 특히 후설이 말한 지향성 개념을 자신의 바탕으로 삼았다. 후설은 우리 세계 안에 주어진 모든 존재가 의식이 지향하는 지평 안에 서 있다고 주장했다. 따라서 그가 말한 지향성 개념은 "낡은 객관주의의 끝을 의미한다."⁴⁸ 이미 앞에서 하이데거가 이 접근법을 어떻게 사용했는지 제법 자세히 논했기 때문에 이 점을 상세히 설명할 필요는 없다. 후설의 지평 개념은 하이데거뿐 아니라 가다머 자신에게도 아주 중요한 것이 되었다. 가다머는 이렇게 말한다. "지평이라는 현상은 후설의 현상학 연구에 대단히 중요하다. 우리도 이 개념을 사용할 기회가 있을 것이다.…지평이란 고정된 경계가 아니라 우리와 더불어 움직이고 우리가 더 멀리 나아가도록 하는 무언가다."⁴⁹ 가다머는 덧붙여 이렇게 말한다. 후설의 개념인 "'생활세계'(Lebenswelt)는 모든 객관주의(Objektivismus)의 반대 개념이다. 그것은 본디 역사 개념이다."⁵⁰ 이 점에서 후설은 딜타이 자신보다 더 충실히 딜타이를 의도를 이루었다. 딜타이와 후설은 한목소리로 이렇게 주장한다. "로크와 흄, 칸트가 만든 인식 주체의 혈관에는 진짜 피가 흐르지 않는다."⁵¹⁽⁶⁾

---

46 *Ibid.*, p. 209.
47 *Ibid.*, pp. 214-215.
48 R. E. Palmer, *Hermeneutics*, p. 179.
49 H.-G. Gadamer, *T.M.*, p. 217.
50 *Ibid.*, p. 218; *W.M.*, p. 233.

가다머는 요르크 백작의 서신과 그의 사후에 나온 논문들이 우리를 딜타이와 후설 너머로 데려간다고 주장한다. 가다머는 이 세 사상가 모두 신칸트주의의 추상 개념 뒤편으로 되돌아간다고 주장한다. 의식은 생활 태도(Lebensverhalten)로 이해해야 한다. 사상과 철학의 '결과들'은 이런 생활 태도를 전제하며 이 태도에 의존하지만, '결과들'이기에 이 생활 태도에서 분리된다. "철학은 이 분리 과정을 뒤집어야 한다. 철학이 '삶의 결과들을 지배하는 상태를 알려면' 삶의 경험을 반대 방향으로 되풀이해야 한다."⁵² 이것은 해석학 과정에서는 해석자가 의식하는 마음 상태보다 오히려 해석자의 사전 판단(Vorurteile)이 중요하다는 가다머 자신의 주장과 아주 비슷하다.

가다머는 하이데거 철학을 슐라이어마허에게서 내려온 해석학적 사유 전통의 정점이자 해석학과 역사의 유한성의 관계에 관한 자기 설명의 출발점으로 여긴다. 가다머는 전통적 해석학에서는 이해가 속한 문제의 지평을 좁히고 인간의 사실성에 충분히 주목하지 않았다고 주장한다.⁵³ 파머가 표현하듯이, 이는 세계가 어떻게 인간 주체에 속하느냐는 문제일 뿐 아니라, 인간 주체가 어떻게 세계에 속하느냐는 문제이기도 하다.⁵⁴ 따라서 가다머의 말을 따르면, 해석자는 "(그의) 사전 판단을 인식하고 (그의) 전이해를 제어하려고 노력함"으로써 "순진한 객관주의"를 피해야 한다.⁵⁵

우리는 이미 마르틴 하이데거가 해석학적 순환 원리와 관련하여 정립한 내용과 그가 "앞서 가짐", "앞서 봄", "앞서 파악함"(Vorhabe, Vorsicht, und Vorgriff)에 관하여 한 말을 논했다.⁵⁶ 가다머는 이 문제와 관련한 이런 내용을 받아들

---

51 *Gesammelte Schriften* I, pp. xviii and 217에서 인용.
52 H.-G. Gadamer, *T.M.*, p. 223.
53 *Ibid.*, p. 231.
54 R. E. Palmer, *Hermeneutics*, p. 180.
55 H.-G. Gadamer, "On the Scope and Function of Hermeneutical Reflection" in *Continuum* VIII (1970), p. 85; 참고. pp. 77-95; 가다머의 *Kleine Schriften* (4 vols.; Mohr, Tübingen, 1967, 1972, and 1977) I, pp. 113-130에서 번역함, 그리고 *P.H.*, pp. 18-43.
56 참고. M. Heidegger, *B.T.*, pp. 188-195 (32항).

이긴 하지만, 주제 자체가 전이해를 바로잡고 고치기를 권한다는 점을 하이데거보다 더 굳게 강조한다. "해석은 앞서 파악한 개념들에서 시작하며, 이 개념들은 더 적합한 개념들이 대체한다." "이 앞서 그려 놓은 윤곽(Vorentwurf)은…나타나는 것에 비추어 늘 고쳐진다(revidiert)."[57] 진정 우리는 우리 자신이 "앞서 정립해 놓은 의미들"의 "마법을 풀고", 우리의 사전 예상에 완벽히 들어맞는 텍스트 이해를 피해야 한다. 여기에 가다머가 남긴 가장 중요한 통찰 중 하나가 있다. 전제 없는 해석은 없지만, 그래도 텍스트는 새로운 것을 말할 수 있어야 한다. 해석이 단순히 해석자 자신의 사전 판단이 없음을 반영하는 것으로 끝나서는 안 된다.

43. 전통과 인간의 역사 속 유한성에 비춰 본 해석학의 과업

가다머는 해석자가 이런 종류의 이해를 얻으려면 두 가지가 필요함을 올바로 주장한다. 첫째, 해석자는 늘 텍스트의 의미에 **열려** 있어야 한다. 이런 개방성은 자신의 전이해를 고치고 바로잡으려는 의지에서 일부 드러난다. 중요한 진술을 하며 가다머는 이렇게 단언한다. "**해석학으로 훈련된 의식은 처음부터 텍스트의 다른 면에도 민감해야 한다**."[58] 둘째, 해석자는 자신이 텍스트에 가져가는 사전 판단이나 전이해의 본질을 **인식**하려고 노력해야 한다. 그는 분명 '예상하는 생각'을 갖고 텍스트에 다가갈 수밖에 없다. 그러나 이런 생각을 텍스트 자체에 비춰 평가하고자 의식하는 것도 해석학 과업 중 일부분이다. 다시 말하지만, 이런 평가는 결코 단번에 끝나는 명확한 행위가 아니다. 이런 행위는 마치 해석자가 자신의 전이해와 그 이후에 일어나는 자신의 텍스트 이해를 완전히 분리할 수 있다고 보는 것이다. 하지만 이런 평가는 해석자가

---

[57] H.-G. Gadamer, *T.M.*, p. 236; *W.M.*, p. 251.
[58] *Ibid.*, p. 238. 티슬턴 강조.

시작해야 할 과정의 일부이긴 하다.

오늘날 "선입견"이나 "사전 판단"(der Begriff des Vorurteils)이라는 말은 계몽주의의 영향으로 인해 대중에게 좋지 않은 의미로 사용되지만, 가다머는 이 말이 좋지 않은 의미를 갖게 하면 안 된다고 주장한다. 이러한 말은 문제가 된 판단이 **임시** 혹은 **잠정** 판단이라는 본질을 가졌다는 점에만 주목케 할 뿐이다. "사실 선입견은 사정을 결정하는 모든 요소를 마지막으로 검토하기 전에 내리는 판단을 뜻한다."[59] 독일 법률 용어에서는 이 말이 최종 판결에 이르기 전에 법원에서 내리는 잠정 판단을 가리킨다. 어떤 경우라도 의심이 가는 것은 아무것도 받아들일 수 없다는 생각을 데카르트에게서 빌려 와 이를 모토로 이 용어의 순전히 좋지 않은 측면만을 이 용어를 규정하는 측면으로 못 박은 것은 오직 계몽주의 시대의 합리론뿐이었다. 이와 달리, 가다머는 의식에서 나온 인식 행위보다 사전 판단이 해석학에 더 광범위한 영향을 미치며 근본이 된다고 주장한다. 그는 이렇게 썼다. "개인의 자의식은 역사 속 삶이라는 폐쇄 회로 안에서 깜박거리는 것에 불과하다. 따라서 개인의 선입견(die Vorurteile)이 그의 판단(seine Urteile)보다 그의 존재의 역사 속 실재(die geschichtliche Wirklichkeit seines Seins)를 훨씬 더 많이 이룬다."[60]

선입견 혹은 사전 판단은 전통을 통해 개인에게 영향을 미치며, 종종 그 개인이 어떤 가치나 태도, 제도를 권위 있는 것으로 받아들일 때도 그에게 영향을 미친다. 가다머는 모든 전통과 권위를 단순히 전통이나 권위라는 이유만으로 의심하는 계몽주의의 견해를 거부한다. 그는 권위를 받아들이는 것이 꼭 눈먼 복종이나 합리성 없는 복종은 아니라고 주장한다. 그런 복종도 철저히 합리적인 통찰, 말하자면 나 자신도 역사 속 특정 세대에 속한 개인으로서 타고난 한계를 갖고 있기에 무언가를 나보다 더 잘 이해한 어떤 자료에서 배울 필요가 있다고 느끼는 통찰에 근거한 것일 수 있다. 가다머는 전통과 역사

---

[59] *Ibid.*, p. 240; *W.M.*, p. 255.
[60] *T.M.*, p. 245; *W.M.*, p. 261.

지식을 분명하게 갈라놓고 대립시키는 일을 거부해야 한다고 결론짓는다. 그는 이 점을 '고전'이나 '고전' 문헌과 '고전' 문화가 하는 역할을 예로 들어 설명한다. '고전'이라는 말 자체는 과거에서 내려온 무언가가 현재도 타당한 어떤 모델이나 규범을 여전히 제공할 수 있다는 생각을 전달한다.

그렇다면 해석학에서는 전통도 사전 판단과 마찬가지로 좋지 않은 요소가 아니다. 가다머는 이렇게 딱 잘라 말한다. "이해 자체는 주관성의 행위가 아니라, 자신을 과거와 현재가 끊임없이 융합하는 어떤 전통 과정 속에 두는 것(als Einrücken in ein Überlieferungsgeschehen)이라고 생각해야 한다. 이것이 해석학 이론에서 나타나야 하는 것이다."[61] 전통은 사유의 대상인 생각과 대립하지 않고, 도리어 우리가 생각할 때 그 안에 있는 지평이다. 파머의 은유를 빌리면, 마치 물고기가 물에 잠겨 있듯이, 우리도 우리에겐 투명하여 보이지 않는 우리 전통이라는 매개체에 잠겨 있다.[62]

가다머가 보기에 이것이 낳은 결과는 이렇다. "모든 시대는 전해 받은 텍스트를 그 나름대로 이해해야 한다. 그 텍스트는 그 시대가 바로 그 안에서…자신을 이해하려고 애쓰는 전체 전통의 일부이기 때문이다."[63] 말하자면, 우리는 현재를 떠나 과거 속으로 되돌아가 텍스트를 **오로지** 과거의 관점에서만 바라볼 수 없다. 현재에 다다른 전통 속에 자리한 우리의 위치가 텍스트가 우리에게 말하는 바로 그 의미를 일부 만들어 낸다. 그렇다고 이것이 전통이 아무 비판 없이 흡수된다는 의미는 아니다. 우리는 이미 텍스트 이해에 유익한 사전 판단과 무익한 사전 판단을 구분하려면 "해석학으로 훈련된 의식"이 필요함을 보았다.

가다머는 이 지점에서 시간 거리(Zeitenabstand)라는 개념을 활용한다. 시간 거리는 많은 사상가들이 생각하는 것처럼 단순히 해석학에서 극복해야

---

61 *T.M.*, p. 258; *W.M.*, pp. 274-275.
62 R. E. Palmer, *Hermeneutics*, p. 177; 참고. p. 183.
63 H.-G. Gadamer, *T.M.*, p. 263.

할 장애물이나 난관이 아니다. 가다머는 이 개념이 해석자가 유익한 사전 판단과 무익한 사전 판단을 구분하게 도와준다는 점에서 좋은 가치를 갖고 있다고 본다. 시간 거리는 "여과 역할을 한다.…시간 거리는 특수하고 제한된 본질을 가진 선입견이 죽어 사라지게 하면서도, 동시에 그 선입견 자체가 참된 이해를 이끌어 내는 것으로서 나타나게 한다. 시간 거리만이 해석학에서 정말 중요한 문제, 곧 우리가 이해할 때 근거로 삼는 참된 선입견과 우리가 오해하게 만드는 그릇된 선입견을 구분하는 문제를 해결할 수 있다. 따라서 해석학으로 훈련된 의식은…또 다른 의미인 전통이 확연히 드러나 효력을 갖게끔 우리의 이해를 이끄는 선입견을 알게 할 것이다."[64] [7]

이것은 신약성경 해석학에 몇몇 중요한 문제를 일으킨다. 그중에서 가장 절박한 문제는 이것이 주해와 조직신학의 관계, 성경 해석의 역사까지 모두 아우르는 근본 쟁점을 일으킨다는 점일 것이다. 조직신학은 지금까지 그리스도인 공동체가 전통 속에 자리한 자신의 현재 위치를 정당하게 평가하면서 무익함이 드러난 그릇된 사전 판단은 버리려는 성경 본문 해석에 이르고자 분투해 왔던 기나긴 전통의 성장을 마무리하는 과정을 대변한다고 말할 수 있다. 이 문제는 적절한 때에 더 자세히 탐구해 보겠다. 가다머는 그가 앞서 강조한 점으로 우리가 예술과 관련하여 살펴봤던 내용, 곧 "한 텍스트가 말하려는 의미는 가끔이 아니라 언제나 저자를 넘어선다"는 점을 되풀이함으로써 이 문제를 훨씬 더 예리하게 파고든다.[65] 우리는 이미 이 쟁점이 암시하는 바를 몇 가지 제시했다.

가다머는 전통과 시간 거리가 미친 이런 영향들을 "영향사"(작용사, Wirkungsgeschichte)의 원리, 또는 역사가 이해 과정 자체에 실제로 미치는 작용으로 묘사한다. 그는 해석이 영향사의 영향을 벗어나지 못한다고 주장한다. 이것이 바로 순진한 역사 객관주의가 못보고 지나치는 것이다. 가다머는 담

---

64 *Ibid.*, p. 266.
65 *Ibid.*, p. 264.

담히 이렇게 말한다. "영향사의 힘은 사람들이 그것을 인식하느냐에 구애받지 않는다."[66] 가다머는 이와 관련하여 사회학에서 말하는 객관주의와 객관성에 관한 문제로 논의를 시작한다. 사회학과 관련된 상황을 묘사하는 데 통계를 사용하는 것이 꼭 "객관적"인가, 또는 전통과 역사 속에 자리한 사회학자 자신의 위치가 그가 이런 통계를 구조로 정립하고 활용하는 것을 어느 정도 좌지우지하지 않는가? 여기서 그는 J. 하버마스(Habermas)와 분명히 대화를 나누기 시작한다.[67]

가다머는 『진리와 방법』에서 이 원리를 그의 놀라운 비유인 지평 융합과 관련지어 설명한다. 몰트만과 판넨베르크 모두 이 비유를 원용했다.[68] 우리는 전통이 해석자와 대립하는 것이 아니라 해석자의 의미 지평을 구성하는 것이라고 말했다. 가다머는 이제 이 지평이 닫히거나 고정되어 있지 않고 해석자 자신이 움직임에 따라 함께 움직인다고 지적한다. "오히려 지평은, 우리가 그 안으로 들어가는 어떤 것이며 우리와 함께 움직이는 것이다. 지평은 움직이는 사람에 따라 바뀐다. 따라서 전통이라는 형태로 존재하는…과거의 지평은 언제나 움직인다."[69] 가다머는 우리가 우리와 함께 가져오는 사전 판단이 해석학적 상황을 결정하며, 이 상황이 "특수한 현재의 지평"을 구성한다고 주장한다. 과거와 현재의, 또는 텍스트와 해석자의 지평 융합(Horizontverschmelzung)이 일어날 때 진정한 이해가 발생한다.

하지만 가다머는 조심스럽게 하나의 경고를 덧붙인다. 이해가 비판적 거리와 긴장까지 통째로 집어삼키는 융합을 동반하지는 않는다. 그는 한 가지 중요한 내용을 설명하며 이렇게 말한다. "역사의식 속에서 일어나는 전통과의

---

[66] *Ibid.*, p. 268.
[67] H.-G. Gadamer, "On the Scope and Function of Hermeneutical Reflection" in *Continuum* VIII (1970), p. 85. 참고. *T.M.*, pp. 495-496.
[68] W. Pannenberg, "Hermeneutics and Universal History" in *B.Q.T.* I, pp. 117-134; 참고. pp. 96-136; 그리고 J. Moltmann, *Theology of Hope* (Eng. S.C.M., London, 1967), p. 106. 『희망의 신학』 (대한기독교서회).
[69] H.-G. Gadamer, *T.M.*, p. 271.

모든 만남에는 텍스트와 현재 사이의 긴장을 경험하는 일이 따른다. 해석학의 과업은 순진하게 동화를 시도하여 이 긴장을 감추는 것이 아니라, 일부러 이 긴장을 드러내는 것이다."[70] 다시 말하지만, 이것은 우리가 주해 및 조직신학과 관련하여 제기했던 문제와 관련이 있다. 텍스트의 주제를 현재 이미 존재하는 신학 전통의 지평 속에 그냥 동화시켜서는 안 된다.

아울러 가다머는 적용(Anwendung)이 어떤 텍스트를 이해하는 경험 전체에 필수불가결하다고 주장한다. 그는 이 원리를 법 해석학의 영역을 예로 들어 설명한다. 법의 영역에서 이해는 해석학의 예외 문제가 아니며, 과거에서 내려온 어떤 텍스트를 이해한다는 것이 무슨 의미인지 일러 주는 패러다임 사례를 제공한다. 법률가는 당면한 법률 사건을 해결하고자 어떤 법률이나 법률 텍스트의 의미를 이해하고 해석한다. 그러나 가다머는 베티와 의견을 달리하여, 법사학자의 상황은 완전히 다르다고 주장한다. 법을 "이해한다는 것"은 법이 어떻게 "언제나, 모든 특별한 상황에서, 새롭고 다른 방식으로" 적용되는지 간파하는 일을 동반한다. "여기서 이해는 늘 적용이다."[71]

가다머는 이 지점에서 하이데거가 이론의 중립성과 초연함을 주장한 객관주의를 논박한 것을 원용한다. 이해는 인간이 자기 앞에 있는 자료를 수동적 대상으로 삼아 면밀히 조사하는 이론적 행위가 아니다. 실제로 가다머는 법 해석학과 신학 해석학에서 해석자가 텍스트를 지배하는 것을 목표로 삼지 않고 도리어 법의 의지나 하나님의 의지에 복종하는 것을 목표로 삼는다는 점을 지적한다. 가다머도 인정하는 둘의 큰 차이점을 하나 든다면, 법관의 판결은 실제로 법을 보충할 수 있지만 "구원의 복음은 그것을 설교로 선포한 내용에서 새로운 내용을 얻지 않는다"는 점일 것이다.[72] 그렇지만 성경을 이해한다는 말에는 "그 의미의 과학적 혹은 학문적 탐구"를 넘어 분명 더 많은 의미

---

[70] *Ibid.*, p. 273.
[71] *Ibid.*, p. 275; 참고. pp. 290-305.
[72] *Ibid.*, p. 295.

가 들어 있다. 가다머는 여기서 구약성경 해석이라는 골치 아픈 문제를 거론한다. 구약성경은 분명 '유대교' 방식으로도 '기독교' 방식으로도 이해할 수 있다. 그러나 이것은 해석자가 단순히 그 본문에서 자신이 그 안에 집어넣은 것을 읽어 낸다는 의미가 아니다. "법률가는 물론 신학자도 적용 작업을 텍스트를 마음대로 주무르는 것이라 여기지 않는다."[73] 가다머는 비트겐슈타인을 떠올려 주는 방법을 사용하여 우리가 어떤 명령을 '이해하는' 상황을 비교한다. "명령을 이해한다는 것은 그 명령을 그와 관련된 특정한 상황에 적용한다는 뜻이다."[74] 이와 비슷하게, 그는 지성인의 읽기와 관련이 있는 이해에도 적용이 따른다고 주장한다. 우리는 비트겐슈타인이 이해를 "이제 나는 계속할 수 있다"라는 말로 설명한 것과 읽기를 '상황'에 관한 것으로 설명한 것을 비교해 볼 수 있다.[75]

가다머는 역사 속 유한성이라는 사실 옆에 그가 질문의 해석학적 우선성이라 부르는 것을 놓아둠으로써 『진리와 방법』의 두 번째 주요 부분을 마무리한다. 질문은 주어진 주제를 특정한 시각이나 지평 속에 놓아둔다. 더구나 질문과 대답이 오고 가는 과정에서 신선한 통찰이 '떠오른다'고 말할 수 있다. 그런 통찰은 단순히 한 개인의 의식 속에서 일어나는 성찰의 산물에 그치지 않고, 전체 탐구 과정에서 '등장한다.' 플라톤이 말하는 소크라테스에 따르면, 변증법은 "공통 의미에서 만들어 낸 개념을 형성하는 기술이다.…묻고 답하는 과정이…해석학의 과업인…의미 소통을 수행한다."[76] 이 점은 개념 형성을 다룬 비트겐슈타인의 작업과 관련하여 다시 다룰 것이다.

R. G. 콜링우드는 질문과 대답의 논리를 살펴본 자신의 작업을 통해 가다머의 동의를 얻었다. 콜링우드는 영국의 대학들이, 가다머의 말처럼, 이해의 한 부분인 역사성을 고려하지 않고 '진술'에만 사로잡혀 있다고 비판했다. 콜링우

---

[73] *Ibid.*, p. 297.
[74] *Ibid.*, p. 298; 참고. L. Wittgenstein, *P.I.*, sects. 139-155.
[75] L. Wittgenstein, *P.I.*, sects. 151 and 166; 참고. H.-G. Gadamer, *T.M.*, p. 304.
[76] H.-G. Gadamer, *T.M.*, p. 331.

드는 우리가 어떤 텍스트를 이해할 수 있으려면 오로지 먼저 그 텍스트가 곧 대답인 질문을 이해해야 한다고 주장했다. 콜링우드는 이렇게 썼다. 진리는 "어떤 단일 명제나 심지어…이런 명제들을 한데 모아 놓은 복합체가 아니라 질문과 대답의 복합체에" 속한다.[77] 가다머가 조금 더 뒤에 책을 썼다면, F. 바이스만이 "질문의 논리에 관하여"라는 제목을 붙인 장에서 제시한 작업을 참조할 수도 있었을 것이다. 바이스만은 이렇게 썼다. "질문은 정신(mind)이 새 지평으로 이어지는 여정에서 처음 내딛는 모색 단계다.…질문은 우리를 전통적 견해라는 장벽 너머로 계속 이끌어 간다. 질문은 또한 우리를 유혹하며, 우리를 엉뚱한 길로 이끌기도 한다."[78] 콜링우드와 바이스만, 가다머는 모두 소크라테스의 방법을 가리킨다.

결국 가다머는 불트만이 강조한 원리, 곧 우리의 텍스트 이해는 우리가 그 텍스트에 어떤 질문을 하느냐와 관련 있다는 원리를 인정한다. "생각하는 사람은 자신에게 질문을 던져야 한다."[79] 하지만 가다머는 우리 자신이 제시하는 질문이 텍스트 원저자의 질문과 꼭 일치하지는 않기 때문에 텍스트를 이해하는 과정이 단순히 재생산에 그치지 않고 창조 과정이 된다는 것을 보여 주려고 애쓴다. 다시 말하지만, 이런 이해는 영향사의 문제이며, 따라서 그 자체가 진정한 창조 사건이다.

44. 가다머가 말하는 해석학과 언어

가다머의 언어관은 앞서 이 책 17항에서 사유와 언어의 관계 및 이 관계와

---

[77] R. G. Collingwood, *An Autobiography*, p. 37; 참고. *The Idea of History*, pp. 269-274 and 278-282.
[78] F. Waismann, *The Principles of Linguistic Philosophy* (Macmillan, London, 1965), p. 405; 참고. pp. 387-417.
[79] H.-G. Gadamer, *T.M.*, p. 338.

해석학의 관계를 논한 내용을 배경 삼아 살펴봐야 한다. 우리는 거기서 훔볼트와 카시러의 전통을 고찰했으며, 한편으로는 워프가 가장 극단의 형태로 표현한 접근법에서, 다른 한편으로는 소쉬르 이후의 일반 언어학 연구에서 제시한, 유익하면서도 서로 아주 다른 통찰들을 비교했다.

가다머는 이해와 언어를 서로 뗄 수 없다고 주장한다. 게르하르트 에벨링의 말을 빌리면, 해석학은 언어를 이해하는 문제라기보다 언어를 **통해** 이해하는 문제다.[80] 가다머의 말로 표현하면, 우리가 끄집어낸 뒤에 이해해야 하는 기성 개념들이 들어 있는 "언어 창고"가 이미 존재하는 게 아니다. 오히려 "언어는 그 안에서 이해 자체가 이루어지는 보편적 매개체(Medium)다.…모든 해석은 대상을 말로 옮기게 해 주는 언어라는 매개체 안에서 일어나지만, 동시에 모든 해석은 해석자 자신의 언어다."[81][8] 가다머는 이 때문에 해석학이 사유와 언어, 또는 사고와 말의 관계를 다룬다고 덧붙여 말한다.

가다머는 앞서 자신이 해석자의 현재 지평에 관하여 말한 것을 이제 언어와 관련지어 표현한다. 해석자는 자신이 **이해하는** 것이 무엇이든 **그의** 언어라는 매개체로 말할 수밖에 없다. 물론 여기서 이 주제를 외국어를 이해하는 문제쯤으로 축소해서는 안 된다. 여기에서는 '언어'를 더 넓은 의미인, 개념 형성을 좌우하는 언어 습관 및 언어 세계라는 의미로 사용한다. 하지만 가다머는 언어의 번역 문제를 다룰 때도 해석자가 자신이 가진 개념을 제쳐 놓고 오로지 자신이 이해하려고 하는 시대의 개념만으로 생각할 수 있다고 상상하는 것은 순진하다고 주장한다. 이해가 해석자 자신의 개념을 통해 일어나지 않는다면 이해는 불가능하다. 해석학에서 말하는 번역은 "오직 번역자 자신이 가진 개념과 관련이 있을 때만 의미가 있다. 역사의식이 자신의 본질을 이해하려 하면서 이해를 홀로 가능하게 하는 것을 배제하려 한다면 그 본질을 이해하지 못한다.…다른 이에게 도달하는 언어를 말하지 않는 텍스트와 책은 없다."[82]

---

80 G. Ebeling, *W.F.*, p. 318.
81 H.-G. Gadamer, *T.M.*, p. 350.

비트겐슈타인은 물론 심지어 길버트 라일과 마찬가지로, 가다머는 사고가 언어를 말하는 일과 함께 작동하지만 그와 별개이면서 똑같은 모양을 가진 그림자 과정은 아니라고 강조한다. 그는 이렇게 말한다. "언어와 사유의 긴밀한 일치가 언어학이 출발하는 전제다."[83] 이와 비트겐슈타인이 한 말을 비교해 볼 수 있다. "사고는 말에 생명과 의미를 부여하고 말과 떼어 놓을 수도 있는 형체 없는 과정이 아니다."[84] 하지만 이것이 비트겐슈타인과 가다머가 T. 보만은 대변하고 제임스 바는 비판했던 오류, 곧 사유는 문법과 어휘론의 사건들이 결정한다는 오류에 빠졌다는 의미는 아니다. 가다머는 이 문제에 커다란 중요성을 가지는 말에서 이렇게 주장한다. "모든 언어가 한 세계관을 표현한다면, 이는 무엇보다 이 언어가 (고언어학자들이 바라보는 것처럼) 어떤 특별한 유형의 언어이기 때문이 아니라, 이 언어로 말하고 전해지는 것 때문이다."[85]

언어에서 관습이 하는 역할에 관한 가다머의 논의는 아주 정교하여 자칫하면 쉬이 오해할 수도 있다. 그가 플라톤의 『크라튈로스』를 꼼꼼히 논한 내용을 보면, 그가 관습주의자와 자연주의자의 언어관을 똑같이 단호하게 거부하는 것처럼 보일지도 모른다. 만일 그렇게 본다면, 이는 그를 언어학의 일반 결론과 갈등을 빚는 이로 만드는 셈이 될 것이다. 하지만 가다머는 언어가 전통으로 전해 내려왔기 때문에 이 언어를 단지 형식상의 동의를 얻어 제멋대로 바꿀 수는 없다고 말할 뿐이다. 그는 언어 습관의 역할이 아주 중요함을 올바로 강조한다. 따라서 한 무리 어린이들이 그들끼리만 통하는 특별한 언어를 갖게 된다면, "이는 그들이 제멋대로 그 언어에 동의했기 때문이 아니라, 그들 사이에서 그런 언어 습관이 자라났기 때문이다. 공통 세계는—설령 그것이 만들어 낸 것일지라도—늘 언어의 전제다."[86] 이는 우리가 이 주제와 관련하여

---

82 *Ibid.*, p. 358.
83 *Ibid.*, p. 364.
84 L. Wittgenstein, *P.I.*, sect. 339.
85 H.-G. Gadamer, *T.M.*, pp. 399-400.
86 *Ibid.*, p. 367.

앞서 17항에서 내렸던 결론과 결코 충돌하지 않으며, 비트겐슈타인이 그의 언어 게임 개념으로 말하는 것을 일러 주기까지 한다.

오로지 완전한 인위 언어 또는 수학 기호 언어라는 수단을 통해서만 언어 전통이 역사 속에서 갖고 있는 여러 우연성을 넘어설 수 있을 것이다. 이처럼 언어, 그리고 사유가 가진 여러 가능성은 아주 긴밀하게 결합해 있어서 "존재 가능성들로 이루어진, 사전에 주어진 체계"로서 추상성을 지닌 어떤 체계가 있다고 생각할 수가 없다. "단어는 인식 행위가 완결된 뒤에야 형성되는 게 아니라…인식 행위 자체다."[87] 따라서 언어의 발전 과정은 개념 형성(Begriffsbildung) 과정과 나란히 이루어진다. 가다머는 언어가 오로지 과학의 개념 형성과 연관을 맺게 되면 단순한 도구 기호로 전락할 수 있으며 사유를 위한 언어의 창조적 의미를 간과할 수 있다고 주장한다.

가다머는 플라톤과 아리스토텔레스뿐 아니라 빌헬름 폰 훔볼트가 주장하는 언어관에도 주목한다. 가다머는 훔볼트가 해석학에서 차지하는 중요성을 훔볼트가 언어와 세계관의 관계를 인정한 점에서 찾는다. "언어는 그저 세상 속에 존재하는 인간에게 속한 소유물 중 하나에 그치지 않고, 도리어 인간이 세계를 가진다는 것 자체가 언어에 근거하며 이 언어 안에서 나타난다."[88][9] 그러나 가다머는 전통에서 어떤 언어 습관을 물려받는 것이 꼭 인간을 어떤 주어진 언어 세계 안에 가두지는 않는다고 인식한다. 인간이 언어를 활용한다는 사실 자체가 그에게 그 세계의 압력에서 벗어나는 자유를 가져다줄 수도 있다. 앞으로 보겠지만, 이것이 에른스트 푹스의 해석 안에 있는 근본 원리다.

아울러 가다머는 언어 전통 및 이 언어 전통과 인간의 유한성의 관계가 지닌 의미를 과소평가하길 거부한다. 첫째, 언어 전통은 주어진 언어 공동체 안에서 무엇이 중요한지 강조해 준다. 따라서 이는 하이데거가 '세계'를 눈앞에 있는 것이라는 점에서 단순히 객관주의 관점으로 이해하길 거부했던 것

---

[87] Ibid., pp. 377 and 383.
[88] Ibid., p. 401.

에 힘을 실어 준다. 언어 세계는 개인의 인식과 이론상 거리 두기(theoretical distancing)에 앞서는 태도나 사전 판단을 동반한다. 둘째, 언어는 "유한한(der Endlichkeit) 발자취"다. 늘 만들어지고 발전해 가기 때문이다.[89] 가다머도 비트겐슈타인처럼, 인간이 살고 자라가며 변하듯이 언어 역시 살고 자라가며 변한다고 강조한다. 셋째, "모든 단어는 그것이 속해 있는 언어 전체가 울려 퍼지게 한다."[90] 인간의 언어 사용은 그가 자신과 세계 전체를 어떻게 이해하는가와 떼어 놓을 수 없으며, 이 이해는 다시 그가 자리한 전통과 관련이 있다.

해석학과 언어의 관계에 관한 가다머의 작업은 그가 언어와 그 주제의 존재론적 본질에 관하여 내린 결론에서 절정에 이른다. 해석자는 단순히 어떤 전통을 통해 그에게 다다른 낱말들을 어떤 식으로든 '통제'하는 데 그치지 않는다. 강조점은 해석자 혹은 해석자가 전통을 고찰하는 '방법'에 있지 않고, 언어가 어떤 내용을 전달하면 해석자가 이어 자신의 언어라는 매개체를 통해 그 내용을 이해할 때 새로운 주제가 존재하게 된다는 점에 있다. 이전에 공동체에서 쓰던 언어와 이전에 해석자가 가졌던 의식을 초월하는 무언가가 '나타나지만'(herauskommt), 그 무언가는 그들의 상호 작용에서 생긴다.

가다머는 이런 시각의 뿌리를 우선 헤겔에서 찾고, 뒤이어 결국에는 소크라테스와 플라톤의 변증법에서 찾는다. 플라톤은 질문과 대답의 변증법을 통해 거짓인 것이 어떻게 거짓으로 밝혀지고 참인 것이 어떻게 '드러나는지' 보여 주길 좋아했다. 하지만 가다머는 헤겔이 의사소통인 언어를 진술(Aussage)이라는 한정된 용도에 종속시켰다고 비판한다. 질문과 대답은 계속 이어지는 과정으로서 "말하지 않은 무한성"을 끄집어낸다. 그러나 "진술에서는 본디 말해야 할 의미의 지평이 방법론의 정확성 때문에 감춰진다. 남는 것은 진술된 것의 '순수한' 의미다. 그것이 기록에 남는다. 그러나 그것은 진술된 것(das Ausgesagte)으로 축소된 의미로서 늘 왜곡된 의미(ein entstellter Sinn)일 뿐이다."[91] 우리는 가

---

89 *Ibid.*, p. 415 (German, p. 433).
90 *Ibid.*, pp. 415-416.

다머가 이 지점에서 다양한 진술이 수행할 수 있는 논리 기능의 범위를 낮게 평가하는 바람에 잘못된 길로 빠졌다고 생각한다. 우리는 이 점을 다른 곳에서 주장했으며, 볼프하르트 판넨베르크도 가다머가 이 특별한 쟁점과 관련하여 내린 결론에 이의를 제기한다.[92] 하지만 가다머의 견해와 비슷한 표현을 하이데거, 푹스, 에벨링에게서도 찾아볼 수 있다.

가다머는 여태까지 말한 모든 내용을 기초로 삼아 이제 자신이 보편 해석학에 이르렀다고 주장한다. "우리는 이제 인간과 세계의 일반 관계와 관련이 있는 보편 해석학에 이르렀다.…우리의 해석학 탐구가 존재론상 방향 전환을 하면서, 우리도 어떤 형이상학 개념으로 나아가고 있다."[93] 진리는 '방법이라는 도구'로 나타나지 않고, 언어 전통이 역사 속의 유한한 존재인 질문자를 만나 **질문자의** 언어로 말을 건네는 변증법적 질문 과정을 통해 나타난다. 이 만남에서 생기는 이해는 후기 하이데거가 말하듯 "언어가 말하는" 사건이다. 따라서 해석학은, 에벨링의 말을 빌리면, 새로운 말하기 **수단**을 발견하는 문제가 아니라 말을 향해 새롭게 **다가가는 것**이다.[94] 가다머는 해석학이 "사물 자체가 언어에 다가가는 것"(das Zur-sprache-kommen der Sache Selbst)과 관련이 있다고 본다.[95]

가다머의 언어관이라는 주제를 매듭짓는 결론으로 그의 작업과 루돌프 불트만의 작업이 어떻게 관련이 있는지 짚어 봐도 괜찮겠다. 한편으로, 가다머는 해석자가 텍스트에 질문하는 방법과 해석자 자신의 전제나 사전 판단의 중요성을 확증한다. 전제 없는 주해 같은 것은 있을 수 없다. 그러나 가다머는 두 가지 주요 문제에서 불트만과 의견을 달리한다. 첫째, 언어는 단순히 사유

---

91 *Ibid.*, p. 426 (German, p. 444).
92 A. C. Thiselton, "The Parables as Language-Event" in *S.J.T.* XXIII, p. 443; 그리고 W. Pannenberg, *B.Q.T.* I, pp. 124-128.
93 H.-G. Gadamer, *T.M.*, pp. 433 and 434.
94 G. Ebeling, *The Nature of Faith*, p. 16.
95 H.-G. Gadamer, *T.M.*, p. 341 (German, p. 360).

의 겉옷에 그치지 않는다. 따라서 화자가 '말하려는' 의미는 아무래도 그 의미를 담고 있는 언어 표현과는 별개다. 사유와 언어는 서로 긴밀하게 결합해 있다. 둘째, 해석학의 쟁점은 해석자 자신의 자기 이해가 아니라 언어 자체의 주제다. 언어로 표현한 진리는 단순히 해석자의 현재 상황과 해석자 자신의 주관성에 관한 진리에 그치는 것도, 무엇보다 우선 그런 진리를 의미하는 것도 아니다. 그 진리는 과거에서 내려온 내용, 곧 전통이 전해 준 내용을 전달한다. 내용 이해는 두말할 것도 없이 해석자와 해석자 자신의 현재가 적극 관여하는 창조 과정이다. 그러나 언어를 통해 전달된 진리도 해석자 자신 못지않게 전해 내려온 주제에 관심을 갖는다.

45. 가다머의 작업이 시사하는 몇 가지 의미: 융합과 거리의 문제인 주해와 신학의 관계

가다머 철학이 신약성경 해석학에서 차지하는 중요성은 적어도 두 가지로 나타난다. 첫째, 우리는 이미 그의 철학이 주해와 신학의 관계에 관한 질문들과 관련이 있다고 주장했다. 이번 항에서는 이 문제를 논해 보겠다. 둘째, 그의 철학은 새 해석학 및 비유 해석과 밀접한 연관이 있다. 이는 다음 장에서 고찰해 보겠다.

하지만 우선 우리는 가다머의 작업을 독립된 존재론이라 변호하는 데는 관심이 없음을 밝혀 둘 수 있다. 후기 하이데거의 지나친 비관론과 반대로 가다머는 그릇된 것을 걸러 내고 오직 참인 것만을 남겨 두는 일을 하기에는 언어와 전통, 시간 거리가 가진 능력을 너무 낙관한다고 말해도 타당할 것이다. 가다머 자신도 개인의 책임이 진리와 관련하여 맡고 있는 역할을 무시하여 결국 하이데거의 경우처럼 책임을 그저 반응으로 바꿔 버리면 안 된다는 것을 인정한다. 가다머는 자신의 철학에 이런 위험이 있음을 인정하면서도, (인간의 주관성은 아니더라도) 인간 공동체를 자신의 출발점으로 삼음으로써 이에 적절히 대처했다고 생각한다. 이런 견해는 특히 그가 슐라이어마허를 다룬 강연 말미에 있었던 그의 세미나에서 나타난다.[96]

이번 장 앞부분에서는 조직신학을 그리스도인 공동체가 여태까지 성경 본문을 이해하려고 노력해 온 전통 과정의 마지막 과정이라 말할 수 있을 것이라고 주장했다. 이런 주장은, 우리가 해석에는 적용이 꼭 따르기 마련이라는 가다머의 격언을 받아들이면 특히 더 타당성을 가진다. 우리는 텍스트를 역사와 현재의 지평에 비춰 이해한다. 하지만 가다머는 전통이 그저 수동적 퇴적물이 아니라 해석을 통해 텍스트에 참여하고 텍스트와 소통하는 능동적 과정이라고 말한다. 우리는 이 과정에서 무익한 사전 판단들을 (적어도 관념상으로나마) 내버리고, 유익한 사전 판단들을 계속 이어갈 전통의 일부로서 보존한다. 그러나 이는 두 가지 문제를 일으킨다. 첫째, 사전 판단들은 꼭 내버리는 것인가? 더 날카롭게 말하자면, 그럼 전통은 늘 옳은가? 둘째, 가다머는 한 텍스트의 의미가 늘 그 저자를 넘어선다고 주장한다. 그러나 한편으로 보면, E. D. 히르쉬의 주장처럼, 한 텍스트의 의미는 그저 본문을 주관적으로 이해로 들어가는 문을 열어놓지 않는가?[97] 다른 한편으로 보면, 그것은 예컨대 설교 때 "구원의 복음은 새로운 내용을 얻지 않는다"[98]라는 가다머 자신의 인식과 어떻게 연결될까?

얼핏 보면 이 질문들은 주해가가 본문을 해석할 때 이전의 신학 전통을 참고하지 말고 해석해야 한다고 주장하는 것 같다. 말하자면, 주해가는 본문 자체만을 고려하면서 본문에 다가가야 한다는 말이다. 그러나 가다머 해석학의 전체 요점은 이런 접근법이 불가능하며 가다머가 순진한 객관주의의 견해로 보는 것을 대변할 뿐임을 보여 주는 것이다. 근래 제프리 터너(Geoffrey

---

[96] H.-G. Gadamer, "The Problem of Language in Schleiermacher's Hermeneutic" in *J.T.C.* VII (1970), p. 92; 참고. pp. 68-95.
[97] E. D. Hirsch, "Gadamer's Theory of Interpretation" in *Validity in Interpretation* (Yale University Press, New Haven, 1967), pp. 245-264 (rpt. from *R.M.*).
[98] H.-G. Gadamer, *T.M.*, p. 295.

Turner)가 전이해와 신약성경 해석을 다룬 논문에서는 다른 방향에서 이런 주장에 힘을 실어 준다.[99] 터너는 해석학적 순환 원리를 받아들이고 전이해 없는 주해는 불가능함을 인정하면서도, 이 전이해는 "주해가가 본문에 가져오는 개념 세계 전체를" 아우른다고 주장한다. 하지만 이런 개념들은 비단 인간 자신에 관한 실존적 질문뿐 아니라, "'역사', '계시', '부활', '종말론', '기적'"도 포함한다.[100] 터너는 이런 차원의 전이해가 예컨대 하르낙과 바르트의 주해에 얼마나 다른 영향을 미쳤는지 설명한다. 그는 특히 자신의 논문에서 역사에 관한 전이해에 관심을 보인다. 그러나 그의 작업이 강조하는 것으로 보이는 원리는 조직신학이란 것이 신학 가설들의 결합체 형태를 띠고 있기에 주해가의 전이해에 기여할 수밖에 없다는 것이다. 전이해는 단순히 신학과 무관한 '삶'의 태도나 경험 문제에 그치지 않는다.

그러나 우리가 성경 해석사를 살펴보면, 신학적 전이해가 설익고 아무 비판도 없는 본문 이해를 만들어 낸 경우가 허다했음을 볼 수 있다. 이런 이해에 따라 본문은 이미 주어진 신학 전통에서 요구하는 것만을 말할 수밖에 없었다. 중세 시대에는 이런 일이 만연했다. 베릴 스몰리(Beryl Smalley)는 특히 유대교 자료를 자신의 성경 해석에 원용했던 생 빅토르의 앤드루(Andrew of St. Victor)를 비롯하여 그런 원칙에도 예외가 있었음을 보여 준다.[101] 하지만 중세 해석가들은 대체로 "학문을…신비주의와 선전에 종속시켰다."[102] 당시의 일반 흐름은 신약성경을 해석하면서 신약성경이 다만 그 시대 교회의 전통을 도로 이야기하게끔 하는 것이었다. 가다머의 언어로 표현하면, 그런 해석은 말에 새로운 진리를 가져다줄 수 없었다. F. W. 파러(Farrar)가 더 오래전에 내놓은 연구서에서는 이 원리에 해당하는 몇몇 예를 제시한다. 그는 교황이 "성경

---

99 G. Turner, "Pre-understanding and New Testament Interpretation" in *S.J.T.* XXVIII (1975), pp. 227-242.
100 *Ibid.*, pp. 232 and 233.
101 B. Smalley, *The Study of the Bible in the Middle Ages* (Blackwell, Oxford, 1952), pp. 149-152.
102 *Ibid.*, p. 358.

을 지키는 문지기"(the doorkeeper of Scripture)였다고 주장한다.¹⁰³ "사람들이 등불을 켜서 말 아래에 두지 아니한다"(마 5:15)라는 말은 교황의 시성(諡聖, 성인으로 세우는 일)에 정당성을 부여하는 근거로 해석되었다. "[당신이] 만물을 그의 발아래 두셨나이다"(시 8:6)는 교황의 권위를 뒷받침하는 데 적용했다. "가라지는 거두어⋯불사른다"(마 13:30)는 말은 종교 재판의 여러 방법을 허가해 준다고 해석했다.¹⁰⁴

종교개혁자들은 이런 신학 배경과 역사 배경을 고려하여 성경을 해석할 때 새로운 객관성을 추구했다. 그러나 그것이 곧 신학에 반대하는 자세는 아니었다. 그 객관성은 T. F. 토렌스가 그의 책 『신학에 기초한 학문』(*Theological Science*)에서 서술한 것과 종류가 같은 객관성이다. 토렌스는 이렇게 썼다. "현대에는 공평무사한 진리를 강조한다는 것을 생각하면, 우리는 다시 한 번 종교개혁을 살펴봐야 한다.⋯하나님 말씀에 집중하는 일은⋯반성하는 자세로 모든 선입견과 전제를 기꺼이 재고해 보고 모든 전통 개념을 그 대상에 비춰 검증하는 태도를 가르쳐 주었다.⋯종교개혁이 현대 세계에 기여한 큰 업적 중 하나가 바로 이런 탁월한 객관성이다."¹⁰⁵ 객관성은 탐구 자체가 실제로 이끄는 쪽으로 가며 탐구 대상이 탐구 방법을 결정하게 하는 것도 포함한다.

종교개혁자들에게서 이 점을 예증해 줄 말을 찾기는 어렵지 않다. 장 칼뱅은 그의 갈라디아서 주석에서 이렇게 강조한다. 성경이 무한한 지혜를 담고 있지만, 그럴지라도 "나는 성경의 이런 풍성함이 누구라도 자기 마음대로 성경과 결합시킬 수 있는 다양한 의미 때문이라고 생각하지 않는다. 따라서 성경의 참된 의미는 소박하고 단순한 것임을(*verum sensum scripturae, qui germanus est et simplex*) 알아야 한다.⋯우리를 문자적 의미에서(*a literali sensu*) 멀어지도록 인도하는 거짓 주해는 죽음으로 인도하는 타락이라 여겨 담대하

---

103 F. W. Farrar, *History of Interpretation* (Dutton, New York, 1886; rpt. Baker, Grand Rapids, Mich., 1961), p. 296; 참고. pp. 245-303.
104 *Ibid.*, pp. 297-299.
105 T. F. Torrance, *Theological Science*, p. 75.

게 옆으로 치워 버리자."¹⁰⁶ 칼뱅은 로마서 주석 앞에 붙인 헌사에서도 같은 점을 강조한다.¹⁰⁷

아울러 종교개혁자들의 주석을 아주 확실하게 규정하는 특징은 사실 그들 자신의 지평과 본문의 지평 사이의 거리 혹은 긴장을 유지할 수 있었던 그들의 능력이 아니라, 바로 **종종 어떤 긴장도 덮어 버리는 지평 융합 현상**이다. 칼 바르트가 그의 『로마서 주석』 2판 서문에서 종교개혁자들의 작업을 칭송한 이유가 바로 이 지평 융합이다. 바르트는 윌리허와 리츠만(Lietzmann)보다 오히려 칼뱅을 지지한다. 그는 근래 주석가들이 주석을 만들지 않고 "단지 주석으로 나아가는 첫 걸음"만 떼고 있다고 불만을 토로한다.¹⁰⁸ 이와 달리, "본문 안에 있는 것을 처음으로 확증했던 칼뱅은 1세기와 16세기를 **갈라놓은 장벽이 투명해질 때까지** 모든 자료를 다시 생각하고 그것들과 씨름하며 전심전력을 다한다! 바울이 말하고, 16세기 사람이 듣는다. **어제와 오늘의 구분이 불가능해질 때까지**, 원문과 독자의 대화가 그 주제를 중심으로 움직인다."¹⁰⁹ [10] 바르트는 이런 칼뱅의 자세가 "실제로 로마서 원문을 붙들고 씨름해 보지도 않은 채" 이런저런 구절을 그냥 바울이 제시한 어려운 견해쯤으로 치부하며 아주 성급하게 무시하려 하는 윌리허의 태도와는 완전 딴판이라고 단언한다.¹¹⁰

하지만 크리스터 스텐달(Krister Stendahl)은 바르트가 칭송하는 바로 이 지평 융합을 날카롭게 비판한다. 다시 가다머로 돌아가 보면, 어떤 텍스트를 이해할 때 지평 융합이 따르긴 하지만 이 융합이 과거와 현재 사이의 긴장을 덮어 버리는 것이어서는 안 된다. "해석학의 과업은 이런 긴장을 감추는 것이 아니라…일부러 이 긴장을 드러내는 것이다."¹¹¹ 스텐달은 종교개혁자들이 본문

---

106 J. Calvin, *The Epistles of Paul the Apostle to the Galatians, Ephesians, Philippians, and Colossians* (Eng. Oliver & Boyd, Edinburgh, 1965), pp. 84-85 (갈 4:22를 다룬 부분).
107 J. Calvin, *The Epistles of Paul the Apostle to the Romans and to the Thessalonians* (Eng. Oliver & Boyd, Edinburgh, 1965), pp. 1-4.
108 K. Barth, *The Epistle to the Romans*, p. 6. 『로마서』(복있는사람).
109 *Ibid.*, p. 7. 티슬턴 강조.
110 *Ibid.*

을 다루면서 지평 융합을 이룰 수 있었던 것은 단지 이들이 바울이 문제 삼았던 유대교로 돌아가려는 자들과 토라라는 문제를 중세 후기의 종교적 경건이 낳은 문제들과 동일시했기 때문이라고 지적한다. 스텐달은 이런 견해가 바울 저작의 아주 많은 부분을 흡족하게 설명해 준 것만은 분명하지만, "그래도 바울의 글 중 20퍼센트는 설명하지 못한 채 그대로 두었고, 결국 어떤 의미에서 바울 사상의 진짜 모습은 왜곡되고 말았다"고 주장한다.[112] 스텐달은 계속하여 문제가 이보다 훨씬 더 심각하다고 말한다. 우리가 "바르트나 진정 바르트주의자라 할 어떤 주해가도 **비판은커녕 아예 알아차리지도 못한 문제를**" 명확한 공식처럼 정립했기 때문이다.[113] 이런 접근법에는 "애초에 텍스트가 말하려 **했던 의미와 그것이 현재 말하는 의미 사이의 긴장이 계속 살아 있게 할 인내와 열정이 있을 수 없다. 이 두 의미를 떼어 놓을 수 있는 기준이 없다.** 애초에 주석으로 쓴 것이, 이 시대 관점에서 보면 주석가가 이해한 주제에 관하여 바울이 말해야 했던 것을 확장하여 쓴 신학 논문이 되어 버린다."[114]

스텐달이 특정 저술가와 관련된 사안을 과장하여 말했을 수도 있다. 그러나 그가 정립한 일반 원리는 그 근본만 놓고 보면 중요하고 타당하다. 해석학적 융합이 **유일한** 목표가 되면 객관성이 배척당한다. 스텐달은 "사도 바울 그리고 내면 성찰 중심의 서구식 양심"(The Apostle Paul and the Introspective Conscience of the West)이라는 제목을 단 그의 논문에서, 바울을 루터의 눈으로 바라본 후대 사람들이 루터와 바울의 지평을 융합하면서 결국 바울 이해가 한쪽에 치우치고 심지어 왜곡되는 결과가 생겼다는 스텐달 자신의 견해를 자세히 논증하려고 애쓴다.[115] 예를 들면, 스텐달은 "내가 원하는 바 선은 행하지 아니하고 도리어 원하지 아니하는 바 악을 행하는도다"(롬 7:19)라는 바울

---

[111] H.-G. Gadamer, *T.M.*, p. 273.
[112] K. Stendahl, "Biblical Theology, Contemporary" in *The Interpreter's Dictionary of the Bible* 1 (Abingdon Press, New York, 1962), p. 420; 참고. pp. 418-432.
[113] *Ibid.* 티슬턴 강조.
[114] *Ibid.* 티슬턴 강조.

의 말이 해석학에서는 바울과 현대인의 경험을 이어 주는 공통분모로 바뀌어 버렸다고 주장한다. 스텐달은 사람들이 이 말을 루터가 자신의 양심과 벌였던 싸움에 비춰 해석한다고 주장한다. "그러나 바로 이 점에서 우리는 루터와 바울, 16세기와 1세기의 가장 철저한 차이를 찾아낼 수 있다."[116] 스텐달은 바울이 오히려 상당히 굳건한 양심을 갖고 있었다고 주장한다. 바울은 "양심에 아무 거리낌이 없었고"(고전 4:4), 선한 양심을 가졌으며(롬 9:1; 고후 1:12), 바리새인으로서 율법의 의에 관한 한 흠이 없는 자였다(빌 3:6). 스텐달은 로마서 2:17-3:20에서 말하는 유대인의 실패가 개인 양심의 문제가 아니라 이스라엘이 집단으로 저지른 범죄 문제라고 주장한다. 그는 로마서의 핵심 쟁점이 지금 **내게** 무슨 일이 일어나느냐는 실존 차원의 문제가 아니라, 그리스도가 오신 지금 **율법**이 어떤 지위를 갖느냐는 문제라고 주장한다. 로마서 9-11장과 갈라디아서 3:24에서 다루는 문제는 구원사의 과정과 관련된 문제이지 개인 내면의 삶과 관련된 문제가 아니다.[117]

스텐달이 루터와 종교개혁을 공격한 내용이 모두 정당하지만은 않다. 예를 들면, T. F. 토렌스는 적용에 필요한 말인 "내게"(for me)를 자기중심이자 자기 주관에 치우친 "나를 위하여"(for *me*)로 해석하는 것은 그들의 입장을 조롱하는 것이라고 우리에게 경고한다.[118] 하지만 본문의 지평과 해석자의 전이해가 늘 적절한 긴장을 유지할 필요한 있다는 스텐달의 경고는 대체로 타당하다. 우리는 객관화에 보인 지나친 적대감이 어떤 결과들을 불러왔는지, 루터에게서는 그런 모습을 못 보았을지라도 불트만에게서는 분명하게 목격한다. 스텐달은 로마서와 갈라디아서에 관한 전통 해석과 거리를 두려고 시도한다. 그의

---

115 K. Stendahl, "The Apostle Paul and the Introspective Conscience of the West" in *H.T.R.* LVI (1963), pp. 199-215; *Paul Among Jews and Gentiles* (S.C.M., London, 1977), pp. 78-96로 재출간됨.
116 *Ibid.*, p. 200.
117 *Ibid.*, pp. 204-207.
118 T. F. Torrance, *Theological Science*, p. 81.

이런 시도는 과거와 현재의 긴장을 유지하지 못하는 설익은 지평 융합을 조심하라 당부했던 가다머의 경고를 올바로 평가할 개선책을 제공한다. 실제로 게르하르트 에벨링은 루터 자신이 이런 긴장을 무시하지 않으려고 열심히 노력했음을 우리에게 되새겨 준다. 에벨링은 이렇게 썼다. "루터에 따르면, 하나님 말씀은 늘 우리에게 맞서는 적(adversarius noster)으로서 다가온다. 이 말씀은 단지 우리가 생각하는 우리 자신의 모습, 우리가 인정받고 싶어 하는 우리 자신의 모습을 우리에게 확인해 주고 확신시키는 것이 아니다.…이것은 말씀이 우리를 하나님과 화합하고 화평을 누리는 데로 데려가는 길이며, 유일한 길이다."[119] 다시 말해, 루터는 본문 해석이 단순히 해석자 자신의 사상과 태도를 반영한 것에 그치지 않으려면 본문과 해석자 사이의 충분한 거리나 긴장을 유지해야 한다고 보았다. 인간이 자신을 하나님 말씀 '아래' 놓는다는 것은 바로 이런 의미다. 하지만 루터는 본문이 해석자를 파악하고 해석자에게 말을 건네며 해석자는 본문의 진리를 자신의 것으로 적용할 수 있는 지평 융합 역시 있어야 한다고 보았다. 가다머의 작업은 이 두 측면을 통합해야 한다는 것을 이론 차원에서 실증한다. 이제 우리는 더 나아가 이런 통합이 어떻게 이루어질 수 있는지 더 분명하게 살펴볼 수 있을까?

46. 쟁점에 관한 추가 고찰: 특히 딤, 오트, 슈툴마허와 관련하여 살펴본 주해와 신학

로버트 모건(Robert Morgan)은 근래 주해와 기독교 신학의 관계를 특히 W. 브레데 및 A. 슐라터(Schlatter)의 주장과 관련지어 재검토했다.[120] 브레데는 성서학자라면 그가 다루는 주제에 조직신학자가 아니라 종교사학자처럼 접근해야

---

[119] G. Ebeling, *I.T.T.L.*, p. 17. 티슬턴 강조.
[120] R. Morgan, *The Nature of New Testament Theology* (S.C.M., London, 1973). 『신약신학이란 무엇인가』(크리스천다이제스트).

한다고 주장했다. 브레데는 주해가라면 자신이 다루는 자료에 "가능한 한 객관적으로, 올바르게, 예리하게" 다가가야 한다고 주장한다. "그것이 전부다. 조직신학자는 자료를 연구할 결과를 어떻게 처리하고 다룰지 연구한다. 그것이 조직신학자가 할 일이다. 교의학이 신약학을 가르쳐 사실을 바로 보게 할 수 있을까?…사실을 바로잡는다는 것은 어불성설이다."[121] 정경이 나타내는 성경의 통일성에 호소하거나 신학 전통에 호소하는 것은 주교들이 내세우는 교회의 권위나 초기 몇 세기 동안의 교회사에 무턱대고 무릎 꿇는 것이다. 브레데는 본문의 '객관적' 이해를 목표로 삼고 싶어 하며, 그에겐 '그것이 전부다.'

분명 브레데의 사고 속에는 가다머가 전통과 전이해에 관하여 제시하는 것과 같은 고찰이 들어설 자리가 없다. '역사 중심으로'(historical) 연구하려는 브레데의 시도 자체가, 가다머의 관점에서 보면 인간의 역사성을 무시하는 시도다. 모건은 자신의 견해를 분명 기독교 신학자로서 신약성경에 다가갔던 슐라터의 견해와 비교한다. 슐라터는 신학적 접근법도 오로지 역사만 연구하는 방법 못지않게 객관성을 지닌 방법이라고 주장하면서, "교의학 연구도…역사 연구 못지않게…지극히 엄밀한 객관성을 요구한다"는 것을 그 근거로 든다.[122] 객관성 문제에 관한 슐라터의 인식은 브레데보다 더 발전했다. 이는 그가, 신약성경 메시지가 인간의 의지를 상대로 어떤 주장을 제기할 때 신약성경 해석자를 "관찰 기계"로 묘사하는 것이 부적절하다고 보기 때문이다.[123] 하지만 사실 그가 이런 생각을 갖게 된 것은 가다머가 제기한 것과 같은 쟁점들 때문이 아니다. 결국 그의 주장은, 전통이라는 문제를 빠뜨리기는 불가능하다는 게 아니라 교의학도 역사[학]만큼 객관성을 지닌 학문 분과라는 것이다.

모건은 이 두 학자가 제시하는 유익한 통찰을 제대로 평가할 길을 찾아야 한다고 주장한다. 역사 중심 주해는 해석자가 학자로서 가지는 성실함을 정당

---

121 W. Wrede, "The Tasks and Methods of 'New Testament Theology'" in *ibid.*, pp. 69-70.
122 A. Schlatter, "The Theology of the New Testament and Dogmatics" in *ibid.*, p. 119.
123 *Ibid.*, p. 125.

하게 평가해 주지만, 신학 중심 주해는 본문에서 제시하는 케리그마의 의도를 설명해 준다는 것이 모건의 주장이다. 이런 이유로, 브레데와 슐라터는 "그들 자신의 방법에 비춰 보면 둘 다 아주 옳았다."[124] 하지만 모건이 보기에, 브레데와 슐라터는 물론 심지어 불트만이나 쿨만이나 케제만도 논란이 벌어지고 있는 쟁점에 적절한 답을 제시하지 않는다. 모건 자신이 기여한 바는 현상학이 더 가망 있는 접근법을 제공할 수도 있지 않느냐는 물음을 던진 것이다. 신약성경에 접근할 때 역사와 신학 중 하나만 취하고 다른 하나를 버려야 하는 것은 아니라는 모건의 주장은 옳다. 그러나 현상학적 방법이 분명 모든 긴장과 역사의 거리를 덮어 버리지는 않더라도 그 방법으로 과연 지평 융합을 이룰 수 있는지는 여전히 물을 수 있을 것이다. 오직 서술만을 강조하는 현상학이 이해와 적용은 떨어지지 않는다는 가다머의 통찰을 과연 제대로 평가할 수 있을까? 현상학은 정말 성경은 정보이자 말 건넴이며 서술이자 명령이기도 하다는 바르트와 불트만의 공통 주장에 대답을 제시하는가? 우리는 여기서 비트겐슈타인의 경구를 떠올리게 된다. "'당신은 신이 다른 누군가에게 말하는 것을 들을 수 없다. 당신은 신이 당신에게 말할 때만 신의 말을 들을 수 있다.' 그것이 문법 소견(grammatical remark)이다."[125]

헤르만 딤과 하인리히 오트의 글을 살펴보기 전에, 현대 로마 가톨릭 신학에서도 이 논쟁 당사자 양쪽을 정당하게 평가할 필요가 있음을 널리 인정한다는 점은 주목할 만한 가치가 있다. 칼 라너(Karl Rahner)는 주해와 조직신학의 간격은 메워야 하지만, 교의학자만이 이 간격을 메워야 하는 것은 아니라고 주장한다. 그는 신약성경 주해가들에게 이렇게 말한다. "여러분은 비평해야 한다. 그것도 아주 냉혹하게 해야 한다. 여러분은 여러분의 연구 결과와 교회의 가르침을 거짓으로 조화시킨 결과들을 '펼쳐 놓으면' 안 된다."[126] 그러나

---

[124] R. Morgan, *The Nature of New Testament Theology*, p. 28; 참고. p. 35.
[125] L. Wittgenstein, Z., sect. 717.
[126] K. Rahner, "Exegesis and Dogmatic Theology" in *Theological Investigations* V (Eng. Darton, Longman, & Todd, London, 1966), p. 71; 참고. pp. 67-93.

그는 신약학자들이 그들의 작업과 교회 전통을 연계해야 할 책임을 피해서도 안 된다고 덧붙인다. 교회의 교도권(*magisterium*)이 물음과 토론과 탐구를 대신해서는 안 되지만, 그렇다고 이 교도권이 단순히 죽은 문자에 그치는 것은 아니다.

이전에는 불트만의 제자였다가 나중에는 로마 가톨릭 신학자로서 저술 활동을 한 하인리히 슐리어(Heinrich Schlier)는 이 문제와 관련하여 흥미로운 말을 한다. 한편으로 보면, 신약성경 기록은 "철저히 그 시대의 기록이다."[127] 심지어 그는 신약성경에서 제시하는 신학의 다양성을 인정한다는 점에서 케제만과 일부 의견을 같이하기도 한다. 그만큼 그는 신약성경에 종교사학자처럼 접근한다. 그러나 다른 한편으로 보면, 그는 두 가지를 강조한다. 첫째, 그는 신약성경에는 성경을 성경에 비춰 해석해야 한다고 일러 주는 어떤 통일성이 있다고 주장한다. "한 계시 사건이 여러 형태를 지닌 믿음의 생각 속에 투사되었다."[128] 둘째, 슐리어는 우리에게, 만일 우리가 이르고자 하는 역사의 객관성이 이 연구서에서 브레데와 (그리고 어쩌면 나인햄 및 트뢸취까지) 관련지어 개관했던 것과 같은 의미라면, 결국 우리가 역사에 다가간 접근법의 기초는 "변덕이 죽 끓듯 한 자세로 과거사를 대하는 태도"(a very temporary attitude to past history)에 불과했음이 드러날 수도 있다고 경고한다. 그런 태도로 역사에 다가가면, 우리는 "과거의 실재 자체를 놓친다."[129] 슐리어는 슐라터나 브레데나 모건보다 가다머에 더 가까운 방법을 따르면서, 해석학은 "교회가 이미 성경에 근거하여 가르친 것"을 논함으로써 "성경이 교회가 가르치지 않았던 것을 밝혀 주고,…성경의 주제 자체를…더 깊이 드러낼 수 있게" 해 주어야 한다고 주장한다.[130] 나아가 그는 이 문제를 논하는 과정에서 하이데거의 후기 사상을

---

[127] H. Schlier, *The Relevance of the New Testament* (Eng. Burns & Oates, London, 1967), p. 27; 참고. pp. 26-75.
[128] *Ibid.*, p. 33; 참고. p. 30.
[129] *Ibid.*, p. 31 n. 3.
[130] *Ibid.*, p. 73.

따라 말하게 된 "전일성"을 강조하기까지 한다.

로마 가톨릭에서 이 주제를 다루며 피력한 사상의 세 번째이자 마지막 예로 언급할 수 있는 것이 니콜라스 래쉬(Nicholas Lash)의 작업에서 발견할 수 있는 주해와 전통의 상호 작용이다. 그는 프로테스탄트 사상에서는 교리의 연속성 문제와 해석학 문제가 서로 유사하다고 본 스킬러벡스의 견해를 받아들인다.[131] 래쉬는 역사 중심 이해와 역사의 특수성이 시사하는 의미들을 완전히 받아들이면서도, 신학적 해석이라는 문제를 Y. 콩가르(Congar)는 물론 가다머와 판넨베르크의 작업에서 제시하는 전통관과 반대 각도에서 해결하려고 한다.[132] 그는 과거를 현재에 비춰 읽고 또다시 읽어야 한다고 결론짓는다. 그러면 이 다시 읽은 결과는 전해 내려온 역사 전통의 일부가 된다. 가다머처럼 래쉬도 전통의 능력을 너무 낙관하다가 시간이 흐르는 과정에서 생겨나는 잘못된 것을 거부하지 못할 수도 있다. 그러나 래쉬는 우리가 지금 논의하는 다양한 원리들을 결합하려고 노력한다.

이제 딤과 오트의 작업을 살펴보자. 두 신학자는 모두 바르트 전통에 서 있다. 그러므로 주해와 조직신학의 관계에 관하여 칼 바르트 자신이 피력한 견해를 곱씹어 보는 일도 가치 있을 것이다. 바르트는 하르낙의 자유주의와 연관된 중립적이고 공평한 객관성 탐구를 통렬하게 비판한다. 바르트는 이렇게 썼다. "1910년 무렵, 잠시 동안이나마 이런 생각이 프로테스탄트 신학에서 거의 규범 같은 지위를 얻을 뻔했다. 그러나 이제 우리는 그것을 그저 웃기는 것이라며 아주 태연하게 무시해 버릴 수 있다."[133] 바르트는 성경이 성경의 해석자라고 주장하면서, 어쨌든 해석은 "성서학자라는 특수 계층이 아니라 교회의 모든 지체가 짊어진" 과업이라고 주장한다.[134] 바르트 자신은 본문을 이해

---

[131] N. Lash, *Change in Focus: A Study of Doctrinal Change and Continuity* (Sheed & Ward, London, 1973), p. 180.
[132] *Ibid.*, pp. 38-43, 177-180 *et passim*.
[133] K. Barth, *Church Dogmatics* I/2 (Eng. Clark, Edinburgh, 1956), p. 469.
[134] *Ibid.*, p. 714.

할 때 무엇보다 지평 융합을 목표로 삼았다. "우리가 우리 자신을 바로 이해하면 우리 문제는 바울의 문제이며, 바울의 대답이 우리를 밝히 비춰 준다면 그의 대답이 우리 대답일 수밖에 없다."[135] 바르트는 자신이 일찍이 내놓은 로마서 주석에서 그동안 관습으로 내려온 해석보다 훨씬 더 깊은 해석을 제시했음을 알았고, 그 해석이 "주해란 무엇인가?"라는 질문을 새롭게 제기했다고 주장했다.[136] 우리는 불트만이 바르트의 접근법을 지지했음을 이미 지적했다. 불트만은 바르트가 기독교는 단순히 "종교사의 한 현상"에 그치지 않음을 바로 간파했다고 말한다.[137]

헤르만 딤도 교의를 외부에서 순수한 복음에 추가된 것으로 보는 하르낙의 주장을 비판한다.[138] 아울러 딤은 자신이 "교의학과 주해의 올바른 관계" 상실이라 부르는 것을 한탄한다.[139] 그는 신약학자와 교의학자가 그들 앞에 서로 다른 성경을 두고 있는 것처럼 보일 때가 잦다는 케제만의 불평에 공감한다. 딤은 교의학이 최종적이거나 확정적일 수는 없음을 강조한다. "교의를 주해 결과를 미리 한정하는 데 사용해서는 결코 안 된다."[140] 반면, 교의를 주해 결과에 비춰 고쳐야 할 수도 있다. 하지만 "이런 도전은 어느 한 특정 성경 본문을 주해한 결과에서 나올 수 없고, 다만 성경의 증언 전체를 포괄하여 관찰한 결과에서만 나올 수 있다."[141] "우리는 한 본문을 선포할 때 동시에 다른 본문의 소리에도 귀를 기울여야 한다."[142]

그렇다면 딤의 생각 속에는 두 극이 있는 셈이며, 가다머가 말하는 해석학적 순환과 거의 다르지 않은 것으로 밝혀진 과정이 그 두 극 주위를 돈다. 우리

---

[135] K. Barth, *The Epistle to the Romans* (Eng. Oxford University Press, 1933 and 1968), p. 1.
[136] *Ibid.*, p. ix; 참고. p. 6.
[137] R. Bultmann, *E.F.*, p. 340. 참고. "Karl Barths Römerbrief in zweiter Auflage" in *Christliche Welt* XXXVI (1922), pp. 320-323, 330-334, 358-361, and 369-373.
[138] H. Diem, *Dogmatics* (Eng. Oliver & Boyd, Edinburgh, 1959), p. 169.
[139] *Ibid.*, p. 81.
[140] *Ibid.*, p. 304.
[141] *Ibid.*
[142] *Ibid.*, p. 237.

는 특정 본문의 잠정 이해에서 출발한다. 잠정 이해한 내용을 우리가 이미 성경 전체에 관하여 이해한 바에 비춰 해석한다. 하지만 "이럴 때 한 본문으로 다른 본문의 주제를 무디게 만들어 결국 두 본문[의 예리함]을 모두 떨어뜨리는 일이 일어나서는 안 된다."[143] 예를 들어, 우리는 바울을 사용하여 야고보의 메시지를 약하게 만들거나, 야고보서를 사용하여 바울의 메시지를 약하게 만드는 일을 하지 말아야 한다. 바울과 야고보가 각자에게 적합한 역사의 순간에 말을 할 수 있게 해야 한다. 하지만 이제 해석자는 본문 자체로 돌아가야 한다. 딤은 바르트가 역사비평에 따른 주해를 단지 예비 주해 정도로 만들어 버렸다고 비판한다. 역사비평에 따른 주해 결과는 결코 버릴 수 없다. 그러나 해석은 결코 확정성이나 최종성을 갖지 않는다. 해석학은 과정이지 단번에 끝나는 행위가 아니다.

이 원리는 하인리히 오트의 저작에서 훨씬 분명하고 더 명확하게 드러난다. 오트는 이렇게 단언한다. "조직신학은 본문에서 이 시대의 설교로 이어지는 아치 중간에…자리하고 있다."[144] 그러나 이것이 성경 본문의 특수성을 무시하고 어떤 명확한 신학 공식을 따라야 한다는 의미는 아니다. 한편으로 보면, "주해 고찰이 절대 따라야 할 지침인 확정된 교의 같은 것은 존재하지 않는다." 그러나 다른 한편으로 보면, 가다머가 말하듯 전통과 역사는 계속 움직이기 때문에 "특정 주제에 관한 신학적 성찰과 상관없이 확고부동인 역사비평 결과물 같은 것은 존재하지 않는다." 따라서 오트는 이렇게 결론 내린다. "교의학과 주해는 상호 작용하는 관계에 있다."[145]

다시 말하지만, 오트는 이 원리가 해석학적 순환과 관련이 있다고 본다. 부분에 관한 이해는 전체에 관한 이해에 근거한 채 늘 잠정성을 지닐 것이다. 그러나 이것은 계속하여 이어지는 과정이다. "'이해했음'과 '이해하지 못했음'

---

[143] Ibid.
[144] H. Ott, "What is Systematic Theology?" in J. M. Robinson and J. Cobb, Jr. (eds.), *New Frontiers in Theology: I, The Later Heidegger and Theology*, p. 81.
[145] Ibid., p. 83.

은 흑과 백처럼 딱 잘라 구분할 수 있는 것이 아니다. 오히려…이해는 그 본질상 서로 다른 여러 차원에서 일어난다."[146] 무언가를 잠정 이해하고 뒤이어 이 잠정 이해를 고치는 사건이 하나씩 일어나면서 전체 해석 과정은 깊어진다. 우리는 앞서 오트가 불트만의 신학 속에 자리한 존재론 차원의 이원론이라 여기는 것을 비판한 내용을 보았다. 불트만과 달리, 그는 하이데거의 후기 사상에 비춰 바르트와 에벨링이 "쪼갤 수 없는 한 믿음"을 설명하는 방식에 동의를 표한다.[147] 복음은 하이데거가 말한 "말하지 않은 한 시"(one unspoken poem, unausgesprochenes Gedicht), 각 해석은 전체에서 나온 말이라는 시와 같다.

오트는 이런 점이 해석학에서 공동체가 하는 역할을 강조한다고 본다. "믿음은 본질상 고립된 개인의 자세가 아니라, 본디 성도의 사귐(communio sanctorum)이 갖는 믿음이다." 이 공동체에서는 "어떤 공통 이해에 이른다.…사귐은 믿음이라는 한 '주제'에 관한 공통 이해 안에 **존재한다**.…사상가는…홀로 있지 않고 인류와 나누는 토론 속에서 자기 자리를 얻는다."[148] 이 말은 우리를 곧바로 가다머에게 다시 데려간다. 인간이 공동체와 그 공동체의 전통 속에 자리해 있다는 것이 인간의 역사성 가운데 한 부분을 이룬다. 한 개인이 특정 본문에 접근하는 방법뿐 아니라 공동체가 다양한 본문에 접근하는 방법도 이해를 형성한다. 전이해도 공동체의 신학 전통에 일부 의존하지만, 바로잡힌 이해 역시 공동체의 신학에 의존한다. 그럴지라도 본문의 권리가 억압되거나 무시당하지 않는다. 이는 이해 과정이 잠정성을 갖고 있어서, 본문의 목소리에 늘 새롭게 귀를 기울이며 열려 있기 때문이다. 오트는 자신의 해석학이 비판을 받자 이렇게 잘라 말한다. "그 결과가 다 똑같은 형태로 뜯어 맞춘 표준 신약학의 산물이라는 주장은 얼토당토않다.…성경 저자들 사이에는 여

---

[146] *Ibid.*, p. 80.
[147] *Ibid.*, p. 91.
[148] *Ibid.*, pp. 94 and 102.

러 차이점과 상충하는 주장이 계속 존재하며, 우리는 이것들을 아주 진지하게 받아들여야 한다."[149] 예를 들어, 오트는 마태복음 25:31-46에서 제시한 마지막 심판 기사를 완전히 이해하려면, 이 기사와 이신칭의의 관계를 고려하면서도 이 본문을 어떤 최종적 교의나 확고한 교의 안에 집어넣어 조화시키는 일은 하지 말아야 한다고 주장한다.

일부러 마음을 써 가며 오트의 신학 전체를 칭송해야 할 필요는 없다. 예를 들면, 폴 반 뷰렌은 오트가 "객관화하지 않는" 언어와 관련하여 제시한 주장에 몇몇 문제가 있음을 밝혔다.[150] 하지만 오트는, 해석학이 한편에서는 전통 및 공동체의 지평과 관련하여 이루어지고 다른 한편에서는 본문 자체의 권리를 침해하지 않으면서 이루어지면, 이런 해석학은 잠정적이면서도 앞으로 나아가며 열려 있는 본질을 갖는다고 인정한다. 오트는 분명 교회 공동체와 복음의 통일성에 관심을 갖고 있다. 그러다 보니 어쩌면 당연히 본문과 현재를 갈라 놓는 거리와 긴장에는 충분히 주목하지 못하는 잘못을 저질렀을 수 있다. 이런 흠은 교회 공동체의 역할을 강조하는 다른 해석학 연구들을 규정하는 특징이기도 하며, 한 예로는, 이런 흠을 제외하면 다른 면에서는 유익한 성과를 담고 있는 존 윌킨슨(John Wilkinson)의 『해석과 공동체』(*Interpretation and Community*)가 있다.[151] 윌킨슨은 역사비평에 따른 연구가 필요함을 인정하면서도, 주해와 적용을 각각 자족성을 지닌 두 영역으로 나누는 경향이 있다.

근래 이 논쟁은 페터 슈툴마허(Peter Stuhlmacher)가 "동의의 해석학"(a hermeneutics of consent, *Hermeneutik des Einverständnis*)이라는 개념을 제시하면서 한 단계 더 앞으로 나아갔다.[152] 슈툴마허는 한때 케제만의 제자였던 이로서 글을 쓰면서도, 케리그마 신학, 경건주의, "성경을 지향하는 루터파 신학"

---

149 H. Ott, "Response to the American Discussion" in *ibid.*, p. 204.
150 Paul van Buren, *Theological Explorations* (S.C.M., Lonodn, 1968), pp. 81-105.
151 J. Wilkinson, *Interpretation and Community* (Macmillan, London, 1963).
152 P. Stuhlmacher, *Historical Criticism and Theological Interpretation of Scripture: Towards a Hermeneutic of Consent* (Fortress Press, Philadelphia, 1977), 특히 pp. 83-91.

의 견해에 공감한다.¹⁵³ 슈툴마허의 해석학 이론은, R. A. 해리스빌(Harrisville)이 슈툴마허의 연구서 미국판에 쓴 서론에서 주장하듯이, 가다머에게도 큰 빚을 지고 있다.¹⁵⁴ 슈툴마허는 텍스트에 열려 있어야 한다는 가다머의 원리를 받아들이며, 가다머가 정립한 유효한 역사의식 개념을 인정한다. 나아가 해리스빌은 이렇게 썼다. "슈툴마허가 오직 성경(*sola scriptura*)을 굳게 견지하는 것도 해석자가 마음을 지배하는 텍스트의 주장에 복종해야 한다고 역설하는 가다머의 주장과 서로 대응한다."¹⁵⁵ 우리는 또 그가 해석학을 단순히 역사를 파고드는 좁은 의미의 주해를 넘어 더 넓게 확장하려는 판넨베르크의 시도에 동의한다는 점에도 주목할 수 있을 것이다.

슈툴마허는 본문의 우선성을 강조하면서도, "객관적, 자연주의적 역사관"에 이르려 했던 19세기의 시도가 실패로 끝났다는 인식에서 출발하는 단점을 보인다.¹⁵⁶ 그렇지만 그가 가다머와 푹스, 에벨링의 작업을 포함해 새 해석학에서 제시하는 통찰을 붙잡아야 한다고 주장하는 점은 단점보다 더 큰 장점이다. 이런 점을 볼 때, 우리는 본문과 전통과 현재와 '초월'이 주장하는 바에 우리 자신을 늘 새롭게 열어 놓으려 해야 한다. "우리는 우리가 인간과 그의 세계와 초월에 관하여 이 본문들에서 듣는 주장이나 진리가 무엇인지 묻는 법을 다시 배워야 한다."¹⁵⁷ 이러려면, 역사 연구 방법 및 해석학 방법과 관련된 문제들에 민감해야 하고 이 문제들을 늘 의식해야 한다. 슈툴마허는 이런 접근법이 성경의 충족성을 증언한다고 주장한다. 이는 "우리가 성경 본문이 믿음을 일깨우고 인간의 힘으로 알 수 있는 범주 안에 있지 않은 진리를 드러낸다는 교회의 경험에 늘 열려 있기" 때문이다.¹⁵⁸ 이런 자세에는 "초월 영역에서

---
153 *Ibid.*, p. 13.
154 *Ibid.*, pp. 13-15.
155 *Ibid.*, p. 14.
156 *Ibid.*, p. 84.
157 *Ibid.*, p. 85.
158 *Ibid.*, p. 88.

우리에게 다가오는 하나님의 진리와 만나려는 열린 자세"도 들어 있다.¹⁵⁹

이 접근법은 우리가 앞서 D. E. 나인햄과 관련지어 논했던 시각에서는 전혀 찾아볼 수 없었던 **신학**의 차원도 담고 있다. 역사 중심 주해는 필수 불가결이지만, 그것만으로는 충분하지 않다. 우리는 본문과 거리를 두면서도 **동시에** 본문에 **열려** 있어야 한다. 이리해야 지평 융합으로 나아가는 길이 열릴 것이다. 우리가 앞서 연구 결과를 언급했던 월터 윙크는 몇 가지 언급에서 이 두 원리를 결합했다. 윙크는 비평학이 신약성경을 신학 전통에서 떨어뜨려 놓는 데 기여한 역할을 강조한다. 그는 이렇게 썼다. "비평학자는 성경을 교회 전통 속에 있는 기반에서 비틀어 떼어 놓음으로써 객관화한다."¹⁶⁰ 나아가 월터 윙크는 이렇게 주장한다. "전통은 우리 세계이며, 주체와 객체의 어떤 분리보다 앞서 있다.…전통이 없으면 아무것도 볼 수 없다. 전통은 우리가 다양한 경험을 걸러 낼 수 있게 해 주는 의미들이라는 그물을 제공하기 때문이다. 그것이 우리의 지평이다." 우리는 오직 우리의 전통에 비춰 이해할 수 있다. 본문과 지평 융합을 이루려면 전통이 필요하다. 그러나 윙크는 가다머를 따라 비평을 통한 거리 두기, 곧 "지배 문화의…전이해들과…거리 두기"(distancing from prevailing cultural…pre-understandings)의 역할을 계속 강조한다.¹⁶¹ 윙크는 융합과 거리라는 가다머의 두 원리가 신약성경 해석학에 어떻게 적용되는지 알지만, 이 원리가 주해와 조직신학의 관계에 어떻게 적용되는지 볼 수 있는 유리한 지점을 제공한 이는 딤 그리고 특히 오트다. 바르트의 말처럼, 해석자가 바울의 문제를 자신의 문제로 보게 해 주는 융합을 향하여 나아가는 흐름이 충분히 있어야 한다. 그렇지만 스텐달이 표한 것과 같은 경고, 그리고 해석자 자신의 생각을 반영하지 말아야 하나님 말씀이 인간에 맞서는 것으로서 인간과 만날 수 있다는 루터의 인식을 제대로 간파하려면 충분한 거리

---

159 *Ibid.*, p. 89.
160 W. Wink, *The Bible in Human Transformation*, p. 23.
161 *Ibid.*, pp. 21 and 22.

도 있어야 한다. 가다머의 말로 표현한다면, "우리는 지평 융합에 관하여 이야기한다.…여기서 이해는 늘 적용이다." 그럴지라도 "역사의식 속에서 일어나는 전통과 모든 만남에는 텍스트와 현재 사이의 긴장을 경험하는 일이 따른다. 해석학의 과업은 순진하게 동화를 시도하여 이 긴장을 감추는 것이 아니라, 일부러 이 긴장을 드러내는 것이다."¹⁶²

옮긴이 주

[1] 가다머가 *Hermeneutik I, Wahrheit und Methode*, Tübingen: J. C. B. Mohr, 1986, p. 28에 쓴 원문을 그대로 인용하면 이렇다. Für Vico dagegen ist der Sensus communis ein Sinn für das Recht und das gemeine Wohl, der in allen Menschen lebt, je mehr noch Sinn, der durch die Gemeinsamkeit des Lebens erworben, durch seine Ordnungen und Zwecke bestimmt wird(그와 달리, 비코는 공통감각을 옳음과 공공의 이익을 지각하는 감각으로서 모든 사람 속에 살아 있는 것, 나아가 삶의 유대를 통해 얻으며 삶의 질서와 목적을 통해 결정되는 것으로 본다).
[2] 티슬턴은 영역본을 인용하며 원문 뉘앙스를 제대로 살리지 못했다. 가다머가 *Hermeneutik I, Wahrheit und Methode*, p. 75에서 한 말은 이렇다. "Georg Simmel…sieht das Auszeichnende im Begriff des Erlebnisses geradezu darin, »daß das Objektive nicht nur, wie im Erkennen, zu Bild und Vorstellung, sondern zu Momenten des Lebensprozesses selbst wird«"(게오르크 짐멜은…경험이라는 개념에서 '객관성을 지닌 것이, 인식에서 그런 것처럼 단지 형상과 표상이 되는 데 그치지 않고, 삶의 과정 자체의 계기가 된다'는 사실이 두드러지게 나타남을 보았다).
[3] 가다머가 *Hermeneutik I, Wahrheit und Methode*, Tübingen: J. C. B. Mohr, 1986, p. 94에서 한 말을 옮기면 이렇다. "Die Abstraktion auf das »rein Ästhetische« hebt sich offenbar selber auf"('순수하게 심미적인 것'으로 나아가는 추상화는 명백히 자신을 폐기한다).
[4] 내용 취지를 더 자세히 이해하기 위해 생략 없이 앞의 원서 p. 105를 인용하면 이렇다. "Es kommt uns also darauf an, die Erfahrung der Kunst so zu sehen, daß sie als Erfahrung verstanden wird. Die Erfahrung der Kunst soll nicht in ein Besitzstück ästhetischer Bildung umgefälscht und damit in ihrem eigenen Anspruch neutralisiert werden. Wir werden sehen, daß darin eine weitreichende hermeneutische

---

162 H.-G. Gadamer, *T.M.*, pp. 273 and 275.

Konsequenz liegt, sofern *alle Begegnung mit der Sprache der Kunst Begegnung mit einem unabgeschlossenen Geschehen und selbst ein Teil dieses Geschehens ist*"(우리 관심사는 예술 경험을 바라볼 때, 그 경험이 경험으로 이해되게 바라보는 것이다. 예술 경험을 심미적 교양을 소유하는 것으로 왜곡해서는 안 되며, 그와 동시에 자신의 고유한 권리를 가진 것으로 중화하지도 말아야 한다. 예술 언어와 만나는 모든 만남이 끝나지 않은 사건과 만남이자 그 만남 자체가 이 사건의 일부인 한, 우리는 광범위한 해석학적 결과가 그 속에 있음을 알게 될 것이다).

[5] 이 말을 가다머가 *Hermeneutik I, Wahrheit und Methode*, p. 169에서 한 말을 가져와 풀어 쓰면 이렇다. "기록으로 전해 내려온 것을 읽을 줄 아는 사람은 과거의 순수한 현존을(die reine Gegenwart der Vergangenheit) 증언하고 성취한다."

[6] W. Dilthey, *Gesammelte Schriften* I, Göttingen: Vandenhoeck & Ruprecht, 1973, p. xviii에서 딜타이가 한 말을 좀 더 길게 쓰면 이렇다. "In den Adern des erkennenden Subjekts, das Locke, Hume, und Kant konstruierten, rinnt nicht wirkliches Blut, sondern der verdünnte Saft von Vernunft als bloßer Denktätigkeit"(로크와 흄, 칸트가 만든 인식 주체의 혈관에는 진짜 피가 흐르지 않고, 단순한 사고 활동으로서 이성이 걸러 낸 즙만이 흐른다).

[7] 티슬턴이 인용한 영역본에서는 원문의 "전통"이라는 표현을 "텍스트"로 잘못 번역했기에, 마지막 문장은 원문에 비추어 번역했다. 원문은 다음과 같다. "Es wird die das Verstehen leitenden eigenen Vorurteile bewußt machen, damit die Überlieferung, als Andersmeinung, sich ihrerseits abhebt und zur Geltung bringt."

[8] 가다머는 "언어라는 매개체 안에서 대화 당사자들의 의사소통이 이루어지고 사안에 관한 의견 합치가 이루어진다"고 주장한다. *Hermeneutik I, Wahrheit und Methode*, p. 387.

[9] 문장 뒷부분은 티슬턴이 인용한 가다머의 책 영역본 번역이 부실하여 원서에서 번역했다. "...sondern auf ihr beruht, und in ihr stellt sich dar, daß die Menschen überhaupt Welt haben."

[10] 티슬턴이 인용한 영역본과 바르트가 *Der Römerbrief*, Zürich: EVZ-Verlag, 1967, p. xi에서 제시한 원문은 조금 다르다. "Wie energisch geht der Letztere(=Calvin) zu Werk, seinen Text, nachdem auch er gewissenhaft festgestellt, „was da steht", nach zu denken, d.h. sich solange mit ihm auseinander zu setzen, bis die Mauer zwischen dem 1. und 16. Jahrhundert transparent wird, bis Paulus dort redet und der Mensch des 16. Jahrhunderts hier hört, bis das Gespräch zwischen Urkunde und Leser ganz auf die Sache(die hier und dort keine verschiedene sein kann!) konzentriert ist"[후자―칼뱅―는 '거기에(성경 본문에) 있는 것'을 성실히 확증한 뒤에도, 1세기와 16세기를 갈라놓은 장벽이 투명해질 때까지, 거기서 바울이 말하면 여기서 16세기 사람이 들을 때까지, 원문―성경 기록―과 독자의 대화가 (여기저기서 서로 다른 모습으로 존재할 수 없는) 사실에 집중할 때까지, 자신이 연구하는 본문을 다시 생각하는 일 곧 그 본문을 붙들고 씨름하는 일에 전심전력을 다한다].

12장
후기 하이데거, 가다머, 새 해석학

우리는 이 책 서두의 두 장 중 두 번째 장에서 신학에서 다루는 새 해석학이 하이데거의 후기 사상에 의존하는지, 아니면 단지 『존재와 시간』에 나타난 그의 초기 작업에 의존하는지 하는 문제를 간략히 살펴보았다. 아울러 하이데거 해석자들이 하이데거의 후기 사상을 그의 초기 작업을 뒤집은 '반전'으로 봐야 하는지, 아니면 본질상 초기 작업과 여전히 연속성을 유지하며 발전한 것으로 봐야 하는지를 놓고 여전히 논란을 벌이고 있다고 언급했다. 하이데거의 후기 저작에 실제로 나타난 주제들을 살펴보기 전에 먼저 이 문제를 더 깊이 짚고 넘어가야 한다. 두 견해의 옹호자들을 언급하기는 어렵지 않다. 마조리 그린은 하이데거의 초기 사상과 후기 사상을 예리하게 구분하면서, 『존재와 시간』은 진짜 철학의 힘을 갖고 있는 반면 후기 저작은 깊이가 얕고, 체계가 서 있지 않으며, 심지어 따분하고 지루하기까지 하다고 주장한다.[1] 하인리히 오트도 두 시기를 예리하게 구분하지만, 더 좁은 관점을 보였던 『존재와 시간』보다 후기의 작업이 더 풍성한 통찰을 제시한다고 칭송한다.[2] 이와 달리, 베르너 브록은 이 두 해석자와는 다른 접근법을 택한다. 브록은 몇몇 저술가

---

1 M. Grene, *Martin Heidegger*, p. 117.
2 H. Ott, *Denken und Sein: Der Weg Martin Heideggers und der Weg der Theologie* (E.V.Z. Verlag, Zürich, 1959). 『사유와 존재』(연세대학교출판부); 아울러 그의 *Geschichte und Heilsgeschichte in der Theologie Rudolf Bultmanns*, pp. 173-193를 참고하라.

들이 "하이데거의 견해에 상당한 변화가 있었다고 생각하는 것 같다"면서, "나는 이런 견해에 동의하지 않는다"라고 말한다.³

하이데거의 초기 사상과 후기 사상 사이의 철저한 불연속성을 가장 힘주어 강조한 저술가 중 하나가 칼 뢰비트(Karl Löwith)다. 뢰비트는 심지어 초지일관 하이데거를 따르는 제자라도 하이데거의 후기 시각에는 함께할 수 없을 것이라고 주장하면서, 그 "전향"(Kehre)을 "반전"이나 "뒤로 되돌아가기"로 해석한다.⁴ 그는 『존재와 시간』의 실존주의 성격을 강조하면서, 하이데거의 후기 사상이 존재론 차원에서 지향하는 목표는 "그의 신학적 출발점으로 되돌아가는 것"이라고 주장한다.⁵ 하지만 이는 이 문제와 관련하여 하이데거 자신이 한 말과 어긋나며, 『존재와 시간』이 비록 현존재의 관점에서 존재에 관심을 보이긴 해도 결국은 존재에 관심을 보인다는 사실을 간과한 것이다. 하이데거는 그가 1947년에 쓴 "휴머니즘에 관한 서간"(Letter on Humanism, Brief über den Humanismus)은 물론 1962년 4월에 윌리엄 J. 리처드슨(William J. Richardson)에게 보내고 리처드슨이 자기 저서에서 인용한 서신에서도 자기 사상의 연속성을 역설한다. 리처드슨은 이렇게 썼다. "하이데거 I이 생각한 것을 거치지 않으면 하이데거 II가 생각하는 것에 다가갈 수 없다."⁶ 바로 그가 "하이데거 I과 II"에 관하여 이야기할 수 있다는 사실은 하이데거 사상에 어떤 변화가 있었음을 분명하게 보여 준다. 리처드슨 자신의 말을 빌리면, "어떤 변화가 있긴 하지만, 그것은 『존재와 시간』의 주제와 궤를 같이한다."⁷

L. 란트그레베(Landgrebe)도 그리 주장하는 것 같은데, 하이데거 후기 사상

---

3 W. Brock, "An Account of 'The Four Essays'" in M. Heidegger, *E.B.*, p. 134.
4 K. Löwith, *Heidegger, Denker in dürftiger Zeit* (Vandenhoeck & Ruprecht, Göttingen, ²1960), p. 7.
5 *Ibid.*, p. 21. 아울러 J. M. Robinson, "The German Discussion of the Later Heidegger" in J. M. Robinson and J. B. Cobb, Jr. (eds.), *New Frontiers in Theology: I, The Later Heidegger and Theology*, pp. 3-76.
6 W. J. Richardson, *Heidegger: Through Phenomenology to Thought* (Nijhoff, The Hague, 1963), p. xxii.
7 *Ibid.*, p. xvi.

에서 나타나는 진전들과 관련한 주장의 요지는 이런 진전들이 더 모호하고 비밀스럽다는 것이다.[8] 이 비밀스러운 성격은 어쩌면 시가 단순한 명제 언어는 말하지 못하는 것을 '보여 줄' 수 있을지도 모른다는 하이데거의 확신에서 나오며, 그런 점에서 이 성격은 뭔가 더 중요한 것을 암시하는 징조다. 하이데거의 사상에서 일어나는 변화는 다음 네 가지로 요약할 수 있다. 첫째, 푀겔러(Pöggeler) 및 다른 이들이 주장하듯이, 강조점이 실존 분석에서 존재의 본질로 옮겨 간다. 하지만 이들이 『존재와 시간』이 존재론과 무관하다는 암시까지 하지는 않는다.[9] 마이클 젤번은, W. J. 리처드슨과 L. 베르세니(Versényi)와 반대로, 하이데거가 『존재와 시간』에서 피력하는 사상 자체가 점점 더 존재론을 강조하는 방향으로 꾸준히 나아가는 모습을 보여 주기 때문에, 한편에는 『존재와 시간』 전체가 있고 다른 한편에는 하이데거의 후기 사상이 있다는 식의 어떤 하나의 차이가 있다기보다 오히려 『존재와 시간』 1, 2편과 하이데거의 후기 사상에서 지향하는 존재론의 **정도**에 여러 차이가 있다고 주장한다.[10] 둘째, 하이데거가 "인간의 실존에서 자연으로" 옮겨 간다는 J. G. 그레이의 주장에도 어느 정도 진실이 들어 있다.[11] 하지만 이런 말은 오해를 불러일으킬 수 있다. 이 말은 하이데거가 횔덜린 및 다른 시인들에게서 가져오는 시각을 충분히 묘사할 수 있을 정도로 '자연'을 넓게 해석할 경우에만 참이다. 셋째, 하이데거는 그의 후기 저작에서 언어 문제와 존재 물음을 연계한다. 물론 서구의 언어 전통이 공허하다는 그의 진단은 이미 그가 『존재와 시간』에서 피력했던 "잡담"에 관한 견해에서 배아 형태로 나타난다. 넷째, 이제 하이데거는 개념 이전의 사유 혹은 객관화하지 않는 사유를 칸트의 철학을 넘어서는 문제라는

---

8 L. Landgrebe, "The Study of Philosophy in Germany: A Reply to Walter Cerf" in *J.Ph.* LIV (1957), pp. 127-131 (특히 p. 128).

9 O. Pöggeler, *Der Denkweg Martin Heideggers* (Neske, Pfullingen, 1963), p. 176. 『하이데거 사유의 길』(문예출판사).

10 M. Gelven, *A Commentary on Heidegger's 'Being and Time'*, pp. 137-142.

11 J. G. Gray, "Heidegger's Course: From Human Existence to Nature" in *J.Ph.* LIV (1957), pp. 197-207.

관점에서 강조하지 않고 예술 및 시와 관련지어 강조한다.

하지만 이렇게 하이데거 사상이 네 궤도로 진전해 가는데도, J. 맥쿼리는 그의 논문 "하이데거의 초기 저작과 후기 저작 비교"(Heidegger's Earlier and Later Work Compared)에서 중요한 두 사실을 강조한다. 첫째, 하이데거 사상에서 일어난 '전향'은 '반전'이 아니다. 그 전향은, 하이데거가 생각했던 문제의 본질 자체에 속하고 그가 처음부터 다소 인식하고 있었던 변증법에서 만들어 낸 결과를 나타낸다.[12] 둘째, 그의 초기 사상과 후기 사상은 모두 한 전일체의 일부분이기 때문에 "우리는 그 둘을 분리하거나 하나를 희생하면서 다른 하나를 높이는 일을 할 수 없다."[13] 이러한 말은 하이데거가 자신의 두 서신뿐 아니라 후기 저작 『언어로의 도상에서』(On the Way to Language, Unterwegs zur Sprache)에서 한 말이 뒷받침할 것이다. 하이데거는 『존재와 시간』의 '근본 결점'을 이야기하지만, 이 결점은 『존재와 시간』의 논지와 관련이 있다기보다 "어쩌면 내가 너무 일찍 너무 멀리 나아간 것 같다"라는 주장과 관련이 있다.[14] 그는 같은 책의 다른 곳에서 이렇게 말한다. "내가 이전의 관점을 떠난 것은 그것을 다른 관점으로 바꾸려 함이 아니라, 이전 관점이 그저 도중에 쉬어 가는 역이었기 때문이다. 그 길은 내 생각에 계속 남아 있는 요소다."[15] 마지막으로 하이데거는 『존재와 시간』이 나오고 32년이 흐른 뒤 이렇게 말한다. "그때 중요했고 지금도 중요한 것은 존재들의 존재를 드러내는 것이다."[16]

하이데거 후기 사상의 체계는 그의 책 『형이상학 입문』(An Introduction to Metaphysics, Einführung in die Metaphysik)에서 처음으로 그 윤곽을 드러낸다. 이 책은 1953년에 처음 출간되었으나, 본디 1935년에 만든 강의 자료를 담은

---

12 J. Macquarrie, "Heidegger's Earlier and Later Work Compared" in A.T.R. XLIX (1967), p. 6; 참고. pp. 3-16.
13 Ibid., p. 7.
14 M. Heidegger, O.W.L., p. 7.
15 Ibid., p. 12.
16 Ibid., p. 30.

것이다. 하이데거는 1935년부터 1962년까지 스무 편이 넘는 저작을 출간했다. 우리 논지에 비춰 볼 때, 이 중에서 가장 중요한 두 저작은 1959년에 나온 『언어로의 도상에서』와 그의 작은 연설인 『내맡김』(*Gelassenheit*)이다. 하이데거가 1936년에 쓴 논문 "횔덜린과 시의 본질"(Hölderlin and the Essence of Poetry, Hölderlin und das Wesen der Dichtung)도 그의 언어관과 중요한 관련이 있다.[17] 어쩌면 우리는 그의 짧은 논문 "형이상학의 근거로 되돌아감"(The Way Back into the Ground of Metaphysics, Der Rückgang in den Grund der Metaphysik)도 언급해야 할지 모른다. 1949년에 쓴 이 논문은 이 자체만으로도 독립 작품이라 할 만한 것으로서 『형이상학이란 무엇인가?』(*What is Metaphysics?*, *Was ist Metaphysik?*) 5판의 서론으로 쓴 것이었다. 하이데거는 1956년에 이 논문을 그의 핵심 사상을 집약해 놓은 중요한 글로서 따로 뽑아 펴냈다.[18] 각각 『숲길』(*Holzwege*, 1950), 『강연과 논문』(*Vorträge und Aufsätze*, 1954), 『이정표』(*Wegmarken*, 1967)라는 제목을 갖고 있는 세 논문집은 모두 중요한 의미가 있는 자료를 담고 있다.[19] 이 안에 수록된 논문 중 일부는 영어로 번역되어 『시, 언어, 사상』(*Poetry, Language, and Thought*)이라는 제목으로 출간되었다.[20]

47. 서구 언어 전통에서 언어와 사고의 침체

하이데거는 그의 작품 『형이상학 입문』을 "왜 무(無)보다 존재자들(Seienden)

---

[17] In M. Heidegger, *E.B.*, pp. 291-315.
[18] M. Heidegger, "The Way Back into the Ground of Metaphysics", translated in W. Kaufmann (ed.), *Existentialism from Dostoevsky to Sartre* (sic; Meridian Books, The World Publishing Co., New York, 1956, 1966), pp. 206-221.
[19] M. Heidegger, *Holz.; Vorträge und Aufsätze* (Neske, Pfullingen, 1954); 그리고 *Wegmarken* (Klostermann, Frankfurt, 1967).
[20] M. Heidegger, *P.L.T.*

이 존재하는가?"라는 물음으로 시작하며, 이 질문으로 계속 되돌아간다.[21] 그는 이것이 "가장 넓고 깊어 모든 질문 가운데 가장 근본인 질문"이라고 주장한다.[22] 하지만 그는 우리가 "'존재가 어떤 상태인가?'(Wie steht es um das Sein?)라는 사전 질문"을 던진다면, 앞선 질문에 더 건설적으로 다가갈 수 있다고 생각한다.[23] 그러나 우리가 말 그대로 존재를 직접 살펴보려 하면, 우리에겐 말할 것이 전혀 없는 것 같다. 하이데거는 니체가 이 문제의 핵심에 다가가면서 존재를 연기나 안개(Dunst)로 묘사했던 것이 바로 그런 의미였다고 역설한다. 존재를 '최고 개념'으로 보면, 니체의 말대로 존재는 분명 "증발하는 실재가 마지막으로 남기는 희미한 자국"이다.[24] 따라서 존재 물음을 다루면, 우리는 언어 문제와 정면으로 맞닥뜨리게 된다. '존재'라는 말은 철저히 텅 비고 쓸데없는 개념 같다.

그런데도 하이데거는 "이것이 존재의 잘못인가?" 혹은 심지어 "존재라는 말이 여전히 텅 비어 있는 것이 이 말의 잘못인가?"라고 묻는다. 오히려 "모든 노력을 기울였으면서도, 언제나 존재자(Seiendes) 뒤를 쫓았으면서도 결국은 존재에서 떨어져 나간" 우리에게 잘못이 있는 것은 아닌가?[25] 그는 애초부터 서구 역사를 관통하는 무언가 속에 우리가 "존재와 연결되어 있었으나 이미 오래전에 존재에서 떨어져 나갔으면서도 그것을 알아차리지 못했다"는 사실이 자리해 있다고 주장한다.[26] 하이데거는 우리가 "존재에서 떨어져 나가지" 않았다면, 존재가 단지 안개나 공허가 아니라 "서양 정신의 운명"인 실재 혹은 존재임을 지금도 분명히 알았으리라고 주장한다.[27]

---

21 M. Heidegger, *I.M.*, pp. 1, 2, 12, 22, 29, 32, 그리고 다른 곳. 이 작품 번역자인 R. 만하임(Manheim)은 Seiendes를 가리키는 번역어로 "essent"를 사용하면서, "이 단어는 일부러 일상에서 하는 말을 멀리한 말"임을 그 근거로 든다. 참고. pp. viii-ix.
22 *Ibid.*, p. 6.
23 *Ibid.*, p. 32; 참고. pp. 39 and 41.
24 *Ibid.*, p. 36; 하이데거는 니체의 작품 『우상의 황혼』(*The Twilight of Idols, Götzen-Dämmerung oder Wie man mit dem Hammer philosophirt*)에서 인용한다.
25 *Ibid.*, pp. 36-37.
26 *Ibid.*, p. 37.

하이데거는 어떻게 그리고 무슨 근거로 존재 물음이 "서양 정신의 운명"과 어떤 관계가 있다는 주장을 할 수 있을까? 그는 존재에서 떨어져 나가는 것이 삶의 해체 및 분열과 관련이 있으며, 이는 다시 기술이 지배하고 "수준 떨어지는" 문화 전통을 반영한다고 본다. 이 시대는 "온 세계의 정신이 몰락"하고, "세계가 어두워지고, 신들이 도망가고, 지구가 파괴당하는" 시대다. 이 모든 현상은 "인간이 대중으로 바뀌며, 자유롭고 창조성을 지닌 모든 것을 향한 증오와 의심"에서 나타난다.[28]

하이데거는 이런 논지를 활용하여 러시아와 미국에 맞서는 것이 독일이 역사에서 감당할 운명이라는 관념에 정당성을 부여했다는 이유로 마땅히 받아야 할 비판을 받았다. 그가 국가사회주의당에 몸담은 첫 프라이부르크 대학교 총장으로서 1933년에 한 연설을 둘러싼 이후의 논쟁은 유명하다. 하지만 하이데거가 이미 『존재와 시간』에서 "일상의 평범한 존재"에 관하여 표명한 믿음과 그가 창조 활동의 유익한 가치에 관하여 점점 더 확신을 갖게 되었던 점을 고려할 때, 그의 견해는 이해할 수 있다. 마찬가지로 그는 미국이 "만들어 낸 것"(das Herstellbare)과 자주 황량한 모습을 보여 주는 러시아 마르크스주의 통제 체제의 획일성을 비판한다. 그는 이렇게 썼다. "형이상학의 관점에서 보면 러시아와 미국은 똑같다. 똑같이 기술에 열광하는 황량한 모습을 보이고, 똑같이 보통 사람으로 이루어진 무절제한 조직체다.…권투 선수를 국가의 위인이라 여기고 수백만이 참석하는 대중 집회를 승리라 여길 때…이런 의문이 유령처럼 여전히 우리를 따라다니며 괴롭힌다. 무엇 때문인가? 어디로 가는 것인가? 그럼 그다음은 무엇인가?"[29] 우선, 그는 우리가 "인간의 표준화, 평범한 이가 우월한 자리를 차지하는 것" 때문에 위협을 받고 있다고 믿는다.[30] "러시아와 미국에서는 이런 양상이 평범하고 늘 똑같은 그렇고 그런 것들이

---

27 Ibid.
28 Ibid., p. 38.
29 Ibid., pp. 37-38.
30 Ibid., p. 45.

한없이 쏟아져 나오는 쪽으로 펼쳐졌다."³¹ 반면, "우리는 '존재가 어떤 상태인가?', '존재의 의미는 무엇인가?'를 묻는다. 이를 물음은 전통 방식의 존재론을 세우려 함이 아니라…우리에게, 그리고 존재의 영역에 주어진 역사의 총체 속에서…인간의 역사 속 현존재(being-there, Dasein)를 회복하려 하기 때문이다."³² 이는 우리의 역사 속-정신적 실존의 시작을 "되풀이함"(wiederholen)으로써 "그 시작을 새로운 시작으로 바꿔 보려는" 것과 관련이 있다.³³

이 모든 것이 사유와 언어에 관한 문제에 깊은 영향을 미친다. 매일 기술만 지향하다 보면 사유는 단순한 계산으로 축소되어 버리며, 언어는 하루하루의 시시한 일들을 섬기라는 압박을 받는다. 순전히 기능과 관습 차원에 머무는 인간의 관심사들이 하루하루의 현금 가치를 결정하고, 언어는 조각나며 저열해진다. 하이데거는 언어가 존재를 설명할 수 없게 된 것을 최악이라고 본다. "'존재'라는 말은 더 이상 어느 것에도 적용되지 않는다.…모든 것이…햇빛에 흩어지는 구름 조각처럼 흩어졌다."³⁴ "언어의 운명은…**존재와의 관계에**…달려 있다."³⁵

가다머의 글에서 보았듯이, 하이데거는 사유와 언어가 서로 긴밀한 관련이 있다고 본다. 하이데거는 『내맡김』(Gelassenheit)에서 그가 계산하는 생각과 숙고하는 생각이라 부르는 것을 분명하게 나누어 대조한다.³⁶ 둘 다 그 나름대로 정당성을 가진다. 그러나 하이데거는 이렇게 썼다. "원자 시대에 밀려오는 기술 혁명의 물결은 인간을 사로잡고 미혹하고 압도하고 속일 수 있으며, 이 때문에 언젠가는 사람들이 계산하는 생각을 **유일한** 사고방식으로 받아들이며 따르게 될지도 모른다."³⁷ 하이데거의 저작 『언어로의 도상에서』에서도 이

---

31 *Ibid.*, p. 46.
32 *Ibid.*, pp. 41-42.
33 *Ibid.*, p. 39.
34 *Ibid.*, p. 40.
35 *Ibid.*, p. 51.
36 M. Heidegger, *Discourse on Thinking: A Translation of Gelassenheit* (Harper & Row, New York, 1966), pp. 46 and 53.

런 대조를 전제한다. 이 책에서 그는 현대 서구 세계에서 언어가 힘을 잃어버린 현실을 계산하는 생각 체계(계산하는 표상, das rechnende Vorstellen)가 자리 잡았음을 보여 주는 징조로 본다. 그는 이렇게 썼다. "현대의 사고는 훨씬 더 단호하게 오로지 계산 쪽으로 돌아서고 있다.…우리는 계산하는 생각 체계를 제거해야 한다."[38]

창조적 사고를 단순한 계산으로 축소해 버리는 것이 결국 실재를 자족성을 지닌 구역이나 전문 '분야'로 쪼개는 일의 핵심이다. 이런 타락 과정은 플라톤에게서 시작되었다. 하이데거는 이렇게 썼다. "소피스트와 플라톤에 이르러 비로소 현상을 그저 현상이라 선언함으로써 현상이 경멸을 받게 되었다. 그와 동시에 존재는 이데아로서 감각을 초월한 영역으로 높이 올림을 받았다. 단지 눈으로 볼 수 있는 여기 아래의 존재자(Seiendes)와 저 위 어딘가에 실재하는 존재(Sein) 사이에 틈(chorismos)이 벌어졌다. 뒤이어 그 틈에 기독교의 가르침이 자리를 잡았다.[1]…이런 점에서 그 사람들에겐 기독교가 플라톤주의라는 니체의 말은 맞는 말이다."[39] 따라서 처음으로 실재를 크게 구분한 경우는 사물의 영역과 이데아의 영역을 구분한 이원론이었다. 하이데거는 이것이 주체와 객체를 나누어 보는 사고로 이어졌다고 본다. 인간은 이런 사고를 하면서 세계를 자신의 개념이라는 틀로 바라본다. 실재는 개념으로 바뀌어 사유의 대상이 된다.

이렇게 모든 것을 구역과 구역으로 나누는 일이 인간과 존재의 관계에 끼친 영향을 보여 주는 한 사례가 예술이 '미학'으로 축소된 경우다. 미학과 예술을 바라보는 하이데거의 견해는 우리가 그의 제자인 가다머를 살펴볼 때 보았던 것과 비슷하다. 플라톤식 이원론에 따르면, 예술은 '낮은' 영역인 물질에 속하여 단순한 '사물'의 지위로 떨어지거나 심미 개념의 영역으로 높아지

---

37 *Ibid.*, p. 56. 하이데거 강조.
38 M. Heidegger, *O.W.L.*, pp. 84 and 104.
39 M. Heidegger, *I.M.*, p. 106.

기도 한다. 그러나 이 두 일 가운데 어느 하나를 행하는 것은 예술에게서 그 것이 본디 갖고 있는, 실재를 드러낼 수 있는 능력을 빼앗는 것이다. 하이데거 는 이렇게 썼다. "우리 현대인에게 아름다움은…즐기게 해 주는 것이고, 예술 은 과자를 만드는 사람의 영역의 속하는 것다.[2]…그러나 우리는 되찾은 원래 의 존재와 예술의 관계를 힘입어 '예술'이라는 말에 새로운 내용을 제공해야 한다."[40] 이 점은 하이데거가 『언어로의 도상에서』에서 '일본인' 테츠카(Tezuka, 手塚富雄)와 나눈 대화에서 나타난다. 감각 세계와 감각을 초월한 세계를 구분 하는 것이 예술을 미학으로 제시하는 서구식 표현의 기초다.[41] 하이데거 혹은 '탐구자'가 "세계와 인간의 완전한 유럽화"라 부르는 것이 언제나 기술 진보로 이어진다. 그러나 이 일본인은 이런 시각이 동양 예술에 미친 영향이 초래한 결과를 이렇게 받아들인다. "일본인의 세계는…사진이라는 객관성에 사로잡 혀…그 안에 갇혀 버렸다. 사진이 초래한 객관화는 이미 훨씬 더 넓은 범위까 지 뻗어 나간 유럽화의 결과물이다."[42] "미학은…예술 작품을 우리 느낌과 생 각의 대상으로 바꿔 버린다.…그렇게 바뀌어야 그 작품은 전시회와 박물관에 적합한 것이 되거나…예술 사업에 적합한 것이 된다."[43]

실재가 조각나 버린 것은 우리의 예술 이해에 영향을 주듯 우리와 언어 의 관계에도 비참한 결과를 가져온다. 하이데거는 언어가 기술 도구, 계산 도 구의 지위로 전락했다고 한탄한다. 전문 분야의 이해관계나 순전히 실용성만 을 가진 좁은 관심사들이 하루하루의 현금 가치를 결정한다. 예를 들면, "시 간은 단지 속도, 즉시성, 동시성에 불과한 것이 되었고, 역사인 시간은 모든 사 람의 삶에서 사라져 버렸다."[44] 하이데거에 따르면, 플라톤에서 칸트에 이르 기까지 개념을 형성하는 모든 관념은 "언어의 본질에 가하는 공격"을 숨긴다.

---

40 *Ibid.*, pp. 131-132.
41 M. Heidegger, *O.W.L.*, p. 14.
42 *Ibid.*, p. 17; 참고. pp. 15-16, 그리고 더 넓게 살펴보면, pp. 18-54.
43 *Ibid.*, p. 43.
44 M. Heidegger, *I.M.*, p. 38.

그 관념이 언어는 개념에 이름을 붙이는 수단을 넘어 훨씬 더 많은 것을 의미한다는 사실을 감추기 때문이다.[45] 언어는 단지 이미 만들어진 개념을 표현하는 데 이바지하는 매개체가 아니다.[46] 더군다나 언어 자체가 '사물'로서 객체가 되기도 한다. "언어에 관한 정보와 우리가 언어로 겪는 경험은 별개다."[47] 하이데거는 서구의 전통 언어관을 슈테판 게오르게(Stefan George)의 시 "말"(The Word, Das Wort)이 표현하는 것과 비교한다. 게오르게는 언어가 비단 '개념'뿐 아니라 실재도 전달한다고 말한다. "말이 부서진 곳에는 아무것도 존재하지 않으리."[48] 아울러 하이데거는 휠덜린과 고트프리트 벤(Gottfried Benn)의 시를 원용한다. 윌리엄 배러트는 하이데거가 영어권 세계를 바라보는 시각을 전달하려 하면서, 예이츠(Yeats), T. S. 엘리엇(Eliot), 로버트 그레이브스(Robert Graves)의 시에 들어 있는 비슷한 표현들을 인용한다. 그레이브스는 자연의 언어가 거꾸로 뒤집혀져, "나무"가 단순히 제재소용 목재가 되고 "동물"은 서커스단이나 통조림 공장에서 차지하게 되었다고 한탄한다. "여자"는 시인이나 기사를 들뜨게 하는 모습을 더 이상 전해 주지 않으며, "보조 일꾼"의 자리를 채워 주는 이들이 되었다.[49] 언어는 존재에서 떨어져 나간 현대 서구인의 곤경에 말려들었다.

하이데거는 그의 논문 "휠덜린과 시의 본질"에서 이런 상황을 다룬다. 그는 언어를 "인간에게 주어진…가장 위험한 소유물"이라 부르면서, 휠덜린이 선지자처럼 천명한 경고에 주목하길 요구한다.[50] 하이데거는 이렇게 말한다. "애초에 실존을 해치고 혼란스럽게 할 명백한 조건들을 만들어 냄으로써 실존을 잃어버릴 가능성을 만들어 낸 것이 바로 언어다."[51] 인간의 현재 상황에 비춰

---

45 M. Heidegger, *O.W.L.*, p. 25.
46 *Ibid.*, p. 35.
47 *Ibid.*, p. 59.
48 *Ibid.*, p. 60; 참고. pp. 61-96.
49 W. Barrett, *What is Existentialism?* (Grove Press, New York, ²1964), p. 129.
50 M. Heidegger, *E.B.*, pp. 296-300; 참고. pp. 293-315.
51 *Ibid.*, p. 298.

보면, "언어는…인간이 자신의 경험을 전달할 목적으로 재량껏 사용할 수 있다.…언어는 정보 제공에 기여한다." 하지만 하이데거는 이어 이렇게 말한다. "그러나 언어의 본질은 정보 제공 수단이라는 점에만 있지 않다.…언어는 단순한 도구가 아니다.…오히려 언어는 인간 실존이 지닌 최고의 가능성을 처리하는 사건이다."[52]

게르하르트 에벨링은 『신학 언어 이론 입문』에서 하이데거를 한 번도 분명하게 언급하지는 않지만 서구의 언어 전통이 퇴락했다는 하이데거의 견해에 동의한다. 그는 언어가 내용이 없어짐으로 말미암아 고통을 겪게 되었다고 주장한다. 에벨링은 후고 폰 호프만슈탈(Hugo von Hofmannstahl)이 언어의 질병을 진단한 내용에 동의하며 이를 인용한다. 언어는 말 그대로 분해되어 조각조각 떨어져 나갔다. 조각나 쪼개지고 원자처럼 되어 버렸다. "말의 원자들, 언어 안에 남아 있는 모든 것, 빈말은 이제 이해를 만들어 내지 않고 낯선 소외를 만들어 내면서, 당신에게 무언가를 제공하기보다 도리어 소용돌이처럼 당신을 사로잡아 허공 속으로 채 간다."[53] 에벨링은 후고 폰 호프만슈탈의 말을 인용한다. "모든 것이 파편으로 쪼개지고, 파편은 더 작은 파편으로 쪼개져, 더 이상 어떤 것도 개념으로 파악할 수 없는 것처럼 보였다. 파편이 된 낱말 하나하나가 내 주위를 둥둥 떠다녔다." 이어 에벨링은 이렇게 말한다. "실재의 원자화는 언어의 원자화를 일으킨다."[54]

에벨링은 이를 바탕 삼아 "언어의 깊은 위기, 나아가 실제로 언어의 완전한 붕괴"를 이야기한다.[55] 언어는 "인간을 현재 그 모습으로 만드는 데 중대한 역할을 한다." 따라서 "언어가 기술 도구"의 차원으로 떨어져 버린 것은 "불행한 일"이다. "이는 결국 삶의 모든 차원을 무시하는 결과를 낳는다.…무엇보다 혼란스러운 것은 언어가 인간의 마음을 조작할 수 있는 도구가 될 수 있다는 것

---

52 *Ibid.*, pp. 299-300.
53 G. Ebeling, *I.T.T.L.*, p. 71.
54 *Ibid.*, pp. 71 and 72.
55 *Ibid.*, p. 76.

이다."⁵⁶ 이와 반대로, 우리는 새롭게 말에 다가가기를 모색해야 한다. 이때 언어는 참된 창조성과 자발성과 유효성을 다시 얻는다. 따라서 해석학을 "가장 넓은 지평의 언어 이론", "언어 붕괴를 극복할 수 있는 방법을 다룬 이론"을 제공하기 위해 동원해야 한다.⁵⁷ 이것이 새 해석학의 중심 관심사 중 하나이며, 특히 푹스와 에벨링이 공유하는 관심사다. 따라서 에벨링은 『하나님과 말』(God and Word, Gott und Wort)에서 "우리가 언어 중독으로 죽을 위험에 빠져 있다"고 강조한다.⁵⁸ "근대가 동트면서…언어의 단순한 기호 기능이 무제한으로 발전할 길이 훤히 열렸다. 그 논리적 결과는 낱말이 암호로,…구문이 계산 문제로 전락한 것이다."⁵⁹

푹스와 에벨링은 하이데거의 견해를 공유한다. 하이데거는 만물을 주체와 객체로 나눠 보는 데카르트식 시각이 지배하는 언어는 기존 세계관을 영속시키는 일밖에 하지 못하며, 이런 세계관은 그저 인간의 기존 관심사를 되비치고 그를 역사 속에 자리한 그의 위치의 무기력한 희생 제물로 만드는 일밖에 하지 못한다고 보았다. "오히려 인간이 벗어날 길이 없다는 것은 그가 늘 자신이 닦아 놓은 길 위로 다시 던져진다는 것을 뜻한다. 그는 그 길에서 수렁에 빠지고, 자신이 낸 그 길에 붙잡히고, 결국 붙잡혀…존재에게 차단당한다. 그는 자신의 원을 한없이 돌고 돈다."⁶⁰ [3]

48. 언어사건 그리고 새롭게 말에 다가가기

하이데거 후기 저작에서는 새롭게 말에 다가가기를 모색하는 탐구의 세 측면

---

56 Ibid., pp. 98 and 127.
57 Ibid., pp. 156 and 157; 참고. p. 36 and pp. 153-166.
58 G. Ebeling, God and Word (End. Fortress Press, Philadelphia, 1967), p. 2.
59 Ibid., p. 17.
60 M. Heidegger, I.M., pp. 157-158.

을 구분할 수 있다. 첫째, 하이데거는 사건 언어(eventful language)가 단순히 인간의 사유에 근거하지 않고 오히려 존재에 근거를 두고 있다고 생각한다. 둘째, 그는 로고스를 모아 놓은 것으로 보는 관념과 관련지어, 언어의 모으는 힘에 주목하기를 요구한다. 셋째, 그는 존재, 언어, 인간의 관계를 고찰한다. 이에 따르면, 인간의 역할은 구경꾼이라기보다 경청자다.

존재와 사유를 대조하는 첫째 논점은 그야말로 바로 앞 항에서 개관한 내용의 반대 측면이다. 하이데거는 플라톤에서 니체에 이르기까지 철학에서는 존재를 단순한 개념으로 치부해 왔다고 생각한다. 사유의 대상인 존재는 그저 존재임(Seiendheit)일 뿐이다. 그는 소크라테스 이전 저술에서는 존재가 사유의 대상인 단순한 실체에 그치지 않고 능동적이며 사건인 실재(Sein)였다고 주장한다. 하이데거는 더 역동성을 지닌 이 시각을 표현할 방법들을 계속하여 탐색한다. 그리하여 제임스 로빈슨이 지적하듯이, 그의 최근 저작에서는 "동사에서 나온 명사로서 그 접두어가 도착의 시간상 의미를 강조하는 Anwesen(현재 어딘가에 와 있음)이 동사에서 나온 명사인 Sein을(Sein마저도) 대신하곤 한다."[61] 하이데거는 이렇게 썼다. "존재자는, 그것을 바르게 생각할 때, 비로소 바른 생각을 지탱한다.…존재(Sein)는 기본 사건이며, 이 기본 사건이 비로소 가능한 역사 속 현존재를 만든다."[62] [4] "우리는 중요해 보이지 않는 존재와 사유의 구분에서 우리가 본디 공격하는 서구 정신의 기본 입장을 인식해야 한다. 그래야 비로소 그 기본 입장을 **근본부터** 극복할 수 있다."[63] "존재를 바라보는 서구의 견해는 모두…'존재와 사유'라는 표제 아래 집약할 수 있다.…서구 철학이 시작될 때 존재를 드러내는 일을 이끈 시각은 시간이다."[64] 하이데거는 헤라클레이토스뿐 아니라 파르메니데스의 경우에도 이러했다고 주장한다.

---

61 J. M. Robinson, *New Frontiers in Theology: I, The Later Heidegger and Theology*, p. 22.
62 M. Heidegger, *I.M.*, pp. 194 and 201.
63 *Ibid.*, p. 117. 하이데거 강조.
64 *Ibid.*, p. 205.

이것이 사건 언어의 기초다. "언어는 한 민족이 그 존재를 시로 표현할 때 쓴 원시(原詩)다."[65] 마찬가지로 푹스 역시 그의 저작에서 "언어는…존재를 사건으로 만든다"고 말한다.[66] 푹스는 하나님의 말씀이 인간의 사유나 개념의 문제가 아니라 "존재의 의미"(der 'Sinn' des Seins)에 관한 문제라고 주장한다. 하나님의 진리는 존재로 부름(der Ruf zum Sein)이다.[67] 신약성경을 통해 일어나는 언어사건(Sprachereignis)은 개념 전달이 아니라, 부름(Berufung)이나 보증(Einsatz)을 나타낸다.[68] 예수는 단순히 개념들을 전하신 게 아니라, 약속하시거나(verheißen) 요구하시거나(fordern) 선물을 베푸신다(geben).[69] 약속이나 요구나 선물에 관한 생각들을 전달하는 것과 실제로 그것들을 하는 것은 분명 하늘과 땅 차이다. 우리는 후자를 수행 언어(performative language)라 묘사할 수도 있을 것이다. 다만, J. L. 오스틴은 이 말의 의미를 다루면서 수행이 관습 수용에 의존한다고 생각하지만 하이데거와 푹스는 그렇게 생각하지 않는다. 실제로 우리가 이 접근법에 제기할 수밖에 없는 한 가지 비판은 이것이 말 마술(word-magic)에 너무 가깝다는 것이다. 이 때문에 게르하르트 에벨링은 실제로 말 사건(word-event)을 "하나님 자신이 전달되는 사건"이라 말한다.[70]

푹스와 에벨링의 새 해석학과 하이데거 사상의 유사점은 새 해석학이 가다머의 해석학과 가질 법한 연관 관계보다 대체로 더 긴밀하고 분명하다. 하지만 우리는 앞 장에서 가다머가 언어를 무엇보다 사상 전달이나 개념 표현으로 보려는 어떤 흐름도 힘써 반대한다는 점을 살펴보았다. 가다머가 생각하는 언어는 개념들을 다룰 때 사용하는 단순한 도구가 아니다. 우리가 이미 주장했듯이, 에벨링과 가다머는 한목소리로 언어의 진짜 문제는 새로운 말하기

---

65 *Ibid.*, p. 171.
66 E. Fuchs, *S.H.J.*, p. 207.
67 E. Fuchs, *Herm.*, p. 71.
68 E. Fuchs, *S.H.J.*, pp. 94 and 95 (German, pp. 291 and 293).
69 *Ibid.*, pp. 91 and 93 (German, pp. 288 and 291); pp. 36 and 38 (German, pp. 224 and 226); 그리고 p. 141 (German, p. 347).
70 G. Ebeling, *The Nature of Faith*, p. 87.

수단을 발견하는 게 아니라, 새롭게 말에 **다가가기**를 이뤄 내는 것이라고 역설한다.[71] 가다머는 '실재'가 인간 의식의 내용을 초월한다고 계속 주장한다. 분명 가다머와 하이데거는 예술과 '미학'을 동일시하는 어떤 견해도 힘써 거부한다는 점에서 완전히 의견을 같이한다. 두 사상가는 이런 견해가 철학사 안에 존재했던 그릇된 가설들과 관련이 있음을 보여 주는 데 관심을 기울인다.

이제 사건 언어를 다루는 하이데거 후기 사상의 두 번째 측면, 곧 언어의 모으는 힘과 관련된 측면을 살펴보자. 하이데거는 이렇게 썼다. "로고스인 언어는 모음(collection, Sammlung)이다.…본래의 말은 존재자의 존재를 그 존재자가 모아 놓은 것들의 구조 속에서 드러낸다."[72] 잡담은 모으는 것(gathering)이라기보다 흩어지는 것이다. "언어의 본질은 존재가 모여 있음인 모으는 행위 속에서 발견되기 때문에, 일상의 말인 언어는 말하는 것과 듣는 것이 존재의 의미 속에 모여 있음인 로고스로 향할 때에 비로소 그 언어의 진리에 이른다."[73] [5] 하이데거는 원시, 혹은 적어도 소크라테스 이전 자료로 되돌아가려는 자신의 방법을 따라, 헤라클레이토스의 글에서는 로고스의 실제 의미가 '모음'(Sammlung)임을 중요하게 생각한다. "이 독일어 낱말의 의미가 (1) 모음과 (2) 모여 있음이듯이, 여기서(곧 헤라클레이토스의 글에서) 로고스는 주된 모음 원리인 모여 있음을 모음을 뜻한다."[74]

이렇게 언어가 모으는 것임을 강조하는 일은 하이데거의 책 『언어로의 도상에서』를 비롯하여 다른 여러 저작에서도 계속 이어진다. 하이데거는 말하기가 "모든 것을 모은다"고 썼다.[75] 말하기는 "모으는 소리"를 이룬다.[76] 하지만 어쩌면 이 원리를 가장 쉽게 이해하는 길은, 헤라클레이토스나 하이데거 자

---

71 *Ibid.*, p. 16.
72 M. Heidegger, *I.M.*, p. 172.
73 *Ibid.*, p. 173.
74 *Ibid.*, p. 128.
75 M. Heidegger, *O.W.L.*, p. 108.
76 *Ibid.*, p. 126.

신이 쓴 어려운 경구가 아니라 하이데거가 예술 작품의 모아들이는 힘을 놓고 한 말들과 관련지어 이해하는 길일 것이다. 하이데거는 서로 다른 몇몇 논문에서 판 호흐(Van Gogh)가 농사꾼 아낙의 신발을 그린 그림들을 다룬다.[77] 그는 이 그림들이 신발 한 짝을 막연히 사물 그 자체로 표현한 게 아니라고 주장한다. 오히려 이 신발들은 이 농사꾼 아낙의 삶에 속한 여러 요소들을 한데 모아 그 삶의 세계 전체를 드러낸다. 예를 들면 이렇다. "닳아진 신발 안쪽이 어두운 데서 드러나면, 일꾼의 고된 발자취가 앞을 바라본다. 딱딱하고 거칠어져 무겁디무거운 그 신발 속에 싸늘한 바람이 휩쓸고 간 들녘을 걸어 하나같이 똑같은 모습으로 멀리 뻗어 있는 고랑들을 느리게 터벅터벅 지나가는 아낙의 완고한 발걸음이 들어 있다. 신발 가죽 위에는 축축하고 기름진 흙이 묻어 있다. 저녁이 내리자, 발밑으로 들길의 고독함이 미끄러져 들어온다. 신발 안에서는 땅이 고요하게 부르는 소리가, 땅의 고요한 선물인 익어 가는 곡식의 소리가 바르르 울린다.…틀림없이 빵을 먹을 수 있을까 하는 거부할 수 없는 불안감, 곤궁한 시절을 다시 한 번 견뎌 냈다는 형언할 수 없는 기쁨이 이 물건에 가득 스며든다.…이 물건은 이 농사꾼 아낙의 **세계**에…속한다."[78] 하이데거는 우리가 이 그림(하이데거가 다루는 그림은 판 호흐가 1885년에 그린 "신발 한 짝"이다—옮긴이)에서 이 농부의 세계에 속한 "모든 것을 그 자체 안에 모음"을 본다고 주장한다. 이런 일은 "묘사나…보고가 아니라, 오직 우리 자신을 판 호흐의 그림 앞으로 데려감으로써" 이루어진다. "이 그림은 이야기해 주었다.…이 예술 작품은 이 신발이 실은 무엇인지 우리에게 알려 준다."[79]

하이데거는 이 모음 원리를 그림뿐 아니라 건축으로도 설명한다. 그는 특히 한 그리스 신전의 '존재' 또는 '세계'가 전달하는 모으는 힘을 논한다. 이 신전은 실루엣을 통해 신전 자체의 형상뿐 아니라 광활한 하늘도 드러낸다.

---

[77] M. Heidegger, *Holz.*, pp. 22-23; "The Origin of the Work of Art" in M. Heidegger, *P.L.T.*, pp. 32-37; 참고. pp. 15-87; 그리고 *I.M.*, p. 35.
[78] M. Heidegger, "The Origin of the Work of Art" in *P.L.T.*, pp. 33-34.
[79] *Ibid.*, p. 35.

가까이 있는 연못은 신전의 윤곽을 보여 줄 뿐 아니라, 이를 통해 이 윤곽을 되비칠 있는 물의 능력도 보여 준다. 이 석고 건물의 튀어나온 부분과 오목 들어간 부분은 태양의 장엄함과 그늘의 어둠을 대조하여 보여 준다. 이 신전이 바위처럼 그 자리에 굳건히 서 있다는 특성은 이 신전이 의지하는 땅의 안정성을 일러 준다. "이 신전이 든든히 서 있음은 그 반석이 투박하면서도 자연스럽게 이 신전을 지지해 준다는 신비에서 나온다.…이 신전이라는 작품은 거기에 서서 한 세계를 열어 보인다."[80][6] 예술 작품은 실재를 함께 '모아' 감동을 자아내는 단일 존재로 만든다. 이 때문에 예술 작품은 사물들을 '현재보다 더 많은(나은) 것'으로 만든다. 따라서 가다머도 강조하듯이, 예술 작품은 이 박물관에서 저 박물관으로, 혹은 이 화랑에서 저 화랑으로 떠돌아다니는 단순한 물건이 아니다.[81]

빈센트 비시나스(Vincent Vycinas), L. 베르세니, T. 랭건을 비롯한 많은 저술가들이 하이데거가 그의 논문 "예술 작품의 기원"(On the Origin of a Work of Art, Der Ursprung des Kunstwerkes)에서 제시한 주장들을 논한다.[82] 예술을 통한 드러남은 '개념' 문제가 아니다. 랭건이 말하듯이, "예술 작품은 세계를 열려고 애쓰는 현존재와…그 현존재가 노력의 뿌리로 삼아야 하는 '재료'가 전투를 벌이는 현장이다.…예술 작품은 현존재에게 모든 욕구와 개념과 빛을 부여하는 한 **세계**와 그 작품을 만드는 재료인 **땅**의 만남이다.…세계는 이런 재료들을 그 빛 속으로 흡수함으로써, 그 재료들이 의미를 만들어 내고 존재가 되게 한다.…현존재는 땅의 조산사다."[83] 예술 작품 안에서 '말하는' 것은 감동을 자아내는 어떤 단일 전일체의 '세계'와 '현존'이다.

---

80 *Ibid.*, p. 42.
81 *Ibid.*, p. 19.
82 참고. V. Vycinas, *Earth and Gods: An Introduction to the Philosophy of Martin Heidegger* (Nijhoff, The Hague, 1961), p. 243 (판 호흐의 그림을 다룬 부분); L. Versényi, *Heidegger, Being, and Truth*, pp. 95이하; 그리고 T. Langan, *The Meaning of Heidegger*, pp. 199-200.
83 T. Langan, *The Meaning of Heidegger*, pp. 199-200.

이것은 비단 시각 예술과 조형 예술뿐 아니라 문학 작품에도 적용된다. 예를 들면, 이런 시각은 하이데거가 소포클레스의 『안티고네』(Antigone)에 나오는 합창, 또는 슈테판 게오르게나 프리드리히 횔덜린의 시를 해석하는 방식에서도 나타난다.[84] 하이데거는 게오르크 트라클(Georg Trakl)의 시를 논하면서 이 점을 분명하게 강조한다. 하이데거는 트라클의 '말'을 그의 시 속에 '모으는' 것이 무엇인지 간파하는 것이 자신의 과업이라고 단언한다. "모든 위대한 시인은 자신의 시를 오직 하나의 시론(詩論)에서 만들어 낸다.…그 시인의 시론은 말하여지지 않은 채 그대로 남아 있다.…그래도 모든 시는 하나의 시론 전체에서 나온 것을 말하며, 각 경우마다 그 시론을 말한다."[85] 다시 말해, 트라클 시의 독창성과 사건성은 그 시의 전체성과 단일성, 하나로 '모으는' 능력과 관련이 있다.

에른스트 푹스도 언어의 모으는 힘을 강조한다. 예컨대 그는 이렇게 썼다. "믿음의 언어는 믿음 모음을 언어로, 그리하여 결국 그리스도를 언어로 옮긴다" (푹스 강조).[86] "말씀 선포는 그리스도를 중심으로 모여든다.…이 공동체는 그 안에서 공동체의 사건이 성취되는 언어를 말할 수 있는 가능성 안에서 자신의 존재, 자신의 '모여 있음'을 가진다."[87] 그리하여 "모든 것"이 새롭게 되며(고후 5:17), 말씀이 선포될 때 "공동체가 형성된다."[88] 에벨링 자신의 말로 표현하면, 푹스와 에벨링도 "그것은 한 낱말들을 이해하는 문제가 아니라 말 자체를 이해하는 문제"임을 강조한다.[89] 하인리히 오트는 에벨링이 그의 책 『믿음의 본질』

---

[84] 하이데거는 *I.M.*, pp. 146-165에서 *Antigone*, II. 332-375을, *O.W.L.*, pp. 60-108에서 S. 게오르게의 "The Word"를, *P.L.T.*, pp. 213-229에서 횔덜린의 작품을 설명한다. 횔덜린에 관한 설명은 특히 B. Allemann, *Hölderlin et Heidegger: Recherche de la relation entre poésie et pensée* (Presses Universitaires de France, Paris, 1959)를 보라. 아울러 J. Macquarrie, *God-Talk: An Examination of the Language and Logic of Theology* (S.C.M., London, 1967), pp. 157-167를 참고하라.
[85] M. Heidegger, "Language in the Poem: A Discussion of Georg Trakl's Poetic Work" in *O.W.L.*, p. 160; 참고. pp. 159-198.
[86] E. Fuchs, *S.H.J.*, p. 209.
[87] *Ibid.*, pp. 208-209.
[88] *Ibid.*, pp. 202-203.
[89] G. Ebeling, *The Nature of Faith*, p. 16.

속에 그의 작업을 정리해 놓은 것을 가리켜, "신학이 다름 아닌 바로 불가분인 한 믿음을 사유하며 설명하는 것과 관련이 있음을 확실히 밝힌 것"이라고 이야기한다.[90] 비록 다른 점에서 의견 차이를 보이긴 하지만, 오트는 하이데거 사상의 이런 측면이 성경 해석학과 신학에 중요함을 강조한다는 점에서 새 해석학의 두 주요 대변자(푹스와 에벨링—옮긴이)와 의견을 같이한다. 신약성경의 각 본문은 한 복음을 들려준다. 그렇지만 "복음 자체—오직 하나만 존재한다—는 여전히 말하여지지 않은 채로 남아 있다."[91] 오트는 하이데거가 트라클을 다룬 논문에서 한 말과 오트 자신의 말을 분명하게 비교한다.

언어와 관련된 하이데거 후기 사상의 세 번째 주요 측면은 인간이 구경꾼이라기보다 **경청자** 역할을 한다는 점과 관련이 있다. 하이데거는 부정하는 말투로 이렇게 썼다. "낱말과 언어는 말하고 글 쓰는 거래를 위해 사물을 포장하는 포장지가 아니다. 사물은 낱말과 언어 속에서 비로소 존재하게 되고 지금도 존재한다. 이 때문에 언어를 잡담과 구호, 경구로 잘못 쓰면 우리와 사물의 본래 관계가 파괴되고 만다."[92] 언어가 새롭게 말하는 것이라면, 침묵하며 사색하고 받아들이는 경청이 있어야 한다. 바로 이렇게 받아들이며 내맡기는 (Gelassenheit) 자세가 독창성을 가진 시인과 진정한 사상가를 범인(凡人)과 구별해 준다. 시인과 사상가는 **묻는 자세로** 언어에 귀를 기울여야 한다. 하이데거는 이렇게 말한다. "물을 줄 안다는 것은, 심지어 평생이라도 기다릴 줄 안다는 말이다.…휠덜린이 [그의 시 "거인들"(Titane)에서—옮긴이] 말하듯이, '깊이 생각하시는 하나님은 때늦은 성장을 미워하시기 때문이다.'"[93]

하이데거는 『언어로의 도상에서』에 들어 있는 그의 논문에서 "단순히 언어**에 관하여 말함**"과 "언어가 언어 내부에서 우리에게 말하게 함"을 대조하며 논

---

90 H. Ott, "What is Systematic Theology?" in Robinson and Cobb, *New Frontiers in Theology: I, The Later Heidegger and Theology*, p. 91.
91 *Ibid.*, p. 87.
92 M. Heidegger, *I.M.*, pp. 13-14.
93 *Ibid.*, p. 206.

지를 전개한다.⁹⁴ "시인이 포기하길 배운 것은 그가 이전에 소중히 여겼던, 사물과 말의 관계를 바라보는 견해다.…시인은 포기를 배웠다. 그는…오직 말만이 사물을 있는 그대로 나타나게 함으로써, 그것이 존재하게 한다는 것을 경험했다."⁹⁵ 이는 하이데거가 그의 책 『내맡김』에서 계산하는 생각과 숙고하는 생각을 대조하며 비교한 논의와 비슷하다. 그는 이렇게 썼다. "숙고하는 생각은 한쪽에만 치우쳐 어느 한 생각에만 매달리지 말라고 우리에게 요구한다.…사물들을 매임 없이 대하고 신비에 열린 자세를 갖는 일은 저절로 이루어지지 않는다.…두 자세 모두 끊임없이 용기 있는 생각을 해야 자라난다."⁹⁶ 하지만 하이데거는 우리에게 이렇게 경고한다. "사고는 지식을 얻는 수단이 아니다. 사고는 존재라는 땅에 고랑을 내는 것이다."⁹⁷

따라서 언어는 존재론상 중요한 의미를 가진다. 언어는 "존재의 집…현재 여기 있는 것을 지키는 파수꾼이다"(das Haus des Seins...die Hut des Anwesens).⁹⁸ 하이데거는 다른 곳에서 언어는 존재를 지키는 "관리자"라고 말한다.⁹⁹ 인간이 할 일은 자신을 언어가 말할 '자리'에 놓음으로써 존재가 언어를 통해 드러나게 하는 것이다.¹⁰⁰ 따라서 "말하기는 본디 경청이다.…**언어**는 말함으로, 곧 보여 줌으로 이야기한다.…우리가 말을 들음은 다만 우리가 말에 속하기 때문이다.…언어에는 인간의 말하기가 필요하나, 그렇다고 언어가 단순히 우리의 말하기 행위를 만들어 낸다거나 우리의 말하기 행위에 좌우되지는 않는다.…언어로 가는 길은…말인 언어다.…말은 보여 주기다."¹⁰¹

우리는 이미 가다머의 작업에서 인간이 서 있는 언어 전통이 그의 사상을

---

94 M. Heidegger, *O.W.L.*, p. 85.
95 *Ibid.*, p. 65.
96 M. Heidegger, *Discourse on Thinking*, pp. 53 and 56.
97 M. Heidegger, *O.W.L.*, p. 70.
98 M. Heidegger, *Unterwegs zur Sprache*, p. 267; 참고. *O.W.L.*, pp. 5, 21, 22, 26, 63, *et passim*.
99 M. Heidegger, *I.M.*, p. 185.
100 M. Heidegger, *U.S.*, p. 19.
101 M. Heidegger, *O.W.L.*, pp. 123, 124, 125, and 126.

표현할 뿐 아니라 형성하는 데도 이바지한다는 것을 보았다. 어느 저술가가 말했듯이, 언어는 우리 사유가 움직일 홈을 파 준다. 그렇다면 인간이 언어를 다시 형성하려고 적극 노력할 때보다 언어에 귀를 기울일 때 언어가 새롭게 이야기한다고 주장하는 것은 자기모순 아닌가? 한스 요나스는 "사고"란 운명이나 역사의 우연에 좌우당하지 않으려는 적극적 시도라는 취지의 비판을 제시하는데, 사실 이 비판도 어느 정도는 맞는 말 같다.[102] 찰스 스코트(Charles Scott)가 요나스의 비판에 제시한 답변도 이 특별한 논지를 무력하게 만들지는 않는다.[103] 요나스는 신학자들이 미혹에 빠져 하이데거가 "사고"(thinking)와 "감사"(thanking)를 연계한 것이 신앙에서 우러나온 겸손과 연관이 있다고 추정하는 잘못을 범해서는 안 된다고 역설한다.[104]

요나스의 주장을 밑받침하는 근거로서 바로 하이데거가 자신의 후기 사상과 선불교(Zen, 禪佛敎)의 관계에 관하여 한 말들을 인용할 수 있겠다. 하이데거는 D. T. 스즈키(Suzuki, 스즈키 다이세츠, 鈴木大拙貞太郎)가 선을 다룬 책을 하나 읽고 "이것이 바로 내가 내 저작 전체에서 말하려 했던 것"이라고 말했다 한다.[105] 요 근래에는 피터 크레이프트(Peter Kreeft)가 선과 하이데거의 『내맡김』의 관계를 꼼꼼하고 자세하게 비교했다.[106] 그는 하이데거와 선 사이에 여덟 개나 되는 특별한 유사점이 있다고 주장하면서 자신의 연구를 마무리한다. "하이데거가 말하는 '매임 없는' 인간은 '선(禪)의' 성격이 두드러진 인간이며…일부러 애쓰지 않아도 흔들림이 없고, 자신을 비우며 기뻐하고, 아무 속셈 없이 감사하고, 개념이나 사물에 매달리지 않는다."[107]

---

[102] H. Jonas, "Heidegger and Theology" in *R.M.*, XVIII (1964), pp. 207-233.
[103] C. E. Scott, "Heidegger Reconsidered: A Response to Professor Jonas" in *H.T.R.* LIX (1966), pp. 175-185.
[104] M. Heidegger, *Discourse on Thinking*, p. 85.
[105] W. Barrett (ed.,) *Zen Buddhism* (Doubleday, New York, 1956), p. xi, 그리고 in N. W. Ross (ed.), *The World of Zen* (Collins, London, 1962), p. 344.
[106] P. Kreeft, "Zen in Heidegger's *Gelassenheit*" in *I.P.Q.* XI (1971), pp. 521-545.
[107] *Ibid.*, p. 545.

그렇지만 이 시각에는 푹스와 에벨링이 신약성경을 연구하는 자신들의 접근법에 끌어다 쓰려 하는 측면이 적어도 셋이 있으며, 십중팔구는 그보다 더 많을 수도 있다. 또한 하인리히 오트는 푹스와 에벨링보다 더 열심히 그런 점들을 받아들인다. 이를 살펴보면, 첫째, 하이데거는 존재가 인간 안에서 불러일으킨 경이에서 언어가 태어난다고 생각한다. 인간은 지금도 자신을 다시 경이로 가득 채워 줄 환상을 잠잠히 기다려야 한다. 이런 일은 인간이 낡아 빠진 사고 관습에 사로잡히지 않을 때 비로소 이루어질 수 있다. 푹스도 언어 사건과 경이 체험이 관련 있다고 생각한다. 둘째, 인간이 할 일은 단지 언어에 **관하여** 묻는 것이나 심지어 언어가 어떤 주제에 **관하여** 말하게 하는 것에 그치지 않는다. 언어 **자체**의 주제는 언어를 **통해** 말하여진다. 에벨링은 이렇게 단언한다. "이해의 영역에서 가장 주요한 현상은 언어'를' 이해하는 일이 아니라 언어를 '**통한**' 이해다"(에벨링 강조).[108] 셋째, 언어 또는 텍스트는 경청자인 인간에 맞서 자신의 권리를 부여받는다. 푹스는 이렇게 강조한다. "본문은 단지 케리그마 공식을 가져오는 종이 아니라, 도리어 '하나님 앞에' 존재하는 우리 실존의 언어 맥락 속으로 우리를 이끄는 주인이다."[109] "소음이 침묵으로 잦아든 믿음의 고요함 속에서 한 **음성**, 곧 본문에서 가장 중요한 의미를 가진 바로 그 음성이 들린다."[110] "본문은 스스로 살려고 존재한다."[111]

49. 푹스와 에벨링의 해석학에 관한 추가 고찰

우리는 에벨링이 서구 언어 전통이 퇴락했다는 하이데거의 진단에 동의한 것을 보았다. 푹스와 에벨링은 이를 배경 삼아, 신약성경의 메시지가 어떻게 하

---

[108] G. Ebeling, *W.F.*, p. 318.
[109] E. Fuchs, *S.H.J.*, p. 211.
[110] *Ibid.*, p. 192.
[111] *Ibid.*, p. 193.

면 새롭게 말에 다가가 그 메시지를 효과 있게 "분명히 드러나게"(treffen) 할지를 묻는다.[112] 에벨링은 설교라는 맥락을 다룰 때 "실재와 아무 상관없는 경건한 말"을 피하려 한다.[113] 그는 이렇게 썼다. "우리가 지루해하거나 분노하거나 비꼬거나 우울한 반응을 보이지 않으려면, 평범한 설교에도 웬만큼은 선의를 보여야 한다."[114] 신약성경을 해설할 때, 그것이 우리 귀에 "그저 어떤 전통, 단순한 형태의 말, 과거 언어가 남긴 죽은 유물"로서 다다르지 않게 해야 한다.[115] 푹스는 또 이렇게 썼다. 예수의 언어는 "사람을 골라 사로잡은 뒤 심연으로 끌고 들어간다."[116] "본문은 살려고 존재한다."[117] 푹스는 듣는 이의 '세계' 안으로 들어가 그가 살아가는 세계 안에서 이야기하는 것이 예수의 방법이었다고 주장한다. 마찬가지로 오늘날 신약성경의 메시지를 설교할 때도 그 메시지가 듣는 이들의 지평과 교통하는 언어로 '번역'해야 한다. 그렇게 해야 가다머가 "사물 자체가 언어에 다가감"(das Zur-Sprache-Kommen der Sache selbst)이라 일컬은 일이 일어날 수 있다.

우리는 이미 푹스와 에벨링이 해석학을 개개 낱말이 아니라 말을 이해하는 문제로 본다는 것을 언급했다. 나아가 해석학은 어떤 해석학 '규칙들'을 기계처럼 적용하는 일이 아니다.[118] 해석학의 중심 문제는 '나는 실제로 어떻게 이해에 이르는가?'이다. 우리는 사전에 형성된 규칙들을 갖고 시작하지 못한다. 해석학은 이론이나 주체-객체 인식보다 앞서 존재하는 삶의 상황이라는 차원에서 작동하기 때문이다. 푹스는 기억에 남을 만한 비유를 하나 든다. 예컨대 우리는 고양이의 속성을 추상 언어로 정의할 수 있다. 그러나 '해석학 원리'는 고양이가 실제로 무엇을 위하여 있는 존재인지 드러내며, 그 무

---

112 *Ibid.*, pp. 196-198 and 202 (German, pp. 411-414 and 418); 그리고 *Herm.*, p. 91.
113 G. Ebeling, *God and Word*, p. 5; 참고. pp. 33-36.
114 G. Ebeling, *The Nature of Faith*, p. 15.
115 G. Ebeling, *God and Word*, p. 3.
116 E. Fuchs, *S.H.J.*, p. 35.
117 *Ibid.*, p. 193.
118 G. Ebeling, *W.F.*, p. 313.

엇은 쥐다. "…쥐가 고양이를 이해하기 위한 해석학 원리로 보인다"(…die Maus das hermeneutische Prinzip für das Verständnis der Katze zu sein).[119] 우리는 에른스트 푹스가 말한 개념으로 '공통 이해'(common understanding), '상호 이해'(mutual understanding), 심지어 '공감'(empathy)이라는 말로 다양하게 번역하는 Einverständnis의 개념에서 문제의 핵심에 이르렀다. 콜린 브라운은 또 다른 말로 바꾸어 "꿰뚫어 보는 이해"(penetrative understanding)라고 쓰자고 제안한다. 푹스는 중요한 언급을 하나 하면서 자신이 쓴 『해석학』(Hermeneutik)이 "해석학 문제를 모든 이해의 기초인 공감 현상의(des Phänomens des Einverständnisses) 도움을 받아 언어 차원으로 다시 데려가려는 시도"라고 말한다.[120]

Einverständnis라는 현상은 아주 끈끈한 관계인 가족이 공유하는 공통 이해가 보여 준다. 한 낱말이나 한마디 말로도 경험한 세계 전체를 전달할 수 있다. 그 가족이 공유하는 태도, 가설, 경험이 한데 어우러진 관계망이 그 가족의 언어를 밑받침하는 기초가 되기 때문이다. 따라서 "집에서는 사람들을 이해시키려고 말하지 않는다. 사람들이 이해하기 때문에 말한다."[121] 언어가 언어사건(Sprachereignis)으로서, 혹은 에벨링의 표현을 빌리면 말 사건(Wortgeschehen)으로서 효과 있게 발생하는 것은 **의식 차원의 사유보다 더 깊은, 더 먼저 존재하는 어떤 것 덕택이다.** "말한 것과 파악한 것이 즉시 이루는 조화는 사유 과정의 결과물이 아니다. 그 조화는 더 이전 단계에서 사건으로서 일어난다.…말이 '그 목적을 이룬다.'"[122]

Einverständnis에 근거하고 Einverständnis에 영향을 주기도 하는 언어사

---

[119] E. Fuchs, *Herm.*, p. 110.
[120] E. Fuchs, "The Hermeneutical Problem" in J. M. Robinson (ed.), *The Future of Our Religious Past: Essays in Honour of Rudolf Bultmann* (S.C.M., London, 1971), pp. 267-268; 참고. pp. 267-278; German in E. Dinkler (ed.), *Zeit und Geschichte: Dankesgabe an Rudolf Bultmann zum 80. Geburtstag* (Mohr, Tübingen, 1964), p. 357.
[121] E. Fuchs, "The New Testament and the Hermeneutical Problem" in *N.H.*, p. 124.
[122] E. Fuchs, *S.H.J.*, p. 196 (German, p. 411).

건은 인식하는 개념들이 아니라 '세계'와 관련이 있다. 여기서 푹스와 가다머가 아주 가까워진다. 푹스는 언어사건을 집에 비유하지만, 가다머는 어린이나 연인의 세계를 언급한다. 가다머는 이렇게 썼다. "어린이와 연인도 '그들의' 언어를 갖고 있다. 그들은 그들만이 속한 세계 속에서 이 언어로 서로 소통한다. 이런 일이 이루어지는 이유는…그들 사이에서 한 언어 습관이 자라났기 때문이다. 공통 세계(die Gemeinsamkeit einer Welt)가…늘 언어의 전제다."[123] 우리는 앞서 가다머가 놀이 '세계'와 관련하여 놀라운 비유를 썼음을 다루었다. 그는 이런 세계에서는 놀이 자체라는 실재가 놀이에 참여하는 자들의 의식보다 더 근본적이라고 주장한다. 이런 점에서, 가다머와 푹스의 해석학은 심리학보다 언어를 더 지향한다. 비록 키멀레가 재발견한 과거 슐라이어마허의 초기 해석학에도 언어를 지향하는 측면이 있긴 하지만, 새 해석학은 결국 슐라이어마허로 되돌아가는 것이라는 C. E. 브라텐의 주장을[124] 완전히 받아들일 수 없는 것은 바로 그런 이유 때문이다.

푹스는 예수가 비유를 통해 청중의 '세계' 속으로 들어감으로써 청중이 예수의 언어를 아주 명쾌하게 깨달을 수 있게 했다고 주장한다. 푹스가 그런 비유의 그림 같은 부분(Bildhälfte)이 단순히 어떤 관념 차원의 전제를 더 생생하게 만들려고 사용한 설교 도구나 설명 도구에 그치지 않는다고 누누이 말하는 점을 중요시해야 한다. 예수는 "평상시에 펼쳐지는 지역과 가족의 삶"이라는 세계로 들어가신다. 농부와 장사꾼과 주부와 부자와 가난한 이들의 세계로 들어가신다. 푹스는 이렇게 단언한다. "예수는 이런 세계의 세세한 구석들을 단지 어떤 '접촉점'으로 활용하지 않고, 도리어 **바로 이 '세계'를** 염두에 둔다."[125] 이 말은 푹스가 앞서 말했던 "우리는 사람들이 공통 세계를 가짐으로써 그들 사이의 이해가 드러나는 어느 곳에서나 실존 범주를 발견한다"[126]라는 말에

---

[123] H.-G. Gadamer, *T.M.*, p. 367; *W.M.*, p. 384.
[124] C. E. Braaten, "How New is the New Hermeneutic?" in *Th.T.* XXII (1968), pp. 218-235.
[125] E. Fuchs, "The New Testament and the Hermeneutical Problem" in *N.H.*, p. 126. 푹스 강조.

비춰 해석해야 한다.

동시에, 예수는 듣는 이의 세계 속으로 들어가 그 옆에 나란히 서 계실 뿐 아니라, 듣는 이가 비유의 요지(Sachhälfte)를 정면으로 마주 보게 하신다. 창조적이고 유효하며 그 자체가 사건인 말이 비유를 듣는 이를 사로잡는다. 푹스는 이 두 원리가 포도원 일꾼 비유(마 20:1-16)에서 어떻게 함께 작동하는지 설명한다.[127] 이 비유를 듣는 이들은 이미 일은 고되고 날품팔이 노동자들에게 일이 없는 것 자체가 위험인 세계에 살고 있다. 이 비유에서 마지막에 고용된 사람들은 일을 얻었을 뿐 아니라 하루치 품삯을 모두 받는다. 청중은 이들의 행운을 반기면서, 종일 뙤약볕 아래에서 일한 이들에게 일어날 일을 두근거리는 마음으로 기다린다. 그런데 그 기다림이 차가운 물벼락을 맞는다. "그들도 똑같이 받았다.…그들은 주인의 행동이 불공정하다고 보았다." 그러나 바로 이 지점에서 이 비유의 요지(Sachhälfte)가 불쑥 나타난다. "내가 자비롭기에 너희가 악하게 보느냐?" 이는 은혜라는 주제에 관한 설명, 혹은 "죄인도 하나님의 자비를 믿어야 한다는 그저 그런 요구"와는 사뭇 다르다. 한 언어사건이 일어난다. 예수는 당신의 말을 통해 듣는 이들과 만나시고, "'유죄'라는 외침에 직면했지만, 그래도 하나님의 자비로운 행위에서 자신들의 소망을 찾은" 이들에게 맹세하신다.[128]

여기서 쟁점은, 푹스의 말을 빌리면, "진리가 우리 자신을 진리의 대상으로 삼는다"는 것이다.[129] 말은 단순히 '정보'에 그치지 않고, 부름이요 보증이요 도전이요 약속이다. 에벨링은 이렇게 말한다. "본문은…현재의 경험을 이해하도록 돕는 해석학 도구가 된다."[130] 푹스는 이렇게 말한다. 듣는 이는 "하나님 쪽

---

[126] E. Fuchs, *S.H.J.*, p. 97; 참고. E. Fuchs, *Marburger Hermeneutik* (Mohr, Tübingen, 1968), pp. 171-181.
[127] E. Fuchs, *S.H.J.*, pp. 32-38 and 154-156.
[128] *Ibid.*, pp. 33-37.
[129] E. Fuchs, "The New Testament and the Hermeneutical Problem" in *N.H.*, p. 143. 푹스 강조.
[130] G. Ebeling, *W.F.*, p. 33. 에벨링 강조.

으로 끌려가서 하나님의 눈으로 모든 것을 보게 된다."[131] "예수는 예술적 매개체를 활용하여 듣는 이를 당신 쪽으로 끌어와, 듣는 이가 예수와 더불어 생각하게 하신다. 이것이 참된 사랑 방식 아닐까? 사랑은 그냥 불쑥 튀어나오지 않는다. 오히려 사랑은 만남이 이루어지는 영역을 미리 제공한다."[132]

푹스는 본래의 언어사건이 이전에 인정받고 확립된 세계관이라 여겼던 것에 이의를 제기하고 이 세계관을 산산조각 내 버리는 데 어떤 식으로 기여할 수 있는가를 논할 때도 하이데거와 가다머에 가까워진다. 결국 우리는 포도원 일꾼 비유(마 20:1-16)가 자연법에서 말하는 정의에 관한 관습적 판단의 지평에서 시작함을 보았다. "우리도 처음에 채용되었던 품꾼들(곧 하루 내내 일했던 이들)과 같은 반응을 보일 수밖에 없다." 그러나 예수의 말이라는 언어사건에서 관습에 매인 이 틀은 은혜를 받을 자격이 없는 자들도 은혜를 받아 누리리라는 선언과 보증으로 말미암아 산산조각 나고 만다. 푹스는 바로 이런 점에서 예수의 태도 및 행위와 그의 언어가 긴밀한 연관성을 갖는다는 점을 힘써 강조한다. 예수의 행위는 흔히 인정된 관습에 도전했다. "예수는 실제 하나님을 대표하는 자로서 행동하셨으며, 그 스스로 '내게 분을 내지 않는 자는 복이 있다'(마 11:6)고 말씀하셨다.…예수의 선언은…그의 행위와 함께했다."[133]

이처럼 예수라는 인격체 안에서 말과 행위가 하나가 되었음을 강조하는 것은 새 해석학을 이끄는 대표자인 푹스와 에벨링이 E. 케제만 및 G. 보른캄과 더불어 이른바 역사 속 예수에 대한 새 탐구를 이끄는 대표자이기도 한 이유를 설명하는 데 도움을 준다. 예수의 비유는 단순히 '가르침'에 그치지 않고, **예수 자신이** 하나님의 진리에 **어떻게** 반응했는가를 언어로 설명해 주는 것이다. 푹스와 에벨링은 예수의 언어와 예수의 행위 및 태도를 갈라놓길 거부한다. 이는 언어를 순수하게 인식 차원에서 바라보면서 단지 '사상'을 전

---

131 E. Fuchs, *S.H.J.*, p. 155.
132 *Ibid.*, p. 129.
133 *Ibid.*, pp. 36 and 37.

달하는 것으로 이해하기를 거부하는 그들 입장의 일부분이기도 하다. 화행(speech-act)은 다른 종류의 행위이지만, 그에 못지않게 말하는 사람에 관한 주석이기도 하다. 폴 악트마이어가 말하듯이, "비유는 예수가 현재를 어떻게 이해했으며 자신이 이 현재에 어떻게 반응했는가를 보여 준다."[134] 노먼 페린은 이를 이렇게 말한다. "예수는 새 개념들을 만들었다기보다 오히려…비유들을 통해 자신의 세계 속 실존에 관한 자신의 이해를 말로 표현하신다.…푹스는 예수의 비유를 예수 자신의 실존 이해를 말로 표현하여 그 비유가 예수의 실존 이해를 공유할 수 있는 가능성을 전달하게 해 주는 것으로 본다."[135]

바로 이런 점 때문에 예수의 비유라는 언어사건에 반응하는 사람은 예수의 믿음을 공유할 수 있다. 예수의 '세계' 속으로 들어간다는 것은 예수 자신이 가졌던 믿음의 태도를 받아들인다는 것을 뜻한다. 푹스는 이렇게 썼다. "예수를 믿는다는 것은 이제 본질상 예수가 했던 결정을 되풀이한다는 것을 뜻한다."[136] "이른바 믿음의 그리스도는 사실 다른 이가 아니라 바로 역사 속 예수다."[137] 게르하르트 에벨링은 이렇게 덧붙인다. "케리그마는…단지 인간 실존에 관한 말에 그치지 않는다. 그것은 일어난 일에 관한 증언이기도 하다."[138]

새 해석학이 기독론에 시사하는 의미 때문에 이 새 해석학이 우리가 하이데거와 가다머에게서 발견하는 언어관에 상당 부분 의존하고 있다는 사실이 희석되어서는 안 된다. '실재'는 실제로 언어가 결정한다. 내가 세계를 어떻게 바라보고 나 자신을 어떻게 이해하는가를 언어가 결정하기 때문이다. 따라서 내가 세계를 새롭게 보려 한다면, 내가 이전에 물려받았던 자기 이해의 사슬을 부술 새로운 언어사건이 일어나야 한다. 이는 가다머가 했던 말과 아주 가까워진다. 가다머는 이렇게 썼다. "언어가 세계를 구성한다는 말은 인간이 세계와

---

[134] P. J. Achtemeier, *An Introduction to the New Testament*, p. 137. 참고. pp. 133-148.
[135] N. Perrin, *Jesus and the Language of the Kingdom* (S.C.M., London, 1976), pp. 100-111.
[136] E. Fuchs, *S.H.J.*, p. 28.
[137] *Ibid.*, p. 30.
[138] G. Ebeling, *Theology and Proclamation*, p. 38; 참고. pp. 32-81.

맺는 관계가 언어로 간단하게 도식화할 수 있는 환경에 매여 있다는 뜻이 아닙니다. 그와 반대로, 언어와 인간이 있는 곳에는 세계의 압력을 넘어서는 자유뿐 아니라 우리가 사물에 부여하는 이름에 매이지 않는 자유가 있다. 이 자유는 아담이 사물에 이름을 부여할 권위를 하나님께 받았음을 알려 주는 심오한 창세기 기사에서 말하는 것이다."[139][7] 푹스도 그리스도에게 "모든 이름 위에 있는 이름"이라는 **이름을 붙였음**을 말한 빌립보서 2:9-11을 주석하면서 비슷한 말을 한다. "믿음의 언어는…그리스도를 우리 자신이 예수의 **이름**으로 시작하는 실존 속으로 받아들인다. 그러면 우리는 예수를 우리 주라고 거듭 거듭 부를 수 있다.…이것이 언어사건이다."[140] 이어 푹스는 다른 이를 '형제'라 부르는 사건과 비교한다. 그는 이렇게 썼다. "다른 사람을 형제라 부르는 것은 단순히 그가 있기 때문이 아니다. 내가 그를 형제라 부르지 않으면 그는 형제가 아닐 것이다. 나는 그를 형제라 부름으로…나 자신이 그와 함께 이 공동체 안으로 들어감으로써 그를 우리 가운데 형제로 받아들인다."[141]

우리가 보았듯이, 푹스와 에벨링은 후기 하이데거와 비슷한 독특한 점을 많이 보여 준다. 서구의 언어 전통에는 언어의 위기라는 문제가 있다. 언어와 사유의 관계 그리고 사건인 언어와 존재의 관계를 대조하는 일이 있다. 언어는 하나로 모아들이며, 인간에게 구경꾼이 아니라 경청자라는 역할을 부여한다. 그러나 이 모든 내용이 Einverständnis(공감) 그리고 특히 '세계'라는 핵심 개념에서 중대한 고비를 맞이하는데, 이런 모습은 초기 하이데거는 물론 가다머에게서도 발견할 수 있다. 이것 역시 언어의 관점에서 이해할 수 있다. 그래서 푹스는 가다머를 따라 "언어를 가진 자는 세계를 '가졌다'"라고 말할 수 있었다. 언어는 "인간이 실존하고 의미가 있다고 인식하는 것들"을 세워 준다. 언어는 해석학적 존재론의 지평이다.[142]

---

139 H.-G. Gadamer, *T.M.*, p. 402.
140 E. Fuchs, *S.H.J.*, p. 209.
141 *Ibid.*
142 H.-G. Gadamer, *T.M.*, pp. 411, 413-414, and 397-431.

50. 비유 해석학에 다가가는 관련 접근법들: 펑크, 바이어, 크로산

'새 해석학'이라는 용어의 정확한 범위를 놓고 논쟁을 벌이는 것은 부질없는 일이다. 관습상 이 용어는 주로 푹스와 에벨링의 연구 결과를 가리킨다. 앞서 이 새 해석학이 몇몇 특별한 점에서는 하이데거의 후기 사상을 통해 하인리히 오트의 해석학과 연관을 맺고 있음을 살펴보았다. 판넨베르크의 신학은 푹스 및 에벨링의 신학과 아주 달라서 같은 이름표 아래 묶기 어렵지만, 어쨌든 그의 해석학도 앞 장에서 살펴보았다.

에타 린네만과 에버하르트 융엘(Eberhard Jüngel)의 작업도 넓게 보면 분명 푹스와 같은 전통 안에 들어 있으며, 두 사람 모두 이전에는 푹스의 제자였다. 이 두 저술가는 그들 나름대로, 특히 린네만은 특정 비유들과 관련하여, 융엘은 예수와 바울에게서 나타나는 이신칭의와 관련하여 가치 있는 주장들을 내놓는다.[143] 그러나 이 연구서에서 판단 기준으로 삼은 관점으로 보면, 그들의 해석학 방법은 실상 우리를 푹스 자신의 해석학 너머로 인도하지 못한다. 융엘이 해석학과 관련하여 내놓은 가장 중요한 두 테제는 푹스가 이미 강조한 점들을 더 예리하게 설명한 것에 불과하다. 첫째, 융엘은 불트만에 맞서, 외부의 어떤 신화 형태(Form)와 실존과 관련된 내부의 핵심 내용(Inhalt)을 구분하려 하는 것은 언어와 사유의 통일성에 폭력을 휘두르는 것이라고 주장한다.[144] 둘째, 그는 언어를 "모음"(Sammlung)으로 보는 개념을 발전시킨다.[145]

하지만 우리는 미국에서 로버트 펑크, 댄 오토 바이어, 존 도미닉 크로산이 예수의 비유를 다룬 작업을 간략히 고찰해 보기를 제안한다. 그들의 접근법과 하이데거, 가다머, 푹스의 작업 사이에는 중요한 접촉점이 있기 때문이다.

---

[143] E. Jüngel, *Paulus und Jesus: Eine Untersuchung zur Präzierung der Frage nach dem Ursprung der Christologie* (Mohr, Tübingen, 1967). 『바울과 예수』(이화여자대학교출판부); 그리고 E. Linnemann, *Parables of Jesus: Introduction and Exposition* (Eng. S.P.C.K., London, 1966).
[144] E. Jüngel, *Paulus und Jesus*, p. 135.
[145] *Ibid.*, p. 173.

우리가 보기에, 노먼 페린은 독일 학자과 미국 학자들의 접근법이 보여 주는 차이점을 과장하는 경향이 있었다.[146] 어쩌면 그들이 가진 공통점이 그들을 갈라놓은 차이점보다 더 중요한 의미를 갖고 있을지도 모른다.

로버트 펑크는 특정 비유들을 실제로 다루기에 앞서, 자신이 하이데거와 가다머, 그리고 누구보다 푹스에게 가장 큰 빚을 졌음을 보여 주는 네 가지 독특한 점을 강조한다. 실제로 그는 나중에 자신의 저서에 이렇게 썼다. "비유를 언어사건으로 파악하려는 에른스트 푹스의 노력은 나 자신의 비유 접근법을 살찌운 숨은 원천이다."[147] 그의 첫 번째 강조점은 언어와 이해의 관계와 관련이 있다. 그는 언어와 이해가 서로를 낳거나 혹은 가끔씩 서로를 포로로 사로잡을 수도 있다고 썼다. "공통 이해"와 이해할 수 있는 언어는 서로 의존하는 관계에 있다.[148] 물론 우리는 여기서 가다머를 만나고, 푹스가 말한 Einverständnis(공감)라는 개념을 만난다. 둘째, 펑크는 언어와 실재가 서로 관계 있다고 보는 견해를 인정한다. 이 견해는 하이데거, 가다머, 푹스도 공유한다. 펑크는 이렇게 썼다. "공통 언어와 공통 이해가 어떤 공유하는 실재를 전제한다면, 언어와 이해의 실패는 그 실재의 실패를 보여 주는 징조다. 전통이 실패하는 것은 그 전통을 뒷받침해 온 실재가 실패하기 때문이다."[149] 언어와 이해가 갈라서면 전통도 실패한다. 셋째, 펑크는 가다머는 물론 푹스와 에벨링을 따라간다. 그의 주장을 보면, 텍스트의 말은 "주해자가 면밀히 검사할 대상으로서 다가갈 수 있는 것이 아니다.…하나님의 말씀은 해석되지 않는다. 말씀이 해석한다!…현대 성서비평이 태동할 때부터 이 비평을 지배해 온 해석과 본문 사이의 흐름 방향이 뒤바뀌고, 해석학이…해석하게 된다(hermeneutics…becomes hermeneutic).…해석해야 할 대상은 본문이 아니라 해석자다."[150] 넷째, 펑크는

---

146 N. Perrin, *Jesus and the Language of the Kingdom*, pp. 123-131 and 201.
147 R. W. Funk, *Language, Hermeneutic and the Word of God*, p. 128.
148 Ibid., pp. 3-4.
149 Ibid., p. 5.
150 Ibid., pp. 11-12.

예수의 비유가 개념 이전의 차원과 인식 이전의 차원에서 작동한다고 판단한다. 이 비유들은 그저 '사상'을 전달하는 게 아니다. 펑크도 하이데거처럼 세계 창조라는 언어의 1차 기능과 2차 기능이자 파생 기능인 성찰 언어(reflective language)를 구분한다. 이 주제는 그의 작업 전반에 걸쳐 되풀이된다.

펑크는 이 네 원리가 탕자 비유(눅 15:11-32)에 어떻게 적용되는지 실증한다. '의인들'은 형의 세계에 머물면서, 형이 관습대로 생각하는 권리와 몫이라는 개념을 지지한다. '죄인들'은 탕자 옆에 나란히 서 있다. 따라서 "은혜를 선포하는 말과 은혜를 베푸는 행위가 청중을 아우와 형—죄인과 바리새인—으로 갈라놓는다. 사람이 비유를 해석하지 않고 **비유가 사람을 해석한다**는 에른스트 푹스의 말은 바로 그런 의미다. 청중은 자신들의 반응을 살피라는 요구를 받지 않는다. 청중은 죄인으로서 은혜에 의지하기를 기뻐하기에 즐거워하거나, 은혜에 더하여 정의를 원하기 때문에 화를 낸다.…심판대에 서는 이는 하나님이 아니라 인간이다.…**바리새인들은 은혜의 말씀이 자신들을 해석하게 하기보다 자신들이 은혜의 말씀을 해석한다고 우기는 이들이다**."[151]

펑크는 그의 저서 중심부에서 특별히 비유를 은유로서 고찰함으로써 이 논의를 더 깊이 있게 펼친다. 노먼 페린은 이를 두고 "펑크가 이 논의에 대단히 중요한 기여를 한 것"이며 독일에서 등장한 새 해석학을 넘어 앞으로 더 나아간 것이라고 하는데, 옳은 말이다.[152] 여기서 펑크가 출발점으로 삼은 것은, 비유란 필시 적용과 관련하여 인간의 마음에 충분한 의문을 남길 수밖에 없으며 이 때문에 결국 그 비유를 적극 생각하게 된다고 본 C. H. 도드의 인식이다.[153] 펑크는 이렇게 썼다. "비유는 말하자면, 그 비유를 듣는 이가 참여자로서 비유 속으로 끌려들어 갈 때까지 닫히지 않는다." 하지만 은유는 단순한 비유나 예증이 아니다. 펑크는 오언 바필드(Owen Barfield)의 작품을 인용

---

151 *Ibid.*, pp. 16-17. 펑크 강조.
152 N. Perrin, *Jesus and the Language of the Kingdom*, p. 133.
153 C. H. Dodd, *The Parables of the Kingdom* (Nisbet, London, 1936), p. 16; 그리고 R. W. Funk, *Language, Hermeneutic and the Word of God*, p. 133.

하면서, "은유는 서술 관습을 산산이 부수어 새로운 시각을 갖게 한다"고 지적한다. 은유로 드러나는 주제는 "언어 속으로 들어오지 않는 한 '존재'하지 않는다.…은유는 전통을 바꾸는 수단이다."[154] 다시 말해, 은유는 듣는 이더러 새로운 세계 안으로 들어가라고 권면할 뿐 아니라, 언어를 그동안 언어가 으레 걸어왔던 길 너머까지 나아가게 하는 수단을 제공한다. 활력 없고 산만한 말과 달리, "그것은 '부드러운' 초점 안에 한 '세계'를 담아낸다.…언어는 사건이 된다."[155]

나아가 펑크는 두 구체적 사례에 이 접근법을 적용하여, 우선 혼인 잔치 비유(마 22:2-10; 눅 14:16-24)를, 이어 선한 사마리아인 비유(눅 10:29-37)를 설명한다. 펑크는 혼인 잔치 비유를 다루면서, 가다머를 떠올리게 하는 말로 이렇게 썼다. "예수는 이 비유를 어떻게 들어야 하는지 주도하시지 않는다.…그는 자신 맞은편에 이 비유가 어느 정도 독립하여 서 있을 자리를 마련하신다."[156] 우리는 여기서 텍스트나 예술 작품의 자율성을 설파한 가다머와 만난다. 펑크도 예수가 당신 청중"과 함께" "그들[예수와 청중]의 세계" 안에 서 계심을 힘써 강조한다. "그는 우선 당신과 그들이 함께 살아가는 세계…속에서 그들과 더불어 계신 분이다."[157] 여기서 우리는 푹스를 또다시 만난다. 마지막으로 이 비유는 인식 이전의 차원에 존재하는 것으로서 작동한다. 가다머가 말하곤 하듯이, 이해와 적용은 같은 과정의 일부분이다. "이제 첫째 그룹은 그것이 받아들여졌음을 **안다**. 둘째 그룹은 그것이 수용되었음을 **안다**. 그러나 (각 그룹에서 따로) 적용하는 말은 하나도 없었다.…듣는 자는 각자 자신이 뜻하는 대로 이야기 속으로 이끌려 들어간다."[158] 마찬가지로 선한 사마리아인 비유 역시 듣는 이가 "그 비유의 '세계' 속에 자신의 실존을 확실히 박아 놓게 한다.…

---

[154] R. W. Funk, *Language, Hermeneutic and the Word of God*, pp. 138 and 139.
[155] *Ibid.*, p. 140.
[156] *Ibid.*, p. 179.
[157] *Ibid.*
[158] *Ibid.*, pp. 191 and 192.

사마리아인의 행위가 그의 세계를 그 비유를 귀 기울여 듣는 이들에게 '전달하는' 한…이 비유는 그들의 미래를 확실하게 형성하는 언어사건이다."[159]

로버트 펑크의 작업이 언어와 이해, 실재에 관한 하이데거, 가다머, 푹스의 연구를 되새겨 준다면, 댄 오토 바이어의 접근법은 진리와 예술의 관계를 논하는 가다머의 저서 『진리와 방법』의 첫 번째 주요 부분을 떠올리게 한다. 바이어는 비유를 개념 이전의 차원에서 작동할 수 있는 능력을 가진 소설과 비교한다. 그는 이렇게 썼다. "소설은 한 지평 안에서 **경험을 철학 이전의 차원에서 삶으로 살아 내는 것**, 혹은 **개념 이전의 실존이 가진 힘에 새로운 형상을 부여하는 것이다.**"[160] 비유는 예술 작품, 혹은 바필드가 어이없이 일컬은 대로 "심미의 대상"(an aesthetic object)이다. 따라서 비유를 "어떤 개념에 관한 설명이나 어떤 '논지'를 장식하는 옷으로 다루어서는 안 된다.…그것들은 진정한 심미의 대상이다."[161] 따라서 비유는 바이어가 "엄격히 역사 중심인 접근법"(the severely historical approach)이라 부르는 것에 근거한 해석학이 좌지우지해서는 안 된다. 그는 이렇게 썼다. "엄격히 역사 중심인 접근법은 비유의 심미성을 무시하고 비유의 심미 기능을 없애 버린다."[162]

바이어는 실제로 그가 특정 비유들을 다룬 저작에서 두 주요 유형을 구분한다. 일부 비유는 안녕(well-being)을 지향하며 위쪽으로 움직이는 희극식 구성(comedy-plot)이라는 구조를 갖고 있다. 이 범주에 들어가는 비유가 포도원 일꾼 비유(마 20:1-16), 불의한 청지기 비유(눅 16:1-9), 탕자 비유(눅 15:11-32)다. 탕자 비유에서 보여 주는 희극 같은 움직임은 안녕에서 추락을 거쳐 다시 안녕으로 돌아간다. "마지막 도움은 탕자 너머 저편에서 오며, 탕자가 예상한 것들을 훨씬 뛰어넘는다."[163] 하지만 몇몇 비유는 비극이며, "재앙으로 추락

---

[159] Ibid., pp. 216 and 220.
[160] D. O. Via, Jr., *The Parables: Their Literary and Existential Dimension* (Fortress Press, Philadelphia, 1967), p. 93. 티슬턴 강조.
[161] Ibid., p. 70.
[162] Ibid., p. 24.

하고 주인공이 사회와 단절되는 구성"을 보여 준다.[164] 이런 비유에는 달란트 비유(마 25:14-30)와 열 처녀 비유(마 25:1-13)가 들어간다. 이 두 비유에서 주인공은 아주 늦게서야 고통스러운 진리를 깨닫는다.

몇몇 측면을 보면, 바이어의 해석학은 푹스, 가다머, 하이데거보다 불트만, 딜타이, 슐라이어마허에 더 가깝다. 바이어의 책에 붙어 있는 부제 "실존의 차원"(existential dimension)은 그가 인간 실존이 공유하는 연못이라 부르는 것을 암시한다. 탕자 비유는 한 집안에서 산다는 것이 무엇인지 아는 이들에게 이야기한다. 달란트 비유는 위기를 두려워하는 이들, 혹은 기회를 잃어버린 경험을 한 이들에게 이야기한다. 어리석은 처녀들이 맞이한 운명은 "세상이 우리를 보살펴 줄 거야. 다른 누군가가 대신 돈을 내 줄 거야.…우리는 무슨 일을 하든지 틀림없이 잘 살게 되어 있어"라고 늘 느끼는 이들에게 이야기한다.[165] 우리에겐 언어를 다루는 해석학이 아니라 경험과 인간 본성을 다루는 해석학이 있다. 그렇지만 바이어는 예술에 진리를 드러내는 능력이 있음을 강조한다는 점에서, 그리고 이해와 경험의 관계를 강조한다는 점에서 가다머와 견해를 같이한다고 할 수 있다. 아울러 그는 밋밋한 담화와 이론적 명제로 표명한 것보다 삶 전체 및 그 삶의 세계에 뿌리내린 언어가 더 중요함을 강조한다는 점에서 하이데거와 견해를 같이한다고 할 수 있다.

존 도미닉 크로산도 푹스와 펑크처럼 비유가 단순히 '개념 전달'에 그치지 않음을 역설한다. "비유는 땅 위에 불을 던진다."[166] 그는 신화가 안정을 가져오는 것이라면 비유는 현상에 도전하는 것이라고 주장한다. "신화는 세계를 세웠다. 우화(apologue)는 세계를 지킨다.…풍자(satire)는 세계를 공격한다. 비유(parable)는 세계를 뒤엎는다."[167] 기대하는 구조가 비유 안에서 일어나는 일과

---

163 *Ibid.*, p. 169.
164 *Ibid.*, p. 96.
165 *Ibid.*, p. 126.
166 J. D. Crossan, *The Dark Interval: Towards a Theology of Story* (Argus Communications, Niles, Illinois, 1975), p. 55.

정반대일 때가 종종 있다. 크로산은 이 점을 선한 사마리아인 비유(눅 10:29-37)와 관련지어 탁월하게 정리한다. 이 비유에서 작동하는 핵심은 "유대인은 사마리아인과 상종하지 않는다"(요 4:9)이다. 따라서 크로산은 예수가 하시는 일이 "양립할 수 없고 서로 모순인 두 말인 '사마리아인'(10:33)과 '이웃'(10:36)이라는 두 낱말을 한 사람 안에서 결합하는 일"이라고 주장한다. "이 이야기의 전체 취지는 우리더러 말할 수 없는 것, 용어상 서로 모순인 것, 즉 선(善) 더하기 사마리아인을 말하라고 요구한다.…선(성직자)과 악(사마리아인)이 각각 악과 선으로 바뀌면, 세계는 도전을 받고 우리는 두 극이 완전히 뒤집어지는 일을 마주하게 된다."[168] 크로산은 이 비유가 단순히 "네 원수를 사랑하라"라는 도덕 교훈에 그치지 않는다고 주장한다. 그렇다면 예수는 왜 감동을 자아내는 이 사마리아인이라는 인물을 택하셨는가? 크로산은 우리더러 한 이야기꾼이 가톨릭 신자인 청중에게, 폴스 가(Falls Road, 북아일랜드 벨파스트에 있는 거리. 영국에 맞서 북아일랜드를 독립시키려는 이들과 이를 저지하려는 영국의 탄압 역사를 그대로 간직한 곳이다—옮긴이)에 살던 사람이 다쳤는데, 처음에는 아일랜드 공화군(I.R.A.: 북아일랜드를 독립시키고자 영국에 맞서 무장투쟁을 벌였던 단체다—옮긴이) 단원이 그냥 지나가고, 그다음에는 가톨릭 수녀가 그냥 지나갔지만, 개신교 신자인 테러리스트는 가던 길을 멈추고 비로소 그 사람을 도왔다는 이야기를 들려주었다고 상상해 보기를 요구한다. 이 이야기꾼이 과연 이런 이야기를 듣고 자신을 가만 놔두려 하지 않는 청중에게 자기는 다만 "네 원수를 사랑하라"는 말을 하고 있을 뿐이라는 확신을 심어 줄 수 있을까?[169]

크로산은 "반전 비유"라는 제목 아래 많은 비유를 고찰한다. 그는 이런 비유에 선한 사마리아인 비유뿐 아니라, 부자와 나사로 비유(눅 16:19-31), 바리새인과 세리 비유(눅 18:10-14), 혼인 잔치의 손님 비유(눅 14:7-11), 혼인 잔치

---

167 Ibid., p. 59.
168 J. D. Crossan, *In Parables: The Challenge of the Historical Jesus* (Harper & Row, New York, 1973), p. 64.
169 J. D. Crossan, *The Dark Interval*, pp. 106-107.

비유(마 22:1-10; 눅 14:16-24), 탕자 비유(눅 15:11-32)를 포함시킨다.[170] 이 비유들은 사람들이 이미 받아들인 관습과 가치의 세계를 뒤엎는다. 따라서 "비유는 하나님께 자리를 내어 준다.…비유는 우리가 받아들인 세계의 깊은 구조를 산산조각 내는 이야기다."[171] 비유는 이미 확립된 인간의 가치들에 물음표를 찍음으로써 하나님 나라가 들어설 길을 닦는다.

51. 새 해석학에 관한 추가 평가

우리는 펑크와 바이어, 크로산의 작업이 그 나름대로 해석학에 기여한 공로를 귀중하게 생각하지만, 이 접근법의 장점과 약점을 유럽에서 일어난 새 해석학의 장점 및 약점과 완전 별개로 보는 노먼 페린의 판단은 받아들일 수 없다. 은유라는 주제를 다룬 작업도 철학적 서술이 아니라 문학비평이 독차지한 영역이라고 할 수 없다. 나는 성경 저작 속의 은유를 훨씬 더 길게 다룬 다른 연구에서 특히 W. P. 앨스턴(Alston), 막스 블랙, J. 펠취(Pelc), B. 헤스터(Hester)를 비롯한 많은 철학자가 이 분야에서 남긴 작업을 언급했다.[172] 따라서 푹스와 에벨링의 작업이 불러일으킨 몇몇 언급은 이 미국인 저술가들(펑크, 바이어, 크로산-옮긴이)의 작업에도 적용된다. 다음과 같은 점들을 강조할 수 있겠다.

(1) 새 해석학에서 해석자가 어떻게 하면 신약성경 본문을 더 깊고 더 신선하게 이해할 수 있느냐는 문제를 붙들고 씨름하는 것은 옳지만, 정작 푹스

---

[170] J. D. Crossan, *In Parables*, pp. 57-75.
[171] J. D. Crossan, *The Dark Interval*, pp. 121-122.
[172] A C. Thiselton, "Semantics and New Testament Interpretation" in I. H. Marshall (ed.), *New Testament Interpretation*, pp. 75-104. 예를 들어, W. P. Alston, *Philosophy of Language* (Prentice-Hall, Englewood Cliffs, N.J., 1964), pp. 96-106. 『언어철학』(서광사); M. A. McCloskey, "Metaphor" in Mind LXXIII (1964), pp. 215-233; 그리고 M. Black, *Models and Metaphors* (Cornell University Press, New York, 1962), pp. 25-47를 참고하라.

와 에벨링은 어떻게 신약성경 본문을 바로 이해할 수 있느냐는 문제에 관심이 덜하다. 그들은 분명 역사비평에 따른 연구의 필요성을 강조하지만, 우리는 이런 연구가 주로 해석학의 진짜 과업으로 나아가기 위한 예비 단계라는 인상을 받는다. 푹스와 에벨링은 양면을 지닌 문제를 다루면서, 사람들이 그동안 무시해 왔으나 중요한 측면인 **한쪽**을 바라본다. 처음부터 그냥 역사비평 방법을 사용하기보다, 차라리 주제인 본문에 귀를 기울이면서 그와 동시에 우리의 본문 이해를 비판하는 자세로 검증하는 일을 병행할 수는 없을까? 마치 대화할 때처럼 두 태도를 잇달아 그리고 반복하여 활용할 수는 없을까?

이 물음에 대답한다면, 이는 본문을 나누며 개념 정립에 치중하는 시각 대신 본문을 전일체로 바라보는 시각으로 귀결될 수밖에 없다고 제안하겠다. 본문을 나누며 개념 정립에 치중하는 시각을 따르면, 본문은 다시금 단지 면밀한 검토 대상으로 전락하고 만다. 그러나 우리가 데카르트의 주체-객체 '방법'이 늘 적절하지만은 않다는 하이데거와 가다머의 경고를 받아들일 수 있더라도, 해석학에서는 개념 정립 사고에 어느 정도 자리를 마련해 주어야 한다. J. C. 웨버(Weber)가 질문하듯이, "진리를 판단하는 기준이 오직 언어사건 자체에만 존재한다면, 어떻게 해야 언어사건이 미혹에 빠지지 않게 지킬 수 있을까? 언어사건이 아무것도 없는 것을 뭔가 있는 것처럼 위장해 놓은 사건일 수 없는 이유는 무엇일까?"[173] 어쩌면 웨버가 새 해석학의 난점을 과장했을 수도 있지만, 우리는 이미 이 문제를 하이데거의 작업에서 만났으며, 『존재와 시간』을 평가할 때 이를 다루었다.

(2) 새 해석학에서는 신약성경에 다가갈 때 한쪽에 치우치거나 자료를 지나치게 선별하여 다루는 경향이 있다. 새 해석학은 직설화법 주장이나 담화보다 시적 언어와 은유 언어에 더 잘 적용할 수 있는 경향을 보여 준다. 이 해석학을 주로 적용하는 곳은 예수의 비유 그리고 고린도전서 13장이나 빌립

---

[173] J. C. Weber, "Language-Event and Christian Faith" in *Th.T.* XXI (1965), p. 455; 참고. pp. 448-457.

보서 2:5-11 같은 본문이다. 푹스는 다른 많은 이보다 이런 본문과 비유에 관해 더 많이 말한다. 그렇다고 이것이 새 해석학 자체의 가치가 의심스럽다는 뜻은 아니다. 이는 다만 새 해석학이 다른 종류의 문학보다 특정 종류의 문학에 더 들어맞는다는 점을 강조할 뿐이다. 그 서신들(바울 서신-옮긴이)은 이미 저자와 공동체의 대화가 생겨난 공통 세계를 전제하느니만큼, 이런 관찰 결과는 타당할 수밖에 없다. 나는 다른 곳에서 고린도전서를 다루면서, 바울이 어떻게 독자들의 지평 안으로 들어가고 그 지평과 적극 소통하는지 제시하려고 노력했다.[174] 로버트 펑크는 자신의 해석학 시각을 고린도전서 2:6-16과 고린도후서 전체에 적용하여 풍성한 결과를 거두었다.[175] 그러나 적어도 새 해석학을 신약성경에 적용한 결과들이 고르지 않다고 주장할 수는 있을 것이다. 이것이 결코 놀랍지는 않다. 이 연구서(『두 지평』)의 중심 논지 가운데 하나가 **특정한** 해석학 통찰은 **특정한** 철학의 시각을 통해 나온다는 것이기 때문이다. 하나의 철학이 해석학을 모두 아우르는 이론을 제공할 수는 없다. 가다머의 철학이라 할지라도 마찬가지다.

(3) 새 해석학은 해석학의 과업을 인식할 때 지나치게 한쪽에 치우쳐 인식하고 실제로 신약성경 자료를 다룰 때도 골고루 다루지 않는 모습을 보이는 것 같은데, 이와 마찬가지로 자신이 전제하는 언어관에서도 한쪽에 치우친 모습을 보여 준다. 여기서 장점은, 새 해석학은 언어, 이해, 실재의 관계에 적절한 정도를 넘어 많은 주의를 기울인다는 것이다. 아울러 새 해석학은 언어가 단순히 '개념'을 전달하는 데 그치지 않고 인식 이전, 개념 이전 차원에서 정곡을 찌를 수 있는 능력을 가졌음을 주목하게 한다. 그러나 관습이 언어에서 하는 역할은 대체로 무시된다. 분명 가다머는 언어 용법은 언어 습관과 관련 있으며 이 습관은 깨질 수 있다고 본다. 푹스와 에벨링도 언어사건이 어떤 의미

---

[174] A. C. Thiselton, "Realized Eschatology at Corinth" in *N.T.S.* XXIV (1978), pp. 510-526, 그리고 "The Meaning of Σάρξ in 1 Cor. 5.5" in *S.J.T.* XXVI, pp. 204-228.
[175] R. W. Funk, *Language, Hermeneutic and the Word of God*, pp. 275-306; 그리고 "The Hermeneutical Problem and Historical Criticism" in *N.H.*, pp. 164-197.

에서는 인간을 수동적 태도로 전통을 받아들이는 처지에서 끌어낼 줄 수 있다고 생각한다. 그러나 우리는 언어사건에서는 "하나님 자신이 전달된다"고 본, 거의 마법에 가까운 에벨링의 생각을 비판할 수밖에 없었다.

가다머와 더불어 푹스와 에벨링도 명제가 언명 없는 언어 용법 맞은편에서 수행하는 역할을 낮춰 평가하는데, 이것 역시 한쪽에 치우친 새 해석학 언어관의 한 부분이다. 이런 구분은 단순히 제멋대로 한 구분일 때가 종종 있다. 로버트 펑크는 이런 언어 이해가 "J. L. 오스틴이 수행 담화(performative discourse)라 부르는 제목 아래에 포함된다"고 말하면서, "이런 담화 질서에서는 사람이 단순히 무언가를 **말하는** 데 그치지 않고 무언가를 행한다"고 주장한다.[176] 노먼 페린도 이렇게 단언한다. "푹스는…영어에서 언어의 '수행' 측면('performative' aspect of language)이라 부르게 된 것에 관심을 기울인다."[177] 그러나 이것은 오해를 낳기 쉽다. 오스틴은 두 가지 점을 아주 분명히 강조하기 때문이다. 첫째, 수행 언어는 어떤 관습이 받아들여졌을 때만 유효하게 기능한다. 예를 들면, 요즘에는 "내 결투 보조자들이 당신을 찾아갈 거야"라는 말로 결투 신청을 할 수가 없다. 이제는 결투 관습을 인정하지 않기 때문이다. 그러나 배 옆 부분에 병을 세게 쳐 깨뜨리는 관습 같은 것들이 존재함을 생각할 때, 선주(船主) 아내가 수행을 동반하며 "이 배 이름을 성 클레어라 한다"라고 말할 수는 있을 것이다. 둘째, 오스틴은 이렇게 주장한다. "어떤 수행 발화가 적절하려면, 어떤 진술들이 **참**이어야 한다."[178]

나는 "언어사건인 비유: 언어철학에 비춰 푹스의 해석학에 제시한 몇몇 논평"(The Parables as Language-Event: Some Comments on Fuchs's Hermeneutics in the Light of Linguistic Philosophy)이라는 제목을 붙인 논문에서 오스틴과 비트겐슈타인을 함께 참조하며, 예컨대 비유 끝부분에 있는 언명이 그 비유가 언어

---

[176] R. W. Funk, *Language, Hermeneutic and the Word of God*, pp. 26-27.
[177] N. Perrin, *Jesus and the Language of the Kingdom*, p. 110; 참고. p. 185 n. 52.
[178] J. L. Austin, *How to Do Things with Words* (Clarendon Press, Oxford, 1962), p. 45. 오스틴 강조.

사건으로서 수행하는 기능을 꼭 무너뜨리지는 않는다는 것을 논증하려 했다.[179] 에이모스 와일더는 이와 같은 논지를 다른 식으로 강조한다. 그는 이렇게 썼다. "푹스는 믿음의 내용을 정의하길 거부한다.…그는 관습인 말 또는 정보를 전달하는 수단인 말을 무서워한다.…푹스는 이런 논지를 끌고 가다 결국은, 말하자면 계시는 아무것도 계시하지 않는다는 주장까지 내놓기에 이른다.… 예수는 사실 결단을 요구하신다.…그러나 그의 말, 행위, 임재, 인격, 메시지는…종말론과 하나님의 통치를 설파한 교리에 근거했다."[180]

(4) 새 해석학은 '내게 참인 것'을 '무엇이 참인지' 판단하는 기준이 되게 했으며, 해석자의 주관성을 지향하는 바람에 신학을 인간에 관한 학설로 바꿔 놓는 경우가 허다하다는 비판이 있는데, 어느 정도 타당하다. 우리가 앞서 인용했던 푹스의 말, 곧 "본문이 먼저 우리를 해석해야 우리가 본문을 번역할 수 있다"는 말은 두 가지로 해석할 수 있다. 한편으로 보면, 이 말은 인간을 '대상'으로 삼는 본문의 우위를 강조한다. 이런 점에서 보면, 푹스의 말은 해석자 자신을 말씀 '아래에' 놓았던 종교개혁 전통 안에 서 있는 셈이다. 하지만 다른 한편으로 보면, 푹스는 본문 내용이 그저 "우리 자신의 실존에 관한 해석"에 그치지만은 않는다고 주장하면서 이런 말을 덧붙인다. "**우리는 우리 자신의 인격에 비춰 정당하다고 인정하는 것만을 참이라고 받아들여야 한다.**"[181] [8] 우리는 푹스 자신을 한쪽에 치우쳐 해석하지 않도록 조심해야 한다. 예를 들면, 그는 이런 말도 썼다. "기독교 신앙은 인간 행위에 관하여…이야기하는 게 아니라, 하나님의 행위에 관하여 이야기하는 것을 뜻한다."[182] 어쩌면 우리는 그저 우리가 이미 불트만을 다루었을 때 다룬 것과 똑같은 난점과 모호함을

---

179 A. C. Thiselton, "The Parables as Language-Event: Some Comments on Fuchs's Hermeneutics in the Light of Linguistic Philosophy" in *S.J.T.* XXIII (1970), pp. 437-468 (특히 pp. 438 and 451-468).
180 A. N. Wilder, "The Word as Address and Meaning" in *N.H.*, p. 213.
181 E. Fuchs, "The New Testament and the Hermeneutical Problem" in *N.H.*, p. 117. 티슬턴 강조.
182 *Ibid.*, p. 114.

이 불트만의 제자에게서도 발견한다는 말밖에 할 수 없을지도 모른다. 에벨링 역시 푹스와 실존주의 시각을 공유하지만, 그러면서도 그는 이렇게 썼다. "하나님이 말씀하실 때, 우리와 관련 있는 실재 전체가 새롭게 언어 안으로 들어온다."[183]

(5) 새 해석학 옹호자들은 자신들이 때로 "본문의 권리"라 불리는 것에 관심이 있다고 주장하곤 한다. 본문은 그저 해석자가 자신의 언어전통이라는 그물을 통해 검토하고 재형성하는 '개념들'을 전달하는 데 그치지 않는다. 신학 관점에서 보면, 그 말은 곧 신약성경의 메시지를 해석자 자신의 언어와 전통으로 걸러 냄으로써 그 메시지를 그저 면밀히 검토하고 평가해야 할 '대상' 정도로 길들이고 복종시키는 일을 해서는 안 된다는 뜻이다. 우리는 신학 관점에서 은혜와 심판이 함께 작동함을 본다. 예를 들어 예수의 비유를 보면, 예수의 말씀이 은혜 가운데 듣는 이의 '세계'라는 지평 속으로 들어간다. 거기에 푹스가 "만나는 곳"이라 부르는 것이 있다. 그러나 긴장이나 거리 없이 그저 융합만 존재하지는 않는다. 다시 한 번 에벨링이 한 말로 돌아가 보자. "루터에 따르면, 하나님 말씀은 늘 우리에게 맞서는 적으로서 다가온다. 이 말씀은 단지 우리가 생각하는 우리 자신의 모습, 우리가 인정받고 싶어 하는 우리 자신의 모습을 우리에게 확인해 주고 확신시키는 것이 아니다."[184] 새 해석학의 용어로 표현하면, 하나님 말씀은 말씀을 새롭게 말하게 하고, 언어사건으로서 발생한다.

---

[183] G. Ebeling, *The Nature of Faith*, p. 190.
[184] G. Ebeling, *I.T.T.L.*, p. 17.

옮긴이 주

[1] 티슬턴은 이 부분을 하이데거의 책 영역본에서 인용하면서 본인에게 필요한 내용만 인용했는데, 티슬턴이 생략한 부분을 보는 것도 도움이 될 것이다. 독일어 본문을 참조하여 생략된 부분을 모두 번역하면 다음과 같다. 다음 원문은 Martin Heidegger, *Einführung in die Metaphysik*, 4. Aufl., Frankfurt am Main: Vittorio Klostermann, 1983, p. 113에서 가져왔다. "Die Kluft, χωρισμός, wird aufgerissen zwischen dem nur scheinbaren Seienden hier unten und dem wirklichen Sein irgendwo droben, jene Kluft, in der dann die Lehre des Christentums unter gleichzeitiger Umdeutung des Unteren zum Geschaffenen und des Oberen zum Schöpfer sich ansiedelt, mit den also umgeschmiedeten Waffen sich gegen die Antike [als das Heidentum] stellt und sie verstellt"[단지 눈으로 볼 수 있는 여기 아래의 존재자와 저 위 어딘가에 실재하는 존재 사이에 틈이 벌어졌다. 뒤이어 그 틈에 기독교의 가르침이 아래 것은 피조물로 보고 위에 있는 이는 창조주로 보는 동시대의 재해석을 내세우며 자리 잡은 다음, 이렇게 단접(鍛接)한 무기로 (이방 종교인) 고대 (그리스/로마) 사상에 맞서며 이 고대 사상을 제거했다].

[2] 하이데거가 *Einführung in die Metaphysik*, p. 140에서 제시한 원문을 생략 없이 보면 이렇다. "Für uns Heutige ist das Schöne umgekehrt das Entspannende, Ausruhende und deshalb fur den Genuß bestimmt. Kunst gehört dann in den Bereich des Zuckerbäckers"(거꾸로 우리 현대인에게 아름다움은 긴장을 풀어 주고 쉬게 해 줌으로써 즐기게 해 주는 것이다. 따라서 예술은 과자를 만드는 사람의 영역에 속한다). 하이데거는 이 대목에서 먼저 고대 그리스인이 생각하는 아름다움은 "길들이기"(Bändigung)였다고 말한 뒤, 이 말을 한다.

[3] 생략 없이 하이데거가 *Einführung in die Metaphysik*, pp. 166-167에서 제시한 원문을 옮기면 이렇다. "Die Ausweglosigkeit besteht vielmehr darin, daß er stets auf die von ihm selbst gebahnten Wege zurückgeworfen wird, indem er sich auf seinen Bahnen festfährt, sich im Gebahnten verfängt, sich in dieser Verfäingnis den Kreis seiner Welt zieht, sich im Schein verstrickt und sich so vom Sein aussperrt. Dergestalt dreht er sich vielwendig im eigenen Kreis"(오히려 인간이 벗어날 길이 없다는 것은 그가 늘 자신이 닦아 놓은 길 위로 다시 던져진다는 것을 뜻한다. 그는 그 길에서 오지도 가지도 못한 채 갇히게 되고, 자신이 낸 그 길에 붙잡히고, 이렇게 붙잡힌 채 자신의 세계라는 원을 돌고, 허상에 휩쓸려 들어감으로써, 결국 존재에게 차단당한다. 이리하여 그는 자신의 원을 한없이 돌고 돈다).

[4] 티슬턴은 해당 인용문에서 뒷부분을 생략했는데, 하이데거가 *Einführung in die Metaphysik*, p. 202와 p. 210에서 제시한 원문에서 그 부분을 생략하지 않은 내용은 이렇다. "Seiend ist nur, was richtig gedacht einem richtigen Denken standhält....Sein ist das Grundgeschenis, auf dessen Grunde überhaupt erst geschichtliches Dasein inmitten des eröffneten Seienden im Ganzen gewährt ist"(존재자는, 그것을 바르게

생각할 때, 비로소 바른 생각을 지탱한다.…존재는 기본 사건이며, 이 기본 사건을 바탕 삼아 역사 속 현존재가 비로소 드러난 모든 존재자 가운데 주어진다).

[5] 하이데거가 *Einführung in die Metaphysik*, p. 181에서 제시한 원문을 그대로 쓰면 이렇다. "Weil das Wesen der Sprache in der Sammlung der Gesammeltheit des Seins gefunden wird, deshalb kommt die Sprache als alltägliche Rede nur dann zu ihrer Wahrheit, wenn das Sagen und Hören auf den Logos als die Gesammeltheit im Sinne des Seins bezogen ist"(언어의 본질은 존재의 모여 있음인 모음 속에서 발견되기 때문에, 일상의 말인 언어는 말함과 들음이 존재의 의미 속에 모여 있음인 로고스와 관련을 맺을 때에 비로소 그 언어의 진리에 이른다).

[6] 하이데거가 파에스톰에 있는 헤라 신전을 생각하며 이 글을 썼다고 보는 견해가 있다. 참고. *Transcendental Heidegger*, S. Crowell & J. Malpas, Stanford: Stanford Univ. Press, 2007, p. 119.

[7] 티슬턴이 인용한 가다머의 책 영역본에서는 원본 내용을 정확히 옮겨 놓지 않았다. 가다머가 *Hermeneutik I: Wahrheit und Methode*, Tübingen: J. C. B. Mohr, 1986, p. 448에서 제시한 원문은 이렇다. "…daß die sprachliche Verfaßtheit der Welt weit davon entfernt ist, die Gebanntheit des menschlichen Weltverhaltens in eine sprachlich schematisierte Umwelt zu bedeuten. Im Gegenteil ist Erhebung oder Erhobenheit nicht nur über den Andrang der Welt überall gegeben, wo Sprache ist und wo Menschen sind—diese Umweltfreiheit ist auch Freiheit gegenüber den Namen, die wir den Dinge geben, wie der tiefsinnige Bericht der Genesis sagt, demzufolge Adam die namengebende Vollmacht von Gott empfing"[그와 반대로, 언어와 인간이 있는 곳에서는, 비단 인간을 밀어붙이는 세계의 압력을 넘어서는 높아짐 혹은 높아진 기분(행복감)이 주어지는 데 그치지 않는다. 이렇게 환경에 매이지 않는 자유는, 아담이 사물에 이름을 부여할 권위를 신으로부터 받았음을 알려 주는, 심오한 의미를 지닌 창세기 기사에서 말하듯이, 우리가 사물에 부여하는 이름에 매이지 않는 자유를 말한다].

[8] 이 말은 Ernst Fuchs, *Glaube und Erfahrung*, Tübingen: J. C. B. Mohr, 1965, p. 143에 나온다. "Wir sollten nur das für wahr halten, was wir als für unsre eigene Person gültig anerkennen."

13장
루트비히 비트겐슈타인이 생각하는 철학과 언어

52. 비트겐슈타인의 초기 저작과 후기 저작의 차이, 그 차이가 해석학에 시사하는 의미

하이데거 해석자들 사이에서 초기 하이데거와 후기 하이데거의 연속성과 차이를 둘러싼 문제가 논란거리가 되듯이, 비트겐슈타인 해석자들 사이에서도 그에 못지않게 비트겐슈타인의 초기 저작과 후기 저작의 연속성과 차이를 둘러싼 문제가 논란거리가 되고 있다. 더 상세한 논의를 거쳐 타당성 여부를 확인해야 할지도 모르겠지만, 그래도 우리는 우선 잠정 출발점으로서 비트겐슈타인의 초기 저작과 후기 저작의 차이를 다음과 같이 정리해 보자고 제안한다. 비트겐슈타인은 『논리-철학 논고』가 주요 자료를 이루는 초기 저작에서 언어와 세계의 관계에 관한 질문들의 답을 논리에서 찾으려 했다. 그가 1913년부터 1929년까지 치열한 열정을 쏟아부으며 공격한 쟁점들은 논리적 필연성이라는 문제 및 논리철학의 본질과 관련이 있었다. 비트겐슈타인은 1929년 혹은 1930년부터 세상을 떠나는 1951년까지 계속하여 논리 문제를 붙들고 씨름했지만, 이때는 이 문제를 인간의 삶이라는 배경 속에서 다루었다. 언어는 이제 형식 논리라는 어떤 포괄적이고 추상적인 계산에 근거하지 않고, 인간의 삶 속에 존재하는 다양하고 특수한 여러 활동을 그 근거로 삼게 되었다.

칼-오토 아펠이 따랐던 특별한 방법처럼, 이런 차이가 해석학에 시사하는 중요한 의미를 곧장 제시하는 결론으로 뛰어오르는 것도 해 볼 만한 일이다.[1] 아펠은, 『논리-철학 논고』의 견해와 해석학은 양립할 수 없지만, 비트겐슈타인의 후기 사상은 '삶'이 추상 논리보다 우위에 있다는 믿음을 해석학적 철학과 공유한다고 주장한다. 아펠은, 『논리-철학 논고』에서는 모든 것이 "객관적" 사실과 "객관적" 지식을 중심으로 삼아 그 주위를 돌지만, 비트겐슈타인의 후기 저작에서는 "언어가 '선험 형식'(a priori forms)의 자리를 차지한다"는 점을 주장하려 한다.[2] 아펠은 비트겐슈타인이 "삶의 형식"을 언어 게임의 근거로 삼은 것과 딜타이의 단언, 곧 "로크와 흄, 칸트가 만든 인식 주체의 혈관에는 진짜 피가 흐르지 않고, 단순한 사고 활동으로서 '이성'이 걸러낸 즙만이 흐른다"라는 말을 비교한다.[3] 아펠은 피터 윈치의 비트겐슈타인 해석을 따라 "사람들은 논리가 실제로 사용하는 언어 게임 규칙에 의존한다고 이해했다"고 썼다.[4] 이어 그는 윈치의 말을 인용한다. "논리 기준은 신이 직접 준 선물이 아니라… 삶의 방식, 또는 사회 속에서 살아가는 삶의 양식에서 생겨난다."[5] 마찬가지로 아펠은 이런 결론을 내린다. "해석학은 형식 논리의 영역에 속하지 않은 무언가를 다룬다."[6]

어쩌면 아펠의 접근법은 비트겐슈타인의 초기 사상과 후기 사상의 차이가 해석학과 어떤 연관이 있는지 묘사한 인상주의 화가의 그림으로서 어느 정도 유익은 갖고 있을 것이다. 그러나 그의 접근법은 비트겐슈타인 해석자들을 사로잡은 세 고찰 사항에 비춰 바로잡아야 한다. 첫째, 이 접근법은 두 시기의 차이를 드러내는 요소를 과장했을 수도 있다. 근래에 사람들은 이른

---

[1] K.-O. Apel, *Analytic Philosophy of Language and the Geisteswissenschaften* (Eng. Reidel, Dordrecht, 1967: Foundations of Language Suppl. Series 4), pp. 4-13 and 35-37.
[2] *Ibid.*, p. 41.
[3] *Ibid.*
[4] *Ibid.*, p. 42.
[5] *Ibid.*; 참고. P. Winch, *The Idea of a Social Science and its Relation to Philosophy* (Routledge & Kegan Paul, London, 1958), p. 100.
[6] K.-O. Apel, *Analytic Philosophy of Language*, p. 43.

바 비트겐슈타인 중기에 해당하는 1929-1932년에 더 주목해 왔다. 이런 경향을 대표하는 작품이 1968년에 『루트비히 비트겐슈타인과 빈 학파』(*Ludwig Wittgenstein und der Wiener Kreis*), 『철학 소견』(*Philosophische Bemerkungen*), 『철학 문법』(*Philosophical Grammar*)이라는 제목으로 출간된 기록들이다.[7] 이 기록들은 비트겐슈타인이 다시 언어 문제로 방향을 튼 것이 단순히 과거의 모든 것을 부인하는 냉정한 이별에 그치는 일이 아니었음을 보여 준다. 실제로 비트겐슈타인 자신도 『철학적 탐구』 서문에서 이렇게 썼다. "내가 보기에 옛 생각과 새 생각을 함께 출간해야 할 것 같았다. 새 생각은 내가 옛날에 생각했던 방식과 비교해 봐야만, 그리고 그 방식을 배경 삼아 살펴봐야만 올바른 시각으로 바라볼 수 있을 것이다."[8] 노먼 맬컴은 비트겐슈타인이 늘 『논리-철학 논고』를 "후기 저작에서 피력한 견해의 **유일한 대안**"을 제시하는 중요한 책으로 생각했음을 우리에게 되새겨 준다.[9] 둘째, 아펠은 일정 부분 피터 윈치의 눈을 빌려 비트겐슈타인을 관찰하지만, W. D. 허드슨(Hudson) 및 다른 이들이 지적했듯이, 이것만이 비트겐슈타인을 해석할 수 있는 유일한 방법은 아니다. 허드슨은 우리더러 언어 게임을 자족성을 지닌 담화 세계들로서 이를 구성하는 각 세계가 그 나름대로 자율성을 띤 논리 규칙을 가지고 있는 것으로 해석하지 말라고 경고한다.[10] 예를 들면, 폴 반 뷰렌은 "비트겐슈타인의 게임 이론은, 그것이 정말 작동한다면, 다원성과 상대성을 띤 세계에서 작동한다"고 주장하는데,[11] 이는 진리의 반쪽만을 표현한 것이다. 셋째, 비트겐슈타인이 러셀과 케인즈(Keynes), 무어에게 보낸 서신뿐 아니라 파울 엥겔만에게 보낸 서신이 출간된 사실, 그리고 특히 앨런 야니크와 스티븐 툴민이 『비트겐슈

---

7 F. Waismann, *Ludwig Wittgenstein und der Wiener Kreis* (Blackwell, Oxford, 1967); L. Wittgenstein, *P.B.*; 그리고 L. Wittgenstein, *P.G.*
8 L. Wittgenstein, *P.I.*, p. x.
9 N. Malcolm, *Ludwig Wittgenstein: A Memoir* (Oxford University Press, 1936 and 1966), p. 169.
10 W. D. Hudson, "Some Remarks on Wittgenstein's Account of Religious Belief" in *Royal Institute of Philosophy Lectures II, Talk of God* (Macmillan, London, 1969), pp. 45-49; 참고. pp. 36-51.
11 P. M. van Buren, *Theological Explorations* (S.C.M., London, 1968), p. 19.

타인의 빈』을 출간한 사실은 『논리-철학 논고』를 새로운 각도에서 바라봐야 한다는 점을 시사한다. 야니크와 툴민은 비트겐슈타인의 『논리-철학 논고』를 러셀과 영국 경험론 철학의 전통 속에서 해석하지 말아야 하며, 초기 비트겐슈타인을 "논리와 윤리가 본질상 서로 결합해 있었고 언어 비판(Sprachkritik)과도 결합해 있었던 1914년 이전의 신칸트 철학 분위기가 지식의 문제와 개인의 태도를 빚어낸 빈의 한 사상가"로 보아야 한다고 설득력 있게 주장했다.[12] 비트겐슈타인이 엥겔만과 러셀에게 보낸 서신들은 이 결론을 뒷받침한다.[13]

야니크와 툴민이 옳다면, 『논리-철학 논고』에서 제시하는 견해는 비트겐슈타인과 불트만 해석자들이 일찍이 간과했던 것보다 훨씬 더 불트만의 신칸트 철학 이원론에 가까운 셈이다. 우리는 해석학을 포함하여 불트만의 사유 체계 전체가 하나님의 초월 행위와 '이 세상의' 현상들을 철저히 구분하는 견해에 근거하고 있음을 거듭거듭 보았다. 이와 비슷하게 비트겐슈타인도 『논리-철학 논고』에 이렇게 썼다. "세계의 의미(der Sinn der Welt)는 틀림없이 세계 밖에 있다.…세계 안에는 아무런 가치도 존재하지 않는다(keinen Wert).…가치가 있는 어떤 가치가 존재한다면, 그것은 틀림없이 모든 사건과 그렇게 존재하는 것들의 바깥에 있다. 일어나는 일과 그렇게 존재하는 것들은 모두 우연이기 때문이다.…따라서 윤리학의 명제들도 존재할 수 없다. 명제들은 더 높은 어떤 것도 표현하지 못한다."[14] 비트겐슈타인은 덧붙여 이렇게 말한다. "더 높은 존재에게 세계가 **어떠한가**는 전혀 관심사가 아니다. 신은 자신을 세계 **안에서** 드러내지 않는다."[15]

『논리-철학 논고』를 에이어(Ayer)의 논리실증주의나 빈 학파의 철학을 따

---

12 A. Janik and S. Toulmin, *Wittgenstein's Vienna*, p. 22.
13 P. Engelmann, *Letters from Ludwig Wittgenstein: With a Memoir* (Blackwell, Oxford, 1967), pp. xiv, 6, 31, 96-97, 110, 117, 123-127, 135, and 143. 참고. L. Wittgenstein, *Letters to Russell, Keynes, and Moore* (Blackwell, Oxford, 1974), 예컨대 pp. 71 and 82.
14 *T.* 6.41 and 6.42.
15 *Ibid.* 6.432. 비트겐슈타인 강조.

라 해석하는 이들은 여기서 비트겐슈타인이 저 너머(초월 영역—옮긴이)에 관한 문제들을 떼어 냄으로써 정말 중요한 문제라 할 자연계에 관한 명제들과 이 명제들 사이의 논리적 관계라는 문제가 들어설 자리를 남겨 두려 했다고 추정한다. 그러나 이것은 비트겐슈타인 자신의 삶과 사상에서 보여 주는 관심사들을 거꾸로 뒤집는 것이다. 키르케고르, 쇼펜하우어, 톨스토이, 도스토옙스키를 읽는 사람은 가치를 **제거하려** 하지 않고, 도리어 불트만처럼 가치를 경험 명제의 차원으로 **축소해서는 안 된다**는 것을 확실히 해 두려 한다. 야니크와 툴민도 이렇게 올바로 주장한다. "이 비판 전체의 근본 요지는 가치에 관한 모든 질문이 이런 평범한 사실 언어 혹은 서술 언어의 범주 **바깥**에 자리해 있다는 윤리적 주장을 밑받침하는 것이다.…그가 쓰지 않은 절반 부분('이 두 번째 부분이 중요한 부분이다')은 칼 크라우스(Karl Kraus)가 남긴 저작의 몸통을 이룬다.…비트겐슈타인이 사실과 가치를 철저히 분리한 것은 자연과학 영역과 도덕 영역을 구분하려는 일련의 노력에 마침표를 찍은 것으로 볼 수 있다. 이런 구분은 칸트가 시작한 뒤, 쇼펜하우어가 예리하게 다듬었고, 키르케고르가 절대성을 지닌 것으로 만들었다. 이와 동시에 비트겐슈타인은 마우트너(Mauthner)의 회의론에 맞서, 칸트처럼 언어가 과학 도구로서 가지는 적절함을 변호하면서도…언어가 **말하는** 것과 언어가 **보여 주는** 것—곧 '더 높이' 있는 것—을 완전히 구분하는 데 관심을 보였다."[16]

이 연구서의 논지에 비춰 볼 때, 이 모든 내용이 중요한 이유는 『논리-철학 논고』가 불트만의 접근법을 밑받침하기 때문이 아니다. 무엇보다 중요한 점은 1929년이 지나면서 비트겐슈타인 자신이 『논리-철학 논고』에서 제시했던 이 원론이 그의 말처럼 "문제의 최종 해결책"이 아니며 인간이 실제로 언어를 사용하는 여러 특별한 방식이 지닌 다양성을 제대로 정당하게 평가하지 못했음을 점점 더 깨닫게 되었다는 것이다. 언어 자체는 이 세계에 속한 현상이다.

---

[16] A. Janik and S. Toulmin, *Wittgenstein's Vienna*, pp. 196 and 197.

그러나 언어는 어떤 단일한 논리 계산 체계 안에서 서로 연관을 맺고 있는 서술 명제들로서 세계에 관한 것을 묘사한 명제들을 전달하는 데 그치지 않고 그보다 더 많은 일을 한다. 언어의 '기반'은 인간의 삶이다. 따라서 『논리-철학 논고』의 이원론을 포기한 것은 우리가 이런 질문을 하게 만든다. 이를테면 불트만은, 비트겐슈타인을 **압박하여** 그가 마지못해 다른 시각을 채택하게 만들었던 그런 문제들을 피할 수 있을까?

둘째, 강조점이 어떤 단일한 논리 계산에서 인간의 삶에 바탕을 둔 언어 게임의 다양성으로 옮겨 가면 곧바로 해석학 문제가 등장한다. 해석학에서는 우리가 주어진 언어 게임 '바깥에' 있는 언어를 사용하지 못한다는 비트겐슈타인의 강조점을 인정하기 때문이다. 모든 언어는 **주어진** 언어 게임의 일부다. **이런** 의미에서, 전제 없는 주해나 전이해가 없는 이해 같은 것은 존재하지 않는다. 의미는 대다수 경우에 사용(Gebrauch)에 의존하지만, 사용은 다시 훈련(Abrichtung)에 의존한다.[17] "어떤 언어를 상상한다는 것은 어떤 삶의 형식(Lebensform)을 상상하는 것을 뜻한다.…언어가 놀러 가면 문제가 생긴다."[18] 적절치 않은 질문을 하는 것은 "특별한 언어 게임 밖에서" 질문하는 것이며,[19] 이는 마치 태양에는 무슨 시간이 있는가, 혹은 과거는 어디로 가는가, 혹은 가스가 빠지면 불꽃은 어디로 가는가를 묻는 것과 같다. 비트겐슈타인은 이런 접근법이 논리를 포기하는 게 아니라고 주장한다. 그렇지만 그는 덧붙여 논리의 "수정 같은 순수성"은 단지 『논리-철학 논고』에서 제시한 선입견일 뿐이라고 말한다. 그것은 탐구의 **결과**가 아니라 탐구의 가정이다. "수정 같은 순수성이라는 선입견은 우리의 모든 탐구를 완전히 뒤집어야 비로소 없앨 수 있다. (우리는 이렇게 말할 수 있을 것 같다. 탐구의 축을 완전히 돌려야 하지만, 그 축은 우리 자신의 필요에 고정해야 한다.)"[20] 따라서 비트겐슈타인의 후기 저작에서 제시하

---

17 *P.I.*, sects. 43 and 86.
18 *Ibid.*, sects. 19 and 38.
19 *Ibid.*, sect. 47.
20 *Ibid.*, sect. 108.

는 관점은 "말은 오직 사고와 삶(Leben)의 흐름 속에서 의미를 가진다"이다.[21] "언어 게임이 바뀌면 개념에 변화가 생기며, 개념에 변화가 생기면 말의 의미가 바뀐다."[22]

셋째, 비트겐슈타인의 초기 저작에서 나타나는 '보여 줌'과, 개념 형성 및 문법 발화의 관계를 다룬 비트겐슈타인의 후기 작업 사이에는 어떤 연관이 있다. 동어 반복(tautologies)을 다룬 그의 초기 작업은 분석 진술과 형식적 개념에 관한 그의 후기 관찰 결과와 연속성을 갖고 있다. 이런 점은 『확실성에 관하여』라는 제목으로 출간된 비트겐슈타인의 마지막 기록에서 절정에 이른다. "모든 몸은 연장성을 지닌다"나 "물은 섭씨 100도에서 끓는다" 같은 진술은 어떤 것을 '말하지' 않는다. 이런 것은 어떤 사태(Sachverhalt)를 서술하는 진술이 아니기 때문이다. 그럼에도 이런 말은 우리가 무언가를 알아차리게(bemerken) 만들 수 있다. 더군다나, 이런 유형의 명제들은 때로 "우리 사유의 발판에 속한 것을(모든 인간에겐 부모가 있다)" 표현한다.[23] 이 접근법과 신약성경에서 구사하는 어떤 범주의 언어의 관계는 적절한 때에 살펴보겠다.

비트겐슈타인 사상의 다른 측면들은 이 세 가지 질문과 관련이 있다. 예를 들면, 우리는 이미 불트만의 이원론과 비트겐슈타인이 후기에 공적 의미 기준을 강조한 것의 관계를 탐구하기 시작했다. 하지만 우리는 아펠의 진술을 바로잡거나 적어도 그의 진술을 보완하는 말을 제안했기 때문에, 그가 정리한 기본 차이를 다시 살펴봐도 될 것 같다. 비트겐슈타인의 초기 저작을 보면, '볼' 수 있다기보다 '말할' 수 있는 모든 것에 정당성을 부여하는 것은 명제 논리의 영역에 속한다. "논리는 모든 경험보다 앞선다."[24] 그러나 비트겐슈타인은 『확실성에 관하여』에서는 이렇게 썼다. "근거를 제시하고, 증거에 정당성을 부여하는 일은 끝에 이르렀다. 그러나 그 끝은 우리에게 즉시 참이라는 인상을

---

21 Z., sect. 173.
22 L. Wittgenstein, Cert., sect. 65.
23 Ibid., sect. 211.
24 T., 5.552.

주는 어떤 명제들이 아니다.…언어 게임 밑바닥에 자리한 우리의 **행동**이다."²⁵ 이를 『철학적 탐구』에서 쓴 더 친숙한 말로 표현하면 이렇다. "내가 정당성을 증명할 근거를 다 써 버렸다면, 나는 이제 단단한 바위에 도달한 것이며 내 삽은 뒤로 젖혀져 버린다. 그러면 나는 이렇게 말하는 경향이 있다. '내가 하는 일이 다 그렇지.'"²⁶ 비트겐슈타인은 결코 하이데거의 전통 속에 서 있지 않았지만, 이해라는 문제에서는 삶이 의식 속의 사유보다 우선한다는 하이데거의 믿음과 비트겐슈타인의 이 말이 그리 멀리 떨어져 있지 않다는 게 분명해질 것이다.

53. 초기 저작: 명제, 그림 이론, 언어의 한계

비트겐슈타인은 『논리-철학 논고』 서문에서 이렇게 단언한다. "이 책에서는 사유의 경계, 아니 오히려 사유가 아니라 사유 표현의 경계를 정하려 한다."²⁷ 그는 또 뒤에서 이렇게 썼다. "모든 철학은 '언어 비판'(Sprachkritik)이다."²⁸ 일부 철학자들은 이를 근거로 『논리-철학 논고』를 "시종일관 칸트 철학을 보여 주는" 책으로 보았다.²⁹ 칸트는 이론 이성을 비판하고 그 경계를 확립했다. 마찬가지로 사람들은 가끔씩 비트겐슈타인도 언어의 경계를 정했다고 주장한다. 비트겐슈타인 자신의 말로 표현하면 이렇다. "내 **언어**의 **경계**는 내 세계의 경계를 뜻한다."³⁰ "말할 수 없는 것에 대해서는 침묵해야 한다."³¹

---

25 *Cert.*, sect. 204.
26 *P.I.*, sect. 217.
27 *T.*, 3.
28 *Ibid.*, 4.0031.
29 D. Pears, "Wittgenstein and Austin" in B. Williams and A. Montefiore (eds.), *British Analytical Philosophy* (Routledge & Kegan Paul, London, 1966), p. 25; 참고. pp. 17-39. 아울러 D. Pears, *Wittgenstein* (Fontana, Collins, London, 1971), pp. 25-47; 그리고 D. S. Shwayder, "Wittgenstein on Mathematics" in P. Winch (ed.), *Studies in the Philosophy of Wittgenstein* (Routledge & Kegan Paul, London, 1969), p. 66를 보라.

그렇다면 무엇이 이런 결론을 낳았을까? 무엇보다, 『노트』(*Notebooks*)와 『논리-철학 논고』 전반에서 다루는 문제들은 논리의 필연성과 관련이 있다. 우리가 앞서 보았듯이, 비트겐슈타인은 "논리가 모든 경험보다 앞선다"고 말한다.[32] 논리[논리 명제]는 "가능한 어떤 경험으로도 반박할 수 없어야" 할 뿐 아니라, "가능한 어떤 경험으로도 확증할 수 없어야 한다."[33] 예를 들면, 경험은 "비가 온다"라는 우연 명제(contingent proposition) "p"를 확증하는 데 이바지 할 수 있다. 그러나 논리상 필연인 명제 "$p \lor \sim p$"("비가 오거나 비가 오지 않는다") 는 확증하거나 반박할 때 늘 경험과 별개로서 독립성을 유지한다. 그렇다면 우리는 어떻게 논리상 필연인 명제에 먼저 도달하는가?

데이비드 페어스의 말을 빌리면, 비트겐슈타인은 "논리의 필연성은 명제의 본질 속에 자리한 그 근원으로 거슬러 올라가야 비로소 설명할 수 있다"고 생각했다.[34] 비트겐슈타인은 『노트』에서 이렇게 천명한다. "내 모든 과업은 명제의 본질을 설명하는 것이다. 그것은 곧 모든 사실의 본질을 제시하는 것인데, 명제는 그 모든 사실의 본질을 묘사한 그림이다."[35] "실존 명제의 가능성에 관한 질문은 논리의 중간이 아니라 논리의 시초에 나타난다."[36] 명제는 실재와 어떻게 관련을 맺고 있는가? 명제는 어떻게 "논리의 공간을…관통하여 뻗어 나가는가?"[37]

실제로 『논리-철학 논고』의 최종 배열을 살펴보면, 비트겐슈타인은 사실 또는 사태를 고찰하며 시작한 다음, 계속하여 사태와 명제의 관계를 고찰한 뒤, 마지막으로 명제가 진리 함수로서 하는 역할을 묻는 논리적 질문을 다룬다.

---

30 *T.*, 5.6. 비트겐슈타인 강조.
31 *Ibid.* 7.
32 *Ibid.* 5.552.
33 *Ibid.* 6.1222. 참고. L. Wittgenstein, *N.*, pp. 34-35.
34 D. Pears, *Wittgenstein*, p. 60.
35 L. Wittgenstein, *N.*, p. 39 (22.1.15).
36 *Ibid.*, p. 10 (9.10.14).
37 *Ibid.*, p. 36 (16.12.14); 참고. pp. 31-34 and 37-42.

그리하여 그는 그의 일곱 개 주요 진술 중 첫 번째를 다음과 같이 시작한다.

"1. 세계는 일어나는 모든 일이다.
2. 일어나는 일, 곧 사실(die Tatsache)은 사태가 있음이다.
3. 사실의 논리적 그림이 사고다.
4. 사고는 의미로 가득한 명제(der sinnvolle Satz)다."

다섯 번째 명제와 여섯 번째 명제는 진리 함수 및 명제의 일반 형식과 관련이 있는 반면, 일곱 번째 명제는 언어의 한계와 관련이 있다.[1]

『논리-철학 논고』의 논지는 대부분, 특히 이 전반부에서는 구조의 일치라는 개념, 또는 러쉬 리즈가 주장하듯이 명제와 명제가 묘사하는 사태의 "모사"(Abbildung) 관계라는 개념을 그 축으로 삼고 있다.[38] 비트겐슈타인은 『노트』에 이렇게 썼다. "논리적 묘사를 다룬 내 이론의 난점은 종이 위에 있는 기호와 세계 밖 상황의 연관성을 찾아내는 것이었다."[39] 그러나 이어 그는 이렇게 주장한다. "명제는 우리가 생각하는 실재의 모델이다."[40] 마찬가지로 그는 『논리-철학 논고』에 "명제는 실재의 그림이다"라고 썼다.[41] "그림은 사태의 있음과 없음을 제시한다."[42] 그는 이렇게 결론짓는다. "그림 형태는 그림의 요소들처럼 서로 관련을 맺고 있을 수 있는 가능성이다. 그림은 현실과 **그렇게** 이어져 있다."[43]

비트겐슈타인 전기 작가들에 따르면, 비트겐슈타인이 의미 그림 이론(picture theory of meaning)을 정립하게 된 것은 자동차 사고 사건과 관련한 주

---

38 R. Rhees, "'Ontology' and Identity in the *Tractatus*" in P. Winch (ed.), *Studies in the Philosophy of Wittgenstein*, p. 55. 참고. E. Stenius, *Wittgenstein's Tractatus: A Critical Exposition of its Main Lines of Thought* (Blackwell, Oxford, 1960), pp. 91-96.
39 L. Wittgenstein, *N.*, p. 19 (27.10.14).
40 *Ibid.*, p. 20 (27.10.14).
41 *T.*, 4.01.
42 *Ibid.* 2.11; 참고. 2.15.
43 *Ibid.* 2.151.

장들을 모형을 사용하여 묘사했던 몇몇 법정 소송 절차를 다룬 1914년의 한 보고서가 그 기원이 되었다고 한다.[44] 비트겐슈타인은 『노트』에서 이렇게 말한다. "명제에서는 세계가, 이를테면 실험을 통해 결합된다(파리의 법정에서 인형으로 자동차 사고를 재현한 것 등이 그 예다)."[45] 그는 이 요지를 담은 내용을 『논리-철학 논고』에서도 되풀이한다.[46] 요컨대, 여기에는 세 원리가 들어 있는 것 같다.

(i) 모형을 구성하는 각 요소는 그것이 묘사하는 상황 속의 요소와 일치한다.
(ii) 이 요소들은 일어날 수 있는 사태를 묘사하는 여러 방식으로 배열할 수 있다.
(iii) 어떤 모형으로 제시한 요소 배열은 확정된 사태를 나타낸다.

이 원리들은 한 사태를 묘사하는 한 명제의 기능에 적용되는데, 여기에는 한 가지 제약이 있을 수 있다.[47] "명제는 꼭 명제가 표현하는 상황을 구분할 수 있는 수만큼 구분할 수 있어야 한다."[48] 이 점은 가장 단순한 종류의 명제, 곧 기본 명제에서 가장 분명하게 볼 수 있다. 어빙 코피(Irving Copi)는 실제로 "비트겐슈타인의 의미 그림 이론은…모든 명제에 적용되지 않고 오로지 기본 명제에만 적용된다"는 것을 설득력 있게 주장한다.[49] 비록 G. E. M. 앤스콤(Anscombe)이 이를 지지하긴 하지만, 이런 결론은 몇 가지 지점에서 논란에 부닥치고 있음을 주목해야 한다. 그러나 이런 그림 이론을 더 적용할 수 있느냐는 문제를 고찰하기 전에, 이 이론이 **적어도** 기본 명제에 적용된다는 점만

---

[44] N. Malcolm and G. H. von Wright, *Ludwig Wittgenstein*, pp. 7-8. 그러나 *N.*, p. 7에 있는 편집자의 말을 참고하라.
[45] *N.*, p. 7 (29.9.14).
[46] *T.*, 4.031.
[47] 이 제약은 러쉬 리즈가 일치와 앞에서 언급했던 "모사"의 차이에 관하여 경고한 것과 관련이 있다.
[48] *T.*, 4.04.
[49] I. M. Copi, "Objects, Properties, and Relations in the *Tractatus*" in I. M. Copi and R. W. Beard (eds.), *Essays on Wittgenstein's Tractatus* (Routledge & Kegan Paul, London, 1966), p. 170; 참고. pp. 167-186.

은 당연한 것으로 받아들여도 될 것이다.

기본 명제는 '단순한 것들'의 형상을 묘사한다. 하지만 버트런드 러셀의 논리 원자론(logical atomism)과 반대로, 비트겐슈타인은 논리가 존재론이나 인식론에 시사하는 어떤 의미보다 오로지 논리 자체에만 관심을 가진다는 점을 강조해야 한다. 비트겐슈타인과 절친한 비트겐슈타인 해석자인 러쉬 리즈, G. E. M. 앤스콤, 노먼 맬컴 세 명 모두 이 점에 확실히 주목하기를 요구한다.[50] 이런 이유 때문에, 비트겐슈타인은 무엇이 단순한 대상을 이루는가를 예를 들어 자세히 명시할 필요를 느끼지 않았다. **논리의 확정성이 있으려면, "대상이 있어야 한다.…대상은 고정되어 존속하는 것이다."**[51] 비트겐슈타인은 『노트』에 이렇게 썼다. "우리는 단순한 특정 대상들의 존재에서 단순한 대상의 존재를 추론하지 않고, 도리어…분석의 최종 결과로서, 그 대상들로 이어지는 어떤 과정을 통해 안다."[52][2] 앤스콤의 말처럼, "단순한 대상은 언어의 본질이 요구하는 것으로서 제시된다."[53]

기본 명제가 결합하여 복합 명제를 형성할 때, '그림으로 그린' 구조가 분명 언제나 명확하지만은 않다. 그러나 비트겐슈타인은 여기서 "언어는 사고를 위장한다.…그 밑에 있는 사고의 형태를 추론하기란 불가능하다"라고 주장한다.[54] 그는 일찍이 1913년에 이런 말을 했다. "문법을 믿지 않는 것이 철학함의 첫째 필수 조건이다."[55] 하지만 비트겐슈타인은 그림이라는 형태가 "분명한 불규칙성 때문에 손상을 입지는 **않는다**.…축음기 음반, 악상, 악보, 음파는 모두 언어와 세계 사이에 존재하는 내면의 상호 모사 관계를 갖고 있다"라고 강조

---

50 R. Rhees, "'Ontology' and Identity in the *Tractatus*" in *Essays on Wittgenstein's Tractatus*; N. Malcolm and G. H. von Wright, *Ludwig Wittgenstein*, p. 86; 그리고 G. E. M. Anscombe, *An Introduction to Wittgenstein's Tractatus* (Hutchinson, London, 1959), pp. 27-31.
51 *T.*, 2.026. 참고. 2.011, 2.012, 2.013, and 2.02ff.
52 *N.*, p. 50.
53 G. E. M. Anscombe, *An Introduction to Wittgenstein's Tractatus*, p. 29. 그러나 J. Griffin, *Wittgenstein's Logical Atomism* (Oxford, 1964), pp. 39-71를 참고하라.
54 *T.*, 4.002.
55 "Notes on Logic" in *N.*, p. 93.

한다.⁵⁶ 이와 마찬가지로 상형문자도 그것이 표현하는 것을 분명하게 모사하지만, 그럼에도 "알파벳 문자는 모사(Abbildung)의 본질을 잃어버리지 않고 상형문자에서 생겨났다."⁵⁷ 그림 형태나 모사 형태(die Form der Abbildung)와 표현 형태(die Form der Darstellung)의 관계를 논의하는 일이 우리 목적에 필요하지는 않다. 이런 일은 막스 블랙과 E. 스테니우스(Stenius), 특히 제임스 그리핀(James Griffin)이 했다.⁵⁸ 우리가 앞서 신칸트주의를 고찰한 내용에 비춰 볼 때, 이 점에서는 비트겐슈타인이 헤르츠에게 빚졌음을 주목하는 것이 훨씬 더 흥미롭다.

비트겐슈타인이 밟은 다음 단계는 각 기본 명제가 복합 명제에 이바지할 뿐 아니라 결국 포괄성을 지닌 단일한 논리 계산 체계에 이바지함을 보여 주는 것이다. 그는 이렇게 썼다. "참된 기본 명제가 모두 주어지면 세계가 완전하게 서술된다."⁵⁹ 비트겐슈타인은 『논리-철학 논고』에서 사람들이 종종 "외연성 논제"(the thesis of extensionality)라 불렀던 것을 처음 말하면서 이렇게 썼다. "명제는 기본 명제들과 진리 가능성의 일치 및 불일치를 표현한 것이다."⁶⁰ 그리하여 더 분명히 말하면, "명제는 모든 기본 명제의 총체를 따라 나오는 모든 것이다."⁶¹ 비트겐슈타인은 자신이 일찍이 "논리 노트"에서 숙고했던 내용을 되울리면서 이렇게 결론짓는다. "신이 어떤 명제들이 참인 세계를 창조한다면, 그는 바로 그 행위로 그 명제들을 따라 나오는 모든 명제가 참인 세계를 창조하는 것이다."⁶²

---

56 *T.*, 4.013 and 4.014.
57 *Ibid.* 4.016. 참고. E. Stenius, *Wittgenstein's Tractatus*.
58 M. Black, *A Companion to Wittgenstein's 'Tractatus'* (Cambridge University Press, 1964), pp. 98-101; 그리고 J. Griffin, *Wittgenstein's Logical Atomism*, pp. 99-102. 참고. G. E. M. Anscombe, *An Introduction to Wittgenstein's Tractatus*, pp. 67-70; 그리고 E. Stenius, *Wittgenstein's Tractatus*, pp. 88-116.
59 *T.*, 4.26.
60 *Ibid.* 4.4. 참고. M. Black, *A Companion to Wittgenstein's 'Tractatus'*, p. 219.
61 *T.*, 4.52.
62 *Ibid.* 5.123; 참고. "Notes on Logic" in *N.*, p. 98.

이것이 진리 가능성, 진리 함수, 마지막으로 진리표를 다루는 『논리-철학 논고』의 주요 부분에서 비트겐슈타인이 전개하는 작업이 등장할 길을 열어 놓는다. 이 지점에서 비트겐슈타인 사상의 세부 내용을 다루기 시작하면, 이는 이 연구서의 관심사를 훨씬 넘어서는 일이 될 것이며 프레게가 말한 논리의 진리 함수 개념까지 어느 정도 언급해야 할지도 모른다. 하지만 핵심 요점은 앤터니 케니(Anthony Kenny)가 분명하게 요약해 놓았다. 그는 이렇게 썼다. "아주 길고 복잡한 명제들도 '그리고'와 '또는' 같은 접속사를 거듭 사용하여 세울 수 있다. 그러나 그 명제들이 아무리 복잡해도, 그것들의 진릿값은 그것들을 구성하는 단순한 명제들의 진릿값에서 늘 결정할 수 있다. 이런 일은 특정한 접속사에 속하는 진리표들을 거듭 적용하며 이루어진다."[63] 기본 명제를 구성하는 진술들의 참 또는 거짓이 기본 명제가 아닌 명제에 미치는 영향을 보여 주는 것은, 더 전문적으로 말하면, 기본 명제가 참일 조건들이 기본 명제가 아닌 명제의 진리 함수에 미치는 영향이 무엇인지 보여 주는 것이다. 우리가 단지 한 기본 명제 "p"("비가 온다")만을 취한다면, 우리는 이 명제의 진리 조건이 복합 명제인 "p 아님"("비가 오지 않는다")은 물론 동어 반복인 "p이거나 p 아님"과 모순인 "p 그리고 p 아님"에 미치는 영향을 도식 형태로 제시할 수 있다. 그렇다면 우리는 이런 도식을 얻는다.

P	$\sim P$	$P \vee \sim P$	$P \sim P$
T	F	T	F
F	T	T	F

이를 바탕으로 거대한 논리 계산 체계를 세울 수 있다.[64] n개의 기본 명제들이 가지는 진리 가능성은 2의 n제곱이 되며, 그들의 진리 함수는 2의 2^n제곱에

---

[63] A. Kenny, *Wittgenstein* (Penguin Books, London, 1975), pp. 30-31. 『비트겐슈타인』(철학과현실사).

이를 것이다.

이것이 낳는 한 가지 결과는 모든 복합 명제를 **분석**을 통해 하나의 **명확한** 또는 정확한 의미와 진리값을 가진 일련의 기본 명제들로 나눌 수 있다는 것이다. 따라서 비트겐슈타인은 이렇게 강조한다. "명제는 오직 하나의 완전한 분석만을 가진다. 명제가 표현하는 것, 그것은 분명히 제시할 수 있는 명확한 방법으로 표현한다."[65][3] 우리가 어떤 명제에서 불명확성이 나타나는 것을 목격한다면, 이는 항상 그 명제가 분석되지 않으며 복잡하다는 사실을 나타내는 징후일 뿐이다. 비트겐슈타인은 이렇게 썼다. "한 명제의 요소가 복합체를 가리킨다는 것은 그 요소가 나타나는 명제들의 불확실성(Unbestimmtheit)에서 알 수 있다."[66][4] 심지어 그는 『철학 소견』에서도 자신의 관심사를 분명 '문법' 쪽으로 옮겼지만, 그래도 첫 문장을 **최종** 분석, 또는 완전한 명확성이라는 개념으로 시작한다. 그는 이렇게 단언한다. "명제는 그 논리가 완전하게 분석되며, 그 문법이 완전히 명확하게 설명된다"(Der Satz ist vollkommen logisch analysiert, dessen Grammatik vollkommen klargelegt ist).[67]

이것은 비트겐슈타인이 『논리-철학 논고』에서 제시하는 마지막 부분으로 우리를 인도한다. 이 마지막 부분은 그의 일곱 번째이자 마지막 명제인 "말할 수 없는 것에 대해서는 침묵해야 한다"에서 절정에 이른다. 일정 범위의 언어는 사태들(Sachverhalten)을 묘사하는 기본 명제들을 나타내거나 **아니면** 어떤 사태도 긍정하거나 부인하지 않으며, 후자의 경우에 언어는 어떤 것도 '말하지'(sagen) 못한다. 그렇다고 이것이 '말할 수 없는 것'은 실재하거나 실존하지 않는다는 말은 아니다. 비트겐슈타인은 이렇게 강조한다. "보여 줄(gezeigt) **수 있는 것은 말할**(gesagt) **수 없다**."[68] 그는 또 이렇게 단언한다. "말할 수 없는

---

64 *T.*, 4.31과 5.101에는 도식을 담은 두 표가 들어 있다. 그러나 4.26에서 5.521까지 모든 부분을 참고하라.
65 *Ibid.* 3.25 and 3.251.
66 *Ibid.* 3.24.
67 L. Wittgenstein, *P.B.* I, sect. 1, p. 51; 아울러 IV, sect. 46. p. 79를 참고하라.
68 *T.*, 4.1212.

것들이 당연히 존재한다. 그것들은 **스스로 드러낸다**. 그것들은 신비한 것이다" (Dies *zeigt* sich, es ist das Mystische).[69]

"보여 줄 수 있는 것은 말할 수 **없다**"라는 말은 『논리-철학 논고』 속의 특별한 맥락에서 등장한다. 비트겐슈타인은 명제가 실재를 묘사하는 그림으로서 행하는 역할을 논해 왔다. 그런 다음 그는 이렇게 말한다. "명제는 실제 전체를 묘사할 수 있으나, 실재를 나타내려면 반드시 실재와 공유해야 하는 것 —논리 형식—을 묘사하지는 못한다."[70] "명제는 논리 형식을 묘사하지 못한다. 논리 형식이 명제로 나타난다. 언어는 언어로 나타난 것을 묘사하지 못한다. 우리는 언어로 표현된 것 **자체**를 언어로 표현하지는 못한다."[71] 따라서 "명제는 실재의 논리 형식을 **보여 준다**."[72] 중요한 것은 우리가 우리 자신의 논리와 언어 밖으로 나가 어떤 아르키메데스의 점에서 그것에 관해 이야기하지는 못한다는 것이다. 어떤 지도나 도표가 어떤 사태를 묘사할지라도, **그로 인해** 그것이 자신의 묘사 방법을 묘사하기는 불가능하다. 자신의 묘사 방법을 묘사하려면, 덧붙여 보완하는 무언가가 필요하다. 그러나 언어는 우리가 사태를 묘사해야 하는, 또한 지금 일어나는 일을 우리에게 **보여 주어야** 하는 모든 것이다.

우리는 이제 비트겐슈타인이 의미 없는(sind sinnlos) 명제를 헛소리에 (unsinnig) 불과하여 심지어 생각조차도 할 수 없는 일과 중요하게 구분한 점에 주목해야 한다. 전자의 범주에는 동어 반복과 모순, 또는 분석과 논리에 따른 진리가 들어간다. 이 명제들은 참 혹은 거짓이라는 양극이 없기 때문에 의미가 없다. 예를 들어, 동어 반복은 그것이 어떤 기능을 하든 늘 참이다. 오로지 참이라는 한 가지 가능성만 갖는다. 그러나 비트겐슈타인을 가장 매섭게 비판하는 이들조차도 이 범주가 비트겐슈타인의 작업에서 차지하는 중요

---

69 *Ibid.* 6.522. 비트겐슈타인 강조.
70 *Ibid.* 4.12.
71 *Ibid.* 4.121.
72 *Ibid.* 비트겐슈타인 강조.

성을 인정한다. 예를 들면, C. W. K. 먼들(Mundle)은 이렇게 인정한다. "모든 필연인 진리가, 사람들이 정의(定義) 속에 싸 놓은 것들이 (종종 우리가 알아차리지도 못하는 사이에) 암시하는 의미들을 펼쳐 놓은 분석 명제라는 것은 아주 중요한 논제다. 비트겐슈타인은 이를 체계 있게 정리함으로써 언어 비판에 큰 공헌을 했다."[73]

비트겐슈타인은 수학의 방정식도 이 범주에 들어간다고 주장한다. 그는 계산과 실험은 다르다고 주장한다.[74] "방정식은 두 표현의 대체 가능성을 표현한다."[75] 그러나 바로 그런 이유로 방정식이 중요하지 않거나 무의미하지는 않다. 위대한 발견들이 이루어질 수 있었던 이유도 방정식 때문일지 모른다. 마찬가지로 논리에 관한 명제들은 주제가 없다(sie handeln von nichts). 그것들은 동어 반복이다. "그것들이 참임은 오직 그 상징을 보고 인식할 수 있다."[76] 그러나 그것들이 중요하지 않은 것은 아니다. 그것들에 따르는 것은 **정보가 아니라 이해다**. 그것들은 존재하는 것을 우리가 '볼' 수 있게 해 준다. 비트겐슈타인은 이에 근거하여 이런 명제에 포함된 **개념들을 형식적** 개념이라고 주장한다. G. E. M. 앤스콤은 이렇게 말한다. "'개념', '기능', '객체'뿐 아니라 '수', '사실', '복합체'도 형식적 개념이다. 카르나프와 달리, 비트겐슈타인은 '이름', '술어', '명제', '관계 표현' 같은 언어학 개념들도 형식적 개념이라고 주장하곤 했다. 이 가운데 어떤 경우도 그것이 형식적 개념에 속한다는 것에 관한 어떠한 **정보를 일러주지는** 못한다."[77] 비트겐슈타인은 『논리-철학 논고』 자체에서 제시하는 명제들을 "해명"(erläutern)이라고 묘사한다. 엄밀히 말하면 이 명제들도 "헛소리일"(unsinnig) 수 있지만, 그래도 이것들은 독자가 그 명제들 너머

---

[73] C. W. K. Mundle, *A Critique of Linguistic Philosophy* (Clarendon Press, Oxford, 1970), pp. 183-184.
[74] T. 6.2331.
[75] Ibid. 6.24.
[76] Ibid. 6.113.
[77] G. E. M. Anscombe, *An Introduction to Wittgenstein's Tractatus*, p. 123. 티슬턴 강조.

로 나아가게 하는 통찰을 제공하는 데 사용될 수 있다.[78]

따라서 비트겐슈타인이 언어의 한계에 관하여 한 말들은 그가 후기 저작에서 문법 발화에 관한 작업을 내놓을 길을 열어 주었다. 그러나 그가 한 말들은 이런 차원을 넘어 더 많은 일을 했다. 그 말들이 언어의 **한계**를 보여 준다는 것은 비트겐슈타인이 A. 매슬로(Maslow)가 "천사 같은 관점의 오류"(the fallacy of the angelic point of view)라 부른 것을[79] 강조한다는 의미다. 이것이 상당히 모호한 비트겐슈타인의 말 뒤편에 자리한 의미다. "유아론에서 **말하려 하는 의미**는 철저히 옳지만, 그 의미는 **말로 할 수 없다**."[80] 세계는 오직 "내 세계"로 존재한다. 그러므로 "언어의 한계는 내 세계의 한계를 의미한다."[81][5]

이리하여 우리는 해석학의 중심을 이루는 통찰, 곧 언어 문제가 인간의 유한성과 관련이 있다는 통찰에 이르렀다. 야니크와 툴민이 지적하듯이, 러셀과 영국 경험론을 따르는 이에겐 『논리-철학 논고』의 이런 측면이 역설처럼 보였다. 말하자면, 다른 점은 다 빼어난 논리학 책에 거의 얼토당토않은 부록이 붙어 있는 거나 마찬가지였다. 그러나 우리가 앞서 보았듯이, 비트겐슈타인 자신이 쓴 서신은 러셀의 『논리-철학 논고』 이해가 비트겐슈타인의 주된 의도를 간파하지 못했음을 보여 주었다. 야니크와 툴민은 이렇게 썼다. "비트겐슈타인은 자신이 '철학 문제'를 해결했다고 확신했다. 모델 이론은 세계를 아는 지식이 어떻게 가능한지 설명했다. 그 이론의 수학적(논리적) 근거는 명제들의 구조 자체가 그 명제들의 **한계**를 어떻게 **보여 주며**…(또한) 과학적(합리적) 탐구의 한계를 어떻게 결정하는지 설명해 주었다.…주관적 진리는 우화와 논박과 역설과 풍자를 통해 오로지 에둘러 전달할 수 있을 뿐이다.…윤리는 논증으로 가르치는 게 아니라, 도덕 행위의 본을 보여 줌으로써 가르치는 것이다."[82]

---

78 *T*. 6.54.
79 A. Maslow, *A Study in Wittgenstein's Tractatus* (University of California Press, Berkeley, 1961; 본디 1933년에 쓴 것), p. 148.
80 *T*. 5.62. 비트겐슈타인 강조.
81 *Ibid*. 5.6.

『논리-철학 논고』가 따른 전통은 러셀과 무어와 에이어와 카르나프의 전통이 아니라, 크라우스와 쇼펜하우어와 키르케고르와 톨스토이의 전통이다. 이는 『논리-철학 논고』의 마지막 페이지들이 나머지 부분과 어떻게 들어맞는지, 그뿐만 아니라 『논리-철학 논고』 전체가 이 작품을 쓴 사람과 어떻게 들어맞는지 설명해 준다.

따라서 『논리-철학 논고』 역시 해석학과 관련된 문제를 불러일으킨다. 우리는 이 책 2장에서 1972년에 나온 "하이데거와 비트겐슈타인이 말하는 말과 보여 줌에 관한 심포지움"을 언급했다.[83] 에바 셰퍼는 이 논의에서 하이데거와 초기 비트겐슈타인의 중요한 차이점을 지적한다. 하이데거와 비트겐슈타인 모두 어떤 것이 존재함에 놀람과 경이를 표한다. 그러나 하이데거는 이 문제를 주제 삼아 둘 이상의 저작을 집필한 반면, 초기 비트겐슈타인은 이렇게 주장한다. "이 놀람은 질문이라는 형태로 표현하지 못한다.⋯우리가 이에 관하여 말하는 것은 어떤 것이든 애초부터 그저 무의미한 것(nonsense)일 수밖에 없다."[84] 하지만 피터 맥코믹은 그가 서두에 쓴 논문에서 비트겐슈타인이 말한 보여 줄 수 있는(그러나 말하지 못하는) 것이라는 개념은 실상 하이데거가 사물을 객관화하지 않고 그대로 보여 준다는 의미에서 본래적이고 근원인 말이라 지칭한 것과 아주 비슷하다는 점을 넌지시 주장한다.[85] 불행히도 그는 이 논지를 발전시키지 않았다. 그러나 하이데거와 비트겐슈타인의 철학이 지향하는 방향은 서로 큰 차이가 있더라도 이 두 사상가를 이 지점에서 비교해 보는 것은 정말 합당해 보인다. 하이데거는 단순히 언어를 "사용하여" 세계 안의 사물을 묘사하고 객관화하는 것과 언어로 "어떤 경험"을 하는 것을 구분한다.[86] 객관화하는 언어는 논리 계산과 함께 작동하며, 진리 상응 이론에 근

---

82 A. Janik and S. Toulmin, *Wittgenstein's Vienna*, p. 198.
83 P. McCormick, E. Schaper, and J. M. Heaton, "Symposium on Saying and Sharing in Heidegger and Wittgenstein" in *J.B.S.P.* III (1972), pp. 27-45.
84 *Ibid.*, p. 38; 참고. L. Wittgenstein, "A Lecture on Ethics" (1929) in *Ph.R.* LXXIV (1965), pp. 3-26.
85 P. McCormick, in *J.B.S.P.* III, pp. 34-35.

거한다. '언어가 말할' 때, 다른 식으로는 드러나지 않았던 무언가가 드러나 보이게 된다. 비트겐슈타인은 세계가 사태에 관한 기본 명제에 의존하기에 이 세계를 묘사하는 언어, 그리고 신비한 것 혹은 블랙이 설명하듯이 언어 **안에**서 나타나지 않고 언어**를 통해** 나타나는 '저 너머'의 것을 '보여 주는 일'을 구분한다. 『철학적 탐구』에서는 '신비한' 것 또는 '저 너머'의 것을 이런 식으로 제시하지 않는다. 그러나 언어가 이미 볼 수 있게 존재하는 것을 어떻게 '보여 주는가'라는 관념을 '문법' 발화의 관점에서 펼친다.

54. 해석학과 후기 저작: 언어 게임과 삶

『논리-철학 논고』와 『철학적 탐구』의 문제가 보여 주는 큰 차이는 이 둘의 지향점과 접근법의 차이를 부각시켜 준다. 앤터니 케니는 『철학적 탐구』에 784개 질문이 들어 있으며, 그중 답이 붙어 있는 것은 110개뿐이라고 말한다. 아울러 그는 이 110개 대답 가운데 적어도 70개는 **일부러** 잘못된 답을 제시했다고 말한다.[87] 스탠리 카벨은 비트겐슈타인 후기 저작의 본질을 다룬 한 놀라운 논문에서 이 독특한 문제가 "내면의 변화를 동반하지 않는 이해를 예방하는 데" 도움을 준다고 주장한다.[88] 우리는 이미 비트겐슈타인이 말한 목표, 곧 자신의 후기 저작이 "사람이 자기 생각을 하게끔 자극하는"[89] 계기가 되길 바랐던 목표를 달성하는 수단으로 그의 후기 저작을 우선 "활용"하자는 D. M. 하이의 말을 살펴보았다. 렌포드 뱀브러(Renford Bambrough)는 이 말을 언급

---

[86] M. Heidegger, *O.W.L.*, pp. 65 and 77; 참고. pp. 57-108.
[87] A. Kenny, "Aquinas and Wittgenstein" in *The Downside Review* LXXVII (1959), p. 235.
[88] S. Cavell, "The Availability of Wittgenstein's Later Philosophy" in G. Pitcher (ed.) *Wittgenstein: The Philosophical Investigations* (Macmillan, Lonodn, 1968), p. 184; 참고. pp. 151-185 [rpt. from *Ph.R.* LXXI (1962), pp. 67-93].
[89] *P.I.*, p. x.

하며 이렇게 덧붙인다. "'생각하는 데 활용할 기계'로 설계한 책 가운데 『철학적 탐구』만큼 꼼꼼하게 설계한 책은 없다."[90] 그러니까 『철학적 탐구』는 단순히 '결과'에만 관심을 기울이는 책이 아니다. 키르케고르처럼 비트겐슈타인도 단순히 진리를 말하는 것으로는 충분하지 않다고 생각했다. "아울러 우리는 오류에서 진리로 가는 길을 찾아야 한다."[91]

하이데거의 말로 표현하면, 비트겐슈타인의 목표는 이미 존재하는 것을 적절한 시각에서 바라봄으로써 그것이 '보이게' 하는 것이었다. 그러나 비트겐슈타인은 후기 하이데거와 달리, 이런 시각을 수동적 양보로 얻을 수 있다고 생각하지 않았다. 물론 하이데거와 비트겐슈타인 모두 닳을 대로 닳은 전통의 관례에서 벗어나는 것을 자신의 과업으로 삼았다. 그러나 맬컴이 되새겨 주듯이, 비트겐슈타인은 "여러분 자신이 다치려 하지 않으면 여러분은 바르게 생각하지 못한다"라고 단언했다.[92] 비트겐슈타인의 후기 저작에 담긴 그의 목표들을 밝혀 줄 마지막 증인으로 그와 친밀했던 제자 러쉬 리즈를 내세울 수 있을 것이다. 리즈는 비트겐슈타인이 자기 학생들에게 한 말을 이렇게 되새겨 준다. "내가 도달하고픈 것은, 여러분이 특정 견해에서 나와 의견을 같이하는 것이 아니라 그 문제를 올바른 방법으로 탐구하는 것이다. 흥미로운 사물(곧 여러분이 적절히 활용하면 문제를 푸는 열쇠 역할을 해 줄 사물)에 주목하라.…내가 여러분에게 가르치고 싶은 것은 의견이 아니라 방법,…중요 문제들을 탐구하는 방법이다."[93]

이것은 곧 비트겐슈타인이 생각하는 철학 개념과 해석학의 과업이 서로 연관이 있음을 시사한다. 해석학은 존재하는 것을 해석자가 보도록 시각을 열

---

90 R. Bambrough, "How to Read Wittgenstein" in *Royal Institute of Philosophy Lectures VII: Understanding Wittgenstein* (Macmillan, London, 1974), p. 118; 참고. pp. 117-132.
91 L. Wittgenstein, "Bemerkungen über Frazers *The Golden Bough*" in *Synthese* XVII (1967), p. 233.
92 N. Malcolm and G. H. von Wright, *Ludwig Wittgenstein*, p. 40; 참고. pp. 26-27.
93 R. Rhees, *Discussions of Wittgenstein* (Routledge & Kegan Paul, London, 1970), pp. 42-43.

어 주는 데 관심이 있다. 예를 들어, 성경 해설의 1차 관심사는 새로운 사실을 발견하는 것이 아니라, 성경을 듣는 이의 눈을 열어 늘 존재했던 것을 보게 하는 것이다. 그러나 바로 이것이 비트겐슈타인이 철학의 목적과 관련하여 강조하는 점이다. 그는 이렇게 썼다. "우리에게 가장 중요한 사물들의 측면은 감춰져 있다. 그 측면이 단순하고 친숙하기 때문이다. [무언가를 알아차리지(bemerken) 못하는 것은 그것이 늘 우리 눈앞에 있기 때문이다.]"[94] 문제를 푸는 길은 새 정보를 입수하는 것이 아니라, "우리가 이미 아는 것을 잘 정리하는 것이다."[95] 그렇지만 이런 행위에는 시시한 구석이 하나도 없다. 예를 들면, 비트겐슈타인이 쓴 『수학의 기초에 관한 견해』(*Remarks on the Foundations of Mathematics, Bemerkungen über die Grundlagen der Mathematik*)에는 "늘 우리 눈앞에 있었기에 아무도 의심하지 않았던, 누구도 언급하지 않은 채 지나쳐 버렸던 사실들"을 관찰한 결과가 들어 있다.[96] 비트겐슈타인이 제시하는 설명 형태는 "우리가 사물을 바라보는 방식"과 직접 관련이 있다.[97] 그는 계속하여 이렇게 말한다. "철학은 그저 모든 것을 제시하기만 하며, 아무것도 설명하지도 않고 추론하지도 않는다.…철학자의 일은 특정한 목적을 위한 기억들을 모으는 것이다."[98] "우리는 설명을 듣기보다…언어 사실들을 조용히 음미하고 싶다."[99] "철학자는 사유 공동체의 시민이 아니다. 그것이 그를 철학자로 만든다."[100] 리처드 H. 벨(Richard H. Bell)은 이 본문과 관련하여 이렇게 말한다. "비트겐슈타인의 철학 방법은…우리가 발견할 수 있는 방법 중 순수한 '서술' 방법에 가장 가깝다."[101] 이런 말을 경험론에 준하는 방식으로 해석하여 마치 비트겐슈타인이 오로

---

94 *P.I.*, sect. 129.
95 *Ibid.*, sect. 109.
96 L. Wittgenstein, *R.F.M.* I, sect. 141.
97 *P.I.*, sect. 122.
98 *Ibid.*, sects. 126-127. 아울러 *Z.*, sects. 447 and 456-460; 그리고 *Cert.*, sects. 12, 21, and 481을 참고하라.
99 *Z.*, sect. 447.
100 *Ibid.*, sect. 455.
101 R. H. Bell, "Wittgenstein and Descriptive Theology" in *R.St.* V (1969), p. 4.

지 일종의 경험 언어학(empirical linguistics)을 세우는 데 관심이 있는 것처럼 해석한다면 잘못일 것이다. 정확히 말하면 비트겐슈타인이 말하는 바는 이게 **아니다**. 우리는 카벨이 "내면의 변화"에 관하여 제시한 주장을 다시 살펴봐야 한다. 비트겐슈타인은 '문법'이 **보여 주는** 것을 파악하면, 그가 말하듯이, 우리가 사물을 바라보는 방식(Anschauungsweise)을 바꿀 수 있다고 생각한다.[102] 이 때문에 비트겐슈타인은 논리적 모순의 본질에 관하여 새로운 '사실'을 제시하지 않으면서도, 『수학의 기초에 관한 견해』에서 이렇게 말한다. "내 목표는 모순을 대하는 **태도**를 바꾸는 것이다."[103] 해석학의 관점에서 주관성에 관심을 보인 견해 가운데 이보다 더 깊은 관심을 보인 견해는 없을 것이다.

이제 두 번째 주요 부분을 고찰해야 한다. 형식 논리는 체계, 계산, 일반성에 관심을 가진다. 반면 해석학은 역사와 문화의 특수한 문제들에 관심을 가진다. 그러나 일반성에서 특수성으로 옮겨 가는 것이 바로 비트겐슈타인의 중기 사상과 후기 사상의 특징이다. 그는 『청색 책』에서 "우리가 일반성을 갈망하고…과학의 방법에 집착하는 것"이 철학자를 종종 어둠 속으로 이끈다고 단언한다.[104] 그는 특히 그런 과학 방법으로 "자연 현상에 관한 설명을 가능한 한 가장 적은 수의 원시 자연 법칙으로 축소하는 방법,…서로 다른 주제들을 다루면서 일반화라는 방법을 사용하여 통일하는 방법"을 언급한다. 그는 덧붙여 이렇게 말한다. "나는 '일반성을 갈망한다'라는 표현 대신 '특수한 사례를 멸시하는 태도'라는 말을 쓸 수도 있었지만 그러지 않았다."[105]

이런 언급들은 무엇보다 언어에 적용된다. 비트겐슈타인은 그의 초기 작업의 지향점이 더 '과학적'이었음을 언급하면서 이렇게 단언한다. "언어라는 작업 도구와 그 활용 방식의 다양함, 낱말 종류와 문장 종류의 다양함(die Mannigfaltigkeit der Wort und Satzarten)을 (『논리-철학 논고』 저자를 비롯하여) 논리

---

102 *P.I.*, sect. 144, 그리고 *Z.*, sect. 461.
103 *R.F.M.* II, sect. 82, p. 106. 비트겐슈타인 강조.
104 *B.B.*, p. 18.
105 *Ibid.*

학자가 언어 구조에 관하여 말한 것과 비교해 보는 일은 흥미롭다."[106] 그는 부정적으로, "언어는 늘 한 방향으로 기능한다는 관념, 늘 같은 목적에 기여한다는 관념, 사고—사고의 주제가 집, 고통, 선과 악, 혹은 그 어떤 것이든 간에—를 전달한다는 관념과 철저히 단절"한다.[107] 비트겐슈타인은 그의 가장 유명하고 중요한 비유 중 하나에서 이렇게 말한다. "도구 상자 안의 도구들을 생각해 보라. 망치, 집게, 톱, 나사돌리개, 자, 아교 단지, 못, 나사가 있다. 이 대상들의 기능이 다양하듯이, 낱말들의 기능도 다양하다."[108] 그는 "우리가 보통 어떤 일반 용어로 아우르는 모든 실체에 공통된 어떤 것을 찾는 것"이 잘못이라고 주장한다.[109]

비트겐슈타인은 선험성을 지닌(또는 선험성을 지녔다고 여기는) 추상적 존재들의 일반성과 인간의 삶 및 경험이 가진 특수성을 대조한다. 예를 들면, 그는 자신이 『논리-철학 논고』에서 제시했던 일반 질문, 곧 "언어의 **본질**과 명제의 **본질**, 사유의 본질에 관한 질문들"을 되돌아보면서 이렇게 언급한다. "우리는 묻는다. '언어는 **무엇인가**?' '명제는 **무엇인가**?' 이런 질문들의 대답은 단번에, **미래의 모든 경험에 매이지 않고** 제시해야 한다."[110] 그러나 러쉬 리즈도 언급하듯이, 그의 후기 사상을 보면 "이런 낱말들—'명제', '문법', '규칙', '증거' 같은 말—이 **특수한 상황이나 환경에서** 그 의미를 가진다."[111] 이 책 2장에서 제시했듯이, 비트겐슈타인이 이런 시각을 받아들인 것은 브라우어가 1928년에 발표한 논문의 영향을 어느 정도 받았기 때문일 수도 있다. 브라우어는 이 논문에서 수학, 과학, 언어는 사회와 역사의 맥락에서 나온 인간의 활동으로 봐야 한다고 주장했다. 우리가 보았듯, S. 툴민, J. T. E. 리처드슨, P. M. S. 해커

---

106 *P.I.*, sect. 23.
107 *Ibid.*, sect. 303.
108 *Ibid.*, sect. 11.
109 *B.B.*, p. 17.
110 *P.I.*, sect. 92. 티슬턴 강조.
111 R. Rhees, *Discussions of Wittgenstein*, p. 48. 티슬턴 강조.

도 이 점을 강조했다.

비트겐슈타인이 자신의 핵심 용어인 "언어 게임"(Sprachspiel)을 도입한 것은 바로 이 두 점을 일부라도 충족하려는 목적 때문이다. 이 용어를 쓴 데에는 언어의 용법이 인간의 삶 속 상황들을 에워싼 **특수한 환경**에 근거한다는 사실에 주목하게 하려는 목적도 일부 있었다. 아울러 이 용어는 언어를, 예컨대 '세계를 묘사하는 것'처럼, 통일된 한 방식으로만 사용하지는 않는다는 사실을 일러 준다. 이 때문에 비트겐슈타인은 "언어"와 "게임"을 비교하면서 이렇게 썼다. "모든 것에 공통된 무언가 곧 우리가 언어라 부르는 것을 만들어 내는 대신, 나는 이런 현상에는 우리가 모든 경우에 같은 낱말을 쓰게 만드는 공통된 하나가 있는 게 아니라, 그것들이 서로 다른 여러 방식으로 가까운 **관계를 맺고** 있다고 말한다.…예를 들어 우리가 '게임'이라 부르는 과정들을 고찰해 보자.…여러분이 그 게임들을 보면, **모든 게임**에 공통된 어떤 것이 아니라 유사성, 동류성, 나아가 그와 같은 것들을 죽 볼 것이다.…그것들이 모두 '재미있는가?' 체스와 오목을 비교해 보라. 아니면 언제나 이기고 지는 일이 있는가?…파시앙스 놀이(카드로 점을 치는 놀이―옮긴이)를 생각해 보라."[112] 분명 특정 게임들 사이에는 '유사점'이 있다. 그렇지 않으면 그것들은 모두 게임이 아닐 것이다. 그러나 비트겐슈타인은 이것들을 모든 게임의 본질을 대표하는 어떤 한 부류에 속한 것들이 아니라 "가족 유사성"(family resemblances)으로 묘사하는 것이 가장 좋다고 생각한다.

비트겐슈타인이 언어 게임의 본질을 정의하길 거부하는 것도 이 접근법과 일치한다. 언어 게임의 의미는 이 언어 게임을 특정 맥락에서 어떻게 사용하느냐에 달려 있다. 예를 들면, 비트겐슈타인은 가끔씩 언어 게임이라는 개념을 실제 활용하는 언어를 단순하게 표현한 작동 모델을 묘사하는 데 사용한다. 이런 개념은 중기 비트겐슈타인, 특히 『청색 책』에서 나타나지만, 후기 저작에

---

[112] *P.I.*, sect. 65.

는 전혀 남아 있지 않다. 비트겐슈타인은 과도기에 펴낸 『철학 소견』에서, 언어를 통일된 한 체계가 아니라 서로 관련이 있는 여러 하위 체계로 이루어진 하나의 네트워크로 인식하기 시작한다.[113] 『청색 책』을 보면, "언어 게임 모델의 주된 목적은…특수한 사례들에 주목함으로써 의미 지시 이론의 기반을 약화시키는 것이다"라는 헬렌 허비(Helen Hervey)의 판단이[114] 합당해 보인다. 그렇지만 언어 게임은 더 복잡한 언어에서 추출한 단순한 사례들이라는 지위를 계속 유지하는 것 같다.[115] 러쉬 리즈가 말하듯이, 『갈색 책』(Brown Book, Das Braune Buch)과 『철학적 탐구』에서는 언어 게임들이 "더 복잡한 언어로 발전하는 과정 속에 자리한 단계들이 아니다.…도리어 그 게임들은 언어란 무엇이냐는 '큰 질문'에 이르는 논의 속에 자리한 단계들이다."[116]

따라서 비트겐슈타인의 언어 게임 논의 뒤편에는 두 번째 요점이 있다. 그것은 **언어와 삶**의 긴밀한 관계에, **활동**의 하나인 말하기에 주목하길 요구한다. 그는 이렇게 말한다. "'언어 게임'이라는 용어는 언어 말하기가 활동의 일부, 또는 삶의 형식을 이루는 일부라는 사실을 부각시키려고 쓴 것이다."[117] 그는 언어뿐 아니라, "언어 및 언어가 얽혀 있는 행위의" 총체도 언어 게임이라 부른다.[118] "언어를 상상하는 것은 삶의 형식(Lebensform)을 상상하는 것이다."[119] 이는, 그가 『쪽지』에서 표현하듯이, "말은 오직 사고와 삶의 흐름 속에서 의미를 가지기" 때문이다.[120]

겉만 보면, 비트겐슈타인이 하는 모든 일은 오래전에 페르디낭 드 소쉬르 같은 언어학자들이 언어는 "언어 습관 모음"이며 "언어의 사회성이 언어의 주

---

[113] P.B., II, sects. 13-15.
[114] H. Hervey, "The Problem of the Model Language-Game in Wittgenstein's Later Philosophy" in *Philosophy* XXXVI (1961), p. 345.
[115] 참고. B.B., p. 17.
[116] Ibid., p. ix.
[117] P.I., sect. 23.
[118] Ibid., sect. 7.
[119] Ibid., sect. 19.
[120] Z., sect. 173.

요 특징 중 하나"라 인식했던 것을 확인해 주는 것처럼 보일 수도 있다.[121] 그러나 이렇게 본다면 비트겐슈타인이 말하는 핵심을 완전히 놓치는 셈이다. 비트겐슈타인은 언어를 이야기할 때 언어의 내용이나 언어의 논리, 또는 철학적 의미로 이해한 언어의 '문법'이라는 관점에서 이야기한다. 그는 이렇게 말한다. "우리는 언어의 물리적 속성을 서술하지 않고 언어 게임 규칙을 제시함으로써, 체스 게임의 말(pieces)에 관하여 이야기하듯이 언어에 관하여 이야기한다."[122] 따라서 핵심 요점은 "언어 게임이 바뀌면 개념이 바뀌며, 개념과 함께 낱말의 의미도 바뀐다"는 것이다.[123] 실제로 하는 말이 무슨 말이며 그 말의 의미가 무엇인지는 언어를 말하는 환경에 달려 있다.

비트겐슈타인이 『철학적 탐구』에서 제시한 많은 작업은 언어 환경의 변화가 철학에 중요한 특정 개념들에 어떻게 영향을 미치는가를 보여 주는 것이다. 따라서 그는 이렇게 묻는다. "'나는 **의식하지 않는다**'라고 외치는 것은 무슨 의미일까?…사람은 의식하지 않는 것처럼 꾸밀 수 있다. 하지만 **의식하는** 것처럼 꾸밀 수도 있을까?"[124] '믿다'라는 말의 용법도 삶의 정황에 깊이 뿌리내리고 있다. "'잘못 믿다'라는 뜻을 가진 동사가 있다면, 그 동사는 의미 있는 1인칭 현재 직설법 형태를 갖지 않을 것이다.…나와 내가 쓰는 말의 관계는 다른 사람들과 그들이 쓰는 말의 관계와 완전히 다르다."[125] 또는 이렇게도 말할 수 있다. "사랑은 느낌이 아니다. 사랑은 검증할 수 있으나, 고통은 그렇게 하지 못한다. 우리는 이렇게 말하지 않는다. '그것은 진정한 고통이 아니었다. 그렇지 않다면 그렇게 빨리 수그러들지 않았을 것이다.'"[126] 반면 이렇게도 말한다. "어떤 이가 진심 어린 사랑이나 소망을 1초 동안만 느낄 수 있을까?

---

121 F. de Saussure, *Course in General Linguistics*, p. 77.
122 *P.I.*, sect. 108.
123 *Cert.*, sect. 65.
124 *Z.*, sects. 394-395.
125 *P.I.*, II.x, pp. 190 and 192.
126 *Z.*, sect. 504.

이 1초 앞이나 뒤에 무슨 일이 있더라도?…환경이 그것(지금 일어나는 일—옮긴이)에 중요성을 부여한다. '소망'이라는 말은 인간의 삶 속에 있는 한 현상을 가리킨다. (웃는 입은 오로지 인간의 얼굴에서만 웃는다.)"[127] 어떤 이가 다른 사람의 금니를 가졌다고 말할 수 있다면, 그 사람이 그 다른 사람의 치통을 가졌다고 말하지 못할 이유가 있을까?[128] 이 물음의 답은 '고통'이라는 단어의 문법에 일정 부분 달려 있다. "고통의 개념은 그것이 우리 삶에서 가지는 특정한 기능이 규정한다. 고통은 우리 삶에서 **이렇게** 있으며, **이런** 연관들을 갖고 있다.…고통의 표현 같은 것은 다만 삶에서 보통 나타나는 현상들에 에워싸여 있다."[129]

러쉬 리즈는 이에 근거하여 비트겐슈타인의 작업을 이렇게 평한다. "말하기는 (다른 것과 무관한—옮긴이) **별개의 사물**이 아니며, '의미를 가진다는 것'도 별개의 사물이 아니다."[130] 이것은 언어 게임이 자족성을 지닌 체계임을 힘주어 말하는 게 아니다. 우리가 앞서 언급한 반 뷰렌의 비트겐슈타인 해석에서는 언어 게임을 자족성을 지닌 것으로 보는 경향이 있었고, 다른 면에서는 탁월한 피터 윈치와 윌리엄 호던(William Hordern)의 연구도 거의 그리 암시하는 것 같지만,[131] 방금 본 말은 결코 그런 취지의 말이 아니다. 오히려 비트겐슈타인이 『쪽지』에서 언급하듯이, "우리의 개념과 반응을…결정하는 것은…우리가 각 행위를 바라볼 때 그 배경이 되는 인간 행위의 시끌벅적한 총체다."[132] 혹은 『수학의 기초에 관한 견해』에서 말하듯이, "우리가 '핵심'이라고 느끼는 종류의 용법은 이런저런 용법이 우리 삶 전체에서 하는 역할과 연관이 있다."[133]

우리는 앞서 이렇게 특수성과 '삶'을 강조하는 것이 해석학의 언어 접근법

---

[127] *P.I.*, sect. 583; 참고. *Z.*, sects. 53-68.
[128] *B.B.*, pp. 48-55.
[129] *Z.*, sects. 532-534.
[130] R. Rhees, *Discussions of Wittgenstein*, p. 75; 참고. pp. 71-84.
[131] 참고. W. Hordern, *Speaking of God: The Nature and Purpose of Theological Language* (Epworth Press, London, 1964), pp. 81-92 *et passim*.
[132] *Z.*, sect. 567.
[133] *R.F.M.* I, sect. 16, p. 8.

이 가지는 특징임을 언급했다. 이제는 비트겐슈타인과 해석학의 연관점을 두 가지 더 언급할 수 있을 것이다. 첫째, 비트겐슈타인은 언어 게임을 살아 있고 자라가며 계속 움직이는 어떤 맥락 속에서 활동하는 것으로 본다. 다시 말해, 그는 역사와 시간에 하이데거가 부여했던 것과 같은 자리를 부여하지는 않지만, 그래도 **역사와 시간의 흐름에 따른 변화**를 에둘러 고려한다. 따라서 비트겐슈타인은 언어 게임의 다양성을 언급하면서 이렇게 말한다. "이런 다양성은 고정되고 단번에 주어진 것이 아니다. 도리어 새로운 언어 유형, 새로운 언어 게임이…생기고, 다른 것들은 낡은 것이 되어 잊힌다."[134] 이것이 (스트로슨의 계속된 비판에도 불구하고) 바로 그가 여기서 **"셀 수 없이 많은 다양한 종류"**를 이야기하는 이유다.[135] 이런 다양한 종류의 예를 들면, "명령하기와 명령에 따라 행동하기, 어떤 대상을 겉모습 또는 그 대상을 측정한 결과를 따라 서술하기, 대상을 서술한 것을 따라 만들기,…사건 보고하기,…이야기 만들고 읽기,…수수께끼 알아맞히기, 농담하기,…부탁하기, 감사하기, 저주하기, 인사하기, 기도하기"를 들 수 있다.[136][6] 그는 언어와 고대 도시를 비교한다. "조그만 골목과 광장, 오래된 집이나 새 집 또는 서로 다른 시기에 증축한 부분들을 가진 집으로 이루어진 미로, 그리고 이것을 에워싼, 곧고 반듯한 거리와 하나같이 모양이 같은 집들을 가진 수많은 새 교외 지역."[137]

둘째, 비트겐슈타인은 그가 생각하는 언어 게임 개념의 기초를 인간의 관습이나 용법, 적용, 훈련에서 찾는다. 노먼 맬컴이 올바르게 주의를 주듯, 비트겐슈타인이 (많은 경우에) 어떤 표현의 의미는 그 용법임을 주장하지만, "이는 '의미'라는 말과 '용법'이라는 말이 보통 동의어라고 선언하는 게 아니다. 그가

---

134 *P.I.*, sect. 23.
135 Ibid. 참고. P. F. Strawson, "Critical Notice of Wittgenstein's *Philosophical Investigations*" in H. Morick (ed.), *Wittgenstein and the Problem of Other Minds* (McGraw-Hill, New York, 1967), pp. 6-7; 참고. pp. 3-42.
136 *P.I.*, sect. 23.
137 *Ibid.*, sect. 18.

말하는 어떤 표현의 '용법'은 그 표현을 말하거나 쓰는 특별한 상황, '환경'을 뜻한다. 어떤 표현의 용법은 이 표현이 어떤 역할을 하는 **언어 게임**이다."[138]

비트겐슈타인은 이렇게 말한다. "'의미'(Bedeutung)라는 낱말을 활용하는 **많은** 경우—비록 모든 경우는 아니어도—에 이 낱말을 이렇게 설명할 수 있다. 한 낱말의 의미는 그 언어에서 그 낱말이 가지는 용법(sein Gebrauch in der Sprache)이다."[139] 그러나 이 말을 의미라는 것을 통틀어 정의하는 구호로 해석해서는 안 된다. 이 말은 특수한 주장을 제시하는 방법이다. 가스 핼리트(Garth Hallett)가 조심스럽게 주장하듯이, 사실 『논리-철학 논고』 안에도 "용법"(사용)이라는 개념이 들어와 있다.[140] 비트겐슈타인은 『논리-철학 논고』에서 이렇게 분명히 말한다. "어떤 기호가 쓰이지 않으면(nicht gebraucht), 그 기호는 의미가 없다."[141] 하지만 그는 후기에 가면 특히 그림과 적용의 대조와 관련지어 "우리 마음에" 떠오를 수 있는 것과 언어의 적용을 대조하는 데 특히 강조점을 둔다. "우리 마음에는 똑같은 것이 떠오를 수 있어도…적용(Anwendung)은 여전히 그와 다를 수 있다."[142] 비트겐슈타인은 한 예를 들어 이 점을 설명한다. 그는 이렇게 썼다. "특정 자세를 취한 권투 선수를 묘사한 그림을 상상해 보라. 이제 이 그림은 다른 어떤 이에게 그가 어떻게 서 있어야 하며 어떤 자세를 취해야 하는지, 혹은 어떤 자세를 취하지 말아야 하는지, 혹은 특정인이 이런저런 자세로 서 있었다는 것 등을 일러 주는 데 사용할 수 있다."[143]

이 강조점의 해석학적 중요성은 비트겐슈타인이 실물 지시 정의가 언어와 이해의 기초라는 견해를 거부하고, 언어와 이해를 결정하는 요인은 "훈련"(Abrichtung)이라는 그의 후기 인식을 확고히 한 점에서 아주 분명하게 드러

---

138 N. Malcolm, "Wittgenstein" in P. Edwards (ed.), *The Encyclopedia of Philosophy* VIII, p. 337.
139 *P.I.*, sect. 43.
140 G. Hallett, *Wittgenstein's Definition of Meaning as Use* (Fordham University Press, New York, 1967), pp. 8-32.
141 *T.*, 3.328; 참고. 3.326.
142 *P.I.*, sect. 140.
143 *Ibid.*, p. 11 (추가 주).

난다. 우리는 앞서 해석학과 언어를 다룬 장에서 말의 의미를 지시로 보는 견해를 고찰할 때 비트겐슈타인이 실물 지시 정의를 비판한 것을 보았다. 그는 『청색 책』에서 이렇게 말한다. "실물 지시 정의인 '이것은 토브다'는 아주 다양하게 해석할 수 있다.…그것은 '이것은 연필이다', '이것은 둥글다', '이것은 나무다', '이것은 하나다', '이것은 딱딱하다' 같은 의미일 수 있다."[144] 그는 『철학적 탐구』에서 이렇게 제안한다. "종이 한 장을 가리켜 보라. 그리고 이제는 그 모양을 가리켜 보라. 그다음에는 그 색깔을 가리켜 보라. 그다음에는 종이 숫자를 가리켜 보라.…당신은 그 일을 어떻게 했는가?" 그는 주장한다. "실물 지시 정의는 모든 경우에 여러 가지로 해석할 수 있다."[145] 스트로슨은 이를 이렇게 말한다. "이런 절차의 유효성은 준비된 언어 훈련 틀의 존재 여부에 달려 있다."[146]

비트겐슈타인은 어린이가 말하기를 배울 때 "언어를 가르치는 것은 설명이 아니라 훈련(Abrichtung)"이라고 주장한다. 모든 것은 "본을 보이며 설명하는 일(지시하기와 발음하기)이 전체 훈련 및 실제 의사소통 때 그 훈련이 만들어 낸 사용에서 행하는 역할"이 좌우한다.[147]

비트겐슈타인이 이 통찰을 가장 훌륭하게 적용한 경우가 그의 초기 작업 『논리-철학 논고』다. 그 출발점은 그가 말한 "단순한 것들" 혹은 단순한 대상들이라는 개념이었다. 이것들은 결합하여 기본 명제로 묘사할 수 있는 사태를 형성한다. 이것에서 모든 의미는 명확하고 정확해야 한다는 결론이 나왔다. 그러나 이제 비트겐슈타인은 이렇게 묻는다. "단순하다"나 "정확하다"는 무슨 뜻인가? 그는 자신이 단순한 것과 정확함에 관한 어떤 선험적 이해에서 출발하고 있다고 생각했다. 그러나 이제 그는 이런 말이 "특정한 언어 게임 밖에서는" 아무런 쓰임새가 없음을 깨닫는다.[148] 따라서 그는 이런 질문으로 되돌아

---

[144] *B.B.*, p. 2.
[145] *P.I.*, sects. 33 and 28.
[146] P. F. Strawson, "Critical Notice" in *Wittgenstein and the Problem of Other Minds*, p. 5.
[147] *P.I.*, sect. 5과 *B.B.*, p. 80.

온다. "단순한 구성 부분들"은 무엇인가? 마찬가지로 '정확함'이란 개념 역시 이 말을 사용하는 삶 속 환경에 달려 있다. "내가 태양과 우리의 거리를 1미터 단위까지 제시하지 않으면, 목수에게 탁자의 폭을 0.001밀리미터까지 제시하지 않으면 이는 부정확한가?"[7] 비트겐슈타인은 이렇게 결론짓는다. "'부정확하다'는 정말 비난이며, '정확하다'는 칭찬이다."[149] 그렇다면 논리의 명확성에 관한 질문들도 선험적 이슈가 아니며, 특정한 언어 게임 안에서 형성되는 개념들에 의존한다.

우리는 이제 비트겐슈타인의 후기 저작과 해석학 문제 사이에 적어도 네 가지 연관점이 있음을 간파했다. 첫째, 그는 우리가 늘 거기에 있어 볼 수 있는 것을 알아차리게 하는 시각을 열어 주는 데 관심을 보인다. 둘째, 그는 형식 논리의 일반성이 아니라 개념의 변화가 일어날 수 있는 특정 언어 상황의 특수성에 관심을 보인다. 셋째, 언어 게임은 인간의 삶과 인간의 활동에 근거한다. 이런 인간의 삶과 활동은 미래를 향해 열려 있기 때문에 시간이나 역사의 흐름에 따른 변화를 겪을 수도 있다. 넷째, 우리가 언어를 활용하는 상황 속에 우리를 놓아 두는 인간의 삶 속에는 훈련과 양육이 존재하는데, 이 훈련과 양육 '뒤편'에는 논리적 선험성을 지닌 것이 전혀 존재하지 않는다. 이는 현존재의 '세계'가 주체-객체 사고와 인식 명제보다 앞선다고 본 하이데거의 믿음과 가깝다. 실제로 비트겐슈타인의 언어 게임 개념이 하이데거의 세계성 개념과 동일하지 않더라도 이 두 개념 사이에 긴밀한 유사점이 있다는 게 분명하게 드러났다.

사실, 나는 그가 실제로 '해석학'이라는 말을 사용했다고 생각하지는 않는다. 그러나 피터 윈치의 작업, 특히 그의 논문 "원시 사회 이해"(Understanding a Primitive Society)에서 제시한 내용은 비트겐슈타인의 철학을 바탕 삼아 해석학의 관점에서 인류학과 사회과학에 다가간 접근법이라 할 만한 것이다.[150]

---

148 *P.I.*, sect. 47.
149 *Ibid.*, sect. 88.

우리는 이번 장 서두에서 아펠이 윈치의 접근법을 다룬 내용을 언급했다. 이 접근법의 몇 가지 난점과 강점은 근래 앨런 키틀리(Alan Keightley)가 특별히 삶과 문화의 특수성과 합리성이라는 '일반' 개념의 관계를 묻는 모든 질문과 관련지어 논했다.[151] 키틀리는 비트겐슈타인의 접근법이 완전히 '객관적'인 것과 순수하게 '주관적'인 것의 구분을 넘어 그 뒤로 돌아간다는 것을 한두 문장으로 인정한다. 키틀리는 더 '객관적' 관점에서 종교 언어를 해석한 J. 힉(Hick) 및 K. 닐슨(Nielsen)과 더 '주관적' 관점에서 설명하는 이언 램지(Ian Ramsey) 및 다른 이들을 비교하면서, 이런 "이것 아니면 저것 식의 해석은 비트겐슈타인 추종자들을[곧 특히 피터 윈치와 D. Z. 필립스(Phillips)를] 결코 만족시키지 못할 것"이라고 말한다. 이 저술가들이 받아들일 수 없는 것은 이런 대안이다. "종교의 믿음들이 어떤 '객관적 지시'에 관하여 주장을 펼치지 못한다면, 그 믿음들은 그저 세상을 대하는 주관적 태도일 뿐이다."[152] 우리는 꼭 윈치와 필립스의 접근법을 지지하지는 않으며, 그들에겐 아무 난점이 없다고 주장하지도 않는다. 하지만 키틀리가 올바로 주목하게 한 점은 이런 접근법이 우리가 '객관성'과 '합리성' 같은 개념들을, 특히 다른 문화와 '삶의 형태'를 이해할 때 실제로 무슨 의미로 사용하는지 재평가하기를 요구한다는 것이다. 우리는 이것이 하이데거의 해석학에서 제기하는 주요 질문 가운데 하나임을 이미 보았다.

55. 사적 언어와 공적 의미 기준에 관한 논의가 해석학에 시사하는 의미

사적 언어 논쟁을 다룬 2차 문헌이 엄청나게 출간되었다. 표준이라 할 만한

---

[150] P. Winch, "Understanding a Primitive Society" in D. Z. Phillips (ed.), *Religion and Understading* (Blackwell, Oxford, 1967), pp. 9-42.
[151] A. Keightley, *Wittgenstein, Grammar and God* (Epworth Press, London, 1976).
[152] *Ibid.*, p. 108.

맬컴, 스트로슨, 리즈, 에이어, 그 밖에도 많은 이들의 논의가 있으며, 이에 더하여 O. R. 존스(Jones)는 온전히 이 쟁점만을 다룬 한 논문집으로 이 주제를 소개한다.[153] 언어가 규칙이나 규칙성, 혹은 포더(Fodor)와 카츠(Katz)가 "반복하는 메커니즘"[154]이라 부른 것을 바탕으로 작동한다는 것은 이제 현대 언어 연구의 공리가 되었다. 존 설(John Searle)은 언어를 "규칙의 지배를 받는 행위 형태"라고 말한다.[155] 하지만 비트겐슈타인은 어떤 언어를 말하는 일이 얼마만큼 규칙의 **지배를 받는가**에 관하여 신중한 입장을 보인다. 분명 규칙들이 있지만, 이 규칙들은 철저한 규범력을 갖고 있지도 않고 어떤 닫힌 체계의 일부도 아니다. 비트겐슈타인은 이렇게 썼다. "어떤 낱말을 적용할 때 어디에서나 규칙이 그 경계를 정해 주지는 않는다.…규칙은 이정표처럼 서 있다."[156] "우리의 규칙들은 작은 구멍들이 열린 채로 남아 있으며, 관습이 스스로 말해야 한다."[157] 러쉬 리즈는 이렇게 말한다. "어떤 면에서, 여기서 규칙을 이야기하는 것은 오해를 불러일으키는 일이다. 그러나 그것이 어떤 것들—예를 들어, 어떤 표현을 잘못 사용할 수 있다는 것—을 더 분명하게 밝혀 준다. 규칙은 지키는 것이다. 우리가 무엇에 관하여 이야기하고 있는지 알 수 있는 것도 그 때문이다."[158] 이를 비트겐슈타인은 이렇게 말한다. "이정표가 늘 사용될 때만, 관습이 있을 때만 사람은 이정표를 따른다.…어떤 이가 단 한 번만 규칙을 따를 수는 없다.…규칙을 따르는 것, 보고하는 것, 명령을 내리는 것은…**관습**(관례,

---

[153] O. R. Jones (ed.), *The Private Language Argument* (Macmillan, London, 1971). 특히 R. Rhees, *Discussions of Wittgenstein*, pp. 55-70를 참고하라. 이 안에는 A. J. 에이어가 제시한 몇몇 가설에 대한 비판이 들어 있다. 아울러 L. Wittgenstein, "Notes for Lectures on 'Private Experience' and 'Sense Data'" in *Ph.R.* LXXVII (1968), pp. 271-320 및 rpt. in O. R. Jones (ed.), *The Private Language Argument*, pp. 232-275를 참고하라.

[154] J. A. Fodor and J. J. Katz (eds.), *The Structure of Language: Readings in the Philosophy of Language* (Prentice-Hall, Englewood Cliffs, N.J., 1964), p. 11; 참고. pp. 1-18 and 479-518.

[155] J. R. Searle, *Speech Acts: An Essay in the Philosophy of Language* (Cambridge University Press, 1969), p. 12; 참고. pp. 33-42. 『언화행위』(한신문화사).

[156] *P.I.*, sects. 84 and 85.

[157] *Cert.*, sect. 139.

[158] R. Rhees, *Discussions of Wittgenstein*, p. 56. 리즈 강조.

제도)이다."¹⁵⁹

　의사소통이 발생하려면, 그리고 낱말들이 **언어**로서 기능하려면, 언어의 적용이 타당한지 확인해 줄 수 있는 사물이 어떤 것인지 알 수 있어야 한다. 비트겐슈타인은 한 화자가 자신이 어떤 규칙을 따르고 있다는 인상을 받는 것만으로는 충분하지 않을 것이며, 실제로 그가 그 규칙을 따라야 한다고 말한다. 그는 이렇게 썼다. "따라서 '규칙을 따르는 것'은 실천이다. 규칙을 따른다고 **믿는** 것은 규칙을 따르는 게 아니다. 그렇기 때문에 규칙은 '사사로이' 따르지 못한다. 그렇지 않다면, 규칙을 따른다고 믿는 것도 규칙을 따르는 것과 같을 것이기 때문이다."¹⁶⁰ 맬컴은 이와 관련하여 이렇게 말한다. "'바르다'와 '바른 것 같다'의 구분이 사라지면, **바르다**라는 개념도 사라진다."¹⁶¹ 유효한 언어는 낱말의 올바른 적용과 잘못된 적용이 구분된다는 것을 전제한다. '바르다'라는 말이 같은 경우에 무엇이 '바르지 않은' 것인지 일러 주는 개념을 담고 있지 않다면 실상 그 말에는 아무 내용이 없는 것이다.

　개념을 식별하거나, 인식하거나, 실행하거나, 적용하는 것조차도 바로 이 문제가 좌우한다. 예컨대 사람들이 '빨갛다'라는 말을 어떤 규칙을 따라 사용할 수 없다면, 어떻게 내가 "아니, 그것은 빨갛지 않아. 여기서 이 말을 쓰는 것은 잘못이야"라고 말할 수 있겠는가? 그렇게 생각하지도 못할 것이다. 어떻게 내가 '빨갛다'를 개념으로 인식할 수 있을까? 리즈는 이렇게 단언한다. "그저 색깔을 바라보는 것만으로 색깔이라는 개념을 얻지 못하며, 빨간 것들을 바라보는 것만으로 빨갛다는 개념을 얻지 못한다. 내가 그 개념을 갖고 있다면, '빨갛다'라는 말이 어떻게 사용되는지 아는 것이다.…그럼에도 틀림없이 어떤 용법이 **있어야** 한다. '똑같은 색'이라는 말은 분명 무언가를 의미하며 널리 그렇게 이해한다. '다른 색'이라는 말도 마찬가지다."¹⁶² 그는 이 말 앞에 이렇게

---

159 *P.I.*, sects. 198-199. 비트겐슈타인 강조.
160 *Ibid.*, sect. 202.
161 N. Malcolm, "Wittgenstein's *Philosophical Investigations*" in *Wittgenstein and the Problem of Other Minds*, p. 48.

썼다. "내가 지금 이야기하는 일치란, 그것이 없으면 사람들이 그들의 반응⋯ 내지 다른 어떤 것이 일치하는지 알 수 없는 것을 말한다."[163] 비트겐슈타인은 『확실성에 관하여』에서 이렇게 말한다. "어린이가 색깔의 이름을 물을 수 있으려면, 그 전에 색깔을 나타내는 말들의 용법을 배워야 한다."[164] "사람이 잘못을 저지르려면, 이미 다른 사람들과 일치하는 판단을 해야 한다."[165] 이것은 비트겐슈타인이 『철학적 탐구』에 쓴 기억할 만한 경구인 "사자가 말할 수 있다 해도, 우리는 그 사자의 말을 이해하지 못할 것이다"[166]의 뒤편에 자리한 핵심 주장의 일부이기도 하다.

이제 사적 언어 문제를 다룰 마당이 마련되었다. 공적 대상 또는 경험으로 지각할 수 있는 대상에 관한 언어의 적용이 타당한지 확인해 줄 만한 사물이 어떤 것인지 알기는 쉽다. O. R. 존스가 말하듯이, "당신이 '의자'라는 말을 다양한 경우에 같은 종류의 사물을 가리키는 말로 늘 사용하고 있다고 생각한다면, 다른 누군가는 당신이 그렇게 사용하지 않는다는 것을 당신에게 금세 말할 수 있을 것이다."[167] 그렇다면 낱말들을 느낌이나 감각, '사적' 경험에 적용할 경우, 이 적용이 타당한지 확인해 줄 만한 사물은 무엇인가? 내가 오직 나 자신의 사례에서만 아픔을 느끼는 것이나 기쁨을 느끼는 것, '내면의' 평화를 경험하는 것이 무엇인지 안다면, '아픔'이나 '기쁨', '내면의 평화'라는 말을 사용하는 데 어떤 규칙성이나 일치가 존재한다는 것을 어떻게 알 수 있는가? 어떻게 내가 '바르다'와 '내가 보기에 바른 것 같다'의 차이를 늘 구분할 수 있는가? 이런 언어를 적용할 때 진짜 잘못을 저질렀다는 것은 대체 무슨 종류의 일인가? 잘못이라 여길 만한 것이 무엇인가?

---

[162] R. Rhees, *Discussions of Wittgenstein*, pp. 57-58.
[163] *Ibid.*, p. 56.
[164] *Cert.*, sect. 548. 참고. sects. 527-549.
[165] *Ibid.*, sect. 156.
[166] *P.I.*, II, xi, p. 223. 참고. S. P. Carse, "Wittgenstein's Lion and Christology" in *Th.T.* XXIV (1967), pp. 148-159.
[167] O. R. Jones (ed.), *The Private Language Argument*, p. 17.

비트겐슈타인은 감각과 느낌과 마음 상태 같은 것이 모두 혹은 **반드시** "사적인" 것이라면 그것들을 나타내는 언어는 생길 수 없었을 것이라고 본다. 하지만 사실 우리는 그것들을 이해할 수 있게 말하기 때문에, 사적 경험담 같은 것은 거부될 수 있을 뿐이다.[168]

더 넓은 범위의 논쟁에서는 '사적'이라는 말이 전문적 의미를 갖고 있으며 때로는 그 의미가 모호하다. 그래서 몇몇 저술가는 그 말 뒤에 자리한 핵심을 다른 방법으로 표현해 보자고 제안한다. 예를 들면, 데이비드 페어스는 "가르칠 수 없는"(unteachable)이라는 말을 늘 사용한다.[169] 언어를 가르칠 수 있는 것은 **언어가 인간의 행동에서 관찰할 수 있는 규칙성과 관련이 있기** 때문이라는 것이 그 이유다. 비트겐슈타인은 이렇게 썼다. "사람들이 그들의 고통을 표현하지 않는다면(신음하지 않는다면, 얼굴을 찌푸리지 않는다면 등) 어떻게 될까? 그렇게 된다면 아이에게 '치통'이라는 말의 용법을 가르치지 못할 것이다."[170] 따라서 맬컴의 말처럼, "사적' 언어라는 말은 화자 이외에 다른 이는 모르는 말이라는 뜻일 뿐 아니라, 아예 이해할 **수도 없는** 말이라는 뜻이다."[171]

이 지점에서 대다수 비트겐슈타인 해석자들을 따라 이런 견해가 마음의 철학에 미친 영향을 펼쳐 볼 수 있을 것이다. 사실, 비트겐슈타인은 마음을 바라보는 데카르트식 견해를 비판한다. 데카르트식 견해에 따르면, 감각과 느낌이 행위와 관련을 갖는 것은 오로지 우연일 뿐이다. 존스, 케니 및 다른 이들은 이 관점을 받아들인다.[172] 하지만 우리의 현재 관심사는 마음의 철학 자체가 아니라 이 접근법이 해석학에 미친 영향이다. 말하자면 '구속받음', '하나님께 말씀을 들음' 등의 개념을 이해할 수 있고 '가르칠 수 있는' 기초는 실존

---

168 D. Pears, *Wittgenstein*, pp. 142-152.
169 *Ibid.*, p. 147.
170 *P.I.*, sect. 257.
171 N. Malcolm in *Wittgenstein and the Problem of Other Minds*, p. 46.
172 참고. O. R. Jones, *The Private Language Argument*, p. 14; 그리고 A. Kenny, "Cartesian Privacy" in G. Pitcher (ed.), *Wittgenstein: The Philosophical Investigations*, sect 293.

의 사적 체험이 아니라 어떤 행위 유형들을 담고 있는 공적 전통이다. '아픔'의 의미는 아픈 행위(아픔을 표현하는 행위)에서 관찰할 수 있는 규칙성에 달려 있다. 마찬가지로, '구속'의 의미도 구속 행위에서 관찰할 수 있는 규칙성에 달려 있다. 이 점을 더 예리하게 표현하면 이렇게 말할 수 있다. **우리가 불트만을 좇아 구약 역사라는 공적 전통을 이 세상이 아닌 다른 세상에 속한 것과 '내' 실존의 경험을 강조하는 것으로 대체한다면, 해석학 문제는 풀 수 없게 된다.** 예를 들면, 구속이 무엇인지는 '나 자신의 경험'이 아니라 출애굽, 광야에서 떠돈 일, 사사기 등에서 반복되는 구원 유형들에서 가장 잘 알 수 있다. 물론 이런 모델 언어 게임은 해석학적 순환이라는 원리를 따라 이후에 이어지는 역사에 비춰 개정되고 바로잡힌다. 그러나 신약 해석학의 관점에서 보면, 구약 역사는 개념들을 설명하는 데 필요한 출발점을 제공한다.

비트겐슈타인은 다음과 같이 답변하는 비평가를 상상한다. "그러나 나는 어떤 개념이 무슨 의미인지 나 자신의 사례에서 알 수 있습니다." 그는 이렇게 썼다. "누군가가 내게, **자신**은 아픔이 무엇인지 오로지 자기 자신을 보고 안다고 말한다! 모든 이가 상자를 하나를 갖고 있고, 그 안에는 우리가 '딱정벌레'라 부르는 것이 들어 있다고 해 보자. 누구도 다른 이의 상자 속을 들여다보지 못한다. 그리고 모든 이가 자기는 다만 **자기** 딱정벌레를 보기에 딱정벌레가 무엇인지 안다고 말한다. 이때 사실은 모든 이가 자기 상자 안에 다른 사물을 갖고 있을 수 있다." 상자 안에 있는 것은 다른 것들을 고찰하기에 **적절치 않**다. "상자 속의 그 사물은 그 언어 게임에 전혀 속해 있지 않다. 어떤 것으로서 속해 있는 경우조차 없다. 그 상자가 비어 있을 수 있기 때문이다. 아니, 상자 속의 이 사물로 '나눌 수' 있다. 그것이 무엇이든, 그것은 없어져 버린다."[173]

비트겐슈타인은 "바르다"와 "바른 것 같다"의 차이를 오로지 내 사례를 기준으로 확인하려는 것은 "마치 어떤 이가 아침 신문을 여러 부 사서 신문이

---

[173] *P.I.*, sect. 293.

말하는 것이 진실인지 확인하려는 것과 같다"고 주장한다.[174] 그것은 마치 어떤 이가 "어쨌든 나는 내 키가 얼마인지 안다"고 말하면서 자기 손을 자기 정수리에 올려놓아 확인하려는 것과 같다.[175]

이제 우리는 이 논점을 한 단계 더 진전시킬 수 있다. 다시 말하지만, 해석학 문제는 마음의 철학에서 나타나는 것과 비슷하지만 동일하지는 않다. 우리는 앞서 어떤 개념들을 **이해할 수 있으려면** 그 개념들이 이스라엘 민족의 삶과 같은 공적 역사 전통에 닻을 내리고 있어야 한다고 주장했다. 이제 우리는 더 나아가, 비트겐슈타인의 견해를 바탕으로 **이런 공적 특징 자체가 그 개념의 문법 중 일부**라 말할 수 있다. 그리스도인은 "하나님이 나를 구속하셨다"고 말한다. 이때 '구속'이라는 문법의 일부, 곧 그 개념이 지닌 의미의 일부는 이스라엘이 출애굽과 광야 시절에 겪었던 경험과 관련이 있을 수밖에 없다. 이 원리의 작동 모습과 타당성은 비트겐슈타인 자신이 "생각", "의미", "이해", "믿음", "기대" 같은 개념과 관련하여 든 사례에 비춰 보면 가장 잘 알 수 있다. 마지막 두 사례만 주목하여 살펴보자.

비트겐슈타인은 "기대란 그것이 생겨나는 상황에 뿌리박고 있다"고 썼다.[176] 그는 우리가 기대를 예컨대 긴장감 같은 어떤 상태나 감각으로 생각할 수 있음을 인정한다.[177] "그러나 이 상태들의 문법을 이해하려면 이렇게 물어야 한다. '어떤 이가 그런 상태에 있음을 판단할 기준이 무엇인가?'"[178] 하지만 이런 의미에서 보면, 상당히 다양한 활동이 포함될 수 있다. 비트겐슈타인은 『청색책』에서 "차 마시러 오는 B를 4시부터 4시 30분까지 기다림"이라는 현상을 검토한다. 중요한 의미를 가진 다양한 요인에는 이런 것들이 포함될 수 있다.

---

[174] *Ibid.*, sect. 265.
[175] *Ibid.*, sect. 279.
[176] Z., sect. 67. "기대"에 관한 것은 *P.I.*, sects. 572-586; Z., sects. 58-68과 71-77; *B.B.*, pp. 20-21와 35-36; 그리고 *P.B.*, sects. 21-31을 보라.
[177] *B.B.*, pp. 20-21.
[178] *P.I.*, sect. 572.

(1) 그의 이름을 내 다이어리에서 봄, (2) 두 사람이 마실 차를 준비함, (3) 그가 담배를 피우는지 생각하고 시가를 내놓음, (4) 4시 30분이 가까워지자 초조함을 느끼기 시작함 등. "이 모든 것을 '4시부터 4시 30분까지 B를 기다림' 이라 부른다. 우리 모든 이가 같은 표현으로 묘사하는 이 과정에는 끝없이 많은 변형이 있다.…이 모든 것에 공통된 단일 특징은 존재하지 않는다."[179]

비트겐슈타인은 이에 근거하여 이렇게 주장한다. "기대, 연상 등에 관한 심리학의—시시한—논의들은 늘…핵심 요점을 건드리지 않고…정말 주목할 만한 것을 지나친다."[180] 이는 심지어 "사고 과정도 **아주 다양하기**" 때문이다. "내가 휘파람을 불면 누군가 내게 왜 그렇게 기분이 좋으냐고 묻는다. 나는 '오늘 N이 오길 바라고 있어'라고 대답한다. 그러나 나는 휘파람을 부는 동안 그를 생각하지 않았다. 마찬가지로 이렇게 말하면 잘못일 것이다. '나는 휘파람을 불기 시작할 때 바람(hoping)을 멈췄다.'"[181] "나는 타들어가는 심지를 지켜보며, 아주 긴장한 채 그 심지가 얼마나 탔는지 그리고 타는 부분이 폭발물에 얼마나 가까워졌는지 따라간다. 어쩌면 나는 아무것도 생각하지 않거나, 많은 지리멸렬한 생각을 할지도 모른다. 이것은 분명 기대하는 한 경우다."[182] 내가 만일 "그가 오길 기대한다"고 말한다면, 이는 다만 이런 의미일 수 있다. "그가 오지 않으면 나는 놀랄 것이다." 그렇다고 이것을 "어떤 마음 상태를 서술한 것이라고 부르지는 않는다."[183] 나는 "폭발을 기대한다"라는 말을 "이제 터질 거야"라는 말로 바꿀 수 있다. 이것이 분명 어떤 느낌을 표현한 것일 수는 있지만, "어떤 느낌을 서술한 것은 아니다."[184]

비트겐슈타인의 관찰 결과는 우리가 "기대"란 것이 무엇인지 말할 수 있으

---

[179] *B.B.*, p. 20.
[180] *Z.*, sect. 66. 참고. *P.B.*, sect. 31.
[181] *Z.*, sects. 63-64.
[182] *P.I.*, sect. 576.
[183] *Ibid.*, sect. 577.
[184] *Ibid.*, sect. 582.

려면 인간 행위의 공적 영역에 속한 환경으로서 그 기대와 관련이 있는 것들을 고려해야 함을 일러 준다. 따라서 이것은 개념의 문법 중 일부다. 같은 원리가 "믿음"에도 적용된다. 비트겐슈타인은 "기대"의 경우처럼 분명 "믿음도 어떤 마음 상태"라는 것을 기꺼이 인정한다.[185] 그러나 실상 믿음이 무엇인지는 "다른 어떤 이가 그의 행위와 말로 내게 보여 준다."[186] 종교에서 "믿음의 힘은 아픔의 강렬함과 비교할 수 없다.…믿음은 순간의 마음 상태와 다르다. '5시에 그는 이가 엄청나게 아팠다.'"[187] 어떤 이가 흔들리지 않는 종교적 믿음을 가졌다는 것은 어쩌면 그 믿음이 "그의 삶 전체를" 어떻게 규율하는지를 보면 알 수 있을지도 모른다.[188]

비트겐슈타인은 우리가 매일 믿음을 두고 이야기하는 방식에서조차도, "믿음"이 무엇보다 어떤 정신 상태를 소유하는 문제가 아님을 일러 준다고 암시하는 것 같다. 그는 이렇게 말한다. "우리는 어떤 것을 어제부터 '중단하지 않고'…믿었다고 말하지 않는다. 믿음의 중단은 믿지 않은 기간이지, 예컨대 우리가 믿는 대상을 주목하지 않는 것—이를테면 잠자는 것—이 아닐 것이다."[189] 마찬가지로 그는 이렇게 말한다. "'당신은 당신이 믿는다는 것을 어떻게 아는가?'라고 묻는 것이 의미가 있는가? 그리고 그 대답은 '나는 그것을 내면을 살핌으로 안다'인가? **어떤** 경우에는 그렇게 말할 수 있으나, 대다수 경우에는 그렇지 않다."[190] H. H. 프라이스(Price)는 비트겐슈타인이 "믿음"의 문법에 이런 식으로 거듭 접근하는 것을 논하면서 공감과 비판을 함께 표명했다.[191]

나아가 비트겐슈타인은 개념들과 삶 속에 자리한 이 개념들의 배경 사이

---

185 *Ibid*. II.x, p. 191. 믿음에 관한 것은 *ibid*., sects. 574-575, 577-578, 587, and 589; II.x, pp. 190-193; *B.B*., pp. 143-147 and 132; *Z*., sects. 75, 85, and 471; 그리고 *L.C.A.P.R*., pp. 53-64를 보라.
186 *P.I*., pp. 191-192.
187 *L.C.A.P.R*., p. 54.
188 *Ibid*.
189 *Z*., sect. 85.
190 *P.I*., sect. 587.
191 H. H. Price, *Belief* (Allen & Unwin, London, 1969).

에 존재하는 필수 불가결한 연관성을 어떤 1인칭 발화의 독특한 논리와 관련지어 설명한다. 예를 들면, '나는 믿는다'나 '나는 이해한다', '나는 아프다'의 논리 문법은 그에 해당하는 3인칭 동사의 논리 문법과 같지 않다. 비트겐슈타인은 이를 아픔 행위를 고찰한 결과, 또는 믿음이나 이해가 행동과 어떻게 관련되어 있는지 고찰한 결과와 관련지어 설명한다. 따라서 비트겐슈타인은 "나는 아프다"라는 말이 어떤 정신 상태나 울음이라는 행위 자체를 묘사하기보다 "울음을 대신한다"고 주장한다.[192] 마찬가지로 "이제 나는 이해한다"라는 말은 근사하게 펜을 뽑아 일련의 숫자나 단어를 써 내려가는 것과 같다. 그것은 마치 "즐거운 출발"과 같다.[193] 하지만 여기서 이런 점들을 더 깊이 파고드는 것은 이번 장의 목적을 넘어서는 일이 될 것이다.

우리는 비트겐슈타인이 언어의 특수한 사례에 보인 관심과 그가 삶을 언어 게임의 기초로 삼은 것이 우리를 해석학의 여러 시각으로 가까이 이끌어 준다는 것, 그리고 그 두 측면이 그가 사실과 가치를 예리하게 구별하는 이원론으로 나아가게 했던 『논리-철학 논고』의 더 추상적이고 일반적인 접근법에 훌륭한 도전을 제기한다는 것을 보았다. 따라서 비트겐슈타인의 언어철학이 해석학과 어떤 관련이 있는지 설명하면서, 불트만 해석학의 두 가지 근본 약점도 분명하게 드러난 셈이다. 이 두 약점은 결국 똑같은 난점 때문에 생긴 것이다. 첫째, 언어가 실제로 삶 속에서 작동하는 방식에 비춰 볼 때, 사실과 가치를 예리하게 구별하는 이원론은 지지할 수 없다. 둘째, 계시 언어가 가진 '이 세상의' 차원을 거부하고 공적 전통과 역사를 개인의 자기 이해로 갈음하려는 모든 시도는 해석학에서 극복할 수 없는 문제를 만들어 낸다. 그와 관련된 개념들은 사건과 행위의 역사 속에 뿌리를 두고 있기 때문이다. 하나님이 아브라함과 이삭과 야곱의 하나님이라는 것(출 3:6)도 '하나님' 개념의 문법 중 일부다.

---

[192] *P.I.*, sect. 244.
[193] *Ibid.*, sect. 323; 참고. sects. 151 and 179-180.

옮긴이 주

[1] 비트겐슈타인이 제시한 나머지 명제는 각각 다음과 같다. "5. 명제는 기본 명제들의 진리 함수다. 6. 진리 함수의 일반 형태는 [$\bar{p}, \bar{\xi}, N(\bar{\xi})$]다. 이것이 명제의 일반 형태다. 7. 말할 수 없는 것에 대해서는 침묵해야 한다."

[2] 티슬턴은 일부를 생략해 인용했지만, Ludwig Wittgenstein, *Notebooks 1914-1916*, G. E. von Wright/G. E. M. Anscombe (eds.), New Yok and Evanston: Harper Torchbooks, 1969, p. 50에서 제시하는 원문은 이렇다. "Wir die Existenz einfacher Gegenstände nicht aus der Existenz bestimmter einfacher Gegenstände schließen, sondern sie vielmehr als Endresultat eine Analyse-sozusagen durch die Beschreibung-durch einen zu ihnen führenden Prozeß kennen"(우리는 단순한 특정 대상들의 존재에서 단순한 대상의 존재를 추론하지 않고, 도리어 단순한 대상의 존재를 어떤 분석의 최종 결과로서—말하자면 서술을 통해—그 대상들로 인도하는 어떤 과정을 안다).

[3] 비트겐슈타인이 제시한 원문이 더 명쾌하다고 판단하여 원문을 가져온다. "Es gibt eine und nur eine vollständige Analyse des Satzes. Der Satz drückt auf bestimmte, klar angebbare Weise aus, was er ausdrückt"(명제의 완전한 분석은 오직 하나만 존재한다. 명제는 자신이 표현하는 것을 분명하게 제시할 수 있는 명확한 방법으로 표현한다).

[4] 원문은 이렇다. Dass ein Satzelement einen Komplex bezeichnet, kann man aus einer Unbestimmtheit in den Sätzen sehen, worin es vorkommt.

[5] 각주 80과 81에 해당하는 내용을 비트겐슈타인이 『논리-철학 논고』 5.62에서 제시한 원문으로 보면 이렇다. "Was der Solipsismus nämlich meint, ist ganz richtig, nur lässt es sich nicht sagen, sondern es zeigt sich. Dass die Welt meine Welt ist, das zeigt sich darin, dass die Grenzen der Sprache(der Sprache, die allein ich verstehe) die Grenzen meiner Welt bedeuten"[유아론에서 말하려 하는 의미는 철저히 옳지만, 그 의미는 말로 할 수 없고 다만 드러날 뿐이다. 세계가 내 세계임은 언어(오직 나만이 이해하는 언어)의 한계가 내 세계의 한계를 의미한다는 점에서 드러난다].

[6] 티슬턴은 생략하여 인용했지만 비트겐슈타인이 『철학적 탐구』 23항에서 다양한 언어 게임의 예로 든 것을 모두 쓰면 다음과 같다.

>Befehlen, und nach Befehlen handeln: 명령하기와 명령에 따라 행동하기
>Beschreiben eines Gegenstands nach dem Ansehen, oder nach Messungen: 어떤 대상을 겉모습 또는 그 대상을 측정한 결과를 따라 서술하기
>Herstellen eines Gegenstands nach einer Beschreibung (Zeichnung): 대상을 서술(묘사)한 것을 따라 만들기
>Berichten eines Hergangs: 사건 보고하기
>Über den Hergang Vermutungen anstellen: 사건에 관하여 추측하기
>Eine Hypothese aufstellen und prüfen: 가설을 세우고 검증하기

Darstellen der Ergebnisse eines Experiments durch Tabellen und Diagramme: 실험의 결과를 일람표와 도표로 제시하기
Eine Geschichte erfinden; und lesen: 이야기 만들고 읽기
Theater spielen: 연극하기
Reigen singen: 원무곡 부르기
Rätsel raten: 수수께끼 알아맞히기
Einen Witz machen; erzählen: 농담하기
Ein angewandtes Rechenexempel lösen: 응용 계산 문제 풀기
Aus einer Sprache in die andere übersetzen: 한 언어를 다른 언어로 번역하기
Bitten, Danken, Fluchen, Grüssen, Beten: 부탁하기, 감사하기, 저주하기, 인사하기, 기도하기

[7] 이 문장은 한국 독자들이 이해하기 편하도록 독일어 원문에서 직접 옮겼다.

14장

비트겐슈타인, "문법", 신약성경

56. 문법, 통찰, 이해: 문법 발화의 첫 번째 부류에 속하는 사례들

비트겐슈타인은 『철학적 탐구』에서 우리가 사물을 바라보는 어떤 방식에서 "철학이라는 구름 덩어리 전체가 한 방울의 문법으로 응축됨"을 발견한다고 말한다.[1] 문법의 관점에서 해명하고 관찰하는 것이 비트겐슈타인이 한 모든 작업의 주제다. 우리가 이미 주장했듯이, 그가 나중에 문법에 관하여 한 말의 뿌리를 찾아보면, 그가 『논리-철학 논고』에서 논리를 두고 한 말, 특히 수학 방정식과 동어 반복을 두고 한 말로 거슬러 올라간다. 그는 『쪽지』 마지막 항에 이렇게 썼다. "'당신은 신이 다른 누군가에게 말하는 것을 들을 수 없다. 당신은 신이 당신에게 말할 때만 신의 말을 들을 수 있다.' 그것이 문법 소견(grammatical remark)이다."[2] 다시 말해, 그것의 기능은 어떤 사태에 관한 정보를 제공하는 것이 아니라, 어떤 개념의 논리 문법을 설명하는 것이다.

비트겐슈타인은 문법 발화임이 아주 분명한 경구나 짧은 진술의 예를 많이 제시한다. 그는 이렇게 썼다. "'감각은 사적인 것이다'라는 명제는 '파시앙스 놀이는 혼자서 한다'라는 말에 견줄 수 있다."[3] 이런 진술은 문제가 된 개념

---

[1] *P.I.*, II.xi, p. 222.
[2] *Z.*, sect. 717.

들이 암시하는 것을 넘어선 정보를 제공하지 않고, 도리어 어떤 종류의 개념들이 문제가 되는지 밝혀 준다. 마찬가지로 비트겐슈타인은 이렇게도 썼는데, "모든 막대는 길이를 갖고 있다"가 말하는 것은 "우리는 어떤 것을…'막대의 길이'라고 부르지만 어떤 것도 '공의 길이'라고 부르지 않는다"일 뿐이다.[4] '3'이 숫자라고 말하거나, '초록색'이 색깔을 나타내는 말이라고 말하거나, 물이 섭씨 100도에서 끓는다고 말하는 것은 문법 소견을 말하는 것이다. 비트겐슈타인이 말하듯, 우리가 "나는 그 반대를 상상할 수 없다"고 말하려 할 때 종종 "이 말은, 경험 명제처럼 보이지만 실제로는 문법 명제인 어떤 것에 맞서는 말"이다.[5]

그렇다고 문법 소견들이 꼭 시시하다거나 명백한 것이라고 생각해서는 안 된다. 어떤 개념의 문법이 언제나 첫눈에 분명히 드러나지는 않는다. 실제로 비트겐슈타인은 철학 전통에서 "의미", "사고", 심지어 "언어" 같은 개념조차도 자주 오해해 왔다고 주장한다. 따라서 그는 "표층 문법"과 "심층 문법"을 구분해야 한다고 주장한다. "심층 문법, 예컨대 '의미하다'라는 말의 심층 문법과 그 말의 표층 문법이 우리로 하여금 추측하게 하는 것을 비교해 보라."[6] 이런 의미에서 비트겐슈타인은 이렇게 썼다. "어떤 것이 어떤 종류의 대상인지는 그 문법이 말해 준다. (문법인 신학.)"[7]

문법인 신학에 관한 비트겐슈타인의 서술은 우리가 이제 『논리-철학 논고』에서 보았던 동어 반복과 논리 방정식 개념에서 상당히 멀리 떨어져 있음을 일깨워 준다. E. K. 슈페히트(Specht)는 "모든 문법 명제는 선험적이다. 문법 명제는 그 진릿값을 경험적 사실에 의존하지 않는다"라는 진술을 이해할 수 있는 여러 방식을 논한다.[8] 『논리-철학 논고』의 관점에서 보면, 문법 발화는 문

---

3 *P.I.*, sect. 248.
4 *Ibid.*, sect. 251.
5 *Ibid.*
6 *Ibid.*, sect. 664.
7 *Ibid.*, sect. 373.

화와 관련이 있다기보다 선험적인 분석 발화일 뿐이다. "모든 총각은 미혼이다"는 심지어 콰인이 제시한 엄격한 분석성 기준(criteria of analyticity)에도 일치하며, ~(p. ~p) 진술과 비교할 수 있는 형태를 갖고 있다. 그러나 슈페히트가 말하길, 비트겐슈타인의 후기 사상을 보면, "선험적인 것에 관한 비트겐슈타인의 이론은 언어 게임 모델에서 출발한다.…세계는 오로지 언어 게임 안에서 우리와 만나며, 이를 통해 이미 상세히 설명된다.…선험 명제는 어떤 대상의 속성들을 표현하는데, 이 속성들은 그 대상의 이름을 규율하는 언어 규칙에 근거하여 반드시 그 대상에 속한다. 따라서 그 대상의 진릿값은 우리가 대상들을 함께 모으는 방식과 그렇게 모음에 따라 정해진 언어 규칙에 의존한다. 그러므로 선험 명제는 그 대상에 관한 주장은 물론 그 대상의 이름을 규율하는 언어 규칙에 관한 주장도 제시한다. 이런 이유 때문에 그 명제는 '문법 명제'다."⁹

이로부터 이번 장의 논지에 중요한 의미를 가지는 두 결론이 나온다. 첫째, 모든 문법 발화가 '보편적'이거나 주제 중립적(topic-neutral)이지는 않다. 이는 곧 모든 문법 발화가 문화와 관련이 있지는 않다는 의미다. 이는 문법 발화가 **모든** 언어 게임과 관련이 있다기보다 **어떤** 언어 게임과 관련이 있다는 말로 바꿔 말할 수 있다. 둘째, 문법 발화는 정보가 아니라 **이해**와 관련이 있다. 어떤 언어 게임을 이해하면 그에 따라 그 언어 게임의 문법을 알게 된다. 이런 의미에서 문법은 해석학과 관련이 있다. 첫째 결론을 다시 다루기에 앞서, 방금 말한 둘째 결론을 짚고 넘어가도 되겠다.

어니스트 젤너(Ernest Gellner)는 언어철학에 관하여 많은 비판을 제기하면서, 비트겐슈타인 추종자들 가운데 그가 제시한 여러 가지 관찰 결과나 견해를 "통찰"로 묘사하는 주목할 만한 흐름이 있음을 조롱하듯이 언급한다.¹⁰

---

8 E. Specht, *The Foundations of Wittgenstein's Late Philosophy* (Eng. Manchester University Press, 1969), p. 153.
9 *Ibid.*, pp. 154-155.
10 E. Gellner, *Words and Things* (Pelican edn., London, 1968), p. 180.

젤너는 독특하게도 이것이 필시 "그런 관찰 결과나 견해가 모호하기 때문"이라고 추정한다. 하지만 "통찰"이라는 말을 사용한 연유를 더 적절히 설명한다면, 비트겐슈타인이 언급한 견해들이 문법 진술에 해당하기 때문이며, 이 견해들이 세계에 관한 정보보다는 통찰을 전달하기 때문이라고 말할 수 있다. 스튜어트 브라운(Stuart Brown)은 이런 의미의 "통찰"이 성취한 것이 무엇인지 훌륭하게 보여 준다. 그는 이렇게 설명한다. "지식에는 서로 종류가 다른 두 진보가…있다. 그중 하나는 새로운 정보들을 얻는 것이며, 이는 이미 사람들이 받아들인 실재 개념 **안**에서만 일어난다. 말하자면, 여기에는 경험을 이해하는 기준이 되는 개념 도구의 변화가 따르지 않는다." 하지만 "또 다른 종류가 있는데, 이는 이미 활용할 수 있는 개념들을 바꾸거나 확장함으로써 새로운 정보를 발견할 **수 있게** 해 준다. 무엇보다 이것은 **이해의 진보**다."[11] 브라운은 "문법인 신학"이라는 제목을 붙인 항에서 자신의 논지를 C. H. 도드가 로마서 1:18-32에서 말하는 죄와 하나님의 보응의 관계를 해석한 것과 관련지어 설명한다.[12] 도드가 옳다면, 보응은 죄와 어떤 외면적 관계에 있지 않고, **죄인** 것의 문법 자체를 설명하는 데 기여한다. 이는 죄의 개념을 더 적절히 **이해하는** 쪽으로 독자의 지평을 넓힌다.

이제 우리의 두 논점 중 첫째 논점으로 돌아가 보자. 문법 발화가 모두 보편적이거나 분석적이지 않다면, 유형이나 부류가 다른 문법 발화들을 서로 구분할 수 있지 않을까? 우리는 이런 구분이 가능할 뿐 아니라, 나아가 이런 발화들이 생겨나는 독특한 배경들도 서로 구분할 수 있음을 제시할 것이다. 신약학의 관점에서 보면, 이런 구분은 결국 신약성경 자체에 들어 있는 어떤 본문들을 양식비평 방법으로 논의하는 결과로 이어질 것이다. 이 탐구의 목적 중 일부는 성경을 연구할 때 보통 무시하곤 하는 발화 유형의 기능을 밝히는 것이다. 그러나 이런 작업을 하게 되면, 우리는 다시 트뢸취, 나인햄, 판넨

---

11 S. C. Brown, *Do Religious Claims Make Sense?* (S.C.M., London, 1969), p. 118.
12 *Ibid.*, pp. 147-152.

베르크의 해석학과 관련하여 제기했던 문제, 곧 신약성경의 공리들을 서술할 때 문화와 관련지어 서술하는 것이 더 나을지 아니면 특별한 **신앙**의 확신을 표현한 것으로 서술하는 것이 더 나을지 하는 문제로 돌아가게 될 것이다.

우선 분명히 '보편적'이거나 주제 중립적이거나 '첫 번째 부류'에 속하는 문법 발화의 여덟 가지 사례를 구분해 보자. 편의상 사례를 바울 서신에서 골라 뽑은 본문에 국한하겠다. 이 모든 발화가 분석 발화로서 문화와 상관없는 유형에 속한다는 것을 알게 될 것이다.

(1) 바울은 로마서 11:6에서 이렇게 쓴다. εἰ δὲ χάριτι, οὐκέτι ἐξ ἔργων, ἐπεὶ ἡ χάρις οὐκέτι γίνεται χάρις(은혜로 된 것이면 행위로 말미암지 않음이니 그렇지 않으면 은혜가 은혜 되지 못하느니라). C. K. 배럿트는 이렇게 말한다. "바울은 여기서 자신이 쓰는 말을 정의한다.…여러분이 믿음과 행위처럼 반대인 말들을 혼동한다면, 낱말들은 그 낱말이 가진 의미를 그냥 잃어버릴 것이다."[13] 이 구절에서 논하는 두 개념이 상반 관계 혹은 상호 배제 관계라는 것은 은혜가 무엇인가를 알려 줄 패러다임 사례를 제공한다. 은혜가 행위라는 개념을 배제하지 않는다면, 그것은 곧 전무(全無) 아니면 전부를 의미할 수 있다. 다른 주석가들 역시 이 점을 분명하게 강조한다. 오토 미헬(Otto Michel)이 말하듯이, 문제는 은혜라는 "개념"이다.[14] 바울은 자기 독자들이 모르는 정보는 전혀 제시하지 않으면서도 그들이 생각하는 은혜 **개념을** 밝히 설명한다. 다시 말해, 바울은 지금 문법 발화를 하고 있다. 그러나 이 발화의 기능이 달라질 언어 상황을 상상하기는 불가능하다.

(2) 바울은 로마서 4:4에서 이렇게 말한다. τῷ δὲ ἐργαζομένῳ ὁ μισθὸς οὐ λογίζεται κατὰ χάριν ἀλλὰ κατὰ ὀφείλημα(일하는 자에게는 그 삯이 은혜

---

[13] C. K. Barrett, *A Commentary on the Epistle to the Romans* (Black, London, ²1962), p. 209.
[14] O. Michel, *Der Römerbrief* (Vandenhoeck & Ruprecht, Göttingen, ⁴1966), pp. 267-268; 참고. W. Sanday and A. C. Headlam, *A Critical and Exegetical Commentary on the Epistle to the Romans* (Clark, Edinburgh, ⁵1902), p. 313; 그리고 F. J. Leenhardt, *The Epistle to the Romans* (Eng. Lutterworth, London, 1961), p. 279.

로 여겨지지 아니하고 보수로 여겨진다). 여기에서도 똑같은 원리가 작동한다. 실제로 오토 쿠스(Otto Kuss)는 이 진술을 종합이라기보다 "분석"이라고 분명하게 서술한다.[15] 바울이 창세기 15:6(70인역)에 나타나는 "여겨진다"라는 개념을 재정립하긴 하지만, 그래도 그는 여기서 어떤 사례보다는 오히려 어떤 패러다임을 제시한다. "삯"이라는 개념의 문법에는 '급료'라는 의미가 담겨 있듯이, "은혜"의 문법에서는 그런 의미가 배제된다.

(3) 바울은 로마서 8:24에서 이렇게 단언한다. ἐλπὶς δὲ βλεπομένη οὐκ ἔστιν ἐλπίς. ὃ γὰρ βλέπει τίς ἐλπίζει(보이는 소망이 소망이 아니니, 보는 것을 누가 바라리요). 배러트는 이 말을 "소망은 진정 소망을 뜻한다"로 바꿔 표현하며, 불트만은 이를 형식 논리에 호소하는 것이라 설명한다.[16]

(4) 바울은 고린도전서 13:10에 이렇게 썼다. ὅταν δὲ ἔλθῃ τὸ τέλειον, τὸ ἐκ μέρους καταργηθήσεται(온전한 것이 올 때에는 부분적으로 하던 것이 폐하리라). 이 구절의 논리상 위치는 앞의 경우들보다 덜 분명할 수 있다. 우리도 C. K. 배러트처럼 τὸ τέλειον을 "전체성"이라는 관점에서 해석한다면, 이 말이 분석의 성격을 가졌다는 데 어쩌면 아무도 의문을 제기하지 않을지도 모른다.[17] 마찬가지로, 한스 리츠만과 H. D. 벤트란트(Wendland)는 여기서 문제가 된 대조를 불완전함(Stückwerk)과 완전함(Vollkommenheit)이 서로 배제 관계에 있음을 암시한 것으로 본다. 그런가 하면, 요하네스 바이스는 "전체"와 "부분"의 대립이라는 관점에서 바라본다.[18] 하지만 τὸ τέλειον을 달리 이해한다 해도, 여기서 제시하는 사유의 맥락은 이 진술이 여전히 분석적임을 시사하는 것 같다. 예언은 불완전하거나 부분인 것과 결합해 있다. 사랑은 그 타당성을 결코

---

15 O. Kuss, *Der Römerbrief* (2 vols., continuing; Pustet, Regensburg, ²1963), pp. 181-182.
16 C. K. Barrett, *Romans*, p. 167; R. Bultmann in *Theological Dictionary of the New Testament* II, p. 531.
17 C. K. Barrett, *A Commentary on the First Epistle to the Corinthians* (Black, London, 1968), p. 306.
18 H. Lietzmann, *An die Korinther* I-II (Mohr, Tübingen, 1949), p. 66. H. D. Wendland, *Die Briefe an die Korinther* (Vandenhoeck & Ruprecht, Göttingen, 1910), p. 318.

잃어버릴 수 없으며, 이는 새 시대가 완성되어도 마찬가지다. 여기서 문제 삼는 대조와 이 대조가 암시하는 의미는 서로 상반된 두 개념, 곧 τὸ τέλειον(완전한 것)과 τὸ ἐκ μέρους(부분인 것)의 문법에 관한 진술이 부각시키고 설명한다.

(5) 갈라디아서 3:20이 난해함은 인정한다. 하지만 우리는 분명 바울이 이 구절에서 하는 말, 곧 ὁ δὲ μεσίτης ἑνὸς οὐκ ἔστιν(중보자는 한편만 위한 자는 아니다)에서 그야말로 분석 진술에 해당하는 사례를 하나 더 만난다. 한 예를 들면, E. D. 버튼은 자신의 갈라디아서 주석에서 이 문장이 "중보자의 정의 자체에서 끌어낸 일반 진술"에 해당한다고 결론짓는다. 그는 이렇게 설명한다. "중보자는 양쪽 사람들 사이에서 활동한다는 점과 하나님은 오직 한 분이라는 사실에서 끌어내려는 결론은 곧 율법은 중보자를 통하여 주어졌으므로 하나님에게서 간접으로 왔지만…약속은 직접 왔다는 것이다."[19] A. 외프케(Oepke)도 바울의 목표는 중보자라는 "개념"을 설명하는 것이라고 생각한다. 반면 D. 거스리(Guthrie)는 바울이 "누구나 다 아는 것"을 표현한 것이라고 말한다.[20] 하지만 G. S. 던컨(Duncan)은 이 말이 아무런 정보도 전달하지 않는다고 보면서, 이 문장이 "바울의 논지에 실제로 전혀 값진 보탬이 되지 않는 것 같다"고 주장한다. 반면 거스리는 누구나 다 아는 이 말 덕분에 독자가 율법을 약속과 다른 범주에 놓고 볼 수 있다는 점을 올바로 간파한다.[21] 그것은 독자가 **무엇을** 보느냐가 아니라 **어떻게** 보느냐에 영향을 미친다.

(6) 몇몇 경우에는 다른 요인보다 문체와 관련된 고려 사항이 그 발화의 형성에 영향을 주었다는 이유로 그 발화가 문법 성격을 가졌음을 못 본 체하고

---

19 E. de Witt Burton, *A Critical and Exegetical Commentary on the Epistle to the Galatians* (Clark, Edinburgh, 1921), pp. 190-192.
20 A. Oepke, *Der Brief des Paulus an die Galater* (Evangelische Verlag, Berlin, ^{3}1964), pp. 82-84; 그리고 D. Guthrie, *Galatians* (Nelson, London, 1969), p. 110.
21 G. S. Duncan, *The Epistle of Paul to the Galatians* (Hodder & Stoughton, London, 1934), p. 115; 참고. D. Guthrie, *Galatians*.

싶은 마음이 들 수도 있다. 예를 들어, 이런 점은 바울이 갈라디아서 5:1에서 동족어 형태를 사용한 경우에 적용할 수 있다. τῇ ἐλευθερίᾳ ἡμᾶς Χριστὸς ἠλευθέρωσεν(그리스도가 우리를 자유롭게 하사 자유를 얻게 하셨다). 예컨대, P. 보나르(Bonnard)는 이 형태를 이 저자가 느낀 감정의 관점에서 설명한다.[22] 하지만 이것은 어떤 특별한 의미가 없고 그냥 같은 말을 장황하게 쓴 것에 불과하지 않을까? 그러나 A. 외프케와 D. 거스리는 이 본문이 그런 경우가 아님을 설득력 있게 논증한다.[23] 사도는 지금 자기 독자들에게, 그리스도가 이들에게 주신 자유를 따라 이들이 속박에서 풀려나고 뒤이어 자유인의 지위를 얻는 일이 벌어지지 않는다면 그리스도가 이들을 '자유롭게' 하셨다는 말이 **무슨 의미가 있겠느냐**고 묻는다. 만일 그들이 다시 속박에 매인다면, 자유롭다는 말을 순전히 사적이고 신비한 의미로 쓰는 경우 외에는 그들이 자유롭다고 주장하는 것 **역시** 불가능하다. 바울은 어떤 개념의 문법을 설명함으로써 그들의 이해를 열어 주는 데 관심을 보인다.

(7) 또 다른 사례가 로마서 13:10에 등장한다. ἡ ἀγάπη τῷ πλησίον κακὸν οὐκ ἐργάζεται(사랑은 이웃에게 악을 행하지 않는다). 분명 C. K. 배러트는 "바울이" 이 진술을 "자신이 8절에서 제시한 주장", 곧 ὁ γὰρ ἀγαπῶν τὸν ἕτερον νόμον πεπλήρωκεν(남을 사랑하는 자는 율법을 다 이루었느니라)이라는 주장"의 근거로 여긴다"고 주장한다. 나아가 바울은 '사랑'에는 자신이 1-7절에서 논한 주제인 시민법 복종에 못지않은 결과가 따른다는 것을 보여 주고 싶어 할 수도 있다. F. J. 렌하르트(Leenhardt)도 이 결론에 찬동한다.[24] 하지만 이런 근거 혹은 다른 어떤 근거에 비춰 봐도, 바울이 10절 하반절에서 하는 진술, 곧 πλήρωμα οὖν νόμου ἡ ἀγάπη(그러므로 사랑은 율법의 완성이니라)는 ἡ ἀγάπη τῷ πλησίον κακὸν οὐκ ἐργάζεται에 의존하는 것처럼 경험을 통해 행위를

---

[22] P. Bonnard, *L'épitre de Saint Paul aux Galates* (Delachaux et Niestlé, Neuchâtel, 1953), pp. 101-102.
[23] A. Oepke, *Der Brief des Paulus an die Galater*, p. 118; 그리고 D. Guthrie, *Galatians*, p. 135.
[24] C. K. Barrett, *Romans*, p. 251; F. J. Leenhardt, *Romans*, p. 338.

관찰한 결과에도 의존한다. 핵심 논지는 그저 개념 차원의 것일 수도 있다. 어떤 이가 사랑이 실은 누군가에게 해를 입힐 수도 있음을 증명하고자 경험할 수 있는 현상을 내세우려 한다면, 그런 시도에는 늘 "그것은 여기서 논의하는 개념의 진정한 보기가 아니다"라고 대답할 수 있기 때문이다.

(8) 바울은 고린도전서 14:11에 ἐὰν οὖν μὴ εἰδῶ τὴν δύναμιν τῆς φωνῆς, ἔσομαι τῷ λαλοῦντι βάρβαρος καὶ ὁ λαλῶν ἐν ἐμοὶ βάρβαρος (그러므로 내가 그 소리의 뜻을 알지 못하면 내가 말하는 자에게 외국인이 되고 말하는 자도 내게 외국인이 된다)라고 썼다. 바울의 관심사는 다른 것보다 '외국인'이라는 개념이 양면성을 지녔음을 지적하는 것이다. 오비디우스는 로마 시민이 보기에 외국인이 βάρβαροι일 뿐 아니라 "이곳에서는 사람들이 나를 이해하지 못하니 나도 야만인"(barbarus hic ego sum, quia non intellegor ulli)이라고 말한다.[25] 그러므로 바울은, 자기모순을 범하지 않는 이상 이 βάρβαρος라는 개념 자체를 서로 다른 신자들 사이의 관계를 묘사하는 데 적용하지는 못한다고 생각한다. 따라서 그가 고린도 사람들에게 제시하는 주장은 '외국인'이라는 개념에 관한 문법 진술을 나타낸다.

이 여덟 사례들은 쉽게 확장할 수 있다. 다른 예로 갈라디아서 6:3, 곧 "만일 누가 아무것도 되지 못하고 된 줄로 생각하면 스스로 속임이라"(플라톤에서도 이와 유사한 내용을 발견할 수 있다),[26] 고린도전서 12:14, 곧 "몸은 한 지체뿐만 아니요 여럿이니"(이것도 유사한 내용을 에픽테토스의 글에서 찾을 수 있다), 로마서 6:16, 10:14, 고린도후서 13:8, 갈라디아서 3:18을 더 들 수 있겠다. 바울 서신 밖에서도 다른 예를 추가할 수 있다. 이 발화들이 하는 기능은 신선한 정보를 제공하는 것이 아니라, 다만 독자의 **이해** 지평을 넓히는 것이다. 이런 의미에서 이 발화들은 **해석[학]과 관련이 있다.** 하지만 이 사례들을 언급한 목적은 어떤 유형에 해당하는 진술을 열거하는 데 그치지 않고, 이 특정한 유형

---

25 Ovid, *Tristia* V.10.37.
26 Plato, *Apology* 41E. 『소크라테스의 변명』(이제이북스); 그리고 Epictetus, *Discourses* II.5.24, 25.

의 문법 발화를 다른 유형과 구분함으로써 이 발화의 배경과 관련하여 어떤 결론을 제시하려는 데 있다.

57. 문법 발화의 두 번째 부류 그리고 두 부류가 각기 처한 삶의 자리

비트겐슈타인은 『확실성에 관하여』라는 제목으로 출간된 그의 마지막 노트에서 특별한 유형의 진술을 고찰한다. 말하자면 이 진술은 화자가 "내가 이것을 잘못 알고 있다면, 내가 말하는 것이 참이라고 보증하지 못한다"라고 말하고 싶어" 할 유형의 진술이다.[27] 우리가 살펴본 첫 번째 부류의 문법 발화의 경우라면, 화자는 "나는 그 반대 경우를 상상할 수 없다"고 말하고 싶은 유혹을 받을 것이다. 그러나 이번 경우라면, 화자는 **특정 전통에 따른 태도를 표명**하려 할 것이다. 그 반대인 경우를 주어진 문화 전통이나 어쩌면 종교 전통 **안에서** 인식할 수는 없을 것이다. 그렇지만 이 부류에 속한 공식들이 문제가 된 전통 밖에서는 더 이상 '문법'이 아닐 수 있다는 이유만으로 이 공식들이 문법의 성격을 갖고 있음을 간과해서는 안 된다. 비트겐슈타인의 말을 빌리면, 이 공식들은 다른 진술이나 탐구의 중심인 "경첩"에 해당한다.[28] 이 공식들은 "우리 사유의 발판"을 또렷하게 설명해 준다.[29]

비트겐슈타인은 이 유형의 발화를 "…라 기록되었으니"라는 말과 같은 지위 또는 기능을 갖는 명제들과 비교한다.[30] 이런 명제들은 특정 공동체 안에서 사실상 의문의 여지가 없는, 또는 의문을 제기할 수조차 없는 공리가 되었다. 이런 명제들은 "연구와 행위의 기초" 역할을 하지만, "어떤 명백한 규칙을 따르지 않는데도 의심을 받지 않을" 때가 종종 있다.[31] 비트겐슈타인은, 우리

---

27 *Cert.*, sect. 69. 비트겐슈타인 강조.
28 *Ibid.*, sects. 343 and 655.
29 *Ibid.*, sect. 211.
30 *Ibid.*, sect. 216.

자신이 속한 문화를 포함하여 어떤 문화에서도 "모든 탐구는…어떤 명제들이 의심받지 않게 하는 것을 그 목적으로 삼는다. 이런 명제들은 탐구가 걸어가는 길에서 떨어져 존재한다"고 주장하는 것 같다.[32][1] 적절한 때가 되면, 공리는 "화석"이 될 수도 있다.[33] "그것은 차가 오고 가는 차선에서 치워진다. 말하자면 쓰지 않는 갓길로 치워지는 셈이다."[34] 그러나 그렇게 되어도 이 공리는 의미를 잃지 않는다. 오히려 공리가 가진 의미는 문법 명제가 가진 의미로 바뀐다. "이제 그것[공리]은 우리가 사물을 관찰하는 방식, 우리가 하는 연구와 그 형태를(unsern Betrachtungen, unsern Forschungen, ihre Form) 제공한다. 어쩌면 한 번은 그것을 두고 논쟁이 있었을 것이다. 그렇지만 그것은 어쩌면 헤아릴 수 없을 만큼 오랜 세월 동안 우리 사유의 **발판**에 속해 있었을지도 모른다. (모든 인간에겐 부모가 있다.)"[35]

비트겐슈타인은 이런 발화들이 "우리의 경험 명제 체계 안에서 독특한 논리적 역할을 갖고 있다"고 말한다.[36] 우리는 "그것들을 동체가 회전할 때 중심이 되는 축처럼 '발견'한다.…그 축을 중심으로 한 운동이 그 축의 부동성(不動性)을 결정한다."[37] 이는 사실 "내가 단단히 붙들고 있는 것은 **한** 명제가 아니라 한 무리의 명제들(a nest of propositions)이기"[38] 때문이다. 말하자면, 각 가지[명제]는 "그 주위에 있는 것들에 의해 단단히 고정된다."[39] 따라서 보통의 **문법** 진술의 경우처럼, 어떤 이가 문제가 된 공동체나 문화 속에서 나온 확고한 "경첩" 같은 명제에 이의를 제기한다면, "나는 그런 사람이 과연 증거로 여길 만한 것과 여기지 않을 만한 것이 무엇인지 모를 것이다."[40] "무엇이 검증 기준 **역할**

---

31 *Ibid.*, sect. 87.
32 *Ibid.*, sect. 88.
33 *Ibid.*, sect. 657.
34 *Ibid.*, sect. 210.
35 *Ibid.*, sect. 211.
36 *Ibid.*, sect. 136.
37 *Ibid.*, sect. 152.
38 *Ibid.*, sect. 225.
39 *Ibid.*, sect. 144; 참고. sect. 142.

을 하는가?"⁴¹ 핵심은 "우리가 하는 말이 우리의 나머지 행동에서 그 의미를 얻는다"는 것이다.⁴²

(1) 바울은 로마서 3:4, 5 하반절, 6에서 이렇게 단언한다. γινέσθω δὲ ὁ Θεὸς ἀληθής, πᾶς δὲ ἄνθρωπος ψεύστης...μὴ ἄδικος ὁ Θεὸς ὁ ἐπιφέρων τὴν ὀργήν; κατὰ ἄνθρωπον λέγω. μὴ γένοιτο; ἐπεὶ πῶς κρινεῖ ὁ Θεὸς τὸν κόσμον(사람은 다 거짓되되 오직 하나님은 참되시다 할지어다.···내가 사람이 말하는 대로 말하노니 진노를 내리시는 하나님이 불의하시냐. 결코 그렇지 아니하니라. 만일 그러하면 하나님이 어찌 세상을 심판하시리요). 바울 그리고 그의 모든 독자는 아니어도 대다수 독자가 보기에, 정의와 하나님의 진실하심은, 무엇보다 이들이 속한 삶과 사유의 전통 자체에 의문을 제기하지 않는 이상, 결코 의문을 제기할 수 없는 확고한 공리를 이룬다. 이 공리 자체가 더 많은 진술이나 탐구의 중심을 이루는 고정된 경첩이 되었다. 따라서 바울은 6절에서 이렇게 천명한다. "하나님이 불의하시면, 그가 어떻게 세상을 심판하시겠느냐?" 엄밀히 말하면 헬라어 본문에는 NEB의 "must"와 "could" 같은 형태의 말이 없다. 하지만 "must"와 "could"는 이 본문의 논리 취지를 훌륭하게 반영한다. μὴ γένοιτο 라는 말이 4절과 6절에서 두 번 반복되는데, 이는 사실 "하나님은 거짓말하시지 못한다"의 "못한다"를 **문법으로** 사용한 것과 마찬가지다.

바울은 수많은 탐구가 그 주위를 돌기 때문에 탐구가 걸어가는 길에서 말 그대로 멀리 떨어져 있는 어떤 고정된 점을 표현한다. 따라서 C. H. 도드는 이렇게 말한다. "물론 이것은 논증이 아니다.···바울이 말하는 바는 기껏해야 이런 것이다. '여러분과 나는 하나님이 불의하시다는 것은 생각할 수 없다는 데 의견을 같이하니, 여러분은 내가 말한 모든 것을 그런 의미로 이해해야 한다.'"⁴³ 원시 기독교 전통 안에서 이 공리가 참인지 거짓인지 판단할 '검증 기준 역할'

---

40 *Ibid.*, sect. 231; 참고. sect. 343.
41 *Ibid.*, sect. 110.
42 *Ibid.*, sect. 229.
43 C. H. Dodd, *The Epistle of Paul to the Romans* (Hodder & Stoughton, London, 1932), p. 45.

을 했을 것이 무엇인지 알아내기는 분명 아주 어려울 것이다. 이 때문에 바울은 막상 이런 문제를 제기하면서도 의무감을 느끼는 것 같다. κατὰ ἄνθρωπον λέγω(내가 사람이 말하는 대로 말하노니. 5절). C. K. 배러트는 바울이 가정(假定) 섞인 반문인 μὴ ἄδικος ὁ Θεός(하나님이 불의하시냐)를 만들 때 οὐ를 쓰지 않고 μή를 쓴 것을 설명하면서 이렇게 말한다. "바울은…심지어 문법 차원에서도 하나님이 불의하시다는 암시를 주는 내용을 종이 위에 적을 수가 없었다." "하나님은 진실하시다고 혹은 신실하시다고 주장하는 바람에 모든 사람은 거짓말쟁이라는 결론이 나온다 할지라도, 하나님의 진실하심 혹은 신실하심을 믿어야 한다."[44] 비트겐슈타인의 말을 빌리면, 바울은 이렇게 말했을지도 모른다. "내가 이것을 잘못 알고 있다면, 내가 말하는 것이 참이라고 보증하지 못한다."[45] "나는 그 반대 경우를 상상할 수 없다."[46] "나는 이제 단단한 바위에 도달한 것이며 내 삽은 뒤로 젖혀져 버린다."[47]

(2) 로마서 9:14-24에서는 이와 아주 비슷한 본문을 제시한다. 바울은 다시 외친다. μὴ ἀδικία παρὰ τῷ θεῷ; μὴ γένοιτο(하나님께 불의가 있느냐? 그럴 수 없느니라. 14절). 바울은 하나님이 당신이 원하시는 자에게 자비를 베푸시고 당신이 원하시는 자를 "완고하게" 하신다고 말한다(18절). 그는 이런 반론을 숙고한다. "네가 내게 말하기를, '그러면 그(하나님)가 어찌하여 [아직도] 허물하시느냐? 누가 그 뜻을 대적하느냐?'"(19절) 그러나 바울은 비판자의 질문이 정말 옳은지 의문을 제기한다. 하나님이 **하나님**이면, "하나님께 되묻는 너는 누구냐?"(20절) 바울은 구약에서 빌려 온 유비(참고. 렘 18:1과 사 45:9)를 활용하여, 진흙이 토기장이의 결정에 토를 달 수 없듯이 독자도 하나님의 의에 왈가왈부하지 못한다고 강조한다.

C. H. 도드는 "이 반론이 옳다.…이곳이 이 서신에서 가장 약한 지점이다"라

---

[44] C. K. Barrett, *Romans*, p. 64.
[45] *Cert.*, sect. 69.
[46] *P.I.*, sect. 251.
[47] *Ibid.*, sect. 217; 참고. *Cert.*, sects. 204-216.

고 주장한다. 그는 덧붙여 이렇게 말한다. "보통 때는 명쾌한 사상가인 바울이 흐리멍덩해졌다면, 이는 보통 그가 이전에 취한 입장 때문에 혼란에 빠졌음을 뜻한다. 여기도 분명 그런 곳이다."[48] 그러나 렌하르트가 말하듯이, 여기서 바울의 목적은 "독자들이 **시야를 바로잡게 도와주는 것**"이다.[49] 바울은 1세기 유대교에서 익숙한 사유 전통을 인용한다. 이 전통에서는 죄인이 하나님의 판결에 불복하지 못한다는 것을 하나님이 하나님이심을 보여 주는 표지 가운데 하나로 보았다. 이 때문에 솔로몬의 지혜서 저자는 이렇게 주장한다. "이는 당신께 아무도 '당신은 왜 이렇게 하셨습니까?'라고 말하거나 당신의 판결에 이의를 제기하지 못하기 때문입니다. 당신이 세우신 민족을 당신이 파멸시키셨기로서니 누가 감히 당신을 비판하겠나이까?…이는 당신 외에 다른 신이 없기 때문입니다"(솔로몬의 지혜 12:12, 13; 참고. 14-18절).

(3) 몇몇 경우를 보면, 바울이 δύναμαι를 사용한 경우가 이 부류의 문법 발화에 해당하는 사례들을 더 보여 준다. 예를 들어 로마서 8:7, 8을 보면, 바울이 (어떤 맥락에서) σάρξ(육)라는 말을 사용했다는 것 자체가 οἱ δὲ ἐν σαρκὶ ὄντες θεῷ ἀρέσαι οὐ δύνανται(육 안에 있는 자는 하나님을 기쁘게 해 드리지 못한다)라는 것을 이미 크게 암시한다. "못한다"라는 말을 사용했다는 것은 **경험**의 한계보다는 문법의 한계를 나타낸다. C. K. 배럿의 말을 빌리면, "육이 하나님께 복종한다는 것은 말 자체가 모순이다. 이 맥락에서 '육'은 하나님에게서 떠난 마음을 뜻하기 때문이다."[50] 그러나 이렇게 σάρξ를 이해하는 견해는 여전히 특정 신학 전통이나 틀과 관련이 있기 때문에, 이것이 주제 중립적 문법 발화에 해당하지는 않을 것이다. 아마도 이 마지막 논지가 훨씬 더 분명히 드러난 곳이 고린도전서 2:14일 것이다. 고린도전서 2:14의 주제는 로

---

[48] C. H. Dodd, *Romans*, pp. 158-159.
[49] F. J. Leenhardt, *Romans*, p. 255. 티슬턴 강조.
[50] C. K. Barrett, *Romans*, p. 158. 참고. O. Kuss, *Der Römerbrief* II, p. 500; O. Michel, *Der Römerbrief*, pp. 191-192; 그리고 A. Sand, *Der Begriff "Fleisch" in den Paulinischen Hauptbriefen*, pp. 196-197.

마서 8:7, 8의 주제와 일부 비슷하다. οὐ δύναται γνῶναι ὅτι πνευματικῶς ἀνακρίνεται(그는 그것들을 알 수 없나니 그러한 일은 영적으로 분별되기 때문이라).

(4) 이 주제에서 나오는 결론이 고린도전서 12:3에 등장한다. οὐδεὶς δύναται εἰπεῖν, Κύριος Ἰησοῦς, εἰ μὴ ἐν πνεύματι ἁγίῳ(성령이 아니면 누구든 예수를 주시라 할 수 없느니라). δύναμαι를 어떤 동사의 부정사(εἰπεῖν-옮긴이)와 함께 사용한 것은 평행 구절에서 볼 수 있는 보통의 직설법 형태(3절 상반절의 λέγει)와 짝을 이룬다. 이 구절 하반절의 "할 수 없다"는 경험을 나타내는 말이 아니다. 이는 특별히 성령에 관한 질문들이 신앙을 고백하는 인간의 행위보다는 관심의 초점을 이루기 때문이다. 바울은 지금 어떤 이가 그런 신앙고백을 하려고 애를 쓰지만 결국은 성령의 도움이 없어 하지 못하고 만다는 상상을 해 보라고 권면하고 있지 않다. 오히려 바울의 관심사는 그리스도인의 '영성'이라는 문법이며, 성령에 감동한다는 것이 무엇이냐는 것이다. F. F. 브루스(Bruce)가 제시하듯이, 문제의 핵심은 "요컨대 참된 그리스도인은 모두 '영의 사람'"이라는 것이다.[51] 이어지는 모든 탐구의 중심축은, 예컨대 바울이 로마서 8:14, 15에서 개관하는 의미대로 성령이 곧 그리스도의 영이라는 확고한 확신이다. 따라서 고린도전서 12:3의 "할 수 없다"는 이제 바울이 말한 성령 관련 진술 문법의 확고한 일부분이 되었다.

우리는 지금까지 두 번째 부류의 문법 발화에 해당하는 사례들을 살펴보았다. 비트겐슈타인은 이 두 번째 부류의 문법 발화를 다루면서, "이런 명제들은 탐구가 걸어가는 길에서 떨어져 존재한다"거나, 이런 명제들은 "우리 사유의 발판"을 분명하게 설명한다거나, 이런 명제들은 "우리가 사물을 관찰하는 방식"을 제공한다고 말한다. 이런 명제들은 다른 명제들의 중심이 되는 '경첩'이다. 우리는 3장(특히 9항)에서 D. E. 나인햄이 T. E. 흄의 작업에 비춰 제시한 주장을 논했다. 즉 나인햄은 어떤 전제들이 주어진 문화에서 보기에 아주 멀

---

51 F. F. Bruce, *I and II Corinthians* (Oliphants, London, 1971), p. 118. 참고. H. Lietzmann, *An die Korinther*, p. 61; 그리고 C. K. Barrett, *I Corinthians*, pp. 279-281.

리 뒤편에 존재하다 보니, 그 문화에 속한 사람들은 "실제로 그 전제들을 의식하지 못하며, 그 전제들을 보지 않고 전제들을 **통해** 다른 것들을 본다"고 주장한다.[52] 그런 전제들은 "사람들이 사실로 여기는 교리"다. 이것이 바로 비트겐슈타인이 『확실성에 관하여』에서 염두에 두고 있는 것이다. 그것들을 표현하는 명제들은 자신들이 진리임을 당연시하다 보니, **어떤 주어진 전통 안에서** 이 명제들을 부인한다는 것은 생각할 수가 없다. 게다가 이 명제들은 공리와 같다 보니, "탐구가 걸어가는 길에서 떨어져 존재한다."

이것은 곧 두 번째 부류의 문법 발화를 따로 떼어 보려는 우리 시도가 나인햄의 주장을 뒷받침하는 데 기여한다는 뜻인가? 그 답은 "예"이면서 "아니요"다. 그런 시도는 신약성경 자체가 이런 견해를 전제하고 있다는 나인햄의 주장을 뒷받침하는 것 같다. 하지만 그런 시도가 이런 명제들이 **문화의 공리**라는 나인햄의 주장을 확증하지는 않는다. 우리가 고찰한 사례들은 사실 각 경우가 **신학의 성격이** 두드러진 주제를 표현하는 것들이다. 이런 명제들이 문법으로 기능하는 전통에서 중요한 것은 이것들이 **신학** 전통이라는 것이다. 그러나 바로 이것이 판넨베르크가 트뢸취를 비판하고 이를 통해 나인햄을 에둘러 비판하는 내용에서 쟁점으로 삼은 것이었다.

우리 주장에서 가장 취약한 점은 분명 선별한 사례들만을 근거로 삼고 있다는 점이다. 신약성경에 있는 모든 문법 발화를 하나도 빠짐없이 분류하려는 시도는 이 연구서의 범위를 훨씬 넘는 일이 될 것이다. 설령 그런 분류를 해낸다 해도, 그런 분류가 명확한 주장을 세워 주지는 않을 것이다. 이런 종류의 믿음을 문법 발화만으로 분명하게 표현하지는 않기 때문이다. 하지만 양식비평의 분석 흐름을 따르면, 이 두 번째 부류의 문법 발화의 **독특한** 배경은, 신학적일 수도 있고 신학적이지 않을 수도 있는 배경 속에서 등장하는 첫 번째 부류의 주제 중립적 문법 발화와 달리, 신학 논증이나 신학적 믿음이라는 배경

---

52 앞의 3장 9항을 보라.

을 가진 것으로 보인다고 주장할 수 있다. 그렇다면 증거의 균형은, 판넨베르크 및 아마 다른 사람들도 종교적 믿음이나 신학적 확신이라는 말을 쓰길 더 좋아했을 법한 곳에서 나인햄이 "문화"라는 말을 쓴 것을 지지하지 않는 쪽으로 기울어진 셈이다. 지금 신약성경 저자들이 문화와 관련된 가설로서 자신들이 알지 못하는 것을 당연시하는 일은 어쨌든 하지 않는다고 주장하는 게 아니다. 그러나 우리는 두 번째 부류의 문법 발화로 분명하게 진술한 몇몇 가설에서는 신학의 성격이 두드러지게 나타나기 때문에 이런 부류의 **모든** 가설이 **문화**와 관련되었다고 서술하는 것은 오해를 낳을 수 있다고 주장한다.

이 연구는 적어도 한 중요한 측면에서 보통의 양식비평 절차와 다르다. 우리는 비트겐슈타인이 언어의 "물리적 속성"이라 부르곤 했던 것을 기준 삼아 "양식"을 결정하는 대신, 그 속성들의 논리적 기능에 근거하여 양식을 분류하려고 한다. 이것은 양식비평 방법을 포기하는 것이 아니라, 양식비평 절차에서 자의성을 줄이고 이 비평을 더 건전한 기초 위에 두려는 것이다. 어떤 언어 무리가 실제로 가지는 "물리적 속성"은 그 논리적 기능보다는 우연한 요소들이 결정할 가능성이 더 높기 때문이다. 존 소여는 양식비평에서 말하는 삶의 정황(Sitz im Leben)과 의미론에서 말하는 상황 맥락이 유사성을 가진다고 주장했다.[53] 마찬가지로 우리도 삶의 정황과 주어진 논리 기능의 근거인 배경이 유사성을 가진다고 주장한다. 다시 말해, 삶의 정황은 언어 게임 개념과 비슷하다.

신약성경의 자료와 같은 시대 다른 문헌을 비교해 보면, 첫 번째 부류의 주제 중립적 문법 발화는 늘 더 논의 여지를 남겨 놓은 합리적 호소에 근거한 대화나 논증을 배경 삼아 나타나지만, 두 번째 부류의 문법 발화는 늘 주어진 종교나 윤리 차원의 '공통 이해'를 전제하는 호소라는 맥락 속에서 등장하곤 한다. 첫 번째 부류의 문법 발화는 다만 개념들을 확장하거나 분명히 밝힐

---

[53] J. F. A. Sawyer, "Context of Situation and *Sitz im Leben*" in *Proceedings of the Newcastle-upon-Tyne Philosophical Society* I (1967), pp. 137-147.

길을 닦아 주며, 이를 통해 신선한 이해로 가는 길이 열린다. 따라서 우리는 앞서 바울 서신에서 뽑아 살펴본 여덟 개 이상의 첫 번째 부류 문법 발화를 신약성경 밖의 그리스와 로마 저술가들의 글에서 추린 다음 글과 비교해 볼 수 있을 것이다.

소크라테스는 플라톤이 쓴 『고르기아스』(Gorgias)에서 믿음(πίστις)은 참 혹은 거짓일 수 있으나 "지식"(ἐπιστήμη)이 참 혹은 거짓인지는 우리가 말할 수 없다고 말함으로써 믿음과 지식이라는 개념의 논리 문법상 차이를 분명히 밝힌다.[54] 이와 마찬가지로 『소피스트』에 나오는 이방인도 그저 시시한 언급을 하는 데 그치지 않고, 도리어 "τὸ ἀληθινὸν ὄντως ὂν λέγων;...τὸ μὴ ἀληθινὸν ἆρ' ἐναντίον ἀληθοῦς;"(당신이 존재한다고 말하는 참이 무엇입니까?... 참이 아닌 것은 참인 것의 반대입니까?)라고 말하면서 개념의 문법에 주목하기를 요구한다.[55] 호라티우스(Horace), 세네카(Seneca), 퀸틸리아누스(Quintilian) 모두 덕과 악의 개념에 관하여 문법 진술을 한다. 호라티우스는 이렇게 썼다. "Virtus est vitium Fugere et sapientia prima stultitia caruisse"(악에서 떠나는 것이 덕의 시작이요 어리석음을 없애는 것이 지혜의 시작이다).[56] 마찬가지로 퀸틸리아누스도 이렇게 강조한다. "Prima virtus est vitio carere"(허물이 없는 것이 으뜸가는 덕이다).[57] 세네카는 이렇게 덧붙인다. "Nihil invenies rectius recto, non magis quam verius vero, quam temperato temperatius"(너는 올곧음보다 더 올곧은 것, 참보다 더 참다운 것, 절제보다 더 절제다운 것을 찾지 못할 것이다).[58] 이 진술 중 어느 것도, 윤리에 관한 문법 발화로서 우리가 살펴볼 것들과 달리 특정한 윤리 전통을 전제하지 않는다. 어떤 관점에서 봐도, "올곧음"보다

---

54 Plato, *Gorgias* 454D. 『고르기아스』(이제이북스).
55 Plato, *The Sophist* 240B. 『소피스트』(이제이북스).
56 Horace, *Epistles* I.1.41, 42.
57 Quintilian, *Institutio oratoria* VIII.3.41. 『스피치 교육』(민지사).
58 Seneca, *Ad Lucilium epistulae morales* 66.8, 9; 참고. 11, 12. 『세네카 삶의 지혜를 위한 편지』(동서문화사).

더 올곧은 것은 없다. 그렇지 않으면 올곧음은 "올곧음"이 아닐 것이다. 마찬가지로 『해석론집』(Corpus Hermeticum. 3세기 말 이집트에서 여러 저자가 쓴 열다섯 개 논문을 묶은 책으로 해석학의 뿌리라 불리는 책이다. 비잔티움 시대에 이르러 한 책으로 엮었다—옮긴이) 논문(Tractate) 13의 저자는 지식이 무지를 배제하고, 즐거움이 슬픔을 쫓아내고, 진리가 속임을 몰아낸다고 말하는데, 이는 어떤 종교나 신학 명제보다는 개념 명제를 강조한 것이다.[59] 이와 비슷하게 진리복음 (Gospel of Truth) 저자도 이렇게 단언한다. "사람이 알게 되면, 그의 무지가 녹아 없어진다.…완전함에 이르면 결핍이 녹아 없어진다."[60]

신약성경 자체를 봐도 바울 서신 밖에 있는 유사 사례들을 더 제공한다. 예를 들면, ὁ ποιῶν τὴν δικαιοσύνην δίκαιός ἐστιν(의를 행하는 자는 의롭다, 요일 3:7)은, 이 서신 속의 다른 많은 진술처럼, 경험 진술이 아니라 문법 진술이다. 그러나 이 첫 번째 부류의 문법 발화에 해당하는 사례는 구약성경과 유대교의 지혜 문학에서도 나타난다. 잠언 18:2에서는, 어리석은 자(kesîl)는 이해 (teḇûnâ, 명철)를 기뻐하지 않는다고 말한다. 잠언 14:24에서는, 어리석은 짓이 어리석은 자의 어리석음이라고 말한다. 집회서에서는, 때를 기다릴 수 있는 사람을 참을성이 있는 사람이라고 말한다. ἕως καιροῦ ἀνθέξεται μακρόθυμος [참을성 있는 사람은 때가 오기까지 참으리라. 70인역에서는 1:22, 영역본과 한역본(옮긴이)에서는 1:23]. 이런 종류에 속하는 더 많은 예를 쉽게 찾을 수 있다.[61] 하지만 첫 번째 부류의 문법 발화가 구약성경의 다른 곳보다 지혜 문학이라는 배경 속에서 더 나타나는 것은 우연이 아니다. 윌리엄 맥케인(William McKane) 은 R. B. Y. 스코트(Scott), R. N. 와이브레이(Whybray) 및 다른 이들이 내린 결론을 요약하면서, 이런 유형의 문학이 "어느 쪽에도 매이지 않고 열린 자세로 엄격하고 정직한 지성을 활용한 접근법"을 구현하고 있다고 지적한다.[62]

---

59 *Corpus Hermeticum* 13.8, 9.
60 Evang. Ver. 24.35 and 25.3.
61 참고. 잠언 1:7; 12:15; 15:2, 14; 24:7; 집회서 3:18, 29; 6:20; 21:12, 18.
62 W. McKane, *Prophets and Wise Men* (S.C.M., London, 1965), p. 46. 마찬가지로 다음 자료들

많은 학자들은 이스라엘의 믿음과 역사가 지닌 독특함이 이런 글에서 이성에 호소하는 말이 하는 역할을 파괴하지 않는다고 주장한다. 예를 들면, 오토 아이스펠트(Otto Eissfeldt)는 이렇게 말한다. "지혜와 경건을 권면하는 근거는 한편으로 보면 순전히 세속적이고 합리적이다." 잠언을 봐도, 그런 권면의 핵심은 "어리석고 경건치 않은 행위가 가져올 불행한 결과와⋯의로운 행위에 따르는 보상"이다.[63] 게르하르트 폰 라트(Gerhard von Rad)는 그보다 훨씬 더 예리하게, 잠언에서 제시하는 "권고"나 "권면"('ēṣâ)은 "순종을 요구하진 않지만, 듣는 이의 판단에 호소하며, 이런 권고나 권면은 **이해하게** 하려고, 더 쉽게 결정을 내리게 하려고 제시한 것"이라고 주장한다.[64] 그는 이렇게 덧붙인다. "지혜가 보기에, 믿음에 관한 질문들은 오로지 그 영역 주변부에서 시작한다. 지혜는 건전한 상식으로서 지혜의 가장 단순한 형태라 할 이성과 함께 일한다." 지혜는 그저 틀에 박힌 교리에 관심을 갖지 않고 도리어 올바른 질문과 유효한 이해에 관심을 갖는다. 그러므로 "지혜는 늘 **열려 있으며**, 결코 완결이 없다."[65] 호소하는 근거는 "모든 사람에게 공통된 것"이다.[66]

불트만의 초창기 작업은 이제 낡은 것이 되었으며, 그 역시 P. 벤트란트(Wendland), C. F. G. 하인리히(Heinrici), J. 바이스를 많이 인용한다. 그래도 그가 쓴 『바울 설교의 문체와 견유학파-스토아학파의 대화체 비판 언설』(*Der Stil der paulinischen Predigt und die kynisch-stoische Diatribe*)은 여전히 바울의 매서운 비판 스타일뿐 아니라 바울이 교회에 다가갈 때 사용했던 합리적 호소와 대화의 위치를 잘 보여 주는 표준 작품이다.[67] 불트만은 이 연구서 전반

을 참고하라: R. B. Y. Scott, *Proverbs, Ecclesiastes* (Doubleday, New York, 1965), pp. xv-lii, 특히 xvi-xvii; J. Lindblom, "Wisdom in the Old Testament Prophets" in *Supplement to Vetus Testamentum* III (1955): *Wisdom in Israel and in the Ancient Near East: Essays Presented to H. H. Rowley* (ed. by M. Noth and D. W. Thomas), 이 자료에는 문답 형식 사용에 관한 설명이 들어 있다. R. N. Whybray, *Wisdom in Proverbs* (S.C.M., London, 1965), pp. 14-29.

63 O. Eissfeldt, *The Old Testament, An Introduction* (Eng. Blackwell, Oxford, 1965), p. 477.
64 G. von Rad, *Wisdom in Israel*, p. 434. 티슬턴 강조.
65 *Ibid.*, pp. 435 and 422.
66 *Ibid.*, p. 433. 티슬턴 강조.

부에서 대화체 비판 언설(diatribe)이 대화 형식이며 성격상 특별한 양식의 논증임을 보여 준다. 아울러 그는 무소니우스(Musonius), 텔레스(Teles), 세네카, 호라티우스, 플루타르코스(Plutarch), 디온 크리소스토무스(Dio Chrysostom), 특히 에픽테토스(Epictetus)의 글에서 많은 사례를 인용하며 자기 주장을 설명한다. 불트만은 자신의 연구서 후반부에서 자기가 열거한 대화체 비판 언설의 각 특징과 유사한 사례를 보이는 바울 서신 본문을 열거한다. 특별히 바울의 글과 대화체 비판 언설에서 모두 직접의문문이 놀라울 만큼 자주 나타난다는 점(계산해 본 결과, 수사 효과를 노리는 순수한 수사의문문을 제외해도, 바울의 네 주요 서신 안에 직접의문문이 적어도 220개나 있다), 그리고 독자나 반대자에게 빌려 온 구호나 경구를 사용한다는 점을 언급할 수 있을 것이다. 예를 들어, 이런 구호에 해당하는 사례로 πάντα μοι ἔξεστιν(모든 것이 내게 적법하다. 고전 6:12; 10:23), πάντες γνῶσιν ἔχομεν(우리가 다 지식이 있다. 고전 8:1)이 있으며, πίστις(믿음; 롬 3:21-26)나 λογίζεσθαι(여겨지다, 롬 4:1-8)처럼 한 단어로 되어 있는 것도 있다. 하인리치는 많은 사례를 열거하며, 불트만은 여기에 더 많은 예를 덧붙인다.[68]

요 근래에는 A. N. 와일더가 바울 및 대화체 비판 언설에 관한 불트만의 판단을 지지했으며, G. 보른캄은 바울이 종종, 사실은 늘, 이성을 따라 생각하고 상대방의 주장에 대답할 수 있는 인간의 능력에 호소한다는 점을 제시한다.[69] 보른캄은 바울이 특히 우리가 많은 영지주의 문헌에서 독특하게 발견할 수 있는 "계시" 양식의 말을 피한다고 지적한다. 우리가 보았듯이, 바울 사상이 갖고 있는 이런 요소는 구약의 지혜 전통과 연속성을 가지며, 첫 번째 부류의

---

[67] R. Bultmann, *Der Stil der paulinischen Predigt und die kynisch-stoische Diatribe* (Vandenhoeck & Ruprecht, Göttingen, 1910; F.R.L.A.N.T. 13).

[68] C. F. G. Heinrici, *Der litterarische Charakter der neutestamentlich Schriften* (Durrsche Buchhandlung, Leipzig, 1908), p. 68; 그리고 R. Bultmann, *Der Stil der paulinischen Predigt*, p. 98.

[69] A. N. Wilder, *Early Christian Rhetoric*, p. 54; 그리고 G. Bornkamm, "Faith and Reason in Paul" in *Early Christian Experience* (Eng. S.C.M., London, 1969), pp. 29-46.

문법 발화에 독특한 배경을 제공한다. 그러나 로버트 펑크를 따라 은유에 해당하는 비유라는 '1차' 언어와 서신들에서 볼 수 있는 추론 논증이라는 '2차' 언어를 비교한다면 잘못일 것이다. 이는 우리가, 비트겐슈타인이 『논리-철학 논고』에서 제시하는 논리 명제들처럼, 문법 발화도 단순히 **정보를 제공**하거나 **주장을 제시**하는 데 그치지 않고 **뭔가를 보여 준다**는 것을 보았기 때문이다. 이런 점을 볼 때, 바울이 하는 말은 펑크가 말하는 은유와 별로 관련이 없다. 그것은 바이스가 말하듯 "성찰을" 공유하는 것일 뿐 아니라, 이해를 공유하는 것이기도 하다.[70]

우리는 이미 바울의 글 속에서, 두 번째 부류의 문법 발화가 열린 대화라는 배경 속에서도 나타나지만 신학 전통이라는 맥락 속에서도 나타난다는 것을 보았다. 같은 원리가 신학 혹은 윤리와 관련이 있는 에픽테토스와 필론(Philo)의 글에서도 나타난다. 예를 들면, 에픽테토스는 이렇게 썼다. τίς οὖν οὖσια θεοῦ; σάρξ; μὴ γένοιτο. ἀγρός; μὴ γένοιτο(그럼 신의 본질은 무엇인가? 육인가? 결코 그렇지 않다. 땅인가? 결코 그렇지 않다. Discourse II.8.2). 이것은 첫 번째 부류의 문법 발화가 아니다. 어떤 전통에서는, 신이 사물이 아니라고 말하는 것은 문법 진술이 아니라 정보를 전하는 진술일 것이기 때문이다. 그러나 에픽테토스가 보기에 이런 명제를 부인하는 것은 단지 거짓에 그치는 일이 아니라 생각조차 할 수 없는 일이다. 신이 물질이 아님은 그의 사유를 받치는 발판 중 일부로서, 그가 새삼 탐구할 필요도 없는 것이다. 하지만 이 문법은 단지 문화와 관련이 있는 문법에 그치지 않고 **신학** 문법이기도 하다. 마찬가지로 에픽테토스는 윤리 영역을 다루며 이렇게 썼다. ἀνὴρ καλὸς καὶ ἀγαθὸς οὐδὲν ποιεῖ τοῦ δόξαι ἕνεκα, ἀλλὰ τοῦ πεπρᾶχθαι καλῶς(아름답고 선한 사람은 영광을 얻으려는 일은 전혀 하지 않고, 다만 바르게 행하려고 행한다.

---

[70] J. Weiss, *Earliest Christianity* (Eng. Harper, New York, 1959) II, pp. 417-418; 그리고 "Beiträge zur paulinischen Rhetorik" in *Theologischen Studien-Bernhard Weiss* (Vandenhoeck & Ruprecht, Göttingen, 1897), pp. 165-247, 특히 168 and 183ff.

Discourse III.24.50). 이 진술과 유사한 진술이 많다.[71] 한편으로 보면, 이 진술은 문법 발화다. 이 진술의 목적은 '선함'이라는 문법을 설명하는 것이기 때문이다. 따라서 그 반대 경우는 생각할 수 없다. 하지만 이 진술이 첫 번째 부류의 문법 발화는 아니다. 쾌락주의 같은 다른 윤리 체계에서는 그 반대 경우를 생각할 수도 있기 때문이다. 에픽테토스가 어떤 악들의 개념을 설명해 놓은 진술을 놓고도 같은 주장을 할 수 있을 것이다. 이 진술에서 에픽테토스는 악이라는 개념의 문법 속에 어떤 벌이 들어 있음을 보여 준다. 여기엔, 분노에는 이성 상실이라는 벌이 따른다, 간음에는 자존감 상실이 따른다 등이 있다.[72] 하지만 이런 관찰 결과들은 에픽테토스 자신이 속한 고결한 윤리 전통 밖에서는 더 이상 '문법'이 아닐 것이다.

필론도 율법에 순종하거나 순종하지 않는 행위에는 그 나름의 벌이 따른다는 점을 다루면서 비슷한 진술을 한다. 그는 다른 신들을 예배하길 거부하면 그에 합당한 보상(γέρας)이 따른다고 말한다.[73] 마찬가지로 '지혜의 보상은 지혜다.' 그는 다른 곳에서 몸과 영혼이 새로운 활력을 얻는 것이 "안식일의 쉼"이 본디 지닌 개념의 일부라고 주장한다.[74] 필론은 어떤 신학 개념의 문법을 말할 때도 똑같은 식의 주장을 제시하는데, 하나님을 찾음에 따른 첫째 보상(τὰ πρῶτα τῶν ἄθλων)은 바로 하나님이라고 말한 경우가 그 예다.[75] 따라서 필론은 아브라함이 하나님의 친구라는 것을 '하나님'이라는 개념의 문법에 담긴 한 핵심을 설명하는 것으로 본다. 그러나 그 핵심은 필론 자신이 속한 신학 전통의 관점에서 봤을 때만 '문법'이다.

그렇다면 우리가 제시한 서로 다른 두 부류의 문법 발화가 늘 혹은 적어도 종종 우리가 개관했던 독특한 배경 속에서 나타난다는 주장을 받아들이는

---

[71] Epictetus, *Discourses* II.10.18, 19; III.17.3; 20.2, 3, 16; 22.35.
[72] Epictetus, *Discourses* II.10.19; 참고. 10.10-23; III.17.3; 그리고 IV.9.6-10.
[73] Philo, *De specialibus legibus* II.258.
[74] *Ibid*. II.259-260.
[75] Philo, *De Abrahamo* 127-130.

것이 타당할 것 같다. 양식비평에 따른 이 분석이 옳다면 두 결과가 따르게 된다. 첫째, 바울의 언어가 독자들의 **이해**를 돕고자 개념들을 확장하거나 분명하게 설명하는 역할을 한다는 점을 제대로 간파하려면, 바울의 글에서 이성이 차지하는 위치에 관한 주장들을 수정해야만 한다. 이해를 촉진하는 개념들은 문법 발화들이 '보여 준다.' 아울러 이런 개념들은 단순히 신선한 정보 혹은 사실과 추리에서 끌어낸 연쇄 논증의 최종 산물에 그치는 것이 아니다. 이런 개념들은 사물들이 어떻게 '보이는가'가 좌우한다. 둘째, 설령 우리가 제시한 몇몇 사례가 타당하다 하더라도, "탐구가 걸어가는 길에서 떨어져 존재하는" 모든 가설을 어떤 주어진 **신학** 전통에 속한 것이라기보다 오히려 반드시 **문화**와 관련이 있는 것이라고 서술하려 할 때는 신중을 기해야 한다.

58. 문법 발화의 세 번째 부류: 언어적 권면, 그림, 패러다임

세 번째 부류의 문법 발화, 곧 주제 중립적이지도 않고 '우리 사유의 발판'을 이루는 것을 표현한 것도 아닌 발화도 구분할 수 있다. 바울은 갈라디아서 3:29에서 이렇게 말한다. εἰ δὲ ὑμεῖς Χριστοῦ, ἄρα τοῦ Ἀβραὰμ σπέρμα ἐστέ, κατ' ἐπαγγελίαν κληρονόμοι(너희가 그리스도께 속하였으면 곧 아브라함의 자손이요 약속대로 유업을 이을 자니라). G. S. 던컨의 말을 빌리면, 바울이 말하는 주제는 "아브라함의 **참된** 자손"이다.[76] 필론은 창세기 15:2-18을 길게 주석하면서 이와 유사한 진술을 한다. 그는 지혜로운 자(ὁ σοφός)가 아브라함의 **참된** 자손이라고 주장한다.[77] 배럿트는 바울이 로마서 2:28, 29에서 "진짜" 유대인을, 또는 오토 미헬의 표현을 빌리면 "참된" 유대인을 정의한다고 말한다.[78] 바울은 이렇게 썼다. οὐ γὰρ ὁ ἐν τῷ φανερῷ Ἰουδαῖός ἐστιν, οὐδὲ ἡ ἐν

---

[76] G. S. Duncan, *Galatians*, p. 124.
[77] Philo, *Quis rerum divinarum heres* 313.

τῷ φανερῷ ἐν σαρκὶ περιτομή· ἀλλ' ὁ ἐν τῷ κρυπτῷ Ἰουδαῖος, καὶ περιτομὴ καρδίας(무릇 표면적 유대인이 유대인이 아니요 표면적 육신의 할례가 할례가 아니니라. 오직 이면적 유대인이 유대인이며 할례는 마음에 할지니).

A. J. 에이어는 이렇게 주장한다. 분석 명제들은 "단지 낱말들을 어떤 식으로 사용하겠다는 우리의 결정을 기록할 뿐이다. 우리는 우리 자신의 부인(否認)이 이미 전제하는 관습을 침해하지 않으면 그 명제들을 부인하지 못한다.…이것이 그들의 필연성을 받쳐 주는 유일한 근거다."[79] 그는 이런 진술이 문제 삼는 것은 "단지 말일 뿐"(merely verbal)임을 암시한다. 그러나 에이어의 접근법에는 세 가지 난점이 있다. 첫째, 이 접근법은 지금 논의하는 세 부류의 문법 발화 사이에 존재하는 논리 기능의 차이를 가려 버린다. "유대인"과 "아브라함의 자손"이라는 용어를 이런 의미로 쓰자고 권하는 언어적 권면은, 단언조로 하는 말인 "보는 것은 더 이상 소망하는 것이 아니다"(롬 8:24)나 "중보자는 한편만 위한 중보자는 아니다"(갈 3:20)와 같은 부류의 분석 발화로 보아서는 안 된다. 이 부류에 해당하는 사례에서는 "소망"이나 "중보자" 같은 말을 어떻게 쓰자고 **권하지** 않는다. "소망"이나 "중보자" 같은 말은 이미 사람들이 문제가 된 개념에 관하여 널리 동의하는 것을 명쾌하게 설명한다. 하지만 세 번째 부류의 문법 발화는 여전히 **문법** 발화로 남아 있다. 이 발화는 어떤 **개념**들을 설명하고 적용하는 것과 관련이 있지만 세계에 관한 진술은 아니기 때문이다. 둘째, 세 번째 부류의 문법 발화는 언어 관습이나 습관에 좌우되기도 하지만, 존 설이 "제도적 사실"(institutional facts)이라 부르는 것에 좌우될 때도 종종 있다.[80] 예를 들면, 설은 "스미스 씨는 브라운 양과 혼인했다"나 "존이 두 골을 넣었다" 같은 문장은 혼인이나 축구 같은 어떤 제도를 배경으로 삼을 경우에만 사건으로 인정받는다고 주장한다. 마찬가지로, 참된 유대인을

---

[78] C. K. Barrett, *Romans*, p. 59; 그리고 O. Michel, *Der Römerbrief*, p. 92.
[79] A. J. Ayer, *Language, Truth and Logic* (Gollancz, London, ²1946; Penguin edn. 1971), p. 112. 『언어, 논리, 진리』(나남출판).
[80] J. R. Searle, *Speech-Acts*, pp. 50-53.

거론한 바울의 언어도 구약성경에서 이스라엘에 제도로 부여했던 특권들을 배경으로 삼을 때 그 기능을 한다. 셋째, 비트겐슈타인이 종종 강조했듯이, 언어를 어떻게 사용하느냐가 사물을 어떻게 "보는지"에 영향을 미친다. 어떤 것을 어떻게 묘사하느냐가 우리가 몸담은 더 넓은 개념 체계 안에서 어떤 것이 차지하는 위치, 나아가 우리가 그것을 대하는 태도를 결정할 때가 종종 있다.

우리는 이미 불트만이 바울의 설교와 대화체 비판 언설을 다룬 작업을 언급했다. 이 작업에는 바울이 말을 재평가한 것(Umwertung)을 다룬 특별한 항목이 들어 있다.[81] 불트만은 여기서 특히 바울이 "유대인", "아브라함의 자손", "예루살렘"이라는 용어를 재평가한 것을 언급한다. 예를 들면, 바울은 갈라디아서 3:7에서 οἱ ἐκ πίστεως, οὗτοι υἱοί εἰσιν Ἀβραάμ(믿음으로 말미암은 자들이 아브라함의 자손이다)이라고 썼다. 그는 로마서 4:11, 12에서 아브라함이 모든 믿는 자의 조상이며, 심지어 할례받지 않은 신자에게도 조상이라고 말한다. 그러나 이 문장 뒤에는 "이 약속이 아브라함과 그 '자손'에게 주어졌다"(갈 3:16)는 제도적 사실이 자리해 있다. 따라서 바울의 논의에서 문제 삼는 논점은 단순히 말과 관련된 것이 아니다. 현대의 일상생활에서는 이 원리를 얼핏 보면 소소한 문제에 불과한 "토마토를 과일이라 불러야 하는지 채소라 불러야 하는지" 같은 문제와 관련지어 설명할 수 있다. 요리라는 관점에서 보면 이 관점이 '옳다.' 그러나 생물학의 관점에서 보면 저 관점이 '옳다.' 이제까지 이 문제는 언어 관습이나 습관이 좌우했다. 그러나 예컨대 과일에는 세금이나 수입 추가 요금이 붙지만 채소에는 붙지 않는다면, 언어 상황과 관련된 제도적 사실이 끼어듦으로써 이 문제가 그야말로 현실과 관련된 문제로 바뀐다.

여기서 피터 리처드슨(Peter Richardson)이 바울과 "참된 유대인"을 다룬 전문 논의를[82] 다루지는 못한다. 리처드슨의 주장이 완전히 설득력이 있다고 생각

---

[81] R. Bultmann, *Der Stil der paulinischen Predigt und die kynisch-stoische Diatribe*, pp. 27-30 and 80-85.

[82] P. Richardson, *Israel in the Apostolic Church* (Cambridge University Press, 1969), 특히 pp. 70-158.

하지는 않는다. 바울의 접근법은 E. 케제만의 말이 더 잘 표현하는 것 같다. "참된 유대인만이 그리스도인이다."[83] 바울이 한 진술의 논리는 문법 발화 논리다. 그러나 이 진술은 세 번째 부류의 문법 발화, 즉 제도적 사실에 근거할 수도 있고 그렇지 않을 수도 있는 언어적 권면에 속한다. 바울 시대의 그리스 저자들이 쓴 글을 보면, 제도적 사실에 근거하지 않은 세 번째 부류의 문법 발화 사례가 많이 있다. 예를 들면, 에픽테토스는 **진짜** "가지는 것"이란 부나 재산을 가지는 것이 아니라 그 정반대라고 말한다. "가지는 것"은 τὸ μὴ χρείαν ἔχειν πλούτου(부를 필요로 하지 않는 것)이다.[84] 마찬가지로 참된 "예언자"는 능란한 상담자가 아니라, ὁ μάντις ἔσω(내면에 통찰을 품고 있는 예언자)다.[85] "참된 유대인"이라는 말을 어떻게 적용하느냐가 바울의 글에 들어 있는 많은 세 번째 부류의 문법 발화를 좌우하는 관건이듯이, 에픽테토스의 글에서는 "참된 자유"라는 말을 어떻게 쓰자고 권하는 언어적 권면이 많은 세 번째 부류의 문법 발화를 좌우한다.[86]

나는 고린도전서에 나오는 "육"과 "영"의 의미를 다룬 한 논문에서 일부 철학자들이 "설득력 있는 정의"(persuasive definition)라 부르는 것이 무엇이냐는 문제가 바울이 한 몇몇 진술을 좌우하는 관건이라고 주장했다.[87] 존 호스퍼스(John Hospers)는 이 말의 의미를 이렇게 설명한다. "어떤 낱말이나 문구가 이미 좋은 느낌을 주는 의미를 얻었으면, 사람들은 종종 이런 낱말이나 문구가 평상시 의미와 달리 어떤 인식을 요구하는 의미를 전달함으로써 이 말이 이미 갖고 있는 좋은 느낌을 주는 의미를 활용하는 경우도 보고 싶어 한다.…좋지 않은 느낌을 일으키는 의미의 경우에도 마찬가지 일이 일어날 수 있다."[88]

---

83 E. Käsemann, *Perspectives on Paul* (Eng. S.C.M., London, 1971), p. 144.
84 Epictetus, *Discourses* IV.9.2; 참고. I.60-61.
85 *Ibid.* II.7.3.
86 *Ibid.* IV.1.8, 11-14, 24.
87 A. C. Thiselton, "The Meaning of Σάρξ in 1 Cor. 5.5. A Fresh Approach in the Light of Logical and Semantic Factors" in *S.J.T.* XXVI (1973), pp. 204-228, 특히 pp. 217-218.

예를 들면, 어떤 정치 집단에서는 '온건파'라는 말을 좋은 느낌을 주는 의미로 사용한다. 그러면 정치인은 "온건파는 이런 제안들을 지지하려 할 겁니다"라고 주장함으로써 '온건파'라는 말에 특정한 인식을 요구하는 내용을 부여한다.

고린도 사람들은 '영적'(spiritual, 영에 속한)이라는 말에는 강한 긍정의 의미가 들어 있지만 '육적'(fleshly, 육에 속한)은 그 반대 기능을 한다는 것을 금세 알아차렸다. '영적' 사람에 관한 언어는 큰 감동을 낳는 말이 되었다. 그에게는 모든 것이 적법하다. 그는 왕처럼 다스린다. 그는 다른 이들을 판단하지만, 어느 누구도 그를 판단하지 못한다(고전 2:10-15; 4:8; 6:12). 나는 이 점을 "고린도의 실현된 종말론"(Realized Eschatology at Corinth)라는 제목을 붙인 다른 논문에서 자세히 논증했다.[89] 바울은 독자들의 지평 안으로 들어간다. 얼핏 보면, 바울도 영의 사람에 관한 독자들의 언어를 인정하는 것 같다(2:10-15). 그러나 그들의 시각을 철저히 뒤엎는 말이 등장한다. "나는 너희를 영의 사람들이라 말할 수 없노라…너희는 아직도 육에 속하였느니라"(3:1, 3). 세 번째 부류의 문법 발화에 해당하는 한 사례가 3:3에 등장한다. ὅπου γὰρ ἐν ὑμῖν ζῆλος καὶ ἔρις, οὐχὶ σαρκικοί ἐστε(실로 너희 안에 시기와 다툼이 있으니, 너희가 육의 사람이 아니냐?). 이 말은 문법 발화다. 이는 어떤 개념의 문법과 관련이 있지만, 어떤 사태에 관한 정보를 제시하지는 않기 때문이다. 그러나 이는 첫 번째 부류와 두 번째 부류의 문법 발화와 다르다. "육적"과 "영적"의 문법을 인식 차원에서 정의하여, 결국 이 정의가 독자들의 신학 상황을 재평가하는 쪽으로 이어지게 하는 데 이 발화의 목적이 있기 때문이다. 비트겐슈타인의 말로 표현하면 어떤 "그림", 곧 자신들을 영의 사람으로 묘사한 그림이 고린도 사람들을 사로잡았다고 말할 수 있겠다. 나는 내 두 번째 논문에서 이 새 그림이 구원으로 가는 길에 있는 고린도 사람들을 묘사한 그림이라고 주장했다.[90]

---

88 J. Hospers, *An Introduction to Philosophical Analysis* (Routledge and Kegan Paul, London, ²1967), pp. 53-54.

89 A. C. Thiselton, "Realized Eschatology at Corinth" *N.T.S.* XXIV (1978), pp. 510-526.

이런 점 때문에 우리는 어떤 "그림"이 우리가 사물을 보는 방식을 얼마만큼 결정할 수 있는지를 놓고 비트겐슈타인 자신이 했던 말을 다시금 살펴보게 된다. 비트겐슈타인은 자신이 『논리-철학 논고』에서 그림 이론을 활용했던 것을 되돌아보면서, 자신도 사실은 그저 한 모델에 불과한 것에 사로잡혔음을 깨닫는다. "한 **그림**이 우리를 사로잡았고, 우리는 거기서 빠져나오지 못했다. 그 그림이 우리 언어 속에 놓여 있었고, 언어는 그 그림을 그저 가차 없이 우리에게 되풀이하는 것처럼 보였기 때문이다."[91] 비트겐슈타인은, 우리가 사물의 본질을 본다고 생각하지만 "다만 그 외형을 따라갈 뿐이며 외형을 통해 본질을 탐구하고 있을 뿐"이라고 말한다.[92] 비트겐슈타인은 바로 이런 맥락, 이런 의미에서 이렇게 말한다. "이런 문제는 새로운 경험을 제시함으로 풀리는 게 아니라, 오랫동안 알려진 것들을 함께 모아 짜 맞춤으로 풀린다. 철학은 우리 언어라는 수단을 통해 우리 오성을 사로잡은 마법에 맞선 싸움이다."[93] 비트겐슈타인은 이 원리를 시간 같은 추상 명사를 나타내는 언어, 그리고 아픔처럼 '내면' 상태를 나타내는 언어와 관련지어 설명한다. "과거는 어디로 가는가?"나 심지어 "지금 몇 시인가?"와 같은 혼란스러운 질문이 나오는 것은 시간을 미래에서 과거 속으로 흘러가는 흐름으로 묘사한 **그림** 때문이다. 그는 아픔과 내면 상태를 다루는 모든 철학 문제의 원인이 어떤 "내면의 과정"을 묘사한 **그림**이라고 주장한다. 이 그림은 아픔에 관한 "문법" 전체와 합세하여 "우리에게 자신을 강요하려고 한다."[94] 그 언어가 제시하는 그림과 문법은 "우리를 단단히 붙들어 특정한 방식으로 사물을 바라보게 만든다."[95] 비트겐슈타인은 이 잘못된 그림이 건 마법을 풂으로써 비로소 "파리에게 파리통에서 빠져나

---

90 Ibid.
91 L. Wittgenstein, *P.I.*, sect. 115.
92 Ibid., sect. 114.
93 Ibid., sect. 109.
94 Ibid., sects. 300-307.
95 Ibid., sect. 308.

갈 길을 보여 줄" 수 있었다.[96] 그가 『청색 책』에서 말하듯이, "새 표기법"이 바꿀 수 있는 사실은 하나도 없지만, 우리는 "어떤 표기법에 속수무책으로 끌려가거나 퇴짜를 맞을" 수도 있다. "이름을 바꾸는 것은…큰 의미를 가질 수 있다."[97]

그렇다면 언어적 권면은 물론 그림도 '단순한 말'에 그치는 문제가 아니다. 어쨌든 시시하거나 중요하지 않은 문제가 아니기 때문이다. 이는, 세 번째 부류의 문법 발화에 해당하는 몇몇 사례처럼, 언어적 권면이 제도적 사실과 관련이 있는 경우에 특히 더 그렇다. 그러나 제도적 사실에 관한 질문과 상관없이, 비트겐슈타인은 언어적 권면이 우리가 사물을 보는 방식에 깊은 영향을 줄 수 있음을 보여 준다. 이는 특히 패러다임 혹은 패러다임 사례에 해당하는 경우라 할 언어 용법에 적용된다.

언어에서 말하는 패러다임 사례라는 개념은 어쩌면 G. E. 무어의 철학을 배경 삼아 설명하는 것이 가장 좋을 수 있을 것이다. 무어는 이렇게 주장하곤 했다. 나는 내게 손이 있음을 **안다**고 말할 때, **이런 종류의 것이** "앎"이 아니라면 대체 무엇일까?[98] 이것이 바로 일상 발화(everyday utterance)라는 것이다. '앎'은 이 일상 발화에서 그 기반인 언어의 흐름을 끌어낸다. 패러다임 사례가 자기모순이라고 주장하려는 것은 비트겐슈타인이 나중에 한 경고, 곧 "내가 앉아 있는 가지를 잘라 내면 안 된다"[99]를 무시하는 것이다. 이는 무어가 자신이 고찰할 대상으로 "우리 모든 이가 그 의미를 이해하는 확실한 표현이라는 유형을" 골랐다고 주장하기 때문이다. 사람들은 종종 이런 유형의 논증을 현대 물리학의 관점에서 '단단하다'는 말을 사용한 경우들과 관련지어 설명해 왔다. 대리석 판이나 참나무 탁자는 '사실' 단단하지 않다고 주장할 수도 있다. 그러나 대리석 판과 참나무 탁자는 단단**하다**는 것이 어떤 것인지 일러 주

---

[96] *Ibid.*, sect. 309.
[97] L. Wittgenstein, *B.B.*, p. 57.
[98] G. E. Moore, *Philosophical Papers* (Allen & Unwin, London, 1959), p. 37.
[99] L. Wittgenstein, *P.I.*, sect. 55.

는 패러다임 사례를 제공한다. 어떤 것이 단단하지 않다고 말하는 것은 그것이 대리석 판이나 참나무 탁자와 같지 않다고 말하는 것이다.

이런 논증 자체가 실제로 어떤 패러다임 사례를 제시한 것임을 보여 주었다는 점이 무어의 기여라 한다면, 비트겐슈타인이 『확실성에 관하여』를 통해 기여한 것은 무어의 논증이 **딱** 이것**뿐**이었음을 보여 준 것이다. 무어가 제시한 사례도 분명 **사물을 바라보는 방식**이긴 했지만, 인간의 전통 속에 깊이 뿌리내리고 있다 보니 아무도 이것이 문법상 가지는 지위를 알아차리지 못했다. 동시에 비트겐슈타인은 이런 패러다임들을 받아들이는 일이 삶 전체를 바라보는 우리의 견해에 미친 깊은 영향을 알았다. 요 근래에는 특히 토머스 S. 쿤(Thomas S. Kuhn)이 과학에서 패러다임이 담당하는 광범위한 역할에 특히 주목했다. 쿤은 예컨대 코페르니쿠스가 지동설을 주장한다는 이유로 그를 미쳤다 했던 사람들이 '딱히 틀렸던' 것은 아니라고 주장한다. 중요한 것은 "그들이 말하는 '지구'의 일부가 고정된 위치였다"는 것이었다. '지구'가 고정성을 보여 주는 패러다임 사례라면, 코페르니쿠스는 자기모순인 주장을 펼치는 사람으로 보였을 것이다.[100] 그들이 사물을 바라보는 방식을 바꾸고 새 패러다임을 받아들여야 비로소 코페르니쿠스의 주장을 받아들일 길이 열릴 수 있었다.

앨런 키틀리가 보여 주듯이, 이는 우리를 앞서 피터 윈치와 D. Z. 필립스의 접근법, 그리고 그들의 비트겐슈타인 해석을 논의했던 내용으로 다시 데려간다.[101] 하지만 우리는 이런 논지의 중요성을 증명할 증거로 윈치나 심지어 비트겐슈타인 자신을 원용해서는 안 된다. 여러 철학 전통에 속한 많은 저술가가 과학과 종교 양쪽에서 패러다임이 가지는 중요성을 강조했는데, 특히 이언 바버(Ian Barbour)가 그러했다.[102] 바버는 모델과 패러다임이 "경험을 정리하는 방식"을 제공한다고 주장한다.[103] 패러다임 전환은 과학 혁명 및 종교의 변화와

---

100 T. S. Kuhn, *The Structure of Scientific Revolutions* (University of Chicago Press, ³1973), pp. 149-150. 『과학혁명의 구조』(까치).
101 A. Keightley, *Wittgenstein, Grammar and God*, pp. 102-109.
102 I. G. Barbour, *Myths, Models and Paradigms* (S.C.M., London, 1974).

함께 일어나거나 그것들을 미리 알리는 전조가 된다. 이런 패러다임 전환은 바울이 구약의 큰 패러다임들을 다룰 때 일어났다. 바울은 자신의 유대인 독자들과 의견을 같이하여 아브라함의 의는 의롭다는 것이 무슨 의미인지 일러주는 패러다임 사례를 제공한다고 주장한다. 하지만 그렇기 때문에 '참된' 의는 율법과 무관하다. 아브라함은 율법이 주어지기 전에 의롭다 하심을 받았기 때문이다(롬 4:9-25).

이것은 곧, 한 특정한 측면에서 보면 세 번째 부류의 문법 발화가 결국은 기능상 첫 번째 부류의 문법 발화와 크게 다르지 않다는 뜻이다. 이 두 부류의 문법 발화는 '보여 줌'을 통해 이해를 확장한다. 이런 의미에서 모든 문법 발화는 해석학과 관련이 있다. 그러나 우리는 세 번째 부류의 문법 발화를 검토하면서, 비트겐슈타인도 하이데거는 물론 특히 가다머처럼 언어 습관이 주어진 세계관을 영속하게 하는 수단으로서 갖고 있는 힘을 고려한다는 것을 알았다. 가다머가 한 말로 표현한다면, "언어와 사유의 긴밀한 일치가 언어학이 출발하는 전제다.…모든 언어가 한 세계관을 표현한다면, 이는 무엇보다 이 언어가 고언어학자들이 바라보는 것처럼 어떤 특별한 유형의 언어이기 때문이 아니라, 이 언어로 말하고 전해지는 것 때문이다."[104] 비트겐슈타인의 말로 표현하면, **문법**은 우리를 새로운 통찰로 이끌 수도 있고 우리를 꾀어 혼란과 무지에 빠뜨릴 수도 있다. 신약성경을 보면, 바울은 "의", "예배", "자유", 심지어 "유대인"과 관련된 언어 패러다임을 가져다가 이것들을 종종 세 번째 부류의 문법 발화를 통해 그리스도 중심으로 재정립하면서 이스라엘 민족 및 유대교 신앙과 연속성 및 불연속성을 동시에 가진 요소를 펼쳐 보인다. 이와 같은 식으로 요한복음에서도 빛, 빵(떡), 생명 등의 커다란 패러다임 개념들을 가져다가 다시 적용한다. 기독교 전통에서 이런 패러다임을 그 배경인 기독론에서 떼어 낸다면, 이는 비트겐슈타인의 말처럼 "내가 앉아 있는 가지를 잘라

---

[103] *Ibid.*, pp. 22 and 45.
[104] H.-G. Gadamer, *T.M.*, pp. 364 and 399-400.

내는" 일이 될 것이다.

우리는 세 번째 부류에 속한 문법 발화들의 배경이 다양하게 변할 수 있음을 보았다. 때로 이런 발화들은 우리가 제도적 사실이라 부른 배경에 기대어 작동한다. 그런가 하면 독자들의 믿음과 경험을 정리하는 방식에 영향을 미치는 특정한 언어 습관이나 전통을 배경 삼아 일어난 패러다임 전환이 쟁점으로 등장할 때에도 이런 문법 발화들이 나타날 때가 있다. 하지만 세 번째 부류의 문법 발화가 그림이나 패러다임이라는 수단을 써서 '보여 주는 데' 이바지한다는 사실은 비유에서 은유가 가지는 엄청난 힘과 논쟁 및 추론에 더 치중하는 서신서의 접근법을 지나치다 싶을 정도로 딱 잘라 구분하는 로버트 펑크의 견해를 아무런 비판 없이 받아들이지 않도록 주의해야 한다는 점을 일깨운다. 바울은 고린도전서에서 "영의"(spiritual)라는 말을 재평가하면서, '주장을 제시'하기보다 그의 독자들을 미혹하는 그림의 마법을 풀고 있다.

59. 언어 게임, "특별한 사례", 다형 개념

비트겐슈타인의 통찰을 신약성경 해석에 적용하는 것을 좁은 의미의 문법 발화 논리에 주목하라는 요구쯤으로 생각해서는 안 된다. 그렇다고 우리가 신약성경 전체를 인식과 상관없는 차원에서 해석해야 한다고 주장하는 것도 아니다. 신약성경 저자들이 볼 때, 기독교 신앙은 세계를 바라보는 방식을 넘어 그보다 훨씬 더 많은 의미를 갖고 있다. 사실 세 부류의 문법 발화를 구분하여 얻은 결과는 바로 이 세 유형의 발화가 (다른 것들과 대비해 볼 때) 우리가 가리킨 방식대로 기능한다는 것을 보여 준 것이다. 우리는 비트겐슈타인의 글에서 나타나는 또 다른 논지를 설명함으로써, 우선 그가 특수한 사례의 중요성에 관하여 제시한 경고를 다시 간략하게 살펴보려 한다.

앞 장에서는 비트겐슈타인이 그가 "일반성을 갈망하는 것"과 "특수한 사례를 멸시하는 태도"라 부른 것을 어떻게 거부했는지 언급했다.[105] 아울러 비트겐슈타인 자신이 언어 자체를 예컨대 그저 "별개의 사물"로 보지 않는다는 것도 보았다. 언어가 무엇인지는 '언어'라는 말을 사용하는 배경이나 언어 게임에 달려 있다. 그는 이렇게 썼다. "우리는 묻는다. '언어는 **무엇인가**?' '명제는 **무엇인가**?' 이런 질문들의 대답은 단번에, **미래의 모든 경험에 매이지 않고** 제시해야 한다." 그러나 이것은 '언어', '경험' 등의 낱말들이 '초개념'(*Über-Begriffen*)이라는 착각에 근거를 두고 있다. "그런 낱말들을 적용할 수 있는 언어 게임은 없다."[106]

비트겐슈타인이 특수한 개념들을 고찰한 내용은 대부분 이 원리를 설명한다. 바로 이 주제가 그의 후기 저작 전체를 지배하기 때문이다. 우리는 이미 이 원리가 '정확하다'와 '기대하다'라는 낱말의 경우에 어떻게 작동하는지 보았다. 무엇이 '정확함'인지는 상황에 따라 다르다. 내가 지구에서 태양까지 거리를 잰다면, 그 거리는 내가 가구 수리와 관련하여 목수에게 일러 주는 정보와 수치상 차이가 있다. 누군가가 차를 마시러 오기로 되어 있을 때 하는 "기대"는 내가 폭발을 기대할 때와 정확히 같지 않다.[107] 마찬가지로 비트겐슈타인은 그냥 "사고란 무엇인가?"라고 묻는 것이 얼마나 잘못인지 보여 준다. 그는 이 질문에 뒤따르는 항들에서 "'사고'란 무엇인가?"라는 물음이 각기 다른 대답을 낳는 다양한 구체적 상황을 구분한다.[108] 예를 들면 이렇다. "사고는…말에서 떼어 낼 수 있는…형체 없는 과정이 아니다.…하지만 우리가 '사고는 형체 없는 과정이다'라는 말로 '사고하다'라는 말의 문법과 이를테면 '먹다'라는 말의 문법을 구별하려 한다면, '사고는 형체 없는 과정이다'라고 말할 수 있을 것이다."[109] 물론 이것은 비트겐슈타인이 "게임"이라는 말에 관하여 제시한 주장

---

105 L. Wittgenstein, *B.B.*, p. 18.
106 L. Wittgenstein, *P.I.*, sects. 92, 96, and 97.
107 L. Wittgenstein, *Z.*, sects. 58-68 and 71-72, 그리고 *P.I.*, sects. 572-586. 앞 sect. 55을 보라.
108 L. Wittgenstein, *P.I.*, sects. 327-349.
109 *Ibid.*, sect. 339.

이었다. "**틀림없이** 뭔가 공통인 것이 있다. 그렇지 않으면 그것들은 "게임"이라 불리지 않을 것이다'라고 말하지 말고, 그것들 전부에 공통된 무언가가 있는지 **보라**." 비트겐슈타인이 여러 게임의 특수한 예들이 갖는 유사성을 자신의 말로 표현한 것이 "가족 유사성"이었다.[110]

비트겐슈타인의 관찰 결과는 언어철학에서 방법론상 표준 도구의 지위를 갖게 되었다. 예를 들면, F. 바이스만은 "to try"가 "무거운 것을 들어 올리려 애쓰다", "계산을 시도하다", "잠을 청하다"에서 뜻이 다 다르다고 주장한다.[111] 길버트 라일은 이 원리를 사고와 귀 기울여 들음 같은 모든 정신 활동에 적용하지만, G. E. M. 앤스콤은 특히 "의도"(intention)에 주목하고, A. R. 화이트(White)는 특히 "주목"(attention)을 고찰한다.[112] 몇몇 집단에서는 "다형 개념"이라는 말을 이런 종류의 논리 문법을 가진 개념들을 가리키는 데 사용한다.

나는 이제 신약성경의 신학 용어에도 몇몇 다형 개념이 들어 있다고 주장한다. 어쩌면 그 가장 분명한 예가 "믿음"(πίστις), "육"(σάρξ) 또는 "육적"(σαρκικός, 육에 속한), 그리고 "진리"(ἀλήθεια)일 것이다. "믿음이 있다"가 무슨 뜻인가? 루돌프 불트만이 이렇게 단언한 사실은 유명하다. "**바울은 믿음을 무엇보다 순종으로 이해한다.** 그는 믿음의 행위를 순종의 행위로 이해한다." 그는 이렇게 덧붙인다. "이는 로마서에 있는 두 본문의 평행 관계가 보여 준다. '이는 네 믿음이 온 세상에 선포되었기 때문이다'(16:19). 따라서 바울은 ὑπακοὴ πίστεως ('믿음의 순종', 롬 1:5)라는 표현 속에 들어 있는 이 두 말(믿음과 순종—옮긴이)을 결합하여 바로 이 믿음의 순종을 만들어 내는 것이 그가 맡은 사도직의 목적임을 나타낼 수 있었다."[113] 우리는 앞서 불트만을 다룬 세 장에서 그가 믿

---

110 *Ibid.*, sects. 66-67.
111 F. Waismann, *Ludwig Wittgenstein und der Wiener Kreis*, pp. 183-184.
112 G. Ryle, *The Concept of Mind* (Hutchinson, London, 1949; Penguin Books, 1963). 『마음의 개념』(문예출판사); G. E. M. Anscombe, *Intention* (Blackwell, Oxford, ²1963); 그리고 A. R. White, *Attention* (Blackwell, Oxford, 1964).
113 R. Bultmann, *T.N.T.* I, p. 314. 불트만 강조.

음을 예컨대 지적 동의로 보기보다 순종으로 보려 하는 중요한 이유가 있음을 보았다. 하지만 불트만이 이 의미가 "다른 것보다 우선"이라고 주장하며 행하는 일은 이 믿음이라는 개념을 "**특정한 언어 게임** 밖에서" 바라보는 것이다. "(그런 개념)을 적용할 수 있는 언어 게임은 없다."

믿음의 '본질'을 따로 떼어 정의해야 한다는 주장은 신약성경의 기록들이 상황에 맞게 쓴 기록이라는 특성을 철저히 짓밟는 것이다. 이는 곧 믿음이 무엇인지는 오로지 바울을 비롯한 신약성경 저자들이 **문제가 된 쟁점**과 관련하여 답하고 있기 때문이다. 로마서 4:5에서는 "믿음"을 특히 아브라함의 믿음과 관련지어 "일하지 않아도 경건치 않은 자를 의롭다 하시는 이를 신뢰하는 자"의 행위나 경향으로 본다. J. 바이스가 말하듯이, "다른 행위를 대신하는 '어떤 행위'가 아니다.…그것은 다만 자신의 행위를 포기하는 것이다."[114] J. 예레미아스도 로마서 3:28과 관련하여 같은 점을 강조한다. "사람은 율법의 행위가 아니라 믿음으로 의롭다 하심을 받는다." 예레미아스는 여기서 말하는 믿음이 자기 자신의 공로를 부인하고 오로지 하나님께 귀를 기울이는 태도라고 주장한다.[115] 반면, 고린도후서 5:7에서는 다른 것을 이슈로 삼는다. "우리는 믿음으로 행하고 보는 것으로 행하지 않는다." 여기서 믿음은, 히브리서 11:1에서 말하는 것처럼 미래를 지향하는 자세다. 그렇지만 로마서 10:9은 다시금 믿음에 지적 확신이 따름을 보여 준다. 물론 여기서 말하는 믿음도 자기를 관련시킨 신앙고백의 진리를 믿는 믿음이다. "네가 만일 네 입으로 예수를 주로 시인하며 또 하나님께서 그를 죽은 자 가운데서 살리신 것을 네 마음에 믿으면 구원을 받으리라." 갈라디아서 1:23에서는 "믿음"이 다만 "기독교"를 뜻한다. 반면, 고린도전서 13:2에서는 산을 옮길 수 있는 믿음이 모든 이가 아니라 오직 어떤 그리스도인에게만 주어진 선물 같다. A. 슈바이처는 바울이 믿음을 말할 때 "추상 개념"으로 말한 게 아니라고 주장하는데,[116] 우리는 그의 말에 동의할

---

114 J. Weiss, *Earliest Christianity* II, p. 508.
115 J. Jeremias, *The Central Message of the New Testament* (S.C.M., London, 1965), pp. 55 and 68.

수밖에 없다. G. 보른캄은 이렇게 말함으로써 출발점을 제공한다. "믿음의 본질은 믿음이 지향하는 대상 안에서 주어진다."[117] [2] 그러나 이것은 더 깊이 다루어야 한다. 신약성경에서 말하는 믿음은 다형 개념이다. 따라서 믿음에 관한 질문들은 '특정한 언어 게임 밖에서' 대답해서는 안 된다.

동일한 원리가 바울이 "육" 및 "육적"에 관하여 쓴 언어에도 적용된다. 때로 바울은 이 말을 육체를 가리키는 말로 사용한다. 고린도전서 15:39과 고린도후서 3:2, 3이 그 예다. NEB에서는 "육의 가시"(고후 12:7)라는 말을 "모진 육체의 고통"(a sharp physical pain)으로 번역한다. 로마서 1:3에 나오는 "육에 따른 다윗의 자손"은 육신의 자손을 가리킬 수도 있고, "보통 사람의 관점에서 본" 예수의 혈통을 가리킬 수도 있다. 어쨌든 이 두 번째 대안이 고린도전서 1:26에 있는 σοφοὶ κατὰ σάρκα(육체를 따라 지혜로운 자)의 의미다. 고린도후서 11:18에서 말하는 "육에 따른 자랑"은 혈통, 수사, 추천장, '성공'과 같은 인간 세계의 평범한 현상에서 나타나는 자랑거리를 뜻한다. 바울은 많은 본문에서 구약성경이 "육"을 피조물이며, 약하고, 잘못을 범할 수 있는 것으로 강조한 내용을 빌려다 쓴다. J. A. T. 로빈슨이 말하듯이, "육은 단순한 사람, 하나님과 대조를 이루는 사람—따라서 약하고 죽을 수밖에 없는 사람—을 나타낸다."[118] 육체의 지혜(고후 1:12)는 그저 인간의 지혜다. "육체를 따라 행하는 것"(고후 10:2)은 호색하는 것이 아니라 헛된 수고다. 갈라디아서 5:19, 20에서 말하는 "육체의 행위"는 육체나 관능에 탐닉하는 일에 국한되지 않고 윤리 면에서 나쁜 평가를 받는 태도를 포함한다. 마지막으로, 불트만은 로마서 8:7, 13 및 다른 곳에서 말하는 "육"을 "자신이 이 땅의 것들을 사용함으로, 그리고 자신의 힘으로 생명을 얻을 수 있다고 신뢰하는 것"이라고 바르게 정의한다. 이런 태

---

116 A. Schweitzer, *The Mysticism of Paul the Apostle* (Eng. Black, London, 1931), p. 206. 『사도 바울의 신비주의』(한들출판사).

117 G. Bornkamm, *Paul* (Eng. Hodder & Stoughton, London, 1972), p. 141. 『바울』(이화여자대학교출판문화원).

118 J. A. T. Robinson, *The Body: A Study in Pauline Theology* (S.C.M., London, 1952), p. 19.

도는 "자신의 힘을 신뢰하는 인간이 자신에게 의존하는 태도"다.[119]

우리는 10장에서 로버트 쥬이트가 근래 내놓은 연구서가 불트만이 "육" 개념을 다룬 작업의 가치를 확인하는 데 기여했으며, 뒤이어 하이데거도 이 작업의 가치를 조명했다고 주장했다. 하지만 이제는 이 논지에 제약을 두어야 한다. 불트만과 심지어 쥬이트도 어떤 식으로든 이렇게 다양한 "육"의 용법들을 한데 모아 단일체로 만들어 주는 통일 범주를 제시하는 것을 목표로 삼는다. 불트만은 내용비평을 적용하는 방법으로 이 일을 행하여 독특한 의미와 독특하지 않은 의미를 구분하려고 한다. 쥬이트는 이 일을 행할 때 바울 자신이 생각하는 "육" 개념을 갈라디아서의 할례 논쟁과 연계하는 특수한 이론을 가정하는 방법을 쓴다. 이 때문에 쥬이트는 E. D. 버튼이 "육"의 의미를 서로 다른 일곱 법주로 나누어 상세히 설명한 것을 공격하고 비판하면서, 바울의 다양한 용법을 설명해 줄 **하나의** 상황을 찾는다.[120] 분명 쥬이트는 바울이 인간론 용어를 사용한 경우들 뒤편에 있는 널따란 배경에 주목해야 함을 늘 인식하고 있다. 그러나 그는 "육"의 경우에는, "육"이 실제로 나타나고 특정 본문에서는 그 의미를 결정하는 다양한 언어 게임을 적절히 강조하길 주저하는 것 같다. 이 때문에 그는 "자신의 자랑거리를 그리스도의 십자가(갈 6:14)에서 할례받은 육체(갈 6:13)로 바꿔 버린" 율법주의자의 잘못이 사실은 호색에서 만족을 구하는 방탕한 이들의 잘못과 똑같다고 주장한다. 둘 다 그들 자신의 힘으로 '생명'을 확보하려 하기 때문이다. 이는 "바울 신학에서 말하는 육(sarx) 개념의 **유일한**(the) 근원을 밝히고 이 개념을 해석할 **유일한**(the) 열쇠"를 제공한다.[121] 그러나 '정확하다', '기대', '사고', '애씀', 혹은 '게임'의 본질을 찾을 필요가 없듯이, 육에 속한 태도가 공통으로 가진 '본질'도 찾을 필요가 없다. 바울은 "육에 속하는 것"이 단일한 일이라고 말하려 하지 않는다. 고린도

---

119 R. Bultmann, *T.N.T.* I, pp. 239 and 240.
120 R. Jewett, *Paul's Anthropological Terms*, pp. 59-60.
121 *Ibid.*, p. 65. 티슬턴 강조; 참고. pp. 103-104.

사람들이 "육에 속하였음"은 **다양한** 방식으로 분명하게 나타났다. 갈라디아서는 두 그룹이 보여 주는 "육에 속한 모습"을 제시하지만, 어쩌면 이 모습은 고린도 사람들의 모습과 정확히 일치하지는 않았을 것이다. 사실 바울이 고린도전서에서 공격하는 것은 상관성을 지닌 용어인 "영적(영에 속한)"을 일반화하여 아무 구별 없이 무턱대고 적용하는 것이다. "육적**이다**가 무슨 의미인지는 이 문제의 본질에 달려 있으며, 이는 다시 그 상황이나 언어 게임이 결정한다. 해석에 관한 질문들은 주어진 언어 게임 '밖에서' 물을 수 없다.

우리는 신약성경에서 제시하는 다형 개념의 세 번째 사례로 '진리'라는 말의 다양한 용법을 고찰해 볼 수 있다. 성경이 말하는 진리의 '본질'이 무엇인지를 그것이 주어진 언어 게임 안에서 가지는 의미와 분리하여 이야기할 수 있는가? 아니면 진리를 **구성하는** 것이라는 의미에서 진리의 '본질'이라는 말의 의미는 맥락에 따라 달라지는가?

철학 사상사를 살펴봐도, 그리고 심지어 사람들이 보통 쓰는 언어를 봐도, 통일된 **단일** 진리 개념은 분명 존재하지 않는다. 서술 보고를 고찰하는 맥락에서, 진리는 사실과 일치하는 것을 뜻한다. 그러나 키르케고르가 주관성이 진리라고 선언하자, 사실과 일치하는 것과는 다른 무언가가 문제로 등장한다. 우리가 이미 보았듯이, 하이데거 사상의 맥락에서도 진리를 구성하는 것이라고 말할 수 있는 것이 가변성을 지닌다. 마찬가지로 비트겐슈타인의 『논리-철학 논고』에서는 시의 진리와 명제의 진리는 같은 종류가 아니라고 말한다. 신약성경에서도 이와 같이 다양한 현상들을 만나는가? 나는 다른 곳에서 신약성경이 진리를 나타내는 말로 다양한 단어를 사용하고 있음을 상당히 자세하게 논했다.[122] 이 연구서에서는 진리라는 말의 용법을 다음과 같이 구분했다.

(1) 그리스 문헌과 구약 및 신약성경을 보면, 그 일의 사실들과 일치하느냐가 쟁점이 된 경우에 '진리'(진실)라는 말을 사용한 사례가 풍부하게 존재한다.

---

[122] A. C. Thiselton, "Truth (*Alētheia*)" in C. Brown (ed.), *The New International Dictionary of New Testament Theology* III (Paternoster, Exeter, 1978), pp. 874-902.

호메로스의 시에서, 아킬레우스는 어떤 경주의 진실을 말해 줄, 곧 사태를 실제 그대로 보고해 줄 심판을 세운다(*Iliad* 23.361). 플라톤은 "진리"를 그냥 "그 일의 사실들"을 뜻하는 말로 사용한다(*Epistles* 7.330). 아리스토텔레스는 더 분명하게 "우리는 그 안에 참 혹은 거짓을 담고 있는 문장만을 명제라 부른다"라고 단언한다(*On Interpretation* IV.17a, 4). "어떤 명제가 진리임은 사실들과 일치함에 있다"(*ibid.* IX.19a, 33). 많은 학자는 아리스토텔레스의 글에서 이런 용법을 발견하리라 기대하면서도, 구약성경에서 똑같은 용법으로 쓴 사례들은 무시하는 경향이 있다. 하지만 구약성경에서는 진리를 이렇게 '사실'로 쓴 사례를 많이 제시한다. 창세기 42:16을 보면, 요셉은 자기 형제들이 사실을 말했는지 확증하고 싶어 한다. 출애굽기 18:21에서는 뇌물을 미워하는 진실한 사람들이 '믿을 수 있을' 뿐 아니라 모든 사실을 고려하며 아무것도 숨기지 않는다고 말한다. 잠언 12:19에서는 진실한 입술을 사실에 관한 거짓 증언과 대조한다. 진리를 "사라"는 명령(잠 23:23)은 주로 요동치 않는 성품보다는 지식을 얻는 것을 가리킨다. 시편에서는 왕이 진리를 옹호하는 자로서 수상하거나 불공정하거나 잘못된 것은 무엇이든 밝혀내야 한다고 말한다(45:4). 토비트 7:10에서는 "진리"를 진실한 보고를 전한다는 말로 사용한다. 마찬가지로 신약성경에서도 "진리"(참된 것)를 거짓 보고와 반대되는 말로 사용한다. "거짓을 버리고 모든 이가 그 이웃과 진리를 말하게 하라"(엡 4:25). 바울은 그가 말하는 모든 것이 진리라고 선언한다(고후 7:14). 사마리아 여자는 자신의 혼인 상태와 관련하여 사실대로 진실을 말한다(요 4:18). 세례 요한이 예수에 관하여 말하는 모든 것이 참이다(요 10:41). 성경을 봐도 "진리"라는 말이 그 의미를 사실 보고라는 언어 게임 안에서 그 말이 하는 기능으로부터 끌어내는 경우가 아주 많다.

(2) 하지만 다른 본문을 보면, 다른 언어 게임이 같은 말을 다른 의미로 규정한다. *'ĕmet*(에메트)라는 히브리어가 진리를 의미할 수도 있고 신실함을 의미할 수도 있음은 잘 알려진 일이다. 그렇다고 이 단어가 동일 문맥에서 이 두

의미를 모두 갖는다는 뜻은 물론 아니다. 하지만 어떤 문맥에서는 분명 '진리'를 신실함, 정직, 또는 신뢰할 수 있음이라는 의미로 사용한다. 요시야 개혁 시대에 성전 수리 비용을 거둬들인 자들은 일을 "정직하게" 처리했다(왕하 22:7). 가장 두드러진 예는 성경 저자가 하나님은 참되다고 말할 때다. 이는 하나님이 당신의 신실하심을 사람들에게 새롭게 증명해 보이신다는 뜻이다. 하지만 신실함과 진리의 이런 연관성은 히브리어가 독특하게 갖고 있는 어떤 의미 요소에 근거한 게 아니라, 하나님이나 사람이 신실하게 행동한다 말할 때 문제가 되는 것은 결국 그의 언행일치 여부라는 사실에 근거한다. 이제 우리는 사실 보고라는 언어 게임과는 다른 언어 게임 안에 들어와 있다. 시편 시인은 "여호와의 모든 길은 인자와 진리다"(시 25:10)라고 선언함으로써 하나님이 당신 백성을 대하시는 모습이 철저히 신실하다고 증언한다. 이는 이런 모습이 하나같이 언약에 성실하다는 특징을 갖고 있기 때문이다. 판넨베르크는 바로 이런 언어 게임의 맥락에서 구약에서는 "하나님의 진리가 분명 다시금 새롭게 증명된다"고 말하는데, 옳은 말이다.[123] 이는 언어 게임의 본질 때문이지 이른바 '히브리적' 사유가 가지는 어떤 특이성 때문이 아니다. '히브리적'이라는 것은, 다른 것들과 대비할 때 이 특수한 언어 게임을 빈번히 사용한다는 의미일 뿐이다. 이런 의미의 '진리'는 신약성경 안에도 들어와 있다. 특히 고린도후서의 몇몇 부분에서는 진리가 언행이 완전히 일치하는 성실함을 뜻한다(고후 6:4-7).

(3) '진리'가 사실과 일치하는 것이나 신실함과 성실함을 뜻하지 않고, 도리어 다른 복음이나 세계관과 상반된 그리스도의 복음을 뜻하는 맥락들이 있다. J. 머피 오코너(J. Murphy-O'Connor)가 설득력 있게 주장하듯이, 쿰란 문헌에서는 "진리"가 "계시된 가르침"이라는 의미로 등장하며(1QS 6:15; 참고. 1:15; 3:24), 신약성경의 몇몇 부분에서도 이 의미를 그대로 유지한다.[124] 따라서

---

[123] W. Pannenberg, "What is Truth?" in *B.Q.T.* II, p. 8; 참고. pp. 1-27.

"진리"는 인간을 죄에서 깨끗하게 만든다(1QS 4:20, 21). 바울과 유대교로 돌아가려는 자들 사이에서 문제가 된 것도 이 "진리"다(갈 2:5). 바울은 진리를 "다른 복음"과 상반된 것으로 본다(고후 11:4). 목회 서신에서 말하는 "진리를 아는 지식"의 의미도 거의 이런 의미다(딤전 2:4; 딤후 3:7). 여기서 이 말이 단순히 참된 사실을 아는 지식만을 뜻할 리 없다. 사람들은 "진리"를 들음에서 떠나 더 많은 신화에 귀를 기울일 것이다(딤후 4:3, 4).

(4) 필론은 하나님을 참이신 하나님이라고 묘사한다. 이는 하나님이 위조 주화 또는 겉만 그럴싸한 허식인 장식품이 아니라 진짜 주화처럼 "진짜"이시라는 뜻이다(*The Preliminary Studies*, 159). 예수는 요한복음에서 자신의 살이 "진짜" 음식이며 자신의 피가 "진짜" 음료라고 말씀하신다(요 6:55). 하나님을 예배하는 자들은 영과 진실로 예배해야 한다(요 4:23, 24). 이 본문의 맥락은 여기서 문제 삼는 것이 '성실함'이 아니라, 인간의 신앙적 열망에서 나온 사색이 아닌 하나님의 계시로 드러난 실재에 근거하여 하나님을 예배하는 것임을 분명하게 일러 준다. 우리가 ἀληθής(참된, 솔직한, 진짜인)와 ἀλήθεια(정직함, 진리)에 관한 탐구를 확장하여 ἀληθινός(사실과 일치하는, 진짜인)까지 탐구 범위에 포함한다면, 요한복음에서 더 많은 사례를 찾아낼 수 있다. 예수는 세례 요한과 달리 진짜 빛이시다(요 1:9). 만나와 달리 진짜 떡이시다(6:32). 이스라엘과 달리 진짜 포도나무시다(15:1). 하지만 이것은 사전(辭典)에 근거한 주장이라기보다 개념에 근거한 주장이다. 다른 맥락에서는 ἀληθινός도 사실과 일치하는 말을 가리킬 수 있기 때문이다(요 4:37).

(5) 때로는 진리를 감춰진 것과 대비하여 사용하기도 한다. 마귀는 그 안에 진리가 없다. 속이는 자이기 때문이다(요 8:44, 45). 반면, 진리의 영은 있는 것을 그대로 "드러낸다." 그는 "모든 일을 훤하게 드러내며", "사물의 본색을 그대로 보여 준다"(요 14:17; 15:26; 16:13; 참고. 요일 4:6; 5:6).[125]

---

[124] J. Murphy-O'Connor, "Truth: Paul and Qumran" in *Paul and Qumran* (Chapman, London, 1968), pp. 179-230.

(6) "유효한" 증언(요 5:31, 32)의 "유효한"처럼, '진리'라는 뜻에서 다른 뉘앙스를 구별해 낼 수도 있다. 그러나 우리는 '진리'라는 말을 이런 다른 몇몇 용법들을 함께 묶어 주는 포괄적 의미로 쓴 용법도 인정해야 한다. 예를 들면, 예수는 요한복음에서 자신이 진리라고 말씀하시는데(요 14:6), 우리는 여기서 그런 포괄적 의미를 발견한다. 요한은 이미 자기 독자들에게 예수의 증언이 유효하다는 것, 그가 복음의 진리를 계시하신다는 것, 그의 말과 행동이 일치한다는 것, 그의 말씀이 사실과 일치한다는 개념을 소개했다. 따라서 진리를 나타내는 이런 개념 가운데 어떤 개념도 배제하지 못한다. 그럴지라도, 이것이 곧 신약성경에서 말하는 진리는 다형 개념이라는 우리의 주장을 무효로 만들지는 않는다. 첫째로는, 이런 포괄적 용법이 오직 어떤 유형의 맥락에서만, 예를 들어 기독론을 다루는 맥락에서만 나타나기 때문이며, 둘째로는, 그런 경우에도 진리의 '본질'을 통일된 어느 한 방식으로 정의하기가 불가능하기 때문이다. 어떤 언어 게임의 맥락을 **벗어나면**, '신약성경에서 말하는 진리 개념', 또는 '요한이 말하는 진리 개념'에 관한 질문을 던지기가 불가능하다.

일부 학자들이 이 점을 잘못 이해하여 엉뚱한 길로 빠졌던 일을 알아보려면, 이 주제를 연구한 역사만 살펴보면 된다. 19세기의 기본 방법은 우선 그리스 사상 속의 '이론적' 진리 개념과 히브리 사상 속의 '실제적' 진리 개념을 분명하게 갈라 대조하는 것이었다. 진리를 이론 차원에서 이해한 견해는 진리 상응 이론에 근거한 반면, 진리를 실제 차원에서 이해한 견해는 무엇보다 'ĕmet가 경우에 따라 진리나 신실함을 의미할 수 있다는 말뜻의 우연성, 그리고 구약성경 저자들이 하나님은 곧 신뢰할 수 있는 분이라는 점에 보인 관심과 관련이 있었다. 오늘날도 바울에 관한 연구는 H. H. 벤트(Wendt)가 1883년에 제시했던 질문, 곧 신약성경 저자 가운데 누가 이런 이른바 "히브리적" 진리 개념에 가장 큰 영향을 받았느냐는 질문이 여전히 지배하고 있다.[126]

---

125 C. K. Barrett, *The Gospel according to St. John* (S.P.C.K., London, 1955), p. 76.

불트만은 1928년에 발표한 한 연구에서 히브리 사상의 영향을 주장한 벤트의 명제를 요한이 아니라 바울에게 적용했다.[127] 이와 같이 그리스 사상의 진리 개념과 히브리 사상의 진리 개념을 예리하게 구분한 것은 D. J. 데런(Theron)이 바울이 말하는 진리를 주제로 1954년에 내놓은 연구와 L. J. 카위퍼(Kuyper)가 요한이 말하는 진리를 주제로 1964년에 내놓은 논문의 기초가 되었다.[128] 이 방법론은 이런 문헌 전체에 영향을 주었으며, 저술가들은 요한이 말하는 '그'(the) 진리 개념이 그리스 사상과 주로 유사한지 아니면 히브리 사상과 주로 유사한지 알아내려면 그 진리 개념의 본질에 접근하려고 노력해야 한다고 주장한다. 이 문제의 진실은 히브리 사람들이 특별한 진리 개념을 갖고 있었다는 것이 아니라, 그리스 문헌에서 이런 언어 게임을 사용한 것보다 히브리 사람들이 더 빈번하게 이 진리 개념을 어떤 맥락이나 언어 게임 안에서 활용했다는 것이다. 그러나 히브리 사상 전통과 그리스 사상 전통이 모두 동일한 언어 게임을 활용했을 수도 있다.

이 진리라는 개념이 다형 개념임을 깨닫지 못하는 바람에 막다른 골목에 갇혀 버린 학자들이 많았다. 그들은 바울이 진리 개념의 **본질**로 본 것이 무엇인지, 또는 히브리서에서 혹은 요한이 진리 개념의 **본질**로 본 것이 무엇인지 탐구했다. 그러나 진리란 무엇인가 혹은 무엇에 **존재하는가**는 저자가 염두에 둔 언어 게임이 무엇인가에 따라 다르다. 때로는 진술과 사실의 일치가 문제이기도 하다. 이런 맥락에서 진리는 이런 일치다. 또 말과 행동의 일치가 문제

---

[126] H. H. Wendt, "Der Gebrauch der Worter alētheia, alēthēs, und alēthinos im N.T. auf Grund der alttestamentlichen Sprachgebrauches" in *Theologische Studien und Kritiken, eine Zeitschrift für das gesamt der Theologie* LXV (1883), pp. 511-547.

[127] R. Bultmann, "Untersuchungen zum Johannesevangelium" in *Z.N.W.* XXVII (1928), pp. 113-163; *Theological Dictionary of the New Testament* I, pp. 242-250에 있는 불트만의 논문을 참고하라. 『신약성서 신학사전』(요단).

[128] D. J. Theron, "Alētheia in the Pauline Corpus" in *E.Q.* XXVI (1954), pp. 3-18; 그리고 L. J. Kuyper, "Grace and Truth" in *Reformed Review* XVI (1962), pp. 1-16 및 "Grace and Truth: An Old Testament Description of God and its Use in the Johannine Gospel" in *Int.* XVIII (1964), pp. 3-19.

일 때도 있다. 또 다른 맥락에서는 진리란 무엇인가가 계시된 가르침의 본질에 의존하는 반면, 그와 또 다른 맥락에서는 진리란 무엇인가가 다형 개념을 구성하는 서로 다른 여러 가닥을 함께 결합하는 것에 의존한다. "진리란 무엇인가?"라는 질문은 주어진 언어 게임 밖에서는 물을 수 없다. 이는, 비트겐슈타인이 "기대하다", "사고하다", "뜻하다", "이해하다" 같은 개념들과 관련지어 폭넓게 보여 주었듯이, 그 용어의 모든 용법이 특정한 상황에 깊이 뿌리박고 있으며 이런 개념들에 관한 질문을 막연히 추상 언어로 물으려 하면 그저 혼란과 오해에 빠질 뿐이기 때문이다. 우리가 주장하는 논지는 분명 사전과 관련이 있긴 하지만 단지 사전과 관련된 것만은 아니다. 가장 중요한 논지는 논리와 관련이 있으며, 이는 신약성경에서 제시하는 개념의 문법과 관련된 것이다. 물론 이 말이 조직신학자는 신약성경에서 말하는 진리를 탐구하지 못한다는 뜻은 아니다. 다만 조직신학자가 작업할 때는 각 본문에서 제시하는 논리의 특수성을 충분히 고려한 주해 결과의 인도를 받아야 한다는 뜻일 뿐이다.

60. 언어 게임과 "…을…으로 봄": 바울이 말하는 이신칭의와 관련하여 계속 논의되는 몇몇 문제에 새롭게 다가가는 신선한 접근법

지난 100년에 걸친 바울 연구 역사에서는 이신칭의의 본질과 관련하여 적어도 다섯 개의 관련 문제를 제기했다. (1) "의롭다 하다"(δικαιόω) 그리고 "의롭다 하심을 받은"이나 "의로운"(δίκαιος)을 나타내는 용어들은 그 1차 의미가 선언(의롭다고 여기다)인가 아니면 행위(의롭게 만들다)인가? 어느 견해를 취하든, 이것은 곧 신자가 지위나 현실에서 더 이상 죄인이 아니라는 뜻인가? **우리는 사람이 의인인 동시에 죄인이라는 이른바 역설을 어떻게 하나로 결합하는가?** (2) 이신칭의는 바울 사상에서 얼마만큼 중요한가? 이 질문에서 묻고자 하는 것은 사실 "이신칭의는 어떤 개념 도식에 속하는가?"이다. (3) 이신칭의는 현재의 실존인가, 아니면 더 엄밀히 말해 마지막 심판 때 있으리라 예상하는 판결로서 미래에 속한 것인가? (4) 어떤 종류의 믿음이 의롭다 하심을 얻는 믿음인가? 우리는 '믿음'을 '행위'를 갈음할 특별할 종류의 대체물, 말하자면 어쨌든 더 용납할 수 있을 만한 인간 행위로 만드는 일을 어떻게 피하고 있는가? (5) 우리가 이런 문제를 피하는 믿음 개념에 도달할 수 있다면, 그 개념은 야고보서에서 말하는 믿음 개념과 어떤 관련이 있는가?

사람들은 이런 문제들을 풀어 보려고 다양하게 시도해 왔다. 하지만 학자들이 거듭하여 이런 문제들로 되돌아간다는 사실은 그들이 제시한 해결책 가운데 완전히 만족스러운 것이 하나도 없었음을 일러 준다. 우리는 이 문제들에 신선한 각도에서 접근하고자 비트겐슈타인 자신이 썼던 몇 가지 개념과 범주를 사용해 볼 것이다. 우리의 접근법은 결코 전통 접근법이나 더 근래에 나온 접근법의 대안이 아니며, 그런 접근법을 깎아내리려는 목적이 있는 것도 아니다. 하지만 우리는 개념들을 명쾌하게 설명할 수 있게 해 주는 새로운 시각이 필요하다고 힘써 주장한다.

첫 번째 문제는 δικαιόω 및 이와 동족인 용어들이 선언의 의미를 갖고 있느냐 아니면 행위의 의미를 갖고 있느냐와 관련이 있다. 이 문제를 다룬 일부 논증을 보면, 주로 또는 적어도 일부는 언어학의 관점에서 접근한다. 이 때문에 J. A. 지슬러(Ziesler)는 근래 내놓은 자신의 연구서에서 프로테스탄트의 해석 전통에서는 주로 동사 형태인 δικαιόω를 증거로 삼아 지위라는 관점에서 해석하지만, 로마 가톨릭의 해석 전통에서는 주로 명사인 δικαιοσύνη(의)와 형용사인 δίκαιος의 용법을 근거 삼아 행위 또는 윤리 차원의 의로움으로 해석한다고 주장한다.[129] 그는 히브리어 형태인 ṣādaq(차다크)에서는 두 측면을 모두 발견할 수 있지만, 이 히브리어 형태에서는 십중팔구 법정적 측면이 우선한다고 주장한다. 하지만 주로 언어학에 초점을 맞춰 연구한 지슬러마저

---

[129] J. A. Ziesler, *The Meaning of Righteousness in Paul: A Linguistic and Theological Enquiry* (Cambridge University Press, 1972), pp. 128-210 *et passim*.

도 논리 요소와 신학 요소가 의미를 좌지우지하는 요소라고 본다. 그는 이렇게 썼다. "하나님이 신자들을 그리스도 안에서 발견될 때만 보신다면, 당연히 신자들을 의롭다고 선언하실 수 있다. 그리스도 안에 있는…신자들은 의롭기 때문이다.…여기에는 어떤 허구도 없다."[130]

여기서 지슬러가 명사와 동사의 차이를 지나치게 내세우는 게 아니냐는 문제 때문에 지체할 필요는 없다. 우리가 더 관심을 갖는 것은 그의 신학 논증이다. 바울이 보기에 신자가 '정말' 의롭냐는 **질문을** 우리가 실제로 **할 수 있을까?** 우리는 곧 신자가 **한 언어 게임의 맥락 속에서는** 의롭게 되지만 **다른 맥락** 또는 다른 언어 게임 **안에서는** 심지어 그리스도를 믿는 자도 여전히 죄인으로 존재한다는 것을 논증할 것이다. 지슬러도 대다수 바울 해석자처럼 주어진 언어 게임 **밖에서** 의에 관한 질문을 하는 경향이 있다. 루터의 공식, 즉 바울을 따르면 신자를 의인인 동시에 죄인인 자(*simul iustus et peccator*) 또는 "늘 죄를 저지르고, 늘 회개하고, 늘 의로운"(*semper peccator, semper penitens, semper iustus*) 자로 본다는 공식을 피할 수는 없다.[131] 하지만 사람들이 행위의 의를 주장하는 해석을 아무리 강하게 밀어붙여도, 바울이 **그리스도인이 더 이상 죄인이 아니라는** 주장을 받아들이려 하지는 **않았을** 것이다. 고린도전서 3:3, 4:4, 11:17, 28-32, 고린도후서 12:20 하반절, 빌립보서 3:12, 13에 비춰 볼 때, 바울이 그런 주장을 받아들였을 가능성을 부인할 수밖에 없다.[132] 이런 신학적 주장이 법정적 견해를 옹호하는 많은 접근법 뒤편에 자리해 있다. 이 때문에 J. 바이스는 칭의를 가리켜 "사람 그 자체가 무엇인지 말하지 않고, 하나님이 사람을 무엇이라 여기시는지를 말하는 것"이라고 썼다.[133]

---

[130] *Ibid.*, p. 169.
[131] 루터의 언어를 살펴보려면, G. Rupp, *The Righteousness of God: Luther Studies* (Hodder & Stoughton, London, 1953), 예를 들어 pp. 225 and 255; 그리고 P. Stuhlmacher, *Gerechtigkeit Gottes bei Paulus* (Vandenhoeck & Ruprecht, Göttingen, 1965), pp. 19-23를 참고하라.
[132] 참고. R. Bultmann, "Das Problem der Ethik bei Paulus" in *Z.N.W.* XXIII (1924), pp. 123-140.
[133] J. Weiss, *Earliest Christianity* (Eng. 2 vols.; Harper, New York, 1959) II, p. 499.

이와 마찬가지로 H. 리더보스(Ridderbos)도 이렇게 강조한다. "그것[칭의]은 죄인인 인간의 문제이지, 그의 내면이 미래에 새롭게 되는 것의 문제는 아직 아니다."[134]

하지만 행위의 의를 주장하는 견해를 옹호하는 사람들이 금세 알아차리듯이, 이런 논증이 우리 문제를 해결해 주지는 않는다. 예를 들면, 페르낭 프라(Fernand Prat)는 그가 프로테스탄트의 "공식" 교리라 부르는 것을 철저한 자기모순으로 여긴다. "거짓이 어찌 참일 수 있는가, 아니 당신이 거짓임을 아는 것을 하나님이 어찌 참이라 선언하실 수 있단 말인가?"[135] 마찬가지로 F. 아미오(Amiot)와 L. 세르포도 이런 난점이 프로테스탄트의 전통 견해가 지닌 치명적 결함이라고 생각한다.[136] E. 케제만은 바울의 언어가 보여 주는 "긴장들"을 이야기하면서, 바울이 현대 독자를 "논리의 혼란"에 빠뜨린다고 말한다.[137] 심지어 의를 "관계"로 보는 불트만의 의 개념도 이 특별한 문제에 완전한 답을 주지 않는다.[138] 인간과 하나님의 관계가 올바르다면, 인간은 여전히 죄인인가 죄인이 아닌가? 지슬러는 이렇게 말한다. "결국 취하게 되는 입장은…프로테스탄트가 보통 취하는 입장과 아주 비슷하다."[139] 그렇다면 우리는 어떤 단단한 벽에 부닥친 것 같다. 행위의 의를 주장하는 해석을 따르면, **논리의** 관점에서 어떻게 인간을 여전히 죄인으로 여길 수 있는지 이해하기가 힘들다. 행위의 의는 인간이 여전히 죄인임을 논리상 배제하는 것으로 보이기 때문이다. 비록 그것이 바울의 다른 진술들과 명백히 어긋나긴 해도 말이다. 반면 법정적 해석을 따르면, 신학의 관점에서 어떻게 인간을 여전히 죄인으로 여길 수 있는

---

[134] H. Ridderbos, *Paul: An Outline of his Theology* (Eerdmans, Grand Rapids, 1977, and S.P.C.K., London, 1977), p. 175. 『바울신학』(개혁주의신행협회).
[135] F. Prat, *The Theology of St. Paul* (Eng. 2 vols.; Burns, Oates, & Washbourne, London, 1945) II, p. 247. 티슬턴 강조.
[136] F. Amiot, *The Key Concepts of St. Paul* (Eng. Herder, Freiburg, 1962), pp. 120-125; 그리고 L. Cerfaux, *The Christian in the Theology of St. Paul* (Eng. Chapman, London, 1967), pp. 391-400.
[137] E. Käsemann, *New Testament Questions of Today* (Eng. S.C.M., London, 1969), p. 171.
[138] R. Bultmann, *T.N.T.* I, pp. 270-285.
[139] J. A. Ziesler, *The Meaning of Righteousness in Paul*, p. 3.

지 이해하기가 힘들다. 법정에서 선고받는 의는 인간이 죄인으로 여김받는 것을 논리상 배제하는 것으로 보이기 때문이다.

이 지점에서 비트겐슈타인이 x를 y로 보는 것처럼 "…을…으로 봄"이라는 현상에 관하여 이야기한 것을 다시 살펴볼 수 있을 것이다.[140] 비트겐슈타인은 『쪽지』에 이렇게 썼다. "일종의 알아맞히기 그림을 상상해 보자. 거기에서 어떤 특정한 대상을 발견하지는 못한다. 처음 보면 그것은 의미 없는 선들이 뒤얽혀 있는 것처럼 보이지만, 그저 조금만 노력하면 가령 어떤 풍경 같은 것을 보게 된다. 무엇이 이런 차이를 만들어 내는가?"[141] 비트겐슈타인은 한 그림을 무질서한 선들의 뒤얽힘으로 보는 것과 라디오 수신기 내부를 나타내는 그림으로 달리 보게 되는 이유가 무엇인지 묻는다.[142] 시계가 시간을 일러 준다는 관습을 모르는 이가 어떻게 하여 시곗바늘을 시간을 알려 주는 것으로 보게 되는가? 비트겐슈타인은 이렇게 단언한다. "그것은 모두 그 기호가 속하는 **체계**에 의존한다."[143] 우리는 처음에 알아맞히기 그림을 선들의 뒤얽힘으로 보았다. 그러다 갑자기 **우리가 어떤 맥락을 제시하자**, 그 선들이 어떤 풍경을 묘사한다. 라디오 회로를 나타내는 **체계**를 아는 사람만이 그 그림을 라디오 수신기를 나타내는 그림으로 본다.

그렇지만 비트겐슈타인은 또 이렇게 묻는다. 우리가 어떤 것을 **이것 아니면 저것으로** 보게 하는 특별한 상황이란 무엇일까? 그는 이렇게 썼다. "내가 해석하면, 나는 사고 방법을 한 단계씩 밟아 나간다. 내가 생각한 상징을 '밖에서' 보면, 그것을 이렇게 또는 저렇게 해석**할 수 있다는** 것을 깨닫게 된다."[144] 비트겐슈타인이 이 현상을 설명한 가장 유명한 예는 『쪽지』가 아니라 『철학적 탐구』에 나온다. 그는 『철학적 탐구』에서 "한 측면을 '묘사하는 것'"에 관하여 이야

---

[140] L. Wittgenstein, *P.I.*, sect. 74 and II.xi, pp. 193-214; *B.B.*, pp. 163-174; 그리고 *Z.*, sects. 195-235.
[141] L. Wittgenstein, *Z.*, sect. 195.
[142] *Z.*, sect. 201.
[143] *Z.*, sect. 228. 비트겐슈타인 강조.
[144] *Z.*, sects. 234-235.

기한다.¹⁴⁵ 그는 재스트로(Jastrow)가 『심리학 속의 사실과 우화』(Fact and Fable in Psychology)에서 제시한 "오리-토끼" 그림을 예로 든다.

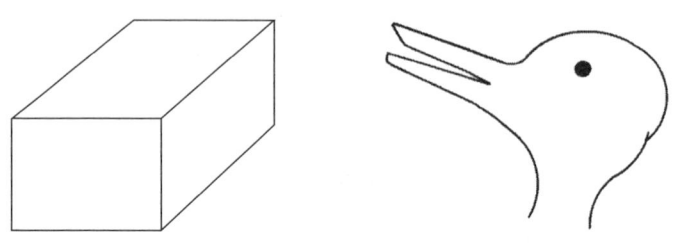

같은 그림을 왼쪽을 바라보는 오리로 볼 수도 있고, 약간 오른쪽 위를 바라보는 토끼로 볼 수도 있다. 오리 체계에서는 부리를 나타내는 선이 토끼 체계에서는 귀를 나타낸다. 그러나 사람 눈에 보이는 **것**은 동일하다. 보이는 것을 **어떻게** 보느냐는 주어진 체계나 준거틀이나 삶의 배경 속에 자리한 현상의 의미나 기능에 따라 달라진다. 비트겐슈타인도 직육면체라는 2차원 그림을 예로 제시한다. 이 그림은 어떤 때는 유리로 만든 직육면체로, 어떤 때는 어떤 입체각을 형성하는 3면으로, 어떤 때는 철사 틀로, 어떤 때는 열린 상자로 볼 수도 있다. 우리 해석은 우리가 준거 체계로 고른 삶의 맥락에 따라 달라진다.¹⁴⁶ 또 하나 널리 경험하는 예가 무리 속에서 우리가 인식했다고 생각하는 얼굴을 보는 경우다. 우리는 그 얼굴을 어떤 주어진 맥락에 끼워 맞추면서, 그가 우리 친구라고 생각한다. 그러다 별안간 우리가 잘못을 저질렀으며 그 맥락은 아무 상관이 없음을 깨닫는다.

물론 이 원리는 해석학에 큰 시사점을 준다. 슐라이어마허가 간파했듯이, 해석은 우리가 본 것과 우리 자신의 경험이 가진 여러 측면을 어떻게 연결하느냐에 달려 있다. 그러나 이것이 여기서 우리의 가장 큰 관심사는 아니다.

---

145 *P.I.*, p. 194.
146 *P.I.*, p. 193.

나는 다른 비트겐슈타인 해석자들이 "…을…으로 봄"을 다룬 비트겐슈타인의 연구 결과 중 다른 측면들을 가끔씩 강조한다는 것을 모르지 않는다.[147] 여기서 우리의 관심사는 "…을…으로 봄"과 체계 혹은 맥락의 관계다. 도널드 에번스 (Donald Evans)는 한 귀중한 논의에서 그가 "여김"(onlooks)이라 부르는 것을 제목 삼아 우리가 말한 것과 같은 주장을 제시한다.[148] 그는 이렇게 썼다. "x를 y로 보는 것'은 x를 구조나 조직, 체계 안에 놓는 것을 뜻한다. 이는 종종 x에 주어진…어떤 지위를 묘사함을 뜻하기도 한다." 그는 덧붙여 이렇게 말한다. "때로는 x를 현재의 구조 맥락이 아니라 미래의 구조 맥락 속에 놓기도 한다."[149]

이제 바울의 사상을 다시 살펴보자. 앞으로 논증하겠지만, 신자는 특별히 종말론이라는 맥락 속에서, 또는 적어도 새 시대라는 맥락 안에서 의롭다고 '여김을 받는다.' 그러나 신자는 역사와 율법이라는 맥락 또는 역사와 율법이라는 판단 기준에 비춰 보면 여전히 죄인이다. 하지만 이 점을 설명하려면, 우선 이 주제와 관련하여 지금도 논의되는 이 문제들의 다른 두 측면으로 옮겨 가야 한다.

이 주제가 제기하는 핵심 문제 중 하나는 바울이 말하는 칭의(의롭다 하심을 받음)가 현재 일인가 미래 일인가 하는 것이다. 몇몇 본문에서는 칭의가 현재 신자가 하는 경험이라고 말한다. δικαιωθέντες οὖν ἐκ πίστεως εἰρήνην ἔχωμεν πρὸς τὸν Θεὸν(그러므로 우리가 믿음으로 의롭다 하심[칭의]을 받았으니 하나님과 더불어 화평을 누리자. 롬 5:1; 참고. 5:9; 9:30; 고전 6:11). 그런가 하면 바울은 또 이렇게 확실히 단언한다. ἐκ πίστεως ἐλπίδα δικαιοσύνης ἀπεκδεχόμεθα (믿음으로 의의 소망을 간절히 기다린다. 갈 5:5). 많은 바울 해석자는 J. 바이스와

---

147 참고. V. C. Aldrich, "Pictorial Meaning, Picture Thinking, and Wittgenstein's Theory of Aspects" in *Mind* LXVII (1958), pp. 70-79.
148 D. D. Evans, *The Logic of Selt-Involvement: A Philosophical Study of Everyday Language with Special Reference to the Christian Use of Language about God as Creator* (S.C.M., London, 1963), pp. 124-141.
149 *Ibid.*, p. 127.

A. 슈바이처를 따라 의가 비록 현재에도 유효하긴 하지만 그래도 "엄밀히 말하면" 미래에 "속한다"고 주장한다.[150] 불트만과 배러트는 종말에 선고될 판결이 현재 선고되는 이 상황이 "역설"이라는 본질을 갖고 있다고 말한다.[151] 근래에 칭의의 근거를 묵시라는 맥락 속에서 찾으려는 시도들은 이런 종말론 틀의 중요성을 더 깊이 강조한다. E. 케제만은 단의 유언(Testament of Dan) 6:10과 1QS 11:12 같은 본문의 의미를 강조한 반면, C. 뮐러(Müller)는 이 주제에 관한 바울의 사상이 하나님이 이스라엘과 모든 나라를 심판하실 온 우주 차원의 사법 재판을 말한 묵시 유대교 개념에서 심대한 영향을 받았다고 주장한다.[152] P. 슈툴마허와 K. 케르텔게(Kertelge)도 이 개념이 묵시의 맥락에서 나왔음을 강조한다.[153] 케르텔게는 하나님이 마지막 때에 의롭다 하는 판결을 내리시리라는 기대의 법정적 측면과 종말론 측면을 어떻게 모아 결합하는지 보여 준다.

우리가 특히 종말론 맥락 속에서 평가나 **판결**이라는 논리와 관련을 가진다는 사실은 한 가지 중요한 점을 설명한다. 우리가 만일 하나는 p를 긍정하고 다른 하나는 p를 부인하는 두 진술을 만난다면, 우리는 **모순**을 마주하게 된다. 한 사람은 "x가 검다"고 주장하고 다른 한 사람은 "x가 희다"고 주장한다면, 둘 중 하나는 틀림없이 그르다. 그러나 우리가 **평가**나 **판결**이라는 논리를 마주하면 상황은 달라진다. 한 사람은 "x가 만족스럽다"거나 "x가 빠르다"고 주장하는 반면 다른 사람은 "x가 만족스럽지 않다"거나 "x가 느리다"고 주장해도, **준거틀이 각기 다르면** 각 평가가 모두 유효한 평가일 수 있다. 마찬가지로 칭의가 판결이라면, 하나님이 종말론 맥락에서 신자를 의롭다고 선언하

---

[150] A. Schweitzer, *The Mysticism of Paul the Apostle*, p. 205; 참고. J. Weiss, *Earliest Christianity* II, p. 502.
[151] R. Bultmann, *T.N.T.* I, p. 276; C. K. Barrett, *Romans*, p. 75.
[152] C. Müller, *Gottes Gerechtigkeit und Gottes Volk* (F.R.L.A.N.T. 86; Vandenhoeck & Ruprecht, Göttingen, 1964).
[153] P. Stuhlmacher, *Gerechtigkeit Gottes bei Paulus*; 그리고 K. Kertelge, *'Rechtfertigung' bei Paulus*, pp. 112-160.

시는 일은 하나님이 역사의 맥락에서, 또는 현재 자연계(새로워지지 않은 세계―옮긴이)에 몸담고 있는 신자의 모습을 고려하여 그를 죄인이라고 선언하시는 일과 모순되지 않는다. 새 시대의 맥락에서는 신자가 마지막 판결에 속하는, '의롭다 하시는' 종말의 판결을 앞으로 당겨 와 믿음을 통해 자기 것으로 삼는다. 이런 의미에서 칭의는, 엄밀히 말하면 미래지만 현재 안에서 '율법과 상관없이' 작동하고 있다(롬 3:21; 참고. 갈 2:16; 빌 3:9). 신자가 종말에 누릴 지위를 지금 부여받았다고 보는 한, 그는 바로 이런 맥락에서 의롭다 하심을 받은 셈이다. 반면 그가 여전히 일상 세계 속에서 살아가는 한, 그는 여전히 미래에 의롭다 하심을 받기를 기다리는 죄인이다. 역사와 종말론은 신자에게 내려진 상이한 판결을 모두 유효하고 적절한 것으로 만드는 준거틀을 각각 제공한다. 이것은 모순도, 심지어 '역설'도 아니다. 비트겐슈타인이 언어 게임의 무대로 이야기하는 "집"의 의미를 생각해 볼 때, 종말론은 이신칭의라는 논리가 제대로 기능하는 집과 같은 무대다.

이제 우리가 처음에 제시했던 다섯 질문 중 첫 세 질문에 대답할 수 있는 위치에 이르렀다. 첫째, **의인인 동시에 죄인**이라는 판결에는 전혀 모순이 없다. 각 판결이 서로 다른 체계나 준거틀 안에서 작동하면, '…을…으로 봄'이나 '여김'이라는 판결에는 다름이 존재할 여지가 있기 때문이다. 따라서 칭의를 선언으로 보는 견해는 법적 의제(擬制)나 역설에 속하지 않는다. 그러나 신자가 '정말' 의롭냐는 질문을 마치 주어진 언어 게임 **밖**에서 물을 수 있는 것처럼 물음으로써 의를 선언의 관점에서 보는 견해와 행위 관점에서 보는 견해를 중재하려 하는 것은 잘못이다. 의를 행위 관점에서 보는 해석은 이 점을 자주 모호하게 만들어 버린다. 그래도 이 해석은 케르텔게의 작업에서 보여 주듯이, 종말론이나 묵시라는 맥락에만 거의 집중하면 어느 정도 설득력이 있다. 그런 맥락에서는 '의롭다'는 것만이 실제로 유일하게 내릴 수 있는 판결이기 때문이다.

둘째, 바울 사상의 중심은 이신칭의라는 주장은, L. 우스테리(Usteri, 1824)

와 H. E. G. 파울루스(Paulus, 1831)의 작업이 나온 뒤로, 사법 개념을 중심으로 한 체계와 새 창조 및 참여를 중심으로 삼는 체계의 관계에 관한 질문과 관련을 맺어 왔다. 슈바이처가 그의 개관서인 『바울과 그 해석자들』(*Paul and his Interpreters*)에서 보여 주었듯이, 이는 R. A. 립지우스(Lipsius, 1853), H. 뤼데만(1872), 리하르트 카비쉬(Richard Kabisch, 1893)가 다룬 주요 이슈가 되었다.[154][3] 또한 슈바이처 자신은 칭의가 바울 사상 안에서 가지는 위치를 논할 때, 이 칭의라는 개념뿐 아니라 이 개념이 속한 개념 체계도 문제 삼는다.[155] 우리의 논의에서 드러난 사실은, 어떤 개념의 관점이나 논리의 관점에서 볼 때 칭의가 두 사상 도식 안에서 역할을 가진다는 점이다. 사법 관점에서 생각하는 도식은 우리가 확언이나 진술의 논리가 아니라 **판결의** 논리를 다루는 것이 바울에게 다가갈 수 있는 가장 좋은 길, 또는 어쩌면 유일한 길일 수 있음을 강조한다. '새 창조' 또는 '참여'를 강조하는 사상 도식은 이런 판결이 **종말론 성격을 가졌다**는 점을 강조한다. '참여'를 강조하는 개념 도식의 핵심은, 슈바이처에서 E. P. 샌더스(Sanders)에 이르는 저술가들이 강조했듯이, 신자가 어떤 의미에서는 여전히 이 세상 속에서 살고 있지만 또 다른 면에서 보면 그리스도와 연합함으로 율법과 역사의 틀에서 벗어난다는 점이다.[156] 이것이 옳다면, 칭의가 바울 사상에서 가지는 중요성을 깎아내리려는 수많은 유명한 시도는 실패할 수밖에 없다. 적어도 칭의를 오로지 사법 도식 안에서 작동하는 개념으로 보는 주장에는 방금 한 말이 들어맞는다.[157] 심지어 슈바이처가 한 비판도 칭의 개념 자체를 대상으로 한 것이라기보다 오히려 사법 도식 자체의

---

[154] A. Schweitzer, *Paul and his Interpreters: A Critical History* (Eng. Balck, London, 1912), pp. 9-11, 19, 28-31 and 58-65.
[155] A. Schweitzer, *The Mysticism of Paul the Apostle*, pp. 220-221 and 225.
[156] E. P. Sanders, *Paul and Palestinian Judaism* (S.C.M., London, 1977), pp. 453-472. 『바울과 팔레스타인 유대교』(알맹ⓒ).
[157] 이것은 전통 접근법을 다른 각도에서 비판한 것들의 중요성을 부인하는 게 아니다. 참고. K. Stendahl, *Paul among Jews and Gentiles* (S.C.M., London, 1977). 『유대인과 이방인의 사도 바울』(순신대학교출판부). 나는 스텐달의 분석에서 타당한 것과 케제만 및 종교개혁자들의 훌륭한 통찰을 결합할 여지를 발견해야 한다고 확신한다.

중요성을 대상으로 한 것이었다.[158]

셋째, 우리는 바울이 말하는 칭의가 현재 일인가 미래 일인가 하는 질문이 **왜** 생기며, 두 주장 모두 진리인 이유가 무엇인지 보았다. 역사라는 준거틀보다 종말론이라는 준거틀이 결정적 요인이기 때문에, 종말에 내려질 판결을 현재도 믿음으로 기대할 수 있다. 그러나 그 판결은 여전히 **믿음** 안에서 내 것으로 삼은 판결이다. 신자는 일상 세계 안에서 살아가는 사람이며 자신이 역사 속에서 내린 결정의 산물이다. 따라서 그는 자신이 죄인이기도 하다는 것을 부인하지 못한다. 그는 아직 세상에서 구원을 받지 않았다. 이신칭의가 법적 의제라는 생각은 이 문제를 오로지 역사라는 준거틀에 비춰 바라본 결과다. 이런 준거틀에 비춰 보면, 신자는 의롭다 '여김을 받지만', '사실은' 죄인이라는 것이 드러날 뿐이다. 하지만 종말론의 시각에서 보면 상황이 다르게 보인다. 결국 역사의 관점에서 보면 칭의는 여전히 미래이지만, 종말에 있을 판결을 내 것으로 삼음으로써 믿음으로 의롭다 하심을 받는 경험을 현재도 경험하며 살아갈 수 있는 것이다. 따라서 J. 바이스는 이를 가리켜 "사실은 종말론 행위인 것의 시기를 앞당기는 일"이라고 이야기한다.[159]

하지만 이것은 이내 우리를 우리가 제시했던 네 번째 문제로 인도한다. '믿음'이 어떻게 이런 일을 할 수 있는가? 믿음은 특별한 종류의 행위(공로)가 되지 않는다는 말을 어떻게 할 수 있는가? 이제 이 문제와 더불어 바울이 말하는 믿음과 야고보가 말하는 믿음의 관계라는 다섯 번째 문제를 살펴보겠다.

---

158 나는 이 점을 A. C. Thiselton, "Schweitzer's Interpretation of Paul", in *Exp.T.* XC (1979), pp. 132-137에서 논증했다.
159 J. Weiss, *Earliest Christianity* II, p. 502.

61. 문법 관계와 성향: 바울이 말하는 믿음과 야고보가 말하는 믿음

이제 우리가 앞 항에서 논한 내용을 토대로 바울 사상에서는 믿음과 칭의가 내면에서 혹은 문법상 연결되어 있음을 알 수 있다. 이것이 바로 바울이 믿음이라는 개념을 행위와 반대 개념으로 제시할 수 있는 이유다(롬 3:27-28; 4:2-6; 9:30-32). D. E. H. 화이틀리(Whiteley)는 이렇게 올바로 이야기한다. "믿음은, 행위와 같은 속(屬)에서 나온 종(種)이자 행위와 같은 식으로 작동하는 '또 다른 종류의 행위'가 아니다. 믿음과 행위는 결코 같은 속에 속하지 않는다."[160] G. 보른캄도 같은 점을 강조한다.[161] 이것은 우리가 앞서 믿음을 다형 개념이라 정의했던 결론을 부인하는 게 아니다. 지금 이야기하는 믿음은 다만 이 현재의 맥락 내지 언어 게임에서 사용하는 믿음이기 때문이다. 이런 맥락에서 볼 때, 믿음은 미래를 지향하면서 현재도 유효한 적실성을 갖는 전망을 받아들이는 것을 뜻한다. 심판 날에 만인이 보는 앞에서 효력을 발생하게 될 판결은 믿음으로 말미암아 지금도 이미 효력을 가진다. 순전히 외부의 관점에서 혹은 역사의 관점에서 보면 칭의는 여전히 미래의 일로 남아 있다. 그러나 믿음은 순전히 역사라는 준거틀에서 빠져나와 종말론이라는 준거틀로 들어감을 뜻한다. 따라서 바울은 히브리서 11:1에서 제시하는 믿음의 정의인 ἐλπιζομένων ὑπόστασις(바라는 것들의 실상)에서 때로 사람들이 추정하는 것만큼 멀리 떨어져 있지 않을 수도 있다. 쿨만이 강조하듯이, 원시 기독교에서는 공간의 대조 못지않게 시간의 대조도 중요시한다.[162] 하지만 이것이 옳다면, 이는 믿음이 어쨌든 칭의를 '확보해 주는' 외적 도구에 그치는 것이 아니라 칭의 자체에 없어서는 안 될 특징임을 보여 주는 것이다. 이런 믿음을 가지는 것이 칭의라는 것 그리고 칭의에 따르는 것의 일부분이다. 이는 믿음 체험의 일부다.

---

[160] D. E. H. Whiteley, *The Theology of Paul* (Blackwell, Oxford, 1964 and revised edn.), p. 164.
[161] G. Bornkamm, *Paul*, pp. 141-146.
[162] O. Cullmann, *Christ and Time* (Eng. S.C.M., London, 1951), p. 37.

비트겐슈타인의 언어로 표현하면, 칭의에 믿음이 필요하다고 말하는 것은 '모든 막대에는 길이가 있다'나 '초록색은 색깔이다'나 '물은 섭씨 100도에서 끓는다'에 견줄 수 있는 문법 진술 혹은 분석 진술을 하는 것이다. '행위'가 율법 개념의 **일부**이듯이, 믿음은 칭의 **개념**의 일부다. 분명 믿음은 특별한 종류의 행위가 아니다. 이 두 범주는 각기 자신이 속한 개념 체계와 내면에서 혹은 분석상 연결되어 있을 때만 서로 대립 관계에 있다. 엄밀히 말하면, 여기서 문제 삼는 이런 종류의 문법은 아마도 직설적이고 주제 중립적 문법 발화들보다 두 번째 부류의 문법 발화와 더 비슷할지도 모른다. 신약성경이나 바울 전통 바깥에 있는 이들은 이런 개념들의 문법을 달리 볼 수도 있다. 그러나 바울 자신은 여기서 문제 삼는 개념들의 문법을 '그의 사유의 발판' 중 일부이자 '다른 명제들의 중심인 경첩'으로 본다.

바울에게 믿음은 종말에 있을 판결을 현재도 유효한 것으로 받아들여 내 것으로 삼음을 뜻한다고 보는 결론은 우리가 앞 항에서 제시한 논증에 근거한다. 이런 논증이 옳다면, 믿음은 언어 게임 안에서 이런 역할을 맡는다. 그러나 이것이 우리가 믿음을 아주 유사하지만 조금은 다른 방식으로 보지 못한다는 말은 아니다. 바울이 신자가 믿음으로 '무죄' 판결을 기대할 수 있다고 말하는 것은 오로지 그가 새 창조의 일부가 되었으며 그리스도와 연합하여 새 시대 안으로 들어갔기 때문이다. 따라서 우리의 논지는 믿음이 그리스도와 연합함이라는 개념과 긴밀한 관련이 있다는 사실을 결코 부인하지 않는다. 다시 말하지만, 믿음은 '그리스도 안에 있음'과 내면에서 혹은 문법상 연결되어 있다. 믿음은 그리스도와 연합할 수 있게 해 주는 외적 도구라기보다 그리스도와 연합함을 내 소유로 삼는 것이기 때문이다. 한 번 더 말하지만, 믿음은 특별한 종류의 행위가 아니라, 새 창조의 일부로서 그리스도와 연합함에 **따라 나타나는** 것의 일부분이다. 믿음은 인간을 그리스도인으로 만들어 주지 않는다. 그렇지만 인간은 믿음이 없으면 그리스도인이 되지 못한다. 그리스도를 믿는 믿음이란 그리스도인이 무슨 의미인지 알려 주는 정의의 일부분이기 때문이다.

이제 야고보서로 나아가면 다른 세계로 들어간다. 우리는 특히 야고보서 2:14-26의 주장에 관심이 있다. "내 형제들아, 만일 사람이 믿음이 있노라 하면서 행함이 없으면 무슨 유익이 있으리요. 그 믿음이 그를 구원하겠느냐?…행함이 없는 믿음은 그 자체가 죽은 것이다. 그러나 어떤 이는 '너는 믿음이 있고 나는 행위가 있다'라고 말한다. 행함 없는 네 믿음을 내게 보이라. 나는 행함으로 내 믿음을 네게 보이리라.…행함이 없는 믿음은 헛것(ἀργή)이다"(14, 17, 18, 20절). 바울과 야고보는 모두 "아브라함이 하나님을 믿으니 이것으로 그가 의롭다고 여김을 받았다"(창 15:6; 롬 4:3, 9; 약 2:21)라는 구절을 가져다 쓴다. 그러나 바울은 이 구절을 행위와 **반대인** 믿음을 가리키는 말로 이해하는 반면(롬 4:2-25), 야고보는 믿음을 행위로 증명해야 한다고 단언한다(약 2:22-26). J. 예레미아스가 지적하듯이, 로마서 3:28과 야고보서 2:24을 대조해 보면 이 문제는 가장 중대한 국면을 맞는다.[163] 바울은 이렇게 강조한다. λογιζόμεθα γὰρ δικαιοῦσθαι πίστει ἄνθρωπον χωρὶς ἔργων νόμου(그러므로 사람이 율법의 행위와 상관없이 믿음으로 의롭다 하심을 받느니라. 롬 3:28). 반면 야고보는 이렇게 선언한다. ὁρᾶτε ὅτι ἐξ ἔργων δικαιοῦται ἄνθρωπος καὶ οὐκ ἐκ πίστεως μόνον(사람이 오직 믿음만이 아니라 행위로 의롭다 하심을 받는 줄을 네가 아느니라. 약 2:24).

예레미아스는 이런 명백한 차이가 생긴 이유를 바울과 야고보의 정면충돌 때문이 아니라, 이 둘의 관심사가 달랐고 둘이 같은 말을 사용하는 방식이 철저히 달랐기 때문이라고 설명할 수 있다고 주장하는데, 옳은 말이다. 예레미아스는, 야고보가 비판하는 믿음 개념은 단지 "유일신론을 지식으로만 받아들이는 것"인 반면, 바울이 변호하는 믿음 개념은 "그리스도가 내 죄 때문에 돌아가셨다는 확신"이라고 주장한다.[164] 넓게 보면 이 주장은 옳다. 그러나 이

---

[163] J. Jeremias, "Paul and James" in *Exp.T.* LXVI (1955), pp. 368-371.
[164] *Ibid.*, p. 370.

주장은 야고보를 마치 그가 반대하는 자의 부적절한 믿음 개념을 받아들여 놓고 나중에 이런 믿음(지식 차원의 동의)을 행위로 보완해야 한다고 주장하는 사람처럼 만들어, 바울의 결론에 딴죽을 거는 사람 정도로 제시하는 경향이 있다. 이런 탓인지 마르틴 디벨리우스는 그의 야고보서 주석에서 이렇게 주장한다. "야고보는…어쩌면 세련된 신학을 담은 믿음 개념에는 관심이 없었을지도 모른다. 여기에서는 특별한 교리를 전제하지 않으며, '믿음'이라는 말이 보통 가지는 의미가 있을 뿐이다."[165] 하지만 일부 주석가들이 놓친 것은, 야고보가 특히 야고보서 2:18-26에서 믿음을 바라보는 부적절한 견해를 비판할 뿐 아니라 야고보 자신이 생각하는 믿음 개념의 논리 문법을 상당히 정교하고 명확하게 설명한다는 것이다. 야고보는 단지 다른 누군가가 생각하는 믿음 개념을 공격하지도 않고, 그렇다고 믿음을 행위로 보완해야 한다는 말만 하지도 않는다. 그는 자신이 생각하는 믿음 **개념**이 우리가 삶에서 관찰할 수 있는 증거나 결과가 없는 이른바 믿음이라는 사례들을 **몰아내리라고** 이야기한다. 다시 말해, 우리는 바울의 글에서 믿음과 칭의의 내밀한 관계 혹은 문법 관계를 목격하는 반면(바울은 칭의 개념 자체에 믿음이 따라온다고 보기 때문이다), 야고보의 글에서는 믿음 개념 자체에 **행위**가 어떤 식으로든 따라오기 때문에 믿음과 행위가 내밀한 관계 혹은 문법 관계에 있음을 목격한다.

믿음 발화에 관한 비트겐슈타인의 말을 살펴보면 방금 말한 원리가 분명하게 밝혀진다. 비트겐슈타인은 믿음이 "믿는 사람이 가진 일종의 **성향**이다. 다른 사람은 내게 이런 믿음을 그의 **행동**, 그의 행위로 드러낸다"라고 주장한다.[166] 물론 비트겐슈타인은 믿음을 마음 상태로 생각할 수도 있다고 인정한다. 그러나 이것은 문제의 핵심이 아니며, 심지어 개념의 혼란까지 일으킨다. 예를 들면, 신자가 잠이 들면 믿음도 그치는가? 비트겐슈타인은 『쪽지』에 이

---

[165] M. Dibelius and H. Greeven, *James: A Commentary on the Epistle of James* (Hermeneia Series; Eng. Fortress Press, Philadelphia, 1976), pp. 151-152.
[166] L. Wittgenstein, *P.I.* II.xi, pp. 191-192. 티슬턴 강조.

렇게 썼다. "우리는 어떤 것을…어제부터 '중단하지 않고'…믿었다고 말하지 않는다. 믿음의 중단은 믿지 않은 시간이지, 예컨대 우리가 믿는 대상을 주목하지 않는 것—이를테면 잠자는 것—이 아닐 것이다."[167] "나는 아픔의 과정에 주목할 수 있다. 그러나 내 믿음의 과정에 그와 똑같이 주목하지는 못한다."[168] 그렇다면 믿음이라 하는 것은 단순히 내 머릿속에서 일어나는 일이 아니다. 그렇지 않으면 나는 밤마다 어느 시점에서는 불신자가 되어 버린다.

믿음이라는 개념의 문법에 다가가는 또 다른 방법은 믿음을 어떤 환경에서 어떤 상황에 대응하는 성향으로 이해하는 것이다. 내가 'p'라는 믿음을 가졌다면, 적합한 상황이 주어질 경우 어떤 식으로 행동할 것이다. 비트겐슈타인은 믿음이 진짜 믿음이면 어떤 **결과**를 동반하며, 그렇지 않다면 결국 그것은 진짜 믿음이 아니라고 지적한다. 예를 들면, 내가 이렇게 말하는 것은 가능하다. "그는 그것을 믿지만, 그것은 거짓이다." 하지만 내가 "나는 그것을 믿지만, 그것은 거짓이다"라고 말한다면 말이 되지 않을 것이다. 비트겐슈타인은 이렇게 썼다. "'잘못 믿다'라는 뜻을 가진 동사가 있다면, 그 동사는 의미 있는 1인칭 현재 직설법 형태를 갖지 않을 것이다."[169] 어떤 사람이 신약성경을 믿는**다고** 하면서도 자신은 무신론자나 불가지론자라고 말한다면 그것은 대체 무슨 뜻일까? 내가 나는 믿는다고 말할 때, "나와 나 자신이 쓰는 말의 관계는 다른 사람들과 그들이 쓰는 말의 관계와 완전히 다르다."[170]

D. M. 하이는 믿음에 관한 비트겐슈타인의 분석이 중요하고 타당하다고 변호했다. 하이는 그의 저서 중 귀중한 가치를 지닌 한 장(章)에서 비트겐슈타인이 생각하는 믿음 개념과 M. 폴라니(Polanyi)가 생각하는 개념의 유사점을 언급한다. 하이는 이 두 저술가가 믿음을 우선 정신 상태라는 관점으로 보지 않고 인격체 사이의 신임,…인격체 사이의 지지나 서명의 문제로 본다고 주장

---

[167] L. Wittgenstein, *Z.*, sect. 85.
[168] *Ibid.*, sect. 75.
[169] *P.I.*, p. 190.
[170] *P.I.*, p. 192.

한다.[171] 믿음의 이런 측면은 『철학적 탐구』와 『쪽지』뿐 아니라, 비트겐슈타인의 『미학, 심리학, 종교적 믿음에 관한 강연과 대화』(Lectures and Conversations on Aesthetics, Psychology and Religious Beliefs)에서도 나타난다. 여기에서는 종교적 믿음을 어떤 태도와 분리하여 정의할 수 없는 것으로 본다. 비트겐슈타인이 다른 곳에서 말하듯이, "환경이 그것에 그 중요성을 부여하며…(웃는 입은 오로지 인간의 얼굴에서만 웃는다)."[172] D. M. 하이는, 믿음의 문법을 다룬 비트겐슈타인의 작업을 한마디로 집약하면 사실과 가치, 마음과 몸, 믿음과 이성, 지식과 믿음을 나눠 보는 다양한 종류의 이원론에 퍼부은 그의 총공격이라고 지적한다.[173] 믿음은 단순히 마음 상태가 아니다. "내가 약속한다"라는 말을 어떤 이의 미래 행위에 관한 질문에서 끌어내지 못하듯이, 믿음도 태도와 행동에서 끌어내지 못한다.

물론 이런 말을 한다고 사람이 어떤 상황에서는 자기 믿음에 어긋난 행동을 할 수 있다거나 자신이 믿는 것을 시인할 때 위선을 부리거나 불성실할 수 있음을 부인하는 것은 아니다. 그러나 그의 행위가 **시종일관** 그의 믿음과 무관하다면 그의 믿음은 대체 어디에 있는가? 그의 믿음은 대체 뭐란 말인가? 이 의문은 H. H. 프라이스가 자세히 다루었다.[174] 우리는 프라이스가 정립한 몇몇 조건을 활용하여 다음과 같이 아주 폭넓게 이야기할 수 있을 것이다. "우리가 어떤 이를 이야기하면서 '그는…을 믿는다'고 말한다면, 이는 곧 우리가 그의 성향을 진술하는 것이며, 이 진술은 곧 그가 이런저런 상황이 생기면 말하거나 행하거나 느낄 수 **있을 법한** 것을 묘사하는 일련의 조건 진술과 같다고 주장하는 것이다."[175] 예를 들어, 자신이 가진 믿음을 다른 누군가가 부인하거나 그 믿음에 의심을 표명하는 말을 듣는다면, 그는 자신의 믿음을 확실

---

[171] D. M. High, *Language, Persons and Belief*, p. 142.
[172] *P.I.*, sect. 583. 여기서 이 은유는 무엇보다 '소망'을 가리킨다.
[173] D. M. High, *Language, Persons and Belief*, pp. 137-139.
[174] H. H. Price, *Belief* (Allen & Unwin, London, 1969), pp. 27-28 and 290-314.
[175] *Ibid.*, p. 20.

히 강조할 수도 있다. 또는 자신이 문제가 된 믿음을 갖고 있는지 여부가 실제로 어떤 차이를 만들어 내는 상황이 벌어지면, 그 믿음이 참인 것처럼 행동할 것이다.

우리가 앞서 말했듯이, 이런 행동이 일관성을 가질 필요는 없다. 프라이스는 사람이 어떤 경우에는 자기의 믿음대로 행동하다가 또 어떤 때는 이런 믿음을 갖지 않은 자와 똑같은 식으로 행동하는 "반쪽 믿음" 현상을 논한다.[176] 예를 들면, 요나서는 이런 반쪽 믿음을 풍자한 책이라고 말할 수 있겠다. 요나는 하나님이 "바다와 마른 땅을 만드셨다"고 믿으면서도 "여호와의 임재[얼굴]를 피하여" 다시스로 도망간다(욘 1:3, 9). 그는 곤고한 처지에 빠지자 여호와께 부르짖지만, 자기 목숨도 내버릴 듯이 보인다(욘 1:12; 2:1-9; 4:3). 그는 자신이 태양에게서 보호하는 식물에겐 깊은 관심을 보이면서도, 하나님이 왜 니느웨 백성에게 마음을 쏟으시며 염려하시는지 이해하지 못한다(4:10, 11). 요나서는 자신이 선교 활동을 한다고 '믿으면서도', 사실은 그 믿음을 진지하게 받아들이지 않는다는 사실을 통해 자기 믿음이 허구임을 폭로하는 이들에게 쓴 책이다. "이것은 풍자다.…우리는 이런 우스꽝스러운 장면에 웃을 수밖에 없다."[177]

그렇다면 행위가 없는 믿음은 무엇과 **같은가**? 이것이 바로 야고보가 던지는 질문이다. 야고보가 비판하는 자들은 믿음을 실제로 '정신 상태'라 생각하면서 겉으로 나타나는 '행동'과 대비되는 것으로 제시했을 수도 있다. 만일 그랬다면, 야고보는 지금 외면의 행위와 내면의 믿음이 **일치해야** 한다는 말만을 하는 게 아니라, 태도와 행위가 밑받침하지 않는 믿음은 결코 참된 **믿음**이 아니라는 말을 하는 셈이다. 이는 야고보가 아브라함을 두고 한 말 뒤편에 숨어 있는 뜻과, 그가 이 논의에 신자라면 곤고한 형제자매를 어떻게 대해야 하느냐는 문제를 끌어들인 이유를 설명해 준다. 이 때문에 C. L. 미튼(Mitton)은 이렇게 단언한다. "그리스도인이 믿음이 있다 주장하면서도, 예를 들어 정직

---
[176] *Ibid.*, pp. 305-307.
[177] E. M. Good, *Irony in the Old Testament* (S.P.C.K., London, 1965), pp. 49-50; 참고. pp. 39-55.

하지 않거나 절박한 처지에 있는 이들에게 모질고 냉담하다면, 이는 그의 믿음이라 하는 것이 참 믿음이 아님을 보여 준다."[178] 우리는 여기서 요한 서신을 상세히 논하지는 못하지만, 믿음을 이렇게 성향으로 보는 시각과 요한일서에서 말과 행동을 잇달아 대조한 내용은 어떤 유사성을 갖고 있다. "만일 우리가 하나님과 사귐이 있다 하고 어둠 안에서 행하면, 우리는 거짓말을 하고…"(1:6), "빛 가운데 있다 하면서 자기 형제를 미워하는 자는 여전히 어둠 안에 있느니라"(2:9; 참고. 2:4; 2:6; 3:9, 10, 17, 18, 24; 4:20; 5:18). 요한이 가르치는 내용이 '죄가 없는 완전함'이나 믿음은 곧 행위**와 같다**는 것이 아님은 그가 1:8-10에서 신자도 죄를 지음을 인정한다는 점이 분명하게 보여 준다.

우리는 믿음 개념의 문법을 밝혀 준 설명 덕분에 바울과 야고보가 명백한 차이를 보이는 내용에서 문제가 되는 것을 적어도 일부나마 이해할 수 있었다. 대다수 저술가가 주장하듯이, 우리는 바울과 야고보가 서로 모순되지 않음을 보았다. 그러나 이뿐 아니라, 바울과 야고보는 각기 믿음의 문법에 관하여 풍성하고 확실한 견해를 피력하며, 이 견해가 주어진 언어 게임이나 언어 상황이라는 맥락 속에서 나타난다는 것을 보았다. 다형 개념을 논할 때 보았지만, 신약성경에서 말하는 믿음 혹은 바울이나 야고보가 말하는 믿음이 무엇인지 **맥락과 상관없이 막연하게** 묻는다면 이는 잘못일 것이다. 이것이 바로 조직신학이 늘 신약성경 본문으로 되돌아와야 하는 수많은 이유 중 하나다. 그렇지만 다른 측면에서 보면, 이 말이 바울이나 야고보가 말하는 것은 단지 그들이 서신을 쓰며 염두에 두었던 상황과 관련이 있을 뿐이라는 의미는 아니다. 오늘날에도 그들이 이야기하는 상황과 유사한 경우가 있으며, 그들이 하는 말은 이런 유사한 상황 속에 있는 이들에게 여전히 말을 건네기 때문이다. 비트겐슈타인에게서 끌어온 범주와 시각을 활용했지만, 이것이 신약성경 본문에 뭔가 성질이 다른 것을 강요하지는 않았다. 오히려 그런 범주와 시각을 활용한

---

[178] C. L. Mitton, *The Epistle of James* (Marshall, Morgan & Scott, London, 1966), p. 109.

것이 우리가 신약성경 저자들이 실제로 말하는 내용의 논리 문법을 더 명확히 알 수 있게 도와주었고, 본문의 지평과 현대 해석자의 지평을 더 긴밀하게 잇고 융합시키는 도구들을 제공해 주었다.

옮긴이 주

[1] 티슬턴의 생략 없이 비트겐슈타인의 글 내용을 전부 옮기면 이렇다. "우리가 행하는 모든 탐구는, 일단 어떤 명제들이 공식으로 정립되면 이 명제들이 의심받지 않게 하는 것을 그 목적으로 삼는다. 이런 명제들은 탐구가 걸어가는 길에서 떨어져 존재한다."

[2] 귄터 보른캄이 G. Bornkamm, *Paulus*, Stuttgart: W. Kohlhammer, 1969, p. 151에서 제시하는 원문은 영역본과는 조금 다르다. Dieser (der Glaube) hat sein Wesen von seinem Gegenstand her, auf den er sich richtet, von der göttlichen Gnade(믿음은 자신이 하나님의 은혜로 말미암아 지향하는 대상에서 자신의 본질을 얻는다).

[3] 레온하르트 우스테리가 1824년에 내놓은 작품은 『신약성경 교리와 관련지어 살펴본 바울 교리의 발전』(*Entwicklung des Paulinischen Lehrbegriffe in seinem Verhältnisse zur biblischen Dogmatik des Neuen Testamentes*), 하인리히 파울루스가 1831년에 내놓은 작품은 『기원과 결과, 개선 수단에 따른 유대 민족 구분』(*Die jüdische Nationalabsonderung nach Ursprung, Folgen, und Besserungsmitteln*)이다. 리하르트 립지우스가 1853년에 내놓은 저작은 『바울의 칭의론』(*Die Paulinische Rechtfertigungslehre*), 헤르만 뤼데만이 1872년에 내놓은 작품은 『사도 바울의 인간론과 그것이 그의 구원론에서 가지는 지위』(*Die Anthropologie des Apostels Paulus und ihre Stellung innerhalb seiner Heilslehre*)이며, 리하르트 카비쉬가 1893년에 내놓은 작품은 『바울 사상의 전체 개념과 관련지어 살펴본 바울의 종말론』(*Die Eschatologie des Paulus in ihren Zusammenhang mit dem Gesamtbegriff des Paulinismus*)이다.

덧붙인 글 A

비트겐슈타인과 구조주의

구조주의라는 주제를 겨우 서너 쪽으로 이야기해 보려는 것이 모험처럼 보일지도 모른다. 구조주의 저술가들 사이에도 상당히 다양한 접근법이 존재하며, 심지어 다른 학자들이 구조주의자라 부르는 이들 가운데에는 자신들의 접근법을 묘사하는 말로 이런 이름표를 사용하기를 거부하는 이들도 일부 있다. 하지만 근래에는 구조주의가 성경 연구에도 들어왔다. 따라서 내가 이 짧은 글을 통해 아주 제한적이나마 해 보려는 것은 다만 비트겐슈타인의 작업이 구조주의의 시각을 어떻게 평가할지 일러 주는 한두 가지 점을 언급하는 것이다. 나는 구조주의가 성경 연구에 미친 영향을 밝히려 하지 않을 것이며, 아직 이 구조주의 운동을 잘 모를 수도 있는 독자에게 구조주의를 소개하려고 하지도 않을 것이다. 이런 일은 내가 다른 데서 출판한 논문에서 이미 시도했다.[1]

우선 비트겐슈타인의 후기 저작과 많은 구조주의 저술가 사이에 다음과 같은 유사점이 있음을 지적할 수 있다. (1) 두 접근법 모두 언어를 기능의 관점에서 바라보며, 언어의 의미를 언어학상 기능들로 이루어진 더 큰 네트워크 안에 존재하는 상호 관계에서 끄집어내는 것이 바로 언어의 기능이라고 본다. 대다수 구조주의 저술가는 소쉬르가 천명한 원리, 곧 "언어는 서로 의존하

---

[1] A. C. Thiselton, "Structuralism and Biblical Studies: Method or Ideology?" *Exp.T.* LXXXIX (1978), pp. 329-335.

는 말들의 체계이며, 이 체계 속에서 각 말이 가지는 가치는 오로지 다른 말들이 동시에 존재하는 데서 나온다"는 원리를 인정하려 한다.[2] 의미를 결정하는 것은, 구조주의자들이 체계라 부르는 것과 비트겐슈타인이 언어 게임이라 부르는 것 안에 존재하는 유사점과 차이점의 상호 관계다. (2) 언어는 관습이나 '규칙'에 기초한다. 따라서 비트겐슈타인과 구조주의자들 모두 어떤 특별한 문제의 맥락을 전제하지 않는 이상, 준거 이론 또는 실물 지시 정의가 의미를 설명하는 데 중대한 한계가 있음을 인정한다. 구조주의자 중에는 언어가 자기지시 체계(self-referring system)이자 자기규율 체계(self-regulating system)라고 말하곤 하는 이들이 많다. (3) 비트겐슈타인과 많은 구조주의자는 언어와 사유를 예리하게 구분하는 어떤 이원론도 거부한다. 비트겐슈타인은 이렇게 말한다. "사고는…악마가 슐레밀(Schlemihl, 독일 시인 아델베르트 폰 샤미소의 작품에 나오는 인물―옮긴이)의 그림자를 땅에서 빼앗아 가듯이 말에서 떼어 낼 수 있는…형체 없는 과정이 아니다."[3] 구조주의자들에게는 텍스트 안에 일련의 "사상"이 "들어 있다"고 보는 관념, 마치 "텍스트는 이미 확립된 의미를 **표현해야** 했다"거나 "의미는 텍스트 너머 또는 아래에 존재했다"는 식으로 보는 관념을 거부하는 경향이 있다.[4] 마찬가지로 비트겐슈타인도 이렇게 썼다. "의미는 낱말을 함께 따라가는 과정이 아니다."[5] (4) 비트겐슈타인은 우리가 가능한 한 언어를 상이한 여러 각도에서 바라보아야 한다는 데 관심을 보인다. 구조주의는 전통 해석 이론의 시각과는 아주 다른 시각을 제공한다. 비트겐슈타인의 관점에서 보면 아마도 이런 다른 시각은, 우리와 아주 친숙한 바람에 이전에는 미처 알지 못했던 언어의 특징들을 결국 **알아차리게** 할 것이다. (5) 비트겐슈타인과 많은 구조주의자는 "심층" 문법과 "표층" 문법을 구분하며 대조한다.[6] 둘 다 우리가 어쨌든 언어의 표층 '뒤에' 자리한 더 깊은 무언가에 이르

---

[2] F. de Saussure, *Cours de linguistique générale*, p. 114 (édition critique, Fasc. 2, p. 259).
[3] *P.I.*, sect. 339.
[4] J.-M. Benoist, *The Structural Revolution* (Weidenfeld & Nicolson, London, 1978), pp. 11-12.
[5] *P.I.* II.xi, p. 21.

러야 한다고 생각하지만, 그래도 이를 어떤 '내면의' 과정이나 '마음의' 과정으로 생각하지는 않는다.

하지만 더 면밀히 들여다보면, 이 다섯 유사점 중 첫 번째와 네 번째 점이라는 중요한 예외를 제외하고는 비트겐슈타인과 구조주의의 유사점보다 차이점이 오히려 더 중대한 의미가 있음을 알 수 있다.

(1) 우선 마지막 다섯 번째 점부터 살펴보면, 비트겐슈타인이 말하는 "심층" 문법의 의미는 분명하다. 그는 언어 **용법들**이라는 문법과 오직 관습에 따라 결정되는 표층 문법의 우연한 사례들 사이에는 근본적 차이가 있다고 말한다. 비트겐슈타인이 말하는 이런 차이는 그의 작업에 기초하여 등장하는 개념 설명들이 뒷받침한다. 하지만 우리는 구조주의에서 비트겐슈타인의 경우와 유형이 다른 대조, 곧 '메시지'와 '암호'의 대조를 만난다. 그러나 여기서 난점은 각 구조주의자가 각 메시지의 뒤편이나 아래에서 발견하는 암호 유형이 다 제각각이라는 것이다. 어떤 때는 이런 유형이 프로이트나 융의 상징주의와 일치한다. 또 어떤 때는 이런 암호가 V. I. 프로프(Propp)나 A. J. 그레마스(Greimas)의 내러티브 문법을 토대로 설명된다. 그런가 하면 어떤 때는 그 유형이 레비스트로스(Lévi-Strauss)의 신화 이론이 결정한 형태를 띠기도 한다. 이 세 유형의 암호가 각자 제 나름의 방식을 따라 성경 연구 속에 들어왔다.[7] 그러나 이 암호가 어떤 지위를 가지는지, 또는 이 암호가 '표층' 메시지의 **의미**와 실제로 무슨 관계를 맺는지는 그리 분명하지 않다. 다의성(polysemy)의 중요성을 내세우는 답변도 이 문제에 완전한 답을 제시하지는 못한다.

(2) 그러나 이보다 훨씬 더 심각한 문제는 많은 구조주의자가 특정 텍스트

---

6 *P.I.*, sect. 664.
7 예를 들어 J. Calloud, *Structural Analysis of Narrative* (Fortress Press, Philadelphia, and Scholars Press, Missoula, 1976), pp. 47-108 (그레마스의 모델을 사용함); D. O. Via, "The Parable of the Unjust Judge: A Metaphor of the Unrealized Self" in D. Patte (ed.), *Semiology and Parables: An Exploration of the Possibilities Offered by Structuralism for Exegesis* (Pickwick Press, Pittsburgh, 1976), pp. 1-33 (융을 사용함); 그리고 E. Leach, "Structuralism in Social Anthropology" in D. Robey (ed.), *Structuralism* (Clarendon Press, Oxford, 1973), pp. 53-56 (레비-스트로스를 사용함).

에 관한 그들의 분석을 **역사**에서, 또는 인간의 삶에서 떼어 내 추상화하려고 시도한다는 점이다. 이것은 단지 소쉬르가 공시적 의미와 통시적 의미의 관계에 관하여 경고한 것들을 우리가 받아들이느냐의 문제가 아니다. 이 논지는 타당하다. 오히려 이것은 **암호**[참고. 소쉬르가 말하는 랑그(langue). 랑그는 언어 공동체가 함께 쓰는 기호로서 어떤 낱말이 누구에게나 공통으로 의미하는 개념을 가리킨다. 개인적 발화 행위인 파롤(parole)과 대비된다―옮긴이]의 비(非)역사성과 관련이 있다. 그러나 암호를 역사 속에서 펼쳐지는 인간의 삶에서 떼어 놓는다면, 여전히 그 암호가 **인간의** 활동인 언어와 관련이 있을까? 비트겐슈타인은 자신의 가장 중요한 공리로서 언어는 삶에 근거한다는 점을 역설하는데, 옳은 말이다. "언어 말하기는 활동의 일부, 또는 삶의 형식을 이루는 일부다."[8] 언어 게임은 "언어 및 언어가 얽혀 있는 행위의 총체"로 이루어진다.[9] 그렇다고 이것이 기표(signifier, signifiant)와 기의(signified, signifié)의 대조가 "자의적"이라거나 관습에 기초한다고 보았던 소쉬르의 통찰을 부인하는 것은 아니다. "말은 오직 사고와 삶의 흐름 속에서 의미를 가진다"[10]는 것을 잊어버린 구조주의자가 많은 것 같다. 우리가 여기서 답변으로 우리는 오로지 암호에만 관심이 있다고 주장한다면, 우리가 이전에 출발했던 지점으로 되돌아가는 셈이다. '의미'라는 말의 뜻을 누구라도 받아들일 수 있다고 전제할 때, 구조주의자들이 말하는 암호와 텍스트의 '의미'는 어떻게 연결되는가?

(3) 우리의 세 번째 주요 논지는 두 번째 논지에서 나온다. 언어가 인간의 삶에 근거한다면, 비트겐슈타인은 특수한 사례의 중요성을 인정한다는 점에서 해석학 전통과 뜻을 같이하는 셈이다. 인간은 언어를 창조적으로 활용함으로써 일반화된 모델의 경계선을 늘 넘어간다. 이것이 바로 『논리-철학 논고』와 『철학적 탐구』의, 언어학과 해석학의 가장 중요한 차이점이다. 비트겐슈타인은

---

8 *P.I.*, sect. 23.
9 *P.I.*, sect. 7.
10 *Z.*, sect. 173.

『논리-철학 논고』에서 언어의 기초는 추상 원리로서 기능하는 일반 원리들이라고 본다. 『청색 책』에서는 과학 방법이 "일반성을 갈망"하고 "특수한 사례를 멸시하는 태도"를 보이는데도 "우리가 과학의 방법에 집착함"을 맹렬하게 공격한다.[11] 『철학적 탐구』에서는 언어 용법의 근거를 "체계"보다 언어 게임들의 특수성이나 "환경"에서 찾는다. 이런 것들이 결국은 삶의 형식에 의존하고 있기 때문이다. 비트겐슈타인은 언어에서 **규칙성**이 나타난다는 데 이의를 제기하지 않았으며, 이처럼 우리도 이의를 제기하지 않는다. 이런 규칙성이 없다면 의사소통은 전혀 이뤄지지 않았을 것이다. 그러나 많은 구조주의자는 인간의 언어 또는 기록된 텍스트를 그들이 미리 찍어 낸 구조주의 모델과 범주라는 틀 속에 억지로 끼워 맞추려고 한다. 신약성경에 나오는 인물들이 그 구조 속에서 하는 역할도 **일반**의 관점으로 축소해 버렸다. 예를 들어 그레마스가 주창하는 내러티브 문법 모델을 따르면, 각 인물은 "돕는 자", "보내는 자", "영접하는 자", "대적" 따위의 역할을 맡게 된다. 하지만 본문의 여러 특수성은 전혀 고려하지 않은 채 이런 일반 범주들을 본문에 억지로 갖다 붙여 쓰는 경우가 허다하다.[12]

우리는 비트겐슈타인이 구조주의 자체의 타당성에 맞서 어떤 결정적 단일 논증을 제시했다고 주장하지 않는다. 내가 이 주제를 다룬 논문에서 주장했듯이, 구조주의 이데올로기에 항복하지 않고도 구조주의에서 주창하는 방법들을 적절히 골라 쓸 수 있기 때문이다. 더군다나 비트겐슈타인은 구조주의자들의 이목을 사로잡은 문제들과 사뭇 다른 문제들에 관심을 보인다. 하지만 비트겐슈타인이 하는 몇몇 언급은 우리가 구조주의를 증명되고 완전히 타당한 **주해** 방법으로서 성경 연구에 맞아들이기 전에 신중을 기해야 함을 일러 준다. 아울러 구조주의는 아직 상당히 젊으며, 특히 그것이 성경 연구에 들어온 기간을 생각하면 더더욱 그렇다는 말을 덧붙일 수밖에 없다. 구조주의가

---

11 *B.B.*, p. 18.
12 J. L. Crenshaw, *Semiology and Parables*, pp. 54-55에서 제시하는 타당한 비판을 보라.

성경 해석학에 더 성숙한 기여를 한다면 그것이 어떤 모습으로 나타날지 아직 더 기다려 봐야 한다. 하지만 사전 평가 삼아 하나 말하자면, 비트겐슈타인의 작업이 시사하는 내용에 비춰 볼 때, 구조주의가 서로 연관된 언어의 여러 기능이 하는 역할을 강조하고 본문을 신선하게 바라볼 수 있는 시각을 제공한 점은 어느 정도 가치가 있지만, 구조주의자들이 제시하는 다른 몇몇 주장은 신중히 살펴봐야 한다.

덧붙인 글 B

비트겐슈타인 그리고 성경의 권위에 관한 논쟁

비트겐슈타인은 기록된 본문의 권위에 관한 문제를 논하지도 않고, 어디에서도 성경의 지위에 관심을 표명하지도 않는다. 하지만 그가 강조하는 몇몇 주요 논지는 현대에 성경의 권위를 둘러싸고 논쟁하는 모습에 분명 어떤 경고 내지 교훈을 제시한다. 이 짧은 글의 목적은 성경의 권위를 둘러싼 논쟁 자체에 뛰어드는 것이 아니라, 비트겐슈타인이 자극한 개념 탐구 작업을 통해 혹 있을지도 모를 함정을 피하면서 이 논의를 더 알차고 유익한 방향으로 진전시켜 갈 방법들을 제시하는 것이다.

(1) 우리는 비트겐슈타인이 어떤 **그림**이 우리를 미혹하거나, 그릇된 길로 인도하거나, 적어도 어떤 문제의 조건을 표시하는 우리의 방법을 좌지우지하는 힘을 가졌음을 아주 엄숙히 경고한 것을 보았다. 그는 한 그림이 자신의 초기 연구에 걸었던 마법에 관하여 이렇게 썼다. "한 그림이 우리를 사로잡았다. 그러나 우리는 거기서 빠져나오지 못했다."[1] "그림은 열쇠였다. 또는 그것은 열쇠처럼 **보였다**."[2] 우리를 잘못 인도하는 것은 비단 어떤 모델이나 은유 자체가 가진 힘만이 아니다. 다른 모든 그림은 배제한 채 **혼자 지배하는 단일 그림**(a single controlling picture)이 우리가 특정 그림을 보는 방법을 철저히 지

---

[1] L. Wittgenstein, *P.I.*, sect. 115.
[2] *Z.*, sect. 240.

배하는 일이 허다하다는 사실도 우리가 잘못된 길로 빠지는 원인이다. 이런 상황에서 그 그림은 우리에게 마법을 걸어, 우리 지성을 흐리고 우리 눈을 멀게 하여 그 문제를 볼 수 있는 다른 방식을 못 보게 한다.

성경이 가진 권위의 본질을 둘러싼 논쟁의 역사를 살펴보면, 각 진영에서 그 진영을 지배하는 그림을 갖고 활동한 예가 잦았다. 각 진영에서는 이 그림을 기초로 삼아 논쟁의 모든 국면을 이해했다. 이를 가장 명확히 보여 주는 예가 성경을 오로지 한 측면만 가진 그림으로 보아, 오로지 신성한 하나님의 말씀으로 묘사하거나 오로지 신앙심 좋은 인간들이 적어 놓은 인간의 말 정도로 묘사하는 경우다. 제임스 스마트는, 기독교 전통에서 첫 16세기 혹은 그보다 더 긴 시간 동안 "교회가 오로지 성경을 드높이겠다는 열정으로 성경의 신성함만 힘써 강조하다 보니, 성경이 사실은 인간의 요소도 갖고 있음을 부인하는 결과가 벌어지고 말았다"고 주장한다. "역사 중심 연구가 이룩한 큰 업적이자 변함없는 업적은 성경에서 인간의 특성을 발견하고 확증한 것이었다. 하지만 이 학자들은 이 발견이 가진 중요성에만 사로잡힌 나머지, 성경의 신성한 성격은 아주 엄청나게 간과하고 말았다. 그들에겐 성경이 인간의 신앙과 윤리가 이룩한 업적을 기록한 인간의 이야기가 되고 말았다."[3] 오늘날에도, 어떤 저술가는 성경을 하나님이 지으신 책으로 묘사한 그림에 따른 결과를 따라가는 데 오로지 집착하는가 하면, 또 다른 저술가는 성경을 인간의 글로 묘사한 그림이 허용하는 것만 탐구하고 살펴본다. 각 저술가는 자기 그림에 문제에 관한 모든 사실을 총망라하여 설명하는 그림이라는 지위를 부여한다.

근래에 제임스 바는, 칼케돈 기독론 모델(예수 그리스도가 완전한 신성과 완전한 인성을 가졌으면서도 예수 그리스도 안에서 두 본성이 혼용되지 않은 채 구분되어 존재했음을 인정한 기독론 모델―옮긴이)을 사용하여 성경이 가진 인간적 측면과 신적 측면 모두를 제대로 평가해 보려 한 시도를 비판했다.[4] 우선, 여기서 문제

---

3 J. Smart, *The Interpretation of Scripture*, p. 15.
4 J. Barr, *The Bible in Modern World*, pp. 20-22.

가 되는 것이 칼케돈 기독론 모델을 **지배하는** 모델로 받아들이는 것이라면, 지배하는 그림의 마법을 조심하라는 비트겐슈타인의 경고가 바의 경고에 정당성을 부여해 준다 하겠다. 그러나 반면에, 기독교 전통에서 인식해 온 칼케돈 기독론 모델의 목적은 바로 가현설(예수의 신성만 인정하고 인간 예수를 환상으로 치부했던 영지주의 교리―옮긴이)이나 아리우스주의(예수의 신성을 부인하고 그리스도를 피조물로 여긴 견해―옮긴이)를 따라 성경을 묘사한 그림이 기독론 논쟁을 일방적으로 지배하지 못하게 하는 것이었다. 이런 점을 볼 때, 전통 모델이 우리의 유일한 모델이 되지 않는 이상, 전통 모델은 여전히 유익한 목적에 이바지한다. 이 때문에 J. T. 버첼(Burtchaell)은 이런 기독론 모델을 어느 지점까지는 받아들이면서도 이렇게 주장한다. "여기서 진짜 문제는 학자들을 아주 많은 영역에서 혼란에 빠뜨리는 문제, 곧 하나님과 인간이 함께 일으키는 인간사 하나하나가 일어나는 방식이다."[5] 그는 정적 무오류 모델(static model of inerrancy)을 비롯한 정적 모델을 역동적 모델로 바꿔야 한다고 주장한다.[6] 버첼이 무오류 문제를 언급한 내용 역시 많은 저술가가 성경의 진리 주장들을 논하면서 지나치게 좁은 한 진리 모델만을 갖고 작업한다는 점을 우리에게 되새겨 준다. 다시 말하지만, 이런 태도가 이 논쟁을 무익한 양극단의 대립으로 이끌었다. 오로지 명제와 사실의 일치 모델만 갖고 작업하는 저술가도 많다. 그런가 하면 다른 이들은 이 접근법에 지나친 거부 반응을 보이기도 한다. 예를 들어 오스발트 로레츠(Oswald Loretz)는, 이른바 히브리 전통에 따르면 성경의 진리는 **오로지** 실존적 진리의 문제일 뿐이라고 주장한다.[7] 그러나 우리는 다형 개념을 논하는 과정에서, 신약성경에서 '진리'를 다양한 언어 게임에서 활용하는 모습을 보았다.

성경이 가진 권위의 본질을 묻는 문제는 아주 복잡한 문제다. 따라서 이

---

[5] J. T. Burtchaell, *Catholic Theories of Biblical Inspiration Since 1810* (Cambridge University Press, 1969), p. 279.
[6] *Ibid.*, p. 303.
[7] O. Loretz, *The Truth of the Bible* (Burns & Oates, London, 1968), pp. 9-21 *et passim*.

논쟁을 선점한 뒤 이 문제의 모습을 묘사한 어떤 **단일** 그림을 근거 삼아 논의의 조건을 좌우지하려는 어떤 시도도 단호하게 거부해야 한다. 비트겐슈타인이 우리에게 경고하듯이, 이런 그림은 우리 눈을 가려 우리 앞에 있는 여러 다양한 현상을 **알아차리지** 못하게 하기 때문이다. 이는 결국 논쟁을 막다른 골목으로 이끈다. 각 진영에서 각기 다른 그림을 갖고 작업하기 때문이다.

(2) 우리는 비트겐슈타인이 그의 책 『확실성에 관하여』에서 "연구와 행위의 **기초**" 역할을 하는 명제들의 특별한 지위를 논한 내용을 보았다.[8] 이런 명제들은 "우리 사유의 발판"에 속한다.[9] 이런 명제들은 "동체가 회전할 때 중심이 되는 축"과 같다.[10] 비트겐슈타인 자신은 이런 명제들이 "…라 기록되었으니"라는 말과 같은 기능을 가진다고 묘사했다.[11]

얼핏 보면 이것은 신약성경 저자들이 구약성경의 권위를 어떤 태도로 대했는지 묻는 특수한 문제를 제기하는 것 같다. 우리는 이 태도가, 예컨대 B. B. 워필드(Warfield)의 글이 보여 주듯이, 성경의 권위에 관한 보수 진영의 주장에서 늘 주요 항목이 되어 왔음을 볼 수 있다. 예수 그리고 사도를 이은 교회가 구약을 권위 있는 성경으로 여겼다면 이 태도는 사도의 전통 안에 서 있으면서 예수 그리스도께 순종한다고 주장하는 모든 그리스도인에게 규범이 된다는 것이 그런 주장의 논지다. 뒤이어 그다음에는 신약성경의 권위가 구약성경의 그것보다 떨어질 리 없다는 주장이 나온다. 그러나 이런 주장들은 표준 답변을 불러온다. 즉 예수 그리고 사도를 이은 교회가 구약을 권위 있다고 여긴 것은 그들이 **할 수 있는 것이 오로지 그것뿐**이었기 때문이라는 주장을 대답으로 내놓을 수 있다. 그들은 이런 태도를 그들이 속한 **문화의 전제**로 물려받았으며, 이를 아무 비판 없이 받아들였다. 말하자면, 헬레니즘 세계에서는 신의 영감을 받은 기록이라는 관념에 익숙했으며, 구약성경은 유대교 안에서

---

8 L. Wittgenstein, *Cert.*, sect. 87.
9 *Ibid.*, sect. 211.
10 *Ibid.*, sect. 152.
11 *Ibid.*, sect. 216.

절대 권위를 갖고 있었다는 주장인 셈이다. 비트겐슈타인이 『확실성에 관하여』에서 한 말도 얼핏 보면 보수 진영의 주장을 반박하는 표준 논지들을 확증해 주는 것 같다. 구약성경의 권위가 다른 논증의 중심인 '경첩'이라면, 이것은 이렇게 표현할 수 있는 공리이기도 하기 때문이다. "나는 그 반대 경우를 상상할 수 없다."[12] "그것은 차가 오고가는 차선에서 치워진다."[13] 이것은 물려받은 가설이며, 사유 구조를 이루게 된다. "모든 인간에겐 부모가 있기" 때문이다.[14] 이것은 "탐구가 걸어가는 길에서 떨어져 존재한다."[15]

비트겐슈타인이 말하는 "확실성"의 뜻을 생각할 때, 구약성경의 권위가 원시 교회에서 '확실한' 지위를 갖고 있었다는 사실은 의심할 필요가 없다. 구약성경은 더 깊은 사유와 탐구의 '기초'를 제공했다. C. K. 배러트는 이렇게 언급하는데, 바른 말이다. "신약성경…저자들은 구약성경을 그리스도인에게 복종을…요구하는 권위 있는 문헌으로 여겼다. 구약성경은 신학 논증과 윤리 교육의 기초로 사용되었다."[16] 하지만 이렇게 구약성경을 권위 있는 문헌으로 여기는 일이 비단 그들이 속한 **문화의** 전제를 **아무 비판 없이** 받아들인 결과만은 아니었음을 우리에게 일러 주는 두 요인이 있다. 첫째, 구약성경의 권위를 결코 **의심하지** 않으면서도 그 권위를 **사유** 주제로 삼았음을 일러 주는 요인들이 있다. 둘째, 우리는 이미 앞 장에서 두 번째 부류의 문법 발화가 독특하게도 비단 문화와 관련된 것뿐 아니라 **종교**와 관련된 것들도 표현한다는 점을 제법 상세하게 논증했다.

첫째 논지는 적어도 넷으로 나눠 살펴봐야 한다. 첫째, 일부 학자들은 예수를 모세와 철저히 다른 방식으로 하나님의 뜻을 해석한 이로 보는 주장을

---

12 *Ibid.*, sects. 231, 343, and 655.
13 *Ibid.*, sect. 210.
14 *Ibid.*, sect. 211.
15 *Ibid.*, sect. 88.
16 C. K. Barrett, "The Interpretation of the Old Testament in the New" in P. R. Ackroyd and C. F. Evans (ed.), *The Cambridge History of the Bible* I (Cambridge University Press, 1970), p. 377.

중요시한다. "옛 사람들에겐 이렇게 말하였다는 것을 너희가 들었다.…그러나 나는 너희에게 말하노니…"(마 5:33, 38, 43). 둘째, C. F. 에번스 및 다른 이들은 예수와 바울이 시작했던 "세속화" 흐름이 "거룩한" 책이라는 개념에 당연히 이의를 제기했어야 했다고 주장한다.[17] 예수는 "하나님의 통치를 주로 제의나 교회에 매이지 않은 말로 선포하셨다.…혹자는 바울이 신성한 의식에 따른 배지인 할례를 구원의 필수 조건으로 받아들이길 열렬히 거부했던 것을 생각한다."[18] 셋째, 유대교 율법이 이방인들로 이루어진 교회에서 어떤 지위를 갖고 있었느냐는 문제가 있다. 넷째, 고린도 그리고 어쩌면 다른 곳에서도 '은사'라는 관점에서 성령 체험에 직접 호소하는 것을 강조하는 현상이 나타난다. 이는 이런 체험이 과거에 속하는 문서들보다 우월한 지위에 있다고 여겼던 것이라고 생각할 수 있다. 사람들이 종종 첫 두 주장을 과장하긴 하지만, 그래도 원시 공동체가 유대인의 어떤 책을 권위 있는 경전으로 받아들일 때 생각과 비판적 성찰도 없이 덥석 받아들**일 수는 없었으리라**는 것을 일러 주는 데는 이 네 논지 각각에 들어 있는 한 줌의 진리만 있으면 된다. 권위 있는 책이라는 구약성경의 지위는 유대 율법이 모든 면에서 그들을 속박하지 않음을 이미 알고 있던 이방인 교회에게도 **물려받은** 가정을 넘어 더 큰 의미를 갖고 있었다.

이런 결론은 우리가 앞서 두 번째 부류의 문법 발화와 관련하여 제시한 논지들과 일치한다.[19] 우리는, 적어도 우리가 검토한 1세기 문헌의 사례를 보면, 두 번째 부류의 문법 발화로 표현한 확신들이 단지 그 시대를 지배하는 문화의 공리들을 표현한다기보다 늘 **종교적** 믿음이나 **신학적** 믿음을 표현한다고 주장했다. 따라서 신약성경 안에 구약성경의 지위를 다룬 활발한 논쟁이나 긴 논쟁이 전혀 들어 있지 않은 것은 구약성경의 지위가 진지한 **사유**의 대상

---

17 C. F. Evans, *Is 'Holy Scripture' Christian?*, pp. 34-36.
18 *Ibid.*, p. 34.
19 앞 sect. 57.

이 아니었기 때문이 아니라 진지한 의심의 대상이 아니었기 때문이다. 구약성경은 여전히 근본적 '확실성'을 갖고 있으며, 우리는 이 확실성을 기초 삼아 다른 사유나 행위를 펼쳐 간다. 이는 그 확실성이 그저 아무 비판 없이 받아들인 문화의 공리이기 때문이 아니다. 하나님이 구약성경을 통해 말씀하셨고 지금도 계속하여 말씀하신다는 것은 **종교적 확신**이었다. 이런 고찰 결과들은, 구약성경의 권위가 진정한 '확실성'이 갖는 특징들을 여전히 유지하고 있다는 사실과 결합하여, 구약성경이 신약성경에서 가지는 지위에 관한 워필드식의 전통 논증을 여전히 존중해야 함을 일러 준다.

(3) 우리는 비트겐슈타인이 "언어 말하기는 활동의 일부"라 생각했음을 보았다.[20] "말은 오직 사고와 삶의 흐름 속에서 의미를 가진다."[21] 이것은 성경 본문의 권위를 실제로 체험하는 일이 구체적이고 역동적인 차원에서 일어나는 일임을 뜻한다. 이는 다양한 많은 각도에서 볼 수 있고 다양한 차원에서 경험할 수 있다. 성경의 권위는 단지 추상적이고 획일성을 지닌 개념에 그치지 않는다. 우리는 예컨대 성경 저자들이 각기 다른 특수한 상황을 두고 이야기한다는 것을, 이어 그들이 각기 나름대로 처해 있는 특수한 상황에서 글을 썼음을 보았다. 이것은 곧 성경 저자가 염두에 둔 상황과 현대 독자나 청자의 상황 사이에 어떤 일치 혹은 상호 관계가 이루어질 때 성경 본문이 '화행'(참고. 하이데거의 "언어사건")으로서 살아 있는 말로 다가옴을 뜻한다. 얼핏 보면 이는 주관주의, 아니면 적어도 바가 "유연한" 권위 개념이라 부르는 것으로 들어가는 문을 열어 놓는 것 같다.[22] 그러나 이런 권위 개념을 "유연하다"고 묘사하는 일은 심각한 잘못이다. 권위와 해석학의 상호 관계를 인식한다는 것은 바로 권위에 현금 가치와 예리함을 부여하는 것이다. 그것은 곧 성경의 메시지를 삶과 상관없이 깔끔한 포장용기 안에 꼭꼭 싸 놓은 추상물로 여기지 않고, 삶

---

20 *P.I.*, sect. 23.
21 *Z.*, sect. 173.
22 J. Barr, *The Bible in the Modern World*, p. 27.

과 사고의 흐름 속에서 상황에 따라 각기 다른 영향을 미치는 것으로 본다는 뜻이다. 성경의 권위를 경험하는 일은 구체적이고 역동적이다. 그 권위는 주어진 언어 게임 **밖**에서 경험할 수 없기 때문이다.

논쟁 당사자 양쪽이 이 점을 지나치게 확대하여 읽거나 어쩌면 이 점을 충분히 읽어 내지 못할 수도 있는 위험이 있다. 지금 성경이 듣는 이에게 '공감을 불러일으킬' 때만 권위를 가진다는 말을 하는 게 아니다. 우리가 지금 여기서 말하는 것은 권위 자체가 아니라 권위를 **경험하는** 것이기 때문이다. 어떤 차원에서 보면, 가령 성경이 용서에 **관하여** 하는 말은 그리스도인이 어떤 상황에 있든지 (우리가 곧 설명하는 방식을 따라) 그리스도인에게 권위를 가진다. 그러나 경험이라는 차원에서 보면, 성경 본문을 읽는 사람이 그 본문의 권위를 온전히 경험하는 때는 그가 그 본문을 읽으면서 예컨대 하나님이 그를 **용서하신다**는 것을 듣는다는 식으로 그 본문을 읽을 때다. 이런 의미에서, 성경의 언어 게임은 명령, 약속, 요구, 판단, 축복, 경고, 용서, 환호 등 역동적 화행을 폭넓게 담고 있다. 그러나 또 다른 차원에서 보면, 이 모든 광범위한 '수행' 행위(performative acts)는 어떤 사태가 참일 때만 효력을 발휘할 수 있다. 따라서 예수가 "네 죄가 사함을 받았다"고 말씀하실 수 있는 것은 오로지 그분이 죄를 용서하실 수 있는 분이기 때문이다. 이런 의미에서 보면, 예수의 말씀이 가지는 권위는 특정한 화행과 그 해석 **뒤편**에 자리한 어떤 것에 근거한 셈이다.

성경은 『논리-철학 논고』에 들어 있는 명제들 같은 정보와 서술을 담은 핸드북에 그치는 것이 아니라는 주장은, 계시를 단순히 명제로 봐서는 안 된다고 생각하는 이른바 '비명제적' 계시관에 비춰 볼 때 옳은 주장이다. 그러나 비록 사람들이 자주 사용하는 전통 용어로 형편없게 표현한 주장이라 할지라도, 이른바 '명제적' 견해를 배경으로 한 주장이 훨씬 더 중요하다. 이는 곧 역동적이고 구체성을 띤 성경의 권위가 이제 하나님과 세계의 관계 속에 존재하는 어떤 사태들이 진리라는 점에 근거한다는 주장이다. J. L. 오스틴이 간명하

게 표현하듯이, 수행 언어가 효과 있게 기능하려면 "어떤 진술들이 **참이어야**" 하기 때문이다.[23]

그렇다면 성경의 권위는 막연히 추상 차원에서 경험하는 것이 아니라, 역동적이고 구체성을 띤 특정 언어 게임의 화행들 안에서 경험하는 것이 된다. 하지만 이 권위의 기초는 하나님과 세계의 관계와 관련이 있는, 더 넓고 더 포괄성을 지닌 어떤 것이다. 바가 "경직된" 권위 개념과 "유연한" 권위 개념을 말하듯이 권위가 가진 이 두 측면을 서로 대립하는 양극으로 만들어 버리는 것은 잘못이다.

(4) 비트겐슈타인은 G. E. 무어의 작업을 따라 패러다임 사례라는 개념을 사용한다. 우리가 앞서 되새겨 보았듯이, 무어는 이렇게 주장하곤 한다. 나는 내게 손이 있음을 **안**다고 말할 때, **이런** 종류의 것이 "앎"이 아니라면 대체 무엇일까?[24] 아울러 우리는 이와 관련하여, 현대 물리학의 관점에서 보면 대리석 판과 참나무 들보가 '사실은' 단단하지 않다는 주장을 살펴보았다. 그러나 대리석과 참나무는 '**단단하다**'는 것이 무엇인지와 관련하여 패러다임 사례를 제공한다. 비트겐슈타인은 이런 패러다임 사례를 두고 이렇게 말한다. "내가 앉아 있는 가지를 잘라 내면 안 된다."[25]

논리 문법의 관점에서 보면, 패러다임 사례 개념과 존 브라이트(John Bright)가 성경의 권위와 관련하여 제시한 몇몇 훌륭한 언급 사이에는 긴밀한 연관성이 있다. 그는 이렇게 썼다. "성경은 우리에게, 기독교 신앙에서 가장 중요한 문서이며 따라서 규범인 문서를 제공한다.…우리가 계속하여 묻지만, 이 가르침이 진정 기독교의 가르침인지에 관한 질문도…성경으로 다시 가져와야 한다.…기독교 **신앙이 본디 무엇인지** 우리에게 일러 주는 유일한 문서를 참고할 수 없다면, 우리는 대체 무엇을 근거로 삼아 무언가가 진정 기독교 신앙과

---

23 J. L. Austin, *How to Do Things with Worlds*, p. 45.
24 G. E. Moore, *Philosophical Papers*, p. 37; 참고. 앞 sect. 58.
25 *P.I.*, sect. 55.

일치한다는 말을 할 수 있겠는가?"²⁶ 나는 이미 이 연구서 및 다른 곳에서, 출애굽이나 사사기의 일 같은 사건들을 통해 만인이 알 수 있게 알려 주는 구약성경의 전통이 하나님의 구원 행위가 무슨 의미인지 알 수 있게 해 주는 가장 중요한 모델들을 제공한다고 주장했다. 우리가 갖고 있는 기독교의 기본 개념들을 성경의 증언을 허물거나 그 증언에 맞서는 식으로 다시 정의하려 하는 일은 "내가 앉아 있는 가지를 잘라 내는" 일이 될 것이다. 성경은 패러다임들을 제시하며, 우리는 이 패러다임에 비춰 주어진 개념이나 경험이 진정 '기독교에서 말하는' 개념이나 경험인지, 아니면 다른 것인지 **분별**할 수 있다.

---

[26] J. Bright, *The Authority of the Old Testament* (S.C.M., London, 1967), p. 30. 티슬턴 강조. 『구약성경의 권위』(컨콜디아사).

15장
결론

우리는 해석학 문제에는 양면성이 있으며, 이 문제가 텍스트 및 해석자와 모두 관련을 맺고 있음을 보았다. 이 원리는 전이해의 본질에 관한 질문, 전통이 해석에서 하는 역할에 관한 질문, 그리고 우리가 지금 어떤 텍스트의 현재 의미를 적절히 이야기할 수 있는지, 있다면 어떤 의미에서 그럴 수 있는지에 관한 질문을 불러일으킨다. 우리는 전이해 문제가 진정한 문제이며 비단 불트만의 해석학만 이 문제와 연관이 있는 것은 아님을 보았다. 슐라이어마허에서 리쾨르에 이르는 사상가들, 프로이트에서 라틴 아메리카 해방신학자에 이르는 사상가들은 이 주제의 이런 측면이 일으키는 쟁점들을 붙들고 씨름하려고 했다. 하지만 전이해 문제는 현대 해석자가 성경을 그저 자신이 가진 전이해에 기초하여 이해한다는 냉소 섞인 반응에 근거를 제공하지 않는다. 이는 해석자가 텍스트와 계속하여 대화하는 가운데 텍스트 자체가 해석자 자신이 가진 의문과 가설을 차츰차츰 바로잡고 재형성하는 과정이 펼쳐지기 때문이다.

아울러 우리는 전통 문제를 지나치게 비관해서도 안 된다. 우리는 앞서 전통이 이해에 좋지 않은 영향과 좋은 영향을 모두 끼침을 보았다. 전자의 측면은 하이데거의 후기 저작에서, 후자의 측면은 가다머의 작업에서 가장 분명하게 나타났다. 우리는 바로 이 후자의 맥락에서 가다머의 연구가 주해와 조직신학의 관계와 관련하여 그리스도인 공동체 안에서 계속 이어져 온 전통을 표현하는 명확하고 유익한 질문들을 제시했음을 보았다. 가다머는 전통을 과거와 현재를 이어 주는 다리이자 시간의 검증을 이겨 낸 해석과 통찰을 걸러 전해 주는 필터로 본다.

기독교 신학이 현재의 의미라는 문제를 해석에서 배제할 수 없음은 신약성경 저자들이 구약성경을 대하는 태도에서 일부 암시된다. 우리가 앞서 논증했듯이, 이런 태도는 비판을 모르는 순진함(pre-critical naïveté)에서 나온 게 아니다. 해석자는 어쨌든 자신이 속한 지평을 벗어나지 못하며, 본문을 볼 때 자신이 속한 시간 및 전통과 무관한 사람처럼 행세하지 못한다. 해석자의 주관성은 비판을 통해 통제받아야 하며, 해석학의 과업은 본문의 특수성을 고려할 때 염두에 두어야 하는 **거리**, 그리고 본문과 해석자의 관계가 허용하는 만큼 본문과 긴밀한 지평 **융합**을 이루는 쪽으로 전진한다는 점을 포함한다.

해석학과 역사라는 문제와 관련해서도 몇 가지 결론이 제시되었다. 우리는 역사의 상대성 및 역사의 거리라는 문제가 중대한 문제임을 인식해야 한다. 그러나 그렇다고 우리가 이 문제의 본질과 어려움에 관하여 D. E. 나인햄이 제시한 주장들을 받아들여야 한다는 뜻은 아니다. 우리는 앞서 나인햄이 역사의 거리라는 문제를 과장했으며 쓸데없이 실증주의를 이 논쟁에 끌어들였음을 논증했다. 아울러 그의 입장을 여섯 가지로 나누어 자세히 비판했다. 더구나, 레싱과 헤르더에서 랑케에 이르는 사상가들 속에서 역사의식이 나타난 것을 살펴본 결과, 이 사상가들이 끼친 기여가 우리의 이런 비판을 훼손하는 것으로 보이지 않았다. 이보다 더 유익했던 것은 우리가 볼프하르트 판넨베르크의 작업에서 해석학과 역사의 관계를 붙들고 훨씬 더 적절한 방향으로 씨름하려는 시도를 알게 된 일이다. 판넨베르크는 이 문제를 진지하게 받아들이지만 실증주의에 항복하지 않으며, 현대의 신학 사고를 아주 크게 망쳐 놓은, 사실과 가치를 구분하는 이원론에도 항복하지 않는다.

신학에서 제시하는 논증들은 해석학을 필요 없는 것으로 만들지도 않고 해석학 과업의 절박성에 의문을 품게 하지도 않는다. 예를 들어, 성령에 호소한다고 해석학을 무시하는 것이 아니다. 성령도 인간의 이해를 **통해** 일하시고, 인간의 이해와 무관하지 않기 때문이다. 믿음의 필요성을 역설하고 이른바 시간을 초월한 진리를 내세우는 주장들은 꼼꼼히 해명하고 평가해 봐야 한다. 그러나 이런 일이 이루어지면, 이런 고찰 결과는 해석학 이론의 필요성에 도전을 던진다기보다 오히려 해석학 이론의 중요성을 강조한다.

해석학은 의미론과 언어 연구 전통을 무시하지 못한다. 그럴지라도 우리는 이 영역 너머로 나아가야 한다. 리쾨르의 작업은 이 점을 훌륭하게 실증한다. 해석학과 언어의 관계는 언어와 사유의 관계에 관한 질문들을 불러온다. 여기서 두 측면을 결합해야 한다. 한편으로 보면, 표층 문법과 단어 무리의 우연성이 사유를 늘 확고하게 결정해 주지는 않는다. 이런 점을 보면, 언어학에서 소쉬르와 그의 계승자들이 제시한 주장이 옳다. 마찬가지로 바가 그런 주장에 근거하여 보만을 비판한 것도 타당하다. 그러나 이것은 다만 문제의 반쪽일 뿐이다. 다른 한편을 보면, 언어 습관처럼 언어 용법도 가다머와 비트겐슈타인이 제시한 방식대로 사유에 영향을 미칠 수 있고 실제로 영향을 미친다. 워프 가설이 해석학, 특히 전이해 문제에 중요한 의미가 있긴 하지만, 그래도 그 가설 역시 반쪽 진리만을 담고 있을 뿐이다.

이제 하이데거를 살펴볼 수 있겠다. 인간은 자신의 상황을 성찰하기 전에 이미 주어진 "세계" 안에 자리하고 있다는 하이데거의 주장에는 진리가 담겨 있다. 해석학에서는 이 주장을 고려해야 한다. 우리는 시곗바늘을 칸트 이전 시대로 되돌리지 못한다. 객관성은 객관주의와 같은 것이 아니며, 데카르트식 인식 모델과 해석학의 연관성을 아무런 의문도 품지 않고 당연한 것으로 받아들여 그것에 특권을 누리는 지위를 부여해서는 안 된다.

아울러 하이데거 자신의 주장에도 문제가 없지는 않다. 해석학에는 여전히 주체-객체 사고가 들어설 자리가 존재한다. 라일의 하이데거 비판은 감정 상태의 중요성을 합당하게 평가하지 못했을 수 있지만, 그래도 하이데거가 인식의 역할을 깎아내린 것을 놓고 라일이 토로한 불만에는 어느 정도 진리가 담겨 있다. 진리의 본질에 관한 하이데거의 작업은 그가 인식론의 기초를 **넓히**고 싶어 한다는 점을 시사한다. 그러나 사실 주체-객체 사고가 비판적 검증에서 하는 역할을 거부하는 것은 이 기초를 부당하게 **좁히는** 일이다. 감정상태, 그리고 세계성이 가지는 우선성은 해석학에서 중요하다. 데카르트식 모델은 텍스트 해석 모델로 쓰기에 너무 좁다. 그렇지만 텍스트를 대상으로 삼아 비평하며 곱씹으면서도 **그와 동시에** 텍스트가 자신의 '세계' 속에 자리한 인간에게 말할 수 있게끔 텍스트에게 복종해야 할 여지가 있다.

하이데거의 접근법은 불트만의 신약성경 연구가 지닌 난점과 통찰로 우리를 인도한다. 하이데거 사상과 관련이 있는 한 가지 통찰은 불트만이 인간을 통일체로 본다는 점이다. 불트만은 인간의 실체 혹은 '부분들'보다 인간이 지닌 가능성을 고려하여 통일체로 본다. 그러나 하이데거가 말하는 본래의 실존이라는 개념은 여러 난점을 불러일으킨다. 이는 특히 이 개념의 개인주의 성격 때문이다. 더군다나, 현존재**를 통해** 드러난 진리가 너무 쉽게 현존재**에 관한** 진리로 바뀌어 버린다. 이뿐 아니라, 하이데거가 역사의 '현재' 위치와 관련하여 제시한 주장들도 꼼꼼하게 밝혀야 한다.

불트만의 연구를 더 세세히 살펴보면, 우리는 불트만이 하이데거 철학을 받아들이기 **전부터 이미** 해석학 문제의 여러 조건을 사실상 제시하고 확증했음을 발견한다. 불트만은 광범위한 요인의 영향을 받았는데, 이 요인들은 8장과 9장에서 열거했다. 그 가운데 특히 중요한 요인은 헤르만과 신칸트 철학의 영향이다. 신칸트 철학의 영향은 불트만이 이 세상과 저 세상을 철저히 구분하는 이원론을 취한 이유를 설명해 준다. 이런 이원론이 그의 여러 신학 가설과 결합하면서 그의 신학을 해석하기 어렵게 만든 주요 근원이 되었다. 이 세상에 속한 지식은 대상이 된 영역에 관한 지식이다. 인간은 이 영역을, 말하자면 자신의 관점에 비춰 인식한다. 불트만은 이런 영역이 믿음과 계시의 영역일 수 없다고 본다. 믿음과 역사를 바라보는 그의 견해 그리고 그와 19세기 루터파 신학의 관계는 이 문제를 더 복잡하게 만든다.

불트만이 해석학 문제를 더 절박하게 인식하게 된 계기는 현대인에게 관심을 보이는 자유주의, 그리고 신약의 세계가 현대인에겐 낯선 세계임을 강조하는 종교사학파 때문이었다. 무엇보다 변증법 신학은 신약성경의 내용 중 단순히 '서술'에 불과한 것도 재해석해야만 케리그마로서 의미를 가질 수 있다고 생각했던 불트만의 믿음을 살찌운 자양분이 되었다. 그가 생각한 신화 개념은 몇몇 자료에서 나왔지만, 이미 한스 요나스의 작업에서 이와 같이 객관적인 것과 실존적인 것을 나눠 대조하는 견해를 신화 문제에 적용했다. 하이데거의 작업은 불트만이 이렇게 아주 다양한 요인과 영향을 받아들여 제시한 해석학 문제를 해결해 줄 것처럼 보인 개념을 불트만에게 제공했다.

불트만은 딜타이와 요르크 백작의 작업을 인용하며, 자신의 작업과 콜링우드의 작업에서 여러 유사성을 발견한다. 불트만은 전이해 및 인간 본성의 불변성에 관한 딜타이의 견해를 인정하지만, 불트만이 말하는 자기 이해와 딜타이가 말하는 "내면의" 삶을 동일시하는 것은 잘못이다. 불트만은 요르크 백작에게서 해석자가 본문을 살피지만 본문도 해석자를 살핀다는 통찰을 가져온다. 이것이 바로 그가 그의 제자들, 특히 에른스트 푹스에게 전해 준 통찰이다. 불트만과 콜링우드의 관계를 너무 중시해서는 안 된다. 어쩌면 불트만은 자신이 주장했어야 하는 것보다 더 많은 것을 주장하고 있는지도 모르기 때문이다.

불트만의 신화관은 아주 심각한 난점들을 불러일으킨다. 이 난점들은 언어와 사유의 관계에 관한 그의 생각과 일부 관련이 있다. 그러나 진짜 난점은 바로 **불트만 자신의 체계 안에서는** 관련 신약성경 본문들을 **주해한** 결과에 기초한 그의 주장들을 확증하거나 부인하기가 불가능하다는 것이다. 불트만은 모든 본문을 이미 비신화화된 신화를 표현한 것, **아니면** 본문의 참된 의도를 가려 버린 신화로 본다. 불트만은, 적어도 바울 서신과 요한 문헌의 글에서는, **본문이 불트만 자신이 신약성경을 바라보는 시각과 일치하는 경우에만** 그 본문이 성경 저자의 진정한 의도를 나타낸다고 인정할 때가 매우 많다. 따라서 그는 신약성경을 하나의 전일체로 보는 견해를 밑받침하고자 내용비평을 활용하는데, 결국 이 때문에 주해에 기초한 불트만의 주장을 반박할 수 있는 가능성이 사라지고 만다. 물론 주해에 근거한 평가를 불트만의 체계 **밖**에서 제시할 수도 있지만, 그는 늘 이런 평가가 자신의 논지를 제대로 간파하지 못한다고 주장하곤 한다.

사람들이 널리 알고 있는 또 다른 난점이 많이 있다. 예를 들면, 우리는 불트만이 제시하는 신화의 세 정의가 서로 일관성을 갖고 있는지 물어봐야 한다. 그러나 언어 및 의미 문제와 관련 있는 두 비판이 있다. 첫째, 불트만은 언어를 언어 뒤편에 있는 사유나 의도에서 떼어 낼 수 있는 겉옷으로 보는 경향이 있다. 하지만 가다머와 비트겐슈타인은 이런 견해가 가진 난점을 제시한다. 둘째, 불트만은 사실과 가치를 구분하는 이원론을 취한다. 이 때문에 그는 비트겐슈타인이 공적 의미 기준에 관하여 제시한 경고를 받아들이지 못한다. 그는 구약성경을 공중이 다가갈 수 있는 전통을 담은 자료로 여기며 평가 절하한다. 아울러 계시를 객관화 너머의 영역에만 존재하는 것으로 보기 때문에, 계시도 그 의미의 기초를 잃어버린다.

가다머는 해석학에서 경험, 전통, 사전 판단이 하는 역할을 올바로 강조한다. 그가 경험을 강조한다는 점은 그가 예술과 놀이, 철학사를 논한 내용이 확증한다. 그는 올바르게도 해석학에서 신선한 감각을 갖고 새 진리에 열린 자세를 가지며 우리 자신의 사전 판단을 최대한 많이 인식하도록 하라고 요구한다. 가다머가 말하는 지평 융합 개념은 해석학의 이론과 실제에 아주 유익하다.

가다머가 거리를 강조하면서도 동시에 (가능한 한) 융합을 강조한다는 점은 주해와 조직신학의 관계와 관련하여 몇 가지 결론을 제시한다. 주해가 어떤 신학 전통에 굴복하면, 거리 두기의 필요성이 훨씬 더 절박해진다. 그러나 19세기의 일부 성서학자들이 목표로 삼았던 것처럼, 오로지 거리 두기만을 목표로 삼으면 메마르고 열매 없는 신학이 나오게 된다. 주해나 조직신학 모두 그것만이 최종 해답일 수 없으며, 서로 완전히 별개가 될 수도 없다. 딤, 오트, 슈툴마허는 이 문제를 아주 유익하게 설명했다.

새 해석학은 가다머는 물론 하이데거의 후기 사상에도 큰 빚을 지고 있다. 푹스는 언어사건과 Einverständnis(공감)라는 범주를 탐구하여 성과를 남겼다. 푹스와 에벨링의 작업 및 펑크와 미국의 크로산이 한 작업에는 여러모로 유사점이 있다. 그렇지만 새 해석학은 비록 유망하고 가치가 있긴 해도 한쪽에 치우친 약점을 갖고 있다. 새 해석학의 언어관은 때로 말 마술에 너무 가까우며, 언어가 관습에 기초한다는 사실을 무시하는 경향이 있다. 더군다나, 새 해석학은 언명의 지위를 깎아내리면서, 진술이 행하는 기능이 복잡하고 다양함을 간과한다. 심지어 수행 언어도 어떤 관습과 사태를 전제한다. 이보다 더 심각한 문제는, 하나님 말씀이 듣는 이를 판단한다는 푹스의 타당한 통찰과 어쨌든 듣는 이 자신이 여전히 진리를 판단하는 기준이라는 푹스 자신의 주장을 조화시키기가 힘들다는 점이다. 진리는 내게 참인 것과 관련된 문제가 되고 말았다. 마지막으로, 새 해석학과 신약성경의 연관성은 그 정도가 본문에 따라, 또는 어쩌면 장르에 따라 너무 편차가 심하다.

하이데거와 비트겐슈타인의 관계를 주제로 삼은 2차 문헌이 점점 더 많아지고 있다. 우리는 2장 도입부에서 한 말을 통해 이런 문헌들에서 제시하는 주장을 일부 소개했다. 『논리-철학 논고』는 사실과 가치를 구분하는 이원론을 드러내는데, 이는 불트만의 연구 뒤에 자리한 배경과 똑같이 신칸트 철학을 그 배경으로 삼고 있다. 『논리-철학 논고』는 실증주의 작품은 아니다. 초기 비트겐슈타인은 가치를 사실에 관한 명제의 한계를 초월하는 것으로 본다. 그러나 이것이 가치가 중요하지 않다는 말은 아니다. 사실은 그 반대가 옳다. 『논리-철학 논고』에서 말하는 "보여 줌"은 후기 하이데거가 말하는 "말함"과 같다. 둘 모두 정말 중요한 것에 관심을 보인다.

하지만 비트겐슈타인은 불트만과 달리 이런 이원론을 포기한다. 그는 모든 언어가 비단 형식 논리뿐만 아니라 인간의 삶이라는 흐름에 근거한다고 본다.

언어 게임도 하이데거가 말하는 "세계"처럼 주어진 것이다. 우리는 언어를 미래의 경험과 따로 떼어 일반화하지 못한다. 언어도 살아 있으며 자라기 때문이다. 따라서 언어 게임이 해석학의 핵심 범주를 이룬다. 해석학은 특정 언어 게임 **밖**에서 질문하기를 피한다. 해석자의 개념 또는 언어 용법과 텍스트의 개념 내지 언어 용법은 특정한 언어 게임에 속한다. 언어 게임, 그리고 이 언어 게임이 형성하는 개념들은 시간이 흐름에 따라 상황이 바뀌면 그에 따라 바뀐다. 비트겐슈타인은, 일부 비트겐슈타인 해석자들이 주장하듯이 다원주의와 상대주의로 나아가는 문을 열지 않았다. 그러나 그는 분명 특수한 사례의 중요성을 인정하며, 두 지평의 각 지평이 가지는 특수성이 해석학의 첫째 원리임을 인정한다.

비트겐슈타인이 사적 언어에 관하여 제시하는 경고는 불트만 해석학의 주요 난점을 정확히 지적한다. 비트겐슈타인은 언어 규칙이 행위 및 언어 용법과 관련하여 공중이 접근할 수 있는 전통을 전제한다고 주장한다. 성경에서는 하나님이 이스라엘의 삶과 전통 속에서 행하신 구원 행위를 이야기하는 구약성경 기사가 이런 전통을 제시한다. 그러나 우리가 보았듯이, 불트만은 이런 전통을 "이 세상의 것"이라며 평가 절하한다. 사실은 바로 이런 맥락에서 신칸트 사상의 이원론은 불가능한 딜레마를 하나 안겨 준다. 계시는 공중이 접근할 수 있는 전통이 전제하는 어떤 객관화를 포함하는가, 아니면 여전히 '사적' 언어로 전달이 불가능한 것으로 남아 있는가 하는 문제다. 불트만이 딜타이가 말한 "삶" 개념을 사용한다는 것은 그가 이 문제를 어느 정도 인식하고 있었음을 시사하지만, 그것만으로는 그가 이 난점을 벗어나기에 불충분했다.

개념 문제와 논리 문제에 관한 비트겐슈타인의 소견은 신약성경의 몇몇 특수한 이슈를 설명해 준다. 바울 서신에 들어 있는 다양한 부류의 '문법' 발화를 구분하고, 그 발화의 배경인 삶의 정황과 관련하여 어떤 결론을 제시한 점은 탁월하다. 이는 '우리 사유의 발판'을 형성하는 모든 가설을 진정한 신학적 확신의 산물이라기보다 반드시 문화와 관련이 있는 것으로 묘사하는 데 신중해야 한다는 것을 일러 준다. 아울러 이것은 예수의 비유에서 나타나는 '보여 줌'과 바울 서신에서 나타나는 '논증' 사이에 확실하고 분명한 차이가 있다고 섣불리 가정해서는 안 된다는 것을 일러 준다. 어쩌면 이 두 담화 양식은 보통 사람들이 상상하는 것보다 그리 멀리 떨어져 있지 않을지도 모른다. 그림과 언어적 권면은 우리가 세계를 보고 우리 삶을 정돈하는 방법에 깊은 영향을 준다.

신약성경에서 사용하는 몇몇 개념은 다형 개념이다. 학자들이 이 원리가 신약성경에서 말하는 "믿음", "육", "진리"와 같은 경우에서 어떻게 작동하고 있는지 알아차렸다면, 몇몇 심각한 잘못은 피할 수 있었을지도 모른다. 우리는 비트겐슈타인의 사상에서 가져온 몇몇 요소를 바울 서신에서 말하는 이신칭의와 관련하여 지금도 계속되는 다섯 문제에 적용함으로써 연구를 마무리했다. 이 내용에는 비트겐슈타인이 "…을…으로 봄"에 관하여 한 말도 들어 있었다. **의인인 동시에 죄인**이라는 말은 상반된 두 확언을 나타낸 것이 아니라, 서로 다른 언어 게임에서 나온 두 평가를 담은 말이다. 바울의 글에서, 믿음은 칭의의 도구가 아니라 칭의 개념의 문법을 이루는 일부분으로서 칭의와 내밀한 관계를 맺고 있다.

이 연구서 서두에서는 철학적 서술을 활용하면 신약성경 해석자가 세 측면에서 도움을 받으리라고 주장했다. 첫째, 철학적 서술은 신약성경 해석자가 해석학 과업의 본질을 정의하는 데 도움을 줄 것이다. 둘째, 철학적 서술은 본문 각 부분을 해석할 개념 도구를 제공할 것이다. 셋째, 철학적 서술은 해석자가 자신의 전제를 찾아내 자신의 비판 능력을 넓히는 데 도움을 줄 것이다. 이 세 목표를 어느 정도 이루게 된다면, 즉 한쪽에 치우치거나 뒤틀린 신약성경 해석으로 이어지지 않으면서 철학적 고찰을 해석학 논쟁에 들여온다면, 이는 본문이 본래 의미대로 더 분명히 이야기할 수 있는 것과 관련하여 더 넓은 전이해를 해석자에게 제공할 것이다. 해석학의 목표는 지평 융합을 향하여 꾸준히 전진하는 것이다. 그러나 이 목표는 각 지평의 특수성을 온전히 고려하고 존중할 때에 비로소 이룰 수 있다. 이는 곧 본문의 권리를 존중하면서 동시에 본문이 말할 수 있게 함을 뜻한다.

참고문헌

Paul J. ACHTEMEIER, "How Adequate is the New Hermeneutic?" in *Th.T.* XXIII (1966), pp. 105-111.

―――, *An Introduction to the New Hermeneutic*. Westminster Press, Philadelphia, 1969.

W. F. ALBRIGHT, *New Horizons in Biblical Research*. Oxford University Press, 1966.

V. C. ALDRICH, "Pictorial Meaning, Picture-Thinking, and Wittgenstein's Theory of Aspects" in *Mind* LXVII (1958), pp. 70-79.

Bede ALLEMANN, *Hölderlin et Heidegger: Recherche de la relation entre poésie et pensée*. Presses Universitaires de France, Paris, 1959.

E. L. ALLEN, *Existentialism from Within*. Routledge & Kegan Paul, London, 1953.

William P. ALSTON, *Philosophy of Language*. Prentice-Hall, Englewood Cliffs, N.J., 1964.

Stephen AMDUR and Samuel A. HORINE, "An Index to Philosophically Relevant Terms in Wittgenstein's *Zettel*" in *I.P.Q.* X (1970), pp. 310-322.

F. AMIOT, *The Key Concepts of St. Paul*. Eng. Herder, Freiburg, 1962.

G. E. M. ANSCOMBE, *An Introduction to Wittgenstein's Tractatus*. Hutchinson, London, 1959.

―――, *Intention*. Blackwell, Oxford, ^{2}1963.

Karl-Otto APEL, "Wittgenstein und das Problem des hermeneutischen Verstehen" in *Z.Th.K.* LXIII (1966), pp. 49-87.

―――, *Analytic Philosophy of Language and the Geisteswissenschaften*. Reidel, Dordrecht, 1967 (Foundations of Language, Supplementary Series 4).

John L. AUSTIN. *Philosophical Papers*. Clarendon Press, Oxford, 1961 and ^{2}1971.

―――, *How to Do Things with Words*. Clarendon Press, Oxford, 1962. 『말과 행위』(서광사).

A. J. AYER, *Language, Truth and Logic*. Gollancz, London, ^{2}1946, Penguin edn. 1971. 『언어, 논리, 진리』(나남출판).

Renford BAMBROUGH, "How to Read Wittgenstein" in *Royal Institute of Philosophy Lectures VII: Understanding Wittgenstein*. Macmillan, London, 1974, pp. 117-132.

Ian G. BARBOUR, *Myths, Models and Paradigms: The Nature of Scientific and Religious Language*. S.C.M., London, 1974.

James BARR, *The Semantics of Biblical Language*. Oxford University Press, 1961.

―――, *Old and New in Interpretation: A Study of the Two Testaments*. S.C.M., London, 1966.

―――, *The Bible in the Modern World*. S.C.M., London, 1973.

C. K. BARRETT, *The Gospel according to St. John*. S.P.C.K., London, 1958. 『요한복음』(한국신학연구소).

―――, *A Commentary on the Epistle to the Romans*. Black, London, ²1962.

―――, *A Commentary on the First Epistle to the Corinthians*. Black, London, 1968.

William BARRETT, *What is Existentialism?* Grove Press, New York, 1964.

Karl BARTH, *The Word of God and the Word of Man*. Eng. Hodder & Stoughton, London, 1928.

―――, *The Epistle to the Romans*. Eng. Oxford University Press, 1933 and 1968. 『로마서』(복있는사람).

―――, *Church Dogmatics* I/2. Eng. Clark, Edinburgh, 1956. 『교회교의학』(대한기독교서회).

―――, *From Rousseau to Ritschl*. Eng. S.C.M., London, 1959.

Hans-Werner BARTSCH (ed.), *Kerygma und Mythos: Ein theologisches Gesprach* (6 vols. with supplements). Reich & Heidrich, Evangelischer Verlag, Hamburg, 1948 onwards. Selections in English in *Kerygma and Myth* (2 vols.). S.P.C.K., London, ²1964 and 1962.

G. R. BEASLEY-MURRAY, "Demythologized Eschatology" in *Th.T.* XIV (1957), pp. 61-79.

Lewis White BECK, "Neo-Kantianism" in P. Edwards (ed.), *The Encyclopedia of Philosophy*. 8 vols.; Macmillan & Free Press, New York, 1967, V, pp. 468-473.

Michael BEINTKER, *Die Gottesfrage in der Theologie Wilhelm Herrmanns*. Evangelische Verlagsanstalt, Berlin, 1976.

Richard H. BELL, "Wittgenstein and Descriptive Theology" in *R.St.* V (1969), pp. 1-18.

Jean-Marie BENOIST, *The Structural Revolution*. Weidenfeld and Nicolson, London, 1978.

Max BLACK, "Linguistic Relativity: The Views of Benjamin Lee Whorf" in *Ph.R.* LXVIII (1959), pp. 228-238.

―――, *Models and Metaphors: Studies in Language and Philosophy*. Cornell University Press, Ithaca, New York, 1962.

_____, *The Labyrinth of Language*. Pall Mall Press, London, 1968.

H. J. BLACKHAM, *Six Existentialist Thinkers*. Routledge & Kegan Paul, London, ²1961.

E. C. BLACKMAN, *Biblical Interpretation*. Independent Press, London, 1957.

_____, "New Methods of Parable Interpretation" in *C.J.T.* XV (1969), pp. 3-13.

José Míguez BONINO, *Revolutionary Theology Comes of Age*. Eng. S.P.C.K., London, 1975.

_____, "Theology and Theologians of the New World: II, Latin America" in *Exp.T.* LXXXVII (1976), pp. 196-200.

Pierre BONNARD, *L'épitre de Saint Paul aux Galates*. Delachaux et Niestlé, Neuchâtel, 1953

G. BORNKAMM, "Faith and Reason in Paul" in *Early Christian Experience*. Eng. S.C.M., London, 1969, pp. 29-46.

_____, *Paul*. Eng. Hodder and Stoughton, London, 1972. 『바울』(이화여자대학교출판문화원).

Maurice BOUTIN, *Relationalität als Verstehensprinzip bei Rudolf Bultmann*, Beiträge zur evangelischen Theologie 67. Kaiser, Munich, 1974.

Carl E. BRAATEN, "How New is the New Hermeneutic?" in *Th.T.* XXII (1965), pp. 218-235.

_____, *History and Hermeneutics* (New Directions in Theology Today 2). Lutterworth Press, London, 1968.

Herbert E. BREKLE, *Semantik: Eine Einführung in die sprachwissenschaftlich Bedeutungslehre*. Fink, Munich, 1972.

John BRIGHT, *The Authority of the Old Testament*. S.C.M., London, 1967. 『구약성경의 권위』(컨콜디아사).

Colin BROWN, *Philosophy and the Christian Faith*. Tyndale Press, London, 1969. 『철학과 기독교 신앙』(기독교문서선교회).

_____ ed., *History, Criticism, and Faith*. Inter-Varsity Press, London, 1976.

James BROWN, *Subject and Object in Modern Theology*. S.C.M., London, 1955.

R. L. BROWN, *Wilhelm von Humboldt's Conception of Linguistic Relativity*. Mouton, The Hague, 1967.

Stuart C. BROWN, *Do Religious Claims Make Sense?* S.C.M., London, 1969.

F. F. BRUCE, *I and II Corinthians*. Oliphants, London, 1971.

F. F. BRUCE and E. G. RUPP (eds.), *Holy Book and Holy Tradition*. Manchester University Press, 1968, p. 130.

Karl BÜHLER, *Sprachtheorie: Die Darstellungsfunktion der Sprache*. Fischer, Jena, 1934.

Rudolf BULTMANN, *Der Stil der paulinischen Predigt und die kynische-stoische*

Diatribe. Vandenhoeck & Ruprecht, Göttingen, 1910.
_____, "Das Problem der Ethik bei Paulus" in _Z.N.W._ XXIII (1924), pp. 123-140.
_____, "Die Geschichtlichkeit des Daseins und der Glaube: Antwort an Gerhardt Kühlmann" in _Z.Th.K._ N.F. XI (1930), pp. 339-364; Eng. "The Historicity of Man and Faith" in _Existence and Faith_, pp. 107-129.
_____, "Paulus" in _Religion in Geschichte und Gegenwart_ 4. Mohr, Tübingen, ²1930, cols. 1019-1045; Eng. in _E.F._, pp. 130-172.
_____, "To Love your Neighbour" in _Scottish Periodical_ I (1947), pp. 42-56.
_____, _Jesus_. Mohr, Tübingen, ³1951. Eng. _Jesus and the Word_. Fontana edn., Collins, London, 1958. 『예수』(이화서림).
_____, "History and Eschatology in the New Testament" in _N.T.S._ I (1954), pp. 5-16.
_____, _Essays Philosophical and Theological_ (Eng. of _Glauben und Verstehen_ II). S.C.M., London, 1955.
_____, _Theology of the New Testament_ (2 vols.). Eng. S.C.M., London, 1952 and 1955. 『신약성서신학』(한국성서연구소).
_____, _History and Eschatology_. Edinburgh University Press, 1957. 『역사와 종말론』(대한기독교서회).
_____, "Milestones in Books" in _Exp.T._ LXX (1959), p. 125.
_____, _Jesus Christ and Mythology_. S.C.M., London, 1960. 『예수 그리스도와 신화』(한국로고스연구원).
_____, _This World and Beyond: Marburg Sermons_. Lutterworth Press, London, 1960.
_____, _The History of the Synoptic Tradition_. Eng. Blackwell, Oxford, 1963.
_____, _Existence and Faith: Shorter Writings of Rudolf Bultmann_ (ed. by S. M. Ogden). Eng. Fontana edn., Collins, London, 1964.
_____, "The Significance of the Old Testament for the Christian Faith" in B. W. Anderson (ed.), _The Old Testament and Christian Faith_. S.C.M., London, 1964, pp. 8-35.
_____, _Glauben und Verstehen: Gesammelte Aufsätze_ (4 vols.). Mohr, Tübingen, 1964-1965.
_____, _Faith and Understanding_ I (Eng. of _Glauben und Verstehen_ I). S.C.M., London, 1969.
_____, _The Gospel of John: A Commentary_. Eng. Blackwell, Oxford, 1971.
Paul M. van BUREN, _Theological Explorations_. S.C.M., London, 1968.
_____, _The Edges of Language_. S.C.M., London, 1972.
James T. BURTCHAELL, _Catholic Theories of Biblical Inspiration since 1810_. Cambridge University Press, 1969.
Herbert BUTTERFIELD, _Man on his Past: The Study of the History of Historical Scholarship_.

Cambridge University Press, 1955.
Henry J. CADBURY, *The Peril of Modernizing Jesus*. Macmillan, 1937; rpt. S.P.C.K., London, 1962.
G. B. CAIRD, "On Deciphering the Book of Revelation: Myth and Legend" in *Exp.T.* LXXIV (1962-1963), pp. 103-105.
David CAIRNS, *A Gospel without Myth? Bultmann's Challenge to the Preacher*. S.C.M., London, 1960.
Jean CALLOUD, *Structural Analysis of Narrative*. Fortress Press, Philadelphia, and Scholars Press, Missoula, 1976.
John CALVIN, *The Epistles of Paul the Apostle to the Romans and to the Thessalonians*. Eng. Oliver & Boyd, Edinburgh, 1960.
―――, *The Epistles of Paul the Apostle to the Galatians, Ephesians, Philippians, and Colossians*. Eng. Oliver & Boyd, Edinburgh, 1965.
S. P CARSE, "Wittgenstein's Lion and Christology" in *Th.T.* XXIV (1967), pp. 148-159.
Ernst CASSIRER, *Language and Myth*. Eng. Harper, New York, 1946. 『언어와 신화』 (지만지).
Charles E. CATON (ed.), *Philosophy and Ordinary Language*. University of Illinois Press, Urbana, 1963.
Stanley CAVELL, "Existentialism and Analytical Philosophy" in *Daedalus* XCIII (1964), pp. 946-974.
―――, "The Availability of Wittgenstein's Later Philosophy" in George Pitcher (ed.), *Wittgenstein: The Philosophical Investigations* (Macmillan, London, 1968), pp. 151-185.
―――, *Must We Mean What We Say?* Cambridge University Press, 1976.
Albert CHAPELLE, *L'ontologie phénoménologique de Heidegger: Un commentaire de "Sein und Zeit."* Editions universitaires, Paris, 1962.
Brevard S. CHILDS, *Myth and Reality in the Old Testament*. S.C.M., London, ²1962.
―――, *Biblical Theology in Crisis*. The Westminster Press, Philadelphia, 1970. 『성경신학의 위기』(크리스천다이제스트).
Hermann COHEN, *Logik der reinen Erkenntniss*. Bruno Cassirer, Berlin, 1902.
R. G. COLLINGWOOD. *An Autobiography*. Oxford University Press, 1939.
―――, *The Idea of History*. Clarendon Press, Oxford, ²1946; rpt. 1961. 『서양사학사』 (탐구당).
H. CONZELMANN, *An Outline of the Theology of the New Testament*. Eng. S.C.M., London, 1968.
Christopher COOPE et al., *A Wittgenstein Workbook*. Blackwell, Oxford, 1971.
I. M. COPI, "Objects, Properties, and Relations in the *Tractatus*" in I. M. Copi and R.

W. Beard (eds.), *Essays on Wittgenstein's Tractatus*. Routledge & Kegan Paul, London, 1966.

John D. CROSSAN, *In Parables: The Challenge of the Historical Jesus*. Harper & Row, New York, 1973.

_____, *The Dark Interval: Towards a Theology of Story*. Argus Communications, Niles, Illinois, 1975. 『어두운 간격』(한국기독교연구소).

David CRYSTAL, *Linguistics, Language, and Religion*. Burns & Oates, London, 1965.

N. A. DAHL, *The Crucified Christ and Other Essays*. Augsburg Press, Minneapolis, 1974.

Martin DIBELIUS and Heinrich GREEVEN, *James: A Commentary on the Epistle of James*. Eng. Fortress Press, Philadelphia, 1976.

John DILLENBERGER, "On Broadening the New Hermeneutic" in J. M. Robinson and J. B. Cobb, Jr. (eds.), *New Frontiers in Theology: II, The New Hermeneutic* (cited below).

Wilhelm DILTHEY, *Gesammelte Schriften* (12 vols.). Teubner, Stuttgart, 1962 edn., especially Vol. VII.

Erich DINKLER, "Martin Heidegger" in Carl Michaelson (ed.), *Christianity and the Existentialists*. Scribner, New York, 1956, pp. 97-127.

_____ (ed.), *Zeit und Geschichte: Dankesgabe an Rudolf Bultmann zum 80. Geburtstag*. Mohr, Tübingen, 1964.

C. H. DODD, *The Epistle of Paul to the Romans*. Hodder & Stoughton, London, 1932.

_____, The Parables of the Kingdom. Nisbet, London, 1936.

William H. DRAY, *Philosophy of History*. Prentice-Hall, Englewood Cliffs, N.J., 1964.

Gerhard EBELING. "Hermeneutik" in *Die Religion in Geschichte und Gegenwart*, 3rd edn. Mohr, Tübingen, III (1959), cols. 242-262.

_____, *The Nature of Faith*. Eng. Collins, London, 1961. 『신앙의 본질』(대한기독교서회).

_____, *Word and Faith*. Eng. S.C.M., 1963, especially "Word of God and Hermeneutics", pp. 305-332.

_____, *Theology and Proclamation: A Discussion with Rudolf Bultmann*. Collins, London, 1966.

_____, *God and Word*. Eng. Fortress Press, Philadelphia, 1967.

_____, *The Problem of Historicity in the Church and its Proclamation*. Fortress Press, Philadelphia, 1967.

_____, *The Word of God and Tradition*. Eng. Collins, London, 1968.

_____, "Time and Word" in James M. Robinson (ed.), *The Future of Our Religious Past: Essays in Honour of Rudolf Bultmann*. S.C.M., London, 1971, pp. 247-266; from E. Dinkler (ed.), *Zeit und Geschichte* (cited above), pp. 341-356.

_____, *Luther: An Introduction to his Thought*. Eng. Collins, London, 1972.

_____, *Introduction to a Theological Theory of Language*. Eng. Collins, London, 1973. 『언어신학서설』(중앙신학교출판부).

Paul EDWARDS (ed.), *The Encyclopedia of Philosophy*. Macmillan and Free Press, New York, 1967. 8 vols.

Mircea ELIADE, *Myths, Dreams, and Mysteries: The Encounter between Contemporary Faiths and Archaic Reality*. Eng. Fontana Library, Collins, London, 1968. 『신화·꿈·신비』(도서출판 숲).

Paul ENGELMANN, *Letters from Ludwig Wittgenstein: With a Memoir*. Blackwell, Oxford, 1967.

Christopher F. EVANS, *Is 'Holy Scripture' Christian? And Other Questions*. S.C.M., London, 1971.

Donald D. EVANS, *The Logic of Self-Involvement: A Philosophical Study of Everyday Language with Special Reference to the Christian Use of Language about God as Creator*. S.C.M., London, 1963.

K. T. FANN (ed.), *Ludwig Wittgenstein: The Man and his Philosophy*. Delta Books, Dell, New York, 1967.

Frederick W. FARRAR, *History of Interpretation*. Dutton, New York, 1886; rpt. Baker, Grand Rapids, Mich., 1961.

Thomas FAWCETT, *Hebrew Myth and Christian Gospel*. S.C.M., London, 1973.

A. G. N. FLEW and A. MACINTYRE (eds.), *New Essays in Philosophical Theology*. S.C.M., London, 1955.

J. A. FODOR and J. J. KATZ (eds.), *The Structure of Language: Readings in the Philosophy of Language*. Prentice-Hall, Englewood Cliffs, N.J., 1964.

Hans FREI, *The Eclipse of Biblical Narrative: A Study in Eighteenth and Nineteenth Century Hermeneutics*. Yale University Press, New Haven, 1974. 『성경의 서사성 상실』(한국장로교출판사).

Ernst FUCHS, *Zum hermeneutischen Problem in der Theologie*. Mohr, Tübingen, 1959.

_____, *Zur Frage nach dem historischen Jesus*. Mohr, Tübingen, 1960. Partly translated as *Studies of the Historical Jesus*. S.C.M., London, 1964.

_____, "The New Testament and the Hermeneutical Problem" in James M. Robinson and J. B. Cobb, Jr. (eds.), *New Frontiers in Theology: II, The New Hermeneutic*. Harper & Row, New York, 1964, pp. 111-145.

_____, *Marburger Hermeneutik*. Mohr, Tübingen, 1968.

_____, *Hermeneutik*. Mohr, Tübingen, ⁴1970.

_____, "The Hermeneutical Problem" in J. M. Robinson (ed.), *The Future of Our Religious Past: Essays in Honour of Rudolf Bultmann*. S.C.M., London, 1971, pp. 267-278; from E. Dinkler (ed.), *Zeit und Geschichte* (cited above), pp. 357-366.

Robert W. FUNK, "Colloquium on Hermeneutics" in *Th.T.* XXI (1964), pp. 287-306.

_____, *Language, Hermeneutic and Word of God: The Problem of Language in the New Testament and Contemporary Theology.* Harper & Row, New York, 1966.

_____, *Jesus as Precursor* (Society of Biblical Literature, *Semeia* Supplement no. 2. Scholars Press, Missoula, and Fortress Press, Philadelphia, 1975.

Hans-Georg GADAMER, "Vom Zirkel des Verstehens" in *Festschrift Martin Heidegger zum siebzigsten Geburtstag.* Neske. Pfullingen. 1959. pp. 24-34.

_____, "Martin Heidegger und die Marburger Theologie" in E. Dinkler (ed.), *Zeit und Geschichte: Dankesgabe an Rudolf Bultmann zum 80. Geburtstag.* Mohr, Tübingen, 1964, pp. 479-490.

_____, *Wahrheit und Methode: Grundzüge einer philosophischen Hermeneutik. Mohr*, Tübingen, ²1965. Eng. *Truth and Method.* Sheed and Ward, London, 1975. 『진리와 방법』(문학동네).

_____, *Kleine Schriften* (4 vols.). Mohr, Tübingen, 1967, 1972, and 1977; Vols. I-III partly translated as *Philosophical Hermeneutics.* University of California Press, Berkeley, 1976.

_____, "The Problem of Language in Schleiermacher's Hermeneutic" in *J.T.C.* VII (1970), pp. 68-95.

_____, "The Power of Reason" in *M.W.* III (1970), pp. 5-15.

_____, "On the Scope and Function of Hermeneutical Reflection" in *Continuum* VIII (1970), pp. 77-95, and in *Philosophical Hermeneutics* (above).

Allan D. GALLOWAY, *Wolfhart Pannenberg.* Allen & Unwin, London, 1973.

Peter GEACH, "The Fallacy of 'Cogito Ergo Sum'", reprinted from *Mental Acts.* Routledge & Kegan Paul, London, 1957 in H. Morick (ed.), *Wittgenstein and the Problem of Other Minds.* McGraw-Hill, New York, 1967, pp. 211-214.

Peter GEACH and Max BLACK (eds.), *Translations from the Philosophical Writings of Gottlob Frege.* Blackwell, Oxford, 1952.

Claude GEFFRÉ, "Bultmann on Kerygma and History" in Thomas F. O'Meara and Donald M. Weisser (eds.), *Rudolf Bultmann in Catholic Thought.* Herder & Herder, New York, 1968.

Ernst GELLNER, *Words and Things.* Pelican edn., London, 1968.

Michael GELVEN, *A Commentary on Heidegger's 'Being and Time'.* Harper & Row, New York, 1970. 『존재와 시간 입문서』(시간과공간사).

A. Boyce GIBSON, *Theism and Empiricism.* S.C.M., London, 1970.

Jerry H. GILL, "Wittgenstein and Religious Language" in *Th.T* XXI (1964), pp. 59-72.

_____, "Saying and Showing: Radical Themes in Wittgenstein's *On Certainty*" in *R.S.* X (1974), pp. 279-290.

Hans Theodor GOEBEL, *Wort Gottes als Auftrag: Zur Theologie von Rudolf Bulfmann, Gerhard Ebeling, und Wolfhart Pannenberg*. Neukirchener Verlag, Neukirchen-Vluyn, 1972.

Friedrich GOGARTEN, *Demythologizing and History*. Eng. S.C.M., London, 1955.

Edwin M. GOOD, *Irony in the Old Testament*. S.P.C.K., London, 1965.

Anton GRABNER-HAIDER, *Semiotik und Theologie: Religiöse Rede zwischen analytischer und hermeneutischer Philsophie*. Kösel-Verlag, Münich, 1973.

J. G. GRAY, "Heidegger's Course: From Human Existence to Nature" in *J.Ph.* LIV (1957), pp. 197-207.

Prosper GRECH, "The 'Testimonia' and Modern Hermeneutics" in *N.T.S.* XIX (1973), pp. 318-324.

Marjorie GRENE, *Martin Heidegger*. Bowes & Bowes, London, 1957.

Robert H. GUNDRY, *Sōma in Biblical Theology with Emphasis on Pauline Anthropology*. Cambridge University Press, 1976; S.N.T.S. Monograph 29.

Donald F. GUSTAFSON (ed.), *Essays in Philosophical Psychology*. Anchor Books, Doubleday, New York, 1964.

D. GUTHRIE, *Galatians*. Nelson, London, 1969.

Gustavo GUTIÉRREZ, *A Theology of Liberation*. Eng. Orbis Books, Maryknoll, New York, 1973. 『해방신학』(분도출판사).

E. GÜTTGEMANNS, *Studia Linguistica Neotestamentica: Gesammelte Aufsätze zur linguistischen Grundlage einer Neutestamentlichen Theologie*; Beiträge zur evangelischen Theologie Bd. 60. Kaiser, Münich, 1971.

P. M. S. HACKER, *Insight and Illusion: Wittgenstein on Philosophy and the Metaphysics of Experience*. Oxford University Press, 1972.

Garth HALLETT, *Wittgenstein's Definition of Meaning as Use*. Fordham University Press, New York, 1967.

E. HALLER, "On the Interpretative Task" in *Int.* XXI (1967), pp. 158-167.

P. P. HALLIE, "Wittgenstein's Grammatical-Empirical Distinction" in *J.Ph.* LX (1963), pp. 565-578.

R. P. C. HANSON, *The Bible as a Norm of Faith*. Durham University Press, 1963.

R. HARRÉ, "Tautologies and the Paradigm-Case Argument" in *Analysis* XIX (1958), pp. 94-96.

Christian HARTLICH and Walter SACHS, *Der Ursprung des Mythosbegriffes in der modernen Bibelwissenschaft*. Mohr, Tübingen, 1952.

Justus HARTNACK, *Wittgenstein and Modern Philosophy*. Eng. Methuen, London, 1965.

Van Austin HARVEY, *The Historian and the Believer: The Morality of Historical Knowledge and Christian Belief*. S.C.M., London, 1967.

John M. HEATON, "Symposium on Saying and Showing in Heidegger and Wittgenstein —III" (with P. McCormick and E. Schaper) in *J.B.S.P.* III (1972), pp. 42-45.

G. W. F. HEGEL, *The Phenomenology of Mind*. Eng. Allen & Unwin, London, ²1964. 『정신현상학』(한길사).

Martin HEIDEGGER, *Being and Time*. Eng. Blackwell, Oxford, 1962, rpt. 1973. 『존재와 시간』(까치).

_____, *Kant and the Problem of Metaphysics*. Eng. Indiana University Press, Bloomington, 1959, and London, 1962. 『칸트와 형이상학의 문제』(한길사).

_____, *An Introduction to Metaphysics*. Eng. Yale University Press, New Haven, 1959, and London, 1959. 『형이상학 입문』(문예출판사).

_____, *Existence and Being*. With an introduction by W. Brock. Vision Press, London, ³1968. (including " Hölderlin and the Essence of Poetry").

_____, "The Way Back into the Ground of Metaphysics", English in Walter Kaufmann (ed.), *Existentialism from Dostoevsky to Sartre*. World Publishing Co., Meridian Books, Cleveland and New York, 1956, pp. 206-221.

_____, *Hegel's Concept of Experience*. Eng. Harper & Row, New York, 1970.

_____, *Holzwege*. Klostermann, Frankfurt, 1950. 『숲길』(나남).

_____, *Vorträge und Aufsätze*. Neske, Pfullingen, 1954. 『강연과 논문』(이학사).

_____, *Vom Wesen der Wahrheit*, Klostermann, Frankfurt, 1954, ⁴1961; also reprinted in *Wegmarken* (cited below). 『진리의 본질에 관하여』(까치).

_____, *Unterwegs zur Sprache*. Neske, Pfullingen, ²1960; all but one essay in English in *On the Way to Language*. Harper & Row, New York, 1971. 『언어로의 도상에서』(나남).

_____, *Gelassenheit*. Neske, Pfullingen, 1959. Translated into English in *Discourse on Thinking*. Harper & Row, New York, 1966. 『방념』(서광사).

_____, *Wegmarken*. Klostermann, Frankfurt am Main, 1967. 『이정표』(한길사).

_____, *Poetry, Language, and Thought*. Harper & Row, New York, 1971.

_____, *On Time and Being*. Eng. Harper & Row, New York, 1972.

Karl HEIM, *The Transformation of the Scientific World View*. Eng. S.C.M., London, 1953.

C. F. G. HEINRICI, *Der litterarische Charakter der neutestamentliche Schriften*. Durrsche Buchhandlung, Leipzig, 1908.

Paul HELM, "Revealed Propositions and Timeless Truths" in *R.St.* VIII (1972), pp. 127-136.

Ian HENDERSON, *Myth in the New Testament*. S.C.M., London, 1952.

_____, *Rodulf Bultmann*. Carey Kingsgate Press, London, 1958.

R. W. HEPBURN, "Demythologizing and the Problem of Validity" in A. Flew and A. MacIntyre (eds.), *New Essays in Philosophical Theology*. S.C.M., London, 1955, pp. 227-242.

_____, *Christianity and Paradox*. Watts, London, 1958.
Wilhelm HERRMANN, *Die Religion im Verhältnis zum Welterkennen und zur Sittlichkeit*. Niemeyer, Halle, 1879.
_____, *Systematic Theology*. Eng. Allen & Unwin, London, 1927.
_____, *The Communion of the Christian with God Described on the Basis of Luther's Statements*. Eng. S.C.M., London, 1972.
Helen HERVEY, "The Problem of the Model Language-Game in Wittgenstein's Later Philosophy" in *Philosophy* XXXVI (1961), pp. 333-351.
Marcus B. HESTER, *The Meaning of Poetic Metaphor: An Analysis in the Light of Wittgenstein's Claim that Meaning is Use*. Mouton, The Hague, 1967.
Dallas M. HIGH, *Language, Persons and Belief: Studies in Wittgenstein's 'Philosophical Investigations' and Religious Uses of Language*. Oxford University Press, New York, 1967.
E. D. HIRSCH, *Validity in Interpretation*. Yale University Press, New Haven, 1967.
_____, "Current Issues in Theory of Interpretation" in *J.R.* LV (1975), pp. 298-312.
_____, *The Aims of Interpretation*. University of Chicago Press, Chicago and London, 1976.
H. A. HODGES, *Wilhelm Dilthey: An Introduction*. Kegan Paul, Trench, & Trubner, London, 1944.
_____, *The Philosophy of Wilhelm Dilthey*. Routledge & Kegan Paul, London, 1952.
Peter HOMANS, "Psychology and Hermeneutics" in *J.R.* LV (1975), pp. 327-347.
Jasper HOPKINS, "Bultmann on Collingwood's Philosophy of History" in *H.T.R.* LVIII (1965), pp. 227-233.
William HORDERN, *Speaking of God: The Nature and Purpose of Theological Language*. Epworth Press, London, 1965.
Ingvar HORGBY, "The Double Awareness in Heidegger and Wittgenstein" in *Inquiry* II (1959), pp. 235-264.
John HOSPERS, *An Introduction to Philosophical Analysis*. Routledge & Kegan Paul, London, ²1967.
W. Donald HUDSON, *Ludwig Wittgenstein: The Bearing of his Philosophy upon Religious Belief*. Lutterworth Press, London, 1968. 『비트겐슈타인의 종교철학』(외계출판사).
_____, "Some Remarks on Wittgenstein's Account of Religious Belief" in *Royal Institute of Philosophy Lectures II, Talk of God*. Macmillan, London, 1969, pp. 36-51.
Hans JAEGER, *Heidegger und die Sprache*. Francke Verlag, Berne & Münich, 1971.
Allan JANIK and Stephen TOULMIN, *Wittgenstein's Vienna*. Wiedenfeld and Nicolson, London, 1973. 『비트겐슈타인과 세기말 빈』(필로소픽).

Joachim JEREMIAS, "Paul and James" in *Exp.T.* LXVI (1955), pp. 368-371.

_____, *The Parables of Jesus.* Eng. S.C.M., London, rev. edn. 1963. 『예수의 비유』(요나).

_____, *The Central Message of the New Testament.* Eng. S.C.M., London, 1965. 『신약성서의 중심 메시지』(은성).

Robert JEWETT, *Paul's Anthropological Terms: A Study of Their Use in Conflict Settings.* Brill, Leiden, 1971.

Roger A. JOHNSON, *The Origins of Demythologizing: Philosophy and Historiography in the Theology of Rudolf Bultmann.* Brill, Leiden, 1974.

Hans JONAS, *Gnosis und spätantiker Geist: II, 1, Von der Mythologie zur mystischen Philosophie.* Vandenhoeck & Ruprecht, Göttingen, 1954 (F.R.L.A.N.T. 45).

_____, "Epilogue: Gnosticism, Existentialism, and Nihilism" in *The Gnostic Religion.* Beacon Press, Boston, ²1963, pp. 320-340.

_____, "Heidegger and Theology" in *R.M.* XVIII (1964), pp. 207-233.

Geraint Vaughan JONES, *Christology and Myth in the New Testament.* Allen & Unwin, London, 1956.

_____, *The Art and Truth of the Parables.* S.P.C.K., London, 1964.

O. R. JONES (ed.), *The Private Language Argument.* Macmillan, London, 1971.

Peter R. JONES, "Biblical Hermeneutics" in *R.E.* LXXII (1975), pp. 139-147.

M. JOOS, "Semantic Axiom Number One" in *Language* XLVIII (1972), pp. 258-265.

Paul Henning JØRGENSEN, *Die Bedeutung des Subjekt-Objektverhältnisses für die Theologie: Der Theo-onto-logische Konflikt mit der Existenzphilosophie.* Theologische Forschung 46. Herbert Reich, Evangelischer Verlag, Hamburg, 1967.

Adolf JÜLICHER, *Die Gleichnisreden Jesu* (2 vols.). Mohr, Tübingen and Freiburg, ²1899.

Eberhard JÜNGEL, *Paulus und Jesus: Eine Untersuchung zur Präzierung der Frage nach dem Ursprung der Christologie.* Mohr, Tübingen, ³1967. 『바울과 예수』(이화여자대학교출판부).

Martin KÄHLER, *The So-Called Historical Jesus and the Historic Biblical Christ.* Eng. ed. by Carl E. Braaten. Fortress Press, Philadelphia, 1964.

Ernst KÄSEMANN, *Leib und Leib Christi.* Mohr, Tübingen, 1933; Beiträge zur historischen Theologie 9.

_____, *New Testament Questions of Today.* Eng. S.C.M., London, 1969.

_____, *Perspectives on Paul.* Eng. S.C.M., London, 1971. 『바울신학의 주제』(종로서적).

Charles W. KEGLEY (ed.), *The Theology of Rudolf Bultmann.* S.C.M., London, 1966.

Alan KEIGHTLEY, *Wittgenstein, Grammar and God.* Epworth Press, London, 1976.

David H. KELSEY, *The Uses of Scripture in Recent Theology.* S.C.M., London, 1975.

Anthony KENNY, *Wittgenstein*. Penguin Books edn., London, 1975. 『비트겐슈타인』 (철학과현실사).

F. KERR, "Language as Hermeneutic in the Later Wittgenstein" in *Tijdskrift voor Filosophie* XXVII (1965), pp. 491-520.

R. KIEFFER, *Essais de méthodologie néotestamentaire*. Gleerup, Lund, 1972.

S. KIERKEGAARD, *Concluding Unscientific Postscript to the Philosophical Fragments*. Eng. Princeton University Press, 1941.

_____, *Purity of Heart is to Will One Thing*. Eng. Fontana, Collins, London, 1961.

Heinz KIMMERLE, "Hermeneutical Theory or Ontological Hermeneutics" in *J.T.C.* IV (1967), pp. 107-121.

Magda KING, *Heidegger's Philosophy: A Guide to his Basic Thought*. Blackwell, Oxford, 1964.

Andrew KIRK, *The Theology of Liberation in the Latin American Roman Catholic Church Since 1965: An Examination of its Biblical Basis*. Unpublished Ph.D. thesis, University of London, 1975.

_____, *Liberation Theology: An Evangelical View From the Third World*. Marshall, Morgan, & Scott, London, 1979. 『복음주의 입장에서 본 해방신학』(엠마오).

Theodore KISIEL, "The Happening of Tradition: The Hermeneutics of Gadamer and Heidegger" in *M.W.* II (1969), pp. 358-385.

John KNOX, *Myth and Truth: An Essay on the Language of Faith*. Carey Kingsgate Press, London, 1966.

Peter KREEFT, "Zen in Heidegger's Gelassenheit" in *I.P.Q.* XI (1971), pp. 521-545.

W. G. KÜMMEL, *The New Testament: The History of the Interpretation of its Problems*. Eng. S.C.M., London, 1973.

Gerhardt KULHMANN, "Zum theologischen Problem der Existenz: Fragen an Rudolf Bultmann" in *Z.Th.K.* N.F. X (1929), pp. 28-57.

Otto KUSS, *Der Römerbrief* (2 vols. to date). Pustet, Regensburg, ²1963.

G. E. LADD, "Eschatology and the Unity of New Testament Theology" in *Exp.T.* LVVIII (1957), pp. 268-273.

Samuel LAEUCHLI, *The Language of Faith: An Introduction to the Semantic Dilemma of the Early Church*. Epworth Press, London, 1965.

L. LANDGREBE, "The Study of Philosophy in Germany. A Reply to Walter Cerf" in *J.Ph.* LIV (1957), pp. 127-131.

Thomas LANGAN, *The Meaning of Heidegger: A Critical Study of an Existentialist Phenomenology*. Routledge & Kegan Paul, London, 1959.

Roger LAPOINTE, "Hermeneutics Today" in *B.T.B.* II (1972), pp. 107-154.

Nicolas LASH, *Change in Focus: A Study of Doctrinal Change and Continuity*. Sheed

& Ward, London, 1973.

F. J. LEENHARDT, *The Epistle to the Romans*. Eng. Lutterworth, London, 1961.

G. E. LESSING, "On the Proof of the Spirit and of Power" in H. Chadwick (ed.), *Lessing's Theological Writings*. Black, London, 1956, pp. 51-56.

Hans LIETZMANN, *An Die Korinther I-II*. Mohr, Tübingen, 1949.

Eta LINNEMANN, *Parables of Jesus: Introduction and Exposition*. Eng. S.P.C.K., London, 1966.

Bernard J. F. LONERGAN, *Insight: A Study of Human Understanding*. Longmans, Green & Co., London, ^{2}1958.

_____, *Method in Theology*. Darton, Longman & Todd, London, 1972.

Hermann LÜDEMANN, *Die Anthropologie des Apostels Paulus und ihre Stellung innerhalb seiner Heilslehre*. University, Kiel, 1872.

John LYONS, *Introduction to Theoretical Linguistics*. Cambridge University Press, 1968.

John MACQUARRIE, *An Existentialist Theology: A Comparison of Heidegger and Bultmann*. S.C.M., London, 1955; rpt. by Pelican Books, London, 1973.

_____, *The Scope of Demythologizing: Bultmann and his Critics*. S.C.M., London, 1960.

_____, "Modern Issues in Biblical Studies: Christian Existentialism in the New Testament" in *Exp.T.* LXXI (1960), pp. 177-180.

_____, *Studies in Christian Existentialism*. S.C.M., London, 1966.

_____, "Philosophy and Theology in Bultmann's Thought" in C. W. Kegley (ed.), *The Theology of Rudolf Bultmann* (cited above), pp. 127-143.

_____, *God-Talk: An Examination of the Language and Logic of Theology*. S.C.M.: London, 1967.

_____, "Heidegger's Earlier and Later Work Compared" in *A.T.R.* XLIX (1967), pp. 3-16.

_____, *Martin Heidegger*. Lutterworth Press, London, 1968.

_____, *Existentialism*. World Publishing Co., New York, 1972; rpt. by Pelican Books, London, 1973.

Rudolf A. MAKKREEL, "Wilhelm Dilthey and the Neo-Kantians" in *J.H.P.* VII (1969), pp. 423-440.

Norman MALCOLM, *Ludwig Wittgenstein: A Memoir*. With G. H. von Wright. Oxford University Press, 1958. 『비트겐슈타인의 추억』(필로소픽).

_____, "Wittgenstein, Ludwig Josef Johann" in Paul Edwards (ed.), *The Encyclopedia of Philosophy* (cited above), VIII, pp. 327-340.

_____, "Wittgenstein's *Philosophische Bemerkungen*" in *Ph.R.* LXXVI (1967), pp. 220-229.

André MALET, *The Thought of Rudolf Bultmann*. Eng. Doubleday, New York, 1971.

L. MALEVEZ, *The Christian Message and Myth: The Theology of Rudolf Bultmann*. Eng. S.C.M., London, 1958.

René MARLÉ, *Introduction to Hermeneutics*. Burns & Oates, London, 1967.

A. MASLOW, *A Study in Wittgenstein's Tractatus*. University of California Press, Berkeley, 1961.

P. McCORMICK, E. SCHAPER, and J. M. HEATON, "Symposium on Saying and Sharing in Heidegger and Wittgenstein" in *J.B.S.P.* III (1972), pp. 27-45.

John McGINLEY, "Heidegger's Concern for the Lived-World in his DaseinAnalysis" in *Ph.T.* XVI (1972), pp. 92-116.

Manfred MEZGER, "Preparation for Preaching: the Route from Exegesis to Proclamation" in *J.T.C.* II (1965), pp. 159-179.

Otto MICHEL, *Der Römerbrief*. Vandenhoeck & Ruprecht, Göttingen, ⁴1966.

Giovanni MIEGGE, *Gospel and Myth in the Thought of Rudolf Bultmann*. Eng. Lutterworth Press, London, 1960.

Paul S. MINEAR, "The Cosmology of the Apocalypse" in W. Klassen and G. Snyder (eds.), *Current Issues in New Testament Interpretation*. S.C.M., London, 1962, pp. 23-37.

José Porfirio MIRANDA, *Marx and the Bible: A Critique of the Philosophy of Oppression*. Eng. Orbis Books, Maryknoll, New York, 1974. 『마르크스와 성서』(일월서각).

C. L. MITTON, *The Epistle of James*. Marshall, Morgan & Scott, London, 1966.

J. MOLTMANN, *Theology of Hope*. Eng. S.C.M., London, 1967. 『희망의 신학』(대한기독교서회).

————, "Towards a Political Hermeneutics of the Gospel" in *U.S.Q.R.* XXIII (1968), pp. 303-323.

A. L. MOORE, *The Parousia in the New Testament*. Brill, Leiden, 1966.

G. E. MOORE, *Philosophical Papers*. Allen & Unwin, London, 1959.

Robert MORGAN, *The Nature of New Testament Theology*. S.C.M., London, 1973. 『신약신학이란 무엇인가』(크리스천다이제스트).

Harold MORICK (ed.), *Wittgenstein and the Problem of Other Minds*. McGraw-Hill, New York, 1967.

C. MÜLLER, *Gottes Gerechtigkeit und Gottes Volk*. Vandenhoeck & Ruprecht, Göttingen, 1964.

C. W. K. MUNDLE, *A Critique of Linguistic Philosophy*. Clarendon Press, Oxford, 1970.

Franz MUSSNER, *The Historical Jesus in the Gospel of St. John*. Eng. Herder, Freiburg, and Burns & Oates, London, 1967.

Vernon H. NEUFELD, *The Earliest Christian Confessions*. Brill, Leiden, 1963.

Eugene A. NIDA, "The Implications of Contemporary Linguistics for Biblical Scholarship" in *J.B.L.* XCI (1972), pp. 73-89.

Eugene A. NIDA and Charles R. TABER, *The Theory and Practice of Translation*. Brill, Leiden, 1969.

Dennis E. NINEHAM, "The Use of the Bible in Modern Theology" in *B.J.R.L.* LII (1969), pp. 178-199.

_____, *New Testament Interpretation in an Historical Age* (Ethel M. Wood Lecture). Athlone Press, London, 1976.

_____, *The Use and Abuse of the Bible: A Study of the Bible in an Age of Rapid Cultural Change*. Macmillan, London, 1976.

_____ (ed.), *The Church's Use of the Bible Past and Present*. S.P.C.K., London, 1963.

Albrecht OEPKE, *Der Brief des Paulus an die Galater*. Evangelische Verlag, Berlin, ^{3}1964.

Schubert OGDEN, "Bultmann's Project of Demythologization and the Problem of Theology and Philosophy" in *J.R.* XXXVII (1957), pp. 156-173.

_____, *Christ Without Myth: A Study Based on the Theology of Rudolf Bultmann*. Collins, London, 1962.

Heinrich OTT, *Geschichte und Heilsgeschichte in der Theologie Rudolf Bultmanns*. Beiträge zur historischen Theologie 19. Mohr, Tübingen, 1955. 『세계 기독교 대사상 14』(교육출판공사).

_____, *Denken und Sein: Der Weg Martin Heideggers und der Weg der Theologie*. E.V.Z. Verlag, Zürich, 1959. 『사유와 존재』(연세대학교출판부).

_____, "What is Systematic Theology?" in James M. Robinson and John Cobb, Jr. (eds.), *New Frontiers in Theology: I, The Later Heidegger and Theology* (cited below), pp. 77-111.

_____, *Theology and Preaching*. Eng. Lutterworth Press, London, 1965.

David PAILIN, "Lessing's Ditch Revisited: The Problem of Faith and History" in Ronald H. Preston (ed.), *Theology and Change: Essays in Memory of Alan Richardson*. S.C.M., London, 1975, pp. 78-103.

Richard E. PALMER, *Hermeneutics: Interpretation Theory in Schleiermacher, Dilthey, Heidegger, and Gadamer*. Northwestern University Press, Evanston, 1969 (Studies in Phenomenology and Existential Philosophy). 『해석학이란 무엇인가』(문예출판사).

_____, "Towards a Post-Modern Interpretive Self-Awareness" in *J.R.* LV (1975), pp. 313-326.

Wolthart PANNENBERG, "The Revelation of God in Jesus of Nazareth" in James M. Robinson and John B. Cobb, Jr. (eds.), *New Frontiers in Theology: III, Theology as History* (cited below), pp. 101-133.

_____, *Jesus—God and Man*. Eng. S.C.M., London, 1968.

_____, *Basic Questions in Theology* (3 vols.). Eng. S.C.M., London, 1970, 1971, and 1973.

_____ (ed.), *Revelation as History*. Eng. Sheed & Ward, London, 1969. 『역사로서 나타난 계시』(대한기독교서회).

H. J. PATON, *The Modern Predicament*. Allen & Unwin, London, 1955.

Daniel PATTE, *Early Jewish Hermeneutic in Palestine*. Scholars Press, University of Montana, 1975.

_____ (ed.), *Semiology and Parables*, Pickwick Press, Pittsburgh, 1976.

_____, *What is Structural Exegesis?* Fortress Press, Philadelphia, 1976.

David PEARS, "Wittgenstein and Austin" in B. Williams and A. Montefiore (eds.), *British Analytical Philosophy*. Routledge & Kegan Paul, London, 1966, pp. 17-39.

_____, *Wittgenstein*. Fontana, Collins, London, 1971.

Norman PERRIN, "The Interpretation of a Biblical Symbol" in *J.R.* LV (1975), pp. 348-370.

_____, *Jesus and the Language of the Kingdom: Symbol and Metaphor in New Testament Interpretation*. S.C.M., London, 1976.

Ted PETERS, "Truth in History: Gadamer's Hermeneutics and Pannenberg's Apologetic Method" in *J.R.* LV (1975), pp. 36-56.

Norman R. PETERSEN, *Literary Criticism for New Testament Critics*. Fortress Press, Philadelphia, 1978.

C. A. van PEURSEN, *Ludwig Wittgenstein: An Introduction to his Philosophy*. Eng. Faber, London, 1969.

D. Z. PHILLIPS, *Faith and Philosophical Inquiry*. Routledge & Kegan Paul, London, 1970.

_____ (ed.), *Religion and Understanding*. Blackwell, Oxford, 1967.

George PITCHER, *The Philosophy of Wittgenstein*. Prentice-Hall, Englewood Cliffs, N.J., 1964. 『비트겐슈타인의 철학』(서광사).

_____ (ed.), *Wittgenstein: The Philosophical Investigations*. Macmillan, London, 1968.

Otto PÖGGELER, *Der Denkweg Martin Heideggers*. Neske, Pfullingen, 1963. 『하이데거 사유의 길』(문예출판사).

Blanche I. PREMO, "The Early Wittgenstein and Hermeneutics" in *Ph.T.* XVI (1972), pp. 43-65.

H. H. PRICE, *Belief*. Allen & Unwin, London, 1969.

Karl RAHNER, "Exegesis and Dogmatic Theology" in *Theological Investigations* V. Eng. Darton, Longman, & Todd, London, 1966, pp. 67-93.

Ian T. RAMSEY, *Religious Language: An Empirical Placing of Theological Phrases*. S.C.M., London, 1957.

_____, *Models and Mystery*. Oxford University Press, 1964.

_____, *Christian Discourse: Some Logical Explorations*. Oxford University Press, 1965.

Leopold von RANKE, "Preface to the History of the Latin and Teutonic Nations", translated in Fritz Stern (ed.), *The Varieties of History*. Macmillan, London, ²1970, pp. 55-62.

Rush RHEES, *Discussions of Wittgenstein*. Routledge & Kegan Paul, London, 1970.

Alan RICHARDSON, *The Bible in the Age of Science*. S.C.M., London, 1961.

_____, *History Sacred and Profane*. S.C.M., London, 1964.

John T. E. RICHARDSON, *The Grammar of Justification: An Interpretation of Wittgenstein's Philosophy of Language*. Sussex University Press, and Chatto and Windus, London, 1976.

Peter RICHARDSON, *Israel in the Apostolic Church*. Cambridge University Press, 1969.

William J. RICHARDSON, *Heidegger: Through Phenomenology to Thought*. Martinus Nijhoff, The Hague, 1963.

Paul RICOEUR, *Freud and Philosophy: An Essay on Interpretation*. Eng. Yale University Press, New Haven and London, 1970. 『해석에 관하여』(인간사랑).

_____, *The Conflict of Interpretations: Essays in Hermeneutics* (ed. by D. Ihde). Northwestern University Press, Evanston, 1974 (Studies in Phenomenology and Existential Philosophy). 『해석의 갈등』(한길사).

_____, "Biblical Hermeneutics" in *Semeia* IV (1975), pp. 29-145.

Georges Van RIET, "Exégèse et Réflexion Philosophique" in G. Thils and R. E. Brown (eds.), *Exégèse et Théologie: Les saintes Écritures et leur interprétation théologique*; Iosepho Coppens III. Duculot, Gembloux, 1968, pp. 1-16.

Robert C. ROBERTS, *Rudolf Bultmann's Theology: A Critical Interpretation*. Eerdmans, Grand Rapids, 1977, S.P.C.K., London, 1977.

James M. ROBINSON, "The Pre-history of Demythologization" in *Int*. XX (1966), pp. 65-77.

_____, *The Future of Our Religious Past: Essays in Honour of Rudolf Bultmann*. S.C.M., London, 1971. Part-translation of E. Dinkler (ed.), *Zeit und Geschichte* (cited above).

_____ and John B. Cobb, Jr. (eds.), *New Frontiers in Theology: I, The Later Heidegger and Theology*. Harper & Row, New York, 1963.

_____, *New Frontiers in Theology: II, The New Hermeneutic*. Harper & Row, New York, 1964.

_____, *New Frontiers in Theology: III, Theology as History*. Harper & Row, New York, 1967.

John A. T. ROBINSON, *The Body: A Study in Pauline Theology*. S.C.M., London, 1952.

_____, *The Human Face of God*. S.C.M., London, 1973.

Richard RORTY (ed.), *The Linguistic Turn: Recent Essays in Philosophical Method*. University of Chicago Press, 1967.

Klaus ROSENTHAL, *Die Überwindung des Subjekt-Objekt-Denkens als philosophisches und theologisches Problem*. Forschungen zur systematischen und ökumenischen Theologie Bd. 24. Vandenhoeck & Ruprecht, Göttingen, 1970.

ROYAL INSTITUTE OF PHILOSOPHY LECTURES: *Vol. 2. Talk of God*. Macmillan, London, 1969.

_____: *Vol. 7. Understanding Wittgenstein*. Macmillan, London, 1974.

Lionel RUBINOFF, "Collingwood's Theory of the Relation between Philosophy and History: A New Interpretation" in *J.H.P.* VI (1968), pp. 363-380.

Gilbert RYLE, *The Concept of Mind*. Hutchinson, London, 1949; Penguin Books, 1963. 『마음의 개념』(문예출판사).

_____, *Collected Papers* (2 vols.). Hutchinson, London, 1971.

A. SAND, *Der Begriff "Fleisch" in den Paulinischen Hauptbriefen*. Pustet, Regensburg, 1967; Biblische Untersuchungen Bd. 2.

W. SANDAY and A. C. HEADLAM, *A Critical and Exegetical Commentary on the Epistle to the Romans*. Clark, Edinburgh, ⁵1902.

E. P. SANDERS, *Paul and Palestinian Judaism*. S.C.M., London, 1977. 『바울과 팔레스 타인 유대교』(알맹ⓒ).

Jean-Paul SARTRE, *Being and Nothingness*. Eng. Methuen, London, 1957. 『존재와 무』(동서문화사).

Ferdinand de SAUSSURE, *Cours de linguistique générale*. Édition critique par R. Engler. Harrasowitz, Wiesbaden, 1967. The English translation, *Course in General Linguistics*, Owen, London, 1960, has been the subject of criticism. 『일반언어학 강의』(민음사).

John F. A. SAWYER, "Context of Situation and *Sitz im Leben*" in *Proceedings of the Newcastle-upon-Tyne Philosophical Society* I (1967), pp. 137-147.

_____, *Semantics in Biblical Research: New Methods of Defining Hebrew Words for Salvation*. S.C.M., London, 1972.

Edward SCHILLEBEECKX, *The Understanding of Faith: Interpretation and Criticism*. Eng. Sheed & Ward, London, 1974.

F. D. E. SCHLEIERMACHER, *Hermeneutik, nach den Handschriften neu herausgegeben und eingeleitet von Heinz Kimmerle*. Carl Winter, Heidelberg, 1959. 『Schleiermacher 해석학』(양서원).

Heinrich SCHLIER, *The Relevance of the New Testament*. Eng. Burns & Oates, London, 1967.

Walter SCHMITHALS, *An Introduction to the Theology of Rudolf Bultmann*. Eng. S.C.M., London, 1968. 『불트만의 실재론적 신학』(대한기독교출판사).

Luis ALONSO SCHÖKEL, *The Inspired Word: Scripture in the Light of Language and Literature*. Eng. Burns and Oates, London, 1967.

Albert SCHWEITZER, *The Quest of the Historical Jesus*. Eng. Black, London, 1910.

_____, *The Mysticism of Paul the Apostle*. Eng. Black, London, 1931.

Charles E. SCOTT, "Heidegger Reconsidered: A Response to Professor Jonas" in *H.T.R.* LIX (1966), pp. 175-185.

John R. SEARLE, *Speech Acts: An Essay in the Philosophy of Language*. Cambridge University Press, 1969. 『언화행위』(한신문화사).

George F. SEFLER, *Language and the World: A Methodological Synthesis Within the Writings of Martin Heidegger and Ludwig Wittgenstein*. Humanities Press, Atlantic Highlands, N.J., 1974.

George Joseph SEIDEL, *Martin Heidegger and the Pre-Socratics: An Introduction to his Thought*. University of Nebraska Press, Lincoln, Neb., 1964.

Beryl SMALLEY, *The Study of the Bible in the Middle Ages*. Blackwell, Oxford, 1952.

James D. SMART, *The Interpretation of Scripture*. S.C.M., London, 1961.

_____, *The Strange Silence of the Bible in the Church: A Study in Hermeneutics*. S.C.M., London, 1970. 『왜 성서가 교회 안에서 침묵을 지키는가』(컨콜디아사).

Ernst Konrad SPECHT, *The Foundations of Wittgenstein's Late Philosophy*, Eng. Manchester University Press, 1969.

Günter STACHEL, *Die neue Hermeneutik: Ein Überblick*. Kösel-Verlag, Munich, 1960.

Graham N. STANTON, *Jesus of Nazareth in New Testament Preaching*. Cambridge University Press, 1974; S.N.T.S. Monograph 27.

Krister STENDAHL, "Biblical Theology, Contemporary" in *The Interpreter's Dictionary of the Bible*, Abingdon Press, New York, 1962, pp. 418-432.

_____, *Paul Among Jews and Gentiles*. S.C.M., London, 1977. 『유대인과 이방인의 사도 바울』(순신대학교출판부).

Erik STENIUS, *Wittgenstein's Tractatus: A Critical Exposition of its Main Lines of Thought*. Blackwell, Oxford, 1960.

Charles L. STEVENSON, "Persuasive Definition" in *Mind* XLVII (1938), pp. 331-350.

H. L. STRACK and P. BILLERBECK, *Kommentar zum Neuen Testament aus Talmud und Midrasch* (6 vols.). Beck, Munich, 1922 onward.

Peter F. STRAWSON, *Individuals: An Essay in Descriptive Metaphysics*. Methuen, London, 1959.

_____, "Critical Notice of Wittgenstein's *Philosophical Investigations*" in Harold Morick (ed.), *Wittgenstein and the Problem of Other Minds*. McGraw-Hill, New

York, 1967, pp. 3-42.

P. STUHLMACHER, *Gerechtigkeit Gottes bei Paulus*. Vandenhoeck & Ruprecht, Göttingen, 1965.

_____, *Historical Criticism and Theological Interpretation of Scripture*. Fortress Press, Philadelphia, 1977.

Helmut THIELICKE, "Reflections on Bultmann's Hermeneutic" in *Exp.T.* LXVII (1956), pp. 154-157.

_____, *Offenbarung, Vernunft, und Existenz: Studien zur Religionsphilosophie Lessings*. Gutersloher Verlagshaus, ⁴1957.

_____, *The Evangelical Faith: Vol. I, The Relation of Theology to Modern Thought-Forms*. Eng. Eerdmans, Grand Rapids, Mich. 1974.

Anthony C. THISELTON, "The Parables as Language-Event: Some Comments on Fuchs's Hermeneutics in the Light of Linguistic Philosophy" in *S.J.T.* XXIII (1970), pp. 437-468.

_____, "The Meaning of Σάρξ in I Corinthians 5.5: A Fresh Approach in the Light of Logical and Semantic Factors" in *S.J.T.* XXVI (1973), pp. 204-228.

_____, "The Use of Philosophical Categories in New Testament Hermeneutics" in *The Churchman* LXXXVII (1973), pp. 87-100.

_____, "The Supposed Power of Words in the Biblical Writings" in *J.T.S.* N.S. XXV (1974), pp. 283-299.

_____, *Language, Liturgy, and Meaning* (Grove Liturgical Studies 2). Grove Books, Nottingham, 1975.

_____, "Explain, Interpret (*exēgeomai, hermēneuō*)" and "Flesh (*sarx*): Supplement" in C. Brown (ed.), *The New International Dictionary of New Testament Theology* (3 vols.). Paternoster Press, Exeter, and Zondervan, Grand Rapids, Mich. 1975-1978, I, pp. 573-584 and 678-682.

_____, "The Parousia in Modern Theology: Some Questions and Comments" in *T.B.* XXVII (1976), pp. 27-54.

_____, "The Semantics of Biblical Language as an Aspect of Hermeneutics" in *Faith and Thought* CIII (1976), pp. 108-120.

_____, "Semantics and New Testament Interpretation" in I. H. Marshall (ed.), *New Testament Interpretation*. Paternoster Press, Exeter, and Eerdmans, Grand Rapids, Mich., 1977, pp. 75-104. 『신약해석학』(크리스천다이제스트).

_____, "The New Hermeneutic" in *ibid.*, pp. 308-333.

_____, "Realized Eschatology at Corinth" in *N.T.S.* XXIV (1978), pp. 510-526.

_____, "Truth (*Alētheia*)" in C. Brown (ed.), *The New International Dictionary of New Testament Theology* III (1978), pp. 874-902.

_____, "Word (*Logos*): Language and Meaning in Religion" in *ibid.*, pp. 1123-1143.

_____, "Structuralism and Biblical Studies: Method or Ideology?" in *Exp.T.* LXXXIX (1978), pp. 329-335.

Paul TILLICH, "Existential Philosophy" in *J.H.I.* V (1944), pp. 44-68.

_____, *Theology and Culture*. Galaxy Books, New York, 1964. 『문화의 신학』(대한기독교서회).

James TORRANCE, "Interpretation and Understanding in Schleiermacher's Theology: Some Critical Questions" in *S.J.T.* XXI (1968), pp. 268-282.

Thomas F. TORRANCE, "Hermeneutics according to F. D. E. Schleiermacher" in *S.J.T.* XXI (1968), pp. 257-267.

_____, *Theological Science*. Oxford University Press, London, 1969.

_____, *God and Rationality*. Oxford University Press, London, 1971.

Ernst TROELTSCH, "Historiography", reprinted from James Hastings (ed.), *Encyclopedia of Religion and Ethics* VI (1913), pp. 716-723 in John Macquarrie (ed.), *Contemporary Religious Thinkers*. S.C.M., London, 1968, pp. 76-97.

_____, *Die Bedeutung der Geschichtlichkeit Jesus für den Glauben*. Mohr, Tübingen, 1929.

E. Frank TUPPER, *The Theology of Wolfhart Pannenberg*. S.C.M., London, 1974.

Geoffrey TURNER, "Pre-understanding and New Testament Interpretation" in *S.J.T.* XXVIII (1975), pp. 227-242.

Howard N. TUTTLE, *Wilhelm Dilthey's Philosophy of Historical Understanding: A Critical Analysis*. Brill, Leiden, 1969.

Stephen ULLMANN, *The Principles of Semantics*. Blackwell, Oxford, ^{2}1957. 『의미론의 원리』(탑출판사).

W. M. URBAN, *Language and Reality: The Philosophy of Language and the Principles of Symbolism*. Allen & Unwin, London, 1939.

Cornelius VAN TIL, *The Defence of the Faith*. Presbyterian & Reformed Publishing Co., Philadelphia, 1955. 『변증학』(개혁주의신학사).

L. VERSÉNYI, *Heidegger, Being, and Truth*. Yale University Press, New Haven, 1965.

Dan Otto VIA, Jr., *The Parables: Their Literary and Existential Dimension*. Fortress Press, Philadelphia, 1967.

Vincent VYCINAS, *Earth and Gods: An Introduction to the Philosophy of Martin Heidegger*. Nijhoff, The Hague, 1961.

A. de WAELHENS, *La Philosophie de Martin Heidegger*. Université Catholique de Louvain; éditions de l'institut superieur de philosophie. Louvain, 1942.

F. WAISMANN, *The Principles of Linguistic Philosophy*. Macmillan, London, 1965.

_____, *Ludwig Wittgenstein und der Wiener Kreis*. Blackwell, Oxford, 1967.

W. H. WALSH, *An Introduction to Philosophy of History*. Hutchinson, London, 1951. 『역사 철학』(서광사).

J. C. WEBER, "Language-Event and Christian Faith" in *Th.T.* XXI (1965), pp. 448-457.

J. WEISS, "Beiträge zur paulinischen Rhetorik" in *Theologische Studien*. Bernhard Weiss, Vandenhoeck & Ruprecht, Göttingen, 1897, pp. 165-247.

Merold WESTPHAL, "Hegel, Pannenberg, and Hermeneutics" in *M.W.* IV (1971), pp. 276-293.

Philip WHEELWRIGHT, *The Burning Fountain*. Indiana University Press, Bloomington, 1954.

_____, *Metaphor and Reality*. Indiana University Press, Bloomington, 1962. 『은유와 실재』(한국문화사).

B. L. WHORF, *Language, Thought, and Reality: Selected Writings of Benjumin Lee Whorf* (ed. by J. B. Carroll). M.I.T. Press, Cambridge, Mass., 1956. 『언어, 사고, 그리고 실재』(나남출판).

Amos N. WILDER, *Early Christian Rhetoric: The Language of the Gospel*. S.C.M., London, 1964.

M. F. WILES et al., *Christian Believing: A Report by the Doctrine Commission of the Church of England*. S.P.C.K., London, 1976.

John WILKINSON, *Interpretation and Community*. Macmillan, London, 1963.

Peter WINCH, "Understanding a Primitive Society" in D. Z. Phillips (ed.), *Religion and Understanding*. Blackwell, Oxford, 1967, pp. 9-42.

_____ (ed.), *Studies in the Philosophy of Wittgenstein*. Routledge & Kegan Paul, London, 1969.

Gustaf WINGREN, *Theology in Conflict: Nygren, Barth, Bultmann*. Eng. Oliver & Boyd, Edinburgh, 1958.

Walter WINK, *The Bible in Human Transformation: Toward a New Paradigm for Biblical Study*. Fortress Press, Philadelphia, 1973.

Ludwig WITTGENSTEIN, *Notebooks 1914-1916*. Eng. Blackwell, Oxford, 1961. 『비트겐슈타인 철학일기』(책세상).

_____, *Tractatus Logico-Philosophicus*. Germ. and Eng. Routledge & Kegan Paul, London, 1961. 『논리-철학 논고』(책세상).

_____, "Some Remarks on Logical Form" in *P.A.S.S.* IX (1929), pp. 162-171.

_____, "A Lecture on Ethics" (1929) in *Ph.R.* LXXIV (1965), pp. 3-26.

_____, *Philosophische Bemerkungen* (1929-1930). Blackwell, Oxford, 1964.

_____, "Wittgenstein's Lectures in 1900-33" in G. E. Moore, *Philosophical Papers* (cited above), pp. 252-324.

_____, *Philosophical Grammar* (1929-1934). Blackwell, Oxford, 1974.

_____, *Letters to Russell, Keynes, and Moore*. Blackwell, Oxford, 1974.

_____, *The Blue and Brown Books: Preliminary Studies for the "Philosophical Investigations."* Blackwell, Oxford, 1958, ²1969 (dictated 1933-1935). 『청색 책, 갈색 책』(책세상).

_____, "On Continuity: Wittgenstein's Ideas, 1938." Notes included in Rush Rhees, *Discussion of Wittgenstein* (cited above), pp. 104-157.

_____, *Remarks on the Foundations of Mathematics* (1937-1944), Germ. and Eng. Blackwell, Oxford, 1956.

_____, *Philosophical Investigations* (1936-1949). Germ. and Eng. Blackwell, Oxford, ³1967. 『철학적 탐구』(아카넷).

_____, *Lectures and Conversations on Aesthetics, Psychology and Religious Belief* (1938 and 1942-1946). Blackwell, Oxford, 1966.

_____, *Zettel* (mainly 1945-1948). Germ. and Eng. Blackwell, Oxford, 1967. 『쪽지』(책세상).

_____, "Bemerkungen über Frazers *The Golden Bough*" in *Synthesis* XVII (1967), pp. 233-253 (probably after 1948).

_____, *On Certainty* (1950-1951). Germ. and Eng. Blackwell, Oxford, 1967. 『확실성에 관하여』(책세상).

James D. WOOD, *The Interpretation of the Bible: A Historical Introduction*. Duckworth, London, 1958.

Norman J. YOUNG, *History and Existential Theology: The Role of History in the Thought of Rudolf Bultmann*. Westminster Press, Philadelphia, 1969. 『세계 기독교 대사상 7』(교육출판공사).

J. A. ZIESLER, *The Meaning of Righteousness in Paul*. Cambridge University Press, 1972.

주제 찾아보기

*주요 논의 부분은 강조체로 표기했다.

…을…으로 봄 259-261, 618, **637-647**
1인칭 발화 589-590, 652-653
70인역 166
New English Bible(NEB) 211
Today's English Version(TEV) 212

가능성 235, 242, 282, 289, 293, 294, 319, 430
가족 유사성 573
가치 80, 115, 122, 129, 350, 385, 386, 552-553, 564-568, 590, 643. 또한 '윤리', '이원론', '신칸트 철학'을 보라.
감각 584-585
감정상태 254-257, 301, **310-313**
강림 410
개념, 개념 형성 78, 170, **209-222**, 296, **357-359**, 457-462, 475-480, 511-515, **552-556**, 563-568, **572-581**, **582-590**, 593-624, **625-637**, 638-656. '문법', '언어', '사유'를 보라.
개방성 469, 498, 611, 612
개인, 개인주의 244, 282, 285, 314, 316, 317-319, 436, 438, 449. '공동체'를 보라.
객관화하지 않는 사고 494-495, **503-527**, 567. '객관화'를 보라.
건축 462, 519-520
결단 272-277, 283, 286, 304, 351, 409-410, 442-443. 또한 '변증법 신학'을 보라.

결합 관계 205
경이 525, 567
경청자인 인간 523-525
경험 대 문법 '문법 발화'를 보라.
경험 86-87, 117, 126, 150, 179, 191, **368-376**, 380, 454-462, 572, 584, 678
경험론 131, 136, 380, 566. '실증주의'를 보라.
계산 515, 561
계시 278, 358, 376
계열 관계 206-207
공감이 담긴 상상 176
공동체 158, 316, **454-462**, 476-497, **497-500**
공리 '명제', '문법 발화', '확실성'을 보라.
공시 언어학 195, 202
공적 의미 기준 81-82, 366, 555, **581-590**, 678, 681. '사적 언어'를 보라.
공적 전통 82, 586. '공적 의미 기준'을 보라.
공통 이해(Einverständnis, 공감) 31, 69, 170, **527-530**, 679
공통감각 455-456
과거, 과거성 57, 97-121, 290-291, 293, 375. '거리', '역사의 거리', '시간 거리', '역사, 역사성'을 보라.
과정, 과정인 해석 261, 470
과학 78, 249-252, 296, 297, 326-333, 454-457, 479, 509-512, 553, 566, 571, 623
과학 시대 이전의 세계관 '세계관'을 보라.
과학적 객관성 63, 249-253, 326-333. '객관성'을 보라.

관습 214-222, 317, 478, 509-510, 517, 525, 530, 543, 641
교회 146, 159, 482-496, **496-500**. '공동체', '전통', '신학'을 보라.
구속 586
구약 49, 82, 157, 166, 441, 586, 624, 632, 666, 680
구원사 102, 133, 195. '역사'(Geschichte), '역사'(history)를 보라.
구조주의 36, **657-662**
구호 613
궁극의 관심 303
권위, 권위의 개념 470
귀신들림 '세계관'을 보라.
그리스 사상(그리스적 사유) 216-218, 415, 636
그리스 철학 228, 232, 235, 245, 511-515. '플라톤주의'를 보라.
그림 462, 519. '예술'을 보라.
그림, 그림 이론 221, 462, **556-568**, 578, **620-625**, 663. '모델', '은유', '패러다임'을 보라.
기대 **588-589**
기독론, 기독론에 관한 불트만의 견해 412-417. 또한 '역사의 예수'를 보라.
기본 명제 559-564
기술 509-512
기적 101, 104, 125, 126, 402-405. '세계관', '신학'을 보라.
기투(투사) 257, 290
기호, 의미(significance) 286, 294. '의미'(meaning)를 보라.
기호학 198

낱말(단어) 207-209, 218-222, 480
내 것으로 삼음(적용) 264, 274, 279, 414-418, 442
내맡김 510, 523-525
내용비평 412, 424, 447, 465, 630, 678
논리 258, 549, 556-590. '이성', '개념', '문법'의 '논리적'을 보라.

논리 계산 515, 561. '체계'를 보라.
논리 문법 '문법'을 보라.
논리 문법의 유사성 **214-223**
논리실증주의 552
논리에 부합하는 603-607
논리 원자론 560-561
논리의 확정성 560
논리적 필연성 549, **556-567**
놀이(게임) **459-462**, 528, 626. 또한 '언어 게임'을 보라.
눈앞에 있음 241-264, 280-286, 296-297

다의성 182-183, 216, 659
다형 개념 433, **625-637**, 681
단순한 것들 560
대상(객체) 147, 231, 235, 242, 277, 328-330, 361, **528-564**
 객관성 56, 69, 120, 184, 193, 197-198, 246, 249-251, 295-305, 371, 465, **485-494**, 498, 550, 581, 675
 객관주의 56, 63, 240-253, 297-298, 383-391, 465, 675
 객관화(대상화) 78, 183, **243-253**, **295-305**, **330-342**, **383-391**, **398-400**, 407, **510-517**, 534, 545, 567
대화 608-612
더 풍성한 의미 53, 457-459
던져졌음(피투성) 255-256. '유한성'을 보라.
데카르트주의 205, 249-253, 276, 296, 365, 460-462, 511-515, 585, 675. 또한 '데카르트'를 보라.
도그마(교의) '신학', '교회'를 보라.
동시대성 461
동양 예술 512
동어 반복 562-568, 597-601, 649. '분석 진술'을 보라.
동의어 222
두려움 256, 273

라틴 아메리카 신학 179-186

루터파 신학 331-342, 350, 361, 438, 639. '루터'를 보라.

마르크스주의, 마르크스주의 해석학 90, 179-186, 509
마음상태(Befindlichkeit) 253-257, 301, 309. 또한 '정신 상태'를 보라.
마음의 철학 585, 587
말 건넴 341, 441, 442, 443. '인간, 인간의', '자기 관련'을 보라.
말 마술 517, 679
말 사건 '언어 사건'을 보라.
말의 힘 **168, 217**
맥락 49, 118, 138, 173, 193-194, **201-203**, **205-214**, 572, 577, 642, 643. '다형 개념', '언어 게임'을 보라.
메시아 은닉 345
명제 160-162, 262-264, 306, 307-308, 409-410, 481-482, 543, **552-568**, 643-647, 664-671, 679
모더니즘, 현대인 97-112, 122-129, 325, 342, 402-406. '세계관', '문화 상대주의', '과학'을 보라.
모델(모형) 330, 558-561, 573, 574, 621, 623, 664, 665, 672. '그림'을 보라.
모사 558-561
모순 410, 415, 418, 562, 564, 640, 644
모호함 193, 269, 270, 563, 626-627. '명제'를 보라.
몸 '바울의 인간관'을 보라.
무의식 185, 464
묵시 138, 140, 409, 433, 644
문법
　논리적, 개념적 222, 554-555, **572-656**. '개념'을 보라.
　전통적 216, 221-222, 560. '언어와 사유'를 보라.
문법 발화 89, 555, **566-568**, **593-625**, 649. '분석 진술'을 보라.
문자적 의미 189, 485-486

문화, 문화와 관련된(문화 상대적인) **96-108**, 139, 581, 594-596, 597, **607-615**, 666-667, 680. '역사 상대주의'를 보라.
미학 457-462, 511. '예술'을 보라.
믿음 50, **155-159**, 326-327, **335-342**, **358-359**, 385, 421, 423, 424, 439, 597, **627-629**, 638, **647-656**
믿음, …을 믿음, …라는 믿음 366, 575, **589-590**, 610, **627-629**, **647-656**
믿음의 성향 분석 651-656

바빌론 유수 107
바울의 인간관 83, 242-243, 275, 363, **425-436**, 629-631
반복 119, 163-167, 212, 238, 461, 472-476
반쪽 믿음 654
방법 296, 453-459, 480, 636. '규칙', '역사 중심 방법', '이성', '데카르트'를 보라.
밭 의미론 194. '의미론'을 보라.
배경(무대) '양식비평', '맥락', '언어 게임'을 보라.
번역 166-167, 191, **210-216**, 218-223, 526
법(법칙), 율법 330-341, 368-369, 405, 456, 474, 645
법 해석학 474
변증법 신학 178, 340, **350-355**, 360. '하나님 말씀'을 보라.
보여 줌(대 말하기) 564-568, 614
보편 해석학 481-482
보편사 117, 133, 141, 466. '역사'(history)를 보라.
보편적 '주제 중립적'을 보라.
본래의 실존 **280-286**, 292, 427. '하이데거'를 보라.
본문의 자율성 536
부당한 전체성 이전 207
분석 563
분석 진술 555, 562-568, **593-602**, 617, 649. '동어 반복', '문법 발화'를 보라.
분석성 기준 595
불안(Angst) 272-275, 280-282

비극 537
비본래적 실존 **269-286**, 338-340, 429
비신화화 **393-425, 437-450**. '신화'를 보라.
비인간화 243. '인간, 인간의'를 보라.
빈 학파 551

사고, 사유, 사상 379-381, 510-525, **587-589**, 627. '언어와 사유'를 보라.
사랑 171, 530, 575, 600, 601
사실 80, 120, 122, 123, 128-132, 137, 293, 294, 300, 335-349, 383-391, 423, 450, 552-555, 557-570, 617, 618, 679
사실과 가치 '이원론', '신칸트 철학'을 보라.
사실성 69, 254-256, 275, 286, 289, 306, 427, 448
사유와 언어의 분열 507-515
사적 언어 441-442, **581-590**, 677, 680. '공적 의미 기준'을 보라.
사전 판단 70-71, 469-476, 678. '전이해'를 보라.
사진이 초래한 객관화 512
사태 '사실'을 보라.
사회과학 580
사회적 삶 '삶'을 보라.
삶(생) 121, 177, 220, 302, **368-376**, 376, 549-553, 572, 573, 574, 661. 또한 '삶의 형식'을 보라.
삶의 정황 194, **596-598, 609-610**. '양식비평'을 보라.
삶의 형식 36, 71, 78, 259, 554-555, 572-581. '삶'을 보라.
삼층 우주 444. '세계관'을 보라.
상대성 '역사 상대주의'를 보라.
상상 176
상식 128, 456-458
상징 **162-163**, 198
상황 573, 628-630. '맥락', '삶', '다형 개념'을 보라.
새 해석학 503-547. 또한 '푹스', '에벨링'을 보라.

새로움 138, 380
색깔을 나타내는 낱말들 195, 220, 583-584, 594
생활세계 467
서구 언어 전통 503-515
서구 철학 235, 510-515. '철학'을 보라.
서술, 서술(묘사)하는 말 66, 307, 409-416, 453, 553, 569-570. '명제', '철학', '사실'을 보라.
선불교 524
선포 '설교'를 보라.
설교 146-149, 167-169, 350-355, 461, 525-526. '신학', '하나님 말씀'을 보라.
설득력 있는 정의 619
성경의 권위 **663-672**
성령 145-155, 607
성서비평 '역사비평 방법'을 보라.
성육신 106, 125, 139
세계, 세계성 67, 71, 87, 173, 230, **244-253, 295-301, 459-462**, 479, 519, **525-532**, 561, 566-568, 580, 675-676
세계관 214-223, 249-250, 361, **393-416**, 479. '과학', '신화', '역사 상대주의'를 보라.
세속화 668
소망 575-576, 598
소크라테스 이전 사상가 228, 237, 238, 518
속죄, 속죄 언어 417-420
손 가까이 있음 240-264, 297
수학 297, 456, 479, 565
수행 언어 217, 417, 517, 543, 671
순수주의 접근법 37
순환 '해석학적 순환'을 보라.
스토아학파 353
시 505-507, **522-523**, 540-541. '예술'을 보라.
시간 거리 71, 88, 238, **471-476**, 486-488, 499. '거리', '역사의 거리'를 보라.
시간과 시간성 287-295, 512-514, 621
시간과 시간에 따른 변화 159-167, 236, 238, 577. '역사의 거리'를 보라.

'시간을 초월한 진리' **159-167**, 290
신비주의 종교 419
신비한 564
신앙고백 414, 423
신약성경에서 제시하는 다양성 102, 492
신칸트 철학(신칸트주의) 31, 38, 75, 80, 114, **129-132**, 137, 143, **328-342**, 350, 354, 361, 368, 386, 399, 406, 412, 438, 440, 468, **552-555**, 561, 676, 679
신학 57, 121-129, **145-188**, 334-342, **482-500**, **608-616**, 667-669
신학적 전이해 '전이해'를 보라.
신화 162, 274, 342-349, **393-402**, 402-425, **437-450**, 677, 678
실물 지시 정의 200, 578-580. '지시'를 보라.
실제적 관심(배려), 실제적 지식 68, 181-183, 246-247, 454-462
실존 63-64, 177, **236-243**. '유한성', '현존재', '인간'을 보라.
실존주의자, 실존주의 33-34, 35, 65, 84, **227-243**, 244-322, 344-349, 376, 381-383, 393-451, 545
실증주의 108, 131, 134, 143, 386, 679. '경험론'을 보라.
실천 181-183
심리학 173, 302
심층 문법 '문법'을 보라.
(마지막) 심판 411
십자가 417-420

아리우스 논쟁 416
아이러니 460
아픔 언어 82, 576, 584, 585, 586, 621, 652
안디옥 학파 189
안전 283, 319. '본래의 실존', '의롭다 하심을 받음'을 보라.
알아맞히기 그림 641
알아차림(간파함) 35, 222-223, 555, 570, 666
암호 420, 659-660
앞선 이해 173, 257-264, 468. '전이해'를 보라.

애매함 222. '모호함', '명제'를 보라.
야고보와 바울 648-656
양식비평 344-349, 596-597, 608-610, 616
양심 283-285, 488
어린이, 어린이들, 언어 171, 200, 579
어원 연구 202-205
언명 '명제'를 보라.
언어 35-37, 76-77, 85, **189-223**, 261-264, 306-310, 353-355, 367, 407, 418, **476-482**, **510-525**, 530-531, **549-592**, 그 외 여러 곳.
 모음으로서 518-521
 언어 게임 **71-78**, 216-218, 222, 306, 479, **550-555**, **573-581**, **625-630**, 637-647, 658
 언어 비판 552, 556
 언어사건 515-532, 669
 언어 습관 221, 574. '언어와 사유'를 보라.
 언어 용법 '언어의 용법'을 보라.
 언어 전통 218, 476-482, 503-515
 와 사유 214-223, 261-264, 419, **476-482**, **510-525**, 564-568, 675, 677. '개념'을 보라.
 와 존재 480-482
 의 공허함 507-515
 의 기능 '언어의 용법'을 보라.
 의 한계 565-568
 존재의 집인 523
언어 규칙 581-588
언어 습관 221, 574. '언어와 사유'를 보라.
언어의 공허함 507-515
언어의 모으는 힘 516-522
언어의 용법, 용법과 의미 209, 214, 221, 477-479, **554-556**, 573-580, 584. '언어 게임'을 보라.
언어적 권면 616-625
언어학 36, **192-223**, 478. '언어', '언어와 사유'를 보라.
여김 643
역변형 213

역사 상대주의 96-108, 123-129, 142. '문화', '문화 상대주의'를 보라.
역사 속 예수 108-112, 334, 343-348, 530
역사 중심 방법 112-143. '역사', '역사비평 방법'을 보라.
역사 중심 이해 368-376. 또한 '역사', '역사 중심 방법'을 보라.
역사(Geschichte) 287-295, **383-391**. '역사' (history)를 보라.
역사(history), 역사성 42, 63, 88, **95-143**, **287-295**, 327, 331-342, **368-391**, 420-425, 463-476, 577, 660, 674
역사비평 방법 52, 121, 123, 132, 146, 147, 335-342, 486, 495, 541
역사의 개연성 126, 127, 133
역사의 거리 **95-143**, 342. '거리'를 보라.
역사의 예수 108-112, 334, 343-349, 530
역사의식 47, 95-143, 463-476
역설 388, 389, 637, 644
염려, 염려인 존재 **269-277**
영, 영적(영에 속한) 619, 620. '성령'을 보라.
영지주의 154, 209, 348, 400, 413, 613
영향사 472. '역사'를 보라.
예감(예언) 176, 463-464. 또한 '재해석'을 보라.
예수 그리스도의 부활 130, 420-425
예수의 비유 42-47, 69, 86, 154, 156, 253, 261, 300, 465, **528-532**, 535
예술(솜씨) 87, 155, 371, 453, **457-462**, 512, **518-525**, 530, 536
오리-토끼 642
왕권 163
외부 세계 276
외연성 논제 561
'우리 사유의 발판' 128, 276, 555, 602, 607, 616
운명 292
워프 가설 **214-223**, 675
원형 162
유머 456, 460
'유연한' 권위 개념 669

유추(유비) 133, 393-396. '모델', '신화', '은유'를 보라.
유한성 256-259, 469-476, 566-568
육, 육적(육에 속한) 428, 432, 606-607, 619-620, 627, **629-631**
윤리 108, 285, 333-334, 552, 565-568, 609, 610, 615. '가치'를 보라.
은유 86, 213, 395, 416, 445, 450, 535, 540, 541, 614
은혜 535, 545, 597. '의롭다 하심을 받음'을 보라.
음악 460, 461, 462
의 624. '의롭다 하심을 받음'을 보라.
(은혜로) 의롭다 하심을 받음 44, 335-342, 365, 408, 419, 429, 597, **637-656**, 681
의미 판단 기준 201, 585-590. '공적 의미 기준'을 보라.
의미 49, 91, 99, 105, 139, 185-208, 236-243, 258-264, 368-391, 476-482, 549-592, 658, 그 외 여러 곳. '언어', '언어의 용법'을 보라.
의미론 37, 192-223, 675
의미와 지시 198-201
의미의 기능적 설명 '언어의 용법'을 보라.
의사소통 200, 262-263, 480. '언어'를 보라.
의식 185, 230, 329, 457-466, 480
의심 276, 602-603. '확실성'을 보라.
이성, 합리성 115, **152-155**, 313-314, 358-367, 454-462, **609-616**
이원론 81, 129, 132, 137, 139, 160, 230, **331-342**, **383-391**, 423, 424, 432, 435-436, 441, 448, 496, **511-516**, **552-555**, **563-568**, 590, 653, 674, 676, 679. '신칸트 철학', '주체-객체 관계', '사실', '가치'를 보라.
이중 역사 397
이해 32, 88, 151, 155, **170-186**, **253-264**, 368-376, 454-482, 526-530, **565-568**, 595, 612, 614, 616
이해 가능성 200, 366. 또한 '의미', '공적 의미 기준', '해석학'을 보라.

인간 본성 101, 117, 368-370
인간, 인간의, 인간성 168, 240-245, 249-252, 255, 264, 269-286. '말 건넴', '자기 관련', '실존주의'를 보라.
인문학(정신과학) 369, 454
인식 250, 479, 619. '인식론', '인식 사유'를 보라.
인식론 31, 147, 154, 310, 332-342, 365-367, 676
인식 사유 295-305, 625, 675. 또한 '합리성', '명제', '객관성'을 보라.
인자 413
일반성 571, 625, 661. '특수성', '과학'을 보라.
일상성 236. '현존재', '비본래적 실존'을 보라.

자기 관련, 자기 관련 논리 81, 374, 416, 445, 449
자기 이해 279, 364, 365, 372-374, 382, 450
자아 288, 318. '개인', '현존재', '유한성', '인간'을 보라.
자연 380
자유 83, 278, 319, 600, 619
자유주의, 자유주의 신학 102, 325-328, 339, 343, 350-351, 402, 406-407, 438, 493
잡담 269-271, 306, 522
재생산 '반복'을 보라.
재해석 164-167, 460-462, 475-476. '해석학'을 보라.
적용 105, 474, 497, 577, 578, 582, 583
전이해 48-52, 107-108, **170-186, 214-223, 306-310**, 354, 362, **370-374**, 437-438, **467-476**, 484, 673, 677. 또한 '해석학적 순환'을 보라.
전제 32, 64-72, 99, 173, 177-180, 233, 257-264, 370-373, 459-462, 666-669, 673. '전이해'를 보라.
전통 40, 46, 47, 52, 66, 68, 70, 71, 88, 123, 137, 138, 158, 164, 220, 316, **463-500**, 534, 536, 569, 577, 602, 606, 608, 613, 614, 673, 678

정경 490
정신 상태 585-590, 651-655
제도적 사실 617-618
조직신학 158, **482-500**, 655. '신학'을 보라.
존재(being) 85, **227-243**, 503-507, **515-525**. 또한 '존재론'을 보라.
　존재와 사유 **515-518**
존재(Essents) 508-525. '존재'(being)를 보라.
존재론적 해석학 170-186, 253-264, 368-376, 453-482
존재론적, 존재론 289, 302, 312, 358, 386, 480-482, 503-525, 560. 또한 '존재'(being)를 보라.
존재적 233, 235, 244, 301, 357.
종교개혁, 종교개혁자 106, 166, 190, 337-339, 463, **485-489**, 544. '루터'와 '칼뱅'을 보라.
종교사학파 103, 125, 136, 342-349
종말론 139, 409-412, 448, 643
죄 428, 639
주제 중립적 595-602, 606, 609. '분석 진술'을 보라.
주체, 주관성 66, 69, 147, 148, 183, 229, 230, 235, 240-253, **295-305**, 372, 373, 454-457, 544, 566, 571, 581
　주체-객체 관계 148, 295-305, 358-361, 370-373, 422, 430, 499, **511-516**, 526, 580, 675. 또한 '객관화', '데카르트주의'를 보라.
주해 39, 370-373, 482-500, 661, 673, 677, 678. '해석', '해석학'을 보라.
죽음 280-285
중기 비트겐슈타인 551, 573
중세 해석학 484-485
지시, 지시 의미 이론 **197-202**
지식 사회학 182
지평 융합, 도입과 지평 융합 48, 104, **473-476**, 486, 499, 674, 678, 681. '지평'을 보라.
지평, 지평들, 도입과 지평 46-49, 56, 68-69, 196, 236-264, 467, 473-477, 486, 499-

500, 526, 596, 620, 674
지향성 230, 467
지혜 문학 611, 613
진리 91, 153, 159-162, 201, 239, **252-253**, **275-279**, 296, 301, **313-314**, 454-462, 481-482, 529, 541, 544, **562-563**, 569, 604, 627, **631-637**, 665, 670
    진리 함수 557-567
    진리표 330, 562
    진릿값 199n28, 557-566
진리복음 611
진리 상응 이론 239-240, **277-279**, **313-314**, 568, 635
진술 '명제'를 보라.
질문(물음), 문제 172-186, **215-216**, 260-264, 354, **371-375**, 379, **475-476**, 480-482, 522, 568-569, 612-615. 또한 '전이해', '해석학적 순환'을 보라.

창조적 해석 '예감', '재해석', '이해'를 보라.
철학, 철학적 서술 **29-39**, **59-92**, 151, 237, 323-342, **357-367**, 368-383, **568-571**, 680-682, 그 외 여러 곳. '언어', '개념', '이해', '전이해', '해석학'을 보라.
체계 195, 205, 479, 559-563, 571, 641, 658. '언어 게임'을 보라.
초자연적 사건 121-124, 395-399. '기적', '세계관', '과학', '역사 중심 방법', '하나님'을 보라.
출애굽 197, 586
치통 576, 585-587. '아픔 언어', '정신 상태'를 보라.
친족 용어 219
침묵 285-286, 522, 563

칸트 철학, 칸트 전통 114, 307, 552-553, 556. '칸트'와 특별히 '신칸트 철학'을 보라.
칼케돈 신조 415
케리그마 342-349, 376, 442. 또한 '설교', '변증법 신학'을 보라.

케리그마의 의도 491
쿰란 52, 633

타락(몰락) 84, 269-279, 427, 507-515
통찰 595-596
특수성, 특수한 사례 135, 380, 571, 573-574, 625-630, 680. '이해', '인간', '실존주의'를 보라.

판결, 판결 논리 644-647
패러다임 사례 597, 622-625, 671-672
패러다임 전환 623
표상, 표현 형태 330, 561
표준화 509
표층 문법 594, 659. '문법'을 보라.
풍자 654
플라톤주의 159, 160, 183, 431, 511-513. '플라톤'을 보라.

하나님(신) 142, 149, 176, 177, 200, 339, 350-355, 359, 387, 406, 414, 440, 464, 529, 552, 590, 604, 605, 614, 635, 654, 670
하나님 말씀 **145-153**, 163-170, **350-355**, 485, 489, **663-672**. 또한 '설교', '신학'을 보라.
하나님의 아들 413, 414
하나님의 초월성 138, 150, 350-355, 362-365, 394, 442. '하나님'을 보라.
하이데거의 '전향' 295, 503-507
한 무리의 명제들 603
한계상황 301
합리론 288
합리성 '이성'을 보라.
해방신학 181-186
해방신학, 해방의 해석학 179-186
해석 163-167, 259-261, 460-462, 640-644. 또한 '해석학', '재해석'을 보라.
『해석론집』 611
해석학

과정 261, 470, 494-495
규칙 32, 39, 40, 176, 370
마르크스주의자 '해방신학'을 보라.
믿음과 155-159. '믿음'을 보라.
법 해석학 474
비트겐슈타인과 549-558, 568-590, 642, 660, 674. '비트겐슈타인'을 보라.
삶과 368-376, 549-555. '삶'을 보라.
성령과 145-155
속의 전이해 48-51, 70, 107, 170-186, 214-223, 236-243, 369-375, 454-482.
언어와 189-223, 476-482, 515, 576-577. 또한 '언어'를 보라.
언어학과 192-223
역사와 95-143, 469-476. 하지만 더 자세한 것은 '역사, 역사성'을 보라.
으로서 이해 170-186, 253-264, 368-376, 453-482, 549-556
의심의 185-186
의 양면성 42-48, 469-476. '전이해'를 보라.
의 정당성 145-188
의 철학 원리 258-264, 469-476, 549, 625-626. '이해'를 보라.
인간의 유한성과 '유한성'을 보라.
적 거리 56, 86, 95-143, 192-196, 222-223, 471-473, 482-489
적 순환 171-180, 209, 227-243, 253-264, 306-310, 437-438, 467-476, 484, 494, 586. '전이해'를 보라.
적 훈련 469-470
전통과 '전통'을 보라.

존재론적 170-186, 253-264, 368-376, 453-482
철학적 해석학의 역사 453-457, 463-469
하이데거와 227-243. '하이데거'를 보라.
해석학 규칙 **39, 40, 176**
해석학의 순환 171-172. '해석학적 순환'을 보라.
해석학의 정당성 145-188
해석학적 거리, 거리 두기 56, 86, 95-143, 192-196, 222-223, 471-522, 499, 674
해석학적 순환 **171-180**, 209, 233, **257-264, 306-310**, 437-438, 467-476, 484, 494, 586. '전이해'를 보라.
핵심 문장 132
현상학 62, 229, 230, 236, 239, 491
'현재' 의미 39, 100, 108-112, 287-295, 323-334, 368-383, 393-451. 또한 '해석학', '이해', '역사의 거리', '지평', '지평 융합'을 보라.
현존재 64, 68, **227-235**, 236-322, 327, 390, 520, 676
형식적 개념 555, 565. '개념', '문법 발화'를 보라.
화행 209, 214, 669. '언어의 용법', '언어 게임'을 보라.
확실성 128, 250, 252, 602, 667, 669
『확실성에 관하여』 **602-610, 623, 666-669**
훈련 71, 221, 468, 554-555, **577-581**
희극식 구성 537
희생 418
히브리 사상(히브리적 사유) 215-220, 444, 636

인명 찾아보기

*주요 논의 부분은 강조체로 표기했다.

가다머(Gadamer, H.-G.) 31, 47-49, 51-54, 56, **59-92**, 95, 118, 127, 165, 171, 214, 222, 299, 307, 316, 380, **453-500**, 517-520, **526-531**, 624, 673-674, 678-679
   가다머와 비트겐슈타인 59-92, 307, 316, 475-478, 624, 675
   가다머와 하이데거 '하이데거'의 '하이데거와 가다머'를 보라.
갈릴레오(Galileo) 456
개러트(Garrett, C.) 328
갤러웨이(Galloway, A. D.) 138, 142
거스리(Guthrie, D.) 599-600
건드리(Gundry, R. H.) 427, 434-436, 448
게오르게(George, S.) 513, 521
고가르텐(Gogarten, F.) 65, 324, 334, 351, 383, 422-423, 426
괴벨(Goebel, H.) 388
구티에레스(Gutiérrez, G.) 179. 181
굿(Good, E. M.) 460
궁켈(Gunkel, H.) 36, 194, 324, 342, 345
귀트게만스(Güttgemanns, E.) 192, 205, 206
그랍너하이더(Grabner-Haider, A.) 74, 198
그레마스(Greimas, A. J.) 659, 661
그레이(Gray, J. G.) 240, 505
그레이브스(Graves, R.) 513
그레터(Grether, O.) 217
그렉(Grech, P.) 50, 152

그리핀(Griffin, J.) 561
그린(Grene, M.) 59, 228, 255, 272, 286, 316, 503
글뢰게(Gloege, G.) 151
기취(Geach, P.) 276
깁슨(Gibson, A. B.) 135, 405

나이다(Nida, E. A.) 207, 211-212, 214, 217
나인햄(Nineham, D. E.) 60, **97-110**, **122-129**, 137, 142, 159, 212, 492, 499, 596, 607-609, 674
나토르프(Natorp, P.) 328-330
노르덴(Norden, E.) 36, 190
노스(North, C. R.) 53
녹스(Knox, J.) 444-445
놀러(Noller, G.) 299
뉴펠드(Nuefeld, V. H.) 423
니체(Nietzsche, F.) 124, 185, 227, 238, 299-303, 309, 313, 317, 326, 467, 508, 511, 516
닐(Neill, S.) 39
닐슨(Nielsen, K.) 581

다윈(Darwin, C.) 326
다이스만(Deissmann, A.) 191
달(Dahl, M. E.) 434
달(Dahl, N. A.) 437
더 발렌(Waelhens, A. de) 64, 227, 231, 238, 310, 318

던컨(Duncan, G. S.) 599, 616
데런(Theron, D. J.) 636
데카르트(Descartes, R.) 113, 147, 244, 248, 250, 275-276, 288, 295-296, 315, 456-457, 470, 541. '데카르트주의'를 보라.
도드(Dodd, C. H.) 42, 100, 194, 535, 596, 604
도스토옙스키(Dostoevski, F.) 280, 553
둔스 스코투스(Duns Scotus) 303, 344
뒤어(Dürr, L.) 217
드레이(Dray, W.) 368
드로이젠(Droysen, J. G.) 465, 466
디벨리우스(Dibelius, M.) 348, 651
딜렌버거(Dillenberger, J.) 70
딜타이(Dilthey, W.) 31, 42, 87, 90, 98, 118, 121, 134, 139, 141, 174-175, 184, 231, 261, 294, **368-376**, 377-380, 390, 438, 443, 454, 465-466, 538, 550, 677, 680
딤(Diem, H.) 86, 107, 208, 493-495, 499
딩클러(Dinkler, E.) 83

라너(Rahner, K.) 491
라우드(Lowth, R.) 191, 397
라이마루스(Reimarus) 110, 345
라이온스(Lyons, J.) 203, 206, 220
라이프니츠(Leibniz, G. W.) 298
라일(Ryle, G.) 262, 311, 478, 627, 675
라푸앙트(Lapointe, R.) 37, 61
란트그레베(Landgrebe, L.) 504
랑케(Ranke, L. von) 117, **118-121**, 372, 465, 674
래드(Ladd. G. E.) 411
래쉬(Lash, N.) 493
램지(Ramsey, I.) 581
랭건(Langan, T.) 229, 257, 277, 291, 389, 520
러셀(Russell, B.) 551, 560, 566
레비스트로스(Lévi-Strauss, C.) 659
레싱(Lessing, G. E.) **114-116**, 674
렌하르트(Leenhardt, F. J.) 600, 606
로너건(Lonergan, B.) 179-180

로레츠(Loretz, O.) 665
로버츠(Roberts, R. C.) 385
로빈슨(Robinson, E.) 234, 247
로빈슨(Robinson, James M.) 41-42, 84, 210, 399-400, 516
로빈슨(Robinson, John A. T.) 108, 629
로이힐리(Laeuchli, S.) 209
로젠탈(Rosenthal, K.) 298-299, 331, 38
로크(Locke, J.) 297, 467, 550
루빈오프(Rubinoff, L.) 377
루터(Luther, Martin) 150, 164, 166, 190, 335, 339, 352, 487-488
뤼데만(Lüdemann, H.) 431, 646
르낭(Renan, E.) 345
리더보스(Ridderbos, H.) 640
리드(Reid, T.) 456
리즈(Rhees, R.) 76, 560, 572, 574, 576, 582-583
리처드슨(Richardson, A.) **112-116**, 369, 377
리처드슨(Richardson, J. T. E.) 78, 572
리처드슨(Richardson, P.) 618
리처드슨(Richardson, W. J.) 504, 505
리츠만(Lietzmann, H.) 486, 598
리츨(Ritschl, A.) 122, 150, 325, 333, 351
리쾨르(Ricoeur, P.) 36, 90, 179, 184-185, **197-198**, 315, 673
리트(Riet, G. van) 90
리히텐베르크(Lichtenberg, G. C.) 214, 221
린네만(Linnemann) 42-43, 533
린지(Linge, D. E.) 77
립지우스(Lipsius, R. A.) 646

마르셀(Marcel, G.) 227
마르크스(Marx, K.) 181, 182-183, 326
마르티네(Martinet) 203
마우트너(Mauthner) 553
마이어(Mayr, F.) 74
마크렐(Makkreel, R. A.) 368
말레(Malet, A.) 70, 331, 363, 366, 375, 382, 415, 422

말레(Marlé, R.) 40
말레베즈(Malevez, L.) 400, 423
말리노프스키(Malinowski, B.) 105
매슬로(Maslow, A.) 566
맥긴리(McGinley, J.) 230, 231, 302
맥스웰(Maxwell, J. C.) 251
맥케인(McKane, W.) 611
맥코믹(McCormick, P.) 74, 567
맥쿼리(Macquarrie, J.) 59, 83, 152, 154, 172, 205, 228, 234, 242, 247-248, 254-256, 274, 282, 287, 306, 382-383, 391, 401, 405-406, 422, 426-428, 430, 438, 440, 506
맬컴(Malcolm, N.) 551, 560, 569, 577, 582-583, 585
먼들(Mundle, G. W. K.) 565
메츠거(Mezger, M.) 374-375
모건(Morgan, R.) 489-492
모리스(Morris, W.) 198
몰트만(Moltmann, J.) 47, 473
묄러(Moeller) 190
무소니우스(Musonius) 613
무스너(Mussner, F.) 87-88
무어(Moore, G. E.) 276, 551, 567, 622, 671
뮐러(Müller, C.) 644
미니어(Minear, P. S.) 388, 444
미란다(Miranda, J. P.) 179, 181
미에제(Miegge, G.) 83, 348, 394, 444-445
미튼(Mitton, C. L.) 654
미헬(Michel, O.) 597, 616

바(Barr, J.) 37, 104, 161, 192, **202-208, 215-218**, 221, 478, 664-665, 675
바르취(Bartsch, H.-W.) 151
바르톡(Bartok, B.) 238
바르트(Barth, K.) 52, 60, 70, 102, 117, **149-152**, 178, 210, 324, 327, 334, 337, 340, 351, 354, 366, 373, 421, **483-488**, 491, 493, 494, 495, 496, 499
바버(Barbour, I.) 623

바우어(Baur, F. C.) 431
바이스(Weiss, J.) 324, 342, 434, 598, 612, 614, 628, 639, 643, 647
바이스만(Waismann, F.) 160-161, 476, 627
바이어(Via, D. O.) 34-35, 192, 215, 218, 221, 253, 304, 461, 465, 533, 537-538, 540
바인트커(Beintker, M.) 327
바필드(Barfield, O.) 535, 537
반 뷰렌(Buren, P. M. van) 72, 76, 147, 201, 497, 551, 576
반틸(Til, C. van) 38, 91
배러트(Barrett, C. K.) 411, 597, 598, 600, 605, 606, 616, 644
배러트(Barrett, W.) 227, 513
뱀브러(Bambrough, R.) 568-569
버러스(Burres, K. L.) 206
버첼(Burtchaell, J. T.) 664
버클리(Berkeley, G.) 297
버터필드(Butterfield, H.) 123
버튼(Burton, E. D.) 431, 599, 630
베르세니(Versényi, L.) 505, 520
베르크손(Bergson, H.) 303, 456, 467
베티(Betti, E.) 65, 453, 474
벤(Benn, G.) 513
벤트(Wendt, H. H.) 635
벤트란트(Wendland, H. D.) 598, 612
벨(Bell, R. H.) 570
보나르(Bonnard, P.) 600
보니노(Bonino, J. Miguez) 181-183
보른(Born, M.) 251, 296
보른캄(Bornkamm, G.) 447, 530, 613, 629, 648
보만(Boman, T.) **215-221**, 478
보아스(Boaz, F.) 307
본회퍼(Bonhoeffer, D.) 156
볼츠만(Boltzmann, L.) 329, 440
볼켈(Voelkel, R.) 326
볼테르(Voltaire) 132
볼프(Wolf, F. A.) 170

부리(Buri, F.) 439
부버(Buber, M.) 442
부세트(Bousset, W.) 342, 344
부탱(Boutin, M.) 331
불트만(Bultmann, R.) 29-31, 33, 38, 50, 57, **59-92**, 96-97, 100, 107, 114, 129, 137, 145, 148, 153, 157, 162, **177-178**, 210, 242-243, 260, 271, 275, 279, 282, 285-286, 288, 293-294, 300, 307-308, 314, 319-320, **323-450**, 465, 491, 496, 538, 544, 552-554, **586-590**, 612-613, 618, 627-630, 636, 640, 644, 676-680
  불트만과 비트겐슈타인(Bultmann and Wittgenstein) 56-92, 114-115, 285-286, 306-307, 367, 440-442, 450, 491, 549-554, 585-590, 627, 678-681
  불트만과 신칸트주의(Bultmann and Neo-Kantianism) 38, 80, 114, 129, 137, 143, 323-342, 438, 440. 더 충분한 내용은 '신칸트 철학'을 보라.
  불트만과 하이데거(Bultmann and Heidegger) 30, 59-60, 64-65, 68-70, 82-90, 148, 243, 260, 271, 275, 279, 282-286, 289-295, 302, 307-308, 314-320, 324, 327, 331, 340, 344, 357-367, 375, 382, 389, 400, 407, 423, 425-438, 448, 538
뷜러(Bühler, K.) 308
브라우어(Brouwer, L. E. J.) 78, 572
브라운(Braun, H.) 439
브라운(Brown, C.) 527
브라운(Brown, J.) 252, 312
브라운(Brown, R. L.) 307
브라운(Brown, S.) 596
브라이트(Bright, J.) 671
브라텐(Braaten, C. E.) 41, 72, 74, 122, 178, 210, 337, 528
브래들리(Bradley, F. H.) 380
브레데(Wrede, W.) 110, 344-345, 347, 489-492

브렌타노(Brentano, F.) 230, 262
브로노프스키(Bronowski, J.) 251
브록(Brock, W.) 254, 258, 503
브루너(Brunner, E.) 354
브루스(Bruce, F. F.) 607
블랙(Black, M.) 209, 220, 540, 561, 568
블랙맨(Blackman, E. C.) 39
블랙햄(Blackham, H. J.) 227, 249, 297
비슬리머리(Beasley-Murray, G. R.) 444
비시나스(Vycinas, V.) 520
비코(Vico, J. B.) 132, 455-456
비트겐슈타인(Wittgenstein, L.) 35, 57, **59-92**, 114, 128, 134-135, 138, 198-201, 214, 216, 220-223, 250, 258, 262-263, 285-286, 306-307, 313, 316, 329-330, 450, 475, 478, 480, 491, 543, **549-672**, 675, 678
  비트겐슈타인과 가다머 '가다머'의 '가다머와 비트겐슈타인'을 보라.
  비트겐슈타인과 불트만 '불트만'의 '불트만과 비트겐슈타인'을 보라.
  비트겐슈타인과 하이데거 '하이데거와 비트겐슈타인'을 보라.

사르트르(Sartre, J.-P.) 273, 280, 301, 317
사이들(Seidel, G. J.) 228-229
사익스(Sykes, S. W.) 97
사피어(Sapir, E.) 307
샌더스(Sanders, E. P.) 646
샤펠르(Chapelle, A.) 234, 241
새프츠베리(Shaftesbury) 456, 460
설(Searle, J.) 582, 617
세군도(Segundo, J. L.) 181
세네카(Seneca) 613
세르포(Cerfaux, L.) 434, 640
세플러(Sefler, G. F.) 76
셰익스피어(Shakespeare) 175
셰퍼(Schaper, E.) 74, 567
셸러(Scheler, M.) 231, 243
셸링(Schelling, F.) 303

소쉬르(Saussure, F. de) **194-195, 202-206**, 214-216, 477, 574, 657, 660, 675
소여(Sawyer, J.) **192-196**
소크라테스(Socrates) 228, 475
소포클레스(Sophocles) 521
손튼(Thornton, L. S.) 162
쇠켈(Schökel, L. A.) 191, 308
쇼펜하우어(Schopenhauer, A.) 285, 303, 553, 567
쉬니빈트(Schniewind, J.) 394-395, 444-445
쉬트락(Strack, H. L.) 43
슈미탈스(Schmithals, W.) 323, 335, 362, 402-403, 405
슈미트(Schmidt, K. L.) 345-347
슈바이처(Schweitzer, A.) 100, 110, 112, 345, 644, 646
슈바이처(Schweizer, E.) 431, 433
슈타인탈(Steinthal, H.) 307, 464
슈툴마허(Stuhlmacher, P.) **497-498**, 644
슈트라우스(Strauss, D. F.) 345, 397
슈페히트(Specht, E. K.) 594-595
슐라이어마허(Schleiermacher, F. D. E.) 32, 40, 96, 118, 141, 150, 155, **170-176**, 184, 256, 261, 302, 370, 372, 437, 463-465, 468, 483, 528, 538, 642, 673
슐라터(Schlatter, A.) 489-491
슐리어(Schlier, H.) 492
스마트(Smart, J. D.) 40, 49-50, 52-53, 63, 103, 149, 157-158, 178, 464, 664
스몰리(Smalley, B.) 484
스즈키(Suzuki, D. T.) 524
스코트(Scott, R. B. Y.) 524, 611
스킬러벡스(Schillebeeckx, E.) 179, 493
스탠턴(Stanton, G.) 447
스테니우스(Stenius, E.) 561
스테른(Stern. G.) 208
스텐달(Stendahl, K.) 486-488, 499
스트로슨(Strawson, P. F.) 62, 311, 577, 579, 582
스피노자(Spinoza, B.) 116, 191, 463

아리스토텔레스(Aristotle) 243, 455, 479, 632
아미오(Amiot, F.) 640
아스만(Assmann, H.) 181
아스트(Ast, F.) 170
아이스펠트(Eissfeldt, O.) 612
아이히호른(Eichhorn, J. G.) 397
아인슈타인(Einstein, A.) 296-297
아퀴나스(Aquinas, Thomas) 405
아펠(Apel, K. O.) 73, 549-550, 555, 581
악트마이어(Achtemeier, P. J.) 39, 84, 531
액튼 경(Acton, Lord) 123
앤스콤(Anscombe, G. E. M.) 559, 560, 565, 627
앨런(Allen, E. L.) 231
앨스턴(Alston, W. P.) 540
야니크(Janik, A.) 75, 286, 329, 551-553, 566
야른센(Jørgensen, P. H.) 299, 331
야스퍼스(Jaspers, K.) 227-228, 273, 281, 301, 398, 445
어번(Urban, W. M.) 308
에번스(Evans, C. F.) 39, 668
에번스(Evans, D. D.) 643
에번스프리처드(Evans-Pritchard) 106
에벨링(Ebeling, G.) 31, 39-41, 50, 54, 74, 84-85, 107, 146, 153, 156, 164-167, 190, 264, 307-310, 338, 346, 385, 477, 489, 498, **514-532, 540-545**, 679
에이어(Ayer, A. J.) 552, 567, 582, 617
에픽테토스(Epictetus) 601, 613-615, 619
엘리아데(Eliade, M.) 398, 445
엘리엇(Eliot, T. S.) 513
엥겔만(Engelmann, P.) 75, 551, 552
영(Young, N.) 385, 389, 427, 441, 448
예거(Jaeger, H.) 248
예레미아스(Jeremias, J.) 42, 44, 194, 305, 420, 628, 650
예이츠(Yeats) 513
옐름슬레브(Hjelmslev, L.) 219
오비디우스(Ovid) 601

오스틴(Austin, J. L.) 206, 217, 417, 517, 543, 670
오웬(Owen, H. P.) 366
오토(Otto, R.) 256
오트(Ott, H.) 86, 107, 152, 208, 261, 331, 384, 386, 424, 426, 441, **489-500, 503**, 521-522, 525
오펜하이머(Oppenheimer, R.) 296
옥든(Ogden, S.) 147, 308, 323, 363, 397, 399-401, 405-406, 438-440
올브라이트(Albright, W. F.) 444
와이브레이(Whybray, R. N.) 611
와일더(Wilder, A.) 36, 445, 544, 613
와일스(Wiles, M. F.) 102, 125
외팅어(Oetinger) 456
외프케(Oepke, A.) 599-600
요나스(Jonas, H.) 349, 399-400, 426-427, 438, 524, 677
요르크(Yorck, G.) 294, 372, 375, 467, 468, 677
우드(Wood, J. D.) 39
우스테리(Usteri, L.) 645
울만(Ullmann, S.) 203, 208
워녹(Warnock, G. J.) 405
워프(Whorf, B. L.) **214-223**, 307, 477
워필드(Warfield, B. B.) 666, 669
월쉬(Walsh, W. H.) 381
웨버(Weber, J. C.) 541
웨스트팔(Westphal, M.) 386
윈치(Winch, P.) 76, 550-551, 576, 580-581, 623
윌리엄스(Williams, H.) 125
윌리허(Jülicher, A.) 42, 305, 324, 486
윌킨슨(Wilkinson, J.) 497
윙렌(Wingren, G.) 395
윙크(Wink, W.) 44-46, 48, 55-56, 69, 145-147, 499
유클리드(Euclid) 463
융(Jung, C. G.) 398, 445, 659
융엘(Jüngel, E.) 533

이레나이우스(Irenaeus) 158

작스(Sachs, W.) 397
잔트(Sand, W.) 433
재스트로(Jastrow) 642
제프레(Geffré, C.) 375, 382
젤너(Gellner, E.) 595, 596
젤번(Gelven, M.) 64, 233, 257-258, 263, 274, 294, 313, 505
존스(Jones, G. V.) 33-34, 82, 445
존스(Jones, O. R.) 582, 584-585
존슨(Johnson, R. A.) 328, 330-331, 399, 400, 426-427, 439
주스(Joos, M.) 207
쥬이트(Jewett, R.) 431-433, 630
지슬러(Ziesler, J. A.) 638-640
짐멜(Simmel, G.) 457

차일즈(Childs, B. S.) 445
촘스키(Chomsky, N.) 213

카르나프(Carnap, R.) 198, 308, 565, 567
카뮈(Camus, A.) 164
카벨(Cavell, S.) 75, 568, 571
카비쉬(Kabisch, R.) 646
카시러(Cassirer, E.) 214, 307, 398, 477
카위퍼(Kuyper, L. J.) 636
카츠(Katz, J. J.) 582
카푸토(Caputo, J. D.) 75
칸트(Kant, I.) 29, 63, 81, 115, 169, 235, 238, 252, 275-276, 285, 288, 307, 309, 328-330, 333, 440, 449, 455-456, 465, 467, 505, 512, 550, 553, 556, 675. '칸트 철학', '신칸트 철학'을 보라.
칼뱅(Calvin, John) 365, 485-486
캐드베리(Cadbury, H. J.) 108-112
커(Kerr, F.) 74, 78
커크(Kirk, J. A.) 181-183
커피트(Cupitt, D.) 125
케니(Kenny, A.) 562, 585

케르텔게(Kertelge, K.) 644, 645
케어드(Caird, G. B.) 444
케언스(Cairns, D.) 64, 148, 310, 390, 400-401, 405, 439
케인즈(Keynes, J. M.) 551
케제만(Käsemann, E.) 431, 436, 448, 491-492, 494, 497, 619, 640, 644
켈러(Kähler, M.) 122, 129, 142, 337-338, 345, 385-386, 408, 438
켈시(Kelsey, D. H.) 210-214
코페르니쿠스(Copernicus) 623
코피(Copi, I.) 559
코헨(Cohen, H.) **328-330**, 406, 440
콘첼만(Conzelmann, H.) 423, 434
콜링우드(Collingwood, R. G.) 116-117, 121, 368, 372, 374, 376-383, 390, 438, 443, 475-476, 677
콥(Cobb, J.) '로빈슨'(J. M. Robinson)을 보라.
콩가르(Congar, Y.) 493
콰인(Quine, W. v. O.) 198, 595
쿠스(Kuss, O.) 598
쿤(Kuhn, T. S.) 623
쿨만(Cullmann, O.) 102, 290, 412, 491, 648
쿨만(Kuhlmann, G.) 65, 357
큄멜(Kümmel, W. G.) 191, 431
크라우스(Kraus, K.) 553, 557
크레이프트(Kreeft, P.) 524
크로산(Crossan, J. D.) 44, 46, 48, 86, 253, 271, 461, 533-540, 679
크로체(Croce, B.) 368, 377
크뤼거(Krüger, G.) 326
크리소스토무스(Chrysostom, John) 189, 613
크리스탈(Crystal, D.) 203, 218
클라스(Klaas, W.) 373
클로스터만(Klostermann) 42
키르케고르(Kierkegaard, S.) 63, 118, 146, 227, 235, 243, 272-273, 285, 301, 304, 317, 363, 438, 553, 567, 569, 631
키릴로스(Cyril of Alexandria) 431
키멀레(Kimmerle, H.) 32, 40, 173, 528

키질(Kisiel, T.) 61, 66
키텔(Kittel, G.) 204
키틀리(Keightley, A.) 581, 623
키퍼(Kieffer, R.) 192
킹(King, M.) 68, 230-235, 236, 241, 294

타르스키(Tarski, A.) 198
터너(Turner, G.) 483
터틀(Tuttle, H. N.) 121, 370, 374
터퍼(Tupper, E. F.) 131
테르툴리아누스(Tertullian) 29
테오도로스(Theodore) 189
테이버(Taber, C. R.) 211
테즈카(Tezuka) 512
텔레스(Teles) 613
토렌스(Torrance, J. B.) 175
토렌스(Torrance, T. F.) 154, 174, 296, 485, 488
톨스토이(Tolstoy, L.) 553, 567
투르나이젠(Thurneysen, E.) 324
툴민(Toulmin, S.) 75, 286, 329, 551-553, 566, 572
트라클(Trakl, G.) 458, 521-522
트뢸취(Troeltsch, E.) 98, 101, 105, **121-143**, 342, 380, 467, 492
트리어(Trier, J.) 194, 205
트릴링(Trilling, L.) 101
티슬턴(Thiselton, A. C.) 168, 199, 213, 215, 217, 222, 262, 308, 317, 412, 631
틸리케(Thielicke, H.) 29-30, 115, 152-153, 163-164, 169, 394, 444-445, 449
틸리히(Tillich, P.) 163, 240, 256, 302-304, 309, 312, 337

파러(Farrar, F. W.) 190, 484
파르메니데스(Parmenides) 228, 516
파머(Palmer, R. E.) 33, 47-50, 171, 261, 457, 462, 468, 471
파울루스(Paulus, H. E. G.) 646
판 호흐(Gogh, van) 519

판넨베르크(Pannenberg, W.) 47, 59, 98, 107-108, 118, 122, **129-143**, 152-153, 156, 160, 164-165, 307, 386-387, 424, 440-441, 446, 473, 481, 493, 498, 533, 596-597, 608-609, 633, 674
패러(Farrer, A.) 162
패트(Patte, D.) 51-52, 659
퍼스(Pierce, C. S.) 197
펑크(Funk, R. W.) 40, 86, 145, 147, 253, 256, 271, 300, 304, 335, **533-540**, 542, 614, 625, 679
페레(Ferré, N. F. S.) 90-91
페린(Perrin, N.) 342, 407, 531, 534, 540, 543
페어스(Pears, D.) 79, 557, 585
페일린(Pailin, D.) 114
펠취(Pelc, J.) 540
포더(Fodor, J. A.) 582
포세트(Fawcett, T.) 162
포이어바흐(Feuerbach) 386
폰 라트(Rad, G. von) 612
폴라니(Polanyi, M.) 652
퐁트넬(Fontenelle) 397
푀겔러(Pöggeler, O.) 505
푹스(Fuchs, E.) 31, 33, 40, 50, 55, 69, 84-87, 107, 127, 145, 155, 164, 167, 253, 260, 271, 279, 290, 292, 294, 299-300, 307-309, 374, 433, 448, 459, 462, 498, **515-532**, 533-535, 537, **540-544**, 677, 679
프라(Prat, F.) 640
프라이(Frei, H.) 201
프라이(Frye, N.) 305
프라이스(Price, H. H.) 589, 653, 654
프레게(Frege, G.) 199, 562
프레모(Premo, B. I.) 73
프레이저(Frazer, Sir James) 134-135
프로이트(Freud, S.) 182, 184-185, 659, 673
프로프(Propp, V. I.) 659
플라이더러(Pfleiderer, O.) 431
플라톤(Plato) 175, 216, 232-233, 238, 299, 478-480, 511-512, 516, 632

플루타르코스(Plutarch) 613
피처(Pitcher, G.) 76
피터슨(Petersen, N. R.) 202
필론(Philo) 614-616, 634
필립스(Phillips, D. Z.) 581, 623
필립스(Phillips, J. B.) 212

하르낙(Harnack, A.) 324, 342, 403, 484, 493
하르트리히(Hartlich, C.) 397
하버마스(abermas, J.) 473
하비(Harvey, V. A.) 120, 124, 126
하위헌스(Huygen) 456
하이(High, D. M.) 90, 568, 652-653
하이네(Heyne, C. G.) 397
하이데거(Heidegger, M.) 30-35, 42, 51, **59-92**, 167, 172, 184, 204, 214, 220-221, **227-320**, 324, 327-328, 340, 344, 351-357, 364, 375, 382, 389, 400, 407, 423, **425-436**, 437, 443, 448, 453, 458, 468, 474, 482, 496, **503-525**, 530, 537, 541, 549, 556, 569, 580, 624, 630, 673, 675-677, 679
하이데거와 가다머 51, 59-92, 299, 307, 316, 453, 458, 468, 474, 482, 496, 537, 624, 673
하이데거와 불트만 '불트만과 하이데거'를 보라.
하이데거와 비트겐슈타인 35-36, 59-92, 220, 250, 258-264, 285-286, 306, 313, 316, 450, 549-556, 568-570, 579-581, 624, 630-631, 675, 679
하이젠베르크(Heisenberg, W.) 251, 296
하인리히(Heinrich, C. G.) 612-613
하임(Heim, K.) 297-298
해리스(Harries, K.) 75
해리스빌(Harrisville, R. A.) 498
해밀턴(Hamilton, K.) 210
해커(Hacker, P. M. S.) 78, 572
핸슨(Hanson, R. P. C.) 158
허드슨(Hudson, W. D.) 551

허비(Hervey, H.) 574
허쉬(Hirsch, E. D.) 61, 483
헌터(Hunter, A. M.) 434
헤겔(Hegel, G. W. F.) 117-118, 140-141, 238, 368, 386, 457, 466
헤라클레이토스(Heraclitus) 228, 516, 518
헤르더(Herder, J. G.) 36, 116-117, 307-308, 674
헤르만(Herrmann, W.) 324, **326-331**, 334, 336, 385, 403, 438, 676
헤르츠(Hertz, H.) 251, 329, 440, 561
헤스터(Hester, B.) 540
헨더슨(Henderson, I.) 396, 407, 420
헬름(Helm, P.) 160-161
헬름홀츠(Helmholtz, H. von) 329, 440
헬리트(Hallett, G.) 578
헵번(Hepburn, R.) 396, 400
호던(Hordern, W.) 576
호라티우스(Horace) 610
호먼스(Homans, P.) 184
호비(Horby, I.) 74

호스퍼스(Hospers, J.) 619
호즈(Hodes, A.) 443
호지스(Hodges, H. A.) 369, 374
호프만슈탈(Hofmannsthal, H.) 514
홀스텐(Holsten, C.) 431
홀츠만(Holtzmann, H. J.) 431
홉스(Hobbes, T.) 113
홉킨스(Hopkins, J.) 368, 380-381
화이트(White, A. R.) 627
화이틀리(Whiteley, D. E. H.) 648
횔덜린(Hölderlin, F.) 458, 505, 507, 513, 521-522
후설(Husserl, E.) 62, 229, 239, 244, 262, 467
훔볼트(Humboldt, W.) 214, 216, 219, 307, 477, 479
흄(Hulme, T. E.) 127, 607
흄(Hume, D.) 114, 135, 405, 454-455, 467, 550
히에로니무스(Jerome) 164
히튼(Heaton, J.) 74
힉(Hick, J.) 581

성구 찾아보기

창세기
3:1-2 352
3:1-15, 23, 24 163
15:2-18 616
15:6 598, 650
42:16 632

출애굽기
3:6 590
18:21 632

사사기
3장 460-461

사무엘하
11, 12장 461
19:44 44

열왕기하
22:7 633

시편
2편 50
8:6 485
25:10 633
37:24 175
45:4 632
45:8 44
73편 164

110편 50

잠언
12:19 632
14:24 611
18:2 611
23:23 632

이사야
14장 165
45:9 605
55:10, 11 168

예레미야
1:9, 10 168
5:14 168
18:1 605
23:29 168

호세아
6:3, 4 461

아모스
2장 461
8:3 193

요나
1:3, 9, 12 654
2:1-9 654

4:3, 10, 11 654

토비트
7:10 632

솔로몬의 지혜
12:12-18 606

집회서
1:22 611

에녹1서
32:1, 3 163
61:1 163

1QS
1:15 633
3:24 633
4:20, 21 634
6:15 633
11:12 644

마태복음
5:14 213
5:15 485
5:33, 38, 43 668
11:6 630
13:30 485
16:18 207

20:1-16 300, 530, 537
22:1-10 536, 540
24:27 162
25:1-13 538
25:10 162
25:14-30 34, 538
25:31-46 497

마가복음
2:5 213
2:18, 19 348
14:62 409

누가복음
4:33-34 396
8:27-28 396
9:39-40 396
10:18, 23, 24 348
10:29-37 536, 539
11:20 396
13:11 212
14:7-11 539
14:16-24 536
15:11-32 33, 535, 537, 540
16:1-9 537
16:19-31 539
17:30 389
18:9-14 42-46
18:10-14 539
22:3 212
22:42 213
24:25-27 49
24:39-43 421

요한복음
1:4-9 162
1:9 634
3:19 411
4:9 539
4:18 632

4:23, 24, 37 634
5:31, 32 635
6:32, 55 634
6:69 414
8:44, 45 634
9:5 162
10:33, 36 539
10:41 632
12:31 411
14:6, 16, 17 634-635
15:1 634
15:26 634
16:13 634

사도행전
2:22 415
17:31 410, 415, 421

로마서
1:3 629
1:5 627
1:17, 18 206
1:18, 19 353
1:18-32 596
2:17-3:20 488
2:28, 29 616
2:28 428
3:4, 5, 6 604
3:5 415
3:21-26 613
3:21 645
3:27-28 648
3:28 628
4:1-8 613
4:2-25 650
4:2-6 648
4:3, 9 650
4:4 597
4:5 628
4:9-25 624

4:11, 12 618
5:1, 9 643
5:9 418
6:6 418
6:8 387, 424
6:12-14 434
6:12 430
6:16 434, 601
7:7-25 412
7:14-24 429
7:19 487
8:5-8 429
8:7, 8 606
8:7, 13 629
8:12 429
8:14-16 607
8:15, 16 152
8:24 598, 617
9-11장 447, 488
9:1 488
9:14-24 605
9:30-32 643, 648
10:9 628
10:14 601
11:6 597
12:1 430
13:1-10 600
14:7, 8 416
16:19 627

고린도전서
1:18 168
1:26 629
1:30 414
2:6-16 150, 156, 542
2:8 396
2:10-15 620
2:13-14 210
2:14 606
3:1, 3 620

3:3 639
4:4 488, 639
4:5 415
4:8 620
5:5 222
6:11 643
6:12-20 435
6:12 613, 620
6:15 428
8:1 613
10:23 613
11:17, 28-32 639
12:3 607
12:14 601
12:27 428
13장 541
13:2 628
13:3 428
13:10 598
14:6 206
14:11 601
15:1-11 421
15:3-8 423
15:3 160
15:20-22 422
15:35-44 396, 430
15:39 629
15:54 411

고린도후서
1:12 488, 629
1:23 428
3:2, 3 629
3:14-18 150, 157
4:4 396
4:10, 11 418
4:13 387, 424
5:7 140, 412, 628
5:17 521
5:19 160

6:2 411
6:4-7 633
6:8-10 389
7:5 429
7:14 632
10:2 629
11:4 634
11:18 629
12:7 428, 629
12:15 428
12:20 639
12:24 210
13:8 601

갈라디아서
1:16 429
1:23 628
2:16 645
2:5 634
3:3 429, 432
3:7 618
3:13 418
3:16 618
3:18 601
3:20 599, 617
3:24 488
3:29 616
4:4 411
5:1 600
5:5 643
5:13-26 432
5:19, 20 629
6:3 601
6:13, 14 418, 432, 630

에베소서
4:25 632
6:17 168

빌립보서
2:5-11 542
2:7 415
2:9-11 532
3:3-7 429
3:6 488
3:9 645
3:10 418
3:12, 13 639

데살로니가전서
2:19 415
3:13 415
4:15-17 409
4:16 396

데살로니가후서
2:7-12 411

디모데전서
2:4 634
3:16 389

디모데후서
3:7 634
4:3, 4 634

히브리서
4:12-13 168
11:1 628, 648

야고보서
2:14-26 650
2:19 414

베드로전서
1:13 212
5:4 389

요한일서
1:2 389
1:6, 8-10 655
2:4, 6, 9 655
2:26 211
2:28 389

3:7 611
3:9, 10, 17, 18, 24 655
4:6 634
4:20 655
5:6 634
5:18 655

요한계시록
12:3 163
19:9 162
20:2 163
22:1, 2 162

성경 외 고대 문헌 찾아보기

『단의 유언』
    6:10 644

세네카
    Ad Lucilium epistulae morales
        66.8, 9 58

에픽테토스
    Discourses
        II.5.24, 25 601
        II.7.3 619
        II.8.2 614
        II.10.18, 19 615
        III.17.3 615
        III.24.50 615
        IV.1.8 619
        IV.9.2 619
        IV.9.6-10 615

오비디우스
    Tristia
        V.10.37 601

『진리복음』
    24.35; 25.3 611

퀸틸리아누스
    Institutio oratoria
        VIII.3.41 410

플라톤
    Apology
        41E 301
    Gorgias
        454D 610
    Sophist
        240B 610

필론
    De Abrahamo
        127-130 615
    De specialibus legibus
        258-260 615
    Preliminary Studies
        159 634
    Quis rerum divinarum heres
        313 616

『해석론집』
    13:8, 9 611

호라티우스
    Epistle
        I.1.41, 42 610

주요 인물 소개

Achtemeier, Paul John(1927-2013): 미국의 신약신학자다. 유니언 신학대학원과 유니언 장로교신학대학원에서 가르쳤다.
Albright, William Foxwell(1891-1971): 미국의 성서학자요 고고학자이며 고언어학자다.
Allen, Edgar Leonard(1893-1961): 영국의 신학자요 철학자다.
Alston, William Payne(1921-2009): 미국의 철학자다. 언어철학과 기독교 철학을 깊이 연구했다.
Amiot, Françoit(1889-1971): 프랑스의 가톨릭 신약학자다. 생-쉴피스(Saint-Sulpice) 신학대학원 교수였다.
Andrew of St. Victor(1110-1175): 중세 영국의 구약성경 주해가다.
Anscombe, Gertrude Elizabeth Margaret(1919-2001): 영국의 분석철학자다. 비트겐슈타인의 제자였다.
Apel, Karl-Otto(1922-2017): 독일의 철학자요 해석학자다. 프랑크푸르트 대학교 명예 교수다. 선험어용론(Transzendentalpragmatik, 초월적 어용론, 선험적 화용론)이라는 독특한 이론을 발전시켰다.
Assmann, Hugo(1933-2008): 브라질의 해방신학자다. 2차 바티칸 공의회의 신학 정신을 발전시켰다.
Ast, Georg Anton Friedrich(1778-1841): 독일의 철학자요 고언어학자다.
Austin, John Langshaw(1911-1960): 영국의 언어철학자다. 화행 이론으로 유명하다.
Ayer, Alfred Jules(1910-1989): 영국의 철학자다. 논리실증주의를 주창했다.

Bambrough, John Renford(1926-1999): 영국의 철학자다. 케임브리지 대학교에서 가르쳤다.
Barbour, Ian Graeme(1923-2013): 미국의 철학자다. 과학과 종교의 관계의 깊이 연구했다.
Barfield, Arthur Owen(1898-1997): 영국의 철학자요 작가이며 시인이다.
Barr, James(1924-2006): 스코틀랜드 출신 구약학자다. 옥스퍼드 대학교 교수를 지냈다.
Barrett, Charles Kingsley(1917-2011): 영국의 신약신학자다. 더럼 대학교 교수를 지냈다.
Barrett, William Christopher(1913 -1992): 미국의 철학자다. 뉴욕 대학교 교수였다.
Bartók, Béla Viktor János Bartók(1881-1945): 헝가리의 작곡가요 피아니스트다.

Barton, Bruce Fairchild(1886-1967): 미국의 작가요 정치가였다.

Bartsch, Hans-Werner(1915-1983): 독일 루터교회 목사이며 신학자였다.

Baur, Ferdinand Christian(1792-1860): 독일의 신학자이며 튀빙겐 학파 창시자다. 헤겔 변증법의 영향을 받아, 2세기 기독교를 베드로 중심의 팔레스타인 기독교와 바울 중심의 이방 기독교의 종합이라고 이해했다.

Beasley-Murray, George Raymond(1916-2000): 영국의 신약신학자다.

Beintker, Michael(1947-): 독일의 조직신학자다. 칼 바르트에게서 많은 영향을 받았다.

Bell, Richard H.: 영국의 신학자다. 노팅엄 대학교 교수다.

Benn, Gottfried(1886-1956): 독일의 시인이요 수필가이며 화가다.

Benoist, Jean-Marie Jules(1942-1990): 프랑스의 철학자요 작가다.

Bergson, Henri-Louis(1859-1941): 폴란드계 프랑스인 철학자다.

Berkeley, George(1685-1753): 아일랜드의 성직자요 철학자다. 우리가 지각하는 것만이 실체요 존재하는 것이라고 보는 철저한 경험론을 주장했다.

Betti, Emilio(1890-1968): 이탈리아의 로마법학자요 신학자이며 철학자다.

Billerbeck, Paul(1853-1932): 독일의 신학자요 유대교 학자다. 탈무드와 미드라쉬를 깊이 연구하여 주석을 썼다.

Black, Max(1909-1988): 영국계 미국인 철학자다. 언어철학과 수리철학을 깊이 연구했다.

Blackham, Harold John(1903-2009): 영국의 철학자요 저술가다.

Blackman, Edwin Cyril: 영국의 신약학자요 교회사학자다. 케임브리지 대학교와 런던 대학교에서 가르쳤다.

Boas, Franz Uri(1858-1942): 독일계 미국인 인류학자다. 현대 인류학을 개척한 인물이다.

Bohr, Niels Henrik David(1885-1962): 덴마크의 물리학자다. 원자 구조 연구와 양자 물리학 분야에서 큰 업적을 남겼으며, 1922년에 노벨 물리학상을 받았다.

Boltzmann, Ludwig Eduard(1844-1906): 오스트리아의 물리학자다. 통계 역학 발전에 기여했다.

Boman, Thorleif Gustav(1894-1978): 노르웨이의 신학자다. 오슬로 대학교 교수를 지냈으며, 히브리 사상과 그리스 사상을 비교 연구하여 이름을 얻었다.

Bonino, José Míguez(1924-2012): 아르헨티나의 신학자다. 사회 복음 운동에서 영향을 받아 해방신학을 주창했다.

Bonnard, Pierre(1911-2003): 스위스의 신약학자다. 스위스 로잔 대학교 교수였다.

Born, Max(1882-1970): 독일의 물리학자요 수학자다. 양자 물리학 발전에 이바지했으며, 1954년에 노벨 물리학상을 받았다.

Bornkamm, Günther(1905-1990): 독일의 신약학자다. 불트만의 학통을 이었으며, 하이델베르크 대학교 교수였다.

Bousset, Wilhelm(1865-1920): 독일의 신학자다. 종교사학파의 중심인물이었다.

Boutin, Maurice: 캐나다의 철학자이자 신학자다. 맥길 대학교 명예 교수다.

Braaten, Carl E.(1929-): 미국의 루터파 신학자다. 시카고 루터 신학대학원 교수를 지냈다.

Bradley, Francis Herbert(1846-1924): 영국의 관념론 철학자로, 도덕 철학도 깊이 연구했다. 문호 T. S. 엘리엇은 브래들리를 연구한 논문으로 하버드 대학교에서 박사 학위를 받았다.
Braun, Herbert(1903-1991): 독일의 신약학자다. 불트만 학파의 한 사람이었다.
Brentano, Franz Clemens Honoratus Hermann(1838-1917): 독일의 철학자요 심리학자다. 지크문트 프로이트, 에드문트 후설이 그의 제자였다.
Bright, John(1908-1995): 미국의 구약학자요 고고학자다. 고고학으로 성경의 신빙성을 변호하는 작업을 펼쳤다.
Brock, Werner Gottfried(1901-1974): 독일의 철학자다. 하이데거와 야스퍼스에게 배웠고, 프라이부르크 대학교 교수였다.
Bronowski, Jacob(1908-1974): 폴란드계 영국인 과학자요 저술가이며 과학사가다.
Brouwer, Luitzen Egbertus Jan(1881-1966): 네덜란드의 수학자요 철학자다. 수리철학의 한 분야인 직관주의를 처음 주창했다.
Bruce, Frederick Fyvie(1910-1990): 영국의 저명한 신약학자다.
Brunner, Heinrich Emil(1889-1966): 스위스의 신학자다. 칼 바르트와 함께 20세기 변증법 신학을 대표하는 인물이다.
Buber, Martin(1878-1965): 오스트리아에서 태어난 이스라엘의 철학자다. 그가 대표하는 대화 철학은 실존철학의 한 형태로서 나-너 관계와 나-그것의 관계를 구분하는 데 중점을 둔다.
Bühler, Karl Ludwig(1879-1963): 독일의 언어학자요 심리학자다. 뷔르츠부르크 학파를 대변하는 인물 가운데 하나다.
Bultmann, Rudolf(1884-1976): 양식사의 관점으로 복음서를 연구했던 현대 신약학의 거봉이었다.
Buri-Richard, Fritz(1907-1995): 스위스의 목회자요 신약학자다.
Burres, Kenneth Lee: 미국의 언어학자요 신학자다.
Burtchaell, James Tunstead(1934-2015): 미국의 가톨릭 신학자이며 사회학자다.
Burton, Ernest DeWitt(1856-1925): 미국의 성서학자다. 시카고 대학교 총장을 지냈다.
Butterfield, Herbert(1900-1979): 영국의 역사가요 역사철학자다. 케임브리지 대학교 교수였다.

Cadbury, Henry Joel(1883-1974): 미국의 성서학자요 퀘이커 역사가다.
Caird, George Bradford(1917-1984): 영국의 성서학자요 인문학자다. 옥스퍼드 대학교 교수를 지냈다.
Cairns, David H.(1904-1992): 스코틀랜드의 신학자요 철학자다. 애버딘 대학교 명예 교수였다.
Calloud, Jean: 프랑스의 구약학자다. 리옹 가톨릭대학교 교수였다.
Caputo, John D.(1940-): 미국의 철학자요 종교학자다. 시라큐스 대학교 명예 교수다.
Carnap, Rudolf(1891-1970): 독일계 미국인 철학자다. 시카고 대학교 교수였다.
Cassirer, Ernst(1874-1945): 독일의 유대계 철학자다. 신칸트 철학을 비롯하여 문화철학, 지식 현상학에 이르기까지 폭넓은 사유를 펼쳤다.
Cavell, Stanley Louis(1926-): 미국 철학자다. 하버드 대학교 명예 교수다.

Cerfaux, Lucien(1883-1968): 벨기에의 가톨릭 신약학자다. 루뱅 대학교 교수를 지냈다.

Chapelle, Albert(1929-2003): 벨기에의 예수회 사제요 철학자이며 신학자다.

Childs, Brevard Springs(1923-2007): 미국의 구약학자다. 예일 대학교 교수였으며, 이른바 정경적 접근법을 주창했다.

Chomsky, Avram Noam(1928-): 미국의 철학자요 언어학자이며 정치 운동가다.

Cobb, John B., Jr.(1925-): 미국의 철학자요 종교학자다. 과정철학과 과정신학을 대표하는 인물로 꼽힌다.

Cohen, Hermann(1842-1918): 독일의 유대계 철학자다. 신칸트주의를 주창한 마르부르크 학파 창시자 중 한 사람이다.

Collingwood, Robin George(1889-1943): 영국의 역사가요 철학자이며 고고학자다.

Congar, Yves Marie-Joseph(1904-1995): 프랑스의 가톨릭 신학자다. 도미니크 수도회 사제이자 가톨릭교회 추기경이었다.

Conzelmann, Hans(1915-1989): 독일의 신약학자다. 구원사의 관점으로 역사와 신학을 연구했다. 괴팅겐 대학교 교수를 지냈다.

Copi, Irving Marmer(1917-2002): 미국의 철학자요 논리학자다. 프린스턴 대학교 등에서 가르쳤다.

Croce, Benedetto(1866-1952): 이탈리아의 관념론 철학자이자 역사가다.

Crossan, John Dominic(1934-): 아일랜드계 미국인 신약학자다. 역사 속 예수 탐구를 이끈 주요 인물 중 하나다.

Crystal, David(1941-): 영국의 언어학자요 저술가다.

Cullmann, Oscar(1902-1999): 스위스의 신약학자다. 교회 일치 운동에서 큰 역할을 했고, 가톨릭 교황들에게도 신학 조언을 많이 했다.

Cupitt, Don(1934-): 영국의 신학자요 종교철학자다. 성공회 사제였으며, 케임브리지 대학교 교수였다.

Dahl, Murdoch Edgcumbe(1914-1991): 영국의 신약학자다.

Dahl, Nils Alstrup(1911-2001): 노르웨이의 신약학자다. 오슬로 대학교와 미국 예일 대학교에서 가르쳤다.

Dalberg-Acton, John Emerich Edward(1834-1902): 영국의 역사가요 정치가다. 가톨릭 신자였다.

Descartes, René(1596-1650): 프랑스의 철학자요 수학자다. 라틴어식 이름은 Renatus Cartesius이며, 근대 철학의 아버지로 불린다.

de Broglie, Louis-Victor-Pierre-Raymond(1892-1987): 프랑스의 물리학자다. 양자 물리학 분야에서 큰 업적을 남겼으며, 1927년에 노벨 물리학상을 받았다.

de Fontenelle, Bernard Le Bovier(1657-1757): 프랑스 백과전서파 계몽사상가요 문학자다.

de Saussure, Ferdinand(1857-1913): 스위스의 언어학자다. 공시 언어학과 통시 언어학이라는 개념을 언어 연구에 도입한 현대 구조주의 언어학의 창시자다.

de Waelhens, Alphonse Marie Adolphe(1911-1981): 벨기에의 철학자요 루뱅 대학교 교수였다. 현상학과 하이데거 철학을 깊이 연구했다.
Dibelius, Martin(1883-1947): 독일의 신약학자다. 하이델베르크 대학교 교수였다.
Diem, Hermann(1900-1975): 독일의 신학자요 철학자다. 칼 바르트의 제자였고, 고백교회를 지지했다.
Dillenberger, John(1918-2008): 미국의 역사신학자다. 종교와 과학의 관계를 오랫동안 연구했다.
Dilthey, Wilhelm(1833-1911): 독일의 역사학자이자 해석학자이며 사회학자다.
Dinkler, Erich(1909-1981): 독일의 신약학자다. 예일 대학교와 하이델베르크 대학교에서 가르쳤다.
Dodd, Charles Harold(1884-1973): 영국의 신약학자다. 실현된 종말론을 주창한 인물이다.
Dosto(y)evsky, Fyodor Mikhailovich(러시아어 표기: Фёдор Миха́йлович Достое́вский, 1821-1881): 러시아의 소설가요 언론인이며 철학자다.
Droysen, Johann Gustav(1808-1884): 독일의 역사가요 사상가다.
Dray, William Herbert(1921-2009): 캐나다의 역사철학자다. 오타와 대학교 명예 교수였다.
Duncan, George Simpson(1884-1965): 영국의 신약학자다. 세인트앤드루스 대학교 교수였다.
Dürr, Lorenz(1886-1939): 독일의 구약학자다. 본 대학교에서 가르쳤다.

Ebeling, Gerhard(1912-2001): 불트만의 제자였다. 역사 속 예수를 찾는 새 탐구 운동을 주도한 인물이었다.
Eichhorn, Johann Gottfried(1752-1827): 독일 계몽주의 시대의 신학자이자 동양학자다.
Einstein, Albert(1879-1955): 독일계 미국인 물리학자다. 물리학 체계에 큰 변화를 가져온 상대성 이론을 주창했다. 1921년에 광양자 이론으로 노벨 물리학상을 받았다.
Eissfeldt, Otto(1887-1973): 독일의 구약학자요 고대 근동 연구자다. 문서설을 바탕 삼아 구약 성경의 각 부분을 정교하게 비평하는 작업을 펼쳤다
Eliade, Mircea(1907-1986): 루마니아에서 태어나 미국에서 활동했던 종교사학자요 저술가이며 철학자다. 시카고 대학교 교수를 지냈다.
Engelmann, Paul(1891-1965): 오스트리아의 건축가다. 비트겐슈타인의 친구였으며, 비트겐슈타인과 함께 모더니즘 건축 양식을 반영한 하우스 비트겐슈타인(Haus Wittgenstein)을 설계하고 지었다.
Evans, Christopher Francis(1909-2012): 영국의 신약학자다. 옥스퍼드 대학교에서 가르쳤다.
Evans, Donald Dwight(1927-): 캐나다의 교육자요 심리치료 연구자다. 종교가 언어에서 가지는 의미를 깊이 연구했다.
Evans-Pritchard, Edward Evan(1902-1973): 사회인류학 발전에 이바지했던 영국의 인류학자다.

Farrar, Frederic William(1831-1903): 영국 성공회 성직자요 신학자이며 저술가다.

Farrer, Austin Marsden(1904-1968): 영국의 신학자요 철학자다. 20세기 성공회 영성을 대표하는 인물 중 하나다.
Ferré, Nels Fredrick Solomon(1908-1971): 스웨덴계 미국인 신학자다. 뉴턴 신학대학원 교수였다.
Fodor, Jerry Alan(1935-): 미국의 철학자다. 럿거스 대학교 명예 교수다.
Frazer, James George(1854-1941): 스코틀랜드의 사회인류학자다. 그의 연구는 신화 연구와 비교종교학 분야에 큰 영향을 주었다.
Frege, Friedrich Ludwig Gottlob(1848-1925): 독일의 수학자요 철학자이며 논리학자다.
Frei, Hans Wilhelm(1922-1988): 독일계 미국인 성서학자요 해석학자다. 예일대 신학대학원 교수였다.
Freud, Sigmund(1856-1939): 오스트리아의 정신의학자이자 정신분석 창시자다.
Frye, Herman Northrop(1912-1991): 캐나다의 문학비평가요 문학이론가다.
Fuchs, Ernst(1903-1983): 불트만의 제자였고 마르부르크 대학교 교수였다.
Funk, Robert(1926-2005): 미국의 성서학자이며 예수 세미나를 이끈 인물 중 하나다.

Gadamer, Hans-Georg(1900-2002): 하이데거의 학맥을 이은 해석학자다. 지평 융합을 주창한 주저 『진리와 방법』으로 철학과 여러 학문 분야에 큰 영향을 주었다.
Galilei, Galileo(1564-1642): 이탈리아의 물리학자요 천문학자이며 철학자, 수학자다.
Galloway, Allan Douglas(1920-2006): 영국의 신학자다. 글래스고 대학교 교수였다.
Geach, Peter Thomas(1916-2013): 영국의 철학자다. 리즈 대학교 명예 교수였다.
Geffré, Claude(1926-2017): 프랑스의 가톨릭 신학자이자 철학자다.
Gellner, Ernest André(1925-1995): 체코계 영국인 철학자요 사회인류학자다.
Gelven, Michael: 미국의 철학자이며, 노던일리노이 대학교 명예 교수다.
George, Stefan Anton(1868-1933): 독일의 시인이요 번역가이며 편집자다.
Gibson, Alexander Boyce (Sandy)(1900 -1972): 영국에서 태어나 영국과 호주에서 가르쳤던 철학자다.
Gloege, Gerhard(1901-1970): 독일의 개신교 신학자다. 제2차 세계대전이 끝난 뒤, 옛 동독 지역에서 기독교 신앙을 지키는 데 힘썼다.
Gogarten, Friedrich(1887-1967): 독일의 루터파 신학자요 변증법 신학을 창시한 사람 중 하나다.
Good, Edwin Marshall(1928-2014): 미국의 구약학자요 피아니스트다. 스탠퍼드 대학교 교수였다.
Grabner-Haider, Anton(1940-): 오스트리아의 철학자요 문화비평가다. 그라츠 대학교 교수다.
Graves, Robert von Ranke(1895-1985): 영국의 시인이요 소설가이며 고전 연구자다.
Gray, Jesse Glenn(1913 -1977): 미국의 철학자요 저술가였다. 콜로라도 대학교 교수였다.
Grech, Prosper(또는 Prospero)(1925-): 몰타 출신의 가톨릭 신학자요 추기경이다.

Greimas, Algirdas Julien(1917-1992): 프랑스-리투아니아 언어학자요 기호학자다. 롤랑 바르트와 함께 프랑스 기호학을 대표하는 인물이다.

Grene, Marjorie Glicksman(1910-2009): 미국의 철학자다. 실존주의와 과학 철학을 깊이 연구했다. 캘리포니아 대학교 교수였다.

Grether, Oskar(1902-1949): 독일의 구약학자이며 히브리어 학자다.

Griffin, James Patrick(1933-): 미국의 분석철학자다. 옥스퍼드 대학교 교수를 지냈다.

Güttgemanns, Erhardt(1935-2008): 독일의 신약학자다.

Gundry, Robert Horton(1932-): 미국의 신약학자다. 웨스트몬트 칼리지 명예 교수다.

Gunkel, Hermann(1862-1932): 독일의 신학자다. 양식사학파의 거두로 특히 시편 연구에서 큰 업적을 남겼다.

Guthrie, Donald(1916-1992): 영국의 신약학자다. 런던 바이블칼리지 교수였다.

Gutiérrez, Gustavo(1928-): 페루의 가톨릭 사제요 신학자다. 해방신학을 주창했다.

Habermas, Jürgen(1929-): 독일의 사회학자요 철학자다.

Hacker, Peter Michael Stephan(1939-): 영국의 철학자다. 언어철학을 깊이 연구했고 비트겐슈타인을 깊이 분석했다.

Hallett, Garth(1927-): 미국의 철학자다. 디트로이트 대학교 등에서 가르쳤다.

Hamilton, Kenneth Morris(1917-2009): 캐나다의 신학자다. 위니펙 대학교 교수였다.

Hanson, Richard Patrick Crosland(1916-1988): 아일랜드 성공회 주교이며 교회사학자다. 맨체스터 대학교에서 가르쳤다.

Harries, Karsten(1937-): 독일계 미국인 철학자요 문화비평가다. 예일 대학교 교수다.

Harrisville, Roy A.(1922-): 미국의 루터파 신약학자요 목회자다. 루터 신학대학원 명예 교수다.

Hartlich, Christian(1907-1993): 독일의 신약학자다.

Harvey, Van A.(1926-): 미국의 역사가다. 스탠퍼드 대학교 명예 교수다.

Hegel, Georg Wilhelm Friedrich(1770-1831): 독일의 철학자다.

Heim, Karl(1874-1958): 독일의 신학자다. 그의 신학 사상은 훗날 자연과학과 신학의 대화에 많은 영향을 주었다.

Heinrici, Carl Friedrich Georg(1844-1915): 독일의 신학자다. 원시 기독교와 헬레니즘을 깊이 연구했으며, 라이프치히 대학교에서 가르쳤다.

Heisenberg, Werner Karl(1901-1976): 독일의 이론 물리학자다. 양자 물리학을 개척했으며, 1932년에 노벨 물리학상을 받았다.

Helm, Paul(1940-): 영국의 철학자요 신학자다. 런던 킹스 칼리지 교수였고, 캐나다 리젠트 칼리지에서 가르치고 있다.

Henderson, Ian(1910-1969): 스코틀랜드의 신약학자다.

Hepburn, Ronald William(1927-2008): 영국의 철학자다. 에든버러 대학교 교수를 지냈으며, 도덕 철학과 종교 철학, 미학과 같은 여러 분야를 깊이 연구했다.

Heraclitus(BC 535?-BC 475?): 고대 그리스의 철학자다. 형이상학과 우주론 등 여러 분야에 관심을 보였다.

Herrmann, Johann Georg Wilhelm(1846-1922): 독일의 개신교 신학자다. 칼 바르트와 루돌프 불트만에게 큰 영향을 주었다.

Hertz, Heinrich Rudolf(1857-1894): 독일의 이론 물리학자다. 맥스웰이 이론으로 주창했던 전자기파가 존재함을 처음으로 실증했다.

Hessus, Helius Eobanus(1488-1540): 독일의 시인이었다. 라틴어로 시를 썼다.

Hester, Marcus B.: 미국의 철학자다.

Heyne, Christian Gottlob(1729-1812): 독일의 고고학자요 고전학자다.

Hick, John Harwood(1922-2012): 영국의 종교철학자요 신학자다. 주로 미국에서 활동했다.

Hirsch, Eric Donald, Jr.(1928-): 미국의 문학비평가요 해석학자다. 버지니아 대학교 명예 교수다.

Hjelmslev, Louis Trolle(1899-1965): 덴마크의 언어학자이며, 코펜하겐 학파를 만든 인물이다.

Hobbes, Thomas(1588-1679): 영국의 정치철학자다. 주저『리바이어던』을 통해 사회계약론을 주창했다.

Hodes, Aubrey: 남아프리카에서 태어나 이스라엘과 영국에서 활동한 철학자요 전기 작가다. 마르틴 부버의 제자였다.

Hodges, Herbert Arthur(1905-1976): 영국의 철학자다. 역사철학뿐 아니라 정치철학과 종교철학 등 여러 분야를 깊이 연구했다.

Hölderlin, Johann Christian Friedrich(1770-1843): 독일 낭만주의 시대를 대표하는 서정시인 가운데 한 사람이며, 독일 관념론 발전에 기여한 인물이다.

Holsten, Karl Christian Johann(1825-1897): 독일의 고언어학자요 신학자다.

Holtzmann, Heinrich Julius(1832-1910): 독일의 신약학자다. 공관복음의 저작 순서를 깊이 연구했다.

Homans, Peter(1930-2009): 미국의 신학자다. 시카고 대학교 명예 교수였다.

Hordern, William: 미국의 신학자다. 라인홀드 니버와 폴 틸리히에게 깊은 영향을 받았다.

Hospers, John(1918-2011): 미국의 철학자요 정치가다.

Hudson, William Donald(1920-2003): 영국의 철학자다. 분석철학과 언어철학을 깊이 연구했다.

Hulme, Thomas Ernest(1883-1917): 영국의 시인이요 문학비평가다.

Hume, David(1711-1776): 스코틀랜드의 철학자요 역사가다. 경험론을 주창한 이로 유명하다.

Hunter, Archibald Macbride(1906-1991): 영국의 신약학자다. 애버딘 대학교 명예 교수였다.

Husserl, Edmund Gustav Albrecht(1859-1938): 오스트리아에서 태어나 독일에서 활동했던 철학자로서 현상학을 창시한 인물이다.

Huygens, Christiaan(1629-1695): 네덜란드의 물리학자요 수학자이자 천문학자다.

Janik, Allan(1941-): 오스트리아계 미국인 철학자다. 비트겐슈타인과 쇼펜하우어를 깊이 연구했다.

Jaspers, Karl Theodor(1883-1969): 독일의 철학자요 정신병리학자다. 현대 실존철학과 신학에 많은 영향을 주었다.

Jastrow, Joseph(1863-1944): 폴란드계 미국인 심리학자다. 경험 심리학을 깊이 연구했으며, 착시 현상 연구로 유명하다.

Jeremias, Joachim(1900-1979): 독일의 신약학자요 고대근동학자다. 예수가 살았던 역사를 탐구하고자, 고대 랍비 문헌과 구약 문헌을 깊이 연구했다.

Jewett, Robert(1933-): 미국의 신약학자다.

Jørgensen, Poul Henning(1930-1985): 덴마크의 신학자요 철학자다.

Johannes Chrysostomus(349-407): 그리스식 이름은 Ἰωάννης ὁ Χρυσόστομος다. 콘스탄티노폴리스 대주교였고, 교부이며 신학자였다.

Johnson, Roger A.(1930-): 영국의 신학자다.

Jonas, Hans(1903-1993): 독일에서 태어나 미국에서 주로 활동했던 유대인 철학자다. 영지주의와 윤리학을 깊이 연구했다.

Jones, Geraint Vaughan(1904-1997): 영국의 신약학자다.

Joos, Martin(1907-1978): 미국의 언어학자요 독일어학자다.

Jülicher, Adolf(1857-1938): 독일의 신약학자요 교회사학자다. 마르부르크 대학교 교수였다.

Jüngel, Eberhard(1934-): 독일의 조직신학자다. 튀빙겐 대학교 명예 교수다.

Jung, Carl Gustaf(1875-1961): 스위스의 정신병리학자요 심리학자다. 분석심리학을 창시한 인물이다.

Kabisch, Richard(1868-1914): 독일의 개신교 신학자다.

Kähler, Martin(1835-1912): 독일의 신학자다. 대표작으로 1892년에 출간한 『이른바 역사 속 예수와 역사의, 성경의 그리스도』(Der sogenannte historische Jesus und der geschichtliche, biblische Christus)가 있다.

Kant, Immanuel(1724-1804): 독일의 비판철학자요 도덕철학자다. 인간 이성의 한계와 역할을 궁구하고, 이성이 도덕성의 근원이라고 설파했다.

Käsemann, Ernst(1906-1998): 독일의 신약학자다. 튀빙겐 대학교 교수였으며, 나치 시대에는 고백교회에 참여하기도 했다.

Katz, Jerrold J.(1932-2002): 미국의 철학자요 언어학자다.

Keightley, Alan(1944-): 영국의 신학자요 철학자다.

Kelsey, David H.(1932-): 미국의 신학자다. 예일대 신학대학원 명예 교수다.

Kenny, Anthony John Patrick(1931-): 영국의 철학자다. 분석철학과 종교철학을 깊이 연구했다.

Kerr, Fergus Gordon Thomson(1931-): 스코틀랜드의 로마 가톨릭 사제요 철학자이며 신학자다. 비트겐슈타인과 토마스 아퀴나스를 깊이 연구했으며, 옥스퍼드 대학교 교수를 지냈다.

Kertelge, Karl(1926-2009): 독일의 신약학자요 가톨릭 사제였다. 뮌스터 대학교 교수였다.

Kieffer, René(1930-2013): 프랑스 출신의 가톨릭 사제이며 성서학자다. 스웨덴 웁살라 대학교에서 박사 학위를 받고, 스웨덴 룬드 대학교와 웁살라 대학교에서 교수로 가르쳤다.

Kierkegaard, Søren Aabye(1813-1855): 덴마크의 실존철학자요 신학자이며 문학가다.

Kimmerle, Heinz(1930-2016): 독일의 철학자요 해석학자다. 독일, 네덜란드, 남아프리카 공화국에서 교수로 활동했다.

King, Magda(1910-1994): 헝가리에서 태어나 오스트리아와 영국에서 공부하고 주로 영국에서 활동한 철학자였다. 하이데거 철학을 깊이 연구했다.

Kirk, J. Andrew: 영국의 신학자다. 남미와 영국에서 신학을 가르쳤다.

Kisiel, Theodore J.(1930-): 미국의 철학자다. 노던일리노이 대학교 명예 교수이며, 주로 하이데거 사상을 연구하고 비평했다.

Kittel, Gerhard(1888-1948): 독일의 신약학자요 성경 언어학자다.

Klaas, Walter(1904-1961): 독일의 신학자다. 교리사와 신학 역사를 깊이 연구했다.

Klostermann, August Heinrich(1837-1915): 독일의 구약학자다. 주로 구약 연구에 몰두했으나, 신약 분야에서도 연구 업적을 남겼다.

Knox, John(1900-1990): 미국의 신약학자다. 시카고 대학교와 유니언 신학대학원에서 가르쳤다.

Kraus, Karl(1874-1936): 오스트리아의 언론인이요 풍자 작가이며 문학비평가다.

Kreeft, Peter John(1937-): 미국의 기독교 철학자요 신학자다.

Krüger, Gustav(1862-1940): 독일의 성서학자요 교회사가다.

Kümmel, Werner Georg(1905-1995): 독일의 신약학자다. 마르부르크 대학교 교수였다.

Kuhlmann, Gerhardt: 독일의 신학자요 철학자였다.

Kuhn, Thomas Samuel(1922-1996): 미국의 물리학자요 과학철학자다. 『과학혁명의 구조』라는 책을 통해 패러다임 전환이라는 개념을 제시했다.

Kuss, Otto(1905-1991): 독일의 가톨릭 신약학자다. 뮌헨 대학교 교수였다.

Kuyper, Lester Jacob(1904-1986): 미국의 구약학자요 목회자다. 웨스턴 신학대학원 교수였다.

Ladd, George Eldon(1911-1982): 캐나다에서 태어나 미국에서 활동한 신약학자다. 풀러 신학대학원 교수였다.

Laeuchli, Samuel: 스위스의 신약학자요 교회사가다. 주로 미국에서 가르쳤다.

Landgrebe, Ludwig(1902-1991): 오스트리아의 철학자요 현상학자다.

Langan, Thomas(1929-2012): 캐나다의 철학자다. 토론토 대학교 명예 교수였다.

Lapointe, Roger: 캐나다의 종교학자다. 오타와 대학교 교수를 지냈다.

Lash, Nicholas Langrishe Alleyne(1934-): 영국의 로마 가톨릭 신학자다. 케임브리지 대학교 교수를 지냈다.

Leenhardt, Franz Jehan Marcel(1902-1990): 프랑스의 신약학자다. 스위스 제네바 대학교 교수였다.

Lessing, Gotthold Ephraim(1729-1781): 독일 계몽주의 시대를 대표하는 철학자요 극작가다.

Lévi-Strauss, Claude(1908-2009): 프랑스의 인류학자다. 구조주의 인류학을 대변하는 인물이다.

Lichtenberg, Georg Christoph(1742-1799): 독일의 과학자요 풍자작가다.

Lietzmann, Hans(1875-1942): 독일의 신약학자요 교회사학자이며 고언어학자다.

Linnemann, Eta(1926-2009): 독일의 신약학자다. 불트만의 제자였으나, 말년에는 불트만의 신학과 결별했다.

Lipsius, Richard Adelbert(1830-1892): 독일의 개신교 신학자다. 예나 대학교 교수였다.

Locke, John(1632-1704): 영국의 정치사상가요 철학자다. 사회계약론과 경험론을 주창했다.

Löwith, Karl(1897-1973): 독일의 철학자요 역사가다. 가다머와 더불어 하이데거의 학맥을 이은 두 축으로 꼽힌다.

Lonergan, Bernard Joseph Francis(1904-1984): 캐나다의 예수회 사제이며, 철학자요 신학자다.

Loretz, Oswald(1928-2014): 독일의 신학자요 고대 오리엔트 연구자다.

Lowth, Robert(1710-1787): 영국의 성공회 사제요 영문법 학자이며 시인이었다.

Lüdemann, Hermann(1842-1933): 독일의 신학자다. 스위스 베른 대학교 교수를 지냈다.

Lyons, John(1932-): 영국의 언어학자다. 의미론을 연구했으며, 케임브리지 대학교 교수였다.

Macquarrie, John(1919-2007): 스코틀랜드 출신의 성공회 사제요 신학자이며 철학자다.

Makkreel, Rudolf A.(1939-): 벨기에에서 태어나 미국에서 공부하고 주로 활동한 철학자다. 에머리 대학교 교수다.

Malcolm, Norman(1911-1990): 미국의 철학자다. 비트겐슈타인의 가장 가까운 친구 중 하나였다.

Malet, André(1920-1989): 프랑스의 가톨릭 사제이자 철학자다. 하이데거를 깊이 연구했으며, 디종 대학교 교수였다.

Malevez, Léopold(1900-1973): 벨기에의 예수회 사제이자 신학자였다.

Malinowski, Bronisław Kasper(1884-1942): 폴란드계 영국인 인류학자다.

Marcel, Gabriel Honoré(1889-1973): 프랑스의 철학자요 극작가이며 기독교 실존주의자다.

Marlé, René(1919-1994): 프랑스의 교의학자이며 예수회 사제다.

Martinet, André(1908-1999): 프랑스의 언어학자다. 구조 언어학에 큰 영향을 주었다.

Maslow, Abraham Harold(1908-1970): 미국의 심리학자다. 욕구 단계설을 주창했다.

Mauthner, Fritz(1849-1923): 옛 오스트리아-헝가리 제국의 작가요 문학비평가이며 철학자다. 회의론 철학을 대변하는 인물이다.

Maxwell, James Clerk(1831-1879): 영국의 이론 물리학자다. 전자기 연구에서 큰 업적을 남겼다.

McGinley, John W.: 미국의 철학자다. 펜실베이니아 스크랜턴 칼리지 명예 교수다.

McKane, William(1921-2004): 스코틀랜드의 구약학자다. 세인트앤드루스 대학교 명예 교수였다.

Mezger, Manfred(1911-1996): 독일의 신학자다.

Michel, Otto(1903-1993): 독일의 신약학자다. 튀빙겐 대학교 교수였다.

Miegge, Giovanni(1900 -1961): 이탈리아의 개신교 신학자다. 칼 바르트 신학을 이탈리아에 소개했다.

Minear, Paul Sevier(1906-2007): 미국의 성서학자다. 예일 대학교에서 가르쳤다.

Miranda, José Porforio(1924-2001): 멕시코의 신학자요 철학자다.

Mitton, Charles Leslie(1907-1998): 영국의 신학자다. 1965년부터 1976년까지 「엑스포지터리 타임스」(Expository Times) 편집장을 지냈다.

Moeller, Bernd(1931-): 독일의 신학자요 교회사가다. 괴팅겐 대학교 교수를 지냈다.

Moltmann, Jürgen(1926-): 독일의 조직신학자다. 튀빙겐 대학교 명예 교수다.

Moore, George Edward(1873-1958): 영국의 철학자다. 러셀, 비트겐슈타인과 더불어 현대 분석철학의 기초를 닦았으며, 상식의 중요성을 옹호했다.

Morgan, Robert(1940-): 영국의 신약학자다. 옥스퍼드 대학교 교수였다.

Morris, Charles William(1901-1979): 미국의 철학자요 기호학자다. 시카고 대학교, 플로리다 대학교에서 가르쳤다.

Müller, Christian(1931-): 독일의 신약학자다.

Mundle, Clement William Kennedy(1916-1989): 스코틀랜드 철학자다.

Murphy-O'Connor, Jerome(1935-2013): 아일랜드에서 태어나 예루살렘 에콜 비블리크에서 오랫동안 가르쳤던 신약학자요 도미니크회 사제다.

Mußner, Franz(1916-2016): 독일의 신약학자다. 레겐스부르크 대학교 명예 교수였다.

Natorp, Paul Gerhard(1854-1924): 독일의 철학자요 교육자다. 신칸트주의를 주창한 마르부르크 학파 창시자 중 하나이며, 플라톤 연구의 권위자였다.

Neill, Stephen Charles(1900-1984): 스코틀랜드 출신의 성공회 신학자요 선교사였다. 서양 고전어뿐 아니라 타밀어 같은 언어에도 능통했다.

Neufeld, Vernon Harold(1920-2008): 미국의 신학자다. 베델 칼리지 교수였다.

Newton, Isaac(1642-1727): 영국의 물리학자요 수학자다. 근대 물리학 체계의 기초를 세운 인물이다.

Nida, Eugene(1914-2011): 미국의 언어학자다. 성경 번역에서 역동적 등가 번역을 주창했다.

Nielsen, Kai(1926-): 미국의 철학자다. 정치철학과 사회철학을 깊이 연구했으며, 캐나다 캘거리 대학교 명예 교수다.

Nineham, Dennis Eric(1921-2016): 영국의 신학자다. 케임브리지 대학교와 옥스퍼드 대학교 교수를 지냈다.

Norden, Eduard(1868-1941): 독일의 고언어학자이자 종교학자다. 라틴어 연구의 대가였다.

Oepke, Albrecht(1881-1955): 독일의 신약학자다. 고백교회에서 활동했고, 라이프치히 대학교 교수였다.

Oetinger, Friedrich Christoph(1702-1782): 독일의 루터파 신학자다.

Ogden, Charles Kay(1889-1957): 영국의 심리학자요 언어학자다.

Ogden, Schubert Miles(1928-): 미국의 신학자다. 과정신학을 주로 연구했다.

Oppenheimer, Julius Robert(1904-1967): 미국의 이론 물리학자다. 원자폭탄 개발을 이끌어 '원자폭탄의 아버지'로 불리기도 한다.

Ott, Heinrich(1929-2013): 스위스의 개신교 신학자요 정치가다. 바르트의 제자였다.

Otto, Rudolf(1869-1937): 독일의 루터파 신학자요 비교종교학자다.

Ovid(Publius Ovidius Naso, BC 43-AD 17): 로마의 시인이다.

Owen, Huw Parri(1926-1996): 웨일스의 신학자이자 웨일스 장로교회 목사다.

Pailin, David: 영국의 신학자다. 맨체스터 대학교 명예 교수다.

Palmer, Richard E.(1933-): 미국의 해석학자다. 하이데거 및 가다머와 교유하며 그들에게서 많은 영향을 받았다.

Pannenberg, Wolfhart(1928-2014): 독일의 조직신학자다. 그리스도의 부활을 계시의 중심으로 보았으며, 뮌헨 대학교를 비롯한 여러 학교에서 가르쳤다.

Parmenides(BC 515?-BC 460?): 고대 그리스의 철학자다. 엘레아 학파 창시자다. 형이상학과 존재론에 관심을 보였다.

Paton, Herbert James(1887-1969): 영국의 철학자다. 옥스퍼드 대학교에서 가르쳤다.

Patte, Daniel(1939-): 프랑스계 미국인 성서학자다. 밴더빌트 대학교 교수였다.

Paulus, Heinrich Eberhard Gottlob(1761-1851): 독일 신학자요 성서비평가다. 합리론의 관점에서 예수의 기적을 조명하려 했다.

Pears, David(1921-2009): 영국의 철학자다. 비트겐슈타인을 깊이 연구했다.

Peirce, Charles Sanders(1839-1914): 미국의 철학자요 수학자이며 논리학자다. 프래그머티즘의 아버지로 불리기도 한다.

Pelc, Jerzy(1924-): 폴란드 철학자요 기호학자다. 바르샤바 대학교 교수를 지냈다.

Perrin, Norman(1920-1976): 영국계 미국인 신약학자다. 시카고 대학교 교수였다.

Petersen, Norman R.(1933-): 미국의 신약학자다. 매사추세츠 윌리엄스 칼리지 명예 교수다.

Pfleiderer, Otto(1839-1908): 독일의 신학자다. 자유주의 신학의 거두다.

Phillips, Dewi Zephaniah(1934-2006): 영국의 종교철학자다. 비트겐슈타인의 철학을 종교철학에 접목했다.

Phillips, John Bertram(1906-1982): 영국의 성서학자요 성경 번역자다.

Pitcher, George W.: 미국의 철학자다. 프린스턴 대학교 명예 교수다.

Pöggeler, Otto(1928-2014): 독일의 철학자다. 현상학과 하이데거를 깊이 연구했다.

Polanyi, Michael(1891-1976): 헝가리계 영국인 철학자요 화학자다.

Poquelin, Jean-Baptiste(1622-1673): 프랑스의 유명 희극 작가다. 본명보다 몰리에르(Molière)라는 필명으로 더 잘 알려져 있다.

Prat, Fer[di]nand(1857-1938): 프랑스의 신약학자요 예수회 사제였다.

Premo-Hopkins, Blanche: 미국의 해석학자요 철학자다.
Price, Henry Habberley(1899-1984): 영국의 철학자다. 인식 문제를 깊이 연구했다.
Propp, Vladimir Iakovlevitch(1895-1970): 러시아의 민속학자요 언어학자이며 예술 비평가다.

Quine, Willard Van Orman(1908-2000): 미국의 분석철학자요 논리학자였다. 하버드 대학교 교수였다.

Rahner, Karl(1904-1984): 독일의 예수회 사제요 가톨릭 철학자다. 한스 우르스 폰 발타자르(Hans Urs von Balthasar, 1905-1988), 이브 콩가르 같은 이들과 더불어 20세기 로마 가톨릭 신학에 큰 영향을 주었다. 그의 형 후고 라너(Hugo Rahner, 1900-1968)도 예수회 사제이자 교회사학자다.
Ramsey, Ian Thomas(1915-1972): 영국의 종교철학자다. 옥스퍼드 대학교 교수를 지냈다.
Reid, Thomas(1710-1796): 스코틀랜드의 철학자다. 상식 철학의 창시자다.
Reimarus, Hermann Samuel(1694-1768): 독일의 계몽사상가요 철학자였다. 역사 속 예수 탐구를 시작한 인물이며, 인간 이성으로 하나님을 알 수 있다고 주장했다.
Renan, Joseph Ernest(1823-1892): 중동 지방의 고대 언어와 문명을 깊이 연구한 언어학자요 역사가이며 철학자였다.
Rhees, Rush(1905-1989): 미국의 철학자다. 비트겐슈타인에게 깊은 영향을 받았으며, 비트겐슈타인이 세상을 떠난 뒤 그의 작품인 『철학적 탐구』를 편집하여 출간했다.
Richards, Ivor Armstrong(1893-1979): 영국의 언어학자다.
Richardson, Alan(1905-1975): 영국의 성공회 사제요 신학자다. 노팅엄 대학교 교수였다.
Richardson, G. Peter(1935-): 캐나다의 신학자다. 두 번째 성전 시대 유대교를 깊이 연구했으며, 토론토 대학교 명예 교수다.
Richardson, John Thomas Edwin(1948-): 영국의 철학자요 언어학자다.
Richardson, William John(1920-2016): 미국의 철학자다. 하이데거 철학을 영어권 세계에 처음 소개한 인물 중 하나다.
Ricoeur, Paul(1913-2005): 프랑스의 철학자다. 해석학을 현상학의 관점에 따른 서술과 결합했다.
Ridderbos, Herman Nicolaas(1909-2007): 네덜란드의 신약학자다. 구원사와 바울 신학을 깊이 연구했다.
Ritschl, Albrecht(1822-1889): 독일의 조직신학자다. 신앙이 사실이 아니라 가치 판단에서 나온다고 보았다.
Roberts, Robert Campbell(1942-): 미국의 윤리학자요 심리학자다. 베일러 대학교 교수다.
Robinson, James McConkey(1924-2016): 미국의 신약학자다. 예수 세미나의 멤버이며, Q 문서와 나그함마디 문헌을 오랫동안 연구했다.
Robinson, John Arthur Thomas(1919-1983): 영국의 신약학자요 성공회 사제다. 케임브리지 대학교에서 가르쳤다.

Rubinoff, Lionel: 캐나다의 신학자요 철학자다.
Russell, Bertrand Arthur William(1872-1970): 영국의 철학자요 수학자이며 논리학자다.
Ryle, Gilbert(1900-1976): 영국의 철학자다. 옥스퍼드 대학교 교수였으며, 일상 언어 학파의 중심인물이었다.

Sand, Alexander(1928-2013): 독일의 신약학자다. 보훔 대학교 교수였다.
Sanders, Ed Parish(1937-): 미국의 신학자다. 바울 신학의 새 관점을 대표하는 인물이며, 듀크 대학교 교수였다.
Sapir, Edward(1884-1939): 미국의 인류학자요 언어학자다.
Sartre, Jean-Paul Charles Aymard(1905-1980): 프랑스의 실존철학자요 작가이며 문학비평가다.
Sawyer, John Frederick Adam(1938-): 영국의 신학자다. 뉴캐슬 대학교 명예 교수다.
Schaper, Eva(1924-1992): 독일에서 태어나 영국에서 공부하고 가르쳤던 철학자다.
Scheler, Max Ferdinand(1874-1928): 독일의 철학자다. 에드문트 후설의 현상학 방법을 더 발전시켰다.
Schelling, Friedrich Wilhelm Joseph(1775-1854): 독일의 철학자다. 피히테와 헤겔의 중간에서 독일 관념론을 발전시킨 인물로 꼽힌다.
Schillebeeckx, Edward Cornelis Florentius Alfonsus(1914-2009): 벨기에의 로마 가톨릭 신학자다. 네이메헌 대학교에서 가르쳤으며, 2차 바티칸 공의회의 신학 노선에 많은 영향을 주었다.
Schlatter, Adolf(1852-1938): 스위스의 신약학자요 조직신학자다. 튀빙겐 대학교를 비롯한 여러 곳에서 가르쳤다.
Schleiermacher, Friedrich Daniel Ernst(1768-1834): 계몽주의 비평을 성서비평에 도입하여 성경 해석학의 새 지평을 연 독일의 신학자요 철학자다.
Schlier, Heinrich(1900-1978): 독일의 신약학자다. 처음에는 개신교 신학자로 활동했으나, 나중에 로마 가톨릭으로 개종했다.
Schmidt, Karl Ludwig(1891-1956): 독일의 신약학자다. 스위스 바젤 대학교 교수였으며, 구전 복음 전승을 글로 기록해 놓은 것이 신약성경이라고 보았다.
Schmithals, Walter(1923-2009): 독일의 신약학자다. 복음서와 바울 서신을 깊이 연구했으며, 마르부르크 대학교를 비롯한 여러 학교에서 가르쳤다.
Schniewind, Julius Daniel(1883-1948): 독일의 신학자다. 고백교회의 중요 신학자 중 한 사람이다.
Schökel, Luis Alonso(1920-1998): 에스파냐의 예수회 사제요 성서학자다.
Schopenhauer, Arthur(1788-1860): 독일의 철학자다. 인간의 행위를 포함한 모든 현상을 만족을 모르는 눈먼 형이상학적 의지의 산물로 보았다.
Schweitzer, Albert(1875-1965): 신학자요 의사이며 오르가니스트다. 가봉에서 오랜 세월 동안 의료 선교사로 봉사하여 노벨 평화상을 받았으며, 역사 속 예수를 깊이 연구하기도 했다.

철학자 장폴 사르트르의 어머니 안느마리 슈바이처가 그의 사촌동생이다.

Schweizer, Eduard(1913-2006): 스위스의 신약학자다. 취리히 대학교 교수였다.

Scott, Charles E.(1935-): 미국의 철학자다. 밴더빌트 대학교와 펜실베이니아 주립대 교수를 지냈다.

Scott, Robert Balgarine Young(1899-1987): 캐나다의 구약학자요 성직자다.

Scotus, Duns(1266-1308): 스코틀랜드의 스콜라 철학자다. 의지를 존재에 개별성을 부여하는 요인으로 아주 중요시했다.

Searle, John Rogers(1932-): 미국의 철학자다. UC 버클리 대학교 교수다.

Sefler, George Francis(1945-1991): 미국의 철학자다. 비트겐슈타인을 깊이 연구했다.

Segundo, Juan Luis(1925-1996): 우루과이의 예수회 사제이자 해방신학자다.

Seidel, George J.(1932-): 미국의 가톨릭 사제이자 철학자다. 세인트마틴 대학교 교수다.

Shaftesbury, Anthony Ashley Cooper, 3rd Earl of Shaftesbury(1670-1713): 영국의 철학자요 정치가이며 문필가다.

Simmel, Georg(1858-1918): 독일의 사회학자요 철학자다.

Smalley, Beryl(1905-1984): 영국의 역사가다. 옥스퍼드 대학교에서 가르쳤다.

Smart, James D.(1906-1982): 미국의 신학자요 목사다. 유니언 신학대학원 교수였다.

Specht, Ernst Konrad(1926-2010): 독일의 철학자다. 본 대학교 명예 교수다.

Spinoza, Baruch(1632-1677): 네덜란드의 철학자다. 계몽주의 철학에 큰 영향을 미쳤다.

Stanton, Graham Norman(1940-2009): 뉴질랜드에서 태어난 신약학자다. 런던 킹스 칼리지와 케임브리지 대학교 교수를 지냈다.

Steinthal, Hermann(1823-1899): 독일의 고언어학자요 철학자다.

Stendahl, Krister(1921-2008): 스웨덴의 신약학자다. 하버드 대학교 명예 교수였다.

Stenius, Erik Gunnarsson(1911-1990): 핀란드의 철학자요 수학자다. 비트겐슈타인을 깊이 연구했다.

Stern, Nils Gustaf(1882-1948): 스웨덴의 언어학자다.

Strack, Hermann Leberecht(1848-1922): 독일의 신학자이자 근동학자다. 베를린 대학교 교수였다.

Strauss, David Friedrich(1808-1874): 독일의 자유주의 신학자다. 역사 속 예수를 깊이 연구했으며, 예수의 신성을 부인했다.

Strawson, Peter Frederick(1919-2006): 영국의 철학자다. 옥스퍼드 대학교 교수였다.

Stuhlmacher, Peter(1932-): 독일의 신약학자다. 튀빙겐 대학교 명예 교수다.

Suzuki Daisetsu Teitaro(鈴木大拙貞太郞, 1870-1966): 보통 스즈키 다이세츠라고 부른다. 일본의 불교 연구자요 선 연구자다. 중국어와 산스크리트어로 된 불교 문헌을 일본어로 번역하기도 했다.

Sykes, Stephen Whitefield(1939-2014): 영국의 성공회 사제이며 신학자다. 더럼 대학교와 케임브리지 대학교에서 가르쳤다.

Taber, Charles R.(1928-2007): 미국의 선교학자요 언어학자다.

Tarski, Alfred(1901-1983): 폴란드계 미국인 철학자요 수학자이며 논리학자다. UC 버클리 대학교 교수였다.

Tezuka Tomio(手塚富雄, 1903-1983): 일본의 독문학자요 번역가다. 도쿄 대학교 교수를 지냈다.

Theodore of Mopsuestia(350?-428): 몹수에스티아 주교였으며, 안디옥 학파를 대표하는 해석학자요 신학자였다.

Theron, Daniel Johannes(1920-): 남아프리카 공화국 출신의 신약학자다. 주로 미국에서 활동했다.

Thielicke, Helmut(1908-1986): 독일의 조직신학자요 설교자다. 함부르크 대학교 총장을 지냈다.

Thornton, Lionel Spencer(1884-1960): 영국의 성공회 신학자다.

Thurneysen, Eduard(1888-1974): 스위스의 개신교 신학자다. 변증법 신학의 주창자였고, 바르트의 친구였다.

Tillich, Paul Johannes(1886-1965): 독일계 미국인 신학자다. 기독교 계시가 함축한 상징을 인간 실존이 제기하는 문제와 연계하여 탐구했다.

Torrance, James Bruce(1923-2003): 영국의 조직신학자다. 애버딘 대학교 교수였다. 그의 형이 조직신학자요 자연신학자인 토머스 토렌스다.

Torrance, Thomas Forsyth(1913-2007): 영국의 조직신학자요 자연신학자다.

Toulmin, Stephen Edelston(1922-2009): 영국의 철학자다. 비트겐슈타인에게 많은 영향을 받았다.

Trakl, Georg(1887-1914): 오스트리아 표현주의를 대표하는 시인이다.

Trier, Jost(1894-1970): 독일의 게르만어 학자다. 낱말밭(Wortfeld) 이론을 주창했다.

Trilling, Lionel Mordecai(1905-1975): 미국의 문학비평가다. 하버드 대학교 교수였다.

Troeltsch, Ernst(1865-1923): 독일의 신학자요 역사철학자다. 독일 종교사학파를 이끈 한 사람이었다.

Tupper, E. Frank: 미국의 신학자다. 웨이크포레스트 대학교 교수다.

Turner, Geoffrey(1945-): 영국의 신약학자다.

Tuttle, Howard Nelson(1935-): 미국의 철학자다. 유타 대학교 명예 교수다.

Ullmann, Stephen(1914-1976): 헝가리에서 태어나 주로 영국에서 활동한 언어학자다. 옥스퍼드 대학교 교수였다.

Urban, Wilbur Marshall(1873-1952): 미국의 언어철학자다. 카시러에게서 많은 영향을 받았다.

Usteri, Leonhard(1799-1833): 스위스의 개혁파 신학자요 교육자였다.

van Buren, Paul Matthews(1924-1998): 미국의 신학자요 철학자이며 미국 성공회 사제였다.

van Gogh, Vincent Willem(1853-1890): 네덜란드의 후기 인상파 화가다. 현대 미술사에 큰 획을 그었다.

Van Riet, Georges(1916-1998): 벨기에의 철학자요 신학자다. 루뱅 대학교 교수였다.

Van Til, Cornelius(1895-1987): 미국의 조직신학자요 변증학자다. 웨스트민스터 신학대학원에서 가르쳤다.

Versényi, Laszlo(1928-1988): 헝가리에서 태어나 미국에서 활동한 철학자다.

Via, Dan Otto(1929-2014): 미국의 신약학자다. 버지니아 대학교와 듀크 대학교에서 가르쳤다.

Vico, Giovan Battista (Giambattista)(1688-1744): 이탈리아의 정치철학자요 법률가이며 수사학자다. 계몽주의 사상가였다.

von Harnack, Carl Gustav Adolf(1851-1930): 19세기 말, 20세기 초 독일 자유주의 신학의 거두이자 교리사 연구자다. 초기 기독교 교리가 그리스 철학에서 큰 영향을 받았다고 주장했다.

von Helmholtz, Hermann Ludwig Ferdinand(1821-1894): 독일의 물리학자요 생리학자이며 철학자다. 열역학과 전기 역학은 물론 생리학 분야에서도 탁월한 업적을 남겼다.

von Herder, Johann Gottfried(1744-1803): '질풍노도'라는 말이 상징하는 독일 계몽주의 시대 철학자요 신학자이며 문학가다.

von Hofmannsthal, Hugo Laurenz August Hofmann, Edler(1874-1929): 오스트리아의 극작가요 시인이다.

von Humboldt, Friedrich Wilhelm Christian Karl Ferdinand(1767-1835): 프로이센의 철학자요 외교관이었다. 베를린 훔볼트 대학교를 세웠다.

von Leibniz, Gottfried Wilhelm(1646-1716): 독일의 철학자요 수학자다. 합리론 철학의 한 축이며, 미적분학을 비롯하여 수학 분야에서도 큰 업적을 남겼다.

von Rad, Gerhard(1901-1971): 독일의 구약학자다. 양식사에 바탕을 둔 구약 해석론을 집대성했다.

von Ranke Leopold(1795-1886): 독일의 역사가다. 자료 비평에 중점을 두는 현대 역사학을 정립했다.

von Wartenburg, Hans Ludwig David Paul Graf Yorck(1835-1897): 독일의 역사철학자요 법률가다. 해석학에 근거한 역사철학을 발전시켰으며, 하이데거에게 영향을 주었다.

von Wright, Georg Henrik(1916-2003): 스웨덴계 핀란드인 철학자다. 비트겐슈타인에게 깊은 영향을 받았으며, 케임브리지 대학교에서 비트겐슈타인의 뒤를 이어 철학을 가르쳤다.

Vycinas, Vincent(1918-1996): 미국의 철학자요 역사가다.

Waismann, Friedrich(1896-1959): 오스트리아의 수학자요 철학자다. 논리실증주의를 주창한 사람이다.

Walsh, William Henry(1913-1986): 영국의 철학자다. 에든버러 대학교 교수였다.

Warfield, Benjamin Breckinridge(1851-1921): 미국의 조직신학자다. 프린스턴 신학대학원 교수였다.

Warnock, Geoffrey James(1923-1995): 영국의 철학자다. 옥스퍼드 대학교 부총장을 지냈다.
Weiss, Johannes(1863-1914): 독일의 성서학자다. 종말이라는 관점에서 복음서와 예수를 연구한 인물로 유명하다.
Wendland, Heinz-Dietrich(1900-1992): 독일의 개신교 신약학자다.
Wendt, Hans Hinrich(1853-1928): 독일의 신약학자요 조직신학자다. 예나 대학교 교수였다.
Westphal, Merold(1940-): 미국의 철학자다. 유럽 대륙 철학을 깊이 연구했으며, 뉴욕 포덤 대학교 석좌 교수다.
White, Alan Richard(1922-1992): 캐나다에서 태어나 영국에서 활동한 철학자다. 언어철학과 법철학을 깊이 연구했다.
Whorf, Benjamin Lee(1897-1941): 미국의 언어학자요 소방공학자다.
Whybray, Roger Norman(1923-1997): 영국의 구약학자다. 헐 대학교 교수였다.
Wilder, Amos Niven(1895-1993): 미국의 시인이요 목사이며 신학자다.
Wiles, Maurice Frank(1923-2005): 영국의 성공회 사제요 신학자다. 옥스퍼드 대학교 교수였다.
Williams, Harry(1919-2006): 영국의 신학자다. 케임브리지 대학교 교수였다.
Winch, Peter Guy(1926-1997): 영국의 철학자다. 사회과학과 철학, 종교와 철학을 연계하여 연구했다.
Wingren, Gustaf(1910-2000): 스웨덴의 조직신학자다. 룬드 대학교 교수를 지냈다.
Wink, Walter(1935-2012): 미국의 신학자요 진보 기독교 진영의 주요 지도자 중 한 사람이었다.
Wittgenstein, Ludwig(1889-1951): 오스트리아 출신의 철학자다. 주로 영국에서 활동했으며, 분석철학과 해석학 분야에서 20세기 사상계에 큰 영향을 미쳤다.
Wolf, Friedrich August(1759-1824): 독일의 고언어학자요 문화 비평가다.
Wrede, Georg Friedrich Eduard William(1859-1906): 독일의 신학자다. 마가복음에 나타난 메시아 은닉이라는 주제를 깊이 연구했다.

Yeats, William Butler(1865-1939): 아일랜드의 시인이다. 19-20세기 영문학을 이끈 문호 중 한 사람이다.
Young, Norman Hugh(1938-): 호주의 신약학자다. 멜버른 대학교 명예 교수다.

Ziesler, John Anthony(1930-): 영국의 신약학자다. 영국 브리스톨 대학교와 뉴질랜드에서 신학을 가르쳤다.

옮긴이의 말

번역을 마치고 옮긴이의 말을 적을 때면 늘 조그마한 고백, 아니 반성문을 적는 것 같다는 느낌이 들 때가 많습니다. 아무리 애쓰고 힘써 번역했어도 번역문의 마지막 마침표를 찍는 순간부터 저 자신의 부족함이 원서를 망쳐 놓지는 않았을까 하는 두려움이 밀려들기 때문입니다. 이 책도 마찬가지입니다. 더군다나 철학과 해석학의 언저리에도 다가가 보지 못한 문외한이 한 시대를 주름잡은 대학자 네 사람의 사상을 압축한 책을 번역했으니, 혹여 옮긴이의 미련함이 저자가 공들여 쌓은 탑에 금을 내지는 않았을까 하는 두려움이 더 클 수밖에 없었습니다. 다만 성실과 정성을 다해 번역했다는 말씀만큼은 꼭 드리고 싶습니다. 이 책을 번역하면서 비록 부족할지라도 『두 지평』이라는 제목에 걸맞게 원서의 지평과 독자의 지평을 이어 주는 다리가 되려고 노력했습니다. 이 책은 20세기 해석학계의 축을 이룬 인물 가운데 특히 신학 및 성경 해석과 관련하여 큰 의미를 갖고 있는 마르틴 하이데거(1889-1976), 루돌프 불트만(1884-1976), 한스게오르크 가다머(1900-2002), 루트비히 비트겐슈타인(1889-1951)의 철학과 해석학 사상을 집약하여 설명한 책입니다. 저자 앤터니 티슬턴은 우선 이 네 사람의 사상을 주제별로 요약하여 정리하면서 이를 뒷받침하는 해당 학자의 글이나 말을 인용합니다. 그런 다음 자신이나 또 다른 학자들의 글과 말을 빌려 비판할 것은 비판하고 칭송할 것은 칭송하는 식으로 서술했습니다. 특히 티슬턴은 네 학자 한 사람 한 사람의 사상이 어디에서 영향을 받았으며, 이 네 사람이 서로 어떤 영향을 주고받았는가에 큰 관심을 보입니다. 옮긴이의 말에서는 그 내용을 따로 적지 않았습니다. 옮긴이의 어설픈 소개가 도리어 깊고 넓은 해석학 세계를 파헤쳐 보려는 독자 여러분께 실례가 될 수도 있기 때문입니다. 독자 여러분이 스스로 이 번역서라는 다리를 밟고 이 책에서 소개하는 해석학의 드넓은 평원으로 건너가 그 세계를 마음껏 탐험하시길 바랍니다. 그 탐험을 통해 그 평원이 여러분을 해석하고 여러분이 그 평원을 해석하는 '두 지평의 융합'이 여러분의 삶 속에서 이뤄지길 바랍니다. 다만 저는 이 책을 번역할 때 어떤 식으로 번역했는지 두 가지만 이야기하려 합니다.

첫째, 티슬턴은 이 책에서 주로 다룬 네 사람뿐 아니라 많은 이의 글을 인용했습니다. 하이데거와 불트만, 가다머는 모두 독일 사람이며 비트겐슈타인 역시 독일어권인 오스트리아 사람입니다. 이들은 본디 독일어로 책을 썼고, 티슬턴은 이들이 쓴 책을 영어로 번역한 책에서 이들의 글을 인용했습니다. 네 사람 외에도 인용하는 칼 바르트, 헬무트 틸리케, 빌헬름 딜타이, 마르틴 켈러, 귄터 보른캄 같은 이들의 글도 마찬가지였습니다. 그러나 티슬턴이 인용한 영역본에는 오역이나 부실한 번역이 있었습니다. 『존재와 시간』에 나오는 psychisch를 physical로 번역하거나 『진리와 방법』에 나오는 Überlieferung을 text로 번역해 놓는가 하면, 원문의 의미를 꼼꼼하게 번역하지 않고 대충 번역한 부분도 여러 곳 눈에 띄었습니다. 더군다나 저자가 논리를 전개하고자 특정 본문을 인용하면서 전체를 인용하지 않고 부분만 인용하다 보니 오히려 우리 독자가 그 본문의 의미를 이해하기가 어렵겠다 싶은 부분이 많았습니다. 이 때문에 저는 제 힘이 닿는 범위에서 최대한 저자가 제시한 영역본의 원문을 확인했으며, 영역본이 원문을 잘못 번역했거나 부실하게 번역한 경우에는 영역본 본문뿐 아니라 원문도 번역했습니다. 그리고 그 내용을 옮긴이 주로 달아 독자가 원문의 의도를 파악할 수 있도록 했습니다.

둘째, 이 책을 번역할 때 원서에 나오는 표현을 어떻게 번역해야 그 뉘앙스를 정확하게 살릴 수 있을지 고민했습니다. 예를 들어, 원서에는 독일어 원문에 나오는 historischer Jesus, historische Methode, historische Forschungen을 영어로 번역한 말이 많이 등장합니다. 기존 번역 관행에서는 이를 역사적 예수, 역사적 방법, 역사적 탐구(연구)로 번역했는데, 저는 이런 번역이 과연 원어가 말하려는 의미를 제대로 전달하는지 의문이 들었습니다. 독일 사람들이 생각하는 Historie의 의미를 생각할 때, historischer Jesus는 초월의 영역이 아니라 유한한 시공간인 역사 안에 존재한 인간 예수를 가리키는 말입니다. 역사학의 방법으로 인간 예수의 실체를 탐구하여 그가 실존한 인물이었는지, 실존했다면 과연 어떤 인간이었는지, 선지자였는지, 정치 혁명가였는지, 도덕 교사였는지 밝히고 재구성한 결과가 바로 그 예수입니다. 그런가 하면, historische Methode는 역사, 특히 텍스트 뒤편의 역사에 초점을 맞춰 그 역사를 캐내는 연구 방법을 가리킵니다. 말하자면 역사를 연구하는 방법이라고 말할 수 있겠습니다. 그런데 지금껏 우리는 대개 이런 말을 역사적 예수, 역사적 방법으로 번역해 왔습니다. 저는 이 말을 만날 때마다 대체 '역사적'이라는 말이 무슨 의미인지 궁금했습니다. '역사에서 큰 의미를 가진'이라는 말인지, '실제 역사'라는 말인지 참 모호하다는 생각이 들었습니다. 동일한 낱말이라도 그것이 가진 의미는 그것이 자리한 고유한(특수한) 정황에 따라 판단해야 한다는 비트겐슈타인의 논지를 생각해 봐도, historisch라는 말을 무조건 '역사적'이라고 번역하는 것은 다시 한 번 진지하게 고민할 필요가 있다고 봅니다. 이 책에서 선택한 각각의 번역어는 그러한 고민의 결과물입니다.

    해석학에서는 서로 다른 두 지평의 융합을 말하지만, 어쩌면 성경 해석학은 서로 다른 두 차원의 융합일지도 모릅니다. 해석학은 역사라는 평면 위에 자리한 한 언어 세계가 역시 같은 평면 위에 자리한 또 다른 언어 세계를 해석하는 작업이지만, 성경 해석학에서는 거기서 더 나아가 우리의 유한한 언어 세계를 통해 영원 속에 자리한 말씀인 그분을 해석하려는 몸부림까지 염두에 두기 때문입니다. 해석은 이 지평과 저 지평의 다름을 전제하고 우리의 한계를 먼저 인정하는 겸손을 요구합니다. 그러나 성경 해석학은 그보다 훨씬 큰 겸손을 요구하는지도 모릅니다. 요한은 그의 복음서 첫머리에서 영원 속에 자리한 말씀이 역사 속에 자리한 언어 세계로 내려오심을 성육신이요 "낮아짐"이라고 표현했습니다. 이를 바꿔 생각해 보면, 역사 속의 한 언어 세계에 갇혀 있는 우리가 또 다른 역사 속 언어 세계를 해석하고 거기서 나아가 영원 속에 자리한 말씀으로 올라가려는 작업은 한 지평에서 다른 지평으로 다가가는 평면 이동이자 유한한 역사에서 영원으로 '올라가려는' 수직 이동이라 할 것입니다. 평면 위에 자리한 한 지평에서 다른 지평에 다가가는 데에도 겸손이 필요하다면, 우리가 자리한 차원에서 완전히 차원이 다른 세계로 올라가는 데에는 당연히 더 큰 겸손이 필요할 것입니다. 해석은 위에서 내려다보는 오만이 아니라, 눈높이를 같이하고 때로는 올려다보는 겸손입니다. 이 책은 해석의 출발점이 바로 이런 겸손임을 분명히 일깨워 줍니다.

번역하는 과정은 힘들고 어려웠지만, 그 과정은 또다시 귀한 가르침을 얻은 소중한 시간이었습니다. 번역에 부족함이 있다면 옮긴이의 능력이 모자란 탓입니다. 독자 여러분의 너그러운 이해와 가르침을 청합니다. 끝으로 편집하느라 고생하신 설요한 간사님, 귀한 책을 번역할 기회를 주시고 여러모로 도움을 주신 IVP 신현기 대표님, 정지영 기획주간님, 정모세 편집장님, 그리고 여러 모양으로 애쓰시는 다른 지체 여러분께 이 자리를 빌려 깊이 감사 말씀을 드립니다.

2017년 새해 첫머리에
부족한 번역자 박규태 올림

옮긴이 **박규태**는 과거에 교회 사역을 했으며, 현재는 사역에서 물러나 번역과 글쓰기에 전념하고 있다. 묻혀 있는 좋은 책을 찾아내 소개하는 일에 관심이 많다. 옮긴 책으로 『가난하게도 마옵시고 부하게도 마옵소서』 『그리스도와 지성』 『정교하게 조율된 우주』(이상 IVP), 『성령』 『예수와 그 목격자들』 『주 예수 그리스도』(이상 새물결플러스), 『구약의 종말론』 『바울의 종말론』 『예수에서 복음서까지』(이상 좋은씨앗), 『꺼지지 않는 불길』 『안식일은 저항이다』(이상 복 있는사람), 『기독교 그 위험한 사상의 역사』(국제제자훈련원) 등이 있고, 저서로 『쉼』(좋은씨앗), 『번역과 반역의 갈래에서』(새물결플러스)가 있다.

두 지평

초판 발행_ 2017년 8월 25일

지은이_ 앤터니 티슬턴
옮긴이_ 박규태
펴낸이_ 신현기

펴낸곳_ 한국기독학생회출판부
등록번호_ 제313-2001-198호(1978.6.1)
주소_ 04031 서울 마포구 동교로 156-10
대표 전화_ (02)337-2257 팩스_ (02)337-2258
영업 전화_ (02)338-2282 팩스_ 080-915-1515
홈페이지_ http://www.ivp.co.kr 이메일_ ivp@ivp.co.kr
ISBN 978-89-328-1490-2

ⓒ 한국기독학생회출판부 2017

책값은 뒤표지에 있습니다.
무단 전재와 복제를 금합니다.